Kessler · Leinen · Strickmann (Hrsg.)
Handbuch
Bilanzrechtsmodernisierungsgesetz

Handbuch Bilanzrechtsmodernisierungsgesetz

Die Reform der Handelsbilanz

Herausgeber

Dr. Harald Kessler Dr. Markus Leinen Dr. Michael Strickmann

Mitverfasser

Thomas Budde Jochen Cassel Dr. Hans-Jörg Harth

Georg van Hall Prof. Dr. Sabine Heusinger-Lange Dirk Veldkamp

2. Auflage

Haufe Mediengruppe
Freiburg · Berlin · München

> **Bibliografische Information der Deutschen Nationalbibliothek**
> Die Deutsche Nationalbibliothek verzeichnet diese Publikation in der Deutschen Nationalbibliografie; detaillierte bibliografische Daten sind im Internet über http://dnb.d-nb.de abrufbar.

ISBN 978-3-648-00257-5   Best.-Nr. 01100-0002

1. Auflage 2009 (ISBN 978-3-448-09325-4)
2., überarbeitete Auflage 2010

© 2010, Haufe-Lexware GmbH & Co. KG, Munzinger Straße 9, 79111 Freiburg
Redaktionsanschrift: Fraunhoferstraße 5, 82152 Planegg/München
Telefon: (089) 895 17-0
Telefax: (089) 895 17-290
www.haufe.de
online@haufe.de

Lektorat: Dipl.-Kfm. Kathrin Menzel-Salpietro
Konzept: Dr. Harald Kessler, Michael Bernhard
Produktmanagement: Michael Bernhard
Redaktion: Martina Klenk

Die Angaben entsprechen dem Wissensstand bei Redaktionsschluss im Juli 2010. Da Hinweise und Fakten dem Wandel der Rechtsprechung und der Gesetzgebung unterliegen, kann für die vorliegenden Angaben keine Haftung übernommen werden. Die Informationen sind nur für den persönlichen Gebrauch des Lesers bestimmt. Dieses Werk sowie alle darin enthaltenen einzelnen Beiträge und Abbildungen sind urheberrechtlich geschützt. Jede Verwertung, die nicht ausdrücklich vom Urheberrechtsgesetz zugelassen ist, bedarf der vorherigen Zustimmung des Verlages. Das gilt insbesondere für Vervielfältigungen, Bearbeitungen, Übersetzungen, Mikroverfilmungen und die Einspeicherung und Verarbeitung in elektronischen Systemen.

DTP: Agentur: Satz & Zeichen, Karin Lochmann, 83071 Stephanskirchen
Umschlag: Kienle gestaltet, 70199 Stuttgart
Druck: fgb · freiburger graphische betriebe, Freiburg

Zur Herstellung der Bücher wird nur alterungsbeständiges Papier verwendet.

Vorwort zur 2. Auflage

Das BilMoG tritt in seine entscheidende Phase: Der Feldversuch mit einer großen Zahl an Probanden steht unmittelbar bevor. Viel wurde im Vorfeld getan, um etwaige Nebenwirkungen möglichst gering zu halten. Heerscharen an Wissenschaftlern und Praktikern haben erläutert, wie die neuen Rechnungslegungsvorschriften zu verstehen und anzuwenden sind. Die von ihnen ausgelöste Veröffentlichungslawine dürfte allerdings so manchen Rechtsanwender geradewegs überrollt haben, der aus bloßer Neugier einen kurzen Ausflug in die neue Rechnungslegungswelt unternehmen wollte, um sich einen ersten Eindruck von den heraufziehenden Änderungen zu verschaffen.

Mit der zweiten Auflage unseres Handbuchs legen wir rechtzeitig vor der heißen Phase der Abschlusserstellung und -prüfung eine aktualisierte Gesamtdarstellung des BilMoG vor. Zahlreiche Diskussionen mit unerschrockenen Neugierigen und die seit der ersten Auflage produzierten Stellungnahmen zum neuen Bilanzrecht haben wir zum Anlass genommen, unsere Sicht der Dinge zu hinterfragen und punktuell an neue oder bessere Erkenntnisse anzupassen. Besonderes Augenmerk galt den Verlautbarungen des IDW und des DRSC. Sie setzen kraft ihrer Autorität faktisch Standards und dämmen den der Rechtssicherheit abträglichen bilanzrechtlichen Meinungspluralismus ein.

Angesichts des näher rückenden ersten obligatorischen BilMoG-Abschlussstichtags widmet sich ein eigenes Kapitel der Umstellung der Rechnungslegung auf die reformierten Bilanzierungsvorschriften. Es betrachtet ausführlich die Übergangsregelungen und gibt Hinweise, wie durch Ausnutzung von Beibehaltungs- und Anpassungswahlrechten die Weichen für einen bilanzpolitisch optimierten Abschluss gestellt werden können. Natürlich darf der Seitenblick auf die Steuerbilanz nicht fehlen. Die neue (Un-)Maßgeblichkeit der Handelsbilanz für die steuerliche Gewinnermittlung sieht sich daher eingehend erörtert.

Die sehr erfreulichen Reaktionen auf die erste Auflage unseres Handbuchs haben uns darin bestärkt, jenseits aller notwendigen Aktualisierungen an Bewährtem festzuhalten. Dazu gehört der Anspruch, alle Neuerungen durch Übersichtsdarstellungen auf ihren wesentlichen Gehalt zu reduzieren und anhand von Fallbeispielen begreifbar zu machen. Mehr noch gilt das für die Personen, die mit uns dieses herausfordernde Projekt geschultert haben. Da sind unsere Mitautoren, die zwischen Tagesgeschäft und Fußball-WM immer noch Zeit gefunden haben, über den Sinngehalt der einen oder anderen neuen Vorschrift unter teilweise schweißtreibenden Bedingungen zu brüten. Nach Kräften unterstützt wurden wir erneut von unserem Mitarbeiter, Benjamin Paulus, der uns immer wieder – weit über die Welt des Fußballs hinaus – für alternative Sichtweisen sensibilisiert hat. Michael Bernhard und Kathrin Salpietro vom Haufe-Verlag sowie Karin Lochmann von der Agentur Satz & Zeichen erst haben aus unseren Gedanken ein neues Buch entstehen lassen. Wir wissen, was wir ihnen mit unseren von Sören Pippart akribisch redigierten Manuskripten zugemutet haben. Ihnen allen gebührt unser herzlicher Dank.

Den vom BilMoG noch nicht überrollten Lesern hoffen wir, mit unseren Erläuterungen viele nützliche Hinweise zu geben, die den Übergang auf die neue Rechnungslegung erleichtern werden. Selbstverständlich sind wir uns der Grenzen unserer literarischen Hilfestellung bewusst. Adi Preißler – um nochmals eine Steilvorlage aus dem Fußball aufzunehmen – hat es einst vortrefflich auf den Punkt gebracht: „Grau is alle Theorie – entscheidend is auf'm Platz."

St. Ingbert, im August 2010

Für die Herausgeber
Harald Kessler

Vorwort zur 1. Auflage

Bei Vorlage des Regierungsentwurfs im Mai 2008 schien die Welt noch in Ordnung. Geld auf der Bank galt als sicher, und die behutsame Annäherung der handelsrechtlichen Grundsätze ordnungsmäßiger Buchführung an das Rechnungslegungsmodell der International Financial Reporting Standards (IFRS) fand breite Unterstützung. Das änderte sich, als bekannt wurde, was wahre Werte, neudeutsch: Fair Values, in der Finanzwelt sind. Immer neue Meldungen über Milliardenverluste offenbarten nicht nur die Morbidität des weltweiten Bankensystems. Sie führten zu Turbulenzen an den Kapitalmärkten und leiteten einen dramatischen Sinkflug der Weltwirtschaft ein.

Die Schockwellen erreichten auch den Regierungsentwurf. Internationale Bilanzierungsregeln sahen sich plötzlich an den Pranger gestellt: Fair Value-Bewertung? Krisenbeschleuniger! Aktivierung selbst geschaffener immaterieller Anlagegüter? Luftnummer! Latente Steuern? Teufelszeug! Die größte Bilanzreform seit mehr als zwanzig Jahren drohte Opfer der Finanzkrise und der anstehenden Bundestagswahl zu werden. Mit Expertenunterstützung wurde der Rettungsplan geschmiedet. Zwei zusätzliche Wahlrechte für aktive latente Steuern und selbst geschaffene immaterielle Anlagegüter haben die Wogen geglättet. Zudem ein Verbot der Fair Value-Bewertung für Nichtbetroffene. Dafür knirscht es jetzt ein wenig im Rechnungslegungsgebälk. Und auch die von der Reform ersehnte bessere nationale und internationale Vergleichbarkeit von HGB-Abschlüssen ist ein Stück weit auf der Strecke geblieben.

Und trotzdem: Unter dem (Bilanz-)Strich verbleibt ein Gewinn, eigentlich für alle. Rechnungsleger erwartet ein entschlacktes, klarer strukturiertes Bilanzrecht, das viel an unnötigem Ballast verloren hat. Das sollte auch Abschlussprüfern das Leben einfacher machen. Sind die Turbulenzen der Umstellung erst einmal überstanden, werden Analysten vor allem die längst überfällige Verbannung steuerrechtlicher Einflüsse aus der Handelsbilanz zu schätzen wissen. Und dann sind da noch die Publizisten, die mit wissenschaftlicher Akribie das BilMoG zum dritten Mal nach Referenten- und Regierungsentwurf unter die Lupe nehmen und großflächig in den Medien kommentieren werden. Dieser Konjunkturimpuls dürfte nicht zuletzt den Fiskus erfreuen und ihm eine Abwrackprämie für veraltete Schrifttumsbeiträge zu den BilMoG-Entwürfen ersparen.

Mit diesem Handbuch stellen wir unsere Standpunkte zum BilMoG vor. Es folgt einem einfachen, aber bewährten Rezept: Abbildungen verschaffen Überblick, Beispiele erleichtern den Durchblick. Das unterstreicht zugleich unseren Anspruch: Das Buch soll das Verständnis für die neuen Rechnungslegungs- und Prüfungsvorschriften fördern und ihre praktische Anwendung erleichtern. Die bei einem solch umfassenden Reformwerk zwangsläufig verbleibenden (scheinbaren) Unstimmigkeiten und Unklarheiten haben uns nicht in dogmatische Reflexionen abgleiten lassen. Unser Ziel war ein anderes, nämlich nach vertretbaren Auslegungen zu suchen, die sinnvolle Lösungen ergeben. Vorangebracht auf diesem Weg haben uns nicht zuletzt die zahlreichen Diskussionen und Gespräche mit den Teilnehmern unserer Seminare. Wir hoffen, mit diesem Buch ein wenig von dieser Unterstützung zurückgeben zu können.

Gedanken zu entwickeln ist das Eine. Daraus ein druckreifes Gesamtwerk zu formen, etwas ganz Anderes. Gelingen konnte das nur durch eine vorbildliche Teamarbeit, die allen, auch anderen, viel abverlangt hat. In redaktioneller und technischer Hinsicht haben wir Michael Bernhard und Marlies Dold vom Haufe-Verlag für die um- und nachsichtige Betreuung zu danken. Viele weitere Helfer müssen unerwähnt bleiben. Einer darf es nicht: Die größte Anerkennung schulden wir unserem Mitarbeiter Benjamin Paulus. Er hat in Nachspielzeiten, wie man sie als Fußballer niemals erlebt, mit – im wahrsten Sinn des Wortes – unermüdlichem Einsatz daran gearbeitet, die Bälle zu verteilen und das Spiel nach vorne zu entwickeln. Vermeidbare Ballverluste gehen selbstverständlich zu Lasten der Herausgeber.

St. Ingbert,
im Mai 2009

Für die Herausgeber
Harald Kessler

Geleitwort zur 1. Auflage von Liesel Knorr (DSR)

Die Finanzmarktkrise hat ihre Spuren im Zeitplan der Verabschiedung und im Inhalt der verabschiedeten Regelungen hinterlassen. Von den ursprünglichen Zielen der Reform geblieben sind die Abschaffung der umgekehrten Maßgeblichkeit, die Ausdünnung des Dickichts von Wahlrechten, die Verrechnung des Zweckvermögens mit nun auch realitätsnäher zu bewertenden Pensionsverpflichtungen. Die zunächst nicht vorgesehenen Wahlrechte zum Ansatz selbsterstellter immaterieller Vermögensgegenstände des Anlagevermögens und aktiver latenter Steuern stellen das Ergebnis zu findender Kompromisse dar, verdeutlichen den Spagat zwischen dem Reformwillen zur Stärkung der Aussagekraft der Handelsbilanz und dem Begehren nach Festhalten an der – in der Realität schon lange nicht mehr bestehenden – Einheitsbilanz. Die Konsolidierungsgrundlage für Zweckgesellschaften wird wohl umgehend nach Inkrafttreten der Vorschriften einem „Stresstest" unterzogen.

Ob das Bilanzrechtsmodernisierungsgesetz als Alternative zu den IFRS, insbesondere dem IFRS für KMU Bestand haben wird, werden Erfahrungen mit den Neuregelungen zeigen. Dabei ist das Verständnis der Neuregelungen Voraussetzung für einen sachgerechten Übergang. Wertvolle Hilfestellungen, wie sie im vorliegenden Werk gegeben werden, sind hoch willkommen.

Nach der Reform ist vor der Reform: das Gesetz zur Änderung der Vorstandsvergütung soll im Juli in Kraft treten (Änderungen vorgesehen in § 285 HGB), weitere Neuregelungen können sich aus dem Gesetzentwurf zur Fortentwicklung der Finanzmarktstabilisierung ergeben. Die Übergangsvorschrift für die Zuführung zu Rückstellungen für laufende Pensionen oder Anwartschaften auf Pensionen bis 2024 scheint aus heutiger Perspektive noch deutlicher über das Haltbarkeitsdatum einiger Vorschriften des endgültigen Textes hinauszugehen, als schon beim Entwurf angenommen wurde.

Liesel Knorr

Präsidentin des Deutschen Standardisierungsrates (DSR)

Keine Angst vor dicken Büchern

Von einem ganz Großen des Faches stammt die Aussage: „Dicke Bücher lehren vor allem das Fürchten".[1] Aus dieser Botschaft spricht Lebenserfahrung. Sie entmutigt uns dennoch nicht. Im Gegenteil, sie hat uns herausgefordert, die gewiss nicht einfache Materie des Bilanzrechtsmodernisierungsgesetzes möglichst leser- und anwenderfreundlich aufzubereiten. Die folgenden Hinweise werden das Arbeiten mit dem Handbuch erleichtern, wenngleich ‚Gebrauchsanweisungen' – auch das ist eine Lebenserfahrung – eher zurückhaltend zur Kenntnis genommen werden.

Der **einleitende Teil** bietet einen einfachen und pragmatischen Einstieg in die Thematik: Er stellt die Inhalte der Bilanzreform kompakt dar. Eine tabellarische Übersicht der geänderten Paragrafen mit Verweis auf deren Kommentierung ermöglicht die gezielte Vertiefung.

Das Buch erläutert die mit dem Bilanzrechtsmodernisierungsgesetz (BilMoG) einhergehenden Änderungen in fünf Kapiteln:

- Kapitel 1: Der Übergang auf das BilMoG
- Kapitel 2: Einzelgesellschaftliche Rechnungslegung
- Kapitel 3: Konsolidierte Rechnungslegung
- Kapitel 4: Abschlussprüfung
- Kapitel 5: Offenlegung

Das BilMoG ändert nicht nur die handelsrechtliche Rechnungslegung. Auch das Verhältnis zur Steuerbilanz ist neu justiert worden. Das Kapitel ‚**Der Übergang auf das BilMoG**' zeigt auf, wie – ausgehend vom letzten Abschluss nach HGB a. F. – der erste Abschluss nach BilMoG zu erstellen ist. Im Mittelpunkt stehen die Übergangsvorschriften, die mit ihren Beibehaltungs- und Fortführungswahlrechten zahlreiche bilanzpolitische Gestaltungsmöglichkeiten eröffnen. Ausführlich behandelt wird zudem das neue Maßgeblichkeitsprinzip, das die Steuerbilanz weiter von der Handelsbilanz abkoppelt und damit eine steuerneutrale Inanspruchnahme dieser Wahlrechte erlaubt.

Die Kommentierung im Kapitel ‚**Einzelgesellschaftliche Rechnungslegung**' erfolgt entsprechend dem üblichen Anwenderfokus bilanzpostenbezogen. Erläutert werden jeweils die Auswirkungen der Bilanzreform auf Ansatz-, Bewertungs- und Ausweisfragen. Flankierende Bestimmungen, etwa zu gesellschaftsrechtlichen oder steuerrechtlichen Konsequenzen, greift die Kommentierung ebenfalls auf. Einen Schwerpunkt bildet jeweils die Überleitung der bisherigen Bilanzierung auf die neuen Vorschriften, dazu die Konsequenzen für die Steuerlatenzierung. Fragen der Anhangs- und Lageberichterstattung werden angesprochen und in eigenen Abschnitten vertieft.

---

[1] Moxter, Bilanzlehre, Band I, Einführung in die Bilanztheorie, 3. Aufl., Wiesbaden 1984, Vorwort.

Die Erörterung der Änderungen in der **konsolidierten Rechnungslegung** folgt dem Ablaufschema der Konzernabschlusserstellung, beginnend mit der Aufstellungspflicht über die Konsolidierungsmaßnahmen bis zur Lageberichterstattung.

Um das gesamte Programm der Rechnungslegungsumstellung systematisch abzuarbeiten, haben wir den beiden ersten Kapiteln **Checklisten** beigefügt. Sie fragen den möglichen Anpassungsbedarf themenbezogen ab und verweisen zur Erläuterung auf die entsprechenden Kommentierungen.

Umfassend erläutert sehen sich im Kapitel ‚**Abschlussprüfung**' die zahlreichen Detailänderungen aus der Umsetzung der Abschlussprüferrichtlinie. Die Kommentierung führt durch alle betroffenen Gesetze und Verordnungen und ordnet die Neuerungen systematisch ein.

Nur geringfügige Änderungen ergeben sich bei der **Offenlegung** von Jahres- und Konzernabschlüssen. Sie sind im abschließenden Kapitel dargestellt.

Besonderen Wert gelegt haben wir auf eine anschauliche Vermittlung der Reforminhalte. Die **zahlreichen Abbildungen** fassen die Änderungen der Rechnungslegung komprimiert zusammen. Ihr einheitlicher Aufbau erlaubt es, die für die Praxis wesentlichen Aspekte der Bilanzrechtsreform mit einem Blick aufzunehmen. Zur optischen Unterstützung sind die neuen oder geänderten Regelungsinhalte der Vorschriften des BilMoG grau hinterlegt. Auf diese Weise heben sie sich deutlich von den ihnen gegenübergestellten Inhalten des bisherigen Rechts ab.

So mancher **Buchungssatz** sagt mehr als 1.000 Worte. Aus diesem Grund haben wir die praktischen Auswirkungen der geänderten Rechnungslegungsvorschriften anhand von **mehr als 100 Beispielen** aufbereitet und die Lösungen ganz überwiegend buchungstechnisch umgesetzt. Am Ende eines jeden Abschnitts sind die wichtigsten Informationen zur Erstanwendung, zu Übergangsregelungen und – soweit relevant – zu steuerlichen Auswirkungen in tabellarischer Form zusammengefasst.

Zusätzliche Orientierungshilfen bieten das Inhaltsverzeichnis sowie ein umfangreiches Stichwortverzeichnis am Ende des Buches.

Wertvolle Einsichten beim Arbeiten mit diesem Handbuch wünschen Ihnen

Harald Kessler
(Herausgeber)

Michael Bernhard
(Produktmanager)

Autorenverzeichnis

Dr. Harald Kessler

Partner der KLS Kessler Leinen Strickmann PartG, Köln (www.kls-partner.de) und Geschäftsführer der KLS Accounting & Valuation GmbH, Köln (www.kls-accounting.de), Tätigkeitsschwerpunkte: Virtuelle Grundsatzabteilung HGB/IFRS. Beratung börsennotierter Unternehmen, Trainings für Rechnungsleger, Abschlussprüfer und Analysten.

Verfasser zahlreicher Fachbeiträge zur nationalen und internationalen Rechnungslegung sowie zum Bilanzsteuerrecht, Lehrbeauftragter an der Albert-Ludwigs Universität Freiburg.

Dr. Markus Leinen

Partner der KLS Kessler Leinen Strickmann PartG, Köln (www.kls-partner.de) und Geschäftsführer der KLS Accounting & Valuation GmbH, Köln (www.kls-accounting.de), Tätigkeitsschwerpunkte: Virtuelle Grundsatzabteilung für Fragen der nationalen und internationalen Rechnungslegung, Erstellung von PPA-Gutachten, Unterstützung bei der Erstellung von Jahres- und Quartalsabschlüssen, Accounting Trainings für HGB und IFRS. Verfasser von Fachbeiträgen zur nationalen und internationalen Rechnungslegung.

Dr. Michael Strickmann
Wirtschaftsprüfer · Steuerberater

Partner der KLS Kessler Leinen Strickmann PartG, Köln, und bei Eidel & Partner WPG StBG, Kehl.

Tätigkeitsschwerpunkte in Grundsatzfragen des Financial Reporting und Auditing, Unternehmensbewertungen und aktienrechtlichen Sonderprüfungen. Verfasser von Fachbeiträgen zur nationalen und internationalen Rechnungslegung und zur Abschlussprüfung. Mitglied des Prüfungsausschusses für Steuerberater beim Finanzministerium Baden-Württemberg.

Autorenverzeichnis

Thomas Budde
Wirtschaftsprüfer · Steuerberater

Nach dem Studium an der Christian-Albrecht-Universität in Kiel mehr als 15jährige Tätigkeit in einer internationalen und einer nationalen Wirtschaftsprüfungsgesellschaft, zuletzt als Vorstand und Gesellschafter. Gründungspartner der AccountingPartners Wirtschaftsprüfungsgesellschaft, Düsseldorf (www.accountingpartners.de). Beratungsschwerpunkt: deutsche und internationale Rechnungslegungsgrundsätze. Berater mehrerer IFRS-Umstellungsprojekte, langjährige Erfahrung als Abschlussprüfer und Berater von börsennotierten Gesellschaften, Accounting-Trainer.

Dipl.-Kfm. Jochen Cassel

Studium der Betriebswirtschaftslehre in Saarbrücken (2002-2006) mit den Schwerpunkten Wirtschaftsprüfung, betriebswirtschaftliche Steuerlehre und Finanzmathematik. Seit 2007 Promovend am Centrum für Bilanzierung und Prüfung (Prof. Dr. Karlheinz Küting) an der Universität des Saarlandes.

Dipl.-Kfm. Georg van Hall
Wirtschaftsprüfer · Steuerberater

Nach dem Studium an der TU Berlin und University of Illinois at Urbana (USA) über 20-jährige Tätigkeit in internationalen und nationalen Wirtschaftsprüfungsgesellschaften, davon überwiegend als Gesellschafter und Vorstandsmitglied. Seit 2005 in eigener Praxis tätig und seit Mai 2009 Partner der AccoutingPartners Wirtschaftsprüfungsgesellschaft, Düsseldorf. Beratungsschwerpunkte in der Jahres- und Konzernabschlussprüfung nach HGB und IFRS. Dozententätigkeit in der Akademie für Steuern, Recht und Wirtschaft sowie für das IDW und andere Seminaranbieter.

Autorenverzeichnis

Nach Studium und Promotion an der Universität des Saarlandes seit 2003 tätig bei der GEA Group Aktiengesellschaft, Bochum (vormals mg technologies ag, Frankfurt am Main). Seit Mai 2007 tätig als Leiter Konzernabschluss.

Die GEA Group Aktiengesellschaft ist ein weltweit operierender Technologiekonzern mit mehr als 300 konsolidierten Unternehmen in 50 Ländern. Im Geschäftsjahr 2009 erwirtschaftete die GEA Group mit über 20.000 Mitarbeitern einen Konzernumsatz von 4,4 Milliarden Euro.

Dr. Hans-Jörg Harth

Nach dem Studium an der Johann Wolfgang Goethe Universität in Frankfurt/Main (1990-1994) 6-jährige Tätigkeit bei PwC Deutsche Revision AG, Frankfurt/Main. Parallel zur beruflichen Tätigkeit Promotion an der Johannes Gutenberg Universität in Mainz (1998-2001). 2001/2002 Assistenz des Finanzvorstands bei HUGO BOSS, Metzingen. Anschließend Referentin IFRS/US GAAP bei mg technologies, Frankfurt/Main. Seit Januar 2004 Professorin für Rechnungswesen, Controlling und Steuern an der FH Bingen.

Prof. Dr. Sabine Heusinger-Lange

Seit November 1997 bei PKF FASSELT SCHLAGE Wirtschaftsprüfungsgesellschaft Steuerberatungsgesellschaft, Standort Duisburg, tätig (www.pkf-fasselt.de). Verantwortlich für die Prüfung und Erstellung von Jahres- und Konzernabschlüssen nach HGB und IFRS. Vortragstätigkeit zu aktuellen Themen der Rechnungslegung und Prüfung. Mitautor des Haufe HGB Bilanz Kommentars.

PKF FASSELT SCHLAGE gehört zu den Top Ten der Wirtschaftsprüfungsgesellschaften in Deutschland. PKF zählt zu den großen internationalen Wirtschaftsprüfer-Netzwerken.

Dipl.-Ök. Dirk Veldkamp
Wirtschaftsprüfer · Steuerberater

Inhaltsübersicht

Vorwort zur 2. Auflage 5
Vorwort zur 1. Auflage 7
Geleitwort zur 1. Auflage von Liesel Knorr (DSR) 9
Keine Angst vor dicken Büchern 10
Autorenverzeichnis 12
Inhaltsverzeichnis 17
Verzeichnis fachspezifischer Abkürzungen 32
Abbildungsverzeichnis 39

Einführung 47

Kapitel 1: Der Übergang auf das BilMoG 59

Kapitel 2: Einzelgesellschaftliche Rechnungslegung 105
   Abschnitt 1:   Rechnungslegungspflicht 105
   Abschnitt 2:   Bilanzierung des Anlagevermögens 165
   Abschnitt 3:   Bilanzierung des Umlaufvermögens 286
   Abschnitt 4:   Bilanzierung der Rückstellungen 304
   Abschnitt 5:   Bilanzierung der Verbindlichkeiten 394
   Abschnitt 6:   Bilanzierung der Rechnungsabgrenzungsposten 403
   Abschnitt 7:   Eigenkapital 409
   Abschnitt 8:   Sonderfragen 450
   Abschnitt 9:   Checkliste für die Umstellung der Bilanzierung im Jahresabschluss auf BilMoG 571
   Abschnitt 10: Anhangsberichterstattung 614
   Abschnitt 11: Lageberichterstattung 649
   Abschnitt 12: Checkliste für die Berichterstattungspflichten nach BilMoG in Anhang und Lagebericht 658

Kapitel 3: Konsolidierte Rechnungslegung 661
    Abschnitt 1:   Aufstellungspflicht und Konsolidierungskreis 661
    Abschnitt 2:   Inhalt des Konzernabschlusses und anzuwendende Vorschriften 686
    Abschnitt 3:   Konsolidierung 690
    Abschnitt 4:   Checkliste für die Umstellung der Bilanzierung im Konzernabschluss auf BilMoG 753
    Abschnitt 5:   Konzernanhangsberichterstattung 757
    Abschnitt 6:   Konzernlageberichterstattung 768
    Abschnitt 7:   Checkliste für die Berichterstattungspflichten nach BilMoG in Konzernanhang und -lagebericht 772

Kapitel 4: Abschlussprüfung 775

Kapitel 5: Offenlegung 837

Gesetzestexte: Konsolidierte Fassung der geänderten Paragrafen des HGB und EGHGB nach Fassung BilMoG 843

Literaturverzeichnis 895

Stichwortverzeichnis 917

Inhaltsverzeichnis

Vorwort zur 2. Auflage 5
Vorwort zur 1. Auflage 7
Geleitwort zur 1. Auflage von Liesel Knorr (DSR) 9
Keine Angst vor dicken Büchern 10
Autorenverzeichnis 12
Inhaltsübersicht 15
Verzeichnis fachspezifischer Abkürzungen 32
Abbildungsverzeichnis 39

Einführung 47
   1 Bilanzrechtsmodernisierung: Substanz erhaltende Erneuerung 47
   2 BilMoG: Die wesentlichen Änderungen im Überblick 53

Kapitel 1: Der Übergang auf das BilMoG 59
   1 Was ändert sich wann in Handels- und Steuerbilanz? 59
   2 Der erste Abschluss nach BilMoG 67
      2.1 Festlegung des Umstellungsstichtags 67
      2.2 Drei Schritte zum ersten Abschluss nach BilMoG 69
          2.2.1 Überblick 69
          2.2.2 Letzter Abschluss nach HGB a. F. 70
          2.2.3 BilMoG-Eröffnungsbilanz 75
          2.2.4 Erster Abschluss nach BilMoG 81
   3 Verhältnis zur steuerlichen Gewinnermittlung 87
      3.1 Maßgeblichkeitsprinzip 87
          3.1.1 Neuregelung 87
          3.1.2 Auslegung des Maßgeblichkeitsprinzips durch die Finanzverwaltung 90
          3.1.2.1 Überblick 90
          3.1.2.2 Zwingende steuerliche Vorbehaltsvorschriften 90
          3.1.2.3 Autonome steuerliche Wahlrechte 93
          3.1.2.4 Korrespondierende Wahlrechte 96

                3.1.2.5 Fehlende steuerliche Regelung..98
                3.1.2.6 Aufzeichnungspflichten 100
            3.1.3 Anwendungszeitpunkt...101
            3.1.4 Übergangsregelung 101
    3.2 Latente Steuern...103

Kapitel 2: Einzelgesellschaftliche Rechnungslegung 105

Abschnitt 1:   Rechnungslegungspflicht..105
1   **Befreiung von der Buchführungs-, Inventur- und Jahresabschlusspflicht..105**
    1.1 Die neuen Vorschriften im Überblick 105
    1.2 Zweck und Begründung der Befreiungsvorschriften gemäß Gesetzesmaterialien..108
    1.3 Vertiefende Aspekte zur Anwendung der neuen Befreiungsvorschriften..111
        1.3.1 Offene Fragen in den Gesetzesmaterialien..........................111
        1.3.2 Gewinnermittlung durch Einnahmen-Überschuss-Rechnung 116
            1.3.2.1 Das Grundprinzip der Einnahmen-Überschuss-Rechnung 116
            1.3.2.2 Überleitung zwischen der Gewinnermittlung durch Vermögensvergleich und der Einnahmen-Überschuss-Rechnung 119
            1.3.2.3 Beispiel für die Überleitung zwischen Gewinnermittlung durch Vermögensvergleich und einer Einnahmen-Überschuss-Rechnung 121
        1.4 Erstanwendung, Übergangsregelung und steuerliche Folgen.............124
2   **Größenabhängige Erleichterungen für Kapitalgesellschaften und gleichgestellte Personenhandelsgesellschaften 126**
    2.1 Die neuen Vorschriften im Überblick 126
    2.2 Zweck und Begründung der Neuregelung gemäß Gesetzesmaterialien..128
    2.3 Vertiefende Aspekte zur Anwendung der Neuregelung.....................129
        2.3.1 Die Einordnung von Kapitalgesellschaften in Größenklassen..129
        2.3.2 Möglichkeiten zur Beeinflussung der Größenmerkmale.......133
        2.3.3 Die Bedeutung der Größenklassen für die Rechnungslegung, Prüfung und Offenlegung 140
    2.4 Erstanwendung, Übergangsregelung und steuerliche Folgen.............143
3   **Besondere Anforderungen an kapitalmarktorientierte Kapitalgesellschaften..145**
    3.1 Definition der kapitalmarktorientierten Kapitalgesellschaft 145
        3.1.1 Die neuen Vorschriften im Überblick 145

	3.1.2	Zweck und Begründung der Regelung	145
	3.1.3	Begriff des organisierten Markts	146
	3.1.4	Begriff der Wertpapiere	146
	3.1.5	Rechtsfolgen für kapitalmarktorientierte Kapitalgesellschaften	148
	3.1.6	Erstanwendung, Übergangsregelung und steuerliche Folgen	149
3.2		Erweiterter Jahresabschluss	150
	3.2.1	Die neuen Vorschriften im Überblick	150
	3.2.2	Zweck und Begründung der Neuregelung	151
	3.2.3	Darstellung der Entwicklung des Eigenkapitals	152
	3.2.4	Darstellung einer Kapitalflussrechnung	154
	3.2.5	Erläuterungen zur Segmentberichterstattung	158
	3.2.6	Erstanwendung, Übergangsregelung und steuerliche Folgen	159

4 Checkliste zur Prüfung der Rechnungslegungspflicht nach BilMoG **160**

Abschnitt 2: Bilanzierung des Anlagevermögens **165**

1 Ansatz **165**

1.1	Die neuen Ansatzregelungen für das Anlagevermögen im Überblick	165
1.2	Vollständigkeitsgebot	166
	1.2.1 Die neue Vorschrift im Überblick	166
	1.2.2 Feststellung des wirtschaftlichen Eigentums	168
	1.2.3 Erstanwendung, Übergangsregelung und steuerliche Folgen	171
1.3	Entgeltlich erworbener Geschäfts- oder Firmenwert	172
	1.3.1 Die neue Vorschrift im Überblick	172
	1.3.2 Der Geschäfts- oder Firmenwert als fiktiver, abnutzbarer Vermögensgegenstand	173
	1.3.3 Erstanwendung, Übergangsregelung und steuerliche Folgen	175
1.4	Selbst geschaffene immaterielle Vermögensgegenstände des Anlagevermögens	176
	1.4.1 Die neuen Vorschriften im Überblick	176
	1.4.2 Hintergrund der Neuregelung	178
	1.4.3 Voraussetzungen des Aktivierungswahlrechts nach § 248 Abs. 2 HGB	180
	1.4.3.1 Prüfungsschema	180
	1.4.3.2 Kein explizites Aktivierungsverbot	181
	1.4.3.3 Mit hoher Wahrscheinlichkeit zu erwartendes Entstehen eines aktivierungsfähigen Vermögensgegenstands	183
	1.4.3.4 Fallbeispiele	189

Inhaltsverzeichnis

      1.4.4   Erstanwendung, Übergangsregelung und steuerliche Folgen 194
  1.5 Ansatzstetigkeit 196

2 Bewertung 198
  2.1 Die neue Bewertungskonzeption für das Anlagevermögen im Überblick 198
      2.1.1   Bewertungsschema 198
      2.1.2   Bewertungsmaßstäbe 202
  2.2 Anschaffungskosten 204
  2.3 Herstellungskosten 206
      2.3.1   Die neue Vorschrift im Überblick 206
      2.3.2   Allgemeine Regelung (§ 255 Abs. 2, 3 HGB) 208
      2.3.2.1 Herstellungskostendefinition 208
      2.3.2.2 Ausweitung der handelsrechtlichen Wertuntergrenze 209
      2.3.2.3 Angemessenheitsprinzip 214
      2.3.2.4 Erstanwendung, Übergangsregelung und steuerliche Folgen 216
      2.3.3   Herstellungskosten selbst geschaffener immaterieller Vermögensgegenstände des Anlagevermögens 218
      2.3.3.1 Einordnung des § 255 Abs. 2a HGB und Prüfungsschema 218
      2.3.3.2 Trennbarkeit von Forschungs- und Entwicklungsphase 221
      2.3.3.3 Fallbeispiel 224
      2.3.3.4 Nachträgliche Herstellungskosten 228
      2.3.3.5 Erstanwendung, Übergangsregelung und steuerliche Folgen 229
  2.4 Planmäßige und außerplanmäßige Abschreibungen 230
      2.4.1   Planmäßige Abschreibung 230
      2.4.1.1 Allgemeines 230
      2.4.1.2 Zulässigkeit der geometrisch-degressiven Abschreibung 232
      2.4.1.3 Komponentenansatz 234
      2.4.1.4 Entgeltlich erworbener Geschäfts- oder Firmenwert 238
      2.4.1.5 Selbst geschaffene immaterielle Vermögensgegenstände des Anlagevermögens 242
      2.4.2   Außerplanmäßige (Niederstwert-)Abschreibungen 243
      2.4.3   Ermessensabschreibungen 249
      2.4.4   Steuerrechtliche Mehrabschreibungen 251
      2.4.4.1 Die Änderung im Überblick 251
      2.4.4.2 Hintergrund und Motive der Streichung von § 254 HGB a. F. 252
      2.4.4.3 Letztmalige Anwendung, Übergangsregelung und steuerliche Folgen 254
  2.5 Zuschreibungen 257
  2.6 Zeitwertbewertung 259
      2.6.1   Grundlagen 259
      2.6.1.1 Gesetzeswortlaut und Anwendungsbereich 259

       2.6.1.2   Begriff und Ermittlung des beizulegenden Zeitwerts............260
       2.6.1.3   Wechsel des Bewertungsmaßstabs............264
    2.6.2   Zeitwertbewertung von Zweckvermögen............264
       2.6.2.1   Allgemeine Regelungen............264
       2.6.2.2   Erstanwendung und Übergang............266
       2.6.2.3   Fallbeispiel............267
2.7   Bewertungsmethodenstetigkeit............271
    2.7.1   Gesetzeswortlaut und Einordnung............271
    2.7.2   Bedeutung der Neufassung............272
    2.7.3   Erstanwendung, Übergangsregelung und steuerliche Folgen............274

3 Ausweis............276

3.1   Überblick über die neuen Vorschriften............276
3.2   Selbst geschaffene immaterielle Vermögensgegenstände............276
    3.2.1   Überblick............276
    3.2.2   Abgrenzung selbst geschaffener von entgeltlich erworbenen immateriellen Vermögensgegenständen............277
    3.2.3   Ausweis unfertiger selbst geschaffener immaterieller Vermögensgegenstände des Anlagevermögens............278
    3.2.4   Flankierende Gesetzesänderungen............279
3.3   Verrechnung von Zweckvermögen und Schulden............279
    3.3.1   Überblick............279
    3.3.2   Verrechnung in der Bilanz............281
    3.3.3   Verrechnung in der Gewinn- und Verlustrechnung............284
    3.3.4   Flankierende Gesetzesänderungen............284

Abschnitt 3: Bilanzierung des Umlaufvermögens............286

1 Ansatz............286

2 Bewertung............288

2.1   Die neue Bewertungskonzeption für das Umlaufvermögen im Überblick............288
    2.1.1   Wortlaut der neuen Vorschriften............288
    2.1.2   Bewertungsschema............288
    2.1.3   Bewertungsmaßstäbe............291
2.2   Anschaffungskosten............292
    2.2.1   Überblick............292
    2.2.2   Bewertungsvereinfachungsverfahren............292
2.3   Herstellungskosten............296
2.4   Außerplanmäßige Abschreibungen............298
    2.4.1   Niederstwertabschreibungen............298
    2.4.2   Steuerrechtliche Mehrabschreibungen............302
2.5   Zuschreibungen............303

3 Ausweis............303

Abschnitt 4: Bilanzierung der Rückstellungen 304
1 Ansatz 304
   1.1 Überblick 304
   1.2 Verbot optionaler Aufwandsrückstellungen 307
      1.2.1 Die geplante Regelung im Überblick 307
      1.2.2 Aufhebung von § 249 Abs. 1 Satz 3 HGB a. F. 308
      1.2.3 Aufhebung von § 249 Abs. 2 HGB a. F. 310
      1.2.4 Erstmalige Anwendung, Übergangsregelung und steuerliche Folgen 311
      1.2.5 Fallbeispiel 313
   1.3 Rückstellungen für Pensionen und ähnliche Verpflichtungen 318
2 Bewertung 321
   2.1 Überblick über die neuen Vorschriften 321
   2.2 Allgemeine Vorschriften 322
      2.2.1 Bewertungsmaßstab und Bewertungsschema 322
      2.2.2 Faktorpreisänderungen 324
      2.2.3 Abzinsung 327
         2.2.3.1 Grundlagen 327
         2.2.3.2 Abzinsungssatz 328
         2.2.3.3 Restlaufzeit 331
         2.2.3.4 Vereinfachung bei Pensionsverpflichtungen 334
      2.2.4 Höchstwertprinzip 335
      2.2.5 Beispiel zur neuen Rückstellungsbewertung 336
      2.2.6 Erstanwendung, Übergangsregelung und steuerliche Folgen 341
   2.3 Bewertung von Altersversorgungsverpflichtungen und vergleichbaren langfristig fälligen Verpflichtungen 348
      2.3.1 Die neuen Vorschriften im Überblick 348
      2.3.2 Begriff der Altersversorgungsverpflichtungen und vergleichbaren langfristig fälligen Verpflichtungen 349
      2.3.3 Pensionsverpflichtungen 352
         2.3.3.1 Überblick 352
         2.3.3.2 Berücksichtigung zukünftiger Preis- und Kostensteigerungen 355
         2.3.3.3 Wertpapiergebundene Pensionszusagen 360
         2.3.3.4 Bewertung von Deckungsvermögen 364
         2.3.3.5 Diskontierungssatz der Rückstellungen 366
         2.3.3.6 Bewertungsverfahren 372
         2.3.3.7 Erstanwendung und Übergangsregelung 373
         2.3.3.8 Auswirkungen auf die steuerliche Gewinnermittlung und die Erfassung latenter Steuern 382
      2.3.4 Verpflichtungen aus Altersteilzeit 384
      2.3.5 Flankierende Regelungen 385
3 Ausweis 385
   3.1 Bilanz 385
   3.2 Gewinn- und Verlustrechnung 386

3.3 Flankierende Vorschriften ... 392

Abschnitt 5: Bilanzierung der Verbindlichkeiten ... 394
1 Ansatz ... 394
2 Bewertung ... 395
   2.1 Überblick ... 395
   2.2 Bewertung von Rentenverpflichtungen ... 397
      2.2.1 Modifizierte Barwertermittlung ... 397
      2.2.2 Erstanwendung, Übergangsregelung und steuerliche Folgen ... 401
3 Ausweis ... 402

Abschnitt 6: Bilanzierung der Rechnungsabgrenzungsposten ... 403
1 Überblick ... 403
2 Als Aufwand berücksichtigte Zölle und Verbrauchsteuern ... 405
3 Als Aufwand berücksichtigte Umsatzsteuer auf Anzahlungen ... 406
4 Letztmalige Anwendung, Übergangsregelung und steuerliche Folgen ... 408

Abschnitt 7: Eigenkapital ... 409
1 Ausstehende Einlagen auf das gezeichnete Kapital ... 409
   1.1 Die neue Vorschrift im Überblick ... 409
   1.2 Zweck und Begründung ... 410
   1.3 Fallbeispiel ... 412
   1.4 Erstanwendung, Übergangsregelung und steuerliche Folgen ... 414
2 Eigene Anteile ... 415
   2.1 Die neuen Vorschriften im Überblick ... 415
   2.2 Erwerb und Veräußerung eigener Anteile nach HGB a. F. und BilMoG im Vergleich ... 417
      2.2.1 Erwerb eigener Anteile ... 417
      2.2.2 Veräußerung eigener Anteile ... 422
   2.3 Fallbeispiele ... 424
   2.4 Erstanwendung, Übergangsregelung und steuerliche Folgen ... 431
3 Anteile an einem herrschenden oder mit Mehrheit beteiligten Unternehmen ... 433
   3.1 Die neuen Vorschriften im Überblick ... 433
   3.2 Einordnung der Regelung ... 434
   3.3 Klarstellender Charakter der Änderung ... 435
   3.4 Erstanwendung, Übergangsregelung und steuerliche Folgen ... 435
4 Ausschüttungs- und Abführungssperren ... 436
   4.1 Die neuen Vorschriften im Überblick ... 436
   4.2 Ermittlung der ausschüttungsgesperrten Beträge ... 439

4.3 Wirkung der Ausschüttungssperre 444
4.4 Flankierende Regelungen 445
　　4.4.1 Abführungssperre 445
　　4.4.2 Entnahmeregelung für Kommanditisten einer
　　　　　Personenhandelsgesellschaft 447
4.5 Angaben im Anhang 448
4.6 Erstanwendung, Übergangsregelung und steuerliche Folgen 449

Abschnitt 8: Sonderfragen **450**

**1 Aufwendungen für die Ingangsetzung und Erweiterung des
　Geschäftsbetriebs** **450**
　1.1 Die neuen Vorschriften im Überblick 450
　1.2 Bedeutung der Aufhebung des § 269 HGB a. F. 451
　1.3 Letztmalige Anwendung, Übergangsregelung und steuerliche
　　　Folgen 452

2 Sonderposten mit Rücklageanteil **454**
　2.1 Die neuen Vorschriften im Überblick 454
　2.2 Handelsbilanz und Maßgeblichkeitsprinzip 455
　　　2.2.1 Von der formellen zur abstrakten Maßgeblichkeit 455
　　　2.2.2 Ausblick zum Maßgeblichkeitsgrundsatz 457
　2.3 Letztmalige Anwendung, Übergangsregelung und steuerliche
　　　Folgen 458
　2.4 Fallbeispiel 460

3 Latente Steuern **464**
　3.1 Die neuen Vorschriften im Überblick 464
　3.2 Vom Timing-Konzept zum Temporary-Konzept 467
　3.3 Ansatz und Auflösung latenter Steuern 474
　　　3.3.1 Passivierungspflicht und Aktivierungswahlrecht 474
　　　3.3.2 Gesamtdifferenzenbetrachtung 477
　　　3.3.3 Auflösung latenter Steuern 478
　　　3.3.4 Rückstellungen für erwartete Steuermehrbelastungen 479
　　　　　3.3.4.1 Anwendungsfälle 479
　　　　　3.3.4.2 Verrechnung mit erwarteten Steuerentlastungen 484
　　　　　3.3.4.3 Übergangsproblematik 485
　　　　　3.3.4.4 Folgerungen für große und mittelgroße
　　　　　　　　　Kapitalgesellschaften 486
　3.4 Bewertung latenter Steuern 486
　　　3.4.1 Allgemeine Vorgaben 486
　　　3.4.2 Besondere Anforderungen an aktive latente Steuern 487
　3.5 Ausweis latenter Steuern 490
　　　3.5.1 Ausweis in der Bilanz 490
　　　3.5.2 Ausweis in der Gewinn- und Verlustrechnung 491
　3.6 Anhangsangaben 491
　3.7 Ausschüttungs- und Abführungssperre 493
　3.8 Erstanwendung, Übergangsregelung und steuerliche Folgen 495

4	**Umrechnung von Fremdwährungsgeschäften**	**499**
4.1	Die neuen Vorschriften im Überblick	499
4.2	Grundlagen	501
	4.2.1 Anlässe der Währungsumrechnung	501
	4.2.2 Wechselkurse	502
4.3	Zugangsbewertung	504
4.4	Folgebewertung	509
4.5	Ausweis von Umrechnungserfolgen in der Bilanz und in der Gewinn- und Verlustrechnung	516
4.6	Fallbeispiel	517
4.7	Latente Steuern	520
4.8	Erstanwendung, Übergangsregelung und steuerliche Folgen	521
5	**Bewertungseinheiten**	**522**
5.1	Die neuen Vorschriften im Überblick	522
5.2	Die Bilanzierung von Bewertungseinheiten	524
	5.2.1 Pflicht oder Wahlrecht zur Bildung von Bewertungseinheiten?	524
	5.2.2 Zulässige Bewertungseinheiten	525
	5.2.3 Anforderungen an die Bildung von Bewertungseinheiten	527
	5.2.4 Rechtsfolgen der Bildung von Bewertungseinheiten	538
5.3	Erstanwendung, Übergangsregelung und steuerliche Folgen	542
5.4	Fallbeispiele zur Bildung von Bewertungseinheiten	543
6	**Finanzinstrumente des Handelsbestands von Kredit- und Finanzdienstleistungsinstituten**	**550**
6.1	Die neuen Vorschriften im Überblick	550
6.2	Voraussetzungen der beschränkten Zeitwertbewertung	552
6.3	Bewertung von Finanzinstrumenten des Handelsbestands	560
6.4	Zuführung in den Sonderposten „Fonds für allgemeine Bankrisiken"	564
6.5	Flankierende Regelungen	567
6.6	Erstanwendung, Übergangsregelung und steuerliche Folgen	569

Abschnitt 9: Checkliste für die Umstellung der Bilanzierung im Jahresabschluss auf BilMoG 571

Abschnitt 10: Anhangsberichterstattung 614

1	**Allgemeines zur Gesetzesänderung**	**614**
2	**Die Änderungen im Einzelnen**	**621**
2.1	Aufgliederung der Verbindlichkeiten (§ 285 Nr. 2 HGB)	621
2.2	Außerbilanzielle Geschäfte (§ 285 Nr. 3 HGB)	622
2.3	Sonstige finanzielle Verpflichtungen (§ 285 Nr. 3a HGB)	625
2.4	Einfluss steuerrechtlicher Vergünstigungsvorschriften (§ 285 Nr. 5 HGB a. F.)	625

2.5 Abschreibung erworbener Geschäfts- oder Firmenwerte (§ 285 Nr. 13 HGB)..................626
2.6 Erklärung zum Corporate-Governance-Kodex (§ 285 Nr. 16 HGB)..................627
2.7 Abschlussprüferhonorare (§ 285 Nr. 17 HGB)..................627
2.8 Finanzanlagen (§ 285 Nr. 18 HGB)..................629
2.9 Andere Finanzinstrumente (§ 285 Nr. 19 und Nr. 20 HGB)..................630
2.10 Geschäfte mit nahe stehenden Personen (§ 285 Nr. 21 HGB)..................631
2.11 Forschungs- und Entwicklungskosten (§ 285 Nr. 22 HGB)..................636
2.12 Bewertungseinheiten (§ 285 Nr. 23 HGB)..................636
2.13 Bewertungsgrundlagen der Pensionsrückstellungen (§ 285 Nr. 24 HGB)..................638
2.14 Saldierung von Vermögen und Schulden (§ 285 Nr. 25 HGB)..................639
2.15 Fondsanteile (§ 285 Nr. 26 HGB)..................639
2.16 Haftungsverhältnisse (§ 285 Nr. 27 HGB)..................640
2.17 Ausschüttungsgesperrte Beträge (§ 285 Nr. 28 HGB)..................641
2.18 Latente Steuern (§ 285 Nr. 29 HGB)..................642
2.19 Aufhebung von § 285 Sätze 2 bis 6 HGB a. F...................645
2.20 Neufassung von § 286 Abs. 3 Satz 3 HGB..................646
2.21 Abschaffung der Anteilsliste (§ 287 HGB a. F.)..................646

3 Größenabhängige Erleichterungen..................647
4 Erstanwendung und Übergangsregelung..................647

Abschnitt 11: Lageberichterstattung 649
1 Allgemeines zur Gesetzesänderung..................649
2 Die Änderungen im Einzelnen..................652
2.1 Redaktionelle Änderung des § 289 Abs. 2 Nr. 5 HGB..................652
2.2 Befreiende Anhangsberichterstattung (§ 289 Abs. 4 HGB)..................652
2.3 Risikomanagement in Bezug auf den Rechnungslegungsprozess (§ 289 Abs. 5 HGB)..................653
2.4 Erklärung zur Unternehmensführung (§ 289a HGB)..................655
3 Erstanwendung..................657

Abschnitt 12: Checkliste für die Berichterstattungspflichten nach BilMoG in Anhang und Lagebericht..................658

Kapitel 3: Konsolidierte Rechnungslegung..................661
Abschnitt 1: Aufstellungspflicht und Konsolidierungskreis 661
1 **Verpflichtung zur Konzernrechnungslegung**..................661
1.1 Die neue Vorschrift im Überblick..................661
1.2 Erläuterung der Neuregelung..................664
1.2.1 Fokussierung auf das Control-Konzept..................664

	1.2.2	Konsolidierungspflicht für Zweckgesellschaften 667
	1.2.3	Steuerliche Folgen 670
	1.2.4	Erstanwendung und Übergangsregelung 671

2 Befreiung von der Konzernrechnungslegungspflicht 672
2.1 Die neuen Vorschriften im Überblick 672
2.2 Befreiung durch Einbeziehung in den Konzernabschluss eines übergeordneten Mutterunternehmens 672
2.3 Größenabhängige Befreiung 678
2.4 Erstanwendung, Übergangsregelung und steuerliche Folgen 681

3 Veränderung des Konsolidierungskreises 682

Abschnitt 2: Inhalt des Konzernabschlusses und anzuwendende Vorschriften 686

1 Inhalt des Konzernabschlusses 686
2 Maßgebliches Normensystem 688

Abschnitt 3: Konsolidierung 690

1 Konsolidierungsgrundsätze und Vollständigkeitsgebot 690
2 Kapitalkonsolidierung 693
2.1 Die neue Vorschrift im Überblick 693
2.2 Erläuterung der Neuregelung 696
    2.2.1 Methodik der Erstkonsolidierung 696
    2.2.2 Zeitpunkt der Erstkonsolidierung 699
    2.2.3 Kaufpreisallokation 700
    2.2.4 Zeitlicher Rahmen der Kaufpreisverteilung 708
    2.2.5 Sukzessiver Anteilserwerb 712
    2.2.6 Veränderung der Beteiligungsquote jenseits von Control 714
    2.2.7 Ausweis von Rückbeteiligungen am Mutterunternehmen 716
    2.2.8 Erstanwendung, Übergangsregelung und steuerliche Folgen 719

3 Latente Steuern 721
3.1 Die neue Vorschrift im Überblick 721
3.2 Erläuterung der Neuregelung 723
    3.2.1 Latente Steuern und Kapitalkonsolidierung 723
    3.2.2 Latente Steuern auf *outside basis differences* 727
    3.2.3 Erstanwendung, Übergangsregelung und steuerliche Folgen 727

4 Ausgleichsposten für Anteile anderer Gesellschafter 731
5 Umrechnung von Fremdwährungsabschlüssen 732
5.1 Die neue Vorschrift im Überblick 732
5.2 Erläuterung der Neuregelung 733
    5.2.1 Anwendungsbereich 733
    5.2.2 Die Umrechnungsvorgaben im Einzelnen 734

		5.2.2.1	Umrechnungsmethode..734

           5.2.2.1   Umrechnungsmethode...734
           5.2.2.2   Behandlung von Umrechnungsdifferenzen 735
           5.2.2.3   Kursart...735
           5.2.2.4   Fallbeispiel...736
           5.2.2.5   Bildung latenter Steuern..739
      5.2.3   Erstanwendung und Übergangsregelung.............................739

6   Behandlung von Unterschiedsbeträgen 740
   6.1   Die neue Vorschrift im Überblick 740
   6.2   Erläuterung der Neuregelung 740
      6.2.1   Folgebewertung..740
      6.2.2   Ausweis 742
      6.2.3   Erstanwendung und Übergangsregelung.............................743

7   Gemeinschaftsunternehmen 746

8   Assoziierte Unternehmen 747
   8.1   Die neue Vorschrift im Überblick 747
   8.2   Erläuterung der Neuregelung 748
      8.2.1   Methodik 748
      8.2.2   Zeitpunkt der Einbeziehung 749
      8.2.3   Kaufpreisallokation 750
      8.2.4   Latente Steuern 750
      8.2.5   Erstanwendung und Übergangsregelung.............................752

Abschnitt 4:   Checkliste für die Umstellung der Bilanzierung im Konzernabschluss auf BilMoG 753

Abschnitt 5:   Konzernanhangsberichterstattung..757
1   Vorbemerkungen..757
2   Die Änderungen im Einzelnen 764
3   Erstanwendung und Übergangsregelung 767

Abschnitt 6:   Konzernlageberichterstattung 768
1   Vorbemerkungen..768
2   Die Änderungen im Einzelnen 770
3   Erstanwendung 771

Abschnitt 7:   Checkliste für die Berichterstattungspflichten nach BilMoG in Konzernanhang und -lagebericht 772

Kapitel 4: Abschlussprüfung 775
1   Vorbemerkungen..775
   1.1   Hintergrund der Neuregelungen und Anwendungszeitpunkt 775

1.2 Aufbau des Kapitels Abschlussprüfung 777
 1.3 Überblick über die Änderungen im Bereich der
     handelsrechtlichen Jahresabschlussprüfung 778
     1.3.1 Tabellarische Übersicht der Änderungen und ihr Bezug
           zur Abschlussprüferrichtlinie 778
     1.3.2 Tabellarische Übersicht der Regelungen im Vergleich
           HGB a. F. und BilMoG 779
2 **Gegenstand und Umfang der Prüfung** **781**
 2.1 Gesetzesänderung 781
 2.2 Hintergrund der Neuregelung 782
 2.3 Erläuterungen zur Neuregelung 783
 2.4 Erstanwendungszeitpunkt der Neuregelung 794
3 **Bestellung und Abberufung des Abschlussprüfers** **794**
 3.1 Gesetzesänderung 794
 3.2 Hintergrund der Neuregelung 796
 3.3 Erläuterungen zur Neuregelung 796
 3.4 Erstanwendungszeitpunkt der Neuregelung 798
4 **Besondere Ausschlussgründe bei Unternehmen von besonderem**
 Interesse **798**
 4.1 Gesetzesänderung 798
 4.2 Hintergrund der Neuregelung 799
 4.3 Erläuterungen zur Neuregelung 799
 4.4 Erstanwendungszeitpunkt der Neuregelung 805
5 **Netzwerk** **805**
 5.1 Gesetzesänderung 805
 5.2 Hintergrund der Neuregelung 806
 5.3 Erläuterungen zur Neuregelung 806
 5.4 Erstanwendungszeitpunkt der Neuregelung 811
6 **Vorlagepflicht und Auskunftsrecht** **811**
 6.1 Gesetzesänderung 811
 6.2 Hintergrund der Neuregelung 812
 6.3 Erläuterungen zur Neuregelung 812
 6.4 Erstanwendungszeitpunkt der Neuregelung 814
7 **Prüfungsbericht** **814**
 7.1 Gesetzesänderung 814
 7.2 Hintergrund der Neuregelung 815
 7.3 Erläuterungen zur Neuregelung 816
 7.4 Erstanwendungszeitpunkt der Neuregelung 817
8 **Prüfungsausschuss** **817**
 8.1 Gesetzesänderung 817
 8.2 Hintergrund der Neuregelung 818
 8.3 Erläuterungen zur Neuregelung 818
     8.3.1 Allgemeine Vorbemerkungen zum Prüfungsausschuss 818

　　　　8.3.2　Der Prüfungsausschuss nach § 324 HGB –
　　　　　　　Anwendungsbereich und Zusammensetzung 820
　　8.4　Erstanwendungszeitpunkt der Neuregelung 822
9　Weitere durch das BilMoG erfolgte Änderungen von Vorschriften
　mit Bezug zur Abschlussprüfung 823
　　9.1　Vorbemerkungen 823
　　9.2　Vorschriften des AktG 823
　　　　9.2.1　Persönliche Voraussetzungen für Aufsichtsratsmitglieder 823
　　　　　9.2.1.1　Gesetzesänderung 823
　　　　　9.2.1.2　Hintergrund / Erläuterung 824
　　　　9.2.2　Innere Ordnung des Aufsichtsrats 825
　　　　　9.2.2.1　Gesetzesänderung 825
　　　　　9.2.2.2　Hintergrund / Erläuterung 825
　　　　9.2.3　Bekanntmachung der Tagesordnung 826
　　　　　9.2.3.1　Gesetzesänderung 826
　　　　　9.2.3.2　Hintergrund / Erläuterung 827
　　　　9.2.4　Prüfung durch den Aufsichtsrat 828
　　　　　9.2.4.1　Gesetzesänderung 828
　　　　　9.2.4.2　Hintergrund / Erläuterung 829
　　9.3　Vorschriften der WPO 829
　　　　9.3.1　Allgemeine Berufspflichten 829
　　　　　9.3.1.1　Gesetzesänderung 829
　　　　　9.3.1.2　Hintergrund / Erläuterung 830
　　　　9.3.2　Handakten 831
　　　　　9.3.2.1　Gesetzesänderung 831
　　　　　9.3.2.2　Hintergrund / Erläuterung 832
　　　　9.3.3　Anwendung von Vorschriften der WPO auf
　　　　　　　Abschlussprüfer, Abschlussprüferinnen und
　　　　　　　Abschlussprüfungsgesellschaften aus Drittstaaten 832
　　　　　9.3.3.1　Gesetzesänderung 832
　　　　　9.3.3.2　Hintergrund / Erläuterung 834

Kapitel 5: Offenlegung 837
　1　Die neuen Vorschriften im Überblick 837
　2　Inhalt der Änderungen 841

Gesetzestexte: Konsolidierte Fassung der geänderten Paragrafen des HGB und EGHGB nach Fassung BilMoG 843
　1　HGB 843
　2　EGHGB 892

Literaturverzeichnis **895**
   1   Einzelgesellschaftliche Rechnungslegung 895
   2   Konsolidierte Rechnungslegung 911
   3   Prüfung 913

Stichwortverzeichnis **917**

Verzeichnis fachspezifischer Abkürzungen

a. A.	anderer Auffassung
Abb.	Abbildung
Abl. EU	Amtsblatt der Europäischen Union
AG	Aktiengesellschaft
AK	Anschaffungskosten
AktG	Aktiengesetz in der Fassung des Gesetzes zur Modernisierung des Bilanzrechts (Bilanzrechtsmodernisierungsgesetz – BilMoG)
AktG a. F.	Aktiengesetz in der Fassung vor Einführung des Bilanzrechtsmodernisierungsgesetzes
AO	Abgabenordnung
APAG	Abschlussprüferaufsichtsgesetz
Art.	Artikel
Aufl.	Auflage
AV	Anlagevermögen
BARefG	Berufsaufsichtsreformgesetz
BB	Betriebs-Berater (Zeitschrift)
BBK	Buchführung, Bilanzierung, Kostenrechnung (Zeitschrift)
BC	Bilanzbuchhalter und Controller (Zeitschrift)
Begr. RefE BilMoG	Begründung des Referentenentwurfs eines Gesetzes zur Modernisierung des Bilanzrechts (Bilanzrechtsmodernisierungsgesetz – BilMoG)
BFH	Bundesfinanzhof
BFH/NV	Sammlung amtlich nicht veröffentlichter Entscheidungen des Bundesfinanzhofs (Zeitschrift)
BFHE	Sammlung der Entscheidungen des BFH (Zeitschrift)
BFuP	Betriebswirtschaftliche Forschung und Praxis (Zeitschrift)
BGBl.	Bundesgesetzblatt (Zeitschrift)
BilMoG	Bilanzrechtsmodernisierungsgesetz
BilReG	Bilanzrechtsreformgesetz

Verzeichnis fachspezifischer Abkürzungen

BMF	Bundesministerium der Finanzen
BMJ	Bundesministerium der Justiz
BR	Bundesrat
bps	Basispunkte
BS WP/vBP	Satzung der Wirtschaftsprüferkammer über die Rechte und Pflichten bei der Ausübung der Berufe des Wirtschaftsprüfers und des vereidigten Buchprüfers (Berufssatzung für Wirtschaftsprüfer/vereidigte Buchprüfer – BS WP/vBP)
BStBl.	Bundessteuerblatt (Zeitschrift)
BT	Bundestag
BwBl	Betriebswirtschaftliche Blätter (Zeitschrift)
CTA	*contractual trust arrangements*
d. Verf.	der / die Verfasser
DB	Der Betrieb (Zeitschrift)
DCGK	Deutscher Corporate-Governance-Kodex
DRS	Deutscher Rechnungslegungs Standard
DRSC	Deutsches Rechnungslegungs Standards Committee
Drucks.	Drucksache
DSR	Deutscher Standardisierungsrat
DStR	Deutsches Steuerrecht (Zeitschrift)
DSWR	Datenverarbeitung – Steuer – Wirtschaft – Recht (Zeitschrift)
DTG	Devisentermingeschäft
DW	Durchschnittlicher Wechselkurs der Periode
e. G.	eingetragene Genossenschaft
e. V.	eingetragener Verein
EBIT	*earnings before income and taxes*
EBITDA	*earnings before income, taxes, depreciation and amortisation*
ED	*Exposure Draft*
EE-Steuern	Steuern vom Einkommen und Ertrag
EG	Europäische Gemeinschaft
EG-RL	Richtlinie der Europäischen Gemeinschaft

EGHGB	Einführungsgesetz zum Handelsgesetzbuch in der Fassung des Gesetzes zur Modernisierung des Bilanzrechts (Bilanzrechtsmodernisierungsgesetz – BilMoG)
EGHGB a. F.	Einführungsgesetz zum Handelsgesetzbuch in der Fassung vor Einführung des Bilanzrechtsmodernisierungsgesetzes
EITF	*Emerging Issues Task Force*
EK	Eigenkapital
EKV	Eigenkapitalveränderungsrechnung
EStDV	Einkommensteuer-Durchführungsverordnung
EStG	Einkommensteuergesetz in der Fassung des Gesetzes zur Modernisierung des Bilanzrechts (Bilanzrechtsmodernisierungsgesetz – BilMoG)
EStG a. F.	Einkommensteuergesetz in der Fassung vor Einführung des Bilanzrechtsmodernisierungsgesetzes
EStR	Einkommensteuerrichtlinien
EU	Europäische Union
EUR	Euro
EURIBOR	*European Interbank Offered Rate*
EWG	Europäische Wirtschaftsgemeinschaft
EWR	Europäischer Wirtschaftsraum
F.	*Framework*
F&E	Forschung und Entwicklung
FAS	Financial Accounting Standards
FGK	Fertigungsgemeinkosten
FI	Finanzinstrumente
Fifo	*First in – first out*
FN-IDW	Fachnachrichten des Instituts der Wirtschaftsprüfer (Zeitschrift)
FW	Fremdwährung
GBP	Britisches Pfund
GE	Geldeinheit
GmbH	Gesellschaft mit beschränkter Haftung
GmbHG	Gesetz betreffend die Gesellschaften mit beschränkter Haftung in der Fassung des Gesetzes zur Modernisierung des Bilanzrechts (Bilanzrechtsmodernisierungsgesetz – BilMoG)

GmbHR	GmbH-Rundschau (Zeitschrift)
GoF	Geschäfts- oder Firmenwert
GoB	Grundsätze ordnungsmäßiger Buchführung
GRL	Gewinnrücklagen
GrS	Großer Senat
GuV	Gewinn- und Verlustrechnung
GWG	Geringwertige Wirtschaftsgüter
h. M.	herrschende Meinung
HB	Handelsbilanz
HdK	Handbuch der Konzernrechnungslegung
HDR-E	Handbuch der Rechnungslegung – Einzelabschluss
HFA	Hauptfachausschuss
HGB	Handelsgesetzbuch in der Fassung des Gesetzes zur Modernisierung des Bilanzrechts (Bilanzrechtsmodernisierungsgesetz – BilMoG)
HGB a. F.	Handelsgesetzbuch in der Fassung vor Einführung des Bilanzrechtsmodernisierungsgesetzes
Hifo	*Highest in – first out*
HK	Herstellungskosten
h. M.	herrschende Meinung
Hrsg.	Herausgeber
HV	Hauptversammlung
HW	Historischer Wechselkurs
IAASB	*International Auditing and Assurance Standards Board*
IAS	*International Accounting Standards*
IASB	*International Accounting Standards Board*
IDW	Institut der Wirtschaftsprüfer in Deutschland e. V.
IDW-FN	IDW-Fachnachrichten (Zeitschrift)
IFAC	*International Federation of Accountants*
IFRS	*International Financial Reporting Standards*
IG	*Implementation Guidance*
InvG	Investmentgesetz
ISA	*International Standards on Auditing*

IVG	Immaterielle Vermögensgegenstände
JA	Jahresabschluss
JF	Jahresfehlbetrag
JÜ	Jahresüberschuss
KA	Konzernabschluss
KapG	Kapitalgesellschaft
Kfl.	Kaufleute
KFR	Kapitalflussrechnung
KGaA	Kommanditgesellschaft auf Aktien
Kifo	Konzern *in – first out*
Kilo	Konzern *in – last out*
Kl. Einzel-Kfl.	Kleine Einzelkaufleute
KLB	Konzernlagebericht
KM	Kapitalmarkt
KM-orientiert	kapitalmarktorientiert
KonBefrV	Konzernabschlussbefreiungsverordnung
KoR	Zeitschrift für internationale und kapitalmarktorientierte Rechnungslegung
KStG	Körperschaftsteuergesetz
KWG	Kreditwesengesetz
LB	Lagebericht
Lifo	*Last in – first out*
Lofo	*Lowest in – first out*
m. w. N.	mit weiteren Nachweisen
ME	Mengeneinheit
MGK	Materialgemeinkosten
Mio.	Million
Mrd.	Milliarde
MU	Mutterunternehmen
ND	Nutzungsdauer

Verzeichnis fachspezifischer Abkürzungen

OTC-Market	*over-the-counter-market*
p. a.	per anno
PHG	Personenhandelsgesellschaft
PiR	Praxis der internationalen Rechnungslegung (Zeitschrift)
Plc.	*public limited company*
Pos.	Position
PPA	*purchase price allocation*
pRAP	passiver Rechnungsabgrenzungsposten
PS	Prüfungsstandard
PublG	Publizitätsgesetz
RAP	Rechnungsabgrenzungsposten
RefE BilMoG	Referentenentwurf eines Gesetzes zur Modernisierung des Bilanzrechts (Bilanzrechtsmodernisierungsgesetz – BilMoG)
RefE	Referentenentwurf
RegE	Regierungsentwurf
RegE BilMoG	Gesetzentwurf der Bundesregierung eines Gesetzes zur Modernisierung des Bilanzrechts (Bilanzrechtsmodernisierungsgesetz – BilMoG)
RH	Rechnungslegungshinweis
RL	Rücklagen
Rn.	Randnummer
ROCE	*return on capital employed*
RS	Rechnungslegungsstandard
SABI	Sonderausschuss Bilanzrichtlinien-Gesetz
SEC	United States Securities and Exchange Commission
SFAS	*statement of financial accounting standards*
SFR	Schweizer Franken
SGB	Sozialgesetzbuch
SIC	*Standard Interpretations Committee*
SIV	*Structured Investment Vehicle*
SPE	*Special Purpose Entities*
StB	Steuerberater

str.	strittig
StuB	Unternehmensteuern und Bilanzen (Zeitschrift)
SW	Wechselkurs am Abschlussstichtag
TEUR	Tausend Euro
TransPuG	Gesetz zur weiteren Reform des Aktien- und Bilanzrechts, zu Transparenz und Publizität (Transparenz- und Publizitätsgesetz)
TSFR	Tausend Schweizer Franken
TU	Tochterunternehmen
TUSD	Tausend United States Dollar
Tz.	Textziffer
Ubg	Die Unternehmensbesteuerung (Zeitschrift)
UmwG	Umwandlungsgesetz
US GAAP	*United States Generally Accepted Accounting Principles*
USD	United States Dollar
UV	Umlaufvermögen
vBP	vereidigter Buchprüfer
VG	Vermögensgegenstand
VMEBF	Vereinigung zur Mitwirkung an der Entwicklung des Bilanzrechts für Familiengesellschaften
WiWo	Wirtschaftswoche (Zeitschrift)
WP	Wirtschaftsprüfer
WPg	Die Wirtschaftsprüfung (Zeitschrift)
WpHG	Gesetz über den Wertpapierhandel (Wertpapierhandelsgesetz)
WPK	Wirtschaftsprüferkammer
WPO	Wirtschaftsprüferordnung in der Fassung des Gesetzes zur Modernisierung des Bilanzrechts (Bilanzrechtsmodernisierungsgesetz – BilMoG)
WPO a. F.	Wirtschaftsprüferordnung in der Fassung vor Einführung des Bilanzrechtsmodernisierungsgesetzes
WR	Wahlrecht
ZfB	Zeitschrift für Betriebswirtschaft
ZIP	Zeitschrift für Wirtschaftsrecht (Zeitschrift)

Abbildungsverzeichnis

Abb. 1:	Kernanliegen des Bilanzrechtsmodernisierungsgesetzes	48
Abb. 2:	Regelungen zur erstmaligen Anwendung der Vorschriften des BilMoG	59
Abb. 3:	Erstanwendung der durch das BilMoG geänderten Vorschriften	64
Abb. 4:	Übergangsregelungen zum BilMoG	64
Abb. 5:	Änderung der steuerbilanziellen Gewinnermittlung	65
Abb. 6:	Auswirkungen des BilMoG auf die handels- und steuerrechtliche Bilanzierung	66
Abb. 7:	Umstellungszeitpunkt bei kalenderjahrgleichem und -abweichendem Geschäftsjahr	67
Abb. 8:	Vom letzten Abschluss nach HGB a. F. zum ersten Abschluss nach BilMoG	69
Abb. 9:	Pflichtanpassungen bei der Überleitung des letzten Jahresabschlusses nach HGB a. F. auf BilMoG	71
Abb. 10:	Pflichtanpassungen bei der Überleitung des letzten Konzernabschlusses nach HGB a. F. auf BilMoG	72
Abb. 11:	Optionale Anpassungen bei der Überleitung des letzten Abschlusses nach HGB a. F. auf BilMoG	73
Abb. 12:	Entwicklung der BilMoG-Eröffnungsbilanz	75
Abb. 13:	Erfassung erfolgsneutraler Anpassungsbuchungen im Übergang auf BilMoG	77
Abb. 14:	Erfolgsneutrale und erfolgswirksame Bildung latenter Steuern im Übergang auf BilMoG	78
Abb. 15:	Unter BilMoG nicht mehr zulässige Ansatz-, Bewertungs- und Ausweispraktiken	82
Abb. 16:	Auslegung des Maßgeblichkeitsprinzip bei zwingenden Vorbehaltsvorschriften	91
Abb. 17:	Auslegung des Maßgeblichkeitsprinzip bei autonomen Wahlrechten	94
Abb. 18:	Auslegung des Maßgeblichkeitsprinzips bei korrespondierenden Wahlrechten	97
Abb. 19:	Auslegung des Maßgeblichkeitsprinzips bei fehlender steuerlicher Regelung	99
Abb. 20:	Aufzeichnungspflichten für abweichend von der Handelsbilanz bewertete Wirtschaftsgüter	101
Abb. 21:	Größen- und rechtsformspezifische Anforderungen an die Rechnungslegung nach BilMoG	106

Abb. 22:	Befreiung von der Buchführungs- und Inventurpflicht nach BilMoG	107
Abb. 23:	Übergang auf die Befreiungsregelung des § 241a HGB	126
Abb. 24:	Vergleich der Größenkriterien des § 267 HGB nach HGB a. F. und BilMoG	128
Abb. 25:	Übergang auf die geänderten Größenkriterien für Kapitalgesellschaften nach BilMoG	144
Abb. 26:	Definition der kapitalmarktorientierten Kapitalgesellschaft	147
Abb. 27:	Übergang auf die Neudefinition der kapitalmarktorientierten Kapitalgesellschaft	150
Abb. 28:	Konzerneigenkapitalspiegel	153
Abb. 29:	Eigenkapitalspiegel im Einzelabschluss	154
Abb. 30:	Kapitalflussrechnung im Konzernabschluss	156
Abb. 31:	Kapitalflussrechnung im Einzelabschluss	157
Abb. 32:	Übergang auf den erweiterten Jahresabschluss kapitalmarktorientierter Kapitalgesellschaften	160
Abb. 33:	Geänderte Ansatzvorschriften für das Anlagevermögen	165
Abb. 34:	Neufassung des Vollständigkeitsgebots nach BilMoG	167
Abb. 35:	Die Feststellung des wirtschaftlichen Eigentums bei Vermögensgegenständen nach BilMoG	169
Abb. 36:	Übergang auf die geänderte Fassung des Vollständigkeitsgebots nach BilMoG	172
Abb. 37:	Entgeltlich erworbener Geschäfts- oder Firmenwert nach BilMoG	173
Abb. 38:	Übergang auf geänderte Ansatzregelung für entgeltlich erworbene Geschäfts- oder Firmenwerte nach BilMoG	176
Abb. 39:	Aktivierung selbst geschaffener immaterieller Vermögensgegenstände des Anlagevermögens nach BilMoG	178
Abb. 40:	Prüfungsschema zur Beurteilung der Aktivierungsfähigkeit selbst geschaffener immaterieller Vermögensgegenstände nach BilMoG	180
Abb. 41:	Merkmale des Wirtschaftsgutbegriffs und Verhältnis zum Begriff des Vermögensgegenstands	186
Abb. 42:	Nachweisanforderungen für die Aktivierung von Entwicklungskosten nach IFRS	188
Abb. 43:	Übergang auf das Aktivierungswahlrecht für selbst geschaffene immaterielle Vermögensgegenstände des Anlagevermögens	196
Abb. 44:	Übergang auf das Gebot der Ansatzstetigkeit nach BilMoG	198
Abb. 45:	Bewertungsschema für das Anlagevermögen von Nichtkapitalgesellschaften nach HGB a. F.	199
Abb. 46:	Bewertungsschema für das Anlagevermögen von Kapitalgesellschaften nach HGB a. F.	199
Abb. 47:	Bewertungsschema für das Anlagevermögen nach BilMoG	200

Abb. 48:	Bewertungsmaßstäbe nach HGB a. F. und BilMoG	202
Abb. 49:	Einbeziehungspflichten und -wahlrechte für Herstellungskostenbestandteile nach bisherigem Recht	210
Abb. 50:	Einbeziehungspflichten, -wahlrechte und -verbote für Herstellungskostenbestandteile nach BilMoG	211
Abb. 51:	Angemessenheits- und Notwendigkeitsprinzip bei der Schlüsselung von Gemeinkosten nach bisherigem Recht	215
Abb. 52:	Übergang auf die geänderte Herstellungskostenbewertung nach § 255 Abs. 2 HGB	218
Abb. 53:	Prüfungsschema für die Behandlung von Aufwendungen zur Schaffung immaterieller Vermögensgegenstände	219
Abb. 54:	Abgrenzung von Forschungs- und Entwicklungsphase	223
Abb. 55:	Niederstwertabschreibungen im Anlagevermögen nach HGB a. F. und BilMoG	244
Abb. 56:	Prüfung der Dauerhaftigkeit der Wertminderung im Fallbeispiel (Angaben in TEUR)	247
Abb. 57:	Übergang auf die geänderte Niederstbewertung nach § 253 Abs. 3 HGB	249
Abb. 58:	Übergang auf das Verbot von Ermessensabschreibungen nach § 253 Abs. 4 HGB a. F. im Anlagevermögen	251
Abb. 59:	Verbot der Übernahme steuerrechtlicher Abschreibungen nach BilMoG	252
Abb. 60:	Übergang auf das Verbot steuerrechtlicher Abschreibungen nach § 254 HGB a. F.	257
Abb. 61:	Zuschreibung im Anlagevermögen nach HGB a. F. und BilMoG	258
Abb. 62:	Übergang auf das Zuschreibungsgebot im Anlagevermögen	259
Abb. 63:	Ermittlungshierarchie für den beizulegenden Zeitwert	261
Abb. 64:	Übergang auf die Zeitwertbewertung von nach § 246 Abs. 2 Satz 2 HGB mit Schulden zu verrechnenden Vermögensgegenständen	267
Abb. 65:	Bewertungsgrundsätze nach § 252 HGB	272
Abb. 66:	Übergang auf den neu gefassten Grundsatz der Bewertungsmethodenstetigkeit	275
Abb. 67:	Die Einschränkung des Verrechnungsverbots nach BilMoG	281
Abb. 68:	Bewertungsschema für das Umlaufvermögen von Nicht-Kapitalgesellschaften nach HGB a. F.	289
Abb. 69:	Bewertungsschema für das Umlaufvermögen von Kapitalgesellschaften nach HGB a. F.	290
Abb. 70:	Bewertungsschema für das Umlaufvermögen nach BilMoG	290
Abb. 71:	Bewertungsvereinfachungsverfahren nach bisherigem Recht und nach BilMoG	294

Abb. 72:	Übergang auf die eingeschränkte Verbrauchsfolgebewertung	296
Abb. 73:	Außerplanmäßige Abschreibungen im Umlaufvermögen nach HGB und BilMoG	299
Abb. 74:	Relevante Marktseite für die Niederstbewertung von Vermögensgegenständen des Umlaufvermögens	300
Abb. 75:	Übergang auf die geänderten Abschreibungsregeln für Vermögensgegenstände des Umlaufvermögens	302
Abb. 76:	Das Verbot optionaler Aufwandsrückstellungen nach BilMoG	308
Abb. 77:	Übergang auf Ansatzverbot optionaler Aufwandsrückstellungen nach BilMoG	313
Abb. 78:	Arten von Pensionsverpflichtungen und Ansatzregelungen	319
Abb. 79:	Bewertungsschema für Rückstellungen – Berücksichtigung von Preis- und Kostenänderungen	324
Abb. 80:	Vorgaben zur Ermittlung des Abzinsungssatzes bei Rückstellungen	329
Abb. 81:	Von der Deutschen Bundesbank veröffentlichte Abzinsungssätze (Auszug)	330
Abb. 82:	Durchschnittszinssätze für Festzinsswaps mit einer Laufzeit von einem bis zehn Jahren	337
Abb. 83:	Entwicklung der Rückbaurückstellung nach bisherigem Bilanzrecht	337
Abb. 84:	Relevante Diskontierungssätze im Fallbeispiel	338
Abb. 85:	Entwicklung der Rückbaurückstellung nach BilMoG	339
Abb. 86:	Durchschnittszinssätze für Festzinsswaps mit einer Laufzeit von einem bis zehn Jahren	340
Abb. 87:	Ermittlung latenter Steuern für die Rückbaurückstellung	340
Abb. 88:	Übergang auf die geänderten Bewertungsvorschriften für Rückstellungen	348
Abb. 89:	Bewertung von Pensionen und pensionsähnlichen Verpflichtungen	355
Abb. 90:	Übergang auf die neuen Bewertungsvorschriften für Pensionsverpflichtungen	382
Abb. 91:	Entwicklung der Entfernungsrückstellung (Fallbeispiel)	387
Abb. 92:	Aufteilung der Rückstellungszuführung in operativen Aufwand und Zinsergebnis nach Interpretation 1 (Fallbeispiel)	388
Abb. 93:	Aufteilung der Rückstellungszuführung in operativen Aufwand und Zinsergebnis nach Interpretation 2 (Fallbeispiel)	389
Abb. 94:	Aufteilung der Rückstellungszuführung in operativen Aufwand und Zinsergebnis nach Interpretation 3 (Fallbeispiel)	390
Abb. 95:	Operativer Aufwand und Zinsaufwand bei Gratifikationsrückstellungen (Fallbeispiel)	392
Abb. 96:	Aufbau eines Rückstellungsspiegels	393
Abb. 97:	Bewertung von Verbindlichkeiten nach HGB a. F.	395

Abb. 98: Bewertung von Verbindlichkeiten nach dem BilMoG 396
Abb. 99: Übergang auf die geänderte Bewertung von Rentenschulden 399
Abb. 100: RAP-ähnliche Posten nach HGB a. F. und nach BilMoG 399
Abb. 101: Übergang auf Ansatzverbot für RAP-ähnliche Posten nach EGHGB 399
Abb. 102: Behandlung ausstehender Einlagen auf das gezeichnete Kapital nach HGB a. F. und BilMoG 399
Abb. 103: Bruttodarstellung ausstehender Einlagen auf das gezeichnete Kapital (in TEUR) 399
Abb. 104: Nettodarstellung ausstehender Einlagen auf das gezeichnete Kapital (in TEUR) 399
Abb. 105: Bruttodarstellung ausstehender Einlagen auf das gezeichnete Kapital mit Teileinforderung (in TEUR) 399
Abb. 106: Nettodarstellung ausstehender Einlagen auf das gezeichnete Kapital mit Teileinforderung (in TEUR) 399
Abb. 107: Übergang auf die geänderte Behandlung ausstehender Einlagen auf das gezeichnete Kapital 399
Abb. 108: Schematische Darstellung des Erwerbs eigener Anteile nach bisherigem Recht 399
Abb. 109: Änderungen bei der Darstellung des Erwerbs eigener Anteile durch das BilMoG 399
Abb. 110: Darstellung der Veräußerung eigener Anteile nach HGB a. F. und nach BilMoG 399
Abb. 111: Übergang auf die geänderte Behandlung eigener Anteile 399
Abb. 112: Übergang auf die Neufassung der Regelung zur Behandlung von Anteilen an herrschenden oder mit Mehrheit beteiligten Unternehmen 399
Abb. 113: Ausschüttungs- und Abführungssperren nach BilMoG 399
Abb. 114: Schema zur Ermittlung der Ausschüttungssperre nach § 268 Abs. 8 HGB 399
Abb. 115: Schema zur Ermittlung des ausschüttungsfähigen Betrags 399
Abb. 116: Schema zur Ermittlung des für eine Gewinnabführung zur Verfügung stehenden Betrags 399
Abb. 117: Übergang auf die geänderten Regelungen zur Ausschüttungssperre ... 399
Abb. 118: Ansatzverbot für Ingangsetzungs- und Erweiterungsaufwendungen nach BilMoG 399
Abb. 119: Übergang auf Ansatzverbot von Ingangsetzungs- und Erweiterungsaufwendungen nach BilMoG 399
Abb. 120: Wegfall des Sonderpostens mit Rücklageanteil nach BilMoG und Folgeänderungen 399

Abbildungsverzeichnis

Abb. 121: Übergang auf Ansatzverbot von Sonderposten mit Rücklageanteil nach BilMoG 399
Abb. 122: Konzeptionelle Grundlagen der Bildung latenter Steuern nach HGB a. F. und BilMoG 399
Abb. 123: Umsetzung des Konzepts der Bildung latenter Steuern nach HGB und BilMoG 399
Abb. 124: Auswirkungen latenter Steuern auf die Höhe der Ausschüttungssperre gemäß § 268 Abs. 8 HGB 399
Abb. 125: Übergang auf die geänderte Bildung latenter Steuern nach BilMoG 399
Abb. 126: Umrechnung von Fremdwährungsgeschäften nach § 256a HGB............ 399
Abb. 127: Wechselkurse für die Umrechnung von Fremdwährungsposten 399
Abb. 128: Umrechnung von Fremdwährungsposten im Zugangszeitpunkt 399
Abb. 129: Umrechnung von Fremdwährungsgeschäften in der Folgebewertung 399
Abb. 130: Übergang auf die Regelung zur Umrechnung von Fremdwährungsgeschäften 399
Abb. 131: Allgemeine Anforderungen an Bewertungseinheiten nach § 254 HGB 399
Abb. 132: Übergang auf die Regelungen zur Bildung von Bewertungseinheiten 399
Abb. 133: Abgrenzung des handelsrechtlichen Handelsbestands nach § 340e Abs. 3 HGB 399
Abb. 134: Umwidmungen aufgrund schwerwiegender Beeinträchtigung der Handelbarkeit im Jahresabschluss der Deutschen Bank AG 2009 399
Abb. 135: Umwidmungen wie sie nach bisherigem Recht vorgenommen werden beispielhaft im Jahresabschluss der Deutschen Bank AG 2009 399
Abb. 136: Vergleich der Umgliederungsvorschriften nach KWG und HGB 399
Abb. 137: Voraussetzungen für Finanzinstrumente des Handelsbestands 399
Abb. 138: Beschreibung der schon nach bisherigem Recht angewandten modifizierten Marktwertmethode im Jahresabschluss UniCredit Bank AG 2009 399
Abb. 139: Rechtsfolgen der Zeitwertbewertung von zu Handelszwecken erworbenen Finanzinstrumenten 399
Abb. 140: Übergang auf die Zeitwertbewertung von Finanzinstrumenten des Handelsbestands 399
Abb. 141: Aufbau eines Verbindlichkeitenspiegels 399
Abb. 142: Hintergrund und Ausgestaltung einer Steuerüberleitung 399
Abb. 143: Größenabhängige Erleichterungen in Bezug auf die geänderten Vorschriften zum Anhang 399
Abb. 144: Geplante Änderung des Konzepts der einheitlichen Leitung durch BilMoG 399

Abb. 145: Merkmale von Zweckgesellschaften 399
Abb. 146: Übergang auf die geänderte Fassung zur Aufstellungspflicht 399
Abb. 147: Befreiung von der Verpflichtung zur Erstellung eines
Konzernabschlusses und Konzernlageberichts 399
Abb. 148: Größenkriterien in § 293 HGB a. F. und nach BilMoG 399
Abb. 149: Übergang auf die modifizierten Befreiungsregeln in §§ 291, 292
und 293 HGB 399
Abb. 150: Erläuterung von Konsolidierungskreisänderungen nach HGB a. F.
und BilMoG 399
Abb. 151: Übergang auf die geänderte Konsolidierungskreiserläuterung 399
Abb. 152: Formulierung der Konsolidierungsmethodenstetigkeit als
Mussvorschrift 399
Abb. 153: Aktualisierung des Verweisbereichs in § 298 Abs. 1 HGB durch das
BilMoG 399
Abb. 154: Erstanwendung der redaktionellen Anpassung von § 300 Abs. 1
HGB 399
Abb. 155: Konsolidierungsmethoden für Tochterunternehmen nach HGB und
BilMoG 399
Abb. 156: Stichtag der Kapitalaufrechnung nach HGB a. F. und BilMoG 399
Abb. 157: Ausweis eigener Anteile und Rückbeteiligungen am
Mutterunternehmen nach HGB a. F. und BilMoG 399
Abb. 158: Übergang auf die geänderten Vorschriften zur
Kapitalkonsolidierung nach der Erwerbsmethode 399
Abb. 159: Übergang auf den geänderten Ausweis von Anteilen am
Mutterunternehmen und passivischen Unterschiedsbeträgen 399
Abb. 160: Latente Steuern im Konzernabschluss nach BilMoG 399
Abb. 161: Übergang auf die geänderte Steuerlatenzierung im
Konzernabschluss 399
Abb. 162: Umrechnung von Fremdwährungsabschlüssen nach § 308a HGB 399
Abb. 163: Übergang auf die Umrechnungsvorschrift für
Fremdwährungsabschlüsse 399
Abb. 164: Behandlung eines Geschäfts- oder Firmenwerts aus der
Konsolidierung nach HGB a. F. und BilMoG 399
Abb. 165: Ausweis von Unterschiedsbeträgen nach HGB a. F. und BilMoG 399
Abb. 166: Übergang auf die geänderte Behandlung von Unterschiedsbeträgen 399
Abb. 167: Ausgestaltung der Equity-Methode für assoziierte Unternehmen
nach HGB a. F. und BilMoG 399
Abb. 168: Übergang auf die geänderte Anteilsbewertung nach der Equity-
Methode 399

Abb. 169: Übersicht über den zeitlichen Anwendungsbereich der neuen Prüfungsvorschriften 399
Abb. 170: Übersicht über die Änderungen der Prüfungsvorschriften und ihr Bezug zur Abschlussprüferrichtlinie 399
Abb. 171: Übersicht der Prüfungsvorschriften HGB a. F. und BilMoG 399
Abb. 172: Übersicht Ausschlussgründe im Netzwerk 399

Einführung

Autor: Dr. Harald Kessler

1 Bilanzrechtsmodernisierung: Substanz erhaltende Erneuerung

Zur Erinnerung: Im Februar 2004 hat die damalige rot-grüne Bundesregierung unter Punkt 4 ihres Maßnahmenkatalogs zur Stärkung der Unternehmensintegrität und des Anlegerschutzes eine Fortentwicklung der Bilanzregeln und Anpassung an internationale Rechnungslegungsgrundsätze angekündigt. Das Reformvorhaben hat seinen Initiator überdauert – und fast noch die folgende Regierungskoalition dazu. Nach der Verabschiedung des Gesetzes zur Modernisierung des Bilanzrechts (Bilanzrechtsmodernisierungsgesetz – BilMoG) durch den Deutschen Bundestag am 26. März 2009 fand die Bilanzrechtsreform am 3. April 2009 die Zustimmung des Bundesrats. Am 28. Mai 2009 ist das BilMoG bekannt gegeben worden und einen Tag später in Kraft getreten.

Kernanliegen der Reform war es, „das bewährte HGB-Bilanzrecht zu einer dauerhaften und im Verhältnis zu den internationalen Rechnungslegungsstandards vollwertigen, aber kostengünstigeren und einfacheren Alternative weiterzuentwickeln, ohne die Eckpunkte des HGB-Bilanzrechts – die HGB-Bilanz bleibt Grundlage der Ausschüttungsbemessung und der steuerlichen Gewinnermittlung – und das bisherige System der Grundsätze ordnungsmäßiger Buchführung aufzugeben. Darüber hinaus sollten die Unternehmen – wo möglich – von unnötigen Kosten entlastet werden".[2] Das klingt bedarfsorientiert und vernünftig. Eher technokratisch liest sich dagegen der Hinweis, mit dem BilMoG habe man auch die sog. Abschlussprüferrichtlinie und die sog. Abänderungsrichtlinie umgesetzt.

Fasst man die Äußerungen der Bundesregierung zusammen, zeichnet sich die Reform durch **vier Tendenzen** aus: Deregulierung, Internationalisierung, Konservierung und Harmonisierung (vgl. Abb. 1). Was verbirgt sich hinter diesen Bestrebungen?

Deregulierung

Das BilMoG soll Unternehmen durch Erleichterungen bei der Rechnungslegung entlasten. Mit insgesamt rund 1 Mrd. EUR veranschlagt die Bundesregierung die prognostizierten Kosteneinsparungen. Davon sollen in erster Linie kleine Einzelkaufleute profitieren, die von der handelsrechtlichen Buchführungs- und Bilanzierungspflicht befreit worden sind (vgl. § 241a, § 242 Abs. 4 HGB). Kapitalgesellschaften stellt das

---

[2] BT-Drucks. 16/10067, S. 1, abrufbar unter: http://www.bmj.bund.de/files/-/3152/RegE_bilmog.pdf (Stand: 10.8.2010).

Gesetz per Saldo einen Entlastungseffekt von rund 240 Mio. EUR in Aussicht. Ursächlich hierfür ist die Anhebung der Schwellenwerte für die Abgrenzung kleiner, mittelgroßer und großer Kapitalgesellschaften in § 267 HGB sowie für die größenabhängige Befreiung von der Konzernrechnungslegungspflicht gemäß § 293 HGB. Dem stehen Mehrbelastungen in Höhe von rund 60 Mio. EUR gegenüber. Sie resultieren überwiegend aus der geänderten Bewertung von Pensionsverpflichtungen, die das Einholen separater Gutachten für die Handelsbilanz und die steuerliche Gewinnermittlung erforderlich macht, sowie aus zusätzlichen Angabepflichten im Anhang.

Internationalisierung

Die Unternehmen in Deutschland – so der Tenor der Regierungsbegründung – benötigen eine moderne Bilanzierungsgrundlage. Modern ist, was international anerkannt ist, liest man mehr oder weniger deutlich zwischen den Zeilen. Damit ist die Verbindung zu den International Financial Reporting Standards (IFRS) hergestellt, die derzeit in Deutschland nur von kapitalmarktorientierten Mutterunternehmen im Konzernabschluss verbindlich anzuwenden sind.

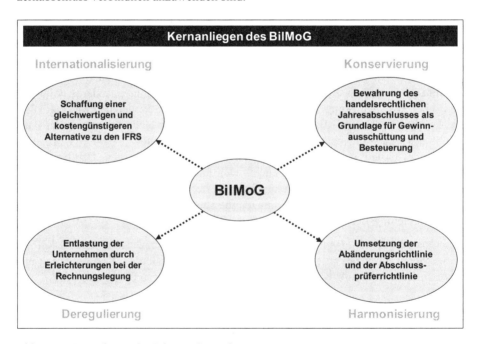

Abb. 1: Kernanliegen des Bilanzrechtsmodernisierungsgesetzes

Die erste Einsicht, die man mit Blick auf die internationale Rechnungslegung gewonnen hat(te), lautet: **Wahlrechte** sind nicht nur unnötig, mehr noch beeinträchtigen sie die dem Jahres- und Konzernabschluss zukommende Aufgabe, Außenstehende auf einer vergleichbaren Basis über die wirtschaftlichen Verhältnisse der Unternehmen zu unterrichten. Kurzerhand abgeschafft wurden daher die optionalen Aufwandsrückstellungen (§ 249 Abs. 1 Satz 3, Abs. 2 HGB a. F.), die der Vision einer Einheitsbilanz geschuldeten RAP-ähnlichen Posten (§ 250 Abs. 1 Satz 2 HGB a. F.) und die Bilanzierungshilfe für Ingangsetzungs- und Erweiterungsaufwendungen (§ 269 HGB a. F.). Anstelle eines Ansatzwahlrechts für den Geschäfts- oder Firmenwert enthält das Gesetz nunmehr ein Ansatzgebot. Die bereits 2004 angekündigte ‚Durchforstung und Entrümpelung des HGB' hat auch vor Bewertungswahlrechten nicht halt gemacht. Ihr sind neben vormaligen Abschreibungs- und Zuschreibungswahlrechten für Nicht-Kapitalgesellschaften (§ 253 Abs. 2 bis 5 HGB a. F.) insbesondere die nur handelsrechtlichen Einbeziehungswahlrechte für bestimmte Herstellungskostenbestandteile (§ 255 Abs. 2 HGB a. F.) zum Opfer gefallen.

Unter dem Eindruck der Finanzmarktkrise und wohl mehr noch dem der Lobbyarbeit ist der Gesetzgeber allerdings auf der Zielgeraden eingeknickt. Anstelle der zunächst geplanten Ansatzgebote für bestimmte selbst geschaffene immaterielle Vermögensgegenstände des Anlagevermögens und für aktive latente Steuern sieht das Gesetz Wahlrechte vor. Wirklich überzeugen kann diese Kehrtwende nicht. Insb. das Aktivierungswahlrecht für latente Steuern bedeutet zusammen mit der beibehaltenen Gesamtdifferenzenbetrachtung einen deutlichen Rückschritt im Vergleich zum RegE. Es beeinträchtigt nicht nur die Vergleichbarkeit der Jahres- und Konzernabschlüsse, sondern stellt die Sinnhaftigkeit der Steuerlatenzierung insgesamt in Frage.

Apropos **Steuerbilanz**: Mit dem BilMoG ist die Ära der seit jeher umstrittenen umgekehrten Maßgeblichkeit auch im Einzelabschluss zu Ende gegangen. Steuerrechtliche Mehrabschreibungen (§ 254 HGB a. F.) und unversteuerte Rücklagen (§ 247 Abs. 3, § 273 HGB a. F.) sehen sich aus der handelsrechtlichen Rechnungslegung verbannt. Für Altbestände ist eine Übergangsregelung vorgesehen. Auch dieser längst überfällige Schritt ist das Ergebnis einer Annährung an international vorherrschende Vorstellungen von einer angemessenen Unternehmensberichterstattung: Steuerpolitische Einflüsse auf die Darstellung der Vermögens-, Finanz- und Ertragslage vertragen sich mit dem Ziel einer wirklichkeitsgetreuen Information Außenstehender nicht.

Folgen für die steuerliche Gewinnermittlung sollten mit der Aufgabe der umgekehrten Maßgeblichkeit nicht verbunden sein. Der neu gefasste § 5 Abs. 1 EStG erlaubt deshalb die Ausübung steuerlicher Wahlrechte bei der Ermittlung des Betriebsvermögens losgelöst von der Handelsbilanz. Damit einher geht die Verpflichtung, Wirtschaftsgüter, die nicht mit dem handelsrechtlich maßgeblichen Wert bei der steuerlichen Gewinnermittlung berücksichtigt werden, in ein gesondert zu führendes Verzeichnis aufzunehmen. Das soll die Nachvollziehbarkeit der Wertermittlung sicherstellen. Die Ära der Einheitsbilanz dürfte damit endgültig besiegelt sein.[3] Auch das BMF scheint mit dem Schreiben zur Auslegung des Maßgeblichkeitsprinzips vom 12. März 2010[4] seinen Beitrag dazu leisten zu wollen. Ob die darin erklärte Aktivierungspflicht für all-

---

[3] Vgl. zu den nach der neuen Rechtslage denkbaren Abweichungen zwischen Handels- und Steuerbilanz die Synopse bei Herzig/Briesemeister, DB 2009, S. 1 ff.
[4] Vgl. BMF-Schreiben v. 12.3.2010, BStBl. I 2010, S. 239.

gemeine Verwaltungskosten und bestimmte Sozialkosten als Teil der Herstellungskosten allerdings Bestand haben wird, bleibt abzuwarten.[5]

Mit der Ausrichtung der handelsrechtlichen Bilanzierung an internationalen Standards droht auch die dem angelsächsischen Rechnungslegungsverständnis seit Jahren entgegengebrachte **Kritik** auf das HGB überzuschwappen. Alles wird schwieriger, die bisherige Rechtssicherheit geht verloren, neue Ermessensspielräume beeinträchtigen die Verlässlichkeit der Rechnungslegung – und das alles zum Wohle einer fragwürdigen Aufwertung der Informationsfunktion.[6] Die im Gefolge der Finanzmarktkrise zu beobachtenden dramatischen Verwerfungen in den Bilanzen von Banken haben die Skeptiker in ihrer Haltung nachdrücklich bestärkt.

Keine Frage, das HGB nach BilMoG stellt höhere Anforderungen an die Rechnungsleger. Zu denken ist etwa an die Konsolidierung von Zweckgesellschaften. Auch der Umgang mit selbst geschaffenen immateriellen Vermögensgegenständen erfordert einiges an bilanzrechtlichem Fingerspitzengefühl. Dennoch: Mit dem BilMoG hat die nationale Rechnungslegung einen deutlichen Schritt nach vorne gemacht.[7] Aus abschlussanalytischer Perspektive wird vieles klarer. Dazu tragen neben der stringenteren Formulierung der Bilanzierungsvorschriften neue Ausweis- und Angabepflichten bei. Natürlich ist die Aktivierung eigenentwickelter Immaterialgüter ermessensbehaftet. Und die Abschwächung des Aktivierungsgebots in ein Wahlrecht macht die Sache nicht besser. Immerhin lassen sich die von dieser Regelung ausgehenden Wirkungen auf den Abschluss problemlos nachvollziehen. Beurteilungsspielräume eröffnen sich ebenfalls bei der Rückstellungsbewertung, wenn es um die Abzinsung und den Vorgriff auf künftige Preis- und Kostenverhältnisse geht. Aber selbst in diesem Punkt schafft das BilMoG eine höhere Transparenz als bislang. Zinseffekte aus der Rückstellungsbewertung sind gesondert in der Gewinn- und Verlustrechnung auszuweisen. Die für eine fundierte Unternehmensbeurteilung unerlässliche klare Trennung von Betriebs- und Finanzergebnis ist insoweit gewährleistet. Darüber hinaus sind die maßgeblichen Bewertungsparameter offenzulegen. Das erlaubt eine Einschätzung der Bewertungspolitik und ein Benchmarking mit Vergleichsunternehmen.

Unbestritten lässt das neue Bilanzrecht auch Raum für kritische Anmerkungen. Zwei wesentliche Schwachpunkte wurden bereits erwähnt: die Ansatzwahlrechte für selbst geschaffene immaterielle Vermögensgegenstände des Anlagevermögens und für aktive latente Steuern. Hier hätte man dem Gesetzgeber jenen Mut gewünscht, den er bewiesen hat, als es um die Konsolidierung von Zweckgesellschaften ging. Unverständlich bleibt auch, warum in der langen Beratungszeit das Regelungsdefizit in Bezug auf anteilsbasierte Vergütungen offenbar (erneut) nicht zur Sprache gekommen ist. Mag man darin auch bei HGB-Bilanzierern ein eher exotisches Thema sehen. Bei Unternehmen, die es betrifft, führt es unmittelbar zum Kernanliegen der handelsrechtlichen Rechnungslegung. Geht es doch um die Frage, ob in Eigenkapitalinstrumenten gewährte Vergütungen die Ausschüttungsmöglichkeiten begrenzen oder nicht.

---

[5] Kritisch Zwirner, DStR 2010, S. 592.
[6] So etwa der Tenor bei Lorson, Accounting 2008, S. 2 ff.
[7] Wie hier Herzig, DB 2008, S. 1339.

Schließlich enthält das Gesetz noch einige Ungereimtheiten, etwa in der Frage des wirtschaftlichen Eigentums, bei der Bewertung von Rentenschulden, der Ermittlung der Ausschüttungssperren und bei einigen Übergangsregelungen. Sie sollten sich in der Mehrzahl der Fälle durch eine ‚heilende Auslegung' ausräumen lassen.

In einem Punkt erscheint die Ankündigung der Bundesregierung reichlich euphemistisch. Ob das modernisierte HGB zu einer gleichwertigen und kostengünstigeren **Alternative zu den IFRS** avancieren wird, darf mit Fug und Recht bezweifelt werden. Für Unternehmen, die den Kapitalmarkt (noch) nicht in Anspruch nehmen, ergibt sich keine unmittelbare Notwendigkeit, die Rechnungslegung auf international anerkannte Standards umzustellen. Nach allem, was man hört und liest, üben sich gerade die Banken gegenwärtig noch sehr in Zurückhaltung, wenn es um die Forderung nach IFRS-Abschlüssen geht. Die Diskussionen um die Fair Value-Bewertung werden daran sicher nichts geändert haben. Andererseits hilft das neu in Form gebrachte HGB denjenigen Unternehmen nicht weiter, die Eigen- oder Fremdkapital am organisierten Markt beschaffen wollen. Für sie führt auf absehbare Zeit kein Weg an den international anerkannten Standards vorbei.

Konservierung

Keine Alternative hat die Bundesregierung zur Ausschüttungsorientierung des handelsrechtlichen Jahresabschlusses und zum Prinzip der (direkten) Maßgeblichkeit gesehen. Ungeachtet der Tendenz zu einer stärker informationsorientierten Unternehmensberichterstattung gab sie vor, an den Eckpfeilern der handelsrechtlichen Rechnungslegung sowie am System der Grundsätze ordnungsmäßiger Buchführung festhalten zu wollen. Diese dem Zeitgeist trotzende **konservative Grundhaltung** verdient Respekt. Schließlich hat sich die ordnungspolitische Entscheidung, den Jahresabschluss in den Dienst des Schutzes aller am Unternehmen im weitesten Sinne Beteiligten zu stellen, über Jahrzehnte hinweg bewährt. Und die Bemühungen, die Ausschüttungsmöglichkeiten über alternative Ansätze (z. B. Solvenztests) zu bestimmen,[8] stecken ebenso noch in den Kinderschuhen wie das von verschiedenen Seiten unablässig geforderte von der Handelsbilanz losgelöste steuerliche Gewinnermittlungsrecht.[9]

Zweifel bleiben, inwieweit sich diese Linie auf Dauer durchhalten lässt. Erste Erosionserscheinungen zeigen sich bereits in dem relativierenden Bekenntnis zu den handelsrechtlichen Grundsätzen ordnungsmäßiger Buchführung: So sollten zwar „das Vorsichtsprinzip, das Realisationsprinzip und das Stichtagsprinzip ihre bisherige Bedeutung (behalten, d. Verf.)", aber mit Blick auf die stärker betonte Informationsfunktion „punktuell anders gewichtet (werden, d. Verf.)" (BT-Drucks. 16/10067, S. 35).

---

[8] Vgl. hierzu Pellens/Jödicke/Schmidt, Mindestkapital und bilanzielle Kapitalerhaltung versus Solvenztest: Alternativen zur Reform des deutschen Gläubigerschutzsystems, in: Küting/Pfitzer/Weber (Hrsg.): Bilanz als Informations- und Kontrollinstrument, Stuttgart 2008, S. 7 ff.
[9] Vgl. nur Weber-Grellet, DStR 1998, S. 1343 ff.

Einführung

An anderer Stelle heißt es gar, „die Gläubigerschutz- und die Informationsfunktion des handelsrechtlichen Jahresabschlusses" stünden nunmehr „auf gleicher Ebene" (BT-Drucks. 16/10067, S. 59).[10] Diese Akzentverschiebung in den Rechnungslegungszwecken lässt für die Zukunft eine geänderte Auslegung des Bilanzrechts erwarten. Nach teleologischem Rechtsverständnis wird man die Informationsfunktion bei der Konkretisierung der handelsrechtlichen Vermögens- und Gewinnermittlungsgrundsätze kaum noch vollständig ausblenden können. Welche Auswirkungen sich daraus im Einzelnen ergeben werden, lässt sich noch nicht absehen. Tendenziell ist mit einer (weiteren) Zurückdrängung des Vorsichtsprinzips zu rechnen.

Den ersten (bedauerlichen) Schritt dazu macht das BilMoG mit dem **Abzinsungsgebot für Rückstellungen**. Gerade bei langfristigen Verpflichtungen, die keine gestundeten Geldleistungen zum Gegenstand haben (z. B. Rekultivierungs- und Entfernungsverpflichtungen), führt der Barwertansatz vielfach zu einem stark progressiven Aufwandsverlauf. Kann das Unternehmen mangels entsprechender Erträge aus der Anlage der Rückstellungsgegenwerte diese künftigen Belastungen nicht schultern, drohen Vermögensverluste, die zu Lasten der Gläubiger gehen. Die im Gegenzug geforderte Bewertung der Verpflichtungen nach dem voraussichtlichen Preisniveau im Erfüllungszeitpunkt vermag diesen Mangel nur ein wenig abzumildern.

Harmonisierung

Die Bundesregierung hat das BilMoG zum Anlass genommen, weitere Vorgaben zur Rechnungslegung und Abschlussprüfung aus Rechtsakten der EU umzusetzen. Als Folge der **Abänderungsrichtlinie**, die die Bilanzrichtlinie, die Konzernbilanzrichtlinie, die Bankbilanzrichtlinie und die Versicherungsbilanzrichtlinie in verschiedenen Punkten ergänzt, haben sich neue Angabe- und Erläuterungspflichten in Anhang und Lagebericht ergeben. Es geht im Wesentlichen um nicht in der Bilanz erscheinende Geschäfte, um Transaktionen mit nahe stehenden Unternehmen und Personen sowie um Schlüsselinformationen zu den angewandten Praktiken der Unternehmensführung. Ziel der zusätzlichen Berichtspflichten ist es, „die Spuren zu beseitigen, die die Bilanzierungsskandale der vergangenen Jahre [...] auf dem Kapitalmarkt hinterlassen haben" (BT-Drucks. 16/10067, S. 39).

Anpassungen im Recht der Abschlussprüfung verlangte schließlich die **Abschlussprüferrichtlinie** vom 17.5.2006. Sie bleiben im Umfang überschaubar, da zahlreiche der eher allgemein gehaltenen Regelungen der Richtlinie vorweggenommen[11] oder anderweitig bereits umgesetzt worden sind.[12] Der verbliebene Harmonisierungsbedarf fokussiert im Wesentlichen folgende Themen:

---

[10] Zum Verhältnis von Zahlungsbemessungs- und Informationsfunktion im reformierten Bilanzrecht vgl. Bieker, PiR, S. 365 ff.
[11] Vgl. Bilanzrechtsreformgesetz vom 4.12.2004 (BGBl. I 2004, S. 3166) und das Abschlussprüferaufsichtsgesetz vom 27.12.2004 (BGBl. I Jahr 2004, S. 3846).
[12] Vgl. Gesetz zur Stärkung der Berufsaufsicht und zur Reform berufsrechtlicher Regelungen in der Wirtschaftsprüferordnung (Berufsaufsichtsreformgesetz – BARefG) vom 3.9.2007 (BGBl. I 2007, S. 2178).

- Eigenverantwortlichkeit des Konzernabschlussprüfers
- Verpflichtende Prüfung nach internationalen Prüfungsstandards (ISA)
- Erweiterung des Personenkreises bei der Verpflichtung zur internen Rotation
- Ausdehnung der Unabhängigkeitsvorschriften auf das Netzwerk des Abschlussprüfers

Mit der Umsetzung der Richtlinienanforderungen setzt sich die eingeleitete Internationalisierung auch auf dem Gebiet der Abschlussprüfung weiter fort.

In der Zusammenschau bedeutet das BilMoG weniger Revolution als vielmehr Evolution oder – um es mit den Worten des BFH zu formulieren – Kernanliegen der Reform war eine Substanz erhaltende Erneuerung von Rechnungslegung und Abschlussprüfung. Im Unterschied zu den vom BFH beurteilten Aufwendungen für eine Gebäudesanierung haben die Mühen des Gesetzgebers immerhin per Saldo zu einem Aktivposten geführt.

2 BilMoG: Die wesentlichen Änderungen im Überblick

Redaktioneller Hinweis

Die durch das BilMoG geänderten Vorschriften sind in ihrer Fassung vor Verabschiedung des Gesetzes mit dem Zusatz ‚a. F.' zitiert. Die neuen Regelungen tragen ebenso wie die unverändert fortgeltenden Vorschriften keinen Zusatz.

Erläuterung geänderter Rechnungslegungs- und Prüfungsvorschriften des HGB				
			Erläutert in	
§§	Abs.	Änderung	Kapitel/ Abschnitt	Gliederungspunkt
§ 241a		Befreiung von der Buchführungs- und Inventarpflicht	2 / 1	1
§ 242		Befreiung von der Aufstellungspflicht für den Jahresabschluss	2 / 1	1
§ 246	1	Wirtschaftliches Eigentum (Vermögensgegenstände)	2 / 2	1.2
	1	Wirtschaftliches Eigentum (Schulden)	2 / 5	1
	1	Aktivierungspflicht des entgeltlich erworbenen Geschäfts- oder Firmenwerts	2 / 1	1.3

	Erläuterung geänderter Rechnungslegungs- und Prüfungsvorschriften des HGB
				Erläutert in
§§	Abs.	Änderung	Kapitel/ Abschnitt	Gliederungspunkt
§ 246	2	Einschränkung des Verrechnungsverbots	2 / 2	3.3
	2	Aktivierungspflicht eines Vermögensüberhangs	2 / 4	2.3.3.4
	3	Gebot der Ansatzstetigkeit	2 / 2	1.5
§ 247	3	Streichung des Sonderpostens mit Rücklageanteil	2 / 8	2
§ 248	2	Aktivierungswahlrecht für selbst geschaffene immaterielle Vermögensgegenstände des Anlagevermögens	2 / 2	1.4
§ 249		Verbot optionaler Aufwandsrückstellungen	2 / 4	1.2
§ 250	1	Streichung des Wahlrechts für RAP-ähnliche Posten	2 / 6	1-3
§ 252	1	Strengere Formulierung des Grundsatzes der Bewertungsmethodenstetigkeit	2 / 2	2.7
§ 253	1	Zeitwertbewertung von Zweckvermögen für Verpflichtungen gegenüber Arbeitnehmern	2 / 2 2 / 4	2.6 2.3.3.4
	1	Rückstellungsbewertung von wertpapierabhängigen Pensionen zum beizulegenden Zeitwert der Wertpapiere	2 / 4	2.3.3.3
	1, 2	Bewertung von Rückstellungen – allgemein	2 / 4	2.2
§ 253	1, 2	Bewertung von Altersversorgungsverpflichtungen und vergleichbaren langfristig fälligen Verpflichtungen	2 / 4	2.3
	3	Beschränkung des gemilderten Niederstwertprinzips im Finanzanlagevermögen	2 / 2	2.4.2
	3	Streichung des Wahlrechts zur Abschreibung auf den nahen Zukunftswert	2 / 3	2.4.1

§§	Abs.	Änderung	Kapitel/ Abschnitt	Gliederungspunkt
§ 253	4	Streichung des Wahlrechts zur Vornahme von Ermessensabschreibungen	2 / 2 2 / 4	2.4.3 2.4.1
	4	Niederstbewertung von Vermögensgegenständen des Umlaufvermögens	2 / 3	2.4.1
	5	Einführung eines allgemeinen Zuschreibungsgebots	2 / 2 2 / 3	2.5 2.5
	5	Zuschreibungsverbot für den entgeltlich erworbenen Geschäfts- oder Firmenwert	2 / 2	2.5
§ 254		Streichung des Wahlrechts zur Übernahme steuerrechtlicher Abschreibungen	2 / 2 2 / 3	2.4.4 2.4.2
		Bildung von Bewertungseinheiten	2 / 8	5
§ 255	2	Umfang der Herstellungskosten – allgemein	2 / 2 2 / 3	2.3 2.3
	2a	Herstellungskosten selbst geschaffener immaterieller Vermögensgegenstände	2 / 2	2.3.3
	4	Ermittlung des beizulegenden Zeitwerts	2 / 2	2.6
§ 256		Einschränkung der Bewertungsvereinfachungsverfahren	2 / 3	2.2.2
§ 256a		Umrechnung von Fremdwährungsgeschäften	2 / 8	4
§ 264	1	Jahresabschlussbestandteile für kapitalmarktorientierte Kapitalgesellschaften	2 / 1	3.2
§ 264d		Definition kapitalmarktorientierter Kapitalgesellschaften	2 / 1	3.1
§ 267		Anhebung der Größenmerkmale zur Einordnung von Kapitalgesellschaften	2 / 1	2
§ 268	8	Ausschüttungs- und Abführungssperren	2 / 7	4

§§	Abs.	Änderung	Kapitel/ Abschnitt	Gliederungspunkt
		Erläuterung geänderter Rechnungslegungs- und Prüfungsvorschriften des HGB	**Erläutert in**	
§ 269		Aufhebung des Aktivierungswahlrechts für Ingangsetzungs- und Erweiterungsaufwendungen	2 / 8	1
§ 272	1	Bilanzierung ausstehender Anteile auf das gezeichnete Kapital	2 / 7	1
	1a	Bilanzierung des Erwerbs eigener Anteile	2 / 7	2.2.1
	1b	Bilanzierung der Veräußerung eigener Anteile	2 / 7	2.2.2
	4	Bilanzierung von Anteilen an einem herrschenden oder mit Mehrheit beteiligten Unternehmen	2 / 7	3
§ 273		Streichung der Regelung über den Ansatz eines Sonderpostens mit Rücklageanteil bei Kapitalgesellschaften	2 / 8	2
§ 274		Neuregelung der latenten Steuern	2 / 8	3
§ 285		Neue und geänderte Anhangsangaben für den Jahresabschluss	2 / 10	1, 2
§ 287		Aufhebung des Wahlrechts zur Erstellung einer gesonderten Aufstellung des Anteilsbesitzes	2 / 10	2.21
§ 288		Größenabhängige Erleichterung bzgl. der Anhangsangaben	2 / 10	3
§ 289		Erweiterte Berichtspflichten im Lagebericht	2 / 11	1, 2
§ 289a		Erklärung zur Unternehmensführung	2 / 11	2.4
§ 290	1	Neudefinition des Mutter-Tochter-Verhältnisses	3 / 1	1
§ 291	3	Einschränkung der Rechte von Minderheiten in Bezug auf die Aufstellung von Teilkonzernabschlüssen	3 / 1	2.2
§ 292		Qualifikation des Abschlussprüfers von befreienden Konzernabschlüssen nach § 292 HGB	3 / 1	2.2

		Erläuterung geänderter Rechnungslegungs- und Prüfungsvorschriften des HGB		
			Erläutert in	
§§	Abs.	Änderung	Kapitel/ Abschnitt	Gliederungspunkt
§ 293		Anhebung der Schwellenwerte zur größenabhängigen Konzernabschlussbefreiung	3 / 1	2.3
§ 294		Erläuterung von Konsolidierungskreisänderungen im Anhang	3 / 1	3
§ 297	3	Strengere Formulierung des Grundsatzes der Konsolidierungsmethodenstetigkeit	3 / 2	1
§ 298		Maßgebliches Normensystem für den Konzernabschluss	3 / 2	2
§ 301	1	Neubewertungsmethode als allein zulässige Methode der Kapitalkonsolidierung	3 / 3	2.2.1
	2	Zeitpunkt der Erstkonsolidierung	3 / 3	2.2.2
	3	Ausweis des Geschäfts- oder Firmenwerts und des Unterschiedsbetrags aus der Kapitalkonsolidierung	3 / 3	6.2.2
	4	Abbildung von Rückbeteiligungen im Konzernabschluss	3 / 3	2.2.7
§ 306		Neuregelung der Steuerlatenzierung im Konzernabschluss	3 / 3	3
§ 307		Ausgleichsposten für Anteile anderer Gesellschafter	3 / 3	4
§ 308a		Umrechnung von Fremdwährungsabschlüssen	3 / 3	5
§ 309		Behandlung des Unterschiedsbetrags aus der Kapitalaufrechnung	3 / 3	6
§ 310		Konsolidierung von Gemeinschaftsunternehmen	3 / 3	7
§ 312		Einbeziehung von assoziierten Unternehmen	3 / 3	8
§ 313 f.		Neue und geänderte Anhangsangaben für den Konzernabschluss	3 / 4	1-3
§ 315		Erweiterte Berichtspflichten im Konzernlagebericht	3 / 5	1-3

Einführung

			Erläutert in	
§§	Abs.	Änderung	Kapitel/ Abschnitt	Gliederungspunkt
§ 317	2	Ausschluss der Erklärung zur Unternehmensführung aus dem Prüfungsgegenstand	4	2
	3	Überprüfung der Arbeitsergebnisse eines anderen externen Prüfers	4	2
	5	Pflicht zur Prüfung nach internationalen Prüfungsstandards (ISA)	4	2
	6	Rechtsverordnungsermächtigung zum Erlass zusätzlicher Prüfungsanforderungen oder zur Nichtanwendung internationaler Prüfungsstandards	4	2
§ 318	3	Erweiterung der Antragsgründe zur gerichtlichen Bestellung des Abschlussprüfers	4	3
	8	Informationsrecht der Wirtschaftsprüferkammer über Kündigung oder Widerruf eines Prüfungsauftrags	4	3
§ 319a		Interne Rotation des verantwortlichen Prüfungspartners	4	4
§ 319b		Netzwerkweite Prüferunabhängigkeit	4	5
§ 320	4	Unmittelbares Informationsrecht des Folgeabschlussprüfers	4	6
§ 321	4a	Unabhängigkeitserklärung des Abschlussprüfers im Prüfungsbericht	4	7
§ 324		Streichung der Vorschrift über Meinungsverschiedenheiten, Einrichtung eines Prüfungsausschusses bei bestimmten Kapitalgesellschaften	4	8
Div.		Sonstige durch das BilMoG geänderte Vorschriften mit Bezug zur Abschlussprüfung	4	9
§ 325a		Offenlegung der Rechnungsunterlagen der Hauptniederlassung bei inländischen Zweigniederlassungen	5	–
§ 327		Verkürzte Bilanz als größenabhängige Offenlegungserleichterung	5	–

Erläuterung geänderter Rechnungslegungs- und Prüfungsvorschriften des HGB

Kapitel 1: Der Übergang auf das BilMoG

Autor: Dr. Harald Kessler

1 Was ändert sich wann in Handels- und Steuerbilanz?

Das BilMoG sieht unterschiedliche Zeitpunkte für die **erstmalige Anwendung** der reformierten handelsrechtlichen Rechnungslegungs- und Prüfungsvorschriften vor. Festgelegt sind diese in **Art. 66 EGHGB** (vgl. Abb. 2). Die Vorschrift unterscheidet – neben drei Einzelsachverhalten – mehrere Normengruppen, nämlich

- begünstigende Deregulierungsvorschriften (vgl. Art. 66 Abs. 1 EGHGB),
- Harmonisierungsvorschriften aus der Umsetzung von EU-Richtlinien (vgl. Art. 66 Abs. 2 EGHGB) und
- die übrigen Modernisierungsvorschriften (vgl. Art. 66 Abs. 3, 5 EGHGB).

Abs.	Betroffene Vorschrift / Regelungsgegenstand
Abs. 1	Deregulierende (begünstigende) Vorschriften, die erstmals auf Abschlüsse für das nach dem 31.12.2007 beginnende Geschäftsjahr anzuwenden sind
Abs. 2	Aus der erforderlichen Umsetzung von EU-Richtlinien resultierende Vorschriften, die erstmals auf Abschlüsse für das nach dem 31.12.2008 beginnende Geschäftsjahr anzuwenden sind
Abs. 3	Vorschriften, für die eine verpflichtende erstmalige Regelanwendung auf Abschlüsse für das nach dem 31.12.2009 beginnende Geschäftsjahr vorgesehen ist
Abs. 4	Sondervorschriften zur Einrichtung eines Prüfungsausschusses gemäß § 324, § 340k Abs. 5, § 341k Abs. 4 HGB, die erstmals ab dem 1.1.2010 anzuwenden sind
Abs. 5	Vorschriften, deren letztmalige Anwendung auf Abschlüsse für das vor dem 1.1.2010 beginnende Geschäftsjahr vorgeschrieben ist
Abs. 6	§ 335 Abs. 5 Satz 11 und 12 HGB waren nur bis zum 31.8.2009 anzuwenden und sind danach außer Kraft getreten
Abs. 7	Sonderregelung für die Aktivierung von Entwicklungskosten von selbst geschaffenen immateriellen Vermögensgegenständen des Anlagevermögens

Abb. 2: Regelungen zur erstmaligen Anwendung der Vorschriften des BilMoG

Die drei Einzelsachverhalte betreffen die Sondervorschriften zur Einrichtung eines Prüfungsausschusses (vgl. Art. 66 Abs. 4 EGHGB), eine nur vorübergehend in das HGB aufgenommene Regelung zur Möglichkeit der Abhilfe in einem Ordnungsgeldverfahren nach § 335 HGB (vgl. Art. 66 Abs. 6 EGHGB) sowie eine Sonderregelung zur erstmaligen Anwendung der §§ 248, 255 Abs. 2a HGB auf selbst geschaffene immaterielle Vermögensgegenstände des Anlagevermögens.

Nach den Bestimmungen des Art. 66 EGHGB ergeben sich die in Abb. 3 dargestellten Erstanwendungszeitpunkte für die mit dem BilMoG neu gefassten oder hinzugekommenen Einzelvorschriften. Nicht aufgeführt sind die reformierten Prüfungsvorschriften. Zu ihrer erstmaligen Anwendung sei auf die Ausführungen in Kapitel 4 ‚Abschlussprüfung', Gliederungspunkt 1.1, verwiesen.

Paragraf	Sachverhalt	Übergangs-regelung des EGHGB	Anwendung in Abschlüssen für GJ[13]
§ 172 Abs. 4 Satz 3	Berechnung des Kapitalanteils eines Kommanditisten	Art. 66 Abs. 3	ab 1.1.2010*
§ 241a	Befreiung von der Pflicht zur Buchführung und Erstellung eines Inventars	Art. 66 Abs. 1	ab 1.1.2008
§ 242 Abs. 4	Keine Pflicht zur Aufstellung des Jahresabschlusses	Art. 66 Abs. 1	ab 1.1.2008
§ 246 Abs. 1, Abs. 2 Satz 2, Abs. 3	Vollständigkeit / Verrechnungsverbot / Ansatzstetigkeit	Art. 66 Abs. 3	ab 1.1.2010*
§ 247 Abs. 3	Sonderposten mit Rücklageanteil	Art. 66 Abs. 5	bis 31.12.2009
§ 248	Bilanzierungsverbote	Art. 66 Abs. 3	ab 1.1.2010*
§ 249 Abs. 1 Satz 3, Abs. 2	Aufwandsrückstellungen	Art. 66 Abs. 5	bis 31.12.2009
§ 250 Abs. 1 Satz 2	Rechnungsabgrenzungsposten	Art. 66 Abs. 5	bis 31.12.2009
§ 252 Abs. 1 Nr. 6	Bewertungsstetigkeit	Art. 66 Abs. 3	ab 1.1.2010*
§ 253	Zugangs- und Folgebewertung	Art. 66 Abs. 3	ab 1.1.2010*
§ 254 a. F.	Steuerrechtliche Abschreibungen	Art. 66 Abs. 5	bis 31.12.2009
§ 254	Bildung von Bewertungseinheiten	Art. 66 Abs. 3	ab 1.1.2010*
§ 255 Abs. 2, 2a, 4	Bewertungsmaßstäbe	Art. 66 Abs. 3	ab 1.1.2010*
§ 256 Satz 1	Verbrauchsfolgeverfahren	Art. 66 Abs. 3	ab 1.1.2010*
§ 256a	Währungsumrechnung	Art. 66 Abs. 3	ab 1.1.2010*
§ 264 Abs. 1 Satz 2	Pflicht zur Aufstellung	Art. 66 Abs. 3	ab 1.1.2010*

---

[13] Die mit * gekennzeichneten Vorschriften können im Verbund bereits in Abschlüssen für Geschäftsjahre ab dem 1.1.2009 angewandt werden. Auf die vorzeitige Anwendung der Vorschriften ist im (Konzern-)Anhang hinzuweisen.

Paragraf	Sachverhalt	Übergangsregelung des EGHGB	Anwendung in Abschlüssen für GJ[13]
§ 264c Abs. 4 Satz 3	Besondere Bestimmungen für PHG i. S. d. § 264a	Art. 66 Abs. 5	bis 31.12.2009
§ 264d	Kapitalmarktorientierte Kapitalgesellschaft	Art. 66 Abs. 3	ab 1.1.2010*
§ 265 Abs. 3 Satz 2	Allgemeine Grundsätze für die Gliederung	Art. 66 Abs. 5	bis 31.12.2009
§ 266 Abs. 2 und 3	Gliederung der Bilanz	Art. 66 Abs. 3	ab 1.1.2010*
§ 267 Abs. 1 und 2	Umschreibung der Größenklassen	Art. 66 Abs. 1	ab 1.1.2008*
§ 268 Abs. 2 Satz 1, Abs. 8	Vorschriften zu einzelnen Posten der Bilanz / Bilanzvermerke / Ausschüttungssperre	Art. 66 Abs. 3	ab 1.1.2010*
§ 269	Aufwendungen für die Ingangsetzung und Erweiterung des Geschäftsbetriebs	Art. 66 Abs. 5	bis 31.12.2009
§ 270 Abs. 1 Satz 2	Bildung bestimmter Posten	Art. 66 Abs. 5	bis 31.12.2009
§ 272 Abs. 1, 1a, 1b, 4	Eigenkapital	Art. 66 Abs. 3	ab 1.1.2010*
§ 273	Sonderposten mit Rücklageanteil	Art. 66 Abs. 5	bis 31.12.2009
§ 274	Latente Steuern	Art. 66 Abs. 3	ab 1.1.2010*
§ 274a Nr. 5	Größenabhängige Erleichterungen	Art. 66 Abs. 3	ab 1.1.2010*
§ 277 Abs. 3 Satz 1, Abs. 4 Satz 3	Vorschriften zu einzelnen Posten der Gewinn- und Verlustrechnung	Art. 66 Abs. 3	ab 1.1.2010*
§§ 279 bis 283	Besondere Bewertungsvorschriften bei KapG	Art. 66 Abs. 5	bis 31.12.2009
§ 285 Nr. 3, 3a, 16, 17 und 21	Außerbilanzielle Transaktionen, sonstige finanzielle Verpflichtungen, § 161 AktG, Abschlussprüferhonorare, *related parties*	Art. 66 Abs. 2 Satz 1	ab 31.12.2008
§ 285 Nr. 13, 18 bis 20, 22-29	ND bei GFW, FI, F&E, Bewertungseinheiten, Pensionsrückstellungen, Deckungsvermögen, InvG, Eventualverbindlichkeiten, Ausschüttungssperre, latente Steuern	Art. 66 Abs. 3	ab 1.1.2010*
§ 285 Nr. 2, 5, 13, 18 und 19	Veränderte oder aufgehobene Angabepflichten	Art. 66 Abs. 5	bis 31.12.2009
§ 286 Abs. 3	Unterlassen von Angaben	Art. 66 Abs. 3	ab 1.1.2010*
§ 287	Aufstellung des Anteilsbesitzes	Art. 66 Abs. 5	bis 31.12.2009

Kapitel 1: Der Übergang auf das BilMoG

Paragraf	Sachverhalt	Übergangs-regelung des EGHGB	Anwendung in Abschlüssen für GJ[13]
§ 288	Erleichterungen für Anhangsangabepflichten gemäß § 285 Nr. 3, 3a, 17, 21 und	Art. 66 Abs. 2	ab 1.1.2009
	§ 285 Nr. 19, 22, 29	Art. 66 Abs. 3	ab 1.1.2010*
§ 289 Abs. 4	Lagebericht von kapitalmarktorientierten AG und KGaA	Art. 66 Abs. 2 Satz 1	ab 1.1.2009
§ 289 Abs. 5	Lagebericht von kapitalmarktorientierten AG und KGaA	Art. 66 Abs. 2 Satz 1	ab 1.1.2009
§ 289a	Erklärung zur Unternehmensführung	Art. 66 Abs. 2 Satz 1	ab 1.1.2009
§ 290 Abs. 1 und 2	Pflicht zur Aufstellung eines Konzernabschlusses	Art. 66 Abs. 3	ab 1.1.2010*
§ 291 Abs. 3	Befreiende Wirkung von EU / EWR-Konzernabschlüssen	Art. 66 Abs. 3	ab 1.1.2010*
§ 292 Abs. 2	Rechtsverordnungsermächtigung für befreiende Konzernabschlüsse und Konzernlageberichte	Art. 66 Abs. 2 Satz 1	ab 1.1.2009
§ 293 Abs. 1	Größenabhängige Befreiung	Art. 66 Abs. 1	ab 1.1.2008
§ 293 Abs. 5	Größenabhängige Befreiung	Art. 66 Abs. 3	ab 1.1.2010*
§ 298 Abs. 1	Anzuwendende Vorschriften im Konzernabschluss	Art. 66 Abs. 3	ab 1.1.2010*
§ 301 Abs. 1 bis 4	Kapitalkonsolidierung	Art. 66 Abs. 3	ab 1.1.2010*
§ 302	Kapitalkonsolidierung bei Interessenzusammenführung	Art. 67 Abs. 5 Satz 2	Beibehaltungswahlrecht
§ 306	Latente Steuern	Art. 66 Abs. 3	ab 1.1.2010*
§ 307 Abs. 1 Satz 2	Anteile anderer Gesellschafter	Art. 66 Abs. 5	bis 31.12.2009
§ 308a	Umrechnung von auf fremde Währung lautenden Abschlüssen	Art. 66 Abs. 3	ab 1.1.2010*
§ 309 Abs. 1	Behandlung des Unterschiedsbetrags	Art. 66 Abs. 3 Satz 4	ab 1.1.2010*
§ 312 Abs. 1 bis 3	Wertansatz der Beteiligung und Behandlung des Unterschiedsbetrags	Art. 66 Abs. 3 Satz 4	ab 1.1.2010*
§ 313 Abs. 3 Satz 3, Abs. 4	Erläuterung der Konzernbilanz und der Konzern-GuV, Angaben zum Beteiligungsbesitz	Art. 66 Abs. 3	ab 1.1.2010*
§ 314 Abs. 1 Nr. 2, 2a, 8, 9, 13	Außerbilanzielle Transaktionen, sonstige finanzielle Verpflichtungen, § 161 AktG, Abschlussprüferhonorare, *related parties*	Art. 66 Abs. 2	ab 1.1.2009

Paragraf	Sachverhalt	Übergangs-regelung des EGHGB	Anwendung in Abschlüssen für GJ[13]
§ 314 Abs. 1 Nr. 10 bis 12 und 14 bis 21	FI, F&E, Bewertungseinheiten, Pensions-rückstellungen, Deckungsvermögen, InvG, Eventualverbindlichkeiten, Nutzungsdauer GFW, latente Steuern	Art. 66 Abs. 3	ab 1.1.2010*
§ 315 Abs. 2 und 4	Konzernlagebericht	Art. 66 Abs. 2	ab 1.1.2009
§ 315a	Konzernabschluss nach IFRS	Art. 66 Abs. 5	bis 31.12.2009
§ 318 Abs. 3 und 8	Bestellung und Abberufung des Abschluss-prüfers	Art. 66 Abs. 2	ab 1.1.2009
§ 325 Abs. 4 Satz 1	Offenlegung	Art. 66 Abs. 3	ab 1.1.2010*
§ 325a Abs. 1 Satz 1	Zweigniederlassungen von Kapitalgesell-schaften mit Sitz im Ausland	Art. 66 Abs. 3	ab 1.1.2010*
§ 327 Nr. 1 Satz 2, Nr. 2	Größenabhängige Erleichterungen für mittelgroße Kapitalgesellschaften bei der Offenlegung	Art. 66 Abs. 5	bis 31.12.2009
§ 334 Abs. 1 und 2	Bußgeldvorschriften	Art. 66 Abs. 3	ab 1.1.2010*
§ 335 Abs. 5	Beschwerde gegen Ordnungsgeld-festsetzungen	–	–
§ 336 Abs. 2	Ergänzende Vorschriften für e. G.	Art. 66 Abs. 3	ab 1.1.2010*
§ 340a Abs. 2	Anzuwendende Vorschriften	Art. 66 Abs. 3	ab 1.1.2010*
§ 340e Abs. 1 Satz 3, Abs. 3	Bewertung von Vermögensgegenständen	Art. 66 Abs. 3	ab 1.1.2010*
§ 340f Abs. 1 und 2	Vorsorge für allgemeine Bankrisiken	Art. 66 Abs. 3	ab 1.1.2010*
§ 340h	Währungsumrechnung	Art. 66 Abs. 3	ab 1.1.2010*
§ 340k Abs. 2a	Prüfung	Art. 66 Abs. 2	ab 1.1.2009
§ 340l Abs. 2 Satz 2 bis 4	Offenlegung	Art. 66 Abs. 2	ab 1.1.2009
§ 340n	Bußgeldvorschriften	Art. 66 Abs. 3	ab 1.1.2010*
§ 341a Abs. 1 Satz 1, Abs. 2	Anzuwendende Vorschriften	Art. 66 Abs. 3	ab 1.1.2010*
§ 341b	Bewertung von Vermögensgegenständen	Art. 66 Abs. 3	ab 1.1.2010*
§ 341e	Allgemeine Bilanzierungsgrundsätze	Art. 66 Abs. 3	ab 1.1.2010*
§ 341k Abs. 4	Prüfungsausschuss	Art. 66 Abs. 4	ab 1.1.2010*
§ 341l	Offenlegung	Art. 66 Abs. 3	ab 1.1.2010*

Kapitel 1: Der Übergang auf das BilMoG

Paragraf	Sachverhalt	Übergangsregelung des EGHGB	Anwendung in Abschlüssen für GJ[13]
§ 341n	Bußgeldvorschriften	Art. 66 Abs. 3	ab 1.1.2010*
§ 342 Abs. 1	Privates Rechnungslegungsgremium	–	–

Abb. 3: Erstanwendung der durch das BilMoG geänderten Vorschriften

Ergänzend zu den Vorschriften zur Erstanwendung finden sich in **Art. 67 EGHGB Übergangsbestimmungen**. Sie regeln, ob, und wenn ja, in welcher Weise die nach bisherigem Bilanzrecht ermittelten Bilanzansätze im Übergang auf die Rechnungslegungsvorschriften des BilMoG anzupassen sind (vgl. Abb. 4).

Abs.	Betroffene Vorschrift / Regelungsgegenstand
Abs. 1	Übergangsbestimmungen zur Anpassung der Bewertung von unterdotierten Pensionsrückstellungen und überdotierten Rückstellungen
Abs. 2	Angabe nicht passivierter Rückstellungen für laufende Pensionen, Anwartschaften auf Pensionen und ähnliche Verpflichtungen im Anhang und im Konzernanhang bei bestimmten Unternehmen
Abs. 3	Fortführungswahlrecht für optionale Aufwandsrückstellungen, Sonderposten mit Rücklageanteil nach § 247 Abs. 3, § 273 HGB a. F. und Rechnungsabgrenzungsposten nach § 250 Abs. 1 Satz 2 HGB a. F. sowie Vorschriften zur Anpassung der Bilanzansätze
Abs. 4	Fortführungswahlrecht für niedrigere Wertansätze von Vermögensgegenständen nach § 253 Abs. 3 Satz 3 und Abs. 4, § 254, § 279 Abs. 2 HGB a. F. sowie Vorschriften zur Anpassung der Bilanzansätze
Abs. 5	Fortführungswahlrecht für aktivierte Aufwendungen für die Ingangsetzung und Erweiterung des Geschäftsbetriebs nach § 269 HGB a. F.
Abs. 6	Erfolgsneutrale Behandlung von Aufwendungen und Erträgen aus der erstmaligen Anwendung der §§ 274, 306 HGB sowie aus der Anwendung dieser Vorschriften auf erfolgsneutrale Anpassungsmaßnahmen
Abs. 7	Ausweis von Aufwendungen und Erträgen aus der Anwendung von Art. 66, Art. 67 Abs. 1-5 EGHGB als außerordentliche Aufwendungen / Erträge
Abs. 8	Nichtanwendung von § 252 Abs. 1 Nr. 6, § 265 Abs. 1, § 284 Abs. 2 Nr. 3, § 313 Abs. 1 Nr. 3 HGB bei der erstmaligen Aufstellung eines Jahres- oder Konzernabschlusses nach BilMoG, keine Anpassungspflicht für Vorjahreszahlen

Abb. 4: Übergangsregelungen zum BilMoG

Das BilMoG ändert nicht nur die handelsrechtliche Rechnungslegung. Auch die **Steuerbilanz** ist betroffen. Welche Vorschriften geändert bzw. ergänzt wurden und von welchem Wirtschaftsjahr an sie zu berücksichtigen sind, zeigt Abb. 5.

Paragraf	Sachverhalt	Anwendungs-vorschrift	Anwendung in Abschlüssen für WJ[14]
§ 5 Abs. 1 EStG	Maßgeblichkeitsprinzip	–	ab 1.1.2009
§ 5 Abs. 1a EStG	Verrechnungsverbot für Posten der Bilanz	§ 52 Abs. 12e EStG	ab 1.1.2010*
§ 6 Abs. 1 Nr. 2b EStG	Zeitwertbewertung von zu Handelszwecken erworbenen Finanzinstrumenten; Zulässigkeit der Bildung einer unversteuerten Rücklage in Höhe von 50 % des Gewinns aus der Erstanwendung des § 6 Abs. 1 Nr. 2b EStG	§ 52 Abs. 16 Satz 10 EStG	ab 1.1.2010*
§ 6 Abs. 1 Nr. 3a EStG	Bewertung von Rückstellungen nach den Preis- und Kostenverhältnissen des Bilanzstichtags	§ 52 Abs. 16 Satz 10 EStG	ab 1.1.2010*

Abb. 5: Änderung der steuerbilanziellen Gewinnermittlung

Auf den ersten Blick scheint die steuerbilanzielle Gewinnermittlung vom BilMoG nur am Rande berührt. Tatsächlich ergeben sich weitreichende Änderungen. Der Grund liegt in der Aufgabe der umgekehrten Maßgeblichkeit und der teilweise geänderten Auslegung der direkten Maßgeblichkeit durch die Finanzverwaltung (vgl. Gliederungspunkt 3).

Wie sich das BilMoG auf die handels- und steuerrechtliche Bilanzierung auswirkt, verdeutlicht Abb. 6. Die Änderungen der handelsrechtlichen Rechnungslegung sind nicht nur prospektiv zu beachten. Sie lösen teilweise eine Pflicht zur **Anpassung** der nach HGB a. F. abgeleiteten Bilanzansätze aus (①). Für Bilanzierungssachverhalte, die im Jahr der Erstanwendung der Vorschriften des BilMoG auftreten, gelten die neu gefassten Rechnungslegungsvorschriften uneingeschränkt (②). Inwieweit diese auch auf Altfälle anzuwenden sind, bestimmt sich danach, in welchem Umfang das Unternehmen von den in den Übergangsvorschriften des Art. 67 EGHGB enthaltenen Beibehaltungswahlrechten Gebrauch macht (③).

---

[14] Die mit * gekennzeichneten Vorschriften sind bereits für Wirtschaftsjahre ab dem 1.1.2009 anzuwenden, wenn von dem Wahlrecht des Art. 66 Abs. 3 Satz 6 EGHGB zur vorzeitigen Anwendung der Vorschriften des BilMoG Gebrauch gemacht wird.

Das BilMoG hat den bislang in § 5 Abs. 1 Satz 2 EStG a. F. enthaltenen Grundsatz der **umgekehrten Maßgeblichkeit** aufgehoben. Mangels einer Übergangsvorschrift regelt der neu gefasste § 5 Abs. 1 EStG das Verhältnis von Handels- und Steuerbilanz bereits für den Veranlagungszeitraum 2009 (④).[15] Wahlrechte bei der steuerlichen Gewinnermittlung können nunmehr unabhängig von der Bilanzierung in der Handelsbilanz ausgeübt werden. Das eröffnet neue Möglichkeiten der Bilanzpolitik, insbesondere bei der Ausübung der zahlreichen Wahlrechte in den Übergangsvorschriften zum BilMoG (⑤).

Die Entkopplung von Handels- und Steuerbilanz lässt in Zukunft deutlich mehr Abweichungen zwischen beiden Rechenwerken erwarten. Zumindest bei mittelgroßen und großen Kapitalgesellschaften fördert diese Entwicklung die Bedeutung latenter Steuern (⑥). Verstärkt wird dieser Effekt einerseits durch das erweiterte Konzept der Steuerlatenzierung, das nicht nur die bisherigen quasi-permanenten Differenzen einschließt, sondern auch steuerliche Verlustvorträge (⑦). Zusätzliche Verwerfungen zwischen Handels- und Steuerbilanz bringen andererseits einige neue Rechnungslegungsvorschriften, die der Informationsfunktion geschuldet sind und steuerlich keine Beachtung finden (⑧).

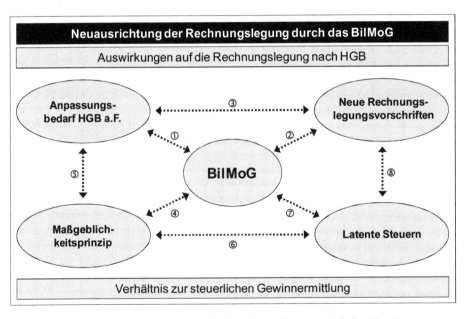

Abb. 6: Auswirkungen des BilMoG auf die handels- und steuerrechtliche Bilanzierung

---

[15] Das IDW geht in seiner Stellungnahme zu den Übergangsregelungen des BilMoG von einem Wegfall der umgekehrten Maßgeblichkeit mit Inkrafttreten des BilMoG zum 29.5.2009 aus; vgl. IDW RS HFA 28, IDW-FN 2009, S. 642, Tz. 3. Tatsächlich ist – worauf das BMF zu Recht hinweist – § 5 Abs. 1 EStG i. d. F. des BilMoG erstmals für Wirtschaftsjahre anzuwenden, die nach dem 31.12.2008 enden; vgl. BMF-Schreiben vom 12.3.2010, IV C 6 – S 2133/09/10001, BStBl. I 2010, S. 239, Tz. 24.

Nachfolgend sind Auswirkungen des BilMoG auf die handelsrechtliche Rechnungslegung näher erläutert. Im Mittelpunkt steht die Überleitung der bisherigen Bilanzierung auf die Vorschriften des BilMoG. Besonderes Augenmerk gilt den durch die Übergangsvorschriften eröffneten Gestaltungsmöglichkeiten (vgl. Gliederungspunkt 2). Ein zweiter Abschnitt beleuchtet das Verhältnis zur steuerlichen Gewinnermittlung genauer. Im Fokus stehen hier die geänderte Fassung des Maßgeblichkeitsprinzips und dessen Auslegung durch die Finanzverwaltung im BMF-Schreiben vom 12.3.2010 (vgl. Gliederungspunkt 3).

2 Der erste Abschluss nach BilMoG

2.1 Festlegung des Umstellungsstichtags

Die durch das BilMoG geänderten Rechnungslegungsvorschriften sind **erstmals verpflichtend** auf Jahres- und Konzernabschlüsse für Geschäftsjahre anzuwenden, die nach dem 31.12.2009 beginnen (vgl. Art. 66 Abs. 3 EGHGB). Korrespondierend mit dieser Regelung sind die wegfallenden Vorschriften des bisherigen Bilanzrechts letztmals auf Jahres- und Konzernabschlüsse für Geschäftsjahre anzuwenden, die vor dem 1.1.2010 beginnen (vgl. Art. 66 Abs. 5 EGHGB). Bei einem mit dem Kalenderjahr übereinstimmenden Geschäftsjahr ist somit der Abschluss zum 31.12.2010 erstmals nach den Vorschriften des BilMoG aufzustellen. Weicht das Geschäftsjahr vom Kalenderjahr ab, verschiebt sich der erste BilMoG-Abschluss entsprechend in die Zukunft (vgl. Abb. 7). Soweit nichts anderes angegeben ist, gehen die folgenden Ausführungen stets von einem kalenderjahrgleichen Geschäftsjahr aus.

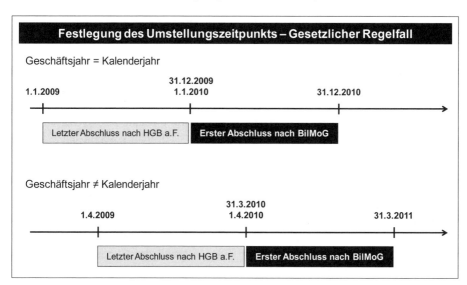

Abb. 7: *Umstellungszeitpunkt bei kalenderjahrgleichem und -abweichendem Geschäftsjahr*

Eine **freiwillige vorzeitige Anwendung** auf Jahres- und Konzernabschlüsse für Geschäftsjahre, die nach dem 31.12.2008 beginnen, ist zulässig. Dieses Wahlrecht steht dem Bilanzierenden allerdings nur für alle in Art. 66 Abs. 3 EGHGB aufgeführten Vorschriften insgesamt zu. Macht er davon Gebrauch, ist dies im Anhang oder Konzernanhang anzugeben. Abweichend von der Regelung in Art. 66 Abs. 5 EGHGB sind im Fall einer vorzeitigen Umstellung der Rechnungslegung die in Art. 66 Abs. 5 EGHGB aufgeführten Vorschriften letztmals auf das vor dem 1.1.2009 beginnende Geschäftsjahr anzuwenden.

In der Mehrzahl der Fälle wird die Entscheidung über den Umstellungsstichtag bereits getroffen worden sein. Bei Unternehmen mit vom Kalenderjahr abweichendem Geschäftsjahr (z. B. zum 30.9.) mag die Festlegung noch ausstehen. Sie erfordert eine Abwägung. Folgende Überlegungen sollten in sie einfließen:

- **Außenwirkung** des vorzeitigen Übergangs: Abschlüsse nach den reformierten Rechnungslegungsvorschriften gelten als transparenter. Zeitvergleiche und zwischenbetriebliche Vergleiche werden aussagekräftiger, was nicht zuletzt im Wegfall zahlreicher Wahlrechte begründet liegt. Die frühzeitige Anwendung der neuen Vorschriften mag dem Unternehmen daher einen Imagegewinn bei den Analysten einbringen. Diese Strategie ist nicht neu. Unter IFRS-Bilanzierern ist sie verschiedentlich zu beobachten, wenn es um die vorzeitige Anwendung neuer Standards oder Interpretationen geht.

- **Zeit zur Vorbereitung** auf die Umstellung und zur Beurteilung der Auswirkungen: In Abhängigkeit vom Geschäftsmodell kann sich der Übergang auf die reformierten Bilanzierungsvorschriften als relativ komplex erweisen. In diesem Fall sollte für den Übergang eine ausreichend lange Vorlaufzeit eingeplant werden. Das gilt umso mehr, wenn interne Prozesse an die neuen Rechnungslegungsvorschriften anzupassen sind (z. B. Kostenrechnung, Projektcontrolling) oder die durch Übergangsvorschriften eröffneten bilanzpolitischen Möglichkeiten ausgeschöpft werden sollen.

- **Profitieren von Erfahrungen** anderer Unternehmen: Die neuen Vorschriften sind teilweise in erheblichem Umfang auslegungsbedürftig. Eine kurzfristige Klärung der offenen Fragen ist nicht zu erwarten. Nicht auszuschließen sind zudem Nachbesserungen seitens des Gesetzgebers. Um diese Problematik zu entschärfen, kann es sinnvoll sein, den ersten BilMoG-Abschluss nach dem gesetzlichen Fahrplan erst für das Geschäftsjahr 2010 bzw. 2010 / 2011 aufzustellen.

- **Ausnutzung bilanzpolitischer Gestaltungsmöglichkeiten**: Wer bereits ein Jahr vor der verpflichtenden Anwendung des BilMoG einen Abschluss nach den neuen Rechnungslegungsvorschriften aufstellt, verzichtet auf die Wahrnehmung bilanzpolitischer Optionen im laufenden Geschäftsjahr, die aus dem Zusammenspiel der bisherigen Bilanzierungswahlrechte und den Übergangsvorschriften des Art. 67 EGHGB resultieren. Deren Wirkung kann aufgrund der Übergangsvorschriften nachhaltiger Natur sein. Umgekehrt bieten die neuen Rechnungslegungsvorschriften erweiterte Handlungsoptionen (Ansatz selbst geschaffener immaterieller Vermögensgegenstände, Aktivierung latenter Steuern auf steuerliche Verlustvorträge).

- **Unternehmensindividuelle Aspekte**: Die Entscheidung über den Zeitpunkt des Übergangs auf die Rechnungslegung nach BilMoG muss die individuellen Umstände im Unternehmen berücksichtigen. Dazu gehören die Anzahl und Komplexität der Umstellungssachverhalte, das Ausmaß, in dem interne Prozesse anzupassen sind, die verfügbaren personellen Ressourcen und nicht zuletzt der Stellenwert, den die Rechnungslegung im Unternehmen genießt.

In Anbetracht der bis zur Aufstellung des letzten Abschlusses nach HGB a. F. ggf. noch verbleibenden Zeit sollte ein vorzeitiger Übergang auf die Vorschriften des BilMoG in jedem Fall durch ein straffes Projektmanagement begleitet werden.

2.2 Drei Schritte zum ersten Abschluss nach BilMoG

2.2.1 Überblick

Der Übergang auf die reformierten Rechnungslegungsvorschriften des BilMoG erfordert drei Schritte (vgl. Abb. 8):

1. Aufstellung des letzten Jahres- oder Konzernabschlusses nach den Vorschriften des HGB a. F.;
2. Ableitung der BilMoG-Eröffnungsbilanz;
3. Fortentwicklung der BilMoG-Eröffnungsbilanzwerte auf den Stichtag des ersten Abschlusses nach HGB i. d. F. des BilMoG.

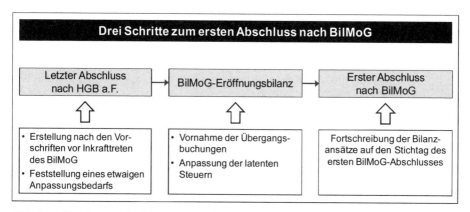

Abb. 8:   Vom letzten Abschluss nach HGB a. F. zum ersten Abschluss nach BilMoG

Im Mittelpunkt der Rechnungslegungsumstellung steht die Frage, inwieweit die bisherige Bilanzierung an die neuen Vorschriften des BilMoG anzupassen ist bzw. angepasst werden soll. Die Antwort darauf hat sich innerhalb der Vorgaben der Art. 67

und 67 EGHGB zu bewegen. Mit diesen Übergangsregelungen befasst sich der Rechnungslegungsstandard IDW RS HFA 28.[16]

2.2.2 Letzter Abschluss nach HGB a. F.

Die Rechtsgrundlage für den letzten Jahres- oder Konzernabschluss nach HGB a. F. bilden die Rechnungslegungsvorschriften vor Inkrafttreten des BilMoG. Eine vorzeitige Anwendung einzelner Neuregelungen des BilMoG ist, wie erwähnt, nicht zulässig. Im Ergebnis können jedoch durch eine (begründete) Änderung der Bilanzierungs- und Bewertungsmethoden bestimmte Wirkungen der neuen Vorschriften antizipiert werden.

Beispiel

Unternehmen U hat seine Pensionsrückstellungen in der Handelsbilanz bislang im Einklang mit der Steuerbilanz nach § 6a EStG bewertet. Aus dem Übergang auf die geänderten Bewertungsvorschriften erwartet U einen erheblichen Zuführungsbedarf zur Rückstellung. Um die künftigen Geschäftsjahre von dieser Ergebnisbelastung weitgehend frei zu halten, entscheidet sich U, zum 31.12.2009 die Rückstellungsbewertung zu ändern. Durch die Wahl eines niedrigeren Diskontierungszinssatzes (z. B. 3,5 %) gelingt es U, die Pensionsrückstellung bereits im letzten nach HGB a. F. aufgestellten Jahresabschluss in etwa auf den Betrag anzuheben, der sich bei vorzeitiger Anwendung der geänderten Bewertungsvorschriften ergeben hätte.

Als Kapitalgesellschaft oder nach § 264a HGB gleichgestellte Personenhandelsgesellschaft hat U die Änderung der Bewertungsmethode für Pensionsverpflichtungen im Anhang anzugeben und zu begründen. Ferner sind deren Einfluss auf die Vermögens-, Finanz- und Ertragslage gesondert darzustellen (vgl. § 284 Abs. 2 Nr. 3 HGB).

Zur Vorbereitung des Übergangs auf die Rechnungslegung nach BilMoG ist der letzte Abschluss nach HGB a. F. auf einen etwaigen **Anpassungsbedarf** hin zu untersuchen. Dazu ist zunächst festzustellen, inwieweit die neuen Rechnungslegungsvorschriften auch auf Bilanzierungssachverhalte anzuwenden sind, die sich noch unter der Ägide des alten Bilanzrechts ereignet haben (Altfälle). Die Antwort hierauf liefert Art. 66 EGHGB. Die Vorschrift ordnet im **Regelfall** eine **rückwirkende Anwendung** der neuen Rechnungslegungsvorschriften auf Altfälle an. Nur in Ausnahmefällen sind die Vorschriften ausschließlich prospektiv auf Geschäftsvorfälle anzuwenden, die sich nach dem Übergangsstichtag ereignen.

---

[16] Vgl. IDW RS HFA 28, IDW-FN 2009, S. 642 ff.; eingehend hierzu Kessler/Leinen/Paulus, Haufe Finance Office Professional, HaufeIndex 2192479; Petersen/Zwirner/Künkele, DB 2010, S. 1 ff.

Bilanzansätze im letzten Abschluss nach HGB a. F., die aufgrund der rückwirkenden Anwendung geänderter Rechnungslegungsvorschriften nicht BilMoG-kompatibel sind, bedürfen nicht zwingend einer Anpassung. Die **Übergangsregelungen** in Art. 67 EGHGB erlauben vielmehr in der Mehrzahl der Fälle, die bisherigen Bilanzansätze nach den für sie ehemals gültigen Vorschriften des HGB a. F. fortzuführen. Abb. 9 zeigt überblicksartig, welche Anpassungen bei der erstmaligen Aufstellung eines **Jahresabschlusses** nach BilMoG nicht umgangen werden können.

Notwendige Änderungen im Jahresabschluss beim Übergang auf BilMoG		
Ansatz	Bewertung	Ausweis
Steuerlatenzierung quasi-permanenter Differenzen § 274 Abs. 1 HGB	Bewertung von Zweckvermögen zum beizulegenden Zeitwert § 253 Abs. 1 Satz 4 HGB	Verrechnung von Zweckvermögen mit zugehörigen Schulden § 246 Abs. 2 Satz 2, 3 HGB
	Bewertung von Pensionsverpflichtungen nach § 6a EStG § 253 Abs. 2 HGB	Offene Absetzung nicht eingeforderter ausstehender Einlagen § 272 Abs. 1 Satz 3 HGB
	Ggf. Neuschätzung der Nutzungsdauer eines GoF (str.) § 253 Abs. 3 Satz 1, 2 HGB	Verrechnung eigener Anteile mit dem Eigenkapital § 272 Abs. 1a HGB
	Rücknahme von Niederstwertabschreibungen ohne Grund (str.) § 253 Abs. 5 HGB	
	Erfassung unrealisierter kurzfristigen FW-Gewinne (str.) § 256a HGB	
	Fair value-Bewertung im Handelsbestand § 340e Abs. 3 HGB	

Abb. 9: Pflichtanpassungen bei der Überleitung des letzten Jahresabschlusses nach HGB a. F. auf BilMoG

Unklar ist, ob die Nutzungsdauer eines entgeltlich erworbenen Geschäfts- oder Firmenwerts beim Übergang auf die Rechnungslegung nach BilMoG ggf. neu zu schätzen ist (vgl. Kapitel 2, Abschnitt 2, Gliederungspunkt 1.3) und ob unrealisierte Gewinne aus der Umrechnung kurzfristiger Fremdwährungsposten als Ertrag in der Gewinn- und Verlustrechnung zu erfassen sind (vgl. Kapitel 2, Abschnitt 8, Gliederungspunkt 4.4). Hierzu hat sich noch keine einheitliche Auffassung herausgebildet. Nichtkapitalgesellschaften sind zudem formal verpflichtet, Niederstwertabschreibungen im Übergang auf BilMoG durch Zuschreibung rückgängig zu machen, deren Grund entfallen ist. Ob diese Rechtsfolge durch nachträgliche „Umdeutung" der Niederstwertabschreibung in eine Abschreibung nach vernünftiger kaufmännischer Beurteilung nach § 253 Abs. 4 HGB vermieden werden kann, bedarf ebenfalls noch einer abschließenden Klärung.

Kapitel 1: Der Übergang auf das BilMoG

Im **Konzernabschluss** können im Übergang auf BilMoG die in Abb. 10 zusammengestellten Anpassungen vorzunehmen sein. Wie im Einzelabschluss stellt sich auch hier zusätzlich die Frage, ob die Nutzungsdauer eines aus der Kapitalkonsolidierung hervorgegangenen Geschäfts- oder Firmenwerts ggf. neu zu schätzen ist (vgl. Kapitel 3, Abschnitt 3, Gliederungspunkt 6).

Notwendige Änderungen im Konzernabschluss beim Übergang auf BilMoG		
Bilanzierung	Konsolidierung	Ausweis
Steuerlatenzierung auf Effekte aus der Kaufpreisallokation § 306 HGB	Einbeziehung bislang nicht konsolidierter Zweckgesellschaften § 290 Abs. 2 Nr. 4 HGB	Absetzung von Rückbeteiligungen vom Konzerneigenkapital § 301 Abs. 4 HGB
		Ausweis passivischer Unterschiedsbeträge nach dem EK § 301 Abs. 3 Satz 1 HGB

Abb. 10: Pflichtanpassungen bei der Überleitung des letzten Konzernabschlusses nach HGB a. F. auf BilMoG

Gestaltungsmöglichkeiten bei der Umstellung der Rechnungslegung ergeben sich zum einen aus den **Übergangsvorschriften** des Art. 67 Abs. 1, 3 und 4 EGHGB, die es in vielen Fällen erlauben, die nach dem neuen Rechnungslegungsrecht nicht mehr zulässigen Bilanzansätze beizubehalten und nach den bisher gültigen Vorschriften fortzuführen.[17] Zum anderen enthalten die ab 2010 erstmals anzuwendenden Vorschriften teilweise **neue Wahlrechte**, teilweise ergeben sich aus ihnen faktische Beurteilungsspielräume (vgl. Abb. 11).

---

[17] Vgl. hierzu Melcher/Tonas, KoR 2010, S. 50 ff.

| Optionale Änderungen beim Übergang auf BilMoG |||
Ansatz	Bewertung	Ausweis
Aktivierung selbst geschaffener immaterieller Anlagegüter § 248 Abs. 2 HGB, Art. 66 Abs. 3, 7 EGHGB	Auflösung überhöhter Pflichtrückstellungen Art. 67 Abs. 1 EGHGB	
Aktivierung latenter Steuern (auch für Verlustvorträge) § 274 HGB, Art. 67 Abs. 3 EGHGB	Auflösung von Zukunftswertabschreibungen Art. 67 Abs. 4 EGHGB	
Auflösung vorhandener Sonderposten mit Rücklageanteil Art. 67 Abs. 3 EGHGB	Auflösung von Ermessensabschreibungen Art. 67 Abs. 4 EGHGB	
Auflösung optionaler Aufwandsrückstellungen Art. 67 Abs. 3 EGHGB	Auflösung von steuerrechtlichen Mehrabschreibungen Art. 67 Abs. 4 EGHGB	
Auflösung RAP-ähnlicher Posten Art. 67 Abs. 3 EGHGB	Bildung von Bewertungseinheiten (prospektiv) § 254 HGB, Art. 66 Abs. 3 EGHGB	
Auflösung einer Bilanzierungshilfe gemäß § 269 HGB Art. 67 Abs. 3 EGHGB	Erfassung unrealisierter kurzfristigen FW-Gewinne (str.) § 256a HGB, Art. 66 Abs. 3 EGHGB	

Abb. 11: Optionale Anpassungen bei der Überleitung des letzten Abschlusses nach HGB a. F. auf BilMoG

Die Übergangswahlrechte sind teilweise nur postenbezogen, teilweise sachverhaltsbezogen ausübbar. Im ersten Fall kann der betreffende **Bilanzposten** im Jahres- oder Konzernabschluss nach BilMoG **nur insgesamt** beibehalten und fortgeführt oder aufgelöst werden.[18] Das gilt für

- den Sonderposten mit Rücklageanteil (vgl. Art. 67 Abs. 3 Satz 1 EGHGB),
- RAP-ähnliche Posten (vgl. Art. 67 Abs. 3 Satz 1 EGHGB) und
- den Überdotierungsbetrag von Schuldrückstellungen (vgl. Art. 67 Abs. 1 Satz 2).

In anderen Fällen hat der Gesetzgeber eine flexiblere **sachverhaltsbezogene Ausübung** der Übergangswahlrechte zugelassen. So können die nach HGB a. F. gebildeten optionalen Aufwandsrückstellungen auch teilweise beibehalten werden (vgl. Art. 67 Abs. 3 Satz 1 EGHGB). Art. 67 Abs. 4 HGB erlaubt es, über die Fortführung niedrigerer Wertansätze von Vermögensgegenständen, die auf Zukunftswertabschreibungen, Ermessensabschreibungen oder steuerrechtlichen Mehrabschreibungen beruhen, sachverhaltsbezogen zu befinden.

---

[18] Vgl. IDW RS HFA 28, IDW-FN 2009, S. 642, Tz. 14 f.

Beispiel

Sachverhalt:

Unternehmen U hat im Jahresabschluss zum 31.12.2009 u. a. folgende Bilanzierungsentscheidungen getroffen:

- Ansatz einer Aufwandsrückstellung in Höhe von 1.000 TEUR für eine zum Ende des Geschäftsjahrs 2011 geplante Generalüberholung einer Maschine;
- Ansatz einer Aufwandsrückstellung für unterlassene Aufwendungen für Instandhaltung in Höhe von 500 TEUR; die Maßnahme soll Mitte 2010 nachgeholt werden;
- Bewertung zweier Grundstücke unter Berücksichtigung eines Bewertungsabschlags nach § 6b EStG in Höhe von jeweils 300 TEUR zum Buchwert von 800 TEUR bzw. 700 TEUR.

Beurteilung:

Die Aufwandsrückstellungen können nach Art. 67 Abs. 3 Satz 1 EGHGB ganz oder teilweise beibehalten werden. Damit ist es zulässig, eine Aufwandsrückstellung aufzulösen und die andere nach den für sie bislang geltenden Vorschriften des HGB a. F. fortzuführen. Behält U unter BilMoG die Rückstellung für Generalüberholung bei, dürfen 2010 keine Zuführungen mehr berücksichtigt werden.

Der Wortlaut des Art. 67 Abs. 3 Satz 1 EGHGB schließt nicht aus, eine einzelne optionale Aufwandsrückstellung teilweise fortzuführen. Im vorliegenden Fall wäre U deshalb nicht daran gehindert, etwa die Rückstellung für unterlassene Instandhaltung mit einem Wertansatz von 300 TEUR in die BilMoG-Eröffnungsbilanz zu übernehmen.

Hinsichtlich der steuerrechtlichen Mehrabschreibungen lässt Art. 67 Abs. 4 EGHGB eine sachverhaltsbezogene Entscheidung über die Beibehaltung des Bewertungsabschlags zu. Danach steht es U frei, bei beiden Grundstücken unabhängig voneinander über die Beibehaltung oder Rückgängigmachung des (vollen) Bewertungsabschlags zu befinden.

Für mit dem BilMoG neu geschaffene Ansatzwahlrechte besteht die Freiheit einer sachverhaltsbezogenen Ausübung nicht. Sie unterliegen dem Grundsatz der **Ansatzstetigkeit**. Eine unterschiedliche Ausübung des Wahlrechts bei gleichen oder gleichartigen Sachverhalten ist nur in begründeten Ausnahmefällen zulässig (vgl. § 246 Abs. 3 i. V. m. § 252 Abs. 2 HGB sowie Kapitel 2, Abschnitt 2, Gliederungspunkt 1.5).

2.2.3 BilMoG-Eröffnungsbilanz

Zur Aufstellung der BilMoG-Eröffnungsbilanz sind in einem ersten Schritt die Schlussbilanzwerte aus dem letzten Abschluss nach HGB a. F. zu übernehmen. In dieser vorläufigen Eröffnungsbilanz sind sodann die aus der Analyse des Vorjahresabschlusses abgeleiteten obligatorischen und optionalen Anpassungen der Bilanzansätze zu erfassen. Das ergibt die endgültige BilMoG-Eröffnungsbilanz. Sie bildet den Ausgangspunkt für die Fortschreibung der Bilanzansätze auf den Stichtag des ersten BilMoG-Abschlusses (vgl. Abb. 12).

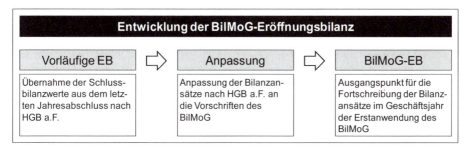

Abb. 12: Entwicklung der BilMoG-Eröffnungsbilanz

Die **Anpassungsbuchungen** können erfolgswirksam oder erfolgsneutral sein. Kommt keine Übergangsvorschrift zur Anwendung, sind sie erfolgswirksam. In der Gewinn- und Verlustrechnung ist in diesem Fall ein außerordentlicher Ertrag oder ein außerordentlicher Aufwand zu erfassen (vgl. Art. 67 Abs. 7 EGHGB). Der Ausweis hat dabei „gesondert" unter den betreffenden Posten zu erfolgen. Dem kann durch einen Davon-Vermerk entsprochen werden. Nicht unter den außerordentlichen Aufwendungen oder Erträgen auszuweisen sind die Effekte aus der Steuerlatenzierung. Sie beeinflussen die Steuern vom Einkommen und Ertrag.

Werden die vorläufigen Eröffnungsbilanzwerte in Anwendung einer **Übergangsvorschrift** angepasst, wird darin entweder eine erfolgswirksame oder eine erfolgsneutrale Anpassung angeordnet. Die Differenzierung soll einer gezielten Bilanzpolitik im letzten Abschluss nach HGB a. F. entgegenwirken. Hat ein Unternehmen im Abschluss zum 31.12.2009 letztmalig zulässige bilanzpolitische Gestaltungen realisiert, die sich auf den Jahreserfolg auswirken, erlauben die Übergangsvorschriften im Regelfall nur eine erfolgswirksame Korrektur der betreffenden Bilanzansätze. Etwas anderes gilt dort, wo der Gesetzgeber offenbar keine bilanzpolitische Motivation vermutet (z. B. Bildung eines Sonderpostens mit Rücklageanteil für eine in der Steuerbilanz angesetzte unversteuerte Rücklage; vgl. Art. 67 Abs. 3 Satz 2 EGHGB) oder die möglichen Ergebnisauswirkungen als unwesentlich erachtet (z. B. Bildung eines Rechnungsabgrenzungspostens für Zölle und Verbrauchsteuern auf am Abschlussstichtag auszuweisende Vorratsgüter; vgl. Art. 67 Abs. 3 Satz 2 EGHGB).

Die erfolgsneutralen Anpassungsbuchungen führen zu einem (gewollten) Bruch mit dem Grundsatz der Bilanzidentität (vgl. § 252 Abs. 1 Nr. 1 HGB). Das gilt nicht für die erfolgswirksamen Anpassungsbuchungen. Formal handelt es sich um laufende Buchungen im ersten Geschäftsjahr unter Geltung des BilMoG, die die Eröffnungsbilanz unberührt lassen. Eine gewisse Abgrenzung erfahren sie allerdings durch die gesonderte Erfassung der Erfolgswirkungen im außerordentlichen Ergebnis. Dieser Umstand verleiht ihnen im Hinblick auf die Informationsfunktion des ersten Abschlusses den Charakter einer Korrektur der Eröffnungsbilanz.

Werden **Bilanzansätze erfolgsneutral angepasst,** sind die betreffenden Posten entweder „unmittelbar in die Gewinnrücklagen einzustellen" (Art. 67 Abs. 3 Satz 2 EGHGB, Art. 67 Abs. 4 Satz 2 EGHGB) oder „mit den Gewinnrücklagen zu verrechnen" (Art. 67 Abs. 6 Satz 1 EGHGB). Einstellungen erfolgen stets in die anderen Gewinnrücklagen gemäß § 266 Abs. 3 A. III. 4 HGB, und zwar ohne Berührung der Gewinn- und Verlustrechnung sowie der bei AG und KGaA obligatorischen Ergebnisverwendungsrechnung (vgl. § 158 AktG). Die eingestellten Beträge können im Jahr der Rücklagendotierung für Zwecke einer **Gewinnausschüttung** verwendet werden (vgl. Abb. 13).[19]

Sind Beträge mit den Rücklagen zu verrechnen (z. B. bei der Auflösung von Rechnungsabgrenzungsposten gemäß § 250 Abs. 1 Satz 2 Nr. 1, 2 HGB a. F. oder der erfolgsneutralen Bildung passiver latenter Steuern), geht dies im ersten Schritt zu Lasten der frei verwendbaren Eigenkapitalbeträge. Dazu zählen neben den anderen Gewinnrücklagen ein etwaiger Gewinnvortrag sowie – über den Wortlaut des Gesetzes hinaus – bei AG und KGaA die Kapitalrücklage nach § 272 Abs. 2 Nr. 4 HGB und bei GmbH auch die übrigen Kapitalrücklagen. Reichen diese Eigenkapitalbeträge nicht aus, hat die Verrechnung mit jenen verwendungsbeschränkten Rücklagen zu erfolgen, die zum Ausgleich eines Jahresfehlbetrags herangezogen werden dürfen. Sind auch diese aufgebraucht, kommt in Höhe des übersteigenden Verrechnungsbetrags ein (erhöhter) Bilanzverlust zum Ausweis.[20] In einer etwaigen Ergebnisverwendungsrechnung ist für den Anpassungsbetrag ein gesonderter Posten vorzusehen.[21]

---

[19] Vgl. IDW RS HFA 28, IDW-FN 2009, S. 642, Tz. 7, 21.
[20] Denkbar sind hohe Passivüberhänge an latenten Steuern etwa bei Umwandlungsvorgängen, die handelsrechtlich zum Ansatz von Zeitwerten bei Fortführung der steuerlichen Buchwerte geführt haben; vgl. Zwirner, DB 2010, S. 737 ff.
[21] Vgl. IDW RS HFA 28, IDW-FN 2009, S. 642, Tz. 7.

Behandlung erfolgsneutraler Anpassungsbuchungen	
Einstellung in Gewinnrücklagen	Verrechnung mit Gewinnrücklagen
• Alle Beträge sind in die anderen Gewinnrücklagen einzustellen • Bei geforderter unmittelbarer Einstellung sind die Beträge den Gewinnrücklagen ohne Berührung » der GuV und » der Ergebnisverwendungsrechnung den Rücklagen zuzuführen • Die eingestellten Beträge können im Jahr der Dotierung ausgeschüttet werden IDW RS HFA 28, Tz. 7	• **1. Stufe:** frei verwendbare Rücklagen » Gewinnvortrag » andere Gewinnrücklagen » Kapitalrücklage nach § 272 Abs. 2 Nr. 4 HGB » übrige Kapitalrücklagen (GmbH) • **2. Stufe:** verwendungsbeschränkte Rücklage, soweit diese zum Ausgleich eines Jahresfehlbetrags verwendet werden darf • **3. Stufe:** gesonderter Posten in der Ergebnisverwendungsrechnung → Ausweis eines (erhöhten) Bilanzverlusts IDW RS HFA 28, Tz. 7

Abb. 13: Erfassung erfolgsneutraler Anpassungsbuchungen im Übergang auf BilMoG

Die Bilanzansätze in der endgültigen BilMoG-Eröffnungsbilanz werden in vielen Fällen von den Steuerwerten der betreffenden Vermögensgegenstände, Schulden und Rechnungsabgrenzungsposten abweichen. Das führt bei großen und mittelgroßen Kapitalgesellschaften sowie diesen nach § 264a HGB gleichgestellten Personenhandelsgesellschaften zu **latenten Steuern**. Sofern es sich um (bilanzierungspflichtige) passive latente Steuern handelt oder um aktive latente Steuern, die einzubuchen sind oder freiwillig berücksichtigt werden sollen, stellt sich auch hier die Frage nach der Art ihrer Erfassung.

Unabhängig von der Entscheidung, die bisherigen Bilanzansätze beizubehalten oder anzupassen, ist im Übergang auf BilMoG neu über die Bildung latenter Steuern zu befinden. Aufwendungen oder Erträge aus der erstmaligen Anwendung der §§ 274, 306 HGB sind dabei unmittelbar mit den Gewinnrücklagen zu verrechnen (vgl. Art. 67 Abs. 6 EGHGB). Diese Regelung betrifft ausschließlich temporäre Differenzen und steuerliche Verlustvorträge, die am Ende des letzten Geschäftsjahrs vor Übergang auf das BilMoG bestehen (vgl. Schritt ① in Abb. 14).

Kapitel 1: Der Übergang auf das BilMoG

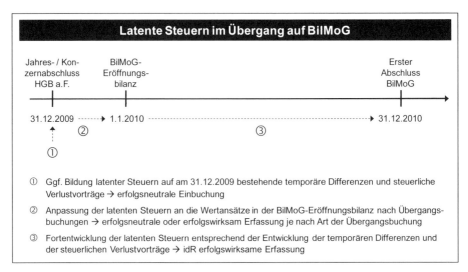

Abb. 14: *Erfolgsneutrale und erfolgswirksame Bildung latenter Steuern im Übergang auf BilMoG*

Führt die Überleitung der Bilanzansätze nach HGB a. F. in jene der BilMoG-Eröffnungsbilanz zu einer Veränderung bestehender oder zum Entstehen neuer temporärer Differenzen, ist die dafür ggf. erforderliche Anpassung der latenten Steuern je nach Art der Anpassungsbuchung erfolgneutral oder erfolgswirksam vorzunehmen (vgl. Schritt ② in Abb. 14). Anwendungsfälle einer **erfolgsneutralen Überleitung** der Rechnungslegung auf BilMoG sind:

- Auflösung überhöhter Rückstellungen (vgl. Art. 67 Abs. 1 Satz 2, 3 EGHGB),
- Auflösung von Sonderposten mit Rücklageanteil (vgl. Art. 67 Abs. 3 EGHGB),
- Auflösung von Rechnungsabgrenzungsposten nach § 250 Abs. 1 Satz 2 HGB a. F. (vgl. Art. 67 Abs. 3 EGHGB),
- Auflösung optionaler Aufwandsrückstellungen, soweit die Zuführung nicht im letzten vor dem 1.1.2010 beginnenden Geschäftsjahr erfolgt ist,
- Rückgängigmachung von Zukunftswertabschreibungen nach § 253 Abs. 3 Satz 3 HGB a. F., von Ermessensabschreibungen nach § 253 Abs. 4 HGB a. F. und von steuerrechtlichen Mehrabschreibungen nach § 254 HGB a. F., soweit die Abschreibung nicht im letzten vor dem 1.1.2010 beginnenden Geschäftsjahr vorgenommen wurde.

In allen übrigen Fällen sind die Anpassungsbuchungen erfolgswirksam und damit die ggf. zu bildenden latenten Steuern im Steuerergebnis der Gewinn- und Verlustrechnung zu erfassen.

Beispiel

U, eine große Kapitalgesellschaft, leitet ihre Rechnungslegung zum 1.1.2010 auf die Vorschriften des BilMoG über. Der Steuersatz von U beträgt 30 %.

Sachverhalt 1:
U hat ihr Betriebsgrundstück zum Preis von 5 Mio. EUR erworben. Infolge der Übertragung stiller Rücklagen aus einer vorangegangenen Veräußerung von Immobilien beträgt der Buchwert des Grundstücks in der Steuerbilanz 3 Mio. EUR. Im handelsrechtlichen Jahresabschluss hat U die Übertragung der stillen Rücklagen durch eine steuerrechtliche Mehrabschreibung nach § 254 HGB a. F. aktivisch berücksichtigt.

Beurteilung:
Variante 1: U darf nach Art. 67 Abs. 4 Satz 1 EGHGB den nach § 254 HGB in der Handelsbilanz berücksichtigten Wertabschlag für das Grundstück nach den für die Abschreibung geltenden Vorschriften des HGB a. F. beibehalten. In diesem Fall ist keine Anpassung der Rechnungslegung veranlasst.

Variante 2: Alternativ darf U das Grundstück mit seinen handelsrechtlichen Anschaffungskosten von 5 Mio. EUR ansetzen.

Unterfall 1: U hat den Bewertungsabschlag im Geschäftsjahr 2009 vorgenommen.

Der Bewertungsabschlag ist erfolgswirksam über außerordentliche Erträge zu korrigieren. Für die sich ergebende zu versteuernde temporäre Differenz von 2 Mio. EUR sind passive latente Steuern in Höhe von 0,6 Mio. EUR (= 30 % von 2 Mio. EUR) erfolgswirksam zu bilden. Die Anpassungsbuchungen lauten (Angaben in EUR):

Datum	Konto	Soll	Haben
	Grundstück	2.000.000	
1.1.2010	Außerordentliche Erträge		2.000.000

Datum	Konto	Soll	Haben
	Latenter Steueraufwand	600.000	
1.1.2010	Passive latente Steuern		600.000

Unterfall 2: U hat den Bewertungsabschlag in einem früheren Geschäftsjahr vorgenommen

Der Bewertungsabschlag ist erfolgsneutral gegen die Gewinnrücklagen zu korrigieren. Die Bildung der passiven latenten Steuern erfolgt ebenfalls erfolgsneutral. Die Buchungen lauten (Angaben in EUR):

Datum	Konto	Soll	Haben
	Grundstück	2.000.000	
1.1.2010	Gewinnrücklagen		2.000.000

Datum	Konto	Soll	Haben
	Gewinnrücklagen	600.000	
1.1.2010	Passive latente Steuern		600.000

Sachverhalt 2:

U hat am 1.1.2008 mit der Bildung einer Rekultivierungsrückstellung begonnen und dieser zum 31.12.2009 einen Betrag von insgesamt 410 TEUR zugeführt. Nach den geänderten Bewertungsvorschriften des BilMoG ermittelt sich zum Übergangsstichtag (1.1.2010) ein Rückstellungsbetrag von 300 TEUR. Der steuerliche Wertansatz der Rückstellung beträgt zu diesem Zeitpunkt 260 TEUR.

Beurteilung:

Zum 1.1.2010 ist die Rekultivierungsrückstellung nach den Bewertungsvorschriften des BilMoG um 110 TEUR zu reduzieren:

Wertansatz nach HGB a. F.:   410 TEUR

Wertansatz nach BilMoG: 300 TEUR

Delta: 110 TEUR

Nach h. M. kann die Rückstellung in Anwendung des Art. 67 Abs. 1 Satz 2, 3 EGHGB in der bisherigen Höhe fortgeführt oder erfolgsneutral angepasst werden. Die optionale Anpassungsbuchung lautet (Angaben in EUR):

Datum	Konto	Soll	Haben
	Rekultivierungsrückstellung	110.000	
1.1.2010	Gewinnrücklagen		110.000

Für die zu versteuernde temporäre Differenz in Höhe von 40 TEUR (= 300 TEUR – 260 TEUR) sind passive latente Steuern von 12 TEUR (= 30 % von 40 TEUR) zu bilden. Das erfordert folgende Buchung (Angaben in EUR):

Datum	Konto	Soll	Haben
	Gewinnrücklagen	12.000	
1.1.2010	Passive latente Steuern		12.000

2.2.4 Erster Abschluss nach BilMoG

Um den ersten Abschluss nach neuem Bilanzrecht zu entwickeln, sind die BilMoG-Eröffnungsbilanzwerte nach den einschlägigen Vorschriften auf den Abschlussstichtag fortzuentwickeln. Dabei ist wie folgt zu differenzieren:

- Bilanzansätze, die in Ausübung eines Übergangswahlrechts abweichend von den Bestimmungen des BilMoG fortgeführt werden, unterliegen den für sie maßgeblichen Vorschriften, wie sie vor Inkrafttreten des BilMoG gegolten haben (vgl. Art. 67 Abs. 3 Satz 1, Abs. 4 Satz 1, Abs. 5 Satz 1 EGHGB);
- auf BilMoG übergeleitete Bilanzansätze sind nach den Vorgaben des neuen Bilanzrechts fortzuführen;
- für alle übrigen im Erstjahr der Anwendung des BilMoG abzubildenden Bilanzierungssachverhalte kommen ausschließlich die reformierten Rechnungslegungsvorschriften zur Anwendung, soweit Art. 66 EGHGB keine abweichende Behandlung vorsieht.

Die im letzten Punkt angesprochenen Ausnahmeregelungen betreffen folgende Sachverhalte:

- erstmalige Anwendung der geänderten Bewertungsvorschrift des § 253 HGB auf Geschäfts- oder Firmenwerte aus Erwerbsvorgängen im Erstjahr der Anwendung des BilMoG (vgl. Art. 66 Abs. 3 Satz 2 EGHGB); wie im Übergangszeitpunkt bilanzierte Geschäfts- oder Firmenwerte unter BilMoG fortzuschreiben sind, ist unklar (vgl. Kapitel 2, Abschnitt 2, Gliederungspunkt 2.4.1.4);
- erstmalige Anwendung der geänderten Herstellungskostenregelung des § 255 Abs. 2 HGB auf Herstellungsvorgänge, die im Erstjahr der Anwendung des BilMoG begonnen werden (vgl. Art. 66 Abs. 3 Satz 3 EGHGB sowie Kapitel 2, Abschnitt 2, Gliederungspunkt 2.3.2.4);
- erstmalige Anwendung der neuen Konsolidierungsbestimmungen für Tochterunternehmen auf Erwerbsvorgänge im Erstjahr der Anwendung des BilMoG (vgl. Art. 66 Abs. 3 Satz 4 EGHGB sowie Kapitel 3, Abschnitt 3, Gliederungspunkt 2.2.8);
- Aktivierung von Herstellungskosten für selbst geschaffene immaterielle Vermögensgegenstände nur für Entwicklungen, mit denen nach 2009 begonnen wurde (vgl. Art. 66 Abs. 7 EGHGB sowie Kapitel 2, Abschnitt 2, Gliederungspunkt 1.4.4).

In Art. 67 EGHGB hat der Gesetzgeber die Möglichkeit geschaffen, bestimmte nicht BilMoG-kompatible Bilanzansätze aus der bisherigen Rechnungslegung fortzuführen. Im ersten nach BilMoG zu berichtenden Geschäftsjahr neu auftretende Sachverhalte dürfen dagegen nicht mehr nach den aufgehobenen Vorschriften dargestellt werden. Abb. 15 gibt einen Überblick über jene Ansatz-, Bewertungs- und Ausweisvorschriften, die im Zuge der Reform der handelsrechtlichen Rechnungslegung weggefallen sind.

Kapitel 1: Der Übergang auf das BilMoG

Unter BilMoG nicht mehr zulässig		
Ansatz	**Bewertung**	**Ausweis**
Sonderposten mit Rücklageanteil § 247 Abs. 3, § 273 HGB a.F.	Anschaffungswertprinzip bei Zweckvermögen § 253 Abs. 1 Satz 4 HGB	Ausstehende Einlagen auf das gezeichnete Kapital (Aktivseite) § 272 Abs. 1 Satz 2, 3 HGB a.F.
Rückstellungen für unterlassene Instandhaltung nach 3 Monaten § 249 Abs. 1 Satz 3 HGB a.F.	Bewertung von Rückstellungen > 1 Jahr zum Nominalbetrag § 253 Abs. 2 HGB	Eigene Anteile und Rücklage für eigene Anteile § 272 Abs. 1 Sätze 4-6 HGB a.F.
Rückstellungen für konkretisierte Zukunftsaufwendungen § 249 Abs. 2 HGB a.F.	Bewertung von Pensionsverpflichtungen nach § 6a EStG § 253 Abs. 1, 2 HGB	Aktivierung von Zweckvermögen (z.B. Versicherungsansprüche) § 246 Abs. 2 Satz 2, 3 HGB
RAP für Zölle und Verbrauchsteuern auf Vorräte § 250 Abs. 1 Satz 2 Nr. 1 HGB a.F.	Zukunftswertabschreibungen im Umlaufvermögen § 253 Abs. 3 Satz 3 HGB a.F.	Ausweis der Aufzinsung von Rückstellungen im EBIT § 277 Abs. 5 Satz 1 HGB
RAP für Umsatzsteuer auf erhaltene Anzahlungen § 250 Abs. 1 Satz 2 Nr. 2 HGB a.F.	Ermessensabschreibungen im Anlage- und Umlaufvermögen §§ 253 Abs. 4 HGB a.F.	
Sofortige Aufwandsverrechnung des GoF § 255 Abs. 4 Satz 1 HGB a.F.	Verzicht auf Zuschreibung bei entfallenem Abschreibungsgrund § 253 Abs. 5, § 254 Satz 2 HGB a.F.	
Ingangsetzungs- und Erweiterungsaufwendungen § 269 HGB a.F.	Steuerrechtliche Mehrabschreibungen §§ 254 Satz 1, 279 Abs. 2 HGB a.F.	
Verzicht auf Steuerlatenzierung quasi-permanenter Differenzen § 274 Abs. 1 HGB a.F.	Zugangsbewertung selbsterstellter Güter unter den Vollkosten § 255 Abs. 2 HGB a.F.	
	Anschaffungswertprinzip bei kurzfristigen FW-Positionen (str.) § 256a Satz 2 HGB	
	Anschaffungswertprinzip im Handelsbestand von Banken § 340e Abs. 3 Satz 1 HGB	

Abb. 15: Unter BilMoG nicht mehr zulässige Ansatz-, Bewertungs- und Ausweispraktiken

Die in Art. 67 EGHGB enthaltenen **Beibehaltungs- und Fortführungswahlrechte** beziehen sich nur auf Posten, die im Abschluss für das letzte vor dem 1.1.2010 beginnende Geschäftsjahr enthalten waren. Sie können daher **nur einmalig**, nämlich im Übergangszeitpunkt, ausgeübt werden. Das gilt insbesondere für die in Art. 67 EGHGB teilweise vorgesehene erfolgsneutrale Anpassung von Bilanzansätzen an die geänderten Vorschriften des BilMoG. Werden auf nicht mehr gültigen Vorschriften beruhende Wertansätze im Übergang auf BilMoG beibehalten, richtet sich ihre Anpassung in der Folgezeit nach den allgemeinen Bilanzierungsgrundsätzen.[22] Änderungen der Ansatz- oder Bewertungsmethoden erfordern danach eine Begründung i. S.

---
[22] Vgl. IDW RS HFA 28, IDW-FN 2009, S. 642, Tz. 12.

des § 252 Abs. 2 HGB. Sie sollte sich im Regelfall aus dem verbesserten Einblick in die Vermögens-, Finanz- und Ertragslage ergeben; beruhen doch die nach BilMoG nicht mehr zulässigen Bilanzansätze ganz überwiegend auf Vorschriften, die mit der Informationsfunktion des handelsrechtlichen Jahresabschlusses konfligieren. Das gilt etwa für Sonderposten mit Rücklageanteil, für Wertansätze, die auf nur steuerrechtlich zulässige Abschreibungen oder auf Ermessensabschreibungen nach § 254 HGB zurückgehen, und für optionale Aufwandsrückstellungen. Da die Anpassung dieser Bilanzposten an die Vorschriften des BilMoG die Aussagekraft des Abschlusses und Vergleichbarkeit der Rechnungslegung erhöht, sollten die gesetzlichen Stetigkeitsgebote ihr nicht entgegenstehen. Die Befreiung des Art. 67 Abs. 8 EGHGB gilt in diesen Fällen allerdings nicht. Eine Änderung der Rechnungslegung nach dem Übergangsstichtag ist damit im Anhang anzugeben, zu begründen und in ihren Auswirkungen auf die Darstellung der Vermögens-, Finanz- und Ertragslage zu erläutern.

Werden in Ausübung des in Art. 67 EGHGB enthaltenen Wahlrechts **Bilanzposten** zunächst beibehalten oder fortgeführt und erst **zu einem späteren Zeitpunkt** an die geänderten Vorschriften des HGB i. d. F. BilMoG **angepasst**, sollen die sich ergebenden Erfolgswirkungen nach Ansicht des HFA des IDW als außerordentliche Aufwendungen oder Erträge auszuweisen sein.[23] Dem ist nicht zu folgen.[24] Art. 67 Abs. 7 EGHGB ordnet lediglich einen (gesonderten) Ausweis solcher Aufwendungen und Erträge im außerordentlichen Ergebnis an, die aus der Anwendung des Art. 66 EGHGB sowie der Absätze 1 bis 5 des Art. 67 EGHGB resultieren. Der hier einschlägige Art. 67 EGHGB behandelt allerdings nur solche Erfolge aus der Anpassung der Rechnungslegung, die entstehen, wenn der Bilanzierende von den gesetzlich eingeräumten Beibehaltungswahlrechten keinen Gebrauch macht. Wird auf die Anpassung eines Bilanzansatzes zunächst verzichtet, kommen die besonderen Ausweisvorschriften des Art. 67 Abs. 7 EGHGB mithin nicht mehr zur Anwendung, wenn zu einem späteren Zeitpunkt eine Ansatz- oder Bewertungsmethodenänderung erfolgt. Unabhängig davon besteht für einen Sonderausweis der betreffenden Erfolge keine Notwendigkeit. Für nach dem Übergangsstichtag vollzogene Bilanzierungsanpassungen gelten – anders als bei der Ableitung der BilMoG-Eröffnungsbilanz – die Stetigkeitsgrundsätze (vgl. § 246 Abs. 3, § 252 Abs. 1 Nr. 6, Abs. 2 HGB). Werden abweichend davon in begründeten Ausnahmefällen Methodenänderungen vorgenommen, sind diese nach § 284 Abs. 2 Nr. 3 HGB bzw. § 313 Abs. 1 Nr. 3 HGB im Anhang zu begründen und zu erläutern. Das macht den Ausweis des Erfolgs aus der Anpassung im außerordentlichen Ergebnis entbehrlich.

---

[23] Vgl. IDW RS HFA 28, IDW-FN 2009, S. 642, Tz. 27.
[24] Vgl. Kessler/Leinen/Paulus, BB 2009, S. 1911.

Beispiel

U, eine große Kapitalgesellschaft, leitet ihre Rechnungslegung zum 1.1.2010 auf die Vorschriften des BilMoG über. Der Steuersatz von U beträgt 30 %.

Sachverhalt 1:

Das im Geschäftsjahr 2007 erworbene Betriebsgrundstück von U weist zum 31.12.2009 handels- und steuerrechtlich einen Buchwert von 2 Mio. EUR auf. Er ist das Ergebnis von Anschaffungskosten in Höhe von 3 Mio. EUR und einem Bewertungsabschlag nach § 6b EStG bzw. § 254 HGB a. F. in Höhe von 1 Mio. EUR. Im Übergang auf die Rechnungslegung nach HGB i. d. F. des BilMoG behält U den Wertansatz des Betriebsgrundstücks bei (vgl. Art. 67 Abs. 4 Satz 1 EGHGB). Zum 31.12.2010 entscheidet sich U handelsrechtlich für eine Zuschreibung von 1 Mio. EUR. Steuerlich führt U den bisherigen Wertansatz fort.

Beurteilung:

Behält U den Wertansatz des Betriebsgrundstücks in der BilMoG-Eröffnungsbilanz bei, unterliegt die Bewertung zum 31.12.2010 dem Grundsatz der Bewertungsmethodenstetigkeit (§ 252 Abs. 1 Nr. 6 HGB). Die Zuschreibung zum 31.12.2010 setzt damit einen begründeten Ausnahmefall i. S. des § 252 Abs. 2 HGB voraus. Dieser liegt vor, da die neue Bewertungsmethode – Ansatz des Grundstücks mit den nicht durch steuerliche Abschreibungen verzerrten Anschaffungskosten – einen besseren Einblick in die Vermögenslage von U gewährleistet.

Die handelsrechtliche Zuschreibung von 1 Mio. EUR auf die Anschaffungskosten ist erfolgswirksam. Die in Art. 67 Abs. 4 Satz 2 EGHGB eröffnete Einstellung des Zuschreibungsbetrags in die Gewinnrücklagen ist nur zum Übergangszeitpunkt (1.1.2010) zulässig. Der Ausweis des Zuschreibungsbetrags erfolgt in der Gewinn- und Verlustrechnung im Posten „Sonstige betriebliche Erträge".[25] Zudem sind passive latente Steuern erfolgswirksam zu bilden.

Die Buchungen lauten damit (Angaben in EUR):

Datum	Konto	Soll	Haben
	Grundstücke	1.000.000	
31.12.2010	Sonstige betriebliche Erträge		1.000.000

Datum	Konto	Soll	Haben
	Latenter Steueraufwand	300.000	
31.12.2010	Passive latente Steuern		300.000

---

[25] A. A. IDW RS HFA 28, IDW-FN 2009, S. 642, Tz. 27: außerordentlicher Ertrag.

Sachverhalt 2:

U hat zum 1.1.2010 die Pensionsverpflichtungen nach den Vorgaben des HGB i. d. F. des BilMoG neu bewerten lassen. Die Unterdeckung beläuft sich auf 450.000 EUR. U entscheidet sich, den Fehlbetrag in Anwendung der Übergangsregelung des Art. 67 Abs. 1 Satz 1 EGHGB über 15 Jahre verteilt der Rückstellung zuzuführen. Zum 31.12.2010 stockt U die Rückstellung außerplanmäßig um 30.000 EUR (= 1/15 von 450.000 EUR) auf. Nach einem sehr erfolgreichen Geschäftsjahr 2011 führt U der Pensionsrückstellung zum 31.12.2011 den verbliebenen Fehlbetrag von 420.000 EUR unmittelbar zu.

Beurteilung:

Die Amortisation des Fehlbetrags von 30.000 EUR zum 31.12.2010 ist als außerordentlicher Aufwand in der Gewinn- und Verlustrechnung zu erfassen. Darauf entfallen aktive latente Steuern von 9.000 EUR (= 30 % von 30.000 EUR), über deren Ansatz auf der Grundlage einer Gesamtdifferenzenbetrachtung zu entscheiden ist (vgl. Kapitel 2, Abschnitt 8, Gliederungspunkt 3.3.2). Die vorläufigen Buchungen lauten damit (Angaben in EUR):

Datum	Konto	Soll	Haben
	Außerordentlicher Aufwand	30.000	
31.12.2010	Pensionsrückstellungen		30.000

Datum	Konto	Soll	Haben
	Aktive latente Steuern	9.000	
31.12.2010	Latenter Steueraufwand		9.000

Auch die Zuführung des verbliebenen Fehlbetrags zum 31.12.2011 ist in der Gewinn- und Verlustrechnung unter den außerordentlichen Aufwendungen auszuweisen. Die Entscheidung, das Verteilungswahlrecht nicht länger wahrzunehmen, ändert daran nichts. Auch in diesem Fall liegt ein Aufwand nach Art. 67 Abs. 1 Satz 1 EGHGB vor, für den Art. 67 Abs. 7 EGHGB einen Sonderausweis anordnet.

Nach § 265 Abs. 2 Satz 1 HGB sind zu jedem Posten der Bilanz und der Gewinn- und Verlustrechnung die entsprechenden Beträge des vorhergehenden Geschäftsjahrs anzugeben.[26] Das gilt auch für den ersten Abschluss nach HGB i. d. F. des BilMoG. Art. 67 Abs. 8 Satz 2 EGHGB gewährt insoweit allerdings eine Erleichterung. Danach besteht keine Verpflichtung, die **Vorjahreszahlen** im Jahr der Erstanwendung des BilMoG anzupassen. Der Wortlaut der Vorschrift lässt im Umkehrschluss vermuten,

---

[26] Vorjahreszahlen sind auch in der Kapitalflussrechnung und in der Eigenkapitalveränderungsrechnung zu berichten. Das gilt nicht, soweit kapitalmarktorientierte Kapitalgesellschaften ihren Abschluss erstmals um diese Abschlussbestandteile zu ergänzen haben (vgl. § 264 Abs. 1 Satz 2 HGB).

eine Anpassung der Vorjahreszahlen sei immer dann zulässig, wenn Übergangsbuchungen vorgenommen wurden. Das ist nicht der Fall. Die Vorjahreszahlen dürfen nur angepasst werden, wenn im Übergang auf die Vorschriften des BilMoG entweder Ausweisänderungen erfolgt sind (z. B. Übergang vom Bruttoausweis zum Nettoausweis bei ausstehenden Einlagen auf das gezeichnete Kapital) oder die Bilanzansätze erfolgsneutral durch Korrektur der Gewinnrücklagen angepasst wurden. Bei erfolgswirksamen Übergangsbuchungen scheidet eine Anpassung der Vorjahreszahlen aus, da der Bilanzansatz in diesen Fällen nicht rückwirkend geändert wird.

Das IDW empfiehlt, die Vorjahreszahlen an die durch das BilMoG geänderte Bilanzgliederung des § 266 HGB anzupassen.[27]

Praxis-Tipp

Unter **bilanzpolitischen Gesichtspunkten** kann es erwägenswert sein, auch bei erfolgsneutralen Ansatz- und Wertkorrekturen eine rückwirkende Änderung vorzunehmen. Strebt ein Unternehmen etwa ein höheres Eigenkapital durch Rücknahme in früheren Jahren vorgenommener steuerlicher Mehrabschreibungen an, ergibt sich ein Bruch in der zeitlichen Entwicklung der Gewinnrücklagen. Dieser Bruch liefert Analysten einen deutlichen Hinweis auf den ausschließlich bilanzpolitisch zu erklärenden Anstieg des Eigenkapitals. Durch die Anpassung der Vorjahreszahlen ist bei Nichtkapitalgesellschaften die Erkennbarkeit der Bewertungsmaßnahme eingeschränkt. Für Kapitalgesellschaften liegt darin kein wirksames Mittel, um die Bilanzpolitik im Übergang auf die Vorschriften des BilMoG zu kaschieren. Sie sind verpflichtet, Anpassungen von Vorjahresbeträgen im Anhang anzugeben und zu erläutern (vgl. § 265 Abs. 2 Satz 3 HGB).

Macht ein Unternehmen von der Erleichterung des Art. 67 Abs. 8 Satz 2 EGHGB Gebrauch, ist im Anhang bzw. im Konzernanhang auf die unterlassene Anpassung der Vorjahresangaben hinzuweisen. Mittelgroße und große Kapitalgesellschaften sowie diesen gleichgestellte Personenhandelsgesellschaften haben zudem die **außerordentlichen Aufwendungen und Erträge** aus erfolgswirksamen Übergangsbuchungen zu erläutern. Eine Befreiung von dieser Anhangangabe sieht das BilMoG für das Jahr der Erstanwendung nicht vor. Kleine Kapitalgesellschaften sind generell von dieser Vorschrift ausgenommen (vgl. § 276 Satz 2 HGB).

Eine weitergehende Erläuterung der Auswirkungen aus der Umstellung der Rechnungslegung sieht das Gesetz nicht vor. Im Gegenteil entbindet Art. 67 Abs. 8 Satz 1 EGHGB Bilanzierende – wie erwähnt – von der Verpflichtung, Änderungen der Bilanzierungs- und Bewertungsmethoden nach § 284 Abs. 2 Nr. 3 bzw. § 313 Abs. 1 Nr. 3 HGB zum Gegenstand der Anhangsberichterstattung zu machen. Vermittelt der Jahres- oder Konzernabschluss infolge umfangreicher Änderungen der Rechnungslegung kein den tatsächlichen Verhältnissen der Vermögens-, Finanz- und Ertragslage

---

[27] Vgl. IDW RS HFA 28, IDW-FN 2009, S. 642, Tz. 30.

entsprechendes Bild, kann sich allerdings aus § 264 Abs. 2 Satz 2 bzw. § 297 Abs. 2 Satz 2 HGB eine Erläuterungspflicht ergeben.

3 Verhältnis zur steuerlichen Gewinnermittlung

3.1 Maßgeblichkeitsprinzip

3.1.1 Neuregelung

Eine Hauptzielsetzung des BilMoG bestand darin, die Informationsfunktion des handelsrechtlichen Jahresabschlusses zu stärken. Um dieses Ziel zu verwirklichen, hat der Gesetzgeber u. a. das in § 5 Abs. 1 EStG enthaltene Maßgeblichkeitsprinzip neu gefasst. Die geänderte Vorschrift soll (und wird) den bislang starken Einfluss steuerlicher Erwägungen auf die handelsbilanzielle Rechnungslegung zurückdrängen. Zentrales Element der Neuregelung ist die **Aufgabe der** bislang in § 5 Abs. 1 Satz 2 EStG a. F. festgeschriebenen **umgekehrten Maßgeblichkeit**. Sie ordnete bislang an, „steuerrechtliche Wahlrechte bei der Gewinnermittlung [...] in Übereinstimmung mit der handelsrechtlichen Jahresbilanz auszuüben." Die neue Fassung der Vorschrift sieht diesen Konnex nicht mehr vor. Sie erlaubt vielmehr, steuerliche Wahlrechte ohne Rücksicht auf die Verfahrensweise in der Handelsbilanz auszuüben. Diese Abkopplung der steuerlichen von der handelsrechtlichen Gewinnermittlung hat es erlaubt, die bisherigen Öffnungsklauseln im HGB zur umgekehrten Maßgeblichkeit abzuschaffen,[28] ohne die angestrebte Steuerneutralität des BilMoG zu gefährden. Steuerliche Mehrabschreibungen und die Bildung unversteuerter Rücklagen dürfen fortan im handelsrechtlichen Jahresabschluss nicht mehr nachvollzogen werden. Für Altfälle sieht Art. 67 Abs. 3, 4 EGHGB Übergangsregelungen vor.

Das neu geordnete Verhältnis von Handels- und Steuerbilanz ist in erster Linie durch die **materielle Maßgeblichkeit** der handelsrechtlichen Grundsätze ordnungsmäßiger Buchführung gekennzeichnet.[29] Nicht mehr der handelsrechtlich gewählte Wertansatz ist steuerlich maßgeblich, sondern nur noch die abstrakte Rechtsnorm. Wörtlich bestimmt dazu § 5 Abs. 1 Satz 1 EStG: „Bei Gewerbetreibenden, die auf Grund gesetzlicher Vorschriften verpflichtet sind, Bücher zu führen und regelmäßig Abschlüsse zu machen, oder die ohne eine solche Verpflichtung Bücher führen und regelmäßig Abschlüsse machen, ist für den Schluss des Wirtschaftsjahres das Betriebsvermögen anzusetzen (§ 4 Absatz 1 Satz 1), das nach den handelsrechtlichen Grundsätzen ordnungsmäßiger Buchführung auszuweisen ist, es sei denn, im Rahmen der Ausübung eines steuerlichen Wahlrechts wird oder wurde ein anderer Ansatz gewählt." Die ge-

---

[28] Es handelt sich um die §§ 247 Abs. 3, 254, 273, 279 Abs. 2 und 280 Abs. 2 HGB a. F.
[29] Vgl. Herzig, DB 2008, S. 1339 f.; Weber-Grellet, in: Schmidt (Hrsg.): EStG, 29. Aufl., München 2010, § 5 EStG, Rz. 28 ff.

setzliche Anweisung entspricht bis auf den angefügten zweiten Halbsatz der bisherigen Fassung des § 5 Abs. 1 Satz 1 EStG a. F.

Bis heute bestehen unterschiedliche Auffassungen darüber, wie weit die Verweisung auf die handelsrechtlichen Grundsätze ordnungsmäßiger Buchführung reicht. In jedem Fall erfasst sie die **übergeordneten Grundsätze** der Vermögens- und Gewinnermittlung. Dazu gehören etwa das Vollständigkeitsgebot und die in § 252 Abs. 1 HGB enthaltenen allgemeinen Bewertungsgrundsätze (z. B. Grundsatz der Unternehmensfortführung, Einzelbewertungsgrundsatz, Stichtagsprinzip, Realisations- und Imparitätsprinzip). Umstritten ist, ob auch die unterhalb dieser Grundsätze angesiedelten **Normen** wie der Anschaffungs- oder Herstellungskostenbegriff und die Bewertungsvorschriften des § 253 HGB zu den für die steuerliche Gewinnermittlung maßgeblichen Regelungen gehören oder ob sie ggf. nur im Wege der Analogie in das Steuerrecht übernommen werden können.[30] In der Mehrzahl der Fälle dürfte dieser Frage kaum mehr als theoretische Bedeutung zukommen. Der Grund liegt in den dem Maßgeblichkeitsprinzip vorgehenden originär-steuerrechtlichen Regelungen (vgl. § 5 Abs. 6 EStG). Sie umfassen insbesondere die Bewertungsvorschriften der §§ 6–7k EStG. Diese verdrängen in vielen Fällen die handelsrechtlichen Bestimmungen und sorgen damit für Verwerfungen zwischen Handels- und Steuerbilanz. Inwieweit mit der Streichung des § 5 Abs. 1 Satz 2 EStG a. F. auch die **formelle Maßgeblichkeit**, also die Maßgeblichkeit der konkreten (Wert-)Ansätze der Handelsbilanz, entfallen ist, wird unterschiedlich beantwortet. Die Finanzverwaltung scheint jenseits steuerlicher Wahlrechte auch weiterhin eine Bindung an den Handelsbilanzansatz annehmen zu wollen.[31]

Dem Wortlaut des § 5 Abs. 1 Satz 1 EStG folgend bestimmt sich nach den handelsrechtlichen Grundsätzen ordnungsmäßiger Buchführung allein die steuerliche **Bilanzierung dem Grunde** nach („ist [...] das Betriebsvermögen anzusetzen"). Nach h. M. soll allerdings für die Bewertung nichts anderes gelten, soweit die einkommensteuerlichen Bewertungsvorschriften lückenhaft sind.[32]

Hinsichtlich der steuerlichen Bedeutung handelsrechtlicher Ansatzwahlrechte gilt der Beschluss des Großen Senats des BFH vom 3.2.1969[33] fort. Handelsrechtliche Aktivierungswahlrechte sind danach grundsätzlich als steuerliche Aktivierungsgebote, handelsrechtliche Passivierungswahlrechte als steuerliche Passivierungsverbote zu deuten. Diese Rechtsprechung betrifft auf der Aktivseite nur Vermögensgegenstände oder Rechnungsabgrenzungsposten, auf der Passivseite nur Nichtschulden. Das von der Rechtsprechung angenommene steuerliche Verbot der Bildung von Rückstellungen für unwesentliche Abrechnungsverpflichtungen[34] beruht demgegenüber auf einer

---

[30] Ablehnend BFH-Beschluss v. 13.6.2006, I R 58/05, BStBl. II 2006, S. 928.
[31] Vgl. BMF-Schreiben v. 12.3.2010, BStBl. I 2010, S. 239, Tz. 5-7; dagegen wohl Weber-Grellet, in: Schmidt, EStG Kommentar, 29. Aufl., München 2010, § 5 EStG, Rz. 26.
[32] Vgl. nur Weber-Grellet, in: Schmidt, EStG Kommentar, 29. Aufl., München 2010, § 5 EStG, Rz. 28.
[33] Vgl. BFH-Beschluss v. 3.2.1969, GrS 2/68, BStBl. II 1969, S. 291.
[34] Vgl. BFH-Urt. v. 25.2.1986, VIII R 134/80, BStBl. II 1986, S. 788.

unzutreffenden Auslegung des Maßgeblichkeitsprinzips und ist daher abzulehnen. Entsprechendes gilt für die ablehnende Haltung des BFH gegenüber einer Passivierung mittelbarer Pensionsverpflichtungen sowie unmittelbarer oder mittelbarer ähnlicher Verpflichtungen.[35]

Der Anwendungsbereich des Beschlusses vom 3.2.1969 ist durch das BilMoG eingeschränkt worden. Das hat seinen Grund primär in der Abschaffung der bisherigen Wahlrechte für Aufwandsrückstellungen nach § 249 Abs. 1 Satz 3 und Abs. 2 HGB a. F. **Bilanzierungshilfen** wie die ehemaligen Aktivierungswahlrechte für Aufwendungen für die Ingangsetzung und Erweiterung des Geschäftsbetriebs (vgl. § 269 HGB a. F.) oder für aktive latente Steuern (vgl. § 274 Abs. 2 HGB a. F.) wurden vom Maßgeblichkeitsprinzip und damit vom Beschluss des Großen Senats nicht erfasst.[36] Unklar ist, ob handelsrechtliche Bilanzierungsgebote geeignet sind, steuerliche Ansatzwahlrechte zu verdrängen. Diese Konstellation findet sich bei unmittelbaren Pensionszusagen, die nach dem 31.12.1986 zugesagt worden sind. Die Finanzverwaltung hat dies im BMF-Schreiben vom 12.3.2010[37] bejaht.[38]

Die **Bewertung** von Wirtschaftsgütern in der Steuerbilanz richtet sich vorrangig nach § 6 EStG. Soweit diese Bestimmungen lückenhaft sind, greifen subsidiär die handelsrechtlichen Bewertungsgrundsätze des § 252 HGB und die sie konkretisierenden Bewertungsvorschriften der §§ 253–256a HGB.[39] Auf handelsrechtliche Bewertungswahlrechte ist der Beschluss des Großen Senats des BFH vom 3.2.1969 sinngemäß anzuwenden.[40] An dieser Rechtslage hat das BilMoG nichts geändert.[41] Die Feststellung gilt nur innerhalb des Anwendungsbereichs des Maßgeblichkeitsprinzips. Davon nicht erfasst sind korrespondierende Wahlrechte in der Handels- und Steuerbilanz. In dieser Konstellation können die Wahlrechte nach der Neufassung des Maßgeblichkeitsprinzips unabhängig voneinander ausgeübt werden (vgl. § 5 Abs. 1 Satz 1 EStG). Unklar ist, ob dem Steuerpflichtigen diese Freiheit auch dann zusteht, wenn über die materielle Maßgeblichkeit handelsrechtliche Grundsätze ordnungsmäßiger Buchführung in das Steuerrecht eindringen, die im Konflikt zu dem steuerlichen Wahlrecht stehen. Paradebeispiel ist das Wahlrecht zur Vornahme von Teilwertabschreibungen bei voraussichtlich dauernden Wertminderungen nach § 6 Abs. 1 Nr. 1, 2 EStG, das mit dem Imparitätsprinzip nicht vereinbar ist. Die Finanzverwaltung will daraus dennoch keine Abwertungspflicht ableiten.[42]

Infolge der Aufgabe der formellen Maßgeblichkeit werden sich Abweichungen zwischen Handels- und Steuerbilanz häufen. Damit kann die Handelsbilanz die Doku-

---

[35] Vgl. hierzu Kapitel 2, Abschnitt 4, Gliederungspunkt 1.3.
[36] Vgl. BFH-Beschluss v. 7.8.2000, GrS 2/99, BStBl. II 2000, S. 632.
[37] Vgl. BMF-Schreiben v. 12.3.2010, BStBl. I 2010, S. 239, Tz. 9.
[38] Vgl. hierzu näher Gliederungspunkt 3.1.2).
[39] Vgl. Winkler/Golücke, BB 2003, S. 2603.
[40] Vgl. BFH-Urt. v. 21.10.1993, IV R 87/92, BStBl. II 1994, S. 176.
[41] Vgl. Förster/Schmidtmann, BB 2009, S. 1344.
[42] Vgl. BMF-Schreiben v. 12.3.2010, BStBl. I 2010, S. 239, Tz. 15 sowie Gliederungspunkt 3.1.2.3.

mentationsaufgabe für die steuerliche Gewinnermittlung nur noch eingeschränkt erfüllen. Zum Ausgleich hierfür hat der Gesetzgeber die Aufnahme derjenigen Wirtschaftsgüter in **besondere, laufend zu führende Verzeichnisse** vorgeschrieben, „die nicht mit dem handelsrechtlich maßgeblichen Wert in der steuerlichen Gewinnermittlung ausgewiesen werden" (§ 5 Abs. 1 Satz 2 EStG).

3.1.2 Auslegung des Maßgeblichkeitsprinzips durch die Finanzverwaltung

3.1.2.1 Überblick

Im Schreiben vom 12.3.2010[43] hat das BMF seine Sichtweise zur Auslegung des § 5 Abs. 1 EStG dargelegt. Im Mittelpunkt steht dabei die Frage nach dem Verhältnis von handels- und steuerrechtlichen Normen für unterschiedliche Konstellationen. Systematisiert man diese aus steuerlicher Sicht, sind vier Fälle zu unterscheiden:

1. Existenz zwingender steuerlicher Vorbehaltsvorschriften,
2. autonome Wahlrechte im Steuerrecht, denen keine entsprechenden Wahlrechte im Handelsrecht gegenüberstehen,
3. korrespondierende Wahlrechte im Handels- und Steuerrecht,
4. keine eigenständige Regelung im Steuerrecht.

3.1.2.2 Zwingende steuerliche Vorbehaltsvorschriften

Sieht das Einkommensteuerrecht eine eigenständige Regelung eines Sachverhalts vor, die dem Steuerpflichtigen keine Wahlmöglichkeit eröffnet, kommt der handelsrechtlichen Behandlung keine Bedeutung für die steuerliche Gewinnermittlung zu (vgl. Abb. 16). Das entspricht der vor Inkrafttreten des BilMoG geltenden Rechtslage. Nach ihr wirkt sich etwa die **Aktivierung von Entwicklungskosten** in der Handelsbilanz aufgrund des ausdrücklichen Ansatzverbots für nicht entgeltlich erworbene immaterielle Wirtschaftsgüter des Anlagevermögens gemäß § 5 Abs. 2 EStG steuerlich nicht aus. Übt der Bilanzierende das neu geschaffene Wahlrecht des § 248 Abs. 2 Satz 1 HGB aus, fallen Handels- und Steuerbilanz insoweit auseinander. Das löst eine Verpflichtung zur Bilanzierung latenter Steuern aus.[44] In gleicher Weise zu beurteilen sind die steuerlichen Vorbehaltsvorschriften für Jubiläumsrückstellungen (vgl. § 5 Abs. 4 EStG) und Drohverlustrückstellungen (vgl. § 5 Abs. 4a EStG).

---

[43] Vgl. BStBl. I 2010, S. 239.
[44] Vgl. Kapitel 2, Abschnitt 8, Gliederungspunkt 3.

Verhältnis zur steuerlichen Gewinnermittlung

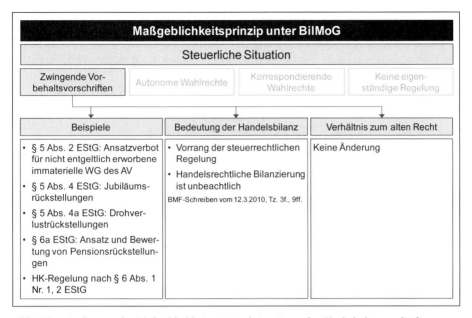

Abb. 16: Auslegung des Maßgeblichkeitsprinzip bei zwingenden Vorbehaltsvorschriften

Komplexer stellt sich die Situation bei **Pensionsverpflichtungen** dar. Zu unterscheiden ist zwischen Zusagen vor dem 1.1.1987 (Altzusagen) und späteren (Neu-) Zusagen. Für Letztere gilt in der Handelsbilanz nach § 249 Abs. 1 Satz 1 HGB ein Passivierungsgebot, das in § 6a Abs. 1 EStG auf ein eingeschränktes steuerliches Passivierungswahlrecht trifft. Zu den Einschränkungen gehören das Schriftformerfordernis (vgl. § 6a Abs. 1 Nr. 3 EStG), die Vorbehaltlosigkeit der Zusage (vgl. § 6a Abs. 1 Nr. 1 EStG) und die Vorgaben für den erstmaligen Ansatz von Rückstellungen (vgl. § 6a Abs. 2 EStG). Sind diese Voraussetzungen nicht erfüllt, scheidet der Ansatz einer Pensionsrückstellung in der Steuerbilanz aus.

Ist der Steuerpflichtige durch die Vorbehaltsregelungen in § 6a EStG nicht an der Bildung von Rückstellungen für Pensionsverpflichtungen gehindert, soll das handelsrechtliche Passivierungsgebot auch für die Steuerbilanz gelten, mithin das Wahlrecht gemäß § 6a Abs. 1 EStG verdrängen.[45] Unklar ist, woraus sich diese Rechtsfolge ergeben soll. § 5 Abs. 1 Satz 1 EStG sieht diese Konsequenz nicht unmittelbar vor. Im Gegenteil erlaubt die Vorschrift implizit, „im Rahmen der Ausübung eines steuerlichen Wahlrechts" eine von der Handelsbilanz abweichende Bilanzierungsentscheidung zu treffen. Nach Aufgabe der umgekehrten Maßgeblichkeit erscheint eine mögliche Begründung für die Auffassung des BMF nur noch aus der materiellen Maßgeblichkeit ableitbar. Über § 5 Abs. 1 Satz 1 EStG gilt das Vollständigkeitsgebot als handelsrechtlicher Grundsatz ordnungsmäßiger Buchführung auch für die steuerli-

---

[45] Vgl. BMF-Schreiben v. 12.3.2010, BStBl. I 2010, S. 239, Tz. 9.

che Gewinnermittlung.[46] Es könnte – eingeschränkt durch die Voraussetzungen des § 6a Abs. 1, 2 EStG – einen Ansatz von Pensionsrückstellungen in der Steuerbilanz erzwingen. Dieser Auslegung des Maßgeblichkeitsprinzips scheint das BMF in anderen Fällen allerdings nicht folgen zu wollen (vgl. hierzu die Ausführungen zu Fall 3 weiter unten).

Hinsichtlich der Bewertung von Pensionsrückstellungen gehen die Bestimmungen des § 6a Abs. 3 EStG den durch das BilMoG geänderten Bewertungsvorschriften vor. Insoweit kommt das Maßgeblichkeitsprinzip nicht zum Tragen.

Für **Altzusagen** besteht sowohl handelsrechtlich als auch steuerrechtlich ein Passivierungswahlrecht. Nach der Neufassung des § 5 Abs. 1 Satz 1 EStG kann das steuerliche Wahlrecht ohne Rücksicht auf die Verfahrensweise in der Handelsbilanz ausgeübt werden.[47] Zu beachten sind allerdings die Restriktionen des § 6a EStG.

Ein weiteres handelsrechtliches Wahlrecht besteht für **mittelbare Verpflichtungen** sowie für **unmittelbare oder mittelbare ähnliche Verpflichtungen** (vgl. Art. 28 Abs. 1 Satz 2 EGHGB). Steuerlich ist der Sachverhalt nicht geregelt. Insbesondere fallen diese Verpflichtungen nicht in den Anwendungsbereich des § 6a EStG.[48] Bei unreflektierter Anwendung des Beschlusses des Großen Senats vom 3.2.1969 wäre damit steuerlich von einem Passivierungsverbot auszugehen.[49] Diese Auslegung des Maßgeblichkeitsprinzips überzeugt nicht. Der Große Senat hat die Nichtanerkennung handelsrechtlicher Passivierungswahlrechte mit dem Argument begründet, es dürfe dem Steuerpflichtigen nicht möglich sein, sich durch Ansatz von Nichtschulden ärmer zu rechnen als er tatsächlich ist. Bei den mittelbaren Pensionsverpflichtungen wie auch bei den unmittelbaren oder mittelbaren ähnlichen Verpflichtungen geht es um Schulden. Ihr Nichtansatz ist daher bereits handelsrechtlich bedenklich. Werden sie passiviert, können gegen die Übernahme der Rückstellungen in die Steuerbilanz aus dem Grundsatz der Besteuerung nach der wirtschaftlichen Leistungsfähigkeit keine Einwände abgeleitet werden.[50]

Nach dem Beschluss des Großen Senats vom 4.7.1990[51] ist der **Herstellungskostenbegriff** des § 255 Abs. 2 Satz 1 HGB auch für das Steuerrecht maßgeblich. Das gilt nach Ansicht des IV. Senats des BFH allerdings nicht für handelsrechtliche Einbeziehungswahlrechte. § 6 Abs. 1 Nr. 1, 2 EStG ordne eine Bewertung selbst geschaffener Wirtschaftsgüter mit „den Herstellungskosten" an. Diese Formulierung lasse keinen Raum für die sofortige Aufwandsverrechnung einzelner Bestandteile der Herstellungskosten. Vielmehr seien die vollen Herstellungskosten zu aktivieren. Das hat die Finanzverwaltung in ihrer Haltung bestärkt, über den nach § 255 Abs. 2 Satz 2 HGB a. F. gebotenen Ansatz von Einzelkosten hinaus die Einbeziehung von Material- und

---

[46] Vgl. auch Kaminski, DStR 2010, S. 773.
[47] Offen gelassen im BMF-Schreiben v. 12.3.2010, BStBl. I 2010, S. 239, Tz. 11.
[48] Vgl. BFH-Urteil vom 5.4.2006, I R 46/04, BStBl. II 2006, S. 688 m. w. N.
[49] So BFH-Urteil vom 5.4.2006, I R 46/04, BStBl. II 2006, S. 688.
[50] Im Ergebnis wie hier Zeis, WPg 2007, S. 788.
[51] Vgl. BFH-Urt. v. 4.7.1990, GrS 1/89, BStBl. II 1990, S. 830, 833.

Fertigungsgemeinkosten sowie des Wertverzehrs des Anlagevermögens in die steuerlichen Herstellungskosten zu fordern.

Ausdrücklich offengelassen hat der BFH in seiner Entscheidung, ob das in R 6.3 EStR enthaltene Wahlrecht zur Aktivierung allgemeiner Verwaltungskosten sowie von Aufwendungen für soziale Einrichtungen, für freiwillige soziale Aufwendungen und für betriebliche Altersversorgung gesetzeskonform ist.[52] In der Literatur und der älteren Rechtsprechung wird dies mehrheitlich bejaht.[53] Die Begründung stützt sich auf den nur sehr losen Zusammenhang dieser Aufwendungen mit dem Herstellungsvorgang, der kaum willkürfreie Zurechnungen erlaubt.[54] Die moderate Auslegung der steuerrechtlichen Bewertungsnorm für selbst erstellte Wirtschaftsgüter durch die Finanzverwaltung in R 6.3 EStR hat daher überwiegend Zustimmung erfahren.[55]

Nach der Änderung des Maßgeblichkeitsprinzips durch das BilMoG will die Finanzverwaltung überraschenderweise an den steuerlichen Einbeziehungswahlrechten für allgemeine Verwaltungskosten und bestimmte Sozialkosten nicht mehr festhalten. Im Anwendungsschreiben vom 12.3.2010 heißt es dazu, die steuerrechtliche Vorschrift des § 6 Abs. 1 Nr 2 Satz 1 EStG gehe der Regelung des § 255 Abs. 2 HGB vor.[56] Sie verlange den Ansatz aller Aufwendungen, die ihrer Art nach Herstellungskosten sind. Mit dieser geänderten Auffassung beruft sich das BMF auf die Entscheidung des BFH vom 21.10.1993 und den darin für das Steuerrecht vertretenen vollen Herstellungskostenbegriff.[57] Diese strengere Auslegung der steuerlichen Bewertungsnorm scheint gegen die im Gesetzgebungsverfahren ausdrücklich angestrebte Steuerneutralität des BilMoG zu verstoßen.[58] Tatsächlich wird man die neue Sichtweise der Finanzverwaltung nicht auf die Neufassung des Maßgeblichkeitsprinzips zurückführen können. Sie ist das Ergebnis einer geänderten Ausübung des ihr von der früheren Rechtsprechung zuerkannten Billigkeitsermessens. Das BilMoG mag das Motiv hierzu geliefert haben, nicht jedoch einen zwingenden Rechtsgrund.[59]

3.1.2.3 Autonome steuerliche Wahlrechte

Autonome Wahlrechte bei der steuerlichen Gewinnermittlung liegen vor, wenn handelsrechtlich keine vergleichbaren Bilanzierungsalternativen bestehen. Die Ausübung dieser Wahlrechte in der Steuerbilanz unterliegt keinen Bindungen durch das Han-

---

[52] Vgl. BFH-Urt. v. 21.10.1993, IV R 87/92, BStBl. II 1994, S. 176.
[53] Vgl. Moxter, Bilanzrechtsprechung, 6. Aufl., Tübingen 2007, S. 221 ff.
[54] Vgl. Ellrott/Brendt, in: Ellrott u. a. (Hrsg.): Beck'scher Bilanz-Kommentar, 7. Aufl., München 2010, § 255, Anm. 359.
[55] Vgl. stellvertretend Ellrott/Brendt, in: Ellrott u. a. (Hrsg.): Beck'scher Bilanz-Kommentar, 7. Aufl., München 2010, § 255 Anm. 345, 359; zum Diskussionsstand vgl. Kulosa, in: Schmidt (Hrsg.): EStG, 29. Aufl., München 2010, § 6 Rz. 199-201 m. w. N.
[56] Entsprechendes wird man für die Bestimmung der Herstellungskosten von Anlagegütern nach § 6 Abs. 1 Nr. 1 Satz 1 EStG annehmen müssen.
[57] Vgl. BMF-Schreiben v. 12.3.2010, BStBl. I 2010, S. 239, Tz. 8.
[58] Vgl. BT-Drucks. 16/10067, S. 41.
[59] So auch Kaminski, DStR 2010, S. 772.

delsbilanzrecht. Sie können nach Aufgabe der umgekehrten Maßgeblichkeit unabhängig von der handelsrechtlichen Darstellung des betreffenden Sachverhalts ausgeübt werden (vgl. Abb. 17). In diesem Fall ist das aktive Wirtschaftsgut[60] in ein gesondertes Verzeichnis aufzunehmen, aus dem der Grund für die von der Handelsbilanz abweichende Bewertung hervorgeht.[61]

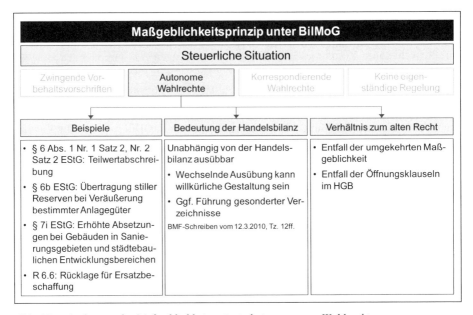

Abb. 17: *Auslegung des Maßgeblichkeitsprinzip bei autonomen Wahlrechten*

Autonome Wahlrechte können sich aus dem Gesetz oder aus Verwaltungsvorschriften ergeben. Das Einkommensteuerrecht sieht sie insbesondere zur Vornahme steuerrechtlicher Mehrabschreibungen (z. B. Bewertungsabschläge zur Übertragung stiller Rücklagen nach § 6b EStG, erhöhte Absetzungen bei Gebäuden in Sanierungsgebieten und städtebaulichen Entwicklungsbereichen nach § 7h EStG bzw. bei Baudenkmalen nach § 7i EStG und zur Bildung unversteuerter Rücklagen (z. B. zur Übertragung aufgedeckter stiller Rücklagen aus Anlagenverkäufen nach § 6b EStG) vor.

Einen weiteren Anwendungsfall erkennt das BMF-Schreiben vom 12.3.2010 in **Teilwertabschreibungen** nach § 6 Abs. 1 Satz 2, Abs. 2 Satz 2 EStG. Eine außerplanmäßige Abschreibung in der Handelsbilanz soll danach in der Steuerbilanz nicht zwingend durch eine Teilwertabschreibung nachzuvollziehen sein. Dem Steuerpflichtigen stehe es vielmehr frei, auf die Abwertung des Wirtschaftsguts zu verzichten.[62] Gegen diese Auslegung des Maßgeblichkeitsprinzips bestehen Bedenken. Nach der in § 5 Abs. 1 Satz 1 EStG weiterhin angeordneten materiellen Maßgeblichkeit sind bei der

---

[60] Vgl. BT-Drucks. 16/10067, S. 41.
[61] Vgl. hierzu Gliederungspunkt 3.1.2.6.
[62] Vgl. BMF-Schreiben v. 12.3.2010, BStBl. I 2010, S. 239, Tz. 15.

steuerlichen Gewinnermittlung die (abstrakten) handelsrechtlichen Grundsätze ordnungsmäßiger Buchführung zu beachten, sofern diesen keine steuerlichen Vorbehalte entgegenstehen. Zu diesen Grundsätzen zählt das Imparitätsprinzip in der Ausprägung des Niederstwertprinzips.[63] Es sieht bei voraussichtlich dauernden Wertminderungen eine Abwertung zwingend vor. Die Vorschriften des § 6 Abs. 1 Nr. 1 Satz 2, Nr. 2 Satz 2 EStG vermögen diesen Grundsatz für steuerliche Zwecke nicht außer Kraft zu setzen, da zwischen den Regelungen kein unauflösbarer Konflikt besteht. Ihr Zusammenwirken ergibt vielmehr – wie in der Handelsbilanz – ein **Abwertungsgebot** bei voraussichtlich dauernder Wertminderung.[64] Auch unter systematischen Aspekten scheint die Auffassung des BMF kaum nachvollziehbar. Warum soll das Wahlrecht zur Teilwertabschreibung losgelöst von der handelsbilanziellen Behandlung des Sachverhalts ausübbar sein, das Passivierungswahlrecht für unmittelbare Pensionsverpflichtungen dagegen nicht?[65] Sieht man die handelsrechtlichen Grundsätze ordnungsmäßiger Buchführung durch die in § 5 Abs. 1 Satz 1 EStG freigestellte Ausübung steuerlicher Wahlrechte verdrängt, sollte das auch für das Passivierungswahlrecht nach § 6a Abs. 1 EStG gelten. Geht man von einer umgekehrten Hierarchie aus, läuft das Wahlrecht zur Teilwertabschreibung aufgrund des Imparitätsprinzips leer, es besteht Abwertungspflicht.

Sind danach **Zweifel** an der Vertretbarkeit der von der Finanzverwaltung verkündeten Auslegung der Vorschriften zur Teilwertabschreibung anzumelden, wird man aus Sicht der Rechtsanwender dennoch fürs Erste Entwarnung geben können. Das Risiko einer gerichtlichen Überprüfung der im Anwendungsschreiben des BMF geäußerten Auffassung erscheint gering, da die Finanzverwaltung die Steuerpflichtigen kaum entgegen ihrer eigenen Festlegung veranlagen wird und damit aus Sicht der Steuerpflichtigen kein Anlass besteht, gegen die Verwaltungspraxis vorzugehen.

Das neue Wahlrecht lädt ein zu Gestaltungsüberlegungen.

Tipp

Unter bestimmten Voraussetzungen kann es im Interesse einer Steuerminimierung sinnvoll sein, auf die Vornahme zulässiger Teilwertabschreibung in der Steuerbilanz zu verzichten. Einen ersten Anwendungsfall stellen Anteile an Kapitalgesellschaften dar. Werden diese auf den niedrigeren Teilwert abgeschrieben, bleibt dies nach § 8b Abs. 3 Satz 3 KStG ohne Auswirkungen auf die steuerliche Bemessungsgrundlage. Eine spätere Zuschreibung oder ein Verkauf zu einem über dem Teilwert liegenden Preis führt zu einer **Effektivbesteuerung** nach § 8b Abs. 3 Satz 1 KStG. Nach dieser Regelung

---

[63] Vgl. Weber-Grellet, in: Schmidt, EStG Kommentar, 29. Aufl., München 2010, § 5 EStG, Rz. 28 f.
[64] Im Ergebnis wie hier Anzinger/Schleiter, DStR 2010, S. 396 ff.; Fischer/Kalini-Kerschbaum, DStR 2010, S. 400; Ehmcke in: Blümich, EStG/KStG/GewStG-Kommentar, München 2010, § 6 Rz. 363.
[65] So auch Kaminski, DStR 2010, S. 773 f.; vgl. hierzu auch Gliederungspunkt 3.1.2.1.

werden über das Vehikel fiktiver nicht abzugsfähiger Betriebsausgaben 5 % des niedrigeren Betrags aus Zuschreibungsertrag bzw. Veräußerungsgewinn einerseits und Teilwertabschreibung andererseits der Besteuerung unterworfen. Diese Steuerbelastung kann durch Verzicht auf die Teilwertberichtigung vermieden werden.[66]

Führen Teilwertabschreibungen zum Entstehen oder zu einer Erhöhung steuerlicher Verlustvorträge, ist ein Verzicht auf ihre Vornahme ebenfalls zu erwägen. Das gilt insbesondere dann, wenn ein teilweiser oder vollständiger Verfall dieser Verlustvorträge infolge einer Anteilsveräußerung droht (vgl. § 8c Abs. 1 KStG). Auf diese Weise lassen sich mögliche steuerliche Nachteile aus einem Gesellschafterwechsel minimieren.

Einer wechselnden Ausübung des Abschreibungswahlrechts steht das BMF-Schreiben vom 12.3.2010 kritisch gegenüber. Bereits der Verzicht auf den Nachweis eines voraussichtlich dauernd unter den fortgeführten Anschaffungs- oder Herstellungskosten liegenden Teilwerts nach Vornahme einer Abschreibung im Vorjahr gebe Anlass zu prüfen, ob eine willkürliche Gestaltung vorliegt.[67] Das Anwendungsschreiben lässt offen, auf welche Rechtsgrundlage sich das BMF mit dieser Aussage bezieht. In Betracht kommt der Grundsatz der Bewertungsmethodenstetigkeit gemäß § 252 Abs. 1 Nr. 6 HGB, der über § 5 Abs. 1 Satz 1 EStG auch für die Steuerbilanz gilt. Danach könnte auch in der unterschiedlichen Ausübung des Abwertungswahlrechts bei identischen oder vergleichbaren Wirtschaftsgütern eine willkürliche, dem Grundsatz der Einheitlichkeit der Bewertung widersprechende Gestaltung angenommen werden.

3.1.2.4 Korrespondierende Wahlrechte

Umstritten ist, ob sich die in § 5 Abs. 1 EStG gestattete eigenständige Wahlrechtsausübung ausschließlich auf originär steuerliche Wahlrechte bezieht[68] oder auch dann gilt, wenn steuerliche Bilanzierungsfreiheiten auf entsprechende handelsrechtliche Ansatz- oder Bewertungswahlrechte treffen.[69] Die Finanzverwaltung vertritt in dieser Frage eine relativ weite Auffassung. Danach sollen sich in beiden Fällen vergleichbare Rechtsfolgen ergeben. Nach diesem Verständnis präjudiziert die Verfahrensweise in der Handelsbilanz also auch bei korrespondierenden Wahlrechten nicht mehr die steuerliche Behandlung des Sachverhalts[70] (vgl. Abb. 18). Dem Steuerpflichtigen steht es mithin frei, das inhaltlich übereinstimmende Wahlrecht in der Handels- und Steuerbilanz unterschiedlich auszuüben. Wiederum begründet diese Verfahrensweise die Verpflichtung, das betreffende Wirtschaftsgut in ein gesondertes Verzeichnis auf-

---

[66] Vgl. auch Bruckmeier/Zwirner/Busch, DStR 2010, S. 241 f.
[67] Vgl. BMF-Schreiben v. 12.3.2010, BStBl. I 2010, S. 239, Tz. 15.
[68] So etwa Anzinger/Schleiter, DStR 2010, S. 395 ff.; Fischer/Kalini-Kerschbaum, DStR 2010, S. 399 f.
[69] Dahingehend Dörfler/Adrian, Ubg 2009, S. 387; Grützner, StuB 2009, S. 483; Herzig/Briesemeister, DB 2009, S. 978.
[70] Dagegen Fischer/Kalina-Kerschbaum, DStR 2010, S. 399 ff.

zunehmen, aus dem unter anderem die Vorschrift des ausgeübten steuerlichen Wahlrechts und die vorgenommene Abschreibung hervorgehen.

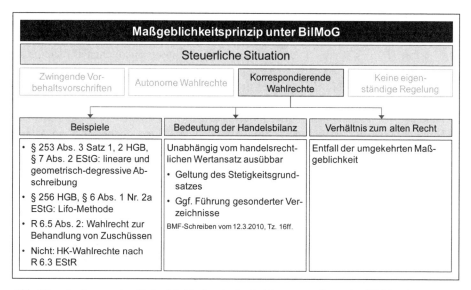

Abb. 18: Auslegung des Maßgeblichkeitsprinzips bei korrespondierenden Wahlrechten

Beispiel

Unternehmen U hat Anfang 2010 eine neue Maschine mit Anschaffungskosten von 1.000.000 EUR erworben. Die betriebsgewöhnliche Nutzungsdauer beträgt zehn Jahre.

Steuerlich kann U zwischen einer linearen Abschreibung in Höhe von 10 % der Anschaffungskosten p. a. (vgl. § 7 Abs. 1 EStG) und einer geometrisch-degressiven Abschreibung mit einem Abschreibungssatz von 25 % wählen. Die Entscheidung kann losgelöst von der planmäßigen Abschreibung des Vermögensgegenstands in der Handelsbilanz erfolgen.

Handelsrechtlich kommt in jedem Fall die lineare Abschreibung in Betracht. Umstritten ist, ob die geometrisch-degressive Abschreibung nach § 7 Abs. 2 EStG eine zulässige Alternative darstellt. Das wird teilweise mit dem Hinweis verneint, diese Methode verrechne in den ersten Jahren einen zu hohen Wertverzehr, der zu einer nicht den tatsächlichen Verhältnissen entsprechenden Darstellung der Vermögens- und Ertragslage führe.[71]

---

[71] So Gelhausen/Fey/Kämpfer, Rechnungslegung und Prüfung nach dem Bilanzrechtsmodernisierungsgesetz, Düsseldorf 2009, Abschnitt D, Tz. 15, für den Fall eines Abschreibungssatzes von 30 %; vgl. hierzu näher Kapitel 2, Abschnitt 2, Gliederungspunkt 2.4.1.2.

Entscheidet sich U für eine unterschiedliche Folgebewertung des erworbenen Anlageguts, ergeben sich temporäre Differenzen zwischen dem handelsrechtlichen Buchwert und dem Steuerwert, die zu latenten Steuern führen können.[72]

Als weitere Beispiele für korrespondierende Wahlrechte sind die Lifo-Bewertung (vgl. § 256 HGB, § 6 Abs. 1 Nr. 2a EStG) und die unterschiedlichen Darstellungsformen für Investitionszuschüsse (Abzug von den Anschaffungs- oder Herstellungskosten, passivische Abgrenzung über die Nutzungsdauer des betreffenden Vermögensgegenstands oder unmittelbare erfolgswirksame Erfassung) zu nennen. Die Behandlung von allgemeinen Verwaltungskosten sowie von Aufwendungen für soziale Einrichtungen, für freiwillige soziale Aufwendungen und für betriebliche Altersversorgung gehört nach dem BMF-Schreiben vom 12.3.2010 nicht mehr dazu. Diese Bestandteile der Herstellungskosten sollten nach der geänderten Verwaltungsauffassung zunächst ab dem Veranlagungszeitraum 2009 für Zwecke der steuerlichen Gewinnermittlung aktivierungspflichtig sein.[73] Nicht zuletzt als Reaktion auf die massive Kritik an der rückwirkenden Änderung der steuerlichen Herstellungskostendefinition hat das BMF mit Schreiben vom 22.6.2010[74] den Anwendungszeitpunkt der neuen Auffassung hinausgeschoben. Danach ist es nicht zu beanstanden, wenn für die Wirtschaftsjahre, die vor der Veröffentlichung einer geänderten Richtlinienfassung enden, noch nach der bisherige Fassung des R 6.3 Absatz 4 EStR verfahren wird.

3.1.2.5 Fehlende steuerliche Regelung

Keine Änderung im Vergleich zur Rechtslage vor Inkrafttreten des BilMoG ergibt sich bei Bilanzierungsfragen, für die steuerlich keine Vorbehaltsregelung besteht. In diesem Fall kommen über die materielle Maßgeblichkeit die handelsrechtlichen Grundsätze ordnungsmäßiger Buchführung in der Steuerbilanz zum Tragen (vgl. Abb. 19).

Als Beispiele für diese Konstellation erwähnt das BMF-Schreiben vom 12.3.2010 die **Festbewertung** (vgl. § 240 Abs. 3 HGB), die **Gruppenbewertung** (vgl. § 240 Abs. 4 HGB) und das Wahlrecht zur **Aktivierung von Fremdkapitalzinsen** als Teil der Herstellungskosten (vgl. § 255 Abs. 3 HGB; R 6.3 Abs. 4 EStR). Werden die betreffenden Wahlrechte in der Handelsbilanz ausgeübt, wirkt diese Entscheidung mangels einer eigenständigen Regelung in die Steuerbilanz hinein.[75] Diese Rechtsfolge ist nur erklärbar, wenn man bei Fehlen steuerrechtlicher Regelungen weiterhin von der Geltung der formellen Maßgeblichkeit ausgeht. Ob das aus § 5 Abs. 1 Satz 1 EStG herausgelesen werden kann, ist zumindest zweifelhaft.

---

[72] Vgl. hierzu Kapitel 2, Abschnitt 8, Gliederungspunkt 3.
[73] Vgl. BMF-Schreiben v. 12.3.2010, BStBl. I 2010, S. 239, Tz. 8, 24; zur Kritik an dieser Rückwirkung vgl. Kaminski, DStR 2010, S. 772 f.
[74] Vgl. BStBl. I 2010, S. 597.
[75] Vgl. BMF-Schreiben v. 12.3.2010, BStBl. I 2010, S. 239, Tz. 5–7.

Die handelsrechtliche Bildung von **Bewertungseinheiten** nach § 254 HGB ist unter diesem Blickwinkel weniger problematisch. Sie wird in § 5 Abs. 1a EStG ausdrücklich für maßgeblich erklärt. Das gilt jedenfalls dann, wenn sich das Unternehmen gegen finanzwirtschaftliche Risiken absichert.

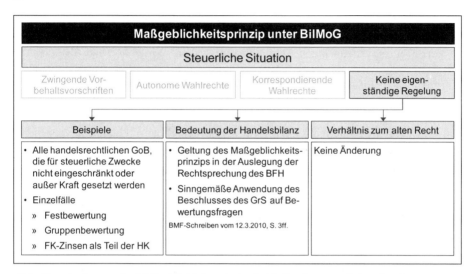

Abb. 19: *Auslegung des Maßgeblichkeitsprinzips bei fehlender steuerlicher Regelung*

Diskussionswürdig ist, inwieweit die Vorschriften zur Umrechnung von **Fremdwährungsgeschäften** maßgeblich für die Steuerbilanz sind. Soweit die Umrechnungsergebnisse mit den allgemeinen Grundsätzen ordnungsmäßiger Buchführung im Einklang stehen, ist ihre Übernahme in die Steuerbilanz unbedenklich. Weniger klar ist die Rechtslage hinsichtlich der in § 256a HGB geduldeten Durchbrechung des Anschaffungswert- und Realisationsprinzips bei kurzfristigen Vermögensgegenständen und Schulden in fremder Währung. Eine vergleichbare Regelung fehlt im EStG. Dort gilt stattdessen das Anschaffungswertprinzip uneingeschränkt (vgl. § 6 Abs. 1 Nr. 1, 2 und 3 EStG). Das legt eine abweichende Behandlung kurzfristiger Fremdwährungspositionen in der Steuerbilanz nahe.[76] Zweifel an dieser Auslegung könnten sich mit Blick auf die Äußerung in der Regierungsbegründung zum BilMoG ergeben, nach der § 256a HGB lediglich „die gängige Praxis der Währungsumrechnung" abbilde. Träfe dies zu, wäre die Einschränkung des Anschaffungswert- und Realisationsprinzips bei der Umrechnung von Fremdwährungsgeschäften möglicherweise als Ergebnis einer Fortentwicklung der handelsrechtlichen Grundsätze ordnungsmäßiger Buchführung zu werten.[77] Damit käme ihr über § 5 Abs. 1 Satz 1 EStG auch Bedeutung für die steuerliche Gewinnermittlung zu. Überzeugender erscheint dennoch, aus steuerlicher

---

[76] So Pfirmann/Schäfer, in: Küting/Pfitzer/Weber, Das neue deutsche Bilanzrecht, 2. Aufl., Stuttgart 2009, S. 137.
[77] Eine Adaption der handelsrechtlichen Behandlung unrealisierter Kursgewinne durch die Finanzverwaltung befürchten Schüttler/Stolz/Jahr, DStR 2010, S. 770.

Sicht an der uneingeschränkten Geltung des Anschaffungswertprinzips festzuhalten, da die Eingangsprämisse in der Regierungsbegründung zweifelhaft erscheint.

3.1.2.6 Aufzeichnungspflichten

Werden Wirtschaftsgüter infolge der Ausübung steuerlicher Wahlrechte in der steuerlichen Gewinnermittlung mit einem von der Handelsbilanz abweichenden Wertansatz berücksichtigt, sind sie nach § 5 Abs. 1 Satz 2 EStG in besondere, laufend zu führende Verzeichnisse aufzunehmen. Diese müssen Auskunft geben über den Tag der Anschaffung oder Herstellung, die Anschaffungs- oder Herstellungskosten, die Vorschriften des ausgeübten steuerlichen Wahlrechts und die vorgenommenen Abschreibungen. Ausgenommen von der Aufzeichnungspflicht sind Wirtschaftsgüter des Sonderbetriebsvermögens. Sie gilt ferner nicht für Umwandlungsvorgänge nach dem Umwandlungssteuerrecht.[78] Auch für in der Steuerbilanz gebildete unversteuerte Rücklagen sind keine gesonderten Verzeichnisse zu führen. Zu anderen Sonderfällen (Feldinventar, Übertragung von Rücklagen nach § 6b EStG, Behandlung von Zuschüssen) sei auf das BMF-Schreiben vom 12.3.2010 verwiesen.[79]

Die Führung der Verzeichnisse ist **Tatbestandsvoraussetzung** für die wirksame Ausübung des steuerlichen Wahlrechts. Entsprechen die Aufzeichnungen nicht den gesetzlichen Vorgaben, wird der Steuerpflichtige so behandelt, als habe er das betreffende Wahlrecht nicht ausgeübt.[80] Die Finanzverwaltung stellt in ihrem Anwendungsschreiben vom 12.3.2010 keine besonderen Anforderungen an die formale Gestaltung der besonderen Verzeichnisse. Die erforderlichen Angaben können sich beispielsweise aus einem (erweiterten) handelsrechtlichen Anlagenspiegel nach § 268 Abs. 2 HGB oder einem nach § 6 Abs. 2 Satz 4 EStG geführten Verzeichnis geringwertiger Wirtschaftsgüter ergeben. In zeitlicher Hinsicht genügt es, wenn die notwendigen Angaben bis zur **Erstellung der Steuererklärung** aufgenommen werden.[81]

Abb. 20 fasst die wesentlichen Punkte der mit dem BilMoG eingeführten neuen Aufzeichnungspflichten zusammen.

---

[78] Vgl. BMF-Schreiben v. 12.3.2010, BStBl. I 2010, S. 239, Tz. 19.
[79] Vgl. BMF-Schreiben v. 12.3.2010, BStBl. I 2010, S. 239, Tz. 20, 22, 23.
[80] Vgl. BMF-Schreiben v. 12.3.2010, BStBl. I 2010, S. 239, Tz. 21.
[81] Vgl. BMF-Schreiben v. 12.3.2010, BStBl. I 2010, S. 239, Tz. 20.

Aufzeichnungspflichten bei Ausübung steuerlicher Wahlrechte	
Ausgestaltung	Anwendung
• Verzeichnisse sind Teil der Buchführung • Führung ist Tatbestandsvoraussetzung für die wirksame Wahlrechtsausübung, Ausnahme: unversteuerte Rücklagen • Inhalt: 　» Tag der Anschaffung / Herstellung 　» AK / HK 　» Vorschrift des ausgeübten Wahlrechts 　» Vorgenommene Abschreibung • Form: 　» Keine Vorgaben 　» Ergänzung des Anlagenverzeichnisses oder des Verzeichnisses der GwG ist zulässig BMF-Schreiben vom 12.3.2010, Tz. 19ff.	• Vorschriften gelten erstmals für VZ 2009 • Aufzeichnungspflicht besteht nicht, soweit steuerliche Wertansätze in der Handelsbilanz in Ausübung von Übergangswahlrechten beibehalten werden BMF-Schreiben vom 12.3.2010, Tz. 24

Abb. 20: Aufzeichnungspflichten für abweichend von der Handelsbilanz bewertete Wirtschaftsgüter

3.1.3 Anwendungszeitpunkt

§ 5 Absatz 1 EStG i. d. F. des BilMoG ist erstmals für den Veranlagungszeitraum 2009, d. h. für Wirtschaftsjahre, die nach dem 31.12.2008 enden, anzuwenden (vgl. § 52 Absatz 1 Satz 1 EStG i. V. m. Artikel 15 des BilMoG). Von diesem Zeitpunkt an können steuerliche Wahlrechte bei der Gewinnermittlung unabhängig von der handelsrechtlichen Jahresbilanz ausgeübt werden. Aus handelsrechtlicher Sicht eröffnet das die Möglichkeit, die in der Vergangenheit nur nach steuerrechtlichen Erwägungen vorgenommenen Abschreibungen und Einstellungen in Sonderposten mit Rücklageanteil ohne steuerliche Folgen rückgängig zu machen. Macht der Bilanzierende davon Gebrauch, sind die im vorstehenden Gliederungspunkt erläuterten steuerlichen Aufzeichnungspflichten zu beachten.

3.1.4 Übergangsregelung

Nach Art. 67 Abs. 3 Satz 1 EGHGB dürfen im Jahresabschluss für das letzte vor dem 1.1.2010 beginnende Geschäftsjahr gebildete Sonderposten mit Rücklageanteil unter Anwendung der für sie bis zum Inkrafttreten des BilMoG geltenden Vorschriften des HGB beibehalten und fortgeführt werden. Eine vergleichbare Regelung sieht Art. 67 Abs. 4 Satz 1 EGHGB für vorgenommene steuerliche Mehrabschreibungen vor. Alternativ eröffnen die Übergangsregelungen die Möglichkeit, die steuerlichen Einflüsse auf die handelsrechtliche Rechnungslegung zu eliminieren.[82]

---

[82] Vgl. hierzu ausführlich Kapitel 2, Abschnitt 8, Gliederungspunkt 2.3.

Die Übergangsvorschriften erwecken den Eindruck, als habe der Gesetzgeber die Ausübung rein steuerlicher Wahlrechte im handelsrechtlichen Jahresabschluss letztmals für das (kalenderjahrgleiche) Geschäftsjahr 2009 erlauben wollen. Bei **Einzelkaufleuten** und **Personenhandelsgesellschaften** ist diese Schlussfolgerung ohne Weiteres berechtigt. Bei diesen war die Übernahme steuerrechtlicher Mehrabschreibungen und unversteuerter Rücklagen nicht an die Geltung der formellen Maßgeblichkeit geknüpft.

Anders stellt sich die Situation bei **Kapitalgesellschaften** und diesen nach § 264a HGB **gleichgestellten Personenhandelsgesellschaften** dar. Ob sie im Geschäftsjahr 2009 noch steuerrechtliche Mehrabschreibungen vornehmen oder einen Sonderposten mit Rücklageanteil bilden dürfen, ist zu zweifelhaft. Der Grund liegt in einer fehlenden Übergangsvorschrift zu § 5 Abs. 1 EStG a. F. Infolgedessen ist mit Inkrafttreten des BilMoG die umgekehrte Maßgeblichkeit entfallen, und zwar erstmals für den Veranlagungszeitraum 2009. Seither ist die Ausübung steuerlicher Wahlrechte nicht mehr an eine gleichgerichtete Verfahrensweise in der handelsrechtlichen Jahresbilanz gebunden. Andererseits sehen die §§ 273, 279 Abs. 2 HGB a. F. bei Kapitalgesellschaften und diesen gleichgestellten Personenhandelsgesellschaften eine Übernahme rein steuerlich begründeter Wertansätze nur bei Geltung der umgekehrten Maßgeblichkeit vor.

Wenn danach die Anerkennung einer steuerrechtlichen Mehrabschreibung oder eines Sonderpostens mit Rücklageanteil bei der steuerlichen Gewinnermittlung für nach dem 31.12.2008 beginnende Geschäftsjahre nicht mehr von der Bilanzierung in der Handelsbilanz abhängig ist, drängt sich nicht nur die Frage nach der Zulässigkeit der (letztmaligen) Neubildung von Sonderposten in Abschlüssen für vor dem 1.1.2010 beginnende Geschäftsjahre auf. Auch für aus früheren Geschäftsjahren stammende Posten stellt sich die Existenzfrage. Der HFA des IDW sieht die Sache allerdings weniger dramatisch. Unter Berufung auf Art. 67 Abs. 3, 4 EGHGB geht er weiterhin von der Zulässigkeit der Bildung (und Beibehaltung) eines Sonderpostens mit Rücklageanteil im Jahresabschluss einer Kapitalgesellschaft zum 31.12.2009 aus.[83] Ob die Begründung trägt, ist fraglich. Die Formulierung in Art. 67 Abs. 3 Satz 1 EGHGB, „waren im Jahresabschluss für das letzte vor dem 1.1.2010 beginnende Geschäftsjahr [...] Sonderposten mit Rücklageanteil nach § 247 Abs. 3, § 273 des Handelsgesetzbuchs [...] enthalten", bringt nur eine Tatbestandsvoraussetzung für die Beibehaltung des Postens zum Ausdruck. Entsprechendes gilt für die Regelung des Art. 67 Abs. 4 EGHGB über niedrigere Wertansätze von Vermögensgegenständen, die auf Abschreibungen nach den §§ 254, 279 Abs. 2 HGB beruhen. Ob die jeweilige Tatbestandsvoraussetzung erfüllt ist, beurteilt sich nach den darin in Bezug genommenen Vorschriften.[84] Sie verlangen bei Kapitalgesellschaften und diesen gleichgestellten

---

[83] Vgl. IDW RS HFA 28, IDW-FN 2009, S. 642, Tz. 3.
[84] Vgl. auch Kessler/Leinen/Paulus, BB 2009 S. 1913; die Zulässigkeit der Bildung eines Sonderpostens nach Inkrafttreten des BilMoG ebenfalls verneinend vgl. Hoffmann/Lüdenbach, NWB-Kommentar Bilanzierung, Herne 2009, Art. 67 EGHGB, Rz. 10.

Personenhandelsgesellschaften die Geltung der umgekehrten Maßgeblichkeit, um die handelsrechtlichen Öffnungsklauseln in Anspruch zu nehmen.

Im Ergebnis besteht damit Rechtssicherheit nur für solche handelsrechtlichen Abschlüsse von Kapitalgesellschaften, die vor dem 29.5.2009 endende Geschäftsjahre betreffen. Für nach dem Inkrafttreten des BilMoG endende Geschäftsjahre ist dagegen zweifelhaft, ob aus früheren Geschäftsjahren stammende rein steuerlich begründete Bilanzansätze fortgeführt werden und steuerrechtliche Mehrabschreibungen sowie Einstellungen in Sonderposten mit Rücklageanteil zusätzlich vorgenommen werden dürfen. Folgt man der abweichenden Auffassung des IDW, verbietet sich die Übernahme der bei der steuerlichen Gewinnermittlung gewährten subventionellen Vergünstigungen erst in Abschlüssen für Geschäftsjahre, die nach dem 28.5.2009 (Kapitalgesellschaften und gleichgestellte Personenhandelsgesellschaften) bzw. nach dem 31.12.2009 enden. Für Altfälle leitet das IDW aus Art. 67 Abs. 3, 4 EGHGB ein generelles Beibehaltungs- und Fortführungswahlrecht ab.

3.2 Latente Steuern

Aufgrund des Entfalls der umgekehrten Maßgeblichkeit einerseits sowie der verstärkten Ausrichtung der handelsrechtlichen Rechnungslegung an der Informationsfunktion andererseits werden sich Handels- und Steuerbilanz zunehmend auseinanderentwickeln. Die Verwerfungen führen zu latenten Steuern. Ihre Bildung ist durch das BilMoG ebenfalls neu geregelt worden. Zu Einzelheiten sei auf Kapitel 2, Abschnitt 8, Gliederungspunkt 3 verwiesen.

Soweit temporäre Differenzen zwischen Handels- und Steuerbilanz oder steuerliche Verlustvorträge bereits im Zeitpunkt des Übergangs auf das neue Bilanzrecht bestanden haben, sind die Vorschriften des Art. 67 Abs. 6 EGHGB zu beachten. Entsprechendes gilt für temporäre Differenzen, die aus Anpassungsbuchungen resultieren. Die Regelung ist unter Gliederungspunkt 2.2.3 erläutert.

Kapitel 2: Einzelgesellschaftliche Rechnungslegung

Abschnitt 1: Rechnungslegungspflicht

Autoren: WP/StB Thomas Budde / Prof. Dr. Sabine Heusinger-Lange

1 Befreiung von der Buchführungs-, Inventur- und Jahresabschlusspflicht

1.1 Die neuen Vorschriften im Überblick

Die neuen gesetzlichen Regelungen betreffend die Aufhebung der Pflicht zur Buchführung und Erstellung eines Inventars sowie eines Jahresabschlusses, für die es keine Entsprechung im bisherigen HGB gab, lauten wie folgt:

> **HGB § 241a Befreiung von der Pflicht zur Buchführung und Erstellung eines Inventars**
>
> Einzelkaufleute, die an den Abschlussstichtagen von zwei aufeinander folgenden Geschäftsjahren nicht mehr als 500.000 Euro Umsatzerlöse und 50.000 Euro Jahresüberschuss aufweisen, brauchen die §§ 238 bis 241 nicht anzuwenden. Im Fall der Neugründung treten die Rechtsfolgen schon ein, wenn die Werte des Satzes 1 am ersten Abschlussstichtag nach der Neugründung nicht überschritten werden.

> **HGB § 242 Pflicht zur Aufstellung**
>
> (1) bis (3) [...]
>
> (4) Die Absätze 1 bis 3 sind auf Einzelkaufleute im Sinn des § 241a nicht anzuwenden. Im Fall der Neugründung treten die Rechtsfolgen nach Satz 1 schon ein, wenn die Werte des § 241a Satz 1 am ersten Abschlussstichtag nach der Neugründung nicht überschritten werden.

Die Bilanzierungsvorschriften des HGB sehen verschiedene Unternehmenskategorien vor, für die unterschiedliche Erfordernisse hinsichtlich Inhalt und Umfang der Berichterstattungspflichten festgelegt sind. Die Kategorien orientieren sich zunächst an dem Merkmal, ob der Bilanzierende eine Nicht-Kapitalgesellschaft oder eine Kapitalgesellschaft bzw. eine gleichgestellte Personenhandelsgesellschaft ist. Außerdem sind kapitalmarktorientierte und nicht kapitalmarktorientierte Gesellschaften zu unterscheiden. Ansonsten entscheiden Größenmerkmale über die Berichterstattungspflichten im Jahresabschluss. Zu beachten sind darüber hinaus die besonderen Regelungen für spezielle Rechtsformen wie Genossenschaften und für ausgewählte Branchenunternehmen wie Versicherungen oder Kredit- und Finanzdienstleistungsinstitute, die hier nicht näher betrachtet werden. Nachfolgende Abb. 1 stellt die Rechnungslegungsanforderungen für die genannten, allgemeinen Unternehmenskategorien im Überblick dar.

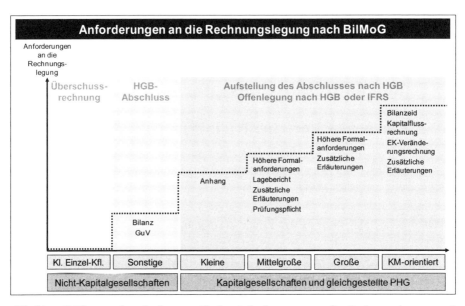

Abb. 21: *Größen- und rechtsformspezifische Anforderungen an die Rechnungslegung nach BilMoG*

Wie dem Gesetzeswortlaut der §§ 241a und 242 Abs. 4 HGB zu entnehmen ist, sind – im Gegensatz zu den ursprünglichen Empfehlungen des Rechts-, Finanz- und Wirtschaftsausschusses, die vom Bundesrat übernommen wurden[85] – von den vorliegenden Erleichterungsregelungen **nur Einzelkaufleute** betroffen.

§ 241a HGB regelt die **größenabhängige Befreiung** von Einzelkaufleuten von der Buchführungspflicht, von der Pflicht zur Führung von Handelsbüchern und von der Pflicht zur jährlichen Erhebung und Aufstellung eines Inventars. Die bisher geltenden Regelungen verpflichteten alle Kaufleute, somit alle Einzelkaufleute, Personenhandelsgesellschaften und Kapitalgesellschaften, Bücher über die Handelsgeschäfte und die Lage des Vermögens nach den Grundsätzen ordnungsmäßiger Buchführung zu führen (vgl. § 238 HGB). Grundstücke, Forderungen, Schulden, der Bestand an liquiden Mitteln und sonstige Vermögensgegenstände waren bislang von allen Kaufleuten

---

[85] Vgl. BR-Drucks. 344/1/08, S. 1.

jährlich, ggf. unter Verwendung zulässiger Bewertungs- und Inventurvereinfachungsverfahren, zu inventarisieren und zu bewerten (vgl. §§ 240, 241 HGB a. F.). Hiervon ausgenommen sind nunmehr Einzelkaufleute, sofern sie nicht mehr als 500.000 EUR Umsatzerlöse und nicht mehr als 50.000 EUR Jahresüberschuss ausweisen. Diese beiden Größenkriterien gelten als kumulative Merkmale und kommen nur dann zur Anwendung, wenn sie an den Abschlussstichtagen von zwei aufeinander folgenden Geschäftsjahren nicht überschritten werden.

Der neu geschaffene § 242 Abs. 4 HGB stellt Einzelkaufleute von der **Pflicht zur Erstellung eines Jahresabschlusses frei**. Klarstellend wird festgelegt, dass die Rechtsfolgen der vorgenannten Erleichterungen – wie auch die Erleichterungen gemäß § 241a HGB – bei Neugründungen schon am ersten Abschlussstichtag nach der Neugründung eintreten, sofern die genannten Größenkriterien erfüllt sind.

Das für Einzelkaufleute geschaffene Wahlrecht zur Befreiung von der Buchführung und der Erstellung eines Inventars sowie die Befreiung der Einzelkaufleute von der Pflicht zur Erstellung eines Jahresabschlusses ist erstmals auf Jahresabschlüsse für das nach dem 31.12.2007 beginnende Geschäftsjahr anzuwenden (vgl. Art. 66 Abs. 1 EGHGB).

Somit können die mit den Schwellenwerten wirksam werdenden Folgen betreffend die Befreiung von der Pflicht zur Buchführung und Erstellung eines Inventars bei kalenderjahrgleichem Geschäftsjahr erstmals für einen Abschluss zum 31.12.2008 in Anspruch genommen werden. Die vorgenannten Regelungen stellen sich in Abb. 22 zusammengefasst und im Überblick wie folgt dar:

Befreiung von Buchführungs-, Inventur- und JA-Pflicht nach BilMoG		
Betroffene Unternehmen § 241a HGB		
Rechtsform / Kapitalmarkt	Größenmerkmale	Sonderfall: Neugründung

Einzelkaufleute	• Kriterien
	  » Umsatzerlöse ≤ 500 TEUR
	  » Jahresüberschuss ≤ 50 TEUR
	• Dauer: Die Größenmerkmale müssen an den Abschlussstichtagen von zwei aufeinander folgenden Geschäftsjahren eingehalten sein
		Die Befreiungsregelung tritt ein, wenn die Größenmerkmale am ersten Abschlussstichtag nach der Neugründung eingehalten sind

Rechtsfolgen		
• Befreiung von den §§ 238 bis 241 HGB • Befreiung von der Verpflichtung zur Aufstellung einer Bilanz und GuV § 242 Abs. 4 HGB • Konsequenz: Die betroffenen Unternehmen dürfen ihre Rechnungslegung auf eine Einnahmen-Überschuss-Rechnung beschränken		

Abb. 22: Befreiung von der Buchführungs- und Inventurpflicht nach BilMoG

1.2 Zweck und Begründung der Befreiungsvorschriften gemäß Gesetzesmaterialien

Die genannten Befreiungsvorschriften stehen im Zusammenhang mit Maßnahmen, die zu einer **Deregulierung** von nach bisher geltendem Recht bestehenden Dokumentations- und Berichterstattungserfordernissen für Unternehmen führen sollen. Diese Deregulierungsmaßnahmen folgen einem stufenweisen Konzept, das für gesetzlich determinierte Gruppen von Kaufleuten, die hinsichtlich der Dokumentations- und Berichterstattungsverpflichtungen stufenweise ansteigenden Anforderungen ausgesetzt sind, auf den verschiedenen Ebenen Erleichterungen verschafft.

Darüber hinaus ist der Bundesregierung bewusst, dass mit jeder **Erhöhung der Informations- und Transparenzanforderungen** die Frage der Zumutbarkeit der ökonomischen Belastungen und die Gefahr der Preisgabe von wettbewerbsrelevanten Unternehmensinterna umso problematischer ist, desto kleiner Unternehmen sind. Wie die Bundesregierung in ihrer Begründung betont, gelte dies insbesondere in solchen Fällen, in denen Informationsanforderungen des Kapitalmarkts auf Unternehmen übertragen werden, die nicht kapitalmarktorientiert sind (vgl. BT-Drucks. 16/10067, S. 34).

Mit den oben genannten Erleichterungen für Einzelkaufleute wurden Schwellenwerte definiert, deren Einhaltung zu einer gänzlichen **Aufhebung** der bisherigen Verpflichtung zur Dokumentation und der Berichterstattung über die Handelsbücher führt. Im Anschluss an die Regierungsbegründung bekräftigt der Rechtsausschuss in seiner Begründung, dass Einzelkaufleute, die unter den Schwellenwerten liegen, nunmehr auch für handelsrechtliche Zwecke eine Einnahmen-Überschuss-Rechnung nach Maßgabe des § 4 Abs. 3 EStG nutzen dürfen (vgl. BT-Drucks. 16/12407, S. 109). Inwieweit dies allerdings eine sinnvolle Erleichterung darstellt, ist von jeder Kauffrau bzw. jedem Kaufmann im Einzelfall zu beurteilen. Die Steuerung und Überwachung eines Geschäftsbetriebs mag nämlich in nicht wenigen Fällen eine Dokumentation erfordern, die derjenigen in Umfang und Qualität nahekommt, um die die Befreiungsregelung den Einzelkaufmann bzw. die Einzelkauffrau gerade entlasten wollte.[86] Jedenfalls ist sich die Bundesregierung dessen bewusst, dass die Einnahmen-Überschuss-Rechnung als rein steuerliche Gewinnermittlungsmethode kaum geeignet ist, die betriebliche Situation eines Unternehmens für solche (Steuerungs-)Zwecke abzubilden (vgl. BT-Drucks. 16/10067, S. 46). Da aber mit den Erleichterungsvorschriften kein Buchführungs- oder Bilanzierungsverbot einhergeht, können Einzelkaufleute, die die Befreiungsvorschriften erfüllen, ihre Buchführung und Bilanzierung in Anlehnung an ihren Geschäftsbetrieb angemessen ausgestalten (vgl. BT-Drucks. 16/12407, S. 109). Im Ergebnis führt das Wahlrecht zur Inanspruchnahme der Befreiung von der Buchführung und der Erstellung eines Inventars zu Freiheitsgraden, die bereits dort beginnen, wo die fehlende Dokumentation bisher zu Sanktionen führte.

---

[86] Der mit einem Übergang auf eine Einnahmen-Überschuss-Rechnung einhergehende Informationsverlust wird z. T. kritisch gesehen, so etwa in einer Studie über die Einschätzungen von Kreditinstituten; vgl. Haller/Löffelmann/Etzel, KoR 2009, S. 220.

Durch die Befreiungsvorschriften sind Einzelkaufleute unterhalb der Schwellenwerte auch nicht mehr an gesetzliche Vorschriften zur **Bemessung der Ausschüttung** gebunden. Nach Ansicht der Bundesregierung war und ist dies, jedenfalls aus haftungsrechtlichen Gründen, auch nicht erforderlich. Für die Zukunft sei daher zu erwarten, dass die Einzelkaufleute ganz überwiegend die Einnahmen-Überschuss-Rechnung nach § 4 Abs. 3 EStG zur Ausschüttungsbemessung heranziehen werden (vgl. BT-Drucks. 16/10067, S. 46). Die ursprüngliche, noch im RefE BilMoG verankerte und auch später vom Bundesrat[87] nochmals diskutierte Absicht, auch Personenhandelsgesellschaften in die Befreiungsvorschriften einzubeziehen, wurde bereits im Gesetzentwurf der Bundesregierung aufgegeben. Die hieran anknüpfende Kritik bezog sich darauf, dass die Gewinnverteilung bei Personenhandelsgesellschaften dringend einer Bilanzierung bedürfe und insbesondere die Ermittlung der wiederauflebenden Haftung eines Kommanditisten ohne eine Bestandsvergleichsrechnung nicht möglich sei.[88] Darüber hinaus heißt es in der Regierungsbegründung, dass durch den Verzicht einer Anwendung der Befreiungsvorschriften auch für Personenhandelsgesellschaften (sowie Genossenschaften) der Wissenschaft die Möglichkeit gegeben werden soll, sich fundiert mit den gesellschaftsrechtlichen Folgefragen auseinanderzusetzen. Erst im Lichte der mit der Befreiung der Einzelkaufleute gewonnenen Erfahrungen und auf der Grundlage der dann vorhandenen wissenschaftlichen Erkenntnisse soll eine Entscheidung über die weitergehende Befreiung der Personenhandelsgesellschaften und Genossenschaften getroffen werden (vgl. BT-Drucks. 16/10067, S. 47).

Mit der Anforderung des § 241a HGB, dass an den Abschlussstichtagen von zwei aufeinander folgenden Geschäftsjahren **nicht mehr als 500.000 EUR Umsatzerlöse und 50.000 EUR Jahresüberschuss** erzielt werden, verfolgt der Gesetzgeber gemäß der Regierungsbegründung das Ziel einer Annäherung an die Schwellenwerte des § 141 AO (vgl. BT-Drucks. 16/10067, S. 46). Nach § 141 Abs. 1 AO ergibt sich nämlich bereits seit der Änderung durch das Zweite Gesetz zum Abbau bürokratischer Hemmnisse insbesondere in der mittelständischen Wirtschaft vom 7.9.2007 (anzuwenden für Wirtschaftsjahre, die nach dem 31.12.2007 beginnen) für gewerbliche Unternehmer eine Buchführungspflicht, sofern die **Umsatzerlöse mehr als 500.000 EUR oder der Gewinn aus Gewerbebetrieb mehr als 50.000 EUR** betragen. Allerdings muss darauf hingewiesen werden, dass es in diesem Fall auf das **alternative Überschreiten** der Bezugsgrenzen bereits an **einem Abschlussstichtag** ankommt. § 241a HGB knüpft die Befreiungsmöglichkeit dagegen an das **Unterschreiten beider** Schwellenwerte an **zwei aufeinander folgenden Stichtagen**. Dadurch soll nach Meinung der Bundesregierung eine gewisse Kontinuität in der Rechnungslegung erzeugt und der ständige Wechsel zwischen handelsrechtlicher Rechnungslegung und nur steuerlicher Überschussrechnung vermieden werden. Die Anwendung der Befreiungsvorschriften bei einmaligem Unterschreiten beider Schwellenwerte nach § 241a Satz 1 HGB stellt in diesem Zusammenhang lediglich ein Korrektiv für den Fall der Neugründung dar (vgl. BT-Drucks. 16/10067, S. 46).

---

[87] Vgl. BT-Drucks. 344/08, S. 1.
[88] Vgl. Kersting, BB 2008, S. 795; auch Arbeitskreis Bilanzrecht der Hochschullehrer Rechtswissenschaft, BB 2008, S. 155.

Im Ergebnis sind § 141 AO und § 241a HGB in ihrer Anwendung somit nicht zwingend deckungsgleich. Allerdings dürften in der Praxis die Fälle, in denen es zu abweichenden Ergebnissen kommt, eher von untergeordneter Bedeutung sein.[89] Losgelöst davon führt das Einhalten der jeweiligen Schwellenwerte sowohl steuerlich als auch künftig handelsrechtlich zu derselben Konsequenz: Im Sinne der AO nicht buchführungspflichtige gewerbliche Unternehmer dürfen die gewerblichen Einkünfte auf Basis einer **Einnahmen-Überschuss-Rechnung** ermitteln. Dies gilt künftig auch für Einzelkaufleute, die die Befreiungsvorschriften der § 241a und § 242 Abs. 4 HGB beanspruchen können.

Nach Meinung der Bundesregierung liegt der Vorteil der Einnahmen-Überschuss-Rechnung in ihrer einfachen Grundkonzeption und Durchführbarkeit, woraus Kosteneinsparungen resultieren. Die Einnahmen-Überschuss-Rechnung verlange grundsätzlich weder die Führung von Bestandskonten noch eine Inventur oder Kassenführung (vgl. BT-Drucks. 16/10067, S. 46). Ihr herausragendes Merkmal ist, dass sie nicht der periodengerechten Gewinnermittlung folgt, sondern im Wesentlichen dem Zu- und Abflussprinzip und somit grundlegend anders konzipiert ist als die Gewinnermittlung durch Vermögensvergleich (zur Konzeption der Einnahmen-Überschuss-Rechnung siehe ausführlich Gliederungspunkt 1.3.2).

Die Notwendigkeit, einen Jahresabschluss nach Maßgabe der handelsrechtlichen Vorschriften zu erstellen, um festzustellen, dass eine gesetzliche Verpflichtung dazu nicht besteht, sieht die Bundesregierung als nicht gegeben. Nach einem Übergang von der Gewinnermittlung durch Vermögensvergleich auf die Einnahmen-Überschuss-Rechnung soll es genügen, wenn nach überschlägiger Ermittlung unter Berücksichtigung der handelsrechtlichen Vorschriften zum Jahresabschluss ein Überschreiten der Schwellenwerte nicht zu erwarten ist. Auf dieser Basis sei der Einzelkaufmann zum Abschlussstichtag dazu verpflichtet zu überwachen, ob die Befreiungsvoraussetzungen (weiterhin) vorliegen (vgl. BT-Drucks. 16/10067, S. 46 f.).[90]

Die neue Vorschrift und auch die Begründungen zum BilMoG lassen jedoch einige Punkte offen. Zunächst stellt sich die Frage, ob und ggf. welche **Dokumentation des Geschäftsbetriebs** Kaufleute im Sinn des § 1 HGB, die definitionsgemäß über einen in kaufmännischer Weise eingerichteten Geschäftsbetrieb verfügen, vorzunehmen haben, auch wenn sie eine Einnahmen-Überschuss-Rechnung anwenden, die ja gerade deutliche Vereinfachungen bringen soll. Ähnliche Unsicherheiten bestehen weiterhin für die Frage, welche Gewinnermittlungsmethode mit welchen **Freiheitsgraden beim**

---

[89] Vgl. Graf, in: Bertram/Brinkmann/Kessler/Müller (Hrsg.): Haufe HGB Kommentar, § 241a HGB, Rz. 5, der § 241a HGB insgesamt eine untergeordnete Bedeutung beimisst.

[90] Zustimmend Schmidt, in BBK 2009, S. 537; a. A. Graf, in: Bertram/Brinkmann/Kessler/ Müller (Hrsg.): Haufe HGB Kommentar, § 241a HGB, Rz. 38, der in diesem Zusammenhang aus rechtssystematischen Gründen eine Wiederentstehung der Buchführungspflicht u. E. zu Unrecht ablehnt, denn in der Regierungsbegründung wird eine fortdauernde Überwachung, ob die Befreiungsvoraussetzungen (weiterhin) vorliegen, explizit gefordert (vgl. BT-Drucks. 16/10067, S. 46). Es stellt sich die Frage, zu welchem anderen Zweck diese Überprüfung sonst erforderlich sein sollte.

Gewinnbegriff hinsichtlich der Schwellenwerte anzuwenden ist. Hintergrund ist hier die unterschiedliche Gewinnkonzeption der Einnahmen-Überschuss-Rechnung im Vergleich zu derjenigen durch Vermögensvergleich. Schließlich ist zu hinterfragen, ob die Befreiungsvorschrift die derzeitigen Regelungen der Kaufmannseigenschaften konterkariert. Dies wäre denkbar, wenn ein Einzelunternehmen einen nach Art und Umfang **in kaufmännischer Weise eingerichteten Geschäftsbetrieb**, also auch eine kaufmännische Buchhaltung und Bilanzierung benötigt, von dieser Pflicht aber unmittelbar wieder befreit wird (zu diesen Fragen siehe den folgenden Gliederungspunkt 1.3.1).

Noch in dem Regierungsentwurf zum BilMoG war verankert, dass die Inanspruchnahme der Vorteile des § 241a HGB auf solche Einzelkaufleute beschränkt sei, die nicht gleichzeitig **kapitalmarktorientiert** sind, wobei für den Begriff ‚kapitalmarktorientiert' unmittelbar auf die Legaldefinition in der Neuregelung des § 264d HGB verwiesen wurde (vgl. BT-Drucks. 16/10067, S. 47). Bereits in der Regierungsbegründung wurde jedoch auf die geringe praktische Bedeutung dieser Vorschrift hingewiesen. Mit der Aussage des Rechtsausschusses, dass sich diese Vorschrift als irrelevant erwiesen habe, wurde sie schließlich aus dem Gesetz gestrichen (vgl. BT-Drucks. 16/12407, S. 109). An dieser Stelle sei jedoch darauf hingewiesen, dass auch Schuldtitel Wertpapiere im Sinne des § 2 Abs. 1 WpHG darstellen, für die ein organisierter Markt beansprucht werden kann. Auch Einzelkaufleute könnten solche Wertpapiere begeben, sodass sie sehr wohl als kapitalmarktorientiert zu klassifizieren wären. In der Tat wird es sich hierbei aber eher um einen theoretischen Sachverhalt handeln.

Mit der Einfügung des § 241a HGB wurde auch § 141 Abs. 1 Satz 2 AO geändert. In der Vorschrift wurde die Angabe „bis 242 Abs. 1" durch die Angabe „240, 242 Abs. 1" ersetzt. Diese Änderung soll sicherstellen, dass § 241a HGB nur von der handelsrechtlichen, nicht jedoch auch von der steuerlichen Buchführungspflicht befreit (vgl. BT-Drucks. 16/10067, S. 47).

Schließlich ergänzt § 242 Abs. 4 HGB den neuen § 241a HGB. Die Vorschrift stellt Einzelkaufleute im Sinn des § 241a HGB von der Anwendung der Absätze 1 bis 3 des § 242 HGB, also der Verpflichtung zur Aufstellung eines handelsrechtlichen Jahresabschlusses bestehend aus Bilanz und Gewinn- und Verlustrechnung, frei. Auch hier gilt, dass die Rechtsfolgen nach § 242 Abs. 4 Satz 1 HGB im Fall der Neugründung schon eintreten, wenn die Voraussetzungen des § 241a Satz 1 HGB am ersten Abschlussstichtag nach der Neugründung vorliegen (vgl. BT-Drucks. 16/10067, S. 47).

1.3 Vertiefende Aspekte zur Anwendung der neuen Befreiungsvorschriften

1.3.1 Offene Fragen in den Gesetzesmaterialien

Die Vorschriften und auch die Begründungen zu den Befreiungsvorschriften des BilMoG lassen einige Fragen offen.

Für den Fall, dass ein Einzelunternehmen die Voraussetzungen zur Anwendung des § 4 Abs. 3 EStG erfüllt und dementsprechend eine Einnahmen-Überschuss-Rechnung anstelle einer Gewinnermittlung durch Vermögensvergleich anwendet, stellt sich die Frage hinsichtlich der **Dokumentation des Geschäftsbetriebs,** sofern es sich um einen Kaufmann im Sinne des § 1 HGB handelt. Definitionsgemäß verfügen solche Kaufleute über einen in kaufmännischer Weise eingerichteten Geschäftsbetrieb. Dies bedeutet, dass sie in der Regel eine Vielzahl von Produkten und Geschäftsverbindungen mit Kunden und / oder Lieferanten haben, die nachgehalten und dokumentiert werden müssen. Gerade hierfür sind eine Buchführung und die Bilanzierung von Vermögen und Schulden von großer Bedeutung. Eine Einnahmen-Überschuss-Rechnung (alleine) ist zu dieser Dokumentation nicht in der Lage. Nicht zuletzt aus diesem Grund ist die Forderung nach Ergänzungen über die unvollständigen Regelungen des § 4 Abs. 3 EStG hinaus in Form von Konkretisierungen, ob und inwieweit z. B. eine Zahlungsrechnung durch (vereinfachte) Bestandsvergleiche zu ergänzen ist, nachvollziehbar.[91] Auf entsprechende Festlegungen hat der Gesetzgeber im Rahmen des BilMoG jedoch verzichtet. Um diese Lücke dennoch zu schließen, könnte bspw. ein Rückgriff auf weitere steuerliche Vorschriften hilfreich sein. So fordert § 4 Abs. 3 Satz 5 EStG konkret ein Inventarverzeichnis der nicht abnutzbaren Wirtschaftsgüter und der Wirtschaftsgüter des Umlaufvermögens. Weiterhin sehen etwa die Vorschriften der §§ 143 und 144 AO separate Aufzeichnungen des Wareneingangs und zumindest für Hersteller, Groß- und Zwischenhändler Aufzeichnungen des Warenausgangs vor.[92] Ein Rückgriff auf steuerliche Vorschriften ließe sich damit begründen, dass die Einnahmen-Überschuss-Rechnung selbst in den steuerlichen Vorschriften des EStG verankert ist und der Rechtsausschuss in seiner Begründung explizit die Anwendung dieses steuerlichen Instruments auch für handelsrechtliche Zwecke akzeptiert hat (vgl. BT-Drucks. 16/12407, S. 109).

Ähnliche Unsicherheiten bestehen weiterhin im Zusammenhang mit der Frage, welche Gewinnermittlungsmethode mit welchen **Freiheitsgraden beim Gewinnbegriff** hinsichtlich einer Überprüfung der Schwellenwerte anzuwenden ist.[93] Wegen der grundlegend unterschiedlichen Konzeptionen ist der aufgrund einer Einnahmen-Überschuss-Rechnung ermittelte Gewinn ein anderer als der Gewinn, der durch Vermögensvergleich ermittelt wird.[94] Dies führt dazu, dass die Schwellenwerte unterschiedlich zu interpretieren sind, je nachdem ob ein Übergang von der Einnahmen-Überschuss-Rechnung hin zur Gewinnermittlung nach Vermögensvergleich oder ein Übergang in umgekehrter Richtung ansteht.[95] Auch die in der Regierungsbegründung

---

[91] Vgl. Herzig, DB 2008, S. 2.
[92] Vgl. Happe, BBK 2006, S. 774 f.
[93] Vgl. Kersting, BB 2008, S. 791; Theile, BBK 2008, Fach 2, S. 1346.
[94] A. A. Schmidt, der beide Gewinnbegriffe „im Großen und Ganzen" für identisch hält; vgl. BBK 2009, S. 967.
[95] Vgl. Kersting, BB 2008, S. 791; a. A. ist das IDW, das allgemein bei der Ermittlung der Umsatzerlöse und des Jahresüberschusses, die den Schwellenwerten zu Grunde gelegt werden sollen, auf die Grundsätze periodengerechter Gewinnermittlung zurückgreift, vgl. IDW, Stellungnahme zum Regierungsentwurf eines Gesetzes zur Modernisierung des Bilanzrechts (Bilanzrechtsmodernisierungsgesetz - BilMoG) vom 4.1.2008, S. 5.

geforderte Berücksichtigung der handelsrechtlichen Vorschriften zum Jahresabschluss, die für die künftige Überprüfung der Schwellenwerte erforderlich ist, wenn ein Übergang auf die Einnahmen-Überschuss-Rechnung erfolgt ist, kann wohl nicht zu der Annahme führen, dass die Schwellenwerte stets nach der Gewinnermittlung durch Vermögensvergleich zu überprüfen sind. Schließlich wird in der Regierungsbegründung lediglich von einer ‚überschlägigen Ermittlung' der genannten Werte gesprochen (vgl. BT-Drucks. 16/10067, S. 46).[96] Die Schwellenwerte stets auf der Grundlage der Gewinnermittlung durch Vermögensvergleich zu ermitteln, kann darüber hinaus auch nicht gewollt sein,[97] denn sonst liefen die neu eingeführten Vereinfachungsregelungen, die ja gerade auf die Buchführung verzichten, ins Leere. Da die beschriebene Problematik schon sehr frühzeitig diskutiert wurde,[98] der Rechtsausschuss in seiner abschließenden Begründung aber nochmals explizit die Anwendbarkeit der Einnahmen-Überschuss-Rechnung des § 4 Abs. 3 EStG auch für handelsrechtliche Zwecke herausgestellt hat (vgl. BT-Drucks. 16/10067, S. 46), kann davon ausgegangen werden, dass seitens des Gesetzgebers diese unterschiedliche Interpretation der Schwellenwerte zumindest billigend in Kauf genommen wird.

Schließlich ist, allerdings aus eher systematischen Gründen, zu hinterfragen, ob die Befreiungsvorschriften die allgemeinen Regelungen der **Kaufmannseigenschaften** konterkarieren. Gemäß § 1 Abs. 1 HGB ist derjenige ein Kaufmann, der ein Handelsgewerbe betreibt. Ein Handelsgewerbe ist zum einen jeder Gewerbebetrieb, der einen in kaufmännischer Weise eingerichteten Geschäftsbetrieb erfordert (§ 1 Abs. 2 HGB). Zum anderen gilt als Handelsgewerbe das Unternehmen, dessen Firma in das Handelsregister eingetragen ist (§ 2 HGB). Für Handelsgesellschaften und Formkaufleute sind die für Kaufleute geltenden Regelungen anzuwenden (§ 7 HGB). Zu den Handelsgesellschaften, wegen der im Grundsatz auf natürliche Personen beschränkten Haftung auch Personenhandelsgesellschaften genannt, gehören die Offene Handelsgesellschaft (§§ 105 ff. HGB) und die Kommanditgesellschaft (§§ 161 ff. HGB). Gesellschaften mit beschränkter Haftung (GmbH), Aktiengesellschaften (AG) und Kommanditgesellschaften auf Aktien (KGaA) sind Formkaufleute. Sie werden als Kapitalgesellschaften bezeichnet und gehören nicht zu den Handelsgesellschaften.

Die Kaufmannseigenschaft könnte bei den Kaufleuten zu Widersprüchen führen, für deren Unternehmen ein nach Art und Umfang **in kaufmännischer Weise eingerichteter Geschäftsbetrieb** erforderlich ist. Ein in kaufmännischer Weise eingerichteter Geschäftsbetrieb erfordert insbesondere auch die Pflicht zu einer kaufmännischen Buchhaltung und Bilanzierung. Dem widerspricht es, wenn diese Kaufleute (aufgrund ihrer Größenmerkmale) unmittelbar wieder von diesen Pflichten befreit werden.[99] Die hierdurch entstehende neue Kategorie der von der Buchführung und Erstellung eines Inventars befreiten Kaufleute lässt durchaus im juristischen Sinne erschwerte Bedin-

---

[96] Zustimmend auch Zülch/Hoffmann, BBK 2009, S. 426.
[97] So wohl auch Zülch/Hoffmann, DB 2009, S. 745.
[98] Vgl. Theile, BBK 2008, S. 606; Kersting, BB 2008, S. 791.
[99] Vgl. Schulze-Osterloh, DStR 2008, S. 71.

gungen bei der Bestimmung der Kaufmannseigenschaft erwarten.[100] Der nach Art und Umfang in kaufmännischer Weise eingerichtete Geschäftsbetrieb als Voraussetzung für die **Kaufmannseigenschaft** könnte durch die Befreiungsvorschrift um die Schwellenwerte relativiert werden und entsprechende Rechtsfolgen nach sich ziehen.[101] Allerdings muss berücksichtigt werden, dass die kodifizierten Schwellenwerte eher als niedrig einzustufen sind. Somit werden im Regelfall kleine Unternehmen unter diese Vorschrift zu subsumieren sein, d. h. solche Unternehmen, die gerade keine Vielzahl an Produkten und Geschäftsvorfällen haben und deshalb auch den in kaufmännischer Weise eingerichteten Geschäftsbetrieb nicht benötigen.[102]

Für die Frage, ob ein Einzelunternehmen letztlich unter die handelsrechtliche (bzw. ggf. steuerrechtliche) Buchführungspflicht fällt oder eventuell davon befreit ist, kann folgendes Prüfschema hilfreich sein:[103]

1. Handelt es sich um einen Formkaufmann?	
Ja:	Nein:
Buchführungspflicht nach HGB und AO	Prüfen von 2.)
2. Liegt ein gewerblich tätiges Einzelunternehmen vor, das einen in kaufmännischer Weise eingerichteten Geschäftsbetrieb benötigt?	
Ja:	Nein:
Prüfen von 4.)	bei fehlender Gewerblichkeit keine handels- und steuerrechtliche Buchführungspflicht, d. h. § 4 Abs. 3 EStG; sonst: Prüfen von 3.)
3. Liegt eine Eintragung im Handelsregister vor?	
Ja:	Nein:
Prüfen von 4.)	keine Buchführungspflicht nach HGB; steuerliche Buchführung, wenn die Größenkriterien von § 141 AO überschritten sind, sonst auch § 4 Abs. 3 EStG
4. Handelt es sich um einen Einzelkaufmann mit Umsatzerlösen ≤ 500 TEUR und einem Jahresüberschuss ≤ 50 TEUR?	
Ja:	Nein:
Prüfen von 5.)	Buchführungspflicht nach HGB und AO

---

[100] Vgl. Richter, FR 2009, S. 805/806, der annimmt, dass sich durch eine gesetzliche Definition der Kleingewerblichkeit dieses Problem weitgehend lösen lasse.
[101] Vgl. Kersting, BB 2008, S. 792.
[102] Vgl. Kußmaul/Meyering, DB 2008, S. 1446 f., die dementsprechend die Erweiterung des Kreises der Nicht-Buchführungspflichtigen für unwesentlich halten.
[103] Vgl. im Folgenden Schmidt, BBK 2008, S. 672 f.

5. Waren die Bedingungen aus 4.) bereits im Vorjahr erfüllt?	
Ja:	Nein:
keine Buchführungspflicht nach HGB oder AO, d. h. § 4 Abs. 3 EStG	Prüfen von 6.)
6. Handelt es sich um eine Neugründung?	
Ja:	Nein:
keine Buchführungspflicht nach HGB oder AO, d. h. § 4 Abs. 3 EStG	Buchführungspflicht nach HGB und AO

Im folgenden Beispiel kommt das beschriebene Prüfschema zur Anwendung:

Beispiel

Sachverhalt:

Für

1. die A GmbH,

2. den Einzelunternehmer E, der einen in kaufmännischer Weise eingerichteten Geschäftsbetrieb benötigt,

3. das in X1 neu gegründete Einzelunternehmen von N, das einen in kaufmännischer Weise eingerichteten Geschäftsbetrieb benötigt, und

4. den selbständig tätigen Steuerberater S

wurden jeweils folgende Umsatzerlöse bzw. Jahresüberschüsse ermittelt:

Größenkriterien (identisch für A, E, N und S)	X1	X2	X3	X4
Umsatzerlöse (TEUR)	350	450	499	550
Jahresüberschuss (TEUR)	40	45	55	60

Beurteilung nach HGB i. d. F. des BilMoG:

1. Als Formkaufmann sind die Größenkriterien des § 241a HGB für die A GmbH ohne Bedeutung. Sie ist stets handels- und damit auch steuerrechtlich buchführungspflichtig.

2. In den Jahren X1 und X2 unterschreitet E die Grenzwerte und ist insoweit zumindest für X2 und X3 von der Buchführungspflicht befreit. Wenn bereits vorher die Schwellenwerte nicht überschritten waren, liegt auch für X1 keine Buchführungspflicht vor. Da in X3 einer der beiden Schwellenwerte (hier: Jahresüberschuss > 50 TEUR) überschritten wurde, entfällt die Befreiung von der Buchführungspflicht. Zum 1.1.X4 muss dann eine

Eröffnungsbilanz erstellt und mit der Buchführung begonnen werden.[104]

3. N unterschreitet in X1 die Größenmerkmale des § 241a HGB; da es sich um eine Neugründung handelt, kann es bereits bei einmaligem Unterschreiten der Größenkriterien die Erleichterungsvorschrift in Anspruch nehmen und § 4 Abs. 3 EStG anwenden. Für die Jahre X2 und X3 kann N gleichfalls § 4 Abs. 3 EStG anwenden. Erst in X4 wird N handels- und steuerrechtlich buchführungspflichtig, da N in X3 erstmals einen der beiden Schwellenwerte des § 241a HGB überschreitet. Zum 1.1.X4 muss dann eine Eröffnungsbilanz erstellt und mit der Buchführung begonnen werden.

4. Als selbständiger Steuerberater zählt S nicht zu den Gewerbebetrieben und ist somit handels- und steuerrechtlich (unabhängig von den Größenkriterien) nicht buchführungspflichtig und kann § 4 Abs. 3 EStG anwenden.

1.3.2 Gewinnermittlung durch Einnahmen-Überschuss-Rechnung

1.3.2.1 Das Grundprinzip der Einnahmen-Überschuss-Rechnung

Durch die im Rahmen des § 241a HGB geschaffene Möglichkeit, unter bestimmten Voraussetzungen keine Bücher führen zu müssen und stattdessen auf die Einnahmen-Überschuss-Rechnung nach § 4 Abs. 3 EStG zurückzugreifen, ist zu hinterfragen, was in einer Einnahmen-Überschuss-Rechnung abgebildet wird. Während bei der Gewinnermittlung durch Vermögensvergleich Aufwendungen und Erträge erfasst werden, wobei es auf deren **wirtschaftliche Verursachung** ankommt, folgt die Einnahmen-Überschuss-Rechnung weitgehend dem **Zu- und Abflussprinzip.** Der Gewinn entspricht hierbei dem Überschuss der Betriebseinnahmen über die Betriebsausgaben. Zunächst gilt es daher die Begriffe ‚Betriebseinnahme' und ‚Betriebsausgabe' zu definieren.

Schon in den 1960er-Jahren wurde der Begriff der Betriebseinnahme mangels Legaldefinition vom BFH ausgefüllt.[105] Es handelt sich demnach um Zugänge in Geld oder

---

[104] Während die begünstigende Regelung zur Befreiung von der Buchführung in Anlehnung an die Regierungsbegründung retrospektiv erfolgen sollte (vgl. BT-Drucks. 16/10067, S. 98 f.), sollte die beschwerende Verpflichtung zur Erstellung der Buchführung bei Wegfall der Vereinfachungsvoraussetzungen u. a. aus Praktikabilitätsgründen prospektiv erfolgen. Dem letzten Punkt zustimmend Richter, FR 2009, S. 811 sowie Schmidt, BBK 2008, S. 663. Siehe auch Happe, BBK 2009, S. 895, der dies damit begründet, dass die Erstellung einer Eröffnungsbilanz nicht erst nach Ablauf eines Geschäftsjahrs erfolgen kann; so auch Winkeljohann/Lawall in: Ellrott u. a. (Hrsg.): Beck'scher Bilanz-Kommentar, 7. Aufl., München 2010, § 241a HGB, Anm. 8. Kritisch dagegen Graf, in: Bertram/Brinkmann/Kessler/Müller (Hrsg.): Haufe HGB Kommentar, § 241a HGB, Rz. 10.
[105] Vgl. BFH-Urt. v. 21.11.1963, IV 345/61 S, BStBl. III 1964, S. 184.

Geldeswert, die durch einen Betrieb verursacht sind und dem Steuerpflichtigen im Rahmen des Betriebes zufließen.

Wesentliche **Betriebseinnahmen** sind:[106]

- Einnahmen aus der Veräußerung von Umlaufvermögen, von abnutzbaren oder von nicht abnutzbaren Anlagegütern
- Forderungen (allerdings erst) bei Zufluss
- vereinnahmte Umsatzsteuer (aber: keine anderweitigen durchlaufenden Posten)
- An- oder Teilzahlungen von Kunden
- Sach- oder Leistungsentnahmen inkl. darauf entfallende Umsatzsteuer (aber: keine Barentnahmen)
- Leistungen von Versicherungen
- vereinnahmte Zinsen

Keine Betriebseinnahmen sind dagegen die Zuflüsse, die sich aus einer Darlehensaufnahme ergeben.

§ 4 Abs. 4 EStG definiert **Betriebsausgaben** als Aufwendungen, die durch den Betrieb verursacht sind. Im Wesentlichen handelt es sich dabei um:

- Anschaffungskosten von Wirtschaftsgütern des Umlaufvermögens und Begleichen von Schulden aus dem Erwerb solcher Wirtschaftsgüter
- Anschaffungskosten von geringwertigen Wirtschaftsgütern (unabhängig vom Zahlungszeitpunkt)
- Anschaffungskosten von nicht abnutzbarem Anlagevermögen (allerdings erst im Zeitpunkt der Veräußerung)
- Forderungsverluste
- noch nicht abgeschriebene Anschaffungskosten abnutzbaren Anlagevermögens (allerdings erst im Zeitpunkt der Veräußerung)
- Personal- und Kfz-Kosten, betriebliche Steuern und betriebliche Abschreibungen
- Zinsen (aber: keine Tilgungen)
- Verluste durch Diebstahl
- (abziehbare) Vorsteuer
- abgeführte Umsatzsteuerzahllast

Durch die unterschiedlichen Gewinnkonzeptionen von Einnahmen-Überschuss-Rechnungen und der Gewinnermittlung durch Vermögensvergleich können sich in den einzelnen Perioden unterschiedliche Gewinne ergeben, je nachdem welche der beiden Methoden zur Anwendung kommt. Der Totalgewinn eines Unternehmens bleibt allerdings unabhängig von der Gewinnermittlungsmethode stets gleich.

---

[106] Vgl. im Folgenden Rauser/Rauser/Stüsgen, Steuerlehre für Ausbildung und Praxis – Veranlagung 2010, 35. Aufl., Braunschweig 2010, S. 284 ff.

Dies wird durch folgendes **Beispiel**[107] verdeutlicht:

Beispiel

Sachverhalt:

Der Auszubildende des buchführungspflichtigen Optikers O1 hat im Jahr X1 bei zahlreichen Kunden die Brillengläser fehlerhaft in die Brillengestelle eingepasst, sodass diese herausfallen und zu Bruch gehen. Aus diesem Sachverhalt erwartet der Optiker für die Garantiezeit von zwei Jahren Garantiefälle in Höhe von 10 TEUR. Tatsächlich gehen im Jahr X2 Garantiefälle in Höhe von 4 TEUR und im Jahr X3 von 3 TEUR ein.

Beurteilung nach HGB i. d. F. des BilMoG:

Da O1 buchführungspflichtig ist, muss er in Jahr X1 (aufwandswirksam) eine Rückstellung in Höhe von 10 TEUR bilden. Die Frage der Abzinsung der Rückstellung wird vereinfachend außer Acht gelassen (vgl. hierzu Abschnitt 4, Gliederungspunkt 2.2.3). In den beiden folgenden Jahren führen die Inanspruchnahmen durch die Kunden zu (erfolgsneutralen) Zahlungsabflüssen von insgesamt 7 TEUR. Der verbleibende Rückstellungsbetrag von 3 TEUR wird am Ende der Garantiezeit (ertragswirksam) aufgelöst.

Wenn O1 nicht buchführungspflichtig ist und deshalb seinen Gewinn nach § 4 Abs. 3 EStG ermittelt, ergibt sich für das Jahr X1 kein Einfluss auf den Gewinn, da kein Zahlungsabfluss erfolgt. In den Jahren X2 und X3 ergeben sich gewinnmindernde Auswirkungen von 4 TEUR bzw. 3 TEUR.

In beiden Fällen ergibt sich insoweit ein gewinnmindernder Effekt in Höhe von 7 TEUR:

Auswirkungen	Bilanzierungspflicht	§ 4 Abs. 3 EStG
Gewinnauswirkung Jahr X1 (Rückstellungsbildung)	– 10 TEUR	-
Gewinnauswirkung Jahr X2 (Inanspruchnahme)	-	– 4 TEUR
Gewinnauswirkung Jahr X3 (Inanspruchnahme) (Auflösung Restrückstellung)	+ 3 TEUR	– 3 TEUR
Gesamteffekt	– 7 TEUR	– 7 TEUR

Würde in diesem Beispiel zu Beginn des Jahres X3 ein Wechsel von der Einnahmen-Überschuss-Rechnung hin zur Gewinnermittlung durch Vermögensvergleich erfolgen, würde die Garantiebeanspruchung in Jahr X3 nicht aufwandswirksam berücksichtigt und Teile des Aufwands blieben ohne Gewinnauswirkung. Um dies zu verhindern und sicherzustellen, dass auch bei

---

[107] Das Beispiel ist angelehnt an Happe, BBK 2007, Fach 8, S. 3192.

einem Wechsel der Gewinnermittlungsart der Gesamtgewinn in der Summe identisch bleibt, hat der BFH in ständiger Rechtsprechung gefordert, dass im Übergangsjahr eine entsprechende Korrektur des Gewinns um den ermittelten Übergangsgewinn / -verlust durchzuführen ist.[108] Die Ermittlung des Übergangsgewinns / -verlusts wird im Folgenden näher erläutert.

1.3.2.2 Überleitung zwischen der Gewinnermittlung durch Vermögensvergleich und der Einnahmen-Überschuss-Rechnung

Für den Fall, dass ein bisher nach HGB buchführungspflichtiges Unternehmen die Erleichterungsvorschriften des § 241a HGB beanspruchen kann und deshalb einen Übergang von der Gewinnermittlung durch (bilanziellen) Vermögensvergleich hin zur Einnahmen-Überschuss-Rechnung nach § 4 Abs. 3 EStG durchführt, muss sichergestellt werden, dass der Totalgewinn des Unternehmens nicht verändert wird. Dazu muss im Übergangsjahr eine entsprechende Korrektur des Gewinns um den ermittelten Übergangsgewinn / -verlust durchgeführt werden, der analog auch ermittelt werden muss, wenn umgekehrt von der Einnahmen-Überschuss-Rechnung auf die Gewinnermittlung durch Vermögensvergleich übergegangen wird.[109] Dazu ist zu prüfen, ob ein Vorgang bereits als Betriebseinnahme / Betriebsausgabe erfasst wurde und im Zuge eines Wechsels ein weiteres Mal erfasst würde oder ob ein Vorgang noch nicht als Betriebseinnahme / Betriebsausgabe erfasst wurde und auch nach dem Wechsel als solche unberücksichtigt bliebe. Weiterhin ist zu prüfen, ob sich ein Vorgang gewinnmindernd / gewinnerhöhend ausgewirkt hat, dies aber bei der jeweils anderen Gewinnermittlungsart nicht sein dürfte. Folgende wesentliche Positionen sind in diesem Zusammenhang hinsichtlich unterschiedlicher Auswirkungen auf den Gewinn zu betrachten und zu korrigieren:[110]

---

[108] Vgl. BFH-Urt. v. 23.7.1970, IV 270/65, BStBl. II 1970, S. 745.
[109] Vgl. Arbeitskreis Quantitative Steuerlehre, DStR 2008, S. 1846.
[110] Vgl. im Folgenden Happe, BBK 2007, Fach 8, S. 3196 ff.

Bilanzposten	1.) Behandlung nach § 4 Abs. 3 EStG	2.) Behandlung bei Vermögensvergleich	Korrektur bei Wechsel von 1.) nach 2.)	Korrektur bei Wechsel von 2.) nach 1.)
Roh-, Hilfs- und Betriebsstoffe, Waren	Betriebsausgabe bei Zahlung	Aufwand bei Verbrauch	hinzurechnen	abziehen
Forderungen (aus Lieferungen und Leistungen sowie sonstige)	Betriebseinnahme bei Zahlungseingang	Ertrag bei Leistungserbringung	hinzurechnen	abziehen
Vorsteuerüberschuss	Betriebseinnahme bei Zahlung	als durchlaufender Posten erfolgsneutral	hinzurechnen	abziehen
Anzahlungen von Kunden	Betriebseinnahme bei Zalungseingang	Ertrag erst im Zusammenhang mit der Lieferung	abziehen	hinzurechnen
aktive RAP	Betriebsausgabe bei Zahlung	Aufwand bei wirtschaftlicher Verursachung	hinzurechnen	abziehen
Rückstellungen	keine Berücksichtigung	Aufwand bei Bildung	abziehen	hinzurechnen
Verbindlichkeiten für Umlaufvermögen	Betriebsausgabe bei Zahlung	Aufwand bei Verwendung / Lagerentnahme	abziehen	hinzurechnen
Verbindlichkeiten aus Sozialabgaben	Betriebsausgabe bei Zahlung	Aufwand bei Lohnzahlung	abziehen	hinzurechnen
Umsatzsteuerverbindlichkeit	Betriebsausgabe bei Zahlung	als durchlaufender Posten erfolgsneutral	abziehen	hinzurechnen
Sonstige Verbindlichkeiten	Betriebsausgabe bei Zahlung	Aufwand bei Rechnungseingang	abziehen	hinzurechnen
passive RAP	Betriebseinnahme bei Zahlungseingang	Ertrag bei wirtschaftlicher Erfüllung	abziehen	hinzurechnen
erhaltene Umsatzsteuer	Betriebseinnahme bei Zahlungseingang	als durchlaufender Posten erfolgsneutral	abziehen	hinzurechnen
geleistete Vorsteuer	Betriebsausgabe bei Zahlung	als durchlaufender Posten erfolgsneutral	hinzurechnen	abziehen

Nimmt ein bisher nach HGB buchführungspflichtiges Unternehmen auf Grund des § 241a HGB einen Wechsel von der Gewinnermittlung durch Vermögensvergleich hin zur Einnahmen-Überschuss-Rechnung vor, muss es im ersten Jahr nach dem Übergang die oben dargestellten Anpassungen bei der Gewinnermittlung berücksichtigen. Dies gilt analog bei einem Übergang in umgekehrter Richtung. Allerdings kann hier die Versteuerung eines Übergangsgewinns gemäß R 4 EStR auf bis zu drei Jahre verteilt werden,[111] während im erstgenannten Fall der Gewinn unmittelbar in voller Höhe zu versteuern ist. Weiterhin ist darauf hinzuweisen, dass bei Übergang von der Einnahmen-Überschuss-Rechnung auf die Gewinnermittlung durch Vermögensvergleich zu Beginn der Buchführung zunächst (auf der Grundlage einer Inventur) eine Eröffnungsbilanz zu erstellen ist, die die Grundlage für die weitere Buchführung bildet.[112]

1.3.2.3 Beispiel für die Überleitung zwischen Gewinnermittlung durch Vermögensvergleich und einer Einnahmen-Überschuss-Rechnung

Die folgenden **Beispiele**[113] sollen die Vorgehensweise und die durchzuführenden Korrekturen bei einem Wechsel der Gewinnermittlungsart verdeutlichen:

Beispiel 1

Sachverhalt 1:

Der bisher buchführungspflichtige Optiker O2 kann auf Grund von § 241a HGB auf eine Gewinnermittlung durch Vermögensvergleich verzichten und bereits für seinen Abschluss zum 31.12.2008 die Einnahmen-Überschuss-Rechnung anwenden. Am 31.12.2008 enthielt die von ihm aufzustellende Bilanz folgende Posten:

Aktiva	Bilanz O2 zum 31.12.2008 (in EUR)		Passiva
Betriebs- und Geschäftsausstattung	45.000	Eigenkapital	68.000
Waren	37.000	Garantierückstellungen	8.000
Forderungen aus Lieferungen und Leistungen	22.000	Verbindlichkeiten aus Lieferungen und Leistungen	30.000
Liquide Mittel	4.000	Rechnungsabgrenzungsposten	2.000
	108.000		108.000

---

[111] Zu Recht hält Graf es mit dem Verweis auf die Abschaffung der umgekehrten Maßgeblichkeit durch das BilMoG für fraglich, dass diese Gewinnverteilung auch handelsrechtlich zulässig sein soll. Vgl. Graf, in: Bertram/Brinkmann/Kessler/Müller (Hrsg.): Haufe HGB Kommentar, § 241a HGB, Rz. 63.
[112] Vgl. BFH-Urt. v. 19.10.2005, XI R 4/04, BStBl. II 2006, S. 509.
[113] Die Beispiele sind angelehnt an Happe, BBK 2007, Fach 8, Seite 3203 ff.

Kapitel 2: Einzelgesellschaftliche Rechnungslegung

Beurteilung nach HGB i. d. F. des BilMoG:

Ermittlung des Übergangsgewinns / -verlusts:

Bilanzposten	Korrektur (EUR)
Betriebs- und Geschäftsausstattung	0
Waren	– 37.000
Forderungen aus Lieferungen und Leistungen	– 22.000
Liquide Mittel	0
Garantierückstellungen	+8.000
Verbindlichkeiten aus Lieferungen und Leistungen	+ 30.000
Passiver Rechnungsabgrenzungsposten	+ 2.000
Übergangsverlust	– 19.000

Folgendes **Beispiel 2** stellt die Vorgehensweise in umgekehrter Richtung, einen Wechsel von der Einnahmen-Überschuss-Rechnung hin zur Gewinnermittlung durch Vermögensvergleich, dar:

Beispiel 2

Sachverhalt 2:

Angenommen der Optiker O3 sei bisher nicht buchführungspflichtig gewesen und konnte die Einnahmen-Überschuss-Rechnung anwenden. Da O3 sein Geschäft in 2009 stark ausbauen möchte und somit künftig voraussichtlich nicht unter die Erleichterungen des § 241a HGB fallen wird, entschließt er sich unmittelbar ab 2009 Bücher zu führen. Nach Durchführung einer Inventur erstellt O3 gemeinsam mit seinem Steuerberater die folgende Eröffnungsbilanz:

Aktiva	Bilanz O3 zum 31.12.2008 (in EUR)		Passiva
Getriebs- und Geschäfts-		Eigenkapital	68.000
ausstattung	45.000	Garantierückstellungen	8.000
Waren	37.000	Verbindlichkeiten aus Lie-	
Forderungen aus Lieferungen		ferungen und Leistungen	30.000
und Leistungen	22.000	Rechnungsabgrenzungsposten	2.000
Liquide Mittel	4.000		
	108.000		108.000

Beurteilung nach HGB i. d. F. des BilMoG:

O3 muss folgende Korrekturen durchführen, um den auf der Grundlage der Einnahmen-Überschuss-Rechnung ermittelten Gewinn in einen Gewinn durch Vermögensvergleich überzuleiten:

- **Waren:** Unter der Annahme, dass die Waren vollständig bezahlt sind, haben diese den Gewinn der Einnahmen-Überschuss-Rechnung gemindert und müssen beim Übergang auf den Gewinn durch Vermögensvergleich wieder hinzugerechnet werden.
- **Forderungen aus Lieferungen und Leistungen:** Soweit die Forderungen aus Lieferungen und Leistungen noch ausstehen, wurden sie im Rahmen der Einnahmen-Überschuss-Rechnung nicht erfasst und müssen dem Gewinn durch Vermögensvergleich hinzugerechnet werden.
- **Garantierückstellungen:** Im Zuge einer Bestandsaufnahme müssen die Risiken des Unternehmens hinsichtlich der Garantiefälle beurteilt werden; nach einer entsprechenden Bewertung muss der Gewinn der Einnahmen-Überschuss-Rechnung um den ermittelten Betrag reduziert werden.
- **Verbindlichkeiten aus Lieferungen und Leistungen:** analog zu den Forderungen aus Lieferungen und Leistungen, aber mit negativer Gewinnauswirkung.
- **Passiver Rechnungsabgrenzungsposten:** In der Einnahmen-Überschuss-Rechnung wurde auch der als passiver Rechnungsabgrenzungsposten abzugrenzende Betrag als Betriebseinnahme erfasst. Bei einem Übergang auf die Gewinnermittlung durch Vermögensvergleich muss eine entsprechende Kürzung des Gewinns erfolgen.

Im Ergebnis zeigt sich die umgekehrte Vorgehensweise zu Sachverhalt 1. Die Ermittlung des Übergangsgewinns / -verlusts stellt sich in der Summe somit wie folgt dar:

Bilanzposten	Korrektur (EUR)
Betriebs- und Geschäftsausstattung	0
Waren	+ 37.000
Forderungen aus Lieferungen und Leistungen	+ 22.000
Liquide Mittel	0
Garantierückstellungen	– 8.000
Verbindlichkeiten aus Lieferungen und Leistungen	– 30.000
Passiver Rechnungsabgrenzungsposten	– 2.000
Übergangsgewinn	+ 19.000

1.4 Erstanwendung, Übergangsregelung und steuerliche Folgen

Hinsichtlich der **Übergangsvorschriften** zum BilMoG sieht Art. 66 Abs. 1 EGHGB vor, die (neuen) Regelungen der § 241a, § 242 Abs. 4 HGB nach Inkrafttreten des BilMoG erstmals auf Jahres- und Konzernabschlüsse für das nach dem 31.12.2007 beginnende Geschäftsjahr anzuwenden. Inhaltlich wurde damit Art. 66 Abs. 5 EGHGB unverändert aus dem Gesetzesentwurf zum BilMoG übernommen.

Diese – im Vergleich zu den übrigen Vorschriften des BilMoG – frühere Anwendung der Befreiungsvorschriften begründet der Rechtsausschuss damit, dass es sich hierbei um begünstigende Regelungen handelt, die die Wirtschaft entlasten können. In der gegenwärtigen Lage seien solche entlastenden Effekte schnellst möglich gewünscht (vgl. BT-Drucks. 16/12407, S. 125). Daraus resultiert, dass Unternehmen, die die Schwellenwerte des § 241a HGB an zwei aufeinander folgenden Abschlussstichtagen (bei kalenderjahrgleichen Stichtagen nämlich dem 31.12.2007 und dem 31.12.2008) einhalten, **erstmals** für einen Abschluss zum **31.12.2008** (also retrospektiv)[114] von den Befreiungsvorschriften Gebrauch machen können (vgl. BT-Drucks. 16/10067, S. 98 f.).

Folgendes Beispiel verdeutlicht diese Möglichkeit:

Beispiel

Sachverhalt: 1

Der Einzelhändler E1 ist Kaufmann im Sinne des § 1 HGB. Er hat ein kalenderjahrgleiches Geschäftsjahr und hat an den Stichtagen der Jahre 2007 und 2008 folgende Werte ermittelt. Fraglich ist, ob er die Befreiungsvorschriften anwenden kann.

Größenmerkmale	2007	2008
Umsatzerlöse (TEUR)	390	460
Jahresüberschuss (TEUR)	44	47

Beurteilung nach HGB i. d. F. des BilMoG:

Da E1 an zwei aufeinander folgenden Stichtagen die Schwellenwerte des § 241a HGB unterschreitet, kann er von den neuen Befreiungsvorschriften des BilMoG Gebrauch machen. Er ist insoweit bereits für 2008 von der Erstellung des Jahresabschlusses, des Inventars und der Buchführung befreit.

Überschreitet E1 in 2007 oder 2008 einen der beiden Schwellenwerte, kommt für ihn eine Anwendung der Befreiungsvorschriften zum frühestmöglichen Termin (dem 31.12.2008) nicht in Betracht, da die Befreiungsvorschriften nur dann Platz greifen, wenn an zwei aufeinander folgenden Abschlussstich-

---

[114] Kritisch dazu Richter, FR 2009, S. 807.

tagen die Schwellenwerte nicht überschritten werden. Umgekehrt führt einmaliges Überschreiten eines der Schwellenwerte unmittelbar zur Buchführungspflicht des Einzelkaufmanns.

Folgendes Zahlenbeispiel soll dies verdeutlichen:

Sachverhalt 2:

Der Einzelhändler E2 ist Kaufmann im Sinne des § 1 HGB. Er hat ein kalenderjahrgleiches Geschäftsjahr und hat an den Stichtagen der Jahre 2006 bis 2008 folgende Werte ermittelt. Fraglich ist, ob er die Befreiungsvorschriften anwenden kann.

Größenmerkmale	2006	2007	2008
Umsatzerlöse (TEUR)	390	460	499
Jahresüberschuss (TEUR)	44	47	55

Beurteilung nach HGB i. d. F. des BilMoG:

Um die Befreiungsvorschriften anwenden zu können, muss E2 zum 31.12.2008 sowie zum 31.12.2007 die Schwellenwerte des § 241a HGB einhalten. Da diese Bedingung zum 31.12.2008 nicht erfüllt ist, bleibt für E2 die Buchführungspflicht erhalten, und zwar auch dann, wenn in 2006 die Schwellenwerte eingehalten wurden. Grund hierfür ist, dass das einmalige Überschreiten der Schwellenwerte (hier in 2008) die Anwendung der Befreiungsvorschriften verhindert.

Lediglich im Fall der **Neugründung** genügt es, wenn die Schwellenwerte einmalig (für die früheste Anwendung der Befreiungsvorschriften somit am 31.12.2008) eingehalten werden.

Steuerliche Folgen ergeben sich aus den Befreiungsvorschriften keine. Lediglich für solche kleinen Einzelkaufleute im Sinne des § 241a HGB, deren steuerliche Buchführungspflicht sich bislang ausschließlich aus den handelsrechtlichen Vorschriften ableitete (vgl. § 140 AO), ergeben sich Erleichterungen (auch) bei der steuerlichen Gewinnermittlung durch die Anwendung der Einnahmen-Überschuss-Rechnung, die dann gleichermaßen auch für handelsrechtliche Zwecke genutzt wird.[115]

Abb. 23 stellt die erstmalige Anwendung des § 241a HGB, den Übergang und steuerlichen Folgen im Überblick zusammen.

---

[115] Vgl. auch Prinz, BBK 2008, S. 900 f.

Übergang auf die Befreiungsregelung des § 241a HGB		
Erstmalige Anwendung	Übergang	Steuerliche Folgen
Jahres- und Konzernabschlüsse für nach dem 31.12.2007 beginnende Geschäftsjahre Art. 66 Abs. 1 EGHGB	• Keine Übergangsregelung • Konsequenzen: » Früheste Befreiung von der Buchführungs-, Inventur- und Abschlusspflicht zum 31.12.2008 » Prüfung der Befreiung auf Basis der Umsatzerlöse und des Jahreserfolgs für 2007 und 2008 BT-Drucks. 16/10067, S. 98f.	Entfall der steuerlichen Buchführungspflicht, wenn sich diese bislang ausschließlich nach HGB ergab

Abb. 23: *Übergang auf die Befreiungsregelung des § 241a HGB*

2 Größenabhängige Erleichterungen für Kapitalgesellschaften und gleichgestellte Personenhandelsgesellschaften

2.1 Die neuen Vorschriften im Überblick

Durch das BilMoG werden die Größenmerkmale für Kapitalgesellschaften gegenüber den bisherigen Regelungen erhöht. § 267 HGB lautet nunmehr:

HGB § 267 Umschreibung der Größenklassen
(1) Kleine Kapitalgesellschaften sind solche, die mindestens zwei der drei nachstehenden Merkmale nicht überschreiten: 1. 4.840.000 Euro Bilanzsumme nach Abzug eines auf der Aktivseite ausgewiesenen Fehlbetrags (§ 268 Abs. 3). 2. 9.680.000 Euro Umsatzerlöse in den zwölf Monaten vor dem Abschlussstichtag. 3. Im Jahresdurchschnitt fünfzig Arbeitnehmer. (2) Mittelgroße Kapitalgesellschaften sind solche, die mindestens zwei der drei in Absatz 1 bezeichneten Merkmale überschreiten und jeweils mindestens zwei der drei nachstehenden Merkmale nicht überschreiten: 1. 19.250.000 Euro Bilanzsumme nach Abzug eines auf der Aktivseite ausgewiesenen Fehlbetrags (§ 268 Abs. 3). 2. 38.500.000 Euro Umsatzerlöse in den zwölf Monaten vor dem Abschlussstichtag. 3. Im Jahresdurchschnitt zweihundertfünfzig Arbeitnehmer.

> **HGB § 267 Umschreibung der Größenklassen**
>
> (3) Große Kapitalgesellschaften sind solche, die mindestens zwei der drei in Absatz 2 bezeichneten Merkmale überschreiten. <mark>Eine Kapitalgesellschaft im Sinn des § 264d gilt stets als große.</mark>
>
> (4) bis (6) [...]

Die Anwendungspflicht bestimmter Bilanzierungs- bzw. Berichterstattungsvorschriften ist unter anderem abhängig von der Größe des bilanzierenden Unternehmens. Die Größe wird in diesem Zusammenhang anhand der Größenmerkmale **Bilanzsumme, Umsatzerlöse und Anzahl der Arbeitnehmer** bestimmt. Jeweils zwei der zuvor in § 267 Abs. 1 und 2 HGB benannten und durch das BilMoG deutlich angehobenen Merkmale müssen an den Abschlussstichtagen von zwei aufeinander folgenden Geschäftsjahren über- oder unterschritten werden, um in die Größenkategorien kleine, mittelgroße oder große Kapitalgesellschaft eingestuft zu werden. Bei Neugründungen oder Umwandlungen treten die Rechtsfolgen bereits ein, wenn die genannten Kriterien am ersten Abschlussstichtag vorliegen (vgl. § 267 Abs. 4 HGB).

Die Kategorisierung in Größenklassen nach § 267 HGB betrifft Kapitalgesellschaften und solche offenen Handelsgesellschaften und Kommanditgesellschaften, bei denen nicht wenigstens ein persönlich haftender Gesellschafter eine natürliche Person oder eine offene Handelsgesellschaft, Kommanditgesellschaft oder andere Personenhandelsgesellschaft mit einer natürlichen Person als persönlich haftendem Gesellschafter ist oder sich die Verbindung von Gesellschaften in dieser Art fortsetzt (vgl. § 264a Abs. 1 HGB).

Die Änderung des § 267 Abs. 3 HGB ist lediglich von redaktioneller Art und bewirkt keine bilanziellen Veränderungen.

§ 267 Abs. 1 und 2 HGB sind nach Inkrafttreten des BilMoG erstmals auf Jahresabschlüsse für das nach dem 31.12.2007 beginnende Geschäftsjahr anzuwenden (vgl. Art. 66 Abs. 1 EGHGB) und § 267 Abs. 3 Satz 2 HGB für Geschäftsjahre, die nach dem 31.12.2009 beginnen (vgl. Art. 66 Abs. 3 EGHGB).

Die geänderten Größenklassen werden in Abb. 24 im Überblick dargestellt:

Einteilung von KapG nach § 267 HGB a.F. / § 267 HGB					
		Bilanzsumme (in TEUR)		Umsatzerlöse (in TEUR)	Ø Arbeitnehmerzahl
		bisher	neu	bisher	neu	unverändert
Größenklasse	klein	≤ 4.015	≤ 4.840	≤ 8.030	≤ 9.680	≤ 50
	mittel	> 4.015 ≤ 16.060	> 4.840 ≤ 19.250	> 8.030 ≤ 32.120	> 9.680 ≤ 38.500	> 50 ≤ 250
	groß	> 16.060	> 19.250	> 32.120	> 38.500	> 250

- Erstanwendung: Geschäftsjahre, die nach dem 31.12.2007 beginnen Art. 66 Abs. 2 EGHGB
- Maßgebend für die Größeneinordnung bzw. deren Rechtsfolgen: Über- / Unterschreiten von mindestens zwei Schwellenwerten an zwei aufeinanderfolgenden Stichtagen § 267 Abs. 4 Satz 1 HGB
- Ausnahmen:
  » Kapitalmarktorientierte KapG iSd § 264d HGB gelten als große Gesellschaften § 267 Abs. 3 Satz 2 HGB
  » Nach Umwandlung oder Neugründung ist ein- bzw. erstmaliges Über- / Unterschreiten maßgebend § 267 Abs. 4 Satz 2 HGB

Abb. 24: Vergleich der Größenkriterien des § 267 HGB nach HGB a. F. und BilMoG

2.2 Zweck und Begründung der Neuregelung gemäß Gesetzesmaterialien

Ausweislich der Regierungsbegründung zum BilMoG basierten die vor BilMoG geltenden Schwellenwerte auf den Artikeln 11, 12 und 27 der Bilanzrichtlinie. Nach Artikel 53 Abs. 2 der Bilanzrichtlinie prüft der Rat auf Vorschlag der Kommission alle fünf Jahre die in Euro ausgedrückten Beträge unter Berücksichtigung der wirtschaftlichen und monetären Entwicklungen in der EU und ändert sie ggf. ab. Die letzte Änderung der Schwellenwerte wurde durch die Richtlinie 2003/38/EG des Rates vom 13.5.2003 zur Änderung der Bilanzrichtlinie hinsichtlich der in Euro ausgedrückten Beträge, ABl. EU L 120 S. 22 (Schwellenwertrichtlinie), vorgenommen (vgl. BT-Drucks. 16/10067, S. 63).

Im Rahmen des BilMoG wurde nunmehr eine außerplanmäßige Anpassung der Schwellenwerte der Bilanzrichtlinie außerhalb des Fünfjahreszeitraums in § 267 Abs. 1 und 2 HGB umgesetzt. Die Größenmerkmale Bilanzsumme und Umsatzerlöse wurden dabei **EU-richtlinienkonform** um mehr als 20 % angehoben, indem bei der Umrechnung in Euro von der in Artikel 12 Abs. 2 der Bilanzrichtlinie eingeräumten Möglichkeit einer weiteren Erhöhung um 10 % Gebrauch gemacht worden ist. Dadurch wird eine Gleichbehandlung Deutschlands auch mit den EU-Mitgliedstaaten erreicht, die den Euro derzeit noch nicht als Währung eingeführt haben. Gleichzeitig geht mit der Erhöhung der Schwellenwerte eine erhebliche Kostensenkung für die davon begünstigten Unternehmen einher (vgl. BT-Drucks. 16/10067, S. 63).

Die Bundesregierung beabsichtigt, die an die Größenmerkmale gebundenen Befreiungen bzw. Erleichterungen für eine signifikant größere Anzahl von Unternehmen nutzbar zu machen. Dieses Ziel dürfte mit der Anhebung der Größenkriterien Bilanzsumme und Umsatzerlöse erreicht werden. Die Kosteneinsparungen der betroffenen Unternehmen werden insbesondere in den Fällen, in denen mit den angehobenen Größenmerkmalen die Pflicht zur Prüfung des Jahresabschlusses entfällt, nicht unbeachtlich sein.

2.3 Vertiefende Aspekte zur Anwendung der Neuregelung

2.3.1 Die Einordnung von Kapitalgesellschaften in Größenklassen

Eine wesentliche Frage, die für die Einordnung von Kapitalgesellschaften in die Größenklassen des § 267 HGB geklärt werden muss, ist der **Zeitpunkt**, ab dem die **Rechtsfolgen für eine bestimmte Größeneinordnung** eintreten. In § 267 Abs. 4 HGB heißt es dazu, dass die Rechtsfolgen nur eintreten, wenn die genannten Größenmerkmale an zwei aufeinander folgenden Geschäftsjahren über- bzw. unterschritten werden. Problemlos ist eine Klassifizierung immer dann, wenn an zwei aufeinander folgenden Stichtagen die Merkmale derselben Größenklassen vorliegen. Anders verhält es sich, wenn eine Gesellschaft an verschiedenen Stichtagen die Kriterien unterschiedlicher Größenklassen erfüllt; dann ist auf das den beiden Jahren vorangehende Jahr zurückzugreifen.

Folgendes Beispiel verdeutlicht die Situation:

Beispiel

 Die X GmbH (mit kalenderjahrgleichem Geschäftsjahr) erfüllt zum 31.12.2008 die Kriterien einer mittelgroßen und zum 31.12.2007 die Kriterien einer großen Kapitalgesellschaft. Hinsichtlich der Rechtsfolgen zum 31.12.2008 kommt es in diesem Fall darauf an, in welche Größenklasse die Gesellschaft zum 31.12.2006 einzuordnen war, denn die Rechtsfolgen treten erst dann ein, wenn bestimmte Größenmerkmale an zwei aufeinander folgenden Abschlussstichtagen erfüllt werden. Waren zum 31.12.2006 die Kriterien für eine große Kapitalgesellschaft erfüllt, ist die Gesellschaft am 31.12.2008 als große Gesellschaft zu klassifizieren. Anders verhält es sich, wenn die Gesellschaft am 31.12.2006 eine kleine Kapitalgesellschaft war. Dann ist sie zum 31.12.2008 als mittelgroße Gesellschaft zu klassifizieren.

Wechselt sich eine bestimmte Größenklasse im Folgejahr mit einer anderen ab, wird im darauf folgenden Jahr aber wieder die erste Größenklasse erreicht (z. B. groß – mittel – groß), bleibt auch im Zwischenjahr die ursprüngliche Größenklasse erhalten. Werden in aufeinander folgenden Jahren die Merkmale aller drei Größenklassen (auf-

oder absteigend) aufgewiesen, so erfolgt am Ende des dritten Jahres eine Klassifizierung als mittelgroße Kapitalgesellschaft. Für den Fall, dass sich in zwei aufeinander folgenden Jahren die Merkmale der großen und der kleinen Kapitalgesellschaft ablösen, kann es erforderlich sein, auch auf die Klassifizierungen vorangegangener Jahre zurückzugreifen.[116]

Losgelöst von den tatsächlichen Schwellenwerten soll folgende Tabelle[117] einige Beispiele für die Einordnung in Größenklassen darstellen, wobei eine Klassifizierung rückblickend in 2008 mit den Rechtsfolgen für das Geschäftsjahr und den Jahresabschluss 2008[118] vorgenommen wird.

Isolierte Beurteilung am jeweiligen Jahresende						Rechtsfolge für 2008
2003	2004	2005	2006	2007	2008	
				klein	klein	klein
	klein	klein	mittel	klein	klein	
		mittel	mittel	klein	mittel	
		groß	mittel	klein	mittel	
klein	mittel	groß	mittel	groß	klein	mittel
		groß	groß	klein	groß	
		groß	mittel	klein	mittel	mittel
groß	mittel	klein	groß	klein	mittel	mittel
		mittel	groß	klein	mittel	mittel
mittel	klein	groß	klein	groß	mittel	mittel
		groß	mittel	groß	mittel	groß
		klein	klein	groß	klein	
	mittel	mittel	klein	groß	mittel	
	groß	mittel	klein	groß	mittel	
		klein	mittel	groß	mittel	
mittel	groß	mittel	groß	mittel	groß	mittel

---

[116] Vgl. Winkeljohann/Lawall, in: Ellrott u. a. (Hrsg.): Beck'scher Bilanz-Kommentar, 7. Aufl., München 2010, § 267 HGB, Anm. 17 ff.

[117] Vgl. Winkeljohann/Lawall, in: Ellrott u. a. (Hrsg.): Beck'scher Bilanz-Kommentar, 7. Aufl., München 2010, § 267 HGB, Anm. 20.

[118] Eine im Vergleich zu § 241a HGB strengere Handhabung des § 267 HGB, auch belastende Rechnungslegungsvorschriften retrospektiv anzuwenden (siehe dazu vorne Fn. 104), lässt sich damit begründen, dass im Rahmen des § 241a HGB bereits ein einmaliges Überschreiten der Größenmerkmale zur Nichtanwendung der Befreiungsvorschrift führt, in § 267 HGB aber stets zwei Geschäftsjahre berücksichtigt werden. Werden in einem ersten Jahr die Größenmerkmale des § 267 HGB überschritten, die zur Anwendung von strengeren Rechnungslegungsvorschriften führen, muss ein ordentlicher Kaufmann damit rechnen, dass dies auch im zweiten Jahr nicht ausgeschlossen ist. Eine retrospektive Anwendung der strengeren Regelungen stellt für ihn insoweit keine unbillige Härte dar. Die prospektive Anwendung des § 241a HGB im Falle von belastenden Vorschriften (d. h. die Notwendigkeit zur Führung von Büchern) führt somit in zeitlicher Hinsicht zu einer analogen Vorgehensweise wie nach § 267 HGB.

Im Zusammenhang mit der Anhebung der Größenklassen durch das BilMoG ergibt sich bei der Klassifizierung der Kapitalgesellschaften und vergleichbarer Gesellschaften das zusätzliche Problem, dass eine **Klassifizierung** (z. B. der Vergleichsjahre 2007 und 2006) auf der Grundlage der **alten Größenmerkmale** eine andere sein kann, als diejenige, die sich aus den **neuen Größenmerkmalen** ergibt.

Folgendes Beispiel soll die Problematik darstellen:

Beispiel

Sachverhalt:

Die Z GmbH weist zum 31.12.2007 und zum 31.12.2008 die folgenden finanziellen Größenmerkmale auf. Fraglich ist, welcher Größenklasse die Z GmbH zuzuordnen ist.

Größenmerkmale	31.12.2007	31.12.2008
Bilanzsumme	18.000 TEUR	20.000 TEUR
Umsatzerlöse	30.000 TEUR	35.000 TEUR
Arbeitnehmer	260	245

Beurteilung nach HGB i. d. F. des BilMoG:

Unter Berücksichtigung der alten Schwellenwerte muss die Gesellschaft für den Jahresabschluss zum 31.12.2008 die Vorschriften für große Kapitalgesellschaften anwenden, da sowohl zum 31.12.2008 als auch zum 31.12.2007 (mindestens) zwei der drei genannten Werte für die Klassifizierung zur großen Kapitalgesellschaft überschritten wurden. Dass in den beiden Vergleichsjahren unterschiedliche Größenmerkmale (in 2007: Bilanzsumme und Arbeitnehmer, in 2008: Bilanzsumme und Umsatzerlöse) überschritten werden, ist ohne Bedeutung.[119]

Aufgrund des BilMoG, das hinsichtlich der Einordnung in die Größenklassen erstmals für Jahresabschlüsse zum 31.12.2008 seine Auswirkungen entfalten kann (vgl. BT-Drucks. 16/10067, S. 98),[120] sind zum Zwecke der Klassifizierung in 2008 die Schwellenwerte in 2008 und 2007 an den neuen Werten zu messen. Sowohl für das Geschäftsjahr 2008 als auch für das Geschäftsjahr 2007 sind nunmehr die Größenmerkmale für eine mittelgroße Kapitalgesellschaft erfüllt. Mithin können die Erleichterungen für mittelgroße Gesellschaften für den Jahresabschluss 2008 in Anspruch genommen werden.

---

[119] Vgl. statt vieler Adler/Düring/Schmaltz: Rechnungslegung und Prüfung der Unternehmen, 6. Aufl., Stuttgart 1995 ff., § 267 HGB, Tz. 16 sowie Winkeljohann/Lawall, in: Ellrott u. a. (Hrsg.): Beck'scher Bilanz-Kommentar, 7. Aufl., München 2010, § 267 HGB, Anm. 14.

[120] Vgl. zu den für § 267 Abs. 1 u. 2 HGB geltenden Übergangsregeln Gliederungspunkt 1.4.

Ein zusätzliches **Problem** ergibt sich dann, wenn **durch die Anhebung** der Schwellenwerte an den aufeinander folgenden Stichtagen der Jahre 2008 und 2007 voneinander **abweichende Größenklassen** entstehen. Es muss dann unter Berücksichtigung der neuen Schwellenwerte auf die Daten des Jahres 2006 zurückgegriffen werden.

Ist auch unter Berücksichtigung der Werte zum 31.12.2006 keine eindeutige Einordnung möglich, muss auf weitere Vorjahre zurückgegriffen werden. In diesem Fall sollten dann aber aus Gründen der Vergleichbarkeit ebenfalls die neuen Schwellenwerte zur Anwendung kommen.

Folgendes Beispiel stellt die Problematik dar:

Beispiel

Sachverhalt:

Die X GmbH weist an den folgenden Stichtagen folgende Daten aus:

Größenmerkmale	31.12.2006	31.12.2007	31.12.2008
Bilanzsumme	17.000 TEUR	18.000 TEUR	20.000 TEUR
Umsatzerlöse	29.000 TEUR	30.000 TEUR	39.500 TEUR
Arbeitnehmer	255	260	245

Beurteilung nach HGB a. F.:

Unter Berücksichtigung der alten Schwellenwerte ist die Gesellschaft für das Geschäftsjahr 2008 als große Kapitalgesellschaft einzustufen, da am 31.12.2008 und am 31.12.2007 die entsprechenden Größenmerkmale erfüllt sind.

Beurteilung nach HGB i. d. F. des BilMoG:

Bei Anwendung der neuen Schwellenwerte nach BilMoG erfüllt die X GmbH zwar zum 31.12.2008 nach wie vor die Voraussetzungen für eine große Kapitalgesellschaft, nicht jedoch zum 31.12.2007. Im letztgenannten Jahr sind lediglich die Kriterien für eine mittelgroße Kapitalgesellschaft erfüllt, sodass die X GmbH zum 31.12.2008 nicht unmittelbar als große Kapitalgesellschaft eingestuft werden kann. Für eine Klassifizierung muss auf die Werte zum 31.12.2006 zurückgegriffen werden. Im vorliegenden Fall werden in 2006 – unter Berücksichtigung der neuen Schwellenwerte – die Kriterien für eine mittelgroße Kapitalgesellschaft erfüllt, sodass die X GmbH auch zum 31.12.2008 als mittelgroße Kapitalgesellschaft zu behandeln ist.

Unabhängig von den oben genannten Größenkriterien gilt eine Kapitalgesellschaft gemäß § 267 Abs. 3 HGB immer dann als groß, wenn sie eine Kapitalgesellschaft im

Sinn des § 264d HGB ist, d. h. einen organisierten Markt i. S. d. § 2 WpHG in Anspruch nimmt.

2.3.2 Möglichkeiten zur Beeinflussung der Größenmerkmale

Da mit einer Einstufung als mittlere oder gar kleine Kapitalgesellschaft bzw. Gesellschaft im Sinne des § 264a HGB im Vergleich zu entsprechenden großen Gesellschaften zahlreiche Erleichterungen bei der Rechnungslegung, Prüfung und Offenlegung einhergehen, was auch aus Kostensicht von erheblicher Bedeutung ist,[121] kann es für Unternehmen sinnvoll sein, die Neuerungen des BilMoG so zu nutzen, dass die Größenkriterien für die nächst höhere Kategorie, d. h. von klein auf mittelgroß bzw. von mittelgroß auf groß, nicht erreicht werden.

Besonderes Potenzial bietet sich hierbei für das Größenkriterium der **Bilanzsumme**. Bereits vor den Neuerungen des BilMoG ließ sich dieses Kriterium durch Bilanzierungs-, Bewertungs- und Ausweiswahlrechte entsprechend beeinflussen.[122] Diese **bilanzpolitischen** Möglichkeiten bleiben auch bei Anwendung der auf das BilMoG angepassten Rechnungslegungsvorschriften bestehen.[123] Zusätzlich gibt es aber durch die Übergangsregelungen des BilMoG Möglichkeiten für Bilanzierende, die Bilanzsumme (wenn gewünscht mindernd) zu beeinflussen. Da aufgrund der Übergangsregelungen bei ausgewählten Sachverhalten von der Stetigkeit gemäß § 252 Abs. 1 Nr. 6 HGB abgewichen werden kann, können dann sich aufsummierende **Einmaleffekte** entstehen.[124]

Die Problematik wird am folgenden Beispiel anhand von **aktivierten Ingangsetzungs- und Erweiterungsaufwendungen**[125] ersichtlich:

---

[121] Vgl. Mücke, BBK 2008, S. 230.
[122] Vgl. dazu z. B. Adler/Düring/Schmaltz: Rechnungslegung und Prüfung der Unternehmen, 6. Aufl., Stuttgart 1995 ff., § 267, Tz. 8 f. und Knop, in: Küting/Weber (Hrsg.): HdR-E, 5. Aufl. Stuttgart 2002 ff., § 267 HGB, Rn. 8 ff.
[123] Siehe hierzu auch die Aufstellung von Hüttche, BB 2009, S. 1347–1348.
[124] Zu dieser Thematik ausführlich Philipps, BBK 2010, S. 379–386.
[125] Zur Übergangsregelung für Aufwendungen für Ingangsetzung und Erweiterung des Geschäftsbetriebs vgl. Abschnitt 8, Gliederungspunkt 1.3.

Beispiel

Sachverhalt:

Die A AG hat am 31.12.2008 Aufwendungen für die Ingangsetzung und Erweiterung des Geschäftsbetriebs in Höhe von 100.000 TEUR aktiviert, die sie gemäß § 269 HGB a. F. in den folgenden Jahren jeweils zu einem Viertel abschreiben[126] muss. Am 31.12.2009 steht die Bilanzierungshilfe somit mit 75.000 TEUR und am 31.12.2010 mit 50.000 TEUR in den Büchern der Gesellschaft. Unter Berücksichtigung dieser Abschreibungen hat die A AG am 31.12.2010 folgende (stark vereinfachte) Bilanz:

Aktiva	Bilanz A AG zum 31.12.2010 (in TEUR)		Passiva
Ingangsetzungs- und Erweiterungsaufwendungen	50.000	Eigenkapital	75.000
Sonstige Aktiva	25.000		
	75.000		75.000

Beurteilung nach HGB i. d. F. des BilMoG:

Macht die A AG von dem Wahlrecht des BilMoG Gebrauch, die Ingangsetzungs- und Erweiterungsaufwendungen unmittelbar am 1.1.2010 erfolgswirksam aufzulösen (vgl. BT-Drucks. 16/10067, S. 98 i. V. m. Art. 66 Abs. 5 EGHGB), sodass wegen der Übergangsregelung des BilMoG von der Bilanzstetigkeit abgewichen werden darf, ergibt sich aus diesem Effekt, dass die Bilanzsumme am 31.12.2010 um 50.000 TEUR niedriger ausgewiesen wird, als wenn auf das Wahlrecht zur sofortigen Auflösung verzichtet wird. Bei Anwendung des Wahlrechts bucht die A AG am 1.1.2010 gemäß Artikel 67 Abs. 7 EGHGB wie folgt (in TEUR):

Datum	Konto	Soll	Haben
	Außerordentliche Aufwendungen	75.000	
1.10.2010	Ingangsetzungs- und Erweiterungsaufwendungen		75.000

---

[126] Bei Anwendung des Gesamtkostenverfahrens sah § 275 Abs. 2 Nr. 7 HGB a. F. in der Gewinn- und Verlustrechnung einen eigenen Posten für Abschreibungen auf aktivierte Aufwendungen für die Ingangsetzung und Erweiterung des Geschäftsbetriebs vor. Da er mit Einführung des BilMoG entfällt, ist fraglich, ob zumindest für eine Übergangszeit dennoch ein Ausweis unter diesem Posten denkbar ist. Bei Anwendung des Umsatzkostenverfahrens kann eine Auflösung in den sonstigen betrieblichen Aufwendungen erfolgen, sofern keine Zuordnung zu den Funktionsbereichen erfolgt. Hier stellt sich obige Frage nicht. Vgl. dazu Adler/Düring/Schmaltz: Rechnungslegung und Prüfung der Unternehmen, 6. Aufl., Stuttgart 1995 ff., § 282, Tz. 19; Commandeur, in: Küting/Weber (Hrsg.): HdR-E, 5. Aufl., Stuttgart 2002 ff., § 282 HGB, Rn. 16 f.

Die Bilanz der A AG hat dann zum 31.12.2010 im Vergleich zu der oben dargestellten Bilanz, in der auf die sofortige erfolgswirksame Erfassung der Aufwendungen für die Ingangsetzung und Erweiterung des Geschäftsbetriebs verzichtet wurde, folgendes Aussehen:

Aktiva	Bilanz A AG zum 31.12.2010 (in TEUR)		Passiva
Sonstige Aktiva	25.000	Eigenkapital	25.000
	25.000		25.000

Zu berücksichtigen wäre bei diesem Beispiel weiterhin, dass ursprünglich mit der Aktivierung der Aufwendungen für Ingangsetzung und Erweiterung des Geschäftsbetriebs ggf. passive latente Steuern abgegrenzt wurden, da Bilanzierungshilfen steuerlich nicht angesetzt werden dürfen.[127] Mit der Auflösung der Bilanzierungshilfe entfällt der Grund für die passive Steuerlatenzierung, und eine entsprechende Auflösung des Postens ist geboten.

Ein ähnlicher, die Bilanzsumme beeinflussender Effekt tritt ein, wenn ein Unternehmen das Wahlrecht nach § 250 Abs. 1 Nr. 1 und 2 HGB a. F. für **RAP-ähnliche Posten** in Anspruch genommen hat und nunmehr aufgrund des BilMoG von der Möglichkeit Gebrauch macht, diese Posten unmittelbar (gegen die Rücklagen) aufzulösen (vgl. Art. 67 Abs. 3 EGHGB).

Folgendes Beispiel soll die Auswirkungen verdeutlichen:[128]

Beispiel

Sachverhalt:

Für die B AG ergibt sich (auf der Grundlage der HGB-Regelungen vor Inkrafttreten des BilMoG) zum 31.12.2010 die folgende (vereinfachte) Bilanz:

Aktiva	Bilanz B AG zum 31.12.2010 (in TEUR)		Passiva
RAP-ähnliche Posten nach § 250 Abs. 1 Nr. 1, 2 HGB a.F.	75.000	Eigenkapital	575.000
Sonstige Aktiva	500.000	- davon: Rücklagen: 175.000	
	575.000		575.000

Es wird unterstellt, dass der RAP-ähnliche Posten bereits im Jahr 2008 gebildet wurde und zum 1.1.2010 noch 100.000 TEUR betrug.

---

[127] Der Abgrenzung von latenten Steuern bei Aufwendungen für Ingangsetzung und Erweiterung des Geschäftsbetriebs grds. zustimmend Kozikowski/Fischer, in: Ellrott u. a. (Hrsg.): Beck'scher Bilanz-Kommentar, 7. Aufl., München 2010, § 274 HGB, Anm. 25; Commandeur, in: Küting/Weber (Hrsg.): HdR-E, 5. Aufl. Stuttgart 2002 ff., § 269 HGB, Tz. 61 m. w. N.; kritisch Adler/Düring/Schmaltz: Rechnungslegung und Prüfung der Unternehmen, 6. Aufl., Stuttgart 1995 ff., § 269, Tz. 23 und § 274, Rn. 12.

[128] Zur Übergangsregelung für RAP-ähnliche Posten siehe Abschnitt 6, Gliederungspunkt 4.

Beurteilung nach HGB i. d. F. des BilMoG:

Das BilMoG sieht gemäß Artikel 67 Abs. 3 EGHGB für RAP-ähnliche Posten ein Wahlrecht vor, diese bei erstmaliger Anwendung des BilMoG unmittelbar gegen die Gewinnrücklagen aufzulösen. Künftig unterliegen diese Posten handelsrechtlich einem Ansatzverbot. Wird in dem Beispiel von dem Wahlrecht der Auflösung Gebrauch gemacht, ergibt sich für die Bilanz zum 31.12.2010 eine Bilanzverkürzung und mithin eine Verminderung der Bilanzsumme um den Betrag des RAP-ähnlichen Postens, der bei Anwendung der Vorschriften des HGB vor Inkrafttreten des BilMoG noch in den Büchern enthalten ist. Bei Anwendung des Wahlrechts hat die Bilanz am 31.12.2010 dann folgendes Aussehen:

Aktiva	Bilanz B AG zum 31.12.2010 (in TEUR)		Passiva
Sonstige Aktiva	500.000	Eigenkapital	500.000
		- davon: JÜ	25.000
		- davon: Rücklagen:	75.000
	500.000		500.000

Dies ergibt sich, indem die A AG zum 1.1.2010 den RAP-ähnlichen Posten gegen die Rücklagen auflöst (in TEUR):

Datum	Konto	Soll	Haben
	Rücklagen	100.000	
1.10.2010	RAP-ähnliche Posten		100.000

Gleichzeitig wird das Ergebnis der Gesellschaft um den Betrag entlastet, der gemäß HGB vor Inkrafttreten des BilMoG das Ergebnis durch die Auflösung des RAP-ähnlichen Postens im Jahr 2010 belastet hätte (im Beispiel: 25.000 TEUR).

Durch die handelsrechtliche Auflösung des RAP-ähnlichen Postens ergibt sich eine temporäre Differenz zwischen Handels- und Steuerbilanz, da steuerlich für diese Posten ein Aktivierungsgebot besteht. Für den Auflösungsbetrag sind zum 1.1.2010 **aktive latente Steuern** erfolgsneutral (vgl. Art. 67 Abs. 6 Satz 2 HGB) zu berücksichtigen.

Praxis-Tipp

 Insbesondere für die in § 250 Abs. 1 Satz 2 Nr. 1 HGB a. F. genannten Posten wird die zuvor beschriebene Problematik eher von untergeordneter Bedeutung sein, da diese Posten wegen der üblicherweise kurzen Verweildauer von Vorräten im Unternehmen in der Regel über einen kurzen Zeitraum aufzulösen sind. Für die Posten des § 250 Abs. 1 Satz 2 Nr. 2 HGB a. F. kann sich die oben dargestellte Situation jedoch z. B. im Zusammenhang mit langfristigen Anzahlungen, wie sie bei Anlagenbauunternehmen üblich sind, nicht selten ergeben.

Neben den genannten Aufwendungen für die Ingangsetzung und Erweiterung des Geschäftsbetriebs und den RAP-ähnlichen Posten des § 250 Abs. 1 Nr. 1 und 2 HGB a. F. gibt es weitere Sachverhalte, durch die im Zuge der Einführung des BilMoG die Bilanzsumme – allerdings ohne dass Bilanzierende hier eine Einflussmöglichkeit haben – **vermindert** wird. Dies sind im Wesentlichen:

- **ausstehende Einlagen auf das gezeichnete Kapital**, die künftig gemäß § 272 Abs. 1 HGB dem Nettoausweis unterliegen und
- **erworbene eigene Anteile**, die gemäß § 272 Abs. 1a HGB nur noch offen vom Kapital abgesetzt werden dürfen.

Demgegenüber wirken sich das entfallende Wahlrecht bzw. künftig die Pflicht zur Aktivierung eines **derivativen Geschäfts- oder Firmenwerts** (§ 246 Abs. 1 HGB) sowie die (neu geschaffene) Möglichkeit zur Aktivierung bestimmter **selbst geschaffener immaterieller Vermögensgegenstände des Anlagevermögens** (§ 248 Abs. 2 HGB) **erhöhend** auf die Bilanzsumme aus. Ähnlich wirken auch verschiedene Änderungen hinsichtlich der Bewertung von Vermögenswerten. Dies sind im Wesentlichen:

- die **Zeitwertbewertung** von Wertpapieren, die Altersversorgungsverpflichtungen zu Grunde liegen (§ 253 Abs. 1 HGB),
- die **Anhebung** der handelsrechtlichen **Wertuntergrenze** bei den Herstellungskosten und dadurch das Angleichen an die steuerliche Wertuntergrenze (§ 255 Abs. 2 HGB) sowie
- der **Wegfall verschiedener Abschreibungswahlrechte** (z. B. steuerliche Abschreibungen gemäß § 254 HGB a. F. bzw. Abschreibungen wegen Wertschwankungen auf Vermögensgegenstände des Umlaufvermögens (§ 253 Abs. 3 Satz 3 HGB a. F.).

Abgesehen von den direkten Auswirkungen einzelner Bilanzposten auf die Bilanzsumme, besteht zusätzlich die Möglichkeit, dass sich bei Sachverhalten, die grundsätzlich erfolgs- und bilanzsummenneutral sind, **durch latente Steuern Effekte auf die Bilanzsumme** ergeben. Dies kann dann der Fall sein, wenn von dem Wahlrecht des § 274 Abs. 1 HGB Gebrauch gemacht wird, eine Verrechnung von aktiven und passiven latenten Steuern vorzunehmen. Diese Situation ergibt sich bspw. für **Son-**

derposten mit Rücklageanteil, die nach BilMoG nicht mehr gebildet werden dürfen (vgl. BT-Drucks. 270/09, S. 7). Bereits bestehende Sonderposten dürfen wahlweise beibehalten oder zugunsten der Gewinnrücklagen unmittelbar aufgelöst werden (vgl. Art. 67 Abs. 3 EGHGB).

Folgendes Beispiel stellt den Zusammenhang der Auswirkungen für Sonderposten mit Rücklageanteil dar (vgl. zum Sonderposten mit Rücklageanteil Abschnitt 8, Gliederungspunkt 2):

Beispiel

Die X AG müsste auf der Grundlage der bisher geltenden HGB-Vorschriften in ihrer Bilanz zum 31.12.2010 einen (in Vorjahren gebildeten) Sonderposten mit Rücklageanteil ausweisen, der am 1.1.2010 in Höhe von 1.000.000 EUR in den Büchern der Gesellschaft erfasst ist. Auf Basis der neuen Vorschriften des BilMoG macht die Gesellschaft zum 1.1.2010 von dem Wahlrecht Gebrauch, den Sonderposten unmittelbar gegen die Gewinnrücklagen aufzulösen. Bei einem kumulierten Ertragsteuersatz der X AG in Höhe von 30 % ergeben sich zum 1.1.2010 folgende Buchungssätze (in EUR):

Datum	Konto	Soll	Haben
	Sonderposten mit Rücklageanteil	1.000.000	
1.10.2010	Gewinnrücklagen		1.000.000

Datum	Konto	Soll	Haben
	Gewinnrücklagen	300.000	
1.10.2010	Passive latente Steuern		300.000

Während aus diesen Buchungssätzen ausschließlich ein Passivtausch resultiert, der keinen Einfluss auf die Bilanzsumme hat, könnten sich Auswirkungen dann ergeben, wenn die X AG aus anderen Geschäftsvorfällen aktive latente Steuern ausweist. Hätte die X AG bspw. aktive latente Steuern in Höhe 200.000 EUR würde eine Verrechnung mit den passiven latenten Steuern eine Verringerung der Bilanzsumme um 200.000 EUR ergeben (vgl. zur Bildung latenter Steuern im Falle der erfolgsneutralen Auflösung eines Sonderpostens mit Rücklageanteil im Übergangszeitpunkt Abschnitt 8, Gliederungspunkt 3).

Welche Konsequenzen sich durch die möglichen bzw. verpflichtend anzuwendenden Änderungen des BilMoG über die Bilanzsumme konkret für die Größenklassen von Kapitalgesellschaften und ihnen gleichgestellten Gesellschaften ergeben können, soll im folgenden **Beispiel** anhand von **ausstehenden Einlagen auf das gezeichnete Kapital**[129] dargestellt werden:

Beispiel

 Sachverhalt:

Die Y AG weist in den folgenden Geschäftsjahren folgende Daten aus:

Größenmerkmale	31.12.X1	31.12.X2	31.12.X3
Umsatzerlöse	36 Mio. EUR	39 Mio. EUR	39,5 Mio. EUR
Bilanzsumme	18 Mio. EUR	22 Mio. EUR	23 Mio. EUR
Arbeitnehmer	240	240	240

Für das Geschäftsjahr X1 erfüllt die Y AG somit die (durch das BilMoG angehobenen) Größenmerkmale für eine mittelgroße Kapitalgesellschaft und in X2 und X3 diejenigen für eine große. Die Rechtsfolgen für eine große Kapitalgesellschaft treten insoweit für die Y AG am 31.12.X3 ein, da dann bereits am zweiten Abschlussstichtag in Folge die Kriterien für eine große Kapitalgesellschaft erfüllt sind.

Am 31.12.X3 soll die Y AG folgende (stark vereinfachte) Schlussbilanz erstellt haben, wobei noch die Regelungen des HGB vor BilMoG angewandt worden sein sollen:

Aktiva	Bilanz Y AG zum 31.12.X3 (in Mio. EUR)		Passiva
Ausstehende Einlagen	2,0	Eigenkapital	
Anlagevermögen	15,5	I. Gezeichnetes Kapital	10,0
Umlaufvermögen	16,0	II. Kapitalrücklage	15,0
Liquide Mittel	6,0	Fremdkapital	14,5
	39,5		39,5

Beurteilung nach HGB i. d. F. des BilMoG:

Durch die geänderten Vorschriften des BilMoG, wonach ausstehende Einlagen gemäß § 272 Abs. 1 HGB zwingend dem Nettoausweis unterliegen, hat die Bilanz der Y AG am 31.12.X3 folgendes Aussehen:

---

[129] Zur Übergangsregelung für ausstehende Einlagen auf das gezeichnete Kapital vgl. Abschnitt 7, Gliederungspunkt 1.

Aktiva	Bilanz Y AG zum 31.12.X3 (in Mio. EUR)		Passiva
Anlagevermögen	15,5	Eigenkapital	
Umlaufvermögen	16,0	I. Gezeichnetes Kapital	10,0
Liquide Mittel	6,0	- Ausstehende Einlagen	2,0
		= Eingefordertes Kapital	8,0
		II. Kapitalrücklage	15,0
		Fremdkapital	14,5
	37,5		37,5

In diesem Fall sind am 31.12.X3 lediglich die Größenmerkmale für eine mittelgroße Kapitalgesellschaft erfüllt, und die Y AG kann in diesem Jahr nicht als große Kapitalgesellschaft eingeordnet werden. Grund hierfür ist, dass die Y AG nur in X2 einmalig die Größenkriterien für große Kapitalgesellschaften erreicht hat, für eine entsprechende Klassifizierung aber ein zweimaliges Überschreiten erforderlich wäre. Dies wird durch den vom BilMoG geforderten Nettoausweis der ausstehenden Einlagen auf das gezeichnete Kapital jedoch verhindert.

2.3.3 Die Bedeutung der Größenklassen für die Rechnungslegung, Prüfung und Offenlegung

Die in § 267 Abs. 1 und 2 HGB verankerten Größenmerkmale sind verantwortlich für die Einstufung von Kapitalgesellschaften und ihnen gleichgestellten Personenhandelsgesellschaften in die Größenklassen groß, mittel und klein. Je nachdem in welcher Größenkategorie sich eine Gesellschaft befindet, gelten für sie spezifische Rechnungslegungs-, Prüfungs- und Offenlegungspflichten.

Folgende Tabelle gibt einen Überblick über die wesentlichen Aufstellungs-, Prüfungs- und Offenlegungsvorschriften für Kapitalgesellschaften und ihnen gleichgestellte Personenhandelsgesellschaften sowie die wesentlichen Erleichterungen für mittelgroße und kleine Gesellschaften dieser Rechtsformen:

Thematik	groß	mittel	klein
Bestandteile der Rechnungslegung	Bilanz, Gewinn- und Verlustrechnung, Anhang, Lagebericht (§ 264 Abs. 1 HGB)		Lagebericht nicht erforderlich (§ 264 Abs. 1 HGB)
Aufstellungszeitraum	Innerhalb von 3 Monaten (§ 264 Abs. 1 HGB)		Innerhalb von 6 Monaten (§ 264 Abs. 1 HGB)
Vorschriften zu einzelnen Posten / Erläuterungen	Aufstellung eines separaten Anlagenspiegels (§ 268 Abs. 2 HGB)		Anlagenspiegel muss nicht erstellt werden (§ 274a Nr. 1 HGB)
	Erläuterungen zu Forderungen und Verbindlichkeiten, die erst im Folgejahr rechtlich entstehen, sowie zu Rechnungsabgrenzungsposten in Bilanz oder Anhang (§ 268 Abs. 4–6 HGB)		Keine entsprechenden Erläuterungen erforderlich (§ 274a Nr. 2–4 HGB)
	Erläuterungen zu außerordentlichen und periodenfremden Aufwendungen und Erträgen im Anhang erforderlich (§ 277 Abs. 4 HGB)		Keine entsprechenden Erläuterungen erforderlich (§ 276 Satz 2 HGB)
	Ausweis künftiger Steuerbe- oder -entlastungen in der Bilanz sowie Erläuterung im Anhang (§ 274 Abs. 2 HGB)		Ausweis und Erläuterung latenter Steuern sind nicht erforderlich (§ 274a Nr. 5 HGB)
Gliederung	Bilanzgliederung nach dem ausführlichen Schema des § 266 Abs. 2 und 3 HGB		Verkürzte Bilanz, die nur die mit römischen Zahlen der in § 266 Abs. 2 und 3 HGB bezeichneten Posten enthalten muss (§ 266 Abs. 1 S. 3 HGB)
	Ausführliche Gliederung der Gewinn- und Verlustrechnung nach § 275 HGB	Verkürzte Gliederung durch zum ‚Rohergebnis' zusammengefasste Posten (§ 276 HGB)	
	Anhang nach §§ 284-286 HGB[130]	Zahlreiche Erleichterungen nach § 288 Abs. 2 HGB	Im Vergleich zu mittelgroßen Gesellschaften noch weiterreichende Erleichterungen (§ 288 Abs. 1 HGB)
	Lagebericht nach § 289 HGB	Angaben der für die Geschäftstätigkeit bedeutsamen nichtfinanziellen Leistungsindikatoren nicht erforderlich (§ 289 Abs. 3 HGB)	Entfällt
Prüfung	Pflicht zur Prüfung des Jahresabschlusses und des Lageberichtes (§ 316 Abs. 1 HGB)		Keine Prüfungspflicht (§ 316 Abs. 1 HGB)

---

[130] Die Neuregelungen des BilMoG haben zu einer weiteren Ausdehnung der Angabepflichten im Anhang geführt, siehe dazu ausführlich Kapitel 2, Abschnitt 10; vgl. dazu auch Wiechers, in BBK 2009, S. 1221 ff.; Zwirner, BB 2009, S. 2303 ff.

Kapitel 2: Einzelgesellschaftliche Rechnungslegung

Thematik	groß	mittel	klein
Offenlegung	Einreichung unverzüglich nach Vorlage an die Gesellschafter, spätestens aber innerhalb von 12 Monaten: Bilanz, Gewinn- und Verlustrechnung inkl. Bestätigungsvermerk, Anhang, Lagebericht, Bericht des Aufsichtsrats, Ergebnisverwendung (wenn keine GmbH) elektronisch beim (elektronischen) Bundesanzeiger (§ 325 Abs. 1 HGB) sowie unverzüglich nach Einreichung der Unterlagen Bekanntgabe im elektronischen Bundesanzeiger (§ 325 Abs. 2 HGB)	Einreichen der Bilanz in der Form für kleine Kapitalgesellschaften, aber mit zusätzlichen Angaben gemäß § 327 HGB in Bilanz oder Anhang, im Übrigen wie große Gesellschaften	Nur Bilanz und Anhang (ohne Angaben der Gewinn- und Verlustrechnung) sind einzureichen (§ 326 HGB)

Kapitalmarktorientierte Gesellschaften im Sinne des § 264d HGB gelten nach § 267 Abs. 3 HGB stets als große Kapitalgesellschaften und müssen dementsprechend den Anforderungen für große Kapitalgesellschaften genügen. Darüber hinaus gibt es für diese Gesellschaften einige **zusätzliche Verpflichtungen**, die sie erfüllen müssen. Im Folgenden werden die wesentlichen zusätzlichen Anforderungen im Vergleich zu großen Kapitalgesellschaften und ihnen vergleichbaren Gesellschaften aufgeführt:

Kapitalmarktorientierte Gesellschaften	
Bestandteile der Rechnungslegung	Kapitalflussrechnung, Eigenkapitalspiegel, Segmentberichterstattung (freiwillig) (§ 264 Abs. 1 HGB)
Anhang	Angabe, dass der Corporate Governance Codex eingehalten wurde und wo dies veröffentlicht wurde (§ 285 Nr. 16 HGB i. V. m. § 161 AktG)
	Die Angaben gemäß § 285 Nr. 11 und 11a HGB zum Anteilsbesitz dürfen ausschließlich dann unterlassen werden, wenn sie von untergeordneter Bedeutung sind (§ 286 Abs. 3 Satz HGB)
	Angaben zu den Gesamtbezügen der in § 285 Nr. 9 genannten Personen dürfen keinesfalls unterbleiben (§ 286 Abs. 4 HGB)
Lagebericht	Angaben zu den Grundzügen des Vergütungssystems der in § 285 Nr. 9 HGB genannten Personen; entsprechende Anhangangaben können dann unterbleiben (§ 289 Abs. 2 Nr. 5 HGB)
	Verschiedene Angaben über das Eigenkapital und die Ausgestaltung von Aktien, sofern entsprechende Angaben nicht bereits im Anhang erfolgt sind (§ 289 Abs. 4 HGB)
	Beschreibung der wesentlichen Merkmale des internen Kontroll- und Risikomanagementsystems im Hinblick auf den Rechnungslegungsprozess (§ 289 Abs. 5 HGB)
	Erklärung zur Unternehmensführung in einem separaten Abschnitt (§ 289a Abs. 1 HGB)

Kapitalmarktorientierte Gesellschaften	
Prüfung	Beurteilung, ob die nach § 91 Abs. 2 AktG dem Vorstand obliegenden Maßnahmen erfüllt wurden (§ 317 Abs. 4 HGB)
Offenlegung	Elektronische Einreichung der Erklärung nach § 161 AktG beim elektronischen Bundesanzeiger (§ 325 HGB)
	Erklärung zur Unternehmensführung inkl. Erklärung nach § 161 AktG ggf. auf der Internetseite der Gesellschaft mit Verweis auf den Lagebericht (§ 289a Abs. 1 HGB)
	Offenlegungsfrist beträgt längstens vier Monate (§ 325 Abs. 4 HGB); Ausnahme, wenn nur Schuldtitel begeben werden (§ 327a HGB)
Sonstiges	Einrichten eines Prüfungsausschusses erforderlich, wenn kein Aufsichts- oder Verwaltungsrat besteht, der die Voraussetzungen des § 100 Abs. 5 AktG erfüllt (§ 324 Abs. 1 HGB)

Praxis-Tipp

Für die Beurteilung der **Prüfungspflicht** von Jahresabschlüssen zum **31.12.2008** lagen die Größenmerkmale vor Anhebung durch das BilMoG zugrunde. Durch die rückwirkende Anhebung der Schwellenwerte kann nunmehr für Gesellschaften, die nach altem Recht prüfungspflichtig waren, ggf. die Prüfungspflicht entfallen. Dies ist dann der Fall, wenn eine Gesellschaft durch die Anhebung der Schwellenwerte nur noch als kleine Gesellschaft im Sinne des § 267 Abs. 1 HGB einzustufen ist. Es stellt sich die Frage, wie mit erteilten Prüfungsaufträgen zu verfahren ist, die noch auf Basis des alten Rechtsstandes erteilt wurden. Hierzu hat das IDW ausgeführt, dass im Fall einer noch nicht beendeten Jahresabschlussprüfung eine Vertragsauflösung auf der Grundlage des Wegfalls der Geschäftsgrundlage nach § 313 BGB in Betracht kommt.[131] Ist die Prüfung dagegen bereits vollständig durchgeführt und mit dem erteilten Bestätigungsvermerk beendet worden, ist der Sachverhalt abgeschlossen. Eine rückwirkende Anwendung der Schwellenwerte kommt dann nicht mehr in Betracht.[132] Gleichwohl kann aber auf die vereinfachten Offenlegungspflichten für kleine Kapitalgesellschaften zurückgegriffen werden.[133]

2.4 Erstanwendung, Übergangsregelung und steuerliche Folgen

Das BilMoG enthält keine Übergangsregelung zu § 267 Abs. 1 und 2 HGB. Vielmehr sind die erhöhten Schwellenwerte nach Inkrafttreten des BilMoG **erstmals** auf Jahresabschlüsse für das nach dem **31.12.2007** beginnende Geschäftsjahr anzuwenden (vgl. Art. 66 Abs. 1 EGHGB).

---

[131] Vgl. IDW RS HFA 28, S. 8, Tz. 25.
[132] Vgl. IDW RS HFA 28, S. 8, Tz. 23.
[133] Vgl. IDW RS HFA 28, S. 8, Tz. 24.

Die mit den erhöhten Schwellenwerten einhergehenden Folgen können bei kalenderjahrgleichem Geschäftsjahr erstmals für einen Abschluss zum 31.12.2008 in Anspruch genommen werden. Bei der Beurteilung, ob am 31.12.2008 die Schwellenwerte an den geforderten zwei aufeinander folgenden Abschlussstichtagen über- oder unterschritten sind, sind zum 31.12.2008 und zum 31.12.2007 bereits die erhöhten Schwellenwerte zu berücksichtigen. Gegebenenfalls muss auch der 31.12.2006 in die Überlegungen mit einbezogen werden (vgl. BT-Drucks. 16/10067, S. 98 / 99).

Im Rahmen der Anhebung der Schwellenwerte und deren erstmaligen Anwendung kann die Situation entstehen, dass Gesellschaften auf der Grundlage der alten Schwellenwerte einer anderen Größenklasse zuzuordnen sind als bei Anwendung der neuen Schwellenwerte. Zu den daraus resultierenden Problemen kann auf die ausführlichen Erläuterungen und Beispiele des Gliederungspunktes 2.3.1 verwiesen werden. Die Frage einer Beeinflussung der Größenmerkmale, um dadurch die Klassifizierung in eine bestimmte (gewünschte) Größenkategorie zu erreichen, indem die neuen Regelungen bzw. Übergangsvorschriften des BilMoG entsprechend angewandt werden, wurde bereits oben ausführlich dargestellt. An dieser Stelle kann daher ebenfalls ein Verweis auf die Ausführungen in Gliederungspunkt 2.3.2 genügen.

Steuerliche Folgen sind aus der Anhebung der Schwellenwerte nicht zu erwarten.

Die nachfolgende Abb. 25 fasst die Übergangsregelungen zu § 267 HGB im Überblick zusammen.

Übergang auf die geänderten Größenmerkmale nach § 267 HGB		
Erstmalige Anwendung	Übergang	Steuerliche Folgen
Jahres- und Konzernabschlüsse für nach dem 31.12.2007 beginnende Geschäftsjahre Art. 66 Abs. 1 EGHGB	• Keine Übergangsregelung • Konsequenzen: 　» Früheste Einstufung in eine niedrigere Größenklasse für das Geschäftsjahr 2008 　» Prüfung der Einstufung auf Basis der angehobenen Größenmerkmale für das Vorjahr und ggf. frühere Geschäftsjahre BT-Drucks. 16/10067, S. 98f.	Bedeutungslos

Abb. 25:   *Übergang auf die geänderten Größenkriterien für Kapitalgesellschaften nach BilMoG*

3 Besondere Anforderungen an kapitalmarktorientierte Kapitalgesellschaften

3.1 Definition der kapitalmarktorientierten Kapitalgesellschaft

3.1.1 Die neuen Vorschriften im Überblick

> **HGB § 264d Kapitalmarktorientierte Kapitalgesellschaft**
>
> Eine Kapitalgesellschaft ist kapitalmarktorientiert, wenn sie einen organisierten Markt im Sinn des § 2 Abs. 5 des Wertpapierhandelsgesetzes durch von ihr ausgegebene Wertpapiere im Sinn des § 2 Abs. 1 Satz 1 des Wertpapierhandelsgesetzes in Anspruch nimmt oder die Zulassung solcher Wertpapiere zum Handel an einem organisierten Markt beantragt hat.

Das HGB enthält für kapitalmarktorientierte Unternehmen besondere Regelungen. Insoweit war es erforderlich, den Begriff des kapitalmarktorientierten Unternehmens im ersten Unterabschnitt des zweiten Abschnitts „Ergänzende Vorschriften für Kapitalgesellschaften (Aktiengesellschaften, Kommanditgesellschaften auf Aktien und Gesellschaften mit beschränkter Haftung sowie bestimmte Personenhandelsgesellschaften)" des Handelsgesetzbuchs zu definieren. § 264d HGB nimmt diese Begriffsabgrenzung vor.

Von der Regelung sind nur kapitalmarktorientierte Unternehmen betroffen.

§ 264d HGB in der Fassung nach Inkrafttreten des BilMoG ist erstmals auf Jahres- und Konzernabschlüsse für das nach dem 31.12.2009 beginnende Geschäftsjahr anzuwenden (vgl. Art. 66 Abs. 3 Satz 1 EGHGB). Die Vorschrift kann bereits erstmalig auf das nach dem 31.12.2008 beginnende Geschäftsjahr angewandt werden, sofern es gleichzeitig zu einer Anwendung aller neuen Vorschriften, die in Art. 66 Abs. 3 Satz 6 EGHGB aufgeführt sind, kommt.

3.1.2 Zweck und Begründung der Regelung

Gemäß der Regierungsbegründung ergibt sich mit der Einführung des § 264d HGB eine erhebliche Verkürzung und bessere Lesbarkeit einer Reihe handelsrechtlicher Vorschriften (vgl. BT-Drucks. 16/10067, S. 63).

Die bisherigen Vorschriften nahmen im Falle von Sonderregelungen für kapitalmarktorientierte Unternehmen grundsätzlich Bezug auf die in § 264d HGB genannten Regelungen des WpHG. Mit der Einfügung des § 264d HGB bedarf es dieser Bezüge nicht mehr. Sie können durch den im HGB definierten Begriff ‚kapitalmarktorientierte

Kapitalgesellschaft' ersetzt werden. Die Einfügung der Regelung ist insoweit aus **pragmatischen Gründen** sinnvoll. Zukünftige Änderungen der Begriffsinhalte, die durch das WpHG bestimmt sind, brauchen so nur noch auf ihre Anwendbarkeit innerhalb des Regelungsumfangs des § 264d HGB überprüft zu werden. Infolge der Einführung des § 264d HGB werden die Paragrafen § 267 Abs. 3 Satz 2, § 286 Abs. 3 Satz 3, § 291 Abs. 3 Nr. 1, § 293 Abs. 5, § 313 Abs. 3 Satz 3 und § 319a Abs. 1 HGB redaktionell angepasst.

3.1.3 Begriff des organisierten Markts

Zum besseren Verständnis der in § 264d HGB aufgenommenen Begriffe bzw. Verweise werden nachfolgend die zentralen Begriffe aus dem WpHG wiedergegeben. Das WpHG findet Anwendung bei der Erbringung von Wertpapierdienstleistungen und Wertpapiernebendienstleistungen, auf den börslichen und außerbörslichen Handel mit Finanzinstrumenten, den Abschluss von Finanztermingeschäften, auf Finanzanalysen sowie auf Veränderungen der Stimmrechtsanteile von Aktionären an börsennotierten Gesellschaften.

Gemäß § 2 Abs. 5 WpHG ergibt sich für den organisierten Markt nachfolgende Definition:

„Organisierter Markt im Sinne dieses Gesetzes ist ein im Inland, in einem anderen Mitgliedstaat der Europäischen Union oder einem anderen Vertragsstaat des Abkommens über den Europäischen Wirtschaftsraum betriebenes oder verwaltetes, durch staatliche Stellen genehmigtes, geregeltes und überwachtes multilaterales System, das die Interessen einer Vielzahl von Personen am Kauf und Verkauf von dort zum Handel zugelassenen Finanzinstrumenten innerhalb des Systems und nach festgelegten Bestimmungen in einer Weise zusammenbringt oder das Zusammenbringen fördert, die zu einem Vertrag über den Kauf dieser Finanzinstrumente führt."

3.1.4 Begriff der Wertpapiere

§ 2 Abs. 1 Satz 1 WpHG definiert Wertpapiere wie folgt:

„Wertpapiere im Sinne dieses Gesetzes sind, auch wenn keine Urkunden über sie ausgestellt sind, alle Gattungen von übertragbaren Wertpapieren mit Ausnahme von Zahlungsinstrumenten, die ihrer Art nach auf den Finanzmärkten handelbar sind, insbesondere

1. Aktien,

2. andere Anteile an in- oder ausländischen juristischen Personen, Personenhandelsgesellschaften und sonstigen Unternehmen, soweit sie Aktien vergleichbar sind, sowie Zertifikate, die Aktien vertreten,

3. Schuldtitel,

   a) insbesondere Genussscheine und Inhaberschuldverschreibungen und Orderschuldverschreibungen sowie Zertifikate, die Schuldtitel vertreten,

b) sonstige Wertpapiere, die zum Erwerb oder zur Veräußerung von Wertpapieren nach den Nummern 1 und 2 berechtigen oder zu einer Barzahlung führen, die in Abhängigkeit von Wertpapieren, von Währungen, Zinssätzen oder anderen Erträgen, von Waren, Indizes oder Messgrößen bestimmt wird."

Nach Satz 2 des § 2 Abs. 1 WpHG sind *„Wertpapiere [...] auch Anteile an Investmentvermögen, die von einer Kapitalanlagegesellschaft oder einer ausländischen Investmentgesellschaft ausgegeben werden."* Diesen Teil der Definition nimmt § 264d HGB allerdings nicht in Bezug. Kapitalgesellschaften, die ausschließlich solche Anteile an Investmentvermögen ausgegeben haben, fallen damit nicht unter die kapitalmarktorientierten Kapitalgesellschaften i. S. d. § 264d HGB.

Mit den in § 264d HGB aufgenommenen Verweisen auf die oben erläuterten Regelungen des WpHG wird deutlich, dass zu den kapitalmarktnotierten Unternehmen nicht nur solche gehören, deren Anteile an einem organisierten Markt gehandelt werden. Vielmehr zählen auch solche Unternehmen dazu, die selbst bzw. deren Anteile nicht börsennotiert sind, die aber Schuldtitel an einem organisierten Markt platziert haben.

Nachfolgende Abb. 26 stellt die Definition der kapitalmarktorientierten Kapitalgesellschaft im Überblick dar.

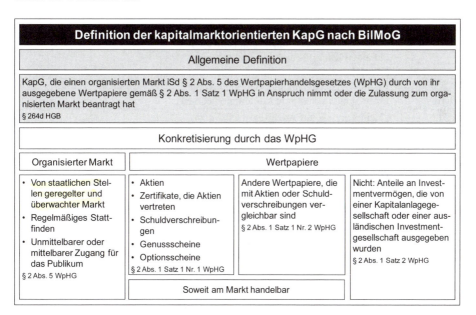

Abb. 26: Definition der kapitalmarktorientierten Kapitalgesellschaft

3.1.5 Rechtsfolgen für kapitalmarktorientierte Kapitalgesellschaften

Die sich für kapitalmarktorientierte Kapitalgesellschaften ergebenden Rechtsfolgen werden nachfolgend im Überblick dargestellt. Vertiefende Erläuterungen finden sich, mit Ausnahme der ergänzenden Vorschriften für Kreditinstitute und Versicherungsunternehmen und der Regelungen des AktG und PublG, in den jeweiligen die Regelungen beschreibenden Gliederungspunkten.

Regelung	Inhalt der Regelung	Kapitel/ Abschnitt	Gliederungspunkt
§ 264 Abs. 1 S. 2 HGB	Erweiterung des Jahresabschlusses einer kapitalmarktorientierten Kapitalgesellschaft, die nicht zur Aufstellung eines Konzernabschlusses verpflichtet ist, um eine Kapitalflussrechnung und einen Eigenkapitalspiegel; optionale Erweiterung des Jahresabschlusses um eine Segmentberichterstattung	2 / 1 2 / 1 2 / 1	3.2.4 3.2.3 3.2.5
§ 267 Abs. 3 S. 2 HGB	Kapitalmarktorientierte Kapitalgesellschaften gelten stets als große Kapitalgesellschaften	2 / 1	2.3.3
§ 286 Abs. 3 S. 3 HGB	Unterlassensverbot für die Angaben gemäß § 285 Nr. 11 und 11a HGB	2 / 10	2.20
§ 289 Abs. 5 HGB	Pflicht zur Beschreibung der wesentlichen Merkmale des rechnungslegungsorientierten internen Kontroll- und des Risikomanagementsystems	2 / 11	1
§ 293 Abs. 5 HGB	Keine größenabhängigen Befreiungen für kapitalmarktorientierte Mutterunternehmen	3 / 1	2.3
§ 313 Abs. 3 HGB	Kein Verzicht auf Angaben, die bei dem Mutter-, Tochter- oder sonstigen Unternehmen zu erheblichen Nachteilen führen können	3 / 5	1
§ 315 Abs. 2 Nr. 5 HGB	Pflicht zur Beschreibung der wesentlichen Merkmale des konzernrechnungslegungsorientierten internen Kontroll- und des Risikomanagementsystems	3 / 6	1
§ 319a HGB	Besondere Ausschlussgründe des Abschlussprüfers bei Unternehmen von öffentlichem Interesse	4	4
§ 324 S. 1 HGB	Einrichtung eines Prüfungsausschusses im Aufsichtsrat in bestimmten Fällen	4	8
§ 325 Abs. 4 HGB	Verkürzung der Frist zu Einreichung der offenlegungspflichtigen Unterlagen beim elektronischen Bundesanzeiger auf vier Monate	5	2
§ 327a HGB	Keine Verkürzung der Frist zu Einreichung der offenlegungspflichtigen Unterlagen beim elektronischen Bundesanzeiger auf vier Monate in bestimmten Fällen	5	2

Regelung	Inhalt der Regelung	Kapitel/ Abschnitt	Gliederungs- punkt
§ 340k Abs. 5 S. 1 HGB	Einrichtung eines Prüfungsausschusses im Aufsichts- oder Verwaltungsrat von Kreditinstituten in bestimmten Fällen	–	–
§ 341k Abs. 4 S. 1 HGB	Einrichtung eines Prüfungsausschusses im Aufsichts- oder Verwaltungsrat von Versicherungsunternehmen in bestimmten Fällen	–	–
§ 100 Abs. 5 AktG	Mindestens ein unabhängiges Mitglied des Aufsichtsrats muss über Sachverstand auf den Gebieten Rechnungslegung oder Abschlussprüfung verfügen	–	–
§ 107 Abs. 4 AktG	Mindestens ein unabhängiges Mitglied im Prüfungsausschuss des Aufsichtsrats muss über Sachverstand auf den Gebieten Rechnungslegung oder Abschlussprüfung verfügen	–	–
§ 124 Abs. 3 S. 2 AktG	Der Vorschlag des Aufsichtsrats in der Tagesordnung der Hauptversammlung zur Beschlussfassung zur Wahl des Abschlussprüfers soll sich auf die Empfehlung des Prüfungsausschusses stützen.	–	–
§ 5 Abs. 2a PublG	Erweiterung des Jahresabschlusses um einen Anhang, Lagebericht und sofern das Unternehmen nicht zur Aufstellung eines Konzernabschlusses verpflichtet ist, um eine Kapitalflussrechnung und einen Eigenkapitalspiegel; optionale Erweiterung des Jahresabschlusses um eine Segmentberichterstattung	2 / 1 2 / 1 2 / 1	3.2.4 3.2.3 3.2.5
§ 13 Abs. 1 S. 2 PublG	Aufstellung des Konzernabschlusses und des Konzernlageberichts in den ersten vier Monaten des neuen Geschäftsjahres in bestimmten Fällen	–	–
§ 13 Abs. 3 S. 2 PublG	Erweiterung des Konzernabschlusses um eine Kapitalflussrechnung und einen Eigenkapitalspiegel in bestimmten Fällen	–	–

3.1.6 Erstanwendung, Übergangsregelung und steuerliche Folgen

Das BilMoG weist zu § 264d HGB keine Übergangsregelungen auf. Die Vorschrift ist nach Inkrafttreten des BilMoG **erstmals** auf Jahres- und Konzernabschlüsse für nach dem **31.12.2009** beginnende Geschäftsjahre anzuwenden (vgl. Art. 66 Abs. 3 Satz 1 EGHGB), sofern sie nicht freiwillig zusammen mit allen neuen Vorschriften für ein nach dem **31.12.2008** beginnendes Geschäftsjahr zur Anwendung kommen (vgl. Art. 66 Abs. 3 Satz 6 EGHGB).

Die nachfolgende Abb. 27 fasst die Regelungen im Überblick zusammen.

Übergang auf die Neudefinition der kapitalmarktorientierten KapG		
Erstmalige Anwendung	Übergang	Steuerliche Folgen
• Obligatorisch: Jahres- und Konzernabschlüsse für nach dem 31.12.2009 beginnende Geschäftsjahre • Optional: Jahres- und Konzernabschlüsse für nach dem 31.12.2008 beginnende Geschäftsjahre (nur im Verbund mit allen übrigen vorzeitig anwendbaren Vorschriften) Art. 66 Abs. 3 EGHGB	Keine Übergangsregelung	Bedeutungslos

Abb. 27: Übergang auf die Neudefinition der kapitalmarktorientierten Kapitalgesellschaft

3.2 Erweiterter Jahresabschluss

[handschriftliche Anmerkung: f kapitalmarkt-or. Gesells § 264 d HGB]

3.2.1 Die neuen Vorschriften im Überblick

Die gesetzlichen Bestandteile des Jahresabschlusses wurden für kapitalmarktorientierte Kapitalgesellschaften ergänzt. § 264 HGB erhält folgende Fassung:

> **HGB § 264 Pflicht zur Aufstellung**
>
> (1) Die gesetzlichen Vertreter einer Kapitalgesellschaft haben den Jahresabschluss (§ 242) um einen Anhang zu erweitern, der mit der Bilanz und der Gewinn- und Verlustrechnung eine Einheit bildet, sowie einen Lagebericht aufzustellen. Die gesetzlichen Vertreter einer kapitalmarktorientierten Kapitalgesellschaft, die nicht zur Aufstellung eines Konzernabschlusses verpflichtet ist, haben den Jahresabschluss um eine Kapitalflussrechnung und einen Eigenkapitalspiegel zu erweitern, die mit der Bilanz, Gewinn- und Verlustrechnung und dem Anhang eine Einheit bilden; sie können den Jahresabschluss um eine Segmentberichterstattung erweitern. Der Jahresabschluss und der Lagebericht sind von den gesetzlichen Vertretern in den ersten drei Monaten des Geschäftsjahres für das vergangene Geschäftsjahr aufzustellen. Kleine Kapitalgesellschaften (§ 267 Abs. 1) brauchen den Lagebericht nicht aufzustellen; sie dürfen den Jahresabschluss auch später aufstellen, wenn dies einem ordnungsmäßigen Geschäftsgang entspricht, jedoch innerhalb der ersten sechs Monate des Geschäftsjahres.

Die Pflichtbestandteile eines Jahresabschlusses einer kapitalmarktorientierten Kapitalgesellschaft werden ergänzt. Neben der Bilanz, der Gewinn- und Verlustrechnung und dem Anhang haben die gesetzlichen Vertreter einer kapitalmarktorientierten Kapitalgesellschaft, die nicht zur Aufstellung eines Konzernabschlusses verpflichtet ist, den Jahresabschluss um eine Kapitalflussrechnung und um einen Eigenkapitalspiegel zu erweitern. Des Weiteren kann der Jahresabschluss wie bisher optional um eine Segmentberichterstattung erweitert werden.

Mit der Regelung werden die **Informationspflichten aller kapitalmarktorientierten Unternehmen vereinheitlicht**. Die Berichterstattungspflichten nach dem Publizitätsgesetz wurden entsprechend geändert (vgl. § 5 Abs. 2a Publizitätsgesetz). Nach den bisherigen Regelungen sind nur für den Konzernabschluss auch eine Kapitalflussrechnung und ein Eigenkapitalspiegel zu erstellen. Nunmehr wurde die Verpflichtung zu einer Erstellung einer Kapitalflussrechnung und eines Eigenkapitalspiegels mit dem BilMoG auf Einzelabschlüsse kapitalmarktorientierter Unternehmen (vgl. Gliederungspunkt 3.1) ausgedehnt, die keinen Konzernabschluss erstellen müssen.

Der von den betroffenen kapitalmarktorientierten Unternehmen zu beachtende § 264 Abs. 1 Satz 2 HGB in der Fassung nach Inkrafttreten des BilMoG ist erstmals auf Jahres- und Konzernabschlüsse für das nach dem 31.12.2009 beginnende Geschäftsjahr anzuwenden (vgl. Art. 66 Abs. 3 Satz 1 EGHGB). Die Vorschrift kann bereits erstmalig auf das nach dem 31.12.2008 beginnende Geschäftsjahr angewandt werden, sofern es gleichzeitig zu einer Anwendung aller neuen Vorschriften, die in Art. 66 Abs. 3 Satz 6 EGHGB aufgeführt sind, kommt.

3.2.2 Zweck und Begründung der Neuregelung

In der Begründung zum RegE BilMoG wird darauf verwiesen, dass die Ergänzung des § 264 Abs. 1 HGB um einen neuen Satz 2 dem Ziel der **vollumfänglichen Gleichstellung aller kapitalmarktorientierten Unternehmen** im Hinblick auf ihre handelsrechtlichen Berichterstattungspflichten diene. Gegenwärtig seien nicht konzernrechnungslegungspflichtige kapitalmarktorientierte Unternehmen nicht zur Erstellung einer Kapitalflussrechnung und eines Eigenkapitalspiegels verpflichtet. Dies stehe im Widerspruch zu der Situation konzernrechnungslegungspflichtiger kapitalmarktorientierter Unternehmen. § 315a HGB verpflichte kapitalmarktorientierte Mutterunternehmen, ihren Konzernabschluss nach Maßgabe der IFRS aufzustellen. Nach den IFRS bestehe ein vollständiger Abschluss aber aus der Bilanz, der Gewinn- und Verlustrechnung, dem Anhang, dem Eigenkapitalspiegel, der Kapitalflussrechnung (vgl. IAS 1.8) und – bei Kapitalmarktorientierung – einer Segmentberichterstattung (vgl. IFRS 8.2). Selbst nicht kapitalmarktorientierte konzernrechnungslegungspflichtige Unternehmen seien nach Maßgabe des § 297 Abs. 1 Satz 1 HGB zur Aufstellung einer Konzernbilanz, einer Konzern-Gewinn- und Verlustrechnung, eines Konzernanhangs, einer Kapitalflussrechnung und eines Eigenkapitalspiegels verpflichtet. Sie könnten den Konzernabschluss zudem nach § 297 Abs. 1 Satz 2 HGB um einen Segmentbericht ergänzen. Demgegenüber seien nicht zur Konzernrechnungslegung verpflichtete kapitalmarktorientierte Unternehmen bisher nach § 264 Abs. 1 HGB nur zur Aufstellung einer Bilanz, Gewinn- und Verlustrechnung und eines Anhangs sowie eines Lageberichts verpflichtet. Der Umfang der Berichterstattungspflichten von nicht zur Konzernrechnungslegung verpflichteten kapitalmarktorientierten Unternehmen weise – im Sinne der europäischen Vorgaben – somit Lücken auf, die zu einer unterschiedlichen Informationsversorgung der Kapitalmarktteilnehmer in Abhängigkeit von der Struktur des kapitalmarktorientierten Unternehmens führt. Mit der Ergänzung des § 264 Abs. 1 HGB sollen diese Lücken geschlossen werden. Auch nicht konzernrechnungslegungspflichtige kapitalmarktorientierte Unternehmen seien danach zur Aufstellung einer Kapitalflussrechnung und eines Eigenkapitalspiegels verpflichtet. Sie könnten ihren Jahresabschluss um einen Segmentbericht ergänzen. Aufgrund der Tatsache, dass die Kapitalflussrechnung und der Eigenkapitalspiegel leicht zu erstellen seien, resultierten aus der Ergänzung des § 264 Abs. 1 HGB keine im Verhältnis zu den aus der Information der Abschlussadressaten resultierenden Vorteilen ins Gewicht fallende zusätzliche Kosten. Allein die Erstellung eines Segmentberichts wäre aufwendiger; dessen Erstellung sei jedoch in das Belieben der Unternehmen gestellt. Basis der Änderung des § 264 Abs. 1 HGB sei Artikel 2 Abs. 1 Unterabsatz 2 der Bilanzrichtlinie. Danach könnten die Mitgliedsstaaten gestatten oder vorschreiben, dass der Jahresabschluss zusätzlich zu den in Artikel 2 Abs. 1 Unterabsatz 1 der Bilanzrichtlinie genannten Unterlagen weitere Bestandteile umfasst (vgl. BT-Drucks. 16/10067, S. 62).

Sowohl die Neuregelungen als auch die diesbezügliche Begründung zum RegE BilMoG sind soweit vollständig und zielführend. Eine Ausnahme stellt ggf. das Wahlrecht zur Segmentberichterstattung hinsichtlich Vergleichbarkeit und internationaler Akzeptanz dar (vgl. hierzu Gliederungspunkt 3.2.5). Nachfolgend werden den Regelungen der für die Erstellung von Konzernabschlüssen aufgestellten Standards des Deutschen Rechnungslegung Standards Committee (DRSC) folgend, Möglichkeiten der Darstellung eines Eigenkapitalspiegels und einer Kapitalflussrechnung erörtert und Erläuterungen zur Segmentberichterstattung im Einzelabschluss gegeben.

3.2.3 Darstellung der Entwicklung des Eigenkapitals

Die in § 264 Abs. 1 Satz 2 HGB für die betroffenen Unternehmen zu erstellenden Jahresabschlussbestandteile Kapitalflussrechnung und Eigenkapitalspiegel sind hinsichtlich ihrer Darstellung im Jahresabschluss nicht konkretisiert. Gleiches gilt auch für die beiden Rechenwerke im Konzernabschluss (vgl. § 297 Abs. 1 HGB). Das Deutsche Rechnungslegungs Standards Committee (DRSC) hat die gesetzlich zugewiesene Aufgabe übernommen, die Grundsätze der Konzernrechnungslegung auszulegen und fortzuentwickeln, insbesondere dort, wo der Gesetzgeber keine eindeutigen Handlungsempfehlungen bzw. -anweisungen gegeben hat (vgl. § 342 HGB).

Der Standardisierungsrat des DRSC (DRS) hat infolgedessen in DRS 7 festgelegt, dass im Eigenkapitalspiegel des Konzernabschlusses die Veränderung der in der nachfolgenden Abb. 28 dargestellten Posten des Konzerneigenkapitals dargestellt werden muss (vgl. DRS 7.7).[134]

---

[134] Das Gliederungsschema ist ggf. entsprechend branchenspezifischer Besonderheiten anzupassen. Eine tabellarische Darstellung findet sich in der Anlage zu DRS 7.

Abschnitt 1: Rechnungslegungspflicht

	Gezeichnetes Kapital des Mutterunternehmens
−	nicht eingeforderte ausstehende Einlagen des Mutterunternehmens
+	Kapitalrücklage
+	erwirtschaftetes Konzerneigenkapital
−	eigene Anteile
+	kumuliertes übriges Konzernergebnis, soweit es auf die Gesellschafter des Mutterunternehmens entfällt
=	Eigenkapital des Mutterunternehmens gemäß Konzernbilanz
+	Eigenkapital der Minderheitsgesellschafter
	davon: Minderheitenkapital
	davon: kumuliertes übriges Konzernergebnis, soweit es auf Minderheitsgesellschafter entfällt
=	Konzerneigenkapital

Abb. 28:   Konzerneigenkapitalspiegel gemäß DRS 7 a. F.

Der Eigenkapitalspiegel im Einzelabschluss eines kapitalmarktorientierten Unternehmens soll insgesamt in Anlehnung an den Standard und somit auch an diese Darstellung aufgebaut werden (vgl. DRS 7 Tz. 1e.). Dabei ist aber zu berücksichtigen, dass konzernrechnungslegungstypische Begriffe und Ausweise im Eigenkapitalspiegel des Einzelabschlusses keine Verwendung finden. Hierzu gehören unter anderem Verweise auf ‚Mutterunternehmen' und der Ausweis von Eigenkapitalbestandteilen, die auf Anteile anderer Gesellschafter (‚Minderheitenanteile') entfallen.

In der nunmehr am 18.02.2010 durch das BMJ bekannt gemachten Fassung des DRS 7 sind die neuen Vorschriften des BilMoG hinsichtlich des Ausweises von ausstehenden Einlagen auf das gezeichnete Kapital (§ 272 Abs. 1 Satz 3 HGB; vgl. Abschnitt 7, Gliederungspunkt 1), von eigenen Anteilen (§ 272 Abs. 1a HGB; vgl. Abschnitt 7, Gliederungspunkt 2) und von Anteilen an einem herrschenden oder mit Mehrheit beteiligten Unternehmen (§ 272 Abs. 4 HGB; vgl. Abschnitt 7, Gliederungspunkt 3) nicht in der Weise umgesetzt, dass nicht eingeforderte ausstehende Einlagen und eigene Anteile, ggf. offen abgesetzt, mit dem gezeichneten Kapital saldiert werden. Rücklagen für Anteile an einem herrschenden oder mit Mehrheit beteiligten Unternehmen sind in der Darstellung überhaupt nicht berücksichtigt. Das nachfolgende Muster eines Eigenkapitalspiegels im Einzelabschluss (Abb. 29) versucht daher, diese Sachverhalte in die Darstellung mit einzubeziehen. Sofern die in der nachfolgenden Tabelle gewählte vertikale Darstellungsweise der Eigenkapitalbestandteile beibehalten wird, ist für jeden Eigenkapitalposten in der Horizontalen die Entwicklung in dem Geschäftsjahr aufzuzeigen. Dies wird regelmäßig durch das Anfügen von Spalten erreicht, die jeweils die Werte zu Beginn des Geschäftsjahrs, die Werte von Zuführungen / Einlagen, Auf- bzw. Abwertungen, Entnahmen / Ausschüttungen und die sich aus der Aufsummierung dieser Werte ergebenden Summenwerte zum Ende des Geschäftsjahrs aufzeigen.

Gezeichnetes Kapital des Unternehmens
− Nennwert oder rechnerischer Wert erworbener eigener Anteile
= verbleibendes gezeichnetes Kapital
− nicht eingeforderte ausstehende Einlagen des Unternehmens
= eingefordertes Kapital
+ frei verfügbare Rücklagen (ggf. Kapitalrücklagen, andere Gewinnrücklagen)
+ gebundene Rücklagen (gesetzliche Rücklage, Rücklagen für Anteile an einem herrschenden oder mit Mehrheit beteiligten Unternehmen, satzungsmäßige Rücklagen)
+ erwirtschaftetes Eigenkapital (Jahresüberschuss, Ergebnisvortrag)
= Eigenkapital des Unternehmens

Abb. 29: Eigenkapitalspiegel im Einzelabschluss

Für kapitalmarktorientierte Unternehmen mit einer von der Kapitalgesellschaft abweichenden Rechtsform ist der Eigenkapitalspiegel entsprechend anzupassen.

DRS 7 fordert für den Konzerneigenkapitalspiegel, dass begleitend dazu Erläuterungen zum

- Betrag, der am Stichtag zur Ausschüttung an die Gesellschafter zur Verfügung steht,
- Betrag, der gesetzlichen Ausschüttungssperren unterliegt,
- Betrag, der gemäß Satzung einer Ausschüttungssperre unterliegt,
- Betrag, der gemäß Gesellschaftsvertrag einer Ausschüttungssperre unterliegt,

gegeben werden (vgl. DRS 7.15). Eine solche Anforderung für den Einzelabschluss ist den gesetzlichen Regelungen des § 264 HGB oder dem RegE BilMoG nicht zu entnehmen. Des Weiteren ist die regulatorische Relevanz der Deutsche Rechnungslegungs Standards für den Einzelabschluss vor dem Hintergrund des gesetzlichen Auftrags des DRSC nicht eindeutig.[135] Gleichwohl handelt es sich auch für den Einzelabschluss um entscheidungsnützliche und in jedem Fall zulässige Informationen. Sie wurden daher bereits teilweise in der Abb. 29 berücksichtigt.

3.2.4 Darstellung einer Kapitalflussrechnung

Die Bilanz und die Gewinn- und Verlustrechnung sind Rechenwerke, die im ersteren Fall dem Ausweis von Vermögensgegenständen, Schulden, Rechnungsabgrenzungsposten und dem Eigenkapital und betreffend die Gewinn- und Verlustrechnung dem Ausweis periodengerecht ermittelter Erträge und Aufwendungen dienen. Entscheidungsnützliche Informationen über die mit den Geschäftsvorfällen des Geschäftsjahrs verbundenen Zahlungsströme können diese Rechenwerke nicht bieten. Hierfür bedient sich die Rechnungslegung einer Kapitalflussrechnung.

---

[135] Vgl. § 342 Abs. 1 S. 1 Nr. 1 HGB: Das DRSC ist zur Entwicklung von Empfehlungen zur Anwendung der Grundsätze im Einzelabschluss nicht ermächtigt.

In einer Kapitalflussrechnung werden durch Geschäftsvorfälle ausgelöste Zahlungsströme im Geschäftsjahr nach verschiedenen Bereichen zusammengefasst dargestellt. In der Rechnungslegung haben sich die Bereiche der laufenden Geschäftstätigkeit, der Investitions- und der Finanzierungstätigkeit etabliert.

Der Kapitalflussrechnung liegt ein aus Zahlungsmitteln, Zahlungsmitteläquivalenten abzüglich jederzeit fälliger, zur Disposition der liquiden Mittel dienenden, Bankverbindlichkeiten zusammengesetzter Finanzmittelfonds zugrunde. Mit den Zahlungsströmen aus der laufenden Geschäftstätigkeit sowie der Investitions- und Finanzierungstätigkeit wird der Finanzmittelfonds mit dem Stand zu Beginn des Geschäftsjahrs auf den Stand zum Ende des Geschäftsjahrs übergeleitet.

Für die Ermittlung der Zahlungsströme unterscheidet man die direkte (auch: originäre) und die indirekte (auch: derivative) Methode. Bei der direkten Methode werden Veränderungen des Finanzmittelfonds den Geschäftsvorfällen direkt zugeordnet. Dies ist zweifellos ein aufwendiges Verfahren und erfordert spätestens bei Unternehmen mittlerer Größe eine entsprechend ausgelegte Rechnungslegungssoftware. Die indirekte Methode bedient sich der in der Gewinn- und Verlustrechnung ausgewiesenen Erträge und Aufwendungen und korrigiert diese um nicht zahlungswirksame Bestandteile, z. B. Abschreibungen oder Zuführungen / Auflösungen von Rückstellungen, und Bestandsveränderungen. Die indirekte Methode kommt daher nur für die Darstellung der Zahlungsströme aus der laufenden Geschäftstätigkeit in Betracht. Zu erwähnen ist, dass bei der Darstellung der Auszahlungen für Investitionen in das Anlagevermögen oftmals hilfsweise auf die auch im Anlagespiegel ausgewiesenen Zugänge zum Anlagevermögen zurückgegriffen wird. Die daraus abgeleitete Darstellung von Zahlungsströmen ist allerdings dann nicht korrekt, wenn Zugänge zum Anlagevermögen, so z. B. am Jahresende, noch nicht zu einer Auszahlung geführt haben.

Der Standardisierungsrat des DRSC (DRS) hat in DRS 2 ein Mindestgliederungsschema für eine Kapitalflussrechnung festgelegt, das nachfolgend in Abb. 30 am Beispiel einer nach der indirekten Methode ermittelten Kapitalflussrechnung dargestellt wird.

1.		Periodenergebnis (einschließlich Ergebnisanteilen von Minderheitsgesellschaftern) vor außerordentlichen Posten
2.	+/–	Abschreibungen / Zuschreibungen auf Gegenstände des Anlagevermögens
3.	+/–	Zunahme / Abnahme der Rückstellungen
4.	+/–	sonstige zahlungsunwirksame Aufwendungen / Erträge (bspw. Abschreibungen auf aktiviertes Disagio)
5.	+/–	Gewinn / Verlust aus dem Abgang von Gegenständen des Anlagevermögens
6.	+/–	Zunahme / Abnahme der Vorräte, Forderungen aus Lieferungen und Leistungen sowie anderer Aktiva, die nicht der Investitions- oder Finanzierungstätigkeit zuzuordnen sind
7.	+/–	Zunahme / Abnahme der Verbindlichkeiten aus Lieferungen und Leistungen sowie anderer Passiva, die nicht der Investitions- oder Finanzierungstätigkeit zuzuordnen sind
8.	+/–	Ein- und Auszahlungen aus außerordentlichen Posten
9.	=	Cashflow aus laufender Geschäftstätigkeit (Summe aus 1 bis 8)
10.		Einzahlungen aus Abgängen von Gegenständen des Sachanlagevermögens
11.	–	Auszahlungen für Investitionen in das Sachanlagevermögen
12.	+	Einzahlungen aus Abgängen von Gegenständen des immateriellen Anlagevermögens
13.	–	Auszahlungen für Investitionen in das immaterielle Anlagevermögen
14.	+	Einzahlungen aus Abgängen von Gegenständen des Finanzanlagevermögens
15.	–	Auszahlungen für Investitionen in das Finanzanlagevermögen
16.	+	Einzahlungen aus dem Verkauf von konsolidierten Unternehmen und sonstigen Geschäftseinheiten
17.	–	Auszahlungen aus dem Erwerb von konsolidierten Unternehmen und sonstigen Geschäftseinheiten
18.	+	Einzahlungen aufgrund von Finanzmittelanlagen im Rahmen der kurzfristigen Finanzdisposition
19.	–	Auszahlungen aufgrund von Finanzmittelanlagen im Rahmen der kurzfristigen Finanzdisposition
20.	=	Cashflow aus der Investitionstätigkeit (Summe aus 10 bis 19)
21.		Einzahlungen aus Eigenkapitalzuführungen (Kapitalerhöhungen, Verkauf eigener Anteile, etc.)
22.	–	Auszahlungen an Unternehmenseigner und Minderheitsgesellschafter (Dividenden, Erwerb eigener Anteile, Eigenkapitalrückzahlungen, andere Ausschüttungen)
23.	+	Einzahlungen aus der Begebung von Anteilen und der Aufnahme von (Finanz-)Krediten
24.	–	Auszahlungen aus der Tilgung von Anleihen und (Finanz-)Krediten
25.	=	Cashflow aus der Finanzierungstätigkeit (Summe aus 21 bis 24)
26.		Zahlungswirksame Veränderungen des Finanzmittelfonds (Summe aus 9, 20, 25)
27.	+/–	Wechselkurs-, konsolidierungskreis- und bewertungsbedingte Änderungen des Finanzmittelfonds
28.	+	Finanzmittelfonds am Anfang der Periode
29.	=	Finanzmittelfonds am Ende der Periode (Summe aus 26 bis 28)

Abb. 30: Kapitalflussrechnung im Konzernabschluss

Im Einzelabschluss eines kapitalmarktorientierten Unternehmens soll die Kapitalflussrechnung insgesamt in Anlehnung an den Standard und somit auch an diese Darstellung aufgebaut werden (vgl. DRS 2 Tz. 2d.). Hierzu sind konzernrechnungslegungstypische Ausweise bzw. Sachverhalte außer Acht zu lassen. Eine Kapitalflussrechnung im Einzelabschluss könnte dem in der nachfolgenden Abb. 31 dargestellten Muster folgen.

1.		Periodenergebnis vor außerordentlichen Posten
2.	+/–	Abschreibungen / Zuschreibungen auf Gegenstände des Anlagevermögens
3.	+/–	Zunahme / Abnahme der Rückstellungen
4.	+/–	Sonstige zahlungsunwirksame Aufwendungen / Erträge (bspw. Abschreibungen auf aktiviertes Disagio)
5.	+/–	Gewinn / Verlust aus dem Abgang von Gegenständen des Anlagevermögens
6.	+/–	Zunahme / Abnahme der Vorräte, Forderungen aus Lieferungen und Leistungen sowie anderer Aktiva, die nicht der Investitions- oder Finanzierungstätigkeit zuzuordnen sind
7.	+/–	Zunahme / Abnahme der Verbindlichkeiten aus Lieferungen und Leistungen sowie anderer Passiva, die nicht der Investitions- oder Finanzierungstätigkeit zuzuordnen sind
8.	+/–	Ein- und Auszahlungen aus außerordentlichen Posten
9.	=	Cashflow aus laufender Geschäftstätigkeit (Summe aus 1 bis 8)
10.		Einzahlungen aus Abgängen von Gegenständen des Sachanlagevermögens
11.	–	Auszahlungen für Investitionen in das Sachanlagevermögen
12.	+	Einzahlungen aus Abgängen von Gegenständen des immateriellen Anlagevermögens
13.	–	Auszahlungen für Investitionen in das immaterielle Anlagevermögen
14.	+	Einzahlungen aus Abgängen von Gegenständen des Finanzanlagevermögens
15.	–	Auszahlungen für Investitionen in das Finanzanlagevermögen
16.	+	Einzahlungen aufgrund von Finanzmittelanlagen im Rahmen der kurzfristigen Finanzdisposition
17.	–	Auszahlungen aufgrund von Finanzmittelanlagen im Rahmen der kurzfristigen Finanzdisposition
18.	=	Cashflow aus der Investitionstätigkeit (Summe aus 10 bis 17)
19.		Einzahlungen aus Eigenkapitalzuführungen (Kapitalerhöhungen, Verkauf eigener Anteile, etc.)
20.	–	Auszahlungen an Gesellschafter (Dividenden, Erwerb eigener Anteile, Eigenkapitalrückzahlungen, andere Ausschüttungen)
21.	+	Einzahlungen aus der Begebung von Anteilen und der Aufnahme von (Finanz-)Krediten
22.	–	Auszahlungen aus der Tilgung von Anleihen und (Finanz-)Krediten
23.	=	Cashflow aus der Finanzierungstätigkeit (Summe aus 19 bis 22)
24.		Zahlungswirksame Veränderungen des Finanzmittelfonds (Summe aus 9, 18, 23)
25.	+/–	Wechselkurs- und bewertungsbedingte Änderungen des Finanzmittelfonds
26.	+	Finanzmittelfonds am Anfang der Periode
27.	=	Finanzmittelfonds am Ende der Periode (Summe aus 24 bis 26)

Abb. 31: Kapitalflussrechnung im Einzelabschluss

Wie bereits im Gliederungspunkt 3.2.3 an dieser Stelle erwähnt, ist das Anwendungserfordernis des DRS 2 vor dem Hintergrund des gesetzlichen Auftrags des DRSC nicht eindeutig. Gleichwohl handelt es sich bei der Darstellung der Kapitalflussrechnung um eine weitgehend akzeptierte Form, die somit auch im Einzelabschluss angemessen ist.

3.2.5 Erläuterungen zur Segmentberichterstattung

Kapitalmarktorientierte Unternehmen können gemäß § 264 Abs. 1 Satz 2 HGB optional ihren Jahresabschluss um eine Segmentberichterstattung erweitern. Dieses Wahlrecht betreffend die Segmentberichterstattung stellt einen Bruch in den Bemühungen zur Vereinheitlichung der Informationspflichten kapitalmarktorientierter Unternehmen und kapitalmarktorientierter Mutterunternehmen hinsichtlich des von letzteren zu erstellenden Konzernabschlusses dar. In einem solchen gemäß § 315a Abs. 1 HGB nach IFRS zu erstellenden Konzernabschluss ist gemäß IFRS 8.2(b) zwingend über die Geschäftssegmente zu berichten. Die Berichterstattungspflicht gilt im Übrigen auch, sofern ein kapitalmarktorientiertes Unternehmen freiwillig einen Einzelabschluss nach IFRS erstellt (vgl. IFRS 8.2(a)).

Der Verzicht auf die Vereinheitlichung der Berichterstattung wird im RegE BilMoG damit gerechtfertigt, dass der Eigenkapitalspiegel und eine Kapitalflussrechnung leicht zu erstellen seien und somit keine im Verhältnis zum Informationsgewinn ins Gewicht fallenden Kosten entstehen würden. Für die Segmentberichterstattung werden die für die Erstellung notwendigen Anstrengungen als aufwendiger eingeschätzt und somit den kapitalmarktnotierten Unternehmen zur Wahl gestellt (vgl. BT-Drucks. 16/10067, S. 63).

Ähnlich wie beim Eigenkapitalspiegel und bei der Kapitalflussrechnung enthält das Gesetz keine konkretisierenden Hinweise über Art, Umfang und Inhalt der Segmentberichterstattung. So hat auch in diesem Fall der Standardisierungsrat des DRSC (DRS) in DRS 3 Festlegungen für die Segmentberichterstattung getroffen, die sich primär auf den Konzernabschluss gemäß § 297 Abs. 1 Satz 2 HGB beziehen. Der Standard soll allerdings auch von Unternehmen, die freiwillig einen Segmentbericht erstellen, beachtet werden (vgl. DRS 3.3 f.).

Danach ist es grundsätzliches Ziel der Segmentberichterstattung, Informationen über die wesentlichen Geschäftsfelder eines Unternehmens und sein Umfeld zur Verfügung zu stellen, um den Einblick in die Vermögens-, Finanz- und Ertragslage und damit in die Chancen und Risiken der einzelnen Geschäftsfelder zu verbessern. Die Definition der Segmente folgt der internen Berichts- und Organisationsstruktur, somit den operativen Segmenten des Unternehmens. Hierfür werden die Kriterien zugrundegelegt, nach denen die Unternehmensleitung Teileinheiten des Unternehmens bestimmt, die sie ihrer wirtschaftlichen Beurteilung und ihren operativen Entscheidungen insbesondere auch im Hinblick auf die Ressourcenallokationen zugrunde legt. Danach ergibt sich entweder eine produktorientierte oder eine geographische Segmentierung.

Die Segmentberichterstattung gemäß DRS 3 besteht aus Segmentdaten und textlichen Erläuterungen. Hierbei ist zu berücksichtigen, dass die Segmentberichterstattung in Übereinstimmung mit den Bilanzierungs- und Bewertungsmethoden des zugrundeliegenden Abschlusses zu präsentieren ist.

Das Wahlrecht betreffend die Erstellung einer Segmentberichterstattung stellt im Falle der Nichtausübung durchaus eine wesentliche Erleichterung dar. Dies gilt insbesondere vor dem Hintergrund, dass für die Segmentberichterstattung eine entsprechend leistungsstarke Rechnungslegungssoftware erforderlich ist, die sowohl intra- als auch intersegmentäre Geschäftsvorfälle aufbereiten können muss. Hinzu kommt, dass die Segmentberichterstattung auf Basis der im Abschluss verwendeten Bilanzierungs- und Bewertungsmethoden zu erstellen ist. Tatsächlich erfolgt die Steuerung von Segmenten oder sonstigen Organisationseinheiten häufig nach den Daten des internen Rechnungswesens, das dazu auch auf kalkulatorische Daten zurückgreift. Dadurch ist die Segmentberichterstattung nicht notwendigerweise ein Steuerungsinstrument und wird ggf. nur wegen der externen Rechnungslegungsverpflichtungen erstellt.

Im Vergleich zu den nach IFRS erstellten Konzernabschlüssen von kapitalmarktorientierten Mutterunternehmen, mit denen die Einzelabschlüsse von kapitalmarktorientierten Unternehmen hauptsächlich konkurrieren, die, wie oben erläutert, eine Segmentberichterstattung vorschreiben, stellt das Wahlrecht zur Segmentberichterstattung ebenfalls eine wesentliche Komponente dar, die die Vergleichbarkeit der Abschlüsse ggf. signifikant einschränkt und daher für eine internationale Akzeptanz eines nach deutschen Rechnungslegungsvorschriften erstellten Jahresabschlusses vermutlich nicht förderlich ist.

3.2.6 Erstanwendung, Übergangsregelung und steuerliche Folgen

Das BilMoG weist keine Übergangsregelungen aus. Vielmehr ist § 264 Abs. 1 Satz 2 HGB in der Fassung nach Inkrafttreten des BilMoG **erstmals** auf Jahres- und Konzernabschlüsse für das nach dem 31.12.2009 beginnende Geschäftsjahr anzuwenden (vgl. Art. 66 Abs. 3 Satz 1 EGHGB). Die Vorschrift kann bereits erstmalig auf das nach dem **31.12.2008** beginnende Geschäftsjahr angewandt werden, sofern es gleichzeitig zu einer Anwendung aller neuen Vorschriften, die in Art. 66 Abs. 3 Satz 6 EGHGB aufgeführt sind, kommt.

Beim Übergang auf die neuen Regelungen sind die infolge der gesetzlichen Neuregelung zu durchbrechenden Stetigkeitsgebote hinsichtlich Ansatz, Ausweis und Bewertung und die diesbezügliche Erläuterungspflicht im Anhang außer Kraft gesetzt. Des Weiteren brauchen bei der erstmaligen Anwendung der geänderten Vorschriften die Vorjahreszahlen nicht angepasst zu werden. Hierauf ist im Anhang allerdings hinzuweisen. (vgl. Art. 67 Abs. 8 EGHGB).

Es ergeben sich **keine steuerlichen Folgen**. Die nachfolgende Abb. 32 fasst die Regelungen im Überblick zusammen.

Kapitel 2: Einzelgesellschaftliche Rechnungslegung

Übergang auf den erweiterten JA kapitalmarktorientierter KapG		
Erstmalige Anwendung	Übergang	Steuerliche Folgen
• Obligatorisch: Jahres- und Konzernabschlüsse für nach dem 31.12.2009 beginnende Geschäftsjahre • Optional: Jahres- und Konzernabschlüsse für nach dem 31.12.2008 beginnende Geschäftsjahre (nur im Verbund mit allen übrigen vorzeitig anwendbaren Vorschriften) Art. 66 Abs. 3 EGHGB	• Keine Übergangsregelung • Kapitalmarktorientierte KapG haben im Erstjahr der Anwendung der Vorschriften des BilMoG ihren JA um eine Kapitalflussrechnung und um eine Eigenkapitalveränderungsrechnung zu ergänzen • Keine Notwendigkeit zur Angabe von Vorjahreszahlen Art. 66 Abs. 8 EGHGB	Bedeutungslos

Abb. 32: Übergang auf den erweiterten Jahresabschluss kapitalmarktorientierter Kapitalgesellschaften

4 Checkliste zur Prüfung der Rechnungslegungspflicht nach BilMoG

Rechnungslegungspflicht nach BilMoG	Kontrolle	Erläutert in Gliederungspunkt
A. Buchführungs-, Inventur- und Jahresabschlusspflicht		
1. Relevanz		
a. Tätigkeit als Einzelkaufmann ☐ ja, weiter mit b ☐ nein, weiter mit B		1.3
b. Prüfung der Buchführungs-, Inventar und Jahresabschlusspflicht für Geschäftsjahre, die nach dem 31.12.2007 beginnen ☐ ja, weiter mit c ☐ nein, es gelten die bisherigen Regelungen des HGB		1.3
c. Der Einzelkaufmann gründet sein Unternehmen in dem Jahr, für das die Aufstellungspflicht geprüft wird, neu ☐ ja, weiter mit 2a ☐ nein, weiter mit d		1.3

Rechnungslegungspflicht nach BilMoG	Kontrolle	Erläutert in Gliederungspunkt
d. Der Einzelkaufmann ist nach bisherigem Recht buchführungspflichtig □ ja, weiter mit 2b □ nein, weiter mit 3a		1.3
2. **Prüfung einer Befreiung von Buchführungs-, Inventur- und Jahresabschlusspflicht**		
a. Prüfung der Schwellenwerte nach § 241a HGB: Im Jahr der Neugründung weist der Einzelkaufmann nicht mehr als 500.000 EUR Umsatz und nicht mehr als 50.000 EUR Jahresüberschuss aus □ ja, weiter mit 3a □ nein, weiter mit 3c		1.3
b. Prüfung der Schwellenwerte nach § 241a HGB: In dem Jahr, für das die Aufstellungspflicht geprüft wird, und in dessen Vorjahr weist der Einzelkaufmann nicht mehr als 500.000 EUR Umsatz und nicht mehr als 50.000 EUR Jahresüberschüsse aus □ ja, weiter mit 3a □ nein, weiter mit 3c		1.3
3. **Rechnungslegungserfüllung**		
a. Wahlrecht zur Inanspruchnahme der Befreiung von der Buchführungs-, Inventur- und Jahresabschlusspflicht nach Handelsrecht □ Ausübung des Wahlrechts, weiter mit b □ Verzicht, weiter mit c		1.3
b. Erstellung einer Einnahmen-Überschuss-Rechnung. □ hier Ende □ Verzicht, weiter mit c		1.3.2
c. Führung von Büchern und Erstellung eines Inventars und eines Jahresabschlusses nach den handelsrechtlichen Vorgaben unter Beachtung der (Übergangs-) Vorschriften des BilMoG	□	1.3

Rechnungslegungspflicht nach BilMoG	Kontrolle	Erläutert in Gliederungspunkt
B. Größenabhängige Erleichterungen für Kapitalgesellschaften und gleichgestellte Personenhandelsgesellschaften		
1. Relevanz		
a. Tätigkeit als (nicht kapitalmarktorientierte) Kapitalgesellschaft oder gleichgestellte Gesellschaft nach § 264a HGB ☐ ja, weiter mit b ☐ nein, Anwendung der für Nicht-Kapitalgesellschaften geltenden Vorschriften		3.1
b. Prüfung der Größenkriterien für Geschäftsjahre, die nach dem 31.12.2007 beginnen ☐ ja, weiter mit c ☐ nein, weiter mit 2d		2.3.1
c. Neugründung oder Umwandlung der Gesellschaft in dem Jahr, für das die Größenkriterien überprüft werden ☐ ja, weiter mit 2a ☐ nein, weiter mit 2b		2.1
2. Prüfung der Größenmerkmale		
a. Beurteilung der Eingruppierung in eine Größenklasse nach den angehobenen Schwellenwerten des § 267 HGB auf der Grundlage des ersten nach Neugründung oder Umwandlung aufgestellten Abschlusses ☐ weiter mit c		2.3.1
b. Beurteilung der Eingruppierung in eine Größenklasse nach den angehobenen Schwellenwerten des § 267 HGB auf der Grundlage von zwei aufeinander folgenden Abschlüssen (Bei der Beurteilung, ob am 31.12.2008 die Schwellenwerte an zwei aufeinander folgenden Abschlussstichtagen über- oder unterschritten sind, sind zum 31.12.2007 und zum 31.12.2006 die erhöhten Schwellenwerte nach § 267 HGB maßgeblich)	☐	2.3.1

Rechnungslegungspflicht nach BilMoG	Kontrolle	Erläutert in Gliederungspunkt
c. Berücksichtigung des Einflusses der (Übergangs-)Vorschriften des BilMoG auf die Bilanzsumme und die Umsatzerlöse und somit auf die Größenklasseneinstufung ☐ weiter mit 3		2.3.2
d. Eingruppierung in Größenklassen nach den bisherigen Schwellenwerten des § 267 HGB a. F.	☐	2.3.1
3. Rechtsfolgen		
Anwendung der für die entsprechende Größenkategorie zu erfüllenden Rechnungslegungs-, Offenlegungs- und Prüfungsvorschriften. Im Falle einer Umklassifizierung im Vergleich zur nach bisherigem Recht bestimmten Größenklasse sind die strengeren bzw. weniger strengen Vorschriften anzuwenden	☐	2.3.3
C. Kapitalmarktorientierte Kapitalgesellschaft		
1. Relevanz		
a. Tätigkeit als Kapitalgesellschaft oder gleichgestellte Personenhandelsgesellschaft ☐ ja, weiter mit 2 ☐ nein, keine Pflicht zur Anwendung der speziell für kapitalmarktorientierte Kapitalgesellschaften geltenden Vorschriften		3.1
2. Prüfung einer Kapitalmarktorientierung		
a. Inanspruchnahme eines organisierten Markts i. S. d. WpHG durch ausgegebene Wertpapiere i. S. d. WpHG oder		3.1.3
b. erfolgte Beantragung zur Zulassung zu einem organisierten Markt. ☐ ja, weiter mit 3 ☐ nein, keine Pflicht zur Anwendung der speziell für kapitalmarktorientierte Kapitalgesellschaften geltenden Vorschriften.		3.1.4

Rechnungslegungspflicht nach BilMoG	Kontrolle	Erläutert in Gliederungspunkt
3. Rechtsfolgen		
a. Pflicht zur Erfüllung von zum Teil umfassenderen Rechnungslegungs-, Offenlegungs- und Prüfungsvorschriften.	☐	3.2
b. Pflicht zur Erstellung eines Eigenkapitalspiegels, falls kein Konzernabschluss aufgestellt wird.	☐	3.2.3
c. Pflicht zur Erstellung einer Kapitalflussrechnung, falls kein Konzernabschluss aufgestellt wird.	☐	3.2.4
d. Wahlrecht zur Erstellung einer Segmentberichterstattung, falls kein Konzernabschluss aufgestellt wird.	☐	3.2.5

ent # Abschnitt 2: Bilanzierung des Anlagevermögens

Autoren: WP/StB Georg van Hall, Dr. Harald Kessler

1 Ansatz

1.1 Die neuen Ansatzregelungen für das Anlagevermögen im Überblick

Mit dem BilMoG sind die Vorschriften zur Bilanzierung dem Grunde nach in mehrfacher Hinsicht modifiziert worden. Vier Änderungen betreffen unmittelbar oder mittelbar den Ansatz von Vermögensgegenständen des Anlagevermögens (vgl. Abb. 33).

Durch das BilMoG geänderte Ansatzvorschriften für das Anlagevermögen			
Vollständigkeitsgebot	GoF	Ansatzstetigkeit	Selbst geschaffene immaterielle VG
• Maßgeblichkeit des wirtschaftlichen Eigentums für die Bilanzierung von VG § 246 Abs. 1 HGB	• Aktivierungspflicht • Behandlung als fiktiver abnutzbarer immaterieller VG des Anlagevermögens § 246 Abs. 1 Satz 4 HGB	• Aktivierungswahlrechte sind stetig auszuüben • Abweichungen nur in begründeten Ausnahmefällen § 246 Abs. 3 HGB	• Aktivierungswahlrecht für Aufwendungen in der Entwicklungsphase • Gesonderter Ausweis im immateriellen Anlagevermögen • Ausschüttungssperre für das bilanzierte Mehrvermögen § 248 Abs. 2 HGB § 268 Abs. 8 HGB

Abb. 33: Geänderte Ansatzvorschriften für das Anlagevermögen

Als Ausdruck der im Bilanzrecht anzuwendenden wirtschaftlichen Betrachtungsweise ordnet § 246 Abs. 1 HGB nunmehr allgemein an, lediglich die im **wirtschaftlichen Eigentum** des Kaufmanns stehenden Vermögensgegenstände in die Bilanz aufzunehmen. Die Vorschrift hat – jedenfalls nach der Regierungsbegründung – nur klarstellenden Charakter (vgl. hierzu Gliederungspunkt 1.2).

Abweichend von der bisherigen Regelung des § 255 Abs. 4 HGB a. F. enthält § 246 Abs. 1 Satz 4 HGB ein **Aktivierungsgebot** für entgeltlich erworbene **Geschäfts- oder Firmenwerte**. Sie sind fortan als abnutzbare immaterielle Vermögensgegenstände des Anlagevermögens zu behandeln (vgl. Gliederungspunkt 1.3).

§ 248 Abs. 2 HGB eröffnet allen bilanzierenden Kaufleuten die Möglichkeit, **selbst geschaffene immaterielle Vermögensgegenstände** des Anlagevermögens zu aktivieren. Die Vermögensgegenstände sind in einem eigenen Bilanzposten innerhalb des immateriellen Anlagevermögens auszuweisen (vgl. Gliederungspunkt 1.4). Das Ansatzwahlrecht dient ausschließlich Informationszwecken. Auswirkungen auf die Höhe des bei Kapitalgesellschaften ausschüttungsfähigen bzw. bei von Kommanditisten einer Personenhandelsgesellschaft entnahmefähigen Gewinns ergeben sich nicht (vgl. § 268 Abs. 8 HGB und § 172 Abs. 4 Satz 3 HGB).

Um die Vergleichbarkeit der Jahresabschlüsse im Zeitablauf zu erhöhen, hat der Gesetzgeber schließlich das Stetigkeitsgebot in § 246 Abs. 3 HGB auf Ansatzwahlrechte ausgeweitet. Ihre Ausübung darf nur noch in begründeten Ausnahmefällen geändert werden (vgl. Gliederungspunkt 1.5).

1.2 Vollständigkeitsgebot

1.2.1 Die neue Vorschrift im Überblick

Durch das BilMoG sind die für die Vermögensbilanzierung relevanten Sätze 1 und 2 des § 246 Abs. 1 HGB wie folgt neu gefasst worden (zum neu eingeführten Aktivierungsgebot für den Geschäfts- oder Firmenwert vgl. Gliederungspunkt 1.3):

HGB § 246 Vollständigkeit. Verrechnungsverbot

(1) Der Jahresabschluss hat sämtliche Vermögensgegenstände, Schulden, Rechnungsabgrenzungsposten, sowie Aufwendungen und Erträge zu enthalten, soweit gesetzlich nichts anderes bestimmt ist. Vermögensgegenstände sind in der Bilanz des Eigentümers aufzunehmen; ist ein Vermögensgegenstand nicht dem Eigentümer, sondern einem anderen wirtschaftlich zuzurechnen, hat dieser ihn in seiner Bilanz auszuweisen. Schulden sind in die Bilanz des Schuldners aufzunehmen. [...]

Satz 1 des Vollständigkeitsgebots entspricht wörtlich der bisher geltenden Regelung. Die noch im RegE BilMoG vorgesehene Aufnahme der latenten Steuern in die Vorschrift des § 246 Abs. 1 Satz 1 HGB sollte nach der Regierungsbegründung zum Ausdruck bringen, dass es sich bei diesem Posten weder um Vermögensgegenstände noch um Schulden oder Rechnungsabgrenzungsposten handelt, sondern um einen Sonderposten eigener Art (vgl. BT-Drucks. 16/10067, S. 47). In der Gesetz gewordenen Fassung findet sich diese Erweiterung der Bestimmung nicht mehr. Stattdessen wurden die Wörter „latente Steuern" wieder gestrichen. Der Rechtsausschuss begründet diese Kehrtwende mit dem Ziel klarzustellen, dass der (verpflichtende) Anwendungsbereich des § 274 HGB auf Kapitalgesellschaften (genauer: auf mittelgroße und große Kapitalgesellschaften sowie diesen nach § 264a HGB gleichgestellte Personenhandelsgesellschaften, d. Verf.) beschränkt ist (BT-Drucks. 16/12407, S. 109).

Das **Vollständigkeitsgebot** des § 246 Abs. 1 Satz 1 HGB findet seine Grenzen in den ihm vorgehenden Einzelregelungen, seien es Ansatzwahlrechte oder Ansatzverbote. Diese Vorbehaltsregelungen sind durch das BilMoG deutlich reduziert worden. Insbesondere Aktivierungswahlrechte sind der Bilanzrechtsreform zum Opfer gefallen. Allerdings bleibt das Gesetz in diesem Punkt deutlich hinter dem Regierungsentwurf zurück. Die Gründe hierfür liegen in der Abschwächung der Aktivierungsregelung für selbst geschaffene immaterielle Vermögensgegenstände des Anlagevermögens (Aktivierungswahlrecht statt Aktivierungsgebot) und im Festhalten am Aktivierungswahlrecht für latente Steuern verbunden mit der ebenfalls schon bisher zulässigen Gesamtdifferenzenbetrachtung. Ebenfalls nicht angetastet hat der Gesetzgeber das Aktivierungswahlrecht für den Unterschiedsbetrag zwischen dem Erfüllungsbetrag einer Verbindlichkeit und ihrem niedrigeren Ausgabebetrag (vgl. § 250 Abs. 3 HGB) sowie das Ansatzverbot für den selbst geschaffenen Geschäfts- oder Firmenwert (vgl. BT-Drucks. 16/10067, S. 47).

Korrespondierend mit der in § 246 Abs. 1 Satz 2 HGB aufgenommenen allgemeinen Anweisung, Vermögensgegenstände in die Bilanz des wirtschaftlichen Eigentümers aufzunehmen, wurden die bisherigen Sätze 2 und 3 des § 246 HGB a. F. gestrichen. Die darin zur Verdeutlichung des Prinzips der wirtschaftlichen Zurechnung von Vermögensgegenständen enthaltenen Beispiele, nämlich

- unter Eigentumsvorbehalt erworbene Vermögensgegenstände und
- an Dritte für eigene oder fremde Verbindlichkeiten verpfändete oder in anderer Weise als Sicherheit übertragene Vermögensgegenstände,

sind nach der Neufassung des § 246 Abs. 1 HGB entbehrlich. Eine materielle Änderung ergibt sich daraus nicht. Die Vermögensgegenstände sind wie bisher in die Bilanz des Sicherungsgebers aufzunehmen, es sei denn, es handelt sich um Bareinlagen (diese sind in die Bilanz des Sicherungsnehmers aufzunehmen).

Der Inhalt des geänderten Vollständigkeitsgebots und die Begründung für seine Änderungen stellen sich zusammengefasst wie folgt dar:

Vollständigkeitsgebot nach BilMoG	
Inhalt der geänderten Vorschrift	Begründung
• Der Jahresabschluss hat sämtliche VG, Schulden, RAP sowie Aufwendungen und Erträge zu enthalten, soweit gesetzlich nichts anderes bestimmt ist • VG sind nur in die Bilanz aufzunehmen, wenn sie dem Eigentümer auch wirtschaftlich zuzurechnen sind • Schulden sind in die Bilanz des Schuldners aufzunehmen • Streichung der Regelung zu unter Eigentumsvorbehalt erworbenen und zur Sicherheit übertragenen VG § 246 Abs. 1 Satz 1-3 HGB	• Allgemeine Verankerung des Prinzips des wirtschaftlichen Eigentums • Klarstellung: keine Änderung des bisherigen Rechtszustands • Keine Aufnahme der latenten Steuern, da nur für bestimmte KapG relevant BT-Drucks. 16/10067, S. 47 BT-Drucks. 16/12407, S. 109

Abb. 34: Neufassung des Vollständigkeitsgebots nach BilMoG

Nach der Regierungsbegründung dient die Neufassung des § 246 Abs. 1 HGB im Kern der **Klarstellung**. Zudem soll sie das Prinzip der wirtschaftlichen Zurechnung von Vermögensgegenständen in allgemeiner Form verankern. § 246 Abs. 1 Satz 2 und 3 HGB a. F. illustrierte die Anwendung des Prinzips der wirtschaftlichen Zurechnung lediglich beispielhaft. Schon bisher hat die Praxis daraus auf ein allgemeingültiges Prinzip geschlossen (vgl. BT-Drucks. 16/10067, S. 47). Die Neufassung des § 246 Abs. 1 HGB bringt diese Regelungsabsicht nunmehr angemessen zum Ausdruck. Eine Änderung des bisherigen Rechtszustands hat der Gesetzgeber damit nicht beabsichtigt (vgl. BT-Drucks. 16/10067, S. 47).

Insgesamt lässt das BilMoG die Tendenz erkennen, sich weiter als bisher von der **Bilanzierung** auf Basis formalrechtlicher Gestaltungen zu entfernen und den **wirtschaftlichen Gehalt** von Sachverhalten in den Vordergrund zu rücken.[136] Die Ausführungen in der Regierungsbegründung sollten aber nicht dazu verleiten, einer unkontrollierten Berücksichtigung wirtschaftlicher Umstände das Wort zu reden. Ausgangspunkt der bilanzrechtlichen Würdigung muss stets die rechtliche Struktur des jeweiligen Vorgangs sein, dessen wirtschaftliche Bedeutung unter Berücksichtigung der Zwecke der handelsrechtlichen Rechnungslegung zu analysieren ist.[137]

Die neu gefasste Vorschrift des § 246 HGB ist von allen bilanzierenden Kaufleuten zu beachten. Erstmalig verpflichtend anzuwenden ist § 246 HGB auf Jahres- und Konzernabschlüsse für das nach dem 31.12.2009 beginnende Geschäftsjahr (vgl. Art. 66 Abs. 3 EGHGB). Eine vorzeitige Anwendung der Vorschriften des BilMoG ist zulässig, jedoch nur in ihrer Gesamtheit.

1.2.2 Feststellung des wirtschaftlichen Eigentums

Die Regierungsbegründung enthält Hinweise darauf, wie das wirtschaftliche Eigentum von Vermögensgegenständen zu bestimmen ist. Danach gilt ein Regel-Ausnahme-Prinzip (vgl. auch Abb. 35): Im Regelfall sind Vermögensgegenstände in die Bilanz des **zivilrechtlich Berechtigten** aufzunehmen. Ausnahmsweise kann eine Zurechnung zu einer anderen Person geboten sein. Um dies festzustellen, bedarf es der Prüfung, wie sich die aus dem Vermögensgegenstand erwachsenden Chancen und Risiken auf unterschiedliche Personen verteilen. Derjenige, dem in wertender Betrachtung die Mehrheit der Chancen und Risiken zukommen, gilt als wirtschaftlicher Eigentümer.[138]

---

[136] Vgl. Stibi/Fuchs, DB 2008, Beilage 1, S. 10.
[137] Vgl. Schulze-Osterloh, DStR 2008, S. 66.
[138] Mit dem Begriff des 'wirtschaftlichen Eigentums' wird im deutschen bilanzrechtlichen Schrifttum verbreitet die Zurechnung von Vermögensgegenständen für Zwecke der Bilanzierung bezeichnet; vgl. Schulze-Osterloh, DStR 2008, S. 66 m. w. N.

Prüfung des wirtschaftlichen Eigentums von VG	
Grundsatz	**Verhältnis zum Steuerrecht**
• Vermutung: wirtschaftliches und rechtliches Eigentum stimmen überein • Notwendigkeit einer Überprüfung der Vermutung im Einzelfall; Beurteilungsmaßstab: Verteilung der aus einem VG resultierenden Chancen und Risiken zwischen den beteiligten Parteien BT-Drucks. 16/10067, S. 47	• Orientierung an § 39 AO • Fortgeltung der steuerlichen Leasingerlasse im Handelsbilanzrecht BT-Drucks. 16/10067, S. 47

Abb. 35: Die Feststellung des wirtschaftlichen Eigentums bei Vermögensgegenständen nach BilMoG

Im Interesse der **Gläubigerschutzfunktion** des handelsrechtlichen Jahresabschlusses soll diese partielle Abkehr von der zivilrechtlichen Betrachtung sicherstellen, dass in der Bilanz nur solche Vermögensgegenstände ausgewiesen werden, die den Gläubigern auch als Zugriffsobjekt dienen können. Dies ist bei Vermögensgegenständen, die dem Bilanzierenden zwar zivilrechtlich, aber nicht wirtschaftlich zugerechnet werden können, gerade nicht der Fall.

Nach der noch im RegE BilMoG vorgesehenen Fassung des Vollständigkeitsgebots sollten Vermögensgegenstände „dem Eigentümer auch wirtschaftlich zuzurechnen" (BT-Drucks. 16/10067, S. 47) sein, um in dessen Bilanz aufgenommen zu werden. Diese Forderung nach kumulativer Erfüllung der Tatbestandsvoraussetzungen des rechtlichen und wirtschaftlichen Eigentums in einer Person hat der Gesetzgeber in der endgültigen Fassung korrigiert. Sie hätte in allen Fällen zu einer Nichtbilanzierung von Vermögensgegenständen geführt, in denen rechtliches und wirtschaftliches Eigentum auseinanderfallen. Diese Konsequenz wäre mit einem wirtschaftlich verstandenen Vollständigkeitsgebot nicht zu vereinbaren. Schließlich gewinnt der Grundsatz der Zurechnung von Vermögensgegenständen (und Schulden) nach wirtschaftlichen Gesichtspunkten gerade dann Bedeutung, wenn **rechtliches und wirtschaftliches Eigentum auseinanderfallen**.[139] Er soll in diesen Fällen dazu führen, dass Vermögensgegenstände eben nicht vom zivilrechtlichen Eigentümer ausgewiesen werden. Andernfalls könnten bspw. Vermögensgegenstände eines Sicherungsgebers nicht weiter in seiner Bilanz ausgewiesen werden, aber auch nicht in der Bilanz des Sicherungsnehmers. Keine der beiden Personen erfüllt beide Tatbestandsvoraussetzungen, entweder fehlt das rechtliche oder das wirtschaftliche Eigentum.

Die zunächst vorgesehene Regelung hat der Bundesregierung nicht nur die Kritik der Literatur[140] eingebracht, sondern auch zu einem ausdrücklichen Änderungswunsch des Bundesrats[141] geführt. Dem hat der Gesetzgeber entsprochen (vgl. BT-Drucks. 16/12407, S. 109).

---

[139] Vgl. Kühne/Keller, DB 2008, Beilage 1, S. 13.
[140] Vgl. z. B. Kessler/Leinen/Strickmann, BilMoG-RegE, Freiburg/Berlin/München 2008, S. 61 f.
[141] Vgl. BR-Drucks. 344/08 (B), S. 3.

Die wirtschaftliche Zurechnung ist in jedem Einzelfall anhand der **Verteilung von Chancen und Risiken** zu beurteilen, die aus dem zu bilanzierenden Vermögensgegenstand erwachsen.[142] Wenn es in der Regierungsbegründung heißt, das erfordere eine wertende Betrachtung (vgl. BT-Drucks. 16/10067, S. 47), dürfte in erster Linie an eine qualitative Beurteilung gedacht sein. Bemerkenswert ist insoweit die Parallele zum neu gefassten § 290 Abs. 2 Nr. 4 HGB. Auch diese Vorschrift sieht eine Chancen-Risiko-Abwägung vor, wenn es um die Frage geht, ob Zweckgesellschaften als Tochterunternehmen in den Konzernabschluss eines Mutterunternehmens einzubeziehen sind. Das ist nicht überraschend, sondern nur konsequent: Bei der Entscheidung über die Einbeziehung eines Unternehmens als Tochterunternehmen geht es um nichts anderes als um die Aufnahme des Vermögens (und der Schulden) dieser Gesellschaft in den Konzernabschluss. Ein abweichender Beurteilungsansatz wäre daher befremdlich.

Nach den Erläuterungen des Rechtsausschusses zum neu gefassten § 290 Abs. 2 HGB soll im Übrigen bei Prüfung der Konsolidierungspflicht für **Zweckgesellschaften** „bei ungleicher Chancen- und Risikoverteilung [...] vorrangig auf die Risiken abzustellen" (BT-Drucks. 16/12407, S. 117) sein. Nach dem vorstehend Gesagten muss das auch für die Beurteilung des wirtschaftlichen Eigentums von Vermögensgegenständen gelten.

In der Regierungsbegründung heißt es weiter, die in § 246 Abs. 1 Satz 2 HGB nunmehr allgemein angeordnete Zurechnung von Vermögensgegenständen zum wirtschaftlichen Eigentümer intendiere **keine Veränderungen des bisherigen Rechtszustands** (vgl. BT-Drucks. 16/10067, S. 47). Dementsprechend richte sich die Auslegung dieses Tatbestandsmerkmals weiterhin nach den von der Rechtsprechung erarbeiteten Beurteilungskriterien. Ebenso sollen die steuerlichen **Leasingerlasse**, die das Merkmal des wirtschaftlichen Eigentums inhaltlich ausfüllen, ihre Bedeutung beibehalten (vgl. BT-Drucks. 16/10067, S. 47). In beiden Fällen handele es sich um Arbeitshilfen für die Praxis, die Anhaltspunkte dafür enthalten, welche Kriterien in bestimmten Fällen zur Beurteilung der Verteilung der wesentlichen Chancen und Risiken beachtet werden müssen oder wem das wirtschaftliche Eigentum in bestimmten Fällen einer typisierten Chancen- und Risikoverteilung zuzuweisen ist (vgl. BT-Drucks. 16/10067, S. 47).

Diese Wertung entspricht nach der Regierungsbegründung den Vorgaben des § 39 AO. Die Vorschrift beschreibt typische Beispielsfälle, in denen von der Regelvermutung des § 39 Abs. 1 AO, nach der der zivilrechtliche Eigentümer auch der wirtschaftliche Eigentümer ist, abzuweichen ist. Auch sie trage dazu bei, das Rechtsinstitut der wirtschaftlichen Zurechnung von Vermögensgegenständen, mithin die Frage nach der Verteilung der aus ihnen resultierenden Chancen und Risiken, inhaltlich auszufüllen (vgl. BT-Drucks. 16/10067, S. 47).

---

[142] Zu Einzelfällen vgl. Noodt, in: Bertram/Brinkmann/Kessler/Müller (Hrsg.): Haufe HGB Kommentar, Freiburg 2009, § 246 HGB, Rz. 19 ff.; Hoffmann/Lüdenbach: NWB Kommentar Bilanzierung, Herne 2009, § 246 HGB, Rz. 166 ff.

Diese Ausführungen werden überwiegend als **Klarstellung** bzw. als Korrektur der Erläuterungen des RefE BilMoG verstanden, die die Praxis mit einer gewissen Sorge aufgenommen hat. Der RefE BilMoG verwies nämlich noch ausdrücklich auf den ‚*substance over form*'-Gedanken der IFRS, wie er bspw. in der Behandlung von Leasingverhältnissen nach IAS 17 zum Ausdruck kommt. Da die in diesem Standard formulierten Zurechnungskriterien im Vergleich zu den Leasingerlassen deutlich eher das wirtschaftliche Eigentum an den Leasinggegenständen beim Leasingnehmer sehen, wurde eine Abkehr von der bisherigen Bilanzierungspraxis befürchtet. Ob diese ‚Gefahr' durch die geänderte Diktion in der Regierungsbegründung gebannt ist, erscheint nicht zuletzt mit Blick auf die geänderte Fassung des § 290 Abs. 2 HGB zweifelhaft. Sie wird dazu führen, dass bestimmte Leasingobjekte über die Einbeziehung von Zweckgesellschaften im Konzernabschluss des Leasingnehmers bilanziert werden, in dessen Einzelabschluss aufgrund einer eher fragwürdigen Auslegung des wirtschaftlichen Eigentums in den Leasingerlassen aber nicht auftauchen.[143] Wie lange sich dieser Spagat aushalten lässt, bleibt abzuwarten.

1.2.3 Erstanwendung, Übergangsregelung und steuerliche Folgen

Die Neufassung des Vollständigkeitsgebots gemäß § 246 Abs. 1 HGB gilt für alle bilanzierenden Kaufleute. Die Vorschrift ist **erstmals** in Jahres- und Konzernabschlüssen für Geschäftsjahre anzuwenden, die nach dem **31.12.2009** beginnen (vgl. Art. 66 Abs. 3 EGHGB). Eine vorzeitige Anwendung für Geschäftsjahre, die nach dem **31.12.2008** beginnen, ist zulässig, allerdings nur im Verbund mit allen anderen in Art. 66 Abs. 3 EGHGB bezeichneten Vorschriften und unter Aufnahme eines entsprechenden Hinweises in den Anhang.

Da der Gesetzgeber mit der Neufassung des § 246 HGB lediglich eine Klarstellung und keine Änderung der bilanziellen Zurechnung von Vermögensgegenständen verfolgt, hat er **keine Übergangsregelung** vorgesehen.

Steuerliche Konsequenzen ergeben sich nicht, da handelsrechtlich (zumindest vorerst) die bisherige Praxis fortbesteht und zudem mit § 39 AO eine steuerliche Vorbehaltsvorschrift existiert, die im Zweifel eine abweichende handelsrechtliche Zurechnung von Vermögensgegenständen verdrängt.

Abb. 36 fasst die Regelungen des BilMoG zum Übergang auf das geänderte Vollständigkeitsgebot zusammen.

---

[143] Vgl. hierzu auch Lüdenbach/Hoffmann, StuB 2009, S. 289 f.

Kapitel 2: Einzelgesellschaftliche Rechnungslegung

Übergang auf die geänderte Fassung des Vollständigkeitsgebots		
Erstanwendung	Übergang	Steuerliche Folgen
• Obligatorisch: Jahres- und Konzernabschlüsse für nach dem 31.12.2009 beginnende Geschäftsjahre • Optional: Jahres- und Konzernabschlüsse für nach dem 31.12.2008 beginnende Geschäftsjahre (nur im Verbund mit allen übrigen vorzeitig anwendbaren Vorschriften) Art. 66 Abs. 3 EGHGB	Keine explizite Übergangsregelung (Klarstellung)	• Keine • Steuerlich beurteilt sich das wirtschaftliche Eigentum nach der unveränderten Regelung des § 39 AO

Abb. 36: Übergang auf die geänderte Fassung des Vollständigkeitsgebots nach BilMoG

1.3 Entgeltlich erworbener Geschäfts- oder Firmenwert

1.3.1 Die neue Vorschrift im Überblick

§ 246 Abs. 1 Satz 4 HGB regelt die bilanzielle Behandlung des Geschäfts- oder Firmenwerts wie folgt:

> **HGB § 246 Vollständigkeit. Verrechnungsverbot**
>
> (1) [...] Der Unterschiedsbetrag, um den die für die Übernahme eines Unternehmens bewirkte Gegenleistung den Wert der einzelnen Vermögensgegenstände des Unternehmens abzüglich der Schulden im Zeitpunkt der Übernahme übersteigt (entgeltlich erworbener Geschäfts- oder Firmenwert), gilt als zeitlich begrenzt nutzbarer Vermögensgegenstand.

Die Vorschrift erhebt den Geschäfts- oder Firmenwert für Zwecke der Bilanzierung dem Grunde und der Höhe nach kraft gesetzlicher **Fiktion** in den Rang eines **Vermögensgegenstands**. Die bisherige Vorschrift § 255 Abs. 4 HGB a. F. ist mit dem BilMoG entfallen.

Als zeitlich begrenzt nutzbarer Vermögensgegenstand unterliegt der Geschäfts- oder Firmenwert den allgemeinen Regelungen zur **Zugangs- und Folgebewertung**. Abweichend vom allgemeinen Wertaufholungsgebot dürfen außerplanmäßige Abschreibungen allerdings nicht rückgängig gemacht werden (vgl. § 253 Abs. 5 Satz 2 HGB). Legt das Unternehmen der planmäßigen Abschreibung eine Nutzungsdauer von mehr als fünf Jahren zugrunde, sind die Gründe dafür im Anhang anzugeben (vgl. § 285 Nr. 13 HGB).

Die neue Ansatzregelung des § 246 Abs. 1 Satz 4 HGB für entgeltlich erworbene Geschäfts- oder Firmenwerte ist von allen bilanzierenden Kaufleuten zu beachten. Erstmalig verpflichtend anzuwenden ist sie auf Geschäfts- oder Firmenwerte aus Erwerbsvorgängen, die in Geschäftsjahren erfolgt sind, die nach dem 31.12.2009 begonnen haben (vgl. Art. 66 Abs. 3 EGHGB). Bei vorzeitiger Anwendung der Vorschriften des BilMoG ist die Vorschrift bereits in Geschäftsjahren zu beachten, die nach dem 31.12.2008 beginnen.

Abb. 37 fasst die bilanzielle Behandlung entgeltlich erworbener Geschäfts- oder Firmenwerte nach den Vorschriften des BilMoG zusammen.

Bilanzielle Behandlung entgeltlich erworbener GoF nach BilMoG		
Ansatz	Bewertung	Erläuterung
• Ansatzgebot • Der entgeltlich erworbene GoF gilt als zeitlich begrenzt nutzbarer VG (Fiktion) § 246 Abs. 1 Satz 4 HGB	Es gelten im Wesentlichen die allgemeinen Bewertungsvorschriften • Zugangsbewertung: AK • Folgebewertung » Planmäßige Abschreibung über die Nutzungsdauer » Außerplanmäßige Abschreibung bei voraussichtlich dauernder Wertminderung » Zuschreibungsverbot § 253 HGB	Die Schätzung einer Nutzungsdauer von mehr als fünf Jahren ist im Anhang zu begründen § 285 Nr. 13 HGB

Abb. 37: Entgeltlich erworbener Geschäfts- oder Firmenwert nach BilMoG

1.3.2 Der Geschäfts- oder Firmenwert als fiktiver, abnutzbarer Vermögensgegenstand

§ 246 Abs. 1 Satz 4 HGB erklärt den entgeltlich erworbenen Geschäfts- oder Firmenwert im Wege einer **Fiktion** zum **zeitlich begrenzt nutzbaren Vermögensgegenstand**. Korrespondierend damit ist § 255 Abs. 4 HGB a. F. aufgehoben worden, wobei die Sätze 2 und 3 der Vorschrift ersatzlos entfallen sind, während § 255 Abs. 4 Satz 1 HGB a. F. Eingang in § 246 Abs. 1 Satz 4 HGB gefunden hat. Infolgedessen ist die Definition des Postens unverändert: Er repräsentiert den Unterschiedsbetrag, den die für die Übernahme eines Unternehmens bewirkte Gegenleistung den Wert der einzelnen Vermögensgegenstände abzüglich der Schulden im Zeitpunkt der Übernahme übersteigt.

Gesetzestechnisch wird durch die Fiktion erreicht, dass der entgeltlich erworbene Geschäfts- oder Firmenwert aktivierungspflichtig ist und den allgemeinen handelsrechtlichen Bewertungsvorschriften unterliegt. Eine Änderung des handelsrechtlichen Vermögensgegenstandsbegriffs geht nach der Regierungsbegründung damit nicht einher (vgl. BT-Drucks. 16/10067, S. 47 f.). Bei Lichte betrachtet, stellt sich die Frage einer möglichen Änderung des handelsrechtlichen Begriffs gar nicht: Der Gesetzgeber hat nicht erklärt, der Geschäfts- oder Firmenwert sei ein Vermögensgegenstand. Er will ihn nur in gleicher Weise behandelt wissen. Insb. soll er in der Bilanz zum Ansatz kommen.[144] Das juristische Mittel dazu ist die Fiktion. Sie entbindet den Gesetzgeber von der Notwendigkeit, sich dazu zu äußern, ob der Geschäfts- oder Firmenwert die Kriterien eines Vermögensgegenstands erfüllt oder nicht. Eine Rückwirkung auf die Definitionsmerkmale eines Vermögensgegenstands ist damit ausgeschlossen. Umgekehrt bestand durch diesen ‚Kunstgriff' des Gesetzgebers nicht die Notwendigkeit, die geltenden Grundsätze zur Bestimmung eines Vermögensgegenstands ggf. zu ändern.[145]

Zum Ausweis eines Geschäfts- oder Firmenwerts kann es bei der einzelgesellschaftlichen Rechnungslegung nur im Fall eines *asset deal* kommen. Der im Falle eines *share deal* ggf. gezahlte Geschäfts- oder Firmenwert ist als Teil der Anschaffungskosten der erworbenen Anteile zu aktivieren.

Nach der früheren handelsrechtlichen Regelung des § 255 Abs. 4 Satz 2 und 3 HGB a. F. durften Unternehmen einen entgeltlich erworbenen Geschäfts- oder Firmenwert entweder ganz oder teilweise ansetzen oder sofort aufwandswirksam erfassen. Aufgrund dieses Aktivierungswahlrechts war – je nach bilanzpolitischer Zielsetzung – eine Vielzahl bilanzieller Abbildungen des entgeltlich erworbenen Geschäfts- oder Firmenwerts im handelsrechtlichen Jahresabschluss möglich.[146] Mit Einführung einer verpflichtenden Aktivierung des entgeltlich erworbenen Geschäfts- oder Firmenwerts geht daher eine **Verbesserung der Vergleichbarkeit** des handelsrechtlichen Jahresabschlusses einher. Darüber hinaus wird die Darstellung der Vermögens-, Finanz- und Ertragslage stärker als bisher an die tatsächlichen Verhältnisse – den tatsächlichen Werteverzehr – angenähert. Die Verpflichtung zur Aktivierung eines entgeltlich erworbenen Geschäfts- oder Firmenwerts steht im Einklang mit Art. 9 Buchstabe C. Nr. I. 3. der Bilanzrichtlinie. In steuerlicher Hinsicht ist der entgeltlich erworbene Geschäfts- oder Firmenwert ebenfalls zu aktivieren und gemäß § 7 Abs. 1 Satz 3 EStG über einen Zeitraum von 15 Jahren abzuschreiben. Im Übrigen entspricht die Aktivierungspflicht – jedenfalls im Grundsatz – internationalen Rechnungslegungsgrundsätzen, so bspw. IFRS 3.

Der **Bundesrat** bat in seiner Stellungnahme zum RegE BilMoG vom 4.7.2008, im weiteren Verlauf des Gesetzgebungsverfahrens zu prüfen, ob die Möglichkeit, im Einklang mit internationalen Rechnungslegungsvorschriften **nur eine außerplanmäßige Abschreibung** bilanzierter Geschäfts- oder Firmenwerte zuzulassen, mit der Bilanzrichtlinie vereinbar wäre, und ob in diesem Fall ein Gleichlauf mit den Vorschriften internationaler Rechnungslegung in diesem Bereich angestrebt werden sollte.[147]

---

[144] Vgl. Stibi/Fuchs, DB 2008, Beilage 1, S. 11; Herzig, DB 2008, S. 4.
[145] Vgl. Schulze-Osterloh, DStR 2008, S. 63 f.
[146] Zur Behandlung von Geschäfts- oder Firmenwerten in der Bilanzierungspraxis vgl. Mujkanovic, StuB 2010, S. 268 ff.
[147] Vgl. BR-Drucks. 344/08 (B), S. 3 f.

Die Bundesregierung hat sich den Vorstellungen des Bundesrats nicht angeschlossen. Nach ihrer Auffassung hätte der Verzicht auf eine planmäßige Abschreibung den Unternehmen zusätzliche Bewertungsspielräume gewährt und damit die Möglichkeiten der bilanzpolitischen Gestaltung erweitert. Zudem wären den Bilanzierenden durch die jährliche Neubewertungsnotwendigkeit unnötige zusätzliche Kosten entstanden.[148]

1.3.3 Erstanwendung, Übergangsregelung und steuerliche Folgen

Die von allen bilanzierenden Kaufleuten zu beachtende Vorschrift des § 246 Abs. 1 Satz 4 HGB ist **erstmals** in Jahres- und Konzernabschlüssen für Geschäftsjahre anzuwenden, die nach dem **31.12.2009** beginnen (vgl. Art. 66 Abs. 3 EGHGB). Eine vorzeitige Anwendung für Geschäftsjahre, die nach dem **31.12.2008** beginnen, ist zulässig, allerdings nur im Verbund mit allen anderen in Art. 66 Abs. 3 EGHGB bezeichneten Vorschriften und unter Aufnahme eines entsprechenden Hinweises in den Anhang.

Die Neuregelung betrifft nur solche Geschäfts- oder Firmenwerte, die aus Erwerbsvorgängen in Geschäftsjahren resultieren, die nach dem 31.12.2009 bzw. – bei vorzeitigem Übergang auf die Vorschriften des BilMoG – nach dem 31.12.2008 begonnen haben. Eine Rückwirkung auf frühere Ansatzentscheidungen ergibt sich somit nicht. Insbesondere sind danach Geschäfts- oder Firmenwerte, die das Unternehmen in der Vergangenheit nach § 255 Abs. 4 HGB a. F. sofort erfolgswirksam berücksichtigt hat, nicht erfolgswirksam nachzuaktivieren (vgl. BT-Drucks. 16/12407, S. 125). Ergänzende **Übergangsvorschriften** bestehen nicht.

Fraglich ist, wie Geschäfts- oder Firmenwerte zu behandeln sind, die im Zeitpunkt des Übergangs auf BilMoG noch nicht vollständig abgeschrieben sind. Das IDW eröffnet dem Bilanzierenden ein Wahlrecht zwischen der Abschreibung nach der bisherigen Methode und dem Übergang auf eine mit § 253 Abs. 3 HGB kompatiblen Methode.[149] Ob diese Auslegung der Regelungsabsicht des Gesetzgebers entspricht, wird in der Literatur bezweifelt. Stattdessen sei eine Abschreibung der im Zeitpunkt des Übergangs vorhandenen Geschäfts- oder Firmenwerte – ungeachtet der bisherigen Verfahrensweise – planmäßig über die verbleibende Restnutzungsdauer geboten.[150]

Steuerliche Folgen ergeben sich aus der Neuregelung nicht, da sich die Aktivierungspflicht für den entgeltlich erworbenen Geschäfts- oder Firmenwert in der Steuerbilanz aus eigenständigen steuerrechtlichen Regelungen ableitet (vgl. § 7 Abs. 1 Satz 3 EStG).

Abb. 38 fasst die Regelungen des BilMoG zum Übergang auf das Ansatzgebot für entgeltlich erworbene Geschäfts- oder Firmenwerte zusammen.

---

[148] Vgl. Gegenäußerung der Bundesregierung zur Stellungnahme des Bundesrats – BR-Drucks. 344/08 –, S. 2.
[149] Vgl. IDW RS HFA 28, IDW-FN 2009, S. 642, Tz. 32; so wohl auch Mujkanovic, StuB 2010, S. 273.
[150] Vgl. Kessler/Leinen/Paulus, BB 2009, S. 1912.

Übergang auf die geänderte Bilanzierung entgeltlich erworbener GoF		
Erstanwendung	Übergang	Steuerliche Folgen
• Obligatorisch: Jahres- und Konzernabschlüsse für nach dem 31.12.2009 beginnende Geschäftsjahre • Optional: Jahres- und Konzernabschlüsse für nach dem 31.12.2008 beginnende Geschäftsjahre (nur im Verbund mit allen übrigen vorzeitig anwendbaren Vorschriften) • Das Ansatzgebot erstreckt sich nur auf GoF aus Erwerbsvorgängen ab dem Jahr der Erstanwendung der Vorschriften des BilMoG Art. 66 Abs. 3 EGHGB	• Keine explizite Übergangsvorschrift • Rechtsfolge: » GoF aus Erwerben ab dem Jahr der Erstanwendung der neuen Vorschrift sind zu aktivieren » Keine Rückwirkung für frühere Ansatzentscheidungen, da das Aktivierungsgebot prospektiv eingeführt wird	• Keine • Die Aktivierungspflicht und die Abschreibungsdauer von 15 Jahren ergeben sich aus einer eigenständigen Regelung im Steuerrecht § 7 Abs. 1 Satz 3 EStG

Abb. 38: Übergang auf geänderte Ansatzregelung für entgeltlich erworbene Geschäfts- oder Firmenwerte nach BilMoG

1.4 Selbst geschaffene immaterielle Vermögensgegenstände des Anlagevermögens

1.4.1 Die neuen Vorschriften im Überblick

§ 248 Abs. 2 HGB ist durch das BilMoG wie folgt neu gefasst worden:

HGB § 248 Bilanzierungsverbote und -wahlrechte

(1) In die Bilanz dürfen nicht als Aktivposten aufgenommen werden

1. Aufwendungen für die Gründung eines Unternehmens,

2. Aufwendungen für die Beschaffung des Eigenkapitals und

3. Aufwendungen für den Abschluss von Versicherungsverträgen.

(2) Selbst geschaffene immaterielle Vermögensgegenstände des Anlagevermögens können als Aktivposten in die Bilanz aufgenommen werden. Nicht aufgenommen werden dürfen selbst geschaffene Marken, Drucktitel, Verlagsrechte, Kundenlisten oder vergleichbare immaterielle Vermögensgegenstände des Anlagevermögens.

Das BilMoG hat das Verbot der Aktivierung selbst geschaffener immaterieller Vermögensgegenstände des Anlagevermögens (vgl. § 248 Abs. 2 HGB a. F.) durch ein **Wahlrecht zur Aktivierung** der in der Entwicklungsphase anfallenden Herstellungskosten dieser Immaterialgüter ersetzt. Ausgenommen von einer Aktivierung bleiben selbst geschaffene Marken, Drucktitel, Verlagsrechte, Kundenlisten oder vergleichbare immaterielle Vermögensgegenstände des Anlagevermögens.

Die **Bewertung** der angesetzten selbst geschaffenen immateriellen Vermögensgegenstände erfolgt im Zugangszeitpunkt zu Herstellungskosten. Zu diesem Zweck erläutert § 255 Abs. 2a HGB, wie die Herstellungsphase, also der Zeitraum, innerhalb dessen Herstellungskosten anfallen, bei den hier in Rede stehenden Vermögensgegenständen abzugrenzen ist. Innerhalb dieser Herstellungsphase ermitteln sich die Herstellungskosten nach der allgemeinen Regelung des § 255 Abs. 2, 3 HGB (vgl. hierzu Gliederungspunkt 2.3.3).

Große und mittelgroße Kapitalgesellschaften haben selbst geschaffene immaterielle Vermögensgegenstände des Anlagevermögens in der **Bilanz** gesondert als ersten Posten des immateriellen Anlagevermögens auszuweisen. Dazu hat der Gesetzgeber das gesetzliche Gliederungsschema in § 266 Abs. 2 A.I HGB entsprechend erweitert und redaktionell angepasst (vgl. Gliederungspunkt 3.2).

Unternehmen, die das Aktivierungswahlrecht in Anspruch nehmen, sind verpflichtet, den Gesamtbetrag der Forschungs- und Entwicklungskosten sowie den davon auf die selbst geschaffenen immateriellen Vermögensgegenstände des Anlagevermögens entfallenden Teil im **Anhang** anzugeben (vgl. § 285 Nr. 22, § 314 Abs. 1 Nr. 14 HGB; vgl. Abschnitt 10, Gliederungspunkt 2 sowie Kapitel 3, Abschnitt 5, Gliederungspunkt 2).

Um der Gefahr einer Gefährdung der Gläubiger durch Aktivierung unsicherer Vermögensvorteile zu begegnen, errichtet § 268 Abs. 8 HGB eine **Ausschüttungssperre** und § 301 AktG eine **Abführungssperre** in Höhe des durch die Inanspruchnahme des Aktivierungswahlrechts in der Bilanz ausgewiesenen Mehrvermögens.

Der von allen bilanzierenden Kaufleuten zu beachtende § 248 HGB ist erstmals in Jahres- und Konzernabschlüssen für das nach dem 31.12.2009 beginnende Geschäftsjahr anzuwenden (vgl. Art. 66 Abs. 3 EGHGB).

Abb. 39 fasst die mit dem BilMoG in das HGB aufgenommenen Regelungen zur bilanziellen Behandlung selbst geschaffener immaterieller Vermögensgegenstände des Anlagevermögens überblicksartig zusammen.

Aktivierung selbst geschaffener immaterieller VG des AV nach BilMoG			
Ansatz	Bewertung	Ausweis / Anhang	Gläubigerschutz
• Aktivierungswahlrecht • Ausgenommen sind selbst geschaffene Marken, Drucktitel, Verlagsrechte, Kundenlisten und vergleichbare immaterielle VG des AV § 248 Abs. 2 HGB	• Zugangsbewertung » In der Entwicklungsphase anfallende HK » Aktivierungsverbot für Forschungskosten § 255 Abs. 2a iVm Abs. 2, 3 HGB • Folgebewertung nach den allgemeinen Grundsätze § 253 Abs. 3 HGB	• Gesonderter Ausweis als erster Posten des immateriellen AV § 266 Abs. 2 A.I HGB • Angabepflichten » Gesamtbetrag der angefallenen F&E-Kosten » Auf selbst geschaffene immaterielle VG des AV entfallender Betrag § 285 Nr. 22 HGB	Ausschüttungs- und Abführungssperre bei KapG bzw. AktG für den in der Bilanz insgesamt angesetzten Betrag abzüglich dafür gebildeter passiver latenter Steuern § 268 Abs. 8 HGB § 301 AktG

Abb. 39: Aktivierung selbst geschaffener immaterieller Vermögensgegenstände des Anlagevermögens nach BilMoG

1.4.2 Hintergrund der Neuregelung

§ 248 Abs. 2 HGB a. F. sah ein striktes Verbot der Aktivierung nicht entgeltlich erworbener immaterieller Vermögensgegenstände des Anlagevermögens vor. Die Vorschrift beruhte auf der dem **Gläubigerschutzgedanken** entspringenden Vorstellung, selbst geschaffene immaterielle Vermögensgegenstände des Anlagevermögens seien regelmäßig bestandsunsicher, aufgrund ihrer Unkörperlichkeit nur schwer fassbare Vermögensgegenstände. In Anbetracht der Schwierigkeiten, eindeutig zurechenbare Herstellungskosten zu identifizieren und eine Nutzungsdauer verlässlich abzuschätzen, mangelt es ihnen zudem vielfach an einer objektiven Bewertbarkeit. Das allgemeine Vorsichtsprinzip und das mit der Handelsbilanz verfolgte Ziel, einen mit Rücksicht auf Gläubigerinteressen unbedenklich entnahmefähigen Betrag zu ermitteln, legten es daher nahe, auf den Ansatz dieser unsicheren Bestandteile des Vermögens zu verzichten.

In gleichem Maße, wie die Bedeutung der immateriellen Vermögensgegenstände im Wirtschaftsleben als Folge des Wandels von der produktions- zur wissensbasierten Gesellschaft gestiegen ist, hat sich die **Kritik am Aktivierungsverbot** des § 248 Abs. 2 HGB a. F. verstärkt.[151] Das hat die Bundesregierung im RegE zum Anlass genommen, die immateriellen Vermögensgegenstände stärker als bisher in den Fokus der Abschlussadressaten zu rücken. Zu diesem Zweck war zunächst vorgesehen, ein Aktivierungsgebot für selbst geschaffene immaterielle Vermögensgegenstände einzuführen. Insb. innovative Unternehmen und Unternehmen, die erst am Beginn ihrer wirtschaftlichen Entwicklung stehen (Start-ups), sollten auf diese Weise in die Lage versetzt werden, ihre Außendarstellung zu verbessern. Die Aufhebung des bisherigen Aktivierungsverbots entsprach nicht nur einer häufig geäußerten Forderung der Praxis

---

[151] Vgl. nur Baetge/Fey/Weber, in: Küting/Weber (Hrsg.): HdR-E, 5. Aufl., Stuttgart 2002 ff., § 248 HGB, Rn. 19 m. w. N.

und der handelsrechtlichen Literatur. Mit diesem Schritt wollte die Bundesregierung auch in der Tendenz dem von nationalen wie internationalen Standardsettern eingeschlagenen Weg folgen, wie die erkennbare Ausrichtung der im Gesetzentwurf geplanten Neuregelung am Vorschlag des Deutschen Standardisierungsrats in DRS 12 und mehr noch an IAS 38 zeigen.[152] Nicht zuletzt sah sich die Bundesregierung mit der geplanten Aufhebung des § 248 Abs. 2 HGB a. F. auf einer Linie mit der im Ergebnispapier ‚Aufschwung und Vertrauen' einer Klausurtagung des Bundeskabinetts im Januar 2006 formulierten Zielsetzung, die Forschung und Entwicklung in Deutschland zu fördern (vgl. BT-Drucks. 16/10067, S. 49).

Um die widerstreitenden Zielvorstellungen der verbesserten Information Außenstehender und der Sicherstellung eines unveränderten Schutzes der Gläubiger des Unternehmens in Einklang zu bringen, sah der Regierungsentwurf vor, eine Ausschüttungs- und Abführungssperre für das infolge der Aktivierung selbst geschaffener immaterieller Vermögensgegenstände ausgewiesene Mehrvermögen zu errichten. Dem folgt auch die Gesetz gewordene Fassung (vgl. § 268 Abs. 8 HGB, § 301 AktG). Diese bilanzielle Kompromisslösung erachtet die Bundesregierung gegenüber einer bloßen Berichterstattung über selbst geschaffene immaterielle Anlagegüter im Anhang als vorzugswürdig, nicht zuletzt um die Vergleichbarkeit des handelsrechtlichen Jahresabschlusses national wie international zu verbessern (vgl. BT-Drucks. 16/10067, S. 50).

Insb. im Mittelstand ist das zunächst geplante Aktivierungsgebot für selbst geschaffene immaterielle Vermögensgegenstände auf deutliche Kritik gestoßen. Befürchtet wurden erhebliche Mehraufwendungen aufgrund der hohen Komplexität der Regelung. Unter dem Eindruck einer Expertenanhörung am 17.12.2009 in Berlin[153] hat sich der Rechtsausschuss dieser Kritik gebeugt und das Aktivierungsgebot auf ein Aktivierungswahlrecht reduziert. Ebenso wie der Bundesrat erachtet er es in seiner Begründung als ausreichend, den betroffenen Unternehmen die Möglichkeit einzuräumen, selbst geschaffene immaterielle Vermögensgegenstände des Anlagevermögens in die Bilanz aufzunehmen (vgl. BT-Drucks. 16/12407, S. 110). Ausgenommen von einer Aktivierung bleiben auch nach der Gesetz gewordenen Fassung des § 248 Abs. 2 HGB solche immateriellen Vermögensgegenstände, denen sich Aufwendungen nicht zweifelsfrei unmittelbar zurechnen lassen. Das vermutet das Gesetz in Anlehnung an IAS 38.63 ohne Möglichkeit einer Widerlegung für selbst geschaffene Marken, Drucktitel, Verlagsrechte, Kundenlisten und vergleichbare immaterielle Vermögensgegenstände des Anlagevermögens.

---

[152] Vgl. Laubach/Kraus, DB 2008, Beilage 1, S. 16.
[153] Vgl. Zülch/Hoffmann, StuB 2009, S. 53 ff.

1.4.3 Voraussetzungen des Aktivierungswahlrechts nach § 248 Abs. 2 HGB

1.4.3.1 Prüfungsschema

Nach Aufhebung des bisherigen Aktivierungsverbots gemäß § 248 Abs. 2 HGB a. F. sind künftig auch selbst geschaffene immaterielle Vermögensgegenstände des Anlagevermögens ansatzfähig. Die Wahrnehmung des Ansatzwahlrechts erfordert die Prüfung, ob am Abschlussstichtag ein bilanzierungsfähiger Posten vorliegt. Sie ist anhand des in Abb. 40 dargestellten Prüfungsschemas zu entscheiden.

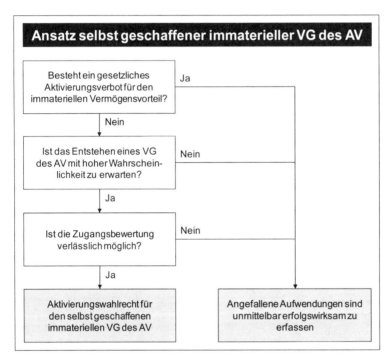

Abb. 40: *Prüfungsschema zur Beurteilung der Aktivierungsfähigkeit selbst geschaffener immaterieller Vermögensgegenstände nach BilMoG*

Die Ansatzentscheidung erfordert danach drei Prüfungsschritte. Zunächst ist zu fragen, ob der zu beurteilende Sachverhalt unter das Aktivierungsverbot des § 248 Abs. 2 Satz 2 HGB fällt (**Prüfungsschritt 1**). Ist das der Fall, kommt die Aktivierung eines selbst geschaffenen immateriellen Vermögensgegenstands nicht in Betracht.

Prüfungsschritt 2 zielt auf die Tatbestandsvoraussetzungen des § 248 Abs. 2 Satz 1 HGB. Danach qualifizieren sich nur Vermögensgegenstände für einen Bilanzansatz. Das führt zu der ersten Frage, was einen Vermögensgegenstand ausmacht (vgl. Gliederungspunkt 1.4.3.3).

Wie sich aus der Regierungsbegründung ergibt, muss der Vermögensgegenstand am Abschlussstichtag allerdings noch nicht vorliegen. Es genügt vielmehr, wenn **mit seinem Entstehen in der Zukunft hochwahrscheinlich zu rechnen ist**. Diese Beurteilung verlangt nach Kriterien, die sich dem Gesetz nicht unmittelbar entnehmen lassen. Es liegt nahe, diesen zweiten Teilaspekt unter Rückgriff auf die Anforderungen zu prüfen, die IAS 38 an die Aktivierung selbst geschaffener immaterieller Vermögenswerte stellt.

Drittens stellt sich die Frage, wann der (hochwahrscheinlich entstehende) Vermögensgegenstand dem Anlagevermögen zuzurechnen ist. Für das Umlaufvermögen bleibt es bei der bisherigen Rechtslage, nämlich dem generellen, aus § 246 Abs. 1 Satz 1 HGB abzuleitenden Aktivierungsgebot.

Nach verbreiteter Auffassung bildet die selbständige Bewertbarkeit ein Definitionsmerkmal von Vermögensgegenständen. Sie verlangt insb. nach einer verlässlichen Zugangsbewertung. Bei selbst geschaffenen immateriellen Anlagegütern betrifft das die Abgrenzung der Herstellungskosten (**Prüfungsschritt 3**). Diese Frage adressiert das Gesetz in § 255 Abs. 2a HGB und damit als Teil der Zugangsbewertung. Dieser Systematik folgend wird die selbständige Bewertbarkeit selbst geschaffener immaterieller Anlagegüter nicht als Teil der Aktivierungsprüfung behandelt, sondern bei der Herstellungskostenermittlung (vgl. Gliederungspunkt 2.3.3.2).

1.4.3.2 Kein explizites Aktivierungsverbot

Der neu gefasste § 248 Abs. 1 HGB enthält die schon bislang bekannten Bilanzierungsverbote für Aufwendungen für die Gründung des Unternehmens, für die Beschaffung von Eigenkapital und für den Abschluss von Versicherungsverträgen. Diese Aktivierungsverbote stehen in keinem Zusammenhang mit der Schaffung immaterieller Vermögensgegenstände des Anlagevermögens. Das gilt insb. auch für das Verbot, Aufwendungen für den Abschluss von Versicherungsverträgen zu aktivieren. Es soll nicht den Ansatz eines **Aktivpostens für Versicherungsverträge** ausschließen. Die Aktivierung des sich aus einem solchen Vertrag ergebenden immateriellen Vorteils schließt bereits der Grundsatz der Nichtbilanzierung schwebender Geschäfte aus. Die Regelung zielt vielmehr auf die unmittelbar oder mittelbar mit dem Abschluss von Versicherungsverträgen verbundenen betrieblichen Aufwendungen und schließt deren Periodisierung aus.[154]

Mit Einführung des Aktivierungswahlrechts für selbst geschaffene immaterielle Vermögensgegenstände hat der Gesetzgeber **zusätzliche Ansatzverbote** in das Gesetz aufgenommen, nämlich jene für „**selbst geschaffene Marken, Drucktitel, Verlagsrechte, Kundenlisten oder vergleichbare immaterielle Vermögensgegenstände des Anlagevermögens**" (§ 248 Abs. 2 Satz 2 HGB). Diese Verbote schränken die neu geschaffene Aktivierungsmöglichkeit substanziell ein. Die Aufnahme dieser Negativliste hat im Wesentlichen klarstellenden Charakter. Sie greift die Kritik am RefE BilMoG auf,

---

[154] Vgl. Adler/Düring/Schmaltz: Rechnungslegung und Prüfung der Unternehmen, 6. Aufl., Stuttgart 1995 ff., § 248 HGB, Tz. 25.

der keine expliziten Einschränkungen bei der Aktivierung selbst geschaffener immaterieller Vermögensgegenstände des Anlagevermögens vorsah.[155]

Der Katalog der von der Aktivierung nach § 248 Abs. 2 Satz 2 HGB ausgeschlossenen Vermögensgegenstände entspricht nahezu wortgleich IAS 38.63. Er unterstreicht die intendierte moderate Annäherung der deutschen handelsrechtlichen Rechnungslegung an die internationalen Rechnungslegungsstandards. Weitergehende Aktivierungsmöglichkeiten als in einem IFRS-Abschluss wollte der Gesetzgeber im Bereich der selbst geschaffenen immateriellen Vermögensgegenstände offenbar nicht zulassen.

Sowohl die Bundesregierung als auch der Rechtsausschuss begründen die Aktivierungsverbote mit dem Hinweis auf die nicht zweifelsfrei mögliche Zurechnung von Herstellungskosten. Sie berge die Gefahr einer Aktivierung von Aufwendungen, die allein dem nicht aktivierungsfähigen originären Geschäfts- oder Firmenwert zugutekommen (vgl. BT-Drucks. 16/10067, S. 50; BT-Drucks. 16/12407, S. 110). Dementsprechend tragen die Aktivierungsverbote des § 248 Abs. 2 Satz 2 HGB sowohl dem Vorsichtsprinzip als auch dem Objektivierungsgedanken Rechnung.

Die unter das Aktivierungsverbot des § 248 Abs. 2 Satz 2 HGB fallenden immateriellen Vermögensgegenstände lassen sich wie folgt näher konkretisieren:

- **Marken** stellen besondere, rechtlich geschützte Zeichen dar, die dazu dienen, Waren oder Dienstleistungen eines Unternehmens von Waren und Dienstleistungen anderer Unternehmen zu unterscheiden. Schutzfähig sind alle Zeichen (einschließlich Personennamen, Abbildungen und Zahlen), Gestaltungen wie die Form der Ware oder ihrer Verpackung und sonstige Aufmachungen, die geeignet sind, die Waren und Dienstleistungen eines Unternehmens zu identifizieren. Unterschieden werden dementsprechend u. a. Wort-, Bild-, Farb-, Geruchs-, Hologramm-, Bewegungs- und Hörmarken.

- **Drucktitel** bezeichnen das Titelblatt eines Druckerzeugnisses (z. B. Buch, Journal, Zeitung). Da sie das Druckerzeugnis von anderen Erzeugnissen unterscheiden, können sie wie Marken wirken.

- Unter einem **Verlagsrecht** ist das ausschließliche Recht zu verstehen, ein Werk der Literatur oder Tonkunst zu vervielfältigen und zu verbreiten (vgl. § 8 VerlG). Es ist dem Bereich der urheberrechtlichen Nutzungsrechte zuzuordnen. Inhaber des Verlagsrechts ist zunächst der Urheber. Er kann das Verlagsrecht mit unterschiedlicher Ausgestaltung an eine andere Person vergeben, z. B. an einen Verlag.

- **Kundenlisten** sind Auflistungen von Personen, mit denen das Unternehmen in einem geschäftlichen Kontakt steht. Ob mit den Kunden gegenwärtig vertragliche Beziehungen bestehen, spielt keine Rolle.

Das Aktivierungsverbot des § 248 Abs. 2 Satz 2 HGB erstreckt sich auf alle Aufwendungen, die unmittelbar oder auch nur mittelbar der Schaffung der vorgenannten Vermögensgegenstände dienen. Erfasst vom Ansatzverbot werden zudem mit den ge-

---

[155] Vgl. Stibi/Fuchs, DB 2008, Beilage 1, S. 12.

nannten Sachverhalten vergleichbare immaterielle Vermögensgegenstände. Wie sich aus der Begründung des Rechtsausschusses ergibt, betrifft das alle „Aufwendungen, die sich einem selbst geschaffenen immateriellen Vermögensgegenstand des Anlagevermögens nicht zweifelsfrei unmittelbar zuweisen lassen" (BT-Drucks. 16/12407, S. 110). Dazu gehören Aufwendungen für die Akquisition oder Ausbildung von Mitarbeitern (‚Mitarbeiterlisten'), Aufwendungen für die Ingangsetzung oder Erweiterung des Geschäftsbetriebs einschließlich Reorganisationsmaßnahmen, Aufwendungen für Verkaufsförderung und Werbung.

1.4.3.3 Mit hoher Wahrscheinlichkeit zu erwartendes Entstehen eines aktivierungsfähigen Vermögensgegenstands

Nach § 248 Abs. 2 Satz 1 HGB können „selbst geschaffene immaterielle Vermögensgegenstände des Anlagevermögens [...] als Aktivposten in die Bilanz aufgenommen werden". Gesetzliche Tatbestandsvoraussetzung für die Aktivierung von Aufwendungen ist danach (u. a.) das Vorliegen eines immateriellen Vermögensgegenstands. Diese aus dem Wortlaut der Vorschrift abzuleitende Aktivierungsbedingung scheint mit der Erläuterung der Bundesregierung zu kollidieren, nach der „eine Aktivierung nicht erst vorzunehmen ist, wenn ein selbst geschaffener immaterieller Vermögensgegenstand des Anlagevermögens vorliegt". Es genüge vielmehr, wenn „im Zeitpunkt der Aktivierung [...] mit hoher Wahrscheinlichkeit davon ausgegangen werden" kann, „dass ein einzeln verwertbarer immaterieller Vermögensgegenstand zur Entstehung gelangt" (BT-Drucks. 16/10067, S. 67, alle Zitate).

Auch der Rechtsausschuss scheint sich in seiner Begründung zu der infolge der Einführung eines Aktivierungswahlrechts geänderten Fassung des § 248 HGB von der Sichtweise der Bundesregierung zu distanzieren. Darin heißt es (vermeintlich) klarstellend, eine Aktivierung komme „erst in Frage [...], wenn die Vermögensgegenstandseigenschaft des selbst geschaffenen immateriellen Vermögensgegenstands des Anlagevermögens bejaht werden (könne, d. Verf.)" (BT-Drucks. 16/12407, S. 110).

Diesen vordergründigen Widerspruch zwischen den zitierten Aussagen wird man wie folgt auflösen müssen: Eine Aktivierung kann nicht erst in Betracht kommen, wenn der zu schaffende immaterielle Vermögensgegenstand fertig gestellt ist. § 255 Abs. 2a HGB erklärt ausdrücklich solche Herstellungskosten für aktivierungsfähig, die bei dessen Entwicklung und damit vor Fertigstellung anfallen. Fasst man diese Regelung mit der Aussage des § 248 Abs. 2 Satz 1 HGB zusammen, kann ein immaterieller Vermögensgegenstand auch schon im Stadium des ‚Unfertigseins' – unbeschadet einer dann ggf. noch fehlenden selbständigen Verwertbarkeit – die Qualität eines Vermögensgegenstands aufweisen.[156] Diese Beurteilung ist mit Blick auf die Behandlung materieller Vermögensgegenstände nur konsequent. Auch sie sind, wie sich aus § 266 Abs. 2 A. II. 4 bzw. B. I. 2 HGB ergibt, bereits in der Entstehungsphase[157] als Vermö-

---

[156] Im Ergebnis wie hier Lüdenbach/Hoffmann, StuB 2009, S. 292 f., sowie Theile, WPg 2008, S. 1066 f., der jedoch die (abstrakte) Einzelverwertbarkeit als gegeben sieht.
[157] Diese kann eine Planungsphase einschließen, in der noch kein physisch greifbarer Gegenstand vorliegt; vgl. Gliederungspunkt 2.3.2.1.

gensgegenstände zu aktivieren. Daraus folgt: Die Aktivierungsfähigkeit von Herstellungskosten beurteilt sich allein nach der Vermögensgegenstandseigenschaft des fertigen Produkts. Es kommt nicht darauf an, ob das Vorprodukt diese Voraussetzung erfüllt.[158]

Herstellungsprozesse für immaterielle und materielle Vermögensgegenstände unterscheiden sich regelmäßig hinsichtlich des Entwicklungsrisikos. Es ist bei Ersteren in vielen Fällen deutlich höher. Um am Ende des Herstellungsprozesses einen aktivierungsfähigen Vermögensgegenstand annehmen zu können, fordert der Gesetzgeber den Nachweis einer hohen Wahrscheinlichkeit für das künftige Entstehen des immateriellen Vermögensgegenstands. In diesem Sinn wird man auch die (klarstellende) Feststellung des Rechtsausschusses verstehen müssen.

Der Nachweis einer hohen Wahrscheinlichkeit für das künftige Entstehen eines immateriellen Vermögensgegenstands des Anlagevermögens als erste Hürde für die Aktivierung von Herstellungskosten nach § 255 Abs. 2a HGB beinhaltet zwei Prüfungen:

1. Stellt das angestrebte Ergebnis des Entwicklungsprozesses einen Vermögensgegenstand dar?
2. Wird der Vermögensgegenstand mit hoher Wahrscheinlichkeit entstehen?

Der **Begriff des Vermögensgegenstands** bildet ein zentrales Element in der Aktivierungskonzeption des HGB. Gleichwohl definiert das Gesetz den Begriff nicht. Auch die Literaturdiskussion hat bis heute keine allgemein anerkannten Definitionsmerkmale des Vermögensgegenstands hervorgebracht. Konsens besteht insoweit, als ein Vermögensgegenstand nur sein kann, was einen längerfristigen wirtschaftlichen Nutzen für den Kaufmann entfaltet. Wenn es allerdings darum geht, aus dieser allgemeinen Formel konkrete Tatbestandsmerkmale für einen Vermögensgegenstand abzuleiten, gehen die Auffassungen teilweise deutlich auseinander.

Nach der Regierungsbegründung soll eine Aktivierung von Herstellungskosten nach § 255 Abs. 2a HGB nur in Betracht kommen, wenn „ein einzeln verwertbarer immaterieller Vermögensgegenstand des Anlagevermögens zur Entstehung gelangt" (BT-Drucks. 16/10067, S. 60). Unklar bleibt bei dieser Aussage, ob das Merkmal der **Einzelverwertbarkeit** – wie verschiedentlich in der Literatur vertreten[159] – als Tatbestandsmerkmal des Vermögensgegenstandsbegriffs oder als zusätzliche Anforderung zu verstehen ist, die selbst geschaffene immaterielle Vermögensgegenstände für eine Aktivierung erfüllen müssen. Da sich in den durch das BilMoG neu gefassten Ansatz- und Bewertungsvorschriften keine Hinweise auf ein restriktiveres Begriffsverständnis des Vermögensgegenstands im Bereich der selbst geschaffenen immateriellen Werte finden, dürfte Ersteres anzunehmen sein. Damit wird man eine inhaltliche Änderung

---

[158] Vgl. auch Kessler, BB 1994, Beilage 12, S. 5 f.
[159] Vgl. z. B. Adler/Düring/Schmaltz: Rechnungslegung und Prüfung der Unternehmen, 6. Aufl., Stuttgart 1995 ff., § 246 HGB, Tz. 15 ff.

des bisherigen Verständnisses eines Vermögensgegenstands durch das BilMoG ausschließen können (vgl. BT-Drucks. 16/10067, S. 35).[160]

Die **Einzelverwertbarkeit** geht über den Begriff der Einzelveräußerbarkeit hinaus, indem sie nicht nur auf die Möglichkeit der Veräußerung abstellt, sondern auch andere Verwertungsoptionen für die Annahme eines Vermögensgegenstands genügen lässt. Dazu zählen etwa die Verarbeitung, der Verbrauch und die Nutzungsüberlassung.[161] Dies entspricht im Ergebnis dem Verständnis des Vermögensgegenstandsbegriffs in DRS 12.7.

Sieht man mit einer verbreiteten Literaturmeinung in der Einzelverwertbarkeit ein konstruktives Element des Vermögensgegenstands, darf diese Tatbestandsvoraussetzung jedenfalls nicht zu eng ausgelegt werden. Das folgt aus der inhaltlichen Übereinstimmung von handelsrechtlichem Vermögensgegenstands- und steuerrechtlichem Wirtschaftsgutbegriff einerseits[162] sowie aus der eher großzügigen Rechtsprechung des BFH zum Gegenstand der Aktivierung andererseits[163] (vgl. Abb. 41). Danach gilt ein Vermögensvorteil als aktivierungsfähig, wenn er übertragbar, greifbar und selbstständig bewertbar ist.[164] Die **Übertragbarkeit** versteht der BFH in einem weiten Sinne. Sie ist bereits erfüllt, wenn der Vorteil zusammen mit dem gesamten Unternehmen auf einen Dritten übertragen werden kann.

Einschränkend und zugleich objektivierend wirkt das Merkmal der **Greifbarkeit**. Es kennzeichnet einen Vermögensgegenstand als Vorteil, der sich „nicht so ins Allgemeine verflüchtigt, daß er nur noch als Steigerung des good will des ganzen Unternehmens in Erscheinung tritt […], sondern ein Erwerber des Unternehmens für ihn im Rahmen der Kaufpreisbemessung ein besonderes Entgelt ansetzen würde".[165] Bei Rechten und Sachen bereitet der Nachweis der Greifbarkeit in diesem Sinn regelmäßig keine Schwierigkeiten. Als problematischer erweisen sich rein wirtschaftliche Werte. Diesen ist Greifbarkeit dann zu attestieren, wenn sie dem Kaufmann wenigstens faktisch nicht entzogen werden können. Dazu kann ein mittelbarer rechtlicher Bestandsschutz (z. B. in Bezug auf Nutzungsvorteile aus Mietereinbauten durch den Mietvertrag) ebenso beitragen wie eine fehlende Zugriffsmöglichkeit Dritter auf den

---

[160] A. A. wohl Herzig, der eine künftige Änderung des Begriffsinhalts des Vermögensgegenstands infolge der Aufwertung der Informationsfunktion und der damit einhergehenden Akzentverschiebung bei den Bilanzierungszwecken nicht ausschließen will; vgl. Herzig, DB 2008, S. 4.
[161] Vgl. Adler/Düring/Schmaltz, Rechnungslegung und Prüfung der Unternehmen, 6. Aufl. 1998, § 246 HGB, Tz. 28.
[162] Vgl. nur BFH-Beschluss v. 26.10.1987, GrS 2/86, BStBl. II 1988, S. 352.
[163] Nach Ansicht des Arbeitskreises der Hochschullehrer Rechtswissenschaft deckt sich das Merkmal der Einzelverwertbarkeit nicht mit den Kriterien, die der BFH in seiner Rechtsprechung entwickelt hat; vgl. BB 2008, S. 157.
[164] Vgl. ausführlich hierzu Hommel, Bilanzierung immaterieller Anlagewerte, Stuttgart 1998, S. 86 ff.
[165] BFH-Urt. v. 17.2.1998, VIII R 28/95, BStBl. II 1998, S. 507 unter Hinweis auf die ständige Rechtsprechung des Reichs- und Bundesfinanzhofs.

betrieblichen Vorteil (so z. B. bei rechtlich ungeschützten Erfindungen durch Geheimhaltung).

Die **selbstständige Bewertbarkeit** bezeichnet schließlich die Möglichkeit, dem als Vermögensgegenstand anzusetzenden Vorteil einen vom Geschäfts- oder Firmenwert unabhängigen objektivierten Wert beizumessen. Das setzt zumindest die Ermittelbarkeit eines nachvollziehbaren Zugangswerts voraus.[166] Verschiedentlich wird diese Forderung auch für die Folgebewertung erhoben. Die Rechtsprechung ist weniger anspruchsvoll. Sie begnügt sich vielfach „mit nur griffweisen Schätzungen".[167]

Wirtschaftsgutbegriff in der Rechtsprechung des BFH			
Grundprinzip	Objektivierungsprinzipien		
Vermögenswert	Übertragbarkeit	Greifbarkeit	Selbständige Bewertbarkeit
Wirtschaftsgut kann nur sein, was direkte oder indirekte Nettoeinnahmeerwartungen verkörpert	Wirtschaftsgut kann nur sein, was sich – ggf. zusammen mit anderen Wirtschaftsgütern – auf Dritte übertragen lässt	Wirtschaftsgut kann nur sein, was bei Veräußerung des ganzen Betriebs als Einzelheit ins Gewicht fällt und nicht im Geschäfts- oder Firmenwert aufgeht	Wirtschaftsgut können nur solche Vermögensvorteile sein, die einer geschäftswertunabhängigen und objektivierten Bewertung zugänglich sind
Abweichungen zwischen dem Begriff des Wirtschaftsguts und des Vermögensgegenstands sind aufgrund des Maßgeblichkeitsprinzips ausgeschlossen			

Abb. 41: Merkmale des Wirtschaftsgutbegriffs und Verhältnis zum Begriff des Vermögensgegenstands

Überträgt man diese Anforderungen auf vom Unternehmen zu schaffende immaterielle Vermögensgegenstände[168] dürfte der in § 255 Abs. 2a HGB für den Ansatz von Herstellungskosten geforderte Nachweis der Vermögensgegenstandseigenschaft des Entwicklungsergebnisses in aller Regel keine nennenswerte Hürde bilden.

Die entscheidende Frage wird in der Praxis sein, mit welcher **Wahrscheinlichkeit** das Entwicklungsvorhaben erfolgreich zu Ende geführt werden kann und damit der Vermögensgegenstand entstehen wird. In diesem Punkt hält sich die Bundesregierung mit Anwendungshinweisen bedeckt. Im RefE BilMoG fand sich noch der Hinweis auf die Nachweise, die IAS 38 für eine Aktivierung von Entwicklungskosten fordert. Wenn auch der RefE BilMoG diese Merkmale bewusst nicht in das HGB übernehmen wollte, hat er in diesen dennoch mögliche Prüfkriterien für das Vorliegen eines Vermögensgegenstands gesehen (vgl. Begr. RefE BilMoG, S. 122). Der den Regierungsent-

---

[166] Vgl. z. B. Euler, Das System der Grundsätze ordnungsmäßiger Bilanzierung, Stuttgart 1996, S. 152.
[167] Moxter, Bilanzrechtsprechung, 6. Aufl., Tübingen 2007, S. 9.
[168] Herzig schließt eine Abweichung zwischen Vermögensgegenstands- und Wirtschaftsgutbegriff infolge der geänderten Gewichtung der Bilanzzwecke künftig nicht aus; vgl. Herzig, DB 2008, S. 4; zustimmend Arbeitskreis 'Immaterielle Werte im Rechnungswesen' der Schmalenbach-Gesellschaft für Betriebswirtschaft e. V., DB 2008, S. 1815.

wurf – im positiven Sinn des Worts – auszeichnenden Haltung, explizite Hinweise auf die IFRS weitgehend zu vermeiden, ist dieser Hinweis zum Opfer gefallen. Unabhängig davon sollte ein ==Rückgriff auf die Kriterien des IAS 38.57== unverändert hilfreich sein, um die Wahrscheinlichkeit des Entstehens eines immateriellen Vermögensgegenstands zu beurteilen.[169] Dafür sprechen nicht zuletzt zwei Argumente: Zum einen lehnt sich die Neuregelung der Bilanzierung selbst geschaffener immaterieller Vermögensgegenstände eng an die Vorgaben des IAS 38 an.[170] Das zeigt sich bspw. bei der Abgrenzung von Forschungs- und Entwicklungsaktivitäten (vgl. Gliederungspunkt 2.3.3.2). Die hierzu in der Regierungsbegründung gegebenen Erläuterungen entstammen nahezu wörtlich dem Standard des IASB (vgl. IAS 38.54 ff.). Er hatte offenbar Vorbildfunktion für die neue Ansatzregelung. Bei teleologischer Auslegung liegt es daher nahe, die Vorstellungen des Gesetzgebers unter Rückgriff auf diesen Standard zu präzisieren.

Zum anderen bieten sich die Kriterien des IAS 38 auch inhaltlich für die Prüfung der Wahrscheinlichkeit des Entstehens eines immateriellen Vermögensgegenstands an. Indem sie die technische, wirtschaftliche und rechtliche Realisierbarkeit des Entwicklungsvorhabens abprüfen, fokussieren sie die maßgeblichen Risiken, an denen das Entstehen eines bilanzierungsfähigen Vermögensgegenstands scheitern könnte.

Abb. 42 führt die nach IAS 38.57 an die Aktivierung von Entwicklungskosten geknüpften Nachweiserfordernisse im Einzelnen auf und zeigt beispielhaft, wie diese Nachweise in der Praxis erbracht werden können.[171]

---

[169] So auch Theile, WPg 2008, S. 1068 f.; Gelhausen/Kämpfer/Fey: Rechnungslegung und Prüfung nach dem Bilanzrechtsmodernisierungsgesetz, Düsseldorf 2009, Abschnitt E, Tz. 68.
[170] Vgl. Lüdenbach/Hoffmann, Beihefter zu DStR 2007, Heft 50, S. 6.
[171] Vgl. auch Engel-Ciric, BC 2008, S. 83 ff.

Aktivierungsvoraussetzungen für Entwicklungskosten nach IFRS	
Geforderte Nachweise	Praktische Umsetzung
Technische Realisierbarkeit der Fertigstellung des Vermögenswerts zur internen Nutzung oder zum Verkauf	• Vorlage eines Konstruktionsplans oder funktionsfähigen Prototyps • Befragung von Technikern
Absicht zur Fertigstellung und Nutzung bzw. zum Verkauf des Vermögenswerts	• Investitionsplan / Genehmigung von Budgets • Suche nach Mitarbeitern • Werbung für das Produkt
Fähigkeit, den immateriellen Vermögenswert zu nutzen oder zu veräußern	• Beantragung von Schutzrechten • Einstellung von Vertriebspersonal • Nachfrage von Kunden (Bestellungen)
Art und Weise, wie der immaterielle Vermögenswert künftigen wirtschaftlichen Nutzen generieren wird	• Marktstudien • Verweis auf vergleichbare Produkte am Markt oder im Unternehmen
Verfügbarkeit von Ressourcen für die Entwicklung und Nutzung bzw. den Verkauf des Vermögenswerts	• Geschäftsplan, der die Verfügbarkeit technischer / finanzieller Ressourcen dokumentiert • Finanzierungszusagen von Fremdkapitalgebern
Bewertbarkeit während der Entwicklung iS einer nachvollziehbaren Zurechnung von Entwicklungskosten	• Projektspezifische Dokumentation der aufgelaufenen Kosten • Separate Kostenstellen oder -träger

Abb. 42: Nachweisanforderungen für die Aktivierung von Entwicklungskosten nach IFRS

Zur richtigen Einordnung dieser Kriterien sei nochmals hervorgehoben: Die Anforderungen des IAS 38.57 dienen nicht dem Nachweis, ob das angestrebte Entwicklungsergebnis die Qualität eines Vermögensgegenstands aufweist. Diese Frage ist anhand der Definitionsmerkmale von Vermögensgegenständen oder – im Ergebnis übereinstimmend – von Wirtschaftsgütern[172] zu beurteilen. Wie weiter oben dargelegt, dürfte an dieser Prüfung die Aktivierung von Entwicklungskosten im Regelfall nicht scheitern. Die Nachweiserfordernisse des IAS 38.57 dienen der nachgelagerten Prüfung, mit welcher **Wahrscheinlichkeit** der ausgemachte Vermögensgegenstand voraussichtlich zur Entstehung gelangen wird. Wenn die Regierungsbegründung in dieser Frage eine „hohe Wahrscheinlichkeit" fordert, spricht das für eine strenge Auslegung der Kriterien. Die Diskussion darüber, ob die Erfolgswahrscheinlichkeit „nur" deutlich über 50 % liegen muss[173] oder ob Quasisicherheit zu fordern ist, führt nicht weiter, da das Messproblem nicht lösbar ist. Letztlich kann es nur darum gehen, unter Risikogesichtspunkten eine Gleichwertigkeit zu Herstellungsvorgängen über materielle Vermögensgegenstände zu erreichen. Das bedeutet, etwaige mit der Entwicklung ei-

---

[172] Dagegen Arbeitskreis 'Immaterielle Werte im Rechnungswesen' der Schmalenbach-Gesellschaft für Betriebswirtschaft e. V., DB 2008, S. 1814.
[173] Vgl. hierzu Bertram, in: Bertram/Brinkmann/Kessler/Müller (Hrsg.): Haufe HGB Kommentar, Freiburg 2009, § 248 HGB, Rz. 17; Gelhausen/Kämpfer/Fey: Rechnungslegung und Prüfung nach dem Bilanzrechtsmodernisierungsgesetz, Düsseldorf 2009, Abschnitt E, Tz. 69.

nes immateriellen Vermögensgegenstands verbundene besondere Risiken müssen vollständig abgebaut sein, bevor mit der Aktivierung begonnen werden kann. Dieser Gedanke prägt auch die Anforderungen des IAS 38.57.

Im Ergebnis dürften damit die konzeptionellen Unterschiede zwischen IFRS und HGB hinsichtlich der Aktivierungsfähigkeit selbst geschaffener immaterieller Vermögensgegenstände eher gering ausfallen.[174] Ähnlich wie in der Bilanzierungspraxis nach IFRS sind daher in Abhängigkeit von der jeweiligen Branche stark unterschiedliche Herstellungskostenaktivierungen zu erwarten.[175] Herstellungskostenaktivierungen für Entwicklungen im Pharma-, Chemie- und Kosmetikbereich stellen danach aufgrund der signifikanten Realisationsrisiken die Ausnahme dar. Im Bereich technischer Entwicklungen (Automobil- oder Maschinenbau) sowie – mit der nachfolgenden Einschränkung – in der Softwarebranche sollten dagegen die Voraussetzungen für die Aktivierung von Herstellungskosten selbst geschaffener immaterieller Vermögensgegenstände eher zu erfüllen sein.[176] Angesichts der verbleibenden Beurteilungsspielräume bei der Aktivierung und Bewertung selbst geschaffener immaterieller Vermögensgegenstände[177] sowie des in § 248 Abs. 2 HGB lediglich enthaltenen Aktivierungswahlrechts ist eine einheitliche Praxis allerdings nicht zu erwarten.

1.4.3.4 Fallbeispiele

Die folgenden Beispiele verdeutlichen die Anforderungen an den Ansatz selbst geschaffener immaterieller Vermögensgegenstände des Anlagevermögens nach den Vorschriften des BilMoG.

Beispiel

Sachverhalt 1:

Die B AG hat im Geschäftsjahr 2010 damit begonnen, eine neue Antifaltencreme für die Haut ab 40 zu entwickeln. Das Produkt soll die Fähigkeit der Gesichtshaut zur Aufnahme und Speicherung von Wasser um 20 % gegenüber herkömmlichen Cremes verbessern und damit ein Austrocknen der Haut speziell in überheizten Büroräumen verhindern.

Der Entwicklungschef der B AG billigt der neuen Antifaltencreme ein erhebliches Marktpotenzial zu. Für die Entwicklung der verbesserten Anti-Ageing-Formel veranschlagt er noch ca. neun Monate. Erfahrungsgemäß liegt die Erfolgsquote der eigenen Entwicklungsprojekte bei

Fall a: 35 %

Fall b: 65 %.

---

[174] Anders wohl Hennrichs, DB 2008, S. 539.
[175] Vgl. auch Hüttche, StuB 2008, S. 167; Lüdenbach/Hoffmann, StuB 2009, S. 293 f.; Kessler, PiR 2010, S. 40 f.
[176] Ähnlich Lüdenbach/Hoffmann, Beihefter zu DStR 2007, Heft 50, S. 7.
[177] Vgl. auch Moxter, DB 2008, S. 1516.

Beurteilung:

Zur Beurteilung der Aktivierungsfähigkeit der angefallenen Aufwendungen sind aus einer Ex-ante-Sicht folgende Prüfungen vorzunehmen:

Prüfung 1: Die neue Anti-Ageing-Formel unterliegt keinem expliziten Aktivierungsverbot.

Prüfung 2: Führen die Aufwendungen hochwahrscheinlich zu einem Vermögensgegenstand?

Die Anti-Ageing-Formel ist einzeln verwertbar und erfüllt damit die Kriterien eines Vermögensgegenstands. Ob dieser Vermögensgegenstand nicht mit hoher Wahrscheinlichkeit entstehen wird, ist mit Blick auf die rechtliche, wirtschaftliche und technische Realisierbarkeit des Projekts zu beurteilen. Zur Frage der rechtlichen Realisierbarkeit enthält der Sachverhalt keine Hinweise. Sie sollte gegeben sein, da die B AG eine neue Formel entwickeln will. Auch die wirtschaftliche Realisierbarkeit steht nicht in Frage, da für die Antifaltencreme ein großes Marktpotenzial erwartet wird. Eine andere Beurteilung ergibt sich hinsichtlich der technischen Realisierbarkeit. Im **Fall a** (Realisierbarkeit nicht überwiegend wahrscheinlich) scheidet die Aktivierung von Entwicklungskosten aus. Aber auch in **Fall b** liegen die Voraussetzungen für die Bilanzierung eines (unfertigen) immateriellen Vermögensgegenstands des Anlagevermögens nicht vor, da dem Vorhaben immer noch signifikante Risiken anhaften. Ein hochwahrscheinliches Entstehen des immateriellen Vermögensgegenstands ist nur anzunehmen, wenn dem Entwicklungsprozess keine über die allgemeinen Herstellungsrisiken hinausgehenden Unsicherheiten mehr anhaften. Im Ergebnis besteht damit keine Möglichkeit, die anfallenden Herstellungskosten der Entwicklung zu aktivieren. Diese Beurteilung kann sich allerdings mit zunehmendem Projektfortschritt ändern.

Sachverhalt 2:

Zulieferer Z hat im Geschäftsjahr 2010 zur Herstellung des Kohlefaser-Diffusors für das neue S-Modell des Automobilherstellers P eine spezielle Modellierform entwickelt. Hierfür sind 300 TEUR Material- und Personalaufwendungen angefallen.

Fall a: Nach den Vereinbarungen bleibt Z Eigentümer der Stanzform, er muss diese jedoch für mindestens sechs Jahre zur Herstellung des Diffusors bereithalten. Die Verwendung der Modellierform für Produkte anderer Abnehmer ist vertraglich ausgeschlossen.

Fall b: P hat Z für die Entwicklung der Stanzform einen Zuschuss in Höhe der angefallenen Herstellungskosten gezahlt. Ihm steht ein Herausgabeanspruch auf die Form zu.

Beurteilung:

In beiden Fällen setzt die Entscheidung über die Behandlung der Aufwendungen für die Entwicklung der Stanzform eine Prüfung voraus, welcher Art der aus dem Vorhaben ggf. hervorgehende Vermögensgegenstand ist und wem er zuzurechnen ist.

In **Fall a** verbleibt die tatsächliche Sachherrschaft über die Stanzform auf Dauer bei Z. Er ist damit wirtschaftlicher Eigentümer. Aufwendungen für das Entwerfen von Schablonen, Formen und Werkzeugen für neue Technologien kennzeichnen nach IAS 38 einen Entwicklungsprozess zur Schaffung eines immateriellen Vermögensgegenstands. Diese Beurteilung liegt auch nach HGB nahe. Aus Sicht von Z sind die Maßnahmen darauf gerichtet, sich ein neues Fertigungsknowhow anzueignen, das lediglich seinen Niederschlag in der physischen Stanzform findet. Inwieweit die bei der Herstellung der Stanzform anfallenden Aufwendungen aktivierungsfähig sind, hängt somit in erster Linie davon ab, von welchem Zeitpunkt an die Realisierbarkeit des Vorhabens dargelegt werden kann. Die Beurteilung ist abhängig von den Umständen im Einzelfall. In der Automobilindustrie entscheidet sich diese Frage regelmäßig nach Abarbeitung eines in der Planungsphase erarbeiteten Pflichtenhefts. Zusätzlich müssen sich für eine Aktivierung der Stanzform als immaterieller Vermögensgegenstand des Anlagevermögens Forschungs- und Entwicklungsaktivitäten klar trennen lassen.

In **Fall b** verschafft der Herausgabeanspruch dem Automobilhersteller P das wirtschaftliche Eigentum an der Stanzform. Aufgrund des gezahlten Zuschusses ist der Vermögensgegenstand entgeltlich erworben und damit in jedem Fall zu aktivieren. Der BFH hat Werkzeugen, Formen, Klischees und ähnlichen Vermögensgegenständen materiellen Charakter zugeschrieben.[178] Die Kommentarliteratur ordnet sie dementsprechend den anderen Anlagen i. S. d. § 266 Abs. 2 A.II.3 HGB zu.

Sachverhalt 3:

Im Geschäftsjahr 2010 wird die Website der B AG, eine mittelgroße Kapitalgesellschaft, neu gestaltet. Das erforderte folgende Maßnahmen:

1. Entwicklung eines Konzepts für den Inhalt, Aufbau und für die grafische Gestaltung der Website: 20 TEUR
2. Programmierung der neuen Galerie mit zahlreichen Bildern und Videosequenzen zur Unternehmensgeschichte: 36 TEUR
3. Realisierung eines Internetshops, in dem Produkte der B AG online gekauft werden können: 54 TEUR
4. Lizenzgebühr für eine Software, die ein sicheres Bezahlen im Internet erlaubt: 30 TEUR

---

[178] Vgl. BFH-Urt. v. 28.10.1977, III R 72/75, BStBl. II 1978, S. 115.

Die Website wird am 1.7.2010 online geschaltet. Die B AG rechnet mit einer betrieblichen Nutzungsdauer von drei Jahren. Der kumulierte Ertragsteuersatz der B AG beträgt 30 %.

Beurteilung nach HGB i. d. F. des BilMoG:

Zur Beurteilung der Aktivierungsfähigkeit der angefallenen Aufwendungen sind aus einer Ex-ante-Sicht folgende Prüfungen vorzunehmen:

Prüfung 1: Unterliegt die Website einem expliziten Aktivierungsverbot?

Die Website stellt keinen Anwendungsfall der nach § 248 Abs. 1 Nr. 3 HGB von einer Aktivierung ausgeschlossenen immateriellen Vermögensgegenstände dar. Einem Aktivierungsverbot unterläge sie daher nur, wenn sie nicht die Kriterien eines Vermögensgegenstands erfüllte.

Prüfung 2: Führen die Aufwendungen hochwahrscheinlich zu einem Vermögensgegenstand?

Nach der Rechtsprechung des BFH sind Wirtschaftsgüter und damit auch Vermögensgegenstände durch die Merkmale Nutzenwert, Greifbarkeit, Übertragbarkeit und selbständige Bewertbarkeit gekennzeichnet:

1. Nutzenwert: Dieses Merkmal erfüllt in jedem Fall der Internet-Shop. Fraglich ist, ob die Galerie einen Nutzenwert für das Unternehmen hat. In einem IFRS-Abschluss wären die Aufwendungen für die Errichtung der Galerie innerhalb des Internetauftritts der B AG nicht aktivierungsfähig, da sie letztlich nur Werbezwecken dienen. Das gilt unabhängig davon, ob für Produkte des Unternehmens geworben wird oder ob es sich um eine reine Imagewerbung handelt. Diese Beurteilung erscheint auch nach HGB angemessen.

2. Übertragbarkeit: Die Rechtsprechung legt das Merkmal weit im Sinne einer Übertragbarkeit des (potenziellen) Wirtschaftsguts mit dem Unternehmen aus. Nicht übertragbar sind danach nur höchstpersönliche Vorteile und solche Vorteile, die im Allgemeingebrauch stehen. Demgegenüber stellt die Regierungsbegründung auf die selbständige Verwertbarkeit des immateriellen Vermögensgegenstands als Aktivierungsvoraussetzung ab. Dieses Kriterium wird man nicht enger als das Übertragbarkeitskriterium des BFH, insb. nicht im Sinne einer Einzelverwertbarkeit, auslegen dürfen. Andernfalls wäre bspw. jede Individualsoftware – ob erworben oder erstellt – als nicht aktivierungsfähig zu beurteilen. Eine ansatzbegrenzende Wirkung kommt dem Übertragbarkeitskriterium daher nicht zu, wenn man von seltenen Ausnahmefällen absieht.

3. Greifbarkeit: Sie ist zu bejahen, da sich die Website der B AG vom Geschäfts- oder Firmenwert abgrenzen lässt. Da eine Website heute für nahezu alle Unternehmen unverzichtbar ist, würde sie bei der Festlegung des Kaufpreises als Einzelheit ins Gewicht fallen.

4. **Selbständige Bewertbarkeit:** Ob dieses Merkmal des Wirtschaftsgut- bzw. Vermögensgegenstandsbegriffs erfüllt ist, hängt in erster Linie von der Möglichkeit ab, für die Website einen Zugangswert in Form von Herstellungskosten verlässlich zu bestimmen. Das ist Gegenstand der nachfolgenden dritten Prüfung.

Insgesamt erfüllt die fertiggestellte Website damit vorbehaltlich ihrer verlässlichen Zugangsbewertungen die an einen Vermögensgegenstand zu stellenden Anforderungen. Da die Realisierbarkeit des Projekts erfahrungsgemäß hochwahrscheinlich sein wird, ist nach den obigen Ausführungen auch die unfertige Website dem Grunde nach aktivierungsfähig.

Prüfung 3: Lassen sich die Herstellungskosten der Website verlässlich ermitteln?

Die Definition der Forschungs- und Entwicklungskosten in § 255 Abs. 2a HGB und ihre Konkretisierung in der Regierungsbegründung lehnen sich eng an diejenige nach IAS 38 an. Es erscheint daher gerechtfertigt, die Beurteilung nach HGB in vergleichbaren Fällen an der Auslegung der IFRS, namentlich an IAS 38 und SIC 32, auszurichten. Danach ergibt sich Folgendes:

1. Für die Konzeptionskosten bleibt es wie nach bisherigem Recht beim Aktivierungsverbot, da die Maßnahme ihrer Art nach der Forschungsphase zuzurechnen ist.
2. Auch für die Aufwendungen zur Programmierung der neuen Galerie besteht ein Aktivierungsverbot. Wie im Prüfungsschritt 2 dargelegt, lässt sich für die Galerie kaum wirtschaftlicher Zukunftsnutzen nachweisen. Mangels eines dem Grunde nach wertschaffenden Charakters sind die Aufwendungen als Investition in den originären Geschäfts- oder Firmenwert zu beurteilen. Das schließt ihre Aktivierung als Teil der Herstellungskosten der Website aus.
3. Die Aufwendungen zur Realisierung des Internet-Shops sind aktivierungsfähig, soweit sie in der Entwicklungsphase des immateriellen Vermögensgegenstands anfallen und sich eindeutig von den Forschungskosten und anderen nicht aktivierungsfähigen Aufwendungen abgrenzen lassen.
4. Für den Erwerb der Softwarelizenz bleibt es bei der Aktivierungspflicht (entgeltlicher Erwerb).

Im **Ergebnis** darf die B AG für den selbst geschaffenen Internetauftritt in der Bilanz zum 31.12.2010 nach § 248 Abs. 2 HGB einen Aktivposten ansetzen. Macht sie von diesem Wahlrecht Gebrauch, ist der Vermögensgegenstand mit seinen Herstellungskosten zu aktivieren. Diese betragen im Zeitpunkt der Fertigstellung der Website 54 TEUR. Als mittelgroße Kapitalgesellschaft hat die B AG nach § 274 HGB für die sich ergebende temporäre Differenz zur Steuerbilanz passive latente Steuern in Höhe von 16,2 TEUR (= 30 % von 54 TEUR) zu bilden. Ihr Ausweis kann unterbleiben, wenn die B AG über ausreichend hohe aktive latente Steuern verfügt.

Die Aktivierung der Website löst bei Verwendung des Gesamtkostenverfahrens folgende Buchungen aus (Angaben in EUR):

Datum	Konto	Soll	Haben
1.7.2010	Selbst geschaffene immaterielle VG	54.000	
	Andere aktivierte Eigenleistungen		54.000

Datum	Konto	Soll	Haben
1.7.2010	Latenter Steueraufwand	16.200	
	Passive latente Steuern		16.200

Vom Zeitpunkt der Betriebsbereitschaft an ist die Website der B AG planmäßig abzuschreiben. Bei einer angenommenen Nutzungsdauer von drei Jahren ermittelt sich für das Geschäftsjahr 2010 ein Abschreibungsbetrag von 9 TEUR. In der Folge sind die passiven latenten Steuern um 2,7 TEUR (= 30 % von 9 TEUR) aufzulösen. Die Buchungen lauten wie folgt (Angaben in EUR):

Datum	Konto	Soll	Haben
31.12.2010	Abschreibungen auf selbst geschaffene immaterielle VG des Anlagevermögens	9.000	
	Selbst geschaffene immaterielle VG		9.000

Datum	Konto	Soll	Haben
1.7.2010	Passive latente Steuern	2.700	
	Latenter Steueraufwand		2.700

Das Mehrvermögen aus der Aktivierung des selbst geschaffenen immateriellen Vermögensgegenstands ‚Internetauftritt' von 31,5 TEUR (45 TEUR abzüglich 13,5 TEUR) bzw. – bei Nichtpassivierung der latenten Steuern durch kleine Kapitalgesellschaften, für die § 274 HGB nicht anzuwenden ist – der Betrag der zum Abschlussstichtag aktivierten Entwicklungskosten unterliegt nach § 268 Abs. 8 Satz 1 HGB einer Ausschüttungssperre und nach § 301 AktG einer Abführungssperre.

1.4.4 Erstanwendung, Übergangsregelung und steuerliche Folgen

Die mit der Neufassung des § 248 Abs. 2 HGB begründete Aktivierungsmöglichkeit für selbst geschaffene immaterielle Vermögensgegenstände des Anlagevermögens betrifft alle bilanzierenden Kaufleute. Die Vorschrift ist ebenso wie die mit ihr korrespondierende Bewertungsvorschrift des § 255 Abs. 2a HGB **erstmals** in Jahres- und Konzernabschlüssen für Geschäftsjahre anzuwenden, die nach dem **31.12.2009** beginnen (vgl. Art. 66 Abs. 3 EGHGB). Für eine Aktivierung qualifizieren sich allerdings nur solche immateriellen Vermögensgegenstände, mit deren Entwicklung frühestens im Jahr der Erstanwendung der Vorschriften des BilMoG begonnen wird. Unter Wesentlichkeitsgesichtspunkten will der HFA des IDW jedoch eine Aktivierung auch in solchen Fällen zulassen, in denen unwesentliche Teile der Entwicklung bereits in einem Geschäftsjahr erfolgten, das vor dem 1.1.2010 begonnen hat. Eine Nachaktivierung der im vorhergehenden Geschäftsjahr angefallenen Aufwendungen komme dabei nicht in Betracht.[179]

Ob das Aktivierungswahlrecht bei vorzeitigem Übergang auf die Vorschriften des BilMoG auch schon in Abschlüssen für Geschäftsjahre ausgeübt werden kann, die nach dem **31.12.2008** beginnen, ist zweifelhaft. Dagegen spricht Art. 66 Abs. 7 EGHGB. Nach dieser Vorschrift finden die neuen Ansatz- und Bewertungsvorschriften nur auf immaterielle Vermögensgegenstände des Anlagevermögens Anwendung, deren Entwicklungsbeginn in Geschäftsjahren liegt, die nach dem 31.12.2009 beginnen. Zu ihr sehen die Übergangsvorschriften keine Ausnahme vor (vgl. hierzu auch den Hinweis im Praxistipp in Gliederungspunkt 2.3.3.5). Eine Begründung für diese Abweichung von der allgemeinen Systematik der Erstanwendungsvorschriften enthalten die Gesetzesmaterialien nicht. Der HFA des IDW geht daher offenbar von einem redaktionellen Versehen des Gesetzgebers aus. Er sieht jedenfalls die Unternehmen durch Art. 66 Abs. 7 EGHGB nicht daran gehindert, das Aktivierungswahlrecht des § 248 Abs. 2 Satz 1 HGB ggf. vorzeitig in Anspruch zu nehmen.[180]

Steuerliche Konsequenzen ergeben sich aus dem Aktivierungswahlrecht nicht, da § 5 Abs. 2 EStG als Vorbehaltsvorschrift nicht entgeltlich erworbene immaterielle Wirtschaftsgüter des Anlagevermögens weiterhin von einer Aktivierung ausschließt.

Abb. 43 fasst die Vorschriften des BilMoG zum Übergang auf die geänderte Ansatzregelung für selbst geschaffene immaterielle Vermögensgegenstände des Anlagevermögens zusammen.

---

[179] Vgl. IDW RS HFA 28, IDW-FN 2009, S. 642, Tz. 34.
[180] Vgl. IDW RS HFA 28, IDW-FN 2009, S. 642, Tz. 34; dagegen Kessler/Leinen/Paulus, BB 2009, S. 1912.

Übergang auf das Ansatzwahlrecht für selbst geschaffene immaterielle VG		
Erstanwendung	Übergang	Steuerliche Folgen
• Obligatorisch: Jahres- und Konzernabschlüsse für nach dem 31.12.2009 beginnende Geschäftsjahre • Optional: Jahres- und Konzernabschlüsse für nach dem 31.12.2008 beginnende Geschäftsjahre (nur im Verbund mit allen übrigen vorzeitig anwendbaren Vorschriften) Art. 66 Abs. 3 EGHGB • § 248 Abs. 2 HGB u. § 255 Abs. 2a HGB gelten nur für selbst geschaffene immaterielle VG des AV, mit deren Entwicklung in Geschäftsjahren begonnen wird, die nach dem 31.12.2009 beginnen Art. 66 Abs. 7 EGHGB	• Keine Übergangsregelung • Konsequenzen » Keine Nachaktivierung von Entwicklungskosten aus früheren Geschäftsjahren » Ggf. Aktivierung von in 2009 und später anfallenden Entwicklungskosten aus Projekten, die vor 2009 in der Forschungsphase waren	• Keine • Das steuerrechtliche Aktivierungsverbot verdrängt die handelsrechtliche Regelung § 5 Abs. 2 EStG

Abb. 43: *Übergang auf das Aktivierungswahlrecht für selbst geschaffene immaterielle Vermögensgegenstände des Anlagevermögens*

1.5 Ansatzstetigkeit

Mit dem BilMoG hat der Gesetzgeber § 246 HGB um den folgenden Abs. 3 ergänzt:

HGB § 246 Vollständigkeit. Verrechnungsverbot

[...]

(3) Die auf den vorhergehenden Jahresabschluss angewandten Ansatzmethoden sind beizubehalten. § 252 Abs. 2 ist entsprechend anzuwenden.

§ 246 Abs. 3 HGB ergänzt die schon bislang geltenden Grundsätze der **Bewertungsmethodenstetigkeit** (§ 252 Abs. 1 Nr. 6 HGB) und Darstellungsstetigkeit (§ 265 Abs. 1 HGB) um das Gebot der Ansatzstetigkeit. Nach der Regierungsbegründung erfordert eine transparente Rechnungslegung, auch bei Aktivierungs- und Passivierungsfragen stetig zu verfahren. Abweichungen von der Ansatzstetigkeit sind nur bei Vorliegen begründeter Ausnahmefälle zulässig. § 252 Abs. 2 HGB ist sinngemäß anzuwenden (vgl. BT-Drucks. 16/10067, S. 49).

Aufgrund der Tendenz des RegE BilMoG, Ansatzwahlrechte weitgehend zu beseitigen, schien dem Grundsatz der Ansatzstetigkeit zunächst nur geringe Bedeutung zuzukommen. Durch die in der Endphase des Gesetzgebungsvorhabens zusätzlich aufgenommenen Ansatzwahlrechte hat sich diese Situation deutlich geändert. Nunmehr erfasst der Grundsatz der Ansatzstetigkeit die folgenden Wahlrechte:[181]

- Aktivierungswahlrecht für selbst geschaffene immaterielle Vermögensgegenstände des Anlagevermögens (§ 248 Abs. 2 Satz 1 HGB),
- Aktivierungswahlrecht für ein Disagio (§ 250 Abs. 3 HGB),
- Aktivierungswahlrecht für latente Steuern aus Bilanzierungs- und Bewertungsunterschieden sowie aus ungenutzten steuerlichen Verlustvorträgen (§ 274 Abs. 1 HGB),
- Passivierungswahlrecht für Rückstellungen betreffend laufende Pensionen und für Anwartschaften auf Pensionen aus Altzusagen (Art. 28 Abs. 1 Satz 1 EGHGB),
- Passivierungswahlrecht für Rückstellungen betreffend mittelbare Verpflichtungen aus einer Zusage für eine laufende Pension oder eine Anwartschaft auf eine Pension sowie für ähnliche unmittelbare oder mittelbare Verpflichtungen (Art. 28 Abs. 1 Satz 2 EGHGB).[182]

Das von allen bilanzierenden Kaufleuten zu beachtende Gebot der Ansatzstetigkeit ist **erstmals** auf Jahres- und Konzernabschlüsse für das nach dem **31.12.2009** beginnende Geschäftsjahr anzuwenden (vgl. Art. 66 Abs. 3 EGHGB). Eine vorzeitige Anwendung für Geschäftsjahre, die nach dem **31.12.2008** beginnen, ist zulässig, allerdings nur im Verbund mit allen anderen in Art. 66 Abs. 3 EGHGB bezeichneten Vorschriften und unter Aufnahme eines entsprechenden Hinweises in den Anhang.

Es ergeben sich **keine steuerlichen Folgen**. Die fortbestehenden und neuen handelsrechtlichen Ansatzwahlrechte sind nach der Auslegung des § 5 Abs. 1 EStG durch die höchstrichterliche Rechtsprechung steuerrechtlich ohne Relevanz bzw. entfalten nach Wegfall der umgekehrten Maßgeblichkeit keine steuerlichen Wirkungen mehr. Steuerlich hat die Rechtsprechung aus dem Verbot willkürlicher Gewinnverlagerungen schon vor Inkrafttreten des BilMoG ein Gebot der Ansatzstetigkeit abgeleitet.[183] Ihm kommt aufgrund der Unmaßgeblichkeit handelsrechtlicher Ansatzwahlrechte und der geringen Zahl steuerlicher Ansatzwahlrechte kaum Bedeutung zu.

Abb. 44 fasst die Regelungen des BilMoG zur Erstanwendung des Gebots der Ansatzstetigkeit zusammen.

---

[181] Weitergehend Lüdenbach/Hoffmann, StuB 2009, S. 291 f.
[182] Zum bilanzpolitischen Potenzial der verbliebenen Ansatzwahlrechte vgl. Rogler, KoR 2010, S. 163 ff. und KoR 2010, S. 225 ff.
[183] Vgl. Kulosa, in: Schmidt (Hrsg.): EStG, 29. Aufl., München 2010, § 6 EStG, Rz. 12, 14.

Übergang auf das Gebot der Ansatzstetigkeit		
Erstanwendung	Übergang	Steuerliche Folgen
• Obligatorisch: Jahres- und Konzernabschlüsse für nach dem 31.12.2009 beginnende Geschäftsjahre • Optional: Jahres- und Konzernabschlüsse für nach dem 31.12.2008 beginnende Geschäftsjahre (nur im Verbund mit allen übrigen vorzeitig anwendbaren Vorschriften) Art. 66 Abs. 3 EGHGB	Keine explizite Übergangsregelung	• Keine • Handelsrechtliche Ansatzwahlrechte sind steuerrechtlich ohne Relevanz • Steuerrechtliche Ansatzwahlrechts waren schon bislang stetig auszuüben § 5 Abs. 1 EStG

Abb. 44: Übergang auf das Gebot der Ansatzstetigkeit nach BilMoG

2 Bewertung

2.1 Die neue Bewertungskonzeption für das Anlagevermögen im Überblick

2.1.1 Bewertungsschema

Die Bewertung des Anlagevermögens war bislang für alle Kaufleute in den §§ 253-256 HGB a. F. geregelt. Die Vorschriften galten uneingeschränkt nur für Nichtkapitalgesellschaften. Kapitalgesellschaften und diesen nach § 264a HGB gleichgestellte Personenhandelsgesellschaften hatten zusätzlich die Bestimmungen der §§ 279-281 HGB a. F. zu beachten. Sie ergänzten und modifizierten das allgemeine Bewertungsprogramm für das Anlagevermögen. Diese zweistufige Regelung führte zu den in Abb. 45 und Abb. 46 dargestellten rechtsformspezifischen Bewertungsschemata.

Abschnitt 2: Bilanzierung des Anlagevermögens

Bewertung des Anlagevermögens bei Nicht-KapG nach HGB a.F.

Begriff / Einteilung Schema	Abnutzbare Anlagegüter	Dem Betrieb dauernd zu dienen bestimmte VG	Nicht abnutzbare Anlagegüter
Ausgangswert	AK / HK § 253 Abs. 1 HGB a.F.		AK § 253 Abs. 1 HGB a.F.
– planmäßige Abschreibung	Gebot § 253 Abs. 2 Satz 1, 2 HGB a.F.		Verbot § 253 Abs. 2 Satz 1 HGB a.F.
– außerplanmäßige Abschreibung	Gebot § 253 Abs. 2 Satz 3 HGB a.F.	Voraussichtlich dauernde Wertminderung	Gebot § 253 Abs. 2 Satz 3 HGB a.F.
	Wahlrecht § 253 Abs. 2 Satz 3 HGB a.F.	Voraussichtlich nicht dauernde Wertminderung	Wahlrecht § 253 Abs. 2 Satz 3 HGB a.F.
	Wahlrecht § 253 Abs. 4 HGB a.F.	Abschläge nach vernünftiger kaufmännischer Beurteilung	Wahlrecht § 253 Abs. 4 HGB a.F.
	Wahlrecht § 254 HGB a.F.	Steuerrechtliche Mehrabschreibung	Wahlrecht § 254 HGB a.F.
+ Zuschreibung (max. bis zu den AK / HK)	Wahlrecht § 253 Abs. 5 HGB a.F.		Wahlrecht § 253 Abs. 5 HGB a.F.
= Buchwert			

Abb. 45: Bewertungsschema für das Anlagevermögen von Nichtkapitalgesellschaften nach HGB a. F.

Bewertung des Anlagevermögens bei KapG nach HGB a.F.

Begriff / Einteilung Schema	Abnutzbare Anlagegüter	Dem Betrieb dauernd zu dienen bestimmte VG	Nicht abnutzbare Anlagegüter
Ausgangswert	AK / HK § 253 Abs. 1 HGB a.F.		AK § 253 Abs. 1 HGB a.F.
– planmäßige Abschreibung	Gebot § 253 Abs. 2 Satz 1, 2 HGB a.F.		Verbot § 253 Abs. 2 Satz 1 HGB a.F.
– außerplanmäßige Abschreibung	Gebot § 253 Abs. 2 Satz 3 HGB a.F.	Voraussichtlich dauernde Wertminderung	Gebot § 253 Abs. 2 Satz 3 HGB a.F.
	Wahlrecht § 253 Abs. 2 Satz 3 § 279 Abs. 1 HGB a.F.	Voraussichtlich nicht dauernde Wertminderung im FAV	Wahlrecht § 253 Abs. 2 Satz 3 § 279 Abs. 1 HGB a.F.
	Wahlrecht §§ 254, 281 HGB a.F.	Steuerrechtliche Mehrabschreibung	Wahlrecht §§ 254, 281 HGB a.F.
+ Zuschreibung (max. bis zu den AK / HK)	Gebot § 280 Abs. 1 HGB a.F.		Gebot § 280 Abs. 1 HGB a.F.
= Buchwert			

Abb. 46: Bewertungsschema für das Anlagevermögen von Kapitalgesellschaften nach HGB a. F.

Mit dem BilMoG hat der Gesetzgeber dieses ‚Zwei-Klassen-Modell' aufgegeben. Nunmehr gilt ein **rechtsformübergreifendes einheitliches Bewertungsschema** für das Anlagevermögen (vgl. § 253 Abs. 3 HGB und Abb. 47). Es entspricht im Wesentlichen dem bisherigen Bewertungsprogramm für Kapitalgesellschaften und gleichgestellte Personenhandelsgesellschaften.

Begriff / Einteilung Schema	Bewertung des Anlagevermögens nach BilMoG			Sonderfall: Zweckvermögen
	Abnutzbare Anlagegüter	Dem Betrieb dauernd zu dienen bestimmte VG	Nicht abnutzbare Anlagegüter	
Ausgangswert	AK / HK § 253 Abs. 1 Satz 1 HGB		AK § 253 Abs. 1 Satz 1 HGB	
– planmäßige Abschreibung	Gebot § 253 Abs. 3 Satz 1, 2 HGB		Verbot § 253 Abs. 2 Satz 1 HGB	Durchgängig erfolgswirksame Bewertung zum beizulegenden Zeitwert § 253 Abs. 1 Satz 3 HGB
– außerplanmäßige Abschreibung	Gebot § 253 Abs. 3 Satz 3 HGB	Voraussichtlich dauernde Wertminderung	Gebot § 253 Abs. 3 Satz 3 HGB	
	Verbot § 253 Abs. 3 Satz 4 HGB Umkehrschluss	Voraussichtlich nicht dauernde Wertminderung	Wahlrecht im FAV § 253 Abs. 3 Satz 4 HGB	
+ Zuschreibung (max. bis zu den AK / HK)	Gebot (Ausnahme: GoF) § 253 Abs. 5 HGB		Gebot § 253 Abs. 5 HGB	
= Buchwert	keine Zuschreibung des GoF!			

Abb. 47: *Bewertungsschema für das Anlagevermögen nach BilMoG*

Die **Zugangsbewertung** der Vermögensgegenstände des Anlagevermögens erfolgt wie bisher zu Anschaffungs- oder Herstellungskosten (vgl. § 253 Abs. 1 Satz 1 HGB).

Keine Änderungen ergeben sich bei den planmäßigen Abschreibungen (vgl. § 253 Abs. 3 Satz 1, 2 HGB). Die **außerplanmäßigen Abschreibungen** beschränkt das BilMoG auf obligatorische (vgl. § 253 Abs. 3 Satz 3 HGB) und optionale Niederstwertabschreibungen (vgl. § 253 Abs. 3 Satz 4 HGB). Steuerrechtliche Mehrabschreibungen kommen nicht mehr in Betracht. § 253 Abs. 5 HGB sieht schließlich mit Ausnahme des Geschäfts- oder Firmenwerts ein generelles **Zuschreibungsgebot** bei Wegfall der Gründe für eine vorausgegangene außerplanmäßige Abschreibung vor.

Eine Besonderheit ergibt sich für solche Vermögensgegenstände, „die dem Zugriff aller übrigen Gläubiger entzogen sind und ausschließlich der Erfüllung von Schulden aus Altersversorgungsverpflichtungen oder vergleichbaren langfristig fälligen Verpflichtungen dienen" (§ 246 Abs. 2 Satz 2 HGB). Sie sind nach § 253 Abs. 1 Satz 4 HGB mit ihrem beizulegenden Zeitwert zu bewerten. Bei diesem **Zweckvermögen** – in den IFRS als Planvermögen bezeichnet[184] – kann es sich etwa um Ansprüche aus Rückdeckungsversicherungen oder um unbelastete, für den Betrieb des Unternehmens nicht notwendige Vermögensgegenstände (z. B. Wertpapiere, Mietimmobilien) han-

---

[184] Zum Vergleich der Anforderungen an Zweckvermögen nach IFRS und HGB vgl. Küting/Scheren/Keßler, KoR 2010, S. 264 ff.

deln, die über eine geeignete Treuhandlösung auf einen externen Träger übertragen wurden.[185]

Das Gesetz lässt offen, ob die zum beizulegenden Zeitwert zu bewertenden Vermögensgegenstände dem Anlage- oder Umlaufvermögen zuzurechnen sind. Die Frage hat im Allgemeinen nur theoretische Bedeutung, da sich aus der Zuweisung zu der einen oder anderen Vermögenskategorie keine materiellen Konsequenzen ergeben. Das ändert sich, wenn sich der beizulegende Wert dieser Vermögensgegenstände ausnahmsweise weder anhand eines aktiven Markts ermitteln lässt noch durch Anwendung anerkannter Bewertungsmethoden verlässlich bestimmt werden kann. Für diesen Fall ordnet § 255 Abs. 4 Satz 3 HGB an, die Anschaffungs- oder Herstellungskosten der Vermögensgegenstände nach § 253 Abs. 4 HGB, also nach den Vorschriften für die Folgebewertung des **Umlaufvermögens**, fortzuführen. Das erscheint befremdlich. Danach wären bspw. Wertpapiere, deren beizulegender Zeitwert aufgrund eines illiquiden Markts nicht verlässlich zu ermitteln ist, ungeachtet ihrer nicht gegebenen Veräußerbarkeit dem Umlaufvermögen zuzuweisen. Ebenso unterlägen als Zweckvermögen designierte, nicht verlässlich bewertbare Gebäude (z. B. Mietimmobilien, deren längerfristige Vermietung aufgrund fehlender Nachfrage zweifelhaft ist und für die auch kein potenzieller Käufer in Sicht ist) keiner planmäßigen, sondern allenfalls einer außerplanmäßig Abschreibung. Um eine Wertkorrektur vorzunehmen, müsste allerdings der beizulegende Wert der betreffenden Vermögensgegenstände bestimmbar sein. Das wird bei Vermögensgegenständen, deren (potenzieller) Marktpreis weder beobachtbar noch durch Anwendung von Bewertungsmethoden verlässlich ermittelbar ist, auf ähnliche Probleme stoßen wie die Zeitwertbewertung. Mit Blick auf das Vorsichtsprinzip bleibt damit im Zweifel nur die Abwertung auf null. Angesichts des eindeutigen Wortlauts des § 255 Abs. 4 Satz 3 HGB dürfte eine Fortführung der Anschaffungs- oder Herstellungskosten der Vermögensgegenstände nach den Vorschriften für das Anlagevermögen dennoch nicht begründbar sein.

Der Verweis in § 255 Abs. 4 Satz 3 HGB gilt nicht für Vermögensgegenstände des Zweckvermögens, die zum beizulegenden Zeitwert bewertet werden. Sie sind u. E. nach den allgemeinen Kriterien – wenn auch ohne materielle Konsequenzen – dem Anlage- oder Umlaufvermögen zuzurechnen. Das in Abb. 47 dargestellte Schema stellt sie getrennt von den übrigen Anlagegütern dar, da diese Vermögensgegenstände gerade nicht als Teil des Anlagevermögens auszuweisen, sondern nach § 246 Abs. 2 Satz 2 HGB mit den betreffenden Verpflichtungen zu verrechnen sind.

Übersteigt der beizulegende Zeitwert der nach § 246 Abs. 2 Satz 2 HGB saldierungspflichtigen Vermögensgegenstände den Betrag der passivierten Schulden, ist der **Vermögensüberhang** – anders als noch im RegE BilMoG vorgesehen – auf der Aktivseite auszuweisen. Das Gesetz weist ihm allerdings den Charakter eines Verrechnungspostens zu und fordert seinen Ausweis in einem gesonderten Posten nach den latenten Steuern (vgl. § 246 Abs. 2 Satz 3, § 266 Abs. 2 E. HGB). Damit rechnet der Vermögensüberhang nicht zum Anlagevermögen.

---

[185] Vgl. zu derartigen Treuhandgestaltungen Mittermaier/Böhme, BB 2006, S. 203 ff. m. w. N.

2.1.2 Bewertungsmaßstäbe

Der neu gefasste § 255 HGB definiert zentrale Bewertungsmaßstäbe für die Zugangs- und Folgebewertung von Vermögensgegenständen und Schulden. Für die Bewertung des Anlagevermögens sind entsprechend dem vorstehend erläuterten Bewertungsschema die Anschaffungskosten, die Herstellungskosten und der beizulegende Zeitwert von Bedeutung (vgl. Abb. 48). Den für die Niederstbewertung relevanten beizulegenden Wert setzt das Gesetz wie schon bisher als bekannt voraus. Das ist nicht zuletzt mit Blick auf die sprachliche Verwandtschaft zum neu eingeführten Bewertungsmaßstab des beizulegenden Zeitwerts unbefriedigend. Aus Gründen einer klaren Abgrenzung wäre eine Klarstellung wünschenswert gewesen, welche (abweichende) Wertvorstellung der beizulegende Wert zum Ausdruck bringen soll.

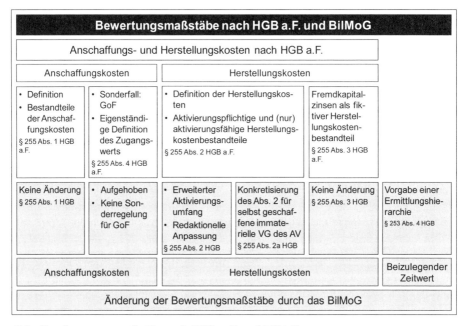

Abb. 48: *Bewertungsmaßstäbe nach HGB a. F. und BilMoG*

Absatz 1 definiert wie bisher die **Anschaffungskosten** als Zugangswert der von Dritten erworbenen Vermögensgegenstände. Die Vorschrift gilt nach Wegfall des § 255 Abs. 4 HGB a. F. auch für die erstmalige Bewertung eines entgeltlich erworbenen Geschäfts- oder Firmenwerts. Eine materielle Änderung im Vergleich zum früheren Recht geht damit nicht einher. § 246 Abs. 1 Satz 4 HGB definiert den derivativen Geschäfts- oder Firmenwert nahezu wortgleich mit der Vorgängerregelung als „Unterschiedsbetrag, um den die für die Übernahme eines Unternehmens bewirkte Gegenleistung den Wert der einzelnen Vermögensgegenstände des Unternehmens abzüglich der Schulden im Zeitpunkt der Übernahme übersteigt". Der so ermittelte Unterschiedsbetrag bildet den Zugangswert dieses fiktiven immateriellen Vermögensgegenstands des Anlagevermögens. Abweichungen bei der Ermittlung der Anschaffungskosten von Vermögensgegenständen des Anlagevermögens im Vergleich zum bisherigen Recht können sich allerdings als Reflex anderer mit dem BilMoG neu geschaffener bzw. modifizierter Bewertungsnomen ergeben (vgl. Gliederungspunkt 2.2).

Die Absätze 2, 2a und 3 des § 255 HGB konkretisieren den Bewertungsmaßstab der **Herstellungskosten**. § 255 Abs. 2 Satz 1 HGB übernimmt die Definition der bisherigen Norm. Ausgeweitet hat der Gesetzgeber den Umfang der als Herstellungskosten pflichtgemäß zu aktivierenden Kostenarten (vgl. hierzu Gliederungspunkt 2.3.2.2). Fortan entspricht die Wertuntergrenze der handelsrechtlichen Herstellungskosten jener des Steuerrechts in der bisherigen Auslegung des § 6 Abs. 1 EStG durch die Finanzverwaltung in R 6.3 EStR.[186] Im Schreiben vom 12.3.2010[187] ist das BMF von dieser Position allerdings insoweit abgerückt, als es nunmehr steuerlich auch eine Aktivierung von allgemeinen Verwaltungskosten sowie von Aufwendungen für soziale Einrichtungen, für freiwillige soziale Aufwendungen und für betriebliche Altersversorgung fordert. Im Hinblick auf den sachlichen Umfang der aktivierungspflichtigen bzw. nur aktivierungsfähigen Gemeinkosten wurde § 255 Abs. 2 zudem redaktionell angepasst. Der neu eingefügte Absatz 2a des § 255 HGB regelt die Zugangsbewertung selbst geschaffener immaterieller Vermögensgegenstände des Anlagevermögens (vgl. Gliederungspunkt 2.3.3). Er stellt klar, in welcher Phase der Erzeugung eines immateriellen Vermögensgegenstands Herstellungskosten i. S. d. Abs. 2 anfallen. Die Vorschrift des § 255 Abs. 3 HGB zur Aktivierung von Fremdkapitalzinsen als (fiktive) Herstellungskosten hat durch das BilMoG keine Änderung erfahren.[188]

Neu aufgenommen in § 255 Abs. 4 HGB hat der Gesetzgeber den Bewertungsmaßstab des **beizulegenden Zeitwerts**. Das ist zugleich der Grund für die Umbenennung der Vorschrift von ehemals „Anschaffungs- und Herstellungskosten" in „Bewertungsmaßstäbe" (vgl. BT-Drucks. 16/10067, S. 59).

Der beizulegende Zeitwert bezeichnet den Marktpreis eines Vermögensgegenstands. Die Vorschrift stellt klar, wie der Marktpreis zu ermitteln und wie zu verfahren ist, wenn sich ein Marktpreis nicht feststellen lässt. Der neue Bewertungsmaßstab kommt im reformierten Bilanzrecht sowohl bei der Zugangsbewertung (z. B. bei der Erstbewertung der bei Erwerb von Tochterunternehmen zugegangenen Vermögensgegenstände und Schulden; vgl. Kapitel 3, Abschnitt 3, Gliederungspunkt 2.2.3) als auch bei der Folgebewertung (nach § 246 Abs. 2 Satz 2 HGB saldierungspflichtiger Vermögensgegenstände; vgl. Gliederungspunkt 2.6.2) zur Anwendung. Bei Kredit- und Finanzdienstleistungsunternehmen i. S. d. § 340 HGB bildet der beizulegende Zeitwert gemäß § 255 Abs. 4 HGB zudem den Ausgangspunkt für die Bewertung von Finanzinstrumenten des Handelsbestands (vgl. § 340e Abs. 3, 4 HGB sowie Abschnitt 8, Gliederungspunkt 6).

---

[186] Vgl. Prinz, BBK, Fach 13, S. 5273.
[187] Vgl. BMF-Schreiben v. 12.3.2010, BStBl. I 2010, S. 239, Tz. 8.
[188] Vgl. hierzu IDW RS HFA 31, IDW-FN 2009, S. 670, Tz. 23 ff.

2.2 Anschaffungskosten

Das BilMoG hat weder die Definition der Anschaffungskosten in § 255 Abs. 1 Satz 1 HGB noch die bei ihrer Ermittlung nach § 255 Abs. 1 Satz 2, 3 HGB zu berücksichtigenden Bestandteile geändert. Nicht aufgegriffen hat der Gesetzgeber den Vorschlag, die zu erwartenden Ausgaben zur Erfüllung von Rekultivierungs-, Entsorgungs- und ähnlichen Verpflichtungen analog zur Rechnungslegung nach IFRS als Teil des Zugangswerts des betreffenden Vermögensgegenstands zu aktivieren. Das hätte nach Ansicht der Bundesregierung eine Neuausrichtung des Anschaffungskostenprinzips erfordert (vgl. BT-Drucks. 16/10067, S. 38).[189]

Trotz des unveränderten Wortlauts des § 255 Abs. 1 HGB können sich im Vergleich zum bisherigen Recht Abweichungen bei der Zugangsbewertung von Dritten erworbener Anlagegüter ergeben. Der Grund hierfür liegt in anderen durch das BilMoG eingeführten oder modifizierten Bewertungsvorschriften, die auf die Anschaffungskostenermittlung ausstrahlen. Gemeint sind folgende Regelungen:

- § 253 Abs. 2 Satz 3 HGB zur Bewertung von auf Rentenverpflichtungen beruhenden Verbindlichkeiten, für die eine Gegenleistung nicht mehr zu erwarten ist
- § 254 HGB zur Bildung von Bewertungseinheiten

Verbindlichkeiten aus **Rentenverpflichtungen**, für die eine Gegenleistung nicht mehr zu erwarten ist, sind wie schon bisher mit ihrem Barwert anzusetzen. Nach § 253 Abs. 2 Satz 1 HGB a. F. war der Diskontierungssatz aus der Vereinbarung der Parteien abzuleiten, hilfsweise auf den im Zeitpunkt der Vereinbarung geltenden fristadäquaten Marktzins abzustellen.[190] Demgegenüber sieht § 253 Abs. 2 Satz 3, 4 HGB die Verwendung eines typisierten, von der Deutschen Bundesbank zu ermittelnden und monatlich bekannt zu gebenden Abzinsungssatzes vor (vgl. hierzu Abschnitt 5, Gliederungspunkt 2.2.1). Das kann die Höhe der Anschaffungskosten von Vermögensgegenständen beeinflussen, die gegen Rentenzahlungen erworben worden sind.

Beispiel

Zur Erweiterung seiner Produktionsstätte erwirbt M&M ein Grundstück von der 60-jährigen Witwe B gegen Zahlung einer lebenslangen monatlichen nachschüssigen Rente in Höhe von 2.000 EUR. Nach der aktuellen Sterbetafel hat Witwe B eine Lebenserwartung von 85 Jahren. M&M zahlt am Erwerbsstichtag für langfristig aufgenommenes Fremdkapital Zinsen von 6 % p. a. Der Barwert der Kaufpreisverbindlichkeit ist nach BilMoG durch Anwendung der Vereinfachungsregelung des § 253 Abs. 2 Satz 2 i. V. m. Satz 3 HGB mittels Abzinsung mit einem durchschnittlichen Marktzinssatz bei einer angenommenen Restlaufzeit von 15 Jahren zu ermitteln. Die Deutsche Bundesbank hat diesen Zinssatz zum Erwerbsstichtag mit 4,8 % festgestellt.

---

[189] A. A. Küting/Kessler, PiR 2007, S. 313.
[190] Vgl. Adler/Düring/Schmaltz: Rechnungslegung und Prüfung der Unternehmen, 6. Aufl., Stuttgart 1995 ff., § 253 HGB, Tz. 168 ff.

Nach der Regelung in § 253 Abs. 2 Satz 1 HGB a. F. betragen die im Zugangszeitpunkt des Grundstücks zu passivierende Kaufpreisschuld und damit die Anschaffungskosten der Immobilie 310.414 EUR. Der Zugangswert ermittelt sich unter Vernachlässigung einer unterjährigen Verzinsung nach folgender Formel:

Monatliche Rentenzahlung × Rentenbarwertfaktor (0,5 %; 300 Monate)

= 2.000 EUR × 155,2069

= 310.414 EUR

Die Verwendung des von der Bundesbank veröffentlichten durchschnittlichen Marktzinssatzes führt demgegenüber zu höheren Anschaffungskosten für das Grundstück und zu einem höheren Zugangswert für die Verbindlichkeit aus der Rentenverpflichtung:

Monatliche Rentenzahlung × Rentenbarwertfaktor (0,4 %; 300 Monate)

= 2.000 EUR × 174,5210

= 349.042 EUR

Offen bleibt, wie zu verfahren ist, wenn die Vertragsparteien eine Ablösungssumme festlegen, durch deren Zahlung die Rentenschuld abgelöst werden kann. Beträgt diese im Beispiel 300.000 EUR, sind nach altem Recht Grundstück und Rentenschuld mit diesem Ablösebetrag einzubuchen. Ob dies auch für die Neuregelung in § 253 Abs. 2 HGB gilt, erscheint fraglich, da die Vorschrift den anzuwendenden Abzinsungssatz ausdrücklich vorgibt (vgl. hierzu auch die Ausführungen in Abschnitt 5, Gliederungspunkt 2.2.1).

Die neue Bewertungsanweisung ist für Zwecke der Anschaffungskostenermittlung nicht rückwirkend anzuwenden. Eine Korrektur der nach § 253 Abs. 1 Satz 2 HGB a. F. ermittelten Anschaffungskosten ist im Übergang auf das BilMoG somit nicht veranlasst. Die Verbindlichkeit aus der Rentenverpflichtung ist dagegen nach Übergang auf die Vorschriften des BilMoG entsprechend der neuen Bewertungsanweisung unter Berücksichtigung des Höchstwertprinzips anzupassen.

Auswirkungen auf die Höhe der Anschaffungskosten von Vermögensgegenständen können sich ferner aus der mit dem BilMoG in das HGB aufgenommenen Regelung zur Bildung von **Bewertungseinheiten** ergeben. Das ist etwa der Fall, wenn die Anschaffungskosten eines Vermögensgegenstands, den das Unternehmen mit hoher Wahrscheinlichkeit erwerben wird, durch Abschluss eines Termingeschäfts vorab fixiert werden und diese Sicherungsbeziehung nach den Regeln des § 254 HGB abgebildet wird. Ob bei einer Absicherung erwarteter Transaktionen nach der vormaligen Auslegung des Einzelbewertungsgrundsatzes von einer gesonderten Bewertung der einzelnen Komponenten der Sicherungsbeziehung abgesehen werden durfte, ist umstritten (vgl. hierzu Abschnitt 8, Gliederungspunkt 5).

2.3 Herstellungskosten

2.3.1 Die neue Vorschrift im Überblick

Der Wortlaut der Herstellungskostenregelung des § 255 HGB ist durch das BilMoG wie folgt geändert worden:

HGB § 255 Bewertungsmaßstäbe

[...]

(2) Herstellungskosten sind die Aufwendungen, die durch den Verbrauch von Gütern und die Inanspruchnahme von Diensten für die Herstellung eines Vermögensgegenstands, seine Erweiterung oder für eine über seinen ursprünglichen Zustand hinausgehende wesentliche Verbesserung entstehen. Dazu gehören die Materialkosten, die Fertigungskosten und die Sonderkosten der Fertigung sowie angemessene Teile der Materialgemeinkosten, der Fertigungsgemeinkosten und des Werteverzehrs des Anlagevermögens, soweit dieser durch die Fertigung veranlasst ist. Bei der Berechnung der Herstellungskosten dürfen angemessene Teile der Kosten der allgemeinen Verwaltung sowie angemessene Aufwendungen für soziale Einrichtungen des Betriebs, für freiwillige soziale Leistungen und für die betriebliche Altersversorgung einbezogen werden, soweit diese auf den Zeitraum der Herstellung entfallen. Forschungs- und Vertriebskosten dürfen nicht einbezogen werden.

(2a) Herstellungskosten eines selbst geschaffenen immateriellen Vermögensgegenstands des Anlagevermögens sind die bei dessen Entwicklung anfallenden Aufwendungen nach Absatz 2. Entwicklung ist die Anwendung von Forschungsergebnissen oder von anderem Wissen für die Neuentwicklung von Gütern oder Verfahren oder die Weiterentwicklung von Gütern oder Verfahren mittels wesentlicher Änderungen. Forschung ist die eigenständige und planmäßige Suche nach neuen wissenschaftlichen oder technischen Erkenntnissen oder Erfahrungen allgemeiner Art, über deren technische Verwertbarkeit und wirtschaftliche Erfolgsaussichten grundsätzlich keine Aussagen gemacht werden können. Können Forschung und Entwicklung nicht verlässlich voneinander unterschieden werden, ist eine Aktivierung ausgeschlossen.

(3) Zinsen für Fremdkapital gehören nicht zu den Herstellungskosten. Zinsen für Fremdkapital, das zur Finanzierung der Herstellung eines Vermögensgegenstands verwendet wird, dürfen angesetzt werden, soweit sie auf den Zeitraum der Herstellung entfallen; in diesem Falle gelten sie als Herstellungskosten des Vermögensgegenstands.

[...]

§ 255 Abs. 2 Satz 1 HGB definiert wie bisher den Begriff der Herstellungskosten. **Satz 2** der neu gefassten Vorschrift erweitert die Einbeziehungspflicht auf angemessene Teile der Materialgemeinkosten, der Fertigungsgemeinkosten und des fertigungsbedingten Werteverzehrs des Anlagevermögens. Das nähert die handelsrechtliche Wertuntergrenze der Herstellungskosten an jene des Steuerrechts und zugleich an den produktionsbezogenen Vollkostenbegriff der IFRS an (vgl. BT-Drucks. 16/10067, S. 59). Als aktivierungsfähige, aber nicht aktivierungspflichtige Teile der Herstellungskosten kennzeichnet **Satz 3** Kosten der allgemeinen Verwaltung sowie Aufwendungen für soziale Einrichtungen des Betriebs, für freiwillige soziale Leistungen und für die betriebliche Altersversorgung. Klarstellend im Vergleich zur früheren Regelung beschränkt die Vorschrift die Einbeziehung dieser Aufwendungen in die Herstellungskosten sachlich auf die angemessenen Teile und zeitlich auf jene Aufwendungen, die auf den Zeitraum der Herstellung entfallen. Weiterhin nicht aktivierungsfähig sind nach **Satz 4** Vertriebskosten und – nunmehr explizit genannt – Forschungskosten.

Der neu eingefügte **Abs. 2a** konkretisiert die Herstellungskostenregelung für selbst geschaffene immaterielle Vermögensgegenstände. Aktivierungspflichtig bzw. -fähig sind danach jene Aufwendungen, die während der Entwicklung des immateriellen Vermögensgegenstands anfallen und gleichzeitig die Vorgaben des Abs. 2 erfüllen (**Satz 2**). Ergänzend zu dieser allgemeinen Anweisung grenzt die neue Bewertungsvorschrift die Phase der Entwicklung von der ihr vielfach vorausgehenden Forschungsphase ab, in der keine aktivierungsfähigen Aufwendungen anfallen (**Satz 3**). Schließlich erklärt **Satz 4** die verlässliche Trennbarkeit von Forschung und Entwicklung zu einer notwendigen Voraussetzung für die Aktivierung von Herstellungskosten selbst geschaffener immaterieller Vermögensgegenstände.

Keine Änderungen bringt das BilMoG hinsichtlich der Aktivierung von Zinsen für Fremdkapital als Teil der Herstellungskosten (**§ 255 Abs. 3 HGB**).

Die Neufassung der Herstellungskostenregelung gilt für alle bilanzierenden Kaufleute. § 255 HGB ist **erstmals** in Jahres- und Konzernabschlüssen für Geschäftsjahre anzuwenden, die nach dem **31.12.2009** beginnen (vgl. Art. 66 Abs. 3 EGHGB). Eine vorzeitige Anwendung für Geschäftsjahre, die nach dem **31.12.2008** beginnen, ist zulässig, allerdings nur im Verbund mit allen anderen in Art. 66 Abs. 3 EGHGB bezeichneten Vorschriften und unter Aufnahme eines entsprechenden Hinweises in den Anhang. Die geänderten Rechtsfolgeanweisungen für die Bestandteile der Herstellungskosten sind nur auf Herstellungsvorgänge anzuwenden, die im Jahr der Erstanwendung der Vorschriften des BilMoG begonnen werden.

2.3.2 Allgemeine Regelung (§ 255 Abs. 2, 3 HGB)

2.3.2.1 Herstellungskostendefinition

Herstellungskosten sind nach § 255 Abs. 2 Satz 1 HGB definiert als „die Aufwendungen, die durch den Verbrauch von Gütern und die Inanspruchnahme von Diensten für die Herstellung eines Vermögensgegenstands, seine Erweiterung oder für eine über seinen ursprünglichen Zustand hinausgehende wesentliche Verbesserung entstehen". Nachdem diese Begriffsbestimmung durch das BilMoG keine Änderung erfahren hat, sind als Herstellungsvorgänge weiterhin

- die Neuschaffung,
- die Erweiterung und
- die über den ursprünglichen Zustand hinausgehende wesentliche Verbesserung

eines Vermögensgegenstands zu unterscheiden. Gemeinsam ist allen Herstellungsvorgängen die **Übernahme des Entwicklungsrisikos** durch den Bilanzierenden. Liegt dieses Risiko bei Dritten, ist ein Anschaffungsvorgang gegeben. Die Unterscheidung ist vor allem im Hinblick auf die Aktivierung von Gemeinkosten von Bedeutung.

Die **Neuschaffung** umfasst neben der erstmaligen Herstellung eines Vermögensgegenstands die Wiederherstellung eines vollständig verbrauchten Vermögensgegenstands (**Zweitherstellung**) sowie die Umformung eines Vermögensgegenstands durch dauerhafte Änderung seiner betrieblichen Zweckbestimmung (**Wesensänderung**).

Die zu (nachträglichen) Herstellungskosten führende **Erweiterung** eines Vermögensgegenstands liegt zum einen vor, wenn die getätigten Aufwendungen dessen zweckbestimmte Nutzungsmöglichkeiten erhöhen (Beispiel: Vergrößerung der nutzbaren Lagerfläche einer Halle durch Einziehen von Zwischendecken). Die funktionale Erweiterung muss sich auf den Vermögensgegenstand als Ganzes und nicht nur auf einzelne Teile beziehen. Eine bloße Mehrung der physischen Substanz genügt für die Annahme von Herstellungsaufwand ebenso wenig wie eine Wertsteigerung. Eine Erweiterung liegt zum anderen dann vor, wenn ein Vermögensgegenstand um bislang nicht vorhandene Teile ergänzt wird, die eine neue Funktion erfüllen. Unter diesem Aspekt hat der BFH etwa die Aufwendungen für die Installation einer Alarmanlage[191] oder den Einbau einer Markise[192] in ein Gebäude als aktivierungspflichtige Herstellungskosten beurteilt, nicht dagegen den Einbau eines zusätzlichen Heizkörpers in einen bislang nicht beheizten Raum eines Wohnhauses.[193]

Führen ausgabenwirksame Maßnahmen zu einer **Verbesserung** eines Vermögensgegenstands als Ganzes, können ebenfalls nachträgliche Herstellungskosten vorliegen. Vergleichsmaßstab ist der ursprüngliche Zustand des Vermögensgegenstands. Das ist regelmäßig der in den ehemaligen Anschaffungs- oder Herstellungskosten zum Aus-

---

[191] Vgl. BFH-Urt. v. 16.2.1993, IX R 85/88, BStBl. II 1993, S. 544.
[192] Vgl. BFH-Urt. v. 29.8.1989, IX R 176/84, BStBl. II 1990, S. 430.
[193] Vgl. BFH-Urt. v. 24.7.1979, VIII R 162/78, BStBl. II 1980, S. 7.

druck kommende Zustand im Zugangszeitpunkt. Soweit dieser Zustand durch nachträgliche Anschaffungs- oder Herstellungskosten verändert wird, bildet dieser die relevante Vergleichsbasis.[194]

Nur **wesentliche** Verbesserungen können nachträgliche Herstellungskosten begründen. Maßnahmen, die lediglich funktionserhaltend wirken, genügen nicht. Das betrifft insb. reine Modernisierungsmaßnahmen oder Anpassungen an den technischen Fortschritt. Aktivierungspflichtig sind demgegenüber Maßnahmen, die in ihrer Gesamtheit zu einer deutlichen Gebrauchswerterhöhung führen.[195]

Der Herstellungskostenbegriff des HGB ist – wie bisher – **final** zu interpretieren. Er umfasst nicht nur die durch die Herstellung (kausal) verursachten Aufwendungen, sondern sämtliche Ausgaben, die der Kaufmann für die Erstellung, Erweiterung oder wesentliche Verbesserung eines Vermögensgegenstands über dessen ursprünglichen Zustand hinaus in Kauf nimmt.

Die Herstellung eines Vermögensgegenstands ist ein **zeitraumbezogener Vorgang**. Sie beginnt, wenn erstmals aufwandswirksame Maßnahmen ergriffen werden, um einen Vermögensgegenstand durch Kombination von Produktionsfaktoren zu schaffen oder im Sinne des § 255 Abs. 2 Satz 1 HGB zu verändern.[196] Die bloße Beschaffung von Werkstoffen genügt nicht. Der Herstellungsbeginn kann dem technischen Fertigungsbeginn vorausgehen. Zu den typischen Vorbereitungskosten zählen Bauantragsgebühren, Planungskosten und Kosten der Baustelleneinrichtung. Ob auch Abbruchkosten zu den Herstellungskosten rechnen (können), ist umstritten. Die Herstellung endet mit der Fertigstellung des Vermögensgegenstands. Das ist der Zeitpunkt, in dem dieser entsprechend seiner betrieblichen Bestimmung genutzt werden kann.[197] Er determiniert den Abschreibungsbeginn und führt bei Anlagen im Bau zu einem Ausweiswechsel in der Bilanz.

2.3.2.2 Ausweitung der handelsrechtlichen Wertuntergrenze

Die **frühere Regelung** des § 255 Abs. 2 HGB a. F. sah eine differenzierte Behandlung der zu den Herstellungskosten rechnenden Aufwendungen vor (vgl. Abb. 49).

---

[194] Vgl. Ellrott/Brendt, in: Ellrott u. a. (Hrsg.): Beck'scher Bilanz-Kommentar, 7. Aufl., München 2010, § 255 HGB, Anm. 383 m. w. N. Entsprechendes gilt im Fall eines zu einer außerplanmäßigen Abschreibung führenden Substanzverlusts.
[195] Vgl. hierzu die umfangreichen Rechtsprechungsnachweise bei Ellrott/Brendt, in: Ellrott u. a. (Hrsg.): Beck'scher Bilanz-Kommentar, 7. Aufl., München 2010, § 255 HGB, Anm. 385 ff.
[196] Vgl. IDW RS HFA 31, IDW-FN 2009, S. 670, Tz. 7.
[197] Vgl. BFH-Urt. v. 20.2.1975, IV R 79/74, BStBl. II 1975, S. 510; IDW RS HFA 31, IDW-FN 2009, S. 670, Tz. 11.

Kapitel 2: Einzelgesellschaftliche Rechnungslegung

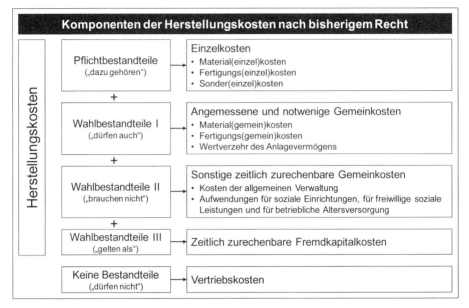

Abb. 49: *Einbeziehungspflichten und -wahlrechte für Herstellungskostenbestandteile nach bisherigem Recht*

Nach ihr umfasste der bilanzielle Herstellungskostenbegriff vier Stufen. Stufe 1 beinhaltete mit den Material-, Fertigungs- und Sondereinzelkosten der Fertigung die einem Erzeugnis unmittelbar zurechenbaren Aufwendungen.[198] Sie bildeten in Übereinstimmung mit Art. 35 Abs. 3a der Vierten EG-Richtlinie den **Mindestumfang der Herstellungskosten**. § 255 Abs. 2 Satz 2 HGB a. F. sprach zwar nicht explizit von Einzelkosten. Der Ausschluss der Gemeinkosten aus den Pflichtbestandteilen der Herstellungskosten ergab sich jedoch im Umkehrschluss aus den nachfolgenden Sätzen des § 255 HGB a. F.

Die Unterscheidung bei den **Wahlbestandteilen der Herstellungskosten** zwischen Aufwendungen, die „auch eingerechnet werden dürfen" (Stufe 2) und solchen, die „nicht eingerechnet zu werden brauchen" (Stufe 3), erklärte sich zum einen aus dem Wunsch nach Weitergabe der durch die Vierte EG-Richtlinie fixierten Wertuntergrenze (Einzelkosten). Zum anderen sollte sie eine Fortführung der bei Verabschiedung des Bilanzrichtliniengesetzes geltenden steuerrechtlichen Regelung gemäß EStR 33 gewährleisten.[199]

Obwohl **Fremdkapitalzinsen** nicht zu den Herstellungskosten gehören, erlaubte § 255 Abs. 3 HGB a. F. ausdrücklich ihre Einbeziehung in den Zugangswert selbst geschaffener Vermögensgegenstände (Stufe 4).

---

[198] So die Definition bei Knop/Küting, in: Küting/Weber (Hrsg.): HdR-E, 5. Aufl., Stuttgart 2002 ff., § 255 HGB, Rn. 154.
[199] Vgl. Moxter, Bilanzrechtsprechung, 6. Aufl., Tübingen 2007, S. 224.

Das **BilMoG** hat die Aktivierungspflicht auf alle durch die Fertigung veranlassten Einzel- und Gemeinkosten ausgedehnt (vgl. Abb. 50). Als **Pflichtbestandteile** der Herstellungskosten gelten nunmehr auch angemessene Teile der Materialgemeinkosten, der Fertigungsgemeinkosten und des durch die Fertigung veranlassten Werteverzehrs des Anlagevermögens. Die Ausweitung der Aktivierungspflicht soll der Informationsfunktion des handelsrechtlichen Jahresabschlusses stärker Rechnung tragen. Abweichend vom bisherigen Verständnis hat die Bundesregierung den Wortlaut von Artikel 35 Abs. 3 der Bilanzrichtlinie „dahingehend interpretiert, dass unmittelbar zurechenbar solche Aufwendungen sind, die in Abhängigkeit von der Erzeugnismenge variieren" (BT-Drucks. 16/10067, S. 59 f.). Dieser Formulierung könnte eine Beschränkung der Aktivierungspflicht auf variable Kosten entnommen werden.[200] Der neue Wortlaut des § 255 Abs. 2 HGB stützt diese Auslegung indes nicht. Zudem liefe sie dem erklärten Ziel einer Angleichung der handelsrechtlichen Wertuntergrenze an jene des Steuerrechts entgegen.[201] Danach ist auch von einer Einbeziehungspflicht für angemessene Teile der Fixkosten in die Herstellungskosten auszugehen.[202]

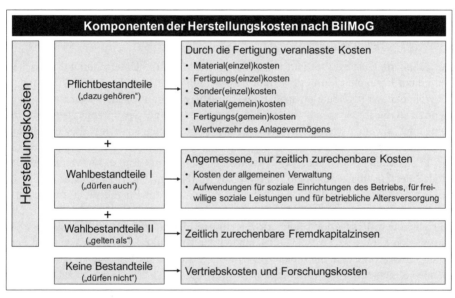

Abb. 50: *Einbeziehungspflichten, -wahlrechte und -verbote für Herstellungskostenbestandteile nach BilMoG*

---

[200] So noch die Neufassung des § 255 Abs. 2 HGB in der Fassung des RefE BilMoG, S. 7.
[201] „Damit wird die handelsrechtliche Herstellungskostenuntergrenze an die steuerliche Herstellungskostenuntergrenze angeglichen" (BT-Drucks. 16/10067, S. 59).
[202] A. A. wohl Ellrott/Brendt, in: Ellrott u. a. (Hrsg.): Beck'scher Bilanz-Kommentar, 7. Aufl., München 2010, § 255 HGB, Anm. 344 f., die handels- und steuerrechtlich die Einzelkosten und die variablen Gemeinkosten als aktivierungspflichtig ansehen.

Das bisherige **Aktivierungswahlrecht** für Kosten der allgemeinen Verwaltung sowie für Aufwendungen für soziale Einrichtungen des Betriebs, für freiwillige soziale Leistungen und für betriebliche Altersversorgung bleibt durch das BilMoG unangetastet. Die geänderte Formulierung („dürfen [...] einbezogen werden" statt „brauchen nicht eingerechnet zu werden") bringt keine materielle Änderung.

Die **Erläuterungen** der Bundesregierung zu diesem Wahlrecht sind **missverständlich**. So heißt es, bei den nur einbeziehungsfähigen Kosten gehe es um „Aufwendungen, die unabhängig von der Erzeugnismenge anfallen" (BT-Drucks. 16/10067, S. 60). Diese Umschreibung der nicht aktivierungspflichtigen Kosten trifft auf jene Aufwendungen zu, die im Verwaltungsbereich anfallen – hier besteht weder ein unmittelbarer noch ein mittelbarer Bezug zur Produktion – oder die Fixkostencharakter aufweisen, also unabhängig von der Fertigungsmenge sind. Die freiwilligen Sozialkosten müssen diese Bedingung hingegen nicht erfüllen. Das gilt insb. für Aufwendungen der betrieblichen Altersversorgung. Sie stellen regelmäßig variable Kosten, wenn nicht gar Einzelkosten im Sinne des von der Kostenrechnung abweichenden bilanzrechtlichen Verständnisses dar. Im letzten Fall sind sie den hergestellten Erzeugnissen im Gegensatz zu den Ausführungen in der Regierungsbegründung nicht nur mittelbar zurechenbar.

Der geänderte Gesetzeswortlaut verzichtet zu Recht auf die Unterscheidung zwischen den einem Erzeugnis unmittelbar und den nur mittelbar zurechenbaren Aufwendungen. Ohnehin ist bis heute umstritten, wo die Abgrenzung zwischen diesen Kostenkategorien verläuft. Es spricht viel dafür, dem Gesetz eine typisierende Trennung zu entnehmen, die sich weniger an streng kostenrechnerischen Kriterien als vielmehr am Kostenrechnungssystem der Zuschlagskalkulation orientiert. Danach kommt es für den bilanziellen Kostencharakter entscheidend darauf an, ob die Aufwendungen im Modell der Zuschlagskalkulation unmittelbar für das einzelne Erzeugnis erfasst (Einzelkosten) oder diesen über pauschale Zuschläge auf die Einzelkosten zugerechnet werden (Gemeinkosten).[203] Dieser Unterscheidung bedarf es fortan nicht mehr. Die **Aktivierungspflicht oder bloße Aktivierungsfähigkeit** von Herstellungskosten bestimmt sich nach § 255 Abs. 2 HGB anhand der **Kostenart**: Materialkosten und Fertigungskosten (einschließlich des Werteverzehrs des Anlagevermögens) sind zu aktivieren, allgemeine Verwaltungskosten und die in § 255 Abs. 2 Satz 3 HGB aufgeführten Sozialkosten nicht unbedingt.

Unternehmen, die in der Vergangenheit nur Teile der Material- und Fertigungsgemeinkosten (einschließlich des Wertverzehrs des Anlagevermögens) aktiviert haben, sind damit verpflichtet, die Zugangsbewertung anzupassen. Das kann Änderungen in der Kostenrechnung erforderlich machen. Im einfachsten Fall sind die Zuschlagssätze für die Gemeinkosten neu zu ermitteln oder anzupassen.

---

[203] Vgl. hierzu Moxter, BB 1988, S. 937 ff.

Praxis-Tipp

Material- und Fertigungsgemeinkosten fallen in unterschiedlichen Kostenstellen an. Hinweise darauf, welche Kostenstellen von der erweiterten Aktivierungspflicht betroffen sind, enthält R 6.3 Abs. 2 EStR. Darin sind erwähnt:

1. Lagerhaltung, Transport und Prüfung des Fertigungsmaterials
2. Vorbereitung und Kontrolle der Fertigung
3. Werkzeuglager
4. Betriebsleitung, Raumkosten, Sachversicherung
5. Unfallstationen und Unfallverhütungseinrichtungen der Fertigungsstätten
6. Lohnbüro, soweit in ihm die Löhne und Gehälter der in der Fertigung tätigen Arbeitnehmer abgerechnet werden

Die Aufzählung ist nur beispielhaft zu verstehen. Die Kommentarliteratur erwähnt als weitere Kostenstellen, in denen Materialgemeinkosten anfallen, etwa den Einkauf, die Warenannahme sowie die Material- und Rechnungsprüfung. Für Fertigungsgemeinkosten verweist sie auf die Kosten der Arbeits- oder Fertigungsvorbereitung, der Werkstattverwaltung, der Kraftanlagen, der Reinigung von Produktionsräumen und Geräten, für Energie und Brennstoffe, für Betriebsstoffe sowie für soziale Aufwendungen und Steuern, soweit diese dem Fertigungsbereich zuzurechnen sind.[204]

Keine Änderung ergibt sich bei der Behandlung von **Fremdkapitalzinsen**. Sie dürfen weiterhin unter zwei Voraussetzungen in die Herstellungskosten eingerechnet werden: Das Fremdkapital, für das die Zinsen anfallen, muss zur Finanzierung der Herstellung verwendet werden (sachlicher Bezug), und die Fremdkapitalzinsen müssen auf den Zeitraum der Herstellung entfallen (zeitlicher Bezug). An den Nachweis eines sachlichen Bezugs zur Herstellung sind keine hohen Anforderungen zu stellen. Er kann anhand einer vereinbarten Projektfinanzierung oder hilfsweise auf Basis von Finanzierungshypothesen geführt werden. Der zeitliche Bezug ergibt sich aus dem Anfall der Fremdkapitalzinsen innerhalb des Herstellungszeitraums (vgl. Gliederungspunkt 2.3.2.1).

Das bisher auf **Vertriebskosten** beschränkte explizite Aktivierungsverbot hat das BilMoG in § 255 Abs. 2 Satz 4 HGB auf **Forschungskosten** ausgeweitet. Der Änderung kommt nur klarstellende Bedeutung zu. Schon bisher durften Forschungskosten nicht als Teil der Herstellungskosten aktiviert werden. Durch den Wegfall des Ansatzverbots für nicht entgeltlich erworbene immaterielle Vermögensgegenstände des Anlagevermögens (vgl. § 248 Abs. 2 HGB a. F.) kommt diesem Hinweis eine erhöhte praktische Bedeutung zu. Er steht in unmittelbarem Zusammenhang mit dem neu ein-

---

[204] Vgl. Knop/Küting, in: Küting/Weber (Hrsg.): HdR-E, 5. Aufl., Stuttgart 2002 ff., § 255 HGB, Rn. 254, 257 f.

gefügten Abs. 2a des § 255 HGB, der die Zugangsbewertung selbst geschaffener immaterieller Vermögensgegenstände regelt.

Unbeschadet der erreichten **Annäherung an den steuerlichen Herstellungskostenbegriff** sind übereinstimmende Wertansätze zwischen Handels- und Steuerbilanz für selbst geschaffene Vermögensgegenstände nach der Neufassung des § 255 Abs. 2 HGB nicht in jedem Fall zu erwarten. Der Grund liegt zum einen im handelsrechtlichen Aktivierungswahlrecht für selbst geschaffene immaterielle Vermögensgegenstände des Anlagevermögens. Werden Entwicklungskosten (z. B. für ein Patent) aktiviert und diese immateriellen Vermögensgegenstände bei der Produktion von Gütern eingesetzt, sind ihre planmäßigen Abschreibungen in die handelsrechtlichen Herstellungskosten der Erzeugnisse einzurechnen.[205] Steuerrechtlich kommt es aufgrund des fortbestehenden Aktivierungsverbots für selbst geschaffene immaterielle Wirtschaftsgüter in § 5 Abs. 2 EStG dazu nicht. Zum anderen hat das BMF in seinem Anwendungsschreiben zum neu gefassten Maßgeblichkeitsprinzip die bisherigen Billigkeitswahlrechte für allgemeine Verwaltungskosten sowie für Aufwendungen für soziale Einrichtungen, für freiwillige soziale Aufwendungen und für betriebliche Altersversorgung zurückgenommen und fordert nunmehr die Einbeziehung dieser Beträge in die steuerlichen Herstellungskosten.[206]

2.3.2.3 Angemessenheitsprinzip

Das **bisherige Recht** beschränkte die Einrechnungsfähigkeit der Gemeinkosten und der Fremdkapitalzinsen in die Herstellungskosten in mehrfacher Weise. Im Einzelnen mussten

- die aktivierten Material- und Fertigungsgemeinkosten sowie der eingerechnete Wertverzehr angemessen sein (§ 255 Abs. 2 Satz 3 HGB a. F.);
- die aktivierten Material- und Fertigungsgemeinkosten notwendig sein (§ 255 Abs. 2 Satz 3 HGB a. F.);
- sämtliche in Ausübung eines gesetzlichen Wahlrechts aktivierten Kosten auf den Zeitraum der Herstellung entfallen (§ 255 Abs. 2 Satz 5 HGB a. F.).

Materiell hat das BilMoG an diesen Vorgaben für die Gemeinkostenzurechnung nichts geändert. Die neue Vorschrift verzichtet lediglich auf den bislang verwendeten Begriff „notwendig", da die Praxis diesem keine über den Begriff „angemessen" hinausgehende Bedeutung beigemessen hat.

Weitgehend unproblematisch ist die zeitliche Restriktion für die Aktivierung von Gemeinkosten. Sie schließt eine Aktivierung solcher Aufwendungen aus, die vor oder nach dem eigentlichen Herstellungszeitraum anfallen. Zum Beginn und zum Ende des Herstellungsvorgangs vgl. Gliederungspunkt 2.3.2.1.

Das **Angemessenheitsprinzip** ist Ausdruck des Vorsichtsprinzips und des Grundsatzes der Klarheit. Es erlaubt nur die Verrechnung der tatsächlich für die Herstellung

---

[205] Vgl. Theile, BBK, Fach 2, S. 1329; Theile, GmbHR 2007, S. 1299.
[206] Vgl. BMF-Schreiben v. 12.3.2010, BStBl. I 2010, S. 239, Tz. 8.

angefallenen Gemeinkosten auf die erzeugten Produkte (vgl. Abb. 51). Auszusondern sind neutrale Aufwendungen. Hierbei handelt es sich um

- betriebsfremde Aufwendungen, die in keiner Beziehung zur betrieblichen Leistungserstellung stehen (z. B. Spenden);
- außerordentliche Aufwendungen, die zwar bei der Erstellung von Betriebsleistungen angefallen sind, aber aufgrund ihrer Außergewöhnlichkeit nicht zu den Selbstkosten rechnen (z. B. Verluste aus Anlagenverkäufen, Werteverzehr aufgrund von Katastrophen);
- periodenfremde Aufwendungen, die ihrem Wesen nach, nicht aber hinsichtlich ihres zeitlichen Anfalls kostengleich sind (z. B. Nachholung von Pensionsrückstellungen).

Ebenfalls nicht aktivierungsfähig sind offenbare Unterbeschäftigungskosten (**Leerkosten**). Sie entstehen durch ungenutzte und unausgelastete Kapazitäten. Unklar ist, wo im letzten Fall die Grenze zwischen aktivierungsfähigen und nicht aktivierungsfähigen Aufwendungen verläuft. Überwiegend wird eine Leerkosteneliminierung nur bei anhaltender Unterauslastung der Kapazitäten gefordert. Als Orientierungsmaßstab soll die Normalauslastung dienen. Wird diese um 30 % oder mehr unterschritten, ist die Gemeinkostenaktivierung zu begrenzen.[207] Der HFA des IDW spricht allgemeiner von der „normalen Auslastung der technischen und personellen Fertigungskapazitäten unter Berücksichtigung der branchentypischen Beschäftigungsschwankungen".[208]

Prinzip der Angemessenheit	
Allgemeine Aussage	
• In die Herstellungskosten einzubeziehen sind nur Gemeinkosten, deren Zurechnung sich klar nachvollziehen lässt (Grundsatz der Klarheit) und nicht zu einer Überbewertung des VG führt (Vorsichtsprinzip) • Nicht zu aktivieren sind außerordentliche, betriebsfremde, periodenfremde und unangemessen hohe Aufwendungen	
Konkretisierung: Eliminierung von Leerkosten	
Ungenutzte Kapazitäten	Unausgelastete Kapazitäten
Keine Aktivierung von Aufwendungen für Anlagen, die nicht für die Produktion von Gütern genutzt wurden und keine notwendigen Reservekapazitäten darstellen	• Kurzfristige Unterauslastung: keine Eliminierung von Leerkosten notwendig (strittig) • Anhaltende Unterauslastung: Eliminierungspflicht » Orientierungsmaßstab: Normalauslastung » Aus Praktikabilitätsgründen kann bis ca. 70 % der Normalkapazität von einer Eliminierung abgesehen werden

Abb. 51: Angemessenheits- und Notwendigkeitsprinzip bei der Schlüsselung von Gemeinkosten nach bisherigem Recht

---

[207] Vgl. Knop/Küting, in: Küting/Weber (Hrsg.): HdR-E, 5. Aufl., Stuttgart 2002 ff., § 255, Rn. 307 ff.
[208] IDW RS HFA 31, IDW-FN 2009, S. 670, Tz. 21.

Praktische Bedeutung kommt dem Prinzip der Angemessenheit in erster Linie bei der Zugangsbewertung der vom Unternehmen hergestellten Vorratsgüter zu. Wie sich dieses Prinzip auf die Herstellungskostenermittlung auswirkt, verdeutlicht das Beispiel in Abschnitt 3, Gliederungspunkt 2.3.

2.3.2.4 Erstanwendung, Übergangsregelung und steuerliche Folgen

Die neu gefasste Bewertungsnorm des § 255 Abs. 2, 3 HGB ist von allen bilanzierenden Kaufleuten **verpflichtend** auf Jahres- und Konzernabschlüsse für nach dem **31.12.2009** beginnende Geschäftsjahre anzuwenden (vgl. Art. 66 Abs. 3 Satz 1 EGHGB). Entscheidet sich das Unternehmen vorzeitig auf die mit dem BilMoG modernisierten Rechnungslegungsvorschriften überzugehen, ist die neue Herstellungskostenregelung erstmals in Jahres- und Konzernabschlüssen für Geschäftsjahre zu beachten, die nach dem **31.12.2008** beginnen. Für die Anwendung der neuen Rechnungslegungsvorschriften gilt der Grundsatz der Bewertungsmethodenstetigkeit nicht (vgl. Art. 67 Abs. 8 Satz 1 EGHGB).

Die erstmalige Anwendung der geänderten Herstellungskostenregelung löst **keine Nachaktivierung** von Gemeinkosten bei bilanzierten selbst geschaffenen Vermögensgegenständen aus. Nach Art. 66 Abs. 3 Satz 3 EGHGB findet die Vorschrift des § 255 Abs. 2 HGB „erstmals auf Herstellungsvorgänge Anwendung, die in dem in Satz 1 bezeichneten Geschäftsjahr begonnen wurden". Das ist das Geschäftsjahr, das nach dem 31.12.2009 bzw. – bei vorzeitigem Übergang auf die Vorschriften des BilMoG – nach dem 31.12.2008 beginnt. Hat ein Unternehmen in der Vergangenheit die nach § 255 Abs. 2 Satz 2 HGB anzusetzenden Gemeinkosten nicht aktiviert, sind die bisherigen Buchwerte der betreffenden Vermögensgegenstände mithin fortzuführen.

Die **Übergangsregelung** gilt nicht für neue Herstellungsvorgänge, die vor der Erstanwendung der Vorschriften des BilMoG zugegangene Vermögensgegenstände betreffen. Wird bspw. ein selbst geschaffenes Anlagegut unter der Ägide der neuen Bewertungsnorm erweitert oder wesentlich über seinen ursprünglichen Zustand hinaus verbessert, sind die zu aktivierenden nachträglichen Herstellungskosten auf Basis von § 255 Abs. 2 HGB zu bestimmen.

Praxis-Tipp

Durch die Wahl des Zeitpunkts für den Übergang auf die Vorschriften des BilMoG kann das Unternehmen flexibel festlegen, ab wann es die neue Herstellungskostenregelung anwenden will. Ein Ausnutzen der gesetzlich eingeräumten Frist bis zur obligatorischen Erstanwendung des § 255 Abs. 2 HGB bietet sich bspw. an, wenn infolge der Entscheidung für eine Aktivierung selbst geschaffener immaterieller Vermögensgegenstände des Anlagevermögens größere Anpassungen in der Kostenrechnung erforderlich sind.

Um die bisherige Möglichkeit einer niedrigen Bewertung selbst geschaffener Vermögensgegenstände möglichst lange auszuschöpfen, kann zudem in Erwägung gezogen werden, umfangreichere Herstellungsvorgänge noch im Geschäftsjahr vor Erstanwendung der Vorschriften des BilMoG zu initiieren. Bei der Errichtung von Gebäuden oder Anlagen bietet sich zu diesem Zweck etwa an, die Projektplanung in das betreffende Jahr vorzuziehen.

Andererseits erachtet es der HFA des IDW aus Praktikabilitätsgründen als zulässig, Herstellungsvorgänge in Geschäftsjahren, die nach dem 31.12.2009 beginnen, durchgängig auf Vollkostenbasis zu bewerten, auch wenn mit der Herstellung bereits früher begonnen worden ist.[209]

Aus der geänderten handelsrechtlichen Herstellungskostenregelung ergeben sich keine unmittelbaren steuerlichen Konsequenzen. Mit ihr wollte der Gesetzgeber die Bewertung selbst erstellter Vermögensgegenstände vielmehr an diejenige in der Steuerbilanz angleichen. Die Aufgabe der umgekehrten Maßgeblichkeit ließ allerdings zunächst eine größere Flexibilität bei der Behandlung allgemeiner Verwaltungskosten sowie von Aufwendungen für soziale Einrichtungen, für freiwillige soziale Aufwendungen und für betriebliche Altersversorgung erwarten. Die handelsrechtlich (vgl. § 255 Abs. 2 Satz 3 HGB) und steuerrechtlich (vgl. R 6.3 Abs. 4 EStR) für diese Aufwendungen vorgesehenen Einbeziehungswahlrechte hätten nach Wegfall des § 5 Abs. 1 Satz 2 EStG a. F. unabhängig voneinander ausgeübt werden können. Im BMF-Schreiben vom 12.3.2010[210] hat sich die Finanzverwaltung allerdings von dem in jahrzehntelanger Praxis anerkannten steuerlichen Wahlrecht distanziert. Sie fordert nunmehr unter Hinweis auf die Entscheidung des BFH vom 21.10.1993[211] den Ansatz der vollen Herstellungskosten. Diese schließen nach ihrer Auffassung dem Herstellungsprozess zurechenbare allgemeine Verwaltungskosten und Sozialkosten i. S. d. R 6.3 Abs. 4 EStR ein.

Vollzieht ein Unternehmen diese Vollkostenbewertung handelsrechtlich nicht nach, weil es insoweit auf die Aktivierung von allgemeinen Verwaltungskosten und Sozialkosten gemäß § 255 Abs. 2 Satz 3 HGB verzichtet, sind die hergestellten Wirtschaftsgüter in ein nach § 5 Abs. 1 Satz 2 EStG zu führendes laufendes Verzeichnis aufzunehmen, um den vom Handelsrecht abweichenden Wertansatz nachvollziehbar zu dokumentieren.[212]

Abb. 52 fasst die im BilMoG vorgesehenen Regelungen zur Erstanwendung der geänderten Vorschrift des § 255 Abs. 2 HGB und die sich daraus ergebenden steuerlichen Folgen zusammen.

---

[209] Vgl. IDW RS HFA 28, IDW-FN 2009, S. 642, Tz. 54.
[210] Vgl. BMF-Schreiben v. 12.3.2010, BStBl. I 2010, S. 239, Tz. 8.
[211] Vgl. BFH-Urt. v. 21.10.1993, IV R 87/92, BStBl. II 1994, S. 176.
[212] Vgl. näher zu den Aufzeichnungspflichten Kapitel 1, Gliederungspunkt 3.1.2.6.

Kapitel 2: Einzelgesellschaftliche Rechnungslegung

Übergang auf die geänderte Herstellungskostenbewertung		
Erstmalige Anwendung	Übergang	Steuerliche Folgen
• Obligatorisch: Jahres- und Konzernabschlüsse für nach dem 31.12.2009 beginnende Geschäftsjahre • Optional: Jahres- und Konzernabschlüsse für nach dem 31.12.2008 beginnende Geschäftsjahre (nur im Verbund mit allen übrigen vorzeitig anwendbaren Vorschriften) Art. 66 Abs. 3 EGHGB • Die Neuregelung ist nur auf Herstellungsvorgänge anzuwenden, die im Erstjahr der Anwendung des BilMoG begonnen wurden Art. 66 Abs. 3 EGHGB	• Keine Übergangsregelung • Konsequenzen: » Keine Nachaktivierung der nach § 255 Abs. 2 HGB a.F. als Aufwand verrechneten Gemeinkosten » Aktivierungspflicht für Gemeinkosten, die bei der Erweiterung oder wesentlichen Verbesserung eines VG über seinen ursprünglichen Zustand hinaus anfallen	• Keine zwingende Änderung wegen Angleichung an den bisherigen steuerlichen Herstellungskostenbegriff • Die Finanzverwaltung will dennoch an den steuerlichen Einbeziehungswahlrechten für allgemeine Verwaltungskosten und bestimmte Sozialkosten nicht festhalten BMF-Schreiben v. 12.3.2010

Abb. 52: Übergang auf die geänderte Herstellungskostenbewertung nach § 255 Abs. 2 HGB

2.3.3 Herstellungskosten selbst geschaffener immaterieller Vermögensgegenstände des Anlagevermögens

2.3.3.1 Einordnung des § 255 Abs. 2a HGB und Prüfungsschema

Nach Aufhebung des früheren Aktivierungsverbots gemäß § 248 Abs. 2 HGB a. F. sind auch selbst geschaffene immaterielle Vermögensgegenstände des Anlagevermögens aktivierungsfähig. Den Bewertungsmaßstab für ihre Zugangsbewertung bilden die Herstellungskosten. Er bedarf nach Ansicht der Bundesregierung mit Blick auf die Besonderheiten immaterieller Vermögensgegenstände einer **Präzisierung** in zweifacher Hinsicht (vgl. BT-Drucks. 16/10067, S. 60), nämlich im Hinblick auf den Zeitpunkt, von dem an die während der Entwicklung angefallenen Herstellungskosten zu aktivieren sind, und die Abgrenzung der Forschungsphase von der Entwicklungsphase.

In beiden Punkten soll § 255 Abs. 2a HGB Klarheit schaffen. Diese Erläuterung verdeutlicht den Charakter der neuen Vorschrift: Sie liefert **keinen eigenständigen Bewertungsmaßstab** für selbst geschaffene immaterielle Vermögensgegenstände des Anlagevermögens, sondern konkretisiert, wie § 255 Abs. 2 HGB auf die nach dem BilMoG erstmalig aktivierungsfähigen Vermögensgegenstände anzuwenden ist. Dem trägt der im Vergleich zum RegE BilMoG redaktionell angepasste Wortlaut des § 255 Abs. 2a Rechnung.

Auf den ersten Blick scheint es, als behandelten die beiden Punkte unterschiedliche Aspekte des Herstellungskostenbegriffs. Punkt 1 konkretisiert mit dem frühesten Beginn der Aktivierungsphase die Aktivierungsfähigkeit von Aufwendungen zur Schaffung immaterieller Anlagegüter **in zeitlicher Hinsicht**. Im Mittelpunkt steht hier die

Frage, ab wann mit hoher Wahrscheinlichkeit von der künftigen Entstehung eines Vermögensgegenstands auszugehen ist (BT-Drucks. 16/10067, S. 60).

Punkt 2 geht der Frage nach, wann **in sachlicher Hinsicht** aktivierungsfähige Herstellungskosten vorliegen. Er fokussiert die Abgrenzung zu den nach § 255 Abs. 2 Satz 4 HGB nicht ansatzfähigen Forschungskosten.

Tatsächlich strahlt die Abgrenzung der Forschungs- von der Entwicklungsphase auf den Aktivierungsbeginn aus. Solange diese Trennung nicht verlässlich möglich ist, kommt eine Aktivierung selbst geschaffener immaterieller Vermögensgegenstände nicht in Betracht (vgl. § 255 Abs. 2a Satz 4 HGB). Das gilt jedenfalls dann, wenn die beiden Phasen sequenziell aufeinander folgen. Verlaufen Forschungs- und Entwicklungsprozesse – wie bei zahlreichen Softwareentwicklungsprojekten – alternierend,[213] kommt ihrer Abgrenzung, sobald mit der Aktivierung begonnen wurde, nur noch Bedeutung für die sachliche Abgrenzung der im Zugangswert zu berücksichtigenden Herstellungskosten zu.

Bei sequenziellem Verlauf von Forschung und Entwicklung liefert Abb. 53 ein Prüfungsschema für die bilanzielle Behandlung von Aufwendungen, die bei der Schaffung immaterieller Vermögensgegenstände des Anlagevermögens anfallen.

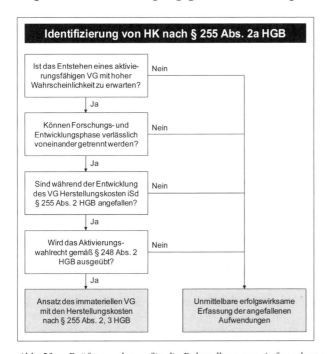

Abb. 53: Prüfungsschema für die Behandlung von Aufwendungen zur Schaffung immaterieller Vermögensgegenstände

---

[213] Vgl. hierzu Hoffmann, in: Lüdenbach/Hoffmann (Hrsg.): Haufe IFRS-Kommentar, 8. Aufl., Freiburg 2010, § 13, Rz. 38.

Prüfungsschritt 1 betrifft die Frage der Aktivierungsfähigkeit des selbst geschaffenen immateriellen Vermögensgegenstands des Anlagevermögens. Sie geht der Identifizierung von Herstellungskosten voraus: Nur wenn die Aktivitäten des Unternehmens überhaupt das Entstehen eines aktivierungsfähigen Vermögensgegenstands erwarten lassen, stellt sich die Frage seiner Zugangsbewertung. Welche Bedingungen dazu erfüllt sein müssen, ist in Abschnitt 2, Gliederungspunkt 1.4.3.3 erläutert.

Prüfungsschritt 2 fokussiert mit der Abgrenzung der Forschungs- und Entwicklungsphase die Frage der selbständigen Bewertbarkeit des immateriellen Vermögensgegenstands. Können beide Phasen nicht verlässlich unterschieden werden, lassen sich keine dem Vermögensgegenstand unmittelbar zuzurechnenden Aufwendungen identifizieren. Damit fehlt es an seiner verlässlichen Bewertbarkeit. Sie stellt eigentlich ein Aktivierungshindernis dar. Aufgrund der ausdrücklichen Behandlung dieser Thematik in § 255 Abs. 2a HGB soll dieser Aspekt gleichwohl an dieser Stelle erörtert werden. Aktivierungsfähig sind wie nach IAS 38 nur Aufwendungen, die nach Darlegung der geforderten Entstehenswahrscheinlichkeit anfallen. Eine rückwirkende Einbeziehung früher angefallener Aufwendungen scheidet aus.[214]

Prüfungsschritt 3 orientiert sich an den Vorgaben von § 255 Abs. 2 und 3 HGB. Das heißt, in der Entwicklungsphase anfallende Aufwendungen für einen künftigen Vermögensgegenstand sind zu aktivieren, soweit

- es sich um Herstellungskosten im Sinne der allgemeinen Definitionsnorm des § 255 Abs. 2 Satz 1 HGB handelt,
  - für die das Gesetz in § 255 Abs. 2 Satz 3 HGB einen Ansatz anordnet bzw.
  - die der Bilanzierende aufgrund einer entsprechenden Ausübung der Bewertungswahlrechte gemäß § 255 Abs. 2 Satz 3 HGB gemäß seiner Bewertungspolitik zusätzlich in den Zugangswert selbst geschaffener immaterieller Vermögensgegenstände des Anlagevermögens einbezieht oder
- es um Zinsen für Fremdkapital geht, das während des Zeitraums der Herstellung – das ist die Entwicklungsphase nach § 255 Abs. 2a HGB – zur Schaffung des immateriellen Vermögensgegenstands verwendet wird.

Ist die Entwicklungsphase eines dem Grunde nach aktivierungsfähigen selbst geschaffenen immateriellen Anlageguts erst einmal identifiziert, stellt die Ermittlung der Herstellungskosten keine besondere Herausforderung mehr dar. Insoweit sei daher auf die Ausführungen weiter oben (vgl. Gliederungspunkt 2.3.2) sowie auf die Kommentarliteratur zu § 255 Abs. 2, 3 HGB verwiesen. Ein bemerkenswerter Aspekt zu dieser Thematik sei angemerkt: Aufgrund des Rückgriffs auf den allgemeinen Herstellungskostenbegriff des § 255 Abs. 2, 3 HGB zieht das HGB den Kreis der aktivierungsfähigen Aufwendungen weiter als die IFRS. Im Gegensatz zu IAS 38 dürfen nach § 255 Abs. 2 i. V. m. Abs. 2a HGB auch Aufwendungen in die Herstellungskosten einbezogen werden, die nicht produktionsbezogen sind. Gemeint sind die allgemeinen Ver-

---

[214] So auch Arbeitskreis 'Immaterielle Werte im Rechnungswesen' der Schmalenbach-Gesellschaft für Betriebswirtschaft e. V., DB 2008, S. 1818 f.

waltungskosten und zumindest Teile der freiwilligen Sozialkosten.²¹⁵ Zudem bestehen nach § 255 Abs. 3 HGB weniger strenge Anforderungen an die Aktivierung von Fremdkapitalzinsen als dies in IAS 23 vorgesehen ist.

Ein letzter Punkt zur Einordnung des § 255 Abs. 2a HGB: In der Logik der Bilanzierungsentscheidung geht der Bewertungsfrage die Entscheidung voraus, ob selbst geschaffene immaterielle Vermögensgegenstände des Anlagevermögens zu aktivieren sind. Nimmt der Bilanzierende das Ansatzwahlrecht in Anspruch, ordnet § 255 Abs. 2a HGB eine Bewertung zu Herstellungskosten i. S. d. § 255 Abs. 2, 3 HGB an. Der zulässige Bewertungsrahmen für die immateriellen Anlagegüter ist damit durch die gesetzliche Wertunter- und -obergrenze der Herstellungskosten und den Grundsatz der Einheitlichkeit der Bewertung (als Ausprägung der Bewertungsmethodenstetigkeit) vorgegeben. Der Ansatz von (beliebig) niedrigeren Werten zwischen null und der Wertuntergrenze gemäß § 255 Abs. 2 HGB ist ausgeschlossen.

2.3.3.2 Trennbarkeit von Forschungs- und Entwicklungsphase

Als erste Voraussetzung für den Ansatz von Herstellungskosten selbst geschaffener immaterieller Vermögensgegenstände des Anlagevermögens ist § 255 Abs. 2a HGB die Forderung nach einer verlässlichen Trennbarkeit von Forschungs- und Entwicklungsphase zu entnehmen. Die **Forschungsphase** bezeichnet jenen Abschnitt des Vorhabens, der durch die eigenständige und planmäßige Suche nach neuen wissenschaftlichen oder technischen Erkenntnissen (z. B. über Materialien, Vorrichtungen, Verfahren, Prozesse) oder Erfahrungen allgemeiner Art gekennzeichnet ist und in dem Aussagen zur technischen Verwertbarkeit und zu den wirtschaftlichen Erfolgsaussichten des Projekts grundsätzlich nicht möglich sind.

Die **Entwicklungsphase** umfasst demgegenüber die Anwendung von Forschungsergebnissen oder von anderem Wissen für die Neu- bzw. Weiterentwicklung von Gütern, Produkten, Verfahren, Systemen, Dienstleistungen mittels wesentlicher Änderungen vor Aufnahme der eigentlichen Produktion.

Für Vermögensvorteile, die in der Forschungsphase geschaffen werden, dürfen keine Herstellungskosten angesetzt werden. Die Regierungsbegründung verweist insoweit auf die hohe Unsicherheit, ob das Forschungsergebnis die Qualität eines Vermögensgegenstands erfüllen wird. Diese Einschätzung rekurriert auf die im vorstehenden Abschnitt erläuterte Aktivierungsvoraussetzung für selbst geschaffene immaterielle Vermögensgegenstände des Anlagevermögens. Ihr liegt eine typisierende Betrachtung zugrunde: Innerhalb der Forschungsphase wird es als unmöglich angesehen, das künftige Entstehen eines Vermögensgegenstands mit hoher Wahrscheinlichkeit vorauszusagen.

Eine solche Prognose erachtet die Bundesregierung in der Entwicklungsphase dagegen grundsätzlich als möglich. Der früheste Aktivierungsbeginn liegt damit im Über-

---

[215] Vgl. Arbeitskreis 'Immaterielle Werte im Rechnungswesen' der Schmalenbach-Gesellschaft für Betriebswirtschaft e. V., DB 2008, S. 1818.

gang von der Forschung (Suche nach neuem Wissen) zur Entwicklung (Erprobung der unter Ausnutzung des Wissens geschaffenen Produkte, Verfahren, Systeme usw.). Dieser Zeitpunkt lässt sich nur mit Blick auf die Gesamtumstände im Einzelfall identifizieren. Die Regierungsbegründung liefert dazu folgende **Anhaltspunkte** (vgl. auch Abb. 54):

- Mit dem Abschluss der auf die Erlangung neuer Erkenntnisse gerichteten Aktivitäten endet die Forschungsphase.
- Allgemein markiert der Übergang vom systematischen Suchen zum Erproben und Testen der gewonnenen Erkenntnisse oder Fertigkeiten die Grenze zwischen Forschung zur Entwicklung.
- Zu den Aktivitäten, die auf die Erlangung neuer Erkenntnisse gerichtet sind, zählen die Suche nach Alternativen für Materialien, Vorrichtungen, Produkte, Verfahren, Systeme oder Dienstleistungen. Demgegenüber beginnt mit dem Entwerfen, Konstruieren und Testen einer gewählten Alternative für neue Materialien, Vorrichtungen, Produkte, Verfahren, Systeme oder Dienstleistungen vielfach die Entwicklungsphase.
- Entwurf, Konstruktion und Test neuer Prototypen und Modelle vor der Aufnahme der eigentlichen Produktion sind grundsätzlich der Entwicklungsphase zuzurechnen. Entsprechendes gilt für den Entwurf, die Konstruktion und den Betrieb einer Pilotanlage, die als Prototyp dient und für die kommerzielle Nutzung ungeeignet ist, sowie für den Entwurf von Werkzeugen, Spannvorrichtungen, Prägestempeln oder Gussformen unter Verwendung neuer Technologien.

Diese Hinweise erlauben in der Praxis nur selten eine trennscharfe Abgrenzung von Forschungs- und Entwicklungsphase. Vielfach bleibt ein nicht unerheblicher Beurteilungsspielraum. Nicht ganz zu Unrecht wird daher beklagt, die Zulassung der Aktivierung selbst geschaffener immaterieller Vermögensgegenstände des Anlagevermögens führe zwangsweise zu einer gewissen Entobjektivierung der Rechnungslegung.[216] Die Bundesregierung erachtet denn auch für Zwecke der **Abschlussprüfung** eine hinreichende Dokumentation für erforderlich, die nachvollziehbar darlegt, warum mit der künftigen Entstehung eines selbst geschaffenen immateriellen Vermögensgegenstands des Anlagevermögens zu rechnen ist (vgl. BT-Drucks. 16/10067, S. 60). Angesichts der jeder Zukunftsprognose anhaftenden Unsicherheit erscheint fraglich, ob damit viel gewonnen ist. Aus abschlussanalytischer Sicht bleibt immerhin der Trost, dass aufgrund der geforderten Angaben der Einfluss aus der Ausübung des Aktivierungswahlrechts auf die Darstellung der Vermögens-, Finanz- und Ertragslage nachvollzogen werden kann.[217]

---

[216] Vgl. Herzig, DB 2008, S. 5.
[217] Vgl. hierzu Kessler, PiR 2010, S. 36 ff.

Abgrenzung von Forschung und Entwicklung

Forschungsphase	Entwicklungsphase
Begriff	**Begriff**
Eigenständige und planmäßige Suche nach neuen wissenschaftlichen oder technischen Erkenntnissen oder Erfahrungen allgemeiner Art, deren technische Verwertbarkeit und wirtschaftliche Erfolgsaussichten grundsätzlich nicht einschätzbar sind § 255 Abs. 2a Satz 3 HGB	Anwendung von Forschungsergebnissen oder von anderem Wissen für die Neu- bzw. Weiterentwicklung von Gütern oder Verfahren mittels wesentlicher Änderungen vor Aufnahme der eigentlichen Produktion § 255 Abs. 2a Satz 2 HGB, BT-Drucks. 16/10067, S. 60f.
Beispiele	**Beispiele**
1. Auf die Erlangung neuer Erkenntnisse gerichtete Aktivitäten 2. Suche nach Alternativen für Materialien, Vorrichtungen, Produkte, Verfahren, Systeme oder Dienstleistungen 3. Formulierung, Entwurf, Abschätzung, endgültige Auswahl von Alternativen gemäß Punkt 2 BT-Drucks. 16/10067, S. 60f.	1. Entwurf, Konstruktion, Testen von Prototypen und Modellen 2. Entwurf von Werkzeugen, Spannvorrichtungen, Prägestempeln oder Gussformen 3. Entwurf, Konstruktion, Betrieb einer nicht kommerziell nutzbaren Pilotanlage 4. Entwerfen, Konstruieren und Testen einer gewählten Alternative für neue Materialien, Vorrichtungen, Produkte, Verfahren, Systeme oder Dienstleistungen BT-Drucks. 16/10067, S. 60f.
Übergang von Forschung zu Entwicklung	
• Übergang von der Suchphase zur Erprobungs- und Testphase (bei sequenziellem Ablauf) • Beurteilung anhand der Umstände im Einzelfall	

Abb. 54: Abgrenzung von Forschungs- und Entwicklungsphase

Die vorstehenden Erwägungen zur Abgrenzung der Forschungsphase von der Entwicklungsphase gehen von einem sequenziellen Ablauf der beiden Phasen – erst Forschung dann Entwicklung – aus. Dieses ‚Wasserfall-Modell' gilt heute jedenfalls bei der **Softwareprogrammierung** weitgehend als überholt.[218] In dem zunehmend an seine Stelle tretenden ‚Extreme-Programming-Modell' verlaufen Ideengewinnung (Forschung) und Ideenumsetzung (Entwicklung) alternierend. Das bereitet Probleme bei der Phasenabgrenzung und damit der Entscheidung, welche Aufwendungen als Herstellungskosten aktivierungsfähig sind (so auch BT-Drucks. 16/10067, S. 61). Es liegt nahe, wie folgt zu differenzieren:

- Lassen sich die Übergänge zwischen Forschungs- und Entwicklungsphase nicht verlässlich identifizieren, sind alle Aufwendungen unmittelbar erfolgswirksam zu behandeln.
- Können innerhalb des Gesamtprojekts Forschungs- und Entwicklungsphasen klar unterschieden werden, richtet sich die Aktivierbarkeit der in den Entwicklungsphasen anfallenden Aufwendungen danach, ob der erfolgreiche Abschluss des Gesamtprojekts von weiteren Forschungsergebnissen abhängig ist:

---

[218] Vgl. Hoffmann, in: Lüdenbach/Hoffmann (Hrsg.): Haufe IFRS-Kommentar, 8. Aufl., Freiburg 2010, § 13, Rz. 38.

- Ist das Entwicklungsvorhaben (ggf. in eingeschränktem Maße) auch ohne die Ergebnisse künftiger Forschungsarbeiten technisch, wirtschaftlich und rechtlich realisierbar und das Entstehen eines immateriellen Vermögensgegenstands hochwahrscheinlich, sind die anfallenden Herstellungskosten aktivierungsfähig.
- Hängt die Realisierbarkeit des Projekts (auch) von künftigen Forschungsergebnissen ab, ist eine verlässliche Prognose, ob die Entwicklung in einen Vermögensgegenstand münden wird, nicht möglich; eine Aktivierung von Aufwendungen als Herstellungskosten eines immateriellen Anlageguts nach § 255 Abs. 2, 2a HGB scheidet aus.

2.3.3.3 Fallbeispiel

Das folgende Beispiel verdeutlicht die Vorgaben des § 255 Abs. 2a HGB im Hinblick auf die Zugangsbewertung selbst geschaffener immaterieller Vermögensgegenstände des Anlagevermögens und das Zusammenwirken dieser Regelung mit dem Aktivierungswahlrecht des § 248 Abs. 2 Satz 1 HGB.

Beispiel

Sachverhalt:

Die B AG hat ein Verfahren entwickelt, das es erlaubt, in ein Grundstück eingedrungene Schadstoffe mittels chemischer Substanzen zu binden und deren Diffusion in das Grundwasser zu verhindern. Aufgrund von Kostenvergleichsstudien geht die B AG davon aus, dass sich durch Einsatz dieses inzwischen patentierten Verfahrens die Sanierungskosten der mit diesen Schadstoffen kontaminierten Grundstücke um 20-25 % reduzieren lassen.

Im Zuge der Entwicklung des Verfahrens bis zur Marktreife sind der B AG folgende Aufwendungen entstanden:

- Bestandsaufnahme der am Markt verfügbaren Bodensanierungsverfahren: 50 TEUR
- Labortest zur Prüfung der Umweltverträglichkeit in Betracht kommender Bindemittel und Auswahl des Bindemittels: 200 TEUR
- Suche nach einer geeigneten Trägersubstanz, Analysen und Experimente zur Verbindung von Trägersubstanz und Bindemittel: 400 TEUR
- Praxistests der gefundenen Substanz auf Einsatzfähigkeit und Wirksamkeit: 250 TEUR
- Patent- und Anwaltsgebühren: 50 TEUR

Die Aufwendungen sind in den Geschäftsjahren X1 (350 TEUR) und X2 (600 TEUR) angefallen. Nachdem Ende X1 die Suche nach einer geeigneten Trägersubstanz abgeschlossen ist und erste Tests mit dieser Trägersubstanz viel versprechend verlaufen sind, beurteilten die Techniker die zunächst zweifelhafte Realisierbarkeit des Projekts positiv. Ende August X2 ist das Verfahren marktreif.

Die B AG sieht für das von ihr entwickelte Bodensanierungsverfahren ein breites Anwendungsspektrum, zumal gegenwärtig kein vergleichbares Verfahren auf dem Markt angeboten wird. Sie schätzt den Marktwert ihres Verfahrens auf 3.000 TEUR und geht von einer Nutzungsdauer von vier Jahren aus. Um die Eigenkapitalquote im handelsrechtlichen Jahresabschluss zu verbessern, will die B AG das Aktivierungswahlrecht des § 248 Abs. 2 Satz 1 HGB in Anspruch nehmen. Die B AG wendet in der Gewinn- und Verlustrechnung das Gesamtkostenverfahren an. Der kumulierte Ertragsteuersatz der B AG beträgt 30 %.

Beurteilung:

Zur Beurteilung der Aktivierungsfähigkeit der angefallenen Aufwendungen sind aus einer Ex-ante-Sicht folgende Prüfungen vorzunehmen:

Prüfung 1: Unterliegt das Bodensanierungsverfahren einem expliziten Aktivierungsverbot?

Das von der B AG entwickelte Verfahren stellt keinen Anwendungsfall der nach § 248 Abs. 2 Satz 2 HGB von einer Aktivierung ausgeschlossenen immateriellen Vermögensgegenstände dar. Einem Aktivierungsverbot unterläge das Bodensanierungsverfahren daher nur, wenn es nicht die Kriterien eines Vermögensgegenstands erfüllte.

Prüfung 2: Führen die Aufwendungen hochwahrscheinlich zu einem Vermögensgegenstand?

Nach der Rechtsprechung des BFH sind Wirtschaftsgüter und damit auch Vermögensgegenstände durch die Merkmale Nutzenwert, Greifbarkeit, Übertragbarkeit und selbständige Bewertbarkeit gekennzeichnet (vgl. hierzu Gliederungspunkt 1.4.3.3). Das fertig entwickelte Bodensanierungsverfahren erfüllt diese Voraussetzung offenkundig. Da die B AG ein breites Anwendungsspektrum für ihr Verfahren sieht, sollten sich durch den betrieblichen Einsatz des Verfahrens Nettoeinnahmen generieren lassen. Bestätigt wird diese Erwartung durch den geschätzten Marktwert des Sanierungsverfahrens. Das Verfahren ist auch greifbar im Sinne einer Abgrenzbarkeit vom Geschäfts- oder Firmenwert. Ein potenzieller Erwerber würde bei Erwerb des gesamten Unternehmens für diesen immateriellen Vermögensgegenstand eine gesonderte Kaufpreiskomponente berücksichtigen. Zudem erfüllt das Bodensanierungsverfahren das von der Bundesregierung für die Prüfung der Vermögensgegenstandseigenschaft favorisierte engere Merkmal der selbständigen Verwertbarkeit. Das bestätigt zugleich die Übertragbarkeit des rechtlich geschützten Sanierungsverfahrens.

Ob der von der B AG selbst geschaffene immaterielle Vermögensgegenstand als selbständig bewertbar gilt, hängt in erster Linie von der Möglichkeit ab, für das Bodensanierungsverfahren einen Zugangswert in Form von Herstellungskosten verlässlich zu bestimmen. Hierfür kommt es entscheidend auf die Abgrenzbarkeit der Forschungs- von der Entwicklungsphase an. Sie ist Gegenstand der dritten Prüfung.

Zuvor ist zu beurteilen, ob bzw. von welchem Zeitpunkt an aus der gebotenen Ex-ante-Sicht hochwahrscheinlich mit dem Entstehen des immateriellen Vermögensgegenstands zu rechnen ist. Das ist im Beispiel – ausreichende finanzielle Mittel für das Entwicklungsvorhaben vorausgesetzt – allein eine Frage der technischen Realisierbarkeit des Projekts. Sie wird von den Technikern Ende X1 bejaht, nachdem erste Tests zur Verbindung von Trägersubstanz und Bindemittel erfolgreich verlaufen sind. Dieser Nachweis der technischen Realisierbarkeit dürfte in der Praxis die größte Aktivierungshürde darstellen. Es empfiehlt sich eine umfangreiche und nachvollziehbare Dokumentation der Beurteilungsbasis für diese Entscheidung.

Prüfung 3: Lassen sich die Herstellungskosten des Bodensanierungsverfahrens verlässlich ermitteln?

Aufgrund der Prüfung 2 scheiden alle Aufwendungen von einer Aktivierung als Herstellungskosten des Bodensanierungsverfahrens aus, die in X1 angefallen sind. Da bis zu diesem Zeitpunkt das Entstehen eines immateriellen Vermögensgegenstands nicht hochwahrscheinlich war, fehlt es an einem Vehikel, um das ggf. bis zu diesem Zeitpunkt gewonnene Knowhow in der Bilanz zum Ausweis zu bringen.

In Betracht für eine Aktivierung als Herstellungskosten des Verfahrens kommen damit

- Teile der Aufwendungen für die Suche nach einer geeigneten Trägersubstanz sowie für Analysen und Experimente zur Verbindung von Trägersubstanz und Bindemittel (400 TEUR) und
- die Aufwendungen für Praxistests der gefundenen Substanz auf Einsatzfähigkeit und Wirksamkeit (250 TEUR).

Bis Ende X1 sind insgesamt Aufwendungen in Höhe von 350 TEUR angefallen, die sich nach dem Ergebnis der Prüfung 2 nicht für eine Aktivierung als Herstellungskosten qualifizieren. Demzufolge sind aus dem Gesamtbetrag von 400 TEUR für die Suche nach einer geeigneten Trägersubstanz und deren Verbindung mit dem Bindemittel in jedem Fall 100 TEUR als nicht aktivierungsfähig auszugrenzen, da diese Aufwendungen – neben den 250 TEUR für die Bestandsaufnahme der am Markt verfügbaren Bodensanierungsverfahren und die Prüfung der Umweltverträglichkeit in Betracht kommender Bindemittel – noch in X1 angefallen sind.

Ob die verbleibenden 350 TEUR nach § 255 Abs. 2a HGB als aktivierungsfähig zu beurteilen sind, hängt davon ab, inwieweit die B AG diese nachvollziehbar den einzelnen Aktivitäten zurechnen kann. Die Aufwendungen für das Auffinden einer geeigneten Trägersubstanz wird man noch der Forschungsphase zurechnen müssen. Insoweit geht es um die Suche nach Alternativen für Materialien (vgl. auch Abb. 54) und damit um das Gewinnen neuer Erkenntnisse als Grundlage für die sich anschließenden Entwicklungstätigkeiten. Demgegenüber zielen die Aktivitäten zur Verbindung von Trägersubstanz und Bindemittel unmittelbar auf die Realisierung des Bodensanierungsverfahrens. Sie sind damit der Entwicklungsphase zuzurechnen.

Die vorstehende Grenzziehung zwischen Maßnahmen, die noch Forschung darstellen, und solchen, die bereits als Anwendung von Forschungsergebnissen im Hinblick auf die Entwicklung eines konkreten Produkts bzw. Verfahrens gelten, bereitet in der Bilanzierungspraxis erhebliche Schwierigkeiten. Die Frage wird auch nicht einheitlich beantwortet, wie die teilweise deutlich abweichenden Aktivierungsumfänge bei selbst geschaffenen immateriellen Vermögenswerten in Abschlüssen von IFRS-Bilanzierern auch innerhalb der gleichen Branche belegen. Die Klassifizierung der Aufwendungen kann in diesem Beispielfall nur im Wege einer stark typisierenden Betrachtung erfolgen. Im Einzelfall ist genau zu prüfen, für welche Zwecke die Aufwendungen angefallen sind und inwieweit sie Teil eines planmäßigen Voranschreitens auf dem Weg zur Schaffung eines neuen immateriellen Vermögensgegenstands sind.

Im Fallbeispiel ist die Trennung der Suchphase für die Trägersubstanz (Forschung) und der Experimentierphase zur Verbindung von Trägersubstanz und Bindemittel (Entwicklung) durch den zeitlichen Ablauf der Aktivitäten entschärft. Nach den Prämissen war Ende X1 die Trägersubstanz gefunden. Alle anschließend noch anfallenden Aufwendungen dienten damit offenbar den Bemühungen, Trägersubstanz und Bindemittel mit einander zu verbinden. Nach dieser rein zeitlichen Abgrenzung sind die in X2 angefallenen 300 TEUR somit in voller Höhe der Entwicklungsphase zuzurechnen. Soweit die Aufwendungen als Herstellungskosten des Bodensanierungsverfahrens im Sinne des § 255 Abs. 2, 3 HGB zu beurteilen sind, kommt ihre Aktivierung in Betracht. Entsprechendes gilt für die zusätzlichen Aufwendungen von 250 TEUR für Praxistests der gefundenen Substanz auf Einsatzfähigkeit und Wirksamkeit sowie für die Patent- und Anwaltsgebühren von 50 TEUR. Letztere stellen zwar keine Entwicklungskosten dar. Darauf kommt es aber auch nicht an. Aktivierungsfähig sind alle Herstellungskosten, die in der Entwicklungsphase anfallen. Da die Registrierung des Patents als (vorerst) letzter Schritt in der Entwicklung des Bodensanierungsverfahrens angesehen werden kann, sind die hierfür anfallenden Aufwendungen nach § 255 Abs. 2, 3 HGB aktivierungsfähig.

Diese ausschließlich phasenorientierte Abgrenzung von Aufwendungen, die der Forschungs- bzw. Entwicklungsphase zuzurechnen sind, wird man nur dann hinnehmen können, wenn das Forschungs- und Entwicklungsprojekt erstens streng sequentiell abläuft, mithin keine zeitliche Überschneidung der beiden Phasen zu beobachten ist, und zweitens die anfallenden Aufwendungen eindeutig den einzelnen Projektphasen zurechenbar sind.

Nimmt man diese Voraussetzung im Beispiel als gegeben an, sind bei Inanspruchnahme des Aktivierungswahlrechts folgende Buchungen zum

31.12.X2 veranlasst (im Geschäftsjahr X1 sind alle angefallenen Aufwendungen unmittelbar erfolgswirksam zu behandeln; Angaben in EUR):

Datum	Konto	Soll	Haben
31.12.X2	Selbst geschaffene immaterielle VG	600.000	
	Andere aktivierte Eigenleistungen		600.000

Datum	Konto	Soll	Haben
31.12.X2	Latenter Steueraufwand	180.000	
	Passive latente Steuern		180.000

==Mit der Marktreife des Verfahrens Ende August X2 ist der immaterielle Vermögensgegenstand fertiggestellt. Damit beginnt die planmäßige Abschreibung.== Bei einer erwarteten Nutzungsdauer von vier Jahren ermittelt sich nach der linearen Methode eine anteilige Jahresabschreibung von 50 TEUR (= 25 % von 500.000 für vier Monate). Das löst die folgenden Buchungen aus (Angaben in EUR):

Datum	Konto	Soll	Haben
31.12.X2	Abschreibungen auf selbst geschaffene immaterielle VG des Anlagevermögens	50.000	
	Selbst geschaffener immaterielle VG		50.000

Datum	Konto	Soll	Haben
31.12.X2	Passive latente Steuern	15.000	
	Latenter Steueraufwand		15.000

2.3.3.4 Nachträgliche Herstellungskosten

Das HGB sieht keine eigenständigen Vorschriften zur Behandlung von Aufwendungen vor, die der Kaufmann für einen bereits existierenden immateriellen Vermögensgegenstand aufwendet. Die Lösung ist daher aus den allgemeinen Vorgaben des § 255 Abs. 2, 2a HGB zu gewinnen.

Eine Aktivierung dieser Aufwendungen als nachträgliche Herstellungskosten ist nicht generell ausgeschlossen. Nach § 255 Abs. 2a Satz 2 HGB umfasst der Begriff der Entwicklung neben der Neuentwicklung auch „die Weiterentwicklung von Gütern oder Verfahren mittels wesentlicher Änderungen". Das heißt, die Aktivierung dieser Aufwendungen unterliegt ebenfalls den Voraussetzungen des § 255 Abs. 2a HGB. Zusätzlich müssen sie zu einer Erweiterung oder einer wesentlichen Verbesserung des betreffenden Vermögensgegenstands im Sinn von § 255 Abs. 1 Satz 1 HGB führen.

Im Einzelnen bedeutet dies: Abweichend von dem in Abb. 53 dargestellten Prüfungsschema entfällt bei nachträglichen Aufwendungen für immaterielle Vermögensgegenstände des Anlagevermögens im Regelfall die Prognose, ob als Ergebnis ihrer

Weiterentwicklung mit hoher Wahrscheinlichkeit ein **Vermögensgegenstand** entstehen wird. Diese Voraussetzung ist aufgrund der Ausgangssituation erfüllt. Etwas anderes gilt dann, wenn der bestehende Vermögensgegenstand im Zuge des Umschaffungsprozesses untergeht und ein neues Bilanzierungsobjekt geschaffen wird.

Bei der **Trennung von Forschungs- und Entwicklungsphase** ergeben sich keine Besonderheiten. Der Zeitpunkt des Übergangs ist nach den in Gliederungspunkt 2.3.3.2 dargestellten Grundsätzen zu bestimmen.

Die Frage nach dem **Herstellungskostencharakter** der angefallenen Aufwendungen ist unter Rückgriff auf die allgemeine Auslegung der für die Aktivierung nachträglicher Aufwendungen relevanten Tatbestände der Erweiterung bzw. der wesentlichen Verbesserung über den ursprünglichen Zustand hinaus zu beantworten (vgl. Gliederungspunkt 2.3.2.1). In Anbetracht der Natur immaterieller Vermögensgegenstände sollten beide Vorgänge nur in Ausnahmefällen anzutreffen sein.[219] Ganz überwiegend dienen nachträgliche Aufwendungen allein dazu, den erwarteten Nutzen aus dem immateriellen Anlagegut zu sichern (z. B. Gebühren für die Verlängerung eines Patentschutzes). Sie gehen als Erhaltungsaufwand unmittelbar in das Ergebnis ein.

Am ehesten sind Erweiterungen oder wesentliche Verbesserungen bei **Softwareprodukten** vorstellbar. Zu denken ist etwa an die Programmierung neuer Funktionalitäten, die zusätzliche Anwendungsmöglichkeiten für das Produkt eröffnen, oder an tief greifende Überarbeitungen von Programmversionen im Sinn eines Generationenwechsels.[220] Updates, bei denen die Aufrechterhaltung der Funktionalität oder die Anpassung an den technischen Fortschritt im Vordergrund steht, sind dagegen als Modernisierungsmaßnahmen zu beurteilen. Sie führen zu Erhaltungsaufwand.

In keinem Fall aktivierungsfähig sind nachträgliche Aufwendungen für **Marken, Drucktitel, Verlagsrechte, Kundenlisten** oder vergleichbare immaterielle Vermögensgegenstände des Anlagevermögens. Das für sie in § 248 Abs. 2 Satz 2 HGB enthaltene Aktivierungsverbot erstreckt sich auch auf nachträgliche Herstellungskosten.

2.3.3.5 Erstanwendung, Übergangsregelung und steuerliche Folgen

Die Bewertungsnorm des § 255 Abs. 2a HGB ist **verpflichtend** auf Jahres- und Konzernabschlüsse für nach dem **31.12.2009** beginnende Geschäftsjahre anzuwenden (vgl. Art. 66 Abs. 3 Satz 1 EGHGB). Sie gilt für alle bilanzierenden Kaufleute.

Umstritten ist, ob sich ein vorzeitiger Übergang auf die mit dem BilMoG modernisierten Rechnungslegungsvorschriften auf die Möglichkeiten zur Aktivierung selbst geschaffener immaterieller Vermögensgegenstände des Anlagevermögens auswirkt. Dafür spricht Art. 66 Abs. 3 Satz 6 EGHGB. Er erlaubt eine Anwendung von § 248, § 255 Abs. 2a HGB bereits in Jahres- und Konzernabschlüssen für Geschäftsjahre, die nach dem **31.12.2008** beginnen. Diese **Rechtsfolge läuft** jedoch **leer**. Nach Art. 66 Abs. 7 EGHGB finden die § 248, § 255 Abs. 2a HGB nämlich „nur auf die selbst ge-

---

[219] Vgl. auch IAS 38.20.
[220] Vgl. hierzu IDW RS HFA 11, WPg 2004, S. 819, Tz. 21.

schaffenen immateriellen Vermögensgegenstände des Anlagevermögens Anwendung, mit deren Entwicklung in Geschäftsjahren begonnen wird, die nach dem 31. Dezember 2009 beginnen." Diese Übergangsregelung gilt unabhängig vom Zeitpunkt der erstmaligen Anwendung der Vorschriften des BilMoG (vgl. auch BT-Drucks. 16/12407, S. 126). Sie geht als Lex specialis der allgemeinen Regelung in Art. 66 Abs. 3 Satz 6 EGHGB ein.

Praxis-Tipp

Die Entscheidung des Gesetzgebers, eine Aktivierung von Herstellungskosten für selbst geschaffene immaterielle Vermögensgegenstände des Anlagevermögens nur zuzulassen, wenn die Entwicklungsphase in einem nach dem 31.12.2009 begonnenen Geschäftsjahr initiiert wurde, kann die Möglichkeit zum Ausweis des unternehmenseigenen immateriellen Vermögens in der Bilanz deutlich beschränken. Wie sich aus der Begründung zu Art. 66 Abs. 7 EGHGB ergibt, ist die Vorschrift allerdings nicht eng auszulegen. Nach Ansicht des Rechtsausschusses „spricht unter Wesentlichkeitsgesichtspunkten nichts dagegen, auch in den Fällen eine Aktivierung zuzulassen, in denen unwesentliche Teile der Entwicklung in dem vorhergehenden Geschäftsjahr liegen" (BT-Drucks. 16/12407, S. 126). Aktivierungsfähig sind allerdings auch in diesem Fall nur jene Herstellungskosten für immaterielle Vermögensgegenstände, die in dem nach dem 31.12.2009 begonnenen Geschäftsjahr angefallen sind.

Das IDW vertritt in der Frage der Erstanwendung der §§ 248, 255 Abs. 2a HGB eine abweichende Auffassung.[221] Eine Begründung für diese Auslegung des Art. 66 Abs. 7 EGHGB enthält der Standard nicht.[222]

Für die **steuerliche Gewinnermittlung** ist die Bewertungsvorschrift des § 255 Abs. 2a HGB ohne Bedeutung. § 5 Abs. 2 EStG schließt den Ansatz selbst geschaffener immaterieller Wirtschaftsgüter in der Steuerbilanz weiterhin aus.

2.4 Planmäßige und außerplanmäßige Abschreibungen

2.4.1 Planmäßige Abschreibung

2.4.1.1 Allgemeines

Die ehemals in § 253 Abs. 2 HGB a. F. geregelte Folgebewertung von Vermögensgegenständen des Anlagevermögens findet sich nunmehr in § 253 Abs. 3 HGB. Die Sätze 1 und 2 dieser Vorschrift regeln wie bisher die **planmäßige Abschreibung** von

---

[221] Vgl. IDW RS HFA 28, IDW-FN 2009, S. 642, Tz. 35.
[222] Zur Kritik vgl. Kessler/Leinen/Paulus, BB 2009, S. 1912.

abnutzbaren Anlagegütern. In diesem Punkt haben sich keine Änderungen ergeben. Der Gesetzgeber ist insb. nicht dem Vorschlag gefolgt, die progressive Abschreibung zu verbieten. Sie wird in der Regierungsbegründung vielmehr – neben der linearen und degressiven Abschreibung – „als mit den Grundsätzen ordnungsmäßiger Buchführung vereinbar angesehen" (BT-Drucks. 16/10067, S. 56). Die Forderung, diese Methoden müssten „den tatsächlichen Verlauf des Werteverzehrs abbilden" (BT-Drucks. 16/10067, S. 56), führt nicht zu einer Einschränkung der bisherigen Wahlmöglichkeiten. Angesichts der nur redaktionellen Natur der Änderungen in § 253 Abs. 2 Satz 1, 2 HGB a. F. wird es auch weiterhin genügen, eine Abschreibungsmethode zu wählen, die „nicht in offenbarem Widerspruch zur Realität des Entwertungsverlaufs und dem Gebot der periodengerechten Aufwandsverteilung nach § 252 Abs. 1 Nr. 5"[223] steht. Umstritten ist, inwieweit die geometrisch-degressive Abschreibung diesem Anspruch genügt (vgl. hierzu Gliederungspunkt 2.4.1.2).

Eine für die Praxis bedeutende Auslegungsfrage spricht die Regierungsbegründung an. Es geht um die geänderte steuerliche Behandlung **geringwertiger Wirtschaftsgüter**.[224] Darunter fallen abnutzbare bewegliche Wirtschaftsgüter, die einer selbstständigen Nutzung fähig sind. Nach der in den letzten Jahren mehrfach geänderten Regelung sind diese steuerlich ab 2010 wie folgt zu behandeln:

- **Variante 1**: Eine Sofortabschreibung ist erlaubt für geringwertige Wirtschaftsgüter, deren Anschaffungs- oder Herstellungskosten, vermindert um einen darin enthaltenen Vorsteuerbetrag, den Betrag von 410 EUR nicht übersteigen. Geringwertige Wirtschaftsgüter mit höheren Anschaffungs- oder Herstellungskosten sind planmäßig linear oder geometrisch-degressiv über ihre betriebsgewöhnliche Nutzungsdauer abzuschreiben (vgl. § 6 Abs. 2 EStG);

- **Variante 2**: Eine Sofortabschreibung ist erlaubt für geringwertige Wirtschaftsgüter, deren Anschaffungs- oder Herstellungskosten, vermindert um einen darin enthaltenen Vorsteuerbetrag, den Betrag von 150 EUR nicht übersteigen. Übersteigen die Anschaffungs- oder Herstellungskosten 150 EUR, aber nicht 1.000 EUR, sind diese nach § 6 Abs. 2a EStG in einen wirtschaftsjahresbezogenen steuerlichen Sammelposten einzustellen, der im Jahr der Bildung und über die vier folgenden Wirtschaftsjahre mit jeweils einem Fünftel gewinnmindernd aufzulösen ist.

Die Entscheidung für Variante 1 oder 2 ist einheitlich für alle Zugänge eines Wirtschaftsjahrs zu treffen.

In Anwendung der Ausnahmeregelung des § 252 Abs. 2 HGB erachtet die Regierungsbegründung die Bildung eines Sammelpostens in sinngemäßer Anwendung des § 6 Abs. 2a EStG unter dem Aspekt der Wirtschaftlichkeit der Rechnungslegung auch handelsrechtlich als zulässig.[225] Auf eine gesetzliche Verankerung dieser Ausnahme vom Einzelbewertungsgrundsatz hat die Bundesregierung verzichtet. Es sei davon

---

[223] Kozikowski/Roscher/Schramm, in: Ellrott u. a. (Hrsg.): Beck'scher Bilanz-Kommentar., 7. Aufl., München 2010, § 253 HGB, Anm. 239.
[224] Vgl. ausführlich Mujkanovic, StuB 2008, S. 25 ff.
[225] Im Grundsatz zustimmend HFA des IDW, IDW-FN 2007, S. 506.

auszugehen, „dass sich die Handhabung in der handelsrechtlichen Bilanzierungspraxis binnen kürzester Zeit zu einem Grundsatz ordnungsmäßiger Bilanzierung entwickelt" (BT-Drucks. 16/10067, S. 38). Dieser Einschätzung mag man unter Wesentlichkeitsgesichtspunkten folgen, zumal sich bei einer größeren Zahl an geringwertigen Wirtschaftsgütern ein Ausgleich im Sachanlagevermögen einstellen wird.[226] An der rechtlichen Beurteilung ändert das allerdings nichts: Eine Abschreibung von Vermögensgegenständen über ihre betriebsgewöhnliche Nutzungsdauer hinaus steht im Widerspruch zu § 253 Abs. 3 Satz 2 HGB und verletzt das Vorsichtsprinzip.[227]

2.4.1.2 Zulässigkeit der geometrisch-degressiven Abschreibung

Die Zugangswerte zeitlich begrenzt nutzungsfähiger Vermögensgegenstände des Anlagevermögens sind nach § 253 Abs. 3 S. 1 HGB um planmäßige Abschreibungen zu mindern. Das Gebot der Planmäßigkeit verlangt, die Verteilung der Abschreibungsbeträge auf die Geschäftsjahre, in denen der Vermögensgegenstand voraussichtlich genutzt werden kann, im Voraus festzulegen.[228] Das betrifft die Parameter Ausgangswert, Nutzungsdauer und Abschreibungsmethode.

Das HGB schreibt keine bestimmte Abschreibungsmethode verbindlich vor, sondern überlässt die Art der Verteilung der Anschaffungs- oder Herstellungskosten über die Nutzungsdauer der Entscheidung des Kaufmanns. Die gewählte Verfahrensweise darf jedoch weder willkürlich sein (Gebot der Planmäßigkeit) noch gegen das **Vorsichtsprinzip** verstoßen.[229] Bislang wurden insb. die lineare, die geometrisch- bzw. arithmetisch-degressive, die variable und – mit Einschränkungen – die progressive Methode als GoB-konform angesehen.[230]

Nach Wegfall der umgekehrten Maßgeblichkeit sind zunehmend Bedenken gegen die handelsrechtliche Zulässigkeit einer geometrisch-degressiven Abschreibung unter Anwendung der Abschreibungssätze des § 7 Abs. 2 EStG geäußert worden. Vor Inkrafttreten des BilMoG habe sich diese Frage aufgrund der Öffnungsklausel des § 254 HGB a. F. nicht gestellt. Sie habe die Übernahme des steuerlichen Buchwerts auch dann erlaubt, wenn der Wertverzehr des Vermögensgegenstands durch die gewählte Abschreibungsmethode nicht angemessen erfasst worden sei. Mit der Aufhebung der Öffnungsklausel durch das BilMoG seien indes **allein steuerrechtlich zulässige Abschreibungen** in der Handelsbilanz nicht mehr möglich. Das gebe Anlass, im Einzel-

---

[226] Vgl. Rade/Kropp, WPg 2008, S. 13.
[227] So auch Heusinger, in: Bertram/Brinkmann/Kessler/Müller (Hrsg.): Haufe HGB Kommentar, Freiburg 2009, § 253 HGB, Rz. 196; großzügiger Hoffmann/Lüdenbach: NWB-Kommentar Bilanzierung, Herne 2009, § 252 HGB, Rz. 187 ff.; wohl auch HFA des IDW, IDW-FN 2007, S. 506.
[228] Vgl. Karrenbauer, in: Küting/Weber (Hrsg.): HdR-E, 5. Aufl., Stuttgart 2002 ff., § 253 HGB, Rn. 114.
[229] Vgl. Kozikowski/Roscher/Schramm, in: Ellrott u. a. (Hrsg.): Beck'scher Bilanz-Kommentar, 7. Aufl., München 2010, § 253 HGB, Anm. 238 f.
[230] Heusinger, in: Bertram/Brinkmann/Kessler/Müller (Hrsg.): Haufe HGB Kommentar, Freiburg 2009, § 253 HGB, Rz. 166.

fall zu prüfen, ob die geometrisch-degressive Abschreibung gemäß § 7 Abs. 2 EStG die ihr handelsrechtlich zugedachte Aufgabe erfülle.[231]

Diese Überlegungen können nur teilweise überzeugen. Zum einen war zumindest bei Kapitalgesellschaften und diesen gleichgestellten Personenhandelsgesellschaften auch vor Inkrafttreten des BilMoG eine Prüfung erforderlich, ob die Abschreibung eines Vermögensgegenstands im Einklang mit § 7 Abs. 2 EStG in der Handelsbilanz den Vorgaben des HGB entspricht. Das ergibt sich bereits aus den **Berichtspflichten**, die mit nur steuerlich zulässigen Abschreibungen verbunden waren (vgl. z. B. § 281 Abs. 2 Satz 1, § 285 Satz 1 Nr. 5 HGB a. F.). Auch bei der Erläuterung der angewandten Bilanzierungs- und Bewertungsmethoden (vgl. § 284 Abs. 2 Nr. 1 HGB a. F.) musste das Unternehmen Farbe bekennen. Geht es nach der tatsächlichen Berichterstattung, haben Bilanzierungs- und Prüfungspraxis die geometrisch-degressive Abschreibung so gut wie nie als eine ausschließlich steuerrechtlich zulässige Abschreibung angesehen. Das erscheint auch angemessen. Die planmäßige Abschreibung wird vom Vorsichtsprinzip beherrscht. Dem entspricht es, dem Risiko eines sinkenden Nutzens von Anlagegütern im Zeitablauf (z. B. als Folge technischen Fortschritts oder steigender Erhaltungsaufwendungen) Rechnung zu tragen. Auf diesem Gedanken beruht die degressive Abschreibung. Problematisch ist sie dann, wenn sie zu einer systematischen Unterbewertung der Vermögensgegenstände führt. Das ist nicht nur eine Frage des Abschreibungssatzes, sondern auch der **Nutzungsdauerschätzung**.[232] Da das BMF die in den AfA-Tabellen aufgeführten steuerlichen Nutzungsdauern in der Vergangenheit tendenziell verlängert hat, sollte sich eine Unvereinbarkeit der nach den steuerlichen Vorschriften bemessenen geometrisch-degressiven Abschreibung mit den Vorgaben des Handelsbilanzrechts nur in wenigen Ausnahmefällen ergeben.

Nicht zu folgen ist der Ansicht des HFA, bei Ausübung des Beibehaltungswahlrechts gemäß Art. 67 Abs. 4 Satz 1 EGHGB dürfe eine unter altem Bilanzrecht begonnene, nur steuerlich zulässige geometrisch-degressive Abschreibung in jedem Fall fortgeführt werden.[233] Das angesprochene Beibehaltungswahlrecht bezieht sich ausschließlich auf den Wertansatz im letzten Jahresabschluss vor Übergang auf die reformierten Rechnungslegungsvorschriften. Zu prüfen ist daher, ob die Fortführung der geometrisch-degressiven Abschreibung den Nutzenverbrauch bzw. Wertverzehr des Anlageguts angemessen berücksichtigt.

Beispiel

Das Unternehmen U hat Ende 2007 eine Maschine mit Anschaffungskosten von 1.000.000 EUR und einer betriebsgewöhnlichen Nutzungsdauer von zehn Jahren erworben. Das Wirtschaftsgut hat U 2008 und 2009 nach der bis zum Inkrafttreten des Unternehmensteuerreformgesetzes 2008 geltenden Fas-

---

[231] So der Tenor in IDW RH HFA 1.015, IDW-FN 2009, S. 358.
[232] Vgl. zu diesem Zusammenhang Moxter, Bilanzrechtsprechung, 6. Aufl., Tübingen 2007, S. 259 f.
[233] Vgl. IDW RH HFA 1.015, IDW-FN 2009, S. 358, Tz. 9.

sung des § 7 Abs. 2 EStG mit 30 % geometrisch-degressiv abgeschrieben. Zum 31.12.2009 beträgt der Buchwert der Maschine 490.000 EUR.

Sieht man in diesem Buchwert (weil bspw. die Nutzungsdauer am unteren Ende der vertretbaren Bandbreite gewählt wurde) eine handelsrechtlich nicht vertretbare Unterbewertung des Anlageguts, liegt (maximal) in Höhe der Differenz zur linearen Abschreibung eine steuerrechtliche Mehrabschreibung vor. Art. 67 Abs. 4 Satz 1 EGHGB erlaubt dennoch, im Übergang auf die Rechnungslegung nach HGB i. d. F. des BilMoG den Buchwert von 490.000 EUR beizubehalten. Zu prüfen ist allerdings, ob sich von hier aus die Fortführung der geometrisch-degressiven Abschreibung handelsrechtlich begründen lässt. Das wird man annehmen dürfen, wenn auf diese Weise das Ausmaß der Unterbewertung des Vermögensgegenstands voraussichtlich nicht ausgeweitet wird. Andernfalls ist der Abschreibungsplan anzupassen.

2.4.1.3 Komponentenansatz

Mit dem BilMoG ist die Möglichkeit entfallen, für in größeren zeitlichen Abständen anfallende Aufwendungen für Instandhaltung, Wartung oder Reparaturen **Aufwandsrückstellungen** nach § 249 Abs. 2 HGB a. F. zu bilden.[234] Diese Rückstellungen sollten den Bilanzierenden eine Periodisierung der stoßweise anfallenden Aufwendungen ermöglichen. Die Streichung dieser Möglichkeit ist u. a. mit der angestrebten Annäherung an die Rechnungslegung nach IFRS begründet worden.[235]

Schon vor Inkrafttreten des BilMoG ist auf den Zusammenhang zwischen dieser Rückstellungsbildung und der Abschreibung des Anlageguts hingewiesen worden.[236] Die Ansammlung der Aufwendungen für eine künftige Generalüberholung oder Großreparatur diene dazu, die Umsätze aus der Nutzung des Anlageguts mit den ihnen nach dem Realisationsprinzip zuzurechnenden Aufwendungen zu belasten. Dieser Gedanke findet sich auch in der internationalen Rechnungslegung (vgl. IAS 16.43 ff.), dort allerdings unter dem Gesichtspunkt einer dem Nutzenverbrauch Rechnung tragenden planmäßigen Abschreibung. Der dazu vorgesehene Komponentenansatz sieht vor, jeden Teil einer Sachanlage, auf den ein im Verhältnis zum gesamten Wert des Gegenstands bedeutsamer Teil der Anschaffungskosten entfällt, gesondert abzuschreiben. Komponenten mit annähernd gleicher Nutzungsdauer dürfen zusammengefasst werden. Korrespondierend mit dieser Verfahrensweise sind später anfallende Aufwendungen für den Ersatz derartiger Komponenten regelmäßig als nachträgliche Anschaffungs- oder Herstellungskosten zu erfassen (vgl. IAS 16.14).

---

[234] Vgl. hierzu Abschnitt 4, Gliederungspunkt 1.2.
[235] Kritisch hierzu Wehrheim/Rupp (DStR 2010, S. 821 ff.), die durch die Abschaffung der Aufwandsrückstellungen nach § 249 Abs. 2 HGB a. F. die Ausschüttungsbemessungsfunktion der Handelsbilanz beeinträchtigt sehen. Unberücksichtigt bleibt dabei allerdings die Möglichkeit einer (ersatzweisen) Abschreibung nach dem Komponentenansatz in der Handelsbilanz.
[236] Vgl. Moxter, Bilanzrechtsprechung, 6. Aufl., Tübingen 2007, S. 130.

Der Komponentenansatz ist nach IAS 16 nicht auf physisch separierbare Teile eines Anlageguts beschränkt. Entsprechend seiner Grundidee zielt er darauf, ein Anlagegut in Nutzenpotenziale aufzuteilen, die sich unterschiedlich schnell verbrauchen und deshalb gesondert abzuschreiben sind. Das verdeutlicht das nachstehende Beispiel:

Beispiel

Sachverhalt:

Maschinenbauer M hat zu Beginn des Jahres X1 eine neue computergesteuerte Fräs- und Stanzmaschine erworben. Die Anschaffungskosten belaufen sich auf 1.200.000 EUR. Für die planmäßige Abschreibung des Anlageguts gelten die nachfolgenden Daten:

- Betriebsgewöhnliche Nutzungsdauer: 10 Jahre
- Abschreibungsmethode: lineare Abschreibung
- Restwert: 0 EUR

Nach der Herstellerempfehlung sollte die Anlage etwa alle drei Jahre einer Generalüberholung unterzogen werden, bei der mechanische Verschleißteile ausgetauscht und die Steuerung der Maschine überprüft werden. Die Kosten für die Generalüberholung schätzt M auf rund 180.000 EUR.

M führt die empfohlene Generalüberholung Ende X3 zum Preis von 195.000 EUR und Ende X6 zum Preis von 200.000 EUR durch. Ende X6 plant er keine weitere Generalüberholung. Die Maschine befindet sich am 31.12.X10 noch im Anlagenbestand.

Beurteilung:

Nach dem Komponentenansatz ist die Anlage in zwei Abschreibungseinheiten aufzuteilen:

- Die erste Komponente umfasst das mit dem Erwerb der Maschine zugegangene kurzfristige Nutzenpotenzial I, dem 180.000 EUR zuzurechnen sind. Es handelt sich um den Nutzenvorrat, der durch die erste Generalüberholung wieder aufgefüllt wird. Die Komponente ist über drei Jahre linear abzuschreiben.
- Der verbleibende Teil der Anschaffungskosten (1.080.000 EUR) repräsentiert das langfristige Nutzenpotenzial, das sich kontinuierlich über zehn Jahre verbraucht. Dem ist durch eine lineare Abschreibung über diesen Zeitraum zu entsprechen.

Für das kurzfristige Nutzenpotenzial I ergibt sich folgender Abschreibungsverlauf:

	Entwicklung der Buchwerte der Fräs- und Stanzmaschine - kurzfristiges Nutzenpotenzial I									
	Anschaffungs- / Herstellungskosten				Kumulierte Abschreibungen				Restbuchwert	
Jahr	01.01.	Zugänge	Abgänge	31.12.	01.01.	Zugänge	Abgänge	31.12.	01.01.	31.12.
X1	0	180.000	0	180.000	0	60.000	0	60.000	0	120.000
X2	180.000	0	0	180.000	60.000	60.000	0	120.000	120.000	60.000
X3	180.000	0	180.000	0	120.000	60.000	180.000	0	60.000	0

Zum Ende des Jahres X3 führt M wie geplant die erste Generalüberholung durch. Sie erneuert das verbrauchte Nutzenpotenzial. In der Folge ist sowohl bei den Anschaffungs- oder Herstellungskosten als auch bei den kumulierten Abschreibungen ein Abgang von 180.000 EUR zu erfassen. Zugleich ist das neue kurzfristige Nutzenpotenzial II mit seinem Zugangswert in Höhe der Kosten der Generalüberholung (195.000 EUR) einzubuchen.

	Entwicklung der Buchwerte der Fräs- und Stanzmaschine - kurzfristiges Nutzenpotenzial II									
	Anschaffungs- / Herstellungskosten				Kumulierte Abschreibungen				Restbuchwert	
Jahr	01.01.	Zugänge	Abgänge	31.12.	01.01.	Zugänge	Abgänge	31.12.	01.01.	31.12.
X3	0	195.000	0	195.000	0	0	0	0	0	195.000
X4	195.000	0	0	195.000	0	65.000	0	65.000	195.000	130.000
X5	195.000	0	0	195.000	65.000	65.000	0	130.000	130.000	65.000
X6	195.000	0	195.000	0	130.000	65.000	195.000	0	65.000	0

Die Abschreibung des kurzfristigen Nutzenpotenzials II folgt den gleichen Überlegungen. Am Ende des Jahres X6 wird auch diese Komponente durch die zweite Generalüberholung erneuert. Es ergeben sich die gleichen bilanziellen Folgen wie vorstehend für das kurzfristige Nutzenpotenzial I erläutert.

Da M bis zum Ende der betriebsgewöhnlichen Nutzungsdauer keine weitere Generalüberholung plant, sind die Anschaffungskosten des kurzfristigen Nutzenpotenzials III über vier Jahre abzuschreiben. Das verdeutlicht die nachfolgende Darstellung. Da sich die Stanz- und Fräsmaschine zum Ende des Jahres X10 noch im Anlagenbestand befindet, ist kein Abgang zu berücksichtigen.

	Entwicklung der Buchwerte der Fräs- und Stanzmaschine - kurzfristiges Nutzenpotenzial III									
	Anschaffungs- / Herstellungskosten				Kumulierte Abschreibungen				Restbuchwert	
Jahr	01.01.	Zugänge	Abgänge	31.12.	01.01.	Zugänge	Abgänge	31.12.	01.01.	31.12.
X6	0	200.000	0	200.000	0	0	0	0	0	200.000
X7	200.000	0	0	200.000	0	50.000	0	50.000	200.000	150.000
X8	200.000	0	0	200.000	50.000	50.000	0	100.000	150.000	100.000
X9	200.000	0	0	200.000	100.000	50.000	0	150.000	100.000	50.000
X10	200.000	0	0	200.000	150.000	50.000	0	200.000	50.000	0

Der Komponentenansatz respektiert die Einheit des Vermögensgegenstands. Er begreift die identifizierten Nutzenpotenziale mithin nicht als eigenständige Bilanzierungsobjekte, sondern lediglich als kalkulatorische Abschreibungseinheiten, die dazu dienen, den periodischen Nutzenverbrauch möglichst genau zu erfassen. Die Buchwertentwicklung der Stanz- und Fräsmaschine ergibt sich daher aus der Aggregation der einzelnen Abschreibungspläne.

	Entwicklung der Buchwerte der Fräs- und Stanzmaschine - Gesamtbuchwert									
	Anschaffungs- / Herstellungskosten				Kumulierte Abschreibungen				Restbuchwert	
Jahr	01.01.	Zugänge	Abgänge	31.12.	01.01.	Zugänge	Abgänge	31.12.	01.01.	31.12.
X1	0	1.200.000	0	1.200.000	0	162.000	0	162.000	0	1.038.000
X2	1.200.000	0	0	1.200.000	162.000	162.000	0	324.000	1.038.000	876.000
X3	1.200.000	195.000	180.000	1.215.000	324.000	162.000	180.000	306.000	876.000	909.000
X4	1.215.000	0	0	1.215.000	306.000	167.000	0	473.000	909.000	742.000
X5	1.215.000	0	0	1.215.000	473.000	167.000	0	640.000	742.000	575.000
X6	1.215.000	200.000	195.000	1.220.000	640.000	167.000	195.000	612.000	575.000	608.000
X7	1.220.000	0	0	1.220.000	612.000	152.000	0	764.000	608.000	456.000
X8	1.220.000	0	0	1.220.000	764.000	152.000	0	916.000	456.000	304.000
X9	1.220.000	0	0	1.220.000	916.000	152.000	0	1.068.000	304.000	152.000
X10	1.220.000	0	0	1.220.000	1.068.000	152.000	0	1.220.000	152.000	0

Fraglich ist, ob der Komponentenansatz handels- und steuerrechtlich als „Ersatz" für die weggefallenen Aufwandsrückstellungen nach § 249 Abs. 2 HGB a. F. taugt. Der HFA des IDW erachtet ihn nur „in den Fällen zulässig, in denen physisch separierbare Komponenten ausgetauscht werden, die in Relation zum gesamten Sachanlagevermögensgegenstand wesentlich sind".[237] Als Beispiel erwähnt er die separate Abschreibung des Daches und des restlichen Teils eines Gebäudes über unterschiedliche Nutzungsdauern. Für Großreparaturen und Inspektionen soll er nicht in Betracht kommen.[238] Diese Haltung ist inkonsequent. Bekennt man sich zu einer Abschreibung nach Nutzenverbrauch und damit zu einer am Realisationsprinzip orientierten Aufwandsperiodisierung, kann es für die Abgrenzung von Abschreibungskomponenten nicht auf deren physische Separierbarkeit ankommen. Das gilt umso mehr, als bei Generalüberholungen der Austausch einzelner Teile und andere Erhaltungsmaßnahmen häufig zusammenfallen. Die Alternative zu einer uneingeschränkten Übernahme des Komponentenansatzes besteht in dessen gänzlicher Ablehnung für das HGB, etwa mit dem Hinweis, § 253 Abs. 3 Satz 1, 2 HGB gehe von einer einheitlichen Behandlung eines Vermögensgegenstands aus.

Den letzteren Gedanken favorisiert der BFH. Er hat bereits im Beschluss vom 22.8.1966[239] der Aufteilung von Wirtschaftsgütern in einzelne gesondert abzuschreibende Teile eine Absage erteilt. Nach seiner Rechtsprechung ist bei der Abschreibung von der Fiktion der gleichmäßigen Lebensdauer aller Teile eines Gebäudes auszugehen. Die Gefahr einer daraus ggf. resultierenden Überbewertung von Anlagegütern sieht er durch eine großzügige Behandlung nachträglicher Aufwendungen als sofort abzugsfähigen Erhaltungsaufwand entschärft. Diese Rechtsprechung ist in der Folge mehrfach bestätigt worden.[240] Für steuerliche Zwecke dürfte damit der Komponentenansatz keine Anerkennung finden.

---

[237] IDW RH HFA 1.016, IDW-FN 2009, S. 362, Tz. 5.
[238] Vgl. IDW RH HFA 1.016, IDW-FN 2009, S. 362, Tz. 7.
[239] Vgl. BFH-Beschluss v. 22.8.1966, GrS 2/66, BStBl. III 1966, S. 672.
[240] Vgl. z. B. BFH-Urt. v. 9.11.1976, VIII R 27/75, BStBl. II 1977, S. 306.

2.4.1.4 Entgeltlich erworbener Geschäfts- oder Firmenwert

Der entgeltlich erworbene, zeitlich begrenzt nutzbare Geschäfts- oder Firmenwert ist nach Maßgabe des § 253 Abs. 3 Satz 1, 2 HGB **planmäßig** bzw. bei Vorliegen der Tatbestandsvoraussetzung des § 253 Abs. 3 Satz 3 HGB **außerplanmäßig abzuschreiben**. Der planmäßigen Abschreibung ist seine individuelle betriebliche Nutzungsdauer zugrunde zu legen.

Mit dem Verständnis des Geschäfts- oder Firmenwerts als abnutzbarem Vermögensgegenstand unterscheidet sich das HGB „wohltuend"[241] von den **IFRS**, die statt planmäßiger Abschreibungen einen mindestens jährlich durchzuführenden Werthaltigkeitstest (sog. Impairment Test nach IAS 36) vorsehen.

Anhaltspunkte für die **Schätzung der** individuellen betrieblichen **Nutzungsdauer** können nach der Regierungsbegründung bspw. sein (vgl. BT-Drucks. 16/10067, S. 48):

- Art und voraussichtliche Bestandsdauer des erworbenen Unternehmens
- Stabilität und Bestandsdauer der Branche des erworbenen Unternehmens
- Lebenszyklus der Produkte des erworbenen Unternehmens
- Auswirkungen von Veränderungen der Absatz- und Beschaffungsmärkte sowie der wirtschaftlichen Rahmenbedingungen auf das erworbene Unternehmen
- Umfang der erforderlichen Erhaltungsaufwendungen zur Realisierung des erwarteten ökonomischen Nutzens des erworbenen Unternehmens
- Laufzeit wichtiger Absatz- und Beschaffungsverträge des erworbenen Unternehmens
- Voraussichtliche Tätigkeit von wichtigen Mitarbeitern oder Mitarbeitergruppen für das erworbene Unternehmen
- Erwartetes Verhalten potenzieller Wettbewerber des erworbenen Unternehmens
- Voraussichtliche Dauer der Beherrschung des erworbenen Unternehmens

Außerplanmäßige Abschreibungen auf den niedrigeren beizulegenden Wert sind bei voraussichtlich dauernder Wertminderung gemäß § 253 Abs. 3 Satz 3 HGB vorzunehmen. Das entspricht der derzeitigen handelsrechtlichen Regelung.

Entgegen dem in § 253 Abs. 5 Satz 1 HGB normierten Zuschreibungsgebot bei Wegfall der Gründe für eine außerplanmäßige Abschreibung bestimmt Satz 2 dieser Vorschrift, dass ein niedrigerer Wertansatz eines entgeltlich erworbenen Geschäfts- oder Firmenwerts beizubehalten ist. Diesem **Wertaufholungsverbot** liegt nach der Regierungsbegründung der Gedanke zugrunde, dass eintretende Werterholungen eines Geschäfts- und Firmenwerts nach einer außerplanmäßigen Abschreibung auf die Geschäfts- und Betriebstätigkeit des Unternehmens zurückzuführen sind, das den vorher abgeschriebenen Geschäfts- oder Firmenwert erworben hat. Eine Wertaufholung beruht nicht darauf, dass die Gründe der außerplanmäßigen Abschreibung zu einem spä-

---

[241] Herzig, DB 2008, S. 10.

teren Zeitpunkt nicht mehr bestehen. Vielmehr würde die Wertaufholung zu einer (verbotenen) Aktivierung eines selbst geschaffenen Geschäfts- oder Firmenwerts führen (vgl. BT-Drucks. 16/10067, S. 57).

Die planmäßige Abschreibung des entgeltlich erworbenen Geschäfts- oder Firmenwerts über seine individuelle betriebliche Nutzungsdauer steht im Einklang mit Art. 37 Abs. 2 Satz 2 in Verbindung mit Art. 34 Abs. 1 Buchstabe a der Bilanzrichtlinie (vgl. BT-Drucks. 16/10067, S. 48). Diese Vorschrift sieht vor, entgeltlich erworbene Geschäfts- oder Firmenwerte grundsätzlich innerhalb von **fünf Jahren** abzuschreiben. Sie erlaubt den nationalen Gesetzgebern allerdings die Einräumung eines längeren Abschreibungszeitraums, sofern die individuelle betriebliche Nutzungsdauer nicht überschritten und dies im **Anhang** angegeben und nachvollziehbar begründet wird (vgl. BT-Drucks. 16/10067, S. 48). Von dieser Möglichkeit hat der Gesetzgeber Gebrauch gemacht. Entsprechend der Vorgabe der Bilanzrichtlinie fordert er in § 285 Nr. 13 HGB eine Begründung für eine Nutzungsdauerschätzung von mehr als fünf Jahren (vgl. auch Abschnitt 10, Gliederungspunkt 2.5).

Ein Hinweis auf die steuerliche Vorschrift des § 7 Abs. 1 Satz 3 EStG genügt nach der Regierungsbegründung nicht. Die gesetzliche Typisierung im Steuerrecht hat keinen Bezug zur tatsächlichen Nutzungsdauer im Einzelfall, sondern dient der Ermessensbegrenzung im Interesse einer einheitlichen Behandlung entgeltlich erworbener Geschäfts- oder Firmenwerte durch alle Steuerpflichtigen. Handelsrechtlich kommt dieser Festlegung keine Bedeutung zu. Das schließt eine Abschreibung aktivierter Geschäfts- oder Firmenwerte im Einklang mit dem Steuerrecht nicht aus. Der Bilanzierende hat in diesem Fall allerdings nachvollziehbar darzulegen, auf welchen (begründeten) Annahmen die Nutzungsdauerschätzung von 15 Jahren beruht (vgl. BT-Drucks. 16/10067, S. 48).

Die Regierungsbegründung enthält Hinweise, welche Aspekte für die Schätzung der Nutzungsdauer von Geschäfts- oder Firmenwerten von Bedeutung sein können. Sie stehen im Mittelpunkt des folgenden Beispiels, das die Zugangs- und Folgebewertung entgeltlich erworbener Geschäfts- oder Firmenwerte nach den Vorschriften des BilMoG veranschaulicht.

Beispiel

Sachverhalt:

Die B AG hat als strategisches Investment das Einzelunternehmen A zum Preis von 950 TEUR erworben. Gegenstand des Unternehmens ist die Herstellung elektronischer Bauteile. Das buchmäßige Eigenkapital von A beträgt zum Erwerbszeitpunkt 300 TEUR. Das Vermögen weist stille Rücklagen in Höhe von 150 TEUR und nicht aktivierte selbst geschaffene immaterielle Vermögensgegenstände mit einem Zeitwert von 50 TEUR auf. Folgende weitere Informationen liegen zu dem Einzelunternehmen vor:

- Bestandsdauer des Unternehmens: 6 Jahre
- Durchschnittlicher Lebenszyklus der Produkte: 4 Jahre

- Dynamik des wirtschaftlichen Umfelds: hoch
- Wettbewerbsintensität: hoch
- Bedeutung von Humankapital: sehr hoch
- Anteil langfristiger Kundenbeziehungen: 40 %
- Investitionstätigkeit zur Marktanteilssicherung: hoch

Beurteilung nach HGB a. F.:

Mit dem Erwerb von A ist der B AG ein Geschäfts- oder Firmenwert in Höhe von 450 TEUR (= Differenz zwischen dem Kaufpreis und dem erworbenen neu bewerteten Nettovermögen des Einzelunternehmens = 950 TEUR – 300 TEUR – 150 TEUR – 50 TEUR) zugegangen.

Das handelsrechtliche Aktivierungswahlrecht eröffnet der B AG folgende Möglichkeiten:

- Ansatz in voller Höhe (450 TEUR)
- Verzicht auf einen Ansatz (0 TEUR)
- Ansatz eines Zwischenwerts

Im Fall des (teilweisen) Ansatzes des Geschäfts- oder Firmenwerts hat die B AG in der Folge die Möglichkeit, entweder im Zugangsjahr den aktivierten Wert in voller Höhe abzuschreiben, eine pauschale Abschreibung über vier Jahre beginnend in dem auf das Zugangsjahr folgenden Jahr vorzunehmen oder die Anschaffungskosten des Geschäfts- oder Firmenwerts im Wege der planmäßigen Abschreibung über dessen voraussichtliche betriebliche Nutzungsdauer zu verteilen.

Beurteilung nach HGB i. d. F. des BilMoG:

Der entgeltlich erworbene Geschäfts- oder Firmenwert beträgt ebenfalls 450 TEUR. Für ihn besteht Aktivierungspflicht als (fiktiver) Vermögensgegenstand. Die aktivierten Anschaffungskosten sind über die zu schätzende Nutzungsdauer planmäßig abzuschreiben.

Für die Schätzung der Nutzungsdauer sind u. a. folgende Anhaltspunkte heranzuziehen (vgl. BT-Drucks. 16/10067, S. 48):

- Art und voraussichtliche Bestandsdauer des erworbenen Unternehmens
- Stabilität und Bestandsdauer der Branche des erworbenen Unternehmens
- Lebenszyklus der Produkte des erworbenen Unternehmens
- Auswirkungen von Veränderungen der Absatz- und Beschaffungsmärkte sowie der wirtschaftlichen Rahmenbedingungen auf das erworbene Unternehmen
- Umfang der notwendigen Erhaltungsaufwendungen, um den erwarteten ökonomischen Nutzen des erworbenen Unternehmens zu realisieren
- Laufzeit wichtiger Absatz- und Beschaffungsverträge des erworbenen Unternehmens

- voraussichtliche Tätigkeit von wichtigen Mitarbeitern und Mitarbeitergruppen für das erworbene Unternehmen
- erwartetes Verhalten potenzieller Wettbewerber des erworbenen Unternehmens
- voraussichtliche Dauer der Beherrschung des erworbenen Unternehmens

Auf das Fallbeispiel angewendet, sprechen gleich mehrere Indikatoren für eine eher kurze Nutzungsdauer des erworbenen Geschäfts- oder Firmenwerts:
- relativ kurzer Lebenszyklus der Produkte von A
- starke Abhängigkeit vom technischen Fortschritt, hohe Dynamik des wirtschaftlichen Umfelds
- hohe Investitionsnotwendigkeit zur Erhaltung des Marktanteils
- relativ hoher Anteil kurzfristiger Kundenbeziehungen (60 %)
- hohe Abhängigkeit von qualifizierten Mitarbeitern

Da es sich um ein strategisches Investment handelt, ergibt sich aus der voraussichtlichen Dauer der Beherrschung des erworbenen Unternehmens keine Begrenzung der Nutzungsdauer. Tendenziell liegt die Annahme einer Nutzungsdauer für den Geschäfts- oder Firmenwert von ca. vier Jahren nahe. Das Ergebnis sollte durch einen Branchenvergleich verifiziert werden.

Die neu gefasste Bewertungsvorschrift des § 253 HGB ist nach Art. 66 Abs. 3 Satz 2 EGHGB **erstmals** auf Geschäfts- oder Firmenwerte i. S. d. § 246 Abs. 1 Satz 4 HGB anzuwenden, die aus Erwerbsvorgängen in Geschäftsjahren resultieren, die nach dem **31.12.2009** bzw. – bei vorzeitigem Übergang auf die Vorschriften des BilMoG – nach dem **31.12.2008** begonnen haben. Ergänzende **Übergangsvorschriften** bestehen nicht.

Offen bleibt damit, wie Geschäfts- oder Firmenwerte zu behandeln sind, die nach § 255 Abs. 4 HGB a. F. aktiviert worden und im Zeitpunkt des Übergangs auf die Vorschriften des BilMoG noch nicht vollständig abgeschrieben sind.

Der HFA des IDW hält eine Abschreibung des Geschäfts- oder Firmenwerts nach der bisherigen Methode für zulässig.[242] Diese Auslegung erscheint zumindest nicht zwingend. § 255 Abs. 4 HGB a. F. ist letztmals auf Jahres- und Konzernabschlüsse für vor dem 1.1.2010 beginnende Geschäftsjahre anzuwenden (vgl. Art. 66 Abs. 5 EGHGB). Für eine Fortführung der Buchwerte nach den bisherigen Bewertungsvorschriften über das Jahr 2009 hinaus fehlt mithin die Rechtsgrundlage.[243] Es liegt nahe, die Restbuchwerte der im Übergangszeitpunkt vorhandenen Geschäfts- oder Firmenwerte – ungeachtet der bisherigen Verfahrensweise – planmäßig über die verbleibende Nutzungsdauer abzuschreiben. Art. 66 Abs. 3 Satz 2 EGHGB steht dem u. E. nicht entgegen. Die Vorschrift will eine Nachaktivierung aufwandswirksam erfasster Geschäfts-

---

[242] Vgl. IDW RS HFA 28, IDW-FN 2009, S. 642, Tz. 32.
[243] Die Weiterführung nach den Regelungen vor Inkrafttreten des BilMoG hätte einer expliziten Aufnahme in die Übergangsvorschriften des EGHGB bedurft.

oder Firmenwerte verhindern (vgl. BT-Drucks. 16/12407, S. 125 f.). Ihre Anwendung auf Altfälle über dieses eng definierte Ziel hinaus auszuschließen, entspricht nicht der Regelungsabsicht des Gesetzgebers.

2.4.1.5 Selbst geschaffene immaterielle Vermögensgegenstände des Anlagevermögens

Die Folgebewertung der vom Unternehmen selbst geschaffenen immateriellen Vermögensgegenstände des Anlagevermögens richtet sich nach § 253 Abs. 3 HGB. Da die Entwicklung von Vermögensgegenständen mit unbegrenzter **Nutzungsdauer** auszuschließen ist, sind die immateriellen Anlagegüter planmäßig abzuschreiben. Zu diesem Zweck ist der Zeitraum ihrer voraussichtlichen Nutzbarkeit zu schätzen. Aufgrund des relativ schnellen technologischen Wandels sollte diese im Zweifel **eher kurz** veranschlagt werden.[244] Ist der Vermögensgegenstand rechtlich abgesichert, bildet die Dauer des Rechtsschutzes die Obergrenze für die Nutzungsdauerschätzung, sofern nicht ausnahmsweise eine Verlängerung ohne nennenswerte Aufwendungen möglich und bereits absehbar ist.

Die Wahl der Abschreibungsmethode steht dem Bilanzierenden frei, soweit diese nicht mit den Grundsätzen ordnungsmäßiger Buchführung kollidiert. Das wird man bspw. annehmen müssen, wenn immaterielle Vermögensgegenstände, deren Nutzung über einen bestimmten Zeitraum weitgehend gleichmäßig erfolgt, progressiv abgeschrieben werden. In anderen Fällen kann dagegen die Wahl einer Abschreibungsmethode angemessen sein, die im Ergebnis zu einem progressiven Verlauf des Wertverzehrs führt. Zu denken ist etwa an neu entwickelte Technologien, die beim Bau von Flugzeugen oder von Produktionsanlagen eingesetzt werden, für die das Unternehmen nach einer Anlaufphase steigende Absatzzahlen erwartet (*unit of production-method*).

Beispiel

Sachverhalt:

Automobilhersteller A hat einen neuen Motor entwickelt. Nach seinen Planungen sollen von diesem Motor in den kommenden acht Jahren etwa 100.000 Exemplare produziert und in verschiedene Modelle eingebaut werden. Im ersten Jahr nach Fertigstellung der Entwicklung verkauft A 2.000 Fahrzeuge mit dem neuen Motor. Nach Vorstellung mehrerer neuer Modelle steigt die Zahl der veräußerten Motoren in den beiden folgenden Jahren auf 8.000 bzw. 15.000. An Entwicklungskosten hat A für den neuen Motor einen Betrag von 50 Mio. EUR aktiviert.

Beurteilung:

Bei linearer Abschreibung des selbst geschaffenen immateriellen Vermögensgegenstands ermittelt sich ein jährlicher Abschreibungsaufwand von

---

[244] So auch Bertram, in: Bertram/Brinkmann/Kessler/Müller (Hrsg.): Haufe HGB Bilanz Kommentar, Freiburg 2009, § 253 HGB, Rz. 177.

6,25 Mio. EUR. Nach der *unit of production-method* ist jeder hergestellte Motor mit einem Abschreibungsaufwand von 500 EUR zu belasten. Danach sind in den ersten drei Jahren der Vermarktung des Motors Abschreibungen in Höhe von 1 Mio. EUR, 4 Mio. EUR und 7,5 Mio. EUR zu berücksichtigen.

Gegen eine lineare Abschreibung selbst geschaffener immaterieller Vermögensgegenstände sollten keine Einwände bestehen, wenn sie näherungsweise den periodischen Nutzenverbrauch oder Wertverzehr widerspiegelt.[245] Im obigen Beispiel ergibt sich allerdings im ersten Jahr eine deutliche Diskrepanz zwischen (geschätztem) Nutzenverbrauch (1 Mio. EUR) und Abschreibungshöhe nach der linearen Methode (6,25 Mio. EUR), für die auch das Vorsichtsprinzip keine Rechtfertigung liefert.

Bemessungsgrundlage für die planmäßige Abschreibung sind die Herstellungskosten des Vermögensgegenstands. Die Berücksichtigung eines **Restwerts** scheidet aufgrund der relativ raschen Entwertung immaterieller Vermögensgegenstände schon aus Vorsichtserwägungen im Allgemeinen aus.

Die Abschreibung **beginnt** mit der Fertigstellung der Entwicklung. Das ist der Zeitpunkt, zu dem der Vermögensgegenstand für den Einsatz im Unternehmen oder für andere Verwendungszwecke (z. B. Vermietung) zur Verfügung steht. Die Abschreibung **endet** mit der endgültigen Einstellung der Nutzung des immateriellen Anlageguts bzw. seinem Abgang.

2.4.2 Außerplanmäßige (Niederstwert-)Abschreibungen

Bei der **außerplanmäßigen Abschreibung** differenziert § 253 Abs. 3 HGB wie bislang zwischen voraussichtlich dauernden und voraussichtlich nicht dauernden Wertminderungen. Im ersten Fall besteht ein Abschreibungsgebot. Hat ein Anlagegut eine nur vorübergehende Wertminderung erlitten, kommt fortan bei allen Bilanzierenden eine Abschreibung nur noch im Finanzanlagevermögen in Betracht (vgl. § 253 Abs. 3 Satz 4 HGB und Abb. 55). Die nach altem Bilanzrecht nur für Kapitalgesellschaften und für diesen nach § 264a HGB gleichgestellte Personenhandelsgesellschaften geltende Regelung ist damit für alle Unternehmen verbindlich. Die in § 279 Abs. 1 Satz 2 HGB a. F. enthaltene Einschränkung des allgemeinen Abschreibungswahlrechts ist durch die Neufassung von § 253 Abs. 3 Satz 4 HGB hinfällig geworden und weggefallen. Von der Änderung verspricht sich die Bundesregierung eine Verringerung des bilanzpolitischen Gestaltungspotenzials, eine Erhöhung des Informationsniveaus sowie eine Verbesserung der Vergleichbarkeit handelsrechtlicher Jahresabschlüsse (vgl. BT-Drucks. 16/10067, S. 56 f.). Zudem trage sie zu einer Annäherung von handels- und steuerrechtlichen Bewertungsvorschriften bei, da Teilwertabschrei-

---

[245] Eine degressive Abschreibungsmethode favorisieren Küting/Ellmann, wenn sie dem Nutzenverlauf entspricht; vgl. Küting/Ellmann, in: Küting/Pfitzer/Weber (Hrsg.): Das neue deutsche Bilanzrecht, 2. Aufl., Stuttgart 2009, S. 278.

bungen nach § 6 Abs. 1 Nr. 1 Satz 2 und Nr. 2 Satz 2 EStG ebenfalls nur bei voraussichtlich dauernder Wertminderung zu berücksichtigen seien.

Niederstwertabschreibung im Anlagevermögen nach HGB a.F. und BilMoG	
Regelung nach bisherigem Recht	
Abschreibungsgebot	Abschreibungswahlrecht
Generell: Bei voraussichtlich dauernder Wertminderung von VG § 253 Abs. 2 Satz 3 HGB a.F.	• Nicht-KapG: bei voraussichtlich nicht dauernder Wertminderung von VG des immateriellen, Sach- oder Finanzanlagevermögens § 253 Abs. 2 Satz 3 HGB a.F. • KapG: nur bei voraussichtlich nicht dauernder Wertminderung von VG des Finanzanlagevermögens § 253 Abs. 2 Satz 3 iVm § 279 Abs. 1 Satz 2 HGB a.F.
Keine Änderung § 253 Abs. 3 Satz 3 HGB	Beschränkung des Abschreibungswahlrechts für alle Gesellschaften auf voraussichtlich nicht dauernde Wertminderungen bei Finanzanlagen § 253 Abs. 3 Satz 4 HGB Streichung von § 279 Abs. 1 Satz 2 HGB a.F.
Änderung der Niederstwertabschreibung im Anlagevermögen durch das BilMoG	

Abb. 55: Niederstwertabschreibungen im Anlagevermögen nach HGB a. F. und BilMoG

Nach dem RefE BilMoG sollten „Vermögensgegenstände des Anlagevermögens, die notwendigerweise nur zusammen genutzt werden, [...] für Zwecke der Ermittlung einer voraussichtlich dauernden Wertminderung als ein Vermögensgegenstand (gelten, d. Verf.)" (§ 253 Abs. 3 Satz 5 HGB i. d. F. des RefE BilMoG). Diese Einschränkung des Einzelbewertungsgrundsatzes ist nicht Gesetz geworden. Daher sind auch weiterhin außerplanmäßige Abschreibungen für jeden Vermögensgegenstand des Anlagevermögens gesondert zu prüfen.

Abweichend von der gängigen Kommentarmeinung wollte der RefE BilMoG zudem „in Anlehnung an den in der Praxis zur Beurteilung der Frage der Fortführung des Unternehmens gängigen Zeitraum von zwölf Monaten" eine voraussichtlich **nicht dauernde Wertminderung** grundsätzlich nur dann annehmen, „wenn die begründete Aussicht besteht, dass die Anhaltspunkte dafür innerhalb von zwölf Monaten wegfallen" (Begr. RefE BilMoG, S. 111, beide Zitate). Auch davon ist in der Regierungsbegründung keine Rede mehr. Danach ist von einer voraussichtlich dauernden Wertminderung wie bisher nur dann auszugehen sein, wenn

- der Rückgang des beizulegenden Werts auf einem besonderen Ereignis beruht (z. B. Beschädigung, Zerstörung, Umweltlast) bzw.

- der beizulegende Wert bei abnutzbaren Vermögensgegenständen während eines erheblichen Teils der Restnutzungsdauer unter den fortgeführten Anschaffungskosten liegen wird.[246]

Als erheblich sieht die h. M. die halbe Restnutzungsdauer an, teilweise begrenzt auf einen Zeitraum von fünf Jahren.[247]

Vergleichsmaßstab zu den Anschaffungs- oder Herstellungskosten bzw. zum Buchwert ist nach wie vor der beizulegende Wert. Auch in diesem Punkt haben sich durch das BilMoG keine Änderungen ergeben. Der beizulegende Wert ist im Sinne eines Betriebszugehörigkeitswerts zu verstehen. Er wird in der Bilanzierungspraxis durch Rückgriff auf verschiedene Hilfswerte konkretisiert. Bei Sachanlagen sind das vorrangig Wiederbeschaffungszeitwerte, bei immateriellen und finanziellen Vermögenswerten wird der beizulegende Zeitwert häufig als Ertragswert bzw. DCF-Wert ermittelt.[248]

Beispiel

Sachverhalt:

CS betreibt Copy-Shops in zahlreichen Städten in Deutschland. Bei einer routinemäßigen technischen Überprüfung eines von CS betriebenen Copy-Shops im Geschäftsjahr X1 sind Bodenproben im Bereich des Grundstücks entnommen worden, auf dem die leeren Tonerkartuschen bis zur Entsorgung gelagert werden. Die Untersuchung der Proben hat eine erhebliche Belastung des Grundstücks mit giftigen Tonerrückständen ergeben. Da von dieser Belastung keine unmittelbare Umweltgefährdung ausgeht, hat die Umweltbehörde eine sofortige Sanierung nicht zur Auflage gemacht. Spätestens bei Stilllegung des Betriebs ist diese jedoch vorzunehmen.

Die CS schätzt die Sanierungskosten für das ihr gehörende Grundstück auf 50.000 EUR. Der Buchwert des Grundstücks entspricht den Anschaffungskosten und beträgt 180.000 EUR. Nach den aktuellen Bodenrichtwerten geht die CS von einem Zeitwert in Höhe von 210.000 EUR aus. Bis zur Aufstellung des Jahresabschlusses wurden noch keine Sanierungsmaßnahmen eingeleitet.

Vor zwei Jahren hat die CS einen Hochleistungsdrucker zum Preis von 600.000 EUR angeschafft, der über sechs Jahre planmäßig linear abgeschrieben wird. Aufgrund eines inzwischen angebotenen Nachfolgemodells könnte eine vergleichbare Anlage zum 31.12.X1 zum Preis von 300.000 EUR wie-

---

[246] Vgl. Kessler, DB 1999, S. 2579; Dietrich, DStR 2000, S. 1631, jeweils m. w. N.
[247] Vgl. Kozikowski/Roscher/Schramm, in: Ellrott u. a. (Hrsg.): Beck'scher Bilanz-Kommentar, 7. Aufl., München 2010, § 253 HGB, Anm. 315 m. w. N.; mit berechtigter Kritik an diesen „Konventionen" Hoffmann/Lüdenbach: NWB Kommentar Bilanzierung, Herne 2009, § 253 HGB, Rz. 117 ff.
[248] Vgl. Bertram, in: Bertram/Brinkmann/Kessler/Müller (Hrsg.): Haufe HGB Kommentar, Freiburg 2009, § 253 HGB, Rz. 210 ff.

derbeschafft werden.

Beurteilung nach HGB i. d. F. des BilMoG:

Zur Feststellung einer etwaigen Wertminderung des Grundstücks ist dessen Buchwert (180.000 EUR) mit seinem beizulegenden Wert zu vergleichen. Der beizulegende Wert berechnet sich als Differenz zwischen dem Marktwert des Grundstücks ohne Schadstoffbelastung und den Sanierungskosten.

Wiederbeschaffungskosten unbelastetes Grundstück	210.000 EUR
− Sanierungskosten	− 50.000 EUR
= Beizulegender Wert	160.000 EUR

Es ermittelt sich eine Wertminderung in Höhe von 20.000 EUR (180.000 EUR − 160.000 EUR). Da die Kontamination eines Grundstücks als Ereignis gilt, das zu einer voraussichtlich dauernden Wertminderung führt, ist zum 31.12.X1 eine außerplanmäßige Abschreibung des Grundstücks geboten.

Dem folgt im Grundsatz auch die Finanzverwaltung. Allerdings will sie eine voraussichtlich dauernde Wertminderung wohl dann nicht annehmen, wenn bis zur Aufstellung des Jahresabschlusses mit der Sanierung des Grundstücks bereits begonnen worden ist.[249] Diese Auslegung ist zweifelhaft. Zumindest handelsrechtlich ist ihr nicht zu folgen. Unbeschadet der Sanierungsabsicht ist die Wertminderung als solche dauernder Natur. Das unterscheidet sie bspw. von einem Rückgang des Börsenwerts einer Aktie. Im Beispielsfall hat der Bilanzierende Aufwendungen zu tätigen, um die Wertminderung zu beseitigen. Bei Wertpapieren mag sich dagegen ein Wiederanstieg des beizulegenden Werts nach dem Stichtag als Folge einer geänderten Markteinschätzung einstellen. Nur im letzten Fall ist die Annahme gerechtfertigt, die Wertminderung sei am Abschlussstichtag nicht von Dauer.

Auch im Fall des Hochleistungsdruckers liegt am Abschlussstichtag eine Wertminderung vor. Der Wiederbeschaffungspreis eines vergleichbaren Anlageguts (300.000 EUR) liegt um 100.000 EUR unter den fortgeführten Anschaffungskosten von 400.000 EUR (= 600.000 EUR − 2 × 100.000 EUR). Ob die Wertminderung als voraussichtlich dauernd einzustufen ist, beurteilt sich nach dem Verhältnis von beizulegendem Wert des Druckers heute und den fortgeführten Anschaffungskosten nach Ablauf der halben Restnutzungsdauer. Wird der beizulegende Wert durch die planmäßige Abschreibung nicht erreicht, nimmt die h. M. eine voraussichtlich dauernde Wertminderung an,

---

[249] Vgl. BMF-Schreiben v. 25.2.2000, IV C 2 - S 2171b-14/00, BStBl. I 2000, S. 372, Tz. 11 ff. In dem in Tz. 12 f. erläuterten, mit dem obigen Sachverhalt vergleichbaren Beispiel erachtet die Finanzverwaltung eine Teilwertabschreibung als zulässig, wenn mit einer behördlichen Aufforderung zur Sanierung des Grundstücks nicht zu rechnen und daher „aus der Sicht am Bilanzstichtag [...] von einer voraussichtlich dauernden Wertminderung des Grundstücks auszugehen" ist; BMF-Schreiben v. 25.2.2000, IV C 2 - S 2171b-14/00, BStBl. I 2000, S. 372, Tz. 13.

und es ist eine außerplanmäßige Abschreibung vorzunehmen. Andernfalls besteht rechtsformübergreifend ein Abschreibungsverbot.

Im Fallbeispiel belaufen sich die fortgeführten Anschaffungskosten nach Ablauf der halben Restnutzungsdauer aus Sicht des Bewertungszeitpunkts (31.12.X2) auf 200.000 EUR (vgl. Abb. 56). Da dieser Betrag unter dem ermittelten beizulegenden Wert von 300.000 EUR liegt, kommt eine außerplanmäßige Abschreibung des Hochleistungsdruckers nicht in Betracht.

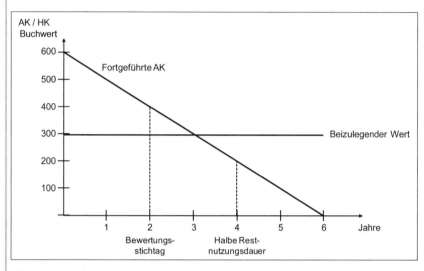

Abb. 56: *Prüfung der Dauerhaftigkeit der Wertminderung im Fallbeispiel (Angaben in TEUR)*

Soweit Nicht-Kapitalgesellschaften in der Vergangenheit außerplanmäßige **Abschreibungen** wegen einer voraussichtlich **nicht dauernden Wertminderung** im Sachanlagevermögen oder im immateriellen Vermögen vorgenommen haben, ist wie folgt zu differenzieren: Besteht die Wertminderung zum Endes des Jahrs der Erstanwendung der Vorschriften des BilMoG fort und beurteilt der Bilanzierende sie weiterhin als nicht dauernd, ist die Abwertung rückgängig zu machen. Aufgrund des Wegfalls des ehemaligen Abschreibungswahlrechts fehlt es an einem Rechtsgrund für das Beibehalten des niedrigeren Wertansatzes. Stattdessen greift das Zuschreibungsgebot des § 253 Abs. 5 HGB,[250] das das bisherige Zuschreibungswahlrecht ersetzt (vgl. hierzu Gliederungspunkt 2.5). Mangels einer Übergangsregelung ist die Wertaufholung erfolgswirksam vorzunehmen.[251] Sie führt zum Ausweis eines außerordentlichen Ertrags (vgl. Art. 67 Abs. 7 EGHGB). In der Praxis sollte dieser Fall indes selten sein, da zwischen der Vornahme der Abschreibung und der Beurteilung des

---

[250] Vgl. zur Auslegung des Zuschreibungsgebots nach § 280 Abs. 1 HGB in diesem Fall bei Kapitalgesellschaften Küting/Zündorf, in: Küting/Weber (Hrsg.): HdR-E, 5. Aufl., Stuttgart 2002 ff., § 280 HGB, Rn. 42.
[251] Vgl. Kirsch, DStR 2008, S. 1204.

Sachverhalts nach BilMoG mindestens ein Jahr liegt. Innerhalb dieses Zeitraums wird sich im Regelfall erweisen, ob die Wertminderung entgegen der ursprünglichen Annahme doch dauernd ist – dann ist der niedrigere Wert fortzuführen – oder ob der beizulegende Wert des Vermögensgegenstands wieder angestiegen ist.

Das führt zu einem zweiten Szenario: Im Abschluss einer Nicht-Kapitalgesellschaft sind Niederstwertabschreibungen im Sach- oder immateriellen Anlagevermögen nach Wegfall der Gründe in Ausübung des Zuschreibungswahlrechts gemäß § 253 Abs. 5 HGB a. F. beibehalten worden. Auch in diesem Fall ergibt sich mangels eines Rechts zur Fortführung des niedrigeren beizulegenden Werts im ersten Abschluss nach Übergang auf die Vorschriften des BilMoG ein Zuschreibungsgebot.

Praxis-Tipp

Um diese Konsequenz zu vermeiden, könnte argumentiert werden, der Bilanzierende habe nach Wegfall der Gründe für die Niederstwertabschreibung eine Zuschreibung und anschließend in gleicher Höhe eine erneute Abschreibung nach § 253 Abs. 4 HGB a. F. vorgenommen. Damit läge ein Fall des Art. 67 Abs. 4 EGHGB vor, der ein Recht zur Fortführung des niedrigeren Wertansatzes nach den für die Abschreibung gemäß § 253 Abs. 4 HGB a. F. geltenden Vorschriften begründet. Rechnet man das Zuschreibungswahlrecht des § 253 Abs. 5 HGB a. F. zu den für die Abschreibungen nach § 253 Abs. 4 HGB a. F. geltenden Vorschriften – was dem Willen des Gesetzgebers entsprechen sollte – dürfte der Wertansatz des Vermögensgegenstands auch in der Folgezeit beibehalten werden.

Gegen diese Argumentation könnte eingewendet werden, sie werde durch die Darstellung in der Gewinn- und Verlustrechnung nicht bestätigt. Dort hätten im Jahr der Zuschreibung und erneuten Abschreibung ein Ertrag und ein Aufwand ausgewiesen werden müssen.

In keinem Fall rechtfertigen lässt sich die Beibehaltung einer Niederstwertabschreibung von Vermögensgegenständen, bei denen eine Werterholung erst nach dem Übergangsstichtag eingetreten ist. Das könnte nur mit einer nachträglichen Umdeklaration der Niederstwertabschreibung in eine Ermessensabschreibung begründet werden. Da die Anwendungsbereiche beider Abschreibungsarten überschneidungsfrei sind, trägt diese Argumentation nicht.

Steuerliche Folgen ergeben sich in den vorstehend erörterten Fallgestaltungen aus dem Zuschreibungsgebot des § 253 Abs. 5 HGB bzw. den Übergangsregelungen zum BilMoG nicht, da der niedrigere Teilwert nach § 6 Abs. 1 Nr. 1 Satz 2 und Nr. 2 Satz 2 EStG ohnehin nur bei voraussichtlich dauernder Wertminderung angesetzt werden darf.

Nach Ansicht des BMF soll aufgrund des Wegfalls der umgekehrten Maßgeblichkeit das steuerliche Wahlrecht zur Abwertung auf den voraussichtlich **dauernd niedrigeren Teilwert** im Anlagevermögen (vgl. § 6 Abs. 1 Nr. 1 Satz 2 EStG) ohne Rücksicht auf das handelsbilanzielle Abwertungsgebot ausübbar sein.[252] Gegen diese Auffassung bestehen Bedenken.[253]

Abb. 57 fasst die Regelungen zur Erstanwendung der durch das BilMoG geänderten Vorschrift zur Niederstwertabschreibung im Anlagevermögen und die sich daraus ergebenden steuerlichen Folgen zusammen.

Übergang auf die geänderte Niederstbewertung des Anlagevermögens		
Erstmalige Anwendung	Übergang	Steuerliche Folgen
• Obligatorisch: Jahres- und Konzernabschlüsse für nach dem 31.12.2009 beginnende Geschäftsjahre • Optional: Jahres- und Konzernabschlüsse für nach dem 31.12.2008 beginnende Geschäftsjahre (nur im Verbund mit allen übrigen vorzeitig anwendbaren Vorschriften) Art. 66 Abs. 3 EGHGB	• Keine explizite Übergangsregelung • Außerplanmäßige Niederstwertabschreibungen, die Nicht-KapG bei Sachanlagen oder immateriellen VG » wegen voraussichtlich nicht dauernder Wertminderung vorgenommen oder » nach Wegfall der Abschreibungsgründe beibehalten haben, sind im Jahr der Erstanwendung der Vorschriften des BilMoG erfolgswirksam rückgängig zu machen. • Die Zuschreibung ist im Posten ‚außerordentliche Erträge' gesondert auszuweisen • Im zweiten Fall kann die Beibehaltung des niedrigeren Wertansatzes ggf. durch ‚Umwidmung' der Niederstwertabschreibung in eine Ermessensabschreibung nach § 255 Abs. 4 HGB a.F. begründet werden	• Keine unmittelbaren Auswirkungen • Die Vornahme außerplanmäßiger Abschreibungen ist im Steuerrecht eigenständig geregelt • Das steuerliche Wahlrecht zur Teilwertabschreibung ist nach Entfall der umgekehrten Maßgeblichkeit losgelöst von der Handelsbilanz ausübbar (str.) BMF-Schreiben vom 12.3.2010

Abb. 57: Übergang auf die geänderte Niederstbewertung nach § 253 Abs. 3 HGB

2.4.3 Ermessensabschreibungen

§ 253 Abs. 4 HGB a. F. hat (auch dem PublG unterliegenden) Nichtkapitalgesellschaften sowie eingetragenen Genossenschaften (vgl. § 336 Abs. 2 Satz 1 HGB a. F.) erlaubt, Anlagegüter mit einem unter ihrem Betriebszugehörigkeitswert am Abschlussstichtag liegenden Wert anzusetzen. Diese Ermessensabschreibungen waren „im Rahmen vernünftiger kaufmännischer Beurteilung zulässig". Für Kapitalgesellschaften und diesen nach § 264a HGB gleichgestellte Personenhandelsgesellschaften hat § 279 Abs. 1 Satz 1 HGB a. F. die Anwendung des Abwertungswahlrechts ausgeschlossen. Auch steuerrechtlich kam ihm keine Bedeutung zu.

---

[252] Vgl. BMF-Schreiben v. 12.3.2010, BStBl. I 2010, S. 239, Tz. 15; a. A. Herzig, DB 2008, S. 1340.
[253] Vgl. hierzu Kapitel 1, Gliederungspunkt 3.1.2.3.

Die Abschreibungen nach § 253 Abs. 4 HGB a. F. dienten nicht der Erfassung eingetretener oder zu erwartender Wertminderungen bei einzelnen Vermögensgegenständen, sondern der **Bildung stiller Rücklagen** als Risikovorsorge für das allgemeine Unternehmensrisiko. Für sie galt weder der Grundsatz der Einzelbewertung, noch unterlagen sie dem Gebot der Bewertungsmethodenstetigkeit.[254] Um einen willkürlichen Einsatz dieses Instruments auszuschließen, ließ das Gesetz ihre Bildung nur im Rahmen vernünftiger kaufmännischer Beurteilung zu. Sie verlangte nach einem sachlichen Abschreibungsgrund. Dieser konnte bspw. in der Ansammlung von Mitteln zur Durchführung größerer Investitionen, zur Abdeckung risikoreicher Geschäfte, zur Vorsorge gegen ein politisches Länderrisiko, zur Kompensation von Scheingewinnen oder zur Leistung von Erbschaftsteuerzahlungen bestehen.

Mit dem BilMoG ist § 253 Abs. 4 HGB a. F. **ersatzlos entfallen**. Die von der Vorschrift gedeckte Bildung stiller Rücklagen – so die Begründung der Bundesregierung – sei nur mit „der bisherigen starken Betonung der Gläubigerschutzfunktion des Jahresabschlusses zu rechtfertigen". Mit dem Ziel, die Informationsfunktion des handelsrechtlichen Jahresabschlusses zu stärken, sei „ihre weitere Beibehaltung jedoch nicht zu vertreten" (BT-Drucks. 16/10067, S. 57, beide Zitate). Zudem werde den Interessen der Gläubiger durch eine den tatsächlichen Verhältnissen entsprechende Darstellung der Vermögens-, Finanz- und Ertragslage besser Rechnung getragen, als durch die für sie nicht erkennbare Bildung stiller Rücklagen. Diese Änderung hat eine redaktionelle Anpassung von § 277 Abs. 3 Satz 1 HGB nach sich gezogen. Gefordert wird darin nunmehr für das Anlagevermögen nur noch ein gesonderter Ausweis der außerplanmäßigen Abschreibungen nach § 253 Abs. 3 HGB. Alternativ können diese wie bisher im Anhang angegeben werden.

Die Vornahme von Abschreibungen nach § 253 Abs. 4 HGB a. F. ist **letztmals** in Jahresabschlüssen für Geschäftsjahre zulässig, die vor dem **1.1.2010** bzw. bei einem vorzeitigen Übergang auf die Vorschriften des BilMoG (vgl. hierzu Art. 66 Abs. 3 EGHGB sowie allgemein Kapitel 1, Gliederungspunkt 2.2) vor dem **1.1.2009** beginnen.

Hinsichtlich der in der Vergangenheit vorgenommenen Abschreibungen nach § 253 Abs. 4 HGB a. F. eröffnet Art. 67 Abs. 4 EGHGB ein Wahlrecht (vgl. Abb. 58): Die niedrigeren Wertansätze dürfen entweder beibehalten oder zurückgenommen werden.

Entscheidet sich das Unternehmen für die Anpassung der niedrigeren Wertansätze nach § 253 Abs. 4 HGB a. F., ist wie folgt zu differenzieren: Abschreibungen, die in Jahresabschlüssen für das letzte vor dem 1.1.2010 begonnene Geschäftsjahr vorgenommen wurden, sind erfolgswirksam zu stornieren. Der aus der Zuschreibung resultierende Ertrag ist in der Gewinn- und Verlustrechnung unter dem Posten ‚außerordentliche Erträge' gesondert auszuweisen. Für Abschreibungen aus früheren Geschäftsjahren sieht Art. 67 Abs. 4 EGHGB eine erfolgsneutrale Korrektur der

---

[254] Vgl. Hoyos/Schramm/Ring, in: Ellrott u. a. (Hrsg.): Beck'scher Bilanz-Kommentar, 6. Aufl., München 2006, § 253 HGB, Anm. 643.

Buchwerte der betreffenden Vermögensgegenstände durch Erhöhung der Gewinnrücklagen vor.

Da das Abschreibungswahlrecht **steuerrechtlich** keine Anerkennung findet, wirkt sich eine Korrektur der nach § 253 Abs. 4 HGB a. F. angesetzten Buchwerte nicht auf die Steuerbemessung aus.

Übergang auf das Verbot von Ermessensabschreibung im Anlagevermögen		
Letztmalige Anwendung	Übergang	Steuerliche Folgen
• Gesetzlicher Regelfall: Jahres- und Konzernabschlüsse für das vor dem 1.1.2010 beginnende Geschäftsjahr • Bei vorzeitiger Anwendung des BilMoG: Jahres- und Konzernabschlüsse für das vor dem 1.1.2009 beginnende Geschäftsjahr Art. 66 Abs. 5 EGHGB	• Wahlrecht » Beibehaltung niedrigerer Wertansätze, die auf Abschreibungen nach § 253 Abs. 4 HGB a.F. beruhen » Anpassung der Wertansätze an die Vorschriften des BilMoG • Auswirkungen der Anpassung » Die Korrektur von Abschreibungen, die im letzten vor dem 1.1.2010 beginnenden Geschäftsjahr vorgenommen wurden, ist im Posten ‚außerordentliche Erträge' gesondert auszuweisen » Beträge, die aus der Korrektur von Abschreibungen aus früheren Geschäftsjahren resultieren, sind erfolgsneutral in die Gewinnrücklagen umzugliedern Art. 67 Abs. 4 EGHGB	• Keine Auswirkungen • Ermessensabschreibungen sind steuerrechtlich unzulässig

Abb. 58: Übergang auf das Verbot von Ermessensabschreibungen nach § 253 Abs. 4 HGB a. F. im Anlagevermögen

2.4.4 Steuerrechtliche Mehrabschreibungen

2.4.4.1 Die Änderung im Überblick

Im Interesse einer höheren Informationsqualität der handelsrechtlichen Rechnungslegung hat der Gesetzgeber entschieden, die Übernahme steuerrechtlicher Mehrabschreibungen in die Handelsbilanz zu untersagen. Mit dem BilMoG ist daher die bisherige Regelung des § 254 HGB a. F. **entfallen**. Entsprechendes gilt für § 279 Abs. 2 HGB a. F., der Abschreibungen nach § 254 HGB a. F. bei Kapitalgesellschaften und ihnen nach § 264a HGB gleichgestellten Personenhandelsgesellschaften unter den Vorbehalt der Geltung der umgekehrten Maßgeblichkeit gestellt hat.

Um die angestrebte Steuerneutralität der Regelung zu wahren, ist zugleich der Grundsatz der umgekehrten Maßgeblichkeit nach § 5 Abs. 1 Satz 2 EStG a. F. aufgegeben worden. Steuerrechtliche Wahlrechte bei der Gewinnermittlung dürfen seither unabhängig von der Handelsbilanz ausgeübt werden. Aus Nachweisgründen verlangt § 5 Abs. 1 Satz 3 EStG in diesem Fall die Aufnahme der betreffenden Wirtschaftsgüter in ein gesondertes, laufend zu führendes Verzeichnis, aus dem „der Tag der Anschaffung oder Herstellung, die Anschaffungs- oder Herstellungskosten, die Vorschrift des ausgeübten steuerlichen Wahlrechts und die vorgenommenen Abschreibungen" hervorgehen.[255]

Abb. 59 fasst die wesentlichen Änderungen in Bezug auf steuerrechtliche Mehrabschreibungen zusammen.

Aufhebung der Öffnungsklausel gemäß § 254 HGB a.F. nach BilMoG		
Regelung	Begründung	Folgeänderungen
Die bisherige Regelung des § 254 HGB a.F., die eine Übernahme nur steuerrechtlich zulässiger Abschreibungen in den handelsrechtlichen Jahresabschluss erlaubt, ist entfallen	• Nur steuerrechtlich zulässige Abschreibungen sind überwiegend subventionspolitisch motiviert • Ihre Übernahme in den Jahresabschluss läuft der Informationsfunktion zuwider BT-Drucks. 16/10067, S. 59	• Aufhebung des § 279 Abs. 2 HGB a.F., der die Vornahme steuerrechtlicher Mehrabschreibungen bei KapG auf Fälle der umgekehrten Maßgeblichkeit beschränkte • Aufhebung des Wertaufholungswahlrechts für steuerrechtliche Mehrabschreibungen • Aufhebung der umgekehrten Maßgeblichkeit; Pflicht zur Führung besonderer Verzeichnisse bei Ausübung nur steuerrechtlich zulässiger Wahlrechte § 5 Abs. 1 Satz 2, 3 EStG

Abb. 59: Verbot der Übernahme steuerrechtlicher Abschreibungen nach BilMoG

2.4.4.2 Hintergrund und Motive der Streichung von § 254 HGB a. F.

§ 254 HGB eröffnete den Bilanzierenden die Möglichkeit, Abschreibungen in der Handelsbilanz vorzunehmen, um Vermögensgegenstände des Anlage- oder Umlaufvermögens mit einem nur steuerrechtlich zulässigen niedrigeren Wert anzusetzen. Diese Öffnungsklausel trug zum einen der umgekehrten Maßgeblichkeit Rechnung, nach der „steuerrechtliche Wahlrechte bei der Gewinnermittlung […] in Übereinstimmung mit der handelsrechtlichen Jahresbilanz auszuüben (sind, d. Verf.)" (§ 5 Abs. 1 Satz 2 EStG a. F.). Indem sie die Übernahme niedrigerer steuerrechtlicher Wertansätze erlaubte, ermöglichte sie die Inanspruchnahme subventioneller Bewertungsvergünstigungen. Zum anderen verfolgte der Gesetzgeber mit der Aufnahme dieser Regelung ursprünglich das Ziel, „die Einheit zwischen Handels- und Steuerbilanz soweit wie möglich zu wahren".[256]

Dass Wirtschaftsgüter in der Steuerbilanz mit einem niedrigeren Wert angesetzt werden dürfen als in der Handelsbilanz, hat seinen Grund vor allem in bewussten **steuer-**

---

[255] Vgl. hierzu näher Kapitel 1, Gliederungspunkt 3.1.2.6.
[256] BT-Drucks. 10/317, S. 90.

rechtlichen Begünstigungen bestimmter Branchen oder Sachverhalte, mit denen der Gesetzgeber außerfiskalische Ziele verfolgt. Hierzu rechnen

- **Sonderabschreibungen**, die zusätzlich zu einer etwaigen planmäßigen Abschreibung gewährt werden (z. B. Abschreibungen nach § 7g EStG zur Förderung kleiner und mittlerer Betriebe);
- **erhöhte Absetzungen**, die anstelle der normalen Abschreibung vorgenommen werden dürfen (z. B. erhöhte Absetzungen bei Gebäuden in Sanierungsgebieten und städtebaulichen Entwicklungsbereichen nach § 7h EStG oder bei Baudenkmälern nach § 7i EStG);
- **Bewertungsabschläge** von den Anschaffungs- oder Herstellungskosten (z. B. Abzüge wegen Übertragung stiller Rücklagen gemäß § 6b EStG).

Daneben können auch Niederstwertabschreibungen als Folge eines Auseinanderfallens von Teilwert und beizulegendem Wert in Ausnahmefällen in der Steuerbilanz höher ausfallen als in der Handelsbilanz, so etwa bei der verlustfreien Bewertung des Vorratsvermögens (vgl. hierzu Abschnitt 3, Gliederungspunkt 2.4.2).

Die handelsrechtliche Übernahme nur steuerrechtlich zulässiger Wertansätze im Besonderen und die ihr konzeptionell zugrunde liegende umgekehrte Maßgeblichkeit unterlagen seit geraumer Zeit der **Kritik**. Gegen diese Verzahnung von Handels- und Steuerbilanz wurde eingewendet, die von ihr ausgehende Bildung **stiller Reserven** beeinträchtige die Aussagefähigkeit des handelsrechtlichen Jahresabschlusses. Angesichts der umfassenden Geltung der umgekehrten Maßgeblichkeit sei zudem die Vereinbarkeit mit den Vorgaben der Vierten EG-Richtlinie fraglich.[257]

Diese Kritik hat den Steuergesetzgeber nicht veranlassen können, die Ausübung steuerrechtlicher Wahlrechte losgelöst von der Handelsbilanz zu erlauben. Als (wenig überzeugendes[258]) Gegenargument wurde wiederholt der Ausschüttungsaspekt bemüht: Den Steuerpflichtigen sollte es nicht erlaubt werden, die durch die Inanspruchnahme subventioneller Steuervergünstigungen erzielten Steuervorteile an die Gesellschafter auszuschütten.

Im BilMoG hat sich die Bundesregierung die Kritik an der umgekehrten Maßgeblichkeit zu Eigen gemacht (vgl. BT-Drucks. 16/10067, S. 59). Eine Reform, die das Ziel verfolgt, die Informationsfunktion des handelsrechtlichen Jahresabschlusses zu stärken, kann der § 254 HGB a. F. nicht überdauern. Auch auf steuerlicher Seite ist der Widerstand gegen die **Aufhebung der umgekehrten Maßgeblichkeit** aufgegeben worden. Dazu beigetragen haben möglicherweise die konzeptionellen Änderungen bei der Bildung latenter Steuern, auch wenn diese in der Endphase des Gesetzesvorhabens teilweise wieder zurückgenommen worden sind (vgl. Abschnitt 8, Gliederungspunkt 3). Durch den Übergang auf das bilanzorientierte Konzept werden nahezu alle Bilanzierungs- und Bewertungsunterschiede – jedenfalls bei mittelgroßen und großen

---

[257] Vgl. statt vieler Herzig, in: Küting/Weber (Hrsg.): HdR-E, 5. Aufl., Stuttgart 2002 ff., Kap. 3, Rn. 81 m. w. N.
[258] Vgl. nur Merkert/Koths, BB 1985, S. 1765 ff.

Kapitalgesellschaften – eine Bildung latenter Steuern auslösen. Soweit subventionelle Steuervergünstigungen zu Unterbewertungen in der Steuerbilanz führen, sind passive latente Steuern zu bilden. Indem sie den erlangten Steuervorteil neutralisieren, verhindern sie dessen Ausschüttung.

Im Konzernabschluss ist die Bereinigung um steuerliche Einflüsse bereits mit dem TransPuG im Jahr 2002 erfolgt.[259] Die Aufhebung von § 254 HGB a. F. führt diese Tendenz in der einzelgesellschaftlichen Rechnungslegung fort. Wenn auch der Gesetzgeber die steuerrechtlichen Vergünstigungstatbestände im Bereich der Gewinnermittlung drastisch zusammengestrichen hat, wird nicht zuletzt die **Abschlussanalyse** von diesem Schritt profitieren.

Mit § 254 HGB a. F. ist zugleich das in Satz 2 der Vorschrift enthaltene Wahlrecht für Nichtkapitalgesellschaften entfallen, niedrigere steuerliche Wertansätze beizubehalten, wenn die Gründe dafür nicht mehr bestehen. Praktische Bedeutung kommt dieser Gesetzesänderung aufgrund der vorgesehenen Übergangsregelung nicht zu.

2.4.4.3 Letztmalige Anwendung, Übergangsregelung und steuerliche Folgen

Die § 254, § 279 Abs. 2 HGB a. F. sind **letztmals** auf Jahresabschlüsse für Geschäftsjahre anzuwenden, die vor dem **1.1.2010** bzw. – bei einem vorzeitigen Übergang auf die Vorschriften des BilMoG (vgl. hierzu Kapitel 1, Gliederungspunkt 2.2.2) – vor dem **1.1.2009** beginnen (vgl. Abb. 60). Ob Kapitalgesellschaften und ihnen gleichgestellten Personenhandelsgesellschaften indes noch steuerrechtliche Mehrabschreibungen in der Handelsbilanz für Geschäftsjahre vornehmen dürfen, die nach Inkrafttreten des BilMoG am 29.5.2009 enden, ist zweifelhaft. Das Gesetz enthält keine Übergangsregelung zu § 5 Abs. 1 EStG. Mit Inkrafttreten des BilMoG besteht damit keine umgekehrte Maßgeblichkeit mehr. § 279 Abs. 2 HGB a. F. ist jedoch in Jahresabschlüssen für Geschäftsjahre, die vor dem 1.1.2010 beginnen, weiter zu beachten. Er erlaubt den betreffenden Unternehmen die Übernahme ausschließlich steuerrechtlich zulässiger Abschreibungen nur bei Geltung der umgekehrten Maßgeblichkeit. Ungeachtet dessen erachtet der HFA des IDW die Vornahme steuerrechtlicher Mehrabschreibungen in Abschlüssen von Kapitalgesellschaften für Geschäftsjahre, die vor dem 29.5.2009 begonnen haben, als zulässig.[260]

Niedrigere Wertansätze von Vermögensgegenständen, die auf nur steuerrechtlich zulässigen Abschreibungen beruhen, **dürfen** beibehalten werden (vgl. Art. 67 Abs. 4 EGHGB). Macht der Bilanzierende davon Gebrauch, ergibt sich kein Anpassungsbedarf aus dem Übergang auf die Vorschriften des BilMoG.

Entscheidet sich das Unternehmen für die Anpassung der niedrigeren Wertansätze nach § 253 Abs. 4 HGB a. F. an die neuen Bewertungsvorschriften des BilMoG, ist wie folgt zu **differenzieren**: Abschreibungen, die in Jahresabschlüssen für das letzte vor dem 1.1.2010 begonnene Geschäftsjahr vorgenommen wurden, sind **erfolgswirk-**

---

[259] Vgl. Kessler/Strickmann, StuB 2002, S. 633.
[260] Vgl. IDW RS HFA 28, IDW-FN 2009, S. 642, Tz. 3.

sam zu stornieren. Der aus der Zuschreibung resultierende Ertrag ist in der Gewinn- und Verlustrechnung unter dem Posten ‚außerordentliche Erträge' gesondert auszuweisen. Für Abschreibungen aus früheren Geschäftsjahren sieht Art. 67 Abs. 4 EGHGB eine **erfolgsneutrale** Korrektur der Buchwerte der betreffenden Vermögensgegenstände durch Erhöhung der Gewinnrücklagen vor. Unabhängig von der Art der Korrektur des bisherigen Wertansatzes besteht für mittelgroße und große Kapitalgesellschaften die Notwendigkeit zur Passivierung latenter Steuern. Inwieweit diese in der Bilanz angesetzt werden, hängt davon ab, ob das Unternehmen über aktive latente Steuern verfügt, die nach § 274 Abs. 1 HGB mit den passiven latenten Steuern verrechnet werden dürfen und ob es von diesem Wahlrecht Gebrauch macht.

Beispiel

Sachverhalt:

U hat sein Betriebsgrundstück vor zehn Jahren zum Preis von 5 Mio. EUR einschließlich Anschaffungsnebenkosten erworben. Infolge der Übertragung stiller Rücklagen aus einer vorangegangenen Veräußerung von Immobilien beläuft sich der Buchwert des Grundstücks in der Steuerbilanz auf 3 Mio. EUR. Im handelsrechtlichen Jahresabschluss hat U die Übertragung der stillen Rücklagen durch eine steuerrechtliche Mehrabschreibung nach § 254 HGB a. F. aktivisch berücksichtigt.

U erfüllt die Größenkriterien einer mittelgroßen Kapitalgesellschaft i. S. d. § 267 HGB. Das Unternehmen wendet in seinem Jahresabschluss für das Geschäftsjahr zum 31.12.2010 erstmals die Vorschriften des BilMoG an. Das Geschäftsjahr entspricht dem Kalenderjahr.

Der kumulierte Ertragsteuersatz von U beträgt 30 %. Bei der Steuerlatenzierung ist von der Möglichkeit der Verrechnung aktiver und passiver latenter Steuern abzusehen.

Beurteilung nach HGB i. d. F. des BilMoG:

Nach Art. 67 Abs. 4 Satz 1 EGHGB darf der Buchwert des Grundstücks unter Geltung der durch das BilMoG reformierten handelsrechtlichen Rechnungslegungsvorschriften fortgeführt werden. In diesem Fall ist eine Anpassung der Rechnungslegung nicht veranlasst.

Alternativ hat U die Möglichkeit, das Grundstück durch Rücknahme des steuerrechtlichen Bewertungsabschlags von 2 Mio. EUR mit seinen handelsrechtlichen Anschaffungskosten von 5 Mio. EUR anzusetzen. Hat U den Bewertungsabschlag im Geschäftsjahr 2009 vorgenommen (**Fall 1**), ist wie folgt zu buchen (Angaben in EUR):

Datum	Konto	Soll	Haben
1.1.2010	Grundstück	2.000.000	
	Außerordentlicher Ertrag		2.000.000

Kapitel 2: Einzelgesellschaftliche Rechnungslegung

Datum	Konto	Soll	Haben
1.1.2010	Latenter Steueraufwand	600.000	
	Passive latente Steuern		600.000

Datiert der Bewertungsabschlag beim Grundstück aus einem früheren Geschäftsjahr (**Fall 2**), ist die Bewertungsanpassung erfolgsneutral vorzunehmen. Die Anpassungsbuchungen lauten dann wie folgt (Angaben in EUR):

Datum	Konto	Soll	Haben
1.1.2010	Grundstück	2.000.000	
	Gewinnrücklagen		2.000.000

Datum	Konto	Soll	Haben
1.1.2010	Gewinnrücklagen	600.000	
	Passive latente Steuern		600.000

Das Wahlrecht des Art. 67 Abs. 4 EGHGB zur Fortführung niedrigerer Wertansätze darf für jeden einzelnen Sachverhalt gesondert ausgeübt werden. Das erlaubt es, die auf steuerrechtlichen Mehrabschreibungen beruhenden Wertansätze teilweise fortzuführen und teilweise an die neuen Bewertungsvorschriften anzupassen (vgl. hierzu auch Kapitel 1, Gliederungspunkt 2.2.2).

Abb. 60 fasst die bilanziellen Konsequenzen aus dem Verbot nur steuerrechtlich zulässiger Abschreibungen zusammen.

Übergang auf das Verbot steuerrechtlicher Mehrabschreibungen		
Letztmalige Anwendung	Übergang	Steuerliche Folgen
• Gesetzlicher Regelfall: Jahres- und Konzernabschlüsse für das vor dem 1.1.2010 beginnende Geschäftsjahr • Bei vorzeitiger Anwendung des BilMoG: Jahres- und Konzernabschlüsse für das vor dem 1.1.2009 beginnende Geschäftsjahr Art. 66 Abs. 5 EGHGB • Fraglich ist, ob KapG nach Aufabe der umgekehrten Maßgeblichkeit im ersten Abschluss nach Inkrafttreten des BilMoG noch steuerrechtliche Mehrabschreibungen berücksichtigen dürfen.	• Wahlrecht » Beibehaltung niedrigerer Wertansätze, die auf Abschreibungen nach §§ 254, 279 Abs. 2 HGB a.F. beruhen » Rücknahme der steuerrechtlichen Mehrabschreibungen Art. 67 Abs. 4 EGHGB • Auswirkungen der Rücknahme » Die Korrektur von Abschreibungen, die im letzten vor dem 1.1.2010 beginnenden Geschäftsjahr vorgenommen wurden, ist im Posten ‚außerordentliche Erträge' gesondert auszuweisen » Beträge, die aus der Korrektur von Abschreibungen aus früheren Geschäftsjahren resultieren, sind erfolgsneutral in die Gewinnrücklagen umzugliedern Art. 67 Abs. 4 EGHGB	• Keine unmittelbaren Auswirkungen auf die steuerliche Gewinnermittlung wegen Aufhebung der umgekehrten Maßgeblichkeit • Steuerrechtliche Mehrabschreibungen sind unabhängig von der Bewertung in der Handelsbilanz zulässig • Verpflichtung zur Aufnahme von Wirtschaftsgütern mit einem vom Handelsrecht abweichenden steuerlichen Wertansatz in ein gesondertes Verzeichnis § 5 Abs. 1 EStG

Abb. 60: Übergang auf das Verbot steuerrechtlicher Abschreibungen nach § 254 HGB a. F.

2.5 Zuschreibungen

Nach Wegfall der Gründe für eine in der Vergangenheit vorgenommene außerplanmäßige Abschreibung bei einem Vermögensgegenstand des Anlagevermögens waren bislang nur Kapitalgesellschaften und ihnen nach § 264a HGB gleichgestellte Personenhandelsgesellschaften verpflichtet, eine Zuschreibung vorzunehmen (vgl. § 280 Abs. 1 HGB a. F.). Nichtkapitalgesellschaften eröffnete § 253 Abs. 5 HGB a. F. ein Zuschreibungswahlrecht. Entsprechendes galt für eingetragene Genossenschaften (vgl. § 336 Abs. 2 Satz 1 HGB a. F.).

Das BilMoG hat diese sachlich nicht gerechtfertigte Differenzierung beendet und ein „umfassendes und rechtsformunabhängiges Wertaufholungsgebot bezüglich aller Formen von außerplanmäßigen Abschreibungen" (BT-Drucks. 16/10067, S. 57) im HGB verankert (vgl. Abb. 61). Auch diese Maßnahme dient der Stärkung der Informationsfunktion des handelsrechtlichen Jahresabschlusses. Indem sie die Möglichkeit zur Ergebnisglättung und zur Verminderung des ausschüttungsfähigen Gewinns reduziert, soll sie zugleich die Position nicht mitspracheberechtigter Kommanditisten stärken (vgl. BT-Drucks. 16/10067, S. 57).

Zuschreibung im Anlagevermögen nach HGB a.F. und BilMoG		
Regelung nach bisherigem Recht		
Nicht-KapG		KapG
Zuschreibungswahlrecht bei vollständigem oder teilweisem Wegfall der Gründe für eine vorausgegangene außerplanmäßige Abschreibung § 253 Abs. 5 HGB a.F.		Zuschreibungsgebot bei vollständigem oder teilweisem Wegfall der Gründe für eine vorausgegangene außerplanmäßige Abschreibung § 253 Abs. 5 iVm § 280 Abs. 1 HGB a.F.
• Einführung eines generellen Zuschreibungsgebots für alle Unternehmen • Ausnahme: Zuschreibungsverbot für einen entgeltlich erworbenen Geschäfts- oder Firmenwert § 253 Abs. 5 HGB, Streichung von § 280 HGB a.F.		
Änderung der Zuschreibungen im Anlagevermögen durch das BilMoG		

Abb. 61: Zuschreibung im Anlagevermögen nach HGB a. F. und BilMoG

Die neue Regelung verlangt von allen bilanzierenden Kaufleuten zu jedem Abschlussstichtag eine Prüfung, ob die Gründe für in der Vergangenheit vorgenommene außerplanmäßige Abschreibungen noch vorliegen. Hierzu genügt es nicht zu hinterfragen, ob der beizulegende Wert eines Anlageguts weiterhin unter den fortgeführten Anschaffungs- oder Herstellungskosten liegt. Bei Vermögensgegenständen des Sach- und immateriellen Anlagevermögens liefert – ebenso wie im Steuerrecht – auch der **Wegfall der Dauerhaftigkeit einer Wertminderung** einen Zuschreibungsgrund, da voraussichtlich nicht dauernde Wertminderungen nach der neuen Gesetzeslage rechtsformübergreifend keine außerplanmäßige Abschreibung mehr rechtfertigen. Zur Bedeutung des Zuschreibungsgebots für in der Vergangenheit vorgenommene steuerrechtliche Mehrabschreibungen vgl. Gliederungspunkt 2.4.4.3.

Ausgenommen vom Zuschreibungsgebot ist der **Geschäfts- oder Firmenwert**. Das für diesen in § 253 Abs. 5 HGB aufgenommene Zuschreibungsverbot begründet die Bundesregierung mit der ansonsten bestehenden Gefahr der Aktivierung eines originären Geschäfts- oder Firmenwerts. Ein Wertanstieg der Geschäftswert tragenden Einheit beruhe regelmäßig nicht auf dem Wegfall der Gründe für die vorausgegangene außerplanmäßige Abschreibung, sondern sei das Ergebnis der wertsteigernden Tätigkeiten des Unternehmens.

Hinsichtlich der erstmaligen Anwendung des Zuschreibungsgebots auf niedrigere Wertansätze, die unter der Geltung des bisherigen Bilanzrechts angesetzt wurden, und der im BilMoG vorgesehenen **Übergangsregelungen** sei auf die Ausführungen zur außerplanmäßigen Abschreibung in den vorstehenden Abschnitten sowie auf Kapitel 1 verwiesen.

Steuerliche Konsequenzen ergeben sich aus der geplanten Gesetzesänderung nicht, da das Steuerentlastungsgesetz 1999 / 2000 / 2002 bereits ein generelles Zuschreibungsgebot in der Steuerbilanz eingeführt hat.

Abb. 62 fasst die Regelungen des BilMoG zur Erstanwendung des allgemeinen Zuschreibungsgebots im Anlagevermögen zusammen.

Übergang auf das Zuschreibungsgebot im Anlagevermögen		
Erstmalige Anwendung	Übergang	Steuerliche Folgen

• Obligatorisch: Jahres- und Konzernabschlüsse für nach dem 31.12.2009 beginnende Geschäftsjahre
• Optional: Jahres- und Konzernabschlüsse für nach dem 31.12.2008 beginnende Geschäftsjahre (nur im Verbund mit allen übrigen vorzeitig anwendbaren Vorschriften)
Art. 66 Abs. 3 EGHGB
	• Erfolgswirksame Wertaufholung für Niederstwertabschreibungen, deren Grund zwischenzeitlich entfallen ist
	• Übergangswahlrecht bei Ermessensabschreibungen
	  » Beibehaltung niedrigerer Wertansätze
	  » Anpassung der Wertansätze an die Vorschriften des BilMoG
	Art. 67 Abs. 4 EGHGB
	• Nicht-KapG haben nachzuholende Zuschreibungen im Posten ‚außerordentlicher Ertrag' gesondert auszuweisen
	Art. 67 Abs. 7 EGHGB
		• Keine Auswirkungen
		• Steuerrechtlich ist die Zuschreibungspflicht eigenständig geregelt

Abb. 62:   Übergang auf das Zuschreibungsgebot im Anlagevermögen

2.6   Zeitwertbewertung

2.6.1   Grundlagen

2.6.1.1   Gesetzeswortlaut und Anwendungsbereich

Mit dem BilMoG hat der Gesetzgeber den beizulegenden Zeitwert als neuen handelsrechtlichen **Bewertungsmaßstab** eingeführt. § 255 Abs. 4 HGB äußert sich zum Begriff des beizulegenden Zeitwerts und zu seiner Ermittlung wie folgt:

HGB § 255 Bewertungsmaßstäbe

[...]

(4) Der beizulegende Zeitwert entspricht dem Marktpreis. Soweit kein aktiver Markt besteht, anhand dessen sich der Marktpreis ermitteln lässt, ist der beizulegende Zeitwert mit Hilfe allgemein anerkannter Bewertungsmethoden zu bestimmen. Lässt sich der beizulegende Zeitwert weder nach Satz 1 noch nach Satz 2 ermitteln, sind die Anschaffungs- oder Herstellungskosten gemäß § 253 Abs. 4 fortzuführen. Der zuletzt nach Satz 1 oder 2 ermittelte beizulegende Zeitwert gilt als Anschaffungs- oder Herstellungskosten im Sinn des Satzes 3.

Der Bewertungsmaßstab findet sowohl bei der Zugangsbewertung als auch bei der Folgebewertung Anwendung. Im **Zugangszeitpunkt** mit dem beizulegenden Wert anzusetzen sind – vorbehaltlich einer verlässlichen Ermittelbarkeit des Bewertungsmaßstabs -

- Vermögensgegenstände, die Teil eines Zweckvermögens sind (vgl. § 246 Abs. 2 Satz 4 und § 253 Abs. 1 Satz 4 HGB sowie Gliederungspunkt 2.6.2); die Zugangsbewertung bezeichnet in diesem Fall die erstmalige Bewertung der Vermögensgegenstände nach ihrer Zuweisung zu einem Zweckvermögen;
- Rückstellungen für Altersversorgungsverpflichtungen, deren Höhe sich nach dem beizulegenden Zeitwert von Wertpapieren des Anlagevermögens i. S. d. § 266 Abs. 2 A. III. 5 HGB richtet, soweit dieser über einem ggf. garantierten Mindestbetrag liegt (vgl. § 253 Abs. 1 Satz 3 HGB sowie Abschnitt 4, Gliederungspunkt 2.3.3.3),
- Vermögensgegenstände, Schulden, Rechnungsabgrenzungsposten und Sonderposten (mit Ausnahme von Rückstellungen und latenten Steuern), die bei der Erlangung der Beherrschung über ein Tochterunternehmen zugehen (vgl. § 301 Abs. 1 Satz 2, 3 HGB sowie Kapitel 3, Abschnitt 3, Gliederungspunkt 2.2.3),
- Vermögensgegenstände, Schulden, Rechnungsabgrenzungsposten und Sonderposten (mit Ausnahme von Rückstellungen und latenten Steuern) von erstmals in den Konzernabschluss einzubeziehenden assoziierten Unternehmen, begrenzt jedoch auf die Anschaffungskosten der Beteiligung (vgl. § 312 Abs. 2 HGB sowie Kapitel 3, Abschnitt 8, Gliederungspunkt 8.2.3) und
- – bei Kredit- sowie Finanzdienstleistungsinstituten i. S. d. § 340 HGB – Finanzinstrumente des Handelsbestands (vgl. § 340 Abs. 3 Satz 1 HGB sowie Abschnitt 8, Gliederungspunkt 6).

In den beiden ersten Fällen (Zweckvermögen, Rückstellungen für bestimmte Altersversorgungsverpflichtungen) sowie bei der Bewertung von Finanzinstrumenten des Handelsbestands kommt der beizulegende Zeitwert auch für Zwecke der **Folgebewertung** zur Anwendung.

2.6.1.2 Begriff und Ermittlung des beizulegenden Zeitwerts

§ 255 Abs. 4 Satz 1 HGB definiert den beizulegenden Zeitwert als **Marktpreis**. Anders als der beizulegende Wert oder der steuerliche Teilwert bringt der beizulegende Zeitwert folglich keinen unternehmensspezifischen (Betriebszugehörigkeits-)Wert zum Ausdruck. Er bezeichnet vielmehr jenen Preis, der sich am Markt für den Vermögensgegenstand (die Schuld) ohne Rücksicht auf dessen (deren) Zugehörigkeit zu einem bestimmten Unternehmen unter fremden Dritten bilden würde.

Zur Bestimmung dieses Gleichgewichtspreises enthält § 255 Abs. 4 HGB eine **Ermittlungshierarchie** (vgl. Abb. 63). Danach ist der beizulegende Zeitwert vorzugsweise als Preis auf einem aktiven Markt zu erheben (*Mark-to-Market*-Bewertung). In

Anlehnung an die IFRS[261] sieht die Bundesregierung die Voraussetzung hierfür als erfüllt an, wenn der Preis „an einer Börse, von einem Händler, von einem Broker, von einer Branchengruppe, von einem Preisberechnungsservice oder von einer Aufsichtsbehörde leicht und regelmäßig erhältlich ist und auf aktuellen und regelmäßig auftretenden Markttransaktionen zwischen unabhängigen Dritten beruht" (BT-Drucks. 16/10067, S. 61). Implizit setzt das die Homogenität der gehandelten Güter voraus. Etwaige Paketzuschläge oder -abschläge sind mit der Idealvorstellung eines notierten Marktpreises nicht zu vereinbaren und daher zu vernachlässigen.

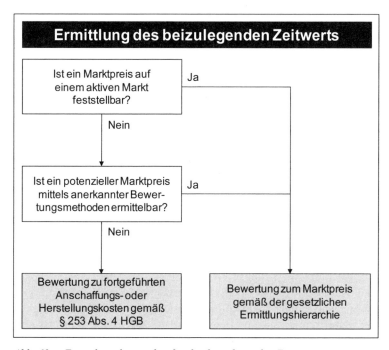

Abb. 63: *Ermittlungshierarchie für den beizulegenden Zeitwert*

Ein Markt ist dann nicht hinreichend aktiv, wenn gemessen am Gesamtvolumen der zu bewertenden Handelsobjekte nur kleine Volumina am Markt gehandelt werden. In diesem Fall ist der beizulegende Zeitwert nach der Bewertungshierarchie des § 255 Abs. 4 HGB mittels anerkannter **Bewertungsmethoden** zu bestimmen (*Mark-to-Model*-Bewertung). Entsprechendes gilt bei gänzlichem Fehlen von Marktpreisen oder einer mangelnden Aussagekraft der zustande gekommenen Preise.

Eine Wertermittlung mithilfe von Bewertungsmethoden soll sich von dem Ziel leiten lassen, „den beizulegenden Zeitwert angemessen an den Marktpreis anzunähern, wie er sich am Bewertungsstichtag zwischen unabhängigen Geschäftspartnern bei Vorliegen normaler Geschäftsbedingungen ergeben hätte" (BT-Drucks. 16/10067, S. 61).

---

[261] Vgl. z. B. IAS 39.AG71.

Die Regierungsbegründung deutet nur an, welche **Verfahrensweisen** hierzu denkbar sind. Beispielhaft erwähnt sie

- den Vergleich mit Marktpreisen jüngerer vergleichbarer Geschäftsvorfälle zwischen verständigen, vertragswilligen und unabhängigen Geschäftspartnern und
- den Rückgriff auf anerkannte wirtschaftliche Bewertungsmethoden.

Das entspricht im Wesentlichen den Vorgaben von IAS 39.AG74 für die (hilfsweise) Bewertung von Finanzinstrumenten bei Fehlen aussagekräftiger Marktpreise. Hinsichtlich der Bewertungsmethoden unterscheidet der Standard zwischen Discounted-Cash-Flow-Bewertungen und der Verwendung von Optionspreismodellen.[262]

Alle zulässigen Bewertungsansätze stehen unter dem ungeschriebenen Vorbehalt einer **verlässlichen Bestimmung** des beizulegenden Zeitwerts. Nach der Begründung zu § 255 Abs. 4 HGB leitet sich diese Einschränkung aus dem Erfordernis einer vorsichtigen Bewertung ab. Lässt sich ein Marktpreis weder durch Beobachtung noch durch modellgestützte Bewertungen ermitteln, verbleibt es bei der Zugangs- und Folgebewertung zu Anschaffungs- oder Herstellungskosten nach den Vorschriften für Vermögensgegenstände des Umlaufvermögens. Wie sich aus dem Hinweis auf das Vorsichtsprinzip ergibt, schließt der Verzicht auf eine Marktpreisbewertung Abschreibungen auf einen niedrigeren beizulegenden Wert nach § 253 Abs. 3, 4 HGB nicht aus. Offen bleibt indes, wie in diesem Fall der Betriebszugehörigkeitswert als Vergleichswert zu den Anschaffungs- oder Herstellungskosten verlässlich ermittelt werden soll.

Fraglich ist, wie hoch die **Anforderungen an die Bestimmbarkeit** des beizulegenden Zeitwerts sein müssen, um dem Gebot der Verlässlichkeit zu genügen. Auch in dieser Frage orientiert sich die Bundesregierung an IAS 39. So sei „von einer nicht verlässlichen Ermittlung des Marktwerts [...] beispielsweise auszugehen, wenn die angewandte Bewertungsmethode eine Bandbreite möglicher Werte zulässt, die Abweichung der Werte voneinander signifikant ist und eine Gewichtung der Werte nach Eintrittswahrscheinlichkeiten nicht möglich ist" (BT-Drucks. 16/10067, S. 61). Das IASB lässt dieses Argument in IAS 39.AG80 allerdings nur für Eigenkapitalinstrumente (z. B. Aktien, GmbH-Anteile) gelten. Für Fremdkapitalinstrumente wie Schuldverschreibungen bejaht es die verlässliche Bestimmbarkeit des beizulegenden Zeitwerts dagegen durchgängig. Ob dies auch für die Bewertung nach HGB gelten soll, ist unklar. Angesichts der vagen Erläuterungen in der Regierungsbegründung verbleibt insoweit ein **Beurteilungsspielraum**.

Fehlt es an einer verlässlichen Bestimmbarkeit des beizulegenden Zeitwerts, erfolgt die Bewertung zu **fortgeführten Anschaffungs- oder Herstellungskosten**. Der letzte zuverlässig ermittelte beizulegende Wert bildet in diesem Fall den Ausgangswert der Bewertung (vgl. § 255 Abs. 4 Satz 4 HGB). Für die Fortschreibung dieses Werts ver-

---

[262] Zu den in Betracht kommenden Bewertungsmethoden vgl. Tichy/Brinkmann, in: Bertram/Brinkmann/Kessler/Müller (Hrsg.): Haufe HGB Kommentar, Freiburg 2009, § 255 HGB, Rz. 237 ff.

weist § 255 Abs. 4 Satz 3 HGB auf die für das Umlaufvermögen geltende Bewertungsnorm des § 253 Abs. 4 HGB.

Soweit es um die **Folgebewertung** von Vermögensgegenständen geht, also

- Vermögensgegenstände, die Teil eines Zweckvermögens sind, oder
- von Kredit- sowie Finanzdienstleistungsinstituten i. S. d. § 340 HGB erworbene Finanzinstrumente des Handelsbestands,

ist die angeordnete Rechtsfolge – Bewertung nach den traditionellen Vorschriften für das Umlaufvermögen – unmittelbar einzusehen. Wie im Fall von Finanzinstrumenten mit negativen Preisen (z. B. Termingeschäften) oder Rückstellungen für Altersversorgungsverpflichtungen, deren Höhe sich nach dem beizulegenden Zeitwert von bestimmten Wertpapieren des Anlagevermögens richtet, zu verfahren ist, lässt das Gesetz offen. Hierzu wäre ein klarstellender Hinweis wünschenswert gewesen. Es liegt nahe, die passiven Finanzinstrumente bzw. Rückstellungen ausgehend vom zuletzt angesetzten Marktpreis nach den allgemeinen Bewertungsvorschriften für Schulden fortzuschreiben. Regelmäßig dürfte es sich bei den Finanzinstrumenten um Derivate handeln. Für sie sind die Grundsätze zur Bewertung von Drohverlustrückstellungen einschlägig.

Keine Anwendung findet § 255 Abs. 4 Satz 3 HGB auf die **Zugangsbewertung** von Vermögensgegenständen, die zu einem Zweckvermögen gehören, und auf Vermögensgegenstände, Schulden, Rechnungsabgrenzungsposten sowie Sonderposten von erstmalig zu konsolidierenden Tochterunternehmen bzw. erstmalig in einen Konzernabschluss einzubeziehenden assoziierten Unternehmen. Im ersten Fall (Zweckvermögen) scheidet die in § 253 Abs. 1 Satz 4 HGB angeordnete Zeitwertbewertung von vornherein aus. Die Vermögensgegenstände sind weiterhin zu fortgeführten (ursprünglichen) Anschaffungs- oder Herstellungskosten zu bewerten. Soweit sich für Vermögensgegenstände, Schulden, Rechnungsabgrenzungsposten und Sonderposten von Tochter- bzw. assoziierten Unternehmen kein beizulegender Zeitwert ermitteln lässt, scheidet ihre Aufnahme in die Bilanz mangels verlässlicher Bewertbarkeit aus. Ein Ansatz des betreffenden Bilanzierungsobjekts zu einem ggf. zuletzt vom Tochter- oder assoziierten Unternehmen ermittelten beizulegenden Zeitwert unter Hinweis auf § 255 Abs. 4 Satz 3 HGB kommt nicht in Betracht, da die fehlende Bewertbarkeit dem Posten die Bilanzierungsfähigkeit nimmt.[263]

In der Praxis sollte die nicht mögliche Zeitwertbewertung freilich einen seltenen Ausnahmefall darstellen. Er provoziert auf der Aktivseite – und zwar nicht nur bei der Kaufpreisallokation – die Frage, ob überhaupt ein positiver Wert für den (vermeintlichen) Vermögensgegenstand anzusetzen ist. Wenn nämlich der beizulegende Zeitwert nicht ermittelbar sein soll, dürfte sich die Situation im Hinblick auf den beizulegenden Wert gemäß § 253 Abs. 4 Satz 3 HGB kaum anders darstellen. Angesichts des für das Umlaufvermögen geltenden strengen Niederstwertprinzips und des auch nach dem

---

[263] A. A. Hoffmann/Lüdenbach: NWB Kommentar Bilanzierung, Herne 2009, § 255 HGB, Rz. 152, die in diesem Fall eine grobe Schätzung des beizulegenden Zweitwerts genügen lassen wollen.

BilMoG fortgeltenden Vorsichtsprinzips (vgl. § 252 Abs. 1 Nr. 4 HGB) droht bei Nichtabschreibung des Bilanzierungsobjekts der Ansatz eines Nonvaleurs.

2.6.1.3 Wechsel des Bewertungsmaßstabs

Das BilMoG sieht sowohl für die ausschließlich der Erfüllung von Schulden aus Altersversorgungsverpflichtungen dienenden Vermögensgegenstände als auch – begrenzt auf Kredit- und Finanzdienstleistungsinstitute – für die zu Handelszwecken erworbenen Finanzinstrumente vorrangig eine Bewertung zum beizulegenden Zeitwert vor. Ein Bewertungswahlrecht besteht nicht. Ein **Wechsel** von der **Marktpreisbewertung zur fortgeführten Anschaffungskostenbewertung** kommt nur in Betracht, wenn sich der beizulegende Zeitwert eines Vermögensgegenstands oder einer Schuld von einem bestimmten Zeitpunkt an nicht mehr verlässlich ermitteln lässt. Für diesen Fall sieht § 255 Abs. 4 Satz 3 HGB folgende **Verfahrensweise** vor:

- Der letzte zuverlässig ermittelte beizulegende Zeitwert gilt als Anschaffungs- oder Herstellungskosten;
- der Wertansatz ist nach § 253 Abs. 4 HGB fortzuführen, d. h., der betreffende Vermögensgegenstand unterliegt fortan dem im Umlaufvermögen geltenden strengen Niederstwertprinzip.

Für den Fall einer erst nach dem Zugangszeitpunkt verlässlich möglichen Zeitwertbewertung hat der Gesetzgeber keinen Regelungsbedarf gesehen. Unter dieser Voraussetzung könne kein Finanzinstrument des Handelsbestands vorliegen (vgl. BT-Drucks. 16/10067, S. 61). Diese Feststellung trifft zu, blendet aber den Fall der ebenfalls zum beizulegenden Zeitwert zu bewertenden Vermögensgegenstände gemäß § 246 Abs. 2 Satz 2 HGB aus. Bei diesen ist ein **Wechsel** von der Bewertung zu **fortgeführten Anschaffungskosten auf den beizulegenden Zeitwert** durch erfolgswirksame Anpassung des Wertansatzes zu vollziehen.

2.6.2 Zeitwertbewertung von Zweckvermögen

2.6.2.1 Allgemeine Regelungen

Für Vermögensgegenstände, die ausschließlich der Erfüllung von Schulden aus Altersversorgungsverpflichtungen oder vergleichbaren langfristig fälligen Verpflichtungen dienen, und dem Zugriff aller übrigen Gläubiger entzogen sind, ordnet § 246 Abs. 2 Satz 2 HGB einen **saldierten Ausweis** mit den betreffenden Schulden an.[264] Diese Abweichung vom allgemeinen Verrechnungsverbot soll einen Ausweis von Verpflichtungen gegenüber Mitarbeitern als Schulden vermeiden, die das Unternehmen wirtschaftlich nicht mehr belasten (vgl. BT-Drucks. 16/10067, S. 48 f.). Dieses Anliegen sähe sich indes nur zum Teil verwirklicht, wenn – wie noch im RefE BilMoG vorgesehen – das zur Deckung der Schulden dienende Vermögen mit fortge-

---

[264] Zu den Voraussetzungen einer solchen Verrechnung und den in Betracht kommenden Saldierungsfällen vgl. Gliederungspunkt 3.3.

führten historischen Werten zu bewerten wäre.²⁶⁵ Aus diesem Grund verlangt § 253 Abs. 1 Satz 4 HGB eine Bewertung der zu einem Zweckvermögen gehörenden Vermögensgegenstände zum beizulegenden Wert. Er ist als Marktpreis der Vermögensgegenstände oder subsidiär unter Rückgriff auf allgemein anerkannte Bewertungsmethoden zu ermitteln (vgl. Gliederungspunkt 2.6.1.2).

Die Bundesregierung hat die (erfolgswirksame) Zeitwertbewertung von Zweckvermögen ursprünglich nur als eine **flankierende Regelung** konzipiert (vgl. BT-Drucks. 16/10067, S. 49). Dementsprechend sah der RegE BilMoG noch eine Begrenzung des Zeitwertansatzes auf den Erfüllungsbetrag der mit dem Zweckvermögen korrespondierenden Schulden vor. Eine weitergehende Stärkung der Informationsfunktion durch eine generelle Zeitwertbewertung des Zweckvermögens war zunächst nicht beabsichtigt. In der verabschiedeten Fassung des BilMoG ist der Gesetzgeber davon abgerückt. Übersteigt der beizulegende Zeitwert der Vermögensgegenstände eines Zweckvermögens den Betrag der Schulden, ist nunmehr der übersteigende Betrag als letzter Posten der Aktivseite unter der Bezeichnung ‚Aktiver Unterschiedsbetrag aus der Vermögensverrechnung' auszuweisen (vgl. § 246 Abs. 2 Satz 3, § 266 Abs. 2 E HGB). Der Sonderausweis soll „die Eigenschaft des Postens als Verrechnungsposten deutlich [...] machen" (BT-Drucks. 16/12407, S. 110).

Um dem **Gläubigerschutz** Rechnung zu tragen, sieht § 268 Abs. 8 Satz 3 HGB eine Ausschüttungs- und Abführungssperre in Höhe des Unterschiedsbetrags zwischen den Anschaffungskosten und dem höheren beizulegenden Zeitwert der Vermögensgegenstände abzüglich der hierfür gebildeten passiven latenten Steuern vor (vgl. hierzu Abschnitt 7, Gliederungspunkt 4). Hierbei ist eine Einzelbetrachtung geboten. Abzustellen ist mithin nicht auf die Bewertungsdifferenz für das Zweckvermögen insgesamt, sondern auf die Summe der Unterschiedsbeträge bei den einzelnen Vermögensgegenständen.

Beispiel

Das Zweckvermögen von U umfasst ein Grundstück und einen aus Aktien bestehenden Wertpapierbestand. Die Anschaffungskosten des Grundstücks betragen 2 Mio. EUR, diejenigen der Wertpapiere 5 Mio. EUR. Zum Abschlussstichtag ermittelt U beizulegende Zeitwerte von 6 Mio. EUR für das Grundstück und von 3,5 Mio. EUR für den Wertpapierbestand. Steuerlich ist das Grundstück zu Anschaffungskosten bewertet, der Buchwert der Wertpapiere stimmt mangels Vorliegen einer voraussichtlich dauernden Wertminderung mit ihrem handelsrechtlichen Wertansatz von 5 Mio. EUR überein. Als große Kapitalgesellschaft bildet U passive latente Steuern von 1,2 Mio. EUR (= 30 % von 4 Mio. EUR). Aktive latente Steuern ergeben sich nicht, da die abweichende Bewertung des Wertpapierbestands eine permanente Differenz darstellt (vgl. § 8b Abs. 3 KStG).

---

²⁶⁵ Vgl. Küting/Kessler/Keßler, WPg 2008, S. 501.

Insgesamt führt die Zeitwertbewertung im Vergleich zu einer Bewertung zu (fortgeführten) Anschaffungskosten zum Ausweis eines Mehrvermögens von 2,5 Mio. EUR (= 4 Mio. EUR – 1,5 Mio. EUR) vor bzw. 1,3 Mio. EUR nach Berücksichtigung latenter Steuern. Darauf kommt es für die Höhe der Ausschüttungs- und Abführungssperre allerdings nicht an. Insoweit ist eine Einzelbetrachtung geboten. Sie ergibt eine aus der Zeitwertbewertung des Grundstücks resultierende Verwendungssperre von 2,8 Mio. EUR (= 4 Mio. EUR – 1,2 Mio. EUR). Der Abwertung des Wertpapierbestands unter die Anschaffungskosten kommt insoweit keine Bedeutung zu.

Für den Fall der Verrechnung von Vermögensgegenständen und Schulden nach § 246 Abs. 2 Satz 2 HGB sieht § 285 Nr. 25 HGB folgende **Anhangsangaben** vor (vgl. auch Abschnitt 10, Gliederungspunkt 2.14):

- Anschaffungskosten und beizulegender Zeitwert der verrechneten Vermögensgegenstände
- Erfüllungsbetrag der verrechneten Schulden
- Angabe der verrechneten Aufwendungen und Erträge

Die Vorschrift soll nach der Regierungsbegründung den Abschlussadressaten deutlich machen, welche Aktiv- und Passivposten der Bilanz in welcher Höhe miteinander verrechnet wurden. Angaben, die bisher in der Bilanz zu finden waren, werden somit in den **Anhang** verlagert. Entsprechendes gilt für die Angabe der in der Gewinn- und Verlustrechnung verrechneten Aufwendungen und Erträge, die aus den verrechneten Vermögensgegenständen und Schulden resultieren (vgl. BT-Drucks. 16/10067, S. 73). Eine inhaltsgleiche Regelung für den Konzernabschluss enthält § 314 Nr. 17 HGB.

§ 285 Nr. 28 HGB sieht schließlich vor, den Gesamtbetrag der nach § 268 Abs. 8 HGB gegen Ausschüttung und Abführung gesperrten Beträge nach Anlässen aufzugliedern. Das erfordert u. a. die gesonderte Angabe jener Beträge, die aus der Bewertung von Vermögensgegenständen zum beizulegenden Zeitwert resultieren (vgl. hierzu Abschnitt 10, Gliederungspunkt 2.17).

2.6.2.2 Erstanwendung und Übergang

Die neue Bewertungsvorschrift des § 253 Abs. 1 Satz 4 HGB gilt für alle bilanzierenden Kaufleute. Sie ist spätestens für Geschäftsjahre anzuwenden, die nach dem **31.12.2009** beginnen (vgl. Art. 66 Abs. 3 EGHGB). Eine vorzeitige Anwendung für Geschäftsjahre, die nach dem **31.12.2008** beginnen, ist zulässig, allerdings nur im Verbund mit allen anderen in Art. 66 Abs. 3 EGHGB bezeichneten Vorschriften und unter Aufnahme eines entsprechenden Hinweises in den Anhang.

Eine explizite **Übergangsregelung** sieht das BilMoG nicht vor. Im Jahr der Erstanwendung der Vorschriften des BilMoG sind daher die nach § 246 Abs. 2 Satz 2 HGB saldierungspflichtigen Vermögensgegenstände mit ihrem beizulegenden Zeitwert anzusetzen. Der Grundsatz der Bewertungsmethodenstetigkeit gilt insoweit nicht (vgl. Art. 67 Abs. 8 Satz 1 EGHGB). Bewertungsänderungen sind erfolgswirksam zu erfassen. Ein Beispiel zur Übergangsbewertung enthält der nachfolgende Gliederungspunkt 2.6.2.3.

Steuerliche Konsequenzen löst die geänderte Bewertungsvorschrift unmittelbar nicht aus, da in der Steuerbilanz das Anschaffungswertprinzip gilt (vgl. § 6 Abs. 1 Nr. 1, 2 EStG). Weicht der handelsrechtliche Wertansatz der verrechneten Vermögensgegenstände vom steuerlichen Buchwert ab, sind große und mittelgroße Kapitalgesellschaften ggf. verpflichtet, latente Steuern zu bilden.

Abb. 64 fasst die im BilMoG vorgesehenen Regelungen zur Erstanwendung der neuen Bewertungsvorschrift des § 253 Abs. 1 Satz 4 HGB und die sich daraus ergebenden steuerlichen Folgen zusammen.

Übergang auf die Zeitwertbewertung von Zweckvermögen		
Erstmalige Anwendung	Übergang	Steuerliche Folgen
• Obligatorisch: Jahres- und Konzernabschlüsse für nach dem 31.12.2009 beginnende Geschäftsjahre • Optional: Jahres- und Konzernabschlüsse für nach dem 31.12.2008 beginnende Geschäftsjahre (nur im Verbund mit allen übrigen vorzeitig anwendbaren Vorschriften) Art. 66 Abs. 3 EGHGB	• Keine explizite Übergangsregelung • Konsequenzen: » Im Jahr der Erstanwendung der Vorschriften des BilMoG sind VG, die nach § 246 Abs. 2 Satz 2 HGB mit Schulden zu verrechnen sind, mit ihrem beizulegenden Zeitwert anzusetzen » Die Zeitwertbewertung ist erfolgswirksam, führt allerdings zu einer Ausschüttungs- und Abführungssperre § 268 Abs. 8 HGB » Große und mittelgroße KapG haben die Bildung latenter Steuern wegen temporärer Bewertungsunterschiede zur Steuerbilanz zu prüfen	• Keine unmittelbaren Auswirkungen • Die Zeitwertbewertung von Zweckvermögen ist steuerlich ausgeschlossen § 6 Abs. 1 Satz 1 EStG

Abb. 64: Übergang auf die Zeitwertbewertung von nach § 246 Abs. 2 Satz 2 HGB mit Schulden zu verrechnenden Vermögensgegenständen

2.6.2.3 Fallbeispiel

Das folgende Beispiel dient der Veranschaulichung der Zeitwertbewertung von Zweckvermögen im Allgemeinen und der Übergangsvorschriften im Besonderen.

Beispiel

Sachverhalt:
Die B AG hat für an ihre Mitarbeiter erteilte Pensionszusagen zum 31.12.2009 (31.12.2008) eine Rückstellung in Höhe von 5,0 Mio. EUR (4,5 Mio. EUR) ermittelt. Der Anstieg der Rückstellung resultiert aus neuen

Anwartschaften der Mitarbeiter (0,3 Mio. EUR) und der Aufzinsung (0,2 Mio. EUR).

Um die Finanzierbarkeit des künftigen Mittelbedarfs sicherzustellen, hat sich das Unternehmen für eine Treuhandlösung entschieden. Diese weist folgende Merkmale auf:

- Die B AG wendet einem in der Rechtsform eines Vereins firmierenden Treuhänder auf freiwilliger Basis Vermögenswerte zu, die unwiderruflich und ausschließlich zur Finanzierung der Pensionsverpflichtungen der Gesellschaft dienen.
- Fällige Pensionszahlungen leistet die B AG an die Berechtigten. Soweit die gezahlten Betriebsrenten ausfinanziert sind, leistet der Treuhänder eine Erstattung.
- Im Fall einer Insolvenz haben die Pensionsberechtigten einen unmittelbaren Anspruch auf Zahlung von Betriebsrenten durch den Treuhänder.

Zum 31.12.2009 (31.12.2008) weist das auf den Treuhänder übertragene Vermögen einen Buchwert von 3,1 Mio. EUR (2,7 Mio. EUR) und einen Marktwert von 4,5 Mio. EUR (3,0 Mio. EUR) auf. Vermögensumschichtungen sind nicht erfolgt. Die Buchwerterhöhung von 0,4 Mio. EUR geht auf die Übertragung von Vermögenswerten in das Zweckvermögen im Geschäftsjahr 2009 zurück. Die B AG wendet die durch das BilMoG geänderten Rechnungslegungsvorschriften vorzeitig bereits in ihrem Abschluss zum 31.12.2009 an. Latente Steuern bleiben unberücksichtigt.

Beurteilung nach HGB a. F.:

Nach dem Verrechnungsverbot des § 246 Abs. 2 HGB a. F. sind Treuhandvermögen und Pensionsverpflichtung unsaldiert auszuweisen. Das Treuhandvermögen ist zu Anschaffungskosten anzusetzen, die Pensionsverpflichtung mit dem ermittelten Rückstellungsbetrag.

Zum 31.12.2009 bzw. 31.12.2008 (Vorjahreswert) ermitteln sich folgende Bilanzansätze:

- Pensionsverpflichtung: 5,0 Mio. EUR (4,5 Mio. EUR)
- Treuhandvermögen: 3,1 Mio. EUR (2,7 Mio. EUR)

Im Geschäftsjahr 2009 sind folgende Aufwendungen und Erträge aus der Versorgungszusage auszuweisen:

- Personalaufwand: 0,5 Mio. EUR (= 5,0 Mio. EUR – 4,5 Mio. EUR)
- Ertrag aus Treuhand- 0,0 Mio. EUR (keine Ertragsrealisierung)
  vermögen:

Alternativ besteht die Möglichkeit, lediglich den Aufwand aus der Passivierung der neu entstandenen Anwartschaften der Mitarbeiter (0,3 Mio. EUR) im Personalaufwand zu zeigen und den Zinsaufwand (0,2 Mio. EUR) im Finanzergebnis auszuweisen.

Beurteilung nach HGB i. d. F. des BilMoG:

Es liegt ein Fall des § 246 Abs. 2 Satz 2 HGB vor: Das auf den Treuhänder übertragene Vermögen dient ausschließlich der Erfüllung von Pensionsverpflichtungen der B AG. Der Zugriff der Gläubiger auf das Treuhandvermögen ist ausgeschlossen. Im Fall einer Insolvenz der B AG leistet der Treuhänder die Betriebsrenten. Das Unternehmen ist insoweit nicht mehr belastet. Zum 31.12.2009 ergeben sich folgende bilanzielle Konsequenzen: Die Pensionsverpflichtungen sind nach Kürzung um den Zeitwert des Zweckvermögens mit 0,5 Mio. EUR (5,0 Mio. EUR abzüglich 4,5 Mio. EUR) anzusetzen. Im Anhang zum Jahresabschluss sind die beiden Komponenten des Verpflichtungssaldos aufzuführen.

In der Gewinn- und Verlustrechnung ist für das laufende Geschäftsjahr ohne Berücksichtigung latenter Steuern ein Nettoertrag von 0,9 Mio. EUR auszuweisen:

	Aufwand aus Rückstellungszuführung in 2009:	– 0,5 Mio. EUR
+	Werterhöhung des Zweckvermögens in 2009:	1,5 Mio. EUR
+	Nachholung der Zeitwertbewertung per 31.12.2008:	0,3 Mio. EUR
–	Zuführung zum Zweckvermögen:	– 0,4 Mio. EUR
=	Nettoertrag:	0,9 Mio. EUR

Die Werterhöhung des Zweckvermögens von 1,5 Mio. EUR ermittelt sich durch Vergleich der beizulegenden Zeitwerte zum 31.12.2008 (3,0 Mio. EUR) und zum 31.12.2009 (4,5 Mio. EUR). Der Wertanstieg geht in Höhe von 0,4 Mio. EUR auf die Übertragung zusätzlicher Vermögenswerte zurück. Dieser Betrag ist zur Ermittlung des im Geschäftsjahr 2009 in der Gewinn- und Verlustrechnung auszuweisenden Nettoertrags in Abzug zu bringen. Schließlich ist der Effekt aus der Zeitwertbewertung des Zweckvermögens für die Zeit vor Anwendung der Vorschriften des BilMoG nachzuholen. Der Betrag von 0,3 Mio. EUR ermittelt sich als Differenz zwischen dem Buchwert des Zweckvermögens zum 31.12.2008 (2,7 Mio. EUR) und dessen Zeitwert (3,0 Mio. EUR).

In der Gewinn- und Verlustrechnung für das Geschäftsjahr 2009 sind folgende Aufwendungen und Erträge auszuweisen:

- Personalaufwand: – 0,3 Mio. EUR
- Sonstige Zinsen und ähnliche Erträge: 0,9 Mio. EUR
- Außerordentlicher Ertrag: 0,3 Mio. EUR

Als Personalaufwand ist die Rückstellungszuführung für die im Geschäftsjahr 2009 entstandenen Anwartschaften der Mitarbeiter auszuweisen. Das Zinsergebnis ermittelt sich als Saldo aus dem Ertrag aus der Zeitwertbewertung des Zweckvermögens (1,5 Mio. EUR) und dem Aufwand aus der Aufzinsung der Rückstellung (-0,2 Mio. EUR). Der außerordentliche Ertrag ist das Ergebnis aus der Erstanwendung der Vorschriften zur Zeitwertbewertung von Zweckvermögen i. S. d. Art. 67 Abs. 7 EGHGB (vgl. näher zum Ausweis von Effekten aus dem Übergang auf die Vorschriften des BilMoG Kapitel 1, Gliederungspunkt 2.3.2).

Die Vorjahreszahlen müssen bei erstmaliger Anwendung der geänderten Vorschriften gemäß Art. 67 Abs. 8 Satz 2 EGHGB nicht angepasst werden. In Betracht kommt im vorliegenden Fall ohnehin nur eine Anpassung des Ausweises in Bilanz (Verrechnung von Rückstellung und Zweckvermögen) und in Gewinn- und Verlustrechnung (Trennung von Personal- und Zinsaufwand). Sie ist im Interesse einer besseren Vergleichbarkeit der Rechnungslegung im Zeitablauf anzuraten.

Sachverhalt – Variante:

Die B AG hat für an ihre Mitarbeiter erteilte Pensionszusagen zum 31.12.2009 eine Rückstellung in Höhe von 5,0 Mio. EUR ermittelt.

Um die Finanzierbarkeit des künftigen Mittelbedarfs sicherzustellen, hat das Unternehmen eine kongruente Rückdeckungsversicherung bei einer konzernfremden Versicherungsgesellschaft abgeschlossen.

Beurteilung nach HGB a. F.:

Auch bei kongruent rückgedeckten Pensionsverpflichtungen bleibt es beim Bruttoausweis. Der Anspruch gegen die Versicherung ist in Höhe der Pensionsverpflichtung anzusetzen.

Beurteilung nach HGB i. d. F. des BilMoG:

Es ist unklar, ob die Voraussetzungen des § 246 Abs. 2 Satz 2 HGB vorliegen: Eine Saldierung kommt nur in Betracht, wenn der Zugriff der übrigen Gläubiger auf das Treuhandvermögen ausgeschlossen ist. Berechtigter aus der Rückdeckungsversicherung ist die B AG. Fällt sie in Insolvenz, ist der Anspruch gegen die Versicherung als Teil ihres Vermögens dem Gläubigerzugriff ausgesetzt. Diese Konsequenz kann durch eine Abtretung des Anspruchs an die Pensionsberechtigten vermieden werden.

Daraus ergeben sich folgende bilanzielle Konsequenzen: Ohne die Abtretung des Rückdeckungsanspruchs sind der Anspruch und die Verpflichtung wie nach früherem Recht gesondert auszuweisen. Ist der Rückdeckungsanspruch insolvenzsicher, sind Anspruch und Pensionsverpflichtung zu verrechnen. Im Anhang zum Jahresabschluss für das Geschäftsjahr 2009 sind die beiden Komponenten des Verpflichtungssaldos aufzuführen.

2.7 Bewertungsmethodenstetigkeit

2.7.1 Gesetzeswortlaut und Einordnung

§ 252 HGB hat durch das BilMoG folgende Fassung erhalten:

HGB § 252 Allgemeine Bewertungsgrundsätze

(1) Bei der Bewertung der im Jahresabschluss ausgewiesenen Vermögensgegenstände und Schulden gilt insb. Folgendes:

1. Die Wertansätze in der Eröffnungsbilanz des Geschäftsjahrs müssen mit denen der Schlussbilanz des vorhergehenden Geschäftsjahrs übereinstimmen.
2. Bei der Bewertung ist von der Fortführung der Unternehmenstätigkeit auszugehen, sofern dem nicht tatsächliche oder rechtliche Gegebenheiten entgegenstehen.
3. Die Vermögensgegenstände und Schulden sind zum Abschlussstichtag einzeln zu bewerten.
4. Es ist vorsichtig zu bewerten, namentlich sind alle vorhersehbaren Risiken und Verluste, die bis zum Abschlussstichtag entstanden sind, zu berücksichtigen, selbst wenn diese erst zwischen dem Abschlussstichtag und dem Tag der Aufstellung des Jahresabschlusses bekanntgeworden sind; Gewinne sind nur zu berücksichtigen, wenn sie am Abschlussstichtag realisiert sind.
5. Aufwendungen und Erträge des Geschäftsjahrs sind unabhängig von den Zeitpunkten der entsprechenden Zahlungen im Jahresabschluss zu berücksichtigen.
6. Die auf den vorhergehenden Jahresabschluss angewandten sind beizubehalten.

(2) Von den Grundsätzen des Absatzes 1 darf nur in begründeten Ausnahmefällen abgewichen werden.

Der Gesetzgeber hat den Bewertungsvorschriften für Vermögensgegenstände und Schulden in § 252 HGB allgemeine Bewertungsgrundsätze vorangestellt, die übergreifende Teilaspekte des Bewertungsvorgangs regeln (vgl. Abb. 65). Entgegen der Bezeichnung kommt einzelnen Grundsätzen auch Bedeutung für die Bilanzierung dem Grunde nach zu.

Kapitel 2: Einzelgesellschaftliche Rechnungslegung

Allgemeine Bewertungsgrundsätze nach HGB					
Grundsatz der Bilanzidentität § 252 Abs. 1 Nr. 1 HGB	Grundsatz der Unternehmensfortführung § 252 Abs. 1 Nr. 2 HGB	• Stichtagsprinzip • Einzelbewertungsgrundsatz § 252 Abs. 1 Nr. 3 HGB	• Vorsichtsprinzip • Realisationsprinzip • Imparitätsprinzip • Wertaufhellungsprinzip § 252 Abs. 1 Nr. 4 HGB	Periodisierungsprinzip § 252 Abs. 1 Nr. 5 HGB	Grundsatz der Bewertungsmethodenstetigkeit § 252 Abs. 1 Nr. 6 HGB
Abweichungen sind nur in begründeten Ausnahmefällen zulässig § 252 Abs. 2 HGB					

Abb. 65: *Bewertungsgrundsätze nach § 252 HGB*

Das BilMoG lässt die Grundsätze des Absatzes 1 mit einer Ausnahme formal unberührt. Verschärft wurde der in § 252 Abs. 1 Nr. 6 HGB enthaltene Grundsatz der Bewertungsmethodenstetigkeit. Die auf den vorhergehenden Jahresabschluss angewandten Bewertungsmethoden sollen nicht nur beibehalten werden, sondern „sind beizubehalten" (§ 252 Abs. 1 Nr. 6 HGB).

2.7.2 Bedeutung der Neufassung

Nach verbreiteter Ansicht in der Kommentarliteratur gab die Fassung des Grundsatzes der Bewertungsmethodenstetigkeit in § 252 Abs. 1 Nr. 6 HGB a. F. als Sollvorschrift keinen Anlass, die Regelung weniger streng auszulegen als die übrigen Bewertungsgrundsätze des § 252 Abs. 1 HGB.[266] Auch insoweit wurde ein Abweichen „nur in begründeten Ausnahmefällen" (§ 252 Abs. 2 HGB) als zulässig erachtet. Wenn man allerdings liest, die Sicherung der Vergleichbarkeit der Rechnungslegung dürfe nicht so weit gehen, dem Kaufmann zu verwehren, „sich in der Bewertungspolitik (als Teil der Bilanzpolitik) veränderten Verhältnissen anzupassen",[267] wird deutlich, dass es sich bei der geforderten strengen Auslegung des Stetigkeitsgrundsatzes um ein **Lippenbekenntnis** handelt.[268] Die Aufzählung der in der Kommentarliteratur gehandelten ‚begründeten Ausnahmefälle' unterstreicht dies. Danach soll eine Durchbrechung des Grundsatzes der Bewertungsmethodenstetigkeit namentlich in Fällen einer wesentlichen Änderung

---

[266] Vgl. Adler/Düring/Schmaltz: Rechnungslegung und Prüfung der Unternehmen, 6. Aufl., Stuttgart 1995 ff., § 252 HGB, Tz. 109 m. w. N.
[267] Adler/Düring/Schmaltz: Rechnungslegung und Prüfung der Unternehmen, 6. Aufl., Stuttgart 1995 ff., § 252 HGB, Tz. 112.
[268] Ähnlich Hoffmann/Lüdenbach: NWB Kommentar Bilanzierung, Herne 2009, § 252 HGB, Rz. 178, die den Grundsatz der Bewertungsmethodenstetigkeit als einen „Papiertiger" bezeichnen.

- der **rechtlichen Rahmenbedingungen** (z. B. Änderung von Gesetz, Rechtsprechung oder Satzung, Abschluss oder Auflösung eines Geschäftsführungsvertrags);
- der **wirtschaftlichen Rahmenbedingungen** (z. B. Änderung des Beschäftigungsgrads, der Produktionstechnik, des Sortiments, der Finanz- und Kapitalstruktur, Einleitung von Sanierungsmaßnahmen);
- der **organisatorischen Rahmenbedingungen** (z. B. Änderung der Konzernzugehörigkeit oder der Gesellschafterstruktur, Wechsel des Managements und der unternehmerischen Konzeption, Änderungen im Rechnungswesen)

zulässig sein.[269] Darüber hinaus wurden **steuerliche Gründe** als mögliche Rechtfertigung für einen Bewertungsmethodenwechsel genannt (z. B. Anpassung der Bewertungsmethode an die Ergebnisse einer steuerlichen Außenprüfung, Wahrnehmung von oder Verzicht auf die Inanspruchnahme von steuerrechtlichen Bewertungswahlrechten, Rettung von Verlustvorträgen).[270]

Wenn es in der Regierungsbegründung heißt, die Neufassung des § 252 Abs. 1 Nr. 6 HGB diene „allein klarstellenden Zwecken" (BT-Drucks. 16/10067, S. 52), liegt der Gedanke nahe, auch unter BilMoG lasse sich ein Bewertungsmethodenwechsel mit den in der älteren Kommentarliteratur zahlreich angeführten potenziellen Ausnahmetatbeständen rechtfertigen.[271] Das erscheint zweifelhaft. Dagegen spricht schon der Wortlaut des § 252 Abs. 2 HGB. Dieser lässt ein Abweichen von den Bewertungsgrundsätzen des Abs. 1 nicht in (allen möglichen) Ausnahmefällen, sondern nur in „begründeten Ausnahmefällen" zu. Der Zusatz ‚begründet' unterstreicht und verschärft den Ausnahmecharakter der Regelung. Die mit dem BilMoG intendierte Klarstellung wird man daher auf die herrschende Auslegung des Grundsatzes der Methodenstetigkeit beziehen müssen: Die verbreitete ausgesprochen großzügige Interpretation des § 252 Abs. 2 HGB in Bezug auf den Stetigkeitsgrundsatz entspricht nicht den Vorstellungen des Gesetzgebers.[272] Ob der geänderte Wortlaut des § 252 Abs. 2 HGB daran wirklich etwas ändern wird, darf mit Blick auf bisweilen geringe Resonanz der Gesetzesänderung in einigen Kommentierungen zum BilMoG bezweifelt werden.[273]

---

[269] Vgl. zur Fassung des § 252 Abs. 2 HGB a. F. Adler/Düring/Schmaltz: Rechnungslegung und Prüfung der Unternehmen, 6. Aufl., Stuttgart 1995 ff., § 252 HGB, Tz. 113; Winkeljohann/Geißler, in: Ellrott u. a. (Hrsg.): Beck'scher Bilanz-Kommentar, 6. Aufl., München 2006, § 252, Anm. 61; Selchert, in: Küting/Weber (Hrsg.): HdR-E, 5. Aufl., Stuttgart 2002 ff., § 252 HGB, Tz. 162 ff.
[270] Vgl. Winkeljohann/Geißler, in: Ellrott u. a. (Hrsg.): Beck'scher Bilanz-Kommentar, 6. Aufl., München 2006, § 252, Anm. 61.
[271] So im Ergebnis die Auslegung des § 252 Abs. 1 Nr. 6 HGB durch Winkeljohann/Büssow, in: Ellrott u. a. (Hrsg.): Beck'scher Bilanz-Kommentar, 7. Aufl., München 2010, § 252 HGB, Anm. 55 ff.
[272] Im Ergebnis wie hier Göllert, DB 2008, S. 1166.
[273] So auch Lüdenbach/Hoffmann, StuB 2009, S. 292.

Das **DRSC** interpretiert denn auch das Stetigkeitsgebot deutlich restriktiver als weite Teile der Kommentarliteratur. Nach DRS 13.8 kommen als begründete Ausnahmefälle im Sinn des § 252 Abs. 2 HGB in Betracht:

- Änderung der rechtlichen Gegebenheiten (Gesetze, Richtlinien, Rechtsprechung)
- Anpassung an geänderte oder neue DRS
- Verbesserung der Darstellung der Vermögens-, Finanz- und Ertragslage bei strukturellen Veränderungen im Konzern
- Anpassung an konzerneinheitliche Bilanzierungsgrundsätze bei der erstmaligen Einbeziehung in den Konzernabschluss

Da diese Auslegungsempfehlung zu § 252 Abs. 1 Nr. 6, Abs. 2 HGB vom Bundesministerium der Justiz bekannt gemacht worden ist, kommt ihr die Vermutung zu, Ausdruck der die Konzernrechnungslegung betreffenden Grundsätze ordnungsmäßiger Buchführung zu sein. Unbeschadet der Ausrichtung des Standards auf die konsolidierte Rechnungslegung, die DRS 13.1 bekräftigt, ist eine abweichende Auslegung der Bewertungsgrundsätze nach § 252 Abs. 1 HGB im Jahres- und Konzernabschluss aus rechtssystematischen Gründen nur sehr eingeschränkt vertretbar. § 298 Abs. 1 HGB bezieht die Vorschrift nämlich durch bloßen Verweis in die für den Konzernabschluss relevanten Regelungen ein. Abweichungen bei der Auslegung des Grundsatzes der Bewertungsmethodenstetigkeit sind entsprechend der Einschränkung in § 298 Abs. 1 Satz 1 HGB nur denkbar, soweit die Eigenart des Konzernabschlusses dies verlangt. Dem trägt der in Punkt 4 von DRS 13.8 angeführte Ausnahmefall Rechnung. Im Übrigen empfiehlt das DRSC die Anwendung von DRS 13 auch für den Jahresabschluss (vgl. DRS 13.1).[274]

2.7.3 Erstanwendung, Übergangsregelung und steuerliche Folgen

Die neu gefasste Vorschrift des § 252 HGB ist **erstmals verpflichtend** für Geschäftsjahre anzuwenden, die nach dem **31.12.2009** beginnen (vgl. Art. 66 Abs. 3 EGHGB). Eine vorzeitige Anwendung für Geschäftsjahre, die nach dem **31.12.2008** beginnen, ist zulässig, allerdings nur im Verbund mit allen anderen in Art. 66 Abs. 3 EGHGB bezeichneten Vorschriften und unter Aufnahme eines entsprechenden Hinweises in den Anhang. Der Grundsatz der Bewertungsmethodenstetigkeit gilt für alle bilanzierenden Kaufleute. Für die Anwendung der neuen Rechnungslegungsvorschriften ist der Grundsatz der Bewertungsmethodenstetigkeit außer Kraft gesetzt (vgl. Art. 67 Abs. 8 Satz 1 EGHGB).

Der Stetigkeitsgrundsatz gilt auch in der **Steuerbilanz**.[275] Soweit die Neufassung zu einer restriktiveren Auslegung der Ausnahmeregelung des § 252 Abs. 2 HGB führt, betrifft dies kraft des Maßgeblichkeitsgrundsatzes gemäß § 5 Abs. 1 Satz 1 EStG auch

---

[274] Ausgenommen davon sind die im Standard enthaltenen Regelungen zur Fehlerkorrektur.
[275] Vgl. Kulosa, in: Schmidt (Hrsg.): EStG, 29. Aufl., München 2010, § 6 EStG, Rz. 12 mit Rechtsprechungsnachweisen.

die steuerliche Gewinnermittlung. Bewertungsmethodenwechsel zur Optimierung der Steuerbelastung sollten davon allerdings nicht betroffen sein. Nach dem Bericht des Rechtsausschusses zum Bilanzrichtliniengesetz soll der Stetigkeitsgrundsatz den Kaufmann nicht daran hindern, „steuerrechtliche Bewertungswahlrechte, z. B. Sonderabschreibungen, von Jahr zu Jahr unterschiedlich auszuüben".[276] Willkürliche Gewinnverlagerungen lassen sich mit dieser Ausnahme nicht rechtfertigen.

Infolge der Aufgabe der umgekehrten Maßgeblichkeit und der Möglichkeit, steuerrechtliche Ansatz- und Bewertungswahlrechte losgelöst von der Handelsbilanz auszuüben (vgl. Kapitel 1, Gliederungspunkt 3.1), kommt dieser Einschränkung des Stetigkeitsgrundsatzes aus handelsrechtlicher Sicht praktisch keine Bedeutung mehr zu. Umgekehrt hat der Grundsatz der Bewertungsmethodenstetigkeit für die Steuerbilanz durch die Neufassung des § 5 Abs. 1 EStG einen deutlich höheren Stellenwert erlangt. Verhinderte bislang die umgekehrte Maßgeblichkeit die von Jahr zu Jahr wechselnde Ausübung von Wahlrechten bei der steuerlichen Gewinnermittlung, kommt diese Aufgabe nunmehr ganz überwiegend den Stetigkeitsgrundsätzen gemäß § 246 Abs. 3 und § 252 Abs. 1 Nr. 6 HGB zu. Sie beschränken etwa die steuerbilanziellen Gestaltungsmöglichkeiten bei der Inanspruchnahme von Bewertungsvereinfachungsverfahren und der planmäßigen Abschreibung. Im (eingeschränkten) Anwendungsbereich des Maßgeblichkeitsprinzips besteht die Bindung an den konkreten Handelsbilanzwert fort. Das betrifft etwa die Entscheidung, Fremdkapitalzinsen in die Herstellungskosten selbst erstellter Vermögensgegenstände einzurechnen oder unmittelbar erfolgswirksam zu behandeln.[277] Abb. 66 fasst die Regelungen des BilMoG zur Erstanwendung der geänderten Vorschrift des § 252 Abs. 1 Nr. 6 HGB und die sich daraus ergebenden steuerlichen Folgen zusammen.

Übergang auf den strengeren Grundsatz der Bewertungsmethodenstetigkeit		
Erstmalige Anwendung	Übergang	Steuerliche Folgen
• Obligatorisch: Jahres- und Konzernabschlüsse für nach dem 31.12.2009 beginnende Geschäftsjahre • Optional: Jahres- und Konzernabschlüsse für nach dem 31.12.2008 beginnende Geschäftsjahre (nur im Verbund mit allen übrigen vorzeitig anwendbaren Vorschriften) Art. 66 Abs. 3 EGHGB	Keine Anwendung des Grundsatzes der Bewertungsmethodenstetigkeit bei der erstmaligen Aufstellung eines Jahres- oder Konzernabschlusses nach den Vorschriften des BilMoG Art. 67 Abs. 8 EGHGB	• Die Klarstellung zur Auslegung der Ausnahmevorschrift des § 252 Abs. 2 HGB in Bezug auf den Stetigkeitsgrundsatz gemäß § 252 Abs. 1 Nr. 6 HGB gilt auch für die Steuerbilanz • Die Wahrnehmung subventioneller Steuervergünstigungen in Gestalt steuerrechtlicher Mehrabschreibungen und unversteuerter Rücklagen unterliegen nicht dem Stetigkeitsgebot

Abb. 66:   Übergang auf den neu gefassten Grundsatz der Bewertungsmethodenstetigkeit

---

[276] BT-Drucks. 10/4268, S. 100; vgl. Herzig, DB 2008, S. 9.
[277] Vgl. hierzu BMF-Schreiben v. 12.3.2010, BStBl. I 2010, S. 239, Tz. 6.

3 Ausweis

3.1 Überblick über die neuen Vorschriften

Das BilMoG führt bei der Bilanzierung des Anlagevermögens zu Ausweisänderungen sowohl in der Bilanz als auch in der Gewinn- und Verlustrechnung. Im Einzelnen geht es um folgende Punkte:

- Wegfall des Postens „**Aufwendungen für die Ingangsetzung und Erweiterung des Geschäftsbetriebs**", der nach § 269 HGB a. F. bei Inanspruchnahme des Wahlrechts zum Ansatz der Bilanzierungshilfe vor dem Anlagevermögen auszuweisen war. Die durch die Übergangsvorschrift des Art. 67 Abs. 5 EGHGB geschaffene Möglichkeit, unter der Ägide des alten Bilanzrechts aktivierte Ingangsetzungs- und Erweiterungsaufwendungen fortzuführen, bleibt davon unberührt. Als Folgeänderung beschränkt sich die neu gefasste Vorschrift des § 268 Abs. 2 Satz 1 HGB zum Anlagespiegel darauf, die Entwicklung der einzelnen Posten des Anlagevermögens zu fordern.

- Erweiterung des Bilanzgliederungsschemas gemäß § 266 HGB um den Posten „**Selbst geschaffene gewerbliche Schutzrechte und ähnliche Rechte und Werte**" als Teil der immateriellen Vermögensgegenstände des Anlagevermögens (vgl. § 266 Abs. 2 A. I. 1 HGB). Der bisherige erste Unterposten ‚Konzessionen, gewerbliche Schutzrechte und ähnliche Rechte und Werte sowie Lizenzen an solchen Rechten und Werten' erhält den Zusatz „entgeltlich erworben" und rückt um eine Stelle nach unten (vgl. hierzu nachfolgend Gliederungspunkt 3.2).

- Einschränkung des gesetzlichen Verrechnungsverbots durch die Forderung, **Zweckvermögen**, also „Vermögensgegenstände, die dem Zugriff aller übrigen Gläubiger entzogen sind und ausschließlich der Erfüllung von Schulden aus Altersversorgungsverpflichtungen oder vergleichbaren langfristig fälligen Verpflichtungen dienen" (§ 246 Abs. 2 Satz 2 HGB) mit diesen Schulden zu verrechnen. Eine entsprechende Verfahrensweise sieht § 246 Abs. 2 Satz 3 HGB für die zugehörigen Aufwendungen und Erträge aus der Abzinsung und aus dem zu verrechnenden Vermögen vor (vgl. Gliederungspunkt 3.3).

3.2 Selbst geschaffene immaterielle Vermögensgegenstände

3.2.1 Überblick

Die Erweiterung der Postenaufgliederung für immaterielle Vermögensgegenstände des Anlagevermögens wirft zwei **Abgrenzungsfragen** auf:

- Wie sind selbst geschaffene immaterielle Anlagegüter von den entgeltlich erworbenen Anlagegütern abzugrenzen (vgl. Gliederungspunkt 3.2.2)?

- Wo sind unfertige selbst geschaffene immaterielle Anlagegüter auszuweisen (vgl. Gliederungspunkt 3.2.3)?

Beide Fragen richten sich in erster Linie an große und mittelgroße Kapitalgesellschaften. Kleine nicht kapitalmarktorientierte Kapitalgesellschaften brauchen nach § 266 Abs. 1 Satz 3 HGB „nur eine verkürzte Bilanz aufzustellen, in die nur die in den Absätzen 2 und 3 [des § 266 HGB; Anmerkung des Verf.] mit Buchstaben und römischen Zahlen bezeichneten Posten gesondert und in der vorgeschriebenen Reihenfolge aufgenommen werden". Das gilt auch für kleine Gesellschaften i. S. d. § 264a HGB. Zumindest für Ausweiszwecke bedarf es aus ihrer Sicht keiner Unterscheidung zwischen selbst geschaffenen und entgeltlich erworbenen immateriellen Vermögensgegenständen, sofern sie nicht freiwillig das erweiterte Gliederungsschema für mittelgroße und große Kapitalgesellschaften anwenden. Mit Blick auf die Bewertung der immateriellen Vermögensgegenstände kann allerdings auch bei ihnen die Abgrenzungsfrage nicht dahinstehen, da mit den Anschaffungs- und Herstellungskosten zwei unterschiedliche Bewertungsmaßstäbe für die Zugangsbewertung zur Verfügung stehen.

3.2.2 Abgrenzung selbst geschaffener von entgeltlich erworbenen immateriellen Vermögensgegenständen

Die Abgrenzung selbst geschaffener von entgeltlich erworbenen immateriellen Anlagegütern richtet sich danach, wer das wirtschaftliche Risiko der Herstellung trägt.[278] Sie bereitet keine Probleme, soweit das Unternehmen alle Entwicklungsarbeiten selbst ausführt. Werden dagegen Unternehmensfremde in die Entwicklung einbezogen, ist nach den Vereinbarungen zwischen den Parteien zu beurteilen, wer das Herstellungsrisiko trägt. Entscheidend ist danach, auf welcher Rechtsgrundlage der Dritte tätig wird.

Das sei am Beispiel der Softwareentwicklung verdeutlicht.

Beispiel

Lässt das Unternehmen eine unternehmensintern eingesetzte Software von einem Dienstleister auf der Grundlage eines **Werkvertrags** entwickeln, gilt der Dienstleister als Hersteller, die Software mithin als entgeltlich erworben. Nach Werkvertragsrecht schuldet der Auftragnehmer die Herbeiführung eines bestimmten Erfolgs, im konkreten Fall also die Entwicklung eines auf die Bedürfnisse des Bestellers abgestimmten, lauffähigen Programms. Da letzterer nur bei Vertragsmäßigkeit des hergestellten Werks, die er durch dessen Abnahme nach § 640 BGB bestätigt, verpflichtet ist, die vereinbarte Vergütung zu entrichten, liegt das Entwicklungsrisiko ausschließlich beim Softwarehaus.[279]

Eine andere Beurteilung ergibt sich im Fall einer **dienstvertraglichen Schaffung von Softwareprogrammen.** Dieser rechtliche Mantel wird u. a. gewählt, wenn die Projektleitung beim Auftraggeber verbleibt und die Pro-

---

[278] Vgl. Kessler, BB 1994, Beilage 12, S. 7.
[279] Vgl. Kessler, BB 1994, Beilage 12, S. 7.

grammierer des Softwarehauses weisungsabhängig mit solchen des Auftraggebers zusammenarbeiten sollen. Im Unterschied zur werkvertraglichen Programmierung der Software schuldet der Dienstverpflichtete kein konkret fassbares Arbeitsergebnis oder einen bestimmten Arbeitserfolg, sondern lediglich ein Tätigwerden. Er erhält mithin das vereinbarte Entgelt unabhängig davon, ob der angestrebte Erfolg eintritt oder nicht. Damit liegt das Entwicklungsrisiko vollständig beim Auftraggeber. Er ist als Hersteller im bilanzrechtlichen Sinne anzusehen. Entscheidet er sich zur Aktivierung der in der Entwicklungsphase anfallenden Herstellungskosten, sind diese – jedenfalls nach Fertigstellung des Programms – im Posten ‚Selbst geschaffene gewerbliche Schutzrechte und ähnliche Rechte und Werte' auszuweisen.

3.2.3 Ausweis unfertiger selbst geschaffener immaterieller Vermögensgegenstände des Anlagevermögens

Anders als Sachanlagen sind noch in der Entwicklung befindliche selbst geschaffene immaterielle Vermögensgegenstände des Anlagevermögens nach den Vorstellungen des Gesetzgebers zusammen mit den fertigen Immaterialgütern auszuweisen. Das Gliederungsschema des § 266 Abs. 2 A. I HGB kennt keinen Posten ‚Anlagen im Bau'.

§ 265 Abs. 5 HGB sieht allerdings die Möglichkeit vor, Posten des gesetzlichen Gliederungsschemas unter Beibehaltung der vorgeschriebenen Gliederung weiter zu untergliedern, soweit auf diese Weise die Klarheit und Übersichtlichkeit der Bilanz nicht beeinträchtigt wird. Das Mittel zur Umsetzung einer Untergliederung ist ein davon-Vermerk. Alternativ ist daran zu denken, einen neuen Posten in das Gliederungsschema aufzunehmen, der bspw. die Bezeichnung ‚Immaterielle Vermögensgegenstände in der Entwicklung' tragen könnte. Auch diese Ergänzung steht unter dem Vorbehalt einer Vereinbarkeit mit dem Grundsatz der Übersichtlichkeit der Bilanz. Die weitere Restriktion des § 265 Abs. 5 Satz 2 HGB, nach der Posten nur hinzugefügt werden dürfen, „wenn ihr Inhalt nicht von einem vorgeschriebenen Posten gedeckt wird", sollte der Erweiterung des Gliederungsschemas nicht entgegenstehen. Sie findet schließlich ihr Vorbild in der entsprechenden Untergliederung des Sachanlagevermögens.[280]

Soweit Dritte an der Entwicklung als Dienstleister mitwirken, kommt für die an sie geleisteten Zahlungen ein Ausweis im Posten A. I. 4 des § 266 Abs. 2 HGB ‚geleistete Anzahlungen' in Betracht. Das betrifft allerdings nur solche Beträge, für die bis zum Abschlussstichtag noch keine Entwicklungsleistungen erbracht worden sind. Hat das Unternehmen die vergüteten Leistungen bereits erhalten, sind die Zahlungen unter den Voraussetzungen des § 255 Abs. 2, 2a HGB in die Herstellungskosten der (ggf.

---

[280] Einen Sonderausweis empfehlen Hoffmann/Lüdenbach: NWB Kommentar Bilanzierung, Herne 2009, § 266 HGB, Rz. 23; Wulf/Sackbrook, in: Bertram/Brinkmann/Kessler/Müller (Hrsg.): Haufe HGB Kommentar, Freiburg 2009, § 266 HGB, Rz. 18.

noch unfertigen) selbst geschaffenen immateriellen Vermögensgegenstände einzubeziehen.

3.2.4 Flankierende Gesetzesänderungen

Ergänzend zum gesonderten Ausweis aktivierter selbst geschaffener immaterieller Vermögensgegenstände des Anlagevermögens fordert § 285 Nr. 22 HGB im **Anhang** die Angabe des Gesamtbetrags der Forschungs- und Entwicklungskosten des Geschäftsjahrs sowie den davon auf selbst geschaffene immaterielle Vermögensgegenstände des Anlagevermögens entfallenden Betrag. Die Angabe soll den Abschlussadressaten die Bedeutung der Forschungs- und Entwicklungsaktivitäten eines Unternehmens verdeutlichen und erkennen lassen, inwieweit das Unternehmen innovativ tätig ist (vgl. BT-Drucks. 16/10067, S. 73). Eine entsprechende Regelung enthält § 314 Nr. 14 HGB für konzernrechnungslegungspflichtige Mutterunternehmen.

Die Vorschriften betreffen nur solche Unternehmen, die vom Aktivierungswahlrecht des § 248 Abs. 2 HGB Gebrauch machen. Kleine Kapitalgesellschaften sind generell von der Angabepflicht befreit (vgl. § 288 Abs. 1 HGB). Einzelheiten der erweiterten Anhangsberichterstattung sind in Abschnitt 10, Gliederungspunkt 2.11 (Einzelabschluss) sowie in Kapitel 3, Abschnitt 5, Gliederungspunkt 2 (Konzernabschluss) erläutert.

3.3 Verrechnung von Zweckvermögen und Schulden

3.3.1 Überblick

Als Ausfluss des in § 243 Abs. 2 HGB enthaltenen Grundsatzes der Klarheit und Übersichtlichkeit sowie des Vollständigkeitsgebots (vgl. § 246 Abs. 1 HGB) verbietet § 246 Abs. 2 Satz 1 HGB eine Verrechnung von Posten der Aktivseite mit Posten der Passivseite ebenso wie die Verrechnung von Aufwendungen mit Erträgen. **Ausnahmen** vom Verrechnungsverbot in Bezug auf Posten der **Bilanz** hat die Kommentarliteratur bislang nur in wenigen Ausnahmefällen anerkannt. Dazu gehören die Verrechnung nach § 387 BGB aufrechenbarer Forderungen und Verbindlichkeiten unabhängig vom Aufrechnungswillen, die Verrechnung von Außenverpflichtungen mit im Innenverhältnis bestehenden Rückgriffsansprüchen bei Gesamtschuldverhältnissen und die verpflichtungskompensierende Berücksichtigung der Möglichkeit eines Rückgriffs gegen Dritte bei der Passivierung ungewisser Verbindlichkeiten z. B. aus Schadenersatzforderungen.[281]

In der **Gewinn- und Verlustrechnung** kommt eine Verrechnung von Aufwendungen und Erträgen in Betracht, soweit sich ihre Zulässigkeit oder Notwendigkeit aus anderen gesetzlichen Vorschriften ergibt. Zu denken ist etwa an den Ausweis von Erhöhungen und Minderungen des Bestands an fertigen und unfertigen Erzeugnissen im

---

[281] Vgl. Förschle/Kroner, in: Ellrott u. a. (Hrsg.): Beck'scher Bilanz-Kommentar, 7. Aufl., München 2010, § 246 HGB, Anm. 105 ff.

Gesamtkostenverfahren (vgl. § 275 Abs. 2 Nr. 2 HGB), die kleinen und mittelgroßen Kapitalgesellschaften erlaubte Zusammenfassung der in § 275 Abs. 2 Nr. 1 bis 5 HGB bzw. § 275 Abs. 3 Nr. 1 bis 3 und 6 HGB genannten Posten zu einem als ‚Rohergebnis' bezeichneten Posten oder die in § 277 Abs. 1 HGB für Kapitalgesellschaften und ihnen nach § 264a HGB gleichgestellte Personenhandelsgesellschaften angeordnete Kürzung der Umsatzerlöse um Erlösschmälerungen.

Mit dem BilMoG hat der Gesetzgeber einen **neuen Verrechnungstatbestand** explizit in § 246 Abs. 2 HGB aufgenommen. Nach dem neu eingefügten Satz 2 dieser Bestimmung sind „Vermögensgegenstände, die dem Zugriff aller übrigen Gläubiger entzogen sind und ausschließlich der Erfüllung von Schulden aus Altersversorgungsverpflichtungen oder vergleichbaren langfristig fälligen Verpflichtungen dienen, [...] mit diesen Schulden zu verrechnen".

Aus der Neufassung des § 246 Abs. 2 HGB ergibt sich ein **Grundsatz-Ausnahme-Prinzip**: Der Grundsatz des gesetzlich normierten Verrechnungsverbots, wie er bereits in § 246 Abs. 2 Satz 1 HGB a. F. enthalten war, bleibt wortgleich bestehen. Durch das BilMoG wird in § 246 Abs. 2 Satz 2 HGB eine Ausnahme vom Verrechnungsverbot gesetzlich normiert; diese ist kontinentaleuropäischer Gesetzestechnik folgend abstrakt-generell und nicht als Einzelfallregelung formuliert.[282]

§ 246 Abs. 2 HGB durchbricht das Verbot der Verrechnung zwischen Aktiv- und Passivposten gemäß Art. 7 der Bilanzrichtlinie. Bedenken gegen die Neuregelung will die Bundesregierung dennoch nicht gelten lassen. Diese Durchbrechung trage der Hauptzielsetzung der Bilanzrichtlinie Rechnung, nämlich den Abschlussadressaten ein den tatsächlichen Verhältnissen entsprechendes Bild der **Vermögens-, Finanz- und Ertragslage** zu vermitteln (vgl. Art. 2 Abs. 3 und Abs. 5 der Bilanzrichtlinie).[283] Dienen Vermögensgegenstände ausschließlich der Erfüllung bestimmter Verpflichtungen, stellen – so die Regierungsbegründung – die aus den Verpflichtungen resultierenden Schulden letztlich keine wirtschaftliche Belastung des Unternehmens mehr dar. Demgemäß spreche unter Informationsaspekten nichts dagegen, beide Posten zu verrechnen, also nur die Belastung auszuweisen, die das Unternehmen tatsächlich noch wirtschaftlich treffe. Auf den gleichen Überlegungen beruhe die Verpflichtung zur Verrechnung der zugehörigen Aufwendungen und Erträge (vgl. BT-Drucks. 16/10067, S. 49).

Diese Einschränkung des Verrechnungsverbots trägt der **Forderung der Praxis** nach einer Vorschrift Rechnung, die es – vergleichbar der Berücksichtigung von Zweckvermögen beim Ausweis der Pensionsrückstellungen nach den internationalen Rechnungslegungsstandards (z. B. IAS 19.54) – erlaubt, für rechtlich oder wirtschaftlich rückgedeckte Schulden aus Arbeitsverhältnissen nur eine ungedeckte Nettoverpflichtung oder einen bestehenden Vermögensüberhang auszuweisen.

---

[282] Vgl. Hasenburg/Hausen, DB 2008, Beilage 1, S. 29.
[283] Zustimmend Dusemond, in: Küting/Pfitzer/Weber, Das neue deutsche Bilanzrecht, Stuttgart 2008, S. 55.

Praxis-Tipp

Bemerkenswert sind die **bilanzanalytischen Auswirkungen** der Neuregelung: Indem die Saldierung zu einem niedrigeren Schuldenausweis führt, verbessert sie insb. Kennzahlen zur Kapitalstruktur des Unternehmens. Zudem ergeben sich aufgrund des niedrigeren Vermögensausweises günstigere Rentabilitätskennzahlen im Hinblick auf das eingesetzte Vermögen. Aufgrund der ergänzend angeordneten Anhangsangaben zu den in die Verrechnung einbezogenen Komponenten lassen sich diese Auswirkungen aus externer Sicht jedoch nachvollziehen bzw. im Interesse einer zwischenbetrieblichen Vergleichbarkeit von Abschlussanalysen durch entsprechende Aufbereitungsmaßnahmen eliminieren.

Abb. 67 fasst die mit dem BilMoG in § 246 Abs. 2 HGB aufgenommenen Vorschriften zur Einschränkung des Verrechnungsverbots einschließlich der sie flankierenden Regelungen zusammen.

Einschränkung des Verrechnungsverbots nach BilMoG	
Ergänzung der bisherigen Vorschrift	Flankierende Bestimmungen
• VG, die dem Zugriff aller übrigen Gläubiger entzogen sind und ausschließlich der Erfüllung von Schulden aus Altersversorgungsverpflichtungen oder vergleichbaren langfristig fälligen Verpflichtungen dienen, sind mit diesen Schulden zu verrechnen • Die zugehörigen Aufwendungen und Erträge sind ebenfalls zu verrechnen § 246 Abs. 2 Satz 2 HGB	• Verpflichtende Bewertung der VG zum beizulegenden Zeitwert § 253 Abs. 1 Satz 4 HGB • Im Anhang sind anzugeben: » AK und beizulegender Zeitwert der verrechneten Vermögenswerte, » Erfüllungsbetrag der verrechneten Schulden, » verrechnete Aufwendungen und Erträge § 285 Nr. 25 HGB

Abb. 67: Die Einschränkung des Verrechnungsverbots nach BilMoG

3.3.2 Verrechnung in der Bilanz

Die Verrechnung von Schulden mit den zu ihrer Erfüllung zur Verfügung stehenden Vermögensgegenständen unterliegt zwei Voraussetzungen:

- Die dem Zweckvermögen zuzurechnenden Vermögensgegenstände müssen dem Zugriff aller übrigen Gläubiger entzogen sein;
- saldierungsfähig sind nur Schulden, die aus Verpflichtungen aus Altersversorgungs- oder vergleichbaren langfristig fälligen Verpflichtungen resultieren.

Liegen beide Voraussetzungen vor, ist eine Verrechnung zwingend. Fehlt es an einer Voraussetzung, sind die betreffenden Vermögensgegenstände und Schulden weiterhin getrennt voneinander zu bilanzieren. Zudem scheidet eine Bewertung der Vermögensgegenstände zum Zeitwert aus.

Die **erste Bedingung** soll – wie sich auch aus der Begründung der Bundesregierung ergibt (vgl. BT-Drucks. 16/10067, S. 48) – einen **Vollstreckungs- und Insolvenzschutz** zugunsten der betroffenen Mitarbeiter gewährleisten.[284] Sie ist erfüllt, wenn einzelne Vermögensgegenstände oder Gruppen von Vermögensgegenständen dem Zugriff der übrigen Gläubiger des bilanzierenden Unternehmens – sei es im Wege der Einzelvollstreckung oder bei Insolvenz – entzogen sind. Entsprechendes gilt für den Zugriff der Gläubiger eines vom bilanzierenden Unternehmen abhängigen Rechtsträgers, auf den die Vermögensgegenstände ggf. übertragen worden sind. Dazu müssen die Vermögensgegenstände unbelastet sein (vgl. BT-Drucks. 16/12407, S. 110).

Ob und wann ein Vollstreckungs- und Insolvenzschutz besteht, ist in jedem Fall gesondert festzustellen (vgl. BT-Drucks. 16/10067, S. 48). Im Hinblick auf Wertguthaben auf Zeitwertkonten ist die Voraussetzung erfüllt, wenn die Bedingungen des § 7e Abs. 2 des Vierten Buchs des Sozialgesetzbuchs (SGB IV) vorliegen. Zeitwertkonten stellen spezielle Arbeitszeitkonten dar, in die Mitarbeiter Teile des Arbeitsentgelts oder Arbeitszeiten einbringen, um eine bezahlte Freistellung zu finanzieren. In der Mehrzahl der Fälle handelt es sich um Langzeitkonten. Sie werden i. d. R. mit dem Ziel einer bezahlten Freistellung vor der Pensionierung eingerichtet. Die entsprechenden Wertguthaben gelten nach § 7e Abs. 2 SGB IV als insolvenzsicher, wenn sie von einem Dritten ohne Anspruch auf Rückführung der Mittel geführt werden, der für die Erfüllung der Verpflichtungen des Arbeitgebers einsteht. Als wirksame Sicherungsmittel zur Gewährleistung dieser Einstandspflicht gelten Treuhandverhältnisse, Versicherungsmodelle oder Verpfändungs- oder Bürgschaftsmodelle.

Soweit Ansprüche aus Rückdeckungsversicherungen betroffen sind, die Ansprüche von Mitarbeitern aus der betrieblichen Altersvorsorge abdecken sollen, kann ein Vollstreckungs- und Insolvenzschutz durch **Verpfändung** der Ansprüche an die begünstigten Mitarbeiter erreicht werden. Für andere in ein Zweckvermögen eingebrachte Vermögensgegenstände setzt die Praxis überwiegend auf **Treuhandlösungen** (CTA-Modelle, *contractual trust arrangements*), bei denen das Zweckvermögen auf einen Treuhänder übertragen wird, der es verwaltet und ausschließlich zur Erfüllung der Pensionsverpflichtungen verwenden darf. Diese rechtliche Ausgliederung der Vermögensgegenstände aus dem aus der Pensionszusage verpflichteten Unternehmen schirmt die Vermögensgegenstände gegen einen Zugriff anderer Gläubiger ab.[285]

Als zusätzliche, dem Wortlaut des § 246 Abs. 2 Satz 2 HGB nicht unmittelbar zu entnehmende Voraussetzung für eine Verrechnung von Zweckvermögen und Schulden fordert der Rechtsausschuss, die Vermögensgegenstände müssten „ausschließlich zur Erfüllung von Schulden aus Altersversorgungsverpflichtungen oder vergleichbaren langfristig fälligen Verpflichtungen dienen." Das sei nur der Fall, „wenn die Vermögensgegenstände jederzeit zur Erfüllung der Schulden verwertet werden können" (vgl. BT-Drucks. 16/12407, S. 110). Vermögensgegenstände des Anlagevermögens, die zum Betrieb des Unternehmens notwendig seien, erfüllten diese Voraussetzung re-

---

[284] Vgl. Hasenburg/Hausen, DB 2008, Beilage 1, S. 30.
[285] Vgl. zu derartigen Treuhandkonstruktionen etwa Mittermaier/Böhme, BB 2006, S. 203 ff. m. w. N.

gelmäßig nicht. Diese Forderung ist nicht nachvollziehbar. Sie würde den Kreis der nach § 246 Abs. 2 Satz 2 HGB potenziell verrechnungspflichtigen Vermögensgegenstände im Vergleich zur Regelung des IAS 19.7 deutlich einengen. Eine sachliche Notwendigkeit, im Unternehmen eingesetzte Vermögensgegenstände von einer Verrechnung mit Schulden aus Altersversorgungsverpflichtungen oder vergleichbaren langfristig fälligen Verpflichtungen kategorisch auszuschließen, ist nicht erkennbar.[286] Schließlich können diese Vermögensgegenstände auch durch die mit ihnen erwirtschafteten Erträge (z. B. aus Nutzungsüberlassungen) zur Erfüllung der Schulden beitragen. Überzeugender erscheint daher die Ansicht des IDW, das im Einzelfall geprüft sehen will, „ob eine auf das Versorgungsinteresse der berechtigten Mitarbeiter gerichtete Zwecksetzung in schädlicher Weise zugunsten des Trägerunternehmens eingeschränkt wird".[287] Das gelte etwa, wenn Sachanlagevermögen oder immaterielle Vermögensgegenstände des Anlagevermögens unter Vereinbarung einer weiteren Nutzung durch das Trägerunternehmen in ein Zweckvermögen eingebracht würden.[288]

Die **zweite Bedingung**, an die das Verrechnungsgebot geknüpft ist, fokussiert die sich für einen Nettoausweis qualifizierenden Schulden. In Betracht kommen zunächst Altersversorgungsverpflichtungen gegenüber Mitarbeitern. Sie zeichnen sich durch einen Versorgungscharakter aus. D. h., der Empfänger der Zahlungen schuldet hierfür keine Gegenleistung mehr. Dieses Merkmal prägt Pensionen, Ruhegelder und Renten. Auf die Bezeichnung kommt es im Übrigen nicht an. Versorgungsverpflichtungen liegen auch vor, wenn bspw. Zahlungen als Übergangsgelder, Treuezahlungen oder Abfindungen bei Eintritt biometrischer Ereignisse geleistet werden, die auch bei Pensionen eine Leistungsverpflichtung des Unternehmens auslösen.[289]

Die noch im RegE BilMoG enthaltene Bedingung, es müsse sich um Verpflichtungen handeln, die gegenüber Arbeitnehmern bestehen, ist in der Gesetzesfassung gestrichen worden. Das hat den Anwendungsbereich der Verrechnungslösung auf Verpflichtungen gegenüber Mitarbeitern ausgedehnt, die keine Arbeitnehmer im engen arbeitsrechtlichen Sinn sind (vgl. BT-Drucks. 16/12407, S. 110).[290]

Erfasst vom Verrechnungsgebot werden zudem langfristig fällige Verpflichtungen, die den Altersversorgungsverpflichtungen vergleichbar sind. Als Beispiele nennt die Regierungsbegründung Altersteilzeitverpflichtungen und Verpflichtungen aus Lebensarbeitszeitmodellen (vgl. BT-Drucks. 16/10067, S. 48). Eine Ähnlichkeit i. S. d. § 246 Abs. 2 Satz 2 HGB wird man danach annehmen können, wenn es sich um Verpflichtungen gegenüber Mitarbeitern handelt, die aber – anders als die Pensionen – nicht an den Eintritt eines Versorgungsfalls geknüpft sind. Ausgeschlossen vom Ver-

---

[286] So auch Küting/Scheren/Keßler, KoR 2010, S. 268 ff.
[287] IDW RS HFA 2, Tz. 77.
[288] Strenger Noodt, in: Bertram/Brinkmann/Kessler/Müller (Hrsg.): Haufe HGB Kommentar, Freiburg 2009, § 246 HGB, Rz. 105.
[289] Vgl. Ellrott/Rhiel, in: Ellrott u. a. (Hrsg.): Beck'scher Bilanz-Kommentar, 7. Aufl., München 2010, § 249, Anm. 154.
[290] Vgl. Ellrott/Rhiel, in: Ellrott u. a. (Hrsg.): Beck'scher Bilanz-Kommentar, 7. Aufl., München 2010, § 249, Anm. 240.

rechnungsverbot sind mithin Verpflichtungen gegenüber anderen Personen als Mitarbeitern (so wohl auch BT-Drucks. 16/12407, S. 110) wie auch kurzfristige Verpflichtungen aus Arbeits- oder ähnlichen Beschäftigungsverhältnissen. Nach der Regierungsbegründung soll die Regelung in § 246 Abs. 2 Satz 2 HGB auch die bisherige Praxis der Bilanzierung fonds- und indexgebundener Lebensversicherungsverträge (§ 341d HGB) nicht ändern (vgl. BT-Drucks. 16/10067, S. 48).

3.3.3 Verrechnung in der Gewinn- und Verlustrechnung

Liegen die Voraussetzungen für eine Verrechnung von Vermögensgegenständen und Schulden i. S. d. § 246 Abs. 2 Satz 2 HGB vor, ist „entsprechend mit den zugehörigen Aufwendungen und Erträgen aus der Abzinsung und aus dem zu verrechnenden Vermögen zu verfahren".

Diese Anweisung stellt in Verbindung mit der Vorschrift des § 277 Abs. 5 HGB zwei Dinge klar:

1. Saldierungsfähig und -pflichtig sind nicht alle Aufwendungen und Erträge, die im Zusammenhang mit den verrechneten Vermögensgegenständen und Schulden anfallen. Der Nettoausweis beschränkt sich vielmehr auf die Erfolge aus dem Zweckvermögen einerseits und die Erfolge aus der Abzinsung der Schulden. Zu den Erfolgen aus dem Zweckvermögen rechnen zum einen die im Geschäftsjahr realisierten Erträge und Aufwendungen (z. B. Zinsen, Dividenden, Miet- und Pachterträge), zum anderen die Erfolge aus der Bewertung zum beizulegenden Zeitwert. Was unter den Erträgen und Aufwendungen aus der Abzinsung von Schulden zu verstehen ist, erläutert Abschnitt 4, Gliederungspunkt 3.2.

2. In der Gewinn- und Verlustrechnung weiterhin gesondert auszuweisen sind damit insb. die Aufwendungen aus dem Anstieg der nominellen Verpflichtung. Dazu rechnen etwa Zuführungen zur Pensionsrückstellung wegen im Geschäftsjahr neu begründeter Anwartschaften der Versorgungsberechtigten.

3. Die Saldierung erfolgt ausschließlich im Finanzergebnis (vgl. BT-Drucks. 16/12407, S. 110). Ergibt die Verrechnung der bezeichneten Aufwendungen und Erträge einen positiven Erfolgsbeitrag, ist dieser unter dem Posten ‚Sonstige Zinsen und ähnliche Erträge' auszuweisen. Im umgekehrten Fall erfolgt der Ausweis im Posten ‚Zinsen und ähnliche Aufwendungen'.

Die in Art. 67 Abs. 7 EGHGB angeordnete Erfassung bestimmter Erträge und Aufwendungen im außerordentlichen Ergebnis bleibt von diesen Bestimmungen unberührt. Zur Verdeutlichung der in der Gewinn- und Verlustrechnung geforderten Darstellung sei auf das Beispiel in Gliederungspunkt 2.6.2.3 verwiesen.

3.3.4 Flankierende Gesetzesänderungen

Die nach § 246 Abs. 2 Satz 2 HGB geforderte Verrechnung von Vermögensgegenständen mit Schulden aus Altersversorgungsverpflichtungen und vergleichbaren langfristig fälligen Verpflichtungen soll durch Verzicht auf den Ausweis der das Unternehmen wirtschaftlich nicht belastenden Schulden den Einblick in die Vermögens-,

Finanz- und Ertragslage verbessern. Um dieses Ziel zu verwirklichen, hat der Gesetzgeber abweichend vom ansonsten durchgängig zu beachtenden Anschaffungswertprinzip eine **Zeitwertbewertung für die verrechnungspflichtigen Vermögensgegenstände** angeordnet (vgl. Gliederungspunkt 2.6.2).

Um dem Abschlussleser die Möglichkeit zu geben, die Auswirkungen der Verrechnung auf den Jahresabschluss nachzuvollziehen, sind im **Anhang** die Anschaffungskosten und der beizulegende Zeitwert der verrechneten Vermögensgegenstände, der Erfüllungsbetrag der in die Verrechnung einbezogenen Schulden sowie die verrechneten Aufwendungen und Erträge anzugeben (vgl. § 285 Nr. 25 HGB sowie die Erläuterungen in Abschnitt 10, Gliederungspunkt 2.14).

Zusätzlich hat das Unternehmen die grundlegenden **Annahmen darzulegen**, die es der Bestimmung des beizulegenden Zeitwerts mit Hilfe allgemein anerkannter Bewertungsmethoden zugrunde gelegt hat (vgl. § 285 Nr. 25 HGB sowie Abschnitt 10, Gliederungspunkt 2.14). Diese Angabe dient einer besseren Nachvollziehbarkeit der Wertermittlung durch externe Abschlussleser.

Abschnitt 3: Bilanzierung des Umlaufvermögens

Autor: Dr. Harald Kessler

1 Ansatz

Die rechtliche Grundlage für die Aktivierung von Vermögensgegenständen des Umlaufvermögens liefert das **Vollständigkeitsgebot** des § 246 Abs. 1 HGB. In der Neufassung durch das BilMoG verpflichtet es den Kaufmann, alle ihm zum Eigentum gehörenden Vermögensgegenstände in die Bilanz aufzunehmen, es sei denn, diese sind einem anderen wirtschaftlich zuzurechnen. Umgekehrt hat er solche Vermögensgegenstände zu bilanzieren, die ‚nur' in seinem wirtschaftlichen Eigentum stehen, ihm zivilrechtlich (noch) nicht gehören. Beispiele hierfür sind unter Eigentumsvorbehalt erworbene oder als Sicherheit auf Dritte übertragene Vermögensgegenstände. Die **Klarstellung** hinsichtlich der subjektiven Zurechnung von Vermögensgegenständen in § 246 Abs. 1 HGB soll nach Ansicht der Bundesregierung zu keiner Änderung der bisherigen Praxis führen (vgl. näher zum Vollständigkeitsgebot nach BilMoG die Ausführungen in Abschnitt 2, Gliederungspunkt 1.2).

Vermögensgegenstände sind dem Umlaufvermögen zuzurechnen, wenn sie nicht dazu bestimmt sind, dauernd dem Geschäftsbetrieb zu dienen (Umkehrschluss aus § 247 Abs. 2 HGB), sondern alsbald verbraucht, veräußert oder eingezogen werden sollen. Die **betriebliche Zweckbestimmung** beurteilt sich zum einen nach den (objektiven) Eigenschaften des Vermögensgegenstands, zum anderen nach seiner (subjektiven) Widmung durch den Kaufmann. Maßgebend sind die Verhältnisse am Abschlussstichtag unter Berücksichtigung bis zur Aufstellung zugehender werterhellender Tatsachen. Zur Beurteilung, ob ein Vermögensgegenstand dem Anlage- oder Umlaufvermögen zuzurechnen ist, kann es hilfreich sein, auf die von der Rechtsprechung favorisierte Unterscheidung zwischen **Gebrauchs- und Verbrauchsgütern** zurückzugreifen. Während für Gebrauchsgüter die Möglichkeit und Absicht einer mehrfachen Verwendung für betriebliche Zwecke besteht, stehen Verbrauchsgüter nur für einen einmaligen Nutzenvorgang zur Verfügung.[291]

Praxis-Tipp

Nach dieser Unterscheidung sind bspw. mehrmalig einsetzbare Werkzeuge dem Anlagevermögen zuzurechnen.[292] Werkzeuge, die sich während der Ausführung eines Auftrags verschleißen oder aufgrund ihrer Beschaffenheit nur

---

[291] Vgl. BFH-Urt. v. 28.5.1998, X R 80/94, BFH/NV 1999, S. 359.
[292] Vgl. BFH-Urt. v. 8.10.1979, IV R 125/69, BStBl. II 1971, S. 51.

für einen einzigen Auftrag Verwendung finden können, rechnen dagegen als Betriebsstoffe zum Umlaufvermögen.[293] Ersatzteile sind als Gebrauchsgüter grundsätzlich zusammen mit den entsprechenden Anlagen oder Maschinen zu aktivieren. Handelt es sich weder um Spezialreserveteile, die nur in bestimmten Anlagen genutzt werden können, noch um Teile der Erstausstattung, kommt auch ein Ausweis im Vorratsvermögen in Betracht.[294]

Für den (gewinnrealisierenden) Ansatz von Forderungen gilt ergänzend das **Realisationsprinzip**. Nach der Regierungsbegründung soll dieser zentrale handelsrechtliche Grundsatz ordnungsmäßiger Buchführung seine bisherige Bedeutung behalten (vgl. BT-Drucks. 16/10067, S. 35). Durch das BilMoG werde das Realisationsprinzip allenfalls „punktuell anders gewichtet" (BT-Drucks. 16/10067, S. 35), um die Informationsfunktion des handelsrechtlichen Jahresabschlusses zu stärken. Das zeigt sich in der Verpflichtung zur Abzinsung sämtlicher Rückstellungen mit einer Restlaufzeit von mehr als einem Jahr (vgl. hierzu Abschnitt 4, Gliederungspunkt 2.2.3). Für den Bereich der Gewinnrealisation enthält das BilMoG dagegen keine Hinweise auf eine geänderte Gewichtung des Realisationsprinzips. Insbesondere hat der Gesetzgeber davon Abstand genommen, nach dem Vorbild des IAS 11 für **längerfristige Fertigungsaufträge** eine Umsatz- und Gewinnrealisierung nach Auftragsfortschritt (*percentage of completion*) vorzusehen. Wie bisher sei eine Erfassung von Umsätzen und Gewinnen erst „in dem Zeitpunkt zulässig, in dem die Hauptleistung vollständig erbracht wurde" (BT-Drucks. 16/10067, S. 38).

Aufgrund der nicht zulässigen Aktivierung von Vertriebskosten kann diese Darstellung während der Abwicklung eines Auftrags zunächst zu einer Belastung der Periodenergebnisse führen. Um diese unerwünschte Konsequenz des Realisationsprinzips zu vermeiden, wird vorgeschlagen, die unfertigen Leistungen zu wiedererlangbaren Selbstkosten zu bewerten.[295] Auch diesem Vorschlag steht die Bundesregierung kritisch gegenüber. Da „eine rechtliche Zahlungsverpflichtung regelmäßig erst mit der Abnahme des Werkes entsteht, besteht gegenwärtig kein Raum für eine Änderung der handelsbilanziellen Abbildung von langfristigen Fertigungsaufträgen" (BT-Drucks. 16/10067, S. 38). Dieses deutliche Bekenntnis zu der bisherigen Auslegung des § 252 Abs. 1 Nr. 4 HGB stellt die verschiedentlich – etwa unter Hinweis auf die Ausnahmeregelung des § 252 Abs. 2 HGB – geforderte Abkehr vom strengen Realisationsprinzip bei Fertigungsaufträgen[296] in Frage. Sollten die verzögerte Umsatz- und Gewinnrealisation zu einer verzerrten Darstellung der Ertragslage führen, sei dem an-

---

[293] Vgl. Kozikowski/Huber, in: Ellrott u. a. (Hrsg.): Beck'scher Bilanz-Kommentar, 7. Aufl., München 2010, § 247 HGB, Anm. 352.
[294] Faktisches Wahlrecht; vgl. Adler/Düring/Schmaltz: Rechnungslegung und Prüfung der Unternehmen, 6. Aufl., Stuttgart 1995 ff., § 266 HGB, Tz. 50.
[295] Vgl. Ellrott/Brendt, in: Ellrott u. a. (Hrsg.): Beck'scher Bilanz-Kommentar, 7. Aufl., München 2010, § 255 HGB, Anm. 459 m. w. N.
[296] So etwa Adler/Düring/Schmaltz: Rechnungslegung und Prüfung der Unternehmen, 6. Aufl., Stuttgart 1995 ff., § 252 HGB, Tz. 86 ff.; Selchert, in: Küting/Weber (Hrsg.): HdR-E, 5. Aufl., Stuttgart 2002 ff., § 252 HGB, Rn. 110 ff.

derweitig abzuhelfen, nämlich durch die nach § 264 Abs. 2 Satz 2 HGB geforderten ergänzenden **Angaben im Anhang**.

2 Bewertung

2.1 Die neue Bewertungskonzeption für das Umlaufvermögen im Überblick

2.1.1 Wortlaut der neuen Vorschriften

Mit dem BilMoG hat der Gesetzgeber die für die Zugangs- und Folgebewertung von Vermögensgegenständen des Umlaufvermögens relevanten Vorschriften des § 253 HGB wie folgt neu gefasst:

> **§ 253 HGB Zugangs- und Folgebewertung**
>
> (1) Vermögensgegenstände sind höchstens mit den Anschaffungs- oder Herstellungskosten, vermindert um die Abschreibungen nach den Absätzen 3 und bis 5 anzusetzen. Verbindlichkeiten sind zu ihrem Erfüllungsbetrag und Rückstellungen in Höhe des nach vernünftiger kaufmännischer Beurteilung notwendigen Erfüllungsbetrages anzusetzen. Zu Handelszwecken erworbene Finanzinstrumente sind mit ihrem beizulegenden Zeitwert zu bewerten. Satz 3 gilt entsprechend für nach § 246 Abs. 2 Satz 2 zu verrechnende Vermögensgegenstände, jedoch begrenzt auf den Erfüllungsbetrag der Schulden. Der Betrag der zum beizulegenden Zeitwert angesetzten Finanzinstrumente ist bei jedem Bilanzposten zu vermerken.
>
> [...]
>
> (4) Bei Vermögensgegenständen des Umlaufvermögens sind Abschreibungen vorzunehmen, um diese mit einem niedrigeren Wert anzusetzen, der sich aus einem Börsen- oder Marktpreis am Abschlussstichtag ergibt. Ist ein Börsen- oder Marktpreis nicht festzustellen und übersteigen die Anschaffungs- oder Herstellungskosten den Wert, der den Vermögensgegenständen am Abschlussstichtag beizulegen ist, so ist auf diesen Wert abzuschreiben.
>
> (5) Ein niedrigerer Wertansatz nach Absatz 3 Satz 3 oder 4 und Absatz 4 darf nicht beibehalten werden, wenn die Gründe dafür nicht mehr bestehen. Ein niedrigerer Wertansatz eines entgeltlich erworbenen Geschäfts- oder Firmenwertes ist beizubehalten.

2.1.2 Bewertungsschema

Die Bewertung des Umlaufvermögens war nach bisherigem Recht für alle Kaufleute in den §§ 253-256 HGB a. F. geregelt. Die Vorschriften galten uneingeschränkt nur für Nichtkapitalgesellschaften. Kapitalgesellschaften und diesen nach § 264a HGB gleichgestellte Personenhandelsgesellschaften hatten zusätzlich die Bestimmungen der §§ 279-281 HGB a. F. zu beachten. Sie ergänzten und modifizierten das allgemeine Bewertungsprogramm für das Umlaufvermögen. Diese zweistufige Regelung führte zu den in Abb. 68 und Abb. 69 dargestellten rechtsformspezifischen Bewertungsschemata.

Bewertung des Umlaufvermögens bei Nicht-KapG nach HGB a.F.		
Begriff Schema	Vermögensgegenstände, die nicht dazu bestimmt sind, dem Betrieb dauernd zu dienen	
Ausgangswert	Anschaffungskosten / Herstellungskosten § 253 Abs. 1 HGB a.F.	
− außerplanmäßige Abschreibung	**Gebot** § 253 Abs. 3 Satz 4 HGB a.F.	Aus einem Börsen- oder Marktpreis abgeleiteter niedrigerer Wert
	Gebot § 253 Abs. 3 Satz 2 HGB a.F.	Niedrigerer beizulegender Wert
	Wahlrecht § 253 Abs. 3 Satz 3 HGB a.F.	Erwartete (negative) Wertschwankungen in der nächsten Zukunft
	Wahlrecht § 253 Abs. 4 HGB a.F.	Abschläge nach vernünftiger kaufmännischer Beurteilung
	Wahlrecht § 254 HGB a.F.	Steuerrechtliche Mehrabschreibung
+ Zuschreibung (max. bis zu den AK / HK)	**Wahlrecht** § 253 Abs. 5 HGB a.F.	
= Buchwert		

Abb. 68: Bewertungsschema für das Umlaufvermögen von Nicht-Kapitalgesellschaften nach HGB a. F.

Kapitel 2: Einzelgesellschaftliche Rechnungslegung

Bewertung des Umlaufvermögens bei KapG nach HGB a.F.		
Begriff Schema	Vermögensgegenstände, die nicht dazu bestimmt sind, dem Betrieb dauernd zu dienen	
Ausgangswert	AK / HK § 253 Abs. 1 HGB a.F.	
– außerplanmäßige Abschreibung	Gebot § 253 Abs. 3 Satz 4 HGB a.F.	Aus einem Börsen- oder Marktpreis abgeleiteter niedrigerer Wert
	Gebot § 253 Abs. 3 Satz 2 HGB a.F.	Niedrigerer beizulegender Wert
	Wahlrecht § 253 Abs. 3 Satz 3 HGB a.F.	Erwartete (negative) Wertschwankungen in der nächsten Zukunft
	Wahlrecht §§ 254, 281 HGB a.F.	Steuerrechtliche Mehrabschreibung
+ Zuschreibung (max. bis zu den AK / HK)	Gebot §§ 253 Abs. 5, 280 Abs. 1 HGB a.F.	
= Buchwert		

Abb. 69: Bewertungsschema für das Umlaufvermögen von Kapitalgesellschaften nach HGB a. F.

Ebenso wie im Anlagevermögen hat das BilMoG auch im Umlaufvermögen ein **rechtsformübergreifendes einheitliches Bewertungsschema** eingeführt (vgl. § 253 Abs. 4 HGB und Abb. 70). Es entspricht im Wesentlichen dem bisherigen Bewertungsprogramm für Kapitalgesellschaften und gleichgestellte Personenhandelsgesellschaften.

Bewertung des Umlaufvermögens nach BilMoG			
Begriff Schema	Vermögensgegenstände, die nicht dazu bestimmt sind, dem Betrieb dauernd zu dienen		Sonderfall: Zweckvermögen
Ausgangswert	AK / HK § 253 Abs. 1 Satz 1 HGB		Bewertung zum beizulegenden Zeitwert oder – soweit nicht verlässlich ermittelbar – zu fortgeführten AK / HK § 253 Abs. 1 Satz 3 iVm §§ 255 Abs. 4, 253 Abs. 4 HGB
– außerplanmäßige Abschreibung	Gebot § 253 Abs. 4 Satz 1 HGB	Aus einem Börsen- oder Marktpreis abgeleiteter niedrigerer Wert	
	Gebot § 253 Abs. 4 Satz 2 HGB	Niedrigerer beizulegender Wert	
+ Zuschreibung (max. bis zu den AK / HK)	Gebot § 253 Abs. 5 HGB		
= Buchwert			

Abb. 70: Bewertungsschema für das Umlaufvermögen nach BilMoG

Die **Zugangsbewertung** der Vermögensgegenstände des Anlagevermögens erfolgt wie bisher zu Anschaffungs- oder Herstellungskosten (vgl. § 253 Abs. 1 Satz 1 HGB).

Außerplanmäßige Abschreibungen sind nur noch als Niederstwertabschreibungen zulässig und geboten. Gestrichen wurden mit dem BilMoG die bislang optionalen Abschreibungen

- wegen in der nächsten Zukunft erwarteter Wertschwankungen (vgl. § 253 Abs. 3 Satz 3 HGB a. F.),
- nach vernünftiger kaufmännischer Beurteilung (vgl. § 253 Abs. 4 HGB a. F.) und
- auf einen nur steuerrechtlich zulässigen niedrigeren Wert (vgl. § 254 HGB a. F.).

Fallen die Gründe für eine in der Vergangenheit vorgenommene Niederstwertabschreibung ganz oder teilweise weg, muss nach § 253 Abs. 5 HGB eine **Zuschreibung** erfolgen. Sie ist wie bisher nach oben auf die Anschaffungs- oder Herstellungskosten des Vermögensgegenstands begrenzt.

Wie oben erläutert (vgl. Abschnitt 2, Gliederungspunkt 2.1.1), sind auch die zu einem **Zweckvermögen** gehörenden Vermögensgegenstände nach den allgemeinen Kriterien dem Anlage- oder Umlaufvermögen zuzurechnen. Hierbei handelt es sich um die nach § 246 Abs. 2 Satz 2 HGB mit Schulden aus Altersversorgungsverpflichtungen oder vergleichbaren langfristig fälligen Verpflichtungen zu verrechnenden Vermögensgegenstände. Für sie sieht § 253 Abs. 1 Satz 4 HGB eine Bewertung zum beizulegenden Zeitwert vor. Ist dieser nicht verlässlich zu ermitteln, sind ihre Anschaffungs- oder Herstellungskosten gemäß § 255 Abs. 4 Satz 2 HGB nach den für das Umlaufvermögen geltenden Vorschriften (vgl. § 253 Abs. 4 HGB) fortzuführen. Das in Abb. 70 dargestellte Schema grenzt das Zweckvermögen von den übrigen Vermögensgegenständen des Umlaufvermögens ab, da die betreffenden Vermögensgegenstände nicht auf der Aktivseite der Bilanz auszuweisen sind, sondern mit den zugehörigen Verpflichtungen zu verrechnen sind.

Übersteigt der beizulegende Zeitwert der nach § 246 Abs. 2 Satz 2 HGB saldierungspflichtigen Vermögensgegenstände den Betrag der passivierten Schulden, ist der **Vermögensüberhang** auf der Aktivseite auszuweisen. Das Gesetz weist ihm allerdings den Charakter eines Verrechnungspostens zu und fordert seinen Ausweis in einem gesonderten Posten nach den latenten Steuern (vgl. § 246 Abs. 2 Satz 3, § 266 Abs. 2 E. HGB).

2.1.3 Bewertungsmaßstäbe

Nach dem durch das BilMoG modifizierten Bewertungsschema sind für Vermögensgegenstände des Umlaufvermögens die Bewertungsmaßstäbe

- Anschaffungskosten,
- Herstellungskosten,
- beizulegender Zeitwert,
- beizulegender Wert und
- aus einem Börsen- oder Marktpreis abgeleiteter niedrigerer Wert

von Bedeutung. Das Gesetz definiert in § 255 HGB lediglich die ersten drei Bewertungsmaßstäbe (vgl. hierzu Abschnitt 2, Gliederungspunkt 2.1.2). Die für die Niederstbewertung relevanten Bewertungsmaßstäbe des beizulegenden Werts und des aus einem Börsen- oder Marktpreis abgeleiteten niedrigeren Werts verwendet das Gesetz wie bislang ohne diese zu konkretisieren. Immerhin enthalten die Gesetzesmaterialien keine Hinweise auf ein im Vergleich zum bisherigen Recht verändertes Verständnis dieser Bewertungsmaßstäbe. Damit sollte ihre Auslegung unter § 253 Abs. 3 HGB a. F. weiterhin gültig sein.

2.2 Anschaffungskosten

2.2.1 Überblick

Das BilMoG hat die Definition der Anschaffungskosten in § 255 Abs. 1 Satz 1 HGB wie auch die Vorschriften zu ihrer Ermittlung unverändert gelassen. Abweichungen bei der Zugangsbewertung von Vermögensgegenständen des Umlaufvermögens im Vergleich zum früheren Recht können sich jedoch aus anderweitigen Regelungen ergeben, die mit dem BilMoG neu eingeführt oder modifiziert worden sind. Dazu gehört die neue Bewertungsvorschrift zu Bewertungseinheiten (vgl. § 254 HGB), die zu beachten ist, wenn sich das Unternehmen durch Finanzinstrumente gegen Risiken aus Beschaffungs- oder Absatzgeschäften absichert (vgl. hierzu Abschnitt 8, Gliederungspunkt 5). Eine Ausnahme sollten im Umlaufvermögen Erwerbe gegen Eingehen einer Rentenverpflichtung sein. Die Anschaffungskosten der auf diese Weise erworbenen Vermögensgegenstände sind unter Rückgriff auf die geänderte Barwertermittlung in § 253 Abs. 2 Satz 3 HGB zu ermitteln (vgl. hierzu Abschnitt 2, Gliederungspunkt 2.2).

Eine weitere Änderung betrifft unmittelbar die Zugangsbewertung von **Vorratsgütern**. Es handelt sich um die Neufassung des § 256 HGB, der die Anwendung von Bewertungsvereinfachungsverfahren regelt. Sie ist nachfolgend näher erläutert.

2.2.2 Bewertungsvereinfachungsverfahren

§ 256 HGB lautet in der Fassung des BilMoG wie folgt:

> **HGB § 256 Bewertungsvereinfachungsverfahren**
>
> Soweit es den Grundsätzen ordnungsmäßiger Buchführung entspricht, kann für den Wertansatz gleichartiger Vermögensgegenstände des Vorratsvermögens unterstellt werden, dass die zuerst oder dass die zuletzt angeschafften oder hergestellten Vermögensgegenstände zuerst verbraucht oder veräußert worden sind. § 240 Abs. 3 und 4 ist auch auf den Jahresabschluss anwendbar.

Die Vorschrift liefert die Rechtsgrundlage für

- die **Festbewertung** von Vermögensgegenständen des Sachanlagevermögens sowie von Roh-, Hilfs- und Betriebsstoffen;
- die **Gruppenbewertung** von Vermögensgegenständen des Vorratsvermögens sowie von anderen gleichartigen oder annähernd gleichwertigen beweglichen Vermögensgegenständen und Schulden;
- die **Verbrauchsfolgebewertung** von gleichartigen Vermögensgegenständen des Vorratsvermögens (vgl. Abb. 71).

Die mit dem BilMoG vorgenommene Änderung bezieht sich ausschließlich auf die letztgenannte Bewertungsvereinfachung. Sie erlaubt für Zwecke einer vereinfachten bilanziellen Zugangsbewertung gleichartiger Vorratsgüter, eine von der Realität abweichende Verbrauchs- oder Veräußerungsfolge dieser Güter zu unterstellen. Die Anschaffungskosten des zu bewertenden Bestands leiten sich im Umkehrschluss aus den Preisen der (fiktiv) nicht verbrauchten oder veräußerten Vorräte ab. Die Regelung trägt einem praktischen Bedürfnis Rechnung, da Vorratsgüter aufgrund ihrer physischen Beschaffenheit und der Vielzahl an Erwerbsvorgängen zu unterschiedlichen Preisen häufig ihre Identität verlieren, was eine Einzelbewertung aufwändig, wenn nicht gar unmöglich macht.

§ 256 Satz 1 HGB sah bislang folgende **Verwendungsfiktionen** vor:

- Die zuerst angeschafften Vermögensgegenstände gelten als zuerst verbraucht oder veräußert (*first in – first out:* Fifo-Methode).
- Die zuletzt angeschafften Vermögensgegenstände gelten als zuerst verbraucht oder veräußert (*last in – first out:* Lifo-Methode).
- Die angeschafften Vermögensgegenstände gelten in einer sonstigen bestimmten Folge als verbraucht oder veräußert.

Mit dem BilMoG hat der Gesetzgeber die letztgenannte unbestimmte Verbrauchsfolgefiktion gestrichen. Damit reduzieren sich die Bewertungsmöglichkeiten auf die **Lifo-** und die **Fifo-Methode**. Ebenfalls weiter zulässig ist die **Durchschnittsmethode**. Sie bezieht ihre Rechtfertigung aus § 256 Satz 2 i. V. m. § 240 Abs. 4 HGB. Die darin für gleichartige Vermögensgegenstände des Vorratsvermögens vorgesehene Bewertung zum gewogenen Durchschnittswert schließt den Fall gleicher Vermögensgegenstände mit ein.[297]

---

[297] So im Ergebnis Mayer-Wegelin, in: Küting/Weber (Hrsg.): HdR-E, 5. Aufl., Stuttgart 2002, § 256 HGB, Rn. 27.

Kapitel 2: Einzelgesellschaftliche Rechnungslegung

Bewertungsvereinfachungsverfahren nach HGB a.F. und BilMoG

Verfahren	Bewertungsvereinfachungsverfahren nach bisherigem Recht		
	Festbewertung	Gruppenbewertung	Verbrauchs- oder Veräußerungsfolgebewertung
Rechtsgrundlage Handelsbilanz	• § 256 Satz 2 iVm § 240 Abs. 3 HGB a.F.	• § 256 Satz 2 iVm § 240 Abs. 4 HGB a.F.	• § 256 Satz 1 HGB a.F.
Rechtsgrundlage Steuerbilanz	• R 5.4 Abs. 3, 4 EStR, H 5.4 EStH	• R 6.8 Abs. 4 EStR	• § 6 Abs. 1 Nr. 2a EStG, R 6.9 EStR (nur Lifo-Methode)
Anwendungsbereich	• Sachanlagen • Rohstoffe • Hilfsstoffe • Betriebsstoffe (unter bestimmten Voraussetzungen)	• Gleichartige VG des Vorratsvermögens • Andere gleichartige oder annähernd gleichwertige bewegliche VG und Schulden	Gleichartige VG des Vorratsvermögens
Wertansatz	Festwert	Gewogener Durchschnittswert	Wert gemäß Verbrauchsfolgeverfahren
	Keine Änderungen	Keine Änderungen	Beschränkung auf Lifo- und Fifo-Methode
	Änderungen durch BilMoG		

Abb. 71: Bewertungsvereinfachungsverfahren nach bisherigem Recht und nach BilMoG

Die Änderung von § 256 HGB beendet die Diskussion, ob sich auch die Anwendung preisbestimmter Verbrauchsfolgeverfahren durch die Vorschrift gedeckt sieht.[298] Gemeint sind

- die **Hifo-Methode** (*highest in – first out*), nach der die teuersten Zugänge als zuerst verbraucht oder veräußert gelten, und
- die **Lofo-Methode** (*lowest in – first out*), nach der die billigsten Zugänge als zuerst verbraucht oder veräußert gelten.

Entsprechendes gilt für jene Verfahren, die zur Vereinfachung der Zwischenergebniseliminierung im Konzernabschluss zur Bestimmung der konzernintern bezogenen Vorratsbestände diskutiert wurden, nämlich

- die **Kifo-Methode** (Konzern *in – first out*), nach der die konzernintern bezogenen Vorratsgüter als zuerst verbraucht oder veräußert gelten, und
- die **Kilo-Methode** (Konzern *in – last out*), nach der die konzernintern bezogenen Vorratsgüter als zuletzt verbraucht oder veräußert gelten.

Während sich der Endbestand im ersten Fall vorrangig aus Drittlieferungen zusammensetzt, was den Aufwand für die Zwischenergebniseliminierung reduziert, stellt sich im zweiten Fall der umgekehrte Effekt ein.

---

[298] Vgl. zum alten Recht etwa Ellrott, in: Ellrott u. a. (Hrsg.): Beck'scher Bilanz-Kommentar, 6. Aufl., München 2006, § 256 HGB, Anm. 71 ff.

Die Bundesregierung erwartet von dieser Gesetzesänderung eine bessere Vergleichbarkeit der handelsrechtlichen Jahresabschlüsse (vgl. BT-Drucks. 16/10067, S. 61 f.). Die Auswirkungen dürften indes vernachlässigbar sein, da die nicht mehr zulässigen Bewertungsvereinfachungsverfahren in der Praxis allenfalls eine Randerscheinung darstellten.

Die verschiedentlich erhobene Forderung nach Beschränkung der Bewertungsvereinfachungsverfahren auf die Durchschnittsmethode hat beim Gesetzgeber kein Gehör gefunden. Zwar genüge diese Methode am ehesten dem Anspruch, die Vermögens-, Finanz- und Ertragslage entsprechend den tatsächlichen Verhältnissen darzustellen. Möglicherweise um die steuerliche Zulässigkeit der Lifo-Methode nicht zu gefährden, ist jedoch von einer weitergehenden Wahlrechtsbeschränkung abgesehen worden.

Die neu gefasste Vorschrift des § 256 HGB ist **erstmals** auf Jahres- und Konzernabschlüsse für nach dem 31.12.2009 beginnende Geschäftsjahre anzuwenden (vgl. Art. 66 Abs. 3 EGHGB). Sie gilt für alle bilanzierenden Kaufleute. Eine vorzeitige Anwendung für Geschäftsjahre, die nach dem **31.12.2008** beginnen, ist zulässig, allerdings nur im Verbund mit allen anderen in Art. 66 Abs. 3 EGHGB bezeichneten Vorschriften und unter Aufnahme eines entsprechenden Hinweises in den Anhang.

Eine Übergangsregelung für die Vorratsbewertung sieht das BilMoG nicht vor. Unternehmen, die bislang ein nach § 256 HGB nicht mehr zulässiges Bewertungsvereinfachungsverfahren angewendet haben, müssen die Bewertung des Vorratsvermögens anpassen. Einer Begründung des Bewertungsmethodenwechsels bedarf es ebenso wenig wie der Darstellung seines Einflusses auf die Vermögens-, Finanz- und Ertragslage (vgl. Art. 66 Abs. 8 EGHGB).

Unmittelbare **steuerliche Auswirkungen** ergeben sich nicht, da die weggefallenen Bewertungsvereinfachungsverfahren schon bislang ohne Relevanz für die steuerliche Gewinnermittlung waren. Nach Aufgabe der umgekehrten Maßgeblichkeit der Handelsbilanz für die Steuerbilanz kann das Wahlrecht zur Anwendung der Lifo-Methode für Zwecke der steuerlichen Gewinnermittlung unabhängig von der handelsrechtlich gewählten Bewertungsmethode ausgeübt werden. In diesem Fall haben große und mittelgroße Kapitalgesellschaften die Notwendigkeit zur Bildung latenter Steuern zu prüfen.

Abb. 72 fasst die Konsequenzen aus der Neufassung des § 256 HGB zusammen.

Übergang auf die eingeschränkte Verbrauchsfolgebewertung		
Erstmalige Anwendung	**Übergang**	**Steuerliche Folgen**
• Obligatorisch: Jahres- und Konzernabschlüsse für nach dem 31.12.2009 beginnende Geschäftsjahre • Optional: Jahres- und Konzernabschlüsse für nach dem 31.12.2008 beginnende Geschäftsjahre (nur im Verbund mit allen übrigen vorzeitig anwendbaren Vorschriften) Art. 66 Abs. 3 EGHGB	• Keine explizite Übergangsregelung • Sofern für Zwecke einer vereinfachten Vorratsbewertung die Hifo-, Lofo-, Kilo- oder Kifo-Methode angewendet wird, ist bei erstmaliger Anwendung der Vorschriften des BilMoG auf die Lifo-, Fifo- oder Durchschnittsbewertung überzugehen • Im Falle einer von der Steuerbilanz abweichenden Bewertung von Vorratsgütern kann sich für große und mittelgroße KapG die Verpflichtung zur Abgrenzung latenter Steuern ergeben	• Keine unmittelbaren Auswirkungen • Die wegfallenden Bewertungsvereinfachungsverfahren sind steuerlich ohne Relevanz • Nach Entfall der umgekehrten Maßgeblichkeit ist das Wahlrecht zur Anwendung der Lifo-Methode unabhängig von der Verfahrensweise in der Handelsbilanz ausübbar

Abb. 72: Übergang auf die eingeschränkte Verbrauchsfolgebewertung

2.3 Herstellungskosten

Wie in Abschnitt 2, Gliederungspunkt 2.3 dargestellt, hat das BilMoG den Umfang der aktivierungspflichtigen Herstellungskostenbestandteile im Vergleich zum früheren Recht ausgeweitet. Fortan sind nicht mehr nur die Einzelkosten der Herstellung aktivierungspflichtig, sondern auch **angemessene Teile der Material- und Fertigungsgemeinkosten** sowie des Wertverzehrs des Anlagevermögens.

Die geänderte Bewertungsanweisung verlangt von Unternehmen, die erstmals Gemeinkosten als Teil der Herstellungskosten aktivieren, eine **Anpassung der Kostenrechnung**. Bei der Ermittlung der Zuschlagssätze ist dem **Angemessenheitsprinzip** Rechnung zu tragen. Es erfordert neben der Aussonderung betriebsfremder, außerordentlicher und periodenfremder Aufwendungen die Eliminierung offenkundiger Unterbeschäftigungskosten (vgl. ausführlich Abschnitt 2, Gliederungspunkt 2.3.2.3). Letztere entstehen durch ungenutzte und nicht ausgelastete Kapazitäten. Nach verbreiteter Auffassung sind allerdings nicht alle Leerkosten zu eliminieren. Es wird vielmehr als ausreichend angesehen, die Gemeinkostenaktivierung in solchen Fällen zu begrenzen, in denen die Normalauslastung die um 30 % oder mehr unterschritten wird.[299] Dazu das folgende Beispiel.

---

[299] Vgl. Knop/Küting, in: Küting/Weber (Hrsg.): HdR-E, 5. Aufl., Stuttgart 2002 ff., § 255, Rn. 307 ff.; Ellrott/Brendt, in: Ellrott u. a. (Hrsg.): Beck'scher Bilanz-Kommentar, 7. Aufl., München 2010, § 255 HGB, Anm. 438.

Beispiel

E ist Hersteller elektronischer Bauteile und von Telekommunikationszubehör. Nach dem Verlust eines Großkunden ist der Absatz an Router im zurückliegenden Jahr deutlich eingebrochen. Daraufhin hat E die Produktion auf 50 % der Normalkapazität zurückgefahren. Abschlussprüfer und Management haben sich in Anlehnung an eine gängige Literaturmeinung darauf verständigt, eine Eliminierung von Leerkosten nur insoweit vorzunehmen, als die Istkapazität unter 70 % der Normalkapazität liegt.

Die nachstehende Übersicht enthält Angaben zur Routerproduktion des laufenden Geschäftsjahrs. Sämtliche Gemeinkosten haben Fixkostencharakter. E ermittelt die Herstellungskosten auf Basis der steuerlichen Wertuntergrenze (Angaben in den folgenden Abbildungen in EUR).

Kostenart	ME / Periode	EUR / Periode	EUR / Periode	EUR / Stück
Normalkapazität der Produktionsanlage	5.000			
Istkapazität der laufenden Periode	2.500			
davon: Lagerbestand	800			
Einzelkosten pro Fertigungseinheit				60
Material- und Fertigungsgemeinkosten		120.000		
Abschreibung auf Fertigungsanlage		65.000		
Verwaltungsgemeinkosten (MGK, FGK)		83.000		
davon: Material- und Fertigungsbereich			40.000	
davon: Allgemeine Verwaltung			25.000	
davon: Vertrieb			18.000	

Auf Basis der Istkosten ermitteln sich Herstellungskosten von 150 EUR je Router. Für die auf Lager produzierten 800 Einheiten ergibt sich damit ein Bestandswert von 120.000 EUR.

Kostenart	Perioden-kosten	HK auf Basis von Istkosten (in EUR)			
		Ist-Kap.	Kosten / St.	Δ Lager	HK
Einzelkosten	-	-	60	800	48.000
Material- und Fertigungsgemeinkosten	120.000	2.500	48	800	38.400
Abschreibung auf Fertigungsanlage	65.000	2.500	26	800	20.800
Verwaltungsgemeinkosten (MGK, FGK)	40.000	2.500	16	800	12.800
Summe	225.000	-	150	-	120.000

Bei einer Verrechnung von Normalkosten reduzieren sich die Herstellungskosten auf 105 EUR je Router, die Bestandserhöhung auf 84.000 EUR. Diese Kalkulation offenbart die Problematik der Istkostenrechnung. Die höhere Gemeinkostenaktivierung deutet auf einen wertvolleren Vermögensgegenstand hin. Tatsächlich ist sie das Ergebnis einer Produktionseinschränkung und damit Ausdruck einer Überbewertung.

Kapitel 2: Einzelgesellschaftliche Rechnungslegung

Kostenart	Perioden-kosten	HK auf Basis von Normalkosten (in EUR)			
		Normal-Kap.	Kosten / St.	Δ Lager	HK
Einzelkosten	-	-	60	800	48.000
Material- und Fertigungsgemeinkosten	120.000	5.000	24	800	19.200
Abschreibung auf Fertigungsanlage	65.000	5.000	13	800	10.400
Verwaltungsgemeinkosten (MGK, FGK)	40.000	5.000	8	800	6.400
Summe	225.000	-	105	-	84.000

Nach überwiegender Auffassung soll es bei nachhaltig unterausgelasteten Kapazitäten ausreichend sein, diejenigen Gemeinkostenanteile als Leerkosten zu eliminieren, die durch das Absinken der Kapazitätsauslastung unter 70 % der Normalkapazität verursacht werden. Das ergibt im Beispiel Herstellungskosten pro Router von 124 EUR und eine Zunahme des Vorratsbestands von 99.429 EUR.

Kostenart	Perioden-kosten	HK auf Basis von 70 % der Normalkapazität (in EUR)			
		Kapazität	Kosten / St.	Δ Lager	HK
Einzelkosten	-	-	60	800	48.000
Material- und Fertigungsgemeinkosten	120.000	3.500	34	800	27.429
Abschreibung auf Fertigungsanlage	65.000	3.500	19	800	14.857
Verwaltungsgemeinkosten (MGK, FGK)	40.000	3.500	11	800	9.143
Summe	225.000	-	124	-	99.429

Begründet wird diese Verfahrensweise mit den Schwierigkeiten, die Normalkapazität zu ermitteln, den Schwankungen der Kapazitätsauslastung in der Praxis und der bilanzrechtlichen Forderung, die Auswirkungen einer offenbaren Unterauslastung zu eliminieren.

Zur erstmaligen Anwendung der neuen Herstellungskostenregelung des § 255 Abs. 2 und 3 HGB vgl. die Erläuterungen in Abschnitt 2, Gliederungspunkt 2.3.2.4.

2.4 Außerplanmäßige Abschreibungen

2.4.1 Niederstwertabschreibungen

Das BilMoG hat die **Niederstbewertung** von Vermögensgegenständen des Umlaufvermögens nicht geändert (vgl. Abb. 73). Außerplanmäßige Abschreibungen sind nach wie vor geboten, wenn der relevante Stichtagswert unter dem Buchwert liegt. Auf die Dauerhaftigkeit der Wertminderung kommt es – anders als im Steuerrecht – nicht an.

Niederstwertabschreibung im Anlagevermögen nach HGB a.F. und BilMoG

Regelung nach bisherigem Recht	
Abschreibungsgebot	**Abschreibungswahlrecht**
Generell: Bei voraussichtlich dauernder Wertminderung von VG § 253 Abs. 2 Satz 3 HGB a.F.	• Nicht-KapG: bei voraussichtlich nicht dauernder Wertminderung von VG des immateriellen, Sach- oder Finanzanlagevermögens § 253 Abs. 2 Satz 3 HGB a.F. • KapG: nur bei voraussichtlich nicht dauernder Wertminderung von VG des Finanzanlagevermögens § 253 Abs. 2 Satz 3 iVm § 279 Abs. 1 Satz 2 HGB a.F.
Keine Änderung § 253 Abs. 3 Satz 3 HGB	Beschränkung des Abschreibungswahlrechts für alle Gesellschaften auf voraussichtlich nicht dauernde Wertminderungen bei Finanzanlagen § 253 Abs. 3 Satz 4 HGB Streichung von § 279 Abs. 1 Satz 2 HGB a.F.
Änderung der Niederstwertabschreibung im Anlagevermögen durch das BilMoG	

Abb. 73: Außerplanmäßige Abschreibungen im Umlaufvermögen nach HGB und BilMoG

Deutlicher als bisher bringt der neu gefasste § 253 Abs. 4 HGB die Hierarchie der möglichen Bewertungsmaßstäbe zum Ausdruck. Vorrangig ist zu prüfen, ob sich aus einem **Börsen- oder Marktpreis am Abschlussstichtag** ein unter den Anschaffungs- oder Herstellungskosten liegender Wert ermittelt. Unter einem Börsenpreis ist der an einer amtlich anerkannten Börse im In- oder Ausland aufgrund von Umsätzen amtlich oder im Freiverkehr festgestellte Kurs zu verstehen. **Marktpreise** liegen vor, wenn Güter einer bestimmten Gattung und von durchschnittlicher Art und Güte an anderen Handelsplätzen regelmäßig umgesetzt werden.

Lässt sich weder ein Börsenpreis noch ein Marktpreis feststellen, stellt der Wert, der den Vermögensgegenständen am Abschlussstichtag beizulegen ist, den relevanten Vergleichswert dar. Dieser kann bspw. aus stichtagsnahen Ein- oder Verkäufen gewonnen werden.

Zu der Frage, ob sich die Niederstbewertung an den Verhältnissen des **Absatz- und / oder Beschaffungsmarkts** auszurichten hat, haben sich in der Bilanzierungspraxis bestimmte Konventionen herausgebildet. Abb. 74 fasst diese überblicksartig zusammen. Sie gelten nach dem BilMoG unverändert fort.

Relevante Marktseite für die Niederstbewertung im Umlaufvermögen			
Marktseite	Beschaffungsmarkt	Absatzmarkt	Beschaffungs- und Absatzmarkt
Bewertungsmaßstäbe	• Wiederbeschaffungskosten (einschließlich Erwerbsnebenkosten) • Wiederherstellungskosten gemäß Stichtagskostenlage	Nettoverkaufswert (vorsichtig geschätzter Nettoveräußerungswert abzüglich aller noch anfallenden Kosten und Erlösschmälerungen)	Niedrigerer Wert aus beschaffungs- und absatzorientiertem Bewertungsmaßstab
	Ggf. abzüglich pauschaler Abschläge wegen mangelnder Gängigkeit		
Anwendungsfälle	• Normalbestände an Roh-, Hilfs- und Betriebsstoffen • Wertpapiere (Regelfall) • Von Dritten beziehbare unfertige und fertige Erzeugnisse	• Überbestände an Roh-, Hilfs- und Betriebsstoffen • Normalbestände an fertigen und unfertigen Erzeugnissen • Wertpapiere (Ausnahmefall)	• Handelswaren • Überbestände an fertigen und unfertigen Erzeugnissen

Abb. 74: *Relevante Marktseite für die Niederstbewertung von Vermögensgegenständen des Umlaufvermögens*

Das frühere Wahlrecht nach § 253 Abs. 3 Satz 3 HGB a. F. zur Vornahme von Abschreibungen, „soweit diese nach vernünftiger kaufmännischer Beurteilung notwendig sind, um zu verhindern, dass in der nächsten Zukunft der Wertansatz dieser Vermögensgegenstände aufgrund von Wertschwankungen geändert werden muss" (vgl. Abb. 75), ist entfallen. In der Begründung heißt es, diese ‚vorauseilenden' **Zukunftswertabschreibungen** seien selbst bei starker Betonung des Vorsichtsprinzips nicht mit dem Ziel zu vereinbaren, die Vermögens-, Finanz- und Ertragslage entsprechend den tatsächlichen Verhältnissen am Abschlussstichtag darzustellen (vgl. BT-Drucks. 16/10067, S. 56 f.). Die Aufhebung des Wahlrechts verbessere „die Vergleichbarkeit des handelsrechtlichen Jahresabschlusses und damit auch die Informationsversorgung der Abschlussadressaten erheblich" (BT-Drucks. 16/10067, S. 57).

Entfallen ist ferner – analog zur Bewertung des Anlagevermögens – die Möglichkeit zur Vornahme von **Ermessensabschreibungen**. Zur Begründung dieser Gesetzesänderung wird auf die Ausführungen in Abschnitt 2, Gliederungspunkt 2.4.3 verwiesen.

Das Verbot der optionalen Abschreibungen nach § 253 Abs. 3 Satz 3 HGB und § 253 Abs. 4 HGB hat eine redaktionelle Anpassung von § 277 Abs. 3 Satz 1 HGB erforderlich gemacht. Nach der neuen Fassung beschränkt sich die Pflicht zum gesonderten Ausweis außerplanmäßiger Abschreibungen im Umlaufvermögen bzw. zu ihrer Angabe im Anhang auf jene nach § 253 Abs. 4 HGB (vgl. § 277 Abs. 3 Satz 1 HGB).

Die mit dem BilMoG neu gefasste Niederstbewertungsvorschrift des § 253 Abs. 4 HGB für das Umlaufvermögen ist erstmals in Jahres- und Konzernabschlüssen für Geschäftsjahre anzuwenden, die nach dem **31.12.2009** beginnen. Eine vorzeitige Anwendung für Geschäftsjahre, die nach dem **31.12.2008** beginnen, ist zulässig, allerdings nur im Verbund mit allen anderen in Art. 66 Abs. 3 EGHGB bezeichneten Vorschriften und unter Aufnahme eines entsprechenden Hinweises in den Anhang.

Zukunftswertabschreibungen und Ermessensabschreibungen dürfen letztmals in Jahres- und Konzernabschlüssen für Geschäftsjahre vorgenommen werden, die vor dem 1.1.2010 bzw. – bei einem vorzeitigen Übergang auf die Vorschriften des BilMoG – vor dem 1.1.2009 beginnen (vgl. Art. 66 Abs. 5 EGHGB). Für niedrigere Wertansätze von Vermögensgegenständen des Umlaufvermögens, die auf den vorgenannten Abschreibungen beruhen, besteht ein Beibehaltungswahlrecht (vgl. Art. 67 Abs. 4 EGHGB). Macht der Bilanzierende davon Gebrauch, ergibt sich kein Anpassungsbedarf aus dem Übergang auf die Vorschriften des BilMoG.

Entscheidet sich das Unternehmen für die Anpassung der niedrigeren Wertansätze an die Bewertungsvorschriften des BilMoG, ist wie folgt zu differenzieren: Abschreibungen, die in Jahresabschlüssen für das letzte vor dem 1.1.2010 begonnene Geschäftsjahre vorgenommen wurden, sind erfolgswirksam zu stornieren. Der aus der Zuschreibung resultierende Ertrag ist in der Gewinn- und Verlustrechnung unter dem Posten ‚außerordentliche Erträge' gesondert auszuweisen. Für Abschreibungen aus früheren Geschäftsjahren sieht Art. 67 Abs. 4 EGHGB eine erfolgsneutrale Korrektur der Buchwerte der betreffenden Vermögensgegenstände durch Erhöhung der Gewinnrücklagen vor.

Wurden in der Vergangenheit latente Steuern wegen niedrigerer handelsrechtlicher Wertansätze nach § 253 Abs. 3 Satz 3 HGB a. F. abgegrenzt, sind diese im Fall einer Rücknahme der Abschreibung aufzulösen.

Übergang auf die geänderten Abschreibungsregeln im Umlaufvermögen		
Erstmalige Anwendung	Übergang	Steuerliche Folgen
• Obligatorisch: Jahres- und Konzernabschlüsse für nach dem 31.12.2009 beginnende Geschäftsjahre • Optional: Jahres- und Konzernabschlüsse für nach dem 31.12.2008 beginnende Geschäftsjahre (nur im Verbund mit allen übrigen vorzeitig anwendbaren Vorschriften) Art. 66 Abs. 3 EGHGB	• Wahlrecht » Beibehaltung niedrigerer Wertansätze, die auf Abschreibungen nach § 253 Abs. 3 Satz 3 oder Abs. 4 HGB a.F. beruhen » Anpassung der Wertansätze an die Vorschriften des BilMoG • Auswirkungen der Anpassung » Die Korrektur von Abschreibungen, die im letzten vor dem 1.1.2010 beginnenden Geschäftsjahr vorgenommen wurden, ist im Posten ‚außerordentliche Erträge' gesondert auszuweisen » Beträge, die aus der Korrektur von Abschreibungen aus früheren Geschäftsjahren resultieren, sind erfolgsneutral in die Gewinnrücklagen umzugliedern Art. 67 Abs. 4 EGHGB » Nach § 274 HGB a.F. für Abschreibungen nach § 253 Abs. 3 Satz 3 HGB a.F. abgegrenzte latente Steuern sind aufzulösen	• Keine Auswirkungen • Die weggefallenen Abschreibungswahlrechte sind für die steuerliche Gewinnermittlung ohne Bedeutung

Abb. 75: Übergang auf die geänderten Abschreibungsregeln für Vermögensgegenstände des Umlaufvermögens

2.4.2 Steuerrechtliche Mehrabschreibungen

Weggefallen mit dem BilMoG ist auch das Wahlrecht zur Übernahme **steuerrechtlicher Mehrabschreibungen** in die Handelsbilanz (vgl. § 254 HGB a. F., für Kapitalgesellschaften und diesen nach § 264a HGB gleichgestellte Personenhandelsgesellschaften i. V. m. § 279 Abs. 2 HGB a. F.). Der wichtigste Anwendungsfall im Umlaufvermögen stellt die verlustfreie Bewertung dar. Zur Ermittlung des niedrigeren Teilwerts sind nach der Rechtsprechung des BFH vom voraussichtlichen Verkaufserlös nicht nur alle noch anfallenden Kosten und Erlösschmälerungen abzuziehen, sondern auch eine angemessene Gewinnmarge. Da handelsrechtlich diese gewinnsichernde Bewertung nicht zulässig ist, kann der steuerliche Teilwert unter dem beizulegenden Wert liegen.

Die Vorschriften zur letztmaligen Anwendung des § 254 HGB a. F. im Umlaufvermögen sowie die Übergangsregelungen entsprechen jenen für steuerrechtliche Mehrabschreibungen im Anlagevermögen. Zu Einzelheiten des Verbots steuerrechtlicher

Mehrabschreibungen nach dem BilMoG sei daher auf die Ausführungen in Abschnitt 2, Gliederungspunkt 2.4.4 verwiesen.

2.5 Zuschreibungen

Ebenso wie im Anlagevermögen bestand auch nach der bisherigen Bewertungskonzeption für das Umlaufvermögen eine rechtsformspezifische Zuschreibungsregelung. Während Kapitalgesellschaften und ihnen nach § 264a HGB gleichgestellte Personenhandelsgesellschaften bei Wegfall der Gründe einer vorausgegangenen außerplanmäßigen Abschreibung zur Wertaufholung verpflichtet waren (vgl. § 280 Abs. 1 HGB a. F.), galt für Nichtkapitalgesellschaften und eingetragene Genossenschaften ein Zuschreibungswahlrecht (vgl. § 253 Abs. 5 HGB a. F. i. V. m. § 336 Abs. 2 Satz 1 HGB a. F.).

Zur Stärkung der Informationsfunktion des handelsrechtlichen Jahresabschlusses hat das BilMoG auch für das Umlaufvermögen ein **rechtsformunabhängiges Wertaufholungsgebot** eingeführt. Zur erstmaligen Anwendung des neu gefassten § 253 Abs. 5 HGB und zur Übergangsregelung für die unter HGB in der Vergangenheit vorgenommenen optionalen Abschreibungen vgl. die Erläuterungen in Abschnitt 2, Gliederungspunkt 2.5.

3 Ausweis

Das BilMoG hat die in § 266 Abs. 2 B. HGB vorgeschriebene **Bilanzgliederung** für das Umlaufvermögen in einem Punkt geändert. Da eigene Anteile künftig nicht mehr unter den Wertpapieren auszuweisen, sondern mit dem Eigenkapital zu verrechnen sind, ist der entsprechende Posten gemäß § 266 Abs. 2 B. III. 2 HGB a. F. gestrichen worden. An ihre Stelle sind die sonstigen Wertpapiere gerückt, die bislang in § 266 Abs. 2 B. III. 3 HGB a. F. aufgeführt waren.

Beim Ausweis von Aufwendungen und Erträgen aus Vermögensgegenständen des Umlaufvermögens in der **Gewinn- und Verlustrechnung** haben sich keine spezifischen Änderungen durch das BilMoG ergeben. Hingewiesen sei lediglich auf den nach § 277 Abs. 5 HGB geforderten Sonderausweis von Erträgen und Aufwendungen aus der Abzinsung sowie aus der Umrechnung von Fremdwährungsgeschäften.

Die angepasste Gliederungsvorschrift für die Bilanz wie auch die neuen Ausweisvorschriften für die Gewinn- und Verlustrechnung sind erstmals in Jahres- und Konzernabschlüssen für Geschäftsjahre anzuwenden, die nach dem **31.12.2009** beginnen. Eine vorzeitige Anwendung für Geschäftsjahre, die nach dem **31.12.2008** beginnen, ist zulässig, allerdings nur im Verbund mit allen anderen in Art. 66 Abs. 3 EGHGB bezeichneten Vorschriften und unter Aufnahme eines entsprechenden Hinweises in den Anhang.

Abschnitt 4: Bilanzierung der Rückstellungen

Autoren: WP/StB Georg van Hall / Dr. Hans-Jörg Harth / Dr. Harald Kessler

1 Ansatz

1.1 Überblick

Nach § 246 Abs. 1 Satz 1 HGB hat der Jahresabschluss sämtliche Vermögensgegenstände, Schulden, Rechnungsabgrenzungsposten sowie Aufwendungen und Erträge zu enthalten, soweit gesetzlich nichts anderes bestimmt ist. Dieses **Vollständigkeitsgebot** bildet die rechtliche Grundlage zur Passivierung von **Schuldrückstellungen**. Dazu gehören die in § 249 Abs. 1 Satz 1 HGB angesprochenen Rückstellungen für ungewisse Verbindlichkeiten und für drohende Verluste aus schwebenden Geschäften sowie die Rückstellungen für Gewährleistungen, die ohne rechtliche Verpflichtung erbracht werden (vgl. § 249 Abs. 1 Satz 2 Nr. 2 HGB). Letztere stellen als faktische Verpflichtungen ebenfalls Schulden i. S. d. § 246 Abs. 1 Satz 1 HGB dar. Ihrer ausdrücklichen Erwähnung in § 249 HGB hätte es mithin nicht bedurft.[300] Hinsichtlich der genannten Passivposten hat § 249 HGB nur deklaratorischen Charakter.

Etwas anderes gilt für reine **Aufwandsrückstellungen**. Sie stellen weder Schulden noch Rechnungsabgrenzungsposten, sondern Posten eigener Art dar. Soweit § 249 HGB ihre Bildung anordnet, kommt der betreffenden Bestimmung rechtsbegründender Charakter zu.

Mit dem BilMoG ist das Vollständigkeitsgebot in § 246 Abs. 1 Satz 2 HGB um einen allgemeinen Hinweis auf die Maßgeblichkeit der wirtschaftlichen Betrachtung ergänzt worden. Für die Frage der Aktivierung ist danach entscheidend, wem Vermögensgegenstände wirtschaftlich zuzurechnen sind. Auf der Passivseite kommt diesem Prinzip der **wirtschaftlichen Zuordnung** nur eine eingeschränkte Bedeutung zu. Nach § 246 Abs. 1 Satz 3 HGB sind „Schulden [...] in die Bilanz des Schuldners aufzunehmen". Solange mithin ein Unternehmen rechtlich zu einer Leistung verpflichtet ist, folgt daraus die Verpflichtung zum Ausweis einer Verbindlichkeit oder Rückstellung.

Unberührt von der klarstellenden Ergänzung des Vollständigkeitsgebots sollen nach Ansicht der Bundesregierung Fragen der Saldierung und der Berücksichtigung etwaiger Ausgleichsansprüche bei der Bewertung von Rückstellungen bleiben (vgl. BT-Drucks. 16/10067, S. 47). Dazu das folgende Beispiel:

---

[300] Vgl. Kozikowski/Schubert, in: Ellrott u. a. (Hrsg.): Beck'scher Bilanz-Kommentar, 7. Aufl., München 2010, § 249 HGB, Anm. 112.

Beispiel

Sachverhalt:

Bauträger B hat in einem Neubaugebiet unter Einsatz von Subunternehmern 25 Reihenhäuser errichtet. Drei Monate nach Abnahme der Bauarbeiten hagelt es Mängelrügen. Die Palette reicht von knarrenden Fußböden über fehlende Sanitär- und Elektroinstallationen bis hin zu undichten Dächern. B schätzt die Kosten für Nacharbeiten auf 150.000 EUR. 80 % der mangelbehafteten Bauausführungen haben Subunternehmer zu vertreten. In den mit B getroffenen Vereinbarungen haben sie sich verpflichtet, die auf ihre Arbeiten zurückgehenden Mängel auf eigene Kosten zu beheben. In der Vergangenheit hatte B keine Ausfälle aus derartigen Rückgriffsansprüchen zu beklagen.

Beurteilung:

Für die Verpflichtung zur Beseitigung der angezeigten Baumängel hat B eine Verbindlichkeitsrückstellung zu bilden. Nach der Rechtsprechung des BFH sind bei der Bewertung dieser Gewährleistungsrückstellung Rückgriffsansprüche verpflichtungsmindernd zu berücksichtigen, wenn

- „sie derart in einem unmittelbaren Zusammenhang mit der drohenden Inanspruchnahme stehen, dass sie dieser wenigstens teilweise spiegelbildlich entsprechen,
- sie in rechtlich verbindlicher Weise der Entstehung oder Erfüllung der Verbindlichkeit zwangsläufig nachfolgen [...]
- sie vollwertig sind, d. h. vom Rückgriffsschuldner nicht bestritten werden".[301]

Liegen diese Voraussetzungen im Beispielsfall vor, ist die Rückstellung lediglich mit 30.000 EUR (= 20 % von 150.000 EUR) anzusetzen.

Streng genommen liegt darin kein Fall des Nichtausweises rechtlich bestehender Schulden. Die Verbindlichkeiten des Hauptschuldners sind in der Bilanz vollständig erfasst. Sie werden – ähnlich wie dies § 246 Abs. 2 Satz 2 HGB für Altersversorgungsverpflichtungen und vergleichbare langfristig fällige Verpflichtungen vorsieht (vgl. Abschnitt 2, Gliederungspunkt 3.3) – lediglich nach Kürzung um durchsetzbare Rückgriffsansprüche ausgewiesen.

§ 246 Abs. 1 Satz 3 HGB regelt nur den einfachen und damit eher unproblematischen Fall der wirtschaftlichen Betrachtung auf der Passivseite. Er adressiert die Zurechnung von Schulden, die rechtlich entstanden sind. Das Vollständigkeitsgebot verlangt allerdings auch die Passivierung (nur) **wirtschaftlich entstandener Schulden**. Die wirtschaftliche Entstehung kennzeichnet eine Vorstufe auf dem Weg zur endgültigen

---

[301] BFH-Urt. v. 17.2.1993, X R 60/89, BStBl. II 1993, S. 437 (Rechtschreibung angepasst, d. Verf.).

juristischen Tatbestandsverwirklichung,[302] also zur rechtlichen Entstehung. Sie ist nach der Rechtsprechung des BFH erreicht, wenn „der Tatbestand, dessen Rechtsfolge die Verbindlichkeit ist, im Wesentlichen vor dem Bilanzstichtag verwirklicht"[303] wurde. Davon ist auszugehen, wenn „- ungeachtet der rechtlichen Gleichwertigkeit aller Tatbestandsmerkmale – die wirtschaftlich wesentlichen Tatbestandsmerkmale erfüllt sind und das Entstehen der Verbindlichkeit nur noch von wirtschaftlich unwesentlichen Merkmalen abhängt".[304]

Die für eine Rückstellungsbildung geforderte **wesentliche Tatbestandsverwirklichung** lässt sich in zwei Forderungen auflösen: Zum einen muss die in der Entstehung befindliche Verbindlichkeit an einen vor dem Stichtag eingetretenen betrieblichen Umstand anknüpfen. Es bedarf mithin eines in der Vergangenheit liegenden Schuldgrunds.[305] Zum anderen darf es nicht mehr im Einflussbereich des Kaufmanns liegen, das endgültige Entstehen der Außenverpflichtung nach dem Stichtag einseitig zu verhindern. D. h., die künftige Ausgabe muss höchstwahrscheinlich unabwendbar sein.[306]

Diese Thematik ist hier nicht zu vertiefen. Das BilMoG führt zu keinen erkennbaren Änderungen bei Interpretation der wirtschaftlichen Entstehung, also der Passivierung rechtlich noch nicht entstandener Schulden. Die Änderungen bei den Ansatzvorschriften von Rückstellungen betreffen ausschließlich die optionalen Aufwandsrückstellungen im Sinne von § 249 HGB a. F. Weder Verbindlichkeitsrückstellungen noch Rückstellungen für drohende Verluste aus schwebenden Geschäften sind von den Neuregelungen betroffen. Zu den sich bei Pensionen und ähnlichen Verpflichtungen ergebenden Besonderheiten vgl. die Ausführungen in Gliederungspunkt 1.3.

---

[302] Vgl. Kessler, DStR 2001, S. 1903 ff.
[303] BFH-Urt. v. 24.6.1969, I R 15/68, BStBl. II 1969, S. 582.
[304] BFH-Urt. v. 19.5.1987, VIII R 327/83, BStBl. II 1987, S. 849.
[305] Vgl. BFH-Urt. v. 15.4.1993, IV R 75/91, BFHE 171, S. 439 f.; BFH-Urt. v. 19.5.1987, VIII R 327/83, BStBl. II 1987, S. 850; vgl. auch Christiansen, BFuP 1994, S. 28; Woerner spricht insoweit vom ‚Schuldzweck'; vgl. Woerner, BB 1994, S. 246.
[306] Vgl. z. B. BFH-Urt. v. 12.12.1990, I R 18/89, BStBl. II 1991, S. 486; BFH-Urt. v. 23.7.1980, I R 28/77, BStBl. II 1981, S. 63.

1.2 Verbot optionaler Aufwandsrückstellungen

1.2.1 Die geplante Regelung im Überblick

§ 249 HGB hat durch das BilMoG folgende Fassung erhalten:

> **HGB § 249 Rückstellungen**
>
> (1) Rückstellungen sind für ungewisse Verbindlichkeiten und für drohende Verluste aus schwebenden Geschäften zu bilden. Ferner sind Rückstellungen zu bilden für
> 1. im Geschäftsjahr unterlassene Aufwendungen für Instandhaltung, die im folgenden Geschäftsjahr innerhalb von drei Monaten, oder für Abraumbeseitigung, die im folgenden Geschäftsjahr nachgeholt werden,
> 2. Gewährleistungen, die ohne rechtliche Verpflichtung erbracht werden.
>
> (2) Für andere als die in Absatz 1 bezeichneten Zwecke dürfen Rückstellungen nicht gebildet werden. Rückstellungen dürfen nur aufgelöst werden, soweit der Grund hierfür entfallen ist.

Die **Wahlrechte** zur Bildung bestimmter Aufwandsrückstellungen (vgl. § 249 Abs. 1 Satz 3, Abs. 2 HGB a. F.) sind **aufgehoben** worden. In diesem Zusammenhang steht die redaktionelle Anpassung des § 249 Abs. 3 HGB a. F. Die Streichung der Wahlrechte dient nach der Regierungsbegründung der Stärkung der Informationsfunktion des handelsrechtlichen Jahresabschlusses: Der Ausweis dieser Rückstellungen verfälsche die Darstellung der Vermögens-, Finanz- und Ertragslage (vgl. BT-Drucks. 16/10067, S. 50).

Der von allen bilanzierenden Kaufleuten zu beachtende § 249 HGB ist erstmals auf Jahres- und Konzernabschlüsse für das nach dem **31.12.2009** – bei vorzeitigem Übergang auf die Vorschriften des BilMoG – nach dem **31.12.2008** beginnende Geschäftsjahr anzuwenden (vgl. Art. 66 Abs. 3 EGHGB).

Die nach altem Recht gebildeten Aufwandsrückstellungen dürfen unter Anwendung der für sie geltenden Vorschriften in der bis zum Inkrafttreten des BilMoG geltenden Fassung – **auch teilweise** – **beibehalten** oder **aufgelöst** werden (vgl. Art. 67 Abs. 3 EGHGB). Die Auflösung von Rückstellungsbeträgen, die im letzten vor dem 1.1.2010 beginnenden Geschäftsjahr zugeführt worden sind, ist erfolgswirksam und in der Gewinn- und Verlustrechnung gesondert unter den außerordentlichen Erträgen auszuweisen. In allen anderen Fällen erfolgt die Auflösung durch unmittelbare Umgliederung der Rückstellungsbeträge in die Gewinnrücklagen (vgl. Art. 67 Abs. 3 Satz 2 EGHGB).

Die folgende Abbildung fasst die Änderungen beim Ansatz von Aufwandsrückstellungen und die Begründung der Bundesregierung für diese Reformmaßnahme zusammen.

Verbot optionaler Aufwandsrückstellungen nach BilMoG	
Regelung	Begründung
• Streichung des Wahlrechts zur Bildung von Rückstellungen für unterlassene Aufwendungen für Instandhaltung bei geplanter Nachholung im folgenden Geschäftsjahr nach Ablauf von drei Monaten • Streichung des Wahlrechts zur Bildung von Rückstellungen für ihrer Eigenart nach genau umschriebene, dem Geschäftsjahr oder einem früheren Geschäftsjahr zuzuordnende Aufwendungen • Redaktionelle Anpassung des § 249 HGB	• Vermeidung einer irreführenden Darstellung der Vermögenslage, da Aufwandsrückstellungen Rücklagencharakter aufweisen • Vermeidung einer verfälschenden Darstellung der Ertragslage durch nicht periodengerechte Aufwandserfassungen • Annäherung an die Rechnungslegung nach IFRS • Verbreiterung der Eigenkapitalbasis der Unternehmen und damit Verbesserung der Voraussetzungen für eine Eigen- und Fremdkapitalbeschaffung • Annäherung von externem und internem Rechnungswesen, da Aufwandsrückstellungen das Beteiligungscontrolling erschweren BT-Drucks. 16/10067, S. 50f.

Abb. 76: Das Verbot optionaler Aufwandsrückstellungen nach BilMoG

1.2.2 Aufhebung von § 249 Abs. 1 Satz 3 HGB a. F.

§ 249 Abs. 1 Satz 3 HGB a. F. ist durch das BilMoG entfallen. Nach dieser Vorschrift konnten bisher Rückstellungen für unterlassene Instandhaltungsaufwendungen gebildet werden, wenn beabsichtigt war, die Instandhaltung nach Ablauf von drei Monaten, aber innerhalb des folgenden Geschäftsjahrs nachzuholen.

In wirtschaftlicher Betrachtungsweise zwingt das Realisationsprinzip dazu, den realisierten Umsatzerlösen die zugehörigen Aufwendungen zuzurechnen. Ihre Grenze findet diese am Ziel der Ermittlung eines unbedenklich ausschüttungsfähigen Gewinns orientierte Gewinnermittlung indessen im **Objektivierungsprinzip**.[307] Für die Bildung von Rückstellungen bedeutet das insb., dass als passivierungsfähige Schulden grundsätzlich nur Leistungsverpflichtungen gegenüber Dritten in Betracht kommen **(Außenverpflichtungsprinzip)**. Die vormals in § 249 Abs. 1 Satz 2 Nr. 1 und Satz 3 HGB a. F. geregelten Rückstellungen für unterlassene Instandhaltung und Abraumbeseitigung stellten Ausnahmen von dem handelsrechtlichen Grundsatz dar, keinen Ansatz von **Innenverpflichtungen** im Sinn von „Verpflichtungen gegen sich selbst"[308] zuzulassen.[309]

Die Aufhebung der Wahlrechte zur Passivierung von Aufwandsrückstellungen ist insb. vor dem Hintergrund der damit verbundenen Gestaltungsspielräume grundsätzlich auf Zustimmung gestoßen.[310]

§ 249 Abs. 1 Satz 3 HGB a. F. ließ die Passivierung von Aufwandsrückstellungen – im handelsrechtlichen Sinn also von Schulden – zu, denen bei wirtschaftlicher Be-

---

[307] Vgl. Drinhausen/Drehmel, DB 2008, Beilage 1, S. 36.
[308] BFH-Urt. v. 19.1.1972, I 114/65, BStBl. II 1972, S. 392.
[309] Vgl. Drinhausen/Drehmel, DB 2008, Beilage 1, S. 36.
[310] Vgl. Schulze-Osterloh, BB 2003, S. 351 m. w. N.

trachtung eher der **Charakter von Rücklagen** zukam. Der Ansatz dieser Rückstellungen führte nach der Regierungsbegründung zu einer für die Abschlussadressaten irreführenden Darstellung der Vermögenslage im handelsrechtlichen Jahresabschluss – statt eigener Mittel hat das Unternehmen Schulden ausgewiesen. Darüber hinaus sei die Darstellung der Ertragslage verfälscht worden, da die Zuordnung von Aufwendungen nicht periodengerecht erfolgte. Die Aufhebung des § 249 Abs. 1 Satz 3 HGB a. F. habe mithin das Informationsniveau des handelsrechtlichen Jahresabschlusses erhöht (vgl. BT-Drucks. 16/10067, S. 50).

Darüber hinaus resultiert aus der Aufhebung der Vorschrift eine Annäherung der handelsrechtlichen Rechnungslegung an internationale Vorstellungen. Nach international anerkannten Bilanzierungskonventionen (vgl. z. B. IAS 37.20) ist die Bildung von Rückstellungen für Innenverpflichtungen nicht zulässig (vgl. BT-Drucks. 16/10067, S. 50 f.).

Die Regierungsbegründung betont, die Aufhebung des § 249 Abs. 1 Satz 3 HGB a. F. ziehe gleichzeitig eine Verbreiterung der **Eigenkapitalbasis** der Unternehmen mit der Folge einer Verbesserung der grundlegenden Voraussetzungen zur Eigen- und Fremdkapitalbeschaffung nach sich (vgl. BT-Drucks. 16/10067, S. 51). Diese Schlussfolgerung erscheint beschönigend. Jahresabschlüsse stellen nur einen Baustein einer Reihe für die Entscheidungsfindung von Kapitalgebern relevanter Unterlagen dar. Unabhängig davon war es den Bilanzierenden schon bislang unbenommen, durch Verzicht auf die Ausübung des Passivierungswahlrechts ein höheres Eigenkapital auszuweisen.

Die Aufhebung des § 249 Abs. 1 Satz 3 HGB a. F. steht im Einklang mit Art. 20 der Bilanzrichtlinie. In steuerlicher Hinsicht ergeben sich aus dem Verbot optionaler Rückstellungen für unterlassene Instandhaltungen keine Konsequenzen. Das handelsrechtliche Passivierungswahlrecht führte nach dem Maßgeblichkeitsgrundsatz in der Auslegung des BFH zu einem steuerlichen Passivierungsverbot. Die Bildung der Rückstellung erfolgte also handelsrechtlich aus versteuerten Gewinnen. Aus Vereinfachungs- und Praktikabilitätsgründen halten es die Bundesregierung und der Rechtsausschuss daher für vertretbar, in Art. 67 Abs. 3 EGHGB die direkte **Umbuchung** der unter den Aufwandsrückstellungen erfassten Beträge – außerhalb der Gewinn- und Verlustrechnung – in die **Gewinnrücklagen** vorzusehen, sofern nicht von dem Wahlrecht zur Beibehaltung Gebrauch gemacht werden soll (vgl. BT-Drucks. 16/10067, S. 51; BT-Drucks. 16/12407, S. 127; zu Einzelheiten der Übergangsregelung vgl. Gliederungspunkte 1.2.4 und 1.2.5).

Verschiedentlich wurde vorgeschlagen, § 249 Abs. 1 Satz 2 HGB ebenfalls aufzuheben. Auch die Rückstellung für unterlassene Instandhaltung nach § 249 Abs. 1 Satz 2 Nr. 1 Alt. 1 HGB und die Rückstellung für Abraumbeseitigung nach § 249 Abs. 1 Satz 2 Nr. 1 Alt. 2 HGB stellen bloße Innenverpflichtungen dar. Bei der in 249 Abs. 1 Satz 2 Nr. 2 HGB angesprochenen Rückstellung für Gewährleistung, die ohne rechtliche Verpflichtung erbracht werden, handelt es sich dagegen um einen Anwendungsfall der Verbindlichkeitsrückstellung. Der Vorschrift kommt lediglich deklaratorischer Charakter zu. Gleichwohl hat der Gesetzgeber den Vorschlag zur Aufhebung des § 249 Abs. 1 Satz 2 HGB nicht aufgegriffen. Folgt man der Regierungsbegründung, war ausschlaggebend dafür, dass § 249 Abs. 1 Satz 2 HGB kein Passivierungswahlrecht, sondern eine **Passivierungspflicht** begründet, die auch **steuerliche Wirkung** entfaltet (vgl. BT-Drucks. 16/10067, S. 51). Damit bekräftigt der Gesetzgeber die Fortgeltung der bisherigen Verknüpfung der handelsrechtlichen Grundsätze ordnungsmäßiger Bilanzierung mit den Vorschriften zur Steuerbemessung über das Maßgeblichkeitsprinzip ungeachtet der Aufhebung der umgekehrten Maßgeblichkeit.[311]

Gegen diese Entscheidung ist eingewendet worden, mit ihr wiederhole der Gesetzgeber den in der Vergangenheit häufig gemachten Fehler, im Interesse eines steuerlichen Effekts das Handelsbilanzrecht zu deformieren: Um die in § 249 Abs. 1 Satz 2 HGB geregelten Rückstellungsmöglichkeiten für steuerliche Zwecke zu erhalten, hätte diese Regelung in § 5 EStG übernommen werden können.[312] Damit wäre mit letzter Konsequenz der gesamte Kanon der Aufwandsrückstellungen aus dem HGB verbannt und eine weitere Annäherung an international vorherrschende Bilanzierungsvorstellungen erreicht worden.

1.2.3 Aufhebung von § 249 Abs. 2 HGB a. F.

§ 249 Abs. 2 HGB a. F. ist dem BilMoG ebenfalls zum Opfer gefallen. Nach § 249 Abs. 2 HGB a. F. durften bislang Rückstellungen für ihrer Eigenart nach genau umschriebene, dem Geschäftsjahr oder einem früheren Geschäftsjahr zuzuordnende Aufwendungen gebildet werden, die am Abschlussstichtag wahrscheinlich oder sicher, aber hinsichtlich ihrer Höhe oder des Zeitpunkts ihres Eintritts unbestimmt sind. Von praktischer Bedeutung ist § 249 Abs. 2 HGB a. F. insb. für regelmäßig und in größerem zeitlichem Abstand anfallende Generalüberholungen und Instandsetzungsmaßnahmen oder für Großreparaturen.

Die Vorschrift erlaubte, ebenso wie § 249 Abs. 1 Satz 3 HGB a. F., den Ausweis von Aufwandsrückstellungen, denen **wirtschaftlich der Charakter von Rücklagen** zukommt. Damit trug auch sie zu einer irreführenden Darstellung der Vermögenslage eines Unternehmens bei. Die sehr offene Formulierung in § 249 Abs. 2 HGB a. F. beeinträchtigte dabei die Nachvollziehbarkeit der zugrunde liegenden Sachverhalte noch stärker als im Fall der Aufwandsrückstellungen nach § 249 Abs. 1 Satz 3 HGB a. F. Die Aufhebung des § 249 Abs. 2 HGB a. F. führt damit zu einer besseren Information der Abschlussadressaten. Steuerliche Implikationen sind mit dieser Reformmaßnahme nicht verbunden. Auch stehen ihr keine Vorschriften der Bilanzrichtlinie entgegen (vgl. BT-Drucks. 16/10067, S. 51).

Aufwandsrückstellungen nach § 249 Abs. 2 HGB a. F. wurden nach altem Bilanzrecht in erster Linie für Generalüberholungen, Großwartungen und Sicherheitsinspektionen gebildet, zu denen das Unternehmen rechtlich nicht verpflichtet ist. Das hat es erlaubt, die stoßweise anfallenden Aufwendungen über einen längeren Zeitraum zu verteilen.

---

[311] Vgl. Stibi/Fuchs, DB 2008, Beilage 1, S. 9.
[312] Vgl. Schulze-Osterloh, DStR 2008, S. 64.

International sind derartige Aufwandsrückstellungen unbekannt. Nach IFRS kommt die Aufgabe der angemessenen Aufwandsperiodisierung stattdessen dem Komponentenansatz nach IAS 16.34 zu. Er sieht eine Aufteilung von Sachanlagen in wesentliche Komponenten mit unterschiedlicher Nutzungsdauer und deren separate Abschreibung vor. Die Komponenten müssen nicht physisch greifbar sein. Das Ziel des Komponentenansatzes besteht vielmehr darin, abgrenzbare Nutzenpotenziale zu identifizieren und diesen Teile der Anschaffungskosten des Vermögenswerts zuzurechnen, die sodann entsprechend dem Verbrauch des wirtschaftlichen Nutzens abgeschrieben werden (vgl. hierzu das Beispiel in Abschnitt 2, Gliederungspunkt 2.4.1.3).

Aufgrund dieser Besonderheit der internationalen Rechnungslegung ist die Auffassung vertreten worden, durch die Abschaffung der optionalen Aufwandsrückstellungen komme es – entgegen der Intention des Gesetzgebers – realiter nicht zu einer Angleichung an internationale Rechnungslegungsvorschriften, sondern sogar zu einer **Benachteiligung der HGB-Bilanzierer**, da diesen kein vergleichbares Instrument zur Periodisierung solcher stoßweise anfallenden Aufwendungen mehr zur Verfügung stehe.[313] Der HFA des IDW sieht demgegenüber auch im Bilanzrecht des HGB Raum für den Komponentenansatz. Das soll allerdings nur gelten, soweit der betreffende Vermögensgegenstand mehrere physische separierbare Komponenten umfasst, die eine unterschiedliche Nutzungsdauer aufweisen und in Relation zum gesamten Sachanlagegut wesentlich sind.[314] Nach diesem Verständnis ist eine differenzierte Abschreibung von Anlagegütern mit Blick auf in der Zukunft durchzuführende Großreparaturen oder Sicherheitsinspektionen mangels physischen Austauschs wesentlicher separierbarer Komponenten ausgeschlossen.[315] Diese HGB-spezifische Deutung des Komponentenansatzes kann nicht überzeugen (vgl. hierzu Abschnitt 2, Gliederungspunkt 2.4.1.3).

Die redaktionellen Änderungen des bisherigen § 249 Abs. 3 HGB a. F. folgen aus der Aufhebung des § 249 Abs. 2 HGB a. F.

1.2.4 Erstmalige Anwendung, Übergangsregelung und steuerliche Folgen

Die durch das BilMoG geänderte Fassung der Ansatzregelung für Rückstellungen gilt für alle bilanzierenden Kaufleute. § 249 HGB ist **erstmals** auf Jahres- und Konzernabschlüsse für Geschäftsjahre anzuwenden, die nach dem **31.12.2009** beginnen (vgl. Art. 66 Abs. 3 EGHGB). Eine vorzeitige Anwendung für Geschäftsjahre, die nach dem **31.12.2008** beginnen, ist zulässig, allerdings nur im Verbund mit allen anderen in Art. 66 Abs. 3 EGHGB bezeichneten Vorschriften und unter Aufnahme eines entsprechenden Hinweises in den Anhang.

Die nach bisherigem Recht gebildeten optionalen Aufwandsrückstellungen dürfen unter Anwendung der für sie geltenden Vorschriften in der bis zum Inkrafttreten des

---

[313] Vgl. Oser u. a., WPg 2008, S. 52.
[314] Vgl. IDW RH HFA 1.016, IDW-FN 2009, S. 362, Tz. 5.
[315] Vgl. IDW RH HFA 1.016, Tz. 7.

BilMoG geltenden Fassung **ganz oder teilweise beibehalten** werden (vgl. Art. 67 Abs. 3 EGHGB sowie die Erläuterungen in Kapitel 1, Gliederungspunkt 2.2). Alternativ steht es dem Bilanzierenden frei, die nach BilMoG nicht mehr zulässigen Rückstellungen ganz oder teilweise aufzulösen. Soweit die Rückstellungen in Jahres- oder Konzernabschlüssen für Geschäftsjahre gebildet wurden, die vor dem 1.1.2010 beginnen, ist die Auflösung erfolgsneutral durch unmittelbare Umbuchung der betreffenden Beträge in die **Gewinnrücklagen** vorzunehmen. Rückstellungszuführungen im letzten vor dem 1.1.2010 beginnenden Geschäftsjahr sind demgegenüber **erfolgswirksam** unter Ausweis eines außerordentlichen Ertrags in der Gewinn- und Verlustrechnung aufzulösen (vgl. Art. 67 Abs. 3 Satz 2 EGHGB). Weitere Zuführungen zu in der Vergangenheit gebildeten optionalen Aufwandsrückstellungen sind unter BilMoG nicht mehr zulässig. Das gilt auch für Ansammlungsrückstellungen (z. B. für längerfristige Generalüberholungen), deren ursprünglicher Ansammlungszeitraum über das Ende des letzten nach HGB a. F. darzustellenden Geschäftsjahrs hinausreicht.

Nach den Erläuterungen des Rechtsausschusses wurden die im letzten vor dem 1.1.2010 beginnenden Geschäftsjahr gebildeten Aufwandsrückstellungen „von dem Beibehaltungswahlrecht ausgenommen" (BT-Drucks. 16/12407, S. 127), um zu verhindern, dass diese allein mit dem Ziel gebildet werden, sie im Folgejahr unmittelbar in die Gewinnrücklagen umzugliedern (vgl. BT-Drucks. 16/12407, S. 127). Die Begründung des Ausschusses ist missverständlich. Art. 67 Abs. 3 Satz 2 EGHGB beschneidet nicht das Recht, die betreffenden Passivposten über den 31.12.2009 hinaus beizubehalten. Die Vorschrift untersagt lediglich die direkte Umbuchung der in diesem Zeitraum gebildeten Aufwandsrückstellungen. Das geht unmissverständlich aus dem Wortlaut des Art. 67 Abs. 3 Satz 2 EGHGB hervor, der eine erfolgswirksame Auflösung der im letzten vor dem 1.1.2010 beginnenden Geschäftsjahr erfolgten Rückstellungszuführungen nur anordnet, soweit der Bilanzierende das Beibehaltungswahlrecht nicht in Anspruch nimmt.

Nach Art. 67 Abs. 7 EGHGB sind **Aufwendungen und Erträge**, die aus der Anwendung der Übergangsvorschriften resultieren und nicht unmittelbar mit den Gewinnrücklagen verrechnet bzw. unmittelbar in die Gewinnrücklagen eingestellt werden dürfen, in der Gewinn- und Verlustrechnung gesondert unter den Posten ‚außerordentliche Aufwendungen' bzw. ‚außerordentliche Erträge' auszuweisen. Die Vorschrift soll nach der Begründung des Rechtsausschusses eine Verwässerung des Betriebs- und des Finanzergebnisses durch die Umstellungseffekte vermeiden (vgl. BT-Drucks. 16/12407, S. 128).

Die folgende Abb. 77 fasst die Übergangsregelung zum Verbot der Passivierung optionaler Aufwandsrückstellungen zusammen.

| Übergang auf das Verbot optionaler Aufwandsrückstellungen |||
Letztmalige Anwendung	Übergang	Steuerliche Folgen
• Grundsatz: Jahres- und Konzernabschlüsse für vor dem 1.1.2010 beginnende Geschäftsjahre • Bei vorzeitigem Übergang auf die Vorschriften des BilMoG: Jahres- und Konzernabschlüsse für vor dem 1.1.2009 beginnende Geschäftsjahre Art. 66 Abs. 5 EGHGB	• Wahlrecht » Teilweise oder vollständige Fortführung der nach § 249 HGB a.F. gebildeten optionalen Aufwandsrückstellungen nach den für sie geltenden Vorschriften des HGB a.F. » Auflösung der nach BilMoG nicht mehr zulässigen Rückstellungen • Auswirkungen der Auflösung » Auflösungen von Rückstellungsbeträgen, die im letzten vor dem 1.1.2010 beginnenden Geschäftsjahr zugeführt wurden, sind erfolgswirksam im Posten ‚außerordentliche Erträge' zu erfassen » In früheren Geschäftsjahren zugeführte Beträge sind erfolgsneutral in die Gewinnrücklagen umzugliedern Art. 67 Abs. 3 EGHGB	• Keine • Fortgeltung des steuerlichen Ansatzverbots

Abb. 77: Übergang auf Ansatzverbot optionaler Aufwandsrückstellungen nach BilMoG

1.2.5 Fallbeispiel

Das folgende Beispiel verdeutlicht die Auswirkungen des Wegfalls der Passivierungswahlrechte für die bislang zulässigen optionalen Aufwandsrückstellungen beim Übergang auf die Vorschriften des BilMoG.

Beispiel

Sachverhalt:

T ist ein vom Mutterunternehmen M in dessen HGB-Konzernabschluss einbezogenes Tochterunternehmen. T hat vertraglich geschuldete Renovierungsarbeiten in den vom Mutterunternehmen angemieteten Büroräumen im Geschäftsjahr 2008 nicht durchgeführt. Die Nachholung soll Mitte des kommenden Geschäftsjahrs erfolgen. Das TU rechnet mit Kosten in Höhe von 80 TEUR, für die es zum 31.12.2008 eine Rückstellung angesetzt hat. Tatsächlich fallen am 15.6.2009 Aufwendungen von 95 TEUR an.

Zu beurteilen ist die Behandlung der Rückstellung im Jahresabschluss von T und im Konzernabschluss von M jeweils zum 31.12.2009. Beide Gesellschaften wenden die Vorschriften des BilMoG vorzeitig bereits im Geschäftsjahr 2009 an. Jahres- und Konzernabschluss sind vor (**Fall a**) bzw. nach (**Fall b**) dem 29.5.2009 festgestellt bzw. gebilligt worden.

Der kumulierte Ertragsteuersatz von M beträgt 30 %. Der Konzern verfügt zum 31.12.2009 über keine aktiven latenten Steuern. Unter dem bisherigen Bilanzrecht haben weder T noch M latente Steuern gebildet.

Beurteilung:

Jahresabschluss von T:

Die unterlassenen Renovierungsarbeiten begründen einen Erfüllungsrückstand aus dem Mietvertrag, für den eine Verbindlichkeitsrückstellung zu bilden ist. Die Streichung der Ansatzwahlrechte für Aufwandsrückstellungen betrifft diese Rückstellung nicht. Fallen die Renovierungsaufwendungen im Geschäftsjahr 2009 an, ist die Rückstellung erfolgsneutral in Anspruch zu nehmen. Der Mehraufwand von 15 TEUR stellt einen sonstigen betrieblichen Aufwand dar, der das Betriebsergebnis belastet. Am 15.6.2009 bucht T somit wie folgt (Angaben in EUR):

Datum	Konto	Soll	Haben
	Sonstige Rückstellungen	80.000	
	Sonstige betriebliche Aufwendungen	15.000	
15.6.2009	Bank		95.000

Konzernabschluss von M:

Aus Konzernsicht liegt eine Innenverpflichtung vor, für die keine Rückstellung anzusetzen ist. Nach altem Recht durfte M für die unterlassene Instandhaltung der eigenen Räume eine Aufwandsrückstellung nach § 249 Abs. 1 Satz 3 HGB a. F. bilden. In diesem Fall war die Verbindlichkeitsrückstellung aus dem Jahresabschluss von T in den Konzernabschluss zu übernehmen.

Nach den durch das BilMoG modifizierten Ansatzvorschriften für Rückstellungen ist eine Passivierung der Innenverpflichtung nicht mehr zulässig. Hat M vom Ansatzwahlrecht des § 249 Abs. 1 Satz 3 HGB a. F. zum 31.12.2008 Gebrauch gemacht, kann der Vorgang im Konzernabschluss zum 31.12.2009 in zweifacher Weise dargestellt werden. Entscheidet sich M in Anwendung des Art. 67 Abs. 3 EGHGB für die Beibehaltung der Aufwandsrückstellung, ist keine Anpassungsbuchung veranlasst, da der Vorgang im Konzernabschluss in Übereinstimmung mit dem Jahresabschluss von T dargestellt wird.

Alternativ hat M die Möglichkeit, die Aufwandsrückstellung zum 1.1.2009 aufzulösen. Fraglich ist, ob die Auflösung erfolgswirksam oder erfolgsneutral vorzunehmen ist. Nach Ansicht des HFA des IDW ist wie folgt zu differenzieren: Ist der Konzernabschluss von M noch vor Inkrafttreten des BilMoG gebilligt worden, ist die Aufwandsrückstellung erfolgsneutral aufzulösen. Andernfalls ist – in sinngemäßer Anwendung des Art. 67 Abs. 3 Satz 2 zweiter Halbsatz EGHGB – eine erfolgswirksame Auflösung geboten.[316] Diese Unterscheidung trägt dem Regelungszweck der Übergangsvorschrift Rechnung. Unter HGB a. F. vorgenommene erfolgswirksame bilanzpolitische Maßnahmen sollen nur dann erfolgsneutral korrigiert werden, wenn bei ihrer Vornahme die Rechtsfolgen des BilMoG noch nicht bekannt waren, der Bilanzierende mithin die erfolgsneutrale Korrektur der Maßnahme nicht in sein Kalkül einbeziehen konnte. Angewendet auf das Beispiel folgt daraus: Im **Fall a** (Billigung des Konzernabschlusses vor dem 29.5.2009) erfolgt die Auflösung der Aufwandsrückstellung erfolgsneutral durch Umgliederung des passivierten Betrags in die Gewinnrücklagen. Für die sich dadurch ergebende temporäre Differenz von 80 TEUR sind im Konzernabschluss passive latente Steuern von 24 TEUR (= 30 % von 80 TEUR) zu bilden. Auch ihre Einbuchung ist erfolgsneutral (vgl. Art. 67 Abs. 6 EGHGB). Die Auflösung der Aufwandsrückstellung erfordert damit folgende Buchungen (Angaben in EUR):

Datum	Konto	Soll	Haben
	Sonstige Rückstellungen	80.000	
1.1.2009	(Konzern-) Gewinnrücklagen		80.000

Datum	Konto	Soll	Haben
	(Konzern-) Gewinnrücklagen	24.000	
1.1.2009	Passive latente Steuern		24.000

Im **Fall b** (Billigung des Konzernabschlusses nach dem 29.5.2009) ist die Rückstellung erfolgswirksam durch Ausweis eines außerordentlichen Ertrags in der Gewinn- und Verlustrechnung aufzulösen. Dementsprechend sind auch die passiven latenten Steuern erfolgswirksam zu erfassen. Es ergeben sich folgende Buchungen (Angaben in EUR):

Datum	Konto	Soll	Haben
	Sonstige Rückstellungen	80.000	
1.1.2009	Außerordentliche Erträge		80.000

Datum	Konto	Soll	Haben
	Latenter Steueraufwand	24.000	
1.1.2009	Passive latente Steuern		24.000

Fallen am 15.6.2009 die Renovierungsaufwendungen an, sind sie – da die Rückstellung im Konzernabschluss aufgelöst wurde – erfolgswirksam zu berücksichtigen. Im Vergleich zum Jahresabschluss von T sind damit zusätzlich 80.000 EUR Aufwand zu erfassen. Als Gegenbuchung ist die Inanspruchnahme der Rückstellung zu stornieren. Gleichzeitig entfällt die temporäre

---

[316] Vgl. IDW RS HFA 28, IDW-FN 2009, S. 642, Tz. 13.

Differenz zur Steuerbilanz. Das erfordert die erfolgswirksame Auflösung der passiven latenten Steuer. Auf diese Weise wird der Steueraufwand des Konzerns entlastet und an das im Vergleich zur Steuerbilanz von T niedrigere Konzernergebnis angepasst (Angaben in EUR). Einer Unterscheidung zwischen **Fall a** und **Fall b** bedarf es insoweit nicht.

Datum	Konto	Soll	Haben
	Sonstige betriebliche Aufwendungen	80.000	
15.6.2009	Sonstige Rückstellungen		80.000

Datum	Konto	Soll	Haben
	Passive latente Steuern	24.000	
15.6.2009	Steueraufwand		24.000

Sachverhalt – Fortsetzung:

Zum 1.1.2008 hat T ferner mit einem Maschinenbauer einen Wartungsvertrag für eine Hochleistungsstanzmaschine abgeschlossen, der eine Generalüberholung mit Austausch der Verschleißteile in drei Jahren zum Preis von 750 TEUR vorsieht. Zum 31.12.2008 wurde für diesen Vertrag eine Rückstellung in Höhe von 250 TEUR gebildet.

Beurteilung:

Jahresabschluss von T:

Die Verpflichtung aus dem Wartungsvertrag stellt als Teil eines schwebenden Geschäfts keine passivierungspflichtige Schuld dar. Bei der für die Kosten der Generalüberholung gebildeten Rückstellung handelt es sich mithin um eine Aufwandsrückstellung nach § 249 Abs. 2 HGB a. F. Sie kann nach Art. 67 Abs. 3 Satz 1 EGHGB ganz oder teilweise beibehalten oder aufgelöst werden. Im Fall einer Beibehaltung ändert sich an der bisherigen Bilanzierung nichts. Eine weitere Zuführung zur Ansammlungsrückstellung kommt allerdings nicht in Betracht. Fallen die Aufwendungen für die Wartung an, ist die Rückstellung in Anspruch zu nehmen. Ein Mehraufwand erfasst T als sonstiger betrieblicher Aufwand.

Entscheidet sich T für die Auflösung der Rückstellung im Übergang auf das BilMoG, ist diese nach sinngemäßer Anwendung des Art. 67 Abs. 3 Satz 2 EGHGB in **Fall a** unmittelbar in die Gewinnrücklagen umzugliedern, in **Fall b** erfolgswirksam aufzulösen. Eine Notwendigkeit zur Bilanzierung latenter Steuern ergibt sich mangels steuerlicher Anerkennung der vormals gebildeten Rückstellung nicht. In diesem Fall ist wie folgt zu buchen (Angaben in EUR):

Datum	Konto	Soll	Haben
	Sonstige Rückstellungen	250.000	
1.1.2009	Gewinnrücklagen		250.000

Konzernabschluss von M:

Es ergibt sich die gleiche Beurteilung wie aus Einzelabschlusssicht. Zusätzliche Buchungen sind nicht veranlasst.

Sachverhalt – Variante:

Es gelten die Daten des Ausgangsfalls mit folgender Modifikation: T und M wenden die durch das BilMoG modifizierten Vorschriften erstmals im Jahres- bzw. Konzernabschluss zum 31.12.2010 an. Die unterlassene Instandhaltung fällt in das Geschäftsjahr 2009. Wie im Ausgangsfall soll der Wartungsvertrag zum 1.1.2008 abgeschlossen worden sein. Bis zum 31.12.2009 hat T dafür eine Aufwandsrückstellung von 500.000 EUR angesammelt.

Beurteilung (unterlassene Renovierungsarbeiten):

Jahresabschluss von T:

Es ergibt sich die gleiche Beurteilung wie im Ausgangsfall. Die zum 31.12.2009 gebildete Rückstellung ist bis zur Inanspruchnahme von T im Geschäftsjahr 2010 als Verbindlichkeitsrückstellung nach § 249 Abs. 1 Satz 1 HGB beizubehalten und fortzuführen.

Konzernabschluss von M:

Für die aus Konzernsicht bestehende Innenverpflichtung wegen unterlassener Instandhaltung der eigenen Räume durfte M zum 31.12.2009 eine Aufwandsrückstellung nach § 249 Abs. 1 Satz 3 HGB a. F. bilden. In diesem Fall ist – wie im Ausgangsfall – die Verbindlichkeitsrückstellung aus dem Jahresabschluss von T in den Konzernabschluss zu übernehmen. Der Anfall der Aufwendungen bei T erfordert keine zusätzlichen Buchungen auf Konzernebene.

Entscheidet sich M für die Auflösung der Aufwandsrückstellung im Jahr der Erstanwendung der Vorschriften des BilMoG, kommt eine unmittelbare Umgliederung des Passivpostens in die Gewinnrücklagen nicht in Betracht. Die Anwendung dieser Übergangsregelung schließt Art. 67 Abs. 3 Satz 2 EGHGB für solche Zuführungen aus, die im letzten vor dem 1.1.2010 beginnenden Geschäftsjahr erfolgt sind. Stattdessen ist die Auflösung erfolgswirksam in der Gewinn- und Verlustrechnung zu berücksichtigen und führt zum Ausweis eines außerordentlichen Ertrags (vgl. Art. 67 Abs. 7 EGHGB). Korrespondierend mit dieser Verfahrensweise sind nunmehr auch passive latente Steuern für die sich ergebende temporäre Differenz zur Steuerbilanz erfolgswirksam zu bilden. Demnach ist wie folgt zu buchen (Angaben in EUR):

Beurteilung (Wartungsvertrag):

Jahresabschluss von T:

Die im Jahresabschluss zum 31.12.2009 von T nach § 249 Abs. 2 HGB a. F. gebildete Aufwandsrückstellung für die Kosten der Generalüberholung darf gemäß Art. 67 Abs. 3 EGHGB beibehalten oder aufgelöst werden. Im Fall der Beibehaltung besteht kein Anpassungsbedarf. Wiederum darf T im Geschäftsjahr 2010 keine Zuführung zur Ansammlungsrückstellung vornehmen.

Soll die Rückstellung im Übergang auf die Vorschriften des BilMoG aufgelöst werden, ist wie folgt zu differenzieren: Der in 2008 gebildete Teil der Rückstellung ist erfolgsneutral in die Rücklagen umzugliedern. Die Zuführung aus 2009 muss dagegen erfolgswirksam zurückgenommen werden und führt zum Ausweis eines außerordentlichen Ertrags im Geschäftsjahr 2010. Latente Steuern fallen nicht an. T bucht wie folgt (Angaben in EUR):

Datum	Konto	Soll	Haben
	Sonstige Rückstellungen	500.000	
	Gewinnrücklagen		250.000
1.1.2009	außerordentlicher Ertrag		250.000

Konzernabschluss von M:

Es ergibt sich die gleiche Beurteilung wie aus Einzelabschlusssicht. Zusätzliche Buchungen sind nicht veranlasst.

1.3 Rückstellungen für Pensionen und ähnliche Verpflichtungen

Das Handelsrecht unterscheidet auch nach den Änderungen des BilMoG bei der Bilanzierung von Pensionsverpflichtungen dem Grunde nach wie bisher zwischen **mittelbaren und unmittelbaren Verpflichtungen**. Unmittelbare Verpflichtungen liegen vor, wenn die aus der arbeitsrechtlichen Zusage gewachsene Leistungsverpflichtung seitens des Arbeitgebers direkt gegenüber dem Arbeitnehmer bzw. der leistungsberechtigten Person besteht. Mittelbare Verpflichtungen bestehen gegenüber einem mit der Abwicklung der betrieblichen Altersversorgung betrauten Rechtsträger (bspw. einer Unterstützungskasse). Sie äußern sich bspw. in einer latenten Einstandspflicht des Trägerunternehmens aus einer Unterdeckung des Kassenvermögens einer Unterstützungskasse.

Da die gemäß § 249 Abs. 1 HGB bestehende **grundsätzliche Passivierungspflicht** von Pensionsverpflichtungen weiterhin durch Art. 28 EGHGB eingeschränkt wird (vgl. Abb. 78), hat diese Unterteilung unverändert erhebliche bilanzielle Bedeutung. Nach Art. 28 Abs. 1 Satz 1 EGHGB besteht für unmittelbare Zusagen, die vor dem 1.1.1987 erteilt wurden (Altzusagen), und deren Erhöhung in Folgejahren sowie für

Abschnitt 4: Bilanzierung der Rückstellungen

sämtliche mittelbaren und ähnliche unmittelbaren und mittelbaren Pensionsverpflichtungen gemäß Art. 28 Abs. 1 Satz 2 EGHGB unabhängig vom Zusagezeitpunkt lediglich ein **Passivierungswahlrecht**. Ein etwaiger Fehlbetrag ist nach Art. 28 Abs. 2 EGHGB im Anhang anzugeben.

Passivierung von Pensionsverpflichtungen nach HGB a.F. und BilMoG		
Arten von Pensionsverpflichtungen iwS		
Unmittelbare Pensionsverpflichtungen	Mittelbare Pensionsverpflichtungen	Unmittelbare und mittelbare ähnliche Verpflichtungen
Verpflichtungen, die ohne Zwischenschaltung eines anderen Rechtsträgers (zB Unterstützungskasse) zwischen dem Unternehmen und einem Anspruchsberechtigten bestehen	• Ein anderer Rechtsträger wird zur Erfüllung der Pensionsverpflichtung eingeschaltet • Das Trägerunternehmen hat für die Erfüllung einzustehen	• Die hM sieht bislang keine Anwendungsfälle für unmittelbare und mittelbare ähnliche Verpflichtungen • Auffangvorschrift für mögliche künftige Anwendungsfälle
• Passivierungspflicht bei Zusagen nach dem 31.12.1986 • Passivierungswahlrecht bei Zusagen vor dem 1.1.1987 § 249 Abs. 1 Satz 1 HGB Art. 28 Abs. 1 Satz 1 EGHGB	Passivierungswahlrecht Art. 28 Abs. 1 Satz 2 EGHGB	Passivierungswahlrecht Art. 28 Abs. 1 Satz 2 EGHGB
Ansatzregelung nach HGB a.F. und BilMoG		

Abb. 78: Arten von Pensionsverpflichtungen und Ansatzregelungen

Das Passivierungswahlrecht ist von Beginn an aus verschiedenen Gründen in der Literatur kritisiert worden. Bemängelt wurde die unklare Abgrenzung zwischen unmittelbaren und mittelbaren Verpflichtungen und in materieller Hinsicht der unzutreffende Schuldausweis.

Der RefE BilMoG sah noch die Streichung des Art. 28 Abs. 1 Satz 2 EGHGB vor. Durch diese Änderung wären neben den unmittelbaren Neuzusagen auch alle mittelbaren Pensionsverpflichtungen zu passivieren gewesen, da sie unter die grundsätzliche Passivierungspflicht der ungewissen Verbindlichkeiten nach § 249 Abs. 1 HGB gefallen wären. Entsprechend der in der Vergangenheit vorgebrachten Kritik war die vorgesehene Streichung des Art. 28 Abs. 1 Satz 2 EGHGB allgemein auf Zustimmung gestoßen.[317] Das Passivierungswahlrecht des Art. 28 Abs. 1 Satz 1 EGHGB sollte jedoch fortbestehen. Demnach wäre über sog. Altzusagen weiterhin lediglich im Anhang zu berichten gewesen. Da die Regelung des RefE BilMoG damit eine kaum begründbare Ungleichbehandlung von Pensionsverpflichtungen zur Folge gehabt hätte, wurde sie dementsprechend als ‚halbherzig' kritisiert.

---

[317] Vgl. Schulze-Osterloh, DStR 2008, S. 64; IDW, Stellungnahme zum Referentenentwurf eines Gesetzes zur Modernisierung des Bilanzrechts (Bilanzrechtsmodernisierungsgesetz – BilMoG), abrufbar unter: http://www.idw.de/idw/download/BilMoG.pdf?id=425274& property= Inhalt (Stand: 10.8.2010), S. 32; Arbeitskreis Bilanzrecht der Hochschullehrer Rechtswissenschaft, BB 2008, S. 153.

Dieser Kritik trägt das Gesetz nicht Rechnung. Beide Passivierungswahlrechte gelten unter BilMoG fort. Auf der Zielgerade hat den Gesetzgeber in dieser Frage der Mut verlassen, und er hat den Reformgedanken „aus Gründen der Rechtssicherheit" (BT-Drucks. 16/10067, S. 39) wieder verworfen. Zudem kommt nach Ansicht der Bundesregierung dem Wahlrecht keine größere Bedeutung bei, da es „für den ganz überwiegenden Teil der mittelbaren Pensionsverpflichtungen, schon mangels Vorliegens der zu einer Rückstellungsbildung verpflichtenden Tatbestandsvoraussetzung, eigentlich keine konstitutive Wirkung entfaltet" (BT-Drucks. 16/10067, S. 39).

Die Begründung wirkt fadenscheinig. Unklar bleibt, warum eine Streichung des Passivierungswahlrechts das Gebot der Rechtssicherheit gefährdet hätte bzw. welches schutzwürdige Interesse den Unternehmen aus dem Passivierungswahlrecht erwachsen sein könnte. Bei optionalen Aufwandsrückstellungen gab es eine vergleichbare Sorge nicht. Die weitere Begründung, „für den Bereich der umlagefinanzierten Zusatzversorgung des öffentlichen Dienstes fehlt es nach der Rechtsprechung des Bundesfinanzhofs an der Wahrscheinlichkeit der Inanspruchnahme der Trägerunternehmen und damit an einer Verpflichtung zur Bildung einer Rückstellung nach § 249 Abs. 1 Satz 1 HGB" (BT-Drucks. 16/10067, S. 39), lässt eher einen politisch motivierten Beweggrund für die Beibehaltung des Wahlrechts vermuten.[318] Anders als der Hauptfachausschuss des IDW[319] stuft der BFH die Verpflichtung der Gebietskörperschaft gegenüber den Pensionsberechtigten als mittelbare Verpflichtung ein.[320] Als solche wären die zahlreichen Pensionsverpflichtungen von Kommunen möglicherweise doch passivierungspflichtig geworden, wenn der Gesetzgeber das Übergangswahlrecht des Art. 28 Abs. 1 Satz 2 EGHGB aufgehoben hätte. Möglicherweise wollte man den Kommunen diese „Belastung" beim Übergang von der Kameralistik auf die Doppik ersparen.

Zum Passivierungswahlrecht für **Altzusagen** heißt es in der Regierungsbegründung, die Aufhebung sei obsolet, da zu erwarten sei, „dass sich die Altzusagen im Sinn des Artikels 28 Abs. 1 Satz 1 EGHGB innerhalb des vorgesehenen Ansammlungszeitraums von 15 Jahren [...] weitestgehend abbauen" werden (BT-Drucks. 16/10067, S. 38 f.). Im Ergebnis ist die Begründung nachvollziehbar. Spätestens bis zum Ende der in Art. 67 Abs. 1 Satz 1 EGHGB vorgesehenen Übergangsregelung für die Neubewertung von Pensionsverpflichtungen im Jahr 2024 werden die vor dem 1.1.1987 gewährten Pensionszusagen durch Ableben der Berechtigten für die Darstellung der Vermögens-, Finanz- und Ertragslage ihre Bedeutung weitgehend verloren haben. Aus systematischen Gründen und mit Blick auf das erklärte Ziel einer Angleichung an internationale Bilanzierungsregeln wäre eine Aufhebung des Passivierungswahlrechts dennoch wünschenswert gewesen.

---

[318] Vgl. Küting/Kessler/Keßler, WPg 2009, S. 750; Rhiel/Veit vermuten, dass das Passivierungswahlrecht für mittelbare Pensionsverpflichtungen der Vielfalt der in Deutschland vorkommenden mittelbaren Verpflichtungen geschuldet ist, vgl. Rhiel/Veit, DB 2008, S. 1512.
[319] Vgl. IDW HFA 1/1997, WPg 1997, S. 233 ff.
[320] Vgl. BFH-Urt. v. 5.4.2006, I R 46/04, BStBl. II 2006, S. 688 ff.; dem BFH folgend Dallmann/Keßler, DB 2007, S. 1989 ff.

2 Bewertung

2.1 Überblick über die neuen Vorschriften

Mit dem BilMoG hat der Gesetzgeber die Zugangs- und Folgebewertung von Rückstellungen wie folgt neu geregelt:

> **HGB § 253 Zugangs- und Folgebewertung**
>
> (1) Vermögensgegenstände sind höchstens mit den Anschaffungs- oder Herstellungskosten, vermindert um die Abschreibungen nach den Absätzen 3 bis 5, anzusetzen. Verbindlichkeiten sind zu ihrem Erfüllungsbetrag und Rückstellungen in Höhe des nach vernünftiger kaufmännischer Beurteilung notwendigen Erfüllungsbetrages anzusetzen. Soweit sich die Höhe von Altersversorgungsverpflichtungen ausschließlich nach dem beizulegenden Zeitwert von Wertpapieren im Sinn des § 266 Abs. 2 A.III.5 bestimmt, sind Rückstellungen hierfür zum beizulegenden Zeitwert dieser Wertpapiere anzusetzen, soweit er einen garantierten Mindestbetrag übersteigt. Nach § 246 Abs. 2 Satz 2 zu verrechnende Vermögensgegenstände sind mit ihrem beizulegenden Zeitwert zu bewerten.
>
> (2) Rückstellungen mit einer Restlaufzeit von mehr als einem Jahr sind mit dem ihrer Restlaufzeit entsprechenden durchschnittlichen Marktzinssatz der vergangenen sieben Geschäftsjahre abzuzinsen. Abweichend von Satz 1 dürfen Rückstellungen für Altersversorgungsverpflichtungen oder vergleichbare langfristig fällige Verpflichtungen pauschal mit dem durchschnittlichen Marktzinssatz abgezinst werden, der sich bei einer angenommenen Restlaufzeit von 15 Jahren ergibt. Die Sätze 1 und 2 gelten entsprechend für auf Rentenverpflichtungen beruhende Verbindlichkeiten, für die eine Gegenleistung nicht mehr zu erwarten ist. Der nach den Sätzen 1 und 2 anzuwendende Abzinsungszinssatz wird von der Deutschen Bundesbank nach Maßgabe einer Rechtsverordnung ermittelt und monatlich bekannt gegeben. In der Rechtsverordnung nach Satz 4, die nicht der Zustimmung des Bundesrates bedarf, bestimmt das Bundesministerium der Justiz im Benehmen mit der Deutschen Bundesbank das Nähere zur Ermittlung der Abzinsungszinssätze, insbesondere die Ermittlungsmethodik und deren Grundlagen, sowie die Form der Bekanntgabe.

Die neu gefasste Vorschrift des **§ 253 Abs. 1 Satz 2 HGB** ordnet eine Bewertung von Rückstellungen zum notwendigen Erfüllungsbetrag an. Damit enthält das Gesetz erstmals einen Bewertungsmaßstab für ungewisse Verbindlichkeiten. **Satz 3** regelt einen Sonderfall der Bewertung von Altersversorgungsverpflichtungen. Richtet sich ihre Höhe nach dem beizulegenden Zeitwert von bestimmten Wertpapieren des Anlagevermögens, bedarf es keiner eigenständigen Wertermittlung für die anzusetzende Rückstellung. Die in **Satz 4** geregelte Zeitwertbewertung betrifft nur mittelbar die Bewertung von Rückstellungen. Sie gilt für Vermögensgegenstände, die mit Schulden aus Altersversorgungsverpflichtungen oder vergleichbaren langfristig fälligen Verpflichtungen zu verrechnen sind.

Mit **§ 253 Abs. 2 HGB** hat der Gesetzgeber ein umfassendes Abzinsungsgebot für Rückstellungen mit einer Restlaufzeit von mehr als einem Jahr eingeführt. Aus Gründen der Bilanzobjektivierung und zur Vermeidung erratischer Rückstellungsschwankungen infolge von Zinsänderungen erfolgt die Abzinsung mit einem durchschnittlichen Marktzins der jeweils vergangenen sieben Jahre (**Satz 1**). Eine Vereinfachung gilt für Rückstellungen für Altersversorgungsverpflichtungen oder vergleichbare langfristig fällige Verpflichtungen. Sie dürfen nach **Satz 2** pauschal mit einem von der Deutschen Bundesbank bekannt gegebenen durchschnittlichen Marktzins für eine Laufzeit von 15 Jahren abgezinst werden. **Satz 3** erklärt die Abzinsungsregelung auf Verbindlichkeiten sinngemäß anwendbar, die auf Rentenverpflichtungen beruhen, für die eine Gegenleistung nicht mehr zu erwarten ist. Die Modalitäten der Ermittlung des Abzinsungssatzes regelt eine Rechtsverordnung (**Satz 4**).

Die Bewertungsvorschriften gelten für alle bilanzierenden Kaufleute. Sie sind erstmals in Jahres- und Konzernabschlüssen für Geschäftsjahre anzuwenden, die nach dem 31.12.2009 beginnen. Ein vorzeitiger Übergang auf die neuen Vorschriften für Geschäftsjahre, die nach dem 31.12.2008 beginnen, ist zulässig, jedoch nur im Verbund mit allen vorzeitig anwendbaren neuen Rechnungslegungsvorschriften und unter Aufnahme eines entsprechenden Hinweises in den Anhang.

2.2 Allgemeine Vorschriften

2.2.1 Bewertungsmaßstab und Bewertungsschema

Rückstellungen waren nach § 253 Abs. 1 Satz 2 HGB a. F. „nur in Höhe des Betrags anzusetzen, der nach vernünftiger kaufmännischer Beurteilung notwendig ist". Diese Bestimmung hat keinen konkreten Bewertungsmaßstab zum Ausdruck gebracht, sondern lieferte nur einen allgemeinen Schätzungsrahmen zur Ermittlung des Betrags, mit dem Rückstellungen anzusetzen waren. Ihre Bedeutung bestand darin, die bei der Rückstellungsbemessung unvermeidbaren Schätzungen im Interesse der Bilanzobjektivierung einzuschränken.[321] Als der eigentliche **Bewertungsmaßstab** für Verbindlichkeitsrückstellungen und Drohverlustrückstellungen galt der **Erfüllungsbetrag** der jeweiligen Verpflichtung. Das ist der Betrag, den der Schuldner voraussichtlich aufwenden muss, um eine ungewisse Verbindlichkeit zu begleichen bzw. einen Verpflichtungsüberschuss aus einem schwebenden Geschäft abzudecken.

Diese Auslegung des § 253 Abs. 1 Satz 2 HGB a. F. bestätigt und konkretisiert das BilMoG, indem es eine Bewertung von Rückstellungen zum notwendigen Erfüllungsbetrag vorschreibt. Inhaltlich bleibt es beim bisherigen Begriffsverständnis. Hinsichtlich des zeitlichen Bezugspunkts des Bewertungsmaßstabs stellt der Zusatz ‚notwen-

---

[321] Vgl. Kessler, in: Küting/Weber (Hrsg.): HdR-E, 5. Aufl., Stuttgart 2002 ff., § 249 HGB, Rn. 258.

dig' klar: Anzusetzen ist der Erfüllungsbetrag, der sich nach den Verhältnissen im Zeitpunkt des Anfalls der Aufwendungen bemisst. Diese zukunftsorientierte Verpflichtungsbewertung soll im Zusammenspiel mit der Abzinsungspflicht für ungewisse Verbindlichkeiten mit einer Restlaufzeit von mehr als einem Jahr die Darstellung der Vermögens-, Finanz- und Ertragslage stärker als bisher an die tatsächlichen wirtschaftlichen Verhältnisse annähern (vgl. BT-Drucks. 16/10067, S. 52). Zugleich erwartet die Bundesregierung aus der Neuordnung der Rückstellungsbewertung eine Einschränkung der Über- und Unterdotierung ungewisser Verbindlichkeiten.

Rückstellungen für ungewisse **Sachleistungsverpflichtungen** sind in der Handelsbilanz auf **Vollkostenbasis** zu bewerten.[322] Dem bisweilen in sinngemäßer Anwendung des § 255 Abs. 2, 3 HGB a. F. vertretenen Wahlrecht zwischen Voll- und Teilkostenbewertung[323] ist spätestens seit der Änderung der handelsrechtlichen Herstellungskostenregelung durch das BilMoG die Grundlage entzogen. Einzurechnen in den Erfüllungsbetrag von Sachleistungsverpflichtungen sind in jedem Fall die notwendigen Aufwendungen für Löhne und Material. Für allgemeine Verwaltungskosten und Sozialkosten i. S. d. § 255 Abs. 2 Satz 3 HGB gilt das nur, soweit ihre Inkaufnahme Teil der geschuldeten Erfüllungshandlung ist. Das dürfte nur ausnahmsweise der Fall sein. Das entspricht offenbar der Sichtweise des HFA des IDW, der Sachleistungsverpflichtungen aus Absatzgeschäften für Zwecke der Ausgeglichenheitsprüfung des schwebenden Vertrags ohne Berücksichtigung dieser Kosten bewertet wissen will.[324]

Das HGB enthält wie bisher keine eigenständigen Bewertungsregeln für **Aufwandsrückstellungen**. Da diese Rückstellungen keinen schuldrechtlichen Verpflichtungscharakter aufweisen, existiert ein Erfüllungsbetrag im Rechtssinn für sie nicht. Der für Schuldrückstellungen geltende Wertmaßstab ist mithin auf sie sinngemäß anzuwenden. Danach sind Innenverpflichtungen mit dem Geldwert der Aufwendungen anzusetzen, der zu ihrer Begleichung erforderlich ist.

Der notwendige Erfüllungsbetrag bildet auch den Bewertungsmaßstab für die Folgebewertung von Rückstellungen. Anpassungen der Bewertung sind immer dann geboten, wenn sich aus der Perspektive des jeweiligen Abschlussstichtags ein höherer oder niedriger Verpflichtungsbetrag ermittelt. Das gilt auch dann, wenn der Stichtagswert unter dem Zugangswert der Rückstellung liegt. Das **Höchstwertprinzip** gilt für Rückstellungen nicht (mehr) (vgl. hierzu Gliederungspunkt 2.2.3).

Abb. 79 skizziert das neue **Bewertungsschema** für Schuldrückstellungen und die verbliebenen obligatorischen Aufwandsrückstellungen. Die Änderungen im Vergleich zum bisherigen Bilanzrecht sind nachfolgend näher erläutert.

---

[322] So auch Kozikowski/Schubert, in: Ellrott u. a. (Hrsg.): Beck'scher Bilanz-Kommentar, 7. Aufl., München 2010, § 253, Anm. 159; BFH-Urt. v. 25.2.1986, VIII R 134/80, BStBl. II 1986, S. 788.
[323] Vgl. Adler/Düring/Schmaltz: Rechnungslegung und Prüfung der Unternehmen, 6. Aufl., Stuttgart 1995 ff., § 253 HGB, Tz. 226, 254.
[324] Vgl. IDW RS HFA 4, WPg 2000, § 720, Tz. 35.

Kapitel 2: Einzelgesellschaftliche Rechnungslegung

Bewertung von Rückstellungen nach BilMoG		
Schema Einteilung	Schuldrückstellungen	Obligatorische Aufwandsrückstellungen
Ausgangswert	Notwendiger Erfüllungsbetrag § 253 Abs. 1 Satz 2 HGB	Notwendiger Erfüllungsbetrag § 253 Abs. 1 Satz 2 HGB analog
+ ‚Zuschreibungen'	Gebot § 252 Abs. 1 Nr. 4 HGB Höherer Stichtagswert	Gebot § 252 Abs. 1 Nr. 4 HGB
– ‚Abschreibungen' (kein Höchstwertprinzip)	Pflicht Niedrigerer Stichtagswert	Pflicht
= Buchwert		

Abb. 79: Bewertungsschema für Rückstellungen – Berücksichtigung von Preis- und Kostenänderungen

2.2.2 Faktorpreisänderungen

Ungeklärt war bis zum Inkrafttreten des BilMoG, ob bzw. in welchem Umfang bei der Bewertung von Sachleistungsverpflichtungen bis zum Erfüllungszeitpunkt zu erwartende **Faktorpreisänderungen** zu berücksichtigen sind.[325] Das Meinungsspektrum reichte von einer strengen Stichtagsbewertung[326] über die Forderung nach bilanzieller Vorwegnahme solcher künftigen Kostensteigerungen, die sich am Bilanzstichtag bereits konkret abzeichnen (z. B. Lohnerhöhungen aufgrund eines bereits abgeschlossenen neuen Tarifvertrags), bis hin zu einer Bewertung nach dem ggf. zu schätzenden Preisniveau im Erfüllungszeitpunkt. Mit Blick auf die von der Finanzrechtsprechung geforderte strenge Stichtagsbewertung hat die Praxis überwiegend auch in der Handelsbilanz auf die bilanzielle Vorwegnahme künftiger Kostenänderungen verzichtet. Das hat es erforderlich gemacht, den passivierten Rückstellungsbetrag zu jedem Folgestichtag unter Beachtung der allgemeinen Bewertungsgrundsätze an die dann geltenden Verhältnisse anzupassen.

Mit dem BilMoG hat der Gesetzgeber handels- wie steuerrechtlich weitgehend für Klarheit gesorgt. § 253 Abs. 1 Satz 2 ordnet eine Bewertung von Rückstellungen in der Handelsbilanz zum notwendigen Erfüllungsbetrag an. Nach der Begründung zum BilMoG verlangt dieser neu in das Gesetz aufgenommene Bewertungsmaßstab, künftige Preis- und Kostensteigerungen bilanziell vorwegzunehmen. Die Verfasser des Gesetzentwurfs sehen darin eine Klarstellung, da „künftige Preis- und Kostensteigerungen in der Praxis der handelsrechtlichen Rechnungslegung bereits gegenwärtig teilweise – beruhend auf einer stillschweigenden Weiterentwicklung der Grundsätze ordnungsmäßiger Bilanzierung – berücksichtigt" (BT-Drucks. 16/10067, S. 52) wür-

---

[325] Zum Meinungsspektrum vgl. Kessler, in: Küting/Weber (Hrsg.): HdR-E, 5. Aufl., Stuttgart 2002 ff., § 249 HGB, Rn. 321 ff.
[326] So der BFH für die Steuerbilanz in ständiger Rechtsprechung; vgl. BFH-Urt. v. 3.12.1991, VIII R 88/87, BStBl. II 1993, S. 89.

den. Dementsprechend diene die Neufassung des § 253 Abs. 1 Satz 2 HGB allein der Beseitigung bestehender Unsicherheiten.

Auch wenn der Wortlaut in der Regierungsbegründung etwas anderes vermuten lässt, sind auch rückläufige Preisentwicklungen bilanziell vorwegzunehmen. Der Einwand, in der Begründung zum BilMoG sei nur von Kostensteigerungen die Rede,[327] überzeugt nicht. Erklärtes Ziel der Gesetzesänderung war es, klarzustellen, „dass die Höhe einer Rückstellung von den Preis- und Kostenverhältnissen im Zeitpunkt des tatsächlichen Anfalls der Aufwendungen – mithin der Erfüllung der Verpflichtung – abhängt". Auf diese Weise sollte „die Über- und Unterdotierung der Rückstellungen eingeschränkt" und die Darstellung der Vermögens-, Finanz- und Ertragslage „stärker als bisher den tatsächlichen (wirtschaftlichen) Verhältnissen angenähert werden" (BT-Drucks. 16/10067, S. 52, alle Zitate). Eine einseitige Berücksichtigung nur sich abzeichnender Preis- und Kostensteigerungen würde dieses Grundanliegen konterkarieren.[328]

Der Hinweis, mit dieser zukunftsgerichteten Rückstellungsbewertung werde das **Stichtagsprinzip** eingeschränkt (vgl. BT-Drucks. 16/10067, S. 52), überzeugt nicht.[329] Nach § 252 Abs. 1 Nr. 3 HGB sind „Schulden [...] **zum** Abschlussstichtag zu bewerten" (Hervorhebung durch den Verf.). Diese Formulierung lässt offen, ob bei der Wertbemessung auf die Preise des Stichtags oder auf die (künftigen) Preisverhältnisse aus Sicht des Abschlussstichtags abzustellen ist. Für die letztere Deutung sprechen der dem Erfüllungsbetrag inhärente Zukunftsbezug in Verbindung mit dem Grundsatz der **Unternehmensfortführung** (vgl. § 252 Abs. 1 Nr. 2 HGB). Nach dem Going-Concern-Gedanken sind Schulden für bilanzielle Zwecke unter der Annahme ihrer planmäßigen Erfüllung im Rahmen der künftigen Unternehmenstätigkeit zu bewerten. Eine zerschlagungsstatische, die Liquidation des Unternehmens am Abschlussstichtag unterstellende Sichtweise verbietet sich damit im Regelfall.[330] Wenn aber der Erfüllungsbetrag einer Verpflichtung zu einem späteren Zeitpunkt zu schätzen ist, kann es – auch im Interesse eines zutreffenden Schuldenausweises – nur auf den dann aufzuwendenden Betrag ankommen.[331] Das erfordert im Übrigen nicht nur eine Abschätzung künftiger Preis- und Kostenentwicklungen. Auch das Mengengerüst der zu erbringenden Erfüllungsleistung ist in Abhängigkeit vom Leistungszeitpunkt zu schätzen. Aus diesem Grund müssen bspw. bei der Bewertung von Umweltschutzverpflichtungen sich abzeichnende strengere gesetzliche Vorschriften oder die Verfügbarkeit neuer kostengünstigerer Verfahren Eingang in die Schätzung des Erfül-

---

[327] So Theile/Stahnke, DB 2008, S. 1759; zustimmend Kozikowski/Schubert, in: Ellrott u. a. (Hrsg.): Beck'scher Bilanz-Kommentar, 7. Aufl., München 2010, § 253, Anm. 158; Küting/Cassel/Metz, DB 2008, S. 2318.

[328] Im Ergebnis wie hier Brösel/Mindermann, in: Petersen/Zwirner (Hrsg.): BilMoG, München 2009, § 253, S. 415.

[329] Anders wohl Theile, GmbHR 2007, S. 1299.

[330] Etwas anderes gilt, wenn der Unternehmensfortführung rechtliche oder tatsächliche Gegebenheiten entgegenstehen.

[331] A. A. wohl Bieker, PiR 2008, S. 365 f.

lungsbetrags finden. Ist aber das Mengengerüst der künftigen Erfüllungshandlung zu antizipieren, kann für dessen Bewertung nichts anderes gelten.

Besonders deutlich zeigt sich diese Konsequenz bei schwebenden Absatzgeschäften. Soll zur Ermittlung des Verpflichtungsüberschusses aus einem langfristigen Werkvertrag der Wert der gegenseitigen Ansprüche und Verpflichtungen ermittelt werden, kann dies nur auf dem gleichen Preisniveau erfolgen.[332] Ein Vergleich der auf Basis heutiger Preise und Löhne bewerteten eigenen Werkleistungsverpflichtung mit dem Anspruch auf die erst in der Zukunft fällige, unter Berücksichtigung der erwarteten Preisentwicklung kalkulierte Gegenleistung führt zu einer Verrechnung inkompatibler Größen und damit zu einer zu optimistischen Einschätzung des Austauschverhältnisses.

Die nach den Vorschriften des BilMoG geforderte bilanzielle Vorwegnahme künftiger Preis- und Kostenänderungen bei Sachleistungsverpflichtungen konfligiert folglich nicht mit dem Stichtagsprinzip. Sie ist vielmehr das Ergebnis einer ausgewogenen, am Ziel einer zutreffenden Vermögensdarstellung orientierten Auslegung dieses Bewertungsgrundsatzes.

Eine **Begrenzung** für die Einrechnung künftiger Preis- und Kostenänderungen ergibt sich aus der gesetzlichen Anweisung, nur den nach vernünftiger kaufmännischer Beurteilung notwendigen Erfüllungsbetrag anzusetzen. Sie verlangt nach „ausreichende(n) objektive(n) Hinweise(n), die auf den Eintritt künftiger Preis- und Kostensteigerungen schließen lassen" (BT-Drucks. 16/10067, S. 52). Diese Forderung trägt dem Gedanken der **Bilanzobjektivierung** Rechnung und gilt in gleicher Weise für die Schätzung des künftigen Mengengerüsts der Erfüllungshandlung.

Einen wichtigen Anhaltspunkt für erwartete Änderungen des Preisniveaus liefern **Trends der Vergangenheit**. Verfügt das Unternehmen über keine dokumentierten eigenen Erfahrungswerte, bietet sich der Rückgriff auf Veröffentlichungen von Branchenverbänden oder anderer Institutionen an (z. B. Deutsche Bundesbank, Institut für Wirtschaftsforschung, Institut für Weltwirtschaft). Abweichungen zwischen den der Rückstellung zugrunde gelegten Erfahrungen des Unternehmens und Branchentrends sind zu begründen.

Die **Trendprojektion** auf den Erfüllungszeitpunkt kann – je nach Bedeutung des Rückstellungssachverhalts – mehr oder weniger ausgefeilt erfolgen. Für wesentliche Verpflichtungen liegt es nahe, die Kostenentwicklung mittels einer Regressionsanalyse zu bestimmen und fortzuschreiben. Das setzt allerdings die Verfügbarkeit hinreichend aussagekräftiger Vergangenheitsdaten voraus. Bei komplexeren Kostenstrukturen ist die Trendfortschreibung ggf. für einzelne Kostenarten (z. B. Personalkosten, Materialkosten) gesondert vorzunehmen. In anderen Fällen mag eine einfache Durchschnittsbildung genügen, die den Ausgangspunkt für die einheitliche Fortschreibung aller Kostenarten bildet.

---

[332] Vgl. Kammann, Stichtagsprinzip und zukunftsorientierte Bilanzierung, Köln 1988, S. 355.

Nach dem Grundsatz der **Bewertungsvorsicht** sind an die Einrechnung rückläufiger Kostenentwicklungen in den Erfüllungsbetrag ungewisser Verbindlichkeiten tendenziell höhere Anforderungen zu stellen als an die Berücksichtigung von Kostensteigerungen. Sind die erwarteten Kostenermäßigungen unsicher, hat die Bewertung auf Basis der Stichtagspreisverhältnisse zu erfolgen (vgl. Gelhausen/Fey/Kämpfer 2009, Kap. I, Rn. 20). Entsprechendes gilt für Änderungen im Mengengerüst.

Die bei der Rückstellungsbewertung berücksichtigten Preis- und Kostentrends sind zu jedem Abschlussstichtag zu überprüfen und ggf. an veränderte Verhältnisse anzupassen. Eine Trendkorrektur der Rückstellungsbewertung führt zu einer unmittelbar erfolgswirksamen Anpassung des passivierten Betrags.

Bei kurzfristigen Verpflichtungen mit einer Laufzeit von bis zu einem Jahr erscheint es unter Wesentlichkeitsgesichtspunkten vertretbar, auf die Einrechnung erwarteter Preis- und Kostensteigerungen zu verzichten, wenn gleichzeitig eine Abzinsung der Rückstellung unterbleibt (vgl. hierzu RefE BilMoG, S. 110).

Auswirkungen auf die **steuerbilanzielle Rückstellungsbewertung** ergeben sich aus der geänderten Interpretation des Stichtagsprinzips nicht. Durch das BilMoG ist § 6 Abs. 1 Nr. 3a Buchstabe f EStG um den Zusatz „Bei der Bewertung sind die Wertverhältnisse am Bilanzstichtag maßgebend; künftige Preis- und Kostensteigerungen dürfen nicht berücksichtigt werden" ergänzt worden. Weichen handels- und steuerrechtlicher Rückstellungsansatz infolge der unterschiedlichen Auslegung des Stichtagsprinzips voneinander ab, haben große und mittelgroße Kapitalgesellschaften den Ansatz latenter Steuern zu prüfen. Zur Bedeutung der temporären Differenzen für kleine Kapitalgesellschaften, die von der Befreiung des § 274a Nr. 5 HGB Gebrauch machen, und für Nichtkapitalgesellschaften vgl. Abschnitt 8, Gliederungspunkt 3.3.4.

2.2.3 Abzinsung

2.2.3.1 Grundlagen

Eine weitere Änderung der Rückstellungsbewertung mit teilweise erheblichen Auswirkungen stellt die Einführung eines **generellen Abzinsungsgebots** für ungewisse Verbindlichkeiten dar. Bislang waren Rückstellungen nur abzuzinsen, „soweit die ihnen zugrunde liegenden Verbindlichkeiten einen Zinsanteil enthalten" (§ 253 Abs. 1 Satz 2 HGB a. F.). Anwendungsfälle sind gestundete Zahlungsansprüche aus Austauschgeschäften. Dazu gehören bspw. Pensions-, Gratifikations- und Jubiläumsverpflichtungen. Gemeinsames Merkmal dieser ungewissen Schulden ist die Kreditierung einer in der Vergangenheit durch die Arbeitsleistung verdienten Vergütung seitens der Arbeitnehmer über einen mehr oder weniger langen Zeitraum. Der in diesen Fällen geforderte Barwertansatz der Rückstellung zielte auf die Eliminierung jener Zinsen aus dem Erfüllungsbetrag, die auf die künftige Kreditleistung entfallen und nach den allgemeinen Abbildungsregeln für schwebende Geschäfte bilanziell nicht passivierungsfähig sind. Grundanliegen der Abzinsungsregelung für Rückstellungen war mithin die Trennung von realisiertem und noch schwebendem Teil des der Verpflichtung zugrunde liegenden Austauschgeschäfts.[333]

Die im Zuge des BilMoG erfolgte Ausweitung des Abzinsungsgebots auf alle Rückstellungen begründet die Bundesregierung mit dem Ziel, den Abschlussadressaten realitätsnähere Informationen über die **wahre Belastungswirkung** ungewisser Verbindlichkeiten zu vermitteln und auf diese Weise ein den tatsächlichen Verhältnissen eher entsprechendes Bild der Vermögens-, Finanz- und Ertragslage der Unternehmen zu zeichnen. Bei der Bewertung von Rückstellungen dürfe „nicht unberücksichtigt bleiben, dass die in den Rückstellungen gebundenen Finanzmittel investiert und daraus Erträge realisiert werden können" (BT-Drucks. 16/10067, S. 54). Diese wohlklingenden Worte können den Bruch mit dem Realisationsprinzip nicht überdecken. Das Abzinsungsgebot stellt einen gravierenden Eingriff in das System der handelsrechtlichen Grundsätze ordnungsmäßiger Buchführung dar, das die Bundesregierung in ihrer Begründung des Gesetzes eigentlich zu bewahren vorgibt. Es beeinträchtigt nachhaltig die Gläubigerschutzfunktion des handelsrechtlichen Jahresabschlusses (vgl. hierzu das Beispiel weiter unten).[334]

Das Abzinsungsgebot gilt ausschließlich für Rückstellungen mit einer **Laufzeit von mehr als einem Jahr** (vgl. § 253 Abs. 2 Satz 1 HGB). Wie sich aus den Erwägungen im RefE BilMoG zur Abzinsungsfrage ergibt, sind kurzfristige Verpflichtungen aus Wesentlichkeitserwägungen von der Abzinsungspflicht ausgenommen. Bei diesen tangiere der Ansatz zum Nominalbetrag nicht die angestrebte realistische Darstellung der Vermögens-, Finanz- und Ertragslage (vgl. RefE BilMoG, S. 110). Ein Verbot der Abzinsung ergibt sich insoweit nicht. Die Verfahrensweise bei der Bewertung von Verpflichtungen mit einer Restlaufzeit von maximal einem Jahr, also die Wahl zwischen Barwert- und Nominalwertansatz, ist dem Bilanzierenden vielmehr freigestellt.[335]

Die Abzinsungsregelung betrifft Verbindlichkeits- und Drohverlustrückstellungen. Die unter BilMoG noch zulässigen Aufwandsrückstellungen nach § 249 Abs. 1 Satz 2 Nr. 1 fallen nicht darunter. Ihre Restlaufzeit beträgt nicht mehr als ein Jahr.

2.2.3.2 Abzinsungssatz

Im Interesse der **Bilanzobjektivierung** hat der Gesetzgeber den Abzinsungssatz in mehrfacher Hinsicht normiert (vgl. Abb. 80). Nach § 253 Abs. 2 Satz 1 sind Rückstellungen „mit dem ihrer Restlaufzeit entsprechenden durchschnittlichen Marktzinssatz der vergangenen sieben Geschäftsjahre abzuzinsen". Die Verwendung eines **Durchschnittszinssatzes** soll Ergebnisschwankungen entgegenwirken, die sich allein aus der Wahl von Jahr zu Jahr unterschiedlicher Zinssätze ergeben. Die Verwendung ei-

---

[333] Vgl. Kessler, in: Küting/Weber (Hrsg.): HdR-E, 5. Aufl., Stuttgart 2002 ff., § 249 HGB, Rn. 329.
[334] Ähnlich Arbeitskreis Bilanzrecht der Hochschullehrer Rechtswissenschaft, BB 2008, S. 209; anders Lüdenbach/Hoffmann, StuB 2009, S. 295; Petersen/Zwirner, KoR 2008, Beilage 3 zu Heft 7/2008, S. 9.
[335] A. A. wohl Petersen/Zwirner, KoR 2008, Beilage 3 zu Heft 7/2008, S. 10.

nes Stichtagszinses kann insb. bei der Bewertung langfristiger ungewisser Schulden zu erratischen Schwankungen der Rückstellungshöhe mit einem entsprechenden Einfluss auf das Jahresergebnis führen. Um diese Bewertungseinflüsse zu beschränken, greifen internationale Rechnungslegungsstandards wie die IFRS oder US GAAP auf komplexe Glättungsmechanismen zurück, die die Bundesregierung den überwiegend mittelständischen Unternehmen nicht zumuten wollte (vgl. BT-Drucks. 16/10067, S. 55). Im RefE BilMoG war noch vorgesehen, einen Durchschnittszins zu wählen, der die Zinsentwicklung der vergangenen fünf Geschäftsjahre berücksichtigt. Die Ausdehnung des Referenzzeitraums auf sieben Jahre ist das Ergebnis von Simulationsrechnungen. Danach wird „ein hinreichender Glättungseffekt, der Ertragsschwankungen beseitigt, die nicht durch die Geschäftstätigkeit der Unternehmen verursacht werden, erst bei Zugrundelegung eines über sieben Geschäftsjahre geglätteten Durchschnittszinssatzes" (BT-Drucks. 16/10067, S. 54) erzielt.

Wahl des Abzinsungssatzes für Rückstellungen nach BilMoG	
Allgemeine Grundsätze	Sonderfall Pensionsverpflichtungen
Durchschnittlicher Marktzins der vergangenen sieben Jahre gemäß der Fristigkeit der Verpflichtung • Keine Berücksichtigung der eigenen Bonität • Keine Differenzierung nach Währungen bei unwesentlichen Auswirkungen • Monatliche Feststellung der Zinsstrukturkurve durch die Deutsche Bundesbank für ganzjährige Restlaufzeiten von 1 bis 50 Jahre auf Grundlage der RückAbzinsV § 253 Abs. 2 HGB BT-Drucks. 16/10067, S. 54	• Wahlrecht unter Wesentlichkeitsvorbehalt: » laufzeitadäquater Zinssatz (bei Laufzeiten > 50 Jahre ggf. ermittelt durch Extrapolation) oder » durchschnittlicher Marktzins für eine Restlaufzeit von 15 Jahren • Zulässige Vereinfachung: Bewertung der Pensionsverpflichtungen 2 bis 3 Monate vor dem Stichtag (bei unwesentlichen Auswirkungen) § 253 Abs. 2 HGB BT-Drucks. 16/10067, S. 55

Abb. 80: Vorgaben zur Ermittlung des Abzinsungssatzes bei Rückstellungen

Mit der Entscheidung für einen **Marktzins** hat der Gesetzgeber einer von den wirtschaftlichen Verhältnissen des Unternehmens unabhängigen Schuldenbewertung den Vorzug gegeben. Sie schließt im Interesse des Vorsichts- und Höchstwertprinzips eine allein auf die sinkende Bonität des Unternehmens zurückgehende niedrigere Rückstellungsbemessung aus.

Schließlich hat er die Ermittlung der für die Diskontierung ungewisser Schulden maßgeblichen Zinssätze der **Deutsche Bundesbank** übertragen. Sie stellt monatlich die von allen Unternehmen heranzuziehenden Abzinsungssätze auf ihrer Website[336] zur Verfügung. Rechtsgrundlage für die Zinssatzermittlung ist die Verordnung über die Ermittlung und Bekanntgabe der Sätze zur Abzinsung von Rückstellungen (Rückstellungsabzinsungsverordnung – **RückAbzinsV**) vom 18.11.2009.[337] Die veröffentlichten Zinssätze basieren auf einer Null-Kupon-Euro-Zinsswapkurve und berücksichtigen zusätzlich einen Aufschlag für auf Euro lautende Unternehmensanleihen aller

---

[336] Abrufbar unter http://bundesbank.de/statistik/statistik_zinsen.php#abzinsung.
[337] Vgl. BGBl. I 2009, S. 3790.

Laufzeiten mit einer hochklassigen Bonitätseinstufung (AA oder Aa) (vgl. § 2 RückAbzinsV). Abb. 81 zeigt einen Auszug der für den Zeitraum Dezember 2008 bis Juni 2010 veröffentlichten Marktzinssätze.

Abzinsungszinssätze gemäß § 253 Abs. 2 HGB

Stand am Monatsende		Zinssatz bei Restlaufzeiten von ... Jahr(en) (% p.a.)								
		1	2	3	4	5	6	7	8	9	10
2008	Dez.	3,93	4,07	4,23	4,38	4,50	4,62	4,72	4,82	4,91	4,98
2009	Jan.	3,94	4,08	4,24	4,40	4,51	4,62	4,73	4,83	4,91	4,99
	Feb.	3,94	4,08	4,24	4,41	4,51	4,63	4,74	4,83	4,92	5,00
	Mrz.	3,95	4,08	4,24	4,41	4,51	4,63	4,74	4,84	4,93	5,01
	Apr.	3,95	4,08	4,24	4,41	4,51	4,63	4,74	4,84	4,93	5,01
	Mai	3,93	4,07	4,23	4,40	4,51	4,63	4,74	4,84	4,93	5,01
	Jun.	3,92	4,05	4,22	4,39	4,50	4,62	4,73	4,83	4,92	5,00
	Jul.	3,90	4,04	4,20	4,38	4,49	4,61	4,72	4,82	4,91	4,99
	Aug.	3,88	4,02	4,19	4,35	4,48	4,60	4,72	4,82	4,91	4,99
	Sep.	3,87	4,01	4,18	4,34	4,47	4,60	4,71	4,81	4,90	4,98
	Okt.	3,85	4,00	4,17	4,33	4,46	4,58	4,70	4,80	4,89	4,97
	Nov.	3,83	3,98	4,16	4,31	4,45	4,57	4,69	4,79	4,88	4,96
	Dez.	3,82	3,97	4,15	4,31	4,44	4,57	4,68	4,78	4,87	4,95
2010	Jan.	3,81	3,96	4,14	4,30	4,44	4,56	4,67	4,78	4,87	4,95
	Feb.	3,80	3,96	4,14	4,29	4,43	4,56	4,67	4,77	4,86	4,94
	Mrz.	3,78	3,95	4,13	4,29	4,42	4,55	4,66	4,76	4,85	4,94
	Apr.	3,77	3,94	4,12	4,28	4,42	4,54	4,65	4,76	4,85	4,93
	Mai	3,77	3,94	4,12	4,28	4,41	4,54	4,65	4,75	4,84	4,92
	Jun.	3,77	3,93	4,11	4,27	4,41	4,54	4,65	4,75	4,84	4,92
	Jul.	3,77	3,93	4,11	4,26	4,40	4,53	4,64	4,74	4,83	4,91

Abb. 81: Von der Deutschen Bundesbank veröffentlichte Abzinsungssätze (Auszug)

Die dreifache Normierung der Zinssätze (Durchschnittszinssatz, Marktzinssatz, zentrale Ermittlung) soll die Vergleichbarkeit der Jahresabschlüsse in Bezug auf die Bewertung längerfristiger Rückstellungen gewährleisten. Zudem erspart sie den Unternehmen die Aufwendungen für die Herleitung des Abzinsungssatzes.

Für die Barwertermittlung ist der am Bewertungsstichtag gültige Zinssatz heranzuziehen, der der **Restlaufzeit** der Rückstellung entspricht. Sie lässt sich problemlos für Verpflichtungen ermitteln, die zu einem bestimmten Zeitpunkt in der Zukunft fällig und erfüllt werden. Das betrifft etwa Gratifikations- und Jubiläumsverpflichtungen, Abfindungsverpflichtungen, Verpflichtungsüberschüsse aus Beschaffungsgeschäften über aktivierungspflichtige Vermögensgegenstände oder einfache Entfernungsverpflichtungen. Bei diesen stellt sich allenfalls die Frage, welcher Abzinsungssatz bei nicht ganzjährigen Fristigkeiten zu verwenden ist. Drei Lösungen sind denkbar:

- Lineare Interpolation der von der Deutschen Bundesbank veröffentlichten Zinssätze auf die exakte Rückstellungsrestlaufzeit;
- Verwendung des jeweils niedrigeren Ganzjahreszinssatzes (Vorsichtsprinzip);
- Verwendung des Zinssatzes, der näher an der tatsächlichen Restlaufzeit liegt.

Beispiel

Eine zum 31.12.X1 zu bewertende Gratifikationsverpflichtung ist zum 31.03.X6 unter der Bedingung der bis dahin fortgesetzten Betriebszugehörigkeit der begünstigten Mitarbeiter auszuzahlen. Der von der Deutschen Bundesbank veröffentlichte Marktzins für eine Restlaufzeit von vier (fünf) Jahren beträgt 4,1 % (4,3 %).

Bei linearer Interpolation ermittelt sich ein Abzinsungssatz von 4,15 % (= 4,1 % + 90/360 · 0,2 %). Bei Verwendung des niedrigeren Ganzjahreszinssatzes oder des Zinssatzes, der näher an der tatsächlichen Restlaufzeit liegt, ist die Rückstellung mit 4,1 % abzuzinsen.

Die lineare Interpolation ergibt das genaueste Ergebnis. Sie ist in jedem Fall zulässig, da auch die von der Deutschen Bundesbank veröffentlichten Zinssätze teilweise nach dieser Methode ermittelt werden (vgl. § 2 RückAbzinsV). Die alternativen Ermittlungsverfahren erscheinen unter Wesentlichkeitsgesichtspunkten vertretbar. Eine Rundung des Zinssatzes auf 0,5-%-Schritte, wie sie in der Literatur vorgeschlagen wird,[338] ist abzulehnen. Eine derart grobe Vereinfachung entspricht nicht den Vorstellungen des Gesetzgebers, wie bereits die in der RückAbzinsV angeordnete Veröffentlichung der durchschnittlichen Marktzinssätze mit zwei Nachkommastellen verdeutlicht.

Abweichend von den Verfassern des RefE BilMoG differenziert die Abzinsungsregelung des § 253 Abs. 2 HGB aus Vereinfachungsgründen nicht nach der Währung, in der die passivierten ungewissen Verbindlichkeiten zu erfüllen sind. **Verbindlichkeiten in einer fremden Währung** sind dementsprechend ebenfalls mit den von der Deutschen Bundesbank ermittelten Abzinsungssätzen für Euro-Festzinsswaps zu diskontieren. Diese Vereinfachung gilt dann nicht, wenn sie den Einblick in die Vermögens-, Finanz- und Ertragslage des Unternehmens erkennbar beeinträchtigt. In diesem Fall hat der Bilanzierende einen für die Fremdwährung der ungewissen Verbindlichkeit gültigen Durchschnittszins nach den Vorgaben des § 253 Abs. 2 Satz 1 HGB und der RückAbzinsV selbst zu ermitteln oder diesen von privaten Anbietern zu beziehen.

2.2.3.3 Restlaufzeit

Zur Auswahl des Abzinsungssatzes ist die Restlaufzeit der zurückzustellenden ungewissen Verbindlichkeit zu ermitteln. Das ist der gesamte Zeitraum vom Abschlussstichtag bis zum Erfüllungszeitpunkt der passivierten Verbindlichkeit (vgl. BT-Drucks. 16/12407, S. 85 f.). Beträgt dieser Zeitraum zehn Jahre, ist die Verpflichtung auch über zehn Jahre abzuzinsen.

Steht der Erfüllungszeitpunkt nicht fest (z. B. bestrittene Schadenersatzverpflichtungen, Strafgelder), ist die Restlaufzeit der ungewissen Verbindlichkeit unter Beachtung

---

[338] Vgl. Hoffmann/Lüdenbach, NWB-Kommentar Bilanzierung, Herne 2009, § 253, Rn. 81; Lüdenbach, StuB 2010, S. 109.

des Vorsichtsprinzips zu schätzen. Dazu ist als Erfüllungszeitpunkt jener Tag anzunehmen, zu dem das Unternehmen frühestens in Anspruch genommen werden kann. Die Schätzung ist ggf. zu jedem Abschlussstichtag anzupassen.

Das Gesetz regelt nicht, wie Schulden abzuzinsen sind, die über einen längeren Zeitraum hinweg erfüllt werden (z. B. Aufbewahrungspflichten, Entsorgungs-, Abbruch-, Rekultivierungs- und Wiederherstellungsverpflichtungen, Verpflichtungsüberschüsse aus Dauerschuldverhältnissen). Als Restlaufzeit i. S. v. § 253 Abs. 2 Satz 1 HGB könnte in diesem Fall etwa abgestellt werden auf

- den Zeitraum bis zum Beginn der Erfüllung entsprechend der steuerrechtlichen Regelung (vgl. § 6 Abs. 1 Nr. 3a Buchst. e EStG);
- den Zeitraum bis zum Beginn der Erfüllung plus halbe Erfüllungsdauer;
- die durchschnittliche Kapitalbindungsdauer;
- die Duration (gewogener Mittelwert der Zeitpunkte, zu denen die Zahlungen für die Erfüllung der Verbindlichkeit anfallen).

Alternativ zu einer Abzinsung der ungewissen Verbindlichkeit mit einem einheitlichen Zinssatz über eine – wie auch immer – ermittelte Restlaufzeit, erscheint eine Diskontierung der zur Tilgung der Schuld notwendigen Zahlungen mit unterschiedlichen Zinssätzen entsprechend der jeweiligen Fristigkeit der Teilbeträge denkbar.

Beispiel

Sachverhalt:

Für die Verpflichtung, ein ausgebeutetes Grundstück zu rekultivieren, bildet U am 31.12.2010 eine Rückstellung. Die Rekultivierungsmaßnahmen sollen am 1.1.2013 beginnen und sich über drei Jahre erstrecken. Die undiskontierten Aufwendungen für die Wiederherstellung des Grundstücks schätzt U wie folgt:

- Geschäftsjahr 2013: 400.000 EUR
- Geschäftsjahr 2014: 400.000 EUR
- Geschäftsjahr 2015: 800.000 EUR

Aus Vereinfachungsgründen sei angenommen, die Aufwendungen fielen jeweils in der Mitte des Jahres an. Die aus den Veröffentlichungen der Deutschen Bundesbank durch Interpolation abgeleiteten Marktzinssätze betragen am 31.12.2010

- für eine Restlaufzeit von 2,5 Jahren: 4,1 %
- für eine Restlaufzeit von 3,5 Jahren: 4,3 %
- für eine Restlaufzeit von 4,5 Jahren: 4,5 %

Beurteilung

Nach der steuerrechtlichen Regelung (**Lösung 1**) beträgt der Diskontierungszeitraum zwei Jahre (31.12.2010 bis 1.1.2013). Bei einer **Lösung 2** (Restlaufzeit = Zeitraum bis zum Beginn der Erfüllung plus halbe Erfüllungsdauer) ermittelt sich ein Diskontierungszeitraum von 3,5 Jahren (2 Jahre plus 3 Jahre / 2). Auf Basis der durchschnittlichen Kapitalbindungsdauer (**Lösung 3**) beträgt die Restlaufzeit 3,75 Jahre [(400.000 • 2,5 Jahre + 400.000 • 3,5 Jahre + 800.000 • 4,5 Jahre) / 1.600.000]. Die Duration der ungewissen Verbindlichkeit (**Lösung 4**) beläuft sich auf 3,716 Jahre. Sie ermittelt sich wie folgt:

Restlaufzeit [Jahre]	Zahlung [EUR]	Zinssatz	Barwert [EUR]	Duration
2,5	400.000	4,1 %	361.771	0,663
3,5	400.000	4,3 %	345.195	0,886
4,5	800.000	4,5 %	656.246	2,166
-	1.600.000	-	1.363.212	3,716

Im ersten Schritt sind die zur Erfüllung der Rekultivierungsverpflichtung zu leistenden Zahlungen auf den Bewertungsstichtag (31.12.2010) mit dem ihrer Restlaufzeit entsprechenden durchschnittlichen Marktzins abzuzinsen. Zur Ermittlung der Duration werden die Barwerte mit der zugehörigen Restlaufzeit multipliziert und durch die Summe der Barwerte dividiert. Aus der Addition der Einzelergebnisse ermittelt sich die Duration von 3,716 Jahren.

Ausgehend von der ermittelten Restlaufzeit der Rückstellung ist der einheitliche Diskontierungssatz für die Rekultivierungsverpflichtung durch Interpolation aus den von der Deutschen Bundesbank veröffentlichten Jahreszinssätzen zu gewinnen.

Bei tranchenweiser Diskontierung bedarf es der Ermittlung einer einheitlichen Restnutzungsdauer der ungewissen Verbindlichkeit nicht. Stattdessen sind die einzelnen Zahlungen mit dem ihrer Restlaufzeit am Abschlussstichtag entsprechenden Marktzins zu diskontieren.

Die steuerliche Verfahrensweise dürfte in der Handelsbilanz im Regelfall nicht akzeptabel sein, da sie nur auf die Restlaufzeit der ersten Tilgungsausgabe, nicht aber auf die Verpflichtung insgesamt abstellt. Dem die Abzinsung tragenden Gedanken wird am ehesten die aus der Pensionsbewertung bekannte Durationslösung gerecht. Den Ansatz längerfristiger ungewisser Verbindlichkeiten zum Barwert erachtet die Bundesregierung deshalb als angemessen, weil aus der Anlage der Rückstellungsgegenwerte Erträge zu erwarten sind, die zur Begleichung der Schuld eingesetzt werden können. Aus dieser Perspektive setzten sich die künftigen Mittelabflüsse aus einem Tilgungsanteil und einem Zinsanteil zusammen. Indem das Durationskonzept nur die Barwerte der Zahlungen betrachtet, stellt es zur Ermittlung der Restlaufzeit der Rückstellung allein auf die „Tilgungsbeträge" ab, die es mit ihrer individuellen Fristigkeit gewichtet.

Das Konzept der durchschnittlichen Kapitalbindungsdauer verzichtet demgegenüber auf eine Zerlegung der erwarteten Mittelabflüsse in einen wirtschaftlichen Zinsanteil und eine Tilgungskomponente. Es führt im Regelfall nur zu geringfügigen Abweichungen bei der Ermittlung der Restlaufzeit und kann daher bei der Mehrzahl der Verpflichtungen bedenkenlos angewendet werden. Variante 2 (Zeitraum bis zum Beginn der Erfüllung plus halbe Erfüllungsdauer) stellt ebenfalls eine Vereinfachungslösung dar. Sie führt bei Verbindlichkeiten, die kontinuierlich über einen längeren Zeitraum erfüllt werden, zum gleichen Ergebnis wie Variante 3.

2.2.3.4 Vereinfachung bei Pensionsverpflichtungen

Vereinfachungen sind für die Barwertermittlung von **Pensionsverpflichtungen** vorgesehen. Diese betreffen zunächst den Bewertungszeitpunkt. Die in der Praxis etablierte Verfahrensweise, Pensionsgutachten zwei bis drei Monate nach Maßgabe der geschätzten Verhältnisse am Abschlussstichtag zu erstellen, beurteilt die Bundesregierung im Wesentlichen als unbedenklich. Etwas anderes gilt dann, wenn „zwischen der Erstellung eines Pensionsgutachtens und dem Bilanzstichtag aber Änderungen beim Mengengerüst oder den einzelnen zugrunde gelegten Bewertungsparametern, die zu wesentlichen Abweichungen führen" (BT-Drucks. 16/10067, S. 55), eintreten. In diesem Fall ist eine Anpassung der Bewertung geboten. Die Zinssatzermittlung sollte davon aufgrund der langfristigen Durchschnittsbildung nicht betroffen sein.

Nach dem Einzelbewertungsgrundsatz ist jede Pensionsverpflichtung einzeln zu bewerten. Das erfordert die Wahl eines individuellen, der jeweiligen Duration der Verpflichtung entsprechenden Zinssatzes. Diese Verfahrensweise ist nicht nur aufwändig, sondern kann zusätzliche Ermittlungsprobleme bereiten, wenn die Fristigkeit einer Pensionsverpflichtung mehr als 50 Jahre beträgt. Da die Deutsche Bundesbank Zinsstrukturkurven für Festzinsswaps für diese Zeiträume nicht zur Verfügung stellt, wäre der zu wählende Zinssatz durch Extrapolation zu ermitteln.

Um die Bewertung von Pensionsrückstellungen zu vereinfachen, erlaubt § 253 Abs. 2 Satz 2 HGB, „Altersversorgungsverpflichtungen oder vergleichbare langfristig fällige Verpflichtungen pauschal mit dem durchschnittlichen Marktzinssatz" abzuzinsen, „der sich bei einer angenommenen Restlaufzeit von 15 Jahren ergibt". Diese **Ausnahme vom Einzelbewertungsgrundsatz** steht ebenfalls unter dem Vorbehalt, das vom Jahresabschluss zu vermittelnde, den tatsächlichen Verhältnissen entsprechende Bild der Vermögens-, Finanz- und Ertragslage nicht zu beeinträchtigen. Insbesondere bei einem hohen Durchschnittsalter der Pensionsberechtigten kann diese Vereinfachungslösung problematisch sein. Liegt die Duration der Verpflichtungen deutlich unter 15 Jahren, führt die Abzinsung mit dem typisierten Durchschnittszins bei normaler Zinsstrukturkurve zu einer Unterdotierung der Pensionsrückstellungen und verstößt damit gegen das Gebot des vollständigen Schuldenausweises. Ein Abweichen von der Vereinfachungslösung dürfte in der Praxis allerdings nur in wenigen Ausnahmefällen geboten sein. Die bei Wahl eines einheitlichen Zinssatzes gesetzlich festgeschriebene

Restlaufzeit von 15 Jahren berücksichtigt bereits den infolge der demografischen Entwicklung durchschnittlich bestehenden Überhang älterer Arbeitnehmer.

2.2.4 Höchstwertprinzip

Der Wertansatz von Rückstellungen ist zu jedem Abschlussstichtag zu überprüfen. Keine einheitliche Meinung bestand bislang in der Frage, inwieweit das Höchstwertprinzip die Anpassung des ursprünglich angesetzten Betrags an zwischenzeitlich eingetretene Entwicklungen oder neu gewonnene Erkenntnisse begrenzt. Hält man dieses Prinzip auf Rückstellungen für anwendbar, sind handelsrechtliche Pflichtrückstellungen mit ihrem Zugangswert oder dem höheren Bilanzstichtagswert zu passivieren.[339] Dies gilt jedenfalls solange, wie eine Wiederkehr der den Zugangswert der Schuld bestimmenden Faktoren bis zum Zeitpunkt ihrer Erfüllung möglich ist. Eine Teilauflösung von Rückstellungen für **Sachleistungsverpflichtungen** wegen gesunkener Lohn- oder Materialkosten kommt nach dieser Auffassung nicht in Betracht, wenn ein erneuter Preisanstieg bis zum Zeitpunkt der Erfüllung denkbar erscheint. Entsprechendes gilt für ungewisse **Verpflichtungen**, die **in fremder Währung** zu erfüllen sind. Auch ihr Wertansatz ist nach dem Höchstwertprinzip wegen eines im Vergleich zum Zeitpunkt ihrer Ersterfassung gesunkenen Fremdwährungskurses nicht zu reduzieren (vgl. auch Abschnitt 8, Gliederungspunkt 4.4).

Nach einer anderen Auffassung soll das Höchstwertprinzip für Verbindlichkeits- und Drohverlustrückstellungen nicht gelten.[340] Diese seien vielmehr zu jedem Stichtag ohne Rücksicht auf ihren Wertansatz in der Vergangenheit neu zu bewerten, was ggf. ein Unterschreiten des Zugangswerts erforderlich mache. Begründet wurde diese Auffassung zum bisherigen Recht mit der Auflösungsvorschrift des § 249 Abs. 3 Satz 2 HGB a. F.

Das BilMoG schafft in dieser Auslegungsfrage nur bedingt Klarheit. In den Erläuterungen der Bundesregierung zur vorgesehenen Regelung für die Umrechnung von Fremdwährungsgeschäften heißt es, Rückstellungen seien „an jedem Abschlussstichtag neu zu bewerten bzw. zu ermitteln und zum dann gültigen Devisenkassakurs umzurechnen. Die Restriktionen des § 252 Abs. 1 Nr. 4 und des § 253 Abs. 1 Satz 1 HGB gelten hier nicht" (BT-Drucks. 16/10067, S. 62). Diese Formulierung deutet auf die Unbeachtlichkeit des Höchstwertprinzips für Rückstellungen hin. Im Widerspruch dazu scheint die Begründung für die Diskontierung längerfristiger Rückstellungen mit einem durchschnittlichen Marktzinssatz zu stehen: „Die Anwendung eines unternehmensindividuellen Zinssatzes würde bei sinkender Bonität des Unternehmens zu einem steigenden Abzinsungszinssatz und infolgedessen zu einer erfolgswirksam zu berücksichtigenden Verminderung des zurückgestellten Betrags führen." Das sei „mit dem Vorsichts- und Höchstwertprinzip nicht zu vereinbaren" (BT-Drucks. 16/10067, S. 55). In diesem Sinn kollidiert allerdings die mit dem BilMoG umgesetzte Abzinsungsregelung als solche schon mit dem Höchstwertprinzip. Kann sie doch in Zeiten

---

[339] So Moxter, BB 1989, S. 947.
[340] Vgl. WP-Handbuch 2006, Kap. E, Tz. 93.

steigender Zinsen zu einer Teilauflösung der in der Vergangenheit gebildeten Rückstellungen führen.

Dieser Konflikt zwischen den zitierten Aussagen lässt auf einen sehr engen Anwendungsbereich des Höchstwertprinzips nach den Vorstellungen der Bundesregierung schließen. Eine vollständige oder teilweise Rückstellungsauflösung wird man danach als geboten ansehen müssen, wenn sich die relevanten Bewertungsparameter im Vergleich zur letzten Bewertung verändert haben. Das ist etwa bei einer Verringerung des einer ungewissen Verbindlichkeit zugrunde liegenden Mengengerüsts der Fall (z. B. geringere Inanspruchnahme aus einer Gratifikation wegen erhöhter Fluktuation, Verfügbarkeit kostengünstigerer Verfahren für eine Altlastensanierung). Auch Preis-, Zins- oder Währungsänderungen, die zu einem niedrigeren Rückstellungsbetrag führen, sind zu berücksichtigen (z. B. gesunkene Lohn- oder Materialkosten bei Gewährleistungsverpflichtungen. Mit einer bloßen Neuausübung von Beurteilungsspielräumen (z. B. weniger strenge Gewichtung des Vorsichtsprinzips oder veränderte subjektive Risikoeinschätzung, für die keine äußeren Anlässe vorliegen) lässt sich dagegen eine partielle Rückstellungsauflösung nicht begründen.

2.2.5 Beispiel zur neuen Rückstellungsbewertung

Das Zusammenspiel von erwarteten Kostensteigerungen und Abzinsung bei der Rückstellungsbewertung sowie die sich aus den neuen Bewertungsvorschriften ergebenden Konsequenzen für die Bildung latenter Steuern illustriert das nachfolgende Beispiel.

Beispiel

Sachverhalt:

Die B AG, eine große Kapitalgesellschaft i. S. d. § 267 HGB, hat zu Beginn des Jahres 2010 in angemieteten Büroräumen Umbauten vorgenommen, die nach Ablauf des Mietvertrags zurückzubauen sind. Die Herstellungskosten der Baumaßnahmen betragen 800 TEUR. Der zum 1.1.2010 abgeschlossene Mietvertrag hat eine Laufzeit von zehn Jahren.

Die B AG kalkuliert zum 31.12.2010 auf Basis aktueller Preise mit Rückbaukosten in Höhe von 200 TEUR. Aufgrund von Erfahrungen der Vergangenheit rechnet sie mit durchschnittlichen Kostensteigerungen von 3 % pro Jahr. Diese Erwartung bestätigt sich.

Während der Laufzeit des Mietvertrags veröffentlicht die Deutsche Bundesbank die nachfolgend dargestellten Zinssätze für die Diskontierung von Rückstellungen (vgl. Abb. 82). Aus Vereinfachungsgründen sei angenommen, dass die Zinsstrukturkurve im Zeitablauf konstant bleibt und sich lediglich in Abhängigkeit von der Änderung des Marktzinsniveaus verschiebt.

Abschnitt 4: Bilanzierung der Rückstellungen

Jahr	Durchschnittszinssätze der vergangenen sieben Jahre für Fristigkeiten von ... Jahren									
	1	2	3	4	5	6	7	8	9	10
2010	4,2 %	4,6 %	4,9 %	5,2 %	5,4 %	5,6 %	5,8 %	5,9 %	6,0 %	6,1 %
2011	4,4 %	4,8 %	5,1 %	5,4 %	5,6 %	5,8 %	6,0 %	6,1 %	6,2 %	6,3 %
2012	4,9 %	5,3 %	5,6 %	5,9 %	6,1 %	6,3 %	6,5 %	6,6 %	6,7 %	6,8 %
2013	4,7 %	5,1 %	5,4 %	5,7 %	5,9 %	6,1 %	6,3 %	6,4 %	6,5 %	6,6 %
2014	5,1 %	5,5 %	5,8 %	6,1 %	6,3 %	6,5 %	6,7 %	6,8 %	6,9 %	7,0 %
2015	5,4 %	5,8 %	6,1 %	6,4 %	6,6 %	6,8 %	7,0 %	7,1 %	7,2 %	7,3 %
2016	4,9 %	5,3 %	5,6 %	5,9 %	6,1 %	6,3 %	6,5 %	6,6 %	6,7 %	6,8 %
2017	5,1 %	5,5 %	5,8 %	6,1 %	6,3 %	6,5 %	6,7 %	6,8 %	6,9 %	7,0 %
2018	4,5 %	4,9 %	5,2 %	5,5 %	5,7 %	5,9 %	6,1 %	6,2 %	6,3 %	6,4 %
2019	4,3 %	4,7 %	5,0 %	5,3 %	5,5 %	5,7 %	5,9 %	6,0 %	6,1 %	6,2 %

Abb. 82: Durchschnittszinssätze für Festzinsswaps mit einer Laufzeit von einem bis zehn Jahren

Beurteilung nach HGB a. F.:

Die Mieterumbauten führen zu einem aktivierungspflichtigen Vermögensgegenstand. Der durch die Umbaumaßnahmen erlangte bauliche Vorteil ist greifbar, übertragbar und selbständig bewertbar. Da die Umbauten am Ende des Mietvertrags zurückzubauen sind, kann die B AG die tatsächliche Sachherrschaft über diesen Vermögensgegenstand auf Dauer ausüben. Folglich ist sie wirtschaftliche Eigentümerin der Umbauten. Der Vermögensgegenstand ist in ihrer Bilanz mit seinen Herstellungskosten von 800 TEUR zu aktivieren.

Für die Verpflichtung zum Rückbau der Umbauten nach Ablauf des Mietvertrags ist eine Rückstellung nach § 249 HGB a. F. zu bilden. Ihre Bewertung erfolgt nach § 253 Abs. 1 Satz 2 HGB a. F. in Höhe des Betrags, der nach vernünftiger kaufmännischer Beurteilung notwendig ist. Leitet man aus dieser Bewertungsanweisung mit der vorherrschenden Bilanzierungspraxis die Verpflichtung ab, den zeitanteiligen, nach den Preis- und Kostenverhältnissen des Stichtags bemessenen Erfüllungsbetrag anzusetzen, ergibt sich der in Abb. 83 dargestellte Rückstellungsverlauf (Angaben in TEUR).

Stichtag	Erwarteter Erfüllungsbetrag	Rückstellung nach HGB a. F.		
		Stand 1.1.	Zuführung	Stand 31.12.
31.12.2010	200,0	0,0	20,0	20,0
31.12.2011	206,0	20,0	21,2	41,2
31.12.2012	212,2	41,2	22,5	63,7
31.12.2013	218,5	63,7	23,8	87,4
31.12.2014	225,1	87,4	25,1	112,6
31.12.2015	231,9	112,6	26,6	139,1
31.12.2016	238,8	139,1	28,1	167,2
31.12.2017	246,0	167,2	29,6	196,8
31.12.2018	253,4	196,8	31,2	228,0
31.12.2019	261,0	228,0	32,9	261,0

Abb. 83: Entwicklung der Rückbaurückstellung nach bisherigem Bilanzrecht

Beurteilung nach HGB i. d. F. des BilMoG:

Auch nach der Neufassung des § 253 HGB ist für die Verpflichtung zum Rückbau der Umbauten nach Ablauf des Mietvertrags eine über die Laufzeit des Mietvertrags aufzubauende Verteilungsrückstellung zu bilden. Ihre Bewertung mit dem nach vernünftiger kaufmännischer Beurteilung notwendigen Erfüllungsbetrag führt zu zwei Abweichungen von der früheren Rechtslage. Zum einen sind erwartete Kostensteigerungen in den Rückstellungsbetrag einzurechnen. Diese betragen annahmegemäß 3 % pro Jahr. Zum anderen verlangt § 253 Abs. 2 Satz 1 HGB einen Barwertansatz der Verpflichtung. Die Zinssätze für die nach § 253 Abs. 2 Satz 1 HGB gebotene Barwertermittlung sind der Veröffentlichung der Deutschen Bundesbank zu entnehmen. Unter Berücksichtigung der jeweiligen Restlaufzeit der Rückbauverpflichtung sind die in Abb. 84 grau unterlegten Diskontierungssätze zu wählen. Da die Restlaufzeit der Verpflichtung zum 31.12.2018 nur noch ein Jahr beträgt, könnte zu diesem Stichtag die Abzinsung aus Wesentlichkeitsgründen unterbleiben.

Jahr	Durchschnittszinssätze der vergangenen sieben Jahre für Fristigkeiten von ... Jahren									
	1	2	3	4	5	6	7	8	9	10
2010	4,2 %	4,6 %	4,9 %	5,2 %	5,4 %	5,6 %	5,8 %	5,9 %	6,0 %	6,1 %
2011	4,4 %	4,8 %	5,1 %	5,4 %	5,6 %	5,8 %	6,0 %	6,1 %	6,2 %	6,3 %
2012	4,9 %	5,3 %	5,6 %	5,9 %	6,1 %	6,3 %	6,5 %	6,6 %	6,7 %	6,8 %
2013	4,7 %	5,1 %	5,4 %	5,7 %	5,9 %	6,1 %	6,3 %	6,4 %	6,5 %	6,6 %
2014	5,1 %	5,5 %	5,8 %	6,1 %	6,3 %	6,5 %	6,7 %	6,8 %	6,9 %	7,0 %
2015	5,4 %	5,8 %	6,1 %	6,4 %	6,6 %	6,8 %	7,0 %	7,1 %	7,2 %	7,3 %
2016	4,9 %	5,3 %	5,6 %	5,9 %	6,1 %	6,3 %	6,5 %	6,6 %	6,7 %	6,8 %
2017	5,1 %	5,5 %	5,8 %	6,1 %	6,3 %	6,5 %	6,7 %	6,8 %	6,9 %	7,0 %
2018	4,5 %	4,9 %	5,2 %	5,5 %	5,7 %	5,9 %	6,1 %	6,2 %	6,3 %	6,4 %
2019	4,3 %	4,7 %	5,0 %	5,3 %	5,5 %	5,7 %	5,9 %	6,0 %	6,1 %	6,2 %

Abb. 84: *Relevante Diskontierungssätze im Fallbeispiel*

Zur Ermittlung der jährlichen Zuführungsbeträge ist zunächst der nominelle Erfüllungsbetrag im Zeitpunkt der Vornahme des Rückbaus zu ermitteln. Dieser beläuft sich unter Einrechnung der erwarteten Kostensteigerungen von 3 % p. a. auf 261 TEUR (= 200 TEUR • $1{,}03^9$).

Die Rückstellungsbeträge zu den einzelnen Abschlussstichtagen errechnen sich wie folgt (vgl. Abb. 85):

- Diskontierung des künftigen Erfüllungsbetrags (Spalte 2) unter Verwendung des von der Bundesbank veröffentlichten Zinssatzes (Spalte 3) auf den jeweiligen Abschlussstichtag (Spalte 4)
- Ermittlung des zeitanteiligen Erfüllungsbetrags (Spalte 7) und Zuführung des Differenzbetrags (Spalte 6) zum Stand der Rückstellung per Ende Vorjahr (Spalte 5)

Für die nach BilMoG zu bildende Verteilungsrückstellung ergibt sich damit der folgende Verlauf:

Stichtag	Barwert des Erfüllungs-betrags	Ertrag / Aufwand aus Abzinsung			operativer Aufwand	Buchwert Stand 31.12.
		Aufzinsung	Zinsänderung	Summe		
31.12.X1	4.109,6	0,0	0,0	0,0	4.109,6	4.109,6
31.12.X2	4.097,9	164,4	-176,1	-11,8	0,0	4.097,9
31.12.X3	4.368,9	209,0	62,1	271,0	0,0	4.368,9
31.12.X4	4.596,2	201,0	26,3	227,3	0,0	4.596,2
31.12.X5	4.766,4	197,6	-27,4	170,2	0,0	4.766,4
31.12.X6	5.000,0	233,6	0,0	233,6	0,0	5.000,0

Abb. 85: *Entwicklung der Rückbaurückstellung nach BilMoG*

Die Rückstellungsberechnung sieht auch zum 31.12.2018 eine Abzinsung der Rückbauverpflichtung vor. Da zu diesem Stichtag die Restlaufzeit der Rückstellung nur noch ein Jahr beträgt, könnte alternativ der nominelle anteilige Erfüllungsbetrag von 234.900 EUR (= 9/10 von 261.000 EUR) passiviert werden. In diesem Fall ergäbe sich für das Geschäftsjahr 2018 ein um 10.100 EUR höherer Zuführungsbetrag zur Rückstellung. Das entspricht dem Aufzinsungsbetrag für das letzte Jahr der Laufzeit des Mietvertrags. Da diese Verfahrensweise zu einem Bruch in der Bewertungssystematik führt und zudem im vorletzten Jahr zu einer Erfassung des Zinsaufwands für zwei Geschäftsjahre zwingt, ist sie nicht zu empfehlen.

Wie die Berechnung zeigt, führt das geänderte Bewertungsschema für Rückstellungen zu einem **stark progressiven Verlauf der Rückstellungszuführungen**. Der Grund hierfür liegt im Abzinsungsgebot. Ihm liegt die Annahme einer ‚Teilfinanzierung' der Rückstellungszuführungen aus Erträgen zugrunde, die sich aus der Anlage von Rückstellungsgegenwerten ergeben. Diese Prämisse ist mit Blick auf die Gläubigerschutzfunktion der Bilanz ausgesprochen problematisch. Im Ergebnis führt sie zu einer Verrechnung eingetretener Vermögensminderungen mit erwarteten, noch nicht realisierten Erträgen aus der Vermögensanlage. Das auf diese Weise erhöhte Ausschüttungspotenzial stellt eine latente Gefahr für die Gläubiger des Unternehmens dar. Bleiben die erwarteten Erträge aus der Anlage der Rückstellungsgegenwerte aus, geht die mit der Abzinsung verbundene Verlagerung von Aufwendungen in die Zukunft zu Lasten des Haftungsvermögens der Fremdkapitalgeber.[341]

Aufgrund der Berücksichtigung künftiger Kostensteigerungen wird die handelsrechtliche Rückstellung bis zum Erfüllungszeitpunkt in nahezu allen Fällen über jener nach Steuerrecht liegen. Der für die steuerbilanzielle Rückstel-

---

[341] Vgl. hierzu Küting/Kessler, PiR 2007, S. 313 f.; a. A. wohl Melcher/Krucker, die in ihren Modellberechnungen von der Annahme ausgehen, dass die Rückstellungsgegenwerte „ – bei sinnvoller Anlage – Erträge generieren". Die Gläubigerschutzfunktion ist indes gerade dann gefragt, wenn das Unternehmen nicht mehr in der Lage ist, eine positive Verzinsung seines Vermögens zu erwirtschaften; KoR 2009, S. 17.

lungsbewertung festgeschriebene Diskontierungssatz von 5,5 % (vgl. § 6 Abs. 1 Nr. 3a Buchstabe e EStG) führt in aller Regel zu weiteren Abweichungen von der handelsbilanziellen Bewertung (vgl. Abb. 86).

Stichtag	Erwarteter Erfüllungsbetrag	Steuerlicher Zinssatz	Barwert des Erfüllungsbetrags	Rückstellung in der Steuerbilanz		
				Stand 1.1.	Zuführung	Stand 31.12.
31.12.2010	200,0	5,5 %	123,5	0,0	12,4	12,4
31.12.2011	206,0	5,5 %	134,2	12,4	14,5	26,8
31.12.2012	212,2	5,5 %	145,9	26,8	16,9	43,8
31.12.2013	218,5	5,5 %	158,5	43,8	19,6	63,4
31.12.2014	225,1	5,5 %	172,2	63,4	22,7	86,1
31.12.2015	231,9	5,5 %	187,2	86,1	26,2	112,3
31.12.2016	238,8	5,5 %	203,4	112,3	30,1	142,4
31.12.2017	246,0	5,5 %	221,0	142,4	34,4	176,8
31.12.2018	253,4	5,5 %	240,1	176,8	39,3	216,1
31.12.2019	261,0	-	261,0	216,1	44,8	261,0

Abb. 86: Durchschnittszinssätze für Festzinsswaps mit einer Laufzeit von einem bis zehn Jahren

Der Bewertungsunterschied zwischen Handels- und Steuerbilanz führt zu einer abzugsfähigen temporären Differenz. Sie kann mittelgroßen und großen Kapitalgesellschaften Anlass geben, für die erwartete Steuerentlastung aus dem Abbau der Differenz in späteren Geschäftsjahren **aktive latente Steuern** anzusetzen (vgl. hierzu Abschnitt 8, Gliederungspunkt 3). Wie sich die Bildung und Auflösung latenter Steuern bei Inanspruchnahme des Wahlrechts im Beispiel darstellt, verdeutlicht Abb. 87 (Angaben in TEUR):

Stichtag	Rückstellung Steuerbilanz	Rückstellung BilMoG	Delta	Aktive latente Steuern		
				Stand 1.1.	Veränderung	Stand 31.12.
31.12.2010	12,4	15,4	3,1	0,0	0,9	0,9
31.12.2011	26,8	32,5	5,7	0,9	0,8	1,7
31.12.2012	43,8	50,4	6,6	1,7	0,3	2,0
31.12.2013	63,4	73,2	9,8	2,0	0,9	2,9
31.12.2014	86,1	96,1	10,0	2,9	0,1	3,0
31.12.2015	112,3	122,2	9,9	3,0	0,0	3,0
31.12.2016	142,4	155,1	12,8	3,0	0,9	3,8
31.12.2017	176,8	187,6	10,8	3,8	-0,6	3,2
31.12.2018	216,1	224,7	8,6	3,2	-0,6	2,6
31.12.2019	261,0	261,0	0,0	2,6	-2,6	0,0

Abb. 87: Ermittlung latenter Steuern für die Rückbaurückstellung

Der in den ersten Jahren zunehmende Bewertungsunterschied zwischen Handels- und Steuerbilanz führt zu einem Anstieg der aktiven latenten Steuern. Insbesondere aufgrund des steuerlichen Verbots, erwartete Kostensteigerungen bilanziell vorwegzunehmen, bleibt die Rückstellung in der Steuerbilanz bis zum Erfüllungsjahr hinter dem handelsrechtlichen Wertansatz zurück. Die Bewertungsdifferenz steigt bis zum Jahr 2016 an und baut sich in den verbleibenden drei Jahren auf null ab.

2.2.6 Erstanwendung, Übergangsregelung und steuerliche Folgen

Die neuen Bewertungsvorschriften für Rückstellungen sind von allen bilanzierenden Kaufleuten **verpflichtend** auf Jahres- und Konzernabschlüsse für nach dem **31.12.2009** beginnende Geschäftsjahre anzuwenden (vgl. Art. 66 Abs. 3 Satz 1 EGHGB). Entscheidet sich das Unternehmen vorzeitig auf die mit dem BilMoG modernisierten Rechnungslegungsvorschriften überzugehen, ist die Neuregelung erstmals in Jahres- und Konzernabschlüssen für Geschäftsjahre zu beachten, die nach dem **31.12.2008** beginnen. Für die Anwendung der neuen Rechnungslegungsvorschriften gilt der Grundsatz der Bewertungsmethodenstetigkeit nicht (vgl. Art. 67 Abs. 8 Satz 1 EGHGB).

Bei Rückstellungen mit einer Restlaufzeit von mehr als einem Jahr führen die neuen Bewertungsvorschriften im Regelfall zu einem niedrigeren Wertansatz. Der Grund liegt in der obligatorischen Abzinsung, deren Auswirkungen durch die Einrechnung von Preis- und Kostensteigerungen üblicherweise nicht kompensiert werden. Für überdotierte Rückstellungen hat der Gesetzgeber eine **Übergangsregelung** vorgesehen.[342] Sie eröffnet die Möglichkeit einer Beibehaltung der Rückstellung, „soweit der aufzulösende Betrag bis zum 31. Dezember 2024 wieder zugeführt werden müsste" (Art. 67 Abs. 1 Satz 2 EGHGB). In diesem Fall ist der Betrag der Überdeckung im Anhang anzugeben (vgl. Art. 67 Abs. 1 Satz 3 EGHGB).

Macht der Bilanzierende von dem Beibehaltungswahlrecht keinen Gebrauch, ist die Rückstellung an den neuen Wertansatz anzupassen. Das hat erfolgsneutral durch Umgliederung des Auflösungsbetrags in die Gewinnrücklagen zu erfolgen (vgl. Art. 67 Abs. 1 Satz 2 EGHGB). Eine erfolgswirksame Auflösung ist nicht zulässig. Eine teilweise Auflösung erlaubt Art. 67 Abs. 3 Satz 1 EGHGB nur für Aufwandsrückstellungen.

Die Übergangsregelung unterliegt dem Einzelbewertungsgrundsatz. Ob der eigentlich aufzulösende Betrag bis zum 31.12.2024 wieder zugeführt werden müsste, ist mithin für jede einzelne überdotierte Rückstellung zu prüfen.[343] Bei der Ermittlung der Zuführungsbeträge sind sowohl die Auswirkungen der Aufzinsung von Rückstellungen als auch Effekte aus der regulären Fortschreibung von Ansammlungs- oder Verteilungsrückstellungen zu berücksichtigen. Soweit die hypothetischen regulären Zuführungen zur Rückstellung bis zum 31.12.2024 hinter dem Auflösungsbetrag zurückbleiben, kann nur der niedrigere Betrag der Rückstellung beibehalten werden. Der

---

[342] Vordergründig hat es den Anschein, als betreffe die Übergangsregelung – wie jene des Art. 67 Abs. 1 Satz 1 EGHGB – nur Pensionsrückstellungen. Nach der Begründung des Rechtsausschusses soll Art. 67 Abs. 1 Satz 2 EGHGB indes „bei allen Rückstellungen Auflösungen vermeiden, soweit der Auflösungsbetrag bis spätestens zum 31. Dezember 2024 wieder zugeführt werden müsste"; BT-Drucks. 16/12407, S. 95.

[343] Vgl. BT-Drucks. 16/12407, S. 95.

darüber hinausgehende Überdotierungsbetrag ist erfolgswirksam auszulösen und führt in der Gewinn- und Verlustrechnung zum Ausweis eines außerordentlichen Ertrags.[344]

Die Bedingung des Art. 67 Abs. 1 Satz 2 EGHGB ist zu jedem Abschlussstichtag zu prüfen, solange die Rückstellung noch nicht im Einklang mit den Vorgaben des BilMoG bewertet ist. Ergibt sich dabei, dass aufgrund veränderter Verhältnisse der zunächst beibehaltene Wert der Rückstellung bis zum 31.12.2024 nicht erreicht wird, ist die Rückstellung in Höhe des Differenzbetrags erfolgswirksam anzupassen. Auch dieser Fall führt zum Ausweis außerordentlicher Erträge in der Gewinn- und Verlustrechnung.

Beispiel

Sachverhalt:

Die B AG hat als große Kapitalgesellschaft die zum 31.12.2009 im Jahresabschluss ausgewiesenen Rückstellungen nach § 253 Abs. 1 HGB a. F. bewertet. Im Geschäftsjahr 2010 wendet sie erstmals die durch das BilMoG modifizierten Bewertungsvorschriften an. Einen Anpassungsbedarf hat die B AG für zwei Rückstellungen ermittelt (Angaben in EUR):

	Entwicklung der Rückstellung					
	31.12.2009 / 1.1.2010			31.12.2010		
Rückstellung	HGB a.F.	EStG	BilMoG	HGB a.F.	EStG	BilMoG
Umweltschutzverpflichtung	5.000.000	5.000.000	5.300.000	-	5.080.000	5.400.000
Schadenersatzverpflichtung	3.000.000	2.700.000	2.770.000	-	2.840.000	2.880.000

Die Umweltschutzverpflichtung ist zum 1.1.2010 nach den Bewertungsvorschriften des BilMoG um 300.000 EUR höher anzusetzen als zum 31.12.2009. Der Wertanstieg ist das Ergebnis der Einrechnung von Kostensteigerungen, deren Auswirkungen nur zum Teil durch die Abzinsung des Verpflichtungsbetrags kompensiert werden. Zum 31.12.2010 erhöht sich der Verpflichtungsbetrag um weitere 100.000 EUR auf 5.400.000 EUR.

Die Schadenersatzverpflichtung resultiert aus einem gerichtsanhängigen Streitfall. Da eine Entscheidung frühestens in zwei Jahren erwartet wird, ist die hierfür angesetzte Rückstellung abzuzinsen. Das führt per 1.1.2010 zu einem im Vergleich zur bisherigen Bewertung um 230.000 EUR niedrigeren Wertansatz der ungewissen Verbindlichkeit. Der Wertanstieg zum 31.12.2010 resultiert ausschließlich aus der Aufzinsung.

Die steuerlichen Buchwerte der Rückstellungen sind unter Beachtung der Vorgaben des § 6 Abs. 1 Nr. 3a EStG ermittelt. Der kumulierte Ertragsteuersatz der B AG beträgt 30 %.

---

[344] Vgl. IDW RS HFA 28, IDW-FN 2009, S. 642, Tz. 36.

Beurteilung:

Zu den relevanten Stichtagen 31.12.2009 / 1.1.2010 und 31.12.2010 ergibt sich aus der Erstanwendung der Vorschriften des BilMoG der in der nachstehenden Tabelle abgeleitete Anpassungsbedarf in Bezug auf die handelsrechtliche Bewertung der Rückstellungen (Angaben in EUR):

Rückstellung	Entwicklung der Rückstellung				
	HGB a.F. 31.12.2009	BilMoG 01.01.2010	Delta	BilMoG 31.12.2010	Delta
Umweltschutzverpflichtung	5.000.000	5.300.000	300.000	5.400.000	100.000
Schadenersatzverpflichtung - Variante 1	3.000.000	3.000.000	0	3.000.000	0
Schadenersatzverpflichtung - Variante 2	3.000.000	2.770.000	-230.000	2.880.000	110.000

Die Anpassung des Wertansatzes der Umweltschutzverpflichtung zum 1.1.2010 ist erfolgswirksam und führt in der Gewinn- und Verlustrechnung zum Ausweis eines außerordentlichen Aufwands von 300.000 EUR.

Zum 31.12.2010 ist der Rückstellung ein Betrag von 100.000 EUR zuzuführen. Für die Erfassung des Betrags in der Gewinn- und Verlustrechnung gelten die allgemeinen Grundsätze. Er ist im Regelfall im Posten „sonstige betriebliche Aufwendungen" auszuweisen. Insoweit liegt kein Effekt aus der Erstanwendung der neuen Bewertungsvorschriften vor. Die Buchungen zum 1.1.2010 bzw. zum 31.12.2010 lauten damit (Angaben in EUR):

Datum	Konto	Soll	Haben
	Außerordentlicher Aufwand	300.000	
1.1.2010	Rückstellung für Umweltschutzverpflichtung		300.000

Datum	Konto	Soll	Haben
	Sonstiger betrieblicher Aufwand	100.000	
31.12.2010	Rückstellung für Umweltschutzverpflichtung		100.000

Hinsichtlich der Schadenersatzverpflichtung hat die B AG ein Wahlrecht. Da eine Entscheidung in dem Rechtsstreit bis zum 31.12.2024 zu erwarten ist, kann der bislang angesetzte Buchwert fortgeführt werden (**Variante 1**). In diesem Fall ist in der BilMoG-Eröffnungsbilanz keine Anpassung vorzunehmen. Entsprechendes gilt für den Abschlussstichtag 31.12.2010. Infolge der Aufzinsung des nach BilMoG ermittelten „Schattenbuchwerts" beträgt die Differenz zwischen dem Buchwert und dem nach den neuen Bewertungsvorschriften ermittelten Betrag noch 120.000 EUR. Da diese Differenz ausschließlich den Effekt aus der Abzinsung widerspiegelt, ist der Buchwert vom 1.1.2010 beizubehalten. Eine abweichende Beurteilung ergäbe sich, wenn die B AG am 31.12.2010 aus dem Rechtsstreit bspw. nur noch mit einer Inanspruchnahme in Höhe von 2.600.000 EUR rechnete. In diesem Fall wäre die Rückstellung um 280.000 EUR aufzulösen. Der wertbegründende Charakter der neuen Information spielt insoweit keine Rolle.

Alternativ steht der B AG die Möglichkeit offen, den Überdotierungsbetrag von 230.000 EUR erfolgsneutral in die Gewinnrücklagen umzugliedern. Zum 31.12.2010 ist der Rückstellung sodann der Aufzinsungsbetrag von 110.000 EUR zuzuführen. Er ist unter den Zinsen und ähnlichen Aufwendungen auszuweisen (vgl. Gliederungspunkt 3.2). Das ergibt folgende Buchungen:

Datum	Konto	Soll	Haben
	Rückstellung für Schadenersatzverpflichtung	230.000	
1.1.2010	Gewinnrücklagen		230.000

Datum	Konto	Soll	Haben
	Zinsen und ähnliche Aufwendungen	110.000	
31.12.2010	Rückstellung für Schadenersatzverpflichtung		110.000

Aufgrund der zum 31.12.2009 bzw. 1.1.2010 sowie zum 31.12.2010 bestehenden Bewertungsunterschiede zwischen Handels- und Steuerbilanz ist die Bildung latenter Steuern zu prüfen. In einem ersten Schritt ist die Steuerlatenzierung aus der Erstanwendung des § 274 HGB zu prüfen, für die Art. 67 Abs. 6 EGHGB eine erfolgsneutrale Einbuchung anordnet. Das erfordert einen Vergleich der Wertansätze im handelsrechtlichen Jahresabschluss zum **31.12.2009** mit den entsprechenden Steuerwerten. Aufgrund der abzugsfähigen temporären Differenz von 300.000 EUR in Bezug auf die Schadenersatzverpflichtung ermitteln sich aktive latente Steuern von 90.000 EUR. Für die Umweltschutzverpflichtung sind keine latenten Steuern zu berücksichtigen.

Rückstellung	HGB a.F. 31.12.2009	EStG 31.12.2009	temporäre Differenz	Latente Steuern
Umweltschutzverpflichtung	5.000.000	5.000.000	0	0
Schadenersatzverpflichtung	3.000.000	2.700.000	300.000	90.000

Lässt man das Ansatzwahlrecht für einen Überhang an aktiven latenten Steuern nach § 274 Abs. 1 HGB unberücksichtigt, ist wie folgt zu buchen (Angaben in EUR):

Datum	Konto	Soll	Haben
	Aktive latente Steuern	90.000	
1.1.2010	Gewinnrücklagen		90.000

Die Überleitung der Rückstellungsbuchwerte auf den **1.1.2010** lässt bei der Umweltschutzverpflichtung eine abzugsfähige temporäre Differenz von 300.000 EUR entstehen.

Rückstellung	BilMoG 01.01.2010	EStG 01.01.2010	temporäre Differenz	Delta 31.12.2009	Δ Latente Steuern
Umweltschutzverpflichtung	5.300.000	5.000.000	300.000	300.000	90.000
Schadenersatzverpflichtung - Variante 1	3.000.000	2.700.000	300.000	0	0
Schadenersatzverpflichtung - Variante 2	2.770.000	2.700.000	70.000	-230.000	-69.000

Hierfür sind 90.000 EUR aktive latente Steuern mit der Buchung

Datum	Konto	Soll	Haben
	Aktive latente Steuern	90.000	
1.1.2010	Latenter Steueraufwand		90.000

zu berücksichtigen.

In Bezug auf die Schadenersatzverpflichtung ändert sich die zum 31.12.2009 ermittelte zu versteuernde temporäre Differenz von 300.000 EUR nur, wenn die B AG von dem Wahlrecht des Art. 67 Abs. 1 Satz 2 HGB zur Umgliederung des Überdotierungsbetrags in die Gewinnrücklagen Gebrauch macht (**Variante 2**). In diesem Fall sind die aktiven latenten Steuern von 90.000 EUR in Höhe von 69.000 EUR aufzulösen. Da die Veränderung der temporären Differenz auf eine erfolgsneutrale Übergangsbuchung zurückgeht, sind auch die latenten Steuern erfolgsneutral anzupassen:

Datum	Konto	Soll	Haben
	Gewinnrücklagen	69.000	
1.1.2010	Aktive latente Steuern		69.000

In der Fortschreibung der latenten Steuern zum **31.12.2010** sind für die Umweltschutzverpflichtung weitere 6.000 EUR aktive latente Steuern zu berücksichtigen. In Bezug auf die Schadenersatzverpflichtung ist wie folgt zu unterscheiden:

- Hat die B AG den im letzten Jahresabschluss nach HGB a. F. angesetzten Rückstellungsbetrag beibehalten (**Variante 1**), reduziert sich die temporäre Differenz von 300.000 EUR zum 31.12.2009 um 140.000 EUR auf 160.000 EUR. Damit sind aktive latente Steuern in Höhe von 42.000 EUR aufzulösen.
- Wurde die Schadenersatzverpflichtung in der BilMoG-Eröffnungsbilanz neu bewertet und mit 2.770.000 EUR angesetzt, reduziert die abweichende Fortschreibung der Rückstellung nach Steuerrecht und nach den Vorschriften des BilMoG die temporäre Differenz um 30.000 EUR auf 40.000 EUR. Infolgedessen sind aktive latente Steuern von 9.000 EUR aufzulösen.

Kapitel 2: Einzelgesellschaftliche Rechnungslegung

Rückstellung	BilMoG 31.12.2010	EStG 31.12.2010	temporäre Differenz	Delta 01.01.2010	Δ Latente Steuern
Umweltschutzverpflichtung	5.400.000	5.080.000	320.000	20.000	6.000
Schadenersatzverpflichtung - Variante 1	3.000.000	2.840.000	160.000	-140.000	-42.000
Schadenersatzverpflichtung - Variante 2	2.880.000	2.840.000	40.000	-30.000	-9.000

Unabhängig von der Art der Einbuchung der latenten Steuern ist deren Fortschreibung zum 31.12.2010 erfolgswirksam vorzunehmen. Die Buchungen stellen sich damit wie folgt dar:

- Umweltschutzverpflichtung

Datum	Konto	Soll	Haben
	Aktive latente Steuern	6.000	
31.12.2010	Latenter Steueraufwand		6.000

- Schadenersatzverpflichtung: **Variante 1**

Datum	Konto	Soll	Haben
	Latenter Steueraufwand	42.000	
31.12.2010	Aktive latente Steuern		42.000

- Schadenersatzverpflichtung: **Variante 2**

Datum	Konto	Soll	Haben
	Latenter Steueraufwand	9.000	
31.12.2010	Aktive latente Steuern		9.000

Insgesamt ermitteln sich zum 31.12.2010 aktive latente Steuern von 144.000 EUR (Fortführung des Wertansatzes der überdotierten Schadenersatzrückstellung gemäß **Variante 1**) bzw. 108.000 EUR (Neubewertung der Schadenersatzrückstellung im Übergangszeitpunkt nach den Vorschriften des BilMoG gemäß **Variante 2**).

Latente Steuern	BilMoG 31.12.2010	EStG 31.12.2010	temporäre Differenz	Latente Steuern
Umweltschutzverpflichtung	5.400.000	5.080.000	320.000	96.000
Schadenersatzverpflichtung - Variante 1	3.000.000	2.840.000	160.000	48.000
Schadenersatzverpflichtung - Variante 2	2.880.000	2.840.000	40.000	12.000

Ob diese aktiven latenten Steuern im Jahresabschluss zum 31.12.2010 berücksichtigt werden, hängt erstens von der Existenz passiver latenter Steuern aus anderen Bilanzierungssachverhalten und zweitens von der Ausübung des Ansatzwahlrechts gemäß § 274 Abs. 1 HGB ab. Als große Kapitalgesellschaft muss die B AG im Anhang unabhängig von der Wahlrechtsausübung gemäß § 285 Nr. 29 HGB über die Ursachen der bilanzierten und nicht bilanzierten latenten Steuern berichten. In welchem Umfang das zu erfolgen hat, ist umstritten (vgl. Abschnitt 8, Gliederungspunkt 3.6). Ausgenommen von den neuen Bewertungsvorschriften sind im letzten Jahresabschluss nach altem Bilanzrecht enthaltene optionale Aufwandsrückstellungen, die in Ausübung des Wahlrechts nach Art. 67 Abs. 3 Satz 1 EGHGB unter BilMoG beibehalten werden. Ihre Bewertung richtet sich weiterhin nach den einschlägigen Vorschriften des HGB i. d. F. vor Inkrafttreten des BilMoG.

Die **steuerliche Gewinnermittlung** ist von den Änderungen der handelsrechtlichen Bewertungsvorschriften für Rückstellungen nicht betroffen. Der Gesetzgeber hat die bilanzielle Vorwegnahme künftiger Preis- und Kostensteigerungen durch eine zusätzliche Vorbehaltsregelung in § 6 Abs. 1 Nr. 3a Buchstabe f EStG ausgeschlossen. Die neu gefasste Vorschrift lautet nunmehr wie folgt: „Bei der Bewertung sind die Wertverhältnisse am Bilanzstichtag maßgebend; künftige Preis- und Kostensteigerungen dürfen nicht berücksichtigt werden." Obwohl die Vorschrift nach ihrem Wortlaut nur auf Preis- und Kostensteigerungen abstellt, dürfte für erwartete rückläufige Entwicklungen von Preisen und Kosten nichts anderes gelten.

Auch das neu eingeführte handelsrechtliche Abzinsungsgebot für Rückstellungen läuft steuerlich leer. Es wird durch § 6 Abs. 1 Nr. 3a Buchstabe e EStG verdrängt. Die abweichenden Rückstellungsansätze in Handels- und Steuerbilanz führen zu latenten Steuern, über deren Bilanzierung zumindest große und mittelgroße Kapitalgesellschaften entsprechend den Vorgaben des § 274 HGB zu befinden haben. Zur Bedeutung der temporären Differenzen für kleine Kapitalgesellschaften, die von der Befreiung des § 274a Nr. 5 HGB Gebrauch machen und für Nichtkapitalgesellschaften vgl. Abschnitt 8, Gliederungspunkt 3.3.4.

Abb. 88 fasst die Regelungen zur Erstanwendung der durch das BilMoG geänderten Bewertungsbestimmungen für Rückstellungen zusammen.

Kapitel 2: Einzelgesellschaftliche Rechnungslegung

Übergang auf die Rückstellungsbewertung nach BilMoG (ohne Pensionen)		
Erstmalige Anwendung	**Übergang**	**Steuerliche Folgen**
• Obligatorisch: Jahres- und Konzernabschlüsse für nach dem 31.12.2009 beginnende Geschäftsjahre • Optional: Jahres- und Konzernabschlüsse für nach dem 31.12.2008 beginnende Geschäftsjahre (nur im Verbund mit allen übrigen vorzeitig anwendbaren Vorschriften) Art. 66 Abs. 3 EGHGB	• **Unterdotierte** Rückstellungen » Keine Übergangsregelung » Konsequenz: Pflicht zur Anpassung des Buchwerts von Verbindlichkeits- und Drohverlustrückstellungen, soweit bislang keine Kostenänderungen berücksichtigt wurden und / oder eine Abzinsung nicht bzw. nach anderen Grundsätzen erfolgt ist; die Zuführungen sind in der GuV unter den „a.o. Aufwendungen" auszuweisen • Für **überdotierte** Rückstellungen besteht ein Wahlrecht: » Beibehalten des Wertansatzes, soweit der aufzulösende Betrag bis spätestens zum 31.12.2024 wieder zuzuführen wäre » Erfolgsneutrale Einstellung des aus der Auflösung resultierenden Betrags in die Gewinnrücklagen Art. 67 Abs. 1 Satz 2, 3 EGHGB • Große und mittelgroße KapG haben die Bildung latenter Steuern wegen temporärer Bewertungsunterschiede zur Steuerbilanz zu prüfen	• Keine unmittelbaren Auswirkungen • Die bilanzielle Vorwegnahme künftiger Preis- und Kostenänderungen ist explizit ausgeschlossen § 6 Abs. 1 Nr. 3a Buchst. f EStG • Die Barwertermittlung erfolgt nach einer eigenständigen steuerrechtlichen Regelung § 6 Abs. 1 Nr. 3a Buchst. e EStG

Abb. 88: *Übergang auf die geänderten Bewertungsvorschriften für Rückstellungen*

2.3 Bewertung von Altersversorgungsverpflichtungen und vergleichbaren langfristig fälligen Verpflichtungen

2.3.1 Die neuen Vorschriften im Überblick

Die für die Bewertung von Altersversorgungsverpflichtungen und vergleichbaren langfristig fälligen Verpflichtungen maßgebenden Vorschriften wurden wie folgt geändert:

> **HGB § 253 Zugangs- und Folgebewertung**
>
> (1) Vermögensgegenstände sind höchstens mit den Anschaffungs- oder Herstellungskosten, vermindert um die Abschreibungen nach den Absätzen 3 bis 5, anzusetzen. Verbindlichkeiten sind zu ihrem Erfüllungsbetrag und Rückstellungen in Höhe des nach vernünftiger kaufmännischer Beurteilung notwendigen Erfüllungsbetrages anzusetzen. Soweit sich die Höhe von Altersversorgungsverpflichtungen ausschließlich nach dem beizulegenden Zeitwert von Wertpapieren im Sinn des § 266 Abs. 2 A.III.5 bestimmt, sind Rückstellungen hierfür zum beizulegenden Zeitwert dieser Wertpapiere anzusetzen, soweit er einen garantierten Mindestbetrag übersteigt. Nach § 246 Abs. 2 Satz 2 zu verrechnende Vermögensgegenstände sind mit ihrem beizulegenden Zeitwert zu bewerten.
>
> (2) Rückstellungen mit einer Restlaufzeit von mehr als einem Jahr sind mit dem ihrer Restlaufzeit entsprechenden durchschnittlichen Marktzinssatz der vergangenen sieben Geschäftsjahre abzuzinsen. Abweichend von Satz 1 dürfen Rückstellungen für Altersversorgungsverpflichtungen oder vergleichbare langfristig fällige Verpflichtungen pauschal mit dem durchschnittlichen Marktzinssatz abgezinst werden, der sich bei einer angenommenen Restlaufzeit von 15 Jahren ergibt. Die Sätze 1 und 2 gelten entsprechend für auf Rentenverpflichtungen beruhende Verbindlichkeiten, für die eine Gegenleistung nicht mehr zu erwarten ist. Der nach den Sätzen 1 und 2 anzuwendende Abzinsungszinssatz wird von der Deutschen Bundesbank nach Maßgabe einer Rechtsverordnung ermittelt und monatlich bekannt gegeben. In der Rechtsverordnung nach Satz 4, die nicht der Zustimmung des Bundesrates bedarf, bestimmt das Bundesministerium der Justiz im Benehmen mit der Deutschen Bundesbank das Nähere zur Ermittlung der Abzinsungszinssätze, insbesondere die Ermittlungsmethodik und deren Grundlagen, sowie die Form der Bekanntgabe.

Von der Gesetzesänderung sind alle bilanzierenden Kaufleute betroffen. Die neue Vorschrift des § 253 Abs. 1 und Abs. 2 HGB ist **erstmals** für Geschäftsjahre anzuwenden, die nach dem **31.12.2009** beginnen. In Bezug auf die Erstanwendung gelten insbesondere für Pensionsverpflichtungen spezielle **Übergangsregeln** (vgl. Gliederungspunkt 2.3.3.7).

2.3.2 Begriff der Altersversorgungsverpflichtungen und vergleichbaren langfristig fälligen Verpflichtungen

Das BilMoG ändert nicht nur die Bewertungsnormen für die Rückstellungen, es führt mit den **Altersversorgungsverpflichtungen und vergleichbaren langfristig fälligen Verpflichtungen** gleichzeitig einen neuen Begriff ein, ohne diesen jedoch zu definieren. Lediglich in der Gesetzesbegründung zu § 246 Abs. 2 Satz 2 HGB findet sich eine Aufzählung von Verpflichtungen, die der Gesetzgeber von dieser Begrifflichkeit erfasst sieht. Danach zählen zu den Altersversorgungsverpflichtungen und vergleichbaren langfristig fälligen Verpflichtungen unter anderem Pensionsverpflichtungen, Altersteilzeitverpflichtungen und Verpflichtungen aus Lebensarbeitszeitmodellen.

Der Begriff der Altersversorgungsverpflichtungen und vergleichbaren langfristig fälligen Verpflichtungen steht in einem Spannungsverhältnis mit dem bislang bekannten und an anderer Stelle weiter verwendeten Begriff der **Pensionen und ähnlichen Verpflichtungen**. So schreiben der § 266 Abs. 3 HGB den separaten Bilanzausweis von Rückstellungen für Pensionen und ähnliche Verpflichtungen und der § 285 Nr. 24 HGB die Angabe der Bewertungsannahmen für Pensionen und ähnliche Verpflichtungen vor.

Unter die **Pensionen** fallen nach der ständigen Rechtsprechung der BAG alle Verpflichtungen aus Leistungszusagen eines Arbeitgebers aus Anlass des Arbeitsverhältnisses an einen Mitarbeiter, die für die biologischen Ereignisse Alter, Invalidität oder Tod einen Versorgungsanspruch begründen. Mit Eintritt des biologischen Ereignisses, welches den Versorgungsanspruch auslöst, endet rechtlich das Arbeitsverhältnis. Merkmale von Pensionen sind, dass diese versorgungshalber und ohne eine vom Empfänger zu erbringende Gegenleistung gezahlt werden. Pensionen können sowohl in Form von laufenden Bezügen wie Pensionen, Renten oder Ruhegelder als auch als Einmalbetrag gezahlt werden. Ebenfalls zu den Pensionen zählen Übergangsgelder, Treuezahlungen, Abfindungen oder Auslandszuschläge, wenn diese bei Eintritt eines biologischen Ereignisses fällig werden. Übergangsbezüge oder Überbrückungsgelder bleiben wegen Geringfügigkeit bei der Bewertung von Pensionsverpflichtungen jedoch oftmals unberücksichtigt.[345] Ebenfalls unter die Pensionsverpflichtungen zu subsumieren sind Versorgungszusagen über laufende Sachleistungen, Beihilfen zu Krankenversicherungsbeiträgen oder die Erstattung von Krankheitskosten.[346] Keine Pensionen stellen hingegen Vorruhestandsbezüge und Verpflichtungen aus Altersteilzeitvereinbarungen dar. Bei ihnen handelt es sich nicht um Leistungszusagen, die aus Anlass des Arbeitsverhältnisses gewährt werden, sondern um Leistungen aus Anlass zur (vorzeitigen) Beendigung der Arbeit.

Der Begriff der **(pensions-)ähnlichen Verpflichtungen** ist von Beginn an nebulös. Die Versuche, den Begriff inhaltlich auszufüllen, reichen in der Literatur von der Mutmaßung, dass es sich hierbei um Vorruhestandsbezüge handele,[347] bis zur Annahme, der Begriff erfasse Pensionsverpflichtungen aufgrund betrieblicher Übung oder des Gleichbehandlungsgrundsatzes.[348] Die Mehrheit des Schrifttums sieht im Beg-

---

[345] Vgl. Ellrott/Rhiel, in: Ellrott u. a. (Hrsg.): Beck'scher Bilanz-Kommentar, 7. Aufl., München 2010, § 249 HGB, Anm. 154.
[346] Vgl. Ellrott/Rhiel, in: Ellrott u. a. (Hrsg.): Beck'scher Bilanz-Kommentar, 7. Aufl., München 2010, § 249 HGB, Anm. 152; HFA, WPg 1994, S. 26.
[347] Vgl. Ellrott/Rhiel, in: Ellrott u. a. (Hrsg.): Beck'scher Bilanz-Kommentar, 7. Aufl., München 2010, § 249 HGB, Anm. 154; HFA, WPg 1984, S. 331; ADS, 6. Aufl., § 249 Rz 116; a. A. Höfer in: Küting/Weber (Hrsg.): HdR-E, 5. Aufl., Stuttgart 2002 ff., § 249 HGB, Rn. 411.
[348] Vgl. Ahrend/Förster/Rößler, Steuerrecht der betrieblichen Altersversorgung, Köln, Stand: Dezember 2009, Teil 8, Rz. 20.

riff der (pensions-)ähnlichen Verpflichtungen jedoch einen Auffangtatbestand ohne praktische Relevanz.

Mangels gesetzlicher Definition muss die Annäherung an den Begriffsinhalt der **Altersversorgungverpflichtungen** über den Wortlaut erfolgen. Aus dem Wort Altersversorgungverpflichtungen leitet sich ab, dass es sich um Verpflichtungen seitens des Bilanzierenden handelt, Versorgungsleistungen, d. h., eine Zahlung ohne Gegenleistung, aufgrund des Alters des Berechtigten zu erbringen. Aus Sicht des Berechtigten handelt es sich um Leistungen nach Ende seines aktiven Erwerbslebens aufgrund eines bestimmten erreichten Alters.[349] Damit erfasst der Begriff der Altersversorgungsverpflichtungen alle Pensionszusagen unabhängig von ihrem Durchführungsweg. Strenggenommen fallen Verpflichtungen, die an die biologischen Ereignisse Tod und Invalidität anknüpfen, nicht unter die Altersversorgungsverpflichtungen. Diesen dürften jedoch zu den vergleichbar langfristig fälligen Verpflichtungen zählen. Sie sind in der Regel langfristig fällig und besitzen Versorgungscharakter. Der Begriff der Altersversorgungsverpflichtungen geht aber über denjenigen der Pensionsrückstellungen hinaus, zumindest soweit sie sich auf das biologische Ereignis Alter beziehen.[350]

Ausweislich der Gesetzesbegründung zu § 246 Abs. 2 Satz 2 HGB fallen unter die Altersversorgungsverpflichtungen auch die Verpflichtungen aus Altersteilzeit und Lebensarbeitszeitkonten. Nach einhelliger Meinung sind diese nicht unter die Pensionsverpflichtungen zu subsumieren. Ähnlich den Pensionsverpflichtungen weisen sie Versorgungscharakter auf. Sie dienen dem Berechtigten ganz oder teilweise während der Leistungszeit der Finanzierung des Lebensunterhalts. Ihre Fälligkeit weist ähnlich derjenigen der Pensionsverpflichtungen einen Bezug zum Lebensalter auf, da sie im Regelfall zum Ende des Erwerbslebens fällig werden. Anders als die Pensionsverpflichtungen resultieren jene Verpflichtungen jedoch nicht aus Zusagen, die aus Anlass des Beschäftigungsverhältnisses gewährt werden. Verpflichtungen aus Altersteilzeit, soweit es den Aufstockungsbetrag betrifft, haben nach herrschender Meinung Abfindungscharakter.[351] Bei dem Erfüllungsrückstand, der sich bei der Altersteilzeit im Blockmodell während der Beschäftigungsphase aufbaut, handelt es sich hingegen um bereits durch Mehrarbeit erdientes Gehalt. Selbiges gilt für Lebensarbeitszeitkonten.

Der Begriff der Altersversorgungsverpflichtungen umfasst damit alle Verpflichtungen, deren Fälligkeit einen Bezug zu einem (fortgeschrittenen) Lebensalter aufweisen und die versorgungshalber gezahlt werden. Obwohl sich nicht unmittelbar aus dem Wortlaut ergebend, muss die Leistungsverpflichtung mit einem Beschäftigungsverhältnis im Zusammenhang stehen bzw. der Leistungsempfänger muss zum Zeitpunkt der Gewährung in einem Beschäftigungsverhältnis mit dem Bilanzierenden gestanden haben. Dies ergibt sich aus der noch im Regierungsentwurf enthaltenen Bedingung, es müsse sich um Verpflichtungen gegenüber Arbeitnehmern handeln.[352] In der Geset-

---

[349] Vgl. Hasenburg/Hausen, DB 2009, Beilage 5, S. 38.
[350] Beide Begriffe gleichsetzend IDW ERS HFA 30, Tz. 6.
[351] Vgl. nur IDW RS HFA 3, Tz. 5.
[352] Vgl. BilMoG-BgrRegE, S. 6.

zesfassung ist diese Einschränkung entfallen, um die Verrechnungsmöglichkeit auf Verpflichtungen gegenüber Mitarbeiter auszudehnen, die keine Arbeitnehmer im arbeitsrechtlichen Sinn sind.[353] Nach dieser Definition sind auch Vorruhestandsbezüge zu den Altersversorgungsverpflichtungen zu rechnen. Nicht zu den Altersversorgungsverpflichtungen zählen Jubiläumsverpflichtungen oder Zeitkontenmodelle mit kurzfristiger Natur. Bei ersteren handelt es sich um Gratifikationen. Sie werden nicht versorgungshalber gewährt. Letztere besitzen zwar Versorgungscharakter, da sie dazu dienen, längere Freistellungsphasen zu finanzieren, ihnen fehlt aber der Bezug zum Lebensalter.

Hinsichtlich des Begriffs der **vergleichbaren langfristig fälligen Verpflichtungen** ist fraglich, ob eine Vergleichbarkeit mit den Altersversorgungsverpflichtungen nur in zeitlicher oder auch in inhaltlicher Hinsicht gegeben sein muss. Würde eine inhaltliche Vergleichbarkeit vorausgesetzt, wären unter den Begriff der vergleichbaren Verpflichtungen nur solche zu subsumieren, bei denen nicht das Erreichen eines bestimmten Lebensalters Versorgungsansprüche auslöst. Es kämen insbesondere Versorgungszusagen in Betracht, die an die biologischen Ereignisse Tod oder Invalidität anknüpfen. Solche Versorgungszusagen werden jedoch regelmäßig zusammen mit Altersversorgungszusagen gekoppelt und bewertet. Der Begriff wäre letztlich de facto inhaltsleer. Insoweit kann es bei der Vergleichbarkeit vorrangig nur auf die Langfristigkeit der Verpflichtung ankommen.[354] Die Anforderung an die Vergleichbarkeit hinsichtlich der Langfristigkeit ist dabei zudem eher weit zu fassen. Dies ergibt sich aus dem Fälligkeitsspektrum der Verpflichtungen, die zu den Altersversorgungsverpflichtungen zählen. Während Pensionsverpflichtungen zum Teil erst in mehreren Jahrzehnten fällig werden, weisen Verpflichtungen aus Altersteilzeit Laufzeiten von deutlich weniger als zehn Jahren auf. Als wesentlicher Anwendungsfall für die vergleichbaren langfristig fälligen Verpflichtungen kommen die Jubiläumsverpflichtungen in Betracht.[355]

2.3.3 Pensionsverpflichtungen

2.3.3.1 Überblick

Mit der Neufassung der Bewertungsvorschriften des § 253 HGB ergeben sich in Bezug auf die Bewertung von Pensionsverpflichtungen vier unmittelbare und zwei mittelbare Änderungen.

1. Mit der Neuformulierung des § 253 Abs. 1 Satz 2 HGB erteilt das BilMoG dem strengen Stichtagsprinzip bei der Rückstellungsbewertung eine Absage. Durch die Verpflichtung, den „nach vernünftiger kaufmännischer Beurteilung notwendigen Erfüllungsbetrag" anzusetzen, sind nunmehr bei der Bewertung von Rückstellun-

---

[353] Vgl. BilMoG-BgrRA, S. 110.
[354] So auch Höfer/Rhiel/Veit, DB 2009, S. 1606; Lucius grenzt den Begriff der vergleichbaren langfristigen Verpflichtungen im Sinne *other long-term employee benefits* nach IAS 19 ab; vgl. Lucius, BetrAV 2009, S. 522.
[355] Vgl. Höfer/Rhiel/Veit, DB 2009, S. 1606; Lucius, BetrAV 2009, S. 522.

gen mögliche **Preis- und Kostensteigerungen** bis zum Zeitpunkt der Erfüllung zu berücksichtigen (vgl. Gliederungspunkt 2.3.3.2).

2. Der neu eingefügte Satz 3 des § 253 Abs. 1 HGB regelt die Bewertung von **wertpapiergebundenen Pensionsverpflichtungen**. Diese sind in Höhe des beizulegenden Zeitwerts der Wertpapiere anzusetzen, sofern dieser eine garantierte Mindestzusage übersteigt (vgl. Gliederungspunkt 2.3.3.3).

3. Der neue § 246 Abs. 2 Satz 2 HGB verlangt die Verrechnung von Vermögensgegenständen, die ausschließlich der Erfüllung von Pensionsverpflichtungen dienen, mit der entsprechenden Verpflichtung. Derartig **zweckgebundenes Vermögen (Deckungsvermögen)** ist gemäß dem neu hinzugekommenen § 253 Abs. 1 Satz 4 HGB zum beizulegenden Zeitwert zu bewerten (vgl. Gliederungspunkt 2.3.3.4).

4. Die in dem neu gefassten § 253 Abs. 2 HGB normierte Verpflichtung, Rückstellungen mit ihrem **Barwert** anzusetzen, wirkt sich in Bezug auf Pensionsrückstellungen zwar nicht aus, da Pensionsverpflichtungen bereits bislang nach § 253 Abs. 1 Satz 2 HGB a. F. mit ihrem Barwert anzusetzen waren. Neu ist jedoch die Normierung des zu verwendenden Zinssatzes (vgl. Gliederungspunkt 2.3.3.5).

5. In Bezug auf das anzuwendende **Bewertungsverfahren** enthält das Gesetz weiterhin keine Bestimmungen. Durch die gesetzliche Vorgabe, den nach vernünftiger kaufmännischer Beurteilung notwendigen Erfüllungsbetrag anzusetzen, wird das Methodenwahlrecht jedoch faktisch eingeschränkt (vgl. Gliederungspunkt 2.3.3.6).

Keine Neuerungen ergeben sich aus der Gesetzesänderung hinsichtlich der Verwendung von biometrischen Wahrscheinlichkeiten, der Berücksichtigung der Fluktuation sowie der Festlegung des Bewertungsstichtags.

Die **biometrischen Wahrscheinlichkeiten** der die Leistungspflicht auslösenden biologischen Ereignisse Alter, Invalidität oder Tod sind wie bisher nach den Regeln der Versicherungsmathematik zu berücksichtigen. Als Rechengrundlage sind solche Statistiken geeignet, die sich entweder auf die Gesamtheit aller Pensionsberechtigten bzw. -empfänger oder auf eine bestimmte Untergruppe aus dieser Gesamtheit beziehen. Letzteres ist nur zulässig, wenn die zu bewertende Gesamtheit der entsprechenden Untergruppe zugerechnet werden kann. Zusätzlich müssen die Wahrscheinlichkeiten auf zeitnahen Beobachtungswerten beruhen. In der Regel ist dem Bewertungserfordernis des § 253 Abs. 2 HGB Genüge getan, wenn die Richttafeln von K. Heubeck zugrunde gelegt werden.

In gleicher Weise bedeutsam für die Bewertung von Pensionsrückstellungen ist die Berücksichtigung der **Fluktuation**. Die Berücksichtigung von Fluktuationswahrscheinlichkeiten wird fester Bestandteil der Rückstellungsermittlung werden. Zwar war nach HFA 2/1988 schon bislang die Fluktuation in Abhängigkeit der individuellen Verhältnisse als Ausscheidewahrscheinlichkeit zu berücksichtigen.[356] Oftmals wurden in der Praxis jedoch die aus der steuerlichen Bewertung bekannten pauschalen

---

[356] Vgl. HFA 2/1988, WPg 1988, S. 403 ff.

Ansätze akzeptiert, wonach Rückstellungen erst ab Erreichen einer bestimmten, vom Datum der Zusage abhängigen Altersgrenze gebildet werden. Nach der Gesetzesänderung ist davon auszugehen, dass die Fluktuation bei der Ermittlung des notwendigen Erfüllungsbetrags als eigene Ausscheideursache einzurechnen ist. Es wird sowohl auf Branchenwerte oder auf unternehmensspezifische Erfahrungswerte zurückgegriffen werden können. Statistisch fundierte Auswertungen werden in der Regel nicht vorliegen. Die Erfahrung aus der internationalen Bewertung zeigt jedoch, dass der exakten Abbildung der Fluktuation aufgrund ihrer geringen materiellen Auswirkungen in der Praxis keine große Relevanz zukommt.[357]

Ebenfalls keine Änderung ergibt sich für die Festlegung des **Bewertungsstichtags**. Dieser entspricht gemäß § 252 Abs. 1 Nr. 3 HGB prinzipiell dem Bilanzstichtag. Das in der Praxis etablierte Verfahren, die Pensionsbewertung zwei bis drei Monate vor dem Bilanzstichtag nach Maßgabe der geschätzten Verhältnisse zu diesem Tag zu erstellen, wird in der Regierungsbegründung im Wesentlichen als unbedenklich beurteilt. Etwas anderes gilt dann, wenn sich „zwischen der Erstellung eines Pensionsgutachtens und dem Bilanzstichtag aber Änderungen beim Mengengerüst oder den einzelnen zugrunde gelegten Bewertungsparametern ergeben, die zu wesentlichen Abweichungen führen" (BT-Drucks. 16/10067, S. 55). Im Umkehrschluss billigt damit der Gesetzgeber gleichzeitig, dass nicht nur die Personalinventur zur Bestimmung des zugrunde zu legenden Mengengerüsts, sondern auch die Festlegung der Bewertungsannahmen einschließlich des Abzinsungssatzes vorgezogen werden kann.[358] Änderungen, die zu wesentlichen Abweichungen führen, dürften sich auf Änderungen des Mengengerüsts beschränken. Annahmen über langfristige Kostentrends unterliegen ebenso wenig kurzfristigen Schwankungen wie der Durchschnittszinssatz.

Die nachfolgende Abbildung gibt einen schematischen Überblick über die Änderungen:

---

[357] Vgl. Lucius, BetrAV 2009, S. 520.
[358] Einschränkend in Bezug auf wertpapierbezogene Pensionszusagen; vgl. Gliederungspunkt 2.3.3.3.

Bewertung von Pensionsverpflichtungen nach HGB a.F. und BilMoG

Bewertung von Pensionsverpflichtungen nach bisherigem Recht

Verfahren	Biometrische Wahrscheinlichkeiten	Abzinsung	Künftige Entwicklungen
Keine Vorgabe	• Keine Vorgabe • Verwendung finden anerkannte Statistiken (zB Richttafeln von K. Heubeck)	• Keine Vorgaben • Die Praxis orientiert sich überwiegend an der Vorgabe des § 6a EStG	• Mangels expliziter Vorgabe unklar • Die Praxis bewertet überwiegend auf Basis der Stichtagsverhältnisse
• Keine Vorgabe • Aber: Angabepflicht im Anhang § 285 Nr. 24 HGB § 314 Abs. 1 Nr. 16 HGB	Keine Änderungen	• Abzinsung gemäß Null-Koupon-Zinsswapkurve der Deutschen Bundesbank • Durchschnittsbildung und Vereinfachungslösung § 253 Abs. 2 HGB	Verpflichtung zur Berücksichtigung künftiger Entwicklungen, für die objektive Hinweise vorliegen § 253 Abs. 1 Satz 2 HGB RegBegr. BilMoG, S. 52

Sonderfall: Rückstellungen für Altersversorgungsverpflichtungen, die sich ausschließlich nach dem beizulegenden Zeitwert von Wertpapieren des Anlagevermögens bestimmen, sind zum beizulegenden Zeitwert der Wertpapiere oder bei einem höheren garantierten Mindestbetrag nach § 253 Abs. 1, 2 HGB zu bewerten § 253 Abs. 2 Satz 3 HGB

Änderung der Pensionsbewertung durch das BilMoG

Abb. 89: Bewertung von Pensionen und pensionsähnlichen Verpflichtungen

2.3.3.2 Berücksichtigung zukünftiger Preis- und Kostensteigerungen

Maßgeblich für die Bewertung von Rückstellungen für Pensionsverpflichtungen ist nach § 253 Abs. 1 Satz 2 HGB der voraussichtliche Erfüllungsbetrag. Mit der Neuregelung soll – wenn auch nur im Begründungsteil – klargestellt werden, dass erwartete Preis- und Kostensteigerungen bei der Bemessung der Rückstellung zu berücksichtigen sind.

In Bezug auf Pensionsverpflichtungen stellt sich die Frage, welche Preis- und Kostenentwicklungen zu berücksichtigen sind. Die Höhe des voraussichtlichen Erfüllungsbetrags und damit die zu berücksichtigenden Preis- und Kostenfaktoren hängen von der konkreten Versorgungszusage ab. Übertragen auf die Pensionsverpflichtungen bedeutet dies vor allem die Berücksichtigung von zukünftigen **Lohn-, Gehalts-** und **Rententrends**. Soweit die Versorgungszusagen laufende Sachleistungen, Deputate, Beihilfen zu Krankenversicherungsbeiträgen oder die Erstattung von Krankheitskosten betreffen, ist der Erfüllungsbetrag unter Zugrundelegung der entsprechenden **Kostentrends** zu bemessen, da der für die Erfüllung notwendige Betrag unmittelbar oder mittelbar von der zukünftigen Kostenentwicklung abhängt (z. B. Kosten der Gesundheitsvorsorge). Ausweislich der Regierungsbegründung sind künftige Preis- und Kostensteigerungen nur dann zu berücksichtigen, wenn „ausreichende objektive Hinweise für den Eintritt" (BT-Drucks. 16/10067, S. 52) vorliegen. Mögliche Effekte aus Gesetzesänderungen (z. B. Erhöhung des Rentenalters oder Gesundheitsreformen) sind erst nach Verabschiedung durch die gesetzgebenden Organe zu berücksichtigen.

Ein **Lohn- und Gehaltstrend** ist bei allen gehaltsabhängigen Pensionsanwartschaften zwingend zu berücksichtigen. Klassisches Beispiel für gehaltsabhängige Anwartschaften sind die sogenannten Endgehaltszusagen. Bei ihnen errechnen sich die späteren Rentenansprüche nach der Höhe des letzten Gehalts. Zumindest bei nicht tarifgebundenen Arbeitnehmern steht es dem Unternehmen zwar prinzipiell frei, über Gehaltserhöhungen zu entscheiden, gleichwohl wird es sich zukünftigen Gehaltserhöhungen nicht entziehen können. Das Unternehmen befindet sich auf dem Arbeitsmarkt im Wettbewerb mit anderen Unternehmen. Dieser wird u. a. über die Höhe des Gehalts ausgetragen. Das Unternehmen wird sich zukünftigen Gehaltsanpassungen insoweit faktisch nicht entziehen können. Der Schätzung des Erfüllungsbetrags ist folglich ein Lohn- und Gehaltstrend zugrunde zu legen.

Ein **Rententrend** ist für gewöhnlich aufgrund von gesetzlichen Vorschriften oder vertraglichen Vereinbarungen zu berücksichtigen. So sehen gesetzliche Vorschriften oder vertragliche Vereinbarungen oftmals in regelmäßigen Abständen eine Erhöhung der laufenden Ansprüche wie auch der Anwartschaften zum Schutz gegen Preisinflation vor. Die vorgeschriebene Erhöhung kann bspw. in Abhängigkeit eines Preisindexes oder mit einem festgelegten Prozentsatz erfolgen. Der zu ermittelnde Erfüllungsbetrag hat die periodischen Erhöhungen insoweit mit einzuschließen.

Bezüglich gesetzlicher Regelungen betrifft dies insbesondere die Anpassung nach § 16 BetrAVG. Der § 16 Abs. 1 BetrAVG verpflichtet den Arbeitgeber, alle drei Jahre eine Anpassung der laufenden Leistungen der betrieblichen Altersversorgung zu prüfen. Die Verpflichtung gilt nach § 16 Abs. 2 BetrAVG als erfüllt, wenn die Anpassung nicht geringer ist als die Höhe des Verbraucherindexes bzw. der Nettolöhne. Wenn wie nach § 16 Abs. 2 BetrAVG die Höhe der Anpassung der Höhe nach nicht fixiert ist, ist sie im Schätzweg zu ermitteln. Hierzu kann entweder eine Trendannahme aus Erfahrungswerten der Vergangenheit abgeleitet oder auf allgemeine Zielsetzungen wie die der Europäischen Zentralbank zurückgegriffen werden, die Inflation langfristig unter 2 % p. a. zu halten.[359]

Teilweise knüpfen Anpassungsvereinbarungen an das Vorhandensein einer ausreichenden Ertragslage des Unternehmens an. Soweit die Bedingung gegenwärtig und in der jüngeren Vergangenheit erfüllt ist bzw. erfüllt war, ist für die Abschätzung des Erfüllungsbetrags auch der zukünftige Eintritt dieser Bedingung anzunehmen. Seitens des Unternehmens besteht die bedingte Verpflichtung, die bereits erworbenen Versorgungsansprüche entsprechend anzupassen. Dieser Anpassungsverpflichtung kann sich das Unternehmen nur bei einer unzureichenden wirtschaftlichen Lage entziehen. Inwieweit eine unzureichende wirtschaftliche Lage als dauerhafter Zustand angenommen werden kann, hängt einerseits von der Vereinbarung und andererseits von der wirtschaftlichen Gesamtsituation des Unternehmens ab. Im Allgemeinen wird

---

[359] Vgl. Ellrott/Rhiel, in: Ellrott u. a. (Hrsg.): Beck'scher Bilanz-Kommentar, 7. Aufl., München 2010, § 249 HGB, Anm. 195.

man für Bewertungszwecke aber nicht per se unterstellen können, dass eine gegenwärtige unzureichende wirtschaftliche Lage auf Dauer anhält und so auf eine Berücksichtigung einer Anpassung verzichtet werden kann. Sofern in der Vergangenheit unterbliebene Anpassungen nachgeholt werden müssen, sind sie im entsprechenden Umfang zu berücksichtigen.

Auch die gesetzliche Anpassungspflicht nach § 16 Abs. 1 BetrAVG steht unter dem Vorbehalt, dass es künftig wahrscheinlich möglich sein wird, die Erhöhung der Versorgungsbezüge aus den Wertzuwächsen des Unternehmens und dessen Erträgen aufzubringen.[360] Die wirtschaftlichen Verhältnisse vor dem Anpassungszeitpunkt werden dabei regelmäßig als Indiz für die weitere Entwicklung des Unternehmens gewertet.[361] Bei der Beurteilung der zukünftigen wirtschaftlichen Lage wird den Eigenkapitalgebern jedoch eine angemessene Rendite einschließlich eines Risikozuschlags für das unternehmerische Risiko zugebilligt.[362] Eine positive Einschätzung der zukünftigen wirtschaftlichen Situation ist allein jedoch nicht hinreichend für eine Anpassungspflicht nach § 16 Abs. 1 BetrAVG. Verluste aus Vorperioden können zu Substanzeinbußen oder zu einem erhöhten Investitionsbedarf geführt haben. Um nicht die wirtschaftliche Entwicklung des Unternehmens und damit auch den Fortbestand von Arbeitsplätzen zu gefährden, sind zuerst die Verluste auszugleichen bzw. die erforderlichen Investitionen vorzunehmen.[363] Auch ist die zukünftige Ertragskraft eines eigenständigen Unternehmens anders zu beurteilen, als die eines in einen Konzern eingebundenen Unternehmens. In Abhängigkeit von der Art der Einbindung kann für die Einschätzung der wirtschaftlichen Leistungsfähigkeit diejenige des Konzerns maßgeblich sein anstatt derjenigen der Tochtergesellschaft.[364] So hat nach der Rechtsprechung beispielsweise das herrschende Unternehmen mit Beendigung eines Beherrschungsvertrags das abhängige Unternehmen grundsätzlich so auszustatten, dass dieses zur Anpassung der Betriebsrenten wirtschaftlich in der Lage ist.[365] Selbiges gilt, wenn Versorgungsverbindlichkeiten durch umwandlungsrechtliche Ausgliederung auf eine Rentnergesellschaft übertragen werden.[366]

Für die Bewertung als unproblematisch erweisen sich Anpassungen, die vertraglich oder gesetzlich der Höhe nach fixiert sind. So sehen Pensionszusagen teilweise, um der allgemeinen Anpassungspflicht nach § 16 Abs. 1 BetrAVG zu entgehen, gemäß § 16 Abs. 3 BetrAVG eine jährliche Erhöhung der Versorgungsbezüge um 1 % vor.

---

[360] Vgl. BAG, Urteil v. 17.4.1996 - 3 AZR 56/95; BAG, Urteil v. 23.10.1996 - 3 AZR 514/95; BAG, Urteil v. 23.5.2000 - 3 AZR 83/99; BAG, Urteil v. 23.1.2001 - 3 AZR 287/00.
[361] Vgl. BAG, Urteil v. 23.5.2000 - 3 AZR 83/99; BAG, Urteil v. 23.4.1985 - 3 AZR 156/83.
[362] Die angemessene Eigenkapitalverzinsung besteht aus einem Basiszins und einem Risikozuschlag. Der Basiszins entspricht der Umlaufrendite öffentlicher Anleihen. Der Risikozuschlag beträgt für alle Unternehmen einheitlich 2 %; vgl. BAG, Urteil v. 23.5.2000 - 3 AZR 146/99; BAG, Urteil v. 18.2.2003 - 3 AZR 172/02.
[363] Vgl. BAG, Urteil v. 23.5.2000 - 3 AZR 83/99; BAG, Urteil v. 23.5.2000 - 3 AZR 146/99; BAG, Urteil v. 23.1.2001 - 3 AZR 287/00; BAG, Urteil v. 18.2.2003 - 3 AZR 172/02.
[364] Vgl. BAG, Urteil v. 17.4.1996 - 3 AZR 56/95.
[365] Vgl. BAG, Urteil v. 26.5.2009 - 3 AZR 369/07.
[366] Vgl. BAG, Urteil v. 11.3.2008 - 3 AZR 358/06.

Ungleich schwieriger zu beurteilen ist die Berücksichtigung von Anpassungen, die nicht gesetzlich oder vertraglich festgelegt sind, sondern auf Ermessensentscheidungen des Unternehmens beruhen. Aufgrund der Möglichkeit des Unternehmens, nach freiem Ermessen über Erhöhungen von laufenden Renten oder Anwartschaften zu entscheiden, kann sich das Unternehmen durch eine entsprechende Ermessensentscheidung einer höheren Verpflichtung entziehen. Insoweit scheint es fraglich, ob solche zukünftigen Kostenbestandteile bei der Rückstellungsbemessung einzurechnen sind. Eine Beantwortung wird zwar letztlich nur im konkreten Einzelfall möglich sein, aber als allgemeiner Maßstab wird das vergangene Verhalten des Unternehmens heranzuziehen sein. Hat das Unternehmen bspw. in der Vergangenheit die Versorgungszusagen regelmäßig freiwillig angepasst, könnte durch diese geübte betriebliche Praxis bei den Begünstigten eine berechtigte Erwartungshaltung bezüglich künftiger Anpassungen geweckt worden sein. In diesem Fall entsteht eine faktische Verpflichtung zur regelmäßigen Anpassung der Zusagen, die bei der Bewertung der bereits erworbenen Ansprüche zu berücksichtigen ist. Etwas anderes gilt, wenn das Unternehmen in der Vergangenheit nur sporadisch, z. B. nach einem besonders erfolgreichen Geschäftsjahr, die Ansprüche angepasst hat. Hier fehlt es an ausreichenden objektiven Hinweisen, die eine Einbeziehung zukünftiger Anpassungen bei der Schätzung des voraussichtlichen Erfüllungsbetrags rechtfertigen.[367]

Offen ist die Frage, ob bei der Schätzung des gegenwärtigen Erfüllungsbetrags auch Gehaltssteigerungen zu berücksichtigen sind, die sich aus einer möglichen Beförderung oder Versetzung des Pensionsberechtigten auf einen höher bezahlten Arbeitsplatz ergeben (**Karrieretrend**).[368] Nach § 249 Abs. 1 HGB i. V. m. § 253 Abs. 1 Satz 2 HGB ist der voraussichtliche Erfüllungsbetrag der bereits erworbenen oder gewährten Versorgungsansprüche zu schätzen. Er hat seine Grundlage in dem gegenwärtigen arbeitsvertraglichen Verhältnis des Berechtigten. Der aus dieser Grundlage resultierende Versorgungsanspruch kann sich durch Gesetz, Einzel- oder Betriebsvereinbarung oder Ermessensentscheidung des Unternehmens der Höhe nach ändern. Derartige zukünftige Anpassungen sind nach Maßgabe der vorstehenden Ausführungen bei der Schätzung des Erfüllungsbetrags zu berücksichtigen. Eine mögliche zukünftige Beförderung oder Versetzung auf einen höher bezahlten Arbeitsplatz steht

---

[367] Das IDW stimmt im Ergebnis zu, will aber die zukünftigen Lohn- und Rentensteigerungen nur einbezogen wissen, sofern „sich das Unternehmen diesen Entwicklungen nicht durch eigene Entscheidungen entziehen kann"; IDW, Stellungnahme zum Regierungsentwurf eines Gesetzes zur Modernisierung des Bilanzrechts (Bilanzrechtsmodernisierungsgesetz – BilMoG), abrufbar unter: http://www.idw.de/idw/search/verlautbarung.do (Stand: 10.8.2010), S. 6.

[368] Der IDW ERS HFA 30 sieht eine Berücksichtigung von Karrieresteigerungen vor (vgl. Tz. 54). In seiner Stellungnahme zum Referentenentwurf hat das IDW eine Berücksichtigung eines Karrieretrends noch mit dem Hinweis auf den sich ergebenden Ermessensspielraum sowie die Verletzung des matching principle abgelehnt; vgl. IDW, Stellungnahme zum Referentenentwurf eines Gesetzes zur Modernisierung des Bilanzrechts (Bilanzrechtsmodernisierungsgesetz – BilMoG), abrufbar unter: http://www.idw.de/idw/search/verlautbarung.do (Stand: 10.8.2010), S. 7. Eine Berücksichtigungspflicht vermuten hingegen Rhiel/Veit, DB 2008, S. 1509; Heger/Weppler, DStR 2009, S. 239; a. A. wohl Oser u. a., WPg 2008, S. 682.

im Ermessen des Unternehmens. Die Beförderung ist weder unvermeidbar noch wirkt sie sich auf die Bemessung des Erfüllungsbetrags des gegenwärtigen Versorgungsanspruchs aus. Das Ereignis der Beförderung oder Versetzung ändert das arbeitsvertragliche Verhältnis und damit die Grundlage des Versorgungsanspruchs. Eine auf ein solches Ereignis zurückgehende Erhöhung des Versorgungsanspruchs ist deshalb erst im Zeitpunkt des Eintritts zu berücksichtigen. Selbiges gilt für außerplanmäßige Gehaltserhöhungen bspw. als Anerkennung für besondere Leistungen.

Ebenfalls keine Berücksichtigung darf die Möglichkeit einer zukünftigen **Änderung der Versorgungsordnung, der Pensionsformel** oder die mit einer Beförderung bzw. Versetzung eventuell verbundene **Aufnahme in eine andere Versorgungsordnung** finden. Hierbei handelt es sich um singuläre wertbegründende Ereignisse nach dem Bilanzstichtag.

Die nunmehr verpflichtende Berücksichtigung von zukünftigen Preis- und Kostensteigerungen bei der Bemessung der Rückstellung wird folglich „zu sehr deutlichen Erhöhungen der Pensionsrückstellungen führen".[369] Zwar war bereits bislang die Einbeziehung absehbarer Verpflichtungserhöhungen durch die handelsrechtliche Kommentarliteratur gedeckt (vgl. hierzu Gliederungspunkt 2.2.2). Aufgrund des steuerrechtlichen Einbeziehungsverbots und der Auswirkungen auf den Verschuldungsgrad zog die handelsrechtliche Bilanzierungspraxis weitgehend die strenge Stichtagsbewertung vor. Der zu erwartende Anstieg wird jedoch nicht unmittelbar in der Bilanz sichtbar werden. Die Übergangsregelung des Art. 67 Abs. 1 Satz 1 EGHGB erlaubt eine Verteilung dieses Effekts bis spätestens zum 31.12.2024. Im Anhang ist jedoch der noch nicht verrechnete Fehlbetrag anzugeben (vgl. hierzu Abschnitt 10, Gliederungspunkt 2.13).

Teilweise wird in der Literatur befürchtet, die Berücksichtigung von zukünftigen Preis- und Kostensteigerungen eröffne den Bilanzierenden zu große Ermessensspielräume.[370] Das Bestehen von Ermessensspielräumen ist unbestritten. Ob diese jedoch so groß sind, wie teilweise befürchtet, wird sich zeigen. Im Bereich der Pensionsbewertung sind diese in der Praxis jedoch durch Vorgaben seitens der Aktuare begrenzt. Diese schlagen dem Bilanzierenden regelmäßig auf allgemein anerkannten Daten beruhende Annahmen über die Entwicklung der Gehälter, Renten oder sonstiger Kosten, wie der Gesundheitsvorsorge oder der medizinischen Versorgung, vor. Von diesen vorgeschlagenen Annahmen kann im Rahmen des bilanzpolitischen Ermessens geringfügig nach oben oder unten abgewichen werden. Größere Abweichungen bedürfen einer besonderen am jeweiligen Einzelfall orientierten Begründung.

Aus Gründen der Vergleichbarkeit der Unternehmen untereinander sowie zur Abschätzung der getroffenen Ermessensentscheidung auf die Rückstellungsbemessung wäre die verpflichtende Veröffentlichung von Sensitivitätsanalysen zu begrüßen gewesen, wie dies teilweise nach internationalen Vorschriften bereits üblich ist.[371]

---

[369] Vgl. Lüdenbach/Hoffmann, DStR 2007, Beihefter zu Heft 50, S. 9.
[370] Vgl. Groh, BB 1988, S. 30; Moxter, WPg 1984, S. 405.
[371] Vgl. Küting/Kessler/Keßler, WPg 2008, S. 752.

2.3.3.3 Wertpapiergebundene Pensionszusagen

Mit dem § 253 Abs. 1 Satz 3 HGB hat das BilMoG eine vereinfachte Bewertungsvorschrift für die Gruppe der sogenannten wertpapiergebundenen Pensionsverpflichtungen in das HGB eingefügt. Die wertpapiergebundenen Altersversorgungsverpflichtungen haben in der jüngeren Vergangenheit in der Unternehmenspraxis vermehrt Zuspruch gefunden, da die Unternehmen immer weniger bereit sind, das biometrische Risiko aus Versorgungszusagen zu tragen. Die vereinfachende Bewertungsvorschrift dient ausweislich der Begründung des Rechtsausschusses zudem der Kostenreduzierung der Rechnungslegung.[372]

Der § 253 Abs. 1 Satz 3 HGB versteht unter wertpapiergebundenen Pensionszusagen Versorgungszusagen, deren Höhe sich ausschließlich nach dem beizulegenden Zeitwert von Wertpapieren im Sinne des § 266 Abs. 2 A. III. 5 HGB zu einem festgelegten Zeitpunkt (z. B. der Eintritt des Versorgungsfalls) richtet, d. h. der Wertansatz der Pensionsverpflichtung korrespondiert mit demjenigen der Wertpapiere. Die Ausschließlichkeit ist im Sinne von grundsätzlich zu verstehen, denn soweit die Zusage mit einem garantierten Mindestbetrag gekoppelt ist, ist dieser maßgeblich, wenn dieser den beizulegenden Wert der Wertpapiere überschreitet. Der Erfüllungsbetrag der garantierten Mindestleistung ist nach den allgemeinen Regeln zur Bewertung von Pensionsverpflichtungen zu bestimmen; d. h. der Mindestbetrag als Erfüllungsbetrag der Garantieleistung unterliegt dem Abzinsungsgebot des § 253 Abs. 2 HGB.[373] Der beizulegende Zeitwert der Wertpapiere ermittelt sich gemäß § 255 Abs. 4 HGB.

Beispiel

Ein Unternehmen gewährt einem Mitarbeiter eine wertpapiergebundene Direktzusage. Die Höhe der späteren Versorgungsleistung bemisst sich dabei nach den eingezahlten Beiträgen zuzüglich der Wertentwicklung eines Aktienfonds, mindestens aber in Höhe der eingezahlten Beträge zuzüglich einer Verzinsung von 1 % p. a. Zum Bilanzstichtag sind Beträge im Nominalwert von 100 GE einbezahlt, der Wert des Aktienfonds beträgt 80 GE. Zur Ermittlung des Vergleichswerts sind die eingezahlten Beträge mit 1 % bis zum Tag des Eintritts ins Rentenalter aufzuzinsen und anschließend mit dem entsprechenden Diskontierungssatz gemäß § 253 Abs. 2 HGB abzuzinsen. Ist der Barwert höher als der beizulegende Zeitwert des Aktienfonds, ist die Verpflichtung mit dem Wert des Aktienfonds in Höhe von 80 GE anzusetzen.

Der Gesetzgeber nennt in der Gesetzesbegründung namentlich Fondsanteile, Aktien, Schuldverschreibungen als Referenzobjekte für wertpapiergebundene Leistungszusagen. Der Verweis auf § 266 Abs. 2 Posten A. III. 5 HGB stellt jedoch klar, dass alle **Wertpapiere**, die unter diesem Posten auszuweisen sind, als Referenzobjekt für wertpapiergebundene Altersversorgungszusagen im Sinne von § 253 Abs. 1 Satz 3

---

[372] Vgl. BT-Drucks. 16/12407, S. 111.
[373] Vgl. auch IDW ERS HFA 30, Tz. 72.

HGB in Betracht kommen. Als Wertpapiere kommen neben Aktien, Schuldverschreibungen und Fondanteile auch Genussrechte, Optionsscheine und Wandelschuldverschreibungen in Betracht. Nicht zu den Wertpapieren zählen wegen der fehlenden Verbriefung GmbH-Anteile.[374] Auch eigene Aktien scheiden aus, da diese keinen Vermögensgegenstand darstellen. Durch die Beschränkung auf Wertpapiere reduziert der Gesetzgeber die bei nur schwer fungiblen Vermögenswerten bestehende „Bewertungssubjektivität".[375]

Die Bezugnahme auf die unter § 266 Abs. 2 A. III. 5 HGB auszuweisenden Wertpapiere setzt nicht voraus, dass die entsprechenden Wertpapiere von dem Unternehmen auch tatsächlich gehalten werden müssen. Sie können auch dann als Referenzobjekt für die Bemessung des Werts der Pensionsverpflichtung dienen, wenn sie nicht im wirtschaftlichen Eigentum des Unternehmens stehen oder in ein Deckungsvermögen ausgegliedert sind, welches die Voraussetzungen für eine Verrechnung nach § 246 Abs. 2 Satz 2 HGB erfüllt. Eine fiktive Unterlegung reicht aus.

Die neue Bewertungsvorschrift bezweckt eine Vereinfachung. Auf ein versicherungsmathematisches Gutachten kann verzichtet werden, wenn der beizulegende Zeitwert der Wertpapiere die **Mindestzusage** übersteigt. Inwieweit auf ein Gutachten tatsächlich verzichtet werden kann, hängt zum einen von dem beizulegenden Zeitwert und zum anderen von der Mindestzusage ab. Grundsätzlich ist für jeden Versorgungsberechtigten einzeln der Barwert der abgezinsten Mindestleistung mit dem beizulegenden Zeitwert der ihm zuzuordnenden Wertpapiere zu vergleichen.

Üblicherweise wird in der Praxis die Pensionsbewertung zwei bis drei Monate vor dem Bilanzstichtag nach Maßgabe der geschätzten Verhältnisse zu diesem Tag erstellt. Ausweislich der Regierungsbegründung zum BilMoG ist dieses Verfahren prinzipiell nicht zu beanstanden. Für wertpapiergebundene Versorgungszusagen kann diese Aufweichung des strengen Stichtagsprinzips nur für die Ermittlung des Mengengerüsts und des Mindestbetrags gelten. Der beizulegende Zeitwert der Wertpapiere, mit denen die Versorgungszusage unterlegt ist, ist stets zum Bilanzstichtag zu ermitteln, da der beizulegende Zeitwert der Wertpapiere regelmäßig einfach zu ermitteln sein dürfte, sodass es nicht einer weiteren Vereinfachung der Bewertung bedarf.

Werden die Wertpapiere tatsächlich auch gehalten, kann es zu einer **Bewertungsdifferenz** zwischen der Verpflichtung und den unterliegenden Vermögensgegenständen kommen. Während die Verpflichtung mit dem beizulegenden Zeitwert des Referenzobjekts zu bewerten ist, richtet sich die Bewertung des Referenzobjekts selbst nach den allgemeinen Bewertungsvorschriften des § 253 Abs. 1 HGB und ist damit auf die Anschaffungskosten begrenzt.

---

[374] Vgl. auch IDW ERS HFA 30, Tz. 74.
[375] Ellrott/Rhiel, in: Ellrott u. a. (Hrsg.): Beck'scher Bilanz-Kommentar, 7. Aufl., München 2010, § 249 HGB, Anm. 204.

Beispiel

Ein Unternehmen gewährt einem Mitarbeiter eine wertpapiergebundene Direktzusage. Die Höhe der späteren Versorgungsleistung bemisst sich dabei nach den eingezahlten Beiträgen zuzüglich der Wertentwicklung eines Aktienfonds, mindestens aber in Höhe der eingezahlten Beträge zuzüglich einer Verzinsung von 1 % p. a. Zum Bilanzstichtag sind Beträge im Nominalwert von 100 GE einbezahlt, der beizulegende Zeitwert des Aktienfonds beträgt 180 GE, die Anschaffungskosten 100 GE. Während die Pensionsverpflichtung mit dem beizulegenden Zeitwert der Wertpapiere in Höhe von 180 GE zu bewerten ist, sind die Wertpapiere mit ihren Anschaffungskosten von 100 GE anzusetzen.

Solche Bewertungsunterschiede lassen sich vermeiden, wenn die Wertpapiere die Anforderungen an Deckungsvermögen nach § 246 Abs. 2 Satz 2 HGB erfüllen oder die Voraussetzungen des § 254 für die Bildung einer Bewertungseinheit vorliegen. Sofern die Wertpapiere **Deckungsvermögen** im Sinne des § 246 Abs. 2 Satz 2 HGB darstellen, sind sie entsprechend § 253 Abs. 1 Satz 4 HGB mit dem beizulegenden Zeitwert zu bewerten und gemäß § 246 Abs. 2 Satz 2 HGB mit der dazugehörigen Verpflichtung zu saldieren. Kapitalgesellschaften haben in dem Fall die Ausschüttungssperre des § 268 Abs. 8 Satz 3 HGB zu beachten.

Nach § 254 Abs. 1 HGB können Schulden zum Ausgleich gegenläufiger Wertveränderungen und Zahlungsströme aus dem Eintritt vergleichbarer Risiken mit Finanzinstrumenten zu einer **Bewertungseinheit** zusammengefasst werden.[376] Diese Voraussetzung ist bei wertpapiergebundenen Pensionszusagen gegeben. Die Wertveränderungen der Pensionszusage (Grundgeschäft) und des Referenzobjekts (Sicherungsgeschäft) gleichen sich aus, sofern der Wert der Wertpapiere nicht unter die Mindestleistung fällt. Bei einer Zusammenfassung zu einer Bewertungseinheit sind nach der sog. Durchbuchungsmethode nicht nur die Verpflichtung, sondern unter Außerachtlassung des Anschaffungskostenprinzips sowie des Realisationsprinzips auch die Wertpapiere zum beizulegenden Zeitwert zu bewerten. Im Unterschied zur Behandlung als Deckungsvermögen scheidet eine Saldierung der Wertpapiere mit der Verpflichtung aus. Die Ausschüttungssperre greift ebenfalls nicht. Anders als beim Deckungsvermögen steht es dem Bilanzierenden frei, die Sicherungsbeziehung aufzuheben und die Wertpapiere teilweise oder ganz zu verkaufen. Der Verkauf wirkt sich weder auf die Bewertung der Verpflichtung noch auf die Bewertung etwaiger verbleibender Vermögensgegenstände aus. Die Sicherungsbeziehung ist jedoch nur noch teilweise effektiv.

---

[376] Vgl. Meier, BB 2009, S. 1000; IDW ERS HFA 30, Tz. 77.

Das Schrifttum[377] und IDW[378] wollen die Erleichterungsvorschrift des § 253 Abs. 1 Satz 3 HGB auch auf Pensionszusagen ausweiten, deren Leistungen hinsichtlich Höhe und Zeitpunkt sich nach den Leistungen eines Rückdeckungsversicherungsanspruchs bestimmen. Auch wenn **Rückdeckungsversicherungen** nicht zu den Wertpapieren im Sinne des § 266 Abs. 2 A. III. 5 HGB zählen, ist eine analoge Anwendung vertretbar. Merkmal der wertpapiergebundenen Pensionszusagen ist, dass sich die Höhe der Leistung nach dem beizulegenden Zeitwert eines Referenzobjekts bemisst. Unter diesen Voraussetzungen räumt der § 253 Abs. 1 Satz 3 HGB eine vereinfachte Bewertung ein. Selbiges trifft auf Pensionsansprüche zu, deren Leistungen sich nach den Leistungen einer Rückdeckungsversicherung richten. Der beizulegende Zeitwert der Leistungen des Versicherungsanspruchs entspricht regelmäßig dem vom Versicherungsunternehmen gemeldeten Aktivwert (vgl. Gliederungspunkt 2.3.3.4). Die obigen Ausführungen zur Behandlung des Referenzobjekts als Deckungsvermögen gelten sinngemäß. Da Versicherungsansprüche zu den Finanzinstrumenten zählen, können diese nach § 254 Satz 1 HGB auch mit der Verpflichtung zu einer Bewertungseinheit zusammengefasst werden.[379]

Das IDW geht noch einen Schritt weiter und möchte die Erleichterungsvorschrift auch auf solche Pensionszusagen anwenden, die kongruent rückgedeckt sind.[380] Anders als im vorstehenden Fall richtet sich bei diesen Zusagen die Leistung nicht nach der Rückdeckungsversicherung, sondern die versicherte Leistung und die zugesagte Leistung entsprechen sich lediglich.[381] Da sich in dem Fall die Leistung der Zusage nicht nach dem Wert eines Referenzobjekts bemisst, sondern umgekehrt der Wert der Rückdeckungsversicherung nach der Leistung der Zusage, fehlt es an der Voraussetzung für eine analoge Anwendung des § 253 Abs. 1 Satz 3 HGB.[382] Gleichwohl können die Voraussetzungen vorliegen, den Rückdeckungsanspruch als Deckungsvermögen zu behandeln bzw. mit der Pensionszusage zu einer Bewertungseinheit zusammenzufassen. Da sich die Pensionsleistung nicht nach der Rückdeckungsversicherung bemisst, setzt die Bildung einer Bewertungseinheit voraus, dass beide Leistungen dem Umfang nach tatsächlich auch kongruent sind, d. h., die **Kongruenz** muss sich auf alle Leistungsarten beziehen. Sie darf sich nicht auf eine Leistungsart (z. B. Altersleistung) beschränken. Ist dies gegeben, bestimmt sich der beizulegende Zeitwert der Rückdeckungsversicherung nicht nach dem vom Versicherer gemeldeten Aktivwert, sondern nach dem Erfüllungsbetrag der Verpflichtung. Fehlt es an der Kongruenz dem Umfang nach, sind Verpflichtung und Rückdeckungsversicherung getrennt voneinander zu bilanzieren.[383] Unschädlich für die Bildung einer Bewer-

---

[377] Vgl. Ellrott/Rhiel, in: Ellrott u. a. (Hrsg.): Beck'scher Bilanz-Kommentar, 7. Aufl., München 2010, § 249, Anm. 204.
[378] Vgl. IDW ERS HFA 30, Tz. 75.
[379] Vgl. Förschle/Usinger, in: Ellrott u. a. (Hrsg.): Beck'scher Bilanz-Kommentar, 7. Aufl., München 2010, § 254 HGB, Tz. 23.
[380] Vgl. IDW ERS HFA 30, Tz. 75.
[381] Vgl. Hagemann/Ocking/Wunsch, DB 2010, S. 1023.
[382] Ebenso Hagemann/Ocking/Wunsch, DB 2010, S. 1023.
[383] Ebenso Hagemann/Ocking/Wunsch, DB 2010, S. 1024.

tungseinheit ist die Kongruenz der Höhe nach. Das heißt, deckt die Rückdeckungsversicherung die Leistungen der Pensionszusage nur zu einem bestimmten Anteil (z. B. 90 %), bemisst sich der Wert der Rückdeckungsversicherung mit dem anteiligen beizulegenden Zeitwert der Verpflichtung.

Nach dem Gesetzeswortlaut ist die Anwendung des § 253 Abs. 1 Satz 3 HGB auf Altersversorgungsverpflichtungen beschränkt. Damit wäre die Erleichterungsvorschrift nicht auf die Bewertung von Verpflichtungen aus **wertpapiergebundenen Zeitwertkonten** übertragbar. Da die Begründung des Rechtsausschusses (vgl. BT-Drucks. 16/12407, S. 111) auf Altersversorgungs- und vergleichbare langfristig fällige Verpflichtungen Bezug nimmt, deren Höhe sich nach dem beizulegenden Zeitwert von Wertpapieren bestimmt, scheint – trotz abweichendem Gesetzeswortlaut – eine analoge Anwendung der Bewertungsvereinfachung auf wertpapiergebundene Zeitwertkonten zulässig.[384]

2.3.3.4 Bewertung von Deckungsvermögen

In Anlehnung an die internationale Bilanzierungspraxis sind nach § 246 Abs. 2 HGB „Vermögensgegenstände, die dem Zugriff aller übrigen Gläubiger entzogen sind und ausschließlich zur Erfüllung von Schulden aus Altersversorgungsverpflichtungen oder vergleichbaren langfristig fälligen Verpflichtungen dienen, [...] mit diesen Schulden zu verrechnen". Soweit diese Bedingungen vorliegen (hierzu vgl. Abschnitt 2, Gliederungspunkt 3.3), fordert § 253 Abs. 1 Satz 4 HGB eine Bewertung des zu saldierenden Vermögens mit dem beizulegenden Zeitwert.

Gemäß § 255 Abs. 4 Satz 1 HGB entspricht der beizulegende Zeitwert dem **Marktpreis**. Sofern für die zu verrechnenden Vermögensgegenstände keine Marktpreise existieren, sind sie nach § 255 Abs. 4 Satz 1 HGB anhand anerkannter Bewertungsmethoden zu ermitteln. Lässt sich auch auf diesem Weg kein beizulegender Zeitwert ermitteln, sind nach § 255 Abs. 4 Satz 3 HGB die Anschaffungs- oder Herstellungskosten gemäß § 243 Abs. 4 HGB fortzuführen[385] (vgl. Abschnitt 2, Gliederungspunkt 2.6.1.3).

Für Wertpapiere lassen sich regelmäßig relativ einfach Marktpreise bestimmen, sofern sie auf einem aktiven Markt gehandelt werden. Schwieriger erweist sich die Bestimmung des beizulegenden Zeitwerts von Versicherungsansprüchen. So kommen bei Lebensversicherungen verschiedene Werte in Betracht. Rückkaufswerte enthalten eine Beteiligung an Bewertungsreserven und Schlussüberschüssen, werden aber durch Stornierungsabschläge gemindert. Nach der Definition des IDW setzt sich der beizulegende Zeitwert aus dem geschäftsplanmäßigen Deckungskapital zuzüglich einer Überschussbeteiligung zusammen.[386] Der von den Versicherungen regelmäßig angezeigte Aktivwert dürfte dieser Vorgabe im Allgemeinen entsprechen.[387]

---

[384] So auch IDW ERS HFA 30, Tz. 78.
[385] So auch IDW ERS HFA 30, Tz. 68.
[386] So auch IDW ERS HFA 30, Tz. 69.
[387] Vgl. Hagemann/Ocking/Wunsch, DB 2010, S. 1024.

Durch die Erfassung des Vermögens auf Zeitwertbasis kommt es zum Ausweis von nicht realisierten Gewinnen. Bilanzrechtlich steht dieser Vorgehensweise das Realisationsprinzip entgegen.[388] Es erlaubt die Erfassung von Vermögensmehrungen erst, wenn diese am Bilanzstichtag realisiert sind. Diese Regelung soll den Ausweis und vor allem die Ausschüttung unrealisierter Gewinne verhindern.[389] Ausweislich der Regierungsbegründung soll die bisherige Bedeutung des Realisationsprinzips grundsätzlich beibehalten werden (vgl. BT-Drucks. 16/10067, S. 34).

Mit dem Mittel einer **Ausschüttungs- und Abführungssperre** werden die sich widerstreitenden Zielsetzungen in Einklang gebracht.[390] Durch die Bewertung der betroffenen Vermögensgegenstände zum beizulegenden Zeitwert wird auf der einen Seite die gewünschte Annäherung an internationale Bilanzierungsnormen und die Stärkung der Drittinformationsfunktion erreicht. Auf der anderen Seite bleibt durch die Ausschüttungs- und Abführungssperre das Realisationsprinzip, wenn auch nicht formal, so doch inhaltlich gewahrt. Nach § 268 Abs. 8 Satz 3 HGB dürfen Gewinne nur ausgeschüttet werden, wenn die nach der Ausschüttung verbleibenden frei verfügbaren Rücklagen abzüglich eines Verlustvortrags oder zuzüglich eines Gewinnvortrags dem Betrag entsprechen, um den der beizulegende Zeitwert der nach § 246 Abs. 2 Satz 2 HGB verrechneten Vermögenswerte deren Anschaffungskosten abzüglich der hierfür gebildeten passivischen latenten Steuern übersteigt.[391]

Für die Berechnung der Ausschüttungssperre gilt der Einzelbewertungsgrundsatz. Setzt sich das zweckgebundene Vermögen aus mehreren Vermögensgegenständen zusammen, ist für die Ermittlung des ausschüttungsgesperrten Betrags auf die Anschaffungskosten und beizulegenden Zeitwerte der einzelnen Vermögenswerte und nicht auf die kumulierten Werte abzustellen. Bei einer Bezugnahme auf die kumulierten Werte würden ggf. Erträge aus der Zeitwertbewertung mit Wertminderungen verrechnet und wären damit nicht mehr ausschüttungsgesperrt.

Die in dem ursprünglichen Gesetzesentwurf vorgesehene Begrenzung der Zeitwertbewertung auf die Höhe der Schuld wurde ausweislich der Begründung des Rechtsausschusses aus Vereinfachungsgründen fallengelassen (vgl. BT-Drucks. 16/12407, S. 111).

Ein möglicher **Vermögensüberhang** ist gemäß § 246 Abs. 2 Satz 3 i. V. m. § 266 Abs. 2 HGB unter dem gesonderten Posten „Aktiver Unterschiedsbetrag aus der Vermögensverrechnung" auf der Aktivseite auszuweisen (vgl. Abschnitt 2, Gliederungspunkt 2.6.2). Ausweislich der Begründung des Rechtsausschusses soll es sich bei diesem Posten „nicht um einen Vermögensgegenstand im handelsrechtlichen

---

[388] Vgl. Arbeitskreis Bilanzrecht der Hochschullehrer Rechtswissenschaft, BB 2008, S. 212.
[389] Vgl. Selchert, in: Küting/Weber (Hrsg.): HdR-E, 5. Aufl., Stuttgart 2002 ff., § 252 HGB, Rn. 101 ff.
[390] Die Einführung einer Ausschüttungs- und Abführungssperre wird in der Literatur teilweise abgelehnt; vgl. bspw. Vereinigung zur Mitwirkung an der Entwicklung des Bilanzrechts für Familiengesellschaften (VMEBF) e. V., KoR 2008, S. 362.
[391] Der neu gefasste § 301 Satz 1 AktG verhindert die Abführung ausschüttungsgesperrter Beträge durch Ergebnisabführungsverträge.

Sinn, sondern um einen Verrechnungsposten, der nach § 268 Abs. 8 HGB ausschüttungsgesperrt ist" (BT-Drucks. 16/12407, S. 110), handeln.[392] Diese Aussage ist in zweierlei Hinsicht verwirrend. Zum einen bleibt unklar, warum es sich bei einem Vermögensüberhang um keinen Vermögensgegenstand im handelsrechtlichen Sinn handeln soll, wenn diesem doch Vermögensgegenstände im handelsrechtlichen Sinn zugrunde liegen. Es kann nur vermutet werden, dass der Rechtsausschuss mit dieser Aussage zum Ausdruck bringen wollte, dass dem Wert aufgrund des Saldocharakters kein bestimmter identifizierbarer Vermögensgegenstand zugeordnet werden kann. Gleichwohl stellt ein solcher Vermögensüberhang einen Vermögenswert für das Unternehmen dar, da er zur Erfüllung zukünftig entstehender Pensionsverpflichtungen herangezogen werden kann. Zum anderen ist unverständlich, warum dieser „Verrechnungsposten" ausschüttungsgesperrt sein soll. Die Ausschüttungssperre des § 268 Abs. 8 HGB setzt an der Differenz zwischen Anschaffungskosten und höherem beizulegenden Zeitwert des Deckungsvermögens an. Der Ansatz eines „Verrechnungspostens" ist kein Indiz dafür, dass der beizulegende Zeitwert des Deckungsvermögens höher ist als die Anschaffungskosten. Er besagt lediglich, dass der beizulegende Zeitwert des Deckungsvermögens die Pensionsverpflichtungen übersteigt.

Beispiel

Zum 31.12.2010 beläuft sich die Pensionsverpflichtung auf 100 GE. Ein Fehlbetrag aus der Erstanwendung der neuen Bewertungsvorschriften besteht nicht. Zur Absicherung der Verpflichtung bringt das Unternehmen Vermögensgegenstände mit Anschaffungskosten in Höhe von 110 GE in einen Treuhandfonds ein. Der beizulegende Zeitwert entspricht den Anschaffungskosten. Gemäß § 246 Abs. 2 Satz 3 i. V. m. § 266 Abs. 2 HGB ist der die Verpflichtung übersteigende Betrag von 10 GE auf der Aktivseite in einem gesonderten Posten auszuweisen. Da der beizulegende Zeitwert die Anschaffungskosten nicht übersteigt, kommt es zu keiner Ausschüttungssperre gemäß § 268 Abs. 8 Satz 3 HGB.

Bei einer **Entnahme** von Vermögensgegenständen aus dem Deckungsvermögen, zum Beispiel im Fall einer Überdotierung, sind die Vermögenswerte entsprechend der für sie geltenden Bewertungsnormen anzusetzen, d. h., das Anschaffungskostenprinzip erhält wieder Gültigkeit und etwaige Zuschreibungen auf einen höheren beizulegenden Zeitwert unter dem Bewertungsregime des § 253 Abs. 1 Satz 4 HGB sind wieder zurückzunehmen. Etwaige Abschreibungen bei abnutzbaren Vermögensgegenständen sind zu berücksichtigen.[393]

2.3.3.5 Diskontierungssatz der Rückstellungen

Gemäß § 253 Abs. 2 Satz 1 HGB sind Rückstellungen mit einer Restlaufzeit von mehr als einem Jahr mit ihrem Barwert anzusetzen. Der zu verwendende Diskontie-

---

[392] Ähnlich Ernst/Seidler, BB 2009, S. 766 („Sonderposten sui generis").
[393] Vgl. IDW ERS HFA 30, Tz. 71.

rungssatz soll dem ihrer Laufzeit kongruenten durchschnittlichen Marktzinssatz der letzten sieben Geschäftsjahre entsprechen. Während im Zusammenhang mit einer allgemeinen Diskontierungspflicht diskutiert wird, ob die mit ihr einhergehende Durchbrechung des Realisationsprinzips und damit fundamentaler Gewinnermittlungsprinzipien im Interesse einer Stärkung der Informationsfunktion gerechtfertigt ist, stellt die Abzinsungspflicht im Bereich der Pensions- bzw. pensionsähnlichen Verpflichtungen keine Neuerung dar. Sie hatte auch bereits bisher zu erfolgen und war auf den Einzelbewertungsgrundsatz zurückzuführen (vgl. Gliederungspunkt 2.2.3.1).

Dieser verlangt, die vom Arbeitgeber nach Beendigung des Arbeitsverhältnisses zu erbringende Versorgungsleistung in ein Entgelt für die während der Beschäftigungsphase erbrachte Arbeitsleistung des Begünstigten und in einen Zinsanteil für die Stundung dieses Entgeltanteils bis zum Ausscheiden aus dem Betrieb aufzuteilen.[394] Eine Neuerung stellt die Ermittlung des Diskontierungssatzes nach § 253 Abs. 2 HGB dar. Auch wenn vereinzelt höhere Zinssätze als akzeptabel angesehen wurden,[395] galt bislang der für steuerliche Zwecke in § 6a EStG festgeschriebene Zinssatz von 6 % p. a. sowohl in der handelsrechtlichen Literatur als auch in der Prüfung als die gerade noch vertretbare Zinsobergrenze. Das untere Ende der zulässigen Bandbreite sah die Kommentarliteratur in Abhängigkeit der wirtschaftlichen Rahmenbedingungen bei 3 % p. a.[396] Innerhalb dieser Bandbreite konnte der Bilanzierende nach pflichtgemäßem Ermessen den Diskontierungssatz wählen.[397] Die Änderung des einmal festgelegten Zinssatzes war nur in begründeten Ausnahmefällen zulässig.

Gemäß § 253 Abs. 2 Satz 4 HGB obliegt die Ermittlung der Abzinsungssätze der Deutschen Bundesbank. Die genaue Ermittlungsmethodik regelt gemäß § 253 Abs. 2 Satz 5 HGB die am 18.11.2009 veröffentlichte Verordnung über die Ermittlung und Bekanntgabe der Sätze zur Abzinsung von Rückstellungen (**Rückstellungsabzinsungsverordnung – RückAbzinsV**). Die RückAbzinsV sieht vor, die Zinssätze aus einer um einen Aufschlag erhöhten Null-Kupon-Zinsswapkurve basierend auf Euro lautende Festzinsswaps mit den Laufzeiten ein bis zehn Jahre, 12, 15, 20, 25, 30, 40 und 50 Jahre abzuleiten. Die Swapsätze für die ganzjährigen Laufzeiten zwischen den genannten Laufzeiten werden interpoliert.

Ausweislich der Regierungsbegründung war ursprünglich vorgesehen, die Abzinsungssätze ausschließlich aus der Null-Kupon-Zinsswapkurve abzuleiten. Wegen des relativ großen Spread zwischen den Euro-Festzins-Swapsätzen und der Marktrendite von hochklassigen Industrieanleihen ist dieses Vorhaben aber auf Kritik gestoßen.[398]

---

[394] Vgl. Schulze-Osterloh, BB 2003, S. 354.
[395] Weissmüller/Kürten erachteten einen Zinssatz inklusive Risikozuschlag von 7,5 % bis 8 % als angemessen; vgl. Weismüller/Kürten, WPg 1996, S. 727.
[396] Vgl. IDW HFA 2/1988, WPg 1988, S. 404; Höfer, in: Küting/Weber (Hrsg.): HdR-E, 5. Aufl., Stuttgart 2002 ff., § 249 HGB, Rn. 376.
[397] Vgl. Ellrott/Rhiel, in: Beck'scher Bilanz-Kommentar, 6. Aufl., München 2006, § 249, Anm. 202.
[398] Vgl. Mercer, Bilanzrechtsmodernisierungsgesetz (BilMoG) verabschiedet vom 8.4.2009, abrufbar unter: http://www.mercer.de/summary.htm?idContent=1343530 (Stand: 10.8.2010); Lucius, BetrAV 2009, S. 521; Höfer/Rhiel/Veit, DB 2009, S. 1607.

Dies hätte deutlich höhere Wertansätze bei den Pensionen zur Folge gehabt. Historisch liegt ein auf Basis der durchschnittlichen Zinsswapkurve ermittelter Rechnungszins 40 bis 60 Basispunkt unterhalb eines Rechnungszinssatzes, der auf den durchschnittlichen Renditen von hochklassigen Industrieanleihen der jeweils letzten sieben Jahre basiert. Als Reaktion auf die Kritik werden die aus der Null-Kupon-Zinsswapkurve abgeleiteten Abzinsungssätze über die gesamte Laufzeit um einen einheitlichen Aufschlag erhöht. Der Aufschlag bildet dabei das Ausfallrisiko hochklassiger Industrieanleihen ab. Er errechnet sich anhand eines breiten Rendite-Indexes für auf Euro lautende Unternehmensanleihen aller Laufzeiten mit einem hochklassigen Rating (AA oder Aa). Der Aufschlag spiegelt damit den Abstand zwischen einer marktbreiten über sieben Jahre geglätteten Rendite hochklassiger auf Euro lautender Unternehmensanleihen und dem ebenfalls über sieben Jahre geglätteten Zinssatz aus der Null-Kupon-Euro-Zinsswapkurve wider.

Eine Abweichung von diesen „amtlich festgelegten Diskontierungssätzen" ist nicht zulässig. Diese objektivierte Verfahrensweise soll der Regierungsbegründung zufolge eine „Steigerung der Akzeptanz des handelsrechtlichen Jahresabschlusses auch im internationalen Umfeld" (BT-Drucks. 16/10067, S. 55) bewirken und die bilanzpolitischen Möglichkeiten der Unternehmen einschränken (vgl. BT-Drucks. 16/10067, S. 55). Das zweite Ziel wird mit diesem Verfahren zweifelsohne erreicht. Ob diese Regelung auch dem ersten Ansinnen gerecht wird, ist jedoch zu bezweifeln, da sich die handelsrechtliche Regelung von der international üblichen unterscheidet.

Mit der Vorgabe, die Zinsstrukturkurve aus auf Euro lautenden Festzinsswaps zu berechnen, hat sich der deutsche Gesetzgeber bewusst gegen die seit Langem bekannten und praktizierten Vorschriften der IFRS und US GAAP entschieden. Beide Bilanzierungsnormen schreiben vor, die Zinsstrukturkurve aus der Marktrendite von hochklassigen Industrieanleihen (*high quality corporate bonds*) abzuleiten. Üblicherweise werden hierzu in der Bewertungspraxis Firmenanleihen herangezogen, die mit einem AA-Rating versehen sind.[399] Maßgeblich für diese Entscheidung dürften vor allem Vorteile bei der Zinsfestlegung für die langen Laufzeitbereiche gewesen sein. Für diese Laufzeitbereiche liegt regelmäßig keine ausreichende Anzahl von beobachtbaren Marktrenditen vor. Die Zinskurve muss insoweit extrapoliert werden. Dies gilt sowohl für aus Festzinsswaps als auch aus Industrieanleihen abgeleiteten Zinskurven. Da die Zinsstrukturkurve von Festzinsswaps aufgrund geringerer Nachfrageschwankungen sowie der Liquidität des Marktes weniger stark volatil ist als diejenige von hochklassigen Industrieanleihen, ist eine Extrapolation der Zinskurve in die langen Laufzeitbereiche mit geringeren Schätzungenauigkeiten verbunden (vgl. BT-Drucks. 16/10067, S. 54). Bei der Festlegung dürfte auch die Finanzkrise eine Rolle gespielt haben. Durch die Finanzkrise kam es auch bei hochklassigen Industrieanleihen zu volatilen Veränderungen der Marktrenditen mit entsprechenden Folgen für die Pensionsbewertung nach IFRS oder US GAAP. So schwankten die von Aktuaren im Geschäftsjahr 2009 für IFRS-Bewertungszwecke veröffentlichten Zinssätze für Mischbestände um mehr als 100 Basispunkte. Teilweise haben die Aktuare, um die

---

[399] So wird z. B. oftmals der iBoxx corporate AA10+ Index als Referenzindex verwendet.

Schwankung zu verringern, ihre Verfahren zur Ableitung der Zinsstrukturkurve angepasst. Auch bestanden zwischen den Aktuaren deutliche Unterschiede in der Höhe der Zinssätze.[400] Der handelsrechtliche Durchschnittszinssatz nach RückAbzinsV für eine 15-jährige Restlaufzeit schwankte im gleichen Zeitraum im Vergleich hierzu nur um 4 Basispunkte.[401]

Die Bezugnahme auf die Null-Kupon-Zinsswapkurve sowie die Verwendung von siebenjährigen **Durchschnittszinssätzen** dienen der **Glättung** von zinssatzinduzierten Ertragsschwankungen. Dieser Effekt ist vom Gesetzgeber explizit gewünscht. So wurde im Vergleich zum RefE BilMoG der Zeitraum zur Ermittlung des Durchschnittszinssatzes noch um zwei Jahre verlängert, um einen hinreichenden Glättungseffekt zu erhalten, da Simulationsrechnungen – so die Regierungsbegründung – ergeben haben, dass der ursprünglich im RefE BilMoG vorgesehene Zeitraum von fünf Jahren dieses Ziel nicht zufriedenstellend erreicht (vgl. BT-Drucks. 16/10067, S. 54).

In Anbetracht der allgemeinen Zielsetzung der handelsrechtlichen Rechnungslegung, einen bedenkenlos ausschüttungsfähigen Gewinn zu ermitteln, ist diese Mittelung durchweg zu begrüßen. Durch diesen bleiben „Zufallselemente in der Zinsentwicklung unberücksichtigt" (BT-Drucks. 16/10067, S. 55) und „Ertragsschwankungen (werden; d. Verf.) beseitigt, die nicht durch die Geschäftstätigkeit der Unternehmen verursacht werden" (BT-Drucks. 16/10067, S. 54). Das Ansinnen, zinssatzinduzierte Ertragsschwankungen zu glätten, ist auch den internationalen Bilanzierungsnormen nicht fremd. So wurde im Bereich der US GAAP bereits vor mehr als 20 Jahren der sog. Korridoransatz eingeführt. Die Verrechnungsmechanismen der Korridormethode erlauben es, Gewinne und Verluste aus der Änderung des Zinssatzes sowie der übrigen versicherungsmathematischen Annahmen über künftige Geschäftsjahre zu verteilen. Die IFRS haben seinerzeit dieses Verfahren übernommen. In der Bilanzierungspraxis wird dieses Verfahren jedoch zunehmend durch andere Verfahren verdrängt. In den US GAAP wurde der Korridoransatz im Jahr 2006 durch ein Verfahren ersetzt, bei dem Gewinne und Verluste aus der Änderung des Zinssatzes sowie der übrigen versicherungsmathematischen Annahmen direkt mit dem Eigenkapital verrechnet werden. Ein ähnliches Verfahren hat das IASB bereits vor ein paar Jahren alternativ neben dem Korridorverfahren zugelassen.[402] Der Standardentwurf zur Bilanzierung von Pensionsverpflichtungen sieht ebenfalls die Streichung des Korridoransatzes vor.[403] Hauptkritikpunkt an dem Korridorverfahren ist neben seinen komplexen Ver-

---

[400] Vgl. Mercer, Festlegung der Rechnungszinssätze, abrufbar unter: http://www.mercer.de/summary.htm?siteLanguage=1000&idContent=1245805 (Stand: 10.8.2010); TowersWatson, Rechnungslegungszins nach IAS 19 und FAS 87 im 36-Monatsvergleich, abrufbar unter: http://www.towerswatson.com/assets/pdf/2060/Zins_IAS_FAS.pdf (Stand: 10.8.2010).

[401] Vgl. Deutsche Bundesbank, Abzinsungssätze nach 253 Abs. 2 HGB, abrufbar unter http://www.bundesbank.de/download/statistik/abzinsungszinssaetze.pdf.

[402] Die schon immer bestehende Möglichkeit, alle Gewinne und Verluste aus der Änderung von versicherungsmathematischen Annahmen unmittelbar erfolgswirksam zu behandeln, findet in der Bilanzierungspraxis keine Anwendung. In Anbetracht der damit einhergehenden Ertragsschwankungen verwundert dies nicht.

[403] Vgl. IASB, Defined Benefit Plans, Proposed amendments to IAS 19, 2010.

rechnungsmechanismen vor allem der unzutreffende Schuldenausweis. Sowohl dem neuen Verfahren nach US GAAP als auch dem alternativ zulässigen Verfahren nach IFRS ist gemein, dass die Schuld in voller Höhe ausgewiesen wird, wobei aber die Auswirkungen von Änderungen des Zinssatzes und anderer versicherungsmathematischer Annahmen nicht über die Gewinn- und Verlustrechnung, sondern direkt mit dem Eigenkapital verrechnet werden.[404] Mit diesen Verfahren wird nur noch eine aufwandsorientierte, jedoch keine bilanzorientierte Glättung mehr wie beim Korridoransatz erreicht.

Im Vergleich zum Korridoransatz, aber auch zu den verschiedenen Arten der Verrechnung von versicherungsmathematischen Gewinnen und Verlusten mit dem Eigenkapital, wird „mit der [...] vorgeschriebenen Anwendung eines durchschnittlichen Marktzinssatzes [...] der in der praktischen Handhabung einfachere Weg beschritten" (BT-Drucks. 16/10067, S. 55). Dieser ist jedoch anfällig für den Vorwurf der bilanzorientierten Glättung bzw. des unzutreffenden Schuldenausweises. Aus internationaler Perspektive betrachtet, ist der im Handelsrecht beschrittene Weg ein Sonderweg.

Die unterschiedlichen Vorgehensweisen sind Ausfluss unterschiedlicher Ansätze der Aufwandsermittlung. Das HGB geht bei der Bemessung des Aufwands von einem **bilanzorientierten** Ansatz aus. Das heißt, der Aufwand errechnet sich aus der Veränderung der Rückstellung zuzüglich zahlungswirksamer Verbräuche. Die IFRS verfolgen einen **einkommensorientieren** Ansatz, bei dem die aufwandswirksame Rückstellungszuführung zu Beginn des Geschäftsjahrs ermittelt wird. Die Differenz zwischen der über Zuführung und Verbrauch fortgeschriebenen Rückstellung und dem ermittelten Stichtagswert stellt die versicherungsmathematischen Verluste oder Gewinne dar. Diese bleiben entweder wie beim Korridoransatz im Bilanzansatz unberücksichtigt oder werden direkt mit dem Eigenkapital verrechnet.

Jeder dieser anderen Wege hätte mit den traditionellen Grundprinzipien der deutschen Rechnungslegung gebrochen.[405] So ist die direkte Verrechnung von Aufwendungen und Erträgen mit dem Eigenkapital dem deutschen Bilanzrecht genauso fremd, wie eine unmittelbar ertragswirksame Behandlung dem Ziel der Ermittlung eines unbedenklich ausschüttungsfähigen Gewinns widersprechen würde.

Anstelle der nach § 253 Abs. 2 Satz 1 HGB vorgeschriebenen Einzelbewertung, wonach für jede einzelne Pensionsverpflichtung der individuelle Diskontierungssatz zu bestimmen ist, erlaubt § 253 Abs. 2 Satz 2 HGB die **pauschale Abzinsung** der Pensionsverpflichtungen „mit dem durchschnittlichen Marktzinssatz [...], der sich bei einer angenommenen Laufzeit von 15 Jahren ergibt" (BT-Drucks. 16/10067, S. 55). Diese

---

[404] Im Vorfeld des Standardentwurfs „Defined Benefit Plans" hat das IASB verschiedene Varianten dieser Verfahren diskutiert. Kernpunkt der Diskussion war, welche Änderungen von versicherungsmathematischen Annahmen erfolgswirksam behandelt und welche unmittelbar mit dem Eigenkapital verrechnet werden. Die ebenfalls zur Diskussion gestellte unmittelbare erfolgswirksame Behandlung aller Effekte hat sich letztlich nicht durchgesetzt.

[405] In diese Richtung äußert sich auch die Bundesregierung bezüglich des Anliegens des Bundesrats, die Verwendung von Stichtagsmarktzinssätzen zu prüfen; vgl. Gegenäußerung der Bundesregierung zur Stellungnahme des Bundesrats - BR-Drucks. 244/08, S. 2.

Einschränkung des Einzelbewertungsgrundsatzes soll die Bewertung der Pensionsrückstellungen vereinfachen. Den Zeitraum von 15 Jahren hat der Gesetzgeber gewählt, um den aufgrund der demografischen Entwicklung existierenden Überhang älterer Arbeitnehmer zu berücksichtigen (vgl. BT-Drucks. 16/10067, S. 55).

Die Außerachtlassung des Einzelbewertungsgrundsatzes ist prinzipiell zu begrüßen, vereinfacht die Verwendung eines einheitlichen Zinssatzes doch insbesondere bei größeren Personalbeständen die Bewertung. Zugleich ist die Regelung in ihrer jetzigen Form als zu eng zu kritisieren.

Voraussetzung für die Inanspruchnahme des Wahlrechts ist, dass die unternehmensspezifische Altersstruktur im Wesentlichen der angenommenen entspricht; d. h., der Personalbestand muss einen Überhang an älteren Arbeitnehmern aufweisen. Weicht die Altersstruktur hiervon ab, weil zum Beispiel der zu bewertende Bestand hauptsächlich aus Rentnern („Rentnerbestand") oder aus Aktiven („Aktivenbestand") besteht, kann die Anwendung des Wahlrechts zu einer Darstellung führen, die ein nicht den tatsächlichen Verhältnissen entsprechendes Bild der Vermögens-, Finanz- und Ertragslage vermittelt. In diesem Fall darf der Bilanzierende das Wahlrecht nicht in Anspruch nehmen (vgl. BT-Drucks. 16/10067, S. 55). Die Frage, wann ein Jahresabschluss nicht mehr ein den tatsächlichen Verhältnissen entsprechendes Bild der Vermögens-, Finanz- und Ertragslage zeigt, bleibt offen und enthält daher einen nicht unerheblichen Beurteilungsspielraum.[406]

Anstatt die Anwendung der pauschalen Bewertung an eine bestimmte – der Vereinfachung zugrunde liegende – Altersstruktur des Personalbestands zu knüpfen, wäre es wünschenswert gewesen, wenn der Bilanzierende einen der unternehmensspezifischen Altersstruktur entsprechenden pauschalen Zinssatz hätte wählen können. Im Hinblick auf die Einschränkung von bilanziellen Ermessensspielräumen wäre es auch denkbar gewesen, dass der Gesetzgeber nicht einen, sondern wie in der Praxis bei der Bewertung von Pensionsverpflichtungen nach IFRS üblich, drei pauschale Zinssätze festgeschrieben hätte. So ermitteln die Aktuare für IFRS-Bewertungszwecke regelmäßig jeweils einen Zinssatz für einen Aktiven-, einen Rentner- und einen Mischbestand.[407]

Offen ist, ob für die Bewertung von Pensionszusagen in **fremder Währung** der von der Deutschen Bundesbank veröffentlichte Zinssatz verwendet werden kann, oder ob analog zu der Ermittlungsmethode der RückAbzinsV ein entsprechender währungskongruenter Diskontierungssatz ermittelt werden muss. Da die Ermittlung eines währungskongruenten Zinssatzes nach Maßgabe der RückAbzinsV sehr aufwendig ist, hat die Beantwortung der Frage unter Kosten-Nutzen-Aspekten zu erfolgen. Sofern nur

---

[406] Vgl. Göllert, DB 2008, S. 1166.
[407] Vgl. Mercer, Festlegung der Rechnungszinssätze vom 7.5.2009, abrufbar unter: http://www.mercer.de/summary.htm?siteLanguage=1000&idContent=1245805 (Stand: 6.8.2010); Watson/Wyatt/Heissmann, Rechnungslegungszins nach IAS 19 und FAS 87 im 36-Monatsvergleich, abrufbar unterhttp://www.towerswatson.com/assets/pdf/2060/Zins_IAS_FAS.pdf.

ein geringer Teil der Pensionszusagen in fremder Währung ist und die ausländischen Zinssätze nicht gravierend von den Euro-Zinssätzen abweichen, erscheint die Verwendung der auf der Grundlage einer Euro-Zinsswapkurve ermittelten Zinssätze in jedem Fall vertretbar. In allen anderen Fällen wäre zu prüfen, ob nicht die Verwendung durchschnittlicher Marktrenditen von hochklassigen Industrieanleihen dieser Währung oder von um einen Aufschlag erhöhten Staatsanleihen zu vertretbaren Lösungen führt.

Aufgrund des mit der Verwendung von Durchschnittszinssätzen erreichten Glättungseffekts besteht eine **Diskrepanz** zwischen der Bewertung der Verpflichtung und der Bewertung eines eventuell vorhandenen Deckungsvermögens. Letzteres wird mit dem stichtagsbezogenen beizulegenden Zeitwert bewertet. Damit unterliegt die Bewertung des Deckungsvermögens stärkeren Schwankungen als die Bewertung der Verpflichtung.[408] Den Vorschlag, das Deckungsvermögen ähnlich wie nach US GAAP ebenfalls mit einem Durchschnittswert anzusetzen, hat der Gesetzgeber nicht aufgegriffen.[409]

2.3.3.6 Bewertungsverfahren

Hinsichtlich des anzuwendenden **Bewertungsverfahrens** ergeben sich aus dem BilMoG unmittelbar keine Änderungen gegenüber der bisherigen Gesetzeslage. Das Gesetz enthält hierzu weiterhin keine Vorgaben. Das angewandte Verfahren muss lediglich dem Anspruch genügen, den nach vernünftiger kaufmännischer Beurteilung notwendigen Erfüllungsbetrag zu ermitteln. Da Pensionsverpflichtungen sowohl hinsichtlich der Auszahlungszeitpunkte als auch der Höhe nach ungewiss sind, können diese nur versicherungsmathematisch nach statistischen Bewertungsverfahren unter Zugrundelegung angemessener Bewertungsparameter geschätzt werden. Im Allgemeinen müssen die Bewertungsverfahren den folgenden Anforderungen genügen:

- Verpflichtungen, für die keine Gegenleistung mehr zu erwarten ist, sind mit ihrem Barwert anzusetzen. Dies betrifft laufende Pensionsverpflichtungen und unverfallbare Anwartschaften ausgeschiedener Pensionsberechtigter.
- Verpflichtungen, für die noch eine Gegenleistung erwartet wird, d. h. bei Versorgungsanwartschaften von noch aktiven Versorgungsanwärtern, sind nach einem Verfahren zu bewerten, das entsprechend dem Verlauf des Erdienens der Ansprüche zu einer betriebswirtschaftlich sachgerechten Mittelansammlung bis zum erwarteten Eintritt des Versorgungsfalls führt. Dies ist gegeben, wenn in Abhängigkeit von der Versorgungszusage das gewählte Verfahren den Pensionsaufwand verursachungsgerecht über den Zeitraum verteilt, über den der Versorgungsanwärter seine Leistung erbringt.[410]

In jedem Fall anwendbar ist das international übliche **Anwartschaftsbarwertverfahren**. Bei diesem Verfahren wird der Barwert der zum Bilanzstichtag erdienten An-

---

[408] Vgl. Gohdes, KoR 2009, S. 188.
[409] Vgl. Höfer/Rhiel/Veit, DB 2009, S. 1610.
[410] Vgl. IDW ERS HFA 30, Tz. 60.

sprüche bestimmt. Das bislang vorherrschende steuerliche **Teilwertverfahren** erfüllt obige Forderung nur für reine Leistungszusagen, die ratierlich über die Dauer der Beschäftigung verdient werden. Beim Teilwertverfahren wird der volle Anwartschaftsbarwert über konstante oder gleichmäßig steigende Teilwertprämien angesammelt. Mittelansammlung und Erdienungsverlauf sind insoweit voneinander losgelöst. Bei beitragsorientierten Leistungszusagen, wie Entgeltumwandlungszusagen sowie Zusagen, bei denen sich die unverfallbaren Pensionsansprüche nicht zeitanteilig ermitteln lassen, führt das Teilwertverfahren zu handelsrechtlich unzutreffenden Wertansätzen.[411] Nur soweit das Anwartschaftsbarwert- und das Teilwertverfahren zu sachgerechten Ergebnissen führen, besteht ein Wahlrecht hinsichtlich der Bestimmung des Bewertungsverfahrens.[412] Das gewählte Verfahren ist stetig anzuwenden.[413]

Aufgrund der Schwächen des Teilwertverfahrens ist zu erwarten, dass sich das international übliche Anwartschaftsbarwertverfahren auch handelsrechtlich durchsetzen wird.[414]

2.3.3.7 Erstanwendung und Übergangsregelung

Besondere praktische Relevanz für die bilanzierenden Unternehmen haben die Übergangsvorschriften für die Bilanzierung der Pensionsverpflichtungen. Die Differenz zwischen der Rückstellung, wie sie sich nach dem bisherigen Bewertungsverfahren darstellt, und der Rückstellung, wie sie sich bei Anwendung der neuen Bewertungsvorschriften ergibt (Soll-Rückstellung), stellt den Anpassungsbetrag dar. Soweit Deckungsvermögen im Sinne des § 246 Abs. 2 Satz 2 HGB besteht, ist der Zuführungsbetrag der Betrag nach der Verrechnung des zum beizulegenden Zeitwert bewerteten Deckungsvermögens. Dies verringert die jährlich erforderliche Zuführung.[415]

Nicht explizit geregelt ist, ob der Anpassungsbetrag zu Beginn oder zum Ende des Geschäftsjahrs zu ermitteln ist, in dem die neuen Bewertungsvorschriften erstmals anwendbar sind. Aus dem Zusammenspiel zwischen Art. 67 Abs. 1 EGHGB und Art. 67 Abs. 8 EGHGB kann jedoch geschlossen werden, dass der Fehlbetrag zu Beginn des Geschäftsjahrs zu ermitteln ist (vgl. allgemein Kapitel 1, Gliederungspunkt 2.2).[416]

Soweit aufgrund der geänderten Rückstellungsbewertung eine **Zuführung** zu den Pensionsrückstellungen erforderlich ist, erlaubt Art. 67 Abs. 1 Satz 1 EGHGB die An-

---

[411] Vgl. Ellrott/Rhiel, in: Ellrott u. a. (Hrsg.): Beck'scher Bilanz-Kommentar, 7. Aufl., München 2010, § 249 HGB, Anm. 198.
[412] Vgl. IDW ERS HFA 30, Tz. 62.
[413] Vgl. IDW ERS HFA 30, Tz. 81.
[414] So auch Ellrott/Rhiel, in: Ellrott u. a. (Hrsg.): Beck'scher Bilanz-Kommentar, 7. Aufl., München 2010, § 249 HGB, Anm. 198.
[415] Vgl. Gelhausen/Fey/Kirsch, WPg 2010, S. 30; IDW RS HFA 28, Tz. 48.
[416] Vgl. Gelhausen/Fey/Kirsch, WPg 2010, S. 30; Höfer, WPg 2009, S. 903 f.; Lüdenbach/Hoffmann, StuB 2009, S. 296; ebenso wohl auch IDW RS HFA 28, Tz. 42; a. A. Ellrott/Rhiel, in: Ellrott u. a. (Hrsg.): Beck'scher Bilanz-Kommentar, 7. Aufl., München 2010, § 249 HGB, Anm. 208; IDW ERS HFA 28, Tz. 42.

sammlung dieses Betrags bis spätestens zum 31.12.2024. Dieses Datum gilt auch für Unternehmen mit einem vom Kalenderjahr abweichenden Geschäftsjahr. Für diese Unternehmen ist der Verteilungszeitraum mithin um ein Jahr kürzer, da diese Unternehmen erst im Geschäftsjahr 2010/11 die geänderten Vorschriften zur Pensionsbewertung anwenden müssen. Wie aus dem Wortlaut „bis spätestens zum" abzuleiten ist, ist eine Erfassung auch über einen kürzeren **Verteilungszeitraum** bis hin zu einer sofortigen bilanziellen Erfassung zulässig (vgl. BT-Drucks. 16/10067, S. 98). Eine sofortige oder schnellere Erfassung kommt vor allem aus Vereinfachungsgründen für die Unternehmen in Betracht, die nur über wenige Pensionsverpflichtungen verfügen oder nur einen geringen Fehlbetrag ausweisen. Der noch nicht verrechnete Fehlbetrag ist nach Art. 67 Abs. 2 EGHGB im Anhang anzugeben.

Ließ der ursprüngliche Gesetzesentwurf die Verteilungsmethode weitgehend offen, bestimmt Art. 67 Abs. 1 Satz 1 EGHGB nunmehr, dass der Fehlbetrag „bis zum 31. Dezember 2024 in jedem Geschäftsjahr zu mindestens einem Fünfzehntel anzusammeln" ist. Es ist zwar möglich, den Fehlbetrag in ungleichen Raten anzusammeln. Durch Festschreiben der Mindestrate ist es jedoch ausgeschlossen, am Ende des Verteilungszeitraums höhere Raten zu verrechnen als zu Beginn und damit zu Lasten späterer Perioden ausschüttungsfähige Gewinne auszuweisen. Wird in einem Jahr ein höherer Betrag verrechnet, ergibt sich zwangsläufig im letzten Jahr ein geringerer Betrag als der Mindestbetrag von einem Fünfzehntel. Dass in diesem Fall die Zuführung nicht dem Mindestbetrag entspricht, ist unbeachtlich.

Der Verteilungszeitraum von 15 Jahren erlaubt es den Bilanzierenden, die zu erwartende Belastung aus der Umstellung über einen langen Zeitraum zu verteilen. In den Situationen, in denen der erwartete Auszahlungszeitraum kleiner 15 Jahre ist – dies kann bei geschlossenen Pensionsplänen mit reinen Rentnerbeständen der Fall sein – ist eine Verteilung über den kürzeren erwarteten Auszahlungszeitraum vorzunehmen. In diesem Fall ist dem Bilanzierenden auch die Inanspruchnahme der Bewertungsvereinfachung bei dem zugrunde zu legenden Zinssatz versagt.

Während des Verteilungszeitraums setzt sich der zu verrechnende Ergebnisbeitrag aus zwei Komponenten zusammen: dem Anpassungsbetrag aus der Pensionsbewertung nach § 253 HGB und dem Aufwand aus der Verrechnung des Fehlbetrags. Der Anpassungsbetrag bestimmt sich aus der Differenz der Pensionsverpflichtung zum Beginn und zum Ende des Geschäftsjahrs. Dieser Anpassungsbetrag setzt sich wiederum aus Personalkosten und Zinsaufwand zusammen. Beide Komponenten sind gesondert in der Gewinn- und Verlustrechnung auszuweisen. Der Aufwand aus der Verrechnung des Fehlbetrags muss mindestens einem Fünfzehntel des im Erstanwendungsjahr bemessenen Fehlbetrags betragen. Der Aufwand aus der Ansammlung eines Fehlbetrags ist gemäß Art. 67 Abs. 7 EGHGB unter den außerordentlichen Aufwendungen zu zeigen.

Beispiel 1

Zum 31.12.2009 weist U in seinem nach HGB a. F. aufgestellten Jahresabschluss eine Pensionsrückstellung von 100.000 EUR aus. Bei Anwendung der neuen Bewertungsvorschriften errechnet sich ein Rückstellungsbedarf in Höhe von 250.000 EUR.

U will den Aufwand aus der Anpassung der Rückstellung möglichst weit in die Zukunft verlagern. Zum 31.12.2010 ergeben sich folgende Veränderungen der Altersversorgungsverpflichtung:

- neu erworbene Anwartschaften der Pensionsberechtigten: 15 TEUR
- Barwertveränderung: 12 TEUR
- Pensionszahlungen: 17 TEUR

Für das Geschäftsjahr 2010 ermittelt sich ein Aufwand aus der Fortentwicklung der Pensionsrückstellung in Höhe von 37.000 EUR. Er setzt sich wie folgt zusammen (Angaben in EUR):

Sachverhalt	Betrag	Ausweis GuV
Neu begründete Anwartschaften	15.000	Personalaufwand
Barwertveränderung	12.000	Zinsen und ähnliche Aufwendungen
Mindestamortisation des Übergangssaldos	10.000	Außerordentliche Aufwendungen
Summe	37.000	

Zum 31.12.2010 beträgt damit die Pensionsrückstellung 120.000 EUR (Angaben in EUR):

Rückstellungsentwicklung	Betrag
Stand 1.1.2010	100.000
Reguläre Zuführung	27.000
Mindestamortisation des Übergangssaldos	10.000
Inanspruchnahme	-17.000
Summe	120.000

Steigt während des Übergangszeitraums der Diskontierungssatz für die Pensionsverpflichtungen an, führt dies bei isolierter Betrachtung zu einem niedrigeren Verpflichtungsbetrag, der Anlass zu einer Teilauflösung der Rückstellung gibt. Fraglich ist, ob das auch dann gilt, wenn die Pensionsrückstellung wegen der Inanspruchnahme der Übergangsregelung des Art. 67 Abs. 1 Satz 1 EGHGB noch nicht voll dotiert ist. Dazu sei das vorstehende Beispiel wie folgt abgewandelt:

Beispiel 2

Es gelten die Ausgangsdaten des Beispiels 1 mit folgenden Modifikationen: Bei den Begünstigten handelt es sich ausschließlich um Rentner. Zum 31.12.2010 ergeben sich folgende Veränderungen der Altersversorgungsverpflichtung:

- neu erworbene Anwartschaften der Pensionsberechtigten: 0 TEUR
- Barwertveränderung: – 5 TEUR
- Pensionszahlungen: 17 TEUR

Für das Geschäftsjahr 2010 ermittelt sich ein vorläufiger Aufwand aus der Fortentwicklung der Pensionsrückstellung in Höhe von 5.000 EUR. Er setzt sich wie folgt zusammen (Angaben in EUR):

Sachverhalt	Betrag	Ausweis GuV
Neu begründete Anwartschaften	0	Personalaufwand
Barwertveränderung	-5.000	Sonstige Zinsen und ähnliche Erträge
Mindestamortisation des Übergangssaldos	10.000	Außerordentliche Aufwendungen
Summe (vorläufig)	5.000	

Aufwand (5.000 EUR) und Inanspruchnahme (-17.000 EUR) ergeben zum 31.12.2010 einen vorläufigen Buchwert der Pensionsrückstellung von 88.000 EUR (Angaben in EUR):

Vorläufige Rückstellungsentwicklung	Betrag
Stand 1.1.2010	100.000
Reguläre Zuführung	-5.000
Mindestamortisation des Übergangssaldos	10.000
Inanspruchnahme	-17.000
Summe	88.000

Für sich genommen, führt der Zinsanstieg zu einer Auflösung der Pensionsrückstellung von 5.000 EUR. Sie ist deshalb problematisch, weil die volle Pensionsverpflichtung am 31.12.2010 mit 228.000 EUR (= 250.000 EUR – 17.000 EUR – 5.000 EUR bzw. 88.000 EUR + 140.000 EUR) über dem zurückgestellten Betrag liegt. Die Berücksichtigung des Zinsanstiegs bei der Bewertung kollidiert daher mit der Regelung des § 249 Abs. 2 Satz 2 HGB, die eine (Teil-)Auflösung von Rückstellungen nur zulässt, wenn und soweit der Grund für ihre Bildung entfallen ist. Diese Voraussetzung liegt im Beispiel nicht vor.

Um dem abzuhelfen, kommen zwei Möglichkeiten in Betracht: Zum einen könnten über den Mindestamortisationsbetrag hinaus zusätzlich 5.000 EUR aus dem Übergangssaldo der Rückstellung zugeführt werden. Zum anderen erscheint denkbar, auf die Anpassung des Diskontierungssatzes zu verzichten. Gegen die erste Lösung spricht der Wortlaut der Übergangsregelung gemäß Art. 67 Abs. 1 Satz 1 EGHGB. Er verlangt nur eine Mindestamortisation von 1/15 des Übergangssaldos.[417] Das sind die im Beispiel berücksichtigten 10.000 EUR. Die zweite Lösung verträgt sich demgegenüber – zumindest auf den ersten Blick – nicht mit der Bewertungsanweisung des § 253 Abs. 2 HGB und dem Stichtagsprinzip. Allerdings steht die Bewertungsanweisung des § 253 Abs. 2 HGB unter dem Vorbehalt der Vereinbarkeit mit den übergeordneten Grundsätzen ordnungsmäßiger Buchführung. Dazu gehören sowohl das Vollständigkeitsgebot des § 246 Abs. 1 HGB als auch das Auflösungsverbot des § 249 Abs. 2 Satz 2 HGB. Sie schränken – wie das Höchstwertprinzip bei Verbindlichkeiten aus Rentenschulden (vgl. hierzu Abschnitt 5, Gliederungspunkt 2.2) – die Bewertungsanweisungen des § 253 HGB ein.

Im Ergebnis ist damit für das Geschäftsjahr 2010 ein Aufwand aus der Amortisation des Übergangssaldos von 10.000 EUR zu erfassen. Der rechnerische Ertrag aus dem Zinsanstieg bleibt unberücksichtigt. Die Pensionsrückstellung beläuft sich zum 31.12.2010 auf 93.000 EUR.

Die vorstehenden Erwägungen gelten sinngemäß, wenn die reguläre Fortschreibung der Pensionsrückstellung per Saldo eine Teilauflösung erfordern würde. Dazu sei das Beispiel 2 wie folgt modifiziert:

Beispiel 3

Abweichend von den Ausgangsdaten des Beispiels 2 sei angenommen, die Pensionsberechtigten setzten sich aus aktiven Mitarbeitern und Rentnern zusammen. Zum 31.12.2010 ergeben sich folgende Veränderungen der Altersversorgungsverpflichtung:

- neu erworbene Anwartschaften der Pensionsberechtigten: 15 TEUR
- Barwertveränderung: – 20 TEUR
- Pensionszahlungen: 17 TEUR

Der vorläufige Aufwand aus der Fortentwicklung der Pensionsrückstellung für das Geschäftsjahr 2010 beträgt wiederum 5.000 EUR. Er setzt sich wie folgt zusammen (Angaben in EUR):

Sachverhalt	Betrag	Ausweis GuV
Neu begründete Anwartschaften	15.000	Personalaufwand
Barwertveränderung	-20.000	Sonstige Zinsen und ähnliche Erträge
Mindestamortisation des Übergangssaldos	10.000	Außerordentliche Aufwendungen
Summe (vorläufig)	5.000	

Unter Berücksichtigung dieses Aufwands und der Inanspruchnahme beläuft sich die Pensionsrückstellung zum 31.12.2010 wie in Beispiel 2 vorläufig auf 88.000 EUR.

---

[417] Vgl. Thaut, WPg 2009, S. 725.

Auch diese Bewertung ist mit der Vorschrift des § 249 Abs. 2 Satz 2 HGB nicht zu vereinbaren. Die Barwertveränderung von -20.000 EUR infolge des Zinsanstiegs darf erneut keine Berücksichtigung finden. Die Rückstellung ist dementsprechend zum 31.12.2010 mit 108.000 EUR anzusetzen. Eine Verrechnung des regulären Auflösungsbetrags mit dem regulären Zuführungsbetrag für die neu entstandenen Anwartschaften scheidet aus. Das gilt jedenfalls dann, wenn sich die zinsinduzierte Barwertveränderung in voller Höhe auf den am 1.1.2010 passivierten Betrag bezieht.

Unter dieser Annahme stellt sich die zutreffende Aufwandserfassung für das Geschäftsjahr 2010 wie folgt dar (Angaben in EUR):

Sachverhalt	Betrag	Ausweis GuV
Neu begründete Anwartschaften	15.000	Personalaufwand
Barwertveränderung	0	Sonstige Zinsen und ähnliche Erträge
Mindestamortisation des Übergangssaldos	10.000	Außerordentliche Aufwendungen
Summe	25.000	

Das ergibt die folgende Rückstellungsentwicklung vom 1.1.2010 auf den 31.12.2010 (Angaben in EUR):

Rückstellungsentwicklung	Betrag
Stand 1.1.2010	100.000
Reguläre Zuführung	15.000
Amortisation des Übergangssaldos	10.000
Inanspruchnahme	-17.000
Summe	108.000

Eine negative Barwertveränderung, d. h., eine Verringerung der Rückstellung aufgrund einer Änderung des Zinssatzes oder von anderen versicherungsmathematischen Annahmen, darf folglich solange nicht berücksichtigt werden, wie noch ein nicht verrechneter Unterschiedsbetrag nach Art. 67 Abs. 1 Satz 1 EGHGB besteht.

Sollte sich die Rückstellung durch die neuen Bewertungsregeln vermindern, darf nach Art. 67 Abs. 1 Satz 2 EGHGB der **höhere Betrag** weiterhin zum Ansatz gelangen, soweit in den folgenden Geschäftsjahren bis spätestens zum 31.12.2024 Zuführungen in der Höhe der Auflösung erforderlich sind. Der Betrag der Überdeckung ist nach Art. 67 Abs. 1 Satz 4 EGHGB im Anhang anzugeben. Eine Konkretisierung, unter welchen Umständen zukünftig mit einer Zuführung zu rechnen ist, erweist sich als schwierig. Wird von diesem Beibehaltungswahlrecht kein Gebrauch gemacht, ist gemäß Art. 67 Abs. 1 Satz 3 EGHGB die Differenz aus der durch die neuen Bewertungsvorschriften verursachten verminderten Rückstellungsbewertung unmittelbar in die Gewinnrücklagen einzustellen. Die **erfolgsneutrale Auflösung** der Rückstellung verletzt das Kongruenzprinzip, da die Summe der Periodenerfolge nicht mehr mit dem Totalerfolg des bilanzierenden Unternehmens übereinstimmt, der der Gesamtsumme der Zahlungsüberschüsse entspricht. Durch die Durchbrechung dieses Prinzips wird jedoch ein periodengerechter Ausweis der Aufwendungen erreicht. Würde auf eine Auflösung verzichtet, würde in den nächsten Perioden ein zu geringer Personal- und Zinsaufwand gezeigt. Bei Abwägung zwischen periodengerechter Aufwandszuordnung und Einhaltung des Kongruenzprinzips ist Ersterem der Vorzug einzuräumen. Das Kongruenzprinzip ist kein tragendes Prinzip der handelsrechtlichen Rechnungslegung. Es ist bereits in der Vergangenheit bei Bilanzrechtsreformen durchbrochen worden.

Im Licht einer periodengerechten Aufwandszuordnung betrachtet, wäre es wünschenswert gewesen, wenn das Wahlrecht zur Verrechnung des Unterschiedsbetrags mit den Gewinnrücklagen dem Bilanzierenden nicht nur für den Fall der Auflösung, sondern auch für den umgekehrten Fall einer Zuführung eingeräumt worden wäre. Die sofortige erfolgsneutrale Rückstellungsaufstockung hätte nicht nur in Bezug auf eine periodengerechte Aufwandszuordnung, sondern insbesondere auch im Hinblick auf einen vollständigen Schuldenausweis einen Anreiz geboten, die Pensionsverpflichtungen unmittelbar in voller Höhe anzusetzen. Dies hätte zudem dem postulierten Ziel einer „Steigerung der Akzeptanz des handelsrechtlichen Jahresabschlusses im internationalen Umfeld" (BT-Drucks. 16/10067, S. 55) gedient. Jetzt muss bis zum Jahr 2024 gewartet werden, damit das Ziel erreicht wird.

Nicht unmittelbar erkennbar ist, ob sich der zu verrechnende Unterschiedsbetrag aus dem Übergang auf die neuen Bewertungsregeln aus der Summe der Unterschiedsbeträge der einzelnen Versorgungsverpflichtungen ergibt (**Pauschalverfahren**), oder ob die Verrechnung der einzelnen Unterschiedsbeträge individuell vorzunehmen ist (**Individualverfahren**).[418] Für das Pauschalverfahren spricht möglicherweise der Wortlaut des Art. 67 Abs. 1 Satz 1 EGHGB.[419] Dieser spricht von „einer Zuführung zu den Rückstellungen". Für die Anwendung des Individualverfahrens spricht vor allem der Einzelbewertungsgrundsatz. Das einzige Indiz, das auf eine Nichtanwendbarkeit des ansonsten zentralen Grundsatzes hindeutet, ist der Wortlaut des Art. 67 Abs. 1 Satz 1 EGHGB. Gegen eine Verrechnung des Übergangsbetrags nach dem Pauschalverfahren spricht aber vor allem der Umstand, dass der Übergangsbetrag nicht das Schicksal der zugrunde liegenden Verpflichtungen teilt. Ihm käme beim Pauschalwertverfahren eine eigenständige Bedeutung zu. Der Unterschiedsbetrag wäre selbst dann weiterhin in gleicher Höhe zu verrechnen, wenn beispielsweise eine Verpflichtung ohne Leistungspflicht wegen **Todes** verfällt oder Verpflichtungen aufgrund einer **Veräußerung** oder **Stilllegung** eines Teilbetriebs untergehen. Die Pensionsrückstellungen würden damit (Übergangs-)Beträge beinhalten, die zu keiner Verpflichtung mehr korrespondieren. Im Extremfall könnte es sogar dazu kommen, dass der jährliche Anpassungsbetrag nach § 253 HGB höher ist als die bilanzierte Rückstellung. Um dies oder die Verrechnung von „Phantomwerten" zu vermeiden, ist die Verrechnung der Unter-

---

[418] Ausführlich zu den Auswirkungen des Individual- und des Pauschalverfahrens Thaut, WPg 2009, S. 729 ff.
[419] Für die Anwendung des Pauschalwertfahrens spricht sich auch das IDW aus; vgl. IDW RS HFA 28, Tz. 42.

schiedsbeträge individuell vorzunehmen,[420] d. h., entfällt eine Verpflichtung, verfällt auch der entsprechende noch zu verrechnende Übergangsbetrag. Dieses Ergebnis stimmt mit der Situation überein, wenn zum Umstellungszeitpunkt die Rückstellung in voller Höhe angesetzt worden wäre. Dann wäre bei einem Entfall der Verpflichtung auch der seinerzeit verrechnete Übergangsbetrag aufzulösen. Selbiges gilt beim **Ausscheiden** von Pensionsberechtigten, bevor ihre Ansprüche unverfallbar geworden sind oder bei der **Übertragung** von Ansprüchen auf einen Pensionsfonds oder eine Unterstützungskasse. Bei Anwendung des Individualverfahrens ist das Stetigkeitsgebot jedoch dahingehend zu beachten, dass die individuellen Unterschiedsbeträge nicht über verschiedene Zeiträume verrechnet werden dürfen. Allenfalls für unterschiedliche Pensionspläne bzw. Versorgungsordnungen scheint eine Differenzierung vertretbar. Aus Gründen der Praktikabilität scheint insbesondere bei größeren Personalbeständen jedoch eine Verrechnung nach der Pauschalwertmethode akzeptabel. Sollten in größerem Umfang Pensionsberechtigte ausscheiden, ist eine entsprechende näherungsweise Anpassung des Unterschiedsbetrags erforderlich.

Tritt der **Versorgungsfall vor Einreichen des Pensionsalters** beispielsweise durch Tod oder Invalidität ein, ist ein noch bestehender nicht verrechneter Anpassungsbetrag beizubehalten und weiterhin über den verbleibenden Übergangszeitraum zu verrechnen.[421] Durch den vorzeitigen Eintritt des Versorgungsfalls erlischt die bislang bewertete Pensionsverpflichtung nicht. Das Risiko des Eintritts eines vorzeitigen Versorgungsfalls ist durch die bestehende Pensionszusage gedeckt. Es verändert sich lediglich die Rückstellungsbewertung, da keine weiteren Ansprüche mehr hinzuverdient werden können.

Die Übergangsregelung gilt nur für Verpflichtungen, die bereits bislang bilanziert wurden. Die **Übergangsregelung** kann nicht für den Ansatz von Verpflichtungen, die aufgrund des Passivierungswahlrechts des **Art. 28 Abs. 1 EGHGB** bisher nicht bilanziert wurden, „missbraucht" werden, indem mit Übergang auf die neuen Bewertungsregelungen diese Verpflichtungen nunmehr bilanziert werden und die Rückstellungszuführung über den Übergangszeitraum verteilt wird.[422]

Vorjahresangaben sind bei der erstmaligen Anwendung der geänderten Vorschriften nach Art. 67 Abs. 8 Satz 2 EGHGB generell nicht zu machen. Unter dem Aspekt der Informationsfunktion bietet sich jedoch die gesonderte Angabe der Bewertungseffekte aus der erstmaligen Anwendung der Bewertungsvorschriften an.

Die Übergangsregelung gilt nicht für die Pensionsverpflichtungen, die in Ausübung des Wahlrechts nach Art. 28 Abs. 1 EGHGB nicht passiviert werden. Der nach Art. 28 Abs. 2 EGHGB anzugebende Fehlbetrag ist für diese Verpflichtungen im Jahr der Erstanwendung nach den Bewertungsregelungen des § 253 HGB zu ermitteln. Eine Verteilungsmöglichkeit des Anpassungsbetrags aus der Erstanwendung gemäß Art. 67 Abs. 1 EGHGB besteht nicht. Die Vorschrift des Art. 67 Abs. 1 EGHGB dient dazu, ei-

---

[420] Vgl. auch Höfer, WPg 2009, S. 904 f.; Höfer/Rhiel/Veit, DB 2009, S. 1611; Thaut, WPg 2009, S. 725.
[421] Vgl. Thaut, WPg 2009, S. 725; wohl a. A. Höfer, WPg 2009, S. 905 f.
[422] Wohl a. A. Höfer, WPg 2009, S. 904.

nen aus der Erstanwendung resultierenden Mehraufwand über einen längeren Zeitraum verteilen zu können. Da die Bewertungsanpassung bezogen auf nicht passivierte Verbindlichkeiten zu keinem Mehraufwand führt, bedarf es keiner solchen Übergangsvorschrift. Eine analoge Anwendung des Art. 67 Abs. 1 EGHGB ergibt auch dahingehend keinen Sinn, da ansonsten nach Art. 67 Abs. 2 EGHGB der Fehlbetrag des nach Art. 28 Abs. 2 EGHGB anzugebenden Fehlbetrags im Anhang anzugeben wäre.

Aus Sicht der Bilanzierenden sind die Regeln für den Übergang auf die geänderten Bewertungsvorschriften für Pensionsverpflichtungen zu begrüßen. In Anbetracht der Zielsetzung der Schaffung einer gleichwertigen Alternative zu IFRS (vgl. BT-Drucks. 16/10067, S. 32) sind sie als zu großzügig zu beurteilen. So wird – unter Außerachtlassung der Ansatzwahlrechte für mittelbare Pensionsverpflichtungen – die Zielsetzung, im Bereich der Pensionsbilanzierung eine „Annäherung an die internationalen Rechnungslegungsgrundsätze" (BT-Drucks. 16/10067, S. 55) zu erreichen, erst im Jahr 2024 verwirklicht.

Abb. 90 fasst die Regelungen zur Erstanwendung der geänderten Bewertungsvorschriften für Pensionsverpflichtungen zusammen. Die Auswirkungen auf die steuerliche Gewinnermittlung und die Bildung latenter Steuern werden im nachfolgenden Abschnitt näher erläutert.

Übergang auf die Pensionsbewertung nach BilMoG		
Erstmalige Anwendung	Übergang	Steuerliche Folgen
• Obligatorisch: Jahres- und Konzernabschlüsse für nach dem 31.12.2009 beginnende Geschäftsjahre • Optional: Jahres- und Konzernabschlüsse für nach dem 31.12.2008 beginnende Geschäftsjahre (nur im Verbund mit allen übrigen vorzeitig anwendbaren Vorschriften) Art. 66 Abs. 3 EGHGB	• Nachzuholende Rückstellungszuführungen dürfen in jährlichen Raten von mindestens 1/15tel bis zum 31.12.2024 angesammelt werden; gesonderter Ausweis der Zuführungen im Posten ‚außerordentliche Aufwendungen' • Sind Rückstellungen für Pensionen oder Anwartschaften auf Pensionen überdotiert, besteht ein Wahlrecht: » Beibehalten des Wertansatzes, soweit der aufzulösende Betrag bis spätestens zum 31.12.2024 wieder zuzuführen wäre » Erfolgsneutrale Einstellung des aus der Auflösung resultierenden Betrags in die Gewinnrücklagen Art. 67 Abs. 1 Sätze 1-3 EGHGB • Angabe der nicht in der Bilanz ausgewiesenen Rückstellungen im Anhang Art. 67 Abs. 2 EGHGB • Angabe des Betrags der Überdeckung im Anhang Art. 67 Abs. 1 Satz 4 EGHGB • Große und mittelgroße KapG haben die Bildung latenter Steuern wegen temporärer Bewertungsunterschiede zur Steuerbilanz zu prüfen	• Keine unmittelbaren Auswirkungen • Die Bewertung erfolgt losgelöst von der Handelsbilanz nach § 6a EStG

Abb. 90: Übergang auf die neuen Bewertungsvorschriften für Pensionsverpflichtungen

2.3.3.8 Auswirkungen auf die steuerliche Gewinnermittlung und die Erfassung latenter Steuern

Die dargestellten Neuerungen der handelsrechtlichen Bewertungsvorschriften für Pensionsverpflichtungen tangieren aufgrund des steuerlichen Bewertungsvorbehalts gemäß § 5 Abs. 6 i. V. m. § 6a EStG die **steuerliche Gewinnermittlung** nicht. Dem Anspruch, die aktuelle Bilanzrechtsreform steuerneutral zu gestalten (vgl. BT-Drucks. 16/10067, S. 41), ist insoweit Genüge getan. Die in mittelständischen und kleinen Betrieben übliche Einheitsbilanz ist auf dem Gebiet der Pensionsverpflichtungen jedoch nicht mehr darstellbar.[423] Da sich die neuen handelsrechtlichen Bewertungsvorgaben deutlich von jenen des § 6a EStG distanzieren, sind die Bilanzierenden mithin gezwungen, zwei Gutachten zur Berechnung der Rückstellungshöhe einzuholen. Da auch IFRS-Bilanzierer weiterhin die HGB-Pensionsrückstellung bspw. zur

---
[423] Vgl. Erchinger/Wendholt, DB 2008, Beilage 1, S. 6; Herzig, DB 2008, S. 10.

Ausschüttungsbemessung errechnen müssen, sind auch sie von den Änderungen betroffen. In diesem Fall sind drei Gutachten zu erstellen.[424] Ob daher, wie Lühn resümiert, gerade für nicht kapitalmarktorientierte Unternehmen erhebliche Mehrkosten entstehen, wird sich zeigen.[425] Zumindest dürften die Mehrkosten für nicht kapitalmarktorientierte Unternehmen höher sein als für kapitalmarktorientierte, da Letztere bereits heute Gutachten unter Berücksichtigung von zukünftigen Gehalts- und Kostensteigerungen rechnen lassen. Bei ihnen muss – wie in der Regierungsbegründung dargelegt – lediglich „der finanzmathematische Vorgang der Abzinsung mit zwei unterschiedlichen Zinssätzen vorgenommen werden" (vgl. BT-Drucks. 16/10067, S. 56).

Für die steuerbilanzielle Abbildung der betrieblichen Altersversorgung ergeben sich im Wesentlichen zwei Neuerungen. Zum einen bewirkt § 5 Abs. 1a Satz 1 EStG nunmehr, dass Posten der Aktivseite nicht mit Posten der Passivseite verrechnet werden dürfen. Ein Nettoausweis durch Saldierung der Vermögensgegenstände und Schulden ist durch die steuerliche Geltung des Einzelbewertungsgrundsatzes grundsätzlich ausgeschlossen. Zudem stellt § 6 Abs. 1 Nr. 3a Buchstabe f EStG die bisherige Auslegung des Stichtagsprinzips durch den BFH auch weiterhin sicher.[426] Während handelsrechtlich künftige Preis- und Kostensteigerungen bei der Rückstellungsbemessung zwingend zu berücksichtigen sind, bleibt dies steuerrechtlich verboten.

Eine Übernahme des Wertmaßstabs des beizulegenden Zeitwerts für Deckungsvermögen scheitert grundsätzlich an § 6 Abs. 1 Nr. 1 und 2 EStG, da dieser die Bewertung auf die Anschaffungs- oder Herstellungskosten beschränkt (vgl. auch BT-Drucks. 16/10067, S. 99). Die einzige branchenspezifische Ausnahme besteht gemäß § 6 Abs. 1 Nr. 2b EStG für Steuerpflichtige, die in den Anwendungsbereich des § 340 HGB fallen.

Das Festhalten an der bisherigen steuerlichen Gesetzgebung dürfte fiskalische Gründe haben. Schließlich würden nach Angabe des Bundesministeriums der Finanzen aus der bilanziellen Erfassung künftiger Lohn- und Gehaltssteigerungen geschätzte Steuerausfälle von 15 Mrd. EUR resultieren. Allerdings erscheinen bei einem angenommenen Volumen der von deutschen Unternehmen passivierten Pensionsrückstellungen in Höhe von etwa 250 Mrd. EUR die von den Finanzbehörden angegebenen Steuerausfälle von 15 Mrd. EUR eher noch als zu niedrig geschätzt.[427] Aus Gründen der Besteuerung nach der Leistungsfähigkeit sind die steuerlichen Vorschriften dennoch zu kritisieren.[428]

Die abweichenden steuerlichen Bewertungsvorschriften führen zu Differenzen zwischen der Handels- und der Steuerbilanz. Große und mittelgroße Kapitalgesellschaften und ihnen gleichgestellte Personenhandelsgesellschaften müssen daher die Bildung latenter Steuern in Betracht ziehen. Zur Bedeutung der temporären Differenzen

---

[424] So auch Lorson, Accounting 3/2008, S. 4.
[425] Vgl. Lühn, StuB 2007, S. 931.
[426] Vgl. BFH-Urt. v. 3.12.1991, VIII R 88/87, BStBl. II 1993, S. 89.
[427] Vgl. Borcherding/Lucius, Börsenzeitung vom 5.3.2008.
[428] Vgl. Küting/Kessler/Keßler, WPg 2008, S. 495 m. w. N.

für kleine Kapitalgesellschaften, die von der Befreiung des § 274a Nr. 5 HGB Gebrauch machen, und für Nichtkapitalgesellschaften vgl. Abschnitt 8, Gliederungspunkt 3.3.4.

In aller Regel wird der handelsrechtliche Wertansatz der Pensionsrückstellungen den steuerlichen regelmäßig überschreiten. Da gemäß § 274 Abs. 1 Satz 2 HGB das Wahlrecht zum Ansatz von aktiven **latenten Steuern** – entgegen dem ursprünglichen Gesetzentwurf – fortbesteht, hängt die Bildung von latenten Steuern auf die Bewertungsdifferenzen von der Ausübung dieses Wahlrechts im Rahmen der Gesamtdifferenzenbetrachtung durch den Bilanzierenden ab. Im Allgemeinen wird vom Ansatz aktiver latenter Steuern abgesehen.

Verpflichtend ist weiterhin nur der Ansatz eines Überhangs an passiven latenten Steuern. Dass der steuerliche Wertansatz den handelsrechtlichen übersteigt und es damit zum Ansatz von passiven latenten Steuern kommt, ist nur in sehr seltenen Ausnahmefällen denkbar. Zum Ansatz von passiven latenten Steuern kann es jedoch in Bezug auf Bewertungsdifferenzen beim Deckungsvermögen kommen. Steuerlich bilden die Anschaffungskosten die Wertobergrenze, während nach handelsrechtlichen Grundsätzen eine Bewertung zum beizulegenden Zeitwert erfolgt. Im Fall eines die Anschaffungskosten übersteigenden beizulegenden Zeitwerts entstehen passive latente Steuern.

2.3.4 Verpflichtungen aus Altersteilzeit

Bei der Bewertung von Altersteilzeitverpflichtungen haben sich keine wesentlichen Änderungen ergeben. Auswirkungen ergeben sich zum einen aus der Normierung des **Zinssatzes** sowie zum anderen aus der Behandlung der **Absicherung** des sich beim Blockmodell ergebenden Erfüllungsrückstands.

Der Arbeitgeber hat gemäß § 8a AltTZG den beim Blockmodell entstehenden Erfüllungsrückstand gegen das Risiko seiner **Zahlungsunfähigkeit** abzusichern, sobald abzusehen ist, dass das Guthaben das dreifache Regelarbeitsentgelt einschließlich des Arbeitgeberanteils am Sozialversicherungsbeitrag übersteigen wird. Die **Insolvenzsicherung** kann über Bankbürgschaften, Verpfändung von Wertpapieren oder bestimmte Versicherungsmodelle erreicht werden. Da die Altersteilzeitverpflichtungen zu den Altersversorgungsverpflichtungen zählen, sind die der Insolvenzsicherung dienenden Vermögensgegenstände gemäß § 246 Abs. 2 Satz 2 HGB mit der Rückstellung zu saldieren. Die Voraussetzungen für eine Saldierung sind schon aufgrund der Anforderungen von § 8a AltTZG gegeben. Die Ausführungen zur Bewertung von Deckungsvermögen gelten sinngemäß (vgl. Gliederungspunkt 2.3.3.4.).

Für die Bilanzierung von Altersteilzeitverpflichtungen gelten die allgemeinen **Übergangsregelungen**; d. h., der Wertansatz ist entsprechend den neuen Bewertungsvorschriften anzupassen. In Ermangelung einer speziellen Übergangsregelung ist der Effekt aus der Erstanwendung gesondert unter den Posten „außerordentliche Aufwendungen" bzw. „außerordentliche Erträge" auszuweisen; d. h. die Bewertungsdifferenz zwischen dem Wertansatz in dem Abschluss, der letztmalig nach dem HGB in alter Fassung erstellt wurde (31.12.2009), und dem Wertansatz in der Eröffnungsbilanz des Folgejahres (1.1.2010), die nach den neuen Bewertungsnormen zu erstellen ist.

2.3.5 Flankierende Regelungen

Die folgenden Ausweis- und Erläuterungsvorschriften flankieren die neu gefassten Bewertungsvorschriften für Pensionsverpflichtungen:

- Nach § 277 Abs. 5 Satz 1 HGB ist der Aufwand aus der Aufzinsung von Rückstellungen unter den Zinsaufwendungen zu zeigen. Bislang konnte die gesamte Zuführung zu den Pensionsrückstellungen in den Personalaufwendungen bzw. in den Funktionskosten gezeigt werden.
- Nach § 285 Satz 1 Nr. 24 HGB sind das angewandte versicherungsmathematische Bewertungsverfahren sowie die Bewertungsparameter (Zinssatz, erwartete Lohn- und Rententrends usw.) anzugeben. Der Bilanzierende hat ebenfalls darzulegen, warum er sich für das gewählte Verfahren entschieden hat.
- Nach § 285 Nr. 25 HGB sind im Fall der Verrechnung nach § 246 Abs. 2 Satz 2 HGB die Anschaffungskosten und der beizulegende Zeitwert der verrechneten Vermögensgegenstände, der Erfüllungsbetrag der verrechneten Schulden sowie die verrechneten Aufwendungen und Erträge anzugeben. Zusätzlich sind unter Verweis auf § 285 Nr. 20a HGB die grundlegenden Annahmen zur Bestimmung des beizulegenden Zeitwerts des Deckungsvermögens darzulegen.
- Nach § 285 Nr. 28 HGB ist der gemäß § 268 Abs. 8 HGB ausschüttungsgesperrte Betrag in seine Ursachen aufzugliedern.
- Nach Art. 67 Abs. 2 EGHGB ist der Fehlbetrag aus der Übergangsregelung anzugeben.

3 Ausweis

3.1 Bilanz

Beim Ausweis von Rückstellungen in der Bilanz führt das BilMoG nur zu einer Änderung. Während **passive latente Steuern** nach § 274 Abs. 1 Satz 1 HGB a. F. unter den Rückstellungen zu erfassen sind, sieht der neu gefasste § 274 Abs. 1 Satz 1 HGB ihren Ausweis unter einem gesonderten Posten auf der Passivseite vor (vgl. § 266 Abs. 3 E. HGB). Damit reduziert sich der Inhalt des Postens Steuerrückstellungen gemäß § 266 Abs. 3 B. 2 HGB auf die echten ungewissen Steuerschulden des Unternehmens.

Dem steht der Hinweis in der Regierungsbegründung zum BilMoG nicht entgegen, kleine Kapitalgesellschaften, die die Befreiung des § 274a Nr. 5 HGB in Anspruch nehmen, seien verpflichtet, „passive latente Steuern zu ermitteln [...], wenn gleichzeitig die Tatbestandsvoraussetzungen für den Ansatz einer Rückstellung gemäß § 249

Abs. 1 Satz 1 HGB vorliegen" (BT-Drucks. 16/10067, S. 68).[429] Soweit zu versteuernde temporäre Differenzen eine rückstellungspflichtige Verbindlichkeit begründen, liegt aus Sicht der betreffenden Unternehmen eine echte Steuerschuld vor (vgl. näher hierzu Abschnitt 8, Gliederungspunkt 3.3.4).

Die Ausweisänderung betrifft Jahres- und Konzernabschlüsse für Geschäftsjahre, die nach dem **31.12.2009** bzw. – bei vorzeitigem Übergang auf die Vorschriften des BilMoG – nach dem **31.12.2008** beginnen (vgl. Art. 66 Abs. 3 EGHGB). Eine etwaige Ausweisänderung bedarf keiner Erläuterung im Anhang. § 265 Abs. 1 HGB gilt für die Erstanwendung der Vorschriften des BilMoG nicht (vgl. Art. 67 Abs. 8 EGHGB).

3.2 Gewinn- und Verlustrechnung

Neben einer geänderten Bewertung von ungewissen Verbindlichkeiten sieht das BilMoG neue Vorschriften für die Darstellung von Rückstellungsbewegungen in der Gewinn- und Verlustrechnung vor. Gemäß § 277 Abs. 5 HGB sind die Effekte aus der **Abzinsung** von Rückstellungen gesondert im Finanzergebnis unter den Posten „Sonstige Zinsen und ähnliche Erträge" (§ 275 Abs. 2 Nr. 11, Abs. 3 Nr. 10 HGB) bzw. „Zinsen und ähnliche Aufwendungen" (§ 275 Abs. 2 Nr. 13, Abs. 3 Nr. 12 HGB) auszuweisen. Diese Anweisung soll einen konsistenten Ausweis der aus der Abzinsung resultierenden Beträge in der Gewinn- und Verlustrechnung gewährleisten (vgl. BT-Drucks. 16/10067, S. 55) und damit den Bedürfnissen der Abschlussanalyse Rechnung tragen. Die mit dem Sonderausweis der Abzinsungseffekte angestrebte klare Trennung von Betriebs- und Finanzergebnis ist nicht zuletzt mit Blick auf die Prognose des nachhaltigen operativen Ergebnisses von hoher Bedeutung.

Aus der Formulierung in § 277 Abs. 5 Satz 1 HGB geht nicht klar hervor, ob sich der Begriff ‚gesondert' lediglich auf den Ausweis der Zinseffekte getrennt von den im Betriebsergebnis auszuweisenden Erfolgen aus der Rückstellungsbewertung im Finanzergebnis oder auf den Ausweis der Zinsaufwendungen und -erträge in den betreffenden Posten der Gewinn- und Verlustrechnung bezieht. Letzterer Interpretation ist zu folgen.[430] Käme es dem Gesetzgeber nur auf den gesonderten Ausweis von operativem Rückstellungsaufwand bzw. -ertrag und Zinseffekt an, wäre die zweifache Erwähnung des Begriffs ‚gesondert' entbehrlich gewesen.

Für den Sonderausweis der Zinseffekte bietet sich ein **Davon-Vermerk** zu den Posten ‚Sonstige Zinsen und ähnliche Erträge' bzw. ‚Zinsen und ähnliche Aufwendungen' an. Alternativ erscheint es auch ohne explizite Nennung im Gesetz zulässig, die Diskontierungseffekte aus der Rückstellungsbewertung im Anhang anzugeben.

Sowohl der Gesetzeswortlaut als auch die Regierungsbegründung lassen den Rechtsanwender im Unklaren darüber, was unter **Erträgen und Aufwendungen aus der**

---

[429] Vgl. hierzu auch IDW ERS HFA 27, IDW-FN 2009, S. 337, Tz. 19 f.
[430] So auch Hoffmann/Lüdenbach: NWB Kommentar Bilanzierung, Herne 2009, § 277 HGB, Rz. 57; Förschle, in: Ellrott u. a. (Hrsg.): Beck'scher Bilanz-Kommentar, 7. Aufl., München 2010, § 277, Anm. 26.

Abschnitt 4: Bilanzierung der Rückstellungen

Abzinsung genau zu verstehen ist. Drei Interpretationen erscheinen denkbar: Mit dem gesondert auszuweisenden Zinseffekt könnte erstens die Differenz zwischen dem nominellen, unter Vernachlässigung einer (finanzmathematischen) Abzinsung ermittelten Aufwand oder Ertrag aus der Rückstellungsfortschreibung und dem in der Gewinn- und Verlustrechnung tatsächlich zu erfassenden Aufwand oder Ertrag gemeint sein (Bruttomethode). Nach einer zweiten Auslegung wäre nur die aus dem Barwertansatz resultierende Veränderung des zum vorhergehenden Stichtag ermittelten Rückstellungsansatzes im Finanzergebnis auszuweisen (Nettomethode). Aus Praktikabilitätserwägungen könnte schließlich als dritte Variante in Betracht gezogen werden, lediglich den jährlichen Aufzinsungseffekt ohne die Auswirkungen aus der Anpassung des Diskontierungssatzes im Zinsergebnis zu erfassen (Vereinfachungslösung). Die Unterschiede zwischen den **drei Verfahrensweisen** erläutert das nachstehende Beispiel.

Beispiel

Sachverhalt:

Es gelten die Ausgangsdaten des obigen Beispiels zur Rückstellungsbewertung (vgl. Gliederungspunkt 2.2.5). Für die Verpflichtung zum Rückbau der in angemieteten Büroräumen vorgenommenen Umbauten bildet die B AG eine Entfernungsrückstellung, die sie nach den Bewertungsvorschriften des BilMoG bewertet. Der erwartete Rückstellungsverlauf ist in Abb. 91 dargestellt (Angaben in TEUR):

Stichtag	Erwarteter Erfüllungsbetrag	Zinssatz lt. Bundesbank	Barwert des Erfüllungsbetrags	Rückbaurückstellung		
				Stand 1.1.	Zuführung	Stand 31.12.
31.12.2010	261,0	6,0 %	154,5	0,0	15,4	15,4
31.12.2011	261,0	6,1 %	162,5	15,4	17,1	32,5
31.12.2012	261,0	6,5 %	167,9	32,5	17,9	50,4
31.12.2013	261,0	6,1 %	182,9	50,4	22,8	73,2
31.12.2014	261,0	6,3 %	192,3	73,2	23,0	96,1
31.12.2015	261,0	6,4 %	203,6	96,1	26,0	122,2
31.12.2016	261,0	5,6 %	221,6	122,2	33,0	155,1
31.12.2017	261,0	5,5 %	234,5	155,1	32,4	187,6
31.12.2018	261,0	4,5 %	249,7	187,6	37,2	224,7
31.12.2019	261,0	-	261,0	224,7	36,2	261,0

Abb. 91: Entwicklung der Entfernungsrückstellung (Fallbeispiel)

Fraglich ist, wie der jährliche Aufwand aus der Aufstockung der Verteilungsrückstellung in der Gewinn- und Verlustrechnung darzustellen ist.

Beurteilung:

Nach § 277 Abs. 2 Satz 4 HGB sind Erträge und Aufwendungen aus der Abzinsung in der Gewinn- und Verlustrechnung gesondert unter den Posten ‚Sonstige Zinsen und ähnliche Erträge' bzw. ‚Zinsen und ähnliche Aufwendungen' auszuweisen. Das erfordert eine Zerlegung des Zuführungsbetrags in den operativen Aufwand des Geschäftsjahrs und den Zinseffekt.

Nach der oben skizzierten Bruttomethode hat die B AG – wie nach bisherigem Recht – einen operativen Aufwand für den Rückbau der Umbauten in Höhe von 261 TEUR zu erfassen. Das entspricht verteilt über den Ansammlungszeitraum einem jährlichen Aufwand von 26,1 TEUR (vgl. Abb. 92). Soweit die tatsächliche Aufstockung der Rückstellung in den einzelnen Geschäftsjahren davon abweicht, hat die B AG einen Zinsertrag (Geschäftsjahre X1 bis X6) bzw. einen Zinsaufwand (Geschäftsjahre X7 bis X10) zu erfassen. Diese Darstellung eliminiert den Einfluss der Abzinsung vollständig aus dem Betriebsergebnis (Angaben in TEUR):

Stichtag	Nomineller Erfüllungs-betrag	Operativer Aufwand	Barwert der Rückstellungs-zuführung	Zinsertrag	Zinsaufwand
31.12.2010	261,0	26,1	15,4	10,6	0,0
31.12.2011	261,0	26,1	17,1	9,0	0,0
31.12.2012	261,0	26,1	17,9	8,2	0,0
31.12.2013	261,0	26,1	22,8	3,3	0,0
31.12.2014	261,0	26,1	23,0	3,1	0,0
31.12.2015	261,0	26,1	26,0	0,1	0,0
31.12.2016	261,0	26,1	33,0	0,0	-6,9
31.12.2017	261,0	26,1	32,4	0,0	-6,3
31.12.2018	261,0	26,1	37,2	0,0	-11,1
31.12.2019	261,0	26,1	36,2	0,0	-10,1
Summe	-	261,0	261,0	34,4	-34,4

Abb. 92: Aufteilung der Rückstellungszuführung in operativen Aufwand und Zinsergebnis nach Interpretation 1 (Fallbeispiel)

Nach der Nettomethode ist als operativer Aufwand des Geschäftsjahrs jeweils der der Rückstellung zuzuführende anteilige Erfüllungsbetrag auszuweisen (vgl. Abb. 93). Das ist im Beispiel 1/10 des zum jeweiligen Abschlussstichtag ermittelten Barwerts des Erfüllungsbetrags (Spalte 7 in Abb. 93). Die Differenz zum Buchwert der Rückstellung stellt den im Finanzergebnis zu erfassenden Ertrag bzw. Aufwand aus der Abzinsung dar. Er setzt sich aus zwei Komponenten zusammen: dem Aufwand aus der Aufzinsung des zum Ende des Vorjahrs ermittelten Rückstellungsbetrags (Spalte 4 in Abb. 93) und dem Aufwand bzw. Ertrag aus der Anpassung des Zinssatzes (Spalte 5 in Abb. 93) (Angaben in TEUR):

Abschnitt 4: Bilanzierung der Rückstellungen

Stichtag	Rückstellungs-zuführung insgesamt	Buchwert Stand 31.12.	Ertrag / Aufwand aus Abzinsung			operativer Aufwand
			Aufzinsung	Zinsänderung	Summe	
31.12.2010	15,4	15,4	0,0	0,0	0,0	15,4
31.12.2011	17,1	32,5	0,9	-0,1	0,8	16,2
31.12.2012	17,9	50,4	2,0	-0,9	1,1	16,8
31.12.2013	22,8	73,2	3,3	1,2	4,5	18,3
31.12.2014	23,0	96,1	4,5	-0,7	3,7	19,2
31.12.2015	26,0	122,2	6,1	-0,4	5,7	20,4
31.12.2016	33,0	155,1	7,8	3,0	10,8	22,2
31.12.2017	32,4	187,6	8,7	0,3	9,0	23,4
31.12.2018	37,2	224,7	10,3	1,9	12,2	25,0
31.12.2019	36,2	261,0	10,1	0,0	10,1	26,1
Summe	261,0	-	53,6	4,3	57,9	203,0

Abb. 93: Aufteilung der Rückstellungszuführung in operativen Aufwand und Zinsergebnis nach Interpretation 2 (Fallbeispiel)

Diese zweite Interpretation der in § 277 Abs. 5 Satz 1 HGB enthaltenen Ausweisvorschrift führt im Vergleich zum bisherigen Recht zu einem niedrigeren operativen Aufwand. Sie liegt indes deutlich dichter an der Darstellung nach IFRS. Nach internationalen Vorstellungen ist die Entfernungsrückstellung mit Errichtung der Umbauten zum vollen Barwert einzubuchen. Im Gegenzug ist der Rückstellungsbetrag als Teil der Herstellungskosten in den Zugangswert der Mieterumbauten einzubeziehen. Über die Abschreibung der Mietereinbauten belastet damit nur der Barwert der Entfernungskosten das Betriebsergebnis, während die Aufzinsung der Rückstellung in das Finanzergebnis eingeht.

Die Ermittlung des Aufwands bzw. Ertrags aus der Abzinsung erweist sich nach dieser zweiten Interpretation als relativ komplex. Das betrifft insb. die Bestimmung des Effekts aus der Änderung des Diskontierungssatzes. Deshalb wird vorgeschlagen, aus Vereinfachungsgründen lediglich den mit dem aktuellen Zinssatz ermittelten jährlichen Aufzinsungsbetrag im Finanzergebnis zu erfassen.[431] Das führt zu der folgenden Aufteilung der Rückstellungszuführungen:

---

[431] Vgl. Hoffmann/Lüdenbach: NWB Kommentar Bilanzierung, Herne 2009, § 253 HGB, Rz. 81.

Stichtag	Rückstellungs-zuführung insgesamt	Stand Rück-stellung 31.12.	Zinssatz lt. Bundesbank	Aufzinsung	Operativer Aufwand
31.12.2010	15,4	15,4	6,0%	0,0	15,4
31.12.2011	17,1	32,5	6,1%	0,9	16,1
31.12.2012	17,9	50,4	6,5%	2,0	15,9
31.12.2013	22,8	73,2	6,1%	3,3	19,5
31.12.2014	23,0	96,1	6,3%	4,5	18,5
31.12.2015	26,0	122,2	6,4%	6,1	20,0
31.12.2016	33,0	155,1	5,6%	7,8	25,1
31.12.2017	32,4	187,6	5,5%	8,7	23,8
31.12.2018	37,2	224,7	4,5%	10,3	26,9
31.12.2019	36,2	261,0	-	10,1	26,1
Summe	261,0	-	-	53,6	207,3

Abb. 94: Aufteilung der Rückstellungszuführung in operativen Aufwand und Zinsergebnis nach Interpretation 3 (Fallbeispiel)

Der Wortlaut des § 277 Abs. 5 Satz 1 HGB scheint für die erste Variante zu sprechen. Der Aufwand aus dem Rückbau der Mietereinbauten beläuft sich im Beispiel auf 261 TEUR. Dieser Aufwand wird finanzmathematisch ‚klein gerechnet', indem der (erhoffte) Finanzierungseffekt aus der Anlage der über die Rückstellungsbildung an das Unternehmen gebundenen Mittel in das Bewertungskalkül Eingang findet. Aus diesem Blickwinkel führt die Abzinsung zur Erfassung eines unrealisierten Ertrags, den das Unternehmen in der Zukunft erst noch erwirtschaften muss, um bei Auslaufen des Mietvertrags aus den zurückbehaltenen Mitteln den Rückbau bestreiten zu können.

Im Interesse einer klaren Abgrenzung des Betriebsergebnisses vom Finanzergebnis ist daher die erste Variante vorzuziehen.[432] Sie zeigt auf, welche Beträge das Unternehmen über die Umsatztätigkeit erwirtschaften muss, um die durch die Geschäftstätigkeit verursachten künftigen Aufwendungen zu decken und auf welcher Finanzierungshypothese die bilanzielle Vorsorge für diese erwarteten Mittelabflüsse basiert.

Für die zweite Auslegungsvariante spricht dagegen die bessere Vergleichbarkeit mit einem Abschluss nach IFRS, in den die Erfüllungskosten langfristig fälliger Verpflichtungen ebenfalls nur mit ihrem Barwert in das Betriebsergebnis eingehen. Für die Praxis hat sie zudem den besonderen Charme zu einem höheren EBIT zu führen, ein Argument, das feinsinnige teleologische Erwägungen nicht selten in den Hintergrund drängt.[433]

Zu unterschiedlichen Darstellungen führen die ersten beiden Interpretationen von § 277 Abs. 5 HGB im Übrigen nur bei solchen ungewissen Verbindlichkeiten, deren Erfüllungsbetrag keinen Zinsanteil enthält, bei denen die Abzinsung mithin nicht der

---

[432] Dagegen Lüdenbach, StuB 2010, S. 108 f.
[433] Ähnlich Theile/Stahnke, DB 2008, S. 1760.

Trennung des realisierten vom schwebenden Geschäft dient, sondern allein darauf abzielt, den Zeitwert der Vermögensbelastung zu ermitteln. Das sei am Beispiel einer Gratifikationsverpflichtung verdeutlicht.

Beispiel

Sachverhalt:

Die B AG hat einem Mitarbeiter zum Ende des Geschäftsjahrs 2010 eine Gratifikation in Höhe von 5.000 EUR zugesagt, die bei fortgesetzter Betriebstreue zum 1.1.2016 ausgezahlt wird. Zu den einzelnen Abschlussstichtagen gelten die folgenden fristadäquaten Marktzinssätze:

Stichtag	31.12.X1	31.12.X2	31.12.X3	31.12.X4	31.12.X5
Zinssatz	4,0 %	5,1 %	4,6 %	4,3 %	4,9 %

Beurteilung:

Für die Gratifikationszusage hat die B AG zum 31.12.2010 eine Rückstellung in Höhe von 4.109,60 EUR zu bilden (vgl. Abb. 95). Sie ermittelt sich durch Abzinsung des für Anfang 2016 in Aussicht gestellten Nominalbetrags (5.000 EUR) mit dem von der Deutschen Bundesbank veröffentlichten Marktzinssatz für eine Laufzeit von fünf Jahren (4,0 %).

Zu den folgenden Abschlussstichtagen ist der Barwert der ungewissen Verbindlichkeit unter Berücksichtigung der verkürzten Restlaufzeit und des geänderten Diskontierungssatzes anzupassen.

Der im Betriebsergebnis auszuweisende Personalaufwand beträgt im Beispiel 4.109,60 EUR. Das gilt unabhängig davon, ob man § 277 Abs. 5 Satz 1 HGB i. S. d. Brutto- oder Nettomethode auslegt. Insb. verbietet es sich, nach der oben dargestellten ersten Interpretation einen Personalaufwand in Höhe der nominellen Zusage von 5.000 EUR zu erfassen. Die zum 1.1.2016 auszuzahlende Gratifikation stellt nicht in voller Höhe ein Entgelt für die im Geschäftsjahr 2010 erbrachte Arbeitsleistung des Mitarbeiters dar, sondern setzt sich zusammen aus einem Arbeitsentgelt und einem Zinsanteil für die Stundung dieser Vergütung über fünf Jahre.[434] Aus diesem Grund führt die Abzinsung des Nominalbetrags im vorliegenden Fall nicht zu einem Ertrag. Sie dient allein dazu, die am Abschlussstichtag noch nicht entstandene Zinsschuld von dem wirtschaftlich geschuldeten Betrag zu trennen.

In dem Maße, wie die Zinsschuld infolge der fortgesetzten Kapitalüberlassung von Jahr zu Jahr ansteigt, liegt somit ein echter Zinsaufwand vor, der als

---

[434] Aus diesem Grund spricht das von Lüdenbach (vgl. StuB 2010, S. 108 f.) angeführte Beispiel einer Pensionsrückstellung nicht gegen die Bruttomethode. Da auch die künftigen Pensionszahlungen gestundete Geldleistungsverpflichtungen darstellen, kommt für die entsprechende Verpflichtung nur die Nettodarstellung in der Gewinn- und Verlustrechnung in Betracht.

solcher in der Gewinn- und Verlustrechnung auszuweisen ist (Angaben in EUR):

Stichtag	Barwert des Erfüllungs-betrags	Ertrag / Aufwand aus Abzinsung			operativer Aufwand	Buchwert Stand 31.12.
		Aufzinsung	Zinsänderung	Summe		
31.12.X1	4.109,6	0,0	0,0	0,0	4.109,6	4.109,6
31.12.X2	4.097,9	164,4	-176,1	-11,8	0,0	4.097,9
31.12.X3	4.368,9	209,0	62,1	271,0	0,0	4.368,9
31.12.X4	4.596,2	201,0	26,3	227,3	0,0	4.596,2
31.12.X5	4.766,4	197,6	-27,4	170,2	0,0	4.766,4
31.12.X6	5.000,0	233,6	0,0	233,6	0,0	5.000,0

Abb. 95: Operativer Aufwand und Zinsaufwand bei Gratifikationsrückstellungen (Fallbeispiel)

Ein Weiteres zeigt das Beispiel deutlich: Zum Ausweis eines Zinsertrags dürfte es nur bei ausgesprochen langfristigen Verbindlichkeiten kommen. Dazu muss der Zinsertrag aus dem Anstieg des Marktzinses die Aufzinsung aufgrund des Näherrückens des Erfüllungsbetrags überkompensieren. Das erfordert entweder einen starken Anstieg des Diskontierungssatzes – im Beispiel bedurfte es dazu zum 31.12.2011 bei einer Restlaufzeit der Verbindlichkeit von vier Jahren einer Zinserhöhung um 1,1 % – oder eine lange Fristigkeit der Schuld. Große Schwankungen des Zinssatzes von Jahr zu Jahr sind allerdings durch die gesetzlich vorgesehene Durchschnittsbildung ausgeschlossen.

3.3 Flankierende Vorschriften

Rückstellungen für Pensionen und ähnliche Verpflichtungen sind auch zukünftig von großen und mittelgroßen Kapitalgesellschaften nach § 266 Abs. 3 B. 1 HGB gesondert in der Bilanz auszuweisen. Um die Bewertung dieser Schulden besser einschätzen zu können, verlangt § 285 Nr. 24 HGB Angaben zum angewandten versicherungsmathematischen Berechnungsverfahren sowie zu den grundlegenden Annahmen der Berechnung. Dazu gehören insb. der gewählte Abzinsungssatz, die eingerechneten Lohn- und Gehaltssteigerungen sowie die herangezogenen Sterbetafeln (vgl. hierzu Abschnitt 10, Gliederungspunkt 2.13).

Zusätzliche Angaben sind zu machen, wenn Schulden aus Altersversorgungsverpflichtungen oder vergleichbaren langfristig fälligen Verpflichtungen nach Abzug des ihrer Erfüllung dienenden **Zweckvermögens** ausgewiesen werden (vgl. § 285 Nr. 25 HGB sowie die Erläuterungen hierzu in Abschnitt 10, Gliederungspunkt 2.14).

Um die Transparenz der Berichterstattung zu erhöhen, empfiehlt die Bundesregierung, in Anlehnung an die internationale Praxis einen **Rückstellungsspiegel** in den Anhang aufzunehmen. Er soll die Zuführungs- und Auflösungsbeträge für die wesentlichen Rückstellungsarten aufzeigen und die Effekte aus der Auf- und Abzinsung gesondert darstellen (vgl. BT-Drucks. 16/10067, S. 55). Den möglichen Aufbau eines solchen Rückstellungsspiegels verdeutlicht Abb. 96:

	Buchwert Beginn des Geschäfts- jahrs EUR	Zuführung EUR	Auflösung EUR	Aufzinsung / Zinssatz- änderung EUR	Inanspruch- nahme EUR	Buchwert Ende des Geschäfts- jahrs EUR
Aufbau eines Rückstellungsspiegels						
Gesonderte Darstellung für wesentliche Gruppen von Rückstellungen	...	...	...	...	...	...
	...	...	...	...	...	...
	...	...	...	...	...	...
Summe	...	...	...	...	...	...

Abb. 96: Aufbau eines Rückstellungsspiegels

Die gewählte Anordnung der Spalten lässt bei operativen Rückstellungen erkennen, inwieweit die Veränderung des Rückstellungsbetrags das Betriebsergebnis bzw. das Finanzergebnis beeinflusst hat oder ergebnisneutral war. International entspricht es üblicher Praxis, die Zinseffekte in einer Spalte auszuweisen.

Für welchen Aufbau sich ein Unternehmen letztlich entscheidet, bleibt ihm überlassen. Da die Bundesregierung die Aufstellung eines Rückstellungsspiegels ohnehin nur nahe legt, kann es auch weiterhin gänzlich auf diese Zusatzinformation verzichten.

Abschnitt 5: Bilanzierung der Verbindlichkeiten

Autor: Dr. Harald Kessler

1 Ansatz

Nach dem Vollständigkeitsgebot des § 246 Abs. 1 Satz 1 HGB hat der Jahresabschluss u. a. sämtliche Schulden zu enthalten, soweit gesetzlich nichts anderes bestimmt ist. Diese Regelung bildet die rechtliche Grundlage für die Passivierung von Verbindlichkeiten.

Das BilMoG hat dem Vollständigkeitsgebot den Hinweis hinzugefügt, Schulden seien in die Bilanz des Schuldners aufzunehmen. Insoweit gilt eine (formal-)rechtliche Betrachtungsweise. Anders als bei Vermögensgegenständen (vgl. hierzu Abschnitt 2, Gliederungspunkt 1.2) kommt eine von der Zivilrechtslage abweichende wirtschaftliche Zurechnung von Schulden nicht in Betracht. Als Grund hierfür nennt die Bundesregierung das Vorsichtsprinzip. Solange das Unternehmen von seiner Leistungsverpflichtung weder rechtlich noch wirtschaftlich entbunden ist, muss diese als Verbindlichkeit (oder Rückstellung) in der Bilanz zum Ausdruck kommen (vgl. BT-Drucks. 16/10067, S. 47).

Beispiel

Rechtlich ist ein Unternehmen bspw. von seiner Leistungspflicht aus einer bestehenden Verbindlichkeit befreit, wenn diese verjährt ist und damit der Anspruch vom Gläubiger nicht mehr durchgesetzt werden kann. Eine Ausbuchung der Verbindlichkeit kommt allerdings nicht in Betracht, wenn sich das Unternehmen – unbeschadet der mangelnden rechtlichen Durchsetzbarkeit des Anspruchs – in einer **faktischen Pflicht** zur Erfüllung der Schuld sieht. In diesem Fall erzwingt die wirtschaftliche Betrachtung die Beibehaltung der Verbindlichkeit.

Schulden sind dann nicht mehr zu passivieren, wenn sie wirtschaftlich das Vermögen des Kaufmanns nicht mehr belasten. Das betrifft etwa Verbindlichkeiten, aus denen erfahrungsgemäß eine **Inanspruchnahme nicht mehr droht**. Unter diesem Blickwinkel hat der BFH eine Ausbuchung von Verbindlichkeiten aus Spareinlagen gefordert, die mit an Sicherheit grenzender Wahrscheinlichkeit nicht mehr geltend gemacht werden.[435]

Die gleichen Erwägungen tragen das von der höchstrichterlichen Rechtsprechung erklärte Passivierungsverbot für Verbindlichkeiten aus Gutmünzen,

---

[435] Vgl. BFH-Urt. v. 27.3.1996, I R 3/96, BStBl. II 1996, S. 470.

die ein Einzelhandelsunternehmen an seine Kunden ausgegeben hatte und deren Einlösung so gut wie sicher nicht mehr zu erwarten war.[436]

Die Ergänzung des Vollständigkeitsgebots hat nur klarstellenden Charakter. Eine Änderung der bisherigen Auslegung ergibt sich daraus nicht.

2 Bewertung

2.1 Überblick

Anders als für Vermögensgegenstände enthielt § 253 HGB a. F. nur einige rudimentäre Bewertungsanweisungen für Verbindlichkeiten. Diese wurden ergänzt durch die allgemeinen Bewertungsgrundsätze des § 252 Abs. 1 HGB a. F. Ihr Zusammenwirken ergab das in Abb. 97 dargestellte Bewertungsprogramm. Es hat – analog zur Aktivseite – Zugangswerte und aus der Vornahme von Zu- und Abschreibungen resultierende Korrekturwerte unterschieden.

Bewertung von Verbindlichkeiten nach HGB a.F.			
Einteilung Schema	Rentenschulden		Sonstige Verbindlichkeiten
Ausgangswert	Barwert § 253 Abs. 1 Satz 2 HGB a.F.		Rückzahlungsbetrag § 253 Abs. 1 Satz 2 HGB a.F.
+ ‚Zuschreibungen'	Gebot § 252 Abs. 1 Nr. 4 HGB a.F.	Höherer Stichtagswert	Gebot § 252 Abs. 1 Nr. 4 HGB a.F.
– ‚Abschreibungen' (max. bis zu den ‚AK')	Wahlrecht (str.)	Niedrigerer Stichtagswert	Wahlrecht (str.)
= Buchwert			

Abb. 97: *Bewertung von Verbindlichkeiten nach HGB a. F.*

Das BilMoG hat die Bewertungsvorschriften für **Verbindlichkeiten** in mehreren Punkten geändert. Verbindlichkeiten sind nicht mehr zum Rückzahlungsbetrag, sondern zum **Erfüllungsbetrag** anzusetzen (vgl. § 253 Abs. 1 Satz 2 HGB). Dieser Austausch des Bewertungsmaßstabs hat nur klarstellenden Charakter. Der Begriff des Rückzahlungsbetrags ist zu eng, da nur Darlehensverbindlichkeiten zurückgezahlt werden. Alle anderen Verbindlichkeiten werden erfüllt. Sie sind mit dem Betrag anzusetzen, den der Schuldner für die Begleichung der Verbindlichkeit aufwenden muss.

Für die Folgebewertung von Verbindlichkeiten gilt das **Höchstwertprinzip**. Ermittelt sich für eine Schuld ein höherer Stichtagswert, verdrängt dieser nach dem Impari-

---

[436] Vgl. BFH-Urt. v. 22.11.1988, VIII R 62/85, BStBl. II 1989, S. 359.

tätsprinzip (vgl. § 252 Abs. 1 Nr. 4 HGB) den Zugangswert. Keine einheitliche Auffassung besteht zu der Frage, wie zu verfahren ist, wenn der Stichtagswert in der Folge erneut sinkt. Da sich das Zuschreibungsgebot des § 280 Abs. 1 HGB a. F. nicht auf Verbindlichkeiten erstreckt, hat die wohl überwiegende Meinung ein Beibehaltungswahlrecht für den höheren Wertansatz angenommen. Dieser Auffassung entzieht das BilMoG zumindest teilweise die Grundlage. Beruht der vorübergehende Wertanstieg einer **Fremdwährungsverbindlichkeit** auf Währungskursschwankungen, ist die vorangegangene Zuschreibung rückgängig zu machen. Das ist die Folge der in § 256a HGB angeordneten Umrechnung zum jeweiligen Devisenkassamittelkurs am Abschlussstichtag (vgl. näher hierzu Abschnitt 10, Gliederungspunkt 4.4). Bei Fremdwährungsverbindlichkeiten mit einer Restlaufzeit von bis zu einem Jahr entfällt zudem die Begrenzung der Wertkorrektur durch das Höchstwertprinzip.

Eine weitere Änderung betrifft die Bewertung von auf **Rentenverpflichtungen** beruhenden Schulden, für die eine Gegenleistung nicht mehr zu erwarten ist. Formal bleibt es hier bei dem schon bisher angeordneten Ansatz zum Barwert. Während § 253 Abs. 1 Satz 2 HGB a. F. keine näheren Bestimmungen zur Ermittlung des Zugangswerts und zur Folgebewertung enthielt, sieht die neue Bewertungsvorschrift des § 253 Abs. 2 HGB die sinngemäße Anwendung der für Rückstellungen mit einer Fristigkeit von mehr als einem Jahr geltenden Regelung vor. Heranzuziehen für die Diskontierung der Rentenzahlungen ist danach der von der Deutschen Bundesbank veröffentlichte, der Fristigkeit der Rentenzahlungen am jeweiligen Abschlussstichtag entsprechende Marktzins. Das beeinflusst nicht nur die Zugangsbewertung dieser Schulden, sondern auch die Auslegung des Höchstwertprinzips (vgl. eingehend zur Bewertung von Rentenverpflichtungen nach den neuen Vorgaben des BilMoG Gliederungspunkt 2.2).

Überblicksartig stellt sich die Bewertung von Verbindlichkeiten nach den Vorschriften des BilMoG wie folgt dar (vgl. Abb. 98).

Einteilung Schema	Rentenschulden		Sonstige Verbindlichkeiten
Ausgangswert	‚Normierter' Barwert § 253 Abs. 2 HGB		Erfüllungsbetrag § 253 Abs. 1 Satz 2 HGB
+ ‚Zuschreibungen'	Eingeschränktes Gebot § 252 Abs. 1 Nr. 4 HGB	Höherer Stichtagswert	Gebot § 252 Abs. 1 Nr. 4 HGB
– ‚Abschreibungen' (idR nur bis zu den ‚AK')	Eingeschränktes Wahlrecht (str.)	Niedrigerer Stichtagswert	Eingeschränktes Wahlrecht (str.)
= Buchwert			

Bewertung von Verbindlichkeiten nach BilMoG

Abb. 98: Bewertung von Verbindlichkeiten nach dem BilMoG

2.2 Bewertung von Rentenverpflichtungen

2.2.1 Modifizierte Barwertermittlung

Rentenverpflichtungen, für die eine Gegenleistung nicht mehr zu erwarten ist, sind nach § 253 Abs. 1 Satz 2 HGB mit ihrem Barwert anzusetzen. Unter Renten versteht man für eine bestimmte Zeitdauer (Zeitrente) oder während der Lebenszeit eines Menschen (Leibrente) periodisch wiederkehrende gleichmäßige Leistung in Geld, Geldeswert oder vertretbaren Sachen aufgrund eines selbstständigen Rechts (Rentenstammrecht). Sie beruhen i. d. R. auf vorausgegangenen Leistungen des Rentenempfängers. Neben den Pensionsverpflichtungen, die auf einem in der Vergangenheit erdienten Versorgungsanspruch beruhen, fallen hierunter z. B. Verbindlichkeiten aus Anschaffungsgeschäften (z. B. Immobilien) auf Rentenbasis.

Der in § 253 Abs. 1 Satz 2 HGB a. F. geforderte Ansatz von Rentenverpflichtungen, für die eine Gegenleistung nicht mehr zu erwarten ist, zum Barwert der künftigen Zahlungen intendierte – ebenso wie die bisherige Abzinsungsregelung für Rückstellungen – eine **Eliminierung von Zinsen** für künftige Kapitalüberlassungen aus dem Erfüllungsbetrag der Schuld. Als Teil des noch schwebenden Kreditgeschäfts sind diese nicht passivierungsfähig. Die Barwertermittlung spaltet somit den Nominalbetrag der Gegenleistung in den am Abschlussstichtag bereits geschuldeten Betrag und den auf die noch ausstehende Kreditgewährung entfallenden Zinsanteil auf.

Diesem Rechtsgedanken entspricht es, den Abzinsungssatz nach Möglichkeit der (ernsthaften) Vereinbarung der Parteien zu entnehmen. Das ist insb. dann möglich, wenn im Vertrag eine Ablösungssumme vereinbart worden ist, wie dies § 1199 Abs. 2 BGB für Rentenschulden vorsieht. Haben sich die Parteien auf einen solchen Geldbetrag verständigt, besteht nach dem Urteil des BFH vom 31.1.1980[437] die widerlegbare Vermutung, dass dieser dem Barwert entspricht. Ist ein Ablösungsbetrag für Rentenverpflichtungen nicht bekannt, kann die Aufteilung des nominellen Gesamtentgelts nur durch Abzinsung mit einem angemessenen Zinssatz erfolgen. Diesen sieht die Literatur in einem fristadäquaten Marktzins, wobei Adler/Düring/Schmaltz eine Spanne von 3 % bis zum jeweils gültigen Zinssatz für langfristiges Fremdkapital angeben.[438] Beinhaltet die Rentenvereinbarung eine Wertsicherungsklausel, ist als Abzinsungssatz ein um Inflationseinflüsse bereinigter Realzins zugrunde zu legen.

Nach den durch das BilMoG neu gefassten Bewertungsvorschriften gilt die **Abzinsungsregelung für Rückstellungen** (vgl. hierzu Abschnitt 4, Gliederungspunkt 2.2.3) „entsprechend für auf Rentenverpflichtungen beruhende Verbindlichkeiten, für die eine Gegenleistung nicht mehr zu erwarten ist" (§ 253 Abs. 2 Satz 3 HGB). Die Diskontierung hat danach im Regelfall mit einem der Restlaufzeit der einzelnen Renten-

---

[437] Vgl. BFH-Urt. v. 31.1.1980, IV R 126/76, BStBl. II 1980, S. 493.
[438] Vgl. Adler/Düring/Schmaltz: Rechnungslegung und Prüfung der Unternehmen, 6. Aufl., Stuttgart 1995 ff., § 253, Tz. 170; demgegenüber plädiert Karrenbauer für einen Mindestzinssatz von 5 %; vgl. Karrenbauer, in: Küting/Weber (Hrsg.): HdR-E, 5. Aufl., Stuttgart 2002 ff., § 253 HGB, Rn. 103.

zahlungen entsprechenden durchschnittlichen Marktzins der vergangenen sieben Jahre zu erfolgen. Alternativ zu dieser unter Fristigkeitsgesichtspunkten genauen, aber aufwändigen Barwertberechnung kann die Abzinsung in sinngemäßer Anwendung der Vereinfachungsregelung für Altersversorgungsverpflichtungen und ähnliche langfristig fällige Verpflichtungen mit dem durchschnittlichen Marktzins erfolgen, der sich bei einer angenommenen Laufzeit von 15 Jahren ergibt. Diese Verfahrensweise steht auch bei Rentenverpflichtungen unter dem Vorbehalt ihrer Vereinbarkeit mit der Generalnorm des § 264 Abs. 2 Satz 1 HGB. Sie ist nicht gegeben, wenn sich wesentliche Abweichungen von der Barwertberechnung mittels fristadäquater Zinssätze ergeben.

Die Bundesregierung verspricht sich von dieser Neuregelung der Barwertermittlung für Rentenverpflichtungen eine Vereinheitlichung der anzuwendenden Abzinsungssätze. Diese Änderung diene „der Verbesserung der Vergleichbarkeit des handelsrechtlichen Jahresabschlusses" (BT-Drucks. 16/10067, S. 52). Das Argument überzeugt nur bedingt. Eine Objektivierung bringt die neue Abzinsungsregelung zweifellos für jene Fälle, in denen die Parteien keinen Ablösungsbetrag für die Rentenverpflichtung vereinbart haben und sich ein solcher auch nicht anderweitig ermitteln lässt. Hier beschränkt sie den bisherigen nicht unerheblichen Beurteilungsspielraum des Bilanzierenden deutlich. In den übrigen Fällen führt sie dagegen zu einer **fiktiven Bilanzierung**, die allenfalls zufällig den zutreffenden Verpflichtungsbetrag ermittelt. Haben die Parteien einen Ablösungsbetrag für die Rentenverpflichtung festgelegt, bringt dieser die Höhe der tatsächlichen Verbindlichkeit zum Ausdruck. Barwertermittlungen, die einen davon abweichenden Verpflichtungsbetrag ergeben, bewirken eine fehlerhafte Schuldenermittlung.

Beispiel

Sachverhalt:

Unternehmen U erwirbt am 1.1.2010 von einem 60-jährigen Rentner ein Grundstück gegen Übernahme einer lebenslangen vorschüssigen Rentenzahlung von jährlich 5.000 EUR. Nach den getroffenen Vereinbarungen kann U die Rentenverpflichtung mit einer Kündigungsfrist von zwölf Monaten zum Barwert ablösen, der sich auf der Grundlage eines Zinssatzes von 6 % p. a. und einer Lebenserwartung von 80 Jahren ergibt. Zum 1.1.2020 kündigt U die Rentenschuld, um diese abzulösen. Es ermittelt sich ein Ablösungsbetrag von rd. 39.000 EUR. Die Abzinsung der während der erwarteten Restlebenszeit des Verkäufers zu leistenden Rentenzahlungen nach der Vereinfachungslösung des § 253 Abs. 2 Satz 2 HGB auf den 31.12.2019 ergibt einen Barwert von rund 40.500 EUR.

Beurteilung:

Durch den vertraglich vereinbarten Ablösungsbetrag ist die Verzinsung des von U in Form von Rentenzahlungen zu leistenden Kaufpreises auf 6 % p. a. fixiert. Die Barwertermittlung mit einem abweichenden Zinssatz führt damit zwangsläufig zu einer falschen Schuldenbewertung. Das zeigt sich im Zeitpunkt der Ablösung. Zum 31.12.X10 beläuft sich die Rentenschuld nach der Bewertungsanweisung des § 253 Abs. 2 Satz 3 HGB auf 40.500 EUR. Wird diese zum 1.1.2020 zu 39.000 EUR abgelöst, weist U einen Gewinn aus dem Abgang der Schuld von 1.500 EUR aus. Das ist die Folge der fehlerhaften Barwertermittlung in den Vorjahren.

Fraglich ist, ob in Fällen wie im vorstehenden Beispiel von der Abzinsungsregelung des § 253 Abs. 2 Satz 3 HGB abgewichen und die Barwertermittlung mittels des von den Parteien festgelegten Zinssatzes erfolgen darf. Dagegen scheint der Wortlaut der Vorschrift zu sprechen („sind [...] mit dem ihrer Restlaufzeit entsprechenden durchschnittlichen Marktzinssatz [...] abzuzinsen"). Alternativ erlaubt das Gesetz lediglich die Diskontierung mit einem einheitlichen Durchschnittszinssatz, der sich bei einer angenommenen Restlaufzeit von 15 Jahren ergibt. Wenn es heißt, diese Vereinfachung sei nur zulässig, solange sie dem Ziel der Vermittlung eines den tatsächlichen Verhältnissen entsprechenden Bilds der Vermögens-, Finanz- und Ertragslage nicht entgegenstehe (vgl. BT-Drucks. 16/10067, S. 55), wird die der neuen Bewertungsvorschrift vom Gesetzgeber zugemessene Bedeutung deutlich: Sie soll einen zutreffenden Schuldenausweis sicherstellen. Das spricht dafür, in teleologischer Reduktion des § 253 Abs. 2 Satz 3 HGB von der Diskontierung mit einem durchschnittlichen Marktzinssatz in solchen Fällen abzusehen, in denen die Bewertungsanweisung dieses Ziel offenkundig verfehlt. Das ist immer dann der Fall, wenn sich der in Rentenzahlungen enthaltene **Zinsanteil objektiv aus der Vereinbarung der Parteien** ergibt.

Im Gegensatz zu Rückstellungen unterliegt die Bewertung von Rentenschulden dem Höchstwertprinzip. Eine Herabsetzung ihres Buchwerts unter den Zugangswert ist deshalb nur zulässig, wenn die Vermutung der Wiederkehr des höheren Verpflichtungsbetrags so gut wie ausgeschlossen ist. Dazu das folgende Beispiel:

Beispiel

Sachverhalt:

Der Fußball-Bundesligaverein Borussia XXL 1900 verstärkt seinen Kader für die neue Spielsaison. Vom Absteiger Härter BSC hat er mit Vertrag vom 30.6.2010 einen Stürmer „gekauft". Als Ablösesumme sind sechs Jahresraten in Höhe von jeweils 400.000 EUR vereinbart. Die erste Zahlung ist am 1.7.2010 fällig.

Borussia XXL 1900 ermittelt die Restlaufzeit vereinfachend als durchschnittliche Kapitalbindungsdauer (vgl. hierzu Abschnitt 4, Gliederungspunkt 2.2.3.3). Zu den einzelnen Bewertungsstichtagen veröffentlicht die Deutsche Bundesbank die folgenden fristadäquaten Marktzinssätze:

Stichtag	30.06.2010	30.06.2011	30.06.2012	30.06.2013	30.06.2014
Restlaufzeit	2,5 Jahre	2 Jahre	1,5 Jahre	1 Jahr	0,5 Jahre
Zinssatz	4,0%	3,8%	4,6%	3,3%	2,5%

Beurteilung:

In dem nach den Vorschriften des BilMoG aufgestellten Jahresabschluss zum 30.6.2010 ist die Rentenverbindlichkeit aus dem Spielertransfer mit einem Zugangswert von 2.175.845 EUR einzubuchen. Sieht man zunächst von Zinsänderungen ab, entwickelt sich die Rentenverbindlichkeit wie in Spalte 4 der nachstehenden Übersicht dargestellt.

Stichtag 1	Undiskontierte Schuld 2	Restlaufzeit 3	Barwert 4,0% 4	Barwert aktueller Zins 5	Buchwert 6
30.06.2010	2.400.000	2,5	2.175.845	2.175.845	2.175.845
30.06.2011	2.000.000	2,0	1.849.112	1.856.245	1.856.245
30.06.2012	1.600.000	1,5	1.508.586	1.495.624	1.508.586
30.06.2013	1.200.000	1,0	1.153.846	1.161.665	1.161.665
30.06.2014	800.000	0,5	784.465	790.184	790.184
31.12.2015	400.000	0,0	400.000	400.000	400.000

Die Diskontierung mit dem am jeweiligen Abschlussstichtag gültigen fristadäquaten Marktzinssatz führt zu der in Spalte 5 dargestellten Barwertentwicklung. Da zum 30.6.2012 der aktuelle Diskontierungszins erstmals über dem Zinssatz im Zeitpunkt der Einbuchung der Schuld liegt, unterschreitet der aktuelle Barwert zu diesem Stichtag den planmäßig fortgeführten Zugangswert um 12.962 EUR. Der Wertansatz von 1.495.624 EUR würde gegen das Höchstwertprinzip verstoßen, da die Vermutung der Wiederkehr des höheren fortgeführten Zugangswerts nicht entkräftet ist. Die Rentenschuld ist daher zu den einzelnen Stichtagen stets mit dem höheren Betrag aus fortgeführtem Zugangswert (Spalte 4) und Barwert auf Basis des aktuellen fristadäquaten Marktzinssatzes (Spalte 5) zu bewerten (Spalte 6).

Sachverhalt – Variante:

Es gelten die Daten des Ausgangsfalls mit folgender Modifikation: Laut Transfervereinbarung reduzieren sich die noch ausstehenden Kaufpreisraten auf 300.000 EUR pro Jahr, wenn sich Borussia XXL 1900 weder im ersten noch im zweiten Jahr für die Teilnahme an der Europa League qualifiziert. Nach Ablauf der Saison 2011 / 2012 ist die Sorge von Borussia XXL 1900 zur traurigen Gewissheit geworden: Trotz des neuen Stürmers hat der Verein auch in diesem Jahr die Qualifikation für die Europa League verpasst.

Beurteilung:

Für die ersten beiden Stichtage ergibt sich keine Änderung. Zum 30.6.2012 reduziert sich die nominelle Restverbindlichkeit um 400.000 EUR auf 1.200.000 EUR. Der aktuelle Barwert dieser Restschuld beträgt 1.121.718 EUR. Er unterschreitet den Barwert laut Ausgangsfall um 373.906 EUR. Sie hat ihren Grund in der Verminderung der noch ausstehenden Raten um nominell 400.000 EUR. Da infolge der zweifach verpassten Qualifikation für die Europa League insoweit die Vermutung der Wiederkehr des höheren Verpflichtungsbetrags widerlegt ist, bestehen keine Bedenken gegen die Anpassung des Buchwerts der Restschuld. Allerdings bleibt die Auflösung der Verbindlichkeit auf den Barwert beschränkt, der sich bei Anwendung des im Zugangszeitpunkt gültigen Zinssatzes ermittelt hätte.

2.2.2 Erstanwendung, Übergangsregelung und steuerliche Folgen

Die neue Abzinsungsregelung für Rentenverpflichtungen, für die eine Gegenleistung nicht mehr zu erwarten ist, ist von allen bilanzierenden Kaufleuten **erstmals** in Jahres- und Konzernabschlüssen für nach dem **31.12.2009** beginnende Geschäftsjahre anzuwenden (vgl. Art. 66 Abs. 3 EGHGB). Eine vorzeitige Anwendung für Geschäftsjahre, die nach dem **31.12.2008** beginnen, ist zulässig, allerdings nur im Verbund mit allen anderen in Art. 66 Abs. 3 EGHGB bezeichneten Vorschriften und unter Aufnahme eines entsprechenden Hinweises in den Anhang. Eine **Übergangsregelung** existiert nicht. Die ggf. notwendige Bewertungsanpassung bereits bilanzierter Rentenschulden ist daher unmittelbar erfolgswirksam vorzunehmen und führt zum Ausweis eines außerordentlichen Aufwands oder Ertrags in der Gewinn- und Verlustrechnung.

Steuerliche Auswirkungen ergeben sich nicht. Die Abzinsungsregelung des § 6 Abs. 1 Nr. 3 EStG für Verbindlichkeiten geht der handelsrechtlichen Bewertungsanweisung für Zwecke der steuerlichen Gewinnermittlung vor. Weichen die Wertansätze für Rentenverpflichtungen in Handels- und Steuerbilanz voneinander ab, haben große und mittelgroße Kapitalgesellschaften die Notwendigkeit der Bildung latenter Steuern zu prüfen. Zur Bedeutung der temporären Differenzen für kleine Kapitalgesellschaften, die von der Befreiung des § 274a Nr. 5 HGB Gebrauch machen, und für Nichtkapitalgesellschaften vgl. Abschnitt 8, Gliederungspunkt 3.3.4.

Abb. 99 fasst die Regelungen zur Erstanwendung der durch das BilMoG geänderten Bewertungsbestimmungen für Rentenverpflichtungen zusammen.

Übergang auf die Bewertung von Rentenschulden nach BilMoG		
Erstmalige Anwendung	Übergang	Steuerliche Folgen
• Obligatorisch: Jahres- und Konzernabschlüsse für nach dem 31.12.2009 beginnende Geschäftsjahre • Optional: Jahres- und Konzernabschlüsse für nach dem 31.12.2008 beginnende Geschäftsjahre (nur im Verbund mit allen übrigen vorzeitig anwendbaren Vorschriften) Art. 66 Abs. 3 EGHGB	• Keine Übergangsregelung • Konsequenzen: » Der Erfüllungsbetrag bereits passivierter Rentenschulden ist anzupassen, wenn die Abzinsung bislang nach anderen Grundsätzen erfolgt ist » Eine Ausnahme erscheint vertretbar, wenn der in den Rentenzahlungen enthaltene Zinsanteil objektiv feststeht » Wertanpassungen aus der Erstanwendung des § 253 Abs. 2 HGB sind in der GuV unter den Posten ‚außerordentliche Aufwendungen' bzw. ‚außerordentliche Erträge' gesondert auszuweisen » Große und mittelgroße KapG haben die Bildung latenter Steuern wegen temporärer Bewertungsunterschiede zur Steuerbilanz zu prüfen	• Keine unmittelbaren Auswirkungen • Die Barwertermittlung für Rentenschulden erfolgt nach einer eigenständigen steuerrechtlichen Regelung § 6 Abs. 1 Nr. 3 EStG

Abb. 99: *Übergang auf die geänderte Bewertung von Rentenschulden*

3 Ausweis

Das BilMoG führt zu keinen Änderungen beim Ausweis von Verbindlichkeiten in der Bilanz. Bei der Erfassung von Aufwendungen und Erträgen aus Rentenschulden ist die neue Ausweisregelung für Aufwendungen und Erträge aus der Abzinsung zu beachten (vgl. § 277 Abs. 5 HGB). Diese sind **gesondert** in den Posten ‚Zinsen und ähnliche Aufwendungen' bzw. ‚Sonstige Zinsen und ähnliche Erträge' auszuweisen (vgl. Abschnitt 4, Gliederungspunkt 3.2).

Der Rechtsausschuss sieht die Vorschrift des § 277 Abs. 5 HGB zwar nur in Verbindung mit der neuen Abzinsungsregelung für Rückstellungen (vgl. BT-Drucks. 16/12407, S. 114). Dieser begrenzte Anwendungsbereich der Vorschrift lässt sich ihrem Wortlaut indes nicht entnehmen. Da die Abzinsungsregelung für Rückstellungen zudem entsprechend für Verbindlichkeiten aus Rentenverpflichtungen gilt (vgl. § 253 Abs. 2 Satz 3 HGB), für die eine Gegenleistung nicht mehr zu erwarten ist, sieht der Gesetzgeber beide Fälle offenbar gleich gelagert. Damit erscheint eine unterschiedliche Darstellung der Effekte aus der Abzinsung in der Gewinn- und Verlustrechnung nicht gerechtfertigt.[439]

---

[439] Weniger streng Wobbe, in: Bertram/Brinkmann/Kessler/Müller (Hrsg.): Haufe HGB Kommentar, Freiburg 2009, § 277 HGB, Rz. 37 ff.

Abschnitt 6: Bilanzierung der Rechnungsabgrenzungsposten

Autor: WP/StB Georg van Hall

1 Überblick

Durch das BilMoG ist § 250 HGB wie folgt neu gefasst worden:

> **HGB § 250 Rechnungsabgrenzungsposten**
>
> (1) Als Rechnungsabgrenzungsposten sind auf der Aktivseite Ausgaben vor dem Abschlussstichtag auszuweisen, soweit sie Aufwand für eine bestimmte Zeit nach diesem Tag darstellen.
>
> (2) Auf der Passivseite sind als Rechnungsabgrenzungsposten Einnahmen vor dem Abschlussstichtag auszuweisen, soweit sie Ertrag für eine bestimmte Zeit nach diesem Tag darstellen.
>
> (3) Ist der Erfüllungsbetrag einer Verbindlichkeit höher als der Ausgabebetrag, so darf der Unterschiedsbetrag in den Rechnungsabgrenzungsposten auf der Aktivseite aufgenommen werden. Der Unterschiedsbetrag ist durch planmäßige jährliche Abschreibungen zu tilgen, die auf die gesamte Laufzeit der Verbindlichkeit verteilt werden können.

Die Vorschrift des § 250 Abs. 1 Satz 2 Nr. 1 HGB a. F., nach der **als Aufwand berücksichtigte Zölle und Verbrauchsteuern**, soweit sie auf am Abschlussstichtag auszuweisende Vermögensgegenstände des Vorratsvermögens entfallen, als Rechnungsabgrenzungsposten ausgewiesen werden durften, ist aufgehoben worden. Sie räumte bisher das Wahlrecht ein, bestimmte **Vertriebskosten** für einen gewissen Zeitraum in der Rechnungsabgrenzung zu ‚parken' (vgl. BT-Drucks. 16/10067, S. 36).

Ebenfalls entfallen ist die Vorschrift betreffend die Abgrenzung von als **Aufwand berücksichtigter Umsatzsteuer auf** am Abschlussstichtag auszuweisende oder von den Vorräten offen abgesetzte **Anzahlungen** (vgl. § 250 Abs. 1 Satz 2 HGB a. F.). Die Aufhebung dient nach der Regierungsbegründung der Anhebung des Informationsniveaus des handelsrechtlichen Jahresabschlusses (vgl. BT-Drucks. 16/10067, S. 36).

Zur Definition des **Disagios** aus der Aufnahme einer Verbindlichkeit rekurriert § 250 Abs. 3 Satz 1 HGB nunmehr auf den **Erfüllungsbetrag** anstatt auf den Rückzahlungsbetrag der Verbindlichkeit. Hierbei handelt es sich lediglich um eine Folgeänderung zu der klarstellenden Anpassung des Bewertungsmaßstabs für Verbindlichkeiten in § 253 Abs. 1 Satz 2 HGB (Vgl. BT-Drucks. 16/12407, S. 110).

Wie bisher sieht § 250 Abs. 3 HGB ein Wahlrecht vor, das Disagio als Rechnungsabgrenzungsposten zu behandeln. Durch das in § 246 Abs. 3 HGB aufgenommene Gebot der **Ansatzstetigkeit** ist der bilanzierende Kaufmann allerdings nunmehr an die im Jahr der Aufnahme eines Darlehens getroffene Entscheidung gebunden. Ein einmal als Rechnungsabgrenzungsposten erfasstes Disagio ist dann zwingend über die Laufzeit der Verbindlichkeit aufwandswirksam zu verteilen.

Entsprechend der Auslegung des Grundsatzes der Bewertungsmethodenstetigkeit wird man zudem aus § 246 Abs. 3 HGB ein Gebot der **Einheitlichkeit des Ansatzes** ableiten müssen. Eine unterschiedliche Ausübung des Abgrenzungswahlrechts bei verschiedenen Verbindlichkeiten ist danach nur noch in begründeten Ausnahmefällen zulässig. Die Ungleichbehandlung muss mithin nachvollziehbar mit guten Gründen gerechtfertigt werden.

Der von allen bilanzierenden Kaufleuten zu beachtende § 250 Abs. 1 Satz 2 HGB in der Fassung vor Inkrafttreten des BilMoG ist **letztmals** auf das vor dem 1.1.2010 beginnende Geschäftsjahr anzuwenden (vgl. Art. 66 Abs. 5 EGHGB).

Die nach bisherigem Recht gebildeten Rechnungsabgrenzungsposten im Sinne von § 250 Abs. 1 Satz 2 HGB können unter Anwendung der für sie geltenden Vorschriften des HGB i. d. F. vor Inkrafttreten des BilMoG **beibehalten** oder unmittelbar **zugunsten der Gewinnrücklagen** aufgelöst werden (vgl. Art. 67 Abs. 3 EGHGB).

Abb. 100 fasst die Neuregelung des BilMoG für RAP-ähnliche Posten zusammen.

RAP-ähnliche Posten nach HGB a.F. und BilMoG	
Regelung nach bisherigem Recht	
Zölle und Verbrauchsteuern	Umsatzsteuer auf Anzahlungen
Als Aufwand berücksichtigte Zölle und Verbrauchsteuern, die auf am Abschlussstichtag auszuweisende Vorratsgüter entfallen, dürfen unter den aktiven Rechnungsabgrenzungsposten ausgewiesen werden § 250 Abs. 1 Satz 2 Nr. 1 HGB a.F.	Als Aufwand berücksichtigte Umsatzsteuer auf am Abschlussstichtag auszuweisende oder von den Vorräten offen abgesetzte Anzahlungen darf unter den aktiven Rechnungsabgrenzungsposten ausgewiesen werden § 250 Abs. 1 Satz 2 Nr. 2 HGB a.F.
Ansatzverbot Streichung von § 250 Abs. 1 Satz 2 Nr. 1 HGB a.F.	Ansatzverbot Streichung von § 250 Abs. 1 Satz 2 Nr. 2 HGB a.F.
Ansatzregelung nach BilMoG	

Abb. 100: RAP-ähnliche Posten nach HGB a. F. und nach BilMoG

2 Als Aufwand berücksichtigte Zölle und Verbrauchsteuern

§ 250 Abs. 1 Satz 2 HGB a. F. ist mit Inkrafttreten des BilMoG **entfallen**. Die Vorschrift stand der mit der Bilanzrechtsmodernisierung angestrebten Gleichwertigkeit des handelsrechtlichen Jahresabschlusses im Verhältnis zu den internationalen Rechnungslegungsstandards entgegen.

Nach § 250 Abs. 1 Satz 2 Nr. 1 HGB a. F. durften als Aufwand berücksichtigte Zölle und Verbrauchsteuern, soweit sie auf am Abschlussstichtag auszuweisende Vermögensgegenstände des Vorratsvermögens entfallen, als Rechnungsabgrenzungsposten auf der Aktivseite ausgewiesen werden. Das Wahlrecht des § 250 Abs. 1 Satz 2 Nr. 1 HGB a. F. erstreckte sich nur auf solche Fälle, in denen Zölle und Verbrauchsteuern nicht in die Anschaffungs- oder Herstellungskosten eines Vermögensgegenstands einzubeziehen, sondern als Vertriebskosten zu klassifizieren waren, die grundsätzlich unmittelbar aufwandswirksam zu erfassen sind.

Die Inanspruchnahme des Wahlrechts gemäß § 250 Abs. 1 Satz 2 Nr. 1 HGB a. F. erlaubte es, die aufwandswirksame Erfassung der Zölle und Verbrauchsteuern – regelmäßig nur Ausfuhrzölle und bestimmte Verbrauchsteuern wie bspw. die Biersteuer – auf den Zeitpunkt der Veräußerung der mit Zöllen und Verbrauchsteuern belegten Vermögensgegenstände zu verschieben. Eine solche Möglichkeit, aufwandswirksam zu erfassende Vertriebskosten für einen bestimmten Zeitraum als Rechnungsabgrenzungsposten ‚zu parken', besteht nach den internationalen Rechnungslegungsgepflogenheiten nicht (vgl. BT-Drucks. 16/10067, S. 51).

Einer – wie teilweise gefordert – gesetzestechnischen Ergänzung des § 255 HGB, Zölle und Verbrauchsteuern in die Bestandteile der Herstellungskosten aufzunehmen, steht die Bilanzrichtlinie entgegen. Gemäß Art. 39 Abs. 2 Satz 3 der Bilanzrichtlinie dürfen Vertriebskosten nicht in die Herstellungskosten einbezogen werden (vgl. BT-Drucks. 16/10067, S. 51).

Die folgenden Beispiele verdeutlichen den Anwendungsbereich der aufgehobenen Vorschrift und die sich nach dem BilMoG ergebenden bilanziellen Konsequenzen.

Beispiel

Sachverhalt 1:

Bei der Verbringung von Bier aus einer Brauerei in ein Außenlager fällt Biersteuer an.

Beurteilung nach HGB a. F.:

Die Biersteuer ist nicht als Teil der Herstellungskosten des Bieres zu aktivieren, da sie erst nach dem Herstellungsvorgang anfällt.[440] Es besteht die Mög-

---

[440] Vgl. BFH-Urt. v. 26.2.1975, IR 72/73, BStBl. II 1976, S. 13 ff.

lichkeit, die Steuer im Zeitpunkt ihres Entstehens als Aufwand zu behandeln oder durch Ansatz eines Rechnungsabgrenzungspostens bis zum Verkauf des Bieres zu neutralisieren.

Beurteilung nach HGB i. d. F. des BilMoG:

Nach Wegfall des Wahlrechts, die Biersteuer im Zeitpunkt ihres Entstehens durch Ansatz eines Rechnungsabgrenzungspostens bis zum Verkauf des Biers zu neutralisieren, ist der Aufwand sofort zu erfassen. Eine Einbeziehung in die Herstellungskosten des Bieres kommt aufgrund des Vertriebskostencharakters der Biersteuer nicht in Betracht.

Ein nach bisherigem Bilanzrecht gebildeter Rechnungsabgrenzungsposten darf nach den für ihn geltenden Vorschriften fortgeführt werden. Wird ein für geschuldete Steuern gebildeter Rechnungsabgrenzungsposten im Übergang auf das BilMoG aufgelöst, ist der entsprechende Betrag in die Gewinnrücklagen umzugliedern (vgl. Art. 67 Abs. 3 EGHGB). Für die sich ergebende abzugsfähige temporäre Differenz kommt die Bildung aktiver latenter Steuern in Betracht. Auch ihre Erfassung erfolgt nach Art. 67 Abs. 6 EGHGB erfolgsneutral.

Sachverhalt 2:

Eine Spirituosenfabrik bezieht zur Herstellung ihrer Markenprodukte Reinalkohol von der Bundesmonopolverwaltung für Branntwein.

Beurteilung nach HGB a. F.:

Die Branntweinsteuer ist als Teil der Anschaffungskosten des Branntweins zu aktivieren. Die Bildung eines Rechnungsabgrenzungspostens kommt nicht in Betracht.[441]

Beurteilung nach HGB i. d. F. des BilMoG:

Es ergibt sich keine Änderung gegenüber der geltenden Rechtslage.

3 Als Aufwand berücksichtigte Umsatzsteuer auf Anzahlungen

§ 250 Abs. 1 Satz 2 Nr. 2 HGB a. F. erlaubte bisher, als Aufwand berücksichtigte Umsatzsteuer auf am Abschlussstichtag auszuweisende oder von den Vorräten offen abgesetzte Anzahlungen als Rechnungsabgrenzungsposten auf der Aktivseite auszuweisen. Die Vorschrift war eine Reaktion des Gesetzgebers auf die **Rechtsprechung des Bundesfinanzhofs**. Danach sollte der Empfänger einer Anzahlung verpflichtet sein, diese brutto – also einschließlich der darin enthaltenen Umsatzsteuer – zu passivieren. Darüber hinaus hatte er die in der Anzahlung enthaltene Umsatzsteuer auf-

---

[441] Vgl. BFH-Urt. v. 5.5.1983, IV R 18/80, BStBl. II 1983, S. 559.

wandswirksam zu passivieren. Die aufgrund dieses Urteils seinerzeit drohenden Steuerausfälle haben den Gesetzgeber zu einem Nichtanwendungsgesetz veranlasst. Das führte zu der Regelung im heutigen § 5 Abs. 5 Satz 2 EStG. Nach dieser Vorschrift ist die Umsatzsteuerverpflichtung nicht aufwandswirksam, sondern erfolgsneutral über einen aktiven Rechnungsabgrenzungsposten zu passivieren.

§ 250 Abs. 1 Satz 2 Nr. 2 HGB a. F. hat diese steuerliche Regelung als Wahlrecht in das Handelsrecht übernommen. Für die Aufhebung der Vorschrift waren nach der Regierungsbegründung die gleichen Erwägungen ausschlaggebend wie für die Streichung des § 250 Abs. 1 Satz 2 Nr. 1 HGB a. F. (vgl. BT-Drucks. 16/10067, S. 51).

Der Wegfall des Wahlrechts wird wohl handelsrechtlich zu einer generellen Nettobilanzierung erhaltener Anzahlungen führen.[442] Das entspricht schon heute der überwiegenden Praxis.

Beispiel

Sachverhalt:

Ein Unternehmen hat im abgelaufenen Geschäftsjahr Anzahlungen in Höhe von 119 TEUR inkl. Umsatzsteuer erhalten.

Beurteilung nach HGB a. F.:

Dem Unternehmen eröffnen sich folgende Darstellungsmöglichkeiten:

- Nettoausweis der Anzahlungen: Das Unternehmen passiviert die Verbindlichkeit gegenüber dem Kunden mit 100 TEUR und eine Verbindlichkeit gegenüber dem Finanzamt mit 19 TEUR. Die Frage der Bildung eines aktiven Rechnungsabgrenzungspostens stellt sich nicht.[443]

- Bruttoausweis der erhaltenen Anzahlungen: Das Unternehmen passiviert die Verbindlichkeit gegenüber dem Kunden mit 119 TEUR und eine Verbindlichkeit gegenüber dem Finanzamt mit 19 TEUR. Die Schuld gegenüber dem Finanzamt ist entweder aufwandswirksam einzubuchen oder erfolgsneutral durch Ansatz eines betragsgleichen aktiven Rechnungsabgrenzungspostens.

Beurteilung nach HGB i. d. F. des BilMoG:

Die Regierungsbegründung äußert sich nicht zu der Frage, wie der Vorgang abzubilden ist. Der in der Literatur überwiegend vertretene Nettoausweis liegt nahe, da er einen vollständigen und zutreffenden Schuldenausweis gewährleistet.

---

[442] Vgl. Dörfler/Adrian, DB 2008, Beilage 1, S. 46.
[443] H. M. nach Handelsrecht, vgl. etwa IDW-Stellungnahme 1/1979, WPg 1980, S. 80; IDW-Stellungnahme 1/1985, WPg 1985, S. 257 ff.

Kapitel 2: Einzelgesellschaftliche Rechnungslegung

4 Letztmalige Anwendung, Übergangsregelung und steuerliche Folgen

Der von allen bilanzierenden Kaufleuten zu beachtende § 250 Abs. 2 HGB in der Fassung vor Inkrafttreten des BilMoG ist **letztmals** auf Jahres- und Konzernabschlüsse für Geschäftsjahre anzuwenden, die vor dem 1.1.2010 bzw. – bei einem vorzeitigen Übergang auf die Vorschriften des BilMoG – vor dem 1.1.2009 beginnen (Art. 66 Abs. 5 EGHGB).

Die nach bisherigem Recht gebildeten Rechnungsabgrenzungsposten im Sinne von § 250 Abs. 2 HGB können unter Anwendung der für sie geltenden Vorschriften in der bis zum Inkrafttreten des BilMoG geltenden Fassung **beibehalten** oder unmittelbar **zugunsten der Gewinnrücklagen aufgelöst** werden (Art. 67 Abs. 3 EGHGB).

Steuerliche Konsequenzen ergeben sich aus der Aufhebung des § 250 Abs. 1 Satz 2 HGB a. F. wegen der Vorbehaltsvorschrift des § 5 Abs. 5 Satz 2 EStG nicht.

Abb. 101 fasst die im EGHGB vorgesehenen Regelungen zum Übergang auf das Ansatzverbot RAP-ähnlicher Posten zusammen.

Übergang auf das Ansatzverbot für RAP-ähnliche Posten		
Letztmalige Anwendung	Übergang	Steuerliche Folgen

• Grundsatz: Jahres- und Konzernabschlüsse für vor dem 1.1.2010 beginnende Geschäftsjahre
• Bei vorzeitigem Übergang auf die Vorschriften des BilMoG: Jahres- und Konzernabschlüsse für vor dem 1.1.2009 beginnende Geschäftsjahre
Art. 66 Abs. 5 EGHGB
	• Wahlrecht
	  » Fortführung der nach § 250 Abs. 1 Satz 2 HGB a.F. gebildeten RAP nach den für sie geltenden Vorschriften des HGB a.F.
	  » Auflösung der nach BilMoG nicht mehr zulässigen RAP
	• Auswirkungen der Auflösung: Der Betrag der aufzulösenden RAP ist erfolgsneutral in die Gewinnrücklagen umzugliedern
	Art. 67 Abs. 3 EGHGB
	• Große und mittelgroße KapG haben die Bildung latenter Steuern wegen temporärer Bewertungsunterschiede zur Steuerbilanz zu prüfen
		• Keine
		• Das steuerliche Ansatzgebot bleibt von der Änderung unberührt
		§ 5 Abs. 5 Satz 2 EStG

Abb. 101: Übergang auf Ansatzverbot für RAP-ähnliche Posten nach EGHGB

Abschnitt 7: Eigenkapital

Autoren: WP/StB Thomas Budde / Dr. Harald Kessler

1 Ausstehende Einlagen auf das gezeichnete Kapital

1.1 Die neue Vorschrift im Überblick

Die bilanzielle Behandlung ausstehender Einlagen auf das gezeichnete Kapital ist in § 272 Abs. 1 HGB geregelt. Die Vorschrift hat durch das BilMoG die folgende Fassung erhalten:

HGB § 272 Eigenkapital
(1) Gezeichnetes Kapital ist das Kapital, auf das die Haftung der Gesellschafter für die Verbindlichkeiten der Kapitalgesellschaft gegenüber den Gläubigern beschränkt ist. Es ist mit dem Nennbetrag anzusetzen. Die nicht eingeforderten ausstehenden Einlagen auf das gezeichnete Kapital sind von dem Posten „Gezeichnetes Kapital" offen abzusetzen; der verbleibende Betrag ist als Posten „Eingefordertes Kapital" in der Hauptspalte der Passivseite auszuweisen; der eingeforderte, aber noch nicht eingezahlte Betrag ist unter den Forderungen gesondert auszuweisen und entsprechend zu bezeichnen.

Der bisherige § 272 Abs. 1 HGB a. F. sah für den bilanziellen Ausweis der nicht eingeforderten ausstehenden Einlagen auf das gezeichnete Kapital ein Wahlrecht vor. Sie durften entweder auf der Aktivseite als nicht eingeforderte Einlage in einem gesonderten Posten vor dem Anlagevermögen ausgewiesen oder offen von dem Posten ‚Gezeichnetes Kapital' abgesetzt werden. Die neue gesetzliche Regelung erlaubt nur noch letztere Darstellungsform. Gegenüber der Fassung der Vorschrift im RegE BilMoG wurde der erste Teil in § 272 Abs. 1 Satz 3 HGB „Die nicht eingeforderten ausstehenden Einlagen sind von dem Posten ‚Gezeichnetes Kapital' offen abzusetzen" durch Einfügen der Worte „auf das gezeichnete Kapital" ergänzt. Nach der Begründung des Rechtsausschusses soll damit klargestellt werden, dass sich die Vorschrift zum Ausweis ausstehender Einlagen nur auf die ausstehenden Einlagen auf das gezeichnete Kapital im Sinne des § 272 Abs. 1 Satz 1 HGB bezieht (vgl. BT-Drucks. 16/12407, S. 113). Ausstehende Einlagen auf Agiobeträge bei einer GmbH fallen somit nicht in den Anwendungsbereich der Vorschrift.

Abb. 102 stellt die Behandlung nicht eingeforderter ausstehender Einlagen auf das gezeichnete Kapital nach bisherigem Recht und nach BilMoG im Überblick dar.

Behandlung ausstehender Einlagen nach HGB a.F. und BilMoG	
Ausweiswahlrecht nach bisherigem Recht	
Bruttoausweis	Nettoausweis
• Ausweis der ‚Ausstehenden Einlagen auf das gezeichnete Kapital' vor dem Anlagevermögen als gesonderter Posten • Angabe der eingeforderten Beträge als Davon-Vermerk § 272 Abs. 1 Satz 2 HGB a.F.	• Offene Absetzung der noch nicht eingeforderten ausstehenden Einlagen vom Eigenkapital • Gesonderter Ausweis der eingeforderten ausstehenden Einlagen unter den Forderungen und sonstigen Vermögensgegenständen § 272 Abs. 1 Satz 3 HGB a.F.
Verbot § 272 Abs. 1 Satz 3 HGB	Gebot § 272 Abs. 1 Satz 3 HGB
Änderungen des Ausweises durch BilMoG	

Abb. 102: Behandlung ausstehender Einlagen auf das gezeichnete Kapital nach HGB a. F. und BilMoG

Von dem Ausweis der eingeforderten Einlagen sind nur Kapitalgesellschaften betroffen. Einzelkaufleute und Personenhandelsgesellschaften verfügen über kein gezeichnetes Kapital. Bei ihnen sind „anstelle des Postens ‚Gezeichnetes Kapital' [...] die Kapitalanteile der persönlich haftenden Gesellschafter auszuweisen" (§ 264c Abs. 2 Satz 2 HGB). Auf sie ist die Regelung des § 272 Abs. 1 Satz 3 HGB nicht anwendbar.

§ 272 HGB ist erstmals auf Jahres- und Konzernabschlüsse für das nach dem 31.12.2009 beginnende Geschäftsjahr anzuwenden (vgl. Art. 66 Abs. 3 Satz 1 EGHGB). Die Vorschrift kann bereits vorzeitig erstmalig auf das nach dem 31.12.2008 beginnende Geschäftsjahr angewandt werden, jedoch nur zusammen mit allen anderen Vorschriften, für die Art. 66 Abs. 3 EGHGB eine vorzeitige Anwendung gestattet. Steuerliche Auswirkungen ergeben sich nicht.

1.2 Zweck und Begründung

Nach der Regierungsbegründung soll der neu gefasste § 272 Abs. 1 HGB den zwingenden Ausweis der nicht eingeforderten ausstehenden Einlagen auf der Passivseite der Bilanz anordnen (vgl. BT-Drucks. 16/10067, S. 65).

Nach den bisherigen Regelungen durften ausstehende Einlagen auf das gezeichnete Kapital auf der Aktivseite der Bilanz vor dem Anlagevermögen in einem eigenen Posten ausgewiesen werden. Der Posten war entsprechend zu bezeichnen; gleichzeitig waren die ggf. eingeforderten Einlagen in diesem Posten zu vermerken (Bruttoausweis; vgl. § 272 Abs. 1 Satz 2 HGB a. F.). Zulässig war es aber auch, die nicht eingeforderten ausstehenden Einlagen nach § 272 Abs. 1 Satz 3 HGB a. F. von dem Posten ‚Gezeichnetes Kapital' offen abzusetzen. Bei der Wahl dieser Ausweismethode war der verbleibende Betrag als Posten ‚Eingefordertes Kapital' in der Hauptspalte der Passivseite auszuweisen (Nettoausweis) und zudem der eingeforderte, aber noch nicht eingezahlte Betrag unter den Forderungen gesondert unter entsprechender Bezeichnung auszuweisen.

Mit § 272 Abs. 1 HGB wird das den Unternehmen bislang zugestandene Ausweiswahlrecht, die ausstehenden Einlagen im Wege des Brutto- oder des Nettoausweises in der Handelsbilanz zu zeigen, abgeschafft und der **Nettoausweis** als einzige Möglichkeit des Ausweises vorgeschrieben. Unverändert zu der im bisherigen § 272 Abs. 1 HGB a. F. als Wahlrecht bestehenden Nettoausweis-Methode

- sind die Posten ‚Gezeichnetes Kapital' und ‚Nicht eingeforderte ausstehende Einlagen' auf der Passivseite der Bilanz in der Vorspalte auszuweisen,
- ist der nach Saldierung der beiden Posten verbleibende Betrag unter dem Posten **‚Eingefordertes Kapital'** auf der Passivseite in der Hauptspalte zu zeigen
- sind eingeforderte, aber noch nicht eingezahlte Beträge unter den Forderungen gesondert auszuweisen und entsprechend zu bezeichnen.

Nach einer Volleinzahlung des gezeichneten Kapitals ist es unter dem Posten ‚Gezeichnetes Kapital' in der Hauptspalte auszuweisen.

Nach der Begründung des RegE BilMoG soll mit der Neufassung des § 272 Abs. 1 HGB eine **Vereinheitlichung und Vereinfachung** in der bilanziellen Abbildung erreicht und ein den tatsächlichen (wirtschaftlichen) Verhältnissen entsprechendes Bild der Vermögens-, Finanz- und Ertragslage vermittelt, die Informationsfunktion des handelsrechtlichen Jahresabschlusses mithin gestärkt werden (vgl. BT-Drucks. 16/10067, S. 65).

Nicht beeindruckt hat die Bundesregierung die verschiedentliche Kritik an der Bezeichnung ‚Eingefordertes Kapital'. Nach ihrer Auffassung verleitet diese nicht zu falschen Schlussfolgerungen, da der Posten sowohl die bereits geleisteten und dem Unternehmen zugeflossenen wie auch die zwar eingeforderten, aber noch nicht geleisteten Einlagen aufnehme. Da zudem auf der Aktivseite der Bilanz die eingeforderten und noch nicht geleisteten Einlagen gesondert als Forderung auszuweisen seien, verdeutliche die Gesamtschau der Bilanz den Abschlussadressaten, in welcher Höhe das eingeforderte Kapital noch nicht geleistet und zugeflossen ist.

Mit der Beseitigung des Ausweiswahlrechts sieht die Bundesregierung auch die bislang umstrittene Frage nach der Zulässigkeit der Abwertung der noch nicht eingeforderten ausstehenden Einlagen als geklärt. Dem Abzugsposten komme allein der Charakter eines Korrekturpostens zum Eigenkapital zu. Als solcher sei er keiner bilanziellen Bewertung zugänglich. Eine Abwertung etwa wegen mangelnder Bonität des die Einlagen schuldenden Gesellschafters scheide damit aus (vgl. BT-Drucks. 16/10067, S. 65).

Das BilMoG hat ferner die Vorschrift des § 283 HGB a. F., die einen Ansatz des gezeichneten Kapitals zum Nennbetrag fordert, in § 272 Abs. 1 HGB integriert. Diese Ergänzung wurde aus redaktionellen Gründen erforderlich, nachdem im Zuge der Vereinheitlichung der Bewertungsvorschriften für Kapitalgesellschaften und Nicht-Kapitalgesellschaften der Vierte Teil des Ersten Unterabschnitts des Zweiten Abschnitts des Dritten Buchs (§§ 279-283 HGB) aufgehoben worden ist. Die Verlagerung der Regelung nach § 272 Abs. 1 HGB stellt keine sachliche Änderung dar (vgl. BT-Drucks. 16/10067, S. 65).

Der Verlust der Wahlmöglichkeit zwischen der Bruttomethode und der Nettomethode bedeutet für die Anwender der Vorschrift keine signifikante Einschränkung der bilanzpolitischen Möglichkeiten. Die Bruttomethode hatte bilanzverlängernde Wirkung und zeigte ein entsprechend höheres rechnerisches Eigenkapital auf der Passivseite. Dem Verlust dieses kosmetischen Vorteils steht eine im Vergleich transparentere Regelung gegenüber, zu der es im Grundsatz noch nie einer Alternative bedurfte. Das gilt umso mehr, als der Bruttoausweis für Zwecke der Abschlussanalyse regelmäßig im Zuge der Aufbereitungsmaßnahmen in die Nettodarstellung überführt wird.

1.3 Fallbeispiel

Beispiel

Sachverhalt:

Die B AG hat ihr Kapital durch Ausgabe von 1 Mio. Aktien zum Nennwert von 5 EUR / Aktie erhöht. Vom Ausgabepreis von 20 EUR / Aktie waren 17 EUR sofort einzuzahlen. Der Restbetrag kann vom Vorstand bei Bedarf eingefordert werden.

Beurteilung nach HGB a. F.:

Variante 1:

Die B AG zeigt in ihrer Bilanz ein um 20 Mio. EUR erhöhtes bilanzielles Eigenkapital. Das veränderte Eigenkapital setzt sich aus dem Posten Gezeichnetes Kapital (5 Mio. EUR) und dem Posten Kapitalrücklage (15 Mio. EUR) zusammen. Als Korrekturposten weist die B AG auf der Aktivseite den Posten ‚Ausstehende Einlagen auf das gezeichnete Kapital' in Höhe von 3 Mio. EUR aus (vgl. Abb. 103; Angaben in TEUR). Ein Vermerk der eingeforderten Beträge erübrigt sich.

Δ Aktiva		Δ Passiva	
A. Ausstehende Einlagen auf das gezeichnete Kapital	3.000	A. Eigenkapital	
...		I. Gezeichnetes Kapital	5.000
C. Umlaufvermögen		II. Kapitalrücklage	15.000
...			
IV. Liquide Mittel	17.000		

Abb. 103: Bruttodarstellung ausstehender Einlagen auf das gezeichnete Kapital (in TEUR)

Abschnitt 7: Eigenkapital – Ausstehende Einlagen auf das gezeichnete Kapital

Variante 2:

Die B AG setzt die ausstehenden Einlagen in Höhe von 3 Mio. EUR offen vom (erhöhten) gezeichneten Kapital ab. Der verbleibende Betrag in Höhe von 2 Mio. EUR ist als Posten ‚Eingefordertes Kapital' in der Hauptspalte der Passivseite auszuweisen (vgl. Abb. 104; Angaben in TEUR). Eingeforderte Beträge sind in diesem Fall unter den Forderungen auszuweisen. Eine Bewertung der nicht eingeforderten ausstehenden Einlagen erfolgt nicht.

Δ Aktiva		Δ Passiva	
...		A. Eigenkapital	
C. Umlaufvermögen		I. Gezeichnetes Kapital	5.000
...		– Nicht eingefordertes Kapital	3.000
IV. Liquide Mittel	17.000	= Eingefordertes Kapital	2.000
		II. Kapitalrücklage	15.000

Abb. 104: Nettodarstellung ausstehender Einlagen auf das gezeichnete Kapital (in TEUR)

Beurteilung nach HGB i. d. F. des BilMoG:

Die Darstellung nach HGB a. F. in der Variante 1 ist nach dem BilMoG **unzulässig**. Die Darstellung nach der zweiten Variante ist **verpflichtend**.

Sachverhalt – Variante:

Der Vorstand der B AG fordert von den zunächst nicht eingezahlten Beträgen bis zum Abschlussstichtag 2,50 EUR / Aktie ein.

Beurteilung nach HGB a. F.:

Variante 1:

Der Korrekturposten ‚Ausstehende Einlagen auf das gezeichnete Kapital' ist in Höhe von 3 Mio. EUR anzusetzen. In einem Davon-Vermerk ist anzugeben, dass 2,5 Mio. EUR ausstehende Einlagen eingefordert wurden (vgl. Abb. 105; Angaben in TEUR).

Δ Aktiva		Δ Passiva	
A. Ausstehende Einlagen auf das gezeichnete Kapital	3.000	A. Eigenkapital	
– davon eingefordert	2.500	I. Gezeichnetes Kapital	5.000
...		II. Kapitalrücklage	15.000
C. Umlaufvermögen			
...			
IV. Liquide Mittel	17.000		

Abb. 105: Bruttodarstellung ausstehender Einlagen auf das gezeichnete Kapital mit Teileinforderung (in TEUR)

Variante 2:

Die B AG setzt die nicht eingeforderten ausstehenden Einlagen (0,5 Mio. EUR) offen vom (erhöhten) gezeichneten Kapital ab und weist ein – verglichen mit der Situation vor der Kapitalerhöhung – um 4,5 Mio. EUR angestiegenes eingefordertes Kapital aus. Die eingeforderten Einlagen von 2,5 Mio. EUR sind unter den Forderungen auszuweisen (vgl. Abb. 106; Angaben in TEUR). Die nicht eingeforderten Einlagen unterliegen keiner Bewertung (Klarstellung).

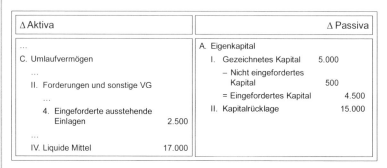

Abb. 106: Nettodarstellung ausstehender Einlagen auf das gezeichnete Kapital mit Teileinforderung (in TEUR)

Beurteilung nach HGB i. d. F. des BilMoG:

Die Darstellung nach Variante 1 ist nach dem BilMoG **unzulässig**, diejenige nach Variante 2 **verpflichtend**.

1.4 Erstanwendung, Übergangsregelung und steuerliche Folgen

Der neu gefasste § 272 Abs. 1 HGB ist **erstmals** verpflichtend auf Jahres- und Konzernabschlüsse für nach dem **31.12.2009** beginnende Geschäftsjahre anzuwenden (vgl. Art. 66 Abs. 3 Satz 1 EGHGB). Die Vorschrift kann bereits erstmalig auf das nach dem **31.12.2008** beginnende Geschäftsjahr angewandt werden, sofern gleichzeitig alle weiteren neuen Vorschriften zur Anwendung kommen, die in Art. 66 Abs. 3 Satz 6 EGHGB aufgeführt sind. Zudem bedarf es eines entsprechenden Hinweises im Anhang.

Das BilMoG enthält keine Übergangsregelungen zu § 272 Abs. 1 HGB. Der infolge der gesetzlichen Neuregelung zu durchbrechende Grundsatz der Ausweisstetigkeit gemäß § 265 Abs. 1 HGB ist für die Umstellung der Rechnungslegung ebenso außer Kraft gesetzt wie die Erläuterungspflicht des § 284 Abs. 2 Nr. 3 HGB bei der Änderung der Bilanzierungs- und Bewertungsmethoden. Schließlich brauchen bei erstmaliger Anwendung der geänderten Vorschriften die Vorjahreszahlen nicht angepasst zu werden. Macht das Unternehmen von dieser Erleichterung Gebrauch, ist im Anhang darauf hinzuweisen (vgl. Art. 67 Abs. 8 EGHGB). Bei Ausweisänderungen empfiehlt es sich allerdings, im Interesse der interperiodischen Vergleichbarkeit den Vorjahresausweis anzupassen.[444]

Unternehmen, die bislang den Bruttoausweis für ausstehende Einlagen gewählt haben, sind damit verpflichtet, im Jahr der erstmaligen Anwendung der Vorschriften des BilMoG auf den Nettoausweis überzugehen. Als reine Ausweisvorschrift entfaltet § 272 Abs. 1 Satz 3 HGB **keine steuerlichen** Auswirkungen.

Abb. 107 stellt die Auswirkungen des Übergangs auf den neu gefassten § 272 Abs. 1 Satz 3 HGB im Überblick dar.

Übergang auf die geänderte Darstellung ausstehender Einlagen		
Erstmalige Anwendung	Übergang	Steuerliche Folgen
• Obligatorisch: Jahres- und Konzernabschlüsse für nach dem 31.12.2009 beginnende Geschäftsjahre • Optional: Jahres- und Konzernabschlüsse für nach dem 31.12.2008 beginnende Geschäftsjahre (nur im Verbund mit allen übrigen vorzeitig anwendbaren Vorschriften) Art. 66 Abs. 3 EGHGB	• Keine Übergangsregelung • Bei erstmaliger Anwendung der Vorschriften des BilMoG ist auf den Nettoausweis überzugehen	Keine

Abb. 107: Übergang auf die geänderte Behandlung ausstehender Einlagen auf das gezeichnete Kapital

2 Eigene Anteile

2.1 Die neuen Vorschriften im Überblick

Die bisherige differenzierte bilanzielle Behandlung eigener Anteile in § 272 Abs. 1 und 4 HGB a. F. ist durch das BilMoG aufgegeben worden. Es gilt nunmehr die folgende Neuregelung in den Absätzen 1a und 1b des § 272 HGB:

HGB § 272 Eigenkapital

(1) [...]

(1a) Der Nennbetrag oder, falls ein solcher nicht vorhanden ist, der rechnerische Wert von erworbenen eigenen Anteilen ist in der Vorspalte offen von dem Posten „Gezeichnetes Kapital" abzusetzen. Der Unterschiedsbetrag zwischen dem Nennbetrag oder dem rechnerischen Wert und den Anschaffungskosten der eigenen An-

---

[444] So auch IDW RS HFA 28, IDW-FN 2009, S. 642, Tz. 30.

> teile ist mit den frei verfügbaren Rücklagen zu verrechnen. Aufwendungen, die Anschaffungsnebenkosten sind, sind Aufwand des Geschäftsjahrs.
>
> (1b) Nach der Veräußerung der eigenen Anteile entfällt der Ausweis nach Absatz 1a Satz 1. Ein den Nennbetrag oder den rechnerischen Wert übersteigender Differenzbetrag aus dem Veräußerungserlös ist bis zur Höhe des mit den frei verfügbaren Rücklagen verrechneten Betrages in die jeweiligen Rücklagen einzustellen. Ein darüber hinausgehender Differenzbetrag ist in die Kapitalrücklage gemäß Absatz 2 Nr. 1 einzustellen. Die Nebenkosten der Veräußerung sind Aufwand des Geschäftsjahrs.
>
> (2) bis (4) [...]

Von dem Ausweis eigener Anteile sind nur Kapitalgesellschaften betroffen. Einzelkaufleute und Personenhandelsgesellschaften können keine eigenen Anteile erwerben.

Das bislang geltende Bilanzrecht sah den **differenzierten Ausweis** zurückerworbener eigener Anteile als Vermögensgegenstände des Umlaufvermögens oder als Abzugsposten vom Eigenkapital vor. Über die Ausweisform entschieden die Rechtsform der erwerbenden Gesellschaft und der Erwerbszweck. Diese unterschiedliche Behandlung sah die Bundesregierung als nicht mehr gerechtfertigt an. Sie ist daher mit dem BilMoG **aufgegeben** worden. Nunmehr kürzen zurückerworbene eigene Anteile in Höhe ihrer Anschaffungskosten ausnahmslos das ausgewiesene Eigenkapital. Als Anschaffungsnebenkosten zu klassifizierende Beträge sind erfolgswirksam zu behandeln. Wirtschaftlich wird der Erwerb eigener Anteile somit **wie eine Kapitalrückzahlung** abgebildet. Aus diesem Grund unterliegen die eigenen Anteile keiner Bewertung in der Folgezeit.

Veräußert die Gesellschaft eigene Anteile zu einem späteren Zeitpunkt an Dritte, ist der Vorgang im Ergebnis **wie eine Kapitalerhöhung** darzustellen. Ein über die Anschaffungskosten hinaus erzielter Mehrerlös erhöht ungekürzt die Kapitalrücklage gemäß § 272 Abs. 2 Nr. 1 HGB. Nebenkosten der Veräußerung gehen in das Ergebnis ein.

Folgeänderungen haben sich bei den allgemeinen Gliederungsgrundsätzen sowie bei den Vorschriften zur Gliederung der Bilanz ergeben. Gestrichen worden ist die Vorgabe, eigene Anteile nur unter dem dafür vorgesehenen Posten im Umlaufvermögen auszuweisen (vgl. § 265 Abs. 3 Satz 2 HGB a. F.). Aus der Bilanzgliederung eliminiert wurde der Posten ‚Eigene Anteile' (vgl. § 266 Abs. 2 B. III. 2 HGB a. F.). Der Passivposten ‚Rücklage für eigene Anteile' ist in ‚Rücklage für Anteile an einem herrschenden oder mit mehrheitlich beteiligten Unternehmen' umbenannt worden (vgl. § 266 Abs. 3 A. III. HGB a. F.).

Der neu gefasste § 272 Abs. 1a und 1b HGB ist **erstmals** auf Jahres- und Konzernabschlüsse für das nach dem **31.12.2009** beginnende Geschäftsjahr anzuwenden (vgl. Art. 66 Abs. 3 Satz 1 EGHGB). Eine vorzeitige Anwendung für Geschäftsjahre, die nach dem **31.12.2008** beginnen, ist zulässig, allerdings nur im Verbund mit allen anderen in Art. 66 Abs. 3 EGHGB bezeichneten Vorschriften und unter Aufnahme eines entsprechenden Hinweises in den Anhang (vgl. Art. 66 Abs. 3 Satz 6 EGHGB).

2.2 Erwerb und Veräußerung eigener Anteile nach HGB a. F. und BilMoG im Vergleich

2.2.1 Erwerb eigener Anteile

Nach den **bisherigen** handelsrechtlichen **Regelungen** erfolgte die Bilanzierung des Erwerbs eigener Anteile bei **Aktiengesellschaften** und **Kommanditgesellschaften auf Aktien** in Abhängigkeit ihrer weiteren Verwendung (vgl. Abb. 108). Die Regelungen des § 272 Abs. 1 Satz 4-6 HGB a. F. fanden ausschließlich Anwendung auf Erwerbe von eigenen Anteilen, die

- entweder auf Beschluss der Hauptversammlung zur Einziehung der Anteile (vgl. § 71 Abs. 1 Nr. 6 AktG) erfolgten oder
- auf Basis einer Ermächtigung der Hauptversammlung getätigt wurden und der Zweck des Erwerbs
  - entweder in der Einziehung der Anteile lag oder
  - deren Wiederveräußerung von einem Beschluss der Hauptversammlung abhängig gemacht worden war (vgl. § 71 Abs. 1 Nr. 8 AktG).

Andere Erwerbe eigener Anteile waren im Umlaufvermögen unter einem eigenen Posten auszuweisen (vgl. § 265 Abs. 3 Satz 2, § 266 Abs. 2 B. III. 2 HGB a. F.). Gleichzeitig war eine korrespondierende Rücklage (vgl. § 266 Abs. 3 A. III. 2 HGB a. F.) zu bilden.

Die Vorschriften des § 272 Abs. 1 HGB zum Ausweis eigener Anteile fanden auf **GmbH** keine Anwendung. Bei diesen kam nur die letztgenannte Ausweisform in Betracht. Die von GmbH zurückerworbenen eigenen Geschäftsanteile waren somit stets unter den Wertpapieren des Umlaufvermögens auszuweisen.

Kapitel 2: Einzelgesellschaftliche Rechnungslegung

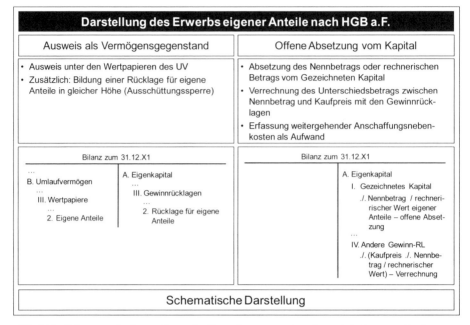

Abb. 108: Schematische Darstellung des Erwerbs eigener Anteile nach bisherigem Recht

Nach **den geänderten Ausweisvorschriften** des BilMoG sind zurückerworbene eigene Anteile ausschließlich passivisch als **Abzugsposten vom Eigenkapital** zu berücksichtigen. Nach § 272 Abs. 1a HGB ist dabei wie folgt zu verfahren:

- der Nennbetrag oder rechnerische Wert der zurückerworbenen eigenen Anteile kürzt das gezeichnete Kapital, der Abzug erfolgt offen in der Vorspalte
- der Unterschiedsbetrag zwischen dem Nennbetrag oder rechnerische Wert der eigenen Anteile und den Anschaffungskosten der eigenen Anteile ist mit den frei verfügbaren Rücklagen zu verrechnen. Ist dieser negativ, sind die frei verfügbaren Rücklagen zu erhöhen. Ein Vorspaltenausweis ist für den Unterschiedsbetrag nicht vorgesehen
- weitere Aufwendungen des Erwerbs, die nach § 255 Abs. 1 Satz 2 HGB Anschaffungsnebenkosten darstellen, sind als Aufwand des Geschäftsjahrs zu behandeln

Abb. 109 fasst die Änderungen beim Ausweis erworbener eigener Anteile durch das BilMoG zusammen.

Darstellung des Erwerbs eigener Anteile nach HGB a.F. und BilMoG

Rechtsform- und verwendungsspezifischer Ausweis nach bisherigem Recht

Ausweis als Vermögensgegenstand	Offene Absetzung vom Kapital
• AG / KGaA: Anteile, die nach § 71 Abs. 1 Nr. 1 bis 5 oder Nr. 7 AktG erworben wurden • GmbH: allein zulässige Form des Ausweises Umkehrschluss aus § 272 Abs. 1 Satz 4 bis 6 HGB a.F.	• AG / KGaA: » Anteile, die nach § 71 Abs. 1 Nr. 6, 8 AktG zur Einziehung erworben wurden » Anteile, deren Veräußerung einen HV-Beschluss erfordert • GmbH: nicht zulässig § 272 Abs. 1 Satz 4 bis 6 HGB a.F.
Verbot Umkehrschluss aus § 272 Abs. 1a HGB	• Rechtsformübergreifendes Gebot • Verrechnung des Unterschiedsbetrags zwischen Nennbetrag und Kaufpreis mit den frei verfügbaren Rücklagen statt mit den Gewinnrücklagen § 272 Abs. 1a HGB

Änderung des Ausweises durch BilMoG

Abb. 109: Änderungen bei der Darstellung des Erwerbs eigener Anteile durch das BilMoG

Der Erwerb eigener Anteile durch **Aktiengesellschaften** und **Kommanditgesellschaften auf Aktien** ist nur in den in § 71 AktG genannten Fällen zugelassen. Daran hat sich durch das BilMoG nichts geändert. Das gilt im Ergebnis auch für die weitere in § 71 Abs. 2 Satz 2 AktG a. F. genannte Erwerbsvoraussetzung. Sie hat lediglich eine redaktionelle Anpassung erfahren. Danach muss die Gesellschaft im Zeitpunkt des Erwerbs eine Rücklage in Höhe der Aufwendungen für den Erwerb bilden können, ohne das Grundkapital oder eine nach Gesetz oder Satzung zu bildende Rücklage zu mindern, die nicht zur Zahlung an die Aktionäre verwandt werden darf (vgl. § 71 Abs. 2 Satz 2 AktG).

Anders als das AktG beschränkt das **GmbHG** den Erwerb eigener Geschäftsanteile nicht auf bestimmte Zwecke. Soweit die Einlagen auf die Geschäftsanteile vollständig geleistet sind, darf sie die Gesellschaft erwerben, wenn dazu über das Stammkapital hinausgehendes Vermögen eingesetzt wird. Zudem muss auch die GmbH nach dem neu gefassten § 33 Abs. 2 Satz 1 GmbHG in der Lage sein, „im Zeitpunkt des Erwerbs eine Rücklage in Höhe der Aufwendungen für den Erwerb" zu bilden, „ohne das Stammkapital oder eine nach dem Gesellschaftsvertrag zu bildende Rücklage zu mindern, die nicht zur Zahlung an die Gesellschafter verwandt werden darf" (§ 33 Abs. 2 Satz 1 GmbHG, beide Zitate).

Nach der Regierungsbegründung soll die mit dem BilMoG geschaffene **rechtsformunabhängige Regelung** des § 272 Abs. 1a HGB die bilanzielle Darstellung des Erwerbs eigener Anteile vereinfachen, die Differenzierung zwischen der Behandlung eigener Aktien und anderen eigenen Anteilen beseitigen und dem **wirtschaftlichen Gehalt** des Rückkaufs eigener Anteile als Auskehrung frei verfügbarer Rücklagen an die Anteilseigener Rechnung tragen (vgl. BT-Drucks. 16/10067, S. 65).

Die der bisherigen Darstellung zugrunde liegende Differenzierung zwischen den verschiedenen Erwerbstatbeständen des § 71 AktG ist mit dem unterschiedlichen Charakter des jeweiligen Vorgangs begründet worden. Teilweise werden eigene Aktien zum Zwecke der Weiterveräußerung erworben, was ihren Ausweis als Vermögensgegenstände nahe legt. In anderen Fällen zielt der Erwerb wirtschaftlich auf eine Kapitalherabsetzung, was für eine Reduzierung des Eigenkapitals spricht. Erklärtes Ziel des BilMoG war es, diese allein an (subjektiven) Absichten anknüpfende Differenzierung aufzugeben. Der Ausweis soll sich allein am wirtschaftlichen Gehalt des Rückkaufs orientieren. Diesen sieht die Bundesregierung durch die allgemein angeordnete offene Absetzung des Nennbetrags oder rechnerischen Werts der eigenen Anteile vom gezeichneten Kapital und die Verrechnung des übersteigenden Betrags der Anschaffungskosten mit den freien Rücklagen zutreffend abgebildet. In der Literatur wird empfohlen, den Vorspaltenposten als „Nennbetrag / rechnerischer Wert eigener Anteile" und den Hauptspaltenposten als „Ausgegebenes Kapital" zu bezeichnen.[445]

Ausdrücklich gegen mögliche Einwände verteidigt hat die Bundesregierung die offene **Reduzierung des gezeichneten Kapitals** um den Nennbetrag bzw. den rechnerischen Wert der Anteile. Zwar ändere der Rückerwerb eigener Anteile am Betrag des gezeichneten Kapitals formal nichts. Die Abschlussadressaten seien jedoch durch den Vorspaltenausweis besser informiert, als wenn der Umfang der zurückgekauften eigenen Anteile lediglich im Anhang dargelegt werde (vgl. BT-Drucks. 16/10067, S. 65 f.).

Eine erneute rechtsformspezifische Ausformulierung des § 272 Abs. 1a HGB, wie sie der bisherige § 272 Abs. 1 Satz 4-6 HGB a. F. vorsieht, hat der Gesetzgeber zu Recht verworfen. Sachliche Gründe für diese Differenzierung sind nicht in Sicht. Die neue Ausweisregelung wird allerdings unter dem Gesichtspunkt der **Kapitalerhaltung** bzw. der hierfür erforderlichen Transparenz im Jahresabschluss als teilweise problematisch erachtet. Die Begründung für diese berechtigte Kritik liefert das folgende Beispiel:[446]

Beispiel

Sachverhalt:

Eine Aktiengesellschaft erwirbt 10.000 eigene Aktien zum Preis von 25 EUR / Aktie, um sie ihren Mitarbeitern als Vergütungskomponente anzubieten (vgl. § 71 Abs. 1 Nr. 2 AktG). Von Anschaffungsnebenkosten sei abgesehen. Die Aktien weisen einen Nennbetrag von 5 EUR / Stück auf.

---

[445] Knorr/Seidler, in: Bertram/Brinkmann/Kessler/Müller (Hrsg.): Haufe HGB Bilanz Kommentar, Freiburg 2009, § 272, Rz. 175; so auch Förschle/Hoffmann, in Ellrott u. a. (Hrsg.): Beck'scher Bilanz-Kommentar, 7. Aufl., München 2010, § 272 HGB, Anm. 9.

[446] Vgl. auch Lüdenbach, StuB 2010, S. 232 f.

Beurteilung:

Nach bisherigem Recht waren die eigenen Aktien mit ihren Anschaffungskosten von 250.000 EUR unter den Wertpapieren des Umlaufvermögens zu aktivieren. In gleicher Höhe war innerhalb der Gewinnrücklagen eine Rücklage für eigene Anteile zu bilden. Das machte es erforderlich, einen entsprechenden Betrag aus dem Ergebnis der Erwerbsperiode oder aus frei verfügbaren Gewinnrücklagen umzubuchen. Auf diese Weise wurde eine zusätzliche Ausschüttungssperre in Höhe von 250.000 EUR errichtet.

Die Darstellung des Vorgangs nach BilMoG führt demgegenüber nur zu einer Reduzierung der frei verfügbaren Rücklagen um 200.000 EUR. Grund hierfür ist die Kürzung des gezeichneten Kapitals um den Nennbetrag der zurückerworbenen eigenen Anteile. Im Ergebnis werden gegenüber dem bisherigen Recht im Jahresabschluss um 50.000 EUR höhere freie Rücklagen ausgewiesen. Da das gezeichnete Kapital ohnehin von einer Auskehrung an die Anteilseigner ausgeschlossen ist, könnte sich bei wortgetreuer Auslegung von § 57 Abs. 3 AktG der Eindruck ergeben, dass seine Reduzierung unter dem Aspekt der Kapitalerhaltung wirkungslos bleiben könnte. Hierzu wird allerdings die Meinung vertreten, die Regelung sei sinngemäß wie § 30 Abs. 1 Satz 1 GmbH zu deuten, wonach eine Ausschüttung des offen vom „Gezeichneten Kapital" abgesetzten Nennbetrags oder rechnerischen Werts der eigenen Anteile nicht erlaubt ist.[447]

In jedem Fall verbleibt im Jahresabschluss ein Transparenzdefizit. Folgt man der erwähnten Literaturauffassung, ist zur Ermittlung des tatsächlich ausschüttungsfähigen Eigenkapitals außerhalb des Jahresabschlusses von den frei verfügbaren Rücklagen der Nennbetrag bzw. der rechnerische Wert der eigenen Anteile abzuziehen.

Eher klarstellenden Charakter hat die Verwendung des Begriffs ‚frei verfügbare Rücklagen' anstelle des früheren Begriffs der ‚anderen Gewinnrücklagen im Sinn des § 266 Abs. 3 A. III. 4. HGB', wenn es um die Verrechnung des Teils der Anschaffungskosten eigener Anteile geht, der den Nennbetrag oder rechnerischen Wert übersteigt. Die geänderte Formulierung trägt der **praktischen Handhabung Rechnung**. Die bisherige begriffliche Beschränkung auf ‚Gewinnrücklagen im Sinn des § 266 Abs. 3 A. III. 4. HGB' war zu eng angelegt. Die Kommentarliteratur vertrat nahezu einhellig die Auffassung, dass Anschaffungskosten eigener Anteile bspw. auch mit frei verfügbaren Kapitalrücklagen (z. B. nach § 272 Abs. 2 Nr. 4 HGB) verrechnet werden dürfen. Diese Möglichkeit sieht die Vorschrift des § 272 Abs. 1a HGB nunmehr ausdrücklich vor. Ebenso kommt auch eine Verrechnung mit dem Jahresergebnis in Betracht, sofern es sich um den Teil handelt, der gemäß § 58 Abs. 2 AktG durch den Vorstand und den Aufsichtsrat in die anderen Gewinnrücklagen eingestellt werden kann bzw. der gemäß § 58 Abs. 1 AktG aufgrund einer Satzungsbestimmung einer

---

[447] Knorr/Seidler, in: Bertram/Brinkmann/Kessler/Müller (Hrsg.): Haufe HGB Bilanz Kommentar, Freiburg 2009, § 272 HGB, Rz. 196d.

verwendungsbeschränkten Rücklage zuzuführen ist.[448] Unter dem Gesichtspunkt der Ausschüttung ergeben sich aus dieser Klarstellung keine Änderungen (vgl. BT-Drucks. 16/10067, S. 66).

Die Verrechnung kann im Jahresabschluss mit Hilfe der Verwendungsrechnung gemäß § 158 Abs. 1 AktG dargestellt werden. Mangels einer entsprechenden gesetzlichen Regelung ist aber auch die direkte Verrechnung des Unterschiedsbetrags mit den freien Rücklagen möglich.

2.2.2 Veräußerung eigener Anteile

§ 272 Abs. 1 HGB a. F. regelte nicht, wie die Veräußerung eigener Anteile darzustellen ist, wenn etwa bei Aktiengesellschaften ein entsprechender Hauptversammlungsbeschluss gefasst wird oder ein Einziehungsbeschluss nicht zustande kommt. Das **Meinungsbild** zu dieser Frage war **gespalten**. Teilweise wurde vorgeschlagen, bei Vorliegen eines Veräußerungsbeschlusses auf die ‚normale' Bilanzierung überzugehen und eigene Anteile als Vermögensgegenstände zu ‚reaktivieren'. Damit verbunden war die Behandlung des Verkaufs als erfolgswirksamer Veräußerungsvorgang. Eine andere Auffassung favorisierte die Beibehaltung der Darstellung nach § 272 Abs. 1 Satz 4-6 HGB a. F. Bei dieser Auslegung bestanden wiederum unterschiedliche Ansichten darüber, wie der die früheren Anschaffungskosten übersteigende Teil des Veräußerungserlöses zu behandeln ist (erfolgswirksam, Einstellung in die Gewinnrücklagen, Einstellung in die Kapitalrücklage nach § 272 Abs. 2 Nr. 1 HGB a. F.).

Der mit dem BilMoG eingefügte § 272 Abs. 1b HGB sieht eindeutige Rechtsfolgen für den Veräußerungsfall vor, wenngleich die Regelung nicht alle Fälle adressiert. Werden eigene Anteile zu einem Preis über den ursprünglichen Anschaffungskosten veräußert, ergeben sich folgende bilanzielle Konsequenzen:

- der Vorspaltenausweis beim gezeichneten Kapital entfällt;
- ein den Nennbetrag oder den rechnerischen Wert der eigenen Anteile übersteigender Betrag des Veräußerungserlöses erhöht die frei verfügbaren Rücklagen bis zur Höhe des Betrags, der beim Erwerb der eigenen Anteile mit den frei verfügbaren Rücklagen verrechnet wurde;
- ein erzielter Mehrerlös ist in die Kapitalrücklage gemäß § 272 Abs. 2 Nr. 1 HGB einzustellen;
- Nebenkosten der Veräußerung gehen unmittelbar in das Ergebnis der Periode ein.

Alternativ zu dieser Darstellungsform ist erwogen worden, den Teil des Veräußerungserlöses, der den Nennbetrag oder den rechnerischen Wert der eigenen Anteile übersteigt, als Agio zu klassifizieren und vollständig in die Kapitalrücklage nach § 272 Abs. 2 Nr. 1 HGB einzustellen. Dieser Gedanke hat in der endgültigen Fassung des Gesetzes zu Recht keine Berücksichtigung gefunden. Da der Rückkauf der eige-

---

[448] Adler/Düring/Schmaltz: Rechnungslegung und Prüfung der Unternehmen, 6. Aufl., Stuttgart 1995 ff., § 272 HGB, Tz. 193 und § 272 HGB nF, Tz. 13.

nen Anteile zu Lasten der frei verfügbaren Rücklagen ginge, würde es die Gesellschafter ohne sachlichen Grund benachteiligen, wenn der Veräußerungserlös in Höhe der ursprünglichen Anschaffungskosten nach Rückabwicklung des Vorgangs nicht wieder zur Ausschüttung zur Verfügung stünde. Aus diesem Grund ordnet § 272 Abs. 1b Satz 3 HGB an, nur den Mehrerlös in die Kapitalrücklage nach § 272 Abs. 2 Nr. 1 HGB einzustellen (vgl. BT-Drucks. 16/10067, S. 66).

§ 272 Abs. 1b HGB spricht den Fall einer Veräußerung der eigenen Anteile zu einem Preis unter den ursprünglichen Anschaffungskosten nicht an. Damit bleibt offen, ob der Differenzbetrag mit den freien Rücklagen zu verrechnen ist oder die Kapitalrücklage nach § 272 Abs. 2 Nr. 1 HGB reduziert (vgl. hierzu das Beispiel in Gliederungspunkt 2.3, Variante 3).

Die endgültige Fassung des § 272 Abs. 1a Satz 1 HGB verzichtet gegenüber jener des RegE BilMoG darauf, die offene Absetzung des Nennbetrags oder rechnerischen Werts von eigenen Anteilen vom gezeichneten Kapital ‚als Kapitalrückzahlung' zu bezeichnen. Dieser Zusatz beinhaltet nach der Begründung des Rechtsausschusses keinen Regelungsgegenstand und wurde daher als entbehrlich erachtet (vgl. BT-Drucks. 16/12407, S. 113).

Auch die Sätze 1-3 des § 272 Abs. 1b HGB sind gegenüber der Fassung im RegE BilMoG angepasst worden. Die Änderung hat rechtstechnische Gründe. Zum einen hat der Gesetzgeber aus dem vorgenannten Grund auf die Kennzeichnung der Rückgängigmachung des Vorspaltenausweises ‚als Kapitalerhöhung' verzichtet. Ohnehin ist in der endgültigen Fassung keine Rede mehr davon, dass die bisherige Darstellung ‚rückgängig zu machen' ist. Stattdessen heißt es, der Vorspaltenausweis entfalle. Die Rechtsfolge tritt mithin nur für die Zukunft ein. Eine rückwirkende Änderung des Ausweises für Vorjahre nach einer Veräußerung der eigenen Anteile ist unzulässig. Der neu gefasste Satz 2 soll zum anderen sicherstellen, dass ein über den Nennbetrag oder rechnerischen Wert der eigenen Anteile erzielter Unterschiedsbetrag in die Rücklagen eingestellt wird, mit denen der Kaufpreis der eigenen Anteile verrechnet wurde. Diese Behandlung ist – wie erwähnt – der Höhe nach begrenzt auf den bei Erwerb der eigenen Anteile mit den Rücklagen verrechneten Betrag. Satz 3 in seiner neuen Fassung war schließlich aufgrund der Änderungen der Sätze 1 und 2 redaktionell zu überarbeiten (vgl. BT-Drucks. 16/12407, S. 113).

Abb. 110 stellt die Änderungen durch das BilMoG den bisherigen Regelungen im Überblick gegenüber.

Kapitel 2: Einzelgesellschaftliche Rechnungslegung

Darstellung der Veräußerung eigener Anteile nach HGB a.F. und BilMoG	
Darstellung nach bisherigem Recht	
Ausweis als Vermögensgegenstand	Offene Absetzung vom Kapital
• Erfassung der eigenen Anteile als Abgang • Ausweis eines Veräußerungsgewinns oder -verlusts in der GuV	• Nicht geregelt • Das Meinungsbild ist uneinheitlich: » Behandlung wie eine Kapitalerhöhung » Einstellung eines Mehrerlöses in die Gewinnrücklagen » Erfolgswirksame Erfassung eines Mehrerlöses
Verbot Umkehrschluss aus § 272 Abs. 1a HGB	• Entfall des Vorspaltenausweises • Dotierung der freien Rücklagen bis zur Höhe des Verrechnungsbetrags • Einstellung eines Mehrerlöses in die Kapitalrücklage nach § 272 Abs. 2 Satz 1 HGB § 272 Abs. 1b HGB
Änderung des Ausweises durch BilMoG	

Abb. 110: Darstellung der Veräußerung eigener Anteile nach HGB a. F. und nach BilMoG

2.3 Fallbeispiele

Das nachfolgende Beispiel erläutert die Behandlung eigener Anteile nach den Vorschriften des BilMoG.

Beispiel 1

Sachverhalt:

Die B AG hat im Geschäftsjahr X1 in fünf Tranchen 100.000 eigene Aktien zu den folgenden Konditionen über die Börse zurückerworben (Angaben in EUR). Die Aktien sind nicht zur Einziehung bestimmt. Eine spätere Veräußerung der Anteile bedarf keines Beschlusses der Hauptversammlung.

Tranche	Anzahl Aktien	Nennwert / Aktie	Preis / Aktie	Nennwert gesamt	Kurswert gesamt	Nebenkosten
1	10.000	5	25	50.000	250.000	2.500
2	18.000	5	27	90.000	486.000	4.860
3	16.000	5	30	80.000	480.000	4.800
4	32.000	5	26	160.000	832.000	8.320
5	24.000	5	23	120.000	552.000	5.520
Summe	100.000	-	-	500.000	2.600.000	26.000

Am 31.12.X1 notieren die B-Aktien bei 27 EUR.

Beurteilung nach HGB a. F.:

Die zurückerworbenen eigenen Aktien sind unter den Wertpapieren des Umlaufvermögens mit ihrem Anschaffungspreis (2.600.000 EUR) zuzüglich der Anschaffungsnebenkosten von 26.000 EUR zu aktivieren (Angaben in EUR):

Datum	Konto	Soll	Haben
Geschäfts-	Eigene Anteile	2.626.000	
jahr X1	Bank		2.626.000

In gleicher Höhe ist eine Rücklage für eigene Anteile zu bilden. Das kann bspw. durch Umbuchung des Betrags aus den anderen Gewinnrücklagen erfolgen (Angaben in EUR):

Datum	Konto	Soll	Haben
Geschäfts-	Andere Gewinnrücklagen	2.626.000	
jahr X1	Rücklage für eigene Anteile		2.626.000

Der Anstieg des Kurses der eigenen Aktien über die Anschaffungskosten hinaus wirkt sich wegen des Anschaffungswertprinzips bilanziell nicht aus.

Beurteilung nach HGB i. d. F. des BilMoG:

Der Nennwert der zurückerworbenen eigenen Aktien (500.000 EUR) ist offen vom gezeichneten Kapital abzusetzen. Der übersteigende Teil des Kaufpreises (2.100.000 EUR) kürzt die anderen Gewinnrücklagen (Angaben in EUR):

Datum	Konto	Soll	Haben
	Gezeichnetes Kapital (Eigene Anteile)	500.000	
Geschäfts-	Andere Gewinnrücklagen	2.100.000	
jahr X1	Bank		2.600.000

Die Anschaffungsnebenkosten sind unmittelbar erfolgswirksam zu behandeln (Angaben in EUR):

Datum	Konto	Soll	Haben
Geschäfts-	Sonstige betriebliche Aufwendungen	26.000	
jahr X1	Bank		26.000

Da der Rückerwerb der eigenen Anteile wie eine Kapitalrückzahlung dargestellt wird, die eigenen Anteile also nicht die Qualität eines Vermögensgegenstands aufweisen, unterliegen sie keiner Folgebewertung.

Sachverhalt – Variante 1:

Abweichend vom Ausgangsfall sei angenommen, der Börsenkurs der B-Aktien betrage zum 31.12.X1 24 EUR / Aktie.

Beurteilung nach HGB a. F.:

Die zurückerworbenen eigenen Aktien sind um 226.000 EUR auf ihren niedrigeren beizulegenden Wert von 2.400.000 EUR abzuschreiben (Angaben in EUR):

Datum	Konto	Soll	Haben
	Abschreibungen auf Wertpapiere des UV	226.000	
31.12.X1	Eigene Anteile		226.000

Die Rücklage für eigene Anteile ist erfolgsneutral anzupassen (Angaben in EUR):

Datum	Konto	Soll	Haben
	Rücklage für eigene Anteile	226.000	
31.12.X1	Andere Gewinnrücklagen		226.000

Beurteilung nach HGB i. d. F. des BilMoG:

Da der Rückerwerb der eigenen Anteile wie eine Kapitalrückzahlung dargestellt wird, wirkt sich eine Änderung des Börsenkurses der Anteile bilanziell nicht aus.

Sachverhalt – Variante 2:

Ausgehend von der Situation gemäß Variante 1 veräußert die B AG am 16.9.X2 die zurückerworbenen eigenen Anteile zum Preis von 30 EUR / Aktie abzüglich 1 % Transaktionskosten.

Beurteilung nach HGB a. F.:

Die eigenen Aktien sind mit ihrem Buchwert von 2.400.000 EUR auszubuchen. In Höhe der Differenz zwischen Buchwert und Netto-Veräußerungserlös ist ein sonstiger betrieblicher Ertrag zu erfassen (Angaben in EUR):

Datum	Konto	Soll	Haben
	Bank	2.970.000	
	Eigene Anteile		2.400.000
16.09.X2	Sonstige betriebliche Erträge		570.000

Die Rücklage für eigene Anteile ist zum Jahresende erfolgsneutral in die anderen Gewinnrücklagen umzugliedern (Angaben in EUR):

Datum	Konto	Soll	Haben
	Rücklage für eigene Anteile	2.400.000	
31.12.X2	Andere Gewinnrücklagen		2.400.000

Eine Veräußerung der eigenen Anteile ist nach § 272 Abs. 1b HGB wie folgt darzustellen:

- Rückgängigmachung der Verrechnung des Nennbetrags bzw. rechnerischen Werts der Anteile mit dem gezeichneten Kapital
- Erhöhung der frei verfügbaren Rücklagen um den ursprünglich verrechneten Betrag
- Erhöhung der Kapitalrücklage um den Mehrbetrag aus der Veräußerung
- Erfassung der Nebenkosten der Veräußerung als Aufwand der Periode

Im Fallbeispiel ergibt sich damit folgende Buchung (Angaben in EUR):

Datum	Konto	Soll	Haben
	Bank	2.970.000	
	Sonstige betriebliche Aufwendungen	30.000	
	Gezeichnetes Kapital (Eigene Anteile)		500.000
	Andere Gewinnrücklagen		2.100.000
16.9.X2	Kapitalrücklage		400.000

Sachverhalt – Variante 3:

Ausgehend von der Situation gemäß Variante 1 veräußert die B AG am 16.9.X2 die zurückerworbenen eigenen Anteile zum Preis von 20 EUR / Aktie abzüglich 1 % Transaktionskosten.

Beurteilung nach HGB a. F.:

Die eigenen Aktien sind erneut mit ihrem Buchwert von 2.400.000 EUR auszubuchen. In Höhe der Differenz zwischen Buchwert und dem niedrigeren Netto-Veräußerungserlös von 1.980.000 EUR ist ein sonstiger betrieblicher Aufwand zu erfassen (Angaben in EUR):

Datum	Konto	Soll	Haben
	Bank	1.980.000	
	Sonstige betriebliche Aufwendungen	420.000	
16.09.X2	Eigene Anteile		2.400.000

Die Rücklage für eigene Anteile ist zum Jahresende erfolgsneutral in die anderen Gewinnrücklagen umzugliedern (Angaben in EUR):

Datum	Konto	Soll	Haben
	Rücklage für eigene Anteile	2.400.000	
31.12.X2	Andere Gewinnrücklagen		2.400.000

Beurteilung nach HGB i. d. F. des BilMoG:

§ 272 Abs. 1b HGB regelt die Behandlung des Differenzbetrags zwischen den Anschaffungskosten der eigenen Anteile und einem dahinter zurückbleibenden Veräußerungserlös nicht. In Betracht kommen zwei Darstellungsformen:

- Verrechnung des Differenzbetrags mit den frei verfügbaren Rücklagen
- Verminderung der Kapitalrücklage gemäß § 272 Abs. 2 Nr. 1 HGB in Höhe des Unterschiedsbetrags zwischen dem ursprünglich mit den frei verfügbaren Rücklagen verrechneten Betrag und dem über den Nennwert bzw. rechnerischen Wert hinaus erzielten Verkaufspreis

Bei sinngemäßer Anwendung der Regelung des § 272 Abs. 1a HGB könnte die zweite Darstellungsform naheliegen (Angaben in EUR):

Datum	Konto	Soll	Haben
	Bank	1.980.000	
	Sonstige betriebliche Aufwendungen	20.000	
	Kapitalrücklage	600.000	
	Gezeichnetes Kapital (Eigene Anteile)		500.000
16.9.X2	Andere Gewinnrücklagen		2.100.000

Nach dieser Verfahrensweise würden die ursprünglich, d. h. zum Zeitpunkt des Erwerbs der eigenen Anteile, verfügbaren freien Rücklagen wiederhergestellt. Diese Lösung erscheint indes unter Kapitalerhaltungsgesichtspunkten bedenklich. Die Verrechnung führte nämlich bei Aktiengesellschaften und Kommanditgesellschaften auf Aktien zu einer dauerhaften Herabsetzung des Mindesthaftvermögens. Darin könnte ein Verstoß gegen die Verwendungsbeschränkungen des § 150 AktG gesehen werden.

Zu favorisieren und wohl auch vom Gesetzgeber gewollt ist daher die Verrechnung des Differenzbetrags mit den frei verfügbaren Rücklagen. Sie sieht sich auch durch den Wortlaut des § 272 Abs. 1b HGB gedeckt. Danach ist ein „den Nennbetrag oder den rechnerischen Wert übersteigender Differenzbetrag aus dem Veräußerungserlös [...] **bis** zur Höhe des mit den frei verfügbaren Rücklagen verrechneten Betrags in die jeweiligen Rücklagen einzustellen" (Hervorhebung durch die Verf.). Das schließt die Möglichkeit der Einstellung eines niedrigeren Betrags in die frei verfügbaren Rücklagen explizit ein.

Diese Darstellung des Veräußerungsvorgangs führt zu folgender Buchung (Angaben in EUR):

Datum	Konto	Soll	Haben
	Bank	1.980.000	
	Sonstige betriebliche Aufwendungen	20.000	
	Gezeichnetes Kapital (Eigene Anteile)		500.000
16.9.X2	Andere Gewinnrücklagen		1.500.000

Eigene Anteile werden bisweilen erworben, um im Weg einer Kapitalherabsetzung durch Einziehung der Anteile einen aufgelaufenen Verlustvortrag zu beseitigen. Dies gelingt dann, wenn die Aktien unterhalb ihres Nennbetrags oder rechnerischen Werts notieren. Auch auf die Abbildung einer solchen Kapitalherabsetzung wirken sich die neuen Vorschriften des BilMoG aus. Da dieser Fall vom Wortlaut des § 272 Abs. 1a HGB nicht erfasst wird, ist die Vorschrift sinngemäß anzuwenden. Das folgende Beispiel erläutert die Auslegung und die buchungstechnische Umsetzung der Kapitalherabsetzung.

Beispiel 2

Sachverhalt:

Die Bilanz der B AG weist zum 31.12.X1 einen Ergebnisvortrag aus Vorjahren in Höhe von insgesamt -3.000 TEUR aus. Diesen Ergebnisvortrag will die Gesellschaft mittels einer Kapitalherabsetzung durch Einziehung von Aktien beseitigen.

Die Aktien im Nennwert von 50 EUR pro Stück notieren zurzeit mit 12 EUR pro Stück an der Börse. Die Gesellschaft plant, insgesamt 200.000 Aktien zurück zu erwerben. Ein entsprechender Beschluss der Hauptversammlung liegt vor.

Die Bilanz der X AG zum 31.12.X1 stellt sich vor Berücksichtigung des Erwerbs der eigenen Aktien zusammengefasst wie folgt dar:

Aktiva	Bilanz der B AG zum 31.12.X1 (in TEUR)		Passiva
Anlagevermögen	85.000	Gezeichnetes Kapital	120.000
		Ergebnisvortrag	-3.000
Umlaufvermögen	71.000	Eigenkapital	117.000
		Verbindlichkeiten	39.000
Bilanzsumme	156.000	Bilanzsumme	156.000

Bei der bilanziellen Abbildung der Transaktion ist von einem konstanten Aktienkurs auszugehen. Für den Erwerb der eigenen Aktien wendet die B AG somit 2.400 TEUR auf. Von Anschaffungsnebenkosten sei abgesehen.

Beurteilung:

In einem ersten Schritt ist der Erwerb der eigenen Aktien bilanziell zu erfassen. Ihr Nennbetrag von 10.000 TEUR ist nach § 272 Abs. 1a Satz 1 HGB offen vom gezeichneten Kapital abzusetzen. Da die Aktie unter pari notiert, ist der Unterschiedsbetrag zwischen dem Nennbetrag und dem Kaufpreis negativ. § 272 Abs. 1a Satz 2 HGB geht demgegenüber von einem positiven Unterschiedsbetrag aus und verlangt dessen Verrechnung mit den Gewinnrücklagen. Bei sinngemäßer Anwendung sind im vorliegenden Fall die Gewinnrücklagen in Höhe des Unterschiedsbetrags zu dotieren. Der Erwerb der eigenen Anteile ist somit wie folgt zu buchen (Angaben in TEUR):

Datum	Konto	Soll	Haben
	Gezeichnetes Kapital (Nennwert eigene Aktien)	10.000	
	Andere Gewinnrücklagen		7.600
31.12.X1	Bank		2.400

Nach Erwerb der eigenen Aktien ergibt sich für die B AG das folgende Bilanzbild:

Aktiva	Bilanz der B AG zum 31.12.X1 (in TEUR)		Passiva	
Anlagevermögen	85.000	Gezeichnetes Kapital	120.000	
		Eigene Aktien	-10.000	110.000
Umlaufvermögen	68.600	Gewinnrücklagen		7.600
		Ergebnisvortrag		-3.000
		Eigenkapital		114.600
		Verbindlichkeiten		39.000
Bilanzsumme	153.600	Bilanzsumme		153.600

Im zweiten Schritt erfolgen die Kapitalherabsetzung durch Einziehung von Aktien und der Ausgleich des Verlustvortrags. Das erfordert

1. die endgültige Herabsetzung des gezeichneten Kapitals um den Nennbetrag der zurückerworbenen eigenen Aktien,
2. die Auflösung der aus dem Erwerb der eigenen Aktien gebildeten anderen Gewinnrücklagen und
3. die Einstellung des nicht zur Verlustabdeckung benötigten Betrags, der aus der Kapitalherabsetzung gewonnen wurde, in die Kapitalrücklage.

Mit der Auflösung der anderen Gewinnrücklagen wird der erzielte Buchgewinn aus der Kapitalherabsetzung mit dem Verlustvortrag in der Ergebnisverwendungsrechnung zusammengeführt. Gemäß § 240 Satz 1 AktG ist die Rücklagenauflösung als ‚Ertrag aus der Kapitalherabsetzung' auszuweisen. Im Beispiel übersteigt der Buchgewinn aus der Kapitalherabsetzung (7.600 TEUR) den Verlustvortrag (3.000 TEUR) um 4.600 TEUR. Dieser Betrag ist, ebenfalls im Zuge der Ergebnisverwendung, in die Kapitalrücklage einzustellen. Die Begründung hierfür ergibt sich aus § 240 AktG. Sie sieht als zulässige Verwendungsmöglichkeiten für den aus einer Kapitalherabsetzung gewonnenen Betrag allein den Ausgleich von Wertminderungen, die Deckung sonstiger Verluste und die Einstellung in die Kapitalrücklage vor.

Die zugehörigen Buchungen lauten wie folgt (Angaben in TEUR):

Datum	Konto	Soll	Haben
31.12.X1	Gezeichnetes Kapital	10.000	
	Gezeichnetes Kapital (Nennwert eigene Aktien)		10.000

Datum	Konto	Soll	Haben
31.12.X1	Andere Gewinnrücklagen	7.600	
	Ertrag aus der Kapitalherabsetzung		7.600

Datum	Konto	Soll	Haben
31.12.X1	Einstellung in die Kapitalrücklage	4.600	
	Kapitalrücklage		4.600

Nach der Einziehung der eigenen Aktien und der buchmäßigen Beseitigung des Verlusts ergibt sich für die B AG das folgende Bilanzbild:

Aktiva	Bilanz der B AG zum 31.12.X1 (in TEUR)		Passiva
Anlagevermögen	85.000	Gezeichnetes Kapital	110.000
		Kapitalrücklage	4.600
Umlaufvermögen	68.600	Gewinnrücklagen	0
		Ergebnisvortrag	0
		Eigenkapital	114.600
		Verbindlichkeiten	39.000
Bilanzsumme	153.600	Bilanzsumme	153.600

2.4 Erstanwendung, Übergangsregelung und steuerliche Folgen

Die neu gefassten Vorschriften zum Ausweis des Erwerbs und der Veräußerung eigener Anteile sind **erstmals** verpflichtend auf Jahres- und Konzernabschlüsse für nach dem **31.12.2009** beginnende Geschäftsjahre anzuwenden (vgl. Art. 66 Abs. 3 Satz 1 EGHGB). Eine vorzeitige Anwendung auf Jahres- und Konzernabschlüsse für nach dem **31.12.2008** beginnende Geschäftsjahr ist zulässig, jedoch nur im Verbund mit allen anderen vorzeitig nach Art. 66 Abs. 3 EGHGB anwendbaren Vorschriften und unter Aufnahme eines entsprechenden Hinweises in den Anhang.

Übergangsregelungen zu den neuen Ausweisvorschriften existieren nicht. Unternehmen, die eigene Anteile bislang als Vermögensgegenstände des Umlaufvermögens ausgewiesen haben, sind verpflichtet, diese im Jahr der erstmaligen Anwendung der Vorschriften des BilMoG mit dem Eigenkapital zu verrechnen. Der infolge der gesetzlichen Neuregelung zu durchbrechende Grundsatz der Ausweisstetigkeit gemäß § 265 Abs. 1 HGB ist für die Umstellung der Rechnungslegung ebenso außer Kraft gesetzt wie die Erläuterungspflicht des § 284 Abs. 2 Nr. 3 HGB bei Änderung der Bilanzierungs- und Bewertungsmethoden. Schließlich brauchen bei erstmaliger Anwendung der geänderten Vorschriften die Vorjahreszahlen nicht angepasst zu werden. Macht das Unternehmen von dieser Erleichterung Gebrauch, ist im Anhang darauf hinzuweisen (vgl. Art. 67 Abs. 8 EGHGB). Bei Ausweisänderungen empfiehlt es sich allerdings, im Interesse der interperiodischen Vergleichbarkeit den Vorjahresausweis anzupassen.[449]

Welche steuerlichen Konsequenzen sich aus dem geänderten Ausweis eigener Anteile ergeben, ist nicht abschließend geklärt. Handelsrechtlich ist eine Veräußerung eigener Anteile künftig wie eine Kapitalerhöhung darzustellen. Namentlich ist ein die ursprünglichen Anschaffungskosten übersteigender Veräußerungserlös wie ein **Agio** bei der Ausgabe neuer Aktien in die Kapitalrücklage einzustellen. Sollte das Steuerrecht dieser Betrachtung folgen, entstünde bei der Wiederveräußerung der eigenen Aktien auch kein steuerpflichtiger Gewinn. Damit würde der Mehrerlös auch nicht in den Anwendungsbereich des § 8b Abs. 3 KStG fallen.[450]

Möglicherweise um diese Konsequenz zu vermeiden, hat der Gesetzgeber auf die Verwendung der Begriffe ‚Kapitalrückzahlung' bzw. ‚Kapitalerhöhung' in § 272 Abs. 1a, 1b HGB verzichtet. Darauf könnte zumindest die Begründung für die sprachliche Anpassung der Vorschriften im Vergleich zum RegE BilMoG hindeuten, in der es heißt, die Begriffe enthielten „keinen eigenen Regelungsgegenstand" (BT-Drucks. 16/12407, S. 113).

Eine Stellungnahme der Finanzverwaltung liegt bislang nicht vor. Auch eine Initiative des Steuergesetzgebers zur Klärung der Frage, wie sich die Veräußerungsbesteuerung für Streubesitzanteile nach § 8b Abs. 4 KStG darstellt, ist nicht in Sicht.

Abb. 111 stellt die Folgen des Übergangs auf die neuen Vorschriften zur Behandlung eigener Anteile nach BilMoG im Überblick dar.

---

[449] So auch IDW RS HFA 28, IDW-FN 2009, S. 642, Tz. 30.
[450] Vgl. Herzig, DB 2008, S. 1343; Lüdenbach/Hoffmann, StuB 2009, S. 298; Mayer, Ubg 2008, S. 783.

Übergang auf die geänderte Behandlung eigener Anteile		
Erstmalige Anwendung	Übergang	Steuerliche Folgen
• Obligatorisch: Jahres- und Konzernabschlüsse für nach dem 31.12.2009 beginnende Geschäftsjahre • Optional: Jahres- und Konzernabschlüsse für nach dem 31.12.2008 beginnende Geschäftsjahre (nur im Verbund mit allen übrigen vorzeitig anwendbaren Vorschriften) Art. 66 Abs. 3 EGHGB	• Keine Übergangsregelung • Bei erstmaliger Anwendung der Vorschriften des BilMoG sind Anteile, die als VG des UV aktiviert sind, mit dem EK zu verrechnen BT-Drucks. 16/10067, S. 99	• Unklar » Bei Maßgeblichkeit der handelsrechtlichen Darstellung führt eine Veräußerung über den Anschaffungskosten nicht zu einer Besteuerung nach § 8b Abs. 3 KStG » Eine abschließende Klärung der Frage steht bislang aus

Abb. 111: Übergang auf die geänderte Behandlung eigener Anteile

3 Anteile an einem herrschenden oder mit Mehrheit beteiligten Unternehmen

3.1 Die neuen Vorschriften im Überblick

Die bilanzielle Behandlung von Anteilen an herrschenden oder mit Mehrheit beteiligten Unternehmen hat das BilMoG wie folgt neu geregelt:

> **HGB § 272 Eigenkapital**
>
> (1) bis (3) [...]
>
> (4) Für Anteile an einem herrschenden oder mit Mehrheit beteiligten Unternehmen ist eine Rücklage zu bilden. In die Rücklage ist ein Betrag einzustellen, der dem auf der Aktivseite der Bilanz für die Anteile an dem herrschenden oder mit Mehrheit beteiligten Unternehmen angesetzten Betrag entspricht. Die Rücklage, die bereits bei der Aufstellung der Bilanz zu bilden ist, darf aus vorhandenen frei verfügbaren Rücklagen gebildet werden. Die Rücklage ist aufzulösen, soweit die Anteile an dem herrschenden oder mit Mehrheit beteiligten Unternehmen veräußert, ausgegeben oder eingezogen werden oder auf der Aktivseite ein niedrigerer Betrag angesetzt wird.

Anteile an einem herrschenden oder mit Mehrheit beteiligten Unternehmen sind im Gegensatz zu eigenen Anteilen als Vermögensgegenstände zu aktivieren. Für sie ist nach der neu gefassten Vorschrift des § 272 Abs. 4 HGB eine Rücklage in Höhe des aktivierten Betrags durch Umbuchung aus den frei verfügbaren Rücklagen zu bilden. Die bisherige Fassung der Vorschrift sah demgegenüber eine Rücklagendotierung aus frei verfügbaren Gewinnrücklagen vor.

§ 272 Abs. 4 HGB in der Fassung des BilMoG ist erstmals auf Jahres- und Konzernabschlüsse für das nach dem 31.12.2009 beginnende Geschäftsjahr anzuwenden (Art. 66 Abs. 3 Satz 1 EGHGB). Eine vorzeitige Anwendung auf Jahres- und Konzernabschlüsse, die nach dem 31.12.2008 beginnen, ist zulässig, jedoch nur zusammen mit allen weiteren in Art. 66 Abs. 3 Satz 6 EGHGB aufgeführten Vorschriften und unter Aufnahme eines entsprechenden Hinweises in den Anhang.

3.2 Einordnung der Regelung

Werden von einem Unternehmen Anteile an einem anderen Unternehmen erworben, das das erwerbende Unternehmen beherrscht oder an diesem eine Mehrheitsbeteiligung hält (vgl. §§ 16, 17 AktG), ist für bilanzielle Zwecke wie folgt zu unterscheiden: Stehen die erworbenen Anteile im wirtschaftlichen Eigentum des herrschenden oder mit Mehrheit beteiligten Unternehmens, weil der Erwerb etwa auf seine Rechnung erfolgt, stellt sich die Frage ihrer Bilanzierung beim abhängigen Unternehmen nicht. Die Anteile sind in diesem Fall vom herrschenden oder mit Mehrheit beteiligten Unternehmen nach den unter Gliederungspunkt 2 erläuterten Vorschriften über eigene Anteile in seinem Abschluss zu erfassen. Wird dagegen das erwerbende Unternehmen auch wirtschaftlicher Eigentümer der Anteile, kommt die Regelung des § 272 Abs. 4 HGB zum Tragen.

In beiden Fällen lässt § 71d AktG bei Aktiengesellschaften und Kommanditgesellschaften auf Aktien einen Erwerb der Anteile nur zu, soweit aus Sicht des herrschenden oder mit Mehrheit beteiligten Unternehmens ein zulässiger Erwerbszweck nach § 71 Abs. 1 Nr. 1-5, 7, 8 und Abs. 2 AktG vorliegt und die Mengen- und Kapitalschranken des Aktienrückerwerbs gemäß § 71 Abs. 2 AktG beachtet werden. Dies setzt unter anderem voraus, dass die herrschende oder mit Mehrheitsbesitz beteiligte Gesellschaft selbst im Zeitpunkt des Erwerbs eine Rücklage für eigene Anteile in Höhe der Aufwendungen für den Erwerb bilden könnte, ohne das Grundkapital oder eine nach Gesetz oder Satzung zu bildende Rücklage zu mindern, die nicht zur Zahlung an die Aktionäre verwandt werden darf. Vergleichbare Beschränkungen kennt das GmbHG nicht. Es entspricht allerdings allgemeiner Auffassung, den Rechtsgedanken des den Erwerb eigener Geschäftsanteile regelnden § 33 GmbHG auch heranzuziehen (vgl. Gliederungspunkt 2.2.1), wenn eine Tochter-GmbH Anteile an einer beherrschenden oder mit Mehrheit beteiligten GmbH erwerben will.[451]

Die Anteile sind in der Bilanz des abhängigen Unternehmens nach den allgemeinen Kriterien dem Anlage- oder Umlaufvermögen zuzurechnen. Sind sie nicht dazu bestimmt, dauernd dem Geschäftsbetrieb zu dienen, erfolgt ihr Ausweis unter den Wertpapieren des Umlaufvermögens, und zwar bei Vorliegen der Tatbestandsvoraussetzungen des § 271 Abs. 2 HGB im Posten Anteile an verbundenen Unternehmen (vgl. § 266 Abs. 2 B. III. 1. HGB), andernfalls im Posten sonstige Wertpapiere (vgl. § 266 Abs. 2 B. III. 2. HGB). Im Anlagevermögen sind die Anteile innerhalb der Finanzan-

---

[451] Altmeppen, in Roth/Altmeppen (Hrsg.): GmbHG Kommentar, 5. Aufl., München 2005, § 33, Rz. 32 f.

lagen entweder im Posten Anteile an verbundenen Unternehmen oder in den sonstigen Wertpapieren auszuweisen. Kann das herrschende oder mit Mehrheit beteiligte Unternehmen, wie im Fall des § 71d AktG, jederzeit die Übertragung der Anteile verlangen, kommt ein Ausweis im Anlagevermögen nur in Frage, wenn hinreichende Anhaltspunkte dafür bestehen, dass dieses Recht nicht ausgeübt wird.

Korrespondierend dazu hat das abhängige Unternehmen für die erworbenen Anteile eines herrschenden oder eines mit Mehrheit beteiligten Unternehmens im Zuge der Aufstellung der Bilanz eine Rücklage für Anteile an herrschenden oder mit Mehrheit beteiligten Unternehmen zu bilden. Die Rücklage darf nur aufgelöst werden, soweit die Anteile ausgegeben, wieder veräußert oder eingezogen werden oder auf der Aktivseite ein niedrigerer Betrag angesetzt wird (vgl. BT-Drucks 16/10067, S. 66). Das entspricht der bisherigen Behandlung eigener Anteile, die nicht die Voraussetzungen für eine Absetzung vom Eigenkapital erfüllten (vgl. hierzu das Fallbeispiel in Gliederungspunkt 2.3).

3.3 Klarstellender Charakter der Änderung

§ 272 Abs. 4 HGB ändert die bilanzielle Behandlung von Anteilen an herrschenden oder mit Mehrheit beteiligten Unternehmen nicht. Schon nach bisherigem Recht waren diese als Vermögensgegenstände in die Bilanz bei gleichzeitiger Bildung einer ausschüttungsgesperrten Rücklage aufzunehmen. Abweichend von § 272 Abs. 4 Satz 3 HGB sah der Wortlaut des § 272 Abs. 1 Satz 3 HGB a. F. jedoch die Bildung der Rücklage aus frei verfügbaren Gewinnrücklagen vor. Das schloss bei wortgetreuer Auslegung eine Umbuchung von Beträgen aus nicht verwendungsbeschränkten Kapitalrücklagen aus. Die Kommentarliteratur hat diese Konsequenz nicht gezogen und sich nach altem Recht bereits für eine erweiternde Auslegung der Vorschrift i. S. d. durch das BilMoG geänderten Formulierung ausgesprochen.[452] Von daher bestätigt die Neufassung des § 272 Abs. 4 HGB lediglich die bisherige Interpretation. Weitergehende Folgen ergeben sich nicht.

Da eigene Anteile künftig nicht mehr als Vermögensgegenstände aktiviert werden dürfen (vgl. Gliederungspunkt 2.2), kommt die Bildung einer ausschüttungsgesperrten Rücklage künftig nur noch für Anteile an einem herrschenden oder mit Mehrheit beteiligten Unternehmen in Betracht. Das hat der Gesetzgeber zum Anlass genommen, die Bezeichnung der Rücklage im Gliederungsschema des § 266 Abs. 3 A. III. 3 HGB entsprechend anzupassen.

3.4 Erstanwendung, Übergangsregelung und steuerliche Folgen

Die neu gefasste Vorschrift des § 272 Abs. 4 HGB ist **erstmals** verpflichtend auf Jahres- und Konzernabschlüsse für nach dem **31.12.2009** beginnende Geschäftsjahre an-

---

[452] Vgl. Förschle/Hoffmann, in: Ellrott u. a. (Hrsg.): Beck'scher Bilanz-Kommentar, 6. Aufl., München 2006, § 272 HGB, Anm. 119 m. w. N.

zuwenden (vgl. Art. 66 Abs. 3 Satz 1 EGHGB). Eine vorzeitige Anwendung auf Jahres- und Konzernabschlüsse für nach dem **31.12.2008** beginnende Geschäftsjahre ist zulässig, jedoch nur im Verbund mit allen übrigen in Art. 66 Abs. 3 EGHGB aufgeführten Vorschriften und unter Aufnahme eines entsprechenden Hinweises in den Anhang.

Übergangsregelungen für die bilanzielle Behandlung von Anteilen an einem herrschenden oder mit Mehrheit beteiligten Unternehmen hat der Gesetzgeber nicht vorgesehen. Dieser bedurfte es auch nicht, da die Anpassung des § 272 Abs. 4 HGB nur klarstellenden Charakter hat. Dementsprechend sollten aus der Neufassung im Regelfall keine Änderungen der Rechnungslegung veranlasst sein. Es empfiehlt sich allerdings, die Bezeichnung der Rücklage auch im Vergleichsabschluss des Vorjahres anzupassen. Steuerliche Folgen ergeben sich aus der Änderung des § 272 Abs. 4 HGB nicht.

Abb. 112 fasst die Regelungen des BilMoG zum Übergang auf den neu gefassten § 272 Abs. 4 HGB überblicksartig zusammen.

Übergang auf die Behandlung von Anteilen an Unternehmen iSd §§ 16 f. AktG		
Erstmalige Anwendung	Übergang	Steuerliche Folgen
• Obligatorisch: Jahres- und Konzernabschlüsse für nach dem 31.12.2009 beginnende Geschäftsjahre • Optional: Jahres- und Konzernabschlüsse für nach dem 31.12.2008 beginnende Geschäftsjahre (nur im Verbund mit allen übrigen vorzeitig anwendbaren Vorschriften) Art. 66 Abs. 3 EGHGB	• Keine Übergangsregelung • Fortführung der bisherigen Bilanzierungspraxis • Die Bezeichnung der Rücklage ist im Jahr der Erstanwendung der Vorschriften des BiMoG ggf. anzupassen	Keine

Abb. 112: Übergang auf die Neufassung der Regelung zur Behandlung von Anteilen an herrschenden oder mit Mehrheit beteiligten Unternehmen

4 Ausschüttungs- und Abführungssperren

4.1 Die neuen Vorschriften im Überblick

Das BilMoG begrenzt in § 268 Abs. 8 HGB und § 301 AktG die Möglichkeiten der Ausschüttung und Abführung von Gewinnen, soweit Vermögen aktiviert wird, das der Gesetzgeber mit Rücksicht auf Gläubigerinteressen als nicht verteilungsfähig ansieht. Zudem ist mit § 172 Abs. 4 Satz 3 HGB die Bedeutung dieser Vermögensbestandteile für die Haftungsregelung für Kommanditisten bei Personenhandelsgesellschaften präzisiert worden. Die angesprochenen Vorschriften lauten wie folgt:

Abschnitt 7: Eigenkapital – Ausschüttungs- und Abführungssperren

HGB § 268 Vorschriften zu einzelnen Posten der Bilanz, Bilanzvermerke

(1) bis (7) [...]

(8) Werden selbst geschaffene immaterielle Vermögensgegenstände des Anlagevermögens in der Bilanz ausgewiesen, so dürfen Gewinne nur ausgeschüttet werden, wenn die nach der Ausschüttung verbleibenden frei verfügbaren Rücklagen zuzüglich eines Gewinnvortrags und abzüglich eines Verlustvortrags mindestens den insgesamt angesetzten Beträgen abzüglich der hierfür gebildeten passiven latenten Steuern entsprechen. Werden aktive latente Steuern in der Bilanz ausgewiesen, ist Satz 1 auf den Betrag anzuwenden, um den die aktiven latenten Steuern die passiven latenten Steuern übersteigen. Bei Vermögensgegenständen im Sinn des § 246 Abs. 2 Satz 2 ist Satz 1 auf den Betrag abzüglich der hierfür gebildeten passiven latenten Steuern anzuwenden, der die Anschaffungskosten übersteigt.

AktG § 301 Höchstbetrag der Gewinnabführung

Eine Gesellschaft kann, gleichgültig welche Vereinbarungen über die Berechnung des abzuführenden Gewinns getroffen worden sind, als ihren Gewinn höchstens den ohne die Gewinnabführung entstehenden Jahresüberschuss, vermindert um einen Verlustvortrag aus dem Vorjahr und um den Betrag, der nach § 300 in die gesetzlichen Rücklagen einzustellen ist, und den Betrag der nach § 268 Abs. 8 des Handelsgesetzbuchs ausschüttungsgesperrten Erträge, abführen.

HGB § 172 Eigenkapital

(1) bis (3) [...]

(4) Soweit die Einlage eines Kommanditisten zurückbezahlt wird, gilt sie den Gläubigern gegenüber als nicht geleistet. Das gleiche gilt, soweit ein Kommanditist Gewinnanteile entnimmt, während sein Kapitalanteil durch Verlust unter den Betrag der geleisteten Einlage herabgemindert ist, oder soweit durch die Entnahme der Kapitalanteil unter den bezeichneten Betrag herabgemindert wird. Bei der Berechnung des Kapitalanteils nach Satz 2 sind Beträge im Sinn des § 268 Abs. 8 nicht zu berücksichtigen.

Die mit dem BilMoG angestrebte Stärkung der Informationsfunktion führt in Einzelfällen zum Ausweis von Vermögen im handelsrechtlichen Jahresabschluss, das einer objektivierten Bewertung nur bedingt zugänglich ist oder einer erhöhten Bestandsunsicherheit unterliegt. Dies betrifft

- selbst geschaffene immaterielle Vermögensgegenstände des Anlagevermögens (vgl. Abschnitt 2, Gliederungspunkt 1.4),
- aktive latente Steuern (vgl. Abschnitt 8, Gliederungspunkt 3) und

- unrealisierte Wertsteigerungen von nach § 253 Abs. 1 Satz 4 HGB zum beizulegenden Zeitwert zu bewertenden Vermögensgegenständen, die ausschließlich der Erfüllung von Schulden aus Altersversorgungsverpflichtungen und vergleichbaren langfristig fälligen Verpflichtungen dienen (vgl. Abschnitt 2, Gliederungspunkt 2.6.2 sowie Abschnitt 3, Gliederungspunkt 2.3.5).

Hätte der Gesetzgeber Kapitalgesellschaften erlaubt, den durch die Aktivierung dieses Vermögens erzielten Mehrgewinn an die Gesellschafter auszuschütten, gefährdete dies die dem Jahresabschluss übertragene **Gläubigerschutzfunktion**. Aus diesem Grund errichtet § 268 Abs. 8 HGB Ausschüttungssperren in Höhe der in der Bilanz für diese Vermögensbestandteile angesetzten Beträge.[453] § 301 AktG ergänzt diese Bestimmung um das Verbot, den auf diese unsicheren Vermögenskomponenten zurückgehenden Gewinn an ein anderes Unternehmen abzuführen.

Von der Ausschüttungssperre sind unmittelbar nur Kapitalgesellschaften betroffen. Für Einzelkaufleute und Komplementäre von Personenhandelsgesellschaften ergibt sich aufgrund der unbeschränkten Haftung keine praktische Konsequenz (vgl. BT-Drucks. 16/10067, S. 64). Für Kommanditisten stellt § 172 Abs. 4 Satz 3 HGB klar, dass die mit einer Ausschüttungssperre behafteten Vermögensbestandteile unberücksichtigt bleiben müssen, wenn nach Entnahmen die Frage des Wiederauflebens ihrer Haftung zu prüfen ist.

§ 268 Abs. 8 HGB in der Fassung nach Inkrafttreten des BilMoG ist erstmals auf Jahres- und Konzernabschlüsse für das nach dem 31.12.2009 bzw. – bei vorzeitiger Anwendung des BilMoG – nach dem 31.12.2008 beginnende Geschäftsjahr anzuwenden (vgl. Art. 66 Abs. 3 Satz 1 EGHGB).

Abb. 113 stellt die Regelungen zur Ausschüttungs- und Abführungssperre im Überblick dar.

---

[453] Vgl. Funnemann, Betriebs-Berater 2008, S. 2676.

Ausschüttungs- und Abführungssperren nach BilMoG

Regelungen

- § 268 Abs. 8 HGB kürzt bei KapG das Ausschüttungspotenzial um die im Abschluss berücksichtigten Beträge bestimmter als unsicher geltender Bestandteile des bilanziellen Vermögens
- § 301 Satz 1 AktG schließt die Auskehrung dieser Beträge im Wege einer Gewinnabführung aus
- § 172 Abs. 4 Satz 3 HGB präzisiert die Haftungsregelung für Kommanditisten von PHG im Fall von Entnahmen

Anwendungsfälle

Selbst geschaffene immaterielle VG	Aktive latente Steuern	Zum beizulegenden Zeitwert bewertete VG
Ausschüttungs- und abführungsgesperrt ist der Betrag der aktivierten VG abzüglich der hierfür gebildeten passiven latenten Steuern § 268 Abs. 8 Satz 1 HGB	Ausschüttungs- und abführungsgesperrt ist der Betrag, um den die aktiven latenten Steuern die passiven latenten Steuern übersteigen § 268 Abs. 8 Satz 2 HGB	Ausschüttungs- und abführungsgesperrt ist der die AK der VG übersteigende Betrag abzüglich der hierfür gebildeten passiven latenten Steuern § 268 Abs. 8 Satz 3 HGB

Abb. 113: Ausschüttungs- und Abführungssperren nach BilMoG

4.2 Ermittlung der ausschüttungsgesperrten Beträge

Die Höhe der nach § 268 Abs. 8 HGB ausschüttungsgesperrten Beträge wird durch zwei Komponenten bestimmt: den Betrag des in der Bilanz ausgewiesenen ‚unsicheren' Vermögens und den Betrag der darauf gebildeten latenten Steuern.

Die im RegE BilMoG vorgesehene Fassung sah noch vor, Erträge aus der Aktivierung selbst geschaffener immaterieller Vermögensgegenstände und latenter Steuern sowie aus der über die Anschaffungskosten hinausgehenden Zeitwertbewertung bestimmter Vermögensgegenstände gegen eine Ausschüttung zu sperren. Der Gesetz gewordenen Fassung liegt demgegenüber eine **bilanzorientierte Betrachtung** zugrunde. Sie vermeidet Missverständnisse. Erträge aus dem Ansatz des als nicht disponibel eingestuften Vermögens fallen nur in einer Periode an. Die Ausschüttungssperre muss aber, soll sie ihren Zweck erfüllen, solange fortbestehen, wie das Nettovermögen eines Unternehmens um die in § 268 Abs. 8 HGB aufgeführten ‚Vermögensbestandteile zweiter Klasse' vermehrt ist.

Die Ermittlung der ersten Berechnungskomponente der Ausschüttungssperre bereitet im Regelfall keine besonderen Probleme. Abzustellen ist jeweils auf den Buchwert der als nicht verteilungswürdig angesehenen Vermögensbestandteile im handelsrechtlichen Jahresabschluss. Sind bei einer GmbH während des Geschäftsjahrs **Vorabausschüttungen** geplant, müssen in die Schätzung des erwarteten Jahresüberschusses die Auswirkungen der Aktivierung selbst geschaffener immaterieller Vermögensgegenstände des Anlagevermögens, latenter Steuern sowie der Zeitwertbewertung von Zweckvermögen eingehen. Soweit der verwendbare Jahresüberschuss laut festgestelltem Jahresabschluss hinter den ausgekehrten Beträgen zurückbleibt, sind die empfangenen Beträge von den Gesellschaftern zurückzuzahlen. Bei Aktiengesellschaften stellt sich diese Frage nicht, da ihnen Vorabausschüttungen verwehrt sind. Zulässig sind nur Abschlagszahlungen auf den Bilanzgewinn. Hierzu bedarf es jedoch zumindest eines vorläufigen Jahresabschlusses für das zurückliegende Geschäftsjahr, der einen entsprechenden Jahresüberschuss ausweist (vgl. § 59 AktG).

Die zweite Berechnungskomponente der Ausschüttungssperre sind die nach § 274 HGB für die besonderen Vermögensbestandteile gebildeten **passiven latenten Steuern**. Sie sind vom Buchwert des gegen Ausschüttung zu sperrenden Vermögens abzuziehen. Das soll die Errichtung einer überhöhten Ausschüttungssperre vermeiden. Durch die Belastung der unsicheren Vermögenskomponenten mit passiven latenten Steuern ist das handelsrechtliche Nettovermögen nur in Höhe des Nachsteuerbetrags vermehrt. Unter Gläubigerschutzgesichtspunkten genügt es daher, die Ausschüttungsmöglichkeiten der Kapitalgesellschaft um diesen Betrag zu kürzen.

Der gleiche Gedanke beherrscht die Vorschrift des § 268 Abs. 8 Satz 2 HGB. Das im Jahresabschluss ausgewiesene, als unsicher geltende Mehrvermögen aus dem Ansatz aktiver latenter Steuern soll sich auf die Ausschüttungsmöglichkeiten der Kapitalgesellschaft nicht auswirken. Gegenzurechnen sind nach der erwähnten Bestimmung gebildete passive latente Steuern. Das wird man wie folgt verstehen müssen: Aktive latente Steuern sind Ausdruck einer erwarteten künftigen Steuerentlastung aus der Umkehr abzugsfähiger temporärer Differenzen oder aus steuerlichen Verlustvorträgen. Sie tritt nur ein, wenn das Unternehmen ein positives Einkommen erwirtschaften wird, gegen das die steuerlichen Verluste aus der Umkehr der abzugsfähigen temporären Differenzen bzw. die bislang nicht verrechenbaren Verluste verwendet werden können. Soweit den aktiven latenten Steuern passive gegenüberstehen, ist das unter Gläubigerschutzgesichtspunkten problematische Mehrvermögen neutralisiert. Insoweit erachtet der Gesetzgeber mithin eine Ausschüttungssperre als entbehrlich.

Diese Annahme ist nicht unproblematisch. Passive latente Steuern können die Qualität echter Schulden gegenüber dem Fiskus aufweisen (vgl. Abschnitt 8, Gliederungspunkt 3.3.4). Nicht in allen Fällen kann das Unternehmen sich von diesen Schulden mit dem Hinweis auf künftige Ansprüche aus anderen steuerrelevanten Vorgängen befreien. Kehren sich bspw. die den passiven latenten Steuern zugrunde liegenden temporären Differenzen deutlich früher um als die abzugsfähigen temporären Differenzen, die zur Bildung aktiver latenter Steuern geführt haben, gleichen sich nach deutschem Steuerrecht die Steuerbe- und -entlastung aufgrund der begrenzten Möglichkeit des Verlustrücktrags nicht aus. Ob die Steuerentlastung überhaupt eintritt, hängt unter diesen Umständen davon ab, inwieweit es dem Unternehmen gelingt, zusätzliches Einkommen in der Zukunft zu erwirtschaften, gegen das die Verluste aus dem Abbau der abzugsfähigen temporären Differenzen verwendet werden können.

§ 268 Abs. 8 Satz 2 HGB knüpft die Ausschüttungssperre an zwei Bedingungen. Zum einen müssen aktive latente Steuern in der Bilanz ausgewiesen sein, zum anderen müssen diese die passiven latenten Steuern übersteigen. Hinsichtlich des Ausweises in der Bilanz soll es unerheblich sein, ob die aktiven latenten Steuern in einem eigenen Posten auf der Aktivseite der Bilanz gemäß § 266 Abs. 2 D. HGB erfasst oder nach

Verrechnung mit den passiven latenten Steuern ausgewiesen werden (vgl. BT-Drucks. 16/12407, S. 113). Sieht man von der vorstehenden Problematik einer möglicherweise zweifelhaften Verrechenbarkeit von latenten Steueransprüchen mit latenten Steuerschulden ab, ist der Gedanke einer Ausschüttungssperre in Höhe des Aktivüberhangs im Kern zutreffend. Seine Umsetzung in § 268 Abs. 8 HGB ist allerdings missglückt. Bei wörtlicher Auslegung der Vorschrift ermittelt sich infolge einer mehrfachen Berücksichtigung passiver latenter Steuern eine zu niedrige Ausschüttungssperre. Das verdeutlicht das nachfolgende Beispiel:

Beispiel

Sachverhalt:

U erstellt zum 31.12.X1 erstmalig einen Jahresabschluss nach den Vorschriften des BilMoG. Das zum Abschlussstichtag bilanzierte Vermögen umfasst u. a. folgende Bestandteile:

- Buchwert der aktivierten selbst geschaffenen immateriellen Vermögensgegenstände des Anlagevermögens 800 TEUR
- Mehrvermögen als Folge der Zeitwertbewertung von Zweckvermögen 300 TEUR

Der kumulierte Ertragsteuersatz von U beträgt 30 %. Als Folge werthaltiger steuerlicher Verlustvorträge und abzugsfähiger temporärer Differenzen ergeben sich bei U aktive latente Steuern von 350 TEUR. Hinsichtlich der Behandlung latenter Steuern zieht U folgende Möglichkeiten in Betracht:

Fall 1: Bruttoausweis aktiver und passiver latenter Steuern

Fall 2: Ansatz eines etwaigen aktiven oder passiven Überhangs latenter Steuern

Fall 3: Gesamtdifferenzenbetrachtung mit Verzicht auf den Ansatz eines etwaigen Aktivüberhangs.

Beurteilung:

Für die im Jahresabschluss angesetzten selbst geschaffenen immateriellen Vermögensgegenstände des Anlagevermögens hat U passive latente Steuern von 240 TEUR (= 30 % von 800 TEUR) zu bilden. Auf den Effekt aus der Zeitwertbewertung entfallen weitere 90 TEUR (= 30 % von 300 TEUR) passive latente Steuern.

Bei isolierter Betrachtung der beiden Sachverhalte ermittelt sich damit eine Ausschüttungssperre von 770 TEUR (= 800 TEUR – 240 TEUR + 300 TEUR – 90 TEUR).

Bezieht man die sich bei U ergebenden aktiven latenten Steuern in die Betrachtung mit ein, zeigt sich folgendes Bild:

Gemäß **Fall 1** (Bruttoausweis) aktiviert U latente Steuern von 350 TEUR und passiviert latente Steuern von 330 TEUR. Nach § 268 Abs. 8 Satz 2 HGB ermittelt sich eine zusätzliche Ausschüttungssperre in Höhe des Betrags, „um den die aktiven latenten Steuern die passiven latenten Steuern übersteigen". Das sind im Beispiel 20 TEUR.

Das Ergebnis überzeugt nicht. Im Jahresabschluss sind Vermögensgegenstände zweiter Klasse in Höhe von 1.450 TEUR (= 800 TEUR + 300 TEUR + 350 TEUR) aktiviert. Hierfür würde man insgesamt eine Ausschüttungssperre in entsprechender Höhe erwarten. Einen Teilbetrag von 330 TEUR davon decken die gebildeten passiven latenten Steuern ab. Es verbleibt ein Restbetrag von 1.120 TEUR. Die Differenz zu der vorstehend abgeleiteten zusätzlichen Ausschüttungssperre von 790 TEUR (= 770 TEUR + 20 TEUR) entspricht der Ausschüttungssperre auf die angesetzten aktiven latenten Steuern (330 TEUR). Sie resultiert aus der sich nach dem Wortlaut von § 268 Abs. 8 HGB ergebenden doppelten Anrechnung der von U gebildeten passiven latenten Steuern. Diese reduzieren zum 31.12.X1 einerseits die Ausschüttungssperre für die aktivierten selbst geschaffenen immateriellen Vermögensgegenstände und das aus der Zeitwertbewertung des Zweckvermögens resultierende Mehrvermögen. Andererseits werden sie angerechnet, wenn es um die Ermittlung der Ausschüttungssperre für aktive latente Steuern geht.

Diese Verfahrensweise entspricht erkennbar nicht der Regelungsabsicht des Gesetzgebers. Gedacht in § 268 Abs. 8 Satz 2 HGB ist offenbar an die Anrechnung solcher passiver latenter Steuern, die in anderen Fällen noch nicht für die Berechnung der Ausschüttungssperre ‚verbraucht' worden sind. Auf diese Regelungsabsicht wird man die Vorschrift teleologisch reduzieren müssen.[454]

In **Fall 2** (Nettoausweis der latenten Steuern) zeigt sich das gleiche Bild. Die Ausschüttungssperre für die aktivierten selbst geschaffenen immateriellen Anlagegüter und das Mehrvermögen aus der Zeitwertbewertung ermittelt sich erneut mit 330 TEUR. Nach § 268 Abs. 8 HGB kommt es nicht darauf an, ob das Unternehmen passive latente Steuern in seinem Abschluss ausweist. Abzustellen ist vielmehr auf die (pflichtgemäß) gebildeten latenten Steuern. Der verbleibende Aktivüberhang an latenten Steuern beträgt bei wortgetreuer Auslegung des § 268 Abs. 8 Satz 2 HGB auch hier 20 TEUR, nach dem Sinn und Zweck der Vorschrift dagegen 350 TEUR.

Bei der **Fall 3** zugrunde liegenden Konstellation (Gesamtdifferenzenbetrachtung ohne Ausübung des Aktivierungswahlrechts) scheint § 268 Abs. 8 Satz 2 HGB nicht anwendbar, da keine „aktive latente Steuern in der Bilanz ausgewiesen (werden, d. Verf.)". Dennoch muss auch hier eine zusätzliche Ausschüttungssperre von 330 TEUR angenommen werden, da nach Ausblendung der als Ausschüttungssperre bereits verbrauchten passiven latenten Steuern ein zusätzliches unsicheres Vermögens in Gestalt der aktivierten latenten Steuern von 330 TEUR verbleibt.

---

[454] Vgl. Zülch/Hoffmann, DB 2010, S. 909 f.

Darüber hinaus stellt sich angesichts einer weiteren nicht klaren Formulierung der gesetzlichen Regelung die Frage, ob die in § 268 Abs. 8 HGB genannten Sachverhalte einzeln oder kumuliert in einer Gesamtbetrachtung zur Anwendung kommen sollen. Falls die frei verfügbaren Rücklagen kleiner sind als die Summe der gemäß § 268 Abs. 8 HGB in die Ermittlung der Ausschüttungssperre einzubeziehenden Werte, würde eine Einzelbetrachtung im Gegensatz zur Gesamtbetrachtung sehr wohl zu teilweise ausschüttbaren freien Rücklagen führen können.

Beispiel

Sachverhalt:

Eine Kapitalgesellschaft weist zum 31.12.X1 frei verfügbare Rücklagen von 1.000 TEUR auf. Aus der Aktivierung selbst geschaffener immaterieller Vermögensgegenstände resultiert nach Abzug der hierfür gebildeten passiven latenten Steuern eine Ausschüttungssperre von 700 TEUR. Zudem hat die Gesellschaft für einen steuerlichen Verlustvortrag aktive latente Steuern in Höhe von 500 TEUR gebildet, denen keine passiven latenten Steuern gegenüberstehen.

Bei einer Einzelbetrachtung begrenzt der höhere Betrag der beiden Ausschüttungssperren die Verwendungsmöglichkeiten für die freien Rücklagen. In diesem Fall könnte die Kapitalgesellschaft eine Ausschüttung in Höhe von 300 TEUR vornehmen. Bei einer Gesamtbetrachtung ergibt sich eine Ausschüttungssperre von insgesamt 1.200 TEUR. Sie lässt keine Gewinnausschüttungen zu.

Die Einzelbetrachtung ist zu verwerfen. Dem Zweck der Vorschrift wird nur die Gesamtbetrachtung gerecht, da nur sie die Ausschüttungen der Gesellschaft auf das unter Gläubigergesichtspunkten vertretbare Maß verhindert.[455]

Der nach § 268 Abs. 8 HGB ausschüttungsgesperrte Betrag ermittelt sich damit nach folgendem Schema (vgl. Abb. 114):

Berechnungsschema	Pos.	Betrag
Buchwert selbst geschaffener immaterieller VG des AV	1	
+ Unrealisierte Vermögensmehrung aus der Zeitwertbewertung von Planvermögen	2	
+ Aktive latente Steuern	3	
= Ausschüttungssperre vor passiven latenten Steuern	4	
- Passive latente Steuern auf Pos. 1	5	
- Passive latente Steuern auf Pos. 2	6	
- Verbleibende passive latente Steuern, begrenzt auf den Betrag gemäß Pos. 3	7	
= Ausschüttungssperre nach § 268 Abs. 8 HGB	8	

Abb. 114: Schema zur Ermittlung der Ausschüttungssperre nach § 268 Abs. 8 HGB

---

[455] Vgl. Zülch/Hoffmann, DB 2010, S. 910 ff.

Die ersten drei Posten ergeben in Summe den Teil des bilanzierten Vermögens, der einer erhöhten Bestandsunsicherheit unterliegt und daher die Ausschüttungsmöglichkeiten des Unternehmens nicht erhöhen soll. Die Posten 5 und 6 berücksichtigen die über den Ansatz passiver latenter Steuern für die unsicheren Vermögensteile bereits errichtete Ausschüttungssperre. Posten 7 reduziert die Ausschüttungssperre um die übrigen passiven latenten Steuern, die nach § 268 Abs. 8 Satz 2 HGB maximal bis zur Höhe der aktiven latenten Steuern anzurechnen sind.

4.3 Wirkung der Ausschüttungssperre

Eine nach § 268 Abs. 8 HGB bestehende Ausschüttungssperre begrenzt bei Kapitalgesellschaften die Möglichkeit, Gewinne an Gesellschafter auszukehren. Nach Satz 1 der Vorschrift müssen die nach der Ausschüttung verbleibenden frei verfügbaren Gewinnrücklagen zuzüglich eines Gewinnvortrags und abzüglich eines Verlustvortrags mindestens dem Gesamtbetrag der Ausschüttungssperren entsprechen.

Als frei verfügbar gelten jene Rücklagen, die weder gesetzlichen noch gesellschaftsvertraglichen Verwendungsbeschränkungen unterliegen. Hierzu zählen in jedem Fall die anderen Gewinnrücklagen i. S. d. § 266 Abs. 3 III. 4 HGB sowie die Kapitalrücklage gemäß § 272 Abs. 2 Nr. 4 HGB. Bei GmbH treten die übrigen Kapitalrücklagen nach § 272 Abs. 2 Nr. 1-3 HGB hinzu. Nicht anrechenbar auf die Ausschüttungssperren des § 268 Abs. 8 HGB sind dagegen die gesetzliche Rücklage (vgl. § 266 Abs. 3 III. 1 HGB) und satzungsmäßige Rücklagen (vgl. § 266 Abs. 3 III. 3 HGB), da diese nur für bestimmte Zwecke verwendet werden dürfen.

Der ausschüttungsfähige Betrag ermittelt sich nach dem in Abb. 115 dargestellten Schema.[456] Ausgangspunkt ist der Jahresüberschuss bzw. -fehlbetrag des laufenden Geschäftsjahres (Pos. 1). Er ist anzupassen um einen etwaigen Verlust- oder Gewinnvortrag aus dem Vorjahr (Pos. 2 und 3). Obligatorische Rücklagenbildungen wie Einstellungen in die gesetzliche Rücklage oder nach der Satzung vorzunehmende Gewinnthesaurierungen reduzieren das Ausschüttungspotenzial (Pos. 4). Nach Berücksichtigung der frei verfügbaren Rücklagen (Pos. 5) ergeben sich die Ausschüttungsmöglichkeiten vor Berücksichtigung der Sperrwirkung des § 268 Abs. 8 HGB (Pos. 6). Zieht man von diesem den Betrag der Ausschüttungssperre gemäß Abb. 114 (Pos. 7) ab, verbleibt der für Gewinnausschüttungen zur Verfügung stehende Betrag (Pos. 8).

---

[456] Vgl. auch Gelhausen/Althoff, WPg 2009, S. 586.

Berechnungsschema	Pos.	Betrag
Jahresüberschuss / -fehlbetrag	1	
- Verlustvortrag aus dem Vorjahr	2	
+ Gewinnvortrag aus dem Vorjahr	3	
- Verpflichtende Rücklagenbildungen	4	
+ Frei verfügbare Rücklagen	5	
= Zwischensumme	6	
- Ausschüttungssperre nach § 268 Abs. 8 HGB	7	
= Ausschüttungsfähiger Betrag	8	

Abb. 115: Schema zur Ermittlung des ausschüttungsfähigen Betrags

Übersteigt der Bilanzgewinn den ausschüttungsfähigen Betrag, kann sie nur Letzteren zur Ausschüttung vorsehen. Das Gesetz regelt nicht, wie mit dem übersteigenden Teil des Bilanzgewinns zu verfahren ist.[457] Es sollte nichts dagegen sprechen, diesen als Gewinnvortrag auszuweisen. Damit bleibt der Hauptversammlung die Verwendungskompetenz hinsichtlich dieses Betrags erhalten, wenn sich zu einem späteren Zeitpunkt die Ausschüttungssperre reduziert.[458]

Für Personenhandelsgesellschaften i. S. d. § 264a HGB greift die Ausschüttungssperre nicht. § 264c Abs. 4 Satz 3 HGB a. F., der nach bisherigem Recht die Bildung eines Sonderpostens nach dem Eigenkapital zu Lasten des Ergebnisses vorsah, ist durch das BilMoG aufgehoben worden. Im Gegenzug hat der Gesetzgeber mit dem in § 172 Abs. 4 HGB aufgenommenen Satz 3 klargestellt, dass sich der Ansatz von Vermögensbestandteilen zweiter Klasse nicht auf die Haftungsregelung für Kommanditisten auswirkt.[459]

4.4 Flankierende Regelungen

4.4.1 Abführungssperre

Die durch § 268 Abs. 8 HGB errichteten Ausschüttungssperren könnten leicht umgangen werden, wenn es der Kapitalgesellschaft erlaubt wäre, den im handelsrechtlichen Jahresabschluss ausgewiesenen Gewinn an eine andere Gesellschaft abzuführen. Der neu gefasste § 301 Satz 1 AktG verhindert dies. Er berücksichtigt abweichend von der bisherigen Fassung die nach § 268 Abs. 8 HGB ausschüttungsgesperrten Beträge ausdrücklich bei der Festschreibung des Höchstbetrags einer möglichen Gewinnabführung bei Aktiengesellschaften und Kommanditgesellschaften auf Aktien. Die Abführung der ausschüttungsgesperrten Erträge ist danach ausgeschlossen, soweit die verbleibenden frei verfügbaren Rücklagen abzüglich eines Verlustvortrags und zuzüglich eines Gewinnvortrags dem Gesamtbetrag der angesetzten Erträge nicht

---

[457] Vgl. Gelhausen/Althoff, WPg 2009, S. 587.
[458] Vgl. Hoffmann/Lüdenbach, NWB Kommentar Bilanzierung, Herne 2009, § 268 HGB, Rz. 135.
[459] In seiner Wirkung bleibt § 172 Abs. 4 HGB hinter der bisherigen Regelung des § 264c Abs. 4 Satz 3 HGB zurück; vgl. Theile, WPg 2008, S. 1065.

mindestens entsprechen (vgl. BT-Drucks. 16/10067, S. 64). Bisher war umstritten, ob sich im gleich gelagerten Fall der Aktivierung von Ingangsetzungs- und Erweiterungsaufwendungen die Ausschüttungssperre des § 269 Satz 2 HGB a. F. auch auf die Gewinnabführung erstreckt.

Der nach § 301 AktG für eine Gewinnabführung zur Verfügung stehende Betrag errechnet sich in sinngemäßer Anwendung des Schemas zur Bestimmung der Ausschüttungsmöglichkeiten wie folgt (vgl. Abb. 116):

Berechnungsschema		Pos.	Betrag
	Jahresüberschuss vor Gewinnabführung	1	
-	Verlustvortrag aus dem Vorjahr	2	
-	Verpflichtende Zuführung zur gesetzlichen Rücklage nach § 300 AktG	3	
+	Während der Dauer des Vertrags in andere Gewinnrücklagen eingestellte Beträge	4	
+	Vorvertraglich gebildete frei verfügbare Gewinnrücklagen	5	
=	Zwischensumme	6	
-	Abführungssperre nach § 268 Abs. 8 HGB	7	
=	Für die Gewinnabführung zur Verfügung stehender Betrag	8	

Abb. 116: *Schema zur Ermittlung des für eine Gewinnabführung zur Verfügung stehenden Betrags*

Bei der Ermittlung der Abführungssperre gemäß § 268 Abs. 8 HGB stellt sich im Fall einer steuerlichen Organschaft die Frage der Berücksichtigung passiver latenter Steuern. Nach Ansicht des HFA des IDW sind diese beim Organträger zu bilden.[460] Damit beläuft sich die Abführungssperre auf den Betrag des ungekürzten unsicheren Vermögens (Pos. 4 in Abb. 114).[461]

Eine der Vorschrift des § 301 AktG vergleichbare Regelung enthält das **GmbHG** nicht. Da diese Bestimmung indes nur dazu dient, die mit § 268 Abs. 8 HGB intendierte Schutzwirkung für Gläubiger umfassend sicherzustellen, sollte sie sinngemäß auf GmbH anzuwenden sein.

Die durch § 268 Abs. 8 HGB notwendig gewordene Anpassung des § 301 AktG hat in der Praxis zu der Frage geführt, ob die weitere Anerkennung ertragsteuerlicher Organschaften möglicherweise gefährdet ist, da die bestehenden Gewinnabführungsverträge regelmäßig, nicht zuletzt in Ermangelung eines gesetzlichen Erfordernisses, die Höchstbetragsgrenze der Gewinnabführung nach dem neu gefassten § 301 AktG nicht enthalten und diese Gewinnabführungsverträge kurzfristig nicht änderbar sind. Die Finanzverwaltung hat hierzu allerdings klarstellend ausgeführt, dass die steuerliche

---

[460] Vgl. IDW ERS HFA 27, IDW-FN 2009, S. 337, Tz. 21.
[461] Vgl. hierzu auch Dahlke, BB 2009, S. 880. Für die Berücksichtigung der beim Organträger gebildeten latenten Steuern bei der Ermittlung des Abführungsbetrags Ellerbusch/Schlüter/Hofherr, DStR 2009, S. 2446 ff.

Anerkennung der Organschaft unberührt bleibt, wenn die neuen gesetzlichen Regelungen bei der Durchführung beachtet werden.[462]

4.4.2 Entnahmeregelung für Kommanditisten einer Personenhandelsgesellschaft

Die Ausschüttungssperre gemäß § 268 Abs. 8 HGB gilt formal auch für Personenhandelsgesellschaften i. S. d. § 264a HGB. Die Einbeziehung dieser Gesellschaften für Zwecke der Rechnungslegung in das strengere Recht der Kapitalgesellschaften hat ihren Grund in der zwar nicht rechtlich, aber faktisch begrenzten Haftung gegenüber den Gläubigern. Da bei diesen Gesellschaften kein persönlich haftender Gesellschafter eine natürliche Person oder eine andere Personenhandelsgesellschaft mit einer natürlichen Person als persönlich haftender Gesellschafter ist, sind sie unter Haftungsgesichtspunkten den Kapitalgesellschaften weitestgehend gleichgestellt. Insb. bleibt die formal unbeschränkte Haftung des Komplementärs auf das Vermögen der diese Funktion übernehmenden Kapitalgesellschaft begrenzt (vgl. § 1 Abs. 1 AktG, § 13 Abs. 2 GmbHG).

Dessen ungeachtet greift § 268 Abs. 8 HGB bei Personenhandelsgesellschaften i. S. d. § 264a HGB nicht. Bei diesen Gesellschaften sind keine Ausschüttungen vorgesehen. Vielmehr werden die Gewinnanteile den Kapitalkonten der Gesellschafter gutgeschrieben (vgl. §§ 121, 168 HGB) und ggf. entnommen (vgl. §§ 122, 169 HGB). Unabhängig davon kommt eine Ausschüttungssperre bei diesen Gesellschaften aus systematischen Gründen nicht in Betracht, da die Komplementäre für die Schulden der Personenhandelsgesellschaft in unbeschränkter Höhe haften.

Anders stellt sich die Situation für die Kommanditisten einer Kommanditgesellschaft dar. Ihre Haftung ist auf den Betrag ihrer Einlage begrenzt (vgl. § 171 Abs. 1 HGB). Haben sie diese geleistet, ist den Gläubigern der Gesellschaft der Zugriff auf ihr Vermögen verwehrt. Die Haftung eines Kommanditisten lebt allerdings auf, wenn er Gewinne entnimmt, während sein Kapitalanteil durch Verluste unter den Betrag der geleisteten Einlage herabgemindert ist oder durch die Entnahme unter diesen Betrag fällt. Der neu eingefügte Satz 3 des § 171 Abs. 4 HGB bestimmt nunmehr, dass bei der Prüfung der Frage nach dem Wiederaufleben der Haftung des Kommanditisten ausschüttungsgesperrte Beträge i. S. d. § 268 Abs. 8 HGB unberücksichtigt bleiben,

---

[462] Vgl. BMF-Schreiben v. 14.1.2010, BStBl. I 2010, S. 65. Gemäß § 17 Satz 2 Nr. 1 KStG ist im Ergebnisabführungsvertrag eine Verlustübernahmevereinbarung entsprechend den Vorschriften des § 302 AktG erforderlich. § 302 AktG wurde allerdings durch das Gesetz über elektronische Handelsregister und Genossenschaftsregister sowie Unternehmensregister (EHUG) mit Wirkung ab dem 1.1.2007 in Absatz 3 wie folgt geändert: „Die Gesellschaft kann auf den Anspruch auf Ausgleich erst drei Jahre nach dem Tage, an dem die Eintragung der Beendigung des Vertrages in das Handelsregister [...] bekannt gemacht worden ist [vorher: als bekannt gemacht gilt], verzichten oder sich über ihn vergleichen." Damit dürften während eines Übergangszeitraums, nämlich solange aktuelle Gewinnabführungsverträge Gültigkeit besitzen (müssen), eine vermutlich nicht unbeträchtliche Anzahl von Gewinnabführungsverträgen einen formalen Fehler aufweisen, dessen Handhabung zu Klärungsbedarf mit den Finanzbehörden führt.

soweit sie sich auf den Betrag seiner Einlage ausgewirkt haben (vgl. BT-Drucks. 16/10067, S. 47). Damit hat der Gesetzgeber der noch zum RefE BilMoG geäußerten Kritik,[463] der mit der Ausschüttungssperre für Kapitalgesellschaften bezweckte Gläubigerschutz fehle bei der Ermittlung der wiederauflebenden Haftung des Kommanditisten, entsprochen.

Beispiel

Sachverhalt:

Gesellschafter der Z GmbH & Co. KG sind die Kommanditisten A und B sowie als Komplementärin die Z GmbH. A und B haben jeweils Einlagen in Höhe von 2.000 TEUR geleistet. Nachdem die Z GmbH & Co. KG in den beiden zurückliegenden Jahren erhebliche Verluste erlitten hat, ist sie im Geschäftsjahr X1 wieder in die Gewinnzone zurückgekehrt. In ihrem Jahresabschluss zum 31.12.X1 weist sie einen Gewinn von 500 TEUR aus, der sich zu jeweils 50 % auf die beiden Kommanditisten verteilt. Für die erwartete künftige Steuerentlastung aus dem gewerbesteuerlichen Verlustvortrag hat die Z GmbH & Co. KG in der Bilanz zum 31.12.X1 aktive latente Steuern in Höhe von 200 TEUR angesetzt. Passive latente Steuern bestehen nicht.

Die zu Beginn des Geschäftsjahrs noch um Verluste geminderten Kapitalkonten der Kommanditisten belaufen sich nach der Gewinnzuweisung auf jeweils 2.150 TEUR. Gesellschafter A entnimmt zum 31.12.X1 den über seine Einlage hinausgehenden Gewinnanteil für X1. Sein Kapitalkonto reduziert sich dadurch auf 2.000 TEUR. Gesellschafter B verzichtet auf eine Entnahme.

Beurteilung:

Die Haftung eines Kommanditisten lebt wieder auf, wenn sein Kapitalkonto durch Entnahmen unter den Betrag der geleisteten Einlage herabgesetzt wird oder wenn er Gewinne entnimmt, während sein Kapitalkonto durch Verluste gemindert ist. Im Beispiel entspricht das Kapitalkonto von A nach der Entnahme seiner bedungenen Einlage. Dennoch haftet er den Gläubigern der Z GmbH & Co. KG bis zu einem Betrag von 100 TEUR. Nach § 171 Abs. 3 Satz 3 HGB muss nämlich der latente Steueranspruch in Höhe von 200 TEUR bei der Prüfung, ob seine Haftung durch die Entnahme wiederauflebt, unberücksichtigt bleiben. Damit reduziert sich sein Kapitalkonto für Zwecke der Haftungsprüfung anteilig um 100 TEUR auf 1.900 TEUR.

4.5 Angaben im Anhang

Nach § 285 Nr. 28 HGB ist der Gesamtbetrag der Beträge gemäß § 268 Abs. 8 HGB im Anhang zu nennen. Angegeben werden muss zudem, inwieweit er auf

---

[463] Vgl. Hennrichs, DB 2008, S. 542.

- die Aktivierung selbst geschaffener immaterieller Vermögensgegenstände des Anlagevermögens,
- die Aktivierung latenter Steuern und
- die Bewertung von Vermögensgegenständen zum beizulegenden Zeitwert

entfällt.

Diese Angaben sollen es den Abschlussadressaten erleichtern nachzuvollziehen, ob die Ausschüttungssperre beachtet worden ist (vgl. BT-Drucks. 16/10067, S. 64). Zu Einzelheiten sei auf die Ausführungen in Abschnitt 10, Gliederungspunkt 2.17 verwiesen.

4.6 Erstanwendung, Übergangsregelung und steuerliche Folgen

Die erläuterten Vorschriften zu Ausschüttungsbeschränkungen sind **erstmals** verpflichtend auf Jahres- und Konzernabschlüsse für nach dem **31.12.2009** beginnende Geschäftsjahre anzuwenden (vgl. Art. 66 Abs. 3 Satz 1 EGHGB). Die Bestimmungen können bereits erstmalig auf das nach dem **31.12.2008** beginnende Geschäftsjahr angewandt werden, sofern gleichzeitig alle weiteren neuen Vorschriften zur Anwendung kommen, die in Art. 66 Abs. 3 Satz 6 EGHGB aufgeführt sind. Auf die vorzeitige Anwendung ist im Anhang hinzuweisen.

Das BilMoG enthält keine Übergangsregelungen zu § 268 Abs. 8 HGB und den flankierenden Regelungen in § 301 AktG, § 171 Abs. 4 Satz 3, § 285 Nr. 28 HGB.

Abb. 117 stellt die Bestimmungen zum Übergang auf die neuen Ausschüttungs- und Abführungssperren im Überblick dar.

Übergang auf die geänderten Regelungen zur Ausschüttungssperre		
Erstmalige Anwendung	Übergang	Steuerliche Folgen
• Obligatorisch: Jahres- und Konzernabschlüsse für nach dem 31.12.2009 beginnende Geschäftsjahre • Optional: Jahres- und Konzernabschlüsse für nach dem 31.12.2008 beginnende Geschäftsjahre (nur im Verbund mit allen übrigen vorzeitig anwendbaren Vorschriften) Art. 66 Abs. 3 EGHGB	Keine Übergangsregelung	Keine

Abb. 117: Übergang auf die geänderten Regelungen zur Ausschüttungssperre

Abschnitt 8: Sonderfragen

Autoren: Jochen Cassel / WP/StB Georg van Hall / Dr. Harald Kessler

1 Aufwendungen für die Ingangsetzung und Erweiterung des Geschäftsbetriebs

1.1 Die neuen Vorschriften im Überblick

Die Möglichkeit, für Ingangsetzungs- und Erweiterungsaufwendungen eine Bilanzierungshilfe in Anspruch zu nehmen (vgl. § 269 HGB a. F.), ist durch das BilMoG **weggefallen**. Damit sind Folgeänderungen verbunden:

- Streichung des § 282 HGB a. F.: Abschreibungsregelung für aktivierte Ingangsetzungs- und Erweiterungsaufwendungen;
- Streichung des § 274a Nr. 5 HGB a. F.: Befreiung kleiner Kapitalgesellschaften von der Verpflichtung zur Erläuterung der Bilanzierungshilfe im Anhang;
- redaktionelle Anpassung des § 264c Abs. 4 Satz 3 HGB a. F.: Bildung eines Sonderpostens in Höhe der aktivierten Bilanzierungshilfe nach dem Eigenkapital im Abschluss von Personenhandelsgesellschaften i. S. d. § 264a HGB;
- redaktionelle Anpassung des § 268 Abs. 2 Satz 1 HGB a. F.: Darstellung der Entwicklung der Bilanzierungshilfe im Anlagespiegel.

Die Aufhebung der Vorschrift dient nach der Regierungsbegründung der Einschränkung des Spielraums für bilanzpolitische Gestaltungen, mithin der besseren Vergleichbarkeit handelsrechtlicher Jahresabschlüsse (vgl. BT-Drucks. 16/10067, S. 36).

Die für Kapitalgesellschaften und diesen gleichgestellte Personenhandelsgesellschaften relevante Vorschrift des § 269 HGB in der Fassung vor Inkrafttreten des BilMoG ist **letztmals** auf das vor dem 1.1.2010 beginnende Geschäftsjahr anzuwenden (vgl. Art. 66 Abs. 5 EGHGB). Ist in einem Jahresabschluss für ein vor dem 1.1.2010 endenden Geschäftsjahr eine Bilanzierungshilfe für Aufwendungen für die Ingangsetzung und Erweiterung des Geschäftsbetriebs gebildet worden, darf diese unter Anwendung der für sie bislang geltenden Vorschriften **fortgeführt** werden. (vgl. Art. 67 Abs. 5 EGHGB).

Abb. 118 fasst die Begründung und die Folgeänderungen der Streichung des Aktivierungswahlrechts für Ingangsetzungs- und Erweiterungsaufwendungen durch das BilMoG zusammen.

Verbot der Bilanzierungshilfe gemäß § 269 HGB a.F. nach BilMoG	
Regelung	Begründung
• Streichung des § 269 HGB a.F. • Folgeänderungen » Streichung der Verpflichtung von PHG iSd § 264a HGB, in Höhe der aktivierten Bilanzierungshilfe einen Sonderposten nach dem Eigenkapital zu bilden § 264c Abs. 4 Satz 3 HGB a.F. » Redaktionelle Anpassung der Vorschriften zum Anlagespiegel § 268 Abs. 2 HGB » Streichung der Befreiungsvorschrift für kleine KapG betreffend die Erläuterung der Bilanzierungshilfe im Anhang § 274a Nr. 5 HGB a.F. » Streichung der Abschreibungsvorschrift für die Bilanzierungshilfe § 282 HGB a.F.	• Beschränkung der bilanzpolitischen Gestaltungsmöglichkeiten • Erhöhung der Vergleichbarkeit der handelsrechtlichen Jahresabschlüsse • Die Bilanzierungshilfe suggeriert, das Unternehmen verfüge insoweit über Vermögen, obwohl es sich nur um eine Bilanzierungshilfe handelt BT-Drucks. 16/10067, S. 64f.

Abb. 118: Ansatzverbot für Ingangsetzungs- und Erweiterungsaufwendungen nach BilMoG

1.2 Bedeutung der Aufhebung des § 269 HGB a. F.

Die Vorschrift des § 269 HGB a. F. erlaubte Unternehmen bisher, die Aufwendungen für die Ingangsetzung des Geschäftsbetriebs oder dessen Erweiterung, soweit diese nicht als Anschaffungs- oder Herstellungskosten eines Vermögensgegenstands aktivierungsfähig sind, als **Bilanzierungshilfe** zu aktivieren. Die Bilanzierungshilfe war in der Bilanz unter dem Posten ‚Aufwendungen für die Ingangsetzung und Erweiterung des Geschäftsbetriebs' vor dem Anlagevermögen auszuweisen und im Anhang zu erläutern.

Durch die Aktivierung der Aufwendungen konnten der Ausweis eines Jahresfehlbetrags, eine bilanzielle Überschuldung des Unternehmens und bestimmte mit dem Verlust größerer Teile des Eigenkapitals einhergehende Rechtsfolgen (z. B. Einberufung einer außerordentlichen Haupt- bzw. Gesellschafterversammlung; vgl. § 92 Abs. 1 AktG, § 49 Abs. 3 GmbHG) vermieden werden. Da die Bilanzierungshilfe nicht die Qualität eines Vermögensgegenstands aufwies und keinen greifbaren Zukunftsnutzen verkörperte, war ihre Inanspruchnahme mit einer Ausschüttungssperre gekoppelt. Infolgedessen konnte der durch die Aktivierung entstehende höhere Gewinn nicht an die Anteilseigner ausgekehrt werden.

Die Fortführung der Bilanzierungshilfe regelte § 282 HGB a. F. Danach waren die in einem Jahresabschluss aktivierten Aufwendungen für die Ingangsetzung und Erweiterung des Geschäftsbetriebs in jedem folgenden Geschäftsjahr zu mindestens einem Viertel durch Abschreibungen zu tilgen.

Das in § 269 HGB a. F. enthaltene **Aktivierungswahlrecht** – die Unternehmen durften angefallene Aufwendungen für die Ingangsetzung oder Erweiterung des Geschäftsbetriebs vollständig, teilweise oder gar nicht aktivieren – bot einen **Spielraum für bilanzpolitische Gestaltungen**. Das war nach der Regierungsbegründung der angestrebten Vermittlung eines den tatsächlichen Verhältnissen entsprechenden Bilds der Vermögens-, Finanz- und Ertragslage abträglich. Zudem beeinträchtigte die Ausübung des Wahlrechts die zwischenbetriebliche wie auch zeitliche Vergleichbarkeit des handelsrechtlichen Jahresabschlusses. Entsprechendes galt für die Abschreibung der Ingangsetzungs- und Erweiterungsaufwendungen nach § 282 HGB a. F. Beide Maßnahmen – Aktivierung und Abschreibung – haben in die nach den Grundsätzen ordnungsmäßiger Buchführung vorgesehene Periodisierung von Aufwendungen eingegriffen. Nicht zuletzt wurde dem unkundigen Abschlussadressaten suggeriert, das Unternehmen weise noch Vermögensgegenstände auf, obwohl es sich bei § 269 HGB a. F. nur um eine ausschüttungsgesperrte Bilanzierungshilfe handelte (vgl. BT-Drucks. 16/10067, S. 64 f.).

Wegen der Aufhebung des § 269 HGB a. F. hatte die Vorschrift des § 268 Abs. 2 Satz 1 HGB a. F. zur Darstellung der Entwicklung des Postens ‚Aufwendungen für die Ingangsetzung und Erweiterung des Geschäftsbetriebs' keinen Anwendungsbereich mehr. Entsprechendes galt für § 264c Abs. 4 Satz 3 sowie § 274a Nr. 5 HGB a. F. Die Bestimmungen sind daher ebenfalls gestrichen worden.

1.3 Letztmalige Anwendung, Übergangsregelung und steuerliche Folgen

Die mit dem BilMoG aufgehobenen Vorschriften zur Bilanzierungshilfe für Ingangsetzungs- und Erweiterungsaufwendungen sind **letztmals** von Kapitalgesellschaften und ihnen gleichgestellten Personenhandelsgesellschaften auf Jahres- und Konzernabschlüsse für Geschäftsjahre anzuwenden, die vor dem **1.1.2010** – bei einem vorzeitigen Übergang auf die Vorschriften des BilMoG – vor dem 1.1.2009 beginnen (vgl. Art. 66 Abs. 5 EGHGB). Die im Jahresabschluss für das letzte vor dem 1.1.2010 beginnende Geschäftsjahr angesetzten Beträge dürfen unter Anwendung der für sie geltenden Vorschriften des HGB a. F. fortgeführt werden (vgl. Art. 67 Abs. 5 EGHGB). Der Hinweis auf die ‚für sie geltenden Vorschriften' schließt nach der Begründung des Rechtsausschusses insb. die Regelung über die Ausschüttungssperre ein.

Das Fortführungswahlrecht kann nur einmal umfassend ausgeübt werden (vgl. BT-Drucks. 16/12407, S. 127). Eine anteilige Fortführung und Auflösung der Bilanzierungshilfe ist nicht zulässig. Allerdings erlaubt die flexible Auflösungsregelung des § 282 HGB a. F., den in einem Geschäftsjahr als Aufwand zu erfassenden Betrag unter Beachtung der Mindestabschreibung beliebig festzulegen.[464] Die wahlweise fortgeführten Bilanzierungshilfen für Aufwendungen für die Ingangsetzung und Erweiterung des Geschäftsbetriebs sind damit innerhalb von maximal vier Jahren durch Abschreibungen zu verbrauchen.

Aus dem Wahlrecht folgt im Umkehrschluss, dass die bestehenden Bilanzierungshilfen alternativ zum Übergangszeitpunkt in voller Höhe aufwandswirksam aufgelöst

---

[464] Vgl. zum alten Recht Winkeljohann/Lawall, in: Ellrott u. a. (Hrsg.): Beck'scher Bilanz-Kommentar, 6. Aufl., München 2006, § 269 HGB, Anm. 3 m. w. N.

werden können. In diesem Fall ist der entsprechende Aufwand gemäß Art. 67 Abs. 7 EGHGB in der Gewinn- und Verlustrechnung unter dem Posten ‚**außerordentliche Aufwendungen**' auszuweisen. Da bei einer Fortführung der Bilanzierungshilfe die Aufwendungen das Betriebsergebnis belasten, erlaubt die Inanspruchnahme dieser Übergangsregelung, die Höhe des EBIT zu beeinflussen.

Mangels einer Ansatzfähigkeit der Bilanzierungshilfe in der Steuerbilanz ergeben sich **keine steuerliche Konsequenzen** aus der Aufhebung des § 269 HGB und der flankierenden Regelungen.

Abb. 119 fasst die Bestimmungen zum Übergang auf das Ansatzverbot von Ingangsetzungs- und Erweiterungsaufwendungen nach BilMoG zusammen.

Übergang auf das Verbot der Bilanzierungshilfe gemäß § 269 HGB a.F.		
Letztmalige Anwendung	Übergang	Steuerliche Folgen
• Grundsatz: Jahres- und Konzernabschlüsse für vor dem 1.1.2010 beginnende Geschäftsjahre • Bei vorzeitigem Übergang auf die Vorschriften des BilMoG: Jahres- und Konzernabschlüsse für vor dem 1.1.2009 beginnende Geschäftsjahre Art. 66 Abs. 5 EGHGB	• Wahlrecht » Fortführung der nach § 269 HGB a.F. aktivierten Aufwendungen für die Ingangsetzung und Erweiterung des Geschäftsbetriebs nach den für sie geltenden Vorschriften des HGB a.F. » Unmittelbare Auflösung der nach BilMoG nicht mehr zulässigen Bilanzierungshilfe • Die sofortige Auflösung ist erfolgswirksam im Posten ‚außerordentliche Aufwendungen' zu erfassen Art. 67 Abs. 3 EGHGB	• Keine • Die Bilanzierungshilfe unterliegt einem steuerlichen Ansatzverbot

Abb. 119: Übergang auf Ansatzverbot von Ingangsetzungs- und Erweiterungsaufwendungen nach BilMoG

2 Sonderposten mit Rücklageanteil

2.1 Die neuen Vorschriften im Überblick

Durch das BilMoG ist § 247 HGB wie folgt neu gefasst worden:

> **HGB § 247 Inhalt der Bilanz**
>
> (1) In der Bilanz sind das Anlage- und das Umlaufvermögen, das Eigenkapital, die Schulden sowie die Rechnungsabgrenzungsposten gesondert auszuweisen und hinreichend aufzugliedern.
>
> (2) Beim Anlagevermögen sind nur die Gegenstände auszuweisen, die bestimmt sind, dauernd dem Geschäftsbetrieb zu dienen.
>
> (3) (weggefallen)

Die Streichung des § 247 Abs. 3 HGB a. F. ist die Folge der Aufgabe des bislang in § 5 Abs. 1 Satz 2 EStG verankerten **Grundsatzes der umgekehrten Maßgeblichkeit**, nach dem „steuerrechtliche Wahlrechte bei der Gewinnermittlung [...] in Übereinstimmung mit der handelsrechtlichen Jahresbilanz auszuüben" sind Mit § 247 Abs. 3 HGB a. F. sind folgende handelsrechtlichen Vorschriften weggefallen, die ebenfalls auf die seit jeher umstrittene formelle Maßgeblichkeit der Handels- für die Steuerbilanz zurückgehen:

- § 254 HGB a. F.: Übernahme steuerrechtlicher Mehrabschreibungen in die Handelsbilanz (vgl. Abschnitt 2, Gliederungspunkt 2.4.4 und Abschnitt 3, Gliederungspunkt 2.4.2);
- § 270 Abs. 1 Satz 2 HGB a. F.: Dotierung und Auflösung des Sonderpostens mit Rücklageanteil als Teil der Bilanzaufstellung;
- § 273 HGB a. F.: Geltung der umgekehrten Maßgeblichkeit für die Bildung eines Sonderpostens mit Rücklageanteil bei Kapitalgesellschaften und diesen nach § 264a HGB gleichgestellten Personenhandelsgesellschaften;
- § 279 Abs. 2 HGB a. F.: Geltung der umgekehrten Maßgeblichkeit für die Vornahme steuerrechtlicher Mehrabschreibungen nach § 253 HGB a. F. bei Kapitalgesellschaften und diesen nach § 264a HGB gleichgestellten Personenhandelsgesellschaften;
- § 280 Abs. 1 HGB a. F.: Zuschreibungsgebot bei Wegfall der Gründe für eine steuerrechtliche Mehrabschreibung nach § 254 HGB a. F. bei Kapitalgesellschaften und diesen gleichgestellten Personenhandelsgesellschaften;
- § 281 HGB a. F.: Wahlrecht zur aktivischen oder passivischen Berücksichtigung steuerrechtlicher Mehrabschreibungen, einschließlich zugehöriger Angabepflichten, sowie Ausweis- und Angabepflichten zum Sonderposten mit Rücklageanteil;

- § 285 Satz 1 Nr. 5 HGB a. F.: Angabepflicht für die Beeinflussung des handelsrechtlichen Jahresergebnisses als Folge der umgekehrten Maßgeblichkeit und für künftige Belastungen aus entsprechenden Bewertungen.

Vom Gesetzgeber intendierte Folge dieser Entkopplung von Handels- und Steuerbilanz ist eine Vereinfachung der handelsrechtlichen Rechnungslegung und eine Anhebung des Informationsniveaus des handelsrechtlichen Jahresabschlusses. Zur Wahrung der angestrebten Steuerneutralität des BilMoG ist § 5 Abs. 1 EStG geändert worden (vgl. BT-Drucks. 16/10067, S. 35 sowie ausführlich Kapitel 1, Gliederungspunkt 3.1).

Die mit dem BilMoG aufgehobenen handelsrechtlichen Vorschriften zum Sonderposten mit Rücklageanteil sind **letztmals** auf Jahres- und Konzernabschlüsse auf das vor dem **1.1.2010** beginnende Geschäftsjahr anzuwenden (vgl. Art. 66 Abs. 5 EGHGB). Nach bisherigem Recht gebildete **Sonderposten mit Rücklageanteil** nach § 247 Abs. 3, § 273 HGB a. F. können unter Anwendung der für sie geltenden Vorschriften in der bis zum Inkrafttreten des BilMoG geltenden Fassung beibehalten oder unmittelbar zugunsten der Gewinnrücklagen aufgelöst werden (vgl. Art. 67 Abs. 3 EGHGB).

Abb. 120 fasst die Begründung und die Folgeänderungen der Aufhebung des Ansatzwahlrechts für den Sonderposten mit Rücklageanteil durch das BilMoG zusammen.

Wegfall des Sonderpostens mit Rücklageanteil und Folgeänderungen	
Regelung	Begründung
• Streichung des § 247 Abs. 3 HGB a.F. • Folgeänderungen » Streichung der ergänzenden Vorschriften für KapG zum Sonderposten mit Rücklageanteil (§ 270 Abs. 1 Satz 2, § 273 HGB a.F.) » Streichung der Regelungen zu steuerrechtlichen Mehrabschreibungen (§ 254, § 279 Abs. 2, § 280 Abs. 1, § 281, § 285 Satz 1 Nr. 5 HGB a.F.) » Neufassung des § 5 Abs. 1 EStG	• Vereinfachung der handelsrechtlichen Rechnungslegung • Stärkung der Informationsfunktion des JA • Mangelnde Rechtfertigung der Regelungen aus steuerrechtlicher Sicht BT-Drucks. 16/10067, S. 49

Abb. 120: Wegfall des Sonderpostens mit Rücklageanteil nach BilMoG und Folgeänderungen

2.2 Handelsbilanz und Maßgeblichkeitsprinzip

2.2.1 Von der formellen zur abstrakten Maßgeblichkeit

Ein zentrales Element der Modernisierung der handelsrechtlichen Rechnungslegung liegt in der **Aufgabe des Grundsatzes der umgekehrten (formellen) Maßgeblichkeit**. Dementsprechend hat der Gesetzgeber mit dem BilMoG all jene Bestimmungen aus dem HGB entfernt, die als handelsrechtliche Öffnungsklauseln Ausfluss der umgekehrten Maßgeblichkeit waren. Mit diesem Schritt ist er einer immer wieder erhobenen Forderung nachgekommen, die als unverzichtbare Voraussetzung breiterer Akzeptanz der handelsrechtlichen Rechnungslegung angesehen wurde.[465]

Die Neufassung des § 5 Abs. 1 EStG, namentlich die Aufgabe der formellen Maßgeblichkeit gemäß § 5 Abs. 1 Satz 2 EStG a. F., hat zugleich die Voraussetzung geschaffen, um steuerrechtliche Wahlrechte bei der Gewinnermittlung künftig unabhängig von der Behandlung der Sachverhalte in der Handelsbilanz auszuüben. Handels- und Steuerbilanz sind nach der Neuregelung nur noch über die **abstrakte Maßgeblichkeit** der handelsrechtlichen Grundsätze ordnungsmäßiger Buchführung (vgl. § 5 Abs. 1 Satz 1 EStG) verbunden.[466]

§ 247 Abs. 3 HGB a. F. bildete ein Konstruktionselement der formellen Maßgeblichkeit. Getragen vom Gedanken der Einheitsbilanz erlaubte er bislang allen Kaufleuten, Passivposten in der Handelsbilanz zu bilden, die für Zwecke der Steuern vom Einkommen und Ertrag zulässig sind. Sie waren als **Sonderposten mit Rücklageanteil** auszuweisen und nach Maßgabe des Steuerrechts aufzulösen. Für Kapitalgesellschaften und diesen gleichgestellte Personenhandelsgesellschaften ergänzte § 273 HGB a. F. den § 247 Abs. 3 HGB a. F. durch die Auflage, Sonderposten mit Rücklageanteil nur zu bilden, wenn das Steuerrecht die Anerkennung des Wertansatzes bei der steuerlichen Gewinnermittlung von einer gleich gerichteten Verfahrensweise in der Handelsbilanz abhängig macht (**umgekehrte Maßgeblichkeit**).

Die Aufhebung der Vorschrift sollte nach der Regierungsbegründung die handelsrechtliche Rechnungslegung vereinfachen und die Informationsqualität des Jahresabschlusses erhöhen. § 247 Abs. 3 HGB a. F. führte zu einer seit jeher kritisch beurteilten **Verzerrung in der Darstellung der Vermögens-, Finanz- und Ertragslage**.

Zum einen wurde bemängelt, dass Einstellungen in die Rücklagen als Maßnahmen der Ergebnisverwendung dogmatisch unter § 275 Abs. 4 HGB fallen und damit den handelsrechtlichen Jahresüberschuss nicht beeinflussen sollten. Die Bildung des Sonderpostens mit Rücklageanteil erfolgte hingegen zu Lasten des handelsrechtlichen Jahreserfolgs. Seine Auflösung wirkte ergebniserhöhend (vgl. § 281 Abs. 2 Satz 3 HGB a. F.).

Kritisiert wurde zum anderen die Wirkung der Übertragung stiller Reserven, für die der Sonderposten mit Rücklageanteil als Vehikel diente. Sie führte dazu, dass die betroffenen Vermögensgegenstände nicht zu Anschaffungs- oder Herstellungskosten in der Handelsbilanz ausgewiesen wurden. Vielmehr wurde ein Betrag bis zur Höhe des zu diesem Zweck gebildeten Sonderpostens mit Rücklageanteil von den Anschaffungs- oder Herstellungskosten abgezogen. Das beeinträchtigte nicht nur die Vergleichbarkeit der Rechnungslegung im Zeitablauf, sondern erschwerte auch den zwischenbetrieblichen Vergleich. Diesen Kritikpunkten hat der Gesetzgeber mit der Aufhebung des § 247 Abs. 3 HGB a. F. Rechnung getragen.

---

[465] Vgl. Schulze-Osterloh, DStR 2008, S. 63.
[466] Vgl. Dörfler/Adrian, DB 2008, Beilage 1, S. 45.

Auch das von steuerlicher Seite bisweilen bemühte Gegenargument, die mit § 247 Abs. 3 HGB a. F. errichtete **faktische Ausschüttungssperre** für die (vorübergehend) der Besteuerung entzogenen Beträge sei erforderlich, um den mit den steuerpolitisch motivierten Vergünstigungsvorschriften verfolgten Zweck zu erreichen, hat die Regierungsbegründung nicht gelten gelassen. Schafft ein Unternehmen die Voraussetzungen, um eine subventionelle Steuervergünstigung in Anspruch zu nehmen, ist der mit dieser Regelung erreichte Zweck verwirklicht. Inwieweit es zusätzliche Maßnahmen ergreift, um ausreichende Mittel für künftige Reinvestitionen anzusammeln, ist eine unternehmerische Entscheidung, auf die das Steuerrecht keinen Einfluss nehmen sollte.

Schließlich konnte der Hinweis, die faktische Ausschüttungssperre diene dazu, eine Auskehrung der infolge der Vergünstigungsvorschrift ersparten Steuern an die Gesellschafter zu verhindern, die umgekehrte Maßgeblichkeit nicht retten. Bei Personenhandelsgesellschaften und Einzelunternehmen entfaltete der Sonderposten mit Rücklageanteil eine solche Wirkung ohnehin nicht. Demgegenüber lässt sich bei Kapitalgesellschaften die Ausschüttungssperre auch ohne Deformation der Handelsbilanz über die Bildung latenter Steuern erreichen (vgl. BT-Drucks. 16/10067, S. 49). Auf diese Weise wird zwar nur ein Betrag in Höhe der zu erwartenden künftigen Steuermehrbelastung und nicht in Höhe der insgesamt aufgedeckten stillen Reserven gegen Ausschüttung gesperrt. Diese im Vergleich zur bisherigen Rechtslage reduzierte Begrenzung der Ausschüttungsmöglichkeiten ist indes nach Ansicht der Bundesregierung unter dem volkswirtschaftlichen Aspekt der optimalen Kapitalallokation ohnehin vorzuziehen (vgl. BT-Drucks. 16/10067, S. 49).

Die in der Regierungsbegründung wiedergegebenen Kritikpunkte an der umgekehrten Maßgeblichkeit erscheinen im Vergleich zu der großflächig geäußerten Kritik in der Literatur sehr punktuell. Dessen ungeachtet ist die Aufgabe der umgekehrten Maßgeblichkeit einhellig begrüßt worden. Schließlich sei die Aussagekraft deutscher Jahresabschlüsse in der Vergangenheit durch keine anderen Vorschriften mehr verfälscht worden als durch jene, die eine Übernahme nur steuerlich zulässiger Wertansätze erlaubten.[467] Dieser massiven und berechtigten **Kritik an der Deformation der handelsrechtlichen Rechnungslegung** durch steuerliche Subventionsregeln trägt das BilMoG Rechnung.[468]

2.2.2 Ausblick zum Maßgeblichkeitsgrundsatz

Die im Verhältnis zu den IFRS geschaffene Gleichwertigkeit des handelsrechtlichen Jahresabschlusses im Hinblick auf die bilanzielle (Nicht-)Berücksichtigung steuerlich motivierter Wertansätze hat es zur Wahrung der Steuerneutralität der Bilanzreform erforderlich gemacht, den im EStG enthaltenen Grundsatz der umgekehrten Maßgeblichkeit (vgl. § 5 Abs. 1 Satz 2 EStG a. F.) aufzuheben.

---

[467] Vgl. Arbeitskreis Bilanzrecht der Hochschullehrer Rechtswissenschaft, BB 2008, S. 153.
[468] Vgl. Herzig, DB 2008, S. 3.

Auf der anderen Seite ist nach der Regierungsbegründung zu überprüfen, ob der reformierte handelsrechtliche Jahresabschluss aus steuerlicher Sicht seine bisherige Funktion weiterhin erfüllen kann, nämlich die **wirtschaftliche Leistungsfähigkeit** des Kaufmanns angemessen abzubilden. Die geänderten Bilanzierungs- und Bewertungsvorschriften lassen die Informationsfunktion in den Vordergrund treten. Das Realisationsprinzip als Gradmesser der steuerlichen Leistungsfähigkeit ist demgegenüber punktuell modifiziert worden. Das gibt nach Ansicht der Bundesregierung Anlass zu untersuchen, „ob zur Wahrung einer nach der individuellen Leistungsfähigkeit ausgerichteten Besteuerung und auch im Hinblick auf die Bestrebungen zur Schaffung einer einheitlichen konsolidierten körperschaftsteuerlichen Bemessungsgrundlage auf EU-Ebene eine eigenständige steuerliche Gewinnermittlung notwendig und erforderlichenfalls wie sie zu konzipieren ist" (BT-Drucks. 16/10067, S. 34). Damit scheint auch der **direkten Maßgeblichkeit** der Handels- für die Steuerbilanz das Schicksal eines **Auslaufmodells** beschieden.[469]

2.3 Letztmalige Anwendung, Übergangsregelung und steuerliche Folgen

Die für den Sonderposten mit Rücklageanteil relevanten Vorschriften des § 247 Abs. 3, § 270 Abs. 1 Satz 2, § 273, § 281, § 285 Satz 1 Nr. 5 HGB a. F. sind letztmals auf Jahresabschlüsse für Geschäftsjahre anzuwenden, die vor dem 1.1.2010 bzw. – bei einem vorzeitigen Übergang auf die Vorschriften des BilMoG – vor dem 1.1.2009 beginnen (vgl. Art. 66 Abs. 5 EGHGB).

Die nach bisherigem Recht gebildeten Sonderposten mit Rücklageanteil nach § 247 Abs. 3, § 273 HGB a. F. können unter Anwendung der für sie geltenden Vorschriften in der Fassung vor Inkrafttreten des BilMoG **beibehalten** werden. Der Verweis auf die ‚für sie geltenden Vorschriften' ist nach der Begründung des Rechtsausschusses dahingehend zu verstehen, dass die Vorschriften zur Übertragung und Auflösung sowie zu den Angaben im Anhang weiter fortbestehen (vgl. BT-Drucks. 16/12407, S. 127).[470] Da die Sonderposten mit Rücklageanteil im handelsrechtlichen Jahresabschluss mittelfristig abgebaut werden sollen, ist nur eine einmalige Übertragung zulässig. Das Beibehaltungswahlrecht ist mithin nur im ersten nach dem 31.12.2009 bzw. – bei vorzeitigem Übergang auf die Vorschriften des BilMoG – nach dem 31.12.2008 beginnenden Geschäftsjahr ausübbar. Es bezieht sich nur auf die Posten, die im Jahresabschluss für das letzte vor dem 1.1.2010 (bzw. vor dem 1.1.2009) beginnende Geschäftsjahr enthalten waren (vgl. BT-Drucks. 16/12407, S. 127).

Alternativ zur Fortführung der Sonderposten mit Rücklageanteil eröffnet Art. 67 Abs. 3 EGHGB die Möglichkeit, die entsprechenden Beträge unmittelbar **in die Gewinnrücklagen einzustellen**. Aufgrund der in diesem Fall entstehenden temporären Differenzen zur Steuerbilanz ergibt sich für große und mittelgroße Kapitalgesellschaften sowie diesen gleichgestellte Personenhandelsgesellschaften die Notwendigkeit zur

---

[469] Vgl. auch Herzig/Briesemeister, DB 2009, S. 2; kritisch Meurer, FR 2009, S. 117 ff.
[470] Vgl. Briese/Suermann, DB 2010, S. 122 f.

Bildung passiver latenter Steuern. Bei allen übrigen Kaufleuten kommt die Passivierung einer Rückstellung für die zu erwartende Steuermehrbelastung in Betracht (vgl. Gliederungspunkt 3.3.4).

Steuerliche Konsequenzen ergeben sich aus dem handelsbilanziellen Wegfall des Sonderpostens mit Rücklageanteil wegen der Aufgabe der umgekehrten Maßgeblichkeit nicht. Gemäß § 5 Abs. 1 Satz 1 EStG ist die Ausübung von steuerlichen Wahlrechten, die von den handelsrechtlichen Bilanzierungsvorschriften abweichen, im handelsrechtlichen Jahresabschluss künftig nicht mehr nachzuvollziehen. Um die Nachvollziehbarkeit der Ableitung des steuerlichen Wertansatzes sicherzustellen, sind die Wirtschaftsgüter, die in Ausübung steuerlicher Wahlrechte nicht mit dem handelsrechtlich maßgeblichen Wert in die steuerliche Gewinnermittlung eingehen, in besondere **laufend zu führende Verzeichnisse** aufzunehmen (vgl. § 5 Abs. 1 Satz 2 EStG sowie Kapitel 1, Gliederungspunkt 3.1.2.6).

Ihrem Wortlaut nach bezieht sich die Vorschrift ausschließlich auf aktive Wirtschaftsgüter. Die Aufnahme unversteuerter Rücklagen in das besondere, laufend zu führende Verzeichnis ist nicht erforderlich, wenn die jeweilige Rücklage in der Steuerbilanz gebildet wird. Bei der Übertragung der Rücklage in einem späteren Wirtschaftsjahr ergibt sich dann wieder das Erfordernis der Aufnahme des entsprechenden Wirtschaftsguts in dieses Verzeichnis.[471]

Abb. 121 fasst die Regelungen des BilMoG zum Übergang auf das Ansatzverbot von Sonderposten mit Rücklageanteil zusammen.

Übergang auf das Ansatzverbot für Sonderposten mit Rücklageanteil		
Letztmalige Anwendung	Übergang	Steuerliche Folgen
• Obligatorisch: Jahres- und Konzernabschlüsse für vor dem 1.1.2010 beginnende Geschäftsjahre • Optional: Bei vorzeitigem Übergang auf die Vorschriften des BilMoG: Jahres- und Konzernabschlüsse für vor dem 1.1.2009 beginnende Geschäftsjahre Art. 66 Abs. 5 EGHGB	• Wahlrecht » Fortführung der nach §§ 247 Abs. 3, 273 HGB a.F. gebildeten Sonderposten nach den für sie geltenden Vorschriften des HGB a.F. » Auflösung der nach BilMoG nicht mehr zulässigen Sonderposten • Auswirkungen der Auflösung: » Regelfall: Umgliederung des Sonderpostens in die Gewinnrücklagen » Ausnahme: Bildung in 2009 wegen steuerrechtlicher Mehrabschreibungen → Auflösung über „a.o. Erträge" Art. 67 Abs. 3 EGHGB	• Keine • Aufhebung der umgekehrten Maßgeblichkeit • Aktive WG, bei denen steuerliche Wahlrechte ausgeübt wurden, sind in ein gesondertes Verzeichnis aufzunehmen (zB Erweiterung des Anlagespiegels, Verzeichnis der GwG) § 5 Abs. 1 EStG

Abb. 121: Übergang auf Ansatzverbot von Sonderposten mit Rücklageanteil nach BilMoG

---

[471] Vgl. BMF-Schreiben v. 12.3.2010, Tz. 22.

2.4 Fallbeispiel

Das folgende Beispiel verdeutlicht Auswirkungen des Wegfalls des Sonderpostens mit Rücklageanteil und der dazu im BilMoG festgelegten Übergangsregelungen.

Beispiel

Sachverhalt:

Zum 30.3.2009 ist eine Maschine von U durch einen Wasserschaden zerstört worden. Der Buchwert der Maschine belief sich zum Tag des Schadenereignisses auf 450 TEUR. Von der Versicherung erhielt U eine Entschädigungszahlung in Höhe von 700 TEUR.

Da U aufgrund einer Wirtschaftskrise eine Ersatzbeschaffung erst in 2010 plant, hat er in Höhe der aufgedeckten stillen Reserven von 250 TEUR nach R 6.6 Abs. 4 EStR in der Steuerbilanz eine Rücklage für Ersatzbeschaffung gebildet. Aufgrund der umgekehrten Maßgeblichkeit war handelsrechtlich in entsprechender Höhe ein Sonderposten mit Rücklageanteil anzusetzen.

Ende 2010 erwirbt U ein Ersatzwirtschaftsgut mit Anschaffungskosten von 800 TEUR und einer Nutzungsdauer von zehn Jahren.

U erfüllt die Größenmerkmale einer mittelgroßen Kapitalgesellschaft. Der kumulierte Ertragsteuersatz von U beträgt 30 %.

Vorbemerkung:

Ob U als Kapitalgesellschaft den Sonderposten mit Rücklageanteil in der Handelsbilanz zum 31.12.2009 überhaupt bilden darf, ist fraglich. Die Bildung setzt nach § 279 Abs. 2 HGB a. F. die Geltung der umgekehrten Maßgeblichkeit voraus. Mit Inkrafttreten des BilMoG ist § 5 Abs. 1 Satz 2 EStG a. F. und mit dieser Vorschrift die umgekehrte Maßgeblichkeit entfallen. Damit fehlt es zum 31.12.2009 an einer Rechtsgrundlage für die Bildung des Sonderpostens mit Rücklageanteil. Es erscheint zweifelhaft, ob diese Konsequenz vom Gesetzgeber gesehen wurde und gewollt ist. Nach Auffassung des HFA des IDW ist es nicht zu beanstanden, wenn Kapitalgesellschaften Sonderposten mit Rücklageanteil in dem letzten Geschäftsjahr vor der Umstellung auf BilMoG noch neu bilden, sofern das Geschäftsjahr vor dem 29.5.2009 begonnen hat.[472] Die weitere Beurteilung geht von der Zulässigkeit einer Übernahme der unversteuerten Rücklage in die Handelsbilanz aus.

---

[472] Vgl. IDW RS HFA 28, Tz. 3.

Beurteilung:

U hat nach Art. 67 Abs. 3 Satz 1 EGHGB die Wahl,

- den nach § 247 Abs. 3, § 279 Abs. 2 HGB in der Handelsbilanz gebildeten Sonderposten nach den für ihn geltenden Vorschriften des HGB a. F. fortzuführen **(Fall 1)** oder
- aufzulösen **(Fall 2)**.

Entscheidet sich U für die erste Möglichkeit, ist eine Anpassung der Rechnungslegung im ersten Schritt nicht veranlasst.

Nach dem Erwerb des Ersatzwirtschaftsguts im Geschäftsjahr 2010 kann U die aufgedeckten stillen Reserven übertragen. Das Wahlrecht steht ihm steuerlich unabhängig von der Verfahrensweise in der Handelsbilanz zu (vgl. § 5 Abs. 1 EStG). Handelsbilanziell ergeben sich erneut zwei Möglichkeiten:

- Übernahme des steuerlichen Bewertungsabschlags **(Variante a)** oder
- erfolgswirksame Auflösung des Sonderpostens mit Rücklageanteil **(Variante b)**.

Im **Fall 1, Variante a** ist die Mehrabschreibung wohl zwingend passivisch vorzunehmen. Eine Wertkorrektur des ersatzweise angeschafften Vermögensgegenstands würde einen Bewertungsabschlag nach § 254 HGB a. F. erfordern. § 254 HGB a. F. gehört aber nicht zu den für die Fortführung des Sonderpostens mit Rücklageanteil einschlägigen Vorschriften i. S. d. Art. 67 Abs. 3 Satz 1 EGHGB. Damit ist wie folgt zu buchen (Angaben in TEUR):

Datum	Konto	Soll	Haben
	Sonderposten mit Rücklageanteil	250	
31.12.2010	Sonstige betriebliche Erträge		250

Datum	Konto	Soll	Haben
	Sonstige betriebliche Aufwendungen	250	
31.12.2010	Sonderposten mit Rücklageanteil		250

Zum Ende des Geschäftsjahrs 2011 ist das erworbene Anlagegut erstmals planmäßig um 80 TEUR (= 800 TEUR / 10) abzuschreiben. Der Sonderposten mit Rücklageanteil ist anteilig mit 25 TEUR (= 250 TEUR / 10) aufzulösen.

Buchungen (Angaben in TEUR):

Datum	Konto	Soll	Haben
	Abschreibungen auf Sachanlagen	80	
31.12.2011	Technische Anlagen und Maschinen		80

Datum	Konto	Soll	Haben
	Sonderposten mit Rücklageanteil	25	
31.12.2011	Sonstige betriebliche Erträge		25

Das IDW hingegen eröffnet in seiner Stellungnahme zu den Übergangsregelungen des BilMoG die Möglichkeit, im Fall der späteren Übertragung einer Rücklage auf ein angeschafftes oder hergestelltes Ersatzwirtschaftsgut den ersatzweise angeschafften oder hergestellten Vermögensgegenstand in Höhe des Sonderpostens außerplanmäßig abzuschreiben.[473] Diese Lösung wird auch in der Literatur zumindest für vertretbar gehalten.[474]

Löst U den Sonderposten mit Rücklageanteil (erst) nach Anschaffung des Ersatzwirtschaftsguts zum 31.12.2010 auf **(Fall 1, Variante b)**, führt dies zum Ausweis eines sonstigen betrieblichen Ertrags. Da die Auflösung nicht auf der Anwendung einer Übergangsvorschrift beruht, liegt kein Fall des Art. 67 Abs. 7 EGHGB vor, der zur Erfassung eines außerordentlichen Ertrags Anlass geben könnte.[475] Aufgrund des höheren Nettovermögensausweises in der Handelsbilanz sind passive latente Steuern in Höhe von 75 TEUR (= 30 % von 250 TEUR) erfolgswirksam zu bilden.

Buchungen (Angaben in TEUR):

Datum	Konto	Soll	Haben
	Sonderposten mit Rücklageanteil	250	
31.12.2010	Sonstige betriebliche Erträge		250

Datum	Konto	Soll	Haben
	Latenter Steueraufwand	75	
31.12.2010	Passive latente Steuern		75

Entscheidet sich U, den Sonderposten mit Rücklageanteil bereits im Zeitpunkt des Übergangs auf die Vorschriften des BilMoG aufzulösen **(Fall 2)**, ist dieser erfolgsneutral in die Gewinnrücklagen umzugliedern. Wegen der sich ergebenden zu versteuernden temporären Differenz sind erneut passive latente Steuern in Höhe von 75 TEUR (= 30 % von 250 TEUR) zu bilden. Auch ihre Einbuchung ist erfolgsneutral.

Buchungen (Angaben in TEUR):

Datum	Konto	Soll	Haben
	Sonderposten mit Rücklageanteil	250	
1.1.2010	Gewinnrücklagen		250

Datum	Konto	Soll	Haben
	Gewinnrücklagen	75	
1.1.2010	Passive latente Steuern		75

---

[473] IDW RS HFA 28, IDW-FN 2009, S. 642, Tz. 18.
[474] Briese/Suermann, DB 2010, S. 123; a. A. Kessler/Leinen/Paulus, BB 2009, S. 1913.
[475] Vgl. auch Kapitel 1, Gliederungspunkt 2.2.3; a. A. IDW RS HFA 28, IDW-FN 2009, S. 642, Tz. 27.

Unklar bleibt, ob auch die Auflösung von Sonderposten mit Rücklageanteil erfolgsneutral vorzunehmen ist, die im letzten vor dem 1.1.2010 bzw. – bei vorzeitigem Übergang auf die Vorschriften des BilMoG – dem 1.1.2009 beginnenden Geschäftsjahr für nur steuerrechtlich zulässige Abschreibungen gebildet wurden. Dazu folgendes Beispiel:[476]

Beispiel

Sachverhalt:

Unternehmen U, eine mittelgroße GmbH, hat im Jahr 2009 in der Handelsbilanz für eine steuerrechtliche Mehrabschreibung auf ein Gebäude nach § 254 HGB a. F. i. V. m. § 281 HGB a. F. einen Sonderposten mit Rücklageanteil in Höhe von 160 TEUR angesetzt. Der kumulierte Ertragsteuersatz von U beträgt 30 %.

Beurteilung:

Entscheidet sich U, den Sonderposten mit Rücklageanteil im Übergang auf BilMoG aufzulösen, soll dies nach dem Wortlaut des Art. 67 Abs. 3 Satz 2 EGHGB unabhängig vom Zeitpunkt der Bildung des Postens erfolgsneutral geschehen. Auch die passiven latenten Steuern i. H. v. 48 TEUR (= 30 % von 160 TEUR) wären dann erfolgsneutral einzubuchen.

Hätte U im Jahr 2009 keinen Sonderposten gebildet, sondern die nur steuerrechtlich zulässige Abschreibung nach § 254 a. F. aktivisch vom Buchwert des Gebäudes abgesetzt, wäre ihre Auflösung nach Art. 67 Abs. 4 Satz 2 Halbs. 2 EGHGB erfolgswirksam vorzunehmen. Entsprechendes gilt für die Erfassung der passiven latenten Steuern.

Zu Recht wird diese Ungleichbehandlung bei der Korrektur steuerrechtlicher Mehrabschreibungen in Abhängigkeit von der Art ihrer Erfassung und als Reflex auf die unterschiedliche Einbuchung latenter Steuern als wertungswidersprüchlich bezeichnet. Bei teleologischer Auslegung sollten im Geschäftsjahr vor der erstmaligen Anwendung des BilMoG für steuerrechtliche Mehrabschreibungen gebildete Sonderposten mit Rücklageanteil beim Übergang auf BilMoG erfolgswirksam aufzulösen und die passiven latenten Steuern erfolgswirksam einzubuchen sein.[477]

Für unversteuerte Rücklagen gebildete Sonderposten mit Rücklageanteil sind dagegen unabhängig vom Zeitpunkt ihrer Dotierung erfolgsneutral aufzulösen. Anders als in Bezug auf die nur steuerrechtlich zulässigen Abschreibungen liegt ein Normkonflikt hier nicht vor.[478]

---

[476] Vgl. Kessler/Leinen/Paulus, BB 2009, S. 1913.
[477] Vgl. Kessler/Leinen/Paulus, BB 2009, S. 1913.
[478] Vgl. Kessler/Leinen/Paulus, BB 2009, S. 1913.

3 Latente Steuern

3.1 Die neuen Vorschriften im Überblick

Durch das BilMoG ist § 274 HGB wie folgt neu gefasst worden:

> **HGB § 274 Latente Steuern**
>
> (1) Bestehen zwischen den handelsrechtlichen Wertansätzen von Vermögensgegenständen, Schulden und Rechnungsabgrenzungsposten und ihren steuerlichen Wertansätzen Differenzen, die sich in späteren Geschäftsjahren voraussichtlich abbauen, so ist eine sich daraus insgesamt ergebende Steuerbelastung als passive latente Steuern (§ 266 Abs. 3 E.) in der Bilanz anzusetzen. Eine sich daraus insgesamt ergebende Steuerentlastung kann als aktive latente Steuern (§ 266 Abs. 2 D.) in der Bilanz angesetzt werden. Die sich ergebende Steuerbe- und die sich ergebende Steuerentlastung können auch unverrechnet angesetzt werden. Steuerliche Verlustvorträge sind bei der Berechnung aktiver latenter Steuern in Höhe der innerhalb der nächsten fünf Jahre zu erwartenden Verlustverrechnung zu berücksichtigen.
>
> (2) Die Beträge der sich ergebenden Steuerbe- und -entlastung sind mit den unternehmensindividuellen Steuersätzen im Zeitpunkt des Abbaus der Differenzen zu bewerten und nicht abzuzinsen. Die ausgewiesenen Posten sind aufzulösen, sobald die Steuerbe- oder -entlastung eintritt oder mit ihr nicht mehr zu rechnen ist. Der Aufwand oder der Ertrag aus der Veränderung bilanzierter latenter Steuern ist in der Gewinn- und Verlustrechnung gesondert unter dem Posten „Steuern vom Einkommen und vom Ertrag" auszuweisen.

§ 274 HGB regelt die Bildung latenter Steuern bei **großen und mittelgroßen Kapitalgesellschaften**. Kleine Kapitalgesellschaften sind von der Anwendung des § 274 HGB befreit (vgl. § 274a Nr. 5 HGB), können die Vorschrift allerdings freiwillig anwenden. Machen sie von der Befreiungsmöglichkeit Gebrauch, sieht die Regierungsbegründung sie allerdings in der Pflicht, „passive latente Steuern zu ermitteln [...], wenn gleichzeitig die Tatbestandsvoraussetzungen für den Ansatz einer Rückstellung gemäß § 249 Abs. 1 Satz 1 HGB vorliegen" (BT-Drucks. 16/10067, S. 68). Ob in diesem Fall überhaupt **latente** Steuern gegeben sind, muss bezweifelt werden (vgl. hierzu Gliederungspunkt 3.3.4).

Abweichend von der bisherigen Regelung des § 274 HGB a. F. basiert die Ermittlung latenter Steuern nach dem BilMoG auf dem international gebräuchlichen **bilanzorientierten Konzept**. Für die Frage, ob latente Steuern zu aktivieren oder passivieren sind, kommt es danach nicht mehr auf Unterschiede in der Erfolgsperiodisierung zwischen Handels- und Steuerbilanz an. Im Fokus stehen vielmehr Bilanzierungs- und Bewertungsabweichungen beim Vermögen und bei den Schulden (temporäre Differenzen). Die Bildung latenter Steuern orientiert sich mithin am Ziel eines zutreffenden Nettovermögensausweises: Sie soll primär (künftige) Forderungen und Verbindlichkeiten gegenüber dem Fiskus zum Ausdruck bringen und nur sekundär das Anliegen einer angemessenen Periodisierung der Ertragsteuern verwirklichen. Mit dieser konzeptionellen Ausrichtung erstreckt sich das bilanzorientierte Konzept auch auf potenzielle Steueransprüche aus ungenutzten Verlustvorträgen sowie aus vergleichbaren Sachverhalten, namentlich aus Steuergutschriften und Zinsvorträgen (vgl. BT-Drucks. 16/10067, S. 67).

Die Aktivierung von (ungewissen) Steuervorteilen, die sich erst realisieren, wenn das Unternehmen bestimmte Sachverhaltsgestaltungen vornimmt (z. B. Veräußerung von Grundstücken, die in der Handelsbilanz niedriger bewertet sind als in der Steuerbilanz) oder ein positives steuerliches Einkommen in der Zukunft erzielt, ist mit Blick auf das in § 252 Abs. 1 Nr. 4 2. Halbs. HGB verankerte Realisationsprinzip problematisch. Um dem Gläubigerschutz Rechnung zu tragen, sehen § 268 Abs. 8 Satz 2 HGB und § 301 Satz 1 AktG daher eine **Ausschüttungs- und Abführungssperre** für den Überhang an aktiven latenten Steuern vor. Bei Kommanditgesellschaften i. S. d. § 264a HGB ist bei einer Aktivierung latenter Steuern die Ergänzung des § 172 Abs. 4 HGB um einen dritten Satz zu beachten. Danach sind bei der Prüfung, wann die Haftung eines Kommanditisten nach Gewinnentnahmen wieder auflebt, die nach § 268 Abs. 8 HGB ausschüttungsgesperrten Beträge nicht zu berücksichtigen. Die bisherige Vorschrift des § 264c Abs. 4 Satz 3 HGB a. F. ist im gleichen Zug gestrichen worden.

Die skizzierten konzeptionellen Grundlagen der Bildung latenter Steuern fasst Abb. 122 zusammen.

Latente Steuern im Jahresabschluss nach HGB a.F. und BilMoG			
Konzeptionelle Grundlagen nach bisherigem Recht § 274 HGB a.F.			
Anwendungsbereich	Abgrenzungskonzept	Anwendungsfälle	Gläubigerschutz
Alle KapG	• Ausschließlich GuV-orientiertes (*timing*) Konzept (hM) • Gesamtdifferenzenbetrachtung	Abweichungen zwischen JA und Steuerbilanz, die erfolgswirksam entstehen und sich erfolgswirksam auflösen	Ausschüttungssperre bei Ansatz aktiver latenter Steuern bei KapG
• Umfassend nur große und mittelgroße KapG § 274a Nr. 5 HGB • Kleine KapG und Nicht-KapG müssen erwartete Steuermehrbelastungen im Hinblick auf eine Rückstellungspflicht gem. § 249 Abs. 1 Satz 1 HGB würdigen	• Bilanzorientiertes (*temporary*) Konzept • Gesamtdifferenzenbetrachtung § 274 Abs. 1 HGB	• Bilanzierungs- und Bewertungsabweichungen zwischen Jahresabschluss und Steuerbilanz • Ungenutzte steuerliche Verlustvorträge • Ungenutzte Steuergutschriften § 274 Abs. 1 HGB	Ausschüttungs- und Abführungssperre für aktive latente Steuern, soweit diese den Betrag der passivierten latenten Steuern übersteigen § 268 Abs. 8 Satz 2 HGB § 301 AktG BT-Drucks. 16/10067, S. 64
Konzeptionelle Grundlagen der Steuerabgrenzung nach BilMoG			

Abb. 122: Konzeptionelle Grundlagen der Bildung latenter Steuern nach HGB a. F. und BilMoG

Das BilMoG setzt das vorstehend skizzierte bilanzorientierte Konzept der Bildung latenter Steuern durch Ansatz-, Bewertungs-, Ausweis- und Erläuterungsvorschriften um. Anders als noch im RegE BilMoG vorgesehen, besteht nach § 274 Abs. 1 HGB eine **Ansatzpflicht** nur noch für die insgesamt zu erwartende **Steuerbelastung** aus dem künftigen Abbau temporärer Differenzen zwischen den Handelsbilanzansätzen und den steuerlichen Wertansätzen sowie der Nutzung werthaltiger steuerlicher Verlustvorträge (Gesamtdifferenzenbetrachtung). Erwartet das Unternehmen aus diesen Sachverhalten per Saldo eine **Steuerentlastung**, besteht ein **Wahlrecht** zum Ansatz aktiver latenter Steuern in der Bilanz.

Bilanzausweistechnisch kann zwischen **zwei Darstellungsformen** gewählt werden:

- Nettoausweis der sich in späteren Geschäftsjahren insgesamt ergebenden Steuerbe- oder -entlastung,
- Bruttoausweis der sich in späteren Geschäftsjahren insgesamt ergebenden Steuerbelastungen und Steuerentlastungen (unverrechneter Ausweis).

Die **Höhe** der künftigen Steuerbe- und -entlastungen ist unter Rückgriff auf unternehmensindividuelle Steuersätze im Zeitpunkt des Abbaus der Differenzen zu ermitteln. Bei der Bewertung aktiver latenter Steuern ist allgemein das Vorsichtsprinzip zu beachten. Für Verlustvorträge begrenzt § 274 Abs. 1 Satz 4 HGB den relevanten Prognosezeitraum auf maximal fünf Jahre.

Nach § 285 Nr. 29 HGB sind die Herkunft der aktiven und passiven latenten Steuern im **Anhang** zu erläutern und die der Bewertung zugrunde gelegten Steuersätze anzugeben. Die Vorschrift betrifft nur große Kapitalgesellschaften. Kleine und mittelgroße Kapitalgesellschaften sind nach § 288 Abs. 1, 2 HGB von der Angabepflicht befreit.

Abb. 123 fasst die Umsetzung des Konzepts der Bildung latenter Steuern nach bisherigem Recht und nach den Vorschriften des BilMoG zusammen.

Latente Steuern im Jahresabschluss nach HGB a.F. und BilMoG

Umsetzung des Abgrenzungskonzepts nach bisherigem Recht § 274 HGB a.F.

Ansatzregelung	Bewertung	Ausweis	Erläuterung
• Aktivierungswahlrecht • Passivierungspflicht	• Keine Bewertungs-, sondern nur grobe Ermittlungsregeln • Ansatz der erwarteten rechnerischen Steuermehr- oder minderbelastung	• Ausweis des Saldos • Aktive latente Steuern: gesonderter Ausweis • Passive latente Steuern: Ausweis unter den Rückstellungen	• Nur aktive latente Steuern • Gesonderter Ausweis der Rückstellung oder Angabe im Anhang
• Ansatzwahlrecht für Nettosteuerentlastung • Ansatzpflicht für Nettosteuerbelastung § 274 Abs. 1 HGB	• Unternehmensindividueller Steuersatz bei Umkehr der Differenz • Beachtung des Vorsichtsprinzips • Verlustvorträge: begrenzt auf 5 Jahre § 274 Abs. 1, 2 HGB, BT-Drucks. 16/10067, S. 67f.	• Brutto- oder Nettoausweis • Gesonderter Posten für aktive bzw. passive latente Steuern § 266 Abs. 2 D. HGB § 266 Abs. 3 E. HGB • Gesonderter Ausweis des latenten Steueraufwands § 274 Abs. 2 Satz 4 HGB	Generelle Erläuterungspflicht (nur große KapG) § 285 Nr. 29 HGB iVm § 288 HGB

Umsetzung des Abgrenzungskonzepts nach BilMoG

Abb. 123: Umsetzung des Konzepts der Bildung latenter Steuern nach HGB und BilMoG

Die Neufassung des § 274 HGB steht im Einklang mit Art. 13 Nr. 11 der Bilanzrichtlinie. Das nach der Bilanzrichtlinie bestehende Ausweiswahlrecht – Anhang oder Bilanz – wurde bereits im HGB a. F. zugunsten der Bilanz ausgeübt (vgl. BT-Drucks. 16/10067, S. 68).

3.2 Vom Timing-Konzept zum Temporary-Konzept

Das **bisherige Recht** ging in § 274 HGB a. F. vom **Timing-Konzept** aus. Zur Abgrenzung latenter Steuern verlangte es einen Vergleich der Jahresergebnisse nach Handels- und Steuerrecht. Soweit diese aufgrund zeitlich befristeter Unterschiede differierten, war der Steueraufwand durch Bildung aktiver oder passiver latenter Steuern zu korrigieren. In die Betrachtung gingen nur solche Differenzen ein, die sich sowohl bei deren Entstehung als auch bei deren Umkehrung in der Gewinn- und Verlustrechnung niederschlagen.[479] Nicht Gegenstand der Steuerabgrenzung waren permanente Differenzen, die sich niemals mit steuerlicher Wirkung umkehren. Dazu gehören steuerfreie Erträge und steuerlich nicht abzugsfähige Betriebsausgaben. Ausgeklammert blieben nach h. M. ebenfalls quasi-permanente Differenzen. Hierbei handelt es sich um Ergebnisunterschiede als Folge von Bilanzierungs- und Bewertungsunterschieden, die sich nicht von selbst umkehren und mit deren Ausgleich in absehbarer

---

[479] Vgl. Hoyer/Fischer, in: Ellrott u. a. (Hrsg.): Beck'scher Bilanz-Kommentar, 6. Aufl., München 2006, § 274 HGB, Anm. 6.

Zeit nicht zu rechnen ist. Beispiele für quasi-permanente Differenzen sind Bewertungsunterschiede bei Beteiligungen oder unbebauten Grundstücken.[480]

Von dieser vorherrschenden Auslegung der §§ 274, 306 HGB a. F. ist der Deutsche Standardisierungsrat in DRS 10 abgewichen, der die Bilanzierung latenter Steuern im Konzernabschluss regelte. Er forderte nicht nur die Bildung latenter Steuern für erfolgsneutral entstehende zeitliche Bilanzierungs- und Bewertungsdifferenzen aus der Kaufpreisallokation (vgl. DRS 10.16). Nach der darin vertretenen Auslegung des § 274 HGB a. F. sollten latente Steuern auch für ungenutzte steuerliche Verlustvorträge und für Steuergutschriften anzusetzen sein (DRS 10.11 ff.). De lege ferenda sprach sich der Deutsche Standardisierungsrat im Interesse der weitgehenden Harmonisierung mit internationalen Standards (z. B. IAS 12) bereits seinerzeit für einen Übergang auf das Temporary-Konzept aus.[481] Der zwischenzeitlich vom DRS verabschiedete DRS 18 äußert sich über den gesetzlichen Auftrag zur Entwicklung von Empfehlungen zur Anwendung der Grundsätze ordnungsmäßiger Konzernrechnungslegung hinausgehend auch ausdrücklich zur Bildung latenter Steuern in der einzelgesellschaftlichen Rechnungslegung.

Entsprechend dieser Anregung hat der Gesetzgeber mit der **Neufassung des § 274 HGB** das auf die Gewinn- und Verlustrechnung fokussierte Abgrenzungskonzept (Timing-Konzept) zugunsten des international gebräuchlichen bilanzorientierten Konzepts **(Temporary-Konzept)** aufgegeben. Anlass zur Bildung latenter Steuern geben fortan nicht mehr Differenzen, die sich aus einer unterschiedlichen Periodisierung von Aufwendungen und Erträgen bei der Ermittlung des handelsrechtlichen Jahresüberschusses im Verhältnis zur steuerlichen Gewinnermittlung ergeben. Gegenstand der Bildung latenter Steuern sind stattdessen Differenzen, die aus **unterschiedlichen Wertansätzen in der Handels- und der Steuerbilanz** resultieren und sich künftig steuerbelastend bzw. steuerentlastend abbauen (BT-Drucks. 16/10067, S. 67). Zu unterscheiden sind dabei abzugsfähige temporäre Differenzen und zu versteuernde temporäre Differenzen. **Abzugsfähige temporäre Differenzen** liegen vor, wenn das Nettovermögen im handelsrechtlichen Jahresabschluss niedriger angesetzt ist als für Zwecke der steuerlichen Gewinnermittlung. Bauen sie sich in der Folgezeit ab, entsteht ein steuerlicher Verlust, der – seine Nutzbarkeit vorausgesetzt – zu einer Steuerrückzahlung oder zu einem Steuerminderaufwand führt. **Zu versteuernde temporäre Differenzen** sind das Ergebnis eines höheren Nettovermögensausweises im handelsrechtlichen Jahresabschluss im Vergleich zur Situation nach dem Steuerrecht. Ihr Abbau führt zu einem steuerlichen Gewinn und damit zu einer künftigen Steuerbelastung.

Der Zweck der Bilanzierung latenter Steuern besteht also nicht mehr primär in einem periodengerechte Ausweis des Steueraufwands, sondern in der zutreffenden Darstellung der Vermögenslage. Um diese Akzentverschiebung auch sprachlich zum Ausdruck zu bringen, hat der Gesetzgeber auf Anregung aus der Literatur[482] die noch im

---

[480] Vgl. SABI 3/1988, WPg 1988, S. 683.
[481] Vgl. Wendholt/Wesemann, DB 2008, Beilage 1, S. 49 m. w. N.
[482] Vgl. bspw. Karrenbrock, WPg 2008, S. 329.

Regierungsentwurf vorgesehene, eher einem dynamischen Bilanzverständnis entsprechende Paragrafenüberschrift ‚Steuerabgrenzung' in der verabschiedeten Fassung des Gesetzes in ‚Latente Steuern' umbenannt.

Nach der Regierungsbegründung erfasst das bilanzorientierte Konzept gemäß § 274 Abs. 1 Satz 1 HGB nicht allein die sich in der Gewinn- und Verlustrechnung auswirkenden Abweichungen zwischen dem handelsrechtlichen Jahresüberschuss und dem zu versteuernden Gewinn, sondern jede Bilanzierungs- und Bewertungsabweichung zwischen der Handelsbilanz und der Steuerbilanz, also auch die erfolgsneutral direkt **im Eigenkapital erfassten Abweichungen** (vgl. BT-Drucks. 16/10067, S. 67). Darin liegt ein wesentlicher Unterschied zum bisher favorisierten Timing-Konzept. Da eine erfolgsneutrale Erfassung von Wertänderungen nach dem geltenden HGB-Bilanzrecht nicht vorgesehen ist, resultieren – so die Regierungsbegründung – aus dem konzeptionellen Übergang von dem auf die Gewinn- und Verlustrechnung fokussierten zum bilanzorientierten Konzept keine signifikanten Auswirkungen für den handelsrechtlichen Jahresabschluss. Eine Ausnahme stellen insoweit erfolgsneutrale Anpassungsbuchungen nach den Übergangsvorschriften zum BilMoG dar (vgl. hierzu Kapitel 1, Gliederungspunkt 2.2.3).

In die Ermittlung der latenten Steuern sind entsprechend der international üblichen Praxis auch die im Timing-Konzept als **quasi-permanente Differenzen** bezeichnete Bilanzierungsunterschiede einzubeziehen. Der Wortlaut der neuen Vorschrift bietet keine Anhaltspunkte für ihre Außerachtlassung (vgl. BT-Drucks. 16/10067, S. 67). Insoweit gilt nach Ansicht der Bundesregierung für § 274 HGB in seiner Ausgestaltung durch das BilMoG nichts anderes als für die bisherige Fassung. Die Literatur sieht demgegenüber in diesem Punkt mehrheitlich eine Ausdehnung des Anwendungsbereichs der Bildung latenter Steuern.

Das hinter dem temporären Konzept stehende Verständnis der Bildung latenter Steuern veranschaulicht das folgende Beispiel.

Beispiel

Sachverhalt:

Gegeben sind nachstehende vorläufige Bilanz und Gewinn- und Verlustrechnung einer großen Kapitalgesellschaft für das Geschäftsjahr X1. Darin sind laufende Steuerschulden auf der Grundlage folgender Annahmen berücksichtigt:

1. Der kumulierte Ertragsteuersatz der Kapitalgesellschaft beträgt 30 %.
2. Der handelsrechtliche Jahreserfolg vor Steuern beträgt 2.000 TEUR. Als Folge einer Aktivierung selbst geschaffener immaterieller Vermögensgegenstände im Geschäftsjahr X1 ist das immaterielle Anlagevermögen um 500 TEUR höher ausgewiesen als in der Steuerbilanz. Der steuerliche Gewinn beläuft sich somit auf 1.500 TEUR.

Aktiva	Vorläufige Bilanz zum 31.12.X1		Passiva
Immaterielles AV	3.000	Eigenkapital	3.000
		Jahresüberschuss	1.550
Sonstiges Vermögen	8.000	Steuerschuld	450
		Sonstige Schulden	6.000

Soll	Vorläufige GuV für X1		Haben
Diverse Aufwendungen	54.000	Diverse Erträge	56.000
Ertragsteuern	450		
Jahresüberschuss	1.550		

Beurteilung:

Darstellung der Vermögenslage:

Der Ansatz der selbst geschaffenen immateriellen Vermögensgegenstände des Anlagevermögens hat in der Handelsbilanz zum Ausweis eines Mehrvermögens von 500 TEUR geführt. Dieses Mehrvermögen ist Ausdruck eines erwarteten künftigen Nutzenzuflusses. Realisiert sich diese Nutzenerwartung in Höhe von 500 TEUR, führt dies mangels Abgangs eines entsprechenden Wirtschaftsguts in der Steuerbilanz zu einem Gewinn in entsprechender Höhe. Dieser löst eine Steuerschuld von 150 TEUR (= 30 % von 500 TEUR) aus. In der vorläufigen Bilanz ist die auf dem Mehrvermögen ruhende (latente) Steuerschuld nicht erfasst. Sie zeigt damit die Vermögenslage der Kapitalgesellschaft zu günstig.

Darstellung der Ertragslage:

Der ausgewiesene Ertragsteueraufwand von 450 TEUR ‚passt nicht' zum Ergebnis der Handelsbilanz. Das hat einen einfachen Grund: Der im Vergleich zur Steuerbilanz zusätzliche Gewinnbeitrag aus der Aktivierung selbst geschaffener immaterieller Anlagegüter ist nicht mit einem Steueraufwand belastet. Wird die auf diesen Mehrertrag entfallende künftige Steuerbelastung antizipiert, ermittelt sich ein Steueraufwand von 600 TEUR. Er korrespondiert unmittelbar mit dem handelsrechtlichen Jahreserfolg. Ohne Erfassung des latenten Steueraufwands sieht sich die Ertragslage unzutreffend dargestellt.

Für die Erfassung latenter Steuern folgt daraus: Der im handelsrechtlichen Jahresabschluss berücksichtigte Steueraufwand ist mit folgender Buchung anzupassen (Angaben in TEUR):

Datum	Konto	Soll	Haben
1.1.X1	Latenter Steueraufwand	150	
	Passive latente Steuern		150

Damit ergibt sich die nachstehende endgültige Bilanz und Gewinn- und Verlustrechnung der Kapitalgesellschaft (Angaben in TEUR):

Endgültige Bilanz zum 31.12.X1

Aktiva		Passiva	
Immaterielles AV	3.000	Eigenkapital	3.000
		Jahresüberschuss	1.400
Sonstiges Vermögen	8.000	Steuerschuld	450
		Sonstige Schulden	6.000
		Latente Steuern	150

Endgültige GuV für X1

Soll		Haben	
Diverse Aufwendungen	54.000		
Ertragsteuern	600	Diverse Erträge	56.000
– davon: latente Steuern (150)			
Jahresüberschuss	1.400		

Bei körperschaftsteuerlicher und gewerbesteuerlicher **Organschaft** gilt die Organgesellschaft für Zwecke der Besteuerung als unselbständige Betriebsabteilung des Organträgers (vgl. § 14 Abs. 1 Satz 1 KStG, § 2 Abs. 2 Satz 2 GewStG). Ihr Einkommen und ihr Gewerbeertrag werden daher dem Organträger als Steuersubjekt und Steuerschuldner zugerechnet. Steuereffekte aus dem Abbau temporärer Differenzen zwischen den handelsrechtlichen Wertansätzen von Vermögensgegenständen, Schulden oder Rechnungsabgrenzungsposten der Organgesellschaft und den korrespondierenden steuerlichen Wertansätzen im Einzelabschluss des Organträgers als Steuersubjekt schlagen sich dementsprechend unmittelbar beim Organträger nieder. Aus diesem Grund sind nach Ansicht des HFA des IDW latente Steuern für diese temporären Differenzen nicht bei der Organgesellschaft, sondern beim Organträger zu bilden.[483] Dem

---

[483] Vgl. IDW ERS HFA 27, IDW-FN 2009, S. 337, Tz. 21 ff.

hat sich der DSR im Grundsatz angeschlossen. Eine abweichende Auffassung vertritt er allerdings bei Bestehen von Steuerumlageverträgen, durch die steuerliche Be- und Entlastungen vollständig an die Organgesellschaft durchgereicht werden. In diesem Fall soll die Steuerlatenzierung bei der Organgesellschaft erfolgen.[484]

Latente Steuerwirkungen sind im temporären Konzept nicht nur wegen abweichender Wertansätze in Handels- und Steuerbilanz zu bilden. Auch ungenutzte steuerliche Verlustvorträge können Anlass zur Bildung latenter Steuern geben (vgl. § 274 Abs. 1 Satz 4 HGB), da sie zumindest potenzielle Ansprüche auf künftige Steuerentlastungen verkörpern. Nach Ansicht der Bundesregierung trägt erst ihre zusätzliche Berücksichtigung dem Zweck des § 274 HGB umfassend Rechnung und dazu bei, dass der handelsrechtliche Jahresabschluss ein den tatsächlichen Verhältnissen entsprechendes Bild der Vermögens-, Finanz- und Ertragslage vermittelt, das den Informationsinteressen der Abschlussadressaten gerecht wird (vgl. BT-Drucks. 16/10067, S. 67).

Zum Ganzen abschließend die folgenden Beispiele:

Beispiele

Ausgangssituation:

Zum Ende des Jahres der Erstanwendung der Vorschriften des BilMoG (31.12.2010) sind bei der B AG, einer großen Kapitalgesellschaft, folgende Sachverhalte unter dem Gesichtspunkt der Bildung latenter Steuern zu würdigen. Die B AG nimmt das Aktivierungswahlrecht für latente Steuern in Anspruch. Der kumulierte Ertragsteuersatz der Gesellschaft beträgt 30 %. Steuersatzänderungen sind nicht in Sicht.

Sachverhalt 1:

Die B AG hat im laufenden Geschäftsjahr 2010 Entwicklungskosten für selbst geschaffene immaterielle Vermögensgegenstände aktiviert. Zum 31.12.2010 ist ein Betrag von 700 TEUR aktiviert.

Beurteilung:

Aufgrund des steuerlichen Aktivierungsverbots für selbst geschaffene immaterielle Wirtschaftsgüter des Anlagevermögens (vgl. § 5 Abs. 2 EStG) ergibt sich eine zu versteuernde temporäre Differenz von 700 TEUR. Bei einem Steuersatz von 30 % ermitteln sich passive latente Steuern von 210 TEUR. Diese sind erfolgswirksam einzubuchen.

---

[484] Vgl. E-DRS 24, Tz. 29 ff.

Sachverhalt 2:

Eine ursprünglich zu Anschaffungskosten bewertete Beteiligung an einer Kapitalgesellschaft wurde handelsbilanziell zum 31.12.2010 um 350 TEUR außerplanmäßig abgeschrieben.

Beurteilung:

Die handelsrechtliche Niederstwertabschreibung löst nach Ansicht des BMF keine Pflicht zur Teilwertabschreibung aus.[485] Dem Steuerpflichtigen stehe vielmehr ein Wahlrecht zu. Unabhängig davon, wie dieses Wahlrecht ausgeübt wird, ergibt sich keine temporäre Differenz, die Anlass zur Bildung latenter Steuern geben könnte. Verluste bei Anteilen an Kapitalgesellschaften – seien sie die Folge einer Teilwertabschreibung oder einer Veräußerung – wirken sich nach § 8b Abs. 3 KStG nicht auf den steuerpflichtigen Gewinn aus. Der Steuerwert entspricht damit den Anschaffungskosten der Beteiligung. Die Differenz zum handelsrechtlichen Buchwert ist permanenter Art. Für sie kommt die Bildung latenter Steuern nicht in Betracht.

Sachverhalt 3:

Im Geschäftsjahr 2009 hat die B AG einen steuerlichen Verlust von 1.200 TEUR erlitten. Ursächlich hierfür waren der Ausfall eines Großkunden sowie Abfindungszahlungen an mehrere Führungskräfte. Die B AG geht davon aus, den Verlust in den kommenden zehn Jahren gleichmäßig nutzen zu können.

Beurteilung:

Rechnerisch ermittelt sich aus der Nutzung des Verlustvortrags eine erwartete Steuerentlastung von 360 TEUR. Nach § 274 Abs. 1 HGB ist der Prognosehorizont allerdings auf fünf Jahre beschränkt. Damit beträgt der aktivierungspflichtige latente Steuervorteil 180 TEUR. Da er aus der Erstanwendung des § 274 HGB resultiert, ist er erfolgsneutral gegen die Gewinnrücklagen einzubuchen (vgl. hierzu Kapitel 1, Gliederungspunkt 2.2.3).

Unter dem Aspekt der Ermittlung eines unbedenklich ausschüttungsfähigen Gewinns ist der Ansatz aktiver latenter Steuern problematisch. Sie bringen ungewisse Forderungen gegen den Fiskus zum Ausdruck. Der aktivierte Steuervorteil realisiert sich nur, wenn das Unternehmen in der Zukunft ein ausreichendes steuerliches Einkommen erwirtschaftet. Solange dieses Einkommen noch nicht realisiert ist, sind auch die mit ihm einhergehenden Steuervorteile noch nicht verwirklicht. Deshalb sieht § 268 Abs. 8 HGB eine **Ausschüttungssperre und** § 301 AktG eine **Abführungssperre** für das infolge der Aktivierung latenter Steuern im Jahresabschluss erfasste Mehrvermögen vor. Diese Maßnahme trägt dem Vorsichtsprinzip und damit dem Gläubigerschutz Rechnung (vgl. BT-Drucks. 16/10067, S. 67).

---

[485] Vgl. BMF-Schreiben v. 12.3.2010, BStBl. I 2010, S. 239, Tz. 15.

3.3 Ansatz und Auflösung latenter Steuern

3.3.1 Passivierungspflicht und Aktivierungswahlrecht

Im RegE BilMoG war für aktive und passive latente Steuern eine generelle **Ansatzpflicht** vorgesehen. Das hätte zu einer deutlichen Aufwertung der Bedeutung latenter Steuern in der deutschen Rechnungslegung geführt. Der Grund hierfür liegt nicht zuletzt in der Aufgabe der umgekehrten Maßgeblichkeit. Die dadurch geschaffene Möglichkeit, steuerliche Wahlrechte bei der Gewinnermittlung unabhängig von der handelsrechtlichen Rechnungslegung auszuüben, wird deutlich häufiger als in der Vergangenheit Handels- und Steuerbilanz auseinanderfallen lassen. Die Folge des generellen Ansatzgebots wäre eine Zunahme der bilanzierten latenten Steuern gewesen.[486]

Ungeachtet der erhobenen Einwände[487] und der abweichenden internationalen Handhabung hat der Gesetzgeber auf Vorschlag des Rechtsausschusses in der endgültigen Fassung des § 274 Abs. 1 HGB nur ein **Wahlrecht zur Aktivierung latenter Steuern** für eine sich aus temporären Differenzen und steuerlichen Verlustvorträgen insgesamt ergebende Steuerentlastung vorgesehen. Darin liegt ein deutlicher Rückschritt in den Bemühungen um eine aussagekräftigere Rechnungslegung. Die Entscheidung ist umso weniger zu verstehen, als die Bundesregierung als eine Hauptzielsetzung des BilMoG die Beseitigung von Ansatz-, Ausweis- und Bewertungswahlrechten ausgegeben hat.[488] Dieser Schritt – so heißt es noch im RegE BilMoG – sei zur „Aufrechterhaltung eines im Verhältnis zu den IFRS gleichwertigen, aber einfacheren und kostengünstigeren Regelwerks" (BT-Drucks. 16/10067, S. 34) erforderlich. Das Aktivierungswahlrecht für latente Steuern mag die Rechnungslegung für viele Unternehmen einfacher und kostengünstiger gestalten (näher hierzu unten). Die Informationsqualität hat sich durch die Abkehr von der ursprünglichen Linie allerdings nicht nur nicht verbessert, sondern verschlechtert. Das liegt an dem zu erwartenden Auseinanderdriften von Handels- und Steuerbilanz infolge der Aufgabe der umgekehrten Maßgeblichkeit.[489] Eine sinnvolle Erklärung des ausgewiesenen Steueraufwands dürfte damit vielfach Illusion bleiben.

Bei großen Kapitalgesellschaften und diesen nach § 264a HGB gleichgestellten Personenhandelsgesellschaften wird der Mangel des Aktivierungswahlrechts zumindest ansatzweise durch die nach § 285 Nr. 29 HGB geforderten **Anhangangaben** kompensiert. Inwieweit diese geeignet sind, die gewünschte Transparenz herzustellen,

---

[486] Vgl. Wendholt/Wesemann, DB 2008, Beilage 1, S. 51.
[487] Vgl. bspw. Gegenäußerung der Bundesregierung zur Stellungnahme des Bundesrates – BR-Drucks. 344/08 –, S. 4.
[488] Vgl. auch Herzig, BB 2009, S. 1177.
[489] Zu den steuerlichen Auswirkungen des BilMoG vgl. bspw. Dörfler/Adrian, DB 2009, Beilage 5 zu Heft 23, S. 58 ff.; Förster/Schmidtmann, BB 2009, S. 1342 f.; Grützner, StuB 2009, S. 481 ff.; Herzig/Briesemeister, DB 2009, S. 926 ff.; Ortmann-Babel/Bolik/Gageur, DStR 2009, S. 934 ff.

hängt von der Auslegung des wenig konkreten Wortlauts der Vorschrift ab (vgl. hierzu Abschnitt 10, Gliederungspunkt 2.18).

Für passive latente Steuern bleibt es wie bisher beim generellen **Passivierungsgebot**. Der Ansatz hat jedoch zu unterbleiben, wenn in besonderen unternehmensindividuellen Fällen die Entstehung künftiger Steuerbelastungen ausgeschlossen ist.[490] Nicht deshalb, wohl aber wegen der gesetzlich normierten Gesamtdifferenzenbetrachtung (vgl. hierzu den nachstehenden Abschnitt) dürfte ein Ansatz passiver latenter Steuern auch in der Bilanzierungspraxis unter BilMoG die Ausnahme bleiben.

Ausnahmen von der Steuerlatenzierung, wie sie IAS 12 für bestimmte im Zugangszeitpunkt von Vermögenswerten und Schulden auftretende erfolgsneutrale temporäre Differenzen kennt, sind der Regelung in § 274 Abs. 1 HGB fremd (vgl. BT-Drucks. 16/12407, S. 114). Auch nach Ansicht des HFA des IDW sind sämtliche „temporären Differenzen aus dem erstmaligen Ansatz von Vermögensgegenständen und Schulden [...] in die Ermittlung latenter Steuern einzubeziehen".[491] Das folgende Beispiel zeigt die Problematik dieser Abweichung von IAS 12.

Beispiel

Sachverhalt:

U hat zum Ende des Geschäftsjahres 2010 eine Fertigungsanlage erworben, deren Anschaffungskosten 3 Mio. EUR betragen. Dafür wurde U eine steuerfreie Investitionszulage in Höhe von 10 % (300 TEUR) gewährt. In seiner Handelsbilanz zum 31.12.X1 aktiviert U die Fertigungsanlage **(a)** mit 3 Mio. EUR bei gleichzeitiger ertragswirksamer Vereinnahmung der Zulage bzw. **(b)** mit ihrem um die Zulage gekürzten Zugangswert von 2,7 Mio. EUR. Der kumulierte Ertragsteuersatz von U beträgt 30 %.

Beurteilung:

In **Fall (a)** liegt eine permanente Differenz vor, für die keine latenten Steuern zu bilden sind. In **Fall (b)** ergibt sich nach dem Wortlaut des § 274 Abs. 1 Satz 1 HGB eine temporäre Differenz, da die Fertigungsanlage in Handels- und Steuerbilanz abweichend bewertet wird. Dementsprechend kommt eine Einbuchung einer aktiven latenten Steuer in Höhe von 90 TEUR (= 30 % von 300 TEUR) in Betracht. Sie führt zum Ausweis eines entsprechenden latenten Steuerertrags. Der Posten ist über die Abschreibungsdauer der Fertigungsanlage aufzulösen. Mit Blick auf die Gewinn- und Verlustrechnung wirkt der latente Steuerertrag im ersten Jahr störend, da er zu einem Auseinanderfallen von handelsrechtlichem Ergebnis und laufendem Steueraufwand führt. In einem IFRS-Abschluss tritt diese Diskrepanz nicht auf, da für den

---

[490] Vgl. IDW ERS HFA 27, IFW-FN 2009, S. 337, Tz. 8, der als Beispiel Infrastrukturbetriebe nennt, die ausschließlich steuerliche Verluste erzielen, die durch Eigenkapitalzuführung der Gesellschafter bzw. Träger ausgeglichen werden.
[491] IDW ERS HFA 27, IFW-FN 2009, S. 337, Tz. 18.

anfänglichen Bewertungsunterschied in Anwendung der Ausnahmevorschrift des IAS 12.24 keine Steuerlatenzierung vorzusehen ist. Vermeiden ließe sich der Ausweis im handelsrechtlichen Jahresabschluss entweder durch Vornahme eines weiteren Bewertungsabschlags vom Investitionsgut in Höhe der angesetzten latenten Steuer oder – entsprechend der im Exposure Draft ED/2009/2 Income Tax Appendix B.10 vorgeschlagenen Verfahrensweise – durch eine Abwertung des aktiven latenten Steuerpostens auf null. Beide Lösungen sind wohl nicht kompatibel mit § 274 HGB.

Macht U von dem Ansatzwahlrecht für die aktive latente Steuer Gebrauch, erhöht ihre Auflösung in der Folgezeit den ausgewiesenen Steueraufwand. Das korrespondiert mit dem im Vergleich zur Steuerbilanz höheren Ergebnis als Folge der niedrigeren Abschreibung.

Die Stellungnahme des Rechtsausschusses zum neu gefassten § 274 HGB enthält keine Begründung, warum – abweichend von den Vorstellungen der Bundesregierung und der internationalen Praxis – letztlich nur ein Wahlrecht zum Ansatz eines Aktivpostens für erwartete Steuerentlastungen aus temporären Differenzen und steuerlichen Verlustvorträgen in das Gesetz aufgenommen worden ist. Die Vermutung liegt nahe, dass auf diese Weise den Unternehmen die teilweise aufwändige Ermittlung aktiver und passiver latenter Steuern erspart und damit die Komplexität der Rechnungslegung reduziert werden sollte.

Zwar hat die Bundesregierung im RegE BilMoG geäußert, die Verpflichtung zum Ausweis aktiver latenter Steuern in der Bilanz verursache keinen zusätzlichen Aufwand. Schließlich seien die Unternehmen schon nach § 274 HGB a. F. verpflichtet, die aktiv und passiv abzugrenzenden Steuern zu ermitteln, zu saldieren und passiv abzugrenzende latente Steuern auszuweisen. Lediglich bei aktiven latenten Steuern stehe es ihnen frei, diese im handelsrechtlichen Jahresabschluss nicht anzusetzen (vgl. BT-Drucks. 16/10067, S. 67). Diese Sichtweise entspricht indes nicht der vorherrschenden Praxis. Sie neigt ganz überwiegend dazu, die Notwendigkeit zur Bildung latenter Steuern anhand eines überschlägigen Vergleichs von handelsrechtlichem Ergebnis und zu versteuerndem Einkommen abzuschätzen. Diese sehr pauschale Verfahrensweise ergibt in der Mehrzahl der Fälle mit hinreichender Verlässlichkeit einen Aktivüberhang an latenten Steuern, der wegen des Ansatzwahlrechts gemäß § 274 Abs. 2 HGB a. F. unbilanziert bleiben darf.

Nach der Gesetz gewordenen Regelung ist diese **überschlägige Gesamtdifferenzermittlung** nur noch für kleine und mittelgroße Kapitalgesellschaften sowie diesen gleichgestellte Personenhandelsgesellschaften ausreichend.[492] Große Kapitalgesellschaften müssen demgegenüber unbeschadet des Aktivierungswahlrechts latente Steuern entsprechend dem Temporary-Konzept im Wege einer Einzelaufstellung aller Vermögensgegenstände und Schulden nach HGB und Steuerrecht ermitteln. Das wird

---

[492] Demgegenüber erachtet es Herzig (DB 2010, S. 1 ff.) zunehmend auch bei mittelständischen Unternehmen als notwendig, ein Tax Accounting aufzubauen.

im Regelfall die **Aufstellung einer eigenständigen Steuerbilanz** erforderlich machen.[493] Grund hierfür sind die nach § 285 Nr. 29 HGB geforderten Anhangsangaben zu den Ursachen und zur Bewertung latenter Steuern. Sie sind auch dann zu machen, wenn von dem Wahlrecht zum Nichtansatz einer sich ergebenden Steuerentlastung Gebrauch gemacht wird. Kleine und mittelgroße Kapitalgesellschaften sind von diesen Angabepflichten nach § 288 Abs. 1, 2 HGB befreit.

3.3.2 Gesamtdifferenzenbetrachtung

Der Ansatzkonzeption des § 274 HGB liegt – vergleichbar mit dem bisherigen Recht – eine **Gesamtdifferenzbetrachtung** zugrunde. Nach dem gesetzlichen Regelfall ist mithin zu fragen, ob aufgrund von Differenzen „zwischen den handelsrechtlichen Wertansätzen von Vermögensgegenständen, Schulden und Rechnungsabgrenzungsposten und ihren steuerlichen Wertansätzen" (§ 274 Abs. 1 Satz 1 HGB) sowie zusätzlich bestehender Verlustvorträge in späteren Geschäftsjahren eine Steuerbelastung oder eine Steuerentlastung zu erwarten ist. Im ersten Fall besteht eine Verpflichtung zum Ansatz passiver latenter Steuern. Für eine sich insgesamt ergebende Steuerentlastung sieht § 274 Abs. 1 Satz 2 HGB ein Wahlrecht zur Aktivierung latenter Steuern vor.

Alternativ zur Bilanzierung der sich per Saldo ergebenden Steuerbe- oder -entlastung lässt § 274 Abs. 1 Satz 3 HGB auch eine Bruttodarstellung zu. In diesem Fall sind die sich aus abzugsfähigen temporären Differenzen ergebenden Steuerentlastungen einschließlich der erwarteten Steuervorteile aus Verlustvorträgen im Posten ‚Aktive latente Steuern' zu zeigen. Die aus dem Abbau der zu versteuernden temporären Differenzen insgesamt resultierenden Steuerbelastungen führen zum Ansatz passiver latenter Steuern. Unter Informationsgesichtspunkten ist dieser Bruttoausweis dem saldierten Ausweis aller zu erwartenden Steuerbe- und -entlastungen vorzuziehen (vgl. BT-Drucks. 16/12407, S. 114). Das Ausweiswahlrecht kann allerdings nur in Anspruch genommen werden, wenn sich der Bilanzierende für eine Bilanzierung aktiver latenter Steuern entscheidet. Dazu das folgende Beispiel:

Beispiel

Sachverhalt:

Bei Unternehmen U ergeben sich zum Abschlussstichtag des ersten nach BilMoG aufgestellten Jahresabschlusses folgende temporäre Differenzen und steuerliche Verlustvorträge:

- Abzugsfähige temporäre Differenzen: 300.000 EUR
- Zu versteuernde temporäre Differenzen: 650.000 EUR
- Ungenutzte steuerliche Verlustvorträge: 200.000 EUR

---

[493] Vgl. Loitz, DB 2008, S. 1390.

Der kumulierte Ertragsteuersatz von U beträgt 30 %. U geht von der Werthaltigkeit der aktiven latenten Steuern aus abzugsfähigen temporären Differenzen und steuerlichen Verlustvorträgen aus.

Beurteilung:
Aufgrund der bestehenden Bilanzierungs- und Bewertungsunterschiede sowie der Verlustvorträge ermitteln sich die folgenden Beträge an latenten Steuern:

- Aktive latente Steuern aus abzugsfähigen
  temporären Differenzen: 90.000 EUR
- Aktive latente Steuern aus steuerlichen
  Verlustvorträgen: 60.000 EUR
- Passive latente Steuern aus zu versteuernden
  temporären Differenzen: 195.000 EUR

Nach der Gesamtdifferenzenbetrachtung mit einer Verrechnung von künftigen Steuerbe- und -entlastungen hat U passive latente Steuern in Höhe von 45.000 EUR (= 195.000 EUR – 90.000 EUR – 60.000 EUR) auszuweisen. Alternativ besteht die Möglichkeit eines Bruttoausweises von aktiven latenten Steuern (150.000 EUR) und passiven latenten Steuern (195.000 EUR).

Nicht zulässig ist es dagegen, auf die Erfassung der aktiven latenten Steuern zu verzichten und ausschließlich passive latente Steuern von 195.000 EUR zum Ansatz zu bringen. Nach der Systematik des § 274 HGB ist nämlich in einem ersten Schritt die sich aus allen temporären Differenzen und bestehenden Verlustvorträgen ergebende künftige Steuerbe- oder -entlastung zu berechnen. Im Beispiel führt diese Betrachtung zu erwarteten Mehrsteuern von 45.000 EUR. Nur für die Darstellung der so ermittelten Steuerbelastung eröffnet § 274 Abs. 1 Satz 3 das Wahlrecht der Bruttodarstellung. Insoweit ist es sprachlich ungenau, wenn verschiedentlich von einem Ansatzwahlrecht für latente Steuern die Rede ist.

3.3.3 Auflösung latenter Steuern

Nach § 274 Abs. 2 Satz 2 HGB sind die ausgewiesenen Posten aufzulösen, sobald die Steuerbe- oder -entlastung eintritt oder mit ihr nicht mehr zu rechnen ist. Die Vorschrift gilt nicht nur für die vollständige Auflösung latenter Steuern. Aktive (passive) latente Steuern sind dann teilweise aufzulösen, wenn zu einem späteren Abschlussstichtag mit einer niedrigeren Steuerentlastung (Steuerbelastung) zu rechnen ist als ursprünglich angenommen (vgl. BT-Drucks. 16/10067, S. 68).

3.3.4 Rückstellungen für erwartete Steuermehrbelastungen

3.3.4.1 Anwendungsfälle

§ 274a Nr. 5 HGB befreit kleine Kapitalgesellschaften von den Vorschriften zur Bilanzierung latenter Steuern. Die Vorschrift soll diesen Gesellschaften eine Erleichterung gewähren. Sie verbietet die freiwillige Anwendung des § 274 HGB nicht. Wenden kleine Kapitalgesellschaften § 274 HGB an, ergeben sich im Vergleich zu (mittel-)großen Kapitalgesellschaften keine Besonderheiten. Beachten sie die Vorschrift nicht, sind sie verpflichtet, passive latente Steuern zu ermitteln und anzusetzen, wenn diese gleichzeitig die Tatbestandsvoraussetzungen für den Ansatz einer Rückstellung gemäß § 249 Abs. 1 Satz 1 HGB erfüllen (vgl. BT-Drucks. 16/10067, S. 68).

Die Regierungsbegründung enthält Hinweise, wann diese Konstellation gegeben ist (vgl. BT-Drucks. 16/10067, S. 68). Darin heißt es, passiven latenten Steuern komme „zwar teilweise der Charakter von Rückstellungen" zu. Das gelte „aber nicht für den Posten in seiner Gesamtheit". Insbesondere bei **quasi-permanenten Differenzen** könne „nicht zweifelsfrei vom generellen Vorliegen der Tatbestandsvoraussetzungen nach § 249 Abs. 1 Satz 1 HGB für den Ansatz von Rückstellungen ausgegangen werden". Die Bundesregierung begründet das zu Recht mit dem Fehlen einer rechtlichen Verpflichtung zur Leistung künftiger Steuern. Das zeigt das Beispiel eines in Handels- und Steuerbilanz abweichend bewerteten Grundstücks. Mangels einer planmäßigen Abschreibung des Vermögensgegenstands wird sich die temporäre Differenz regelmäßig erst bei Verkauf des Grundstücks abbauen. Da es im Ermessen des Kaufmanns liegt, das Grundstück zu verkaufen oder weiter zu halten, ist er am Abschlussstichtag weder rechtlich noch wirtschaftlich mit der Steuerschuld aus dem (potenziellen) künftigen Grundstücksverkauf belastet. Damit erfüllt die latente Steuerlast die Voraussetzungen für die Bildung einer Rückstellung nach § 249 Abs. 1 Satz 1 HGB nicht. Eine Rückstellungsbildung kommt auch nicht unter dem Gesichtspunkt einer faktischen Verpflichtung in Betracht. Mag auch das Grundstück zu irgendeinem Zeitpunkt in der Zukunft veräußert werden, eine passivierungsfähige Verpflichtung zur Entrichtung von Steuern leitet sich daraus nicht ab. Schließlich bestimmt der Kaufmann den Zeitpunkt der Veräußerung üblicherweise selbst. Dementsprechend sieht er sich dem für die Annahme einer faktischen Verpflichtung erforderlichen Leistungszwang zu keiner Zeit ausgesetzt.

Ausgehend von diesen Erwägungen zum RegE BilMoG bejaht der HFA des IDW den Schuldcharakter passiver latenter Steuern namentlich dann, wenn diese auf zu versteuernden Differenzen beruhen, die sich im Zeitablauf automatisch abbauen.[494] Das sind **zeitliche Differenzen** i. S. d. Timing-Konzepts. Dahinter steht möglicherweise der Gedanke, in diesen Fällen liege es nicht mehr im Einflussbereich des Kaufmanns, die künftige Verpflichtung zur Entrichtung von Steuern abzuwenden.

---

[494] Vgl. IDW ERS HFA 27, IFW-FN 2009, S. 337, Tz. 20.

Dieser Umstand allein begründet aber noch keine passivierungspflichtige Schuld. Die Steuerlast muss auch wirtschaftlich bereits verursacht sein.[495] Das macht die Sache nicht ganz so einfach, weil das Merkmal der wirtschaftlichen Verursachung einer Schuld bis heute umstritten ist. Ein Beispiel soll die Problematik illustrieren:

Beispiel

Unternehmen U, eine kleine Kapitalgesellschaft, nimmt das Aktivierungswahlrecht des § 248 Abs. 2 Satz 1 HGB in Anspruch. Zum 31.12.2010 aktiviert U erstmals Entwicklungskosten für ein selbst geschaffenes Patent in Höhe von 800 TEUR. Der kumulierte Ertragsteuersatz von U beträgt 30 %.

Variante: Bei U handelt es sich um eine KG, die einer Gewerbesteuerbelastung von 16 % unterliegt.

Nach Ansicht des HFA des IDW muss U als kleine Kapitalgesellschaft bei Nichtanwendung der Vorschriften des § 274 HGB in ihrem Jahresabschluss zum 31.12.2010 eine Rückstellung für latente Steuern in Höhe von 240 TEUR (= 30 % von 800 TEUR) bilden. Eine Personenhandelsgesellschaft hätte dementsprechend die Gewerbesteuerbelastung von 128 TEUR (= 16 % von 800 TEUR) zurückzustellen. Im umgekehrten Fall – beide Unternehmen verzichten auf die Aktivierung der selbst geschaffenen immateriellen Vermögensgegenstände des Anlagevermögens – kommt eine Rückstellungsbildung nicht in Betracht. Hier fehlt es an einer zeitlich begrenzten Differenz.

Dieses Rückstellungsverständnis mutet – jedenfalls auf den ersten Blick – befremdlich an. Schulden, so sollte man meinen, hat der Kaufmann oder er hat sie nicht. Das gilt auch und gerade für Steuerschulden. Nach dieser landläufigen Vorstellung kann der Ansatz einer Verbindlichkeitsrückstellung nicht abhängig sein von der Ausübung oder Nichtausübung eines handelsbilanziellen Ansatzwahlrechts. Müssen wir also unseren Schuldenbegriff nach dem BilMoG neu justieren? Gibt es neben unabweisbaren Schulden – zumindest im Bilanzrecht – auch Wahlrechtsschulden oder gewillkürte Schulden?

Die Antwort liefert, wie angedeutet, die Auslegung des Rückstellungskriteriums der wirtschaftlichen Verursachung. Versteht man diese im Sinne der wirtschaftlichen Entstehung, mithin als Vorstufe der rechtlichen Vollentstehung einer Schuld, ist im obigen Beispiel an eine Rückstellungsbildung nicht zu denken. Um eine wirtschaftlich entstandene Steuerschuld annehmen zu können, müsste der ihr (potenziell) zugrunde liegende Steuertatbestand bereits am Abschlussstichtag im Wesentlichen verwirklicht sein. Das ist nicht der Fall. Wesentliches Tatbestandsmerkmal der heraufziehenden Steuermehrbelastung ist der Anfall der aus der Nutzung des selbst geschaffenen immateriellen Vermögensgegenstands erwarteten Erträge (z. B. in Gestalt höherer Umsatzerlöse). Nicht die Aktivierung, sondern der Ertrag bringende betriebliche Einsatz

---

[495] Vgl. Kessler/Leinen/Paulus, KoR 2009, S. 719.

des immateriellen Vermögensgegenstands löst nach dieser Auslegung die Steuermehrbelastung aus.

Leitet man dagegen die wirtschaftliche Verursachung von Schulden entsprechend der konkurrierenden Auffassung aus dem Realisationsprinzip ab, geht es bei der Bildung von Rückstellungen darum, solche künftigen Ausgaben als Aufwand der Periode zu erfassen, die realisierte Erträge alimentiert haben. Hier ist der Blick nicht auf das Steuerrecht, sondern auf den handelsrechtlichen Jahresabschluss gerichtet. Die Erträge, die einen Bezug zu den erwarteten Steuermehraufwendungen aufweisen, sind jene aus der Aktivierung des immateriellen Vermögensgegenstands. Folgt man dieser Sichtweise, scheint der Ansatz einer Steuerrückstellung im obigen Beispiel geboten.

Eine abschließende Antwort auf die Frage, ob zu versteuernde zeitliche Differenzen i. S. d. Timing-Konzepts bei Nichtkapitalgesellschaften und kleinen Kapitalgesellschaften, die die Befreiung des § 274a Nr. 5 HGB in Anspruch nehmen, die Bildung einer Steuerrückstellung erfordern, lässt sich somit an dieser Stelle nicht geben. Die Antwort hängt davon ab, wie die wirtschaftliche Verursachung als Tatbestandsmerkmal von Verbindlichkeitsrückstellungen ausgelegt wird. Nicht nur die kuriosen Ergebnisse, die sich bei der vom HFA favorisierten Deutung einstellen, sprechen u. E. für die rechtlich geprägte Auslegung der wirtschaftlichen Verursachung im Sinne des Wesentlichkeitskriteriums. Dieser Ansatz trägt allgemein auch dem Ziel der Handelsbilanz, über die Schuldenbegleichungsfähigkeit des Kaufmanns zu informieren, besser Rechnung.

Nach dieser Auffassung sind Rückstellungen für zu erwartende Steuermehrbelastungen dann zu bilden, wenn der Grund für die künftige Steuerzahlung in der abgelaufenen Periode gelegt wurde und sich der Bilanzierende der Belastung einseitig so gut wie nicht mehr entziehen kann. Der Hauptanwendungsfall sind befristete Steuerstundungen durch Inanspruchnahme unversteuerter Rücklagen. Aber auch außerbilanzielle Korrekturen können darunter fallen. Dazu das folgende Beispiel:

Beispiel

Sachverhalt:

Unternehmen U nimmt als kleine Kapitalgesellschaft im Geschäftsjahr 2010 einen Investitionsabzugsbetrag in Höhe von 100.000 EUR nach § 7g Abs. 1 EStG in Anspruch. Dieser reduziert außerbilanziell den steuerlichen Gewinn. Zum Ende des Geschäftsjahres 2012 erwirbt U eine Maschine mit Anschaffungskosten von 300.000 EUR und einer betriebsgewöhnlichen Nutzungsdauer von zehn Jahren. Gemäß § 7g Abs. 2 EStG ist im Gegenzug der Abzugsbetrag dem steuerlichen Gewinn wieder hinzuzurechnen. Da gleichzeitig die Anschaffungskosten der Maschine um 100.000 EUR zu vermindern sind, wirkt sich der Vorgang im Investitionsjahr per Saldo nicht auf die steuerliche Bemessungsgrundlage aus. Durch die reduzierte Abschreibung des Investitionsguts baut sich der vorübergehende Steuervorteil in der Folgezeit wieder ab. Der kumulierte Ertragsteuersatz von U beträgt 30 %.

Beurteilung:

Die Bildung der unversteuerten Rücklage nach § 7g EStG führt nicht zu einer endgültigen Steuerersparnis, sondern nur zu einer befristeten Steuerstundung. U hat es dementsprechend nicht in der Hand, die auf dem Abzugsbetrag ruhende Steuerlast abzuwenden. Für die in der Zukunft zu erwartende Steuermehrbelastung von 30.000 EUR (= 30 % von 100.000 EUR) ist eine Rückstellung nach § 249 Abs. 1 Satz 1 HGB zu bilden.[496]

Die vorstehende Konsequenz ergab sich bereits nach altem Recht. Da der Investitionsabzugsbetrag außerbilanziell berücksichtigt wird, konnte für ihn kein Sonderposten mit Rücklageanteil gebildet werden. § 247 Abs. 3 HGB a. F. sah seinen Ansatz nämlich nur vor für „Passivposten, die für Zwecke der Steuern vom Einkommen und Ertrag zulässig sind".

Anders stellte sich die Situation im Hinblick auf die frühere Ansparabschreibung nach § 7g EStG a. F. dar. Sie führte steuerlich zu einer unversteuerten Rücklage, für die ein Sonderposten mit Rücklageanteil in Betracht kam. Dieser hat die Steuerrückstellung verdrängt (vgl. § 247 Abs. 3 Satz 2 HGB a. F.). Indem die Bildung des Sonderpostens das handelsrechtliche Jahresergebnis insgesamt um den Betrag der Ansparabschreibung verminderte, bedurfte es keiner zusätzlichen bilanziellen Vorsorge für die aus der Auflösung der unversteuerten Rücklage zu erwartende künftige Steuerlast. Im Vergleich zu der nach BilMoG lediglich noch zu passivierenden Steuerrückstellung verminderte die Bildung des Sonderpostens die Ausschüttungsmöglichkeiten von U stärker, da auch der Eigenkapitalanteil des Steuerstundungsbetrags ergebnismindernd behandelt wurde.

Fraglich ist, in welchem Bilanzposten gestundete Steuerschulden aus außerbilanziellen Abzügen oder unversteuerten Rücklagen zu erfassen sind. Der HFA tritt – auch bei Inanspruchnahme der Befreiung von § 274 HGB – für den Ausweis der wirtschaftlich verursachten Steuermehrbelastungen als passive latente Steuern ein.[497] Das überzeugt nicht. Der Ansatz passiver latenter Steuern kommt nur in Betracht, wenn eine kleine Kapitalgesellschaft § 274 HGB freiwillig anwendet. Verzichtet sie auf die Anwendung dieser Vorschrift, entbehrt die Passivierung latenter Steuern einer Rechtsgrundlage. Unabhängig davon erscheint fraglich, ob im obigen Beispiel überhaupt temporäre Differenzen i. S. d. § 274 Abs. 1 Satz 1 HGB vorliegen. Der Gesetzeswortlaut stellt nur auf Differenzen „zwischen den handelsrechtlichen Wertansätzen von Vermögensgegenständen, Schulden und Rechnungsabgrenzungsposten und ihren steuerlichen Wertansätzen" ab. Diese Definition passt nicht auf außerbilanzielle Korrekturen der steuerlichen Bemessungsgrundlage, wie sie § 7g EStG vorsieht. Für diese

---

[496] Entgegen der Ansicht von Zimmert (DStR 2010, S. 826 f.) weist § 274 HGB damit keine Gesetzeslücke im Hinblick auf die Regelung des § 7g EStG auf. Die künftige Steuermehrbelastung aus der Inanspruchnahme eines Investitionsabzugsbetrags ist auch bei Kapitalgesellschaften durch Ansatz einer Steuerrückstellung und nicht durch Bildung einer passiven latenten Steuer zu berücksichtigen.
[497] Vgl. IDW ERS HFA 27, IFW-FN 2009, S. 337, Tz. 4, 10, 20.

Fälle bleibt nur die Erfassung der wirtschaftlich verursachten Steuerschuld als Rückstellung. Aber auch unversteuerten Rücklagen fehlt regelmäßig der unmittelbare Bezug zu Vermögensgegenständen, Schulden und Rechnungsabgrenzungsposten. Allenfalls mag man argumentieren, diese stellten wirtschaftlich eine Art Vorstufe der künftig zu erfassenden Bilanzposten dar, so etwa für eine Rücklage für Ersatzbeschaffung gemäß R 6.6 Abs. 4 EStR im Hinblick auf das noch zu erwerbende Ersatzwirtschaftsgut. Aber auch aus dieser Perspektive überzeugt der Ausweis der künftigen Steuerschuld unter den passiven latenten Steuern nur, wenn § 274 HGB Beachtung findet.

Für Nichtkapitalgesellschaften ist § 274 HGB gänzlich ohne Relevanz. Latente Steuern existieren in ihrer Bilanzierungswelt nicht. Sie haben als Schulden nur Verbindlichkeiten oder Rückstellungen anzusetzen. Künftige Steuerbelastungen aufgrund außerbilanzieller Korrekturen der steuerlichen Bemessungsgrundlage oder wegen Bildung unversteuerter Rücklagen in der Steuerbilanz sind bei ihnen daher – soweit die entsprechenden Voraussetzungen vorliegen – ausnahmslos durch Rückstellungen nach § 249 Abs. 1 Satz 1 HGB zu erfassen.[498]

Beispiel Fortsetzung

Im obigen Beispiel ist somit zum Ende des Jahres 2010 eine Steuerrückstellung von 30.000 EUR (= 30 % von 100.000 EUR) einzubuchen. Sie erhöht den laufenden, nicht den latenten Steueraufwand des Geschäftsjahrs. Die Buchung lautet damit wie folgt (Angaben in EUR):

Datum	Konto	Soll	Haben
	Laufender Steueraufwand	30.000	
31.12.2010	Steuerrückstellungen		30.000

Die Rückstellung von 30.000 EUR ist in dem Maße in Anspruch zu nehmen, in dem die Steuerlast aus der Verwendung des Abzugsbetrags eintritt. Das führt zu einer ratierlichen Auflösung der Rückstellung während des Abschreibungszeitraums für das Anlagegut von 3.000 EUR p. a. Die Erfassung des Ertrags im laufenden Steueraufwand kompensiert die tatsächliche Steuermehrbelastung aus der verminderten Abschreibung des Investitionsguts. Zum 31.12.2013 ergibt sich damit erstmals die folgende Auflösungsbuchung (Angaben in EUR):

Datum	Konto	Soll	Haben
	Steuerrückstellungen	3.000	
31.12.2013	Laufender Steueraufwand		3.000

---

[498] Vgl. Kessler/Leinen/Paulus, KoR 2009, S. 720.

3.3.4.2 Verrechnung mit erwarteten Steuerentlastungen

Soweit kleine Kapitalgesellschaften die Regelung des § 274 HGB nicht in Anspruch nehmen, stellt sich die Frage, ob bzw. in welchem Umfang am Abschlussstichtag wirtschaftlich verursachte künftige Steuermehrbelastungen auch dann als Rückstellungen zu erfassen sind, wenn die Gesellschaft aus abzugsfähigen temporären Differenzen oder steuerlichen Verlustvorträgen Steuerentlastungen erwartet. Sie wird man nach den allgemeinen Kriterien für die Bewertung von Rückstellungen beantworten müssen. Danach ist wie folgt zu differenzieren:[499]

- Soweit die Verluste aus dem Abbau der abzugsfähigen temporären Differenzen im gleichen Jahr anfallen wie die Erträge bzw. Minderaufwendungen, für die Steuerrückstellungen zu bilden sind, oder sich in das Jahr der Erträge bzw. Minderaufwendungen vortragen lassen, ist nur eine sich per Saldo ergebende künftige Steuerbelastung zu passivieren. Begründen lässt sich diese Verfahrensweise mit den Überlegungen, die etwa der Rechtsprechung des BFH zur verpflichtungskompensierenden Berücksichtigung von Rückgriffsansprüchen bei der Passivierung von Schadenersatzansprüchen zugrunde liegen.[500]

- Ist eine Nutzung der Verluste aus dem Abbau der abzugsfähigen temporären Differenzen voraussichtlich nicht möglich, weil diese erst anfallen, nachdem sich die für die Rückstellungsbildung maßgeblichen Steuermehrbelastungen realisiert haben, kommt eine Reduzierung der Steuerrückstellung nicht in Betracht.

Beispiel

Sachverhalt:[501]

Unternehmen U, eine kleine AG, nimmt das Wahlrecht des § 248 Abs. 2 Satz 1 HGB in Anspruch und weist erstmals in seiner Handelsbilanz zum 31.12.2010 im Anlagevermögen selbst geschaffene immaterielle Vermögensgegenstände i. H. v. 1.000 TEUR aus. U schreibt die Vermögensgegenstände planmäßig über eine Nutzungsdauer von fünf Jahren ab. Zudem setzt U für einen unvorteilhaften Mietvertrag eine Drohverlustrückstellung i. H. v. 1.000 TEUR an. Der Verlust realisiert sich über die Restlaufzeit des Mietvertrags von zehn Jahren. Der kumulierte Ertragsteuersatz von U beträgt 30 %.

Beurteilung:

Nach der hier nicht geteilten Auffassung des IDW (vgl. Gliederungspunkt 3.3.4.1.) hat U bei isolierter Betrachtung der zu versteuernden Differenz aus dem nur handelsrechtlichen Ansatz selbst geschaffener immaterieller Vermögensgegenstände des Anlagevermögens in seiner Handelsbilanz zum 31.12.2010 eine Rückstellung für erwartete steuerliche Mehrbelastungen i. H. v. 300 TEUR zu bilden, die über die fünfjährige Abschreibungsdauer

---
[499] Vgl. auch IDW ERS HFA 27, IDW-FN 2009, S. 337, Tz. 20.
[500] Vgl. BFH-Urt. v. 17.2.1993, X R 60/89, BStBl. II 1993, S. 437 ff.
[501] Das Beispiel ist entnommen aus: Kessler/Leinen/Paulus, KoR 2009, S. 720 f.

der immateriellen Vermögensgegenstände aufzulösen wäre.

Dieser künftigen Steuermehrbelastung stehen allerdings erwartete Steuerentlastungen aus dem Abbau der abzugsfähigen Differenzen aus dem nur handelsrechtlich zulässigen Ansatz der Drohverlustrückstellung gegenüber. Die wegen der Verluste aus dem Mietvertrag in den ersten fünf Jahren insgesamt erwarteten Steuerentlastungen i. H. v. 150 TEUR (= 5 x [30 % von (1.000 TEUR / 10)]) sind voraussichtlich realisierbar, da sie mit den erwarteten Steuermehrbelastungen aus der Nutzung der immateriellen Vermögensgegenstände von 300 TEUR (= 30 % von 1.000 TEUR) zusammentreffen. Die mietvertraglichen Verluste der folgenden fünf Jahre (500 TEUR) sind im vorliegenden Fall nur nutzbar, soweit sie im Wege des Verlustrücktrags mit den weiteren Gewinnen aus der Nutzung der immateriellen Vermögensgegenstände zusammengeführt werden können oder Gewinne aus anderweitigen Geschäften im betreffenden Zeitraum zu erwarten sind. Fehlt es an solchen Gewinnerwartungen und ist der Verlustrücktrag wie nach § 10d Abs. 1 EStG auf ein Jahr begrenzt, hat U zum 31.12.2010 eine Rückstellung für steuerliche Mehrbelastungen i. H. v. 120 TEUR (= 300 TEUR − [6 x 30 TEUR]) zu passivieren.

3.3.4.3 Übergangsproblematik

Nach Art. 67 Abs. 3 Satz 2 EGHGB darf ein Sonderposten mit Rücklageanteil im Übergang auf die mit dem BilMoG reformierten Rechnungslegungsvorschriften erfolgsneutral in die Gewinnrücklagen eingestellt werden. Nach Art. 67 Abs. 6 Satz 2 EGHGB sind die in diesem Fall zu bildenden passiven latenten Steuern ebenfalls erfolgsneutral durch Kürzung der Gewinnrücklagen einzubuchen.

Nach den vorstehenden Erläuterungen haben Nichtkapitalgesellschaften und kleine Kapitalgesellschaften, die von der Befreiung des § 274a Nr. 5 HGB Gebrauch machen, in diesem Fall anstelle einer passiven latenten Steuer eine Rückstellung für die zu erwartende Steuermehrbelastung nach § 249 Abs. 1 Satz 1 HGB zu bilden. Das führt zu der Frage nach der Art ihrer Einbuchung. Der Wortlaut des Art. 67 Abs. 6 Satz 2 EGHGB erfasst diesen Fall nicht. Er rekurriert ausschließlich auf Aufwendungen und Erträge, die nach den §§ 274, 306 HGB entstehen. Beide Bestimmungen kommen bei Nichtkapitalgesellschaften und kleinen Kapitalgesellschaften nicht zum Tragen.

Die danach nahe liegende erfolgswirksame Einbuchung der Rückstellung ist allerdings schon wegen der mit ihr verbundenen Ungleichbehandlung der Bilanzierenden unbefriedigend. Sie dürfte auch nicht im Sinne des Gesetzgebers sein. Schließlich sieht die Bundesregierung in der Rückstellungsbildung „de facto" einen Anwendungsfall für „passive latente Steuern" (BT-Drucks. 16/10067, S. 68, beide Zitate). Das legt nahe, Art. 67 Abs. 6 EGHGB teleologisch erweiternd auszulegen und auch bei Nichtkapitalgesellschaften und kleinen Kapitalgesellschaften im Fall der Umgliederung des

Sonderpostens mit Rücklageanteil eine **erfolgsneutrale Einbuchung** der Steuerbelastung vorzusehen.

3.3.4.4 Folgerungen für große und mittelgroße Kapitalgesellschaften

Bei **großen und mittelgroßen Kapitalgesellschaften** stellt sich die Frage, wie erwartete Steuermehrbelastungen aus der Bildung unversteuerter Rücklagen im handelsrechtlichen Jahresabschluss zu berücksichtigen sind. Dass für sie – vorbehaltlich einer Verrechnung der Steuerbelastung mit erwarteten Steuerentlastungen – ein Passivposten anzusetzen ist, steht nicht zur Diskussion. Unklar ist jedoch, in welchem Bilanzposten die Steuerschuld auszuweisen ist. Wie dargelegt, erfasst der Wortlaut des § 274 HGB diesen Sachverhalt nicht. Damit liegt – wie bei kleinen Kapitalgesellschaften und Nichtkapitalgesellschaften – ein Ausweis in den Steuerrückstellungen nahe. Führt die spätere Verwendung der unversteuerten Rücklage allerdings zu einer temporären Differenz, greifen bei großen und mittelgroßen Kapitalgesellschaften die Vorschriften des § 274 HGB. Damit wäre die zunächst gebildete Rückstellung in den Posten ‚Latente Steuern' umzubuchen. Das erscheint unter Informationsgesichtspunkten nicht überzeugend. Um diese Konsequenz zu vermeiden, ließe sich ggf. argumentieren, die in der Steuerbilanz gebildete unversteuerte Rücklage stehe stellvertretend für das später anzuschaffende Wirtschaftsgut. Da der betreffende handelsrechtliche Vermögensgegenstand zu diesem Zeitpunkt noch nicht bilanziert ist, ergibt sich eine temporäre Differenz in Höhe des Betrags der unversteuerten Rücklage, für die passive latente Steuern zu bilden sind.

3.4 Bewertung latenter Steuern

3.4.1 Allgemeine Vorgaben

Für die Berechnung der durch Bildung latenter Steuern zu erfassenden künftigen Steuerbe- und -entlastungen ist gemäß § 274 Abs. 2 Satz 1 HGB auf die **individuellen – steuersubjektbezogenen – Steuersätze** abzustellen, die wahrscheinlich im Zeitpunkt des Abbaus der zeitlichen Differenzen gültig sein werden. Sind die individuellen Steuersätze im Zeitpunkt des Abbaus nicht bekannt, kommen nach der Regierungsbegründung die am Abschlussstichtag gültigen individuellen Steuersätze zur Anwendung (vgl. BT-Drucks. 16/10067, S. 67). Künftige Änderungen der individuellen Steuersätze sind erst dann zu berücksichtigen, wenn die maßgebende Körperschaft die Änderung vor oder am Abschlussstichtag verabschiedet hat. In Deutschland bedeutet dies, dass **Bundestag und ggf. Bundesrat** einem Steuergesetz vor oder am Abschlussstichtag **zugestimmt** haben müssen. Dies entspricht der schon bisher üblichen Praxis (vgl. BT-Drucks. 16/10067, S. 68) und der Verfahrensweise nach IAS 12.

§ 274 Abs. 2 S. 1 HGB kodifiziert zudem ein Abzinsungsverbot für latente Steuern. Das Verbot gilt ausdrücklich auch für passive latente Steuern mit Rückstellungscharakter.[502] Zwar beeinträchtigt das Abzinsungsverbot die Vergleichbarkeit der Jahresabschlüsse, da der wirkliche Wert der latenten Steueransprüche und -verpflichtungen deutlich von deren Buchwert abweichen kann. Allerdings ist auch international eine Abzinsung unüblich (vgl. z. B. IAS 12.53). Ein Barwertansatz wäre daher mit der Intention des Gesetzgebers, ein im Vergleich zu den IFRS einfacheres Regelwerk zur Verfügung zu stellen, nicht zu vereinbaren gewesen; erfordert doch die Abzinsung eine Steuerplanung, die detailliert Auskunft über den erwarteten Zeitpunkt des Abbaus der Bilanzierungs- und Bewertungsdifferenzen sowie der Nutzung von Verlustvorträgen gibt.[503]

3.4.2 Besondere Anforderungen an aktive latente Steuern

Aktive latente Steuern bringen erwartete künftige Steuerentlastungen zum Ausdruck, die anfallen, wenn

1. abzugsfähige temporäre Differenzen sich abbauen und der daraus resultierende steuerliche Verlust genutzt werden kann oder
2. steuerliche Verlustvorträge mit künftigem steuerlichen Einkommen verrechnet werden können.

In beiden Fällen ist der ausgewiesene Steuervorteil mit einer mehr oder weniger großen Unsicherheit behaftet. Das hat den Rechtsausschuss zu dem Hinweis veranlasst, bei der Einschätzung der Werthaltigkeit der latenten Steueransprüche sei „– wie im HGB allgemein üblich – das Vorsichtsprinzip zu berücksichtigen und der Ansatz aktiver latenter Steuern sorgfältig zu prüfen" (BT-Drucks. 16/12407, S. 114).

Die Frage der voraussichtlichen Nutzung von Verlustvorträgen ist nach der Regierungsbegründung anhand von Wahrscheinlichkeitsüberlegungen zu klären, bei denen das **handelsrechtliche Vorsichtsprinzip** zu beachten ist (vgl. BT-Drucks. 16/10067, S. 67). Damit stellt sich die Frage, ob der etwa nach IAS 12 anzuwendende Beurteilungsmaßstab von ‚probable' im Sinne einer Eintrittswahrscheinlichkeit von mehr als 50 % für die Nutzbarkeit von aktiven latenten Steuern auch nach HGB ausreichend ist oder ob für handelsrechtliche Zwecke aufgrund des höheren Stellenwerts des Vorsichtsprinzips nicht ein anderer (strengerer) Maßstab heranzuziehen ist.[504] Für die praktische Anwendung der Vorschrift dürfte die Frage nur geringe Bedeutung haben. Wahrscheinlichkeiten lassen sich in diesem Bereich nicht messen. Die Bewertung aktiver latenter Steuern unterliegt in erster Linie der subjektiven Einschätzung des Bilanzierenden.[505] Von ihm wird man lediglich verlangen können, gute und nachvollziehbare Gründe für seine Entscheidung darzulegen. Der HFA des IDW nennt

---

[502] Vgl. BT-Drucks. 16/10067, S. 68. Nach Auffassung des HFA „kann [bei latenten Steuern mit Rückstellungscharakter; Anm. der Verf.] eine Abzinsung unterbleiben." IDW ERS HFA 27, IDW-FN 2009, S. 337, Tz. 27.
[503] Vgl. Stibi/Fuchs, DB 2008, Beilage 1, S. 12.
[504] Vgl. Stibi/Fuchs, DB 2008, Beilage 1, S. 9.
[505] Vgl. Lüdenbach/Hoffmann, StuB 2009, S. 306.

beispielhaft folgende Anhaltspunkte, die für hinreichende künftig zu versteuernde Einkünfte sprechen können:[506]

- bestehende profitable, in den folgenden Geschäftsjahren abzuwickelnde Aufträge
- Einstellung oder Veräußerung verlustgenerierender Geschäftsbereiche oder Standorte
- als Grundlage für nachhaltige Effizienzsteigerungen und Kosteneinsparungen vollendete Restrukturierungsmaßnahmen
- in Einmaleffekten begründete Verluste in Vorjahren, die für die Zukunft nicht mehr zu erwarten sind
- steuerpflichtige temporäre Differenzen, für die passive latente Steuern gebildet wurden.

Erweisen sich in der Folgezeit aktivierte Steuervorteile aus abzugsfähigen temporären Differenzen oder Verlustvorträgen als nicht realisierbar, wird darin ein Beweis des ersten Anscheins für die mangelnde Werthaltigkeit der Steuervorteile bereits im Zeitpunkt der Bilanzierung gesehen. An die mögliche Entkräftung dieses Anscheinsbeweises sind umso höhere Anforderungen zu stellen, je kürzer der Zeitraum zwischen der Bilanzierungsentscheidung und der Wertberichtigung der aktiven latenten Steuern ist.[507]

In Anlehnung an die internationale Rechnungslegung sind ausweislich der Regierungsbegründung insb. dann hohe Anforderungen an den **Nachweis der Wahrscheinlichkeit** des Eintritts des erwarteten Steuervorteils zu stellen, wenn es um aktive latente Steuern auf Verlustvorträge geht und das Unternehmen schon in der Vergangenheit nicht über ausreichende nachhaltige Gewinne verfügte (vgl. BT-Drucks. 16/10067, S. 67). Auch darin liegt weniger eine konkrete Handlungsanweisung als ein moralischer Appell. Ein Unternehmen, das auf die Aktivierung potenzieller Steuervorteile aus steuerlichen Verlustvorträgen verzichtet, räumt offen ein, es werde in absehbarer Zeit keine ausreichenden steuerpflichtigen Gewinne erwirtschaften und damit wohl auch handelsrechtlich keine entsprechenden Gewinne ausweisen können.[508] Da derartige Botschaften namentlich bei den Gesellschaftern eher auf wenig Freude und Verständnis stoßen, wird sich das Management in vielen Fällen dem Druck zur Aktivierung der vermeintlichen künftigen Steuervorteile kaum entziehen können. Verschärft sich dann die Krise des Unternehmens, droht ein zusätzlicher Abschreibungsbedarf für die aktivierten Steueransprüche, weil nunmehr die Wahrscheinlichkeit ihrer Durchsetzbarkeit nochmals geringer einzuschätzen ist, was die Darstellung der Vermögens-, Finanz- und Ertragslage zusätzlich belastet.[509]

Um dieser Gefahr zu begegnen und die Aktivierung latenter Steuern nachprüfbarer zu gestalten, erlaubt § 274 Abs. 1 Satz 4 HGB eine Berücksichtigung ungenutzter steuer-

---

[506] Vgl. IDW ERS HFA 27, IFW-FN 2009, S. 337, Tz. 7.
[507] Vgl. Kessler/Leinen/Paulus, KoR 2009, S. 722.
[508] Vgl. Schulze-Osterloh, DStR 2008, S. 68.
[509] Vgl. Küting/Zwirner, WPg 2003, S. 312.

licher Verlustvorträge bei der Ermittlung der aktiven latenten Steuern nur, soweit mit ihrer Nutzung innerhalb der auf den Abschlussstichtag folgenden **fünf Geschäftsjahre** zu rechnen ist. Auf diese Weise sollen die der Bewertungsentscheidung zugrunde liegenden Wahrscheinlichkeitserwägungen für Dritte nachvollziehbar bleiben (vgl. BT-Drucks. 16/10067, S. 67). Darüber hinaus vermindert diese gesetzliche Beschränkung der Berücksichtigung latenter Steuern auf Verlustvorträge die Gefahr einer Kumulation der negativen bilanziellen Auswirkungen einer Unternehmenskrise.

Klarstellend heißt es in der Stellungnahme des Rechtsausschusses, künftige Steuerentlastungen aus Verlustvorträgen, deren Eintritt erst nach Ablauf von fünf Jahren zu erwarten sei, dürften auch nicht zur Verrechnung mit passiven latenten Steuern herangezogen werden (vgl. BT-Drucks. 16/12407, S. 114). Das soll den Bilanzierenden offenbar verwehren, sich in einen Aktivüberhang an latenten Steuern hinüber zu retten, um sodann durch Inanspruchnahme des Aktivierungswahlrechts gemäß § 274 Abs. 1 Satz 2 HGB von der Bilanzierung latenter Steuern gänzlich abzusehen. Da kleine und mittelgroße Kapitalgesellschaft sowie diesen gleichgestellte Personenhandelsgesellschaft zudem gemäß § 288 Abs. 1, 2 HGB von der Angabepflicht nach § 285 Nr. 29 HGB befreit sind, würden auf diese Weise dem Abschlussleser sämtliche Informationen zu latenten Steuern vorenthalten.

Mit Blick auf den Wortlaut des § 274 Abs. 1 Satz 4 HGB („bei der Berechnung aktiver latenter Steuern") sowie den Zweck der Vorschrift erachtet es der HFA des IDW entgegen der Stellungnahme des Rechtsausschusses als zulässig, zur Reduktion eines verbleibenden Passivüberhangs auch solche steuerlichen Verlustvorträge zu berücksichtigen, deren Verwertbarkeit erst nach Ablauf von fünf Jahren zu erwarten ist.[510] Dem hat sich nach zunächst ablehnender Haltung[511] auch der DSR in DRS 18 angeschlossen. Diese Auffassung ist jedenfalls bei zeitlich unbegrenzt vortragsfähigen steuerlichen Verlusten überzeugend, da in diesem Fall der Eintritt der künftigen Steuermehrbelastung aus den zu versteuernden temporären Differenzen ausgeschlossen ist. Im Fall zeitlich begrenzter Vortragsfähigkeit steuerlicher Verluste liegt es nach dem Regelungszweck des § 274 Abs. 1 Satz 4 HGB nahe, die aus ihnen nach Ablauf von fünf Jahren zu erwartenden Steuervorteile nur insoweit zu berücksichtigen, als deren Realisation aus vorhandenen zu versteuernden temporären Differenzen so gut wie sicher ist.[512]

Nach der Begründung zum RegE BilMoG sollte die Begrenzung des Prognosehorizonts für steuerliche Verlustvorträge auch für vergleichbare Sachverhalte, namentlich für **Steuergutschriften und Zinsvorträge**, gelten (vgl. BT-Drucks. 16/10067, S. 67). Davon wird man unbeschadet der im weiteren Gesetzgebungsprozess vorgenommenen Änderungen auch für die letztlich verabschiedete Fassung des § 274 HGB ausgehen müssen. Damit kommt auch für Steuergutschriften und Zinsvorträge eine Berücksichtigung bei der Berechnung der aktiven latenten Steuern nur infrage, wenn eine hinreichend hohe Wahrscheinlichkeit ihrer Realisierung innerhalb der nächsten

---

[510] Vgl. IDW ERS HFA 27, IFW-FN 2009, S. 337, Tz. 14.
[511] Vgl. E-DRS 24.35; zur Kritik daran vgl. Kessler/Leinen: StuB 2010, S. 275 ff.
[512] Vgl. Kessler/Leinen/Paulus, KoR 2009, S. 723.

fünf Jahre besteht. Das dürfte insb. für Zinsvorträge eine hohe Aktivierungshürde darstellen. Da die Regelung der §§ 4h EStG, 8a KStG zu **komplexen Interdependenzen** zwischen Verlust- und Zinsvortragsnutzung führt,[513] erfordert sie regelmäßig eigenständige Planungsrechnungen, die über die für die Aktivierung latenter Steuern auf körperschaft- oder gewerbesteuerliche Verlustvorträge zu fordernde **Steuerplanung** hinausgehen.[514]

Alle gesetzlichen Vorgaben und Appelle, bei der Bewertung künftiger Steuerentlastungen das Vorsichtsprinzip zu berücksichtigen, können letztlich das Risiko der Aktivierung von Nonvaleurs nicht ausschließen, sondern allenfalls begrenzen. Dessen war sich der Gesetzgeber bewusst. Das hat ihn veranlasst, in § 268 Abs. 8 HGB eine Ausschüttungssperre und in § 301 AktG eine Abführungssperre in Höhe eines bilanzierten Aktivüberhangs an latenten Steuern vorzusehen.

3.5 Ausweis latenter Steuern

3.5.1 Ausweis in der Bilanz

Nach § 274 Abs. 1 HGB sind latente Steuern unter gesonderten Posten der Bilanz auszuweisen. Nach altem Recht bestehende Unklarheiten im Ausweis aktiver latenter Steuern sind damit beseitigt worden. Die (optional anzusetzenden) aktiven latenten Steuern sind unter dem Posten ‚**Aktive latente Steuern**' (§ 266 Abs. 2 D. HGB) und die (grundsätzlich verpflichtend anzusetzenden) passiven latenten Steuern unter dem Posten ‚**Passive latente Steuern**' (§ 266 Abs. 3 E. HGB) auszuweisen. Dieser gesonderte Ausweis trägt dem Charakter latenter Steuern als Posten eigener Art Rechnung.

Im Interesse einer besseren Information der Abschlussadressaten enthielt § 274 Abs. 1 HGB in der Fassung des RegE BilMoG noch ein Saldierungsverbot für aktive und passive latente Steuern (vgl. BT-Drucks. 16/10067, S. 67). Die Gesetz gewordene Fassung sieht dagegen den Nettoausweis als Regelfall vor. Die angestrebte bessere Information der Abschlussadressaten soll bei großen Kapitalgesellschaften und diesen gleichgestellten Personenhandelsgesellschaften durch den **Anhang** erfolgen (vgl. § 285 Nr. 29 HGB sowie Abschnitt 10, Gliederungspunkt 2.18). Kleine und mittelgroße Kapitalgesellschaften sind kraft § 288 Abs. 1, 2 HGB von Angaben zu latenten Steuern befreit. Als Alternative lässt § 274 Abs. 1 Satz 3 HGB den **unsaldierten Ausweis** der aus dem Abbau temporärer Differenzen und aus der Nutzung steuerlicher Verlustvorträge erwarteten Steuerbe- und -entlastung zu. Das IDW hält hierbei eine bilanzpostenbezogene Ermittlung der aktiven und passiven latenten Steuern für ausreichend.[515] Eine partielle Saldierung als Zwischenlösung ist nicht zulässig. Für die einmal gewählte Ausweisform gilt der Grundsatz der **Darstellungsstetigkeit** gemäß § 265 Abs. 1 HGB. Eine Ausweisänderung ist somit nur „in Ausnahmefällen wegen besonderer Umstände" zulässig. Ohne Weiteres begründen lassen sollte sich ein

---

[513] Vgl. hierzu Herzig/Bohn/Götsch, DStR 2009, S. 2615 ff.
[514] Vgl. Engels, BB 2008, S. 1558.
[515] Vgl. IDW ERS HFA 27, IFW-FN 2009, S. 337, Tz. 30.

Wechsel vom Nettoausweis zum Bruttoausweis, da diese Darstellung die Abschlussadressaten besser informiert (vgl. BT-Drucks. 16/12407, S. 114).

3.5.2 Ausweis in der Gewinn- und Verlustrechnung

Aufwand oder Ertrag aus der Veränderung bilanzierter latenter Steuern sind gemäß § 274 Abs. 2 Satz 3 HGB in der Gewinn- und Verlustrechnung gesondert unter dem Posten ‚**Steuern vom Einkommen und Ertrag**' auszuweisen. Der Ausweis hat auch dann unter diesem Posten zu erfolgen, wenn sich aus der Summe aller Aufwands- und Ertragsbuchungen aus der Bildung oder Auflösung latenter Steuern ein Habensaldo ergibt. Damit ist die bisherige überwiegende Handhabung der Praxis ins Gesetz aufgenommen worden.

Ergeben sich latente Steuern aus der erstmaligen Anwendung des § 274 HGB im Übergang auf die Vorschriften des BilMoG, sind die daraus resultierenden Aufwendungen und Erträge unmittelbar mit den Gewinnrücklagen zu verrechnen. Entsprechendes gilt, wenn sich latente Steuern aus erfolgsneutralen Anpassungsbuchungen nach Maßgabe der Übergangsvorschriften gemäß Art. 67 EGHGB ergeben (vgl. näher hierzu Kapitel 1, Gliederungspunkt 2.2.3).

3.6 Anhangsangaben

§ 274 Abs. 2 Satz 2 HGB i. d. F. des RegE BilMoG sah eine Erläuterung der in der Bilanz angesetzten aktiven und passiven latenten Steuern im Anhang vor. Diese Vorschrift hat keinen Eingang in die endgültige Gesetzesfassung gefunden. Aus systematischen Gründen hat der Gesetzgeber stattdessen in die ‚Sonstigen Pflichtangaben' des § 285 HGB mit der Nr. 29 die Verpflichtung aufgenommen, anzugeben, auf welchen Differenzen oder steuerlichen Verlustvorträgen die latenten Steuern beruhen und mit welchen Steuersätzen die Bewertung erfolgt ist.

Die Einfügung des § 285 Nr. 29 HGB geht auf die Neufassung des § 274 Abs. 2 HGB a. F. zurück. Sie soll die Nachteile, die sich aus der Wiedereinführung der Gesamtdifferenzenbetrachtung und dem bloßen Wahlrecht zum Ansatz aktiver latenter Steuern für die **Informationsfunktion des Jahresabschlusses** ergeben, kompensieren. Dementsprechend ist die Angabe, auf welchen Differenzen oder steuerlichen Verlustvorträgen die latenten Steuern beruhen, unabhängig davon vorzunehmen, ob in der Bilanz latente Steuern ausgewiesen werden (vgl. BT-Drucks. 16/12407, S. 116). Nach Ansicht des HFA des IDW sollen im Regelfall qualitative Aussagen ausreichend sein, um dieser Verpflichtung nachzukommen.[516] Mehr noch sieht das IDW keine Notwendigkeit, über den Saldierungsbereich hinausgehende Latenzen zu erläutern, die zu aktiven latenten Steuern führen würden, aufgrund des Aktivierungswahlrechts aber nicht ausgewiesen werden. Auch wenn der Wortlaut des § 285 Nr. 29 HGB dieser Auslegung nicht entgegensteht,[517] mit dem Zweck der Anhangangabe ist

---

[516] Vgl. IDW ERS HFA 27, IDW-FN 2009, S. 337, Tz. 36.
[517] Vgl. Küting/Seel, DB 2009, S. 924.

sie schwerlich zu vereinbaren.[518] Wenn der Rechtsausschuss ausdrücklich hervorhebt, auch bei einem Verzicht auf den Ansatz latenter Steuern sei über bestehende temporäre Differenzen und steuerliche Verlustvorträge zu informieren, wird die Zielrichtung dieser Berichterstattung deutlich: Unabhängig von der bilanziellen Darstellung sollen Abschlussleser zumindest bei großen Kapitalgesellschaften über die von § 274 HGB erfassten künftig zu erwartenden Steuereffekte und deren Ursachen unterrichtet werden. Eine rein qualitative Berichterstattung erreicht dieses Ziel nicht. Die Auslegung des § 285 Nr. 29 HGB durch das IDW dürfte daher kaum mit dem Gesetz in Einklang zu bringen sein.[519]

In ihrer Regierungsbegründung hat es die Bundesregierung zudem im Interesse einer sinnvollen und umfassenden Information der Abschlussadressaten für erforderlich erachtet, den ausgewiesenen Steueraufwand / -ertrag in einer gesonderten Rechnung auf den erwarteten Steueraufwand / -ertrag überzuleiten. Diese international übliche Steuerüberleitung soll ein besseres Verständnis für die in der Bilanz ausgewiesenen Posten erzeugen (vgl. BT-Drucks. 16/10067, S. 68). Ob diese zusätzliche Information nach der Neufassung des § 274 HGB und der im Vergleich zum RegE BilMoG deutlich präziser gefassten Erläuterungspflicht für latente Steuern in § 285 Nr. 29 HGB gefordert werden kann, scheint fraglich (vgl. zum Aufbau einer Steuerüberleitungsrechnung Abschnitt 10, Gliederungspunkt 2.18). Das IDW hält zur Erzielung eines hinreichenden Verständnisses auch eine andere Form der Erläuterung für zulässig,[520] die bspw. in der verbalen Darstellung wesentlicher Verwerfungen zwischen erwartetem und ausgewiesenem Steueraufwand bestehen könnte.[521] Demgegenüber hält der DSR in E-DRS 24[522] an der Forderung nach Aufnahme einer Überleitungsrechnung in den Anhang fest. Ungeachtet der daran geübten Kritik ist der DSR auch in der endgültigen Stellungnahme von dieser Position nicht abgerückt.

Nach § 274a Nr. 5 HGB sind **kleine** Kapitalgesellschaften und diesen nach § 264a HGB gleichgestellte Personenhandelsgesellschaften von den Vorschriften zu latenten Steuern befreit. § 288 Abs. 1 HGB dehnt die Befreiung konsequenterweise auch auf die Angaben nach § 285 Nr. 29 HGB aus. **Mittelgroße** Kapitalgesellschaften und diesen gleichgestellte Personenhandelsgesellschaften sind lediglich von der Anwendung des § 285 Nr. 29 HGB ausgenommen. Diese Befreiung erlaubt den Gesellschaften, wegen des Aktivierungswahlrechts im Fall eines (üblicherweise zu erwartenden) Aktivüberhangs die bisherige Praxis der überschlägigen Gesamtdifferenzermittlung beizubehalten. Für sie ergeben sich damit aus den konzeptionellen Änderungen bei latenten Steuern im Regelfall keine erhöhten Anforderungen an die Rechnungslegung.

---

[518] Vgl. Kessler/Leinen/Paulus, KoR 2009, S. 724.
[519] Vgl. Kessler/Leinen/Paulus, KoR 2009, S. 724; Loitz, DB 2009, S. 918 f.
[520] Vgl. IDW ERS HFA 27, IFW-FN 2009, S. 337, Tz. 35.
[521] Vgl. Kessler/Leinen/Paulus, in KoR 2009, S. 725.
[522] Vgl. E-DRS 24, Tz. 65.

3.7 Ausschüttungs- und Abführungssperre

Die Aktivierung latenter Steuern ist mit einer Ausschüttungs- und Abführungssperre gekoppelt (vgl. § 268 Abs. 8 HGB und § 301 AktG). Sie soll die Auskehrung von Gewinnen in Höhe des für künftige Steuerentlastungen aktivierten Betrags an die Anteilseigner verhindern. Das trägt dem **Gläubigerschutz** Rechnung: Da die erwartete Steuerersparnis vom mehr oder weniger ungewissen Anfall künftiger positiver steuerlicher Ergebnisse abhängt, gilt der durch die Aktivierung latenter Steuern ausgewiesene Mehrgewinn nicht als unbedenklich verteilbar.

Demgemäß schreibt § 268 Abs. 8 Satz 1, 2 HGB vor, dass bei Aktivierung latenter Steuern Gewinne nur ausgeschüttet werden dürfen, wenn die nach der Ausschüttung verbleibenden frei verfügbaren Rücklagen zuzüglich eines Gewinnvortrags und abzüglich eines Verlustvortrags den Betrag des Aktivüberhangs latenter Steuern übersteigen. Die Wahl zwischen Brutto- und Nettoausweis hat damit keinen Einfluss auf die Höhe der Ausschüttungssperre (vgl. BT-Drucks. 16/12407, S. 113). Die Regelung gilt sinngemäß für eine Gewinnabführung nach § 301 AktG.

Die gesetzliche Regelung erreicht bei wörtlicher Auslegung ihren Zweck nur unvollständig. Das folgende Beispiel verdeutlicht dies:

Beispiel

Sachverhalt:

U hat zum Ende des Geschäftsjahres 2010 in Ausübung des durch das BilMoG geschaffenen Aktivierungswahlrechts gemäß § 248 Abs. 2 Satz 1 HGB selbst geschaffene immaterielle Vermögensgegenstände mit einem Buchwert von 500 TEUR angesetzt. Der Ertragsteuersatz von U beträgt 30 %. Gemäß § 274 Abs. 1 HGB bildet U passive latente Steuern auf das handelsrechtlich ausgewiesene Mehrvermögen von 150 TEUR (= 30 % von 500 TEUR). Aufgrund eines steuerlichen Verlustvortrags von 500 TEUR ermittelt U aktive latente Steuern von ebenfalls 150 TEUR. In seiner Bilanz zum 31.12.2010 weist U

- aktive und passive latente Steuern unsaldiert in Höhe von jeweils 150 TEUR aus (**Fall 1**)
- nach Verrechnung aller erwarteten Steuerbe- und -entlastungen weder aktive noch passive latente Steuern aus (**Fall 2**).

Beurteilung:

In **Fall 1** ergibt sich nach § 268 Abs. 8 Satz 1 HGB eine Ausschüttungssperre von 350 TEUR wegen der Aktivierung selbst geschaffener immaterieller Vermögensgegenstände. Sie ermittelt sich als Differenz zwischen dem Buchwert der Vermögensgegenstände (500 TEUR) und den hierfür gebildeten latenten Steuern (150 TEUR).

Nach § 268 Abs. 8 Satz 2 HGB ist zudem für die aktivierten latenten Steuern eine Ausschüttungssperre in Betracht zu ziehen. Sie soll in der Höhe bestehen, „um den die aktiven latenten Steuern die passiven latenten Steuern übersteigen". Da im Beispiel aktive und passive latente Steuern gleich hoch sind, ergibt sich bei einer Wortlautauslegung keine zusätzliche Ausschüttungssperre.

Das Ergebnis ist unbefriedigend. Insgesamt führt die Aktivierung der aktiven latenten Steuern sowie der selbst geschaffenen immateriellen Vermögensgegenstände unter Berücksichtigung der für sie zu bildenden passiven latenten Steuern bei U zum Ausweis eines Mehrvermögens von 500 TEUR. Da dieses Vermögen nach den Vorstellungen des Gesetzgebers unsicher ist und damit nicht zur Auskehrung an die Gesellschafter zur Verfügung stehen soll, würde man eine Ausschüttungssperre in exakt dieser Höhe erwarten. Die Wortlautauslegung ergibt dagegen ein nur um 350 TEUR reduziertes Ausschüttungspotenzial. Ursächlich hierfür ist die doppelte Anrechnung der passiven latenten Steuern. Da dieses Ergebnis dem Sinn und Zweck der Regelung offenkundig widerstreitet und vom Gesetzgeber nicht gewollt sein kann, ist es nicht hinzunehmen. Bei teleologischer Auslegung muss eine Ausschüttungs- und Abführungssperre von 500 TEUR angenommen werden.[523]

Ein ähnlich unbefriedigendes Ergebnis stellt sich in **Fall 2** ein. Erneut beträgt die Ausschüttungssperre wegen der Aktivierung selbst geschaffener immaterieller Vermögensgegenstände 350 TEUR. Zwar weist U als Folge der Gesamtdifferenzenbetrachtung keine passiven latenten Steuern in seiner Bilanz zum 31.12.2010 aus. Darauf kommt es nach § 268 Abs. 8 Satz 1 HGB aber nicht an. Die Vorschrift bestimmt den Anrechnungsbetrag vielmehr nach den **gebildeten** passiven latenten Steuern. Diese betragen 150 TEUR.

§ 268 Abs. 2 Satz 2 HGB läuft in dieser Situation leer. Er sieht eine weitere Ausschüttungssperre nur vor, wenn „aktive latente Steuern in der Bilanz **ausgewiesen** (werden, Hervorhebung durch die Verf.)". Wegen der Verrechnung aktiver und passiver latenter Steuern kommt es dazu aber gerade nicht.

Diese Lösung ist ebenso bedenklich wie jene in Fall 1. Eine Heilung im Wege einer ‚vernünftigen' Auslegung erscheint in dieser Konstellation aufgrund des jeweils recht eindeutigen Wortlauts schwieriger. Eine abweichende Behandlung beider Fälle im Hinblick auf die Höhe der Ausschüttungssperre ist indes keinesfalls begründbar. Die unterschiedliche Ausübung eines Ausweiswahlrechts kann nicht zu abweichenden materiellen gesellschaftsrechtlichen Konsequenzen führen.

Zu Recht verlangt daher das IDW eine auf den Zweck der Ausschüttungsregelung abstellende Auslegung. Sie gewährleistet unabhängig vom Ausweis latenter Steuern eine zutreffende Erfassung des bei der Ermittlung des ausschüttungsfähigen Betrags zu korrigierenden Aktivvermögens und vermeidet

---

[523] So auch IDW ERS HFA 27, IDW-FN 2009, S. 337, Tz. 34.

die doppelte Anrechnung passiver latenter Steuern (vgl. Abb. 124).[524]

Auswirkungen latenter Steuern auf die Höhe der Ausschüttungssperre

Aktiva	Passiva	
Selbst geschaffene immaterielle Vermögensgegenstände des Anlagevermögens	Gegen Ausschüttung gesperrter Betrag	
	Passive latente Steuern	
Nettovermögen aus der Bewertung verrechnungspflichtiger Vermögensgegenstände zum beilzulegenden Zeitwert	Gegen Ausschüttung gesperrter Betrag	
	Passive latente Steuern	
Aktive latente Steuern	Gegen Ausschüttung gesperrter Betrag	
	Sonstige passive latente Steuern	

Abb. 124: Auswirkungen latenter Steuern auf die Höhe der Ausschüttungssperre gemäß § 268 Abs. 8 HGB

Nach § 285 Nr. 28 HGB ist der **Gesamtbetrag** der gemäß § 268 Abs. 8 HGB ausschüttungsgesperrten Beträge nach Herkunft **aufzugliedern**. Das erfordert unter anderem die Angabe der wegen der Aktivierung latenter Steuern gegen Ausschüttung gesperrten Beträge.

Zu weiteren Einzelheiten der Ausschüttungs- und Abführungssperre sei auf Abschnitt 7, Gliederungspunkt 4 verwiesen.

3.8 Erstanwendung, Übergangsregelung und steuerliche Folgen

Der neu gefasste § 274 HGB ist **erstmals** auf Jahres- und Konzernabschlüsse für das nach dem 31.12.2009 beginnende Geschäftsjahr verpflichtend anzuwenden (vgl. Art. 66 Abs. 3 EGHGB). Eine vorzeitige Anwendung für Geschäftsjahre, die nach dem **31.12.2008** begonnen haben, ist zulässig, allerdings nur im Verbund mit allen anderen in Art. 66 Abs. 3 EGHGB bezeichneten Vorschriften und unter Aufnahme eines entsprechenden Hinweises in den Anhang (vgl. Art. 66 Abs. 3 Satz 6 EGHGB). Die Vorschrift richtet sich ausschließlich an große und mittelgroße Kapitalgesellschaften sowie diesen nach § 264a HGB gleichgestellte Personenhandelsgesellschaften.

Mangels einer entsprechenden Übergangsregelung sind auch temporäre Differenzen, die sich vor dem Übergang auf die Vorschriften des BilMoG gebildet haben nach § 274 HGB auf die Bildung latenter Steuern hin zu beurteilen. Ergeben sich Aufwen-

---

[524] In Anlehnung an IDW ERS HFA 27, IFW-FN 2009, S. 337, Tz. 34.

dungen und Erträge aus der erstmaligen Anwendung des § 274 HGB, sind diese unmittelbar mit den Gewinnrücklagen zu verrechnen (vgl. Art. 67 Abs. 6 EGHGB). Mit der erstmaligen Anwendung meint der Gesetzgeber die Anwendung des § 274 HGB auf temporäre Differenzen und steuerliche Verlustvorträge (sowie Steuergutschriften), die im letzten Abschluss, der nach den bisherigen Bilanzierungsvorschriften erstellt worden ist, vorlagen. Die als Ergebnis dieser Prüfung zu bildenden oder freiwillig angesetzten latenten Steuern sind erfolgsneutral einzubuchen (vgl. hierzu auch Kapitel 1, Gliederungspunkt 2.2.3). Die Fortschreibung der latenten Steuern aus solchen temporären Differenzen auf den Stichtag des ersten Abschlusses nach BilMoG hat demgegenüber erfolgswirksam zu erfolgen. Sie sind unter dem Posten „Steuern vom Einkommen und Ertrag" gesondert auszuweisen. Das folgende Beispiel erläutert die Abgrenzung.

Beispiele

Die B AG ist eine mittelgroße Kapitalgesellschaft i. S. d. § 267 HGB. In ihrem ersten nach den Vorschriften des BilMoG aufgestellten Jahresabschluss zum 31.12.2010 hat sie folgende Sachverhalte unter dem Gesichtspunkt der Steuerlatenzierung zu würdigen. Die B AG nimmt das Aktivierungswahlrecht für latente Steuern in Anspruch. Der kumulierte Ertragsteuersatz der Gesellschaft beträgt 30 %. Steuersatzänderungen sind nicht in Sicht.

Sachverhalt 1:

Im letzten nach HGB a. F. aufgestellten Jahresabschluss zum 31.12.2009 hat die B AG Pensionsverpflichtungen im Einklang mit § 6a EStG bewertet. Aufgrund der durch das BilMoG geänderten Bewertungsvorschriften ermittelt sich zum Übergangsstichtag 1.1.2010 ein Aufstockungsbetrag von 260 TEUR. Die B AG entscheidet sich dafür, den Fehlbetrag sofort in voller Höhe zuzuführen.

Beurteilung:

Die Anpassung der handelsrechtlichen Pensionsrückstellung wirkt sich wegen des Bewertungsvorbehalts in § 6a EStG steuerlich nicht aus. Durch die Zuführung entsteht eine abzugsfähige temporäre Differenz. Bei einem Steuersatz von 30 % ermitteln sich aktive latente Steuern von 78 TEUR. Diese sind erfolgswirksam einzubuchen. Die latenten Steuern sind nicht die Folge der Erstanwendung des § 274 HGB, sondern der erstmaligen Anwendung der geänderten Bewertungsvorschriften für Pensionsverpflichtungen in § 253 Abs. 1, 2 HGB (Umkehrschluss aus Art. 67 Abs. 6 EGHGB).[525]

---

[525] So auch: IDW RS HFA 28, IDW-FN 2009, S. 337, Tz. 53.

Sachverhalt 2:

Für einen belastenden Mietvertrag hat die B AG zum 31.12.2009 eine Drohverlustrückstellung in Höhe von 480 TEUR gebildet, für die unter HGB a. F. keine aktiven latenten Steuern angesetzt wurden. Zum 31.12.2010 ist die Rückstellung auf 410 TEUR zu reduzieren.

Beurteilung:

Zum Übergangsstichtag 1.1.2010 ist § 274 HGB erstmals auf den bereits zum 31.12.2009 vorliegenden Sachverhalt anzuwenden. Entscheidet sich die B AG entsprechend den einleitenden Prämissen zur Ausübung des Aktivierungswahlrechts für latente Steuern, sind diese erfolgsneutral einzubuchen. Das betrifft einen Betrag von 144 TEUR (= 30 % von 480 TEUR). Nach der Reduzierung der Drohverlustrückstellung auf 410 TEUR zum 31.12.2010 sind die aktiven latenten Steuern um 21 TEUR (= 30 % von 70 TEUR) aufzulösen. Das geschieht erfolgswirksam.

Sachverhalt 3:

Zum 31.12.2009 verfügt die B AG über einen steuerlichen Verlustvortrag von 1.200 TEUR. Ursächlich hierfür waren der Ausfall eines Großkunden sowie Abfindungszahlungen an mehrere Führungskräfte. Am 1.1.2010 geht die B AG davon aus, den Verlust in den kommenden fünf Jahren gleichmäßig nutzen zu können. Nach einer Eintrübung der Konjunktur im Laufe des Jahrs 2010 erachtet sie den Verlustvortrag zum 31.12.2010 nur noch zu 60 % als werthaltig.

Beurteilung:

Zum 1.1.2010 ermittelt sich aus der Nutzung der Verlustvorträge eine erwartete Steuerentlastung von 360 TEUR (= 30 % von 1.200 TEUR), für die die B AG annahmegemäß aktive latente Steuern bildet. Da die latenten Steuern aus der Erstanwendung des § 274 HGB resultieren, sind sie erfolgsneutral gegen die Gewinnrücklagen einzubuchen. Zum 31.12.2010 ist der latente Steueranspruch um 40 % auf 216 TEUR wertzuberichtigen. Das ergibt einen latenten Steueraufwand von 144 TEUR, der erfolgswirksam in der Gewinn- und Verlustrechnung zu erfassen ist.

Latente Steuern sind ebenfalls erfolgsneutral einzubuchen, soweit diese aus folgenden Anpassungen beim Übergang auf BilMoG resultieren:
- Auflösung optionaler Aufwandsrückstellungen durch Umgliederung in die Gewinnrücklagen gemäß Art. 67 Abs. 3 Satz 2 EGHGB;
- Anpassung sonstiger Rückstellungen an eine niedrigere Bewertung nach den Vorschriften des BilMoG durch Umgliederung der Auflösungsbeträge in die Gewinnrücklagen gemäß Art. 67 Abs. 1 Satz 2, 3 EGHGB;

- erfolgsneutrale Anpassung der niedrigeren Wertansätze von Vermögensgegenständen, die auf Abschreibungen nach § 253 Abs. 3 Satz 3, § 253 Abs. 4, § 254, § 279 Abs. 2 HGB a. F. beruhen, gemäß Art. 67 Abs. 4 Satz 2 EGHGB.

Beispiel

 Sachverhalt:

Die B AG hat im Übergang auf die Vorschriften des BilMoG Aufwandsrückstellungen in Höhe von 80 TEUR durch Umgliederung in die Gewinnrücklagen aufgelöst. Die Rückstellungen sind im Geschäftsjahr 2008 gebildet worden.

Bei der Bildung der Aufwandsrückstellungen hat die B AG wegen der Abweichung von der Steuerbilanz in ihrem Abschluss zum 31.12.2009 keine latenten Steuern angesetzt (**Fall 1**), aktive latente Steuern in Höhe von 32 TEUR gebildet (**Fall 2**) bzw. keine latenten Steuern ausgewiesen, da sie die sich ergebenden aktiven latenten Steuern von 32 TEUR mit gleich hohen passiven latenten Steuern aus einer phasenkongruenten Gewinnvereinnahmung in der Handelsbilanz verrechnet hat, die steuerlich nicht anerkannt worden ist (**Fall 3**).

Beurteilung:

In **Fall 1** ergeben sich keine Änderungen bei der Bilanzierung latenter Steuern. Nach der Umgliederung der optionalen Aufwandsrückstellungen in die Gewinnrücklagen besteht keine temporäre Differenz mehr zur Steuerbilanz. Da im Abschluss zum 31.12.2009 keine latenten Steuern angesetzt waren, ergibt sich kein Anpassungsbedarf.

Hat die B AG in ihrem Jahresabschluss aktive latente Steuern auf den durch die Aufwandsrückstellung eingetretenen Ergebnisunterschied zur Steuerbilanz gebildet (**Fall 2**), sind diese mit der Umgliederung der Rückstellung erfolgsneutral aufzulösen. Dadurch erhöhen sich die Gewinnrücklagen per Saldo um 48 TEUR.

Auch in **Fall 3** sind aktive latente Steuern von 32 TEUR mit den Gewinnrücklagen zu verrechnen. Der saldierte Ausweis mit gleich hohen passiven latenten Steuern ändert daran nichts. Die danach verbleibenden passiven latenten Steuern sind erfolgswirksam aufzulösen, wenn sich die temporäre Differenz zur Steuerbilanz infolge der steuerlichen Vereinnahmung des Beteiligungsertrags abbaut.

Abb. 125 fasst die Regelungen zum Übergang auf die geänderten Vorschriften zur Bildung latenter Steuern zusammen.

Übergang auf die neuen Vorschriften zur Steuerlatenzierung		
Erstmalige Anwendung	Übergang	Steuerliche Folgen
• Obligatorisch: Jahres- und Konzernabschlüsse für nach dem 31.12.2009 beginnende Geschäftsjahre • Optional: Jahres- und Konzernabschlüsse für nach dem 31.12.2008 beginnende Geschäftsjahre (nur im Verbund mit allen übrigen vorzeitig anwendbaren Vorschriften) Art. 66 Abs. 3 EGHGB	• Die neuen Vorschriften sind mangels einer Ausnahmeregelung auch auf temporäre Differenzen und steuerliche Verlustvorträge aus der Zeit vor dem Übergang auf die Vorschriften des BilMoG anzuwenden • Aufwendungen und Erträge aus dieser (rückwirkenden) Erstanwendung des § 274 HGB sind erfolgsneutral durch Anpassung der Gewinnrücklagen zu berücksichtigen • Entsprechendes gilt für Aufwendungen und Erträge, die aus einer erfolgsneutralen Anpassung von Buchwerten im Übergang auf BilMoG resultieren Art. 67 Abs. 6 EGHGB	• Keine • Latente Steuern sind steuerrechtlich irrelevant

Abb. 125: Übergang auf die geänderte Bildung latenter Steuern nach BilMoG

4 Umrechnung von Fremdwährungsgeschäften

4.1 Die neuen Vorschriften im Überblick

Mit dem BilMoG hat der Gesetzgeber die Umrechnung von Geschäftsvorfällen in fremder Währung in dem neu einzufügenden § 256a HGB wie folgt geregelt:

HGB § 256a Währungsumrechnung

Auf fremde Währung lautende Vermögensgegenstände und Verbindlichkeiten sind zum Devisenkassamittelkurs am Abschlussstichtag umzurechnen. Bei einer Restlaufzeit von einem Jahr oder weniger sind § 253 Abs. 1 Satz 1 und § 252 Abs. 1 Nr. 4 Halbsatz 2 nicht anzuwenden.

HGB § 340h Währungsumrechnung

§ 256a gilt mit der Maßgabe, dass Erträge, die sich aus der Währungsumrechnung ergeben, in der Gewinn- und Verlustrechnung zu berücksichtigen sind, soweit die Vermögensgegenstände, Schulden oder Termingeschäfte durch Vermögensgegenstände, Schulden oder andere Termingeschäfte in derselben Währung besonders gedeckt sind.

Nach § 244 HGB ist der Jahresabschluss in deutscher Sprache und in Euro aufzustellen. Vorschriften zur Umrechnung von Transaktionen in fremder Währung fehlten im HGB bislang gänzlich. Nicht zuletzt aus diesem Grund haben sich in der Vergangenheit zahlreiche Fachgremien mit Fragen der Währungsumrechnung nach HGB auseinandergesetzt.[526] Als vorerst letzte ‚offizielle' Verlautbarung legte der DSR den am 25.8.2003 verabschiedeten und vom BMJ am 4.8.2004 veröffentlichten DRS 14 „Währungsumrechnung" vor. Dieser Standard regelte für den Konzernabschluss die Umrechnung von Geschäftsvorfällen in ausländischer Währung und die Umrechnung von Abschlüssen ausländischer Unternehmen. Mit Bekanntmachung des Deutschen Rechnungslegungs-Änderungsstandards Nr. 4 (DRÄS 4) gem. § 342 Abs. 2 HGB durch das BMJ am 18.2.2010 ist DRS 14 aufgehoben worden. Er ist letztmals anzuwenden auf das Geschäftsjahr, das vor dem oder am 31.12.2009 beginnt. Die Aufhebung von DRS 14 hat ihre Ursache in den mit dem BilMoG in das HGB aufgenommenen Vorschriften zur Umrechnung von Fremdwährungsgeschäften (§ 256a HGB) und zur Umrechnung von Abschlüssen in fremder Währung (§ 308a HGB). Für einen neben diesen gesetzlichen Regelungen stehenden Rechnungslegungsstandard besteht daher keine Notwendigkeit mehr.

Im Vergleich zum vormaligen DRS 14 enthält § 256a HGB eher rudimentäre Hinweise zur Umrechnung von Fremdwährungsgeschäften. **Sachlich** behandelt er die Umrechnung von Vermögensgegenständen und Verbindlichkeiten. Für alle übrigen Posten hat der Gesetzgeber keinen Regelungsbedarf gesehen. Die Umrechnungsregeln betreffen zudem nur die **Folgebewertung**. Zur Umrechnung bei erstmaliger Erfassung eines Vermögensgegenstands oder einer Schuld äußert sich die Vorschrift nicht. Verdrängt werden die Umrechnungsregeln des § 256a HGB durch die Spezialvorschriften des § 254 HGB zur Behandlung von Bewertungseinheiten und des § 340e Abs. 3 Satz 1 HGB zur Zeitwertbewertung von Finanzinstrumenten des Handelsbestands (vgl. BT-Drucks. 16/12407, S. 112).

Inhaltlich soll § 256a HGB die gängige Praxis der Währungsumrechnung festschreiben.[527] Zu diesem Zweck sieht die Vorschrift eine Umrechnung von auf fremde Währung lautenden Vermögensgegenständen und Schulden zum **Devisenkassamittelkurs des Abschlussstichtags** vor. Eine Unterscheidung zwischen Geld- und Briefkurs ist – jedenfalls bei der Folgebewertung – nicht mehr vorgesehen. Das soll zu einer weiteren Vereinfachung der Währungsumrechnung in der Praxis führen (vgl. BT-Drucks. 16/12407, S. 112 f.).[528]

Die Vorschrift des § 256a HGB hat nicht den Charakter einer Bewertungsvorschrift, sondern bringt eine reine Transformationsanweisung zum Ausdruck. Das heißt, das Ergebnis der Umrechnung steht unter dem Vorbehalt des Anschaffungswert- und

---

[526] Vgl. die Nachweise bei Langenbucher/Blaum, in: Küting/Weber (Hrsg.): HdR-E, 5. Aufl., Stuttgart 2002 ff., Kapitel 6, Rn 506.
[527] Zustimmend Arbeitskreis Bilanzrecht der Hochschullehrer Rechtswissenschaft, BB 2008, S. 214.
[528] Zur Umrechnung von Fremdwährungsgeschäften nach den Vorschriften des RegE BilMoG vgl. Kessler/Veldkamp, KoR 2009, S. 245 ff.

Realisationsprinzips. Unrealisierte Umrechnungsgewinne sind grundsätzlich nicht zu erfassen. Etwas anderes gilt für Vermögensgegenstände und Verbindlichkeiten mit einer Restlaufzeit von bis zu einem Jahr. Sie sind auch dann zum Devisenkassamittelkurs umzurechnen, wenn sich daraus ein Währungsgewinn ergibt.

In der **Gewinn- und Verlustrechnung** sind Umrechnungsgewinne und Umrechnungsverluste gesondert unter den Posten ‚Sonstige betriebliche Erträge' bzw. ‚Sonstige betriebliche Aufwendungen' auszuweisen (vgl. § 277 Abs. 5 Satz 2 HGB). Dazu bietet sich ein Davon-Vermerk an.

Für Kreditinstitute und Finanzdienstleistungsinstitute sieht § 340h HGB den Ausweis von Erträgen aus der Umrechnung von Fremdwährungspositionen über die Regelung des § 256a HGB hinaus auch dann vor, wenn für die betreffenden Positionen eine besondere Deckung in derselben Währung besteht.

Abb. 126 fasst die Regelungsinhalte der §§ 256a, 340h HGB überblicksartig zusammen.

Umrechnung von Fremdwährungsgeschäften nach § 256a HGB			
Anwendungsbereich	Umrechnungskurs	Einbindung in das GoB-System	
		Grundsatz	Ausnahme
• Folgebewertung von VG und Verbindlichkeiten • Ausgenommen sind » Bestandteile einer Bewertungseinheit gem. § 254 HGB » nach § 340e Abs. 3 Satz 1 HGB zum beizulegenden Zeitwert bewertete Finanzinstrumente BT-Drucks. 16/12407, S. 112	Devisenkassamittelkurs am Abschlussstichtag	Die Währungsumrechnung steht unter dem Vorbehalt des Anschaffungswert- und Realisationsprinzips	Anschaffungswert- und Realisationsprinzip gelten nicht für die Umrechnung von Forderungen und Verbindlichkeiten mit einer Restlaufzeit von bis zu einem Jahr

Abb. 126: Umrechnung von Fremdwährungsgeschäften nach § 256a HGB

4.2 Grundlagen

4.2.1 Anlässe der Währungsumrechnung

Eine Umrechnung von Fremdwährungsposten in Euro kann notwendig sein, um

- Vermögensgegenstände oder Schulden erstmals im Abschluss zu erfassen (Zugangsbewertung),
- die Bewertung eines auf fremde Währung lautenden Bilanzpostens an ein geändertes Austauschverhältnis der Fremdwährung zum Euro anzupassen (Folgebewertung) oder

- die Auswirkungen der Beendigung eines Fremdwährungsgeschäfts im Abschluss zu erfassen (z. B. Begleichung von Fremdwährungsverbindlichkeiten).

Als **Zugangszeitpunkt** bezeichnet die Regierungsbegründung jenen Zeitpunkt, zu dem der betreffende Sachverhalt „nach Maßgabe der Grundsätze ordnungsmäßiger Buchführung handelsbilanziell anzusetzen" (BT-Drucks. 16/10067, S. 62) ist. Das ist missverständlich. Bei **Posten der Bilanz** ist zu fragen, mit welchem Betrag sie erstmals anzusetzen sind. Dieser ergibt sich nicht in jedem Fall durch Umrechnung des aufgewendeten Fremdwährungsbetrags mit dem Kurs im Zugangszeitpunkt. Wurde bspw. eine Vorauszahlung für den Erwerb eines Vermögensgegenstands geleistet, ist auf den tatsächlich in Euro aufgewendeten Betrag abzustellen. Dieser wird bei Zugang des Vermögensgegenstands erfolgsneutral als Teil der Anschaffungskosten berücksichtigt.[529]

4.2.2 Wechselkurse

Wechselkurse geben an, zum welchem Preis eine Währung in eine andere getauscht werden kann. Umrechnungskurse existieren für Bargeld (Sortenkurse) und Buchgeld (Devisenkurse). Von wenigen Ausnahmen abgesehen (z. B. Sortenbestände bei Kreditinstituten) sind für die Währungsumrechnung in der Rechnungslegung ausschließlich **Devisenkurse** relevant.

Seit 1.1.1999 werden die Devisenkurse des Euro in der **Mengennotierung** ausgedrückt. Sie gibt den Preis einer Einheit der inländischen Währung in Einheiten der ausländischen Währung an. Die Mengennotierung macht mithin deutlich, wie viele Einheiten einer Auslandswährung als Gegenwert für einen Euro eingetauscht werden können. Bei einem Euro-Dollar-Kurs von 1,3 werden bspw. 1,3 Dollar für 1 Euro gezahlt. Sinkt das Austauschverhältnis, wird der Dollar stärker. Der „Rückgang" des Umrechnungskurses von 1,3 auf 1,2 deutet damit auf einen gestiegenen Wechselkurs des Dollar hin.

Zu unterscheiden ist ferner zwischen dem Kassakurs (*Spot Rate*) und dem Terminkurs einer Währung. Der **Kassakurs** bezeichnet den Kurs, der im Zeitpunkt des Abschlusses eines Devisenkassageschäfts gültig ist. Die Abweichung vom **Terminkurs** wird als Swap bzw., ausgedrückt in Prozent des Kassakurses, als Swapsatz bezeichnet. Der Swapsatz wird durch das Zinsgefälle zwischen den Währungen bestimmt. Ist bspw. das Zinsniveau in der fremden Währung höher, sinkt der Terminkurs unter den Kassakurs, es bildet sich ein Report. Der Grund liegt einerseits in der durch das höhere Zinsniveau in Fremdwährung ausgelösten stärkeren Nachfrage nach Devisen am Kassamarkt. Um sich gegen Kursrisiken zu sichern, werden die Investoren bemüht sein, die Fremdwährung am Terminmarkt zu verkaufen. Das führt zu einem Arbitragegleichgewicht, bei dem die Differenz zwischen Kassa- und Terminkurs das unterschiedliche Zinsniveau in den Volkswirtschaften widerspiegelt.

---

[529] Vgl. auch Ellrott/Brendt, in: Ellrott u. a. (Hrsg.): Beck'scher Bilanz-Kommentar, 7. Aufl., München 2010, § 255 HGB, Anm. 53.

Abschnitt 8: Sonderfragen – Umrechnung von Fremdwährungsgeschäften

Für die Währungsumrechnung im Jahresabschluss ist schließlich noch der Unterschied zwischen Geld-, Brief- und Mittelkurs von Bedeutung (vgl. Abb. 127). Der **Geldkurs** (*Bid*-Kurs) ist jener Kurs, zu dem Marktteilnehmer, namentlich Kreditinstitute, den Euro als Leitwährung gegen Hingabe von Fremdwährung ankaufen. Er gibt an, wie viele Einheiten der fremden Währung ein Devisenkäufer für einen Euro erhält. Demgegenüber bezeichnet der **Briefkurs** (*Offer*-Kurs) jenen Kurs, zu dem Marktteilnehmer den Euro als Leitwährung gegen Annahme von Fremdwährung verkaufen. Als Ausdruck für den Verkaufspreis von Devisen gibt er an, wie viele Einheiten der fremden Währung hinzugeben sind, um einen Euro zu erhalten. Der **Mittelkurs** ist das arithmetische Mittel aus Geld- und Briefkurs.

Relevante Wechselkurse für die Fremdwährungsumrechnung		
Briefkurs	Geldkurs	Mittelkurs
• Kurs, zu dem Kreditinstitute den Euro als Leitwährung gegen Annahme von Fremdwährung verkaufen • Kurs, den Devisenverkäufer erhalten	• Kurs, zu dem Marktteilnehmer den Euro als Leitwährung gegen Hingabe von Fremdwährung ankaufen • Kurs, den Devisenkäufer zu zahlen haben	Arithmetisches Mittel aus Geld- und Briefkurs

Abb. 127: Wechselkurse für die Umrechnung von Fremdwährungsposten

Für die Umrechnung von Fremdwährungsposten sind die am Abschlussstichtag gültigen Kurse (**Stichtagskurse**) heranzuziehen. Abweichend hiervon will die Kommentarliteratur in Einzelfällen Kursveränderungen vor und nach dem Stichtag berücksichtigen, zum einen unter dem Aspekt der Wertaufhellung, zum anderen zur Vermeidung einer Umrechnung mit Zufallskursen.[530] An Börsen oder Märkten gehandelte Wechselkurse berücksichtigen alle Erkenntnisse und Erwartungen der Marktteilnehmer am jeweiligen Stichtag. Spätere Kursveränderung sind daher regelmäßig wertbegründend und für das abgelaufene Geschäftsjahr bedeutungslos.[531] Ein Abweichen vom Stichtagskurs bei der Fremdwährungsumrechnung – sei es unter dem Aspekt der Wertaufhellung oder einer nicht repräsentativen Kursbildung – erfordert den Nachweis außergewöhnlicher Umstände. Sie dürften angesichts des üblicherweise hohen Handelsvolumens in Devisen nur in Ausnahmefällen gegeben sein. Zu denken ist etwa an Kursmanipulationen oder punktuelle Kursausschläge am Umrechnungsstichtag, die nicht zu Gleichgewichtspreisen führen und infolgedessen die durchschnittliche Markteinschätzung nicht angemessen widerspiegeln. Derart verzerrte Umrechnungskurse sind entgegen der überwiegend vertretenen Ansicht[532] unabhängig davon zu

---

[530] Vgl. Langenbucher/Blaum, in: Küting/Weber (Hrsg.): HdR-E, 5. Aufl., Stuttgart 2002 ff., Kap. 6, Rn. 523, 530 ff.
[531] Vgl. Hoffmann/Lüdenbach, NWB Kommentar Bilanzierung, Herne 2009, § 256a HGB, Rz. 15.
[532] Vgl. nur Adler/Düring/Schmaltz, Rechnungslegung und Prüfung der Unternehmen, 6. Aufl., Stuttgart 1995 ff., § 253 HGB, Tz. 511 ff.

korrigieren, ob sie zu einem höheren oder niedrigeren Ansatz der betreffenden Fremdwährungsposition führen würden.

4.3 Zugangsbewertung

Ausweislich der Regierungsbegründung zum BilMoG gilt § 256a HGB nur für die Umrechnung von Fremdwährungsgeschäften zu einem auf die Ersterfassung folgenden Abschlussstichtag. Angesichts der insoweit angeordneten Anwendung des Devisenkassamittelkurses und der Geltung des Anschaffungsprinzips seien „laufende Geschäftsvorfälle auch im Zugangszeitpunkt mit dem Devisenkassakurs umzurechnen" (BT-Drucks. 16/10067, S. 62). Das gilt für

- Vermögensgegenstände,
- Schulden,
- Rechnungsabgrenzungsposten,
- latente Steuern,
- Aufwendungen und Erträge.

Die Regierungsbegründung spricht lediglich von einer Umrechnung zum Devisenkassakurs, nicht vom Devisenkassa**mittel**kurs. Daraus wird verschiedentlich abgeleitet, bei der erstmaligen Umrechnung von Fremdwährungsgeschäften sei – anders als bei der Folgebewertung – zwischen **Geldkurs** und **Briefkurs** zu unterscheiden.[533] Andere Autoren wollen dagegen aus Vereinfachungsgründen und wegen der Bewertungskonsistenz auch im Zugangszeitpunkt eine Umrechnung zum Mittelkurs zulassen.[534]

Man wird differenzieren müssen. Geht es um die erstmalige Erfassung eines Vermögensgegenstands oder einer Schuld aus einem (seiner Art nach) erfolgsneutralen Anschaffungsvorgang und stehen die Anschaffungskosten in Euro fest, stellt sich die Frage nach dem Umrechnungskurs nicht. Der betreffende Posten ist mit den tatsächlich **angefallenen Anschaffungskosten** einzubuchen. Die Ersterfassung des zugegangenen Vermögensgegenstands bzw. der eingegangenen Schuld mit einem Betrag, der mit dem vom (Geld- oder Brief-) Kurs abweichenden Devisenkassamittelkurs umgerechnet wurde, führt zum Ausweis eines Aufwands oder Ertrags. Das verträgt sich nicht mit dem Grundsatz der Erfolgsneutralität von Anschaffungsvorgängen. Die Verwendung des Devisenkassamittelkurses wird man daher insoweit allenfalls unter Praktikabilitätsgesichtspunkten akzeptieren können (z. B. bei hohem Transaktionsvolumen und entsprechendem Ermittlungsaufwand), sofern sie nicht zu wesentlichen Erfolgseffekten führt.

---

[533] Vgl. Kozikowski/Leistner, in: Ellrott u. a. (Hrsg.): Beck'scher Bilanz-Kommentar, 7. Aufl., München 2010, § 256a HGB, Anm. 34.
[534] Vgl. Hoffmann/Lüdenbach, NWB Kommentar Bilanzierung, Herne 2009, § 256a, Rz. 7; Küting/Pfirmann/Mojadadr, StuB 2010, S. 412.

Beispiel

U überweist unter Einschaltung seiner Hausbank 500.000 USD an einen amerikanischen Lieferanten als Vorauszahlung für eine Warenbestellung. Die Bank belastet U mit dem zum Geldkurs von 1,25 USD je EUR umgerechneten Gegenwert von 400.000 EUR.

Die Forderung gegen den Lieferanten ist mit 400.000 EUR einzubuchen. Der Betrag stellt zugleich den Anschaffungspreis der gelieferten Güter dar. Eine Umrechnung der geleisteten Vorauszahlung zum Devisenkassamittelkurs führte zu einer Einbuchung der Forderung mit einem niedrigeren Betrag und damit zum Ausweis eines „störenden" Aufwands. Verändert sich der Wechselkurs bis zum Abschlussstichtag nicht, führt die Folgebewertung allerdings zwangsläufig zu einer entsprechenden Abwertung der Forderung. Dieser Umstand lässt es bei jedenfalls unwesentlichen Effekten vertretbar erscheinen, bereits für Zwecke der Zugangsbewertung den Mittelkurs zu verwenden.

Anders stellt sich die Situation dar, wenn der Zugangswert eines Fremdwährungspostens nicht durch eine vom Bilanzierenden gewährte oder empfangene Gegenleistung bestimmt wird. Das betrifft etwa die gewinnrealisierende Einbuchung von Fremdwährungsforderungen aus Absatzgeschäften oder den Erwerb von in fremder Währung fakturierten Vermögensgegenständen auf Kredit. In diesen Fällen erscheint es zulässig, die in § 256a Satz 1 HGB gewährte **Vereinfachung** sinngemäß auf die Zugangsbewertung anzuwenden.

Beispiel

U hat Waren zum Preis von 120.000 GBP nach Großbritannien geliefert. Zum Zeitpunkt der Forderungseinbuchung ist der Devisenkassamittelkurs der Fremdwährung mit 1,20 GBP je Euro, der Geldkurs mit 1,22 GBP je Euro festgestellt worden.

Die Einbuchung der Forderung zum Devisenkassamittelkurs ergibt einen Zugangswert von 100.000 EUR. Unter Verwendung des Geldkurses betragen die Anschaffungskosten der Forderung 98.361 EUR. Die Vereinfachungslösung führt somit zu einem um 1.639 EUR höheren Ansatz der Forderung und der Umsatzerlöse. Der Einwand, die Umrechnung zum Devisenkassamittelkurs widerspreche dem Vorsichtsprinzip, da U beim Umtausch der Devisen in Euro keine 100.000 EUR erhalte, überzeugt nicht. Geht die Forderung noch im gleichen Geschäftsjahr ein, wird der überhöhte Umsatz bei konstantem Wechselkurs der Fremdwährung durch einen entsprechenden Aufwand kompensiert. Besteht sie am Abschlussstichtag noch, wäre sie auch bei Einbuchung mit dem Geldkurs mit 100.000 EUR zu bewerten, da für die Folgebewertung der Mittelkurs heranzuziehen ist. Der Unterschied zwischen beiden Verfahrensweisen besteht somit nur darin, ob die Differenz zwischen der Umrechnung der Forderung zum Geldkurs und zum Mittelkurs als zusätzlicher Umsatzerlös oder als Ertrag aus der Währungsumrechnung ausgewiesen wird.

Ähnlich stellt sich die Situation bei **Anschaffungen in fremder Währung** dar. Dazu das folgende Beispiel:

Beispiel

 U hat Rohstoffe aus Kanada zum Preis von 390.000 CAD bezogen. Die Kaufpreisverbindlichkeit ist im kommenden Jahr fällig. Bei Auslieferung der Rohstoffe ist der Devisenkassamittelkurs der Fremdwährung mit 1,30 CAD je Euro, der Briefkurs mit 1,27 CAD je Euro festgestellt worden.

Die Einbuchung der Verbindlichkeit zum Devisenkassamittelkurs ergibt einen Zugangswert von 300.000 EUR. Bei Umrechnung zum Briefkurs errechnet sich eine Verbindlichkeit von 307.087 EUR. Die Vereinfachungslösung führt im Beispiel mithin zu einem um 7.087 EUR niedrigeren Ansatz der Verbindlichkeit und der Rohstoffe. Wird die Verbindlichkeit noch im gleichen Jahr beglichen, weist U bei unverändertem Wechselkurs einen Aufwand in dieser Höhe aus. Dieser Aufwand korrespondiert mit einem höheren Materialeinsatz im Fall der Umrechnung des Beschaffungsgeschäfts zum Briefkurs. Hat U die Verbindlichkeit am Abschlussstichtag noch nicht erfüllt, ist die zunächst zum Briefkurs umgerechnete Schuld um 7.087 EUR auf 300.000 EUR aufzulösen. Dieser Ertrag aus der Folgebewertung zum Mittelkurs findet bei Wahl der Vereinfachungslösung seine Entsprechung in einem niedrigeren Materialaufwand aus der Verarbeitung der Rohstoffe. Die beiden Verfahrensweisen unterscheiden sich somit nur in der Periodisierung des Differenzbetrags zwischen der Umrechnung der Verbindlichkeit zum Briefkurs und zum Mittelkurs sowie in der Art des Ausweises in der Gewinn- und Verlustrechnung. Die Vereinfachungslösung führt dabei tendenziell zu einem leicht ungünstigeren Ergebnis.

Liegen die Anschaffungskosten eines erstmalig zu erfassenden Fremdwährungspostens in Euro nicht fest, besteht ein **Wahlrecht**, den Zugangswert des Postens durch Umrechnung mit dem der relevanten Marktseite entsprechenden Kurs oder vereinfachend unter Verwendung des Devisenkassamittelkurses zu ermitteln. Ob der Geldkurs oder der Briefkurs heranzuziehen ist, bestimmt sich danach, ob der Bilanzierende Devisen beschaffen musste bzw. zur Abwicklung der Transaktion künftig beschaffen muss (dann Geldkurs) oder ob der Sachverhalt einen Umtausch von Devisen in Euro erfordert (dann Briefkurs). Abb. 128 zeigt für in der Praxis häufig auftretende Geschäftsvorfälle, mit welchem Kurs die Umrechnung zu erfolgen hat.

Abschnitt 8: Sonderfragen – Umrechnung von Fremdwährungsgeschäften

Relevante Kurse für die Umrechnung im Zugangszeitpunkt	
Briefkurs	**Geldkurs**
• Relevant für Fremdwährungssachverhalte, die einen Umtausch von Fremdwährungsbeträgen in den Euro erfordern • Beispiele: » Fremdwährungsforderungen aus Austauschgeschäften » Ansprüche aus schwebenden Absatzgeschäften in fremder Währung » Erhaltene Anzahlungen	• Fremdwährungsposten, für die AK vorliegen, oder zu deren Begleichung Euro in Fremdwährung getauscht werden muss • Beispiele: » Beschaffte Sorten (AK) » Beschaffte Devisen, die als Guthaben gehalten werden oder zur Gewährung eines Kredits in fremder Währung an Dritte verwendet wurden (AK) » In fremder Währung erworbene VG (AK) » Fremdwährungsverbindlichkeiten » Geleistete Anzahlungen » Rückstellungen für ungewisse Verbindlichkeiten in fremder Währung » Verpflichtungen aus schwebenden Beschaffungsgeschäften

Abb. 128: Umrechnung von Fremdwährungsposten im Zugangszeitpunkt

Aufwendungen und Erträge sind mit dem Kurs im Zeitpunkt ihres Anfalls umzurechnen. Fallen sie gleichmäßig während eines abgegrenzten Zeitraums an, ist der Durchschnittskurs heranzuziehen. Auch bei der Umrechnung von Erfolgsbeiträgen wird man ein Wahlrecht zwischen Mittelkurs und Geld- bzw. Briefkurs annehmen dürfen. Führen die Aufwendungen und Erträge erst in einem späteren Geschäftsjahr zu Zahlungen, sind zum Abschlussstichtag Schulden oder Forderungen zu bilanzieren. Da ihre Umrechnung zum Stichtagskurs erfolgt, ergeben sich regelmäßig Umrechnungsdifferenzen, die in der Gewinn- und Verlustrechnung als Erfolge aus der Währungsumrechnung gesondert unter den sonstigen betrieblichen Aufwendungen oder Erträgen auszuweisen sind (vgl. hierzu Gliederungspunkt 4.5). Unter Wesentlichkeitsgesichtspunkten mag es vertretbar sein, zur Vereinfachung der Währungsumrechnung auch den in fremder Währung zu erfassenden Erfolg zum Stichtagskurs umzurechnen. Das sei an folgendem Beispiel verdeutlicht.

Beispiel

Sachverhalt:

Am 31.3.X1 hat die B AG mit Sitz in Deutschland ihrem Tochterunternehmen in der Schweiz ein endfälliges Darlehen in Höhe von 500 TSFR mit einer Laufzeit von vier Jahren gewährt. Den Fremdwährungsbetrag hat die Hausbank der B AG zur Verfügung gestellt. Das Darlehen ist mit 5 % p. a. zu verzinsen. Die Zinszahlung erfolgt jährlich zum 31.3. Der Kurs des Schweizer Franken hat sich zum Euro wie folgt entwickelt:

Kapitel 2: Einzelgesellschaftliche Rechnungslegung

Datum	Kassakurs SFR je EUR		
	Briefkurs	Geldkurs	Mittelkurs
31.3.X1	1,52	1,48	1,50
31.12.X1	1,62	1,58	1,60

Ermittlung des Zugangswerts der Darlehensforderung zum 31.3.X1:

Da die B AG den an ihr Tochterunternehmen ausgereichten Fremdwährungsbetrag von ihrer Hausbank beschafft hat, ist die Forderung mit den tatsächlich aufgewendeten Anschaffungskosten einzubuchen. Sie ergeben sich durch Umrechnung der beschafften Devisen zum Geldkurs von 1,48. Das ergibt einen Euro-Gegenwert von 337.838 EUR (500 TSFR / 1,48 SFR/EUR).

Ermittlung der zum 31.12.X1 aufgelaufenen Zinsen in Euro:

Zum 31.12.X1 sind Zinsen in Fremdwährung von 18.750 SFR (= 5 % von 500.000 SFR für neun Monate) zu erfassen. Die Zinsforderung ist zum Durchschnittskurs der Periode umzurechnen. Da aus Sicht der B AG die zufließenden Zinsen in Euro umzutauschen sind, liegt eine Umrechnung zum Briefkurs nahe. Nach den weiter oben angestellten Erwägungen bestehen in diesem Fall keine Bedenken, die für die Folgebewertung geltende Vereinfachungsregelung sinngemäß anzuwenden und die aufgelaufenen Zinsen zum Mittelkurs umzurechnen. Macht die B AG von dieser Möglichkeit Gebrauch, ermittelt sich ein Zugangswert der Zinsforderung von 12.097 EUR (= 18.750 SFR / 1,55 SFR/EUR).

Insgesamt beläuft sich die Fremdwährungsforderung (Darlehen plus Zinsen) zum 31.12.X1 auf 518.750 SFR. Ihr Zugangswert in Euro beträgt 349.935 EUR (= 337.838 EUR + 12.097 EUR).

FW-Posten	Zugangsbewertung 31.12.X1		
	SFR	Kurs	EUR
Kapitalforderung	500.000	1,480	337.838
Zinsforderung	18.750	1,550	12.097
Gesamtforderung	518.750	-	349.935

Die Bewertung der Forderung entspricht jener, die sich ergeben hätte, wenn das Fremdwährungsgeschäft von Anfang an in allen relevanten Aspekten in der Währung der B AG (Euro) erfasst worden wäre.

Wird die Zinsforderung zum 31.12.X1 mit dem Devisenkassamittelkurs von 1,60 SFR / EUR umgerechnet (vgl. zur Folgebewertung Gliederungspunkt 4.4), reduziert sich ihr Gegenwert auf 11.719 EUR. Der Verlust von 378 EUR ist nach § 277 Abs. 5 Satz 2 HGB gesondert unter den sonstigen betrieblichen Aufwendungen auszuweisen (vgl. Gliederungspunkt 4.5). Wirkt sich die Wahl des Durchschnitts- bzw. Stichtagskurses für die Umrechnung des Zinsertrags nur unwesentlich auf die Darstellung der Ertragslage aus, spricht nichts dagegen, die in X1 aufgelaufenen Zinsen wie die in der Bilanz auszuweisende Forderung zum Stichtagskurs umzurechnen.

Zum 31.12.X1 ist nicht nur die Zinsforderung, sondern auch die Kapitalforderung einer Folgebewertung zu unterziehen, um eine etwaige Abschreibung oder den Ausweis eines Umrechnungsgewinns zu prüfen (vgl. hierzu die Fortsetzung des Beispiels unter Gliederungspunkt 4.3).

Nicht alle aus Fremdwährungsgeschäften resultierende Erfolgsbeiträge sind mit dem Kurs im Zeitpunkt ihrer Erfassung umzurechnen. Bei Aufwendungen und Erträgen aus der Auflösung von **Rechnungsabgrenzungsposten** etwa ist – worauf die Bundesregierung hingewiesen hat (vgl. BT-Drucks. 10067, S. 62) – bereits mit Abgrenzung der betreffenden Einnahmen bzw. Ausgaben eine Umrechnung vorzunehmen. Spätere Währungsschwankungen wirken sich nicht mehr erfolgswirksam aus. Ein ähnliches Bild zeigt sich bei Abschreibungen auf Anlagegüter, deren Anschaffungskosten Fremdwährungsbestandteile enthalten. Sie sind mit dem tatsächlich aufgewendeten Euro-Betrag bzw. mit dem in Euro umgerechneten Verpflichtungsbetrag bei Zugang des Vermögensgegenstands einzubuchen. In der Folgezeit stellt sich die Frage der Fremdwährungsumrechnung nicht mehr. Das gilt auch für die zu erfassenden Abschreibungen auf das Anlagegut.

Latente Steuern unterliegen nur ausnahmsweise der Fremdwährungsumrechnung nach § 256a HGB. In Betracht kommt dieser Fall bei Unternehmen, die eine rechtlich unselbstständige Zweigniederlassung oder Betriebsstätte im Ausland unterhalten, die dort der Besteuerung unterliegt. Führt diese Einheit ihre Bücher in fremder Währung, können aus Abweichungen von den Steuerwerten oder ungenutzten steuerlichen Verlustvorträgen latente Steuern in Fremdwährung resultieren.

4.4 Folgebewertung

§ 256a HGB regelt nur die Umrechnung von auf fremde Währung lautenden Vermögensgegenständen und Verbindlichkeiten in der Zeit nach ihrer erstmaligen Erfassung. Die Vorschrift unterscheidet **zwei Fälle**. Beträgt die Restlaufzeit der Fremdwährungsposten mehr als ein Jahr, steht ihre Umrechnung unter dem Vorbehalt der allgemeinen Bewertungsgrundsätze, namentlich des Anschaffungswertprinzips (vgl. § 253 Abs. 1 Satz 1 HGB) und des Realisationsprinzips (vgl. § 252 Abs. 1 Nr. 4 2. Halbs. HGB). Andernfalls hat die Umrechnung ohne Rücksicht auf den Ausweis unrealisierter Gewinne zum Devisenkassamittelkurs zu erfolgen (vgl. Abb. 129).

Kapitel 2: Einzelgesellschaftliche Rechnungslegung

Fremdwährungsumrechnung für Zwecke der Folgebewertung		
Keine (erneute) Umrechnung im Regelfall	Umrechnung zum Devisenkassamittelkurs am Stichtag ...	
	... ohne Bewertungsvorbehalt	... mit Bewertungsvorbehalt
• Rechnungsabgrenzungsposten, geleistete und erhaltene Anzahlungen (Regelfall) • Nicht-monetäre Posten (Regelfall)	• VG und Verbindlichkeiten mit einer Restlaufzeit von bis zu einem Jahr • Finanzinstrumente des Handelsbestands gem. § 340e Abs. 3 Satz 1 HGB • Rückstellungen • Latente Steuern • Sorten (implizit)	• Alle übrigen Positionen aus Fremdwährungsgeschäften • Beispiele: » (Monetäre) VG und Verbindlichkeiten mit einer Restlaufzeit von mehr einem Jahr » In Fremdwährung nominierende nicht-monetäre Posten (außer Finanzinstrumente des Handelsbestands gem. § 340e Abs. 3 Satz 1 HGB)

Abb. 129: Umrechnung von Fremdwährungsgeschäften in der Folgebewertung

Beispiel

Sachverhalt:

Es gelten die Daten des obigen Beispiels (vgl. Gliederungspunkt 4.3 am Ende).

Folgebewertung des Fremdwährungsdarlehens zum 31.12.X1 in Euro:

Für Zwecke der Stichtagsbewertung ist der Fremdwährungsbetrag von 518.750 SFR (ausgereichter Darlehensbetrag von 500.000 SFR zuzüglich aufgelaufener Zinsen von 18.750 SFR) zum Devisenkassamittelkurs umzurechnen. Das ergibt einen Euro-Betrag von 324.219 EUR (= 518.750 SFR / 1,60 SFR/EUR). Die Darlehensforderung ist damit in Höhe von 25.716 EUR (= 349.935 EUR – 324.219 EUR) wertgemindert.

FW-Posten	Zugangswert in EUR	Folgebewertung 31.12.X1 - Variante 1			
		FW-Betrag	Kurs	Euro-Betrag	Wertänderung
Kapitalforderung	337.838	500.000	1,600	312.500	-25.338
Zinsforderung	12.097	18.750	1,600	11.719	-378
Gesamtforderung	349.935	518.750	1,600	324.219	-25.716

Hinsichtlich der Behandlung der Wertminderung ist wie folgt zu differenzieren:

- Hat sich der Kurs des Schweizer Franken bis zur Aufstellung des Abschlusses nicht erholt, ist von einer voraussichtlich dauernden Wertminderung auszugehen. Es besteht handelsrechtlich eine Abschreibungspflicht (vgl. § 253 Abs. 3 Satz 3 HGB), in der Steuerbilanz ein Wahlrecht zur Teilwertabschreibung.

- In dem Maß, wie sich der Kurs des Schweizer Franken im Aufstellungszeitraum erholt, ist die Stichtagswertminderung der Fremdwährungsforderung nicht von dauernder Natur. Handelsrechtlich besteht insoweit nach

§ 253 Abs. 3 Satz 4 HGB ein Abwertungswahlrecht auf den niedrigeren Stichtagswert der Forderung. Steuerrechtlich kommt allenfalls eine Abwertung auf den sich am Ende des Aufstellungszeitraums ergebenden, unter dem Zugangswert liegenden Gegenwert in Betracht. Bei einer Restlaufzeit von rund zehn Jahren hat der BFH allerdings eine dauernde Wertminderung verneint und dementsprechend den Ansatz einer Fremdwährungsverbindlichkeit mit ihrem höheren Teilwert abgelehnt.[535]

Sachverhalt – Variante:

Abweichend vom Ausgangsfall sei angenommen, der Schweizer Franken habe bis zum 31.12.X1 auf 1,40 SFR je EUR aufgewertet.

Folgebewertung des Fremdwährungsdarlehens zum 31.12.X1 in Euro:

Zum 31.12.X1 ermittelt sich ein Zugangswert der Fremdwährungsforderung inkl. aufgelaufener Zinsen von 350.769 EUR (= 337.838 EUR + 18.750 SFR / 1,45 SFR/EUR). Die Umrechnung des Forderungsbetrags in Fremdwährung zum Devisenkassamittelkurs am Stichtag ergibt einen Euro-Betrag von 370.536 EUR (= 518.750 SFR / 1,40 SFR/EUR). Es ermittelt sich eine unrealisierte Wertsteigerung von 19.767 EUR (= 370.536 EUR – 350.769 EUR). Da die Restlaufzeit der Kapitalforderung mehr als ein Jahr beträgt, darf der auf sie entfallende unrealisierte Währungsgewinn von 19.305 EUR (= 500.000 SFR / 1,40 SFR/EUR – 500.000 / 1,48 SFR/EUR) nicht erfasst werden. Anders stellt sich die Situation im Hinblick auf die Zinsforderung dar. Sind die Zinsen jährlich fällig, beträgt ihre Restlaufzeit weniger als ein Jahr. Nach dem Wortlaut des § 256a Satz 2 HGB ist damit der auf sie entfallende unrealisierte Währungsgewinn von 462 EUR (= 18.750 SFR / 1,40 SFR/EUR – 18.750 SFR / 1,45 SFR/EUR) zu erfassen. Insgesamt ist damit die Forderung zum 31.12.X1 mit 351.231 EUR (= 350.769 EUR + 463 EUR) zu bewerten.

FW-Posten	Zugangswert in EUR	Folgebewertung 31.12.X1 - Variante 2			
		FW-Betrag	Kurs	Euro-Betrag	Wertänderung
Kapitalforderung	337.838	500.000	1,400	357.143	19.305
Zinsforderung	12.931	18.750	1,400	13.393	462
Gesamtforderung	350.769	518.750	1,400	370.536	19.767

Der RegE BilMoG begründet die aus dem seinerzeitigen Wortlaut nur implizit abzuleitende **Vernachlässigung des Anschaffungswert- und Realisationsprinzips** bei kurzfristigen Vermögensgegenständen und Verbindlichkeiten mit Praktikabilitätserwägungen. An eine substanzielle Einschränkung dieser Grundsätze bei der Fremdwährungsumrechnung war offenbar nicht gedacht. Nach der von der Bundesregierung vorgeschlagenen Fassung des § 256a HGB hätte daher ein Ausweis unrealisierter

---

[535] Vgl. BFH-Urt. v. 23.4.2009, IV R 62/06, BStBl. 2009 II, S. 778.

Gewinne aus der Umrechnung kurzfristiger Fremdwährungsposten wohl nur innerhalb der Grenzen des Wesentlichkeitsgrundsatzes toleriert werden können. Zudem bestand keine zwingende Notwendigkeit, vom Anschaffungswert- und Realisationsprinzip abzuweichen.

Fraglich ist, ob auch die Gesetz gewordene Vorschrift diese Auslegung trägt. Der Wortlaut, „bei einer Restlaufzeit von einem Jahr oder weniger sind § 253 Abs. 1 Satz 1 und § 252 Abs. 1 Nr. 4 Halbsatz 2 nicht anzuwenden", spricht auf den ersten Blick dagegen. Es scheint, als habe der Gesetzgeber eine unbedingte Umrechnung zum Stichtagskurs anordnen wollen. Damit würde allerdings der angestrebte Vereinfachungseffekt konterkariert. Das zeigt bereits das vorstehende Beispiel, in dem Kapital- und Zinsforderung mit unterschiedlichen Kursen zum Abschlussstichtag umzurechnen sind. Bei Tilgungsdarlehen macht die Unterscheidung zwischen dem kurzfristigen Teil der Forderung bzw. der Verbindlichkeit und dem nach mehr als einem Jahr fälligen Teil die Fremdwährungsumrechnung noch diffiziler.

Beispiel

Sachverhalt:

U hat am 30.6.X1 ein Darlehen in Höhe von 10.000.000 USD aufgenommen, das mit 5 % p. a. zu verzinsen ist. Das Darlehen hat eine Laufzeit von zehn Jahren und ist jährlich mit 1.000.000 USD zu tilgen. Bei Aufnahme des Darlehens beträgt der Wechselkurs 1,50 USD je EUR. Zum 31.12.X1 notiert der Dollar schwächer mit 1,60 USD je EUR.

Beurteilung:

Zum 31.12.X1 führt die Fremdwährungsumrechnung zu folgenden Ergebnissen:

FW-Posten	Nominal in USD	Zugangswerte per 30.6.X1		Folgebewertung zum 31.12.X1	
		Kurs	Betrag in EUR	Stichtagskurs	Wertänderung
Verbindlichkeit, RLZ > 1 Jahr	9.000.000	1,50	6.000.000	1,60	-375.000
Verbindlichkeit, RLZ ≤ 1 Jahr	1.000.000	1,50	666.667	1,60	-41.667
Zinsverbindlichkeit, RLZ ≤ 1 Jahr	250.000	1,55	161.290	1,60	-5.040
Summe	10.250.000	-	6.827.957	-	-421.707

Der Zugangswert des Darlehens einschließlich der aufgelaufenen Zinsen für sechs Monate beläuft sich auf 6.827.957 EUR. Die Bewertung zum niedrigeren Stichtagskurs ergibt unrealisierte Währungsgewinne in Höhe von insgesamt 421.707 EUR. Davon sind bei wörtlicher Auslegung des § 256a HGB jene Teile sofort erfolgswirksam zu erfassen, die auf die im Folgejahr fällige Tilgungsrate (41.667 EUR) und auf die Zinsforderung (5.040 EUR) entfallen. Der Rückgang des beizulegenden Werts des Darlehensbetrags, der eine Restlaufzeit von mehr als einem Jahr aufweist (9.000.000 USD), bleibt nach dem Anschaffungswert- und Realisationsprinzip hingegen unberücksichtigt.

Das macht es erforderlich, die zu unterschiedlichen Kursen umgerechneten Kredit- und Zinsverbindlichkeiten aus der Darlehensaufnahme gesondert fortzuführen, um etwaige Währungserfolge aus der Begleichung dieser Schulden zutreffend zu erfassen. Das mag im Beispiel noch einfach zu handhaben sein. Die Berechnung wird indes komplexer, wenn U monatliche Zahlungen zu leisten hat und eine annuitätische Tilgung des Darlehens vereinbart ist. Hier verkehrt sich die als Vereinfachungslösung gedachte Umrechnungsvorschrift des § 256a Satz 2 HGB in ihr Gegenteil. Weitaus einfacher wäre es, den gesamten Darlehensbetrag unter Beachtung des Anschaffungswert- und Realisationsprinzips umzurechnen. Bei dieser Verfahrensweise wird zumindest der Kapitalbetrag stets mit einem einheitlichen Wechselkurs umgerechnet. Da die Zinsabgrenzung ohnehin gesondert gebucht wird, sollten sich aus ihrer Umrechnung mit einem abweichenden Kurs keine Schwierigkeiten ergeben.

Wie sich aus der Begründung des Rechtsausschusses ergibt, war mit dem im Vergleich zum RegE BilMoG angefügten Satz 2 des § 256a HGB keine geänderte Rechtsfolge beabsichtigt. Er sollte vielmehr auf Wunsch der beteiligten Kreise die Vereinfachungslösung für kurzfristige Vermögensgegenstände und Verbindlichkeiten absichern (vgl. BT-Drucks. 16/12407, S. 86). Aufgrund dieser Zwecksetzung erscheint es nicht angemessen, aus dem bloßen Wortlaut der Vorschrift auf eine generelle Verpflichtung zur Umrechnung ohne Beschränkung auf die Anschaffungskosten als Obergrenze zu schließen, soweit dies die Währungsumrechnung erschwert.[536] Näher liegt es, die Anweisung des § 256a Satz 2 HGB in diesen Fällen teleologisch auf den beabsichtigten Regelungsgehalt zu reduzieren. Folgt man dieser Auslegung, stellt sich die Frage, ob kurzfristige Fremdwährungspositionen auch dann unter Beachtung des Anschaffungswert- und Realisationsprinzips umgerechnet werden dürfen, wenn die in § 256a Satz 2 HGB vorgesehene Verfahrensweise keine Erschwernis darstellt. U. E. ist dies zu bejahen. Nach der Regierungsbegründung zum BilMoG kommt der Bezugnahme auf das Anschaffungswert- und Realisationsprinzip bei der Währungsumrechnung eine „besondere Bedeutung" (BT-Drucks. 16/10067, S. 62) zu. Nur aus Praktikabilitätserwägungen sollte davon bei kurzfristigen Vermögensgegenständen und Verbindlichkeiten abgesehen werden. Dieser Regelungszweck trägt ein Gebot zur Durchbrechung des Anschaffungswert- und Realisationsprinzips nicht. Das gilt umso mehr, als die Bundesregierung von der Vereinfachungsregelung des § 256a Satz 2 HGB offenbar keinen wesentlichen Effekt erwartet hat. Ansonsten hätte sie – analog zur Zeitwertbewertung verrechnungspflichtiger Vermögensgegenstände nach § 253 Abs. 1 Satz 4 HGB – eine Ausschüttungssperre für die erfassten unrealisierten Gewinne vorgesehen.

---

[536] Mit ähnlichem Ergebnis Lüdenbach/Hoffmann, die für ein Bilanzierungsobjekt nur eine einheitliche Restlaufzeit annehmen wollen; vgl. Lüdenbach/Hoffmann: NWB Kommentar Bilanzierung, Herne 2009, § 256a, Rz. 14; a. A. Gelhausen/Fey/Kämpfer: Rechnungslegung und Prüfung nach dem Bilanzrechtsmodernisierungsgesetz, Düsseldorf 2009, Abschnitt J, Rz. 78.

Den beiden Varianten der Fremdwährungsumrechnung gemäß § 256a HGB – Umrechnung mit und ohne Bewertungsvorbehalt – lassen sich weitere Sachverhalte unterordnen (vgl. Abb. 129). Ebenfalls ohne Beachtung der Vorgaben der § 253 Abs. 1 Satz 1, § 252 Abs. 1 Nr. 4 2. Halbs. HGB zum Devisenkassamittelkurs umzurechnen sind **Finanzinstrumente des Handelsbestands** bei Kreditinstituten und Finanzdienstleistungsinstituten (vgl. hierzu Abschnitt 6). Als Grund für die Befreiung dieser Finanzinstrumente von den Bewertungsrestriktionen des Anschaffungswert- und Realisationsprinzips führt die Regierungsbegründung die Neubewertung dieser Vermögensgegenstände zu jedem Abschlussstichtag an. Offen bleibt, ob es bei der reinen Stichtagsumrechnung auch dann bleibt, wenn nach Wegfall des aktiven Markts für diese Finanzinstrumente auf die Anschaffungskostenbewertung überzugehen ist. Das dürfte zu verneinen sein. § 256a HGB in der Fassung des RegE BilMoG sah keinen generellen Vorrang der Bewertungsvorschriften für zu Handelszwecken erworbene Finanzinstrumente vor der Umrechnungsvorschrift vor. Diese sollte lediglich in Fällen des § 253 Abs. 1 Satz 3 HGB, also der Marktbewertung dieser Finanzinstrumente, nicht zum Tragen kommen. Die endgültige Gesetzesfassung verzichtet „im Interesse einer besseren Lesbarkeit" (BT-Drucks. 16/10067, S. 112) auf diese Bezugnahme. Bei nicht zum beizulegenden Zeitwert bewerteten Finanzinstrumenten ist damit – soweit sie eine Restlaufzeit von mehr als einem Jahr aufweisen – von einer Begrenzung der Fremdwährungsumrechnung durch das Anschaffungswert- und Realisationsprinzip auszugehen.

Auch **Rückstellungen** und **latente Steuern** sollen nach den gesetzlichen Bewertungsanweisungen zu jedem Abschlussstichtag ohne Rücksicht auf ihren Zugangswert neu zu bewerten sein (vgl. BT-Drucks. 16/10067, S. 62). Dementsprechend sieht die Regierungsbegründung für sie ebenfalls eine unbedingte Umrechnung zum Devisenkassakurs am Abschlussstichtag vor.

Beispiel

Sachverhalt:

Die B AG hat am 15.11.X1 eine Rückstellung für eine Schadenersatzverpflichtung in Höhe von 1,5 Mio. USD gebildet. Auf Basis des Devisenkassamittelkurses am Einbuchungstag (1,50 USD je EUR) beläuft sich die Rückstellung auf 1 Mio. EUR.

Zum 31.12.X1 beträgt der Devisenkassamittelkurs 1,60 USD je EUR. Die B AG rechnet mit einer Dauer des Verfahrens von mindestens 16 Monaten.

Beurteilung:

Rückstellungen sind aufzulösen, wenn der Grund hierfür entfallen ist (vgl. § 249 Abs. 2 Satz 2 HGB). Ob nach dieser Regelung ungewisse Währungsschulden im Hinblick auf unrealisierte Währungsgewinne anders zu behandeln sind als dem Grunde und der Höhe nach feststehende Schulden, war bislang umstritten (vgl. auch Abschnitt 3 Gliederungspunkt 2.2.3). Nach der Regierungsbegründung zu § 256a HGB soll das Höchstwertprinzip für Rückstellungen nicht gelten (vgl. BT-Drucks. 16/10067, S. 62). Unabhängig von der Fristigkeit der ungewissen Verbindlichkeit hat daher die B AG die Rückstellung zum 31.12.X1 auf 937.500 EUR (= 1,5 Mio. USD / 1,60 USD/EUR) zu reduzieren.

Das Anschaffungswert- und Realisationsprinzip dürfte schließlich auch bei **Sortenbeständen** zu vernachlässigen sein. Aufgrund ihrer regelmäßig untergeordneten Bedeutung für die Darstellung der Vermögens-, Finanz- und Ertragslage führt ihre Umrechnung zum Devisenkassamittelkurs am Abschlussstichtag allenfalls zum Ausweis unwesentlicher unrealisierter Währungsgewinne (vgl. auch BT-Drucks. 16/10067, S. 62).

Nicht alle Transaktionen, die ursprünglich in einer fremden Währung getätigt wurden, unterliegen in der Folgebewertung einer erneuten Umrechnung. Nur einmalig umzurechnen sind nach der Regierungsbegründung zu § 256a HGB in Fremdwährung geleistete Zahlungen im Rahmen von Dauerschuldverhältnissen, die als aktive oder passive **Rechnungsabgrenzungsposten** zu bilanzieren sind (vgl. auch BT-Drucks. 16/10067, S. 62). Diese Auffassung geht von einer störungsfreien Abwicklung des Geschäfts aus. Unter diesen Vorzeichen haben Wechselkursschwankungen keine Auswirkungen auf die Höhe des Vermögens. Ist dagegen eine vorzeitige Beendigung oder Rückabwicklung des Geschäfts mit Rückgewähr der gezahlten Beträge wahrscheinlich, sind die Rechnungsabgrenzungsposten wie Forderungen und Verbindlichkeiten einer Folgebewertung nach den allgemeinen Grundsätzen zu unterwerfen.

In gleicher Weise ist mit in fremder Währung geleisteten oder erhaltenen **Anzahlungen** zu verfahren. Obwohl diese formal Ausdruck von Forderungen und Verbindlichkeiten sind, erübrigt sich eine Folgebewertung für sie im Regelfall, da sie nicht durch (Rück-)Zahlung, sondern durch Erbringung der Gegenleistung beglichen werden.[537] Tritt eine Leistungsstörung ein, die eine Rückgewähr der Anzahlungen erwarten lässt, gilt das zu Rechnungsabgrenzungsposten Gesagte sinngemäß.

Ebenfalls keiner Folgebewertung unterliegen im Regelfall **nicht-monetäre Posten**. Dazu gehören Sachanlagen, immaterielle Vermögensgegenstände und Vorräte. Etwas anderes gilt für Wertpapiere, die (nur) an ausländischen Börsen gehandelt werden. Ferner kann bei materiellen Vermögensgegenständen (z. B. Vorräten) für Zwecke der Niederstbewertung eine Fremdwährungsumrechnung erforderlich werden. Das ist etwa der Fall, wenn der Beschaffungspreis am Abschlussstichtag aus einem ausländischen Markt abzuleiten ist. Der Vergleichswert zu den Anschaffungskosten nach § 253 Abs. 4 HGB ergibt sich dann durch Umrechnung des Wiederbeschaffungspreises mit dem aktuellen Stichtagskurs (Geldkurs), ggf. unter Berücksichtigung von Anschaffungsnebenkosten.

---

[537] Das entspricht ihrer Deutung als nicht-monetäre Posten entsprechend der Sichtweise nach IFRS; vgl. Lüdenbach, in: Lüdenbach/Hoffmann (Hrsg.): Haufe IFRS-Kommentar, 7. Aufl., Freiburg 2009, § 27, Rz. 13.

Für **Banken und Finanzdienstleistungsinstitute** sieht § 340h HGB eine weitergehende Zurückdrängung des Realisationsprinzips vor. Sie haben Erträge aus der Umrechnung von Vermögensgegenständen, Schulden oder Termingeschäften auch dann in der Gewinn- und Verlustrechnung zu berücksichtigen, wenn diese durch Vermögensgegenstände, Schulden oder andere Termingeschäfte in derselben Währung besonders gedeckt sind. Die Regelung zielt auf solche Fälle, in denen Erträge aus Fremdwährungsgeschäften mit Aufwendungen aus anderen Fremdwährungsgeschäften korrespondieren und damit ein Abrücken vom Einzelbewertungsgrundsatz vertretbar erscheint. Nicht erfasst von § 340h HGB sind Sicherungsbeziehungen und Finanzinstrumente des Handelsbestands. Die für sie geltenden **Spezialregelungen** der §§ 254, 340e HGB gehen § 340h HGB vor.

4.5 Ausweis von Umrechnungserfolgen in der Bilanz und in der Gewinn- und Verlustrechnung

Auswirkungen der Fremdwährungsumrechnung bei Vermögensgegenständen oder Schulden sind in der **Bilanz** unmittelbar durch Anpassung des jeweiligen Buchwerts zu berücksichtigen. Für Kursverluste bei Verbindlichkeiten nimmt die Kommentarliteratur bisweilen ein Wahlrecht an, diese im Buchwert der Schuld oder durch gesonderten Ansatz einer Rückstellung zu berücksichtigen.[538] Es erscheint zweifelhaft, ob diese Form der indirekten Wertberichtigung von Schulden mit der Bilanzrichtlinie und dem HGB im Einklang steht. Art. 20 Abs. 3 der Vierten EG-Richtlinie schließt die Bildung von Rückstellungen als Wertberichtigungen zu Aktivposten aus. Es ist nicht erkennbar, warum für Passivposten etwas anderes gelten sollte.

In der **Gewinn- und Verlustrechnung** sind Erfolge aus der Fremdwährungsumrechnung nach § 277 Abs. 5 Satz 2 HGB gesondert unter dem Posten ‚sonstige betriebliche Erträge' bzw. ‚sonstige betriebliche Aufwendungen' auszuweisen.[539] Dem kann durch einen Davon-Vermerk oder durch einen Vorspaltenausweis entsprochen werden. Zudem wird es für zulässig erachtet, die betreffenden Posten der Gewinn- und Verlustrechnung im Anhang entsprechend aufzugliedern.[540] Die Ausweisvorschrift gilt nicht für währungsbedingte Abschreibungen nicht-monetärer Vermögensgegenstände. Sind Vorratsgüter aufgrund währungsbedingt gesunkener Wiederbeschaffungskosten auf einen niedrigeren beizulegenden Wert abzuschreiben, ist der entsprechende Aufwand bei Anwendung des **Gesamtkostenverfahrens** unter den Bestandsänderungen (Posten Nr. 2), im Materialaufwand (Posten Nr. 5) oder – soweit die Abwertung die bei der Kapitalgesellschaft üblichen Abschreibungen übersteigt – im Gliederungsposten 7b des gesetzlichen Gliederungsschemas auszuweisen. Für das **Umsatzkostenverfahren** gelten diese Feststellungen sinngemäß. Entsprechend seiner funktionsorientierten Gliederung erfasst es fertigungsbezogene Abschreibungen in-

---
[538] Vgl. Langenbucher/Blaum, in: Küting/Weber (Hrsg.): HdR-E, 5. Aufl., Stuttgart 2002 ff., Kap. 6, Rn. 559.
[539] Für einen Wesentlichkeitsvorbehalt Lüdenbach/Hoffmann, StuB 2009, S. 291.
[540] Vgl. Förschle/Büssow, in: Ellrott u. a. (Hrsg.): Beck'scher Bilanz-Kommentar, 7. Aufl., München 2010, § 277 HGB, Anm. 26.

folge geänderter Wechselkurse in den Herstellungskosten des Umsatzes (Posten Nr. 2). Für Zuschreibungen ist ein Ausweis unter den sonstigen betrieblichen Erträgen (Posten Nr. 6) vorzusehen.

Der Ausweis von Aufwendungen und Erträgen aus der Fremdwährungsumrechnung unter den Posten ‚außerordentliche Aufwendungen' bzw. ‚außerordentliche Erträge' dürfte nicht in Betracht kommen. Dazu müssten die Erfolge außerhalb der gewöhnlichen Geschäftätigkeit anfallen. Das erscheint selbst bei spekulativen Geschäften schwer begründbar, da das Unternehmen diese bewusst eingeht, was den Geschäften den Charakter gewöhnlicher Geschäftätigkeit verleiht. Davon scheint auch der Gesetzgeber auszugehen, da § 277 Abs. 5 Satz 2 HGB lediglich einen gesonderten Ausweis unter den sonstigen betrieblichen Erträgen bzw. Aufwendungen vorsieht.

4.6 Fallbeispiel

Beispiel

Sachverhalt:

Die B AG hat am 1.11.X1 von einem Lieferanten in den USA Waren erhalten. Als Zahlungsbedingungen wurden vereinbart:

- **Variante 1:** Kaufpreis 260.000 USD, zahlbar Anfang Januar X2
- **Variante 2:** Kaufpreis 280.000 USD, zahlbar Anfang Januar X3; ohne Zahlungsziel hätte der Kaufpreis 260.000 USD betragen.

Der Kurs des US-Dollar hat sich zum Euro wie folgt entwickelt:

Datum	Kassakurs USD je EUR		
	Briefkurs	Geldkurs	Mittelkurs
1.11.X1	1,29	1,27	1,28
31.12.X1	1,35	1,33	1,34
31.12.X2	1,43	1,41	1,42

Zu bewerten ist die Verbindlichkeit im Jahresabschluss der B AG zum 31.12.X1 und (für Variante 2 zusätzlich) zum 31.12.X2.

Beurteilung:

Variante 1:

Zur Erfüllung der Verbindlichkeit muss die B AG US-Dollar gegen Euro beschaffen. Das legt eine Umrechnung der Fremdwährungsschuld zum Geldkurs nahe. Da die Verbindlichkeit allerdings erst im kommenden Jahr beglichen wird, spricht nichts dagegen, die für die Folgebewertung vorgesehene Vereinfachung auch bei der Zugangsbewertung anzuwenden. Umgerechnet zum Devisenkassamittelkurs von 1,28 USD je EUR ist die Verbindlichkeit danach zum 1.11.X1 mit einem Euro-Gegenwert von 203.125 EUR (= 260.000 USD / 1,28 USD/EUR) einzubuchen.

Zum Abschlussstichtag (31.12.X1) ist die Fremdwährungsverbindlichkeit zum aktuellen Devisenkassamittelkurs umzurechnen. Da der US-Dollar gegenüber dem Euro schwächer geworden ist, ermittelt sich eine Verbindlichkeit von nur noch 194.030 EUR (= 260.000 USD / 1,34 USD/EUR). Der Ansatz des niedrigeren Stichtagswerts verstößt zwar gegen das Realisationsprinzip. § 256a Satz 2 HGB sieht bei kurzfristigen Fremdwährungspositionen indes ausdrücklich eine reine Stichtagsbewertung vor. Da die Verwendung des Stichtagskurses die Bewertung lediglich vereinfachen soll, bestehen bei teleologischer Auslegung der Vorschrift keine Bedenken gegen einen Ansatz der Verbindlichkeit zum umgerechneten (höheren) Zugangswert. Das ergibt im Beispiel einen Wertansatz von 203.125 EUR. Für den Bilanzierenden ergibt sich nach dieser Auslegung des § 256a HGB ein faktisches Wahlrecht zum Ausweis eines unrealisierten Gewinns aus der Währungsumrechnung von 9.095 EUR.

Variante 2:

Werden Verbindlichkeiten aus Austauschgeschäften gestundet, ist im Erfüllungsbetrag ein Zinsanteil anzunehmen. Soweit dieser auf das am Abschlussstichtag noch schwebende Kreditgeschäft entfällt, darf er nicht passiviert werden. Dementsprechend ist die Kaufpreisschuld zum 1.11.X1 zum Barzahlungspreis von 260.000 USD anzusetzen. Das entspricht einem **Zugangswert** in Euro von 203.125 EUR (= 260.000 USD / 1,28 USD/EUR).

Für Zwecke der **Folgebewertung** ist die Verbindlichkeit zunächst in Fremdwährung aufzuzinsen. Das geschieht mit jenem Zinssatz, der den Barzahlungspreis (260.000 USD) bis zum Fälligkeitstag auf den Zielpreis (280.000 USD) aufzinst. Er lässt sich durch eine Zielwertsuche in einem Tabellenkalkulationsprogramm errechnen. Das Ergebnis dieser Zielwertsuche liefert einen Zinssatz von 5,94 %. Das entspricht einer monatlichen Verzinsung der Lieferantenverbindlichkeit von 0,495 % (= 5,94 % / 12):

Datum	Kredit	Tilgung	Zinssatz	Lieferantenverbindlichkeit in USD		
				Monatsanfang	Zinsen	Monatsende
01.11.X1	-260.000		5,94%	260.000	1.288	261.288
01.12.X1				261.288	1.294	262.582
01.01.X2				262.582	1.301	263.882
01.02.X2				263.882	1.307	265.189
01.03.X2				265.189	1.313	266.503
01.04.X2				266.503	1.320	267.823
01.05.X2				267.823	1.326	269.149
01.06.X2				269.149	1.333	270.482
01.07.X2				270.482	1.340	271.822
01.08.X2				271.822	1.346	273.168
01.09.X2				273.168	1.353	274.521
01.10.X2				274.521	1.360	275.881
01.11.X2				275.881	1.366	277.247
01.12.X2				277.247	1.373	278.620
01.01.X3		280.000		278.620	1.380	**280.000**

Zum 31.12.X1 beläuft sich die Verbindlichkeit aus dem Warenbezug auf 262.582 USD. Um den Gegenwert in Euro zu ermitteln, ist in einem ersten Schritt die Kaufpreisschuld (260.000 USD) umzurechnen. Die Verwendung des am Stichtag gültigen Devisenkassamittelkurses von 1,34 USD je EUR ergibt einen Betrag von 194.030 EUR. Da die Verbindlichkeit zum 31.12.X1 eine Restlaufzeit von mehr als einem Jahr hat, darf der unter dem Zugangswert von 203.125 EUR liegende Stichtagswert keine Berücksichtigung finden.

Der umgerechnete Zugangswert der Kaufpreisschuld ist sodann um die aufgelaufenen Zinsen fortzuschreiben. Zu diesem Zweck sind die Zinsen von 2.582 USD mit dem Durchschnittskurs für November und Dezember X1 von 1,31 USD je EUR umzurechnen. Das ergibt einen Betrag von 1.971 EUR. Insgesamt ermittelt sich damit für die Kaufpreisverbindlichkeit zum 31.12.01 ein Buchwert von 205.096 EUR. Eine Abwertung auf den niedrigeren Stichtagswert von 195.957 EUR (262.582 USD / 1,34 USD/EUR) würde erneut gegen das Realisationsprinzip verstoßen und scheidet damit aus.

Eine alternative Deutung des Anschaffungswert- bzw. Realisationsprinzips könnte darin gesehen werden, die Kaufpreisverbindlichkeit zum Stichtag mit dem höheren Wert aus ihrem Zugangswert (203.125 EUR) und dem umgerechneten, in US-Dollar fortgeschriebenen Stichtagswert (195.957 EUR) anzusetzen. Im vorliegenden Fall wäre nach dieser Sichtweise der zum 1.11.X1 eingebuchte Zugangswert der Verbindlichkeit zum 31.12.X1 beizubehalten. Ökonomisch könnte diese Verfahrensweise mit dem Gedanken begründet werden, die Verpflichtung gegenüber dem Lieferanten habe sich im Vergleich zum Zeitpunkt ihrer Begründung nicht erhöht, da der Anstieg aufgrund der aufgelaufenen Zinsen durch den Währungsgewinn aufgrund der Dollarschwäche mehr als kompensiert worden ist. Dieser Auslegung des § 256a HGB ist nicht zu folgen. Ihr steht zum einen das Verrechnungsverbot des § 246 Abs. 2 HGB entgegen, nach der Aufwendungen (hier: der Zinsaufwand aus der Kreditierung der Lieferantenverbindlichkeit) nicht mit Erträgen (hier: der Währungsgewinn) verrechnet werden dürfen. In materieller Hinsicht würde diese Verrechnung zudem das Höchstwertprinzip unterlaufen.[541]

Zum 31.12.X2 valutiert die aufgezinste Lieferantenverbindlichkeit mit 278.620 USD. Der fortgeschriebene Euro-Gegenwert ermittelt sich als Summe aus umgerechnetem Zugangswert der Lieferantenverbindlichkeit (203.125 EUR) zuzüglich des Zugangswerts der im Geschäftsjahr X1 aufgelaufenen Zinsen (1.971 EUR) zuzüglich des mit dem Durchschnittskurs errechneten Zugangswerts der im Geschäftsjahr X2 angefallenen Zinsen (11.622 EUR = 16.038 USD / 1,38 USD/EUR). Das ergibt einen Betrag von 216.718 EUR. Der zum Devisenkassamittelkurs am 31.12.X2 umgerechnete Stichtagswert der Lieferantenverbindlichkeit beläuft sich demgegenüber auf

---

[541] Vgl. auch Kessler, in: Küting/Weber (Hrsg.): HdR-E, 5. Aufl., Stuttgart 2002 ff., § 249 HGB, Rn. 300 f.

196.211 EUR (= 278.620 USD / 1,42 USD/EUR). Da die Verbindlichkeit nunmehr eine Restlaufzeit von weniger als einem Jahr hat, ist dieser Wert nach dem Wortlaut des § 256a HGB anzusetzen. Nach der hier vertretenen Auffassung spricht allerdings nichts dagegen, dem Höchstwert- und Realisationsprinzip Vorrang einzuräumen und auf eine Abwertung der Verbindlichkeit unter den um aufgelaufene Zinsen fortgeführten Zugangswert zu verzichten.

Entscheidet sich die B AG für die Umrechnung der Verbindlichkeit zum Stichtagskurs, ist in der Gewinn- und Verlustrechnung das Verrechnungsverbot des § 246 Abs. 1 HGB zu beachten. Das heißt, die im Geschäftsjahr X2 angefallenen Zinsaufwendungen sind im Finanzergebnis und der Ertrag aus dem Rückgang des Dollarkurses gesondert unter den sonstigen betrieblichen Erträgen zu erfassen.

4.7 Latente Steuern

Die Umrechnung von Geschäftsvorfällen in fremder Währung kann zu **Abweichungen** zwischen den HGB-Wertansätzen der betreffenden Vermögensgegenstände und Schulden und deren **Steuerbilanzwerten** führen. Für große und mittelgroße Kapitalgesellschaften kann sich daraus nach § 274 HGB die Verpflichtung zur Bildung latenter Steuern ergeben.

Temporäre Differenzen können bei Fremdwährungsgeschäften aus der nur eingeschränkten Geltung des Anschaffungswert- und Realisationsprinzips in der Handelsbilanz resultieren. Wertet der Euro gegenüber einer fremden Währung ab, führt das bei **kurzfristigen Fremdwährungsforderungen** zu einem Anstieg ihres Gegenwerts in Euro. Der daraus resultierende Ertrag ist nach § 256a Satz 2 HGB unter Ausblendung des Realisationsprinzips in der handelsrechtlichen Gewinn- und Verlustrechnung auszuweisen. In der **Steuerbilanz** gilt demgegenüber nach § 6 EStG weiterhin das **Anschaffungswertprinzip**. Dementsprechend dürfen die Euro-Anschaffungskosten der Forderung nicht überschritten werden. Aufgrund des höheren Vermögensausweises in der Handelsbilanz sind nach § 274 HGB passive latente Steuern zu bilden.

Spiegelbildlich stellt sich die Situation auf der Passivseite der Bilanz dar. Wertet der Euro im Vergleich zur fremden Währung auf, sinkt der Euro-Gegenwert der betreffenden **Fremdwährungsverbindlichkeit**. Wiederum fordert § 256a Satz 2 HGB bei kurzfristigen Schulden den Ansatz des niedrigeren Stichtagswerts. In der Steuerbilanz bleibt es beim Ansatz des höheren Rückzahlungsbetrags. Auf den Bewertungsunterschied sind passive latente Steuern zu bilden.

Auch die währungskursbedingte Abwertung von Vermögensgegenständen bzw. Aufwertung von Schulden kann Anlass für eine Steuerlatenzierung sein. Das ist der Fall, wenn die handelsrechtlich zu erfassende Wertkorrektur voraussichtlich nicht dauernd ist. Da in der Steuerbilanz der niedrigere bzw. (bei Schulden) höhere Teilwert in diesen Fällen nicht angesetzt werden darf, weichen die handels- und steuerrechtlichen Wertansätze voneinander ab. Aufgrund des niedrigeren (Netto-) Vermögensausweises in der Handelsbilanz ist die Bildung aktiver latenter Steuern in Erwägung zu ziehen.

4.8 Erstanwendung, Übergangsregelung und steuerliche Folgen

Die Regelung des § 256a HGB zur Umrechnung von Fremdwährungsgeschäften ist **erstmals** auf Jahres- und Konzernabschlüsse für nach dem 31.12.2009 beginnende Geschäftsjahre verpflichtend **anzuwenden** (vgl. Art. 66 Abs. 3 Satz 1 EGHGB). Eine vorzeitige Anwendung für Geschäftsjahre, die nach dem **31.12.2008** begonnen haben, ist zulässig, allerdings nur im Verbund mit allen anderen in Art. 66 Abs. 3 EGHGB bezeichneten Vorschriften und unter Aufnahme eines entsprechenden Hinweises in den Anhang (vgl. Art. 66 Abs. 3 Satz 6 EGHGB).

Praxis-Tipp

Wurden in der Vergangenheit unrealisierte Gewinne aus der Fremdwährungsumrechnung unter Berufung auf das Realisationsprinzip nicht ausgewiesen, löst die Erstanwendung des § 256a HGB nach dem Wortlaut der Vorschrift eine Gewinnrealisation aus, wenn der betreffende Posten eine Restlaufzeit von nicht mehr als einem Jahr aufweist. Nach Art. 67 Abs. 7 EGHGB ist die unrealisierte Wertsteigerung unter dem Posten ‚außerordentliche Erträge' und damit außerhalb der gewöhnlichen Geschäftstätigkeit gesondert auszuweisen.

Nach der hier vertretenen Auffassung ist die Umrechnungsvorschrift des § 256a Satz 2 HGB indes bei teleologischer Auslegung nicht als zwingende Anweisung zum Ausweis unrealisierter Erträge zu deuten. Dementsprechend sollte es zulässig sein, den niedrigeren Zugangswert des Fremdwährungspostens in Euro beizubehalten. Auf diese Weise lassen sich nicht nur Höhe und Struktur des handelsrechtlichen Ergebnisses beeinflussen. Auch die Bildung latenter Steuern entfällt. Entsprechendes gilt für unrealisierte Erträge, die aus der erstmaligen Umrechnung mit dem Devisenkassamittelkurs anstelle des bislang verwendeten Geld- oder Briefkurses ergeben.

Steuerliche Folgen ergeben sich aus § 256a HGB nicht. Zum einen soll § 256a HGB im Wesentlichen lediglich die bisherige Praxis festschreiben. Der in § 256a Satz 2 HGB vorgesehene Ausweis unrealisierter Umrechnungsgewinne schlägt zum anderen aufgrund des in § 6 EStG normierten Anschaffungswertprinzips nicht auf die steuerliche Gewinnermittlung durch.[542]

---

[542] Zustimmend Pfirmann/Schäfer, in: Küting/Pfitzer/Weber (Hrsg.): Das neue deutsche Bilanzrecht, 2. Aufl., Stuttgart 2009, S. 137.

Abb. 130 fasst die Regelungen zur Erstanwendung der Vorschrift des § 256a HGB und die sich daraus ergebenden steuerlichen Folgen zusammen.

Übergang auf die Fremdwährungsumrechnung nach § 256a HGB		
Erstmalige Anwendung	Übergang	Steuerliche Folgen
• Obligatorisch: Jahres- und Konzernabschlüsse für nach dem 31.12.2009 beginnende Geschäftsjahre • Optional: Jahres- und Konzernabschlüsse für nach dem 31.12.2008 beginnende Geschäftsjahre (nur im Verbund mit allen übrigen vorzeitig anwendbaren Vorschriften) Art. 66 Abs. 3 EGHGB	• Keine explizite Übergangsregelung • Konsequenzen: » Die Folgebewertung hat nach den Vorgaben des § 256a HGB zu erfolgen » Unrealisierte Erträge aus der Erstanwendung des § 256a HGB sind in der GuV unter den Posten ‚außerordentliche Erträge' gesondert auszuweisen Art. 67 Abs. 7 EGHGB • Bei teleologischer Auslegung sollte der Nichtausweis unrealisierter Umrechnungserfolge begründbar sein	• Grundsätzlich keine • Die handelsrechtliche Regelung schreibt im Wesentlichen die bisherige Praxis fest • Dem Ausweis unrealisierter Umrechnungsgewinne steht das in § 6 EStG normierte Anschaffungswertprinzip entgegen

Abb. 130: Übergang auf die Regelung zur Umrechnung von Fremdwährungsgeschäften

5 Bewertungseinheiten

Autor: Jochen Cassel

5.1 Die neuen Vorschriften im Überblick

§ 254 HGB hat durch das BilMoG einen **neuen Inhalt** erhalten. Nach bisherigem Recht erlaubte § 254 HGB a. F. die Übernahme niedrigerer Wertansätze, die auf einer nur steuerrechtlich zulässigen Abschreibung beruhen. Diese Vorschrift ist entfallen. Stattdessen regelt § 254 HGB die Abbildung von Bewertungseinheiten. Unternehmen ist es nunmehr gestattet, bestimmte Grundgeschäfte und zugehörige Sicherungsgeschäfte auch für bilanzielle Zwecke als Einheit zu betrachten. So schreibt § 254 HGB vor, in welchem Umfang die Bildung von Bewertungseinheiten zulässig ist und welche Anforderungen an die Bildung von Bewertungseinheiten zu stellen sind.

Mit Blick auf § 5 Abs. 1a EStG beseitigte der Gesetzgeber mit § 254 HGB eine Regelungslücke. Denn im geltenden **Steuerrecht** wurde bereits auf die in der handelsrechtlichen Rechnungslegung zur Absicherung finanzwirtschaftlicher Risiken gebildeten Bewertungseinheiten Bezug genommen, ohne dass die Abbildung von Bewertungseinheiten bisher im HGB kodifiziert gewesen wäre (vgl. BT-Drucks. 16/10067, S. 57 f.).

Sicherungsbeziehungen basieren auf der **Grundidee**, dass sich Risiken aus einem Grundgeschäft durch den Einsatz eines Sicherungsinstruments neutralisieren lassen. Falls eine Sicherungsbeziehung die Realisation der abgesicherten Risiken ausschließt, ist dem auch bilanziell durch die Bildung einer **Bewertungseinheit** Rechnung zu tragen. Unter Einschränkung des Einzelbewertungsgrundsatzes sowie des Realisations-, Imparitäts- und Anschaffungskostenprinzips verzichtet § 254 HGB dann auf den Ausweis der nur theoretisch denkbaren Verluste. Diese Abbildungsweise von Sicherungsbeziehungen als eine Bewertungseinheit wird auch schon nach geltendem Recht gefordert und propagiert.[543] Dem Gesetzgeber ist lediglich daran gelegen, die **bisherige Praxis** im Gesetz zu verankern (vgl. BT-Drucks. 16/10067, S. 57).

Die gesetzliche Vorschrift zur bilanziellen Abbildung von Sicherungsbeziehungen lautet:

> **HGB § 254**
>
> Werden Vermögensgegenstände, Schulden, schwebende Geschäfte oder mit hoher Wahrscheinlichkeit erwartete Transaktionen zum Ausgleich gegenläufiger Wertänderungen oder Zahlungsströme aus dem Eintritt vergleichbarer Risiken mit Finanzinstrumenten zusammengefasst (Bewertungseinheit), sind § 249 Abs. 1, § 252 Abs. 1 Nr. 3 und 4, § 253 Abs. 1 Satz 1 und § 256a in dem Umfang und für den Zeitraum nicht anzuwenden, in dem die gegenläufigen Wertänderungen oder Zahlungsströme sich ausgleichen. Als Finanzinstrumente im Sinn des Satzes 1 gelten auch Termingeschäfte über den Erwerb oder die Veräußerung von Waren.

Als Teil des ersten Abschnitts des Dritten Buchs des HGB betrifft die Neuregelung alle bilanzierenden Kaufleute. Sie ist **erstmals** für Geschäftsjahre anzuwenden, die nach dem **31.12.2009** begonnen haben (vgl. Art. 66 Abs. 5 EGHGB).

Im Folgenden ist zunächst darauf einzugehen, ob der bilanzierende Kaufmann über die Bildung einer Bewertungseinheit nach Gutdünken entscheiden kann, oder ob § 254 HGB eine Pflicht zur Bildung von Bewertungseinheiten begründet. Im Anschluss daran ist auf die zulässigen Formen von Bewertungseinheiten einzugehen. Die allgemeinen Anforderungen des Gesetzgebers an Grundgeschäfte und Sicherungsinstrumente, die Effektivitätsmessung und die Dokumentation einer Sicherungsbeziehung sind Gegenstand des zweiten Abschnitts. Sind diese Anforderungen erfüllt, treten die für die bilanzielle Abbildung von Bewertungseinheiten maßgeblichen Rechtsfolgen des § 254 HGB ein, die Thema des dritten Abschnitts sind. Die Übergangsvorschriften und weitere flankierende Regelungen werden im vierten Abschnitt dargestellt. Schließlich wird die Abbildung von Bewertungseinheiten beispielhaft verdeutlicht.

---

[543] Vgl. Scharpf, in: Küting/Weber (Hrsg.): HdR-E, 5. Aufl., Stuttgart 2002 ff., § 254, Rz. 1.

5.2 Die Bilanzierung von Bewertungseinheiten

5.2.1 Pflicht oder Wahlrecht zur Bildung von Bewertungseinheiten?

Die an eine Bewertungseinheit geknüpften Rechtsfolgen treten ein, falls „Vermögensgegenstände, Schulden, schwebende Geschäfte oder mit hoher Wahrscheinlichkeit erwartete Transaktionen zum Ausgleich gegenläufiger Wertänderungen oder Zahlungsströme aus dem Eintritt vergleichbarer Risiken mit Finanzinstrumenten zusammengefasst" (§ 254 Satz 1 HGB) werden. Diese Formulierung lässt offen, ob die vom Kaufmann aus betriebswirtschaftlichen Gründen vorgenommene Risikoabsicherung zwingend die Pflicht nach sich zieht, den Geschäftsvorfall an den in § 254 HGB aufgestellten Kriterien zu spiegeln und, falls die Anforderungen einer Bewertungseinheit erfüllt sind, nach diesen Vorschriften abzubilden.[544]

Die aufgeworfene Frage wird in der Literatur unterschiedlich beantwortet. Zwei Lager stehen sich unversöhnlich gegenüber: Nach Ansicht von *Gelhausen / Fey / Kämpfer* begründet § 254 HGB ein faktisches Bewertungswahlrecht, „da ein Unternehmen in seiner Entscheidung frei ist, eine derartige Widmung für bilanzielle Zwecke („werden … zusammengefasst") vorzunehmen".[545] Die Autoren trennen also die ökonomische Entscheidung zur Risikoabsicherung von der Entscheidung, den Geschäftsvorfall auch für bilanzielle Zwecke zusammenzufassen. § 254 Satz 1 HGB fokussiert in ihren Augen lediglich die Rechtsfolgen, die sich an eine Designation für bilanzielle Zwecke anschließen.[546] Konsequenterweise gilt das Bewertungswahlrecht für sie auch in denjenigen Fällen, „in denen es anhand der Umstände des Einzelfalls nahezu ausgeschlossen erscheint, dass der Erwerb eines Finanzinstruments zu anderen als zu den Sicherungszwecken erfolgt".[547] Im Gegensatz dazu billigt *Scharpf* dem Bilanzierenden kein Bewertungswahlrecht zu. Seiner Ansicht nach knüpfen die in § 254 Satz 1 HGB enthaltenen Rechtsfolgen automatisch an die ökonomische Entscheidung der Risikoabsicherung an, falls die Voraussetzungen zur Bildung einer Bewertungseinheit offensichtlich gegeben sind:[548] „[B]ei einer gewollten, wirtschaftlich sinnvollen und von einem sachverständigen Dritten zweifelsfrei erkennbaren Sicherungsbeziehung (können, der Verf.) allein durch eine bewusste Nichtdokumentation die Rechtsfolgen des § 254 Satz 1 nicht (willkürlich) vermieden werden. Dies würde dem Postulat der willkürfreien Bildung und Bilanzierung von Bewertungseinheiten widersprechen".[549]

---

[544] So auch IDW ERS HFA 35, Rz. 12. Herzig erkennt im Wortlaut der Vorschrift ein faktisches Bewertungswahlrecht des Bilanzierenden. Er lässt aber offen, ob eine Auslegung der Vorschrift seiner Wortlautdeutung folgen sollte; vgl. Herzig, DB 2008, S. 1344.
[545] Gelhausen/Fey/Kämpfer, Rechnungslegung und Prüfung nach dem BilMoG, Düsseldorf 2009, Abschnitt H, Rz. 86.
[546] Im Ergebnis ebenso IDW ERS HFA 35, Rz. 12.
[547] Gelhausen/Fey/Kämpfer, Rechnungslegung und Prüfung nach dem BilMoG, Düsseldorf 2009, Abschnitt H, Rz. 87.
[548] Vgl. Scharpf, in: Küting/Weber (Hrsg.): HdR-E, 5. Aufl., Stuttgart 2002 ff., § 254, Rz. 19 f.
[549] Scharpf, in: Küting/Weber (Hrsg.): HdR-E, 5. Aufl., Stuttgart 2002 ff., § 254, Rz. 26.

Die Auslegung von § 254 Satz 1 HGB muss den mit der Regelung verfolgten Sinn und Zweck ergründen. In der Regierungsbegründung lesen wir u. a.: „Die Neufassung des § 254 HGB beruht auf Artikel 2 Abs. 5 Satz 3 der Bilanzrichtlinie. Danach können die Mitgliedstaaten Ausnahmeregelungen festlegen, wenn die Anwendung einer Vorschrift der Bilanzrichtlinie dazu führt, dass der Jahresabschluss ein den tatsächlichen Verhältnissen entsprechendes Bild der Vermögens-, Finanz- und Ertragslage des Unternehmens nicht vermittelt. Mit § 254 HGB wird die Darstellung der Vermögens-, Finanz- und Ertragslage stärker als bisher und in Abweichung von dem in Artikel 31 Abs. 1 Buchstabe e der Bilanzrichtlinie (Grundsatz der Einzelbewertung) an den tatsächlichen (wirtschaftlichen) Verhältnissen eines Unternehmens orientiert" (BT-Drucks. 16/10067, S. 59). Der in diesem Zitat zum Ausdruck kommende Sinn und Zweck der Vorschrift ist eindeutig: Sicherungsbeziehungen, die die Anforderungen von § 254 HGB erfüllen, sind zwingend als Bewertungseinheit abzubilden. Ein dem Bilanzierenden eingeräumtes Bewertungswahlrecht würde das intendierte Ziel des Gesetzgebers, ein den tatsächlichen Verhältnissen entsprechendes Bild der Vermögens-, Finanz- und Ertragslage des Unternehmens zu erreichen, konterkarieren.

Bei allen zur Risikoabsicherung gebildeten Sicherungsbeziehungen besteht somit eine Pflicht zur Überprüfung der Ansatzvoraussetzungen. Eine andere Auffassung vertritt das IDW.[550] Es begründet seine Auslegung mit Blick auf die äußere Systematik des Gesetzes: Für ein Wahlrecht „spricht der Regelungskontext im Rahmen der Bewertungsvorschriften".[551]

5.2.2 Zulässige Bewertungseinheiten

Als grundsätzlich zulässig erachtet der Gesetzgeber alle in der Praxis bekannten Formen von Bewertungseinheiten: das Micro-Hedging, das Portfolio-Hedging und das Macro-Hedging (vgl. BT-Drucks. 16/10067, S. 58).[552]

- Bei einem **Micro-Hedge** steht dem aus einem einzelnen Grundgeschäft resultierenden Risiko ein individuelles Sicherungsinstrument unmittelbar gegenüber.
- Der **Portfolio-Hedge** sichert im Gegensatz zum Micro-Hedge die Risiken mehrerer gleichartiger Grundgeschäfte durch ein oder mehrere Sicherungsinstrumente ab. Die Risikohomogenität der in dem Portfolio zusammengefassten Grundgeschäfte ist zwingende Voraussetzung des Portfolio-Hedges.[553] Die Forderung nach einem ähnlichen Risikoprofil aller in einem Portfolio-Hedge zusammengefassten Grundgeschäfte macht einen **Homogenitätstest** erforderlich: Die erwartete Änderung des beizulegenden Zeitwerts jedes einzelnen Postens, die dem gesicherten Risiko zuzurechnen ist, muss in etwa der Änderung des beizulegenden Zeitwerts

---

[550] Vgl. IDW ERS HFA 35, Rz. 12.
[551] IDW ERS HFA 35, Tz. 12.
[552] Vgl. auch Bieg/Kußmaul/Petersen/Waschbusch/Zwirner, Bilanzrechtsmodernisierungsgesetz, München 2009, S. 68 f.; Kopatschek/Struffert/Wolfgarten, KoR 2010, S. 272 f.
[553] Vgl. Hoffmann/Lüdenbach, NWB Kommentar Bilanzierung, Herne 2009, § 254, Rz. 29.

des Portfolios entsprechen, die auf das gesicherte Risiko zurückzuführen ist.[554] Der Homogenitätstest ist nach heute gängiger Vorstellung bspw. dann als erfüllt anzusehen, wenn die Zeitwertänderung des Portfolios, die auf das gesicherte Risiko entfällt, 10 % beträgt und die Wertänderungen der einzelnen Posten sich in einer Bandbreite von 9 % bis 11 % bewegen.[555] Die Absicherung eines Aktienportfolios mithilfe eines Indexderivats ist damit nach den handelsrechtlichen Abbildungsregeln für Bewertungseinheiten in der Regel unzulässig: Die einzelnen Aktien weisen im Allgemeinen kein – den Anforderungen entsprechendes – Risikoprofil auf. Sie scheiden damit als Grundgeschäfte aus.[556] Die Absicherung mehrerer Beschaffungsgeschäfte auf Fremdwährungsbasis gegen Wechselkursrisiken oder die Absicherung mehrerer variabel verzinslicher Kredite gegen steigende Zinsen sind Beispiele für das Portfolio-Hedging.[557]

- Die Bildung von **Macro-Hedges** dient der Absicherung einer risikohomogenen Nettoposition aus einer Mehrzahl von sich teilweise kompensierenden Grundgeschäften durch ein oder mehrere Sicherungsinstrumente. Macro-Hedges sind Ausdruck einer globalen, unternehmens- oder konzernübergreifenden[558] Sicherungsstrategie.[559] Sie werden vor allem bei Banken zur globalen Steuerung von Nettozinsrisiken eingesetzt. Die Anwendung des Macro-Hedging ist eng verwoben mit dem bankentypischen Zinsrisikomanagement. Aus diesem Grund ist die Übertragung dieser Art einer Bewertungseinheit auf andere Branchen nicht ohne Weiteres möglich.[560]

Löw / Scharpf / Weigel[561] schlagen mit Blick auf die in der Praxis wohl übliche Terminologie eine „semantisch schlüssigere Lösung" für die Abgrenzung der einzelnen Arten von Sicherungsbeziehungen vor: Ein **Portfolio-Hedge** liege demnach vor, „wenn die Nettorisikoposition eines Portfolios unterschiedlicher Grundgeschäfte, bis hin zur Einbeziehung von Aktiva und Passiva, abgesichert wird".[562] Die Absicherung mehrerer gleichartiger Grundgeschäfte gegen ein spezifisches Risiko solle unter dem Begriff **„Macro-Hedge"** subsumiert werden. Mit Blick auf die in der Zwischenzeit veröffentlichte Begründung des Rechtsausschusses dürfte es schwer fallen, eine wie

---

[554] In IAS 39.83 heißt es: „Des Weiteren muss zu erwarten sein, dass die dem abgesicherten Risiko der einzelnen Posten der Gruppe zuzurechnende Änderung des beizulegenden Zeitwerts zu der dem abgesicherten Risiko der gesamten Grupppe zuzurechnenden Änderung des beizulegenden Zeitwerts in etwa in einem proportionalen Verhältnis steht."
[555] Vgl. IDW RS HFA 9, Rz. 313.
[556] Vgl. auch IAS 39.IG f.2.20.
[557] Vgl. auch Arbeitskreis „Externe Unternehmensrechnung" der Schmalenbach-Gesellschaft, DB 1997, S. 638.
[558] Vgl. Arbeitskreis „Externe Unternehmensrechnung" der Schmalenbach-Gesellschaft, DB 1997, S. 638.
[559] Vgl. Scharpf/Luz, Risikomanagement, Bilanzierung und Aufsicht von Finanzderivaten, 2. Aufl., Stuttgart 2000, S. 310.
[560] Vgl. Scharpf/Luz, Risikomanagement, Bilanzierung und Aufsicht von Finanzderivaten, 2. Aufl., Stuttgart 2000, S. 311 f.
[561] Vgl. Löw/Scharpf/Weigel, WPg 2008, S. 1017.
[562] Löw/Scharpf/Weigel, WPg 2008, S. 1017 (beide Zitate).

auch immer bezeichnete Absicherung von Gruppen von Grundgeschäften, die unterschiedlichen Risiken ausgesetzt sind, überhaupt noch zu rechtfertigen. In den Augen des Gesetzgebers sollen nur noch „eindeutig ermittelbare einzelne Risiken" (BT-Drucks. 16/12407, S. 112) absicherungsfähig sein. Andernfalls – so betont der Gesetzgeber – könnten die gegenläufigen Wertänderungen oder Zahlungsströme nicht verlässlich gemessen werden. Nur wenn der Bewertungseinheit ‚vergleichbare Risiken' zugrunde lägen, könne verhindert werden, dass für sich nur zufällig ausgleichende Wertänderungen Bewertungseinheiten gebildet würden (vgl. BT-Drucks. 16/12407, S. 112). Durch diese Klarstellung des Gesetzgebers sind der **gängigen Portfolio-Bewertung bei Kreditinstituten** Grenzen gesetzt. Bisher fassen Kreditinstitute Finanzinstrumente in Portfolien zusammen und behandeln diese als Bewertungseinheit (Portfolio-Hedge). Das Realisationsprinzip findet nur auf die Wertänderung des Portfolios als solches Anwendung.[563] Sind die Grundgeschäfte unterschiedlichen Risiken ausgesetzt, können sie nicht mehr in einem Portfolio-Hedge zusammengefasst werden.

Auf die Formen von Bewertungseinheiten wird im Folgenden noch zurückzukommen sein. Sie nehmen bspw. Einfluss auf die Abgrenzung von Grundgeschäft und Sicherungsinstrument. Die bei den genannten Bewertungseinheiten variierende Komplexität hat den Gesetzgeber bewogen, die gesetzlichen Anforderungen an die Effektivitätsmessung in Abhängigkeit von der Art der Bewertungseinheit auszugestalten.

5.2.3 Anforderungen an die Bildung von Bewertungseinheiten

Die Bildung einer Bewertungseinheit muss mit dem **Ziel der Risikoabsicherung** erfolgen. Im Bildungszeitpunkt muss daher die Absicht bestehen, die Bewertungseinheit so lange aufrechtzuerhalten, bis sie ihren Zweck erfüllt hat (Durchhalteabsicht).[564] Gleichwohl erlaubt der Gesetzgeber die vorzeitige Beendigung der Bewertungseinheit aus plausiblem wirtschaftlichem Grund. Zwar betont er, die Bildung von Bewertungseinheiten dürfe allein der Risikoabsicherung und nicht der Steuerung des Jahresergebnisses dienen (vgl. BT-Drucks. 16/10067, S. 59). Bilanzpolitische Maßnahmen zu verhindern, bleibt damit faktisch vor allem den weiter unten dargestellten Dokumentationsanforderungen überlassen. Die missbräuchliche Bildung einer Bewertungseinheit schränkt darüber hinaus spezielle Anforderungen ein, die der Gesetzgeber an das abzusichernde Grundgeschäft, das Sicherungsinstrument und die Effektivität der Sicherungsbeziehung stellt.

Als **absicherungsfähige Grundgeschäfte** kommen nach § 254 Satz 1 HGB

- Vermögensgegenstände,
- Schulden,
- schwebende Geschäfte und

---

[563] Vgl. zur neu in das Gesetz aufgenommenen Zeitwertbewertung von Finanzinstrumenten des Handelsbestands nach § 340e Abs. 3 HGB Abschnitt 8, Gliederungspunkt 6.
[564] So auch Arbeitskreis „Externe Unternehmensrechnung" der Schmalenbach-Gesellschaft, DB 1997, S. 639.

- mit hoher Wahrscheinlichkeit erwartete Transaktionen

in Betracht, sofern diese Posten oder Transaktionen risikobehaftet sind.[565] Vermögensgegenstände, Schulden, schwebende Geschäfte und mit hoher Wahrscheinlichkeit vorgesehene Transaktionen, die **kein absicherungsfähiges Risiko** in sich tragen, können nicht Grundgeschäft einer Bewertungseinheit sein (vgl. BT-Drucks. 16/10067, S. 58). Allein schon aufgrund der fehlenden Vermögensgegenstandseigenschaft kann der **originäre Geschäfts- oder Firmenwert** kein Grundgeschäft einer Bewertungseinheit darstellen.[566]

Als **absicherungsfähige Risiken** kommen sowohl Wertänderungsrisiken (*Fair-Value*-Risiko) als auch Zahlungsstromrisiken (*Cashflow*-Risiko) in Betracht.[567] Ein Wertänderungsrisiko erfasst das Risiko einer für den Bilanzierenden nachteiligen Änderung des beizulegenden Zeitwerts eines Grundgeschäfts in einem bestimmten Zeitraum. Das Zahlungsstromrisiko beschreibt das Risiko einer nachteiligen Veränderung der aus dem Grundgeschäft erwarteten Zahlungsströme. Zu den Risiken, denen ein Grundgeschäft ausgesetzt sein kann, zählen u. a. folgende:[568]

- **Zinsänderungsrisiken:** Sie betreffen sowohl festverzinsliche als auch variabel verzinsliche, als Grundgeschäft designierte Finanzinstrumente. Bei festverzinslichen Anleihen handelt es sich um ein Wertänderungsrisiko, bei variabel verzinslichen Anleihen um ein Zahlungsstromrisiko.
- **Währungsrisiken:** Der Wert eines Grundgeschäfts oder Zahlungsstroms aus einem Grundgeschäft kann durch eine Wechselkursänderung sinken. Typische, einem Währungsrisiko ausgesetzte Grundgeschäfte sind Fremdwährungsforderungen oder Fremdwährungsverbindlichkeiten sowie schwebende Absatz- oder Beschaffungsgeschäfte, die in einer Fremdwährung erfüllt werden oder zu erfüllen sind.
- **Ausfall- oder Adressenrisiken:** Das Risiko, dass ein Schuldner den vertraglich geregelten Zahlungen nicht vollständig oder nicht fristgerecht nachkommen kann, wird als Ausfall- oder Adressenrisiko bezeichnet. Das Wertänderungsrisiko einer Forderung ist ein typisches Beispiel für ein solches Risiko.
- **Preisänderungsrisiken:** Solche Risiken treten typischerweise in Form von Warenpreisrisiken oder Aktienkursrisiken in Erscheinung.

Das Gesetz zieht den **Kreis der absicherungsfähigen Grundgeschäfte bewusst weit**. Dem Gesetzgeber ist daran gelegen, die bereits ausgeübte Bilanzierungspraxis nicht zu beschneiden. Insbesondere die in der Praxis übliche Absicherung antizipati-

---

[565] Vgl. Scharpf, in: Küting/Weber (Hrsg.): HdR-E, 5. Aufl., Stuttgart 2002 ff., § 254 HGB, Rz. 56.
[566] Vgl. Gelhausen/Fey/Kämpfer, Rechnungslegung und Prüfung nach dem BilMoG, Düsseldorf 2009, Abschnitt H, Rz. 14.
[567] Vgl. IDW ERS HFA 35, Rz. 20.
[568] Zum folgenden vgl. Gelhausen/Fey/Kämpfer, Rechnungslegung und Prüfung nach dem BilMoG, Düsseldorf 2009, Abschnitt H, Rz. 34; Hoffmann/Lüdenbach, NWB Kommentar Bilanzierung, Herne 2009, § 254, Rz. 52.

ver Grundgeschäfte soll auch weiterhin möglich sein. So können nach der Regierungsbegründung zum BilMoG auch Risiken aus dem künftigen Bezug von Roh-, Hilfs- oder Betriebsstoffen in einer Bewertungseinheit abgesichert werden, wenn die Transaktion hochwahrscheinlich ist (vgl. BT-Drucks. 16/10067, S. 58).

Für **erwartete Transaktionen** (antizipative Grundgeschäfte) muss eine hohe Wahrscheinlichkeit für den tatsächlichen Abschluss des Rechtsgeschäfts bestehen, er muss mithin „so gut wie sicher" (BT-Drucks. 16/10067, S. 58) sein. Davon ist auszugehen, wenn dem Abschluss „allenfalls noch außergewöhnliche Umstände entgegenstehen, die außerhalb des Einflussbereichs des Unternehmens liegen" (BT-Drucks. 16/10067, S. 58). Der Bilanzierende muss den geforderten Nachweis mithilfe von nachprüfbaren Fakten belegen; bloße Absichtserklärungen reichen nicht aus. Aktuelle Businesspläne können den Wahrheitsgehalt einer geplanten künftigen Transaktion erhärten.[569] Die Aussagekraft des Plans unterliegt dann der Würdigung des Abschlussprüfers. Seine Einschätzung kann sich u. a. auf folgende Indikatoren stützen:

- prozentualer Anteil von in der Vergangenheit designierten antizipativen Grundgeschäften, bei denen der tatsächliche Erwerb in der Folge aber nicht stattgefunden hat (Plan-Ist-Analyse) (vgl. BT-Drucks. 16/10067, S. 58);[570]
- Art des designierten Grundgeschäfts; routinemäßigen Transaktionen, die im Zuge des normalen Liefer- und Leistungsverkehrs des Unternehmens getätigt werden sollen, ist eine höhere Wahrscheinlichkeit zuzusprechen als einmaligen Transaktionen;[571]
- finanzielle Situation des Unternehmens; sie kann Aufschluss darüber geben, ob für die erwartete Transaktion überhaupt genügend finanzielle Mittel zur Verfügung stehen;
- Möglichkeit zur Alternativinvestition; diese ist nicht gegeben, wenn es sich um für das Unternehmen zwingend erforderliche Produktionsfaktoren handelt;
- Volumen der erwarteten Transaktion; ein „Sicherheitsabschlag" vom eigentlich beabsichtigten Gesamtvolumen erhöht die Transaktionswahrscheinlichkeit für die tatsächlich designierte Menge an erwarteten Grundgeschäften[572];
- der bis zur geplanten Transaktion verbleibende Zeitraum; je weiter die erwartete Transaktion in der Zukunft liegt, desto größer ist das Risiko;
- Stand der Vertragsverhandlung bei bedeutenden Transaktionen.

---

[569] Vgl. Hoffmann/Lüdenbach, NWB Kommentar Bilanzierung, Herne 2009, § 254, Rz. 10 f.
[570] So auch schon Groh, DB 1986, S. 874. Die IFRS halten in IAS 39.IG.F.3.7 weitere Beispiele vor, die eine erwartete Transaktion untermauern können; vgl. hierzu auch Lüdenbach, in: Lüdenbach/Hoffmann (Hrsg.): Haufe IFRS-Kommentar, 8. Aufl., Freiburg 2010, § 28, Rz. 259. Weitere Indikatoren, die der Abschlussprüfer seiner Ex-ante-Beurteilung zugrunde legen kann, finden sich bei Löw, WPg 2004, S. 1121.
[571] Zu den folgenden Punkten vgl. Gelhausen/Fey/Kämpfer, Rechnungslegung und Prüfung nach dem BilMoG, Düsseldorf 2009, Abschnitt H, Rz. 20.
[572] Das schlägt auch das IDW vor, vgl. IDW ERS HFA 35, Rz. 58.

§ 254 HGB erlaubt die Absicherung „**vergleichbarer Risiken**". Diese Forderung strahlt auf die sachliche **Abgrenzung des abzusichernden Grundgeschäfts** aus: Die in Bewertungseinheiten zusammengefassten Grund- und Sicherungsgeschäfte müssen demselben Risiko ausgesetzt sein. Absicherungsfähig sind nur eindeutig identifizierbare Einzelrisiken.[573] In der Begründung des Rechtsausschusses sind beispielhaft Zins-, Währungs-, Ausfall- oder Preisrisiken aufgeführt (vgl. BT-Drucks. 16/12407, S. 112). Die Absicherung mehrerer Risiken innerhalb einer Sicherungsbeziehung ist ausgeschlossen. Nur die gegenläufigen Wertänderungen von Einzelrisiken lassen sich verlässlich messen (vgl. BT-Drucks. 16/12407, S. 112). Eine Forderung, die Zins-, Währungs- und Ausfallrisiken unterliegt, kann daher mithilfe eines Zinsswaps gegen das Zinsänderungsrisiko abgesichert werden. Um das Währungs- und / oder Bonitätsrisiko abzusichern, müssten andere Sicherungsbeziehungen aufgebaut werden.[574] Sich lediglich zufällig ausgleichende Wertänderungen mehrerer unterschiedlicher Risiken können keine Bewertungseinheit im Sinne des Gesetzes bilden. Eine Designation des **allgemeinen Geschäftsrisikos** scheidet aus, da es einer Vielzahl von Risiken ausgesetzt ist (vgl. BT-Drucks. 16/12407, S. 112).

Das dem Grundgeschäft zugrunde liegende Einzelrisiko kann allerdings auch nur zu einem gewissen Prozentsatz oder nur für eine gewisse Zeit abgesichert werden.[575] So könnte das den Forderungen immanente Zinsrisiko nur zu 50 % abgesichert werden, indem nur ein Teilbetrag der von dem Zinsrisiko betroffenen Forderung zur Sicherungsbeziehung designiert wird. Außerdem könnte sich der Bilanzierende dazu entschließen, eine langfristige Forderung nur über die Hälfte der Laufzeit gegen das Zinsänderungsrisiko abzusichern.[576]

Nur Finanzinstrumente genügen den Anforderungen von § 254 HGB als **Sicherungsinstrumente**. Die **Designation** eines Sicherungsinstruments muss **prospektiv** erfolgen.[577] Die rückwirkende Designation ist – wie international[578] – in jedem Fall ausgeschlossen (vgl. BT-Drucks. 16/10067, S. 58).

Als Sicherungsinstrumente kommen originäre und derivative Finanzinstrumente in Betracht.[579] Originäre Finanzinstrumente dienen bspw. dazu, Währungsrisiken aus Forderungen (Grundgeschäft) durch entsprechende Währungsverbindlichkeiten (Sicherungsinstrument) abzusichern (vgl. BT-Drucks. 16/10067, S. 58). Derivative Finanzinstrumente definiert der Gesetzgeber als

---

[573] Vgl. auch IAS 39.AG 110.
[574] Vgl. zur sachlichen Abgrenzung des Grundgeschäfts auch Hoffmann/Lüdenbach, NWB Kommentar Bilanzierung, Herne 2009, § 254, Rz. 14.
[575] So auch IDW ERS HFA 35, Rz. 32.
[576] Vgl. Schmidt, BB 2009, S. 884; Hoffmann/Lüdenbach, NWB Kommentar Bilanzierung, Herne 2009, § 254, Rz. 14; Scharpf, in: Küting/Weber (Hrsg.): HdR-E, 5. Aufl., Stuttgart 2002 ff., § 254 HGB, Rz. 72 ff.; Förschle/Usinger, in: Beck'scher Bilanz-Kommentar, 7. Aufl., München 2010, Rz. 13.
[577] Vgl. Scharpf, in: Küting/Pfitzer/Weber, Das neue deutsche Bilanzrecht, 2. Aufl., Stuttgart 2009, S. 212; Löw, WPg 2004, S. 1120.
[578] Vgl. IAS 39.IG f.3.9.
[579] Ebenso IDW ERS HFA 35, Rz. 33.

- schwebendes Vertragsverhältnis,
- dessen Wert auf Änderungen des Werts eines Basisobjekts – bspw. eines Zinssatzes, Wechselkurses, Rohstoffpreises, Preis- oder Zinsindexes, der Bonität, eines Kreditindexes oder einer anderen Variablen – reagiert,
- bei dem Anschaffungskosten nicht oder nur in sehr geringem Umfang anfallen und
- das erst in der Zukunft erfüllt wird.

Derivate sind bspw. Optionen, Futures, Swaps, Forwards, oder Warenkontrakte, die nicht auf Lieferung der Ware (*physical delivery*), sondern auf einen Ausgleich in Geld (*cash settlement*) gerichtet sind (BT-Drucks. 16/10067, S. 53).

Um sicherzustellen, dass die in der Praxis gängige Absicherung eines Kaufs oder Verkaufs von Waren weiterhin möglich ist, gibt der Gesetzgeber in § 254 Satz 2 HGB vor, dass zu den Finanzinstrumenten auch Warentermingeschäfte zählen.[580] Der Begriff der Waren ist mit Blick auf den Sinn und Zweck der Vorschrift weit auszulegen. Er umfasst nicht nur die Waren im handelsbilanziellen Sinne von § 266 Abs. 2 B. I Nr. 3 HGB, sondern sämtliche handelbaren (materiellen und immateriellen) Güter, wie bspw. auch Energie, Metalle oder Emissionsrechte.[581] Das Termingeschäft will der Gesetzgeber i. S. v. § 1 Abs. 11 Satz 4 Nr. 1 KWG verstanden wissen (vgl. BT-Drucks. 16/12407, S. 112). Termingeschäfte sind dort definiert als „Kauf, Tausch oder anderweitig ausgestaltete Festgeschäfte oder Optionsgeschäfte, die zeitlich verzögert zu erfüllen sind und deren Wert sich unmittelbar oder mittelbar vom Preis oder Maß eines Basiswertes ableitet".

Für die oben angesprochenen Wertänderungs- und Zahlungsstromrisiken, denen ein Grundgeschäft ausgesetzt sein kann, eignen sich hiernach folgende Sicherungsinstrumente, sofern sie zu – im Vergleich zum Grundgeschäft – gegenläufigen Wert- oder Zahlungsstromänderungen führen:[582]

- Zinsänderungsrisiken können mit Zinsswaps, Zinsfutures, *forward rate agreements*, Zinsoptionen oder Zinsbegrenzungsvereinbarungen abgesichert werden.
- Sicherungsinstrumente, die einem Währungsrisiko entgegenwirken, sind bspw. Devisentermingeschäfte sowie Zins-Währungs-Swaps.

---

[580] Nach Meinung des Gesetzgebers ist diese ausdrückliche Vorschrift notwendig, „weil es sich bei Warentermingeschäften nicht um Finanzinstrumente im Sinn des § 254 Satz 1 HGB handelt" (BT-Drucks. 16/12407, S. 112). Nach dem Gesagten bleibt unklar, warum Warentermingeschäfte nicht unter den „weit gefassten" Begriff des Finanzinstruments fallen sollten, zu dem „grundsätzlich auch die Derivate" (BT-Drucks. 16/10067, S. 53, beide Zitate) zählen.

[581] Vgl. Gelhausen/Fey/Kämpfer, Rechnungslegung und Prüfung nach dem BilMoG, Düsseldorf 2009, Abschnitt H, Rz. 34; Hoffmann/Lüdenbach, NWB Kommentar Bilanzierung, Herne 2009, § 254, Rz. 22.

[582] Zum folgenden Gelhausen/Fey/Kämpfer, Rechnungslegung und Prüfung nach dem BilMoG, Düsseldorf 2009, Abschnitt H, Rz. 34.

Kapitel 2: Einzelgesellschaftliche Rechnungslegung

- Ausfall- oder Adressenrisiken können mithilfe von *credit default swaps*, *total return swaps*, *credit linked notes* oder *credit spread options* ausgeschaltet werden.
- Um Preisänderungsrisiken abzusichern, bieten sich Futures, Forwards oder Optionen an.

Der Gesetzgeber definiert den Kreis **qualifizierender Sicherungsinstrumente weiter als nach den Vorschriften der IFRS**.[583] International ist die Designation von nichtderivativen Finanzinstrumenten als Sicherungsgeschäfte grundsätzlich unzulässig. Einzige Ausnahme bildet die Absicherung eines Währungsrisikos. In diesem Fall dürfen auch nach den IFRS originäre Finanzinstrumente als Sicherungsinstrumente fungieren.[584] Im Gegensatz dazu ist die Absicherung eines Währungsrisikos in der Regierungsbegründung nur als **ein** möglicher Anwendungsfall originärer Finanzinstrumente beschrieben (vgl. BT-Drucks. 16/10067, S. 58).[585]

Nach den IFRS dürfen **geschriebene Optionen** nicht zur Absicherung von Grundgeschäften herangezogen werden, es sei denn, sie werden zur Glattstellung einer erworbenen Option eingesetzt.[586] In der Begründung heißt es, geschriebene Optionen bildeten kein wirksames Mittel, um das Verlustrisiko eines Grundgeschäfts zu reduzieren. Denn der mögliche Verlust aus einer geschriebenen Option kann erheblich höher ausfallen als der mögliche Wertzuwachs aus dem zugehörigen Grundgeschäft. Insofern erfüllen geschriebene Optionen auch nicht die Anforderungen eines Sicherungsinstruments nach HGB.

In welchem **Umfang** Sicherungsinstrumente zu designieren sind, beantwortet der Gesetzgeber nicht explizit. Da § 254 HGB eine wirtschaftliche Betrachtungsweise von Bewertungseinheiten anstrebt, steht einer anteiligen Designation, einer qualitativen Zerlegung oder einer Kombination von Sicherungsinstrumenten prinzipiell nichts entgegen, um die Effektivität der Sicherungsbeziehung zu gewährleisten. Gleichwohl muss das designierte Sicherungsinstrument verlässlich bewertbar sein. Die Auswahl eines Sicherungsinstruments hat sich grundsätzlich an den Eigenschaften des Grundgeschäfts auszurichten.[587]

---

[583] Der Deutsche Standardisierungsrat (DSR) äußerte sich bereits nach Veröffentlichung des RefE BilMoG kritisch zu der weiten Abgrenzung von Sicherungsinstrumenten. Diese Meinung wurde von den Verfassern des RegE BilMoG nicht geteilt. Der DSR bevorzugt eine Abgrenzung in Anlehnung an die IFRS; vgl. DSR, Stellungnahme zum Referentenentwurf BilMoG vom 21.1.2008.

[584] Vgl. IAS 39.72.

[585] So auch Hoffmann/Lüdenbach, NWB Kommentar Bilanzierung, Herne 2009, § 254, Rz. 18 ff.; Förschle/Usinger, in: Beck'scher Bilanz-Kommentar, 7. Aufl., München 2010, Rz. 28.

[586] Vgl. IAS 39.72 i. V. m. IAS 39.AG94.

[587] Vgl. Scharpf, in: Küting/Pfitzer/Weber, Das neue deutsche Bilanzrecht, 2. Aufl., Stuttgart 2009, S. 210. Für Sicherungsbeziehungen im Zinsmargengeschäft von Banken (hierbei handelt es sich um Macro-Hedges) hat Bischof darauf hingewiesen, dass für Banken die Möglichkeit besteht, „die Designation des Grundgeschäftes an den vorhandenen Sicherungsgeschäften auszurichten, die Vorgehensweise im Rahmen der Banksteuerung quasi umzukehren". Schließlich obliegt es den Banken, „welchen Anteil der offenen Positionen

Im Ergebnis dürften für die handelsrechtliche Designation eines Sicherungsinstruments die **gleichen Anforderungen** gelten, wie sie die IFRS vorsehen: Sicherungsinstrumente können hiernach in ihrer **Gesamtheit oder anteilig** für Absicherungszwecke eingesetzt werden.[588] Die **qualitative Zerlegung** eines Sicherungsinstruments ist international dann nicht gestattet, wenn das Sicherungsinstrument nur in seiner Gesamtheit einer Bewertung zugänglich ist. Konsequenterweise sind Ausnahmen zulässig, falls die einzelnen Bestandteile des Finanzinstruments verlässlich zu bewerten sind. So kann etwa nur der innere Wert einer Option als Sicherungsinstrument designiert werden. Der Zeitwert der Option bleibt dann ausgeklammert. Außerdem ist es möglich, einen Terminkontrakt (Forward) in Kassa- und Zinskomponente aufzuspalten.[589] Mit der qualitativen Zerlegung eines Forwards kann eine Verbesserung der Effektivität der Sicherungsbeziehung verbunden sein.[590] Die **Kombination** von Sicherungsinstrumenten steht unter dem Vorbehalt, dass sich im Ergebnis keine geschriebene Option ergibt.[591]

Die Rechtsfolgen einer Bewertungseinheit treten „nur in dem Umfang und für den Zeitraum" ein, „in dem die gegenläufigen Wertänderungen oder Zahlungsströme sich ausgleichen" (§ 254 Satz 1 HGB). Angesprochen ist damit die **Effektivität** der Sicherungsbeziehung. Die **stichtagbezogene (retrospektive) Effektivitätsmessung** bestimmt, in welchem Umfang die Bewertungseinheit den Rechtsfolgen von § 254 HGB unterliegt. Kann nicht gemessen werden, in welchem Umfang sich die gegenläufigen Wertänderungen von Grund- und Sicherungsgeschäft ausgeglichen haben, liegt keine Bewertungseinheit i. S. v. § 254 HGB vor.[592]

Im Vergleich zur ursprünglichen Regierungsbegründung hat der Gesetzgeber davon Abstand genommen, für die Effektivität einer Bewertungseinheit ein Mindestmaß zu verlangen (vgl. BT-Drucks. 16/12407, S. 112). In der Begründung des Rechtsausschusses heißt es nunmehr: „Etwaige Effektivitätsspannen, wie sie die International Financial Reporting Standards (IFRS) für die Annahme einer wirksamen Bewertungseinheit vorsehen, haben handelsrechtlich keine Bedeutung" (BT-Drucks. 16/12407, S. 112).[593] Der Verzicht auf Effektivitätsschwellen erscheint plausibel, schließlich un-

---

sie tatsächlich als Grundgeschäft designieren möchten"; Bischof, Makrohedges in Bankbilanzen nach GoB und IFRS, Düsseldorf 2006, S. 75 (beide Zitate).
[588] Vgl. IAS 39.75.
[589] Vgl. IAS 39.74. So auch Hoffmann/Lüdenbach, NWB Kommentar Bilanzierung, Herne 2009, § 254, Rz. 24.
[590] Vgl. Küting/Cassel, KoR 2008, S. 773 ff.
[591] Vgl. IAS 39.77.
[592] So auch IDW ERS HFA 35, Rz. 49.
[593] Scharpf hat darauf hingewiesen, „dass eine starre Bandbreite, innerhalb derer sich die rechnerisch ermittelte Wirksamkeit bewegen muss, damit die Bilanzierung weitergeführt werden darf, im Handelsbilanzrecht nicht zwingend notwendig ist"; Scharpf, in: Küting/Pfitzer/Weber, Das neue deutsche Bilanzrecht, 2. Aufl., Stuttgart 2009, S. 211; vgl. auch Löw/ Scharpf/Weigel, WPg 2008, S. 1018.

terliegt der ineffektive Teil einer Bewertungseinheit nach § 254 HGB ohnehin den einschlägigen handelsrechtlichen Regelungen.[594]

Gleichwohl rückt der Gesetzgeber nicht von der Forderung nach einem **prospektiven Effektivitätsnachweis** ab, den der Bilanzierende bei Begründung (vgl. BT-Drucks. 16/10067, S. 58) der Bewertungseinheit und zu jedem folgenden Bilanzstichtag durchzuführen hat. In der Begründung des Rechtsausschusses fordert der Gesetzgeber weiterhin: „Die Vorschrift intendiert, dass ein Unternehmen zu jedem Bilanzstichtag positiv festzustellen hat, ob und in welchem Umfang sich die gegenläufigen Wertänderungen oder Zahlungsströme einer Bewertungseinheit am Bilanzstichtag und voraussichtlich in der Zukunft ausgleichen" (BT-Drucks. 16/12407, S. 112). Daraus ist abzuleiten, dass der Bilanzierende nicht nur die grundsätzliche Eigenschaft der Bewertungseinheit zur Risikokompensation, sondern das zu erwartende Ausmaß der Risikokompensation abschätzen muss. Kombiniert man das mit dem Hinweis, die international üblichen Schwellenwerte seien irrelevant, kann es dem Gesetzgeber jedoch nicht auf eine bestimmte Mindest-Risikokompensation ankommen. Darzulegen ist lediglich die grundsätzliche Eignung der Bewertungseinheit zur Risikokompensation und der zu erwartende Umfang. Danach würde bspw. eine Risikokompensation von 70 % genügen, um eine Bewertungseinheit anzunehmen. Die Information des Abschlussadressaten, in welchem Umfang die Bewertungseinheit effektiv ist, wird über die Anhangsangabe des § 285 Nr. 23 Buchstabe a HGB sichergestellt. Der prospektive Effektivitätsnachweis verhindert so lediglich eine willkürliche und ganz offensichtlich nutzlose Zusammensetzung von Sicherungsbeziehungen.[595]

Wie die prospektive **Effektivität** einer Sicherungsbeziehung konkret zu messen ist, sagt der Gesetzgeber nicht. Stattdessen stellt er es dem Bilanzierenden anheim, eine geeignete Methode zu wählen (vgl. BT-Drucks. 16/12407, S. 112). Die Vielzahl der möglichen Formen von Bewertungseinheiten lasse zwingende Vorgaben nicht zu. Die Anforderungen an den Effektivitätsnachweis sollen aber in Abhängigkeit von der Art und dem Umfang der Sicherungsbeziehung variieren (vgl. BT-Drucks. 16/10067, S. 58).

Bei **Micro-Hedges** stellt der Gesetzgeber geringere Anforderungen an die Effektivität der Bewertungseinheit. Die Wirksamkeit der Sicherungsbeziehung sei anzunehmen, wenn das Unternehmen belegen könne, dass sich die Wertänderungen oder Zahlungsströme ausgleichen. Dieser vereinfachte Effektivitätsnachweis entspricht der Vorgehensweise in der internationalen Rechnungslegung. So gehen die IFRS von der prospektiven Effektivität eines Micro-Hedges bereits dann aus, wenn Grund- und Sicherungsgeschäft hinsichtlich der wesentlichen Bedingungen übereinstimmen (*critical terms match*).[596] Bspw. ist ein Zinsswap als wirksames Sicherungsinstrument

---

[594] So auch Gelhausen/Fey/Kämpfer, Rechnungslegung und Prüfung nach dem BilMoG, Düsseldorf 2009, Abschnitt H, Rz. 59.
[595] Ähnlich IDW ERS HFA 35, Rz. 52.
[596] So auch Scharpf, in: Küting/Pfitzer/Weber, Das neue deutsche Bilanzrecht, 2. Aufl., Stuttgart 2009, S. 215; Hoffmann/Lüdenbach, NWB Kommentar Bilanzierung, Herne 2009, § 254, Rz. 36.

einzustufen, wenn Nominal- und Kapitalbetrag, Laufzeiten, Zinsanpassungstermine, die Zeitpunkte von Zins- und Tilgungszahlungen sowie die Bemessungsgrundlage für die Zinsanpassung für Grund- und Sicherungsgeschäft übereinstimmen.[597]

Hingegen sind bei **Macro-Hedges** hohe Anforderungen an den Effektivitätsnachweis zu stellen. In welchem Maße hier die Wirksamkeit der Sicherungsbeziehung darzulegen ist, hängt unter anderem von der Art der zusammengefassten Grund- und Sicherungsinstrumente, der Bedeutung der zu sichernden Risiken und dem Vorhandensein und der Ausgestaltung eines Risikomanagementsystems ab. Wie ein solches Überwachungssystem ausgestaltet sein muss, verschweigt der Gesetzgeber. Die Bankenaufsicht hat es zuvor bereits abgelehnt, den Instituten konkrete Vorgaben zu machen.[598]

Da der Gesetzentwurf keine **Modelle** nennt, die zur Messung der Effektivität heranzuziehen sind, lohnt ein Blick in die internationale Bilanzierungspraxis.[599] Zur Messung der **prospektiven Effektivität** finden hier der oben skizzierte *critical terms match*, historische Analysen und Sensitivitätsanalysen Anwendung. *Basis-Point-Value*-Methode, Durationen und Marktdaten-Shift-Methode sind Beispiele für Sensitivitätsanalysen.[600]

Die Methoden, die international zur Messung der **retrospektiven Effektivität** herangezogen werden, können auch bei der Beurteilung der prospektiven Effektivität Verwendung finden. Neben den statistischen Methoden, wie Varianzreduktionsmethode und Regressionsanalyse,[601] bedient sich die Praxis vor allem der (historischen) *Dollar-Offset*-Methode, um einen Effektivitätsnachweis zu führen.[602] Die **Dollar-Offset-Methode** vergleicht die Wertänderung des Grundgeschäfts mit der Wertänderung des Sicherungsgeschäfts. Beim Grundgeschäft wird allerdings nur die Wertänderung des beizulegenden Zeitwerts betrachtet, die auf das abgesicherte Risiko zurückzuführen ist. Die *Dollar-Offset*-Methode kann auf periodischer oder kumulativer Basis durchgeführt werden.

Ein einmal gewähltes Verfahren ist grundsätzlich beizubehalten. *Scharpf* will eine Abweichung vom Grundsatz der Methodenstetigkeit in begründeten Einzelfällen zulassen. Er hält einen Übergang nur dann für zulässig, wenn eine komplexere Methode gewählt wird (bspw. ein Übergang von der *Dollar-Offset*-Methode zur Regressionsanalyse).[603]

Noch in der Regierungsbegründung hat der Gesetzgeber die **Dokumentation** einer Sicherungsbeziehung als tatbestandliche Voraussetzung einer Bewertungseinheit vor-

---

[597] Vgl. IAS 39.AG108.
[598] Vgl. Bischof, Makrohedges in Bankbilanzen nach GoB und IFRS, Düsseldorf 2006, S. 67.
[599] So auch Scharpf, in: Küting/Pfitzer/Weber, Das neue deutsche Bilanzrecht, 2. Aufl., Stuttgart 2009, S. 214 ff. Vgl. zu den Methoden der Effektivitätsmessung nach IAS 39 Scharpf, KoR 2004, Beilage 1 zu Heft 11/2004.
[600] Vgl. IDW RS HFA 9, Rz. 328.
[601] Vgl. IDW RS HFA 9, Rz. 328.
[602] Vgl. Löw/Scharpf/Weigel, WPg 2008, S. 1018.
[603] Vgl. Scharpf, in: Küting/Pfitzer/Weber, Das neue deutsche Bilanzrecht, 2. Aufl., Stuttgart 2009, S. 214 f.

gesehen. Für die Dokumentation machte der Gesetzgeber aber wegen „der Vielzahl der möglichen Formen von Bewertungseinheiten" (BT-Drucks. 16/10067, S. 58) in der Regierungsbegründung keine zwingenden Vorgaben. Die Anforderungen an die Dokumentation seien vielmehr von der Art der Sicherungsbeziehung abhängig. Generalklauselhaft begnügte sich der Gesetzgeber mit dem Hinweis, eine **„hinreichende Dokumentation"** (BT-Drucks. 16/10067, S. 58) müsse die missbräuchliche (nachträgliche) Bildung einer Bewertungseinheit eindämmen (vgl. BT-Drucks. 16/10067, S. 58). In der Begründung des Rechtsausschusses hat der Gesetzgeber auf den ersten Blick eine Kehrtwende vorgenommen. Hier heißt es lapidar: „Die Dokumentation wird nicht zum Tatbestandsmerkmal erhoben. Deshalb enthält § 285 Nr. 23 HGB umfangreiche Angabepflichten" (BT-Drucks. 16/12407, S. 112). Die zu veröffentlichenden Informationen stimmen inhaltlich im Wesentlichen mit den Dokumentationsanforderungen der IFRS überein (vgl. Gliederungspunkt 5.2.3 sowie Abschnitt 10, Gliederungspunkt 2.12).

In der Literatur wird die Aussage in der Begründung des Rechtsausschusses als vorschnell kritisiert: Eine Bewertungseinheit entstünde nämlich erst durch das zielgerichtete Zusammenfassen von Grundgeschäft und Sicherungsinstrument. Die Dokumentation der vom Bilanzierungssubjekt vorzunehmenden Handlung soll zwar entbehrlich sein, wenn sich bei einem Micro-Hedge die Absicht des Bilanzierenden aufgrund der zeitlichen und inhaltlichen Übereinstimmung von Grund- und Sicherungsinstrument aus dem Allgemeinen ergibt (z. B. bei maßgeschneiderten Sicherungsinstrumenten); in weniger eindeutigen Fällen ist eine Dokumentation zur Begründung einer bilanziellen Bewertungseinheit aber unerlässlich. Das ergibt sich nach wohl h. M. schon aus den handelsrechtlichen Buchführungspflichten (§§ 238 Abs. 1 Satz 2 und 3, 239 Abs. 1 und 2 HGB).[604]

Nur durch eine zum Designationszeitpunkt bereits vorzuhaltende Dokumentation kann darüber hinaus die missbräuchliche, ergebnissteuernde Bildung einer Bewertungseinheit eingedämmt werden. Dieses in der Regierungsbegründung zum Ausdruck kommende Anliegen des Gesetzgebers wird durch die in der endgültigen Fassung enthaltenen Anhangangaben gerade nicht umgesetzt. Aus diesem Grund ist auch Stimmen entgegenzutreten, die zwar eine Dokumentation weiterhin für unerlässlich halten, es aber für ausreichend erachten, die Dokumentation erst mit ihrer erstmaligen Bilanzierung am Abschlussstichtag vorzuhalten.[605]

Nach der hier vertretenen Meinung sind bereits **zu Beginn** der Sicherungsbeziehung die aus dem IFRS-Regelwerk bekannten Angaben[606] auch für handelsrechtliche Zwecke zu dokumentieren.[607] Im Einzelnen ist

---

[604] Dieser Tenor findet sich bspw. bei Hoffmann/Lüdenbach, NWB Kommentar Bilanzierung, Herne 2009, § 254, Rz. 40 ff.; Schmidt, BB 2009, S. 885; Gelhausen/Fey/Kämpfer, Rechnungslegung und Prüfung nach dem BilMoG, Düsseldorf 2009, Abschnitt H, Rz. 88; Förschle/Usinger, in: Beck'scher Bilanz-Kommentar, 7. Aufl., München 2010, Rz. 41.

[605] So Gelhausen/Fey/Kämpfer, Rechnungslegung und Prüfung nach dem BilMoG, Düsseldorf 2009, Abschnitt H, Rz. 89.

[606] Vgl. hierzu IAS 39.88(a).

- festzuhalten, welches **Sicherungsinstrument** eingesetzt wird und ob das Sicherungsinstrument in seiner Gesamtheit oder nur zum Teil der Risikoabsicherung dient,
- das abzusichernde **Grundgeschäft** genau zu beschreiben,
- zu dokumentieren, welche **Risiken** abgesichert werden sollen (bspw. Zins-, Währungs-, Adressen- oder Preisänderungsrisiko) und
- zu beschreiben, welche **Methode** das Unternehmen heranzieht, um die Wirksamkeit des Sicherungsinstruments im Hinblick auf die abgesicherten Risiken nachzuweisen.[608]

Da die Dokumentation bereits bei Begründung der Bewertungseinheit vorzuhalten ist, können die explizit geforderten Anhangangaben dann aus der Dokumentation gewonnen werden.

Die allgemeinen Anforderungen an die Bildung von Bewertungseinheiten nach § 254 HGB sind in der folgenden Abb. 131 überblickartig zusammengefasst.

Anforderungen an die Bildung von Bewertungseinheiten nach § 254 HGB			
Grundgeschäft	Sicherungsgeschäft	Effektivität	Dokumentation
• Absicherungsfähig sind » Vermögensgegenstände » Schulden » Schwebende Geschäfte » Hochwahrscheinlich erwartete Transaktionen • Keine Beschränkung auf Finanzinstrumente § 254 HGB	• Als Sicherungsinstrumente kommen nur Finanzinstrumente in Betracht • Derivate • Originäre Finanzinstrumente • Zu den Finanzinstrumenten zählen auch Warentermingeschäfte § 254 Satz 1 und 2 HGB Begr. RA, S. 112	• Effektivität = Umfang, in dem sich die gegenläufigen Wertänderungen / Zahlungsströme aufheben • Keine Effektivitätsschwellen vorgesehen • Die Nachweisanforderungen variieren mit der Art der Sicherungsbeziehung • Keine konkreten Methodenvorgaben zur Effektivitätsmessung • Praxis: Orientierung an international anerkannten Methoden Begr. RegE, S. 58f. Begr. RA, S. 112	• Keine konkreten Vorgaben wegen der Vielzahl an Formen von Bewertungseinheiten • Praxis: Übertragung der internationalen Regelung: Zu dokumentieren sind » Grundgeschäft » Abgesichertes Risiko » Sicherungsinstrument » Methode zur prospektiven Effektivitätsmessung Begr. RegE, S. 58

Abb. 131: Allgemeine Anforderungen an Bewertungseinheiten nach § 254 HGB

---

[607] Eine Dokumentationspflicht zu Beginn der Sicherungsbeziehung fordern auch Hoffmann/Lüdenbach, NWB Kommentar Bilanzierung, Herne 2009, § 254, Rz. 40 ff; Scharpf, in: Küting/Weber (Hrsg.): HdR-E, 5. Aufl., Stuttgart 2002 ff., § 254 HGB, Rz. 23.
[608] Siehe auch IDW ERS HFA 35, Rz. 41.

5.2.4 Rechtsfolgen der Bildung von Bewertungseinheiten

An die Bildung einer Bewertungseinheit knüpfen **Rechtsfolgen** an. Diese betreffen einerseits die Bilanzierung und Bewertung der in der Bewertungseinheit zusammengefassten Vermögensgegenstände und Schulden, andererseits ergeben sich Auswirkungen auf die Berichterstattung im Anhang (vgl. Abschnitt 10, Gliederungspunkt 2.12).

Erfüllt eine Sicherungsbeziehung die allgemeinen Anforderungen einer Bewertungseinheit nach § 254 HGB, sind auf die Bilanzierung und Bewertung von Grund- und Sicherungsgeschäft „§ 249 Abs. 1, § 252 Abs. 1 Nr. 3 und 4, § 253 Abs. 1 Satz 1 und § 256a HGB nicht anzuwenden" (§ 254 Satz 1 HGB). Unrealisierte Verluste werden damit nur dann erfasst, wenn sie sich auf die Bewertungseinheit als Ganzes beziehen. Ein ineffektiver Teil der Sicherungsbeziehung ist nach den allgemeinen Grundsätzen in der Bilanz und in der Gewinn- und Verlustrechnung abzubilden.

Die **bilanzielle Erfassung** von Grundgeschäft und Sicherungsinstrument schreibt das Gesetz nicht explizit vor. Der Gesetzgeber möchte es den Unternehmen offen lassen, eine Bewertungseinheit nach der Einfrierungs- oder der Durchbuchungsmethode zu bilanzieren (vgl. BT-Drucks. 16/10067, S. 95).[609]

Grund- und Sicherungsgeschäft ‚einzufrieren' bedeutet, die Wertänderungen dieser Geschäfte in Bilanz und Gewinn- und Verlustrechnung unberücksichtigt zu lassen, soweit der Eintritt der Risiken ausgeschlossen ist. Ein ineffektiver Teil der Sicherungsbeziehung ist nach den einschlägigen Vorschriften zu behandeln (vgl. Gliederungspunkt 5.4).

Die **Durchbuchungsmethode** ist die in den IFRS übliche Abbildung von Bewertungseinheiten. Sie findet auf Fair-Value-Hedges und auf die Absicherung des beizulegenden Zeitwerts gegen das Zinsänderungsrisiko eines Portfolioanteils, der aus finanziellen Vermögenswerten oder finanziellen Verbindlichkeiten besteht, Anwendung.[610] Nach IFRS werden die Wertänderungen von Grund- und Sicherungsgeschäft vollständig (effektiver und ineffektiver Teil) erfolgswirksam erfasst. Die internationale Vorgehensweise ist für die Zwecke der handelsrechtlichen Rechnungslegung zu modifizieren. Im Unterschied zu IAS 39 berücksichtigt die handelsrechtliche Durchbuchungsmethode die Wertänderungen von Grund- und Sicherungsgeschäft nur in dem Maße erfolgswirksam, wie die Sicherungsbeziehung effektiv ist. Für den ineffektiven Teil der Sicherungsbeziehung gelten im handelsrechtlichen Jahresabschluss

---

[609] So auch IDW ERS HFA 35, Rz. 72; Wiechens/Helke, DB 2008, S. 1336; Zwirner, StuB 2009, S. 452 f.; Schmitz, DB 2009, S. 1621; Hoffmann/Lüdenbach, NWB Kommentar Bilanzierung, Herne 2009, § 254, Rz. 48; Gelhausen/Fey/Kämpfer, Rechnungslegung und Prüfung nach dem BilMoG, Düsseldorf 2009, Abschnitt H, Rz. 98; Förschle/Usinger, in: Beck'scher Bilanz-Kommentar, 7. Aufl., München 2010, Rz. 52 f.; Schmidt, BB 2010, S. 886. A.A. Scharpf, in: Küting/Weber (Hrsg.): HdR-E, 5. Aufl., Stuttgart 2002 ff., § 254 HGB, Rz. 304 f.
[610] Vgl. IAS 39.89 ff.

die allgemeinen Vorschriften.[611] Für den effektiven Teil der Sicherungsbeziehung lassen sich keine Auswirkungen auf das Ergebnis ausmachen, da sich die Wertänderungen von Grund- und Sicherungsgeschäft gegenseitig kompensieren. Die Höhe des handelsrechtlichen Jahresüberschusses ist damit unabhängig von der gewählten Methode.

Die Auslegung zugunsten eines **Wahlrechts** ist umstritten,[612] entspricht aber heute der h. M.[613] Im RefE BilMoG weist der Gesetzgeber darauf hin, lediglich die bisherige Bilanzierungspraxis in das Gesetz aufnehmen zu wollen. Als bisher maßgebliche Methode zur bilanziellen Abbildung einer Bewertungseinheit identifiziert er die Einfrierungsmethode.[614] Im RegE BilMoG beteuert der Gesetzgeber zwar weiterhin, nur die bisherige Praxis kodifizieren zu wollen, der Hinweis auf die Einfrierungsmethode ist jedoch nicht mehr enthalten. Stattdessen heißt es an späterer Stelle in der Regierungsbegründung: „Da § 254 HGB keine Vorschriften zur Art und Weise der bilanziellen Erfassung von Bewertungseinheiten enthält, bleibt es den Unternehmen weiterhin selbst überlassen, die gegenläufigen Wertänderungen oder Zahlungsströme entweder ‚durchzubuchen' oder die Bilanzierung ‚einzufrieren'" (BR-Drucks. 16/10067, S. 95). Das IDW empfiehlt die Einfrierungsmethode.[615]

Die Bewertung der Grund- und Sicherungsgeschäfte zum Fair Value (sog. ‚durchbuchen') führt bei **Portfolio- und Macro-Hedges** zu Problemen, da die Wertänderung des gesicherten Grundgeschäfts den zugrunde liegenden Posten nicht mehr einzeln zuordenbar ist.[616] Die IFRS lösen dieses Problem, indem gesonderte Posten innerhalb der Vermögensgegenstände bzw. innerhalb der Verbindlichkeiten zum Ansatz gelangen, die die Wertänderung der Grundgeschäfte erfassen.[617] Im Zuge des Gesetzgebungsverfahrens hat der Bundesrat eine im Grundsatz ähnliche Frage an die Bundesregierung adressiert.[618] Im Beispielsachverhalt sind mehrere Grundgeschäfte in einer Bewertungseinheit zusammengefasst. Die kumulierte Wertminderung der bilanzierten Grundgeschäfte wird lediglich partiell durch die Wertsteigerung des Sicherungsgeschäfts kompensiert. Daher bat der Bundesrat die Bundesregierung zu klären, in wel-

---

[611] Praktische Auswirkungen ergeben sich bspw. dann, wenn das Grundgeschäft weniger stark im Wert sinkt als das zugehörige Sicherungsinstrument im Wert steigt. Die Differenz der Fair-Value-Änderungen ergibt den ineffektiven Teil der Sicherungsbeziehung. Nach HGB ist dieser ineffektive Teil nach den einschlägigen Regeln zu bilanzieren: Das Realisationsprinzip verhindert eine erfolgswirksame Vereinnahmung des ineffektiven Teils. Im Gegensatz dazu ist nach IAS 39 die Fair-Value-Änderung des Sicherungsinstruments vollständig zu erfassen.
[612] Vgl. weiterführend zur Diskussion um die bilanzrechtliche Zulässigkeit der Durchbuchungsmethode Küting/Cassel, KoR 2008, S. 771 ff.
[613] Vgl. Fn. 609.
[614] Vgl. BMJ, Referentenentwurf eines Bilanzrechtsmodernisierungsgesetzes (BilMoG), abrufbar unter: http://www.bmj.de/files/-/2567/RefE%20BilMoG.pdf (Stand: 10.8.2010), S. 118.
[615] Vgl. IDW ERS HFA 35, Rz. 73.
[616] Vgl. Wiechens/Helke, DB 2008, S. 1336 ff; Bischof, Makrohedges in Bankbilanzen nach GoB und IFRS, Düsseldorf 2006, S. 66.
[617] Vgl. IAS 39.89A. Die IFRS sehen die Durchbuchungsmethode für Fair-Value-Hedges vor.
[618] Vgl. BR-Drucks. 344/08 (B), S. 8 ff.

cher Weise die Wertminderung auf die bilanzierten Grundgeschäfte verteilt werden sollte. In ihrer Erwiderung hat die Bundesregierung deutlich gemacht, sie halte sowohl „eine quotale Aufteilung als auch die Berücksichtigung der Wertänderung bei nur einzelnen Vermögensgegenständen für zulässig".[619]

Die Durchbuchungsmethode führt außerdem bei **bilanzunwirksamen festen Verpflichtungen** *(firm commitments)* zu Schwierigkeiten: Hier zwingt die Durchbuchungsmethode den Bilanzierenden, die kumulierte Änderung des beizulegenden Zeitwerts der festen Verpflichtung, die auf das abgesicherte Risiko zurückzuführen ist, als Vermögenswert oder Verbindlichkeit in der Bilanz anzusetzen. Die kumulierten Änderungen des beizulegenden Zeitwerts des Sicherungsinstruments stehen den Änderungen des Grundgeschäfts gegenüber.

Auf (mit hoher Wahrscheinlichkeit) **erwartete Transaktionen** ist die Durchbuchungsmethode nicht anwendbar. Würden Bewertungseinheiten, die das Risiko aus einem antizipativen Grundgeschäft absichern, durchgebucht, müssten die Fair-Value-Änderungen des Grundgeschäfts in der Bilanz angesetzt werden, obwohl weder ein Vermögensgegenstand noch eine Schuld vorliegt.[620] Aus diesem Grund bilden die IFRS eine **erwartete Transaktion** *(forecast transaction)* als *cash flow hedge* ab:[621] Die Wertschwankungen des Sicherungsgeschäfts werden erfolgsneutral im Eigenkapital geparkt, soweit der Hedge zu 100 % effektiv ist oder die kumulierte Wertänderung des Sicherungsinstruments hinter der kumulierten Fair-Value-Änderung des abgesicherten Cashflows zurückbleibt *(underhedge)*. Die Fair-Value-Änderungen der dem antizipativen Grundgeschäft zuzurechnenden Cashflows bleiben hingegen während der Laufzeit der Sicherungsbeziehung unberücksichtigt.[622] Die einseitige (wenn auch erfolgsneutrale) Abbildung des Sicherungsinstruments trägt dem wirtschaftlichen Gehalt der Sicherungsbeziehung nicht Rechnung. Das Ergebnis ist eine verzerrende Darstellung des Eigenkapitals.

Das Einfrieren der Bewertungseinheit führt insofern zu einer vorzugswürdigeren Abbildung, weil sie den wirtschaftlichen Gehalt der Sicherungsbeziehung erfasst. Für

---

[619] Gegenäußerung der Bundesregierung zur Stellungnahme des Bundesrates - BR-Drucks. 344/08 -, S. 3.

[620] Gelhausen/Fey/Kämpfer schlagen mit Blick auf § 265 Abs. 5 Satz 2 HGB vor, die negativen und positiven Wertänderungen in einem eigenständigen neuen Posten mit spezieller Bezeichnung auszuweisen, um der bisherigen Praxis Rechnung zu tragen, die die Aufwendungen und Erträge durch den Ansatz eines aktiven oder passiven Ausgleichspostens neutralisiert, auch wenn es sich nicht um Vermögensgegenstände oder Schulden gehandelt hat (vgl. Gelhausen/Fey/Kämpfer, Rechnungslegung und Prüfung nach dem BilMoG, Düsseldorf 2009, Abschnitt H, Rz. 131 ff.). Die bisher wohl übliche, aber gesetzeswidrige Vorgehensweise kann nicht als Argument fruchtbar gemacht werden. Dem Vorschlag von Schmidt, die Wertänderungen im Eigenkapital zu neutralisieren (vgl. Schmidt, BB 2010, S. 886), mangelt es mit Gelhausen/Fey/Kämpfer ebenso an einer gesetzlichen Grundlage.

[621] Vgl. Lüdenbach, in: Lüdenbach/Hoffmann (Hrsg.): Haufe IFRS-Kommentar, 8. Aufl., Freiburg 2010, § 28, Rz. 247.

[622] Die Behandlung des im Eigenkapital erfassten Betrags nach Beendigung der Sicherungsbeziehung ist abhängig von dem gesicherten Grundgeschäft (vgl. IAS 39.97-99).

den ineffektiven Teil einer Sicherungsbeziehung gelten die gleichen Regelungen wie für alle anderen Bewertungseinheiten. Die Unterscheidung der IFRS zwischen Übersicherung *(overhedge)* und Untersicherung *(underhedge)* spielt bei der handelsrechtlichen Bilanzierung erwarteter Transaktionen keine Rolle.[623] Erwartete Transaktionen sind daher handelsrechtlich nach der Einfrierungsmethode abzubilden.[624]

Für die Berichterstattung im **Anhang** ist § 285 Nr. 23 HGB zu beachten. Verglichen mit dem Regierungsentwurf werden im Gesetz umfangreichere Anhangsvorschriften verankert, „um eine hinreichende Transparenz für die Abschlussadressaten zu erreichen" (BT-Drucks. 16/12407, S. 115). Die Anwendung von § 254 HGB fordert Anhangsangaben

- zur Art der Bewertungseinheit („ob die Risikoabsicherung mittels eines Micro-, Portfolio- oder Macro-Hedging betrieben wird" (BT-Drucks. 16/12407, S. 115)),
- zu dem betragsmäßigen Umfang des Grundgeschäfts und insbesondere dem abgesicherten Risiko („mit welchem Betrag jeweils Vermögensgegenstände, Schulden, schwebende Geschäfte und mit hoher Wahrscheinlichkeit vorgesehene Transaktionen ... einbezogen sind", § 285 Nr. 23 Buchstabe a HGB), wobei „als Risiken [...] beispielsweise Zins-, Währungs-, Bonitäts- und Preisrisiken" (BT-Drucks. 16/12407, S. 115) denkbar sein sollen,
- zu dem Gesamtvolumen der am Bilanzstichtag in bestehenden Bewertungseinheiten abgesicherten Risiken („die Höhe der mit Bewertungseinheiten abgesicherten Risiken", § 285 Nr. 23 Buchstabe a HGB),
- zu dem Sicherungsinstrument und zur Effektivität der Bewertungseinheit, wobei auch anzugeben ist, welches Verfahren das Unternehmen heranzieht, um die Effektivität zu messen („für die jeweils abgesicherten Risiken, warum, in welchem Umfang und für welchen Zeitraum sich die gegenläufigen Wertänderungen oder Zahlungsströme künftig voraussichtlich ausgleichen, einschließlich der Methode der Ermittlung", § 285 Nr. 23 Buchstabe b HGB) und
- gesondert zu einem antizipativen Grundgeschäft („eine Erläuterung der mit hoher Wahrscheinlichkeit erwarteten Transaktionen, die in Bewertungseinheiten einbezogen werden", § 285 Nr. 23 Buchstabe c HGB).

An die Begründung antizipativer Grundgeschäfte stellt der Gesetzgeber hohe Anforderungen. Hier muss der Bilanzierende für Dritte nachvollziehbar und plausibel deutlich machen, warum das Tatbestandsmerkmal einer ‚hohen Wahrscheinlichkeit' erfüllt ist. Wird zur Absicherung eines antizipativen Grundgeschäfts ein derivatives Finanzinstrument verwendet, dessen Wert unterhalb der Anschaffungskosten liegt, ist gesondert „zu erläutern, weshalb aus der [...] mit hoher Wahrscheinlichkeit erwarteten Transaktion ein kompensierender Ertrag zu erwarten ist" (BT-Drucks. 16/12407, S. 115).

---

[623] Vgl. Scharpf, in: Küting/Pfitzer/Weber, Das neue deutsche Bilanzrecht, 2. Aufl., Stuttgart 2009, S. 223.
[624] So auch IDW ERS HFA 35, Rz. 85 f.

Der Gesetzgeber stellt es dem Bilanzierenden frei, die beschriebenen Informationen statt im Anhang im **Lagebericht** zu veröffentlichen. Dadurch soll eine Zusammenfassung von Informationen ermöglicht werden (vgl. BT-Drucks. 16/12407, S. 116).

5.3 Erstanwendung, Übergangsregelung und steuerliche Folgen

Die Regelung des § 254 HGB ist auf Jahres- und Konzernabschlüsse für nach dem **31.12.2009** beginnende Geschäftsjahre **erstmalig** anzuwenden (vgl. Art. 66 Abs. 3 EGHGB). Eine vorzeitige Anwendung für Geschäftsjahre, die nach dem **31.12.2008** beginnen, ist zulässig, allerdings nur im Verbund mit allen anderen in Art. 66 Abs. 3 EGHGB bezeichneten Vorschriften und unter der Aufnahme eines entsprechenden Hinweises in den Anhang. Die Vorschrift gilt für alle bilanzierenden Kaufleute.

Für den **Übergang** auf die Neuregelung sieht der Gesetzgeber keine speziellen Übergangsregelungen vor. Damit sind nach alter Rechtslage gebildete Bewertungseinheiten, die den Vorgaben von § 254 HGB bereits genügen, fortzuführen. Bestehende Bewertungseinheiten, die die Vorgaben des § 254 HGB nicht erfüllen, sind aufzulösen und nach den allgemeinen Grundsätzen ordnungsmäßiger Buchführung zu beurteilen. Eine rückwirkende Zusammenfassung von Grundgeschäften und Sicherungsinstrumenten ist nicht zulässig.

Die Einführung von § 254 HGB ist im Grundsatz **steuerneutral**. Die nach Handelsrecht gebildeten Bewertungseinheiten sind auch bisher schon über den Verweis in § 5 Abs. 1a EStG steuerlich zu beachten. Da § 254 HGB nur die nicht explizit geregelte Praxis festschreibt (vgl. BT-Drucks. 16/10067, S. 57), sollten sich keine steuerlichen Auswirkungen ergeben.

Die im Übergang auf den neuen Inhalt von § 254 HGB zu beachtenden Vorschriften sind in Abb. 132 überblickartig aufbereitet.

Übergang auf die Regelungen zu Bewertungseinheiten

Erstanwendung	Übergang	Steuerliche Folgen
• Obligatorisch: Jahres- und Konzernabschlüsse für nach dem 31.12.2009 beginnende Geschäftsjahre • Optional: Jahres- und Konzernabschlüsse für nach dem 31.12.2008 beginnende Geschäftsjahre (nur im Verbund mit allen übrigen vorzeitig anwendbaren Vorschriften) Art. 66 Abs. 3 EGHGB	• Keine Übergangsregelung • Konsequenzen: » Nach bisherigem Recht gebildete Bewertungseinheiten, die den Vorgaben des § 254 HGB genügen, sind fortzuführen » Bestehende Bewertungseinheiten, die nicht den Vorgaben des § 254 HGB genügen, sind aufzulösen und nach den allgemeinen GoB zu beurteilen » Eine rückwirkende Zusammenfassung von Grundgeschäften und Sicherungsinstrumenten zu einer Bewertungseinheit ist nicht zulässig	• Die nach Handelsrecht gebildeten Bewertungseinheiten sind auch steuerlich zu beachten • Da § 254 HGB nur die nicht explizit geregelte Praxis festschreibt, sollten sich keine steuerlichen Auswirkungen ergeben § 5 Abs. 1a EStG BT-Drucks. 10/10067, S. 57

Abb. 132: Übergang auf die Regelungen zur Bildung von Bewertungseinheiten

5.4 Fallbeispiele zur Bildung von Bewertungseinheiten

In den folgenden Beispielen werden verschiedene Fälle von Sicherungsbeziehungen nach § 254 HGB beurteilt.

Beispiele

Um sich gegen Risiken aus Grundgeschäften abzusichern, hat die B AG Sicherungsgeschäfte abgeschlossen, die im Jahresabschluss zum 31.12.X1 nach § 254 HGB zu beurteilen sind.

Sachverhalt 1:

Zur Finanzierung ihrer Geschäftsaktivitäten hat die B AG im vergangenen Jahr ein Darlehen in Höhe von 8.000 TEUR aufgenommen. Für das Darlehen ist eine variable Verzinsung in Höhe von EURIBOR plus 70 bps (1 % = 100 bps) zu zahlen. Um sich gegen das Risiko eines Anstiegs der kurzfristigen Zinsen abzusichern, hat die B AG im laufenden Geschäftsjahr einen marktkonformen Payer-Zinsswap erworben. Dieser verpflichtet die Gesellschaft zu einer festen Zinszahlung von 5,6 % auf Basis eines Kapitalbetrags von 8.000 TEUR. Im Gegenzug erhält sie aus der Vereinbarung variable Zinsen in Höhe von EURIBOR plus 30 bps.

Nach einem Rückgang der Zinsen zum 31.12.X1 weist der Payer-Zinsswap einen negativen Marktwert von 400 TEUR auf.

Beurteilung:

Das variabel verzinsliche Darlehen und die Swap-Vereinbarung sind geeignet, eine **Bewertungseinheit** im Sinne des § 254 HGB zu bilden.

Als Grundgeschäft designiert die B AG das variabel verzinsliche Darlehen. Das Sicherungsinstrument, der Payer-Zinsswap, soll das Risiko ausschalten, infolge eines Anstiegs der Marktzinsen höhere Zinszahlungen aus dem variabel verzinslichen Darlehen leisten zu müssen. Die Effektivität ist erfüllt, da eine Änderung des EURIBOR kompensierende Wertänderungen von Grundgeschäft und Sicherungsinstrument nach sich zieht: Grundgeschäft und Sicherungsinstrument stimmen in allen wesentlichen Bedingungen überein (*critical terms match*). Der Micro-Hedge ist zu 100 % effektiv. Um eine Bewertungseinheit zu begründen, ist die Sicherungsbeziehung nachvollziehbar zu dokumentieren.

Da die beiden Geschäfte die Voraussetzungen einer Bewertungseinheit i. S. v. § 254 HGB erfüllen, sind die **Rechtsfolgen** von § 254 HGB zu beachten: Die beiden Geschäfte unterliegen, für sich genommen, nicht den Vorschriften von § 249 Abs. 1, § 252 Abs. 1 Nr. 3, 4 und § 253 Abs. 1 Satz 1 HGB zur Erfassung unrealisierter Verluste. Unrealisierte Verluste könnten nur für die Bewertungseinheit insgesamt zu erfassen sein. Die Überverzinslichkeit einer Darlehensverbindlichkeit gibt dazu nach herrschender Ansicht keinen Anlass.

Sachverhalt 2:

Die B AG hat am 1.11.X1 Vorräte in den USA zum Preis von 500 TUSD bestellt. Die Lieferung soll am 15.3.X2, die Zahlung am 30.4.X2 erfolgen.

Um dem Risiko eines Dollaranstiegs zu begegnen, schließt die B AG zeitgleich mit der Bestellung ein Devisentermingeschäft über 500 TUSD per Ende April X2 ab. Es fallen keine Anschaffungskosten an. Aufgrund eines im Zeitablauf fester notierenden US-Dollars und eines übereinstimmenden Zinsniveaus im Euro- und US-Dollar-Raum (10 %) entwickelt sich das Devisentermingeschäft (DTG) wie folgt:

Datum	Kassakurs USD pro EUR	Zinsen Deutschland	Zinsen USA	Terminkurs USD pro EUR	DTG Fair Value [EUR]
01.11.X1	1,300	10%	10%	1,3000	0
31.12.X1	1,240	10%	10%	1,2400	18.000
15.03.X2	1,210	10%	10%	1,2100	28.252
30.04.X2	1,190	10%	10%	1,1900	35.553

Abschnitt 8: Sonderfragen – Bewertungseinheiten

Datum	Kassakurs USD pro EUR	Grundgeschäft			Devisentermingeschäft			Effektivität
		Fair Value [EUR]	Aufzinsung [EUR]	Δ Fair Value [EUR]	Fair Value [EUR]	Aufzinsung [EUR]	Δ Fair Value [EUR]	
01.11.X1	1,300	365.857	0	0	0	0	0	-
31.12.X1	1,240	390.006	372.006	18.000	18.000	0	18.000	1,00
15.03.X2	1,210	408.090	398.217	9.873	28.252	18.379	9.873	1,00
30.04.X2	1,190	420.168	413.223	6.945	35.553	28.608	6.945	1,00

Beurteilung:

Das Beschaffungsgeschäft und das Devisentermingeschäft sind geeignet, eine **Bewertungseinheit** im Sinne des § 254 HGB zu bilden (*critical terms match*).

Abzusicherndes Grundgeschäft ist die Vorratsbeschaffung in Fremdwährung, genauer die Fremdwährungsverbindlichkeit. Als Sicherungsinstrument dient das Devisentermingeschäft. Die Sicherungsbeziehung schützt die B AG vor höheren Beschaffungskosten infolge eines Dollaranstiegs. Um eine Bewertungseinheit zu begründen, ist die Sicherungsbeziehung nachvollziehbar zu dokumentieren. In diesem Fall unterliegen die beiden Geschäfte für sich genommen nicht den Vorschriften der § 249 Abs. 1, § 252 Abs. 1 Nr. 3, 4 und § 253 Abs. 1 Satz 1 HGB zur Erfassung unrealisierter Verluste.

Die Bewertungseinheit ist im Abschluss der B AG entweder nach der Einfrierungsmethode oder der Durchbuchungsmethode abzubilden. Nach der Einfrierungsmethode hat die B AG zum 31.12.X1 keine Buchungen vorzunehmen. Entscheidet sich die B AG, die Bewertungseinheit nach Maßgabe der Durchbuchungsmethode abzubilden, weist sie sowohl die Wertänderung des Grundgeschäfts als auch die des Sicherungsinstruments in der Bilanz aus. Zum 31.12.X1 sind die folgenden Buchungen durchzuführen:

Datum	Konto	Soll	Haben
31.12.X1	Derviat aus Bewertungseinheit	18.000	
	Sonstige betriebliche Erträge		18.000

Datum	Konto	Soll	Haben
31.12.X1	Sonstige betriebliche Aufwendungen	18.000	
	Passivposten aus *firm commitment*		18.000

Da es sich bei der Sicherungsbeziehung um einen perfekten Hedge handelt, haben die Wertänderungen von Grund- und Sicherungsgeschäft im Ergebnis keinen Einfluss auf den Gewinn.

Sachverhalt 3:

Abweichend von den Ausgangsdaten des Sachverhalts 2 sei von einem im Zeitablauf schwächer werdenden US-Dollar ausgegangen. Dollarkurs (EUR / USD) und Devisentermingeschäft entwickeln sich in der Zeit bis zur Zahlung wie folgt:

Kapitel 2: Einzelgesellschaftliche Rechnungslegung

Datum	Kassakurs USD pro EUR	Zinsen Deutschland	Zinsen USA	Terminkurs USD pro EUR	DTG fair value [EUR]
01.11.X1	1,300	10%	10%	1,3000	0
31.12.X1	1,350	10%	10%	1,3500	-13.778
15.03.X2	1,380	10%	10%	1,3800	-22.020
30.04.X2	1,410	10%	10%	1,4100	-30.005

Datum	Kassakurs USD pro EUR	Grundgeschäft fair value [EUR]	Grundgeschäft Aufzinsung [EUR]	Grundgeschäft Δ fair value [EUR]	Devisentermingeschäft fair value [EUR]	Devisentermingeschäft Aufzinsung [EUR]	Devisentermingeschäft Δ fair value [EUR]	Effektivität
01.11.X1	1,300	365.857	0	0	0	0	0	-
31.12.X1	1,350	358.228	372.006	-13.778	-13.778	0	-13.778	1,00
15.03.X2	1,380	357.818	379.838	-22.020	-22.020	0	-22.020	1,00
30.04.X2	1,410	354.610	384.615	-30.005	-30.005	0	-30.005	1,00

Beurteilung:

Aufgrund des im Zeitablauf schwächer werdenden US-Dollar weist das Devisentermingeschäft einen negativen, im Zeitablauf stetig sinkenden beizulegenden Zeitwert auf. Das Grundgeschäft, die Fremdwährungsverbindlichkeit, hat sich um den gleichen Betrag reduziert. Die Wertänderungen gleichen sich aus. Beschaffungsgeschäft und Devisentermingeschäft bilden bei entsprechender Dokumentation eine **Bewertungseinheit** i. S. d. § 254 HGB. Ein unrealisierter Verlust könnte nur für die Bewertungseinheit insgesamt zu erfassen sein. Das ist hier der Fall.

Die bestellten Vorräte könnten am Abschlussstichtag um 13.778 EUR günstiger (nämlich zu einem niedrigeren US-Dollarkurs) wiederbeschafft werden. Niedrigere Wiederbeschaffungskosten geben nach h. M. Anlass, eine Drohverlustrückstellung zu bilden.[625] Sind Waren Gegenstand des Beschaffungsgeschäfts, die absatzseitig gewinnbringend veräußert werden können, wird die Bildung einer Drohverlustrückstellung teilweise als Ausdruck einer übertriebenen Vorsicht abgelehnt.[626] Zum 31.12.X1 sind damit nach Maßgabe der Durchbuchungsmethode die folgenden Buchungen angezeigt (Angaben in EUR):

Datum	Konto	Soll	Haben
31.12.X1	Sonstige betriebliche Aufwendungen	13.778	
	Derivat aus Bewertungseinheit		13.778

Datum	Konto	Soll	Haben
31.12.X1	Aktivposten aus *firm commitment*	13.778	
	Sonstige betriebliche Erträge		13.778

---

[625] Vgl. IDW RS HFA 4, Rz. 31.
[626] Vgl. Mayer-Wegelin/Kessler/Höfer, in: Küting/Weber (Hrsg.): HdR-E, 5. Aufl., Stuttgart 2002 ff., § 249 HGB, Rz. 200.

Datum	Konto	Soll	Haben
	Sonstige betriebliche Aufwendungen	13.778	
31.12.X1	Drohverlustrückstellung		13.778

Wird die Bewertungseinheit eingefroren, entfallen die ersten beiden Buchungen.

Die Vorräte sind bei Lieferung mit ihren fixierten Anschaffungskosten von 379.838 EUR einzubuchen. Dazu ist – den IFRS entsprechend – der im Aktivposten aus *firm commitment* zum 15.3.X2 geparkte Betrag (22.020 EUR) auf die Waren zu übertragen (*basis adjustment*). Darüber hinaus ist zum 15.3.X2 eine Verbindlichkeit aus Lieferungen und Leistungen in Höhe von 357.818 EUR zu passivieren. Die zum 15.3.X2 in Höhe von 22.020 EUR bestehende Drohverlustrückstellung ist im Zuge der Folgebewertung in eine Niederstwertabschreibung auf die Vorräte umzuwidmen. Die Vorräte stehen sodann mit 357.818 EUR zu Buche. Die Schuld aus dem Devisentermingeschäft hat sich zum 15.3.X2 auf 22.020 EUR erhöht.

Die Bewertungseinheit ist bis zum 30.04.X2 fortzuführen, da erst zu diesem Zeitpunkt die gesicherte Fremdwährungsverbindlichkeit zu begleichen ist. Bis dahin heben sich die gegenläufigen Wertänderungen von Grund- und Sicherungsgeschäft auf. Zum 30.4.X2 ist das Derivat gegenüber der kontrahierenden Bank glattzustellen. Schließlich sind die Waren als Teil des Umlaufvermögens mit dem niedrigeren Wert anzusetzen, der sich aus dem Marktpreis am Abschlussstichtag ergibt (§ 253 Abs. 4 Satz 1 HGB).

Sachverhalt 4:

Es gelten die Ausgangsdaten des Sachverhalts 2, wobei folgende Modifikation zu beachten ist: Der Terminkurs für den US-Dollar weicht aufgrund niedrigerer US-Dollarzinsen vom Kassakurs ab. Das Devisentermingeschäft entwickelt sich in der Zeit bis zur Lieferung der Vorräte wie folgt:

	Kassakurs	Zinsen		Terminkurs	Devisentermingeschäft		
Datum	USD pro EUR	Deutschland	USA	USD pro EUR	Fair Value [EUR]	Kassakomp.	Differenz
01.11.X1	1,300	10%	5%	1,2679	0	0	0
31.12.X1	1,240	10%	5%	1,2195	15.137	18.000	-2.863
15.03.X2	1,210	10%	5%	1,2025	21.195	28.252	-7.057
30.04.X2	1,190	10%	5%	1,1900	25.816	35.553	-9.737

	Kassakurs	Grundgeschäft			DTG	
Datum	USD pro EUR	Fair Value [EUR]	Aufzinsung	Δ Fair Value [EUR]	Δ Fair Value [EUR]	Effektivität
01.11.X1	1,300	365.857	0	0	0	-
31.12.X1	1,240	390.006	372.006	18.000	15.137	1,19
15.03.X2	1,210	408.090	379.838	28.252	21.195	1,33
30.04.X2	1,190	420.168	384.615	35.553	25.816	1,38

Beurteilung:

Die Fair-Value-Änderung des Devisentermingeschäfts wird von zwei Effekten beeinflusst: Erstens notiert der US-Dollar im Zeitablauf fester. Das lässt das Devisentermingeschäft im Wert ansteigen. In die entgegengesetzte Richtung wirkt der Zinsunterschied zwischen Deutschland und den USA: Unter der Annahme eines konstanten Kassakurses könnte der US Dollar – aufgrund der im Zeitablauf abnehmenden Differenz zwischen Kassa- und Terminkurs – zunehmend günstiger erworben werden als zum 1.11.X1 im Devisentermingeschäft kontrahiert. Das wirkt sich negativ auf den Fair Value des Devisentermingeschäfts aus.

Designiert die B AG das Devisentermingeschäft auf Basis des Terminkurses als Sicherungsinstrument, ergeben sich die in der zweiten Tabelle dargestellten Effektivitäten. Der Zinsunterschied führt zu einer partiellen Ineffektivität der Sicherungsbeziehung. Die für die Möglichkeit einer Verschuldung in US-Dollar und einer Anlage der Mittel zu höheren Euro-Zinsen gezahlte Prämie verflüchtigt sich im Zeitablauf.

Soweit eine Sicherungsbeziehung ineffektiv ist, greifen nach § 254 HGB die §§ 253, 249 HGB. Dementsprechend treten zum 31.12.X1 die Rechtsfolgen des § 254 HGB nur in dem Umfang ein, in dem sich die Wertänderungen des Grund- und Sicherungsgeschäfts aufheben. Die Veränderung des Fair Value der Fremdwährungsverbindlichkeit übersteigt die Wertänderung des Sicherungsgeschäfts. Die Bildung einer Drohverlustrückstellung ist somit nicht veranlasst. Zum 31.12.X1 erfordert die Durchbuchungsmethode die folgenden Buchungen (Angaben in EUR):

Datum	Konto	Soll	Haben
	Derviat aus Bewertungseinheit	15.137	
31.12.X1	Sonstige betriebliche Erträge		15.137

Datum	Konto	Soll	Haben
	Sonstige betriebliche Aufwendungen	15.137	
31.12.X1	Passivposten aus *firm commitment*		15.137

Bildet die B AG die Bewertungseinheit nach der Einfrierungsmethode ab, fallen die beiden Buchungen weg.

Sachverhalt 5:

Es gelten die Ausgangsdaten des Sachverhalts 2 mit folgender Modifikation: Um eine in X2 **geplante Beschaffung** von Vorräten gegen einen Dollaranstieg abzusichern, hat die B AG am 1.11.X1 ein Devisentermingeschäft im Umfang von 500 TUSD abgeschlossen. Dollarkurs und Devisentermingeschäft haben sich bis zum Abschlussstichtag wie folgt entwickelt:

Abschnitt 8: Sonderfragen – Bewertungseinheiten

Datum	Kassakurs USD pro EUR	Zinsen Deutschland	Zinsen USA	Terminkurs USD pro EUR	Devisentermingeschäft Fair Value [EUR]	Devisentermingeschäft Kassakomp.	Devisentermingeschäft Differenz
01.11.X1	1,300	10%	5%	1,2679	0	0	0
31.12.X1	1,350	10%	5%	1,3277	-17.175	-13.778	-3.397
15.03.X2	1,380	10%	5%	1,3714	-29.392	-22.020	-7.372
30.04.X2	1,410	10%	5%	1,4100	-39.742	-30.005	-9.737

Datum	Kassakurs USD pro EUR	Grundgeschäft Fair Value [EUR]	Grundgeschäft Aufzinsung [EUR]	Grundgeschäft Δ Fair Value [EUR]	DTG Δ Fair Value [EUR]	Effektivität
01.11.X1	1,300	365.857	0	0	0	-
31.12.X1	1,350	358.228	372.006	-13.778	-17.175	0,80
15.03.X2	1,380	357.818	379.838	-22.020	-29.392	0,75
30.04.X2	1,410	354.610	384.615	-30.005	-39.742	0,76

Beurteilung:

Antizipative Grundgeschäfte bilden nach § 254 HGB absicherungsfähige Grundgeschäfte, wenn die erwartete Transaktion so gut wie sicher zustande kommt. Ob aus dem Devisentermingeschäft ein Verlust droht, ist in diesem Fall nicht isoliert, sondern nur **zusammen** mit dem Beschaffungsgeschäft zu beurteilen.

Im vorliegenden Sachverhalt ist der Fair Value des Devisentermingeschäfts aufgrund eines im Zeitablauf schwächer werdenden US-Dollar negativ. Verstärkt wird dieser Effekt durch den Zinsunterschied zwischen Deutschland und den USA. Designiert die B AG das Devisentermingeschäft auf Basis des Terminkurses als Sicherungsinstrument, führt das Zinsgefälle zu einer partiellen Ineffektivität der Sicherungsbeziehung. Die Bilanzierung des ineffektiven Teils der Sicherungsbeziehung folgt nach den einschlägigen Regeln.

Die Sicherungsbeziehung kann in der Bilanz der B AG nur nach der Einfrierungsmethode abgebildet werden, da andernfalls für eine lediglich erwartete Transaktion ein Vermögensgegenstand anzusetzen wäre (vgl. Gliederungspunkt 5.2.3). Ein Vermögensgegenstand liegt aber nicht vor.

Zum 31.12.X1 ist in Höhe des durch den Zinsunterschied hervorgerufenen negativen Zeitwerts eine Drohverlustrückstellung für den ineffektiven Teil der Sicherungsbeziehung zu passivieren (Angaben in EUR):

Datum	Konto	Soll	Haben
31.12.X1	Sonstige betriebliche Aufwendungen	3.397	
	Drohverlustrückstellung		3.397

Obwohl die Vorräte zum Abschlussstichtag um 13.778 EUR günstiger erworben werden könnten als zu dem Zeitpunkt, als die Bewertungseinheit begründet wurde, ist die Bildung einer Drohverlustrückstellung mangels eines schwebenden Geschäfts nicht veranlasst. Der Schwebezustand eines Geschäfts beginnt erst mit dem rechtswirksamen Abschluss der einschlägigen Verträge. Erwartete Transaktionen begründen weder einen Anspruch noch eine Verpflichtung.[627]

6 Finanzinstrumente des Handelsbestands von Kredit- und Finanzdienstleistungsinstituten

6.1 Die neuen Vorschriften im Überblick

§ 340e HGB lautet folgendermaßen:

> **HGB § 340e Bewertung von Vermögensgegenständen**
>
> (1) Kreditinstitute haben Beteiligungen einschließlich der Anteile an verbundenen Unternehmen, Konzessionen, gewerbliche Schutzrechte und ähnliche Rechte und Werte sowie Lizenzen an solchen Rechten und Werten, Grundstücke, grundstücksgleiche Rechte und Bauten einschließlich der Bauten auf fremden Grundstücken, technische Anlagen und Maschinen, andere Anlagen, Betriebs- und Geschäftsausstattung sowie Anlagen im Bau nach den für das Anlagevermögen geltenden Vorschriften zu bewerten, es sei denn, dass sie nicht dazu bestimmt sind, dauernd dem Geschäftsbetrieb zu dienen; in diesem Falle sind sie nach Satz 2 zu bewerten. Andere Vermögensgegenstände, insbesondere Forderungen und Wertpapiere, sind nach den für das Umlaufvermögen geltenden Vorschriften zu bewerten, es sei denn, dass sie dazu bestimmt werden, dauernd dem Geschäftsbetrieb zu dienen; in diesem Falle sind sie nach Satz 1 zu bewerten. § 253 Abs. 3 Satz 4 ist nur auf Beteiligungen und Anteile an verbundenen Unternehmen im Sinn des Satzes 1 sowie Wertpapiere und Forderungen im Sinn des Satzes 2, die dauernd dem Geschäftsbetrieb zu dienen bestimmt sind, anzuwenden.
>
> (2) [...]
>
> (3) Finanzinstrumente des Handelsbestands sind zum beizulegenden Zeitwert abzüglich eines Risikoabschlags zu bewerten. Eine Umgliederung in den Handelsbestand ist ausgeschlossen. Das Gleiche gilt für eine Umgliederung aus dem Handelsbestand, es sei denn, außergewöhnliche Umstände, insbesondere schwerwiegende Beeinträchtigungen der Handelbarkeit der Finanzinstrumente, führen zu einer Aufgabe der Handelsabsicht durch das Kreditinstitut. Finanzinstrumente des Handelsbestands können nachträglich in eine Bewertungseinheit

---

[627] Vgl. IDW RS HFA 4, Rz. 7.

> einbezogen werden; sie sind bei Beendigung der Bewertungseinheit wieder in den Handelsbestand umzugliedern.
>
> (4) In der Bilanz ist dem Sonderposten „Fonds für allgemeine Bankrisiken" nach § 340g in jedem Geschäftsjahr ein Betrag, der mindestens zehn vom Hundert der Nettoerträge des Handelsbestands entspricht, zuzuführen und dort gesondert auszuweisen. Dieser Posten darf nur aufgelöst werden:
> 1. zum Ausgleich von Nettoaufwendungen des Handelsbestands, oder
> 2. soweit er 50 vom Hundert des Durchschnitts der letzten fünf jährlichen Nettoerträge des Handelsbestands übersteigt.

Die Änderungen in § 340e HGB beinhalten erstens eine **formale Anpassung** und zweitens eine wirkliche Neuerung. Die Überarbeitung von § 340e Abs. 1 Satz 3 HGB beruht auf der Neufassung von § 253 HGB. Diese Änderung bringt keine materiellen Auswirkungen mit sich. Sie wird im Folgenden nicht weiter thematisiert. Mit den neu eingefügten Absätzen 3 und 4 des § 340e HGB hat der Gesetzgeber eine beschränkte Zeitwertbewertung für ‚Finanzinstrumente des Handelsbestands' von Kredit- und Finanzdienstleistungsinstituten in das Gesetz aufgenommen. Diese **Neuregelung** ist Gegenstand des folgenden Kapitels. Der noch im RegE BilMoG enthaltene § 253 Abs. 1 Satz 3 HGB in der Fassung des RegE BilMoG, der die Zeitbewertung von zu Handelszwecken erworbenen Finanzinstrumenten für Nichtbanken vorsah, wurde „vor dem Hintergrund der gegenwärtigen Finanzkrise" (BT-Drucks. 16/12407, S. 111) aus der verabschiedeten Fassung gestrichen.[628]

Mit der **Einführung einer Zeitwertbewertung** bestimmter Finanzinstrumente kodifiziert der Gesetzgeber eigenen Angaben zufolge lediglich, was „derzeit von Kreditinstituten praktiziert wird" (BT-Drucks. 16/12407, S. 122). Bei Kreditinstituten ist es üblich, das Handelsbestandsportfolio, unter Einschränkung des Einzelbewertungsgrundsatzes, als Bewertungseinheit zu bilanzieren. Imparitäts- und Realisationsprinzip finden auf den Handelsbestand als Ganzes Anwendung. Die einzelnen Finanzinstrumente des Portfolios werden zum beizulegenden Zeitwert bewertet.[629] Die Neuregelung diene so lediglich der Klarstellung und Vereinheitlichung (vgl. BT-Drucks. 16/10067, S. 53).

Die Zeitwertbewertung verletzt das handelsrechtliche Realisationsprinzip, da auch nur realisierbare Gewinne vereinnahmt werden. Obgleich Gewinne aus der Zeitwertbewertung noch nicht durch einen Umsatzakt bestätigt wurden, können sie zur Ausschüttung gelangen. Das untergräbt die Kernziele des handelsrechtlichen Jahresabschlusses. Der Gesetzgeber versucht die handelsrechtliche Schutzfunktion auf zwei Wegen zu wahren: Erstens, indem auf den Zeitwert der im Handelsbestand befindlichen

---

[628] Diese Begründung überzeugt schon deshalb nicht, weil die Zeitwertbewertung für Nichtbanken gestrichen wurde, für Kreditinstitute hingegen eingeführt wird. „Es ist indes nicht (sachlich) begründbar, warum gerade dort, wo das Problem am schwerwiegendsten ist, eine Sonderregelung geschaffen werden soll"; Jessen/Haaker, DStR 2009, S. 504.
[629] Vgl. Schmidt, KoR 2008, S. 2.

Finanzinstrumente ein Risikoabschlag vorzunehmen ist. Zweitens sieht § 340e Abs. 4 HGB vor, einen bestimmten Betrag in den Sonderposten ‚Fonds für allgemeine Bankrisiken' nach § 340g HGB einzustellen, wenn bestimmte Bedingungen gegeben sind.

Als Teil des ersten Unterabschnitts des vierten Abschnitts, betrifft die Neuregelung alle unter § 340 HGB fallenden **Kredit- und Finanzdienstleistungsinstitute**. § 340e HGB ist erstmals auf Jahres- und Konzernabschlüsse anzuwenden, die nach dem **31.12.2009** beginnen (vgl. Art. 66 Abs. 3 EGHGB).

Die Zeitwertbewertung bestimmter Finanzinstrumente ist im Folgenden näher zu untersuchen. Welche Posten der Zeitwertbewertung unterliegen, ist von der inhaltlichen Ausdeutung ‚Finanzinstrumente des Handelsbestands' abhängig. Ihr widmet sich der erste Abschnitt. Der zweite Abschnitt hat die beschränkte Zeitwertbewertung zum Gegenstand. Die Dotierung des Sonderpostens ist Inhalt des dritten Abschnitts. Im vierten Abschnitt werden die Übergangsvorschriften und weitere flankierende Regelungen erläutert.

6.2 Voraussetzungen der beschränkten Zeitwertbewertung

Von der Zeitwertbewertung sind nur die **‚Finanzinstrumente des Handelsbestands'** betroffen. Sie sind „im Sinn des Kreditwesengesetzes" (BT-Drucks. 16/10067, S. 95) zu bestimmen: „Finanzinstrumente des Handelsbestands sind diejenigen Finanzinstrumente von Kreditinstituten und Finanzdienstleistungsunternehmen, die weder zur Liquiditätsreserve noch zum Anlagebestand zählen" (BT-Drucks. 16/10067, S. 95). Damit können nur solche Finanzinstrumente der Zeitwertbewertung unterliegen, die in der Terminologie des KWG im Handelsbuch (§ 1a Abs. 1 KWG) geführt werden.

Das **Handelsbuch** umfasst Finanzinstrumente i. S. d. § 1a Abs. 3 KWG,[630] die

- zum Zweck des kurzfristigen Wiederverkaufs im Eigenbestand gehalten werden oder die vom Institut übernommen werden, um bestehende oder erwartete Unterschiede zwischen den Kauf- und Verkaufspreisen oder Schwankungen von Marktkursen, -preisen, -werten oder -zinssätzen kurzfristig zu nutzen, damit ein Eigenhandelserfolg erzielt wird (Handelsabsicht) (vgl. § 1a Abs. 1 Satz 1 Nr. 1 KWG), und

- zur Absicherung von Marktrisiken des Handelsbuchs dienen und damit verbundene stehende Refinanzierungsgeschäfte (vgl. § 1a Abs. 1 Satz 1 Nr. 2 KWG).

---

[630] Die Definition eines Finanzinstruments in § 1a Abs. 3 KWG lautet: „Finanzinstrumente im Sinne dieses Gesetzes sind, vorbehaltlich § 1 Abs. 11, alle Verträge, die für eine der beiden beteiligten Seiten einen finanziellen Vermögenswert und für die andere Seite eine finanzielle Verbindlichkeit oder ein Eigenkapitalinstrument schaffen". Diese Definition lehnt sich eng an die Definition in IAS 32.11 an; vgl. Scharpf, in: Küting/Pfitzer/Weber, Das neue deutsche Bilanzrecht, 2. Aufl., Stuttgart 2009, S. 229. Die Definition schließt im Vergleich zu der Definition in § 1 Abs. 11 KWG handelbare Forderungen und Anteile ein; vgl. Serafin/Weber, in: Luz u. a. (Hrsg.): KWG, § 1a, Rz. 10.

Nicht alle Finanzinstrumente des bankenaufsichtsrechtlichen Handelsbuchs erfüllen die Kriterien des handelsrechtlichen Handelsbestands. Die Zeitwertbewertung trifft nur solche Finanzinstrumente, die schon **im Zugangszeitpunkt** dem Handelsbuch zugeordnet wurden.[631] Dieses Tatbestandsmerkmal ergibt sich aus dem Gesetz, denn hier heißt es: „Eine nachträgliche Umgliederung in den Handelsbestand ist ausgeschlossen" (§ 340e Abs. 3 Satz 2 HGB). Die Zuordnung im Zugangszeitpunkt ist nach den Vorschriften der MaRsik zu **dokumentieren.**[632] Das kann entweder durch eine Kennzeichnung des Geschäfts auf dem Händlerticket oder durch eine eindeutige Zuordnung zu einem Handelsportfolio erfolgen.[633]

Umgekehrt ist es grundsätzlich untersagt, Finanzinstrumente aus dem Handelsbestand herauszulösen, um sie so der Zeitwertbewertung zu entziehen: „Das Gleiche gilt für eine Umgliederung aus dem Handelsbestand" (§ 340e Abs. 3 Satz 3 HGB).[634] Diese Bedingung schränkt die dem Handelsbuch zugeordneten Finanzinstrumente weiter ein. Damit ein Finanzinstrument dem Handelsbestand zugeordnet werden kann, muss **es seit dem Zugangszeitpunkt ununterbrochen** dem Handelsbuch zugehörig gewesen sein. Wurde das betroffene Finanzinstrument einmal dem Anlagebuch zugeordnet, disqualifiziert es sich nach dem Gesetzeswortlaut als Finanzinstrument des Handelsbestands. Der Gesetzgeber hat in § 340e Abs. 3 Satz 2 und 3 HGB ein **grundsätzliches Umgliederungsverbot** verankert.

Darüber hinaus sind Finanzinstrumente, die als Grund- oder Sicherungsgeschäft Teil einer **Bewertungseinheit** sind, aus dem Kreis der zum Zeitwert zu bewertenden Finanzinstrumente auszusondern. Das folgt unmittelbar aus dem Gesetzestext: „Finanzinstrumente des Handelsbestands können nachträglich in eine Bewertungseinheit einbezogen werden; sie sind bei Beendigung der Bewertungseinheit wieder in den Handelsbestand umzugliedern" (§ 340e Abs. 3 Satz 3 HGB). Stattdessen sind Finanzinstrumente, die als Sicherungsgeschäfte fungieren, nach § 254 HGB zu bilanzieren (vgl. Gliederungspunkt 5). Im handelsrechtlichen Handelsbestand verbleiben somit solche Finanzinstrumente des bankenaufsichtsrechtlichen Handelsbuchs, die mit Handelsabsicht erworben wurden und fortlaufend dem Handelsbuch zugeordnet waren.

Finanzinstrumente des Handelsbuchs, die Teil einer Bewertungseinheit sind oder Teil einer Bewertungseinheit waren, können nach Beendigung der Bewertungseinheit wieder zurück in den Handelsbestand reklassifiziert werden. Dazu müssen die Finanzinstrumente aber zuvor dem Handelsbestand zugehörig gewesen sein. Nur **nachträglich** in eine Bewertungseinheit einbezogene Finanzinstrumente erfüllen die Anforderungen des Gesetzgebers.

---

[631] So auch IDW RS BFA 2, Rz. 12.
[632] Vgl. IDW RS BFA 2, Rz. 12.
[633] Vgl. hierzu IDW RS BFA 2, Rz. 15. So zuvor bereits Scharpf, in: Küting/Pfitzer/Weber, Das neue deutsche Bilanzrecht, 2. Aufl., Stuttgart 2009, S. 232.
[634] Das grundsätzliche Umgliederungsverbot soll „Umgliederungen, die allein zur Gestaltung/Glättung des Jahresergebnisses vorgenommen werden" (BT-Drucks. 16/12407, S. 122), verhindern.

Kapitel 2: Einzelgesellschaftliche Rechnungslegung

Die Beschneidung des bankenaufsichtsrechtlichen Handelsbuchs zum handelsrechtlichen Handelsbestand illustriert Abb. 133.

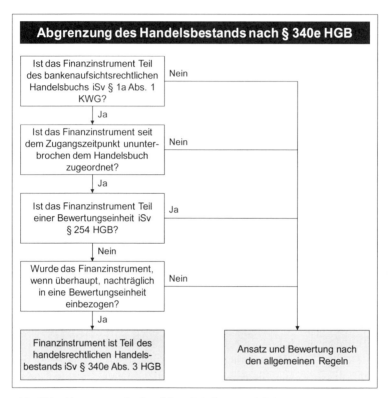

Abb. 133: Abgrenzung des handelsrechtlichen Handelsbestands nach § 340e Abs. 3 HGB

Vom **grundsätzlichen Umgliederungsverbot** existieren zwei **Ausnahmen**. Die erste betrifft die bereits angesprochene zwingende Umgliederung von Finanzinstrumenten, die in eine Bewertungseinheit einbezogen wurden.[635] Die zweite Öffnungsklausel betrifft Fälle, in denen „außergewöhnliche Umstände, insbesondere schwerwiegende Beeinträchtigungen der Handelbarkeit der Finanzinstrumente, [...] zu einer Aufgabe der Handelsabsicht durch das Kreditinstitut" (§ 340e Abs. 3 Satz 2 HGB) führen. Als eine schwerwiegende **Beeinträchtigung der Handelbarkeit** identifiziert der Gesetzgeber „grundlegende Marktstörungen wie die gegenwärtige Finanzmarktkrise" (BT-Drucks. 16/12407, S. 122). Ein Preisverfall allein soll die Handelbarkeit[636] der Finanzinstrumente allerdings nicht beeinträchtigen (vgl. BT-Drucks. 16/12407, S. 122). Die von Instituten aufgrund der Finanzkrise vorgenommenen Umgliederungen von

---

[635] Vgl. auch IDW RS BFA 2, Rz. 18.
[636] Das in der Begründung des Rechtsausschusses verwandte Beispiel lässt auf ein vom KWG abweichendes Begriffsverständnis der 'Handelbarkeit' schließen. Die Handelbarkeit i. S. d. KWG wird als Eigenschaft des Finanzinstruments verstanden. Der Gesetzgeber verwendet den Begriff der Handelbarkeit in einem den tatsächlichen Handel beschreibenden Sinn.

Finanzinstrumenten aus dem Handelsbestand heraus dürfen auch künftig erfolgen. Wie das Praxisbeispiel zeigt, haben schwerwiegende Beeinträchtigungen der Handelbarkeit zu einer Aufgabe der Handelsabsicht geführt.[637] Umgliederungen haben zum **beizulegenden Zeitwert** im Umwidmungszeitpunkt zu erfolgen.[638]

Umwidmungen

Im ersten Quartal des Geschäftsjahrs wurden zum Umwidmungszeitpunkt Schuldverschreibungen mit einem Buchwert von 2,4 Mrd € und Forderungen an Kunden mit einem Buchwert von 300 Mio € aus dem Handelsbestand in das Anlagevermögen umgegliedert und damit wie Anlagevermögen bewertet. Der Substanzwert der Vermögensgegenstände überstieg zum Umwidmungszeitpunkt den geschätzten Fair Value.

Die Umwidmung erfolgte, da für diese Vermögensgegenstände bei stark verringerter Liquidität auf den entsprechenden Märkten keine kurzfristige Verkaufs- oder Handelsabsicht mehr bestand. Umgliederungen wurden mit dem niedrigeren Zeitwert am Umwidmungsstichtag vorgenommen.

Abb. 134: Umwidmungen aufgrund schwerwiegender Beeinträchtigung der Handelbarkeit im Jahresabschluss der Deutschen Bank AG 2009

Diese Vorgehensweise wird in § 340e Abs. 3 HGB gesetzlich kodifiziert und damit ausdrücklich legitimiert.

Umgliederungen sind sowohl nach handels- als auch nach bankenaufsichtsrechtlichen Vorgaben zu **dokumentieren**.[639] Nach § 35 Abs. 1 Nr. 6b RechKredV sind die Gründe, der Betrag der umgegliederten Finanzinstrumente des Handelsbestands und die Auswirkungen der Umgliederung auf den Jahresüberschuss / Jahresfehlbetrag anzugeben. Darüber hinaus ist im Fall der Umgliederung wegen Aufgabe der Handelsabsicht über die außergewöhnlichen Umstände zu informieren, die dies rechtfertigen.

Auch nach den Vorschriften des KWG sind in diesen Fällen Umwidmungen angezeigt (vgl. § 1a Abs. 4 Satz 3 KWG). Gleichwohl handelt es sich um **unterschiedliche Regelungen**: Die handelsrechtliche Umwidmung aufgrund außergewöhnlicher Umstände ist eine Einbahnstraßenregelung. Umgliederungen sind lediglich aus dem Handelsbestand heraus möglich. Im Gegensatz dazu sieht das KWG auch eine Umgliederung vom Anlagebuch in das Handelsbuch vor, wenn „die Voraussetzungen für eine Zu-

---

[637] Vgl. Deutsche Bank AG, Jahresabschluss und Lagebericht der Deutschen Bank AG 2009, S. 51.
[638] Vgl. IDW RS HFA 2, Rz. 26; Scharpf, in: Küting/Pfitzer/Weber, Das neue deutsche Bilanzrecht, 2. Aufl., Stuttgart 2009, S. 235. Im Ergebnis ebenso App/Wiehagen-Knopke, KoR 2010, S. 96.
[639] Vgl. IDW RH HFA 1.014, Rz. 15; Bieg/Kußmaul/Petersen/Waschbusch/Zwirner, Bilanzrechtsmodernisierungsgesetz, München 2009, S. 98; IDW RS BFA 2, Rz. 26.

rechnung der entsprechenden Position [...] zum Anlagebuch entfallen sind" (§ 1a Abs. 4 Satz 3 KWG).

Die Praxis nutzte das bisherige Recht zu einem **Gleichlauf** zwischen handelsrechtlichem Handelsbestand und dem bankenaufsichtsrechtlichen Handelsbuch:[640] Erfolgte eine Umwidmung eines Finanzinstruments aus dem Handelsbuch heraus oder in das Handelsbuch hinein, wurde das im Handelsbestand synchron dargestellt. Umwidmungen aus dem Handelsbestand heraus wurden vorgenommen, wenn sich die mit den Finanzinstrumenten verbundene Zweckbestimmung geändert hatte. Im Jahresabschluss der Deutschen Bank AG wird dieses Vorgehen folgendermaßen beschrieben:[641]

Umwidmungen

Für die Zuordnung von Forderungen und Wertpapieren zu den Handelsaktivitäten, zur Liquiditätsreserve oder zu den wie Anlagevermögen bewerteten Vermögensgegenständen ist jeweils die Zweckbestimmung zum Erwerbszeitpunkt maßgebend (§ 247 Absatz 1 und 2 HGB). Eine Umwidmung zwischen den genannten Kategorien wird vorgenommen, wenn sich die vom Management festgelegte Zweckbestimmung seit deren erstmaligem Ansatz geändert hat und dies dokumentiert ist. Die Umwidmung der Forderungen beziehungsweise Wertpapiere erfolgt zum Zeitpunkt der Änderung der Zweckbestimmung.

Abb. 135: *Umwidmungen wie sie nach bisherigem Recht vorgenommen werden beispielhaft im Jahresabschluss der Deutschen Bank AG 2009*

Dieser Gleichlauf wird mit der verabschiedeten Fassung von § 340e HGB an mehreren Stellen **durchbrochen**.[642] Eine synchrone Abbildung ist nur im Zugangszeitpunkt festzustellen.[643] Abb. 136 stellt die handelsrechtlichen Umgliederungsvorschriften den bankenaufsichtsrechtlichen Umwidmungsbestimmungen gegenüber.

---

[640] Vgl. Scharpf, in: Küting/Pfitzer/Weber, Das neue deutsche Bilanzrecht, 2. Aufl., Stuttgart 2009, S. 234; Löw/Scharpf/Weigel, WPg 2008, S. 1012, die auf das Rundschreiben 17/99 der BAKred (heute BaFin) verweisen.

[641] Vgl. Deutsche Bank AG, Jahresabschluss und Lagebericht der Deutschen Bank AG 2009, S. 49.

[642] Im Vergleich zur Fassung im RegE BilMoG hat der Gesetzgeber von einem strikten Umgliederungsverbot Abstand genommen. Der Gesetzgeber hat sich der massiven Kritik am Umwidmungsverbot aber nur zum Teil gebeugt, indem er für Derivate, die Teil einer Bewertungseinheit sind, die spätere Reklassifikation dann zulässt, wenn sie zuvor dem Handelsbestand zugeordnet waren; vgl. hierzu Scharpf, in: Küting/Pfitzer/Weber, Das neue deutsche Bilanzrecht, 2. Aufl., Stuttgart 2009, S. 232 ff.; Löw/Scharpf/Weigel, WPg 2008, S. 1013.

[643] Vgl. Gelhausen/Fey/Kämpfer, Rechnungslegung und Prüfung nach dem BilMoG, Düsseldorf 2009, Abschnitt V, Rz. 92.

Abschnitt 8: Sonderfragen – Finanzinstrumente des Handelsbestands

Vergleich der Umgliederungsbestimmungen nach KWG und HGB		
Umwidmungsbestimmungen nach § 1a Abs. 4 KWG		
Umwidmung von Finanzinstrumenten, wenn • Voraussetzungen für Zurechnung entfallen sind • schlüssiger Grund vorliegt § 1a Abs. 4 Satz		Keine Umwidmung, wenn Finanzinstrument Teil einer Bewertungseinheit ist; das Finanzinstrument verbleibt im Handelsbuch
Anlagebuch ↓ Handelsbuch	Handelsbuch ↓ Anlagebuch	
Verbot § 340 Abs. 3 Satz 2 HGB	Ausnahmeregelung für außergewöhnliche Umstände § 340 Abs. 3 Satz 3 HGB	Zwingende Umgliederung, wenn das Finanzinstrument Teil einer Bewertungseinheit ist • Herauslösen des Finanzinstruments, sobald das Finanzinstrument Teil einer Bewertungseinheit ist • Nach Beendigung der Bewertungseinheit Reklassifizierung in den Handelsbestand, wenn das Finanzinstrument nachträglich designiert wurde § 340 Abs. 3 Satz 4 HGB
Grundsätzliches Umgliederungsverbot § 340 Abs. 3 Satz 2 und 3 HGB		
Umgliederungsbestimmungen nach § 340e HGB		

Abb. 136: Vergleich der Umgliederungsvorschriften nach KWG und HGB

Die im RegE BilMoG noch vorgesehene Zeitwertbewertung von zu Handelszwecken erworbenen Finanzinstrumenten (vgl. § 253 Abs. 1 Satz 3 HGB in der Fassung des RegE BilMoG) setzte voraus, dass die Finanzinstrumente auf einem **aktiven Markt** i. S. v. § 255 Abs. 4 Satz 1 HGB umgeschlagen werden können (vgl. BT-Drucks. 16/10067, S. 53). Den aktiven Markt sollen aktuelle und regelmäßig auftretende Markttransaktionen zwischen unabhängigen Dritten kennzeichnen. Ein aktiver Markt sollte hingegen nicht bei Marktenge vorliegen. Das wäre bspw. dann der Fall, wenn keine Marktpreise zur Verfügung stehen oder aufgrund einer geringen Anzahl umlaufender Aktien im Verhältnis zum Gesamtvolumen der emittierten Aktien nur kleine Volumina gehandelt werden (Marktenge) (vgl. BT-Drucks. 16/10067, S. 53). Diese Forderung nach einem aktiven Markt hätte maßgeblichen Einfluss auf die Bewertung von zu Handelszwecken erworbenen Finanzinstrumenten gehabt. Die Bestimmung des beizulegenden Zeitwerts mithilfe von finanzmathematischen Bewertungsmethoden hätte dem Anspruch des Gesetzgebers nicht genügt. Eine Bewertung zum beizulegenden Zeitwert wäre nicht möglich gewesen (vgl. BT-Drucks. 16/10067, S. 53).

Das den RegE BilMoG kommentierende Schrifttum[644] hat auf die **Widersprüchlichkeit** dieser Regelung hingewiesen: Der auf die zu Handelszwecken erworbenen Finanzinstrumente anzuwendende Wertmaßstab des beizulegenden Zeitwerts setzt nicht notwendigerweise einen aktiven Markt zur Wertermittlung voraus. Soweit kein aktiver Markt besteht, ist der beizulegende Zeitwert gemäß § 255 Abs. 4 Satz 2 HGB

---

[644] Vgl. Kessler/Leinen/Strickmann, BilMoG-RegE, Freiburg/Berlin/München 2008, S. 136; Vgl. Scharpf, in: Küting/Pfitzer/Weber, Das neue deutsche Bilanzrecht, Stuttgart 2008, S. 218.

mithilfe anerkannter Bewertungsmethoden zu bestimmen. Darüber hinaus sah § 285 Nr. 19 HGB eine Anhangsangabe für die Fälle vor, in denen der beizulegende Zeitwert mithilfe einer allgemein anerkannten Bewertungsmethode bestimmt worden wäre. Mit Blick auf die Regierungsbegründung hätte es zu solch einer Angabe nie kommen dürfen. Gleichwohl hätten die klar zum Ausdruck gebrachten Anforderungen beachtet werden müssen.

Fraglich ist, ob auch die Zeitwertbewertung nach § 340e Abs. 3 HGB den **aktiven Markt als Tatbestandsmerkmal** voraussetzt. Das ist – wie der Gesetzgeber in der Regierungsbegründung klargestellt hat – grundsätzlich aus den Vorschriften des KWG heraus zu beantworten.

Mit **Handelsabsicht gehaltene Finanzinstrumente** i. S. d. KWG sind solche finanziellen Vermögenswerte, „die das Institut zum Zweck des kurzfristigen Wiederverkaufs im Eigenbestand hält oder die von dem Institut übernommen werden, um bestehende oder erwartete Unterschiede zwischen den Kauf- und Verkaufspreisen oder Schwankungen von Marktkursen, -preisen, -werten oder -zinssätzen kurzfristig zu nutzen, damit ein Eigenhandelserfolg erzielt wird" (§ 1a Abs. 1 Satz 1 Nr. 1 KWG). Darüber hinaus dürfen die mit Handelsabsicht gehaltenen Finanzinstrumente, „die […] dem Handelsbuch zugerechnet werden, […] keinerlei einschränkenden Bestimmungen in Bezug auf ihre Handelbarkeit unterliegen" (§ 1a Abs. 1 Satz 2 KWG). Das letztgenannte Kriterium der **Handelbarkeit** i. S. v. § 1a Abs. 1 Satz 2 KWG prüft nach wohl h. M. lediglich, ob das Finanzinstrument grundsätzlich geeignet erscheint, auf einem Markt gehandelt zu werden. Mithin werden die Eigenschaften des Finanzinstruments auf ihre Zirkulationsfähigkeit hin untersucht.[645] Aus § 1a Abs. 1 Satz 2 KWG lässt sich somit kein Tatbestandsmerkmal ableiten, wonach Finanzinstrumente des Handelsbestands nur dann zum beizulegenden Zeitwert zu bewerten wären, wenn sie auf einem aktiven Markt tatsächlich gehandelt werden: „Ob ein grundsätzlich handelbares Wertpapier dann auch de facto auf dem relevanten Markt immer gehandelt werden kann, ist zunächst unerheblich".[646]

Schwieriger gestaltet sich die Untersuchung, ob der Definition der Handelsabsicht nach § 1a Abs. 1 Satz 1 Nr. 1 KWG einen aktiven Markt begriffsnotwendig voraussetzt. Die Kommentarliteratur lässt diese Frage unbeantwortet: „Fraglich ist […], ob mit marktengen Titeln die Zwecksetzung Erzielung eines kurzfristigen Eigenhandelserfolgs erreicht werden kann".[647]

---

[645] Vgl. Boos, in: Boos/Fischer/Schulte-Mattler (Hrsg.): Kreditwesengesetz – Kommentar zu KWG und Ausführungsvorschriften, 3. Aufl., München 2008, § 1a, Rz. 6; Serafin/Weber, in: Luz u. a. (Hrsg.): Kreditwesengesetz (KWG) – Kommentar zum KWG inklusive SolvV, LiqV, GroMiKV, MaRisk, Stuttgart 2009, § 1a, Rz. 11.

[646] Serafin/Weber, in: Luz u. a. (Hrsg.): Kreditwesengesetz (KWG) – Kommentar zum KWG inklusive SolvV, LiqV, GroMiKV, MaRisk, Stuttgart 2009, § 1a, Rz. 11.

[647] Serafin/Weber, in: Luz u. a. (Hrsg.): Kreditwesengesetz (KWG) – Kommentar zum KWG inklusive SolvV, LiqV, GroMiKV, MaRisk, Stuttgart 2009, § 1a, Rz. 11 (im Original mit Hervorhebung).

Abschnitt 8: Sonderfragen – Finanzinstrumente des Handelsbestands

Mit Blick auf § 1a Abs. 8 KWG wird man diese Diskussion nicht zu Ende führen müssen. Finanzinstrumente des Handelsbuchs sind zwar grundsätzlich zu Marktpreisen zu bewerten (vgl. § 1a Abs. 8 Satz 1 KWG). Ist eine Bewertung der Handelsbuchpositionen zum Marktpreis nicht möglich, „darf das Institut den Marktwert der Handelsbuchpositionen mit Hilfe anerkannter Bewertungsmodellen schätzen, die sich auf am Markt beobachtete Referenzpreise stützen" (§ 1a Abs. 8 Satz 2 KWG). In der Gesetzesbegründung verweist der Gesetzgeber ausdrücklich darauf, dass „die spezifischen Maßstäbe für die Bewertung von **weniger liquiden Handelsbuchpositionen** in Anhang IIV Teil B Abs. 3 bis 12 der Kapitaladäquanzrichtlinie [...] in Satz 5 umgesetzt" (BT-Drucks. 16/1335, S. 43) sind. Im Rückschluss kann für die Handelsabsicht damit nicht gefordert werden, die Finanzinstrumente müssten tatsächlich auf einem aktiven Markt umgeschlagen werden.[648]

Abb. 137 fasst die Voraussetzungen zusammen, die an Finanzinstrumente des Handelsbestands nach § 340e Abs. 3 Satz 1 HGB zu stellen sind.

Voraussetzungen für Finanzinstrumente des Handelsbestands	
Finanzinstrument	Handelsbestand
• Auslegung iSd KWG BT-Drucks. 16/10067, S. 95. • Finanzinstrumente nach § 1a Abs. 3 KWG § 1a Abs. 1 Satz 1 und 2 KWG	• Grundsätzlich qualifizieren sich Finanzinstrumente des Handelsbuchs (§ 1a Abs. 1 KWG) als Finanzinstrumente des Handelsbestands » Finanzinstrumente müssen handelbar sein » Handelsabsicht des Instituts muss vorliegen » Aktiver Markt ist wohl keine Voraussetzung der Handelbarkeit und Handelsabsicht • Abgrenzung des Handelsbuchs » Zuordnung zum Handelsbestand im Zugangszeitpunkt, spätere Umgliederung ist ausgeschlossen § 340e Abs. 3 Satz 2 HGB » Handelsabsicht muss schon bei Erwerb des Finanzinstruments vorliegen § 1a Abs. 1 Satz 1 Nr. 1 KWG » Keine Finanzinstrumente, die Teil einer Bewertungseinheit sind » Reklassifikation von Finanzinstrumenten, die Teil einer Bewertungseinheit waren, wenn sie zuvor dem Handelsbestand angehörten § 340e Abs. 3 Satz 2 HGB

Abb. 137: Voraussetzungen für Finanzinstrumente des Handelsbestands

---

[648] Diese Auslegung reduziert das Merkmal der Handelsabsicht auf die subjektive Zwecksetzung, die das Institut für das Finanzinstrument vorsieht. Der Zweck der kurzfristigen Wiederveräußerung wird unabhängig davon festgelegt, ob das betroffene Finanzinstrument überhaupt tatsächlich gehandelt wird. Die theoretische Handelbarkeit des Finanzinstruments prüft § 1a Abs. 1 Satz 2 KWG. Diese Auslegung führt dazu, dass ein Finanzinstrument bei der Zuordnung zum Handelsbestand nicht tatsächlich gehandelt werden muss, wenn es in der Zukunft gehandelt werden kann. Dabei dürfte es sich um einen zwar theoretisch möglichen, aber kaum praxisrelevanten Ausnahmefall handeln. Im Ergebnis ebenso IDW RS BFA 2, Rz. 21, 36.

Für Finanzinstrumente des Handelsbestands sieht der Gesetzgeber spezielle Bewertungsvorschriften vor, die wiederum weitere Rechtsfolgen verursachen. Die Bewertung von den Finanzinstrumenten des Handelsbestands und die damit verbundenen Rechtsfolgen des § 340e Abs. 4 HGB sind Thema des nächsten Abschnitts.

6.3 Bewertung von Finanzinstrumenten des Handelsbestands

Die Bewertung von Finanzinstrumenten des Handelsbestands erfolgt entsprechend der allgemeinen Bewertungssystematik getrennt nach Zugangs- und Folgebewertung.

Die **Zugangsbewertung** von Finanzinstrumenten des Handelsbestands erfolgt zu **Anschaffungskosten** (vgl. BT-Drucks. 16/10067, S. 95). Die Anschaffungskosten bestimmen sich nach § 255 Abs. 1 HGB. Zu den Anschaffungskosten zählen auch die Anschaffungsnebenkosten. Werden die beim Kauf von Finanzinstrumenten anfallenden Transaktionskosten in die Anschaffungskosten einbezogen, müssen die zum beizulegenden Zeitwert zu bewertenden Instrumente bei der Folgebewertung direkt um die angefallenen Anschaffungsnebenkosten abgeschrieben werden. Um diese Wertkorrekturen zu vermeiden, wird gefordert, die Transaktionskosten direkt als Aufwand zu behandeln.[649]

Für Handelsaktiva ist nach h. M. der Briefkurs, für Handelspassiva der Geldkurs maßgeblich. Aus Vereinfachungsgründen soll aber auch eine Bewertung zum Mittelkurs zulässig sein. Die gewählte Methode unterliegt dem Stetigkeitsgebot.[650]

Mit einer Neuerung wartet das BilMoG für die **Folgebewertung** auf. Finanzinstrumente des Handelsbestands „sind zum beizulegenden Zeitwert abzüglich eines Risikoabschlags zu bewerten" (§ 340e Abs. 3 Satz 1 HGB). Da die Zeitwertbewertung um einen Risikoabschlag zu mindern ist, handelt es sich um eine **beschränkte Zeitwertbewertung**. Der Risikoabschlag dient dazu, die Ziele der handelsrechtlichen Rechnungslegung teilweise zu wahren. Die Zeitwertbewertung führt zu einem Bruch mit dem handelsrechtlichen Realisationsprinzip.[651] Der Risikoabschlag mindert diesen Effekt.

Die Folgebewertung der Finanzinstrumente des Handelsbestands verläuft damit zweistufig. In einem ersten Schritt ist der beizulegende Zeitwert der Finanzinstrumente zu bestimmen. In einem zweiten Schritt ist der Risikoabschlag zu errechnen und vom beizulegenden Zeitwert in Abzug zu bringen.

Der Bewertungsmaßstab des **beizulegenden Zeitwerts** wird mit dem BilMoG erstmals gesetzlich definiert (vgl. Abschnitt 2, Gliederungspunkt 2.6.1.2). § 255 Abs. 4 HGB sieht zur Ermittlung des beizulegenden Zeitwerts eine **Stufenkonzeption** vor.

---

[649] Vgl. Löw/Scharpf/Weigel, WPg 2008, S. 1012; IDW RS BFA 2, Rz. 32; Scharpf, in: Küting/Pfitzer/Weber, Das neue deutsche Bilanzrecht, 2. Aufl., Stuttgart 2009, S. 235.
[650] Vgl. IDW RS BFA 2, Rz. 37.
[651] Vgl. Bieg/Kußmaul/Petersen/Waschbusch/Zwirner, Bilanzrechtsmodernisierungsgesetz, München 2009, S. 99 f.; Hommel/Berndt, BB 2009, S. 2194.

Die beste Annäherung an den beizulegenden Zeitwert ist ein **öffentlich notierter Marktpreis**. Darüber hinaus kann der Marktpreis eines Händlers, eines Brokers, einer Branchengruppe, eines Preisberechnungsservices oder von einer Aufsichtsbehörde Verwendung finden. Voraussetzung ist, dass der jeweilige Marktpreis sich an einem aktiven Markt gebildet hat: Die Marktpreise müssen leicht und regelmäßig erhältlich sein, auf regelmäßigen Markttransaktionen mit nicht nur unwesentlichem Volumen beruhen und das Ergebnis eines Handels zwischen unabhängigen Dritten sein. Paketzu- oder -abschläge dürfen in die Bewertung nicht einfließen (vgl. BT-Drucks. 10/10067, S. 61). Beteiligungen, für die ein Investor einen Paketzuschlag vergütet, werden gerade nicht in größerem Volumen gehandelt. Paketzu- oder -abschläge sind durch die Definition eines aktiven Markts nicht gedeckt.

Der aktive Markt stellt für Finanzinstrumente des Handelsbestands keine zwingende Voraussetzung dar, um sie mit dem beizulegenden Zeitwert bewerten zu können (vgl. Gliederungspunkt 6.2).[652] Ein aktiver Markt liegt dann nicht vor, „wenn beispielsweise wegen einer geringen Anzahl umlaufender Aktien im Verhältnis zum Gesamtvolumen der emittierten Aktien nur kleine Volumina gehandelt werden oder in einem engen Markt keine aktuellen Marktpreise verfügbar sind" (BT-Drucks. 16/10067, S. 61). Sind keine Marktpreise verfügbar, ist nach § 255 Abs. 4 Satz 2 HGB der beizulegende Zeitwert „mit Hilfe **anerkannter Bewertungsmethoden** zu bestimmen". Unter die Näherungsverfahren fällt „beispielsweise der Vergleich mit dem vereinbarten Marktpreis jüngerer vergleichbarer Geschäftsvorfälle zwischen sachverständigen, vertragswilligen und unabhängigen Geschäftspartnern" (BT-Drucks. 16/10067, S. 61). Darüber hinaus lässt der Gesetzgeber unbestimmt, welche Verfahren er als anerkannt beurteilt (vgl. BT-Drucks. 16/10067, S. 61).

Die Regierungsbegründung lehnt sich stark an die Bestimmung des beizulegenden Zeitwerts nach IAS 39.38A an. Als anerkannte Verfahren nennt der IAS den Vergleich mit dem aktuellen beizulegenden Zeitwert eines anderen, im Wesentlichen identischen Finanzinstruments, Discounted-Cashflow-Verfahren und Optionspreismodelle. Es sollte, den IFRS folgend, die Methode zur Wertbestimmung Anwendung finden, die üblicherweise zur Bewertung des entsprechenden Finanzinstruments verwendet wird. In dem Hinweis des Gesetzgebers, bei der Verwendung anerkannter Bewertungsverfahren „den beizulegenden Zeitwert angemessen an den Marktpreis anzunähern" (BT-Drucks. 16/10067, S. 61), klingt die Forderung an, die Bewertungsverfahren in größtmöglichem Umfang mit Marktdaten zu speisen.[653] Auch diese Vorgehensweise ist IAS 39.48A entnommen.

Die Bestimmung des beizulegenden Zeitwerts mithilfe anerkannter Bewertungsmethoden steht unter der Prämisse, dass sich der Zeitwert verlässlich ermitteln lässt (vgl. BT-Drucks. 16/10067, S. 61). Die Verlässlichkeit eines mit Bewertungsmodellen ermittelten Zeitwerts ist nicht mehr gegeben, „wenn die angewandte Bewertungsmetho-

---

[652] Vgl. auch Scharpf, in: Küting/Pfitzer/Weber, Das neue deutsche Bilanzrecht, 2. Aufl., Stuttgart 2009, S. 238; Löw/Scharpf/Weigel, WPg 2008, S. 1012; Wiechens/Helke, DB 2008, S. 1335.
[653] Vgl. Löw/Scharpf/Weigel, WPg 2008, S. 1015.

de eine Bandbreite möglicher Werte zulässt, die Abweichung der Werte voneinander signifikant ist und eine Gewichtung der Werte nach Eintrittswahrscheinlichkeiten nicht möglich ist" (BT-Drucks. 16/10067, S. 61). Satz 3 sieht für diese Fälle vor, die **Anschaffungs- oder Herstellungskosten** gemäß § 253 Abs. 4 HGB fortzuführen. Nach § 255 Abs. 4 Satz 4 HGB ist der zuletzt festgestellte Zeitwert als fiktive Anschaffungs- oder Herstellungskosten des Finanzinstruments heranzuziehen.

Finanzinstrumente des Handelsbestands sind in Höhe des um einen **Risikoabschlag** verminderten beizulegenden Zeitwerts anzusetzen. Risikobehaftet ist der beizulegende Zeitwert dann, wenn er lediglich realisierbare Gewinne enthält, die noch nicht durch einen Umsatzakt bestätigt wurden, gleichwohl aber erfolgswirksam vereinnahmt werden sollen. In diesem Fall ist der Risikoabschlag so zu bemessen, dass er „den Ausfallwahrscheinlichkeiten der realisierbaren Gewinne Rechnung" (BT-Drucks. 16/10067, S. 95) trägt. Der Risikoabschlag übernimmt die Funktion einer partiellen Ausschüttungssperre als Surrogat für die vollumfängliche Ausschüttungssperre, die der Gesetzgeber für die im RegE BilMoG noch vorgesehene Bewertung von zu Handelszwecken erworbenen Finanzinstrumenten bei Nichtbanken vorgesehen hatte (vgl. BT-Drucks. 16/10067, S. 95).[654]

Ist der beizulegende Zeitwert eines Finanzinstruments unter seine Anschaffungskosten gesunken, ist die Bewertung **nicht risikobehaftet**: Sind keine Gewinne vorhanden, die zu einer Ausschüttung gelangen können, bedarf es auch keiner Ausschüttungssperre. Konsequenterweise ist in diesem Fall der Risikoabschlag null. Von dem Risikoabschlag werden somit die in der Marktwertermittlung zugrunde liegenden Risiken nicht erfasst. Der Risikoabschlag betrifft nur den über die Anschaffungskosten gestiegenen Teil des beizulegenden Zeitwerts.

Statt einer Betrachtung auf Einzelgeschäftsebene soll – der gängigen Praxis folgend – eine **Portfolio-Bewertung** zulässig sein. Ein Risikoabschlag ist dann „auf den Überschuss der nicht realisierten Gewinne über die nicht realisierten Verluste zu begrenzen".[655] Darüber hinaus soll es sogar möglich sein, den Risikoabschlag auf den gesamten Handelsbestand als solchen anzuwenden.[656] Im letzteren Fall dürften die Voraussetzungen, die der Gesetzgeber für einen Portfolio-Hedge vorsieht, aber kaum erfüllt sein (vgl. Gliederungspunkt 5.2.1). Nach § 254 HGB müssen die in einem Portfolio-Hedge einbezogenen Grundgeschäfte **vergleichbaren Risiken** (vgl. § 254 Satz 1 HGB) ausgesetzt sein. Mithin müssen Grund- und Sicherungsgeschäfte von einem einzelnen, eindeutig ermittelbaren Risiko betroffen sein (vgl. BT-Drucks. 16/12407, S. 112).

Zur **Bewertung des Risikoabschlags** „ist eine adäquate Berechnungsmethode zugrunde zu legen" (BT-Drucks. 16/10067, S. 95). Der Gesetzgeber schlägt vor, das

---

[654] Kritisch hierzu Jessen/Haaker, DStR 2009, S. 502.
[655] Löw/Scharpf/Weigel, WPg 2008, S. 1014.
[656] Vgl. Löw/Scharpf/Weigel, WPg 2008, S. 1014; IDW RS BFA 2, Rz. 55.

bilanzierende Institut solle sich an den bankenaufsichtsrechtlichen Vorgaben[657] orientieren (vgl. BT-Drucks. 16/12407, S. 122; BT-Drucks. 16/10067, S. 95). Für aufsichtsrechtliche Zwecke finden die statistischen Verfahren zur Bestimmung eines *Value at Risk* Anwendung (vgl. BT-Drucks. 16/12407, S. 122).[658] Aber auch andere Verfahren sind zur Bestimmung des Risikoabschlags denkbar, „wenn sie in der internen Steuerung verwendet werden".[659]

Der *Value at Risk* bestimmt der Höhe nach einen Verlust, der mit einer gewissen Wahrscheinlichkeit nicht überschritten wird.[660] Bezogen auf die hier in Rede stehende Bewertung von Finanzinstrumenten des Handelsbestands gibt der *Value at Risk* den Betrag der nur realisierbaren Gewinne an, der mit einer festgelegten Wahrscheinlichkeit höchstens nicht realisiert werden kann. Liegen dem *Value at Risk* eine Haltedauer von zehn Tagen und ein Konfidenzniveau von 99 % zugrunde, bedeutet das, dass der beizulegende Zeitwert in den nächsten zehn Tagen mit 99 %iger Wahrscheinlichkeit weniger stark im Wert sinkt, als der ermittelte Risikoabschlag *(Value at Risk)* beträgt.[661] *Löw / Scharpf / Weigel* schlagen für die Parameterbestimmung vor, sich „an den bankenaufsichtsrechtlich verwendeten Werten über die Solvabilitätsverordnung zu orientieren".[662] Ein gewähltes Verfahren ist stetig anzuwenden.[663]

Diese Zeitwertbewertung des Handelsbestands wird von Banken teilweise schon nach bisherigem Recht angewandt.[664] Finanzinstrumente, die einer gleichartigen Risikostruktur ausgesetzt sind, werden in einem Portfolio zusammengefasst.[665] Sind die erforderlichen Voraussetzungen einer Bewertungseinheit erfüllt, handelt es sich um einen Portfolio-Hedge: Positive und negative Wertänderungen können miteinander

---

[657] Die aufsichtsrechtlichen Vorgaben betreffen vor allem die Vorschriften zur ordnungsgemäßen Geschäftsorganisation in § 25a KWG; vgl. Marxfeld/Schäfer/Schaber, FB 2005, S. 733. Darüber hinaus sind die von der BaFin veröffentlichten Mindestanforderungen für das Risikomanagement (MaRisk) verbindlich anzuwenden. Die MaRisk konkretisieren die Vorgaben des § 25a KWG.

[658] Vgl. Scharpf, in: Küting/Pfitzer/Weber, Das neue deutsche Bilanzrecht, 2. Aufl., Stuttgart 2009, S. 241 ff.; Löw/Scharpf/Weigel, WPg 2008, S. 1014; Brackert/Prahl/Naumann, WPg 1995, S. 554; IDW RS BFA 2, Rz. 48 ff.

[659] Vgl. Löw/Scharpf/Weigel, WPg 2008, S. 1014; IDW RS BFA 2, Rz. 49.

[660] Vgl. Hartmann-Wendels/Pfingsten/Weber, Bankbetriebslehre, 4. Aufl., Berlin/Heidelberg 2007, S. 330.

[661] Vgl. Marxfeld/Schäfer/Schaber, FB 2005, S. 733.

[662] Löw/Scharpf/Weigel, WPg 2008, S. 1014. Die Solvabilitätsverordnung (SolvV) konkretisiert die Anforderungen der §§ 10 ff. KWG über die Mindesteigenkapitalbestimmungen von Instituten. Sie ersetzte den von der Deutschen Bundesbank veröffentlichten „Grundsatz I über die Eigenmittel der Institute".

[663] Vgl. zum Prinzip der Bewertungsmethodenstetigkeit Abschnitt 2, Gliederungspunkt 2.7.

[664] Jessen/Haaker bemängeln, dass Bankenaufsicht und Fiskus dieses Vorgehen bislang toleriert haben. „Die Einführung durch das BilMoG kann somit als Versuch einer nachträglichen Legalisierung der unzulässigen 'Bilanzierungspraxis' gewertet werden"; Jessen/Haaker, DStR 2009, S. 502.

[665] Vgl. Krumnow u. a., Rechnungslegung der Kreditinstitute, 2. Aufl., Stuttgart 2004, § 340e, Rz. 343.

verrechnet werden.[666] Von den Nettoerträgen werden *Value-at-Risk*-Abschläge vorgenommen. Die Bewertungsmethode wird in der Literatur als **modifizierte Marktbewertungsmethode** bezeichnet.[667]

Die UniCredit Bank AG beschreibt dies folgendermaßen:[668]

> Handelsbestände fassen wir für Zwecke der Rechnungslegung mit Handelskontrakten zu Portfolien zusammen und bewerten diese Portfolien nach einem modifizierten Mark-to-Market-Verfahren. Die zusammengefassten Handelsbestände und -kontrakte werden zu Marktpreisen bewertet und – im Falle eines positiven Bewertungsüberhangs – um das mit mathematischen Verfahren berechnete Verlustpotenzial des Portfolios (Value-at-Risk-Abschlag auf Basis einer Haltedauer von 10 Tagen) gekürzt, so dass keine unrealisierten Gewinne aus offenen Positionen in die Gewinn- und Verlustrechnung einfließen. Dem handelsrechtlichen Vorsichtsprinzip wird dadurch Rechnung getragen, dass dieses Verfahren auf die aktiv gemanagten und liquiden Portfolien des Handelsbuches beschränkt ist, und dass der Value-at-Risk-Abschlag zukünftige Unsicherheiten berücksichtigt. Es handelt sich dabei nicht um Unsicherheiten bei der Ermittlung der angesetzten Zeitwerte. Durch Berücksichtigung des Value-at-Risk-Abschlages wird ein Wert angesetzt, der die Bank gegen potenzielle Verlustpositionen schützt, die in einem definierten Zeitraum zwingend glattgestellt oder terminiert werden müssen.

Abb. 138: Beschreibung der schon nach bisherigem Recht angewandten modifizierten Marktwertmethode im Jahresabschluss UniCredit Bank AG 2009

6.4 Zuführung in den Sonderposten „Fonds für allgemeine Bankrisiken"

Neben dem Risikoabschlag führt der Gesetzgeber einen **weiteren „Risikopuffer"** (BT-Drucks. 16/12407, S. 122) in das Gesetz ein: Nach § 340e Abs. 4 HGB müssen Institute dem **Sonderposten „Fonds für allgemeine Bankrisiken"** nach § 340g in jedem Jahr einen Betrag zuführen, „der mindestens zehn vom Hundert der Nettoerträge des Handelsbestands entspricht. [...] Dieser Posten darf nur aufgelöst werden, 1. zum Ausgleich von Nettoaufwendungen, oder 2. soweit er 50 vom Hundert des Durchschnitts der letzten fünf jährlichen Nettoerträge des Handelsbestands übersteigt". Die nach **§ 340e Abs. 4 HGB in den Sonderposten** abgeführten Beträge sind gesondert auszuweisen (vgl. § 340e Abs. 4 HGB). Nach § 10 Abs. 2a Nr. 7 KWG zählt der Risikopuffer zum bankenaufsichtsrechtlichen Eigenkapital.[669]

---

[666] Vgl. Scharpf/Luz, Risikomanagement, Bilanzierung und Aufsicht von Finanzderivaten, 2. Aufl., Stuttgart 2000, S. 323.
[667] Vgl. hierzu Marxfeld/Schäfer/Schaber, FB 2005, S. 732 f.; Brackert/Prahl/Naumann, WPg 1995, S. 554.
[668] Vgl. UniCredit Bank AG, Geschäftsbericht 2009, S. 67.
[669] Vgl. Gelhausen/Fey/Kämpfer, Rechnungslegung und Prüfung nach dem BilMoG, Düsseldorf 2009, Abschnitt V, Rz. 129.

Eine **Zuführung** in den Sonderposten hat nur dann zu erfolgen, wenn das Institut ein positives Handelsergebnis erzielt. Erwirtschaftet das Institut hingegen einen Verlust aus den Handelsaktivitäten, kann der gebildete Sonderposten zur Verlustverrechnung genutzt werden. Für die Auflösung des Sonderpostens besteht im Verlustfall ein Wahlrecht. Der Sonderposten erfüllt damit zwei Funktionen: In Jahren mit positivem Handelsergebnis wirkt er als **Ausschüttungssperre** in Höhe von 10 % der erwirtschafteten Erträge. In Verlustjahren darf er zum **Verlustausgleich** dienen. Die Zuführung und Inanspruchnahme des Sonderpostens kann so einen **ergebnisglättenden Effekt** haben. Wird der Handel eingestellt, kann der Sonderposten aufgelöst werden (vgl. BT-Drucks. 16/12407, S. 122 f.).

In welchem **Konto der Gewinn- und Verlustrechnung** eine Zuführung oder auch eine Abführung gegenzubuchen ist, schreibt das Gesetz nicht vor. Das IDW favorisiert in seiner kürzlich verabschiedeten Stellungnahme eine Gegenbuchung im Posten „Nettoertrag des Handelsbestands". Die Gegenbuchung könne nur dort vorgenommen werden, weil „die Auflösung des Sonderpostens zum Ausgleich eines Nettoaufwands des Handelsbestands naturgemäß nur im Handelsergebnis gegengebucht werden kann, da sonst der vom Gesetz vorgeschriebene Ausgleich nicht stattfindet".[670] Das IDW fordert, das gewählte Verfahren im Anhang zu erläutern und die Beträge aufzugliedern.

Die Institute müssen zumindest solange Zuführungen zum Sonderposten leisten, bis dieser einen Betrag erreicht, der 50 % des Durchschnitts der Nettoerträge der letzten fünf Geschäftsjahre mit positivem Nettosaldo entspricht.[671] Im Ergebnis soll der Sonderposten einen Betrag umfassen, der der Hälfte eines durchschnittlichen jährlichen Gewinns aus dem Handelsbestand entspricht (vgl. BT-Drucks. 16/12407, S. 122). Jahre, in denen das Institut einen Verlust verzeichnet hat, bleiben bei der Berechnung außen vor. Der der Berechnung zugrunde liegende Zeitraum verlängert sich somit in dem Maße, in dem zwischenzeitlich Nettoaufwendungen erwirtschaftet wurden.[672]

Das folgende Beispiel verdeutlicht die Zuführung und die Inanspruchnahme des Sonderpostens.

---

[670] IDW RS BFA 2, Rz. 62.
[671] Vgl. Gelhausen/Fey/Kämpfer, Rechnungslegung und Prüfung nach dem BilMoG, Düsseldorf 2009, Abschnitt V, Rz. 133.
[672] So IDW RS BFA 2, Rz. 66. Gelhausen/Fey/Kämpfer sehen es auch als zulässig an, lediglich die Nettoerträge des vergangenen Fünfjahreszeitraums der Berechnung zugrunde zu legen (vgl. hierzu Gelhausen/Fey/Kämpfer, Rechnungslegung und Prüfung nach dem BilMoG, Düsseldorf 2009, Abschnitt V, Rz. 133 f.). Da in diesem Fall die Datengrundlage geringer ist, fallen Ausreißer stärker ins Gewicht.

Kapitel 2: Einzelgesellschaftliche Rechnungslegung

Beispiel

Sachverhalt:

Institut A hat über einen Zeitraum von sieben Jahren folgende Nettoergebnisse aus seinem Handelsbestand erzielt:

in Mio. EUR	31.12.2010	31.12.2011	31.12.2012	31.12.2013	31.12.2014	31.12.2015	31.12.2016
Nettoertrag / -aufwand	500	-800	700	2.000	1.800	-400	-200
50 % der Ø-schnittlichen Erträge der letzten 5 Jahre	250	250	250	270	420	550	550

Für das nach dem 31.12.2009 beginnende Geschäftsjahr muss das Institut erstmals die Vorschriften zur Dotierung eines Sonderpostens nach § 340e Abs. 4 HGB beachten. Welche Beträge sind dem „Fonds für allgemeine Bankrisiken" zuzuführen? In welcher Höhe kann in den Verlustjahren eine Inanspruchnahme aus dem Sonderposten erfolgen?

Beurteilung:

Die Zuführungen zu und die Inanspruchnahmen aus dem Fonds stellen sich wie folgt dar:

in Mio. EUR	31.12.2010	31.12.2011	31.12.2012	31.12.2013	31.12.2014	31.12.2015	31.12.2016
Nettoertrag / -aufwand	500	-800	700	2.000	1.800	-400	-200
50 % der Ø-schnittlichen Erträge der letzten 5 Jahre	250	250	250	270	420	550	550
Zuführung / -Abfluss	50	-50	70	200	180	-400	-50
Kumulierter Betrag im Sonderposten	50	0	70	270	450	50	0
Verbleibender Gewinn / Verlust	450	-750	630	1.800	1.620	0	-150

Im ersten Jahr erfolgt die erstmalige Dotierung des Sonderpostens in Höhe von 10 % der Nettoerträge. Die Nettoerträge wurden dabei schon auf der Bewertungsebene um den Risikoabschlag gekürzt. Es verbleibt im ersten Jahr ein ausschüttungsfähiger Gewinn des Handelsbestands von 450 Mio. EUR. Die Dotierung des Sonderpostens wirkt als partielle Ausschüttungssperre für den im Handelsbestand erwirtschafteten Gewinn.

Im zweiten Jahr hat das Institut ein negatives Ergebnis erzielt. Da der Verlust in Höhe von 800 Mio. EUR den im Sonderposten eingestellten Betrag in Höhe von 50 Mio. EUR übersteigt, kann der Sonderposten in vollem Umfang zur Verlustverrechnung genutzt werden. Davon wird in diesem Bsp. ausgegangen. Es verbleibt ein Verlust aus dem Handelsbestand in Höhe von 750 Mio. EUR.

In den nächsten drei Jahren (31.12.2012-31.12.2014) werden Nettoerträge erwirtschaftet, von denen jeweils 10 % dem Sonderposten zugewiesen werden müssen. Der ausschüttungsfähige Betrag vermindert sich um den in die Rücklage einzustellenden Betrag.

Am 31.12.2014 ist in dem Fonds für allgemeine Bankrisiken ein Betrag von 290 Mio. EUR geparkt. Dieser Betrag kann in den folgenden zwei Jahren zur Verlustverrechnung genutzt werden.

Die Zuführungen zum Sonderposten und die Inanspruchnahmen aus dem Fonds haben so einen gewinnglättenden Effekt. Das verdeutlicht auch die folgende Abbildung:

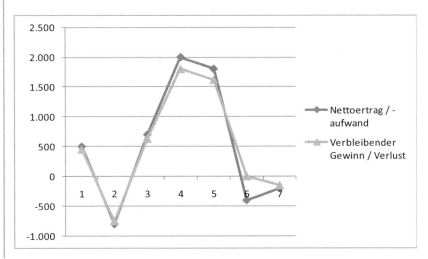

6.5 Flankierende Regelungen

Beim **Ausweis** sieht der Gesetzgeber lediglich für die zum Sonderposten „Fonds für allgemeine Bankrisiken" zugeführten Beträge spezielle Regelungen vor. Nach § 340e Abs. 4 Satz 1 HGB sind diese gesondert auszuweisen.

Nach § 285 Satz 1 Nr. 20 HGB sind im **Anhang** für die nach § 340e Abs. 3 Satz 1 HGB zum Zeitwert bewerteten Finanzinstrumente die grundlegenden Annahmen anzugeben, die der Bestimmung des beizulegenden Zeitwerts mithilfe allgemein anerkannter Bewertungsmethoden zugrunde gelegt wurden. Außerdem muss das Institut über den Umfang und die Art jeder Kategorie derivativer Finanzinstrumente einschließlich der wesentlichen Bedingungen, welche die Höhe, den Zeitpunkt und die Sicherheit künftiger Zahlungsströme beeinflussen können, berichten. Die Erläuterungen sind auch im Konzernanhang verpflichtend anzugeben (vgl. 314 Abs. 1 Nr. 12 HGB).

Darüber hinaus sind die geänderten Bestimmungen der **RechKredV** zu beachten. Der Gesetzgeber schreibt verschiedene **Anhangsangaben** vor, die das Institut im Gefolge der Zeitwertbewertung zu berücksichtigen hat.

Hiernach ist der Bilanzposten „Handelsbestand" (Aktivposten Nr. 6a) in derivative Finanzinstrumente, Forderungen, Schuldverschreibungen und andere festverzinsliche Wertpapiere, Aktien und andere nicht festverzinsliche Wertpapiere sowie sonstige Vermögensgegenstände aufzugliedern. Außerdem hat eine Aufgliederung des passivischen Bilanzpostens „Handelsbestand" (Passivposten Nr. 3a) in derivative Finanzinstrumente und Verbindlichkeiten zu erfolgen (vgl. § 35 Abs. 1 Nr. 1a RechKredV).

Nach § 35 Abs. 1 Nr. 6a RechKredV muss das bilanzierende Institut die **Methode der Ermittlung des Risikoabschlags** angeben. In diesem Zusammenhang muss das Institut auch die wesentlichen Parameter, wie Haltedauer, Beobachtungszeitraum und Konfidenzniveau sowie absoluter Betrag des Risikoabschlags nennen.

Die vom Institut vorgenommenen Umgliederungen von Finanzinstrumenten unterliegen einer **Dokumentationspflicht**. Nach § 35 Abs. 1 Nr. 6b RechKredV sind alle vorgenommenen Umwidmungen im Anhang zu begründen. Darüber hinaus sind die Auswirkungen auf den Gewinn zu erläutern.

Schließlich ist nach § 35 Abs. 1 Nr. 6c RechKredV darüber zu berichten, ob innerhalb des Geschäftsjahres die **institutsinternen festgelegten Kriterien** für die Einbeziehung von Finanzinstrumenten in den Handelsbestand geändert worden sind und wenn ja, welche Auswirkungen sich daraus auf den Gewinn ergeben.

Die Rechtsfolgen der Zeitwertbewertung von Finanzinstrumenten des Handelsbestands fasst Abb. 139 zusammen.

Rechtsfolgen der Zeitwertbewertung bestimmter Finanzinstrumente		
Ausweis	Anhangsberichterstattung	Angaben nach RechKredV
Die zum Sonderposten ‚Fonds für allgemeine Bankrisiken' zugeführten Beträge sind dort gesondert auszuweisen § 340e Abs. 4 Satz 1 HGB	• Für Finanzinstrumente des Handelsbestands sind im Anhang anzugeben: » Annahmen, die der Bestimmung des beizulegenden Zeitwerts zugrunde liegen » Umfang, Art und Merkmale jeder Kategorie derivativer Finanzinstrumente § 285 Satz 1 Nr. 20 HGB § 314 Abs. 1 Nr. 12 HGB	• Für Finanzinstrumente des Handelsbestands sind im Anhang anzugeben: » Aufgliederung des Bilanzpostens ‚Handelsbestand' (Nr. 1a) » Methode zur Ermittlung des Risikoabschlags sowie wesentliche Annahmen (Nr. 6a) » Absoluter Betrag des Risikoabschlags (Nr. 6a) » Gründe für eine etwaige Umgliederung sowie Auswirkungen auf den JÜ / JF (Nr. 6b) » Erläuterung, ob sich institutsinterne Kriterien für die Einbeziehung in den Handelsbestand geändert haben und, wenn ja, welche Auswirkungen sich auf den JÜ / JFB ergeben haben (Nr. 6c) § 35 Abs. 1 RechKredV

Abb. 139: Rechtsfolgen der Zeitwertbewertung von zu Handelszwecken erworbenen Finanzinstrumenten

6.6 Erstanwendung, Übergangsregelung und steuerliche Folgen

Die Neuregelung ist erstmalig auf Geschäftsjahre anzuwenden, die nach dem 31.12.2009 beginnen.[673] Eine vorzeitige Anwendung für Geschäftsjahre, die nach dem 31.12.2008 beginnen, ist zulässig, allerdings nur im Verbund mit allen anderen in Art. 66 Abs. 3 EGHGB bezeichneten Vorschriften und unter Aufnahme eines entsprechenden Hinweises in den Anhang.

Da der Gesetzgeber mit der Einführung der Zeitwertbewertung lediglich festschreibt, was ohnehin schon praktiziert wird, hat er keine **Übergangsregelungen** vorgesehen.

Die neuen Vorschriften sind **steuerneutral**. Nach § 6 Abs. 1 Nr. 2b EStG ist für Steuerpflichtige, die in den Anwendungsbereich von § 340 HGB fallen, die handelsrechtliche Bewertung von Finanzinstrumenten des Handelsbestands nach § 340e Abs. 3 HGB auch für die steuerliche Gewinnermittlung zu übernehmen. Der um einen Risikoabschlag geminderte beizulegende Zeitwert ist selbst dann steuerlich anzusetzen, wenn dieser auf einer lediglich vorübergehenden Wertminderung beruht. § 6 Abs. 1 Nr. 2b EStG geht § 6 Abs. 1 Nr. 2 Satz 2 EStG vor. Liegt der beizulegende Zeitwert

---

[673] Vgl. Art. 66 Abs. 3 EGHGB

oberhalb der Anschaffungskosten, werden lediglich realisierbare Gewinne der Besteuerung unterworfen, „eine Abweichung vom Grundsatz der Besteuerung nur realisierter Gewinne" (BT-Drucks. 16/12407, S. 100). Da die aus der Zeitwertbewertung resultierenden Gewinne kurzfristig realisiert werden, soll es sich „nur um ein kurzfristiges Vorziehen des Besteuerungszeitpunktes" (BT-Drucks. 16/12407, S. 100) handeln. Die Bildung des Sonderpostens nach § 340e Abs. 4 HGB ist ebenso steuerneutral. Der in den Fonds für allgemeine Bankrisiken einzustellende Betrag zählt zum bankenaufsichtsrechtlichen Eigenkapital (vgl. BT-Drucks. 16/12407, S. 123).

Die folgende Abb. 140 fasst überblickartig zusammen, welche Regeln im Übergang auf die Zeitwertbewertung von Finanzinstrumenten des Handelsbestands zu beachten sind und welche Auswirkungen die Neuregelung auf die steuerliche Gewinnermittlung entfaltet.

Übergangsvorschriften und steuerliche Folgen der Zeitwertbewertung		
Erstmalige Anwendung	Übergang	Steuerliche Folgen
• Obligatorisch: Jahres- und Konzernabschlüsse für nach dem 31.12.2009 beginnende Geschäftsjahre • Optional: Jahres- und Konzernabschlüsse für nach dem 31.12.2008 beginnende Geschäftsjahre (nur im Verbund mit allen übrigen vorzeitig anwendbaren Vorschriften) Art. 66 Abs. 3 EGHGB	• Keine Übergangsregelung • Konsequenzen: » Alle Finanzinstrumente des Handelsbestands sind weiterhin mit ihrem beizulegenden Zeitwert zu bewerten, soweit die Voraussetzungen erfüllt sind	• Die Zeitwertbewertung ist steuerneutral • § 6 Abs. 1 Nr. 2b EStG schreibt die Zeitwertbewertung auch für die steuerliche Gewinnermittlung vor

Abb. 140: Übergang auf die Zeitwertbewertung von Finanzinstrumenten des Handelsbestands

Abschnitt 9: Checkliste für die Umstellung der Bilanzierung im Jahresabschluss auf BilMoG

Autoren: Jochen Cassel / Dr. Harald Kessler

Hinweis zur Bearbeitung der Checkliste:

Um den Umstellungs- und Anpassungsbedarf beim Übergang auf die Rechnungslegung nach BilMoG zu ermitteln, sind die einzelnen Punkte der nachfolgenden Checkliste vollständig abzuarbeiten. Ausgenommen davon sind die Passagen in Kursivschrift. Ihre Bearbeitung ist nur erforderlich, wenn andere Fragen auf sie verweisen. Anschließend ist mit der Frage fortzufahren, die sich jener anschließt, von der auf die Passage in Kursivschrift verwiesen wurde.

Umstellungs- und Anpassungsbedarf im Übergang auf BilMoG	Kontrolle	Erläutert in	
		Kapitel / Abschnitt	Gliederungspunkt
A. Allgemeines zur Umstellung auf BilMoG			
1. Auswirkungen auf den handelsrechtlichen Abschluss			
a. Erstmalige Anwendung der Vorschriften des BilMoG	☐	1	1
b. Übergangsregelungen zu den neu anzuwendenden Vorschriften des BilMoG	☐	1	1
c. Festlegung des Umstellungsstichtags	☐	1	2.1
d. Notwendige Änderungen im Jahresabschluss beim Übergang auf BilMoG im Überblick	☐	1	2.2.2
e. Notwendige Änderungen im Konzernabschluss beim Übergang auf BilMoG im Überblick	☐	1	2.2.2
f. Optionale Änderungen im Jahresabschluss beim Übergang auf BilMoG im Überblick	☐	1	2.2.2
g. Aufstellung der BilMoG-Eröffnungsbilanz	☐	1	2.2.3

Umstellungs- und Anpassungsbedarf im Übergang auf BilMoG	Kontrolle	Erläutert in Kapitel / Abschnitt	Gliederungspunkt
h. Unter BilMoG nicht mehr zulässige bilanzielle Darstellungen im Überblick	☐	1	2.2.4
i. Keine Anpassung von Vorjahreswerten bei erstmaliger Anwendung des BilMoG	☐	1	2.2.4
j. Ggf. Anhangsangabe, dass bei erstmaliger Anwendung des BilMoG die Vorjahreswerte nicht angepasst worden sind	☐	1	2.2.4
k. Die Grundsätze der Darstellungsstetigkeit und der Bewertungsmethodenstetigkeit sind im ersten Jahresabschluss nach den Vorschriften des BilMoG außer Kraft gesetzt	☐	1	2.2.4
l. Keine Pflicht zur Angabe und Begründung von Abweichungen von Bilanzierungs- und Bewertungsmethoden sowie zur gesonderten Darstellung ihres Einflusses auf die Vermögens-, Finanz- und Ertragslage im ersten Abschluss nach den Vorschriften des BilMoG	☐	1	2.2.4
2. Auswirkungen auf die steuerliche Gewinnermittlung			
a. Keine Maßgeblichkeit der Handelsbilanz für die Ausübung steuerlicher Wahlrechte	☐	1	3.1
b. Keine Verrechnung von Posten der Aktivseite mit Posten der Passivseite	☐	1 2 / 4	1 3.3
c. Zeitwertbewertung von zu Handelszwecken erworbenen Finanzinstrumenten	☐	1 2 / 8	1 6
d. Keine Berücksichtigung von Preis- und Kostensteigerungen bei der Rückstellungsbewertung	☐	1 2 / 4	1 2.2
B. Wirtschaftliches Eigentum			
1. Relevanz: Umstellung und Bilanzierung unter BilMoG			
Vermögensgegenstände, bei denen rechtliches und wirtschaftliches Eigentum auseinanderfallen. ☐ ja, weiter mit 2 ☐ nein, weiter mit C		2 / 2	1.2

Umstellungs- und Anpassungsbedarf im Übergang auf BilMoG	Kontrolle	Erläutert in	
		Kapitel / Abschnitt	Gliederungspunkt
2. Ansatz			
a. Regelfall: Ausweis der Vermögensgegenstände, die im rechtlichen Eigentum des Unternehmens stehen	☐	2 / 2	1.2.2
b. Ausnahme: Ausweis von Vermögensgegenständen, die dem Unternehmen zwar nicht rechtlich, aber wirtschaftlich zuzurechnen sind Orientierungsmaßstab: § 39 AO	☐	2 / 2	1.2.2
c. Ausweis von Schulden erfolgt beim zivilrechtlich Verpflichteten (rechtliche Zuordnung)	☐	2 / 2	1.2.2
3. Umstellung			
Korrektur einer unzutreffenden Zuordnung von Vermögensgegenständen oder Schulden (i. d. R. kein Anpassungsbedarf, da § 246 Abs. 1 Satz 2, 3 HGB klarstellenden Charakter hat)	☐	2 / 2	1.2.3
C. Bewertungsmethodenstetigkeit			
1. Relevanz: Umstellung und Bilanzierung unter BilMoG			
Gegeben (allgemeiner Bewertungsgrundsatz)	☐	2 / 2	2.7
2. Auslegung			
a. Pflicht zur Beibehaltung der auf den vorhergehenden Jahresabschluss angewandten Bewertungsmethoden (strengere Auslegung)	☐	2 / 2	2.7.2
b. Einheitlichkeit der Bewertung (Gleichbehandlung vergleichbarer Sachverhalte)	☐	2 / 2	2.7.2
c. Abweichungen: nur in begründeten Ausnahmefällen zulässig (strengere Auslegung nach BilMoG)	☐	2 / 2	2.7.2
3. Umstellung auf BilMoG			
Geltung des Grundsatzes ist im Übergang auf die Vorschriften des BilMoG ausgesetzt	☐	2 / 2	2.7.3
4. Sonstiges			
Strengere Fassung des Grundsatzes gilt auch für die Steuerbilanz, nicht aber die Ausübung steuerrechtlicher	☐	2 / 2	2.7.3

Umstellungs- und Anpassungsbedarf im Übergang auf BilMoG	Kontrolle	Erläutert in	
		Kapitel / Abschnitt	Gliederungspunkt
Wahlrechte bei der Gewinnermittlung			
D. Geschäfts- oder Firmenwert (Einzelabschluss)			
1. Relevanz: Umstellung auf BilMoG			
Zum Umstellungszeitpunkt ist ein entgeltlich erworbener Geschäfts- oder Firmenwert aktiviert. ☐ ja, weiter mit 2 ☐ nein, weiter mit 3		2 / 2	1.3
2. Umstellungsmaßnahmen			
a. Fortführung eines aktivierten Geschäfts- oder Firmenwerts nach den Bewertungsvorschriften des BilMoG	☐	2 / 2	1.3.3
b. Keine Reaktivierung der bis zum Übergangsstichtag abgeschriebenen Geschäfts- oder Firmenwerte	☐	2 / 2	1.3.3
3. Relevanz: Bilanzierung unter BilMoG			
Generell bei Durchführung von *asset deals* (inkl. Erwerbe von Einzelunternehmen) unter BilMoG	☐	2 / 2	1.3
4. Ansatz			
Ansatzpflicht für den aus einem *asset deal* hervorgehenden Geschäfts- oder Firmenwert	☐	2 / 2	1.3.2
5. Bewertung			
a. Nachvollziehbare Schätzung der betriebsindividuellen Nutzungsdauer des Geschäfts- oder Firmenwerts	☐	2 / 2	2.4.1.4
b. Planmäßige Abschreibung des Geschäfts- oder Firmenwerts über seine betriebliche Nutzungsdauer	☐	2 / 2	2.4.1.4
c. Außerplanmäßige Abschreibung bei voraussichtlich dauernder Wertminderung des Geschäfts- oder Firmenwerts	☐	2 / 2	2.4.2
d. Wertaufholungsverbot für den Geschäfts- oder Firmenwert	☐	2 / 2	2.5

Umstellungs- und Anpassungsbedarf im Übergang auf BilMoG	Kontrolle	Erläutert in	
		Kapitel / Abschnitt	Gliederungspunkt
6. Ausweis			
Kein Anpassungsbedarf	☐	2 / 2	1.3
7. Erläuterung			
a. Keine zusätzlichen Angaben, falls die Abschreibungsdauer höchstens fünf Jahre beträgt	☐	2 / 10	2.5
b. Angabe und nachvollziehbare Begründung einer Nutzungsdauer von mehr als fünf Jahren im Anhang	☐	2 / 10	2.5
8. Sonstiges			
Prüfung der Bildung latenter Steuern	☐	2 / 8	3
E. Selbst geschaffenes immaterielles Anlagevermögen			
1. Relevanz: Umstellung auf BilMoG			
Keine: Rückwirkende Ausübung des Aktivierungswahlrechts für Entwicklungsprojekte aus Vorjahren ist ausgeschlossen	☐	2 / 2	1.4.4
2. Relevanz: Bilanzierung unter BilMoG			
a. Das Unternehmen führt Entwicklungstätigkeiten durch ☐ ja, weiter mit b ☐ nein, weiter mit F		2 / 2	2.3.3.2
b. Das Wahlrecht zum Ansatz selbst geschaffener immaterieller Vermögensgegenstände des Anlagevermögens wird ausgeübt ☐ ja, weiter mit 3 ☐ nein, weiter mit F		2 / 2	1.4.1
3. Organisatorische Vorbereitungen			
a. Festlegung von Kriterien zur Abgrenzung von Forschungs- und Entwicklungskosten	☐	2 / 2	2.3.3.1
b. Festlegung von Kriterien zur Bestimmung des Aktivierungsbeginns	☐	2 / 2	1.4.3 2.3.3

Umstellungs- und Anpassungsbedarf im Übergang auf BilMoG		Kontrolle	Erläutert in	
			Kapitel / Abschnitt	Gliederungspunkt
	c. Festlegung von Kriterien zur Bestimmung des Abschlusses der Entwicklung	☐	2 / 2	2.3.3.2
	d. Sicherstellung der projektbezogenen Zuordenbarkeit der in der Entwicklungsphase anfallenden Aufwendungen	☐	2 / 2	2.3.3.2
4. Ansatz				
	a. Ansatzverbot für Forschungskosten	☐	2 / 2	2.3.3.2
	b. Ansatzverbot bei mangelnder verlässlicher Trennbarkeit von Forschungs- und Entwicklungskosten	☐	2 / 2	2.3.3.2
	c. Ansatzverbot für nicht entgeltlich erworbene Marken, Drucktitel, Verlagsrechte, Kundenlisten oder vergleichbare immaterielle Vermögensgegenstände	☐	2 / 2	1.4.3.2
5. Bewertung				
	a. Zugangsbewertung: in der Entwicklungsphase anfallende Herstellungskosten unter Beachtung der Aktivierungsvoraussetzungen Zur Herstellungskostenermittlung allgemein siehe J	☐	2 / 2	2.3.3
	b. Planmäßige Abschreibung zeitlich begrenzt nutzbarer selbst geschaffener immaterieller Vermögensgegenstände über ihre Nutzungsdauer	☐	2 / 2	2.4.1
	c. Außerplanmäßige Abschreibung voraussichtlich dauernd im Wert geminderter selbst geschaffener immaterieller Vermögensgegenstände	☐	2 / 2	2.4.2
	d. Zuschreibungsgebot bei Wegfall der Gründe für eine frühere außerplanmäßige Abschreibung	☐	2 / 2	2.5
	e. Aktivierung nachträglicher Herstellungskosten	☐	2 / 2	2.3.3.4
6. Ausweis				
	a. Anpassung des Bilanzgliederungsschemas (gesonderter Ausweis als erster Posten des immateriellen Anlagevermögens)	☐	2 / 2	3.2
	b. Anpassung des Kontenplans für Bilanzkonten	☐		

Umstellungs- und Anpassungsbedarf im Übergang auf BilMoG	Kontrolle	Erläutert in	
		Kapitel / Abschnitt	Gliederungspunkt
c. Anpassung des Kontenplans für GuV-Konten (fakultativ)	☐		
7. Erläuterung			
a. Angabe des Gesamtbetrags der Forschungs- und Entwicklungskosten des Geschäftsjahrs	☐	2 / 10	2.11
b. Angabe des Teilbetrags von a., der auf selbst geschaffene immaterielle Vermögensgegenstände des Anlagevermögens entfällt	☐	2 / 10	2.11
8. Sonstiges			
a. Beachtung der Ausschüttungssperre	☐	2 / 7	4
b. Prüfung der Bildung latenter Steuern	☐	2 / 8	3
F. Sonstiges Anlagevermögen			
1. Relevanz: Umstellung auf BilMoG			

Vor der Umstellung auf BilMoG wurden bei Anlagegütern
▪ Ermessensabschreibungen vorgenommen,
▪ steuerrechtliche Mehrabschreibungen vorgenommen,
▪ Niederstwertabschreibungen wegen nicht dauernder Wertminderung im Sach- oder immateriellen Anlagevermögen vorgenommen oder
▪ niedrigere Werte nach Wegfall der Gründe für die Abschreibung beibehalten
    ☐ ja, weiter mit 2
    ☐ nein, weiter mit 3
		2 / 2	

Kapitel 2: Einzelgesellschaftliche Rechnungslegung

Umstellungs- und Anpassungsbedarf im Übergang auf BilMoG			Kontrolle	Erläutert in	
				Kapitel / Abschnitt	Gliederungs-punkt
2.	**Umstellungsmaßnahmen**				
	a.	Niederstwertabschreibungen bei Sachanlagen oder immateriellen Vermögensgegenständen des Anlagevermögens sind im Übergang auf BilMoG rückgängig zu machen ☐ nein, weiter mit b ☐ ja, weiter mit g (anschließend weiter mit b)		2 / 2	2.4.2
	b.	Ermessensabschreibungen sollen beim Übergang auf BilMoG rückgängig gemacht werden ☐ nein, weiter mit d (anschließend weiter mit c) ☐ ja, weiter mit e (anschließend weiter mit c)		2 / 2	2.4.3
	c.	Steuerrechtliche Mehrabschreibungen sollen beim Übergang auf BilMoG rückgängig gemacht werden ☐ ja, weiter mit e ☐ nein, weiter mit d		2 / 2	2.4.4.3
	d.	*Weiterführung der Wertansätze nach bisherigem Recht*	☐		
	e.	*Die rückgängig zu machenden Abschreibungen sind im letzten vor dem 1.1.2010 beginnenden Geschäftsjahr vorgenommen worden* ☐ *ja, weiter mit f* ☐ *nein, weiter mit g*			
	f.	*Erfolgswirksame Zuschreibung mit Ausweis eines außerordentlichen Ertrags in der GuV*	☐		
	g.	*Erfolgsneutrale Anpassung des Wertansatzes durch Einstellung des Zuschreibungsbetrags in die Gewinnrücklagen*	☐		
	h.	Prüfung der Bildung latenter Steuern	☐	2 / 8	3

Abschnitt 9: Checkliste – Umstellung der Bilanzierung auf BilMoG

Umstellungs- und Anpassungsbedarf im Übergang auf BilMoG	Kontrolle	Erläutert in	
		Kapitel / Abschnitt	Gliederungspunkt
i. Steuerrechtliche Pflicht zur Aufnahme von Wirtschaftsgütern mit einem vom Handelsrecht abweichenden steuerlichen Wertansatz in ein gesondertes Verzeichnis	☐	2 / 8	2.3
3. Relevanz: Bilanzierung unter BilMoG			
Das Unternehmen verfügt über bilanzierte immaterielle Anlagegüter, Sachanlagen und / oder Finanzanlagen ☐ ja, weiter mit 4 ☐ nein, weiter mit G	☐	2 / 2	1
4. Ansatz			
Kein Anpassungsbedarf	☐	2 / 2	1
5. Bewertung			
a. Planmäßige Abschreibung zeitlich begrenzt nutzbarer Anlagegüter: keine Änderung	☐	2 / 2	2.4.1
b. Außerplanmäßige Abschreibungen wegen voraussichtlich dauernder Wertminderung: keine Änderung	☐	2 / 2	2.4.2
c. Außerplanmäßige Abschreibung bei voraussichtlich nicht dauernder Wertminderung (ausgenommen Finanzanlagevermögen): Verbot (keine Änderung für Kapitalgesellschaften)	☐	2 / 2	2.4.2
d. Außerplanmäßige Abschreibung bei voraussichtlich nicht dauernder Wertminderung im Finanzanlagevermögen: keine Änderung	☐	2 / 2	2.4.2
e. Zuschreibung: generelles Gebot bei Wegfall der Gründe für eine außerplanmäßige Abschreibung (Ausnahme: Geschäfts- oder Firmenwert)	☐	2 / 2	5
6. Ausweis			
Kein Anpassungsbedarf	☐		
7. Erläuterung			
Kein Anpassungsbedarf	☐		

Umstellungs- und Anpassungsbedarf im Übergang auf BilMoG	Kontrolle	Erläutert in	
		Kapitel / Abschnitt	Gliederungspunkt
8. Sonstiges			
a. Prüfung der Bildung latenter Steuern	☐	2 / 8	3
b. Steuerrechtliche Pflicht zur Aufnahme von Wirtschaftsgütern mit einem vom Handelsrecht abweichenden steuerlichen Wertansatz in ein gesondertes Verzeichnis	☐	2 / 8	2.3
G. Umlaufvermögen			
1. Relevanz: Umstellung auf BilMoG			

Vor der Umstellung auf BilMoG wurden bei Anlagegütern
▪ Zukunftswertabschreibungen vorgenommen,
▪ Ermessensabschreibungen vorgenommen,
▪ steuerrechtliche Mehrabschreibungen vorgenommen
▪ niedrigere Werte nach Wegfall der Gründe für die Abschreibung beibehalten oder
▪ für Zwecke einer vereinfachten Vorratsbewertung die Hifo-, Lofo-, Kilo-, oder Kifo-Methode angewandt
    ☐ ja, weiter mit 2
    ☐ nein, weiter mit 3
		2 / 3	

2. Umstellungsmaßnahmen			

a. Zukunftswertabschreibungen sollen beim Übergang auf BilMoG rückgängig gemacht werden
      ☐ nein, weiter mit d
          (anschließend weiter mit b)
      ☐ ja, weiter mit e
          (anschließend weiter mit b)
		2 / 3	2.4.1

Abschnitt 9: Checkliste – Umstellung der Bilanzierung auf BilMoG

Umstellungs- und Anpassungsbedarf im Übergang auf BilMoG		Kontrolle	Erläutert in	
			Kapitel / Abschnitt	Gliederungspunkt
b	Ermessensabschreibungen sollen beim Übergang auf BilMoG rückgängig gemacht werden ☐ nein, weiter mit d (anschließend weiter mit c) ☐ ja, weiter mit e (anschließend weiter mit c)		2 / 3	2.4.1
c.	Steuerrechtliche Mehrabschreibungen sollen beim Übergang auf BilMoG rückgängig gemacht werden ☐ ja, weiter mit e ☐ nein, weiter mit d		2 / 3	2.4.2
d.	*Weiterführung der Wertansätze nach bisherigem Recht*	☐		
e.	*Die rückgängig zu machenden Abschreibungen sind im letzten vor dem 1.1.2010 beginnenden Geschäftsjahr vorgenommen worden* ☐ ja, weiter mit f ☐ nein, weiter mit g			
f.	*Erfolgswirksame Zuschreibung mit Ausweis eines außerordentlichen Ertrags in der GuV*	☐		
g.	*Erfolgsneutrale Anpassung des Wertansatzes durch Einstellung des Zuschreibungsbetrags in die Gewinnrücklagen*	☐		
h.	Umstellung der Vorratsbewertung auf die Durchschnitts-, Lifo- oder Fifo-Methode, falls bislang die Hifo-, Lofo-, Kilo- oder Kifo-Methode angewendet wurde	☐	2 / 3	2.2.2
i.	Prüfung der Bildung latenter Steuern	☐	2 / 8	3
j.	Steuerrechtliche Pflicht zur Aufnahme von Wirtschaftsgütern mit einem vom Handelsrecht abweichenden steuerlichen Wertansatz in ein gesondertes Verzeichnis	☐	2 / 8	2.3

Umstellungs- und Anpassungsbedarf im Übergang auf BilMoG	Kontrolle	Erläutert in	
		Kapitel / Abschnitt	Gliederungspunkt
3. Relevanz: Bilanzierung unter BilMoG			
Das Unternehmen verfügt über Vermögensgegenstände des Umlaufvermögens ☐ ja, weiter mit 4 ☐ nein, weiter mit H		2 / 3	
4. Ansatz			
Kein Anpassungsbedarf	☐	2 / 3	1
5. Bewertung			
a. Verbrauchsfolge- oder Veräußerungsfolgebewertung im Vorratsvermögen: zulässig sind nur noch die Lifo- und Fifo-Methode sowie die Durchschnittsmethode	☐	2 / 3	2.2.2
b. Außerplanmäßige Abschreibung: nur noch bei Wertminderungen am Abschlussstichtag zulässig	☐	2 / 3	2.5
c. Zuschreibung: generelles Gebot bei Wegfall der Gründe für eine außerplanmäßige Abschreibung	☐	2 / 3	2.5
6. Ausweis			
Kein Anpassungsbedarf	☐	2 / 3	3
7. Erläuterung			
Kein Anpassungsbedarf	☐		
8. Sonstiges			
a. Prüfung der Bildung latenter Steuern	☐	2 / 8	3
b. Steuerrechtliche Pflicht zur Aufnahme von Wirtschaftsgütern mit einem vom Handelsrecht abweichenden steuerlichen Wertansatz in ein gesondertes Verzeichnis	☐	2 / 8	2.3

Umstellungs- und Anpassungsbedarf im Übergang auf BilMoG	Kontrolle	Erläutert in	
		Kapitel / Abschnitt	Gliederungs-punkt
H. Herstellungskosten			
1. Relevanz: Umstellung auf BilMoG			
Keine: Die geänderte Bewertungsvorschrift betrifft nur Herstellungsvorgänge, die im Jahr der Erstanwendung des BilMoG beginnen	☐	2 / 2 2 / 3	2.3.2.4 2.3
2. Relevanz: Bilanzierung unter BilMoG			
Beim Unternehmen fallen Aufwendungen für die Herstellung eines Vermögensgegenstands, seine Erweiterung oder für seine wesentliche Verbesserung an ☐ ja, weiter mit 3 ☐ nein, weiter mit I		2 / 2 2 / 3	2 2
3. Definition / Abgrenzung			
a. Herstellungskosten sind Aufwendungen, die durch den Verbrauch von Gütern und die Inanspruchnahme von Diensten für die Herstellung eines Vermögensgegenstands, seine Erweiterung oder für seine über seinen ursprünglichen Zustand hinausgehende wesentliche Verbesserung entstehen: keine Änderung	☐	2 / 2 2 / 3	2.3.2.1 2.3
b. Hersteller ist, wer das Fertigungsrisiko trägt: keine Änderung	☐	2 / 3	2.3.3.1
4. Umfang der zu aktivierenden Herstellungskosten			
a. Aktivierungspflichtig sind alle durch die Fertigung veranlassten Einzelkosten sowie angemessene Teile der Materialgemeinkosten, der Fertigungsgemeinkosten und des Werteverzehrs des Anlagevermögens: erweiterter Aktivierungsumfang	☐	2 / 2 2 / 3	2.3.2.2 2.3
b. Zusätzlich einbezogen werden dürfen: angemessene Teile der Kosten der allgemeinen Verwaltung und der Aufwendungen für soziale Einrichtungen des Betriebs, für freiwillige soziale Leistungen und für die betriebliche Altersversorgung: keine Änderung	☐	2 / 2 2 / 3	2.3.2.2 2.3

Kapitel 2: Einzelgesellschaftliche Rechnungslegung

Umstellungs- und Anpassungsbedarf im Übergang auf BilMoG	Kontrolle	Erläutert in	
		Kapitel / Abschnitt	Gliederungspunkt
c. Fremdkapitalzinsen dürfen einbezogen werden, soweit sie auf den Zeitraum der Herstellung entfallen: keine Änderung	☐	2 / 2	2.3.2.2
d. Keine Bestandteile der Herstellungskosten sind Vertriebskosten und Forschungskosten: keine Änderung	☐	2 / 2	2.3.2.2
e. Aktivierungsverbot für außerordentliche, betriebsfremde, periodenfremde und unangemessen hohe Aufwendungen: keine Änderung	☐	2 / 2	2.3.2.2
5. Sonstiges			
Bewertungswahlrechte für allgemeine Verwaltungskosten und freiwillige Sozialkosten sind in der Steuerbilanz losgelöst von der handelsrechtlichen Behandlung ausübbar	☐	2 / 2	2.3.2.2
I. Rückstellungen			
1. Relevanz: Umstellung auf BilMoG			
a. Es sind Aufwandsrückstellungen für unterlassene Aufwendungen für Instandhaltung bei geplanter Nachholung im folgenden Geschäftsjahr nach Ablauf von drei Monaten passiviert oder		2 / 4	
b. es sind Aufwandsrückstellungen für ihrer Eigenart genau umschriebene, dem Geschäftsjahr oder einem früheren Geschäftsjahr zuzuordnende Aufwendungen passiviert, die am Abschlussstichtag wahrscheinlich oder sicher, aber hinsichtlich ihrer Höhe oder des Zeitpunkts ihres Eintritts unbestimmt sind oder			
c. es sind Rückstellungen für Pensionen, Anwartschaften auf Pensionen oder ähnliche Verpflichtungen passiviert oder			

Umstellungs- und Anpassungsbedarf im Übergang auf BilMoG		Kontrolle	Erläutert in	
			Kapitel / Abschnitt	Gliederungspunkt
d.	es sind Rückstellungen mit einer Restlaufzeit von mehr als einem Jahr passiviert ☐ ja, weiter mit 2 ☐ nein, weiter mit 3			
2.	**Umstellungsmaßnahmen**			
a.	Rückstellungen für unterlassene Instandhaltungen nach § 249 Abs. 1 Satz 3 HGB sollen beim Übergang auf BilMoG aufgelöst werden ☐ nein, weiter mit c ☐ ja, weiter mit d		2 / 4	1.2.4
b.	Aufwandsrückstellungen nach § 249 Abs. 2 HGB sollen beim Übergang auf BilMoG aufgelöst werden ☐ nein, weiter mit c ☐ ja, weiter mit d		2 / 4	1.2.4
c.	*Weiterführung der Rückstellungen nach bisherigem Recht*	☐	2 / 4	1.2.4
d.	*Die aufzulösenden Rückstellungsbeträge sind im letzten vor dem 1.1.2010 beginnenden Geschäftsjahr zugeführt worden* ☐ ja, weiter mit e ☐ nein, weiter mit f		2 / 4	1.2.4
e.	*Erfolgswirksame Auflösung der Rückstellungen mit Ausweis eines außerordentlichen Ertrags in der GuV*	☐	2 / 4	1.2.4
f.	*Erfolgsneutrale Umgliederung der Rückstellungen in die Gewinnrücklagen*	☐	2 / 4	1.2.4

Umstellungs- und Anpassungsbedarf im Übergang auf BilMoG		Kontrolle	Erläutert in	
			Kapitel / Abschnitt	Gliederungs-punkt
g.	Neubewertung von Verbindlichkeits- und Drohverlustrückstellungen (z. B. aufgrund einzurechnender Preis- und Kostenänderungen nach dem Stichtag oder einer gebotenen Abzinsung). Es ermittelt sich ☐ ein Fehlbetrag, weiter mit h ☐ eine Überdotierung der Rückstellung, weiter mit m		2 / 4	2.2
h.	Es handelt sich um Altersversorgungsverpflichtungen ☐ ja, weiter mit i ☐ nein, weiter mit l		2 / 4	2.3.2
i.	Das Unternehmen entscheidet sich für eine zeitlich gestreckte Erfassung des Fehlbetrags ☐ ja, weiter mit k ☐ nein, weiter j		2 / 4	2.3.3.7
j.	Sofortige erfolgswirksame Zuführung des Fehlbetrags unter Ausweis eines außerordentlichen Aufwands in der Gewinn- und Verlustrechnung ☐ weiter mit 3	☐	2 / 4	2.3.3.7
k.	*Ratierliche erfolgswirksame Zuführung des Fehlbetrags zu mindestens 1/15tel pro Geschäftsjahr bis spätestens zum 31.12.2024 unter Ausweis eines außerordentlichen Aufwands in der Gewinn- und Verlustrechnung und Angabe des Unterdeckungsbetrags im Anhang* ☐ weiter mit 3	☐	2 / 4	2.3.3.7
l.	Sofortige erfolgswirksame Zuführung des Fehlbetrags unter Ausweis eines außerordentlichen Aufwands in der Gewinn- und Verlustrechnung ☐ weiter mit 3	☐	2 / 4	2.2.6

Umstellungs- und Anpassungsbedarf im Übergang auf BilMoG	Kontrolle	Erläutert in	
		Kapitel / Abschnitt	Gliederungspunkt
m. Der überhöhte Wertansatz soll nach Möglichkeit beibehalten werden ☐ ja, weiter mit n ☐ nein, weiter mit q		2 / 4	2.2.6 2.3.3.7
n. Der überhöhte Wertansatz wird durch die hypothetischen Zuführungen bis zum 31.12.2024 wieder erreicht ☐ ja, weiter mit p ☐ nein, weiter mit o		2 / 4	2.2.6 2.3.3.7
o. Auflösung des durch die hypothetischen Zuführungen bis zum 31.12.2024 nicht abgedeckten Überdotierungsbetrags über außerordentliche Erträge, Fortführung des verbleibenden Rückstellungsbetrags	☐	2 / 4	2.2.6 2.3.3.7
p. Fortführung der überdotierten Rückstellung und Angabe des Überdeckungsbetrags im Anhang ☐ weiter mit 3	☐	2 / 4	2.2.6 2.3.3.7
q. *Erfolgsneutrale Einstellung der aus der Auflösung hervorgehenden Beträge in die Gewinnrücklagen*	☐	2 / 4	2.2.6 2.3.3.7
3. Relevanz: Bilanzierung unter BilMoG			
Beim Unternehmen sind Rückstellungssachverhalte gegeben ☐ ja, weiter mit 4 ☐ nein, weiter mit J			
4. Ansatz			
a. Pflicht zur Bildung von Rückstellungen für ungewisse Verbindlichkeiten: keine Änderung	☐	2 / 4	1.1
b. Pflicht zur Bildung von Rückstellungen für Gewährleistungen, die ohne rechtliche Verpflichtung erbracht werden: keine Änderung	☐	2 / 4	1.1

Umstellungs- und Anpassungsbedarf im Übergang auf BilMoG	Kontrolle	Erläutert in	
		Kapitel / Abschnitt	Gliederungspunkt
c. Pflicht zur Bildung von Rückstellungen für drohende Verluste aus schwebenden Geschäften: keine Änderung	☐	2 / 4	1.1
d. Pflicht zur Bildung von Rückstellungen für unterlassene Aufwendungen für Instandhaltung, die im folgenden Geschäftsjahr innerhalb von drei Monaten, oder für Abraumbeseitigung, die im folgenden Geschäftsjahr nachgeholt werden: keine Änderung	☐	2 / 4	1.1
e. Verbot zur Bildung von Rückstellungen für unterlassene Aufwendungen für Instandhaltung bei geplanter Nachholung im folgenden Geschäftsjahr nach Ablauf von drei Monaten	☐	2 / 4	1.2.2
f. Verbot zur Bildung von Rückstellungen für ihrer Eigenart genau umschriebene, dem Geschäftsjahr oder einem früheren Geschäftsjahr zuzuordnende Aufwendungen, die am Abschlussstichtag wahrscheinlich oder sicher, aber hinsichtlich ihrer Höhe oder des Zeitpunkts ihres Eintritts unbestimmt sind	☐	2 / 4	1.2.3
g. Wahlrecht zur Bildung von Rückstellungen für laufende Pensionen oder Anwartschaften auf Pensionen, die auf Zusagen vor dem 1. Januar 1987 beruhen: keine Änderung	☐	2 / 4	1.3
h. Wahlrecht zur Bildung von Rückstellungen für mittelbare Verpflichtungen aus einer Zusage für eine laufende Pension oder eine Anwartschaft auf eine Pension: keine Änderung	☐	2 / 4	1.3
i. Wahlrecht zur Bildung von Rückstellungen für mittelbare oder unmittelbare ähnliche Verpflichtungen: keine Änderung	☐	2 / 4	1.3
5. Bewertung			
a. Schätzmaßstab der vernünftigen kaufmännischen Beurteilung: keine Änderung	☐	2 / 4	2.2.1

Abschnitt 9: Checkliste – Umstellung der Bilanzierung auf BilMoG

Umstellungs- und Anpassungsbedarf im Übergang auf BilMoG	Kontrolle	Erläutert in Kapitel / Abschnitt	Erläutert in Gliederungs- punkt
b. Bewertung ungewisser Sach- und Dienstleistungsverpflichtungen auf Basis der Vollkosten: keine Änderung	☐	2 / 4	2.2.1
c. Berücksichtigung künftiger Preis- und Kostenänderungen, für die objektive Hinweise vorliegen	☐	2 / 4	2.2.2
d. Pflicht zur Abzinsung von Rückstellungen mit einer Restlaufzeit von mehr als einem Jahr mit dem von der Deutschen Bundesbank veröffentlichten fristadäquaten Marktzins	☐	2 / 4	2.2.3
e. Abzinsungswahlrecht für Rückstellungen mit einer Restlaufzeit von bis zu einem Jahr	☐	2 / 4	2.2.3
f. Vereinfachungsregelung zur Abzinsung von Altersvorsorgeverpflichtungen und vergleichbaren langfristig fälligen Verpflichtungen (durchschnittliche Marktzinssatz, der einer angenommenen Restlaufzeit von 15 Jahren entspricht)	☐	2 / 4	2.2.3.4 2.3.3.5
g. Vereinfachungsregelung zum Bewertungszeitpunkt für Pensionsverpflichtungen (zwei bis drei Monate vor dem Abschlussstichtag)	☐	2 / 4	2.2.3.4 2.3.3.1
h. Bewertung wertpapiergebundener Altersversorgungsverpflichtungen zum beizulegenden Zeitwert der Wertpapiere (vorbehaltlich eines höheren Mindestbetrags)	☐	2 / 4	2.3.3.3
i. Bewertung der nach § 246 Abs. 2 Satz 2 HGB verrechnungspflichtigen Vermögensgegenstände zum beizulegenden Zeitwert	☐	2 / 4	2.3.3.4
6. Ausweis			
a. Verrechnung von Schulden aus Altersversorgungsverpflichtungen oder vergleichbaren langfristig fälligen Verpflichtungen mit Vermögensgegenständen, die dem Zugriff aller übrigen Gläubiger entzogen sind und ausschließlich der Erfüllung dieser Schulden dienen	☐	2 / 4	2.3.3.4

Umstellungs- und Anpassungsbedarf im Übergang auf BilMoG	Kontrolle	Erläutert in	
		Kapitel / Abschnitt	Gliederungspunkt
b. Gesonderter Ausweis der Erträge aus der Abzinsung in der Gewinn- und Verlustrechnung unter dem Posten 'Sonstige Zinsen und ähnliche Erträge'	☐	2 / 4	3.2
c. Gesonderter Ausweis der Aufwendungen aus der Abzinsung in der Gewinn- und Verlustrechnung unter dem Posten 'Zinsen und ähnliche Aufwendungen'	☐	2 / 4	3.2
7. Erläuterung			
d. Angabe der angewandten versicherungsmathematischen Berechnungsverfahren sowie der grundlegenden Annahmen der Berechnung, wie Zinssatz, erwartete Lohn- und Gehaltssteigerungen und zugrunde gelegte Sterbetafel bei Rückstellungen für Pensionen und ähnlichen Verpflichtungen im Anhang	☐	2 / 10	2.13
e. Angabe von in der Bilanz nicht ausgewiesenen Rückstellungen für Pensionen, Anwartschaften auf Pensionen und ähnliche Verpflichtungen im Anhang	☐	2 / 4	1.3
8. Sonstiges			
a. Prüfung der Bildung latenter Steuern	☐	2 / 8	3
b. Ausschüttungssperre in Höhe des über die Anschaffungskosten hinausgehenden beizulegenden Zeitwerts verrechnungspflichtiger Vermögensgegenstände nach Abzug hierfür gebildeter passiver latenter Steuern	☐	2 / 7	4
J. Verbindlichkeiten			
1. Relevanz: Umstellung und Bilanzierung unter BilMoG			

Das Unternehmen hat Schulden aus Rentenverpflichtungen passiviert, für die eine Gegenleistung nicht mehr zu erwarten ist.
    ☐ ja, weiter mit 2
    ☐ nein, weiter mit K
		2 / 5	

Umstellungs- und Anpassungsbedarf im Übergang auf BilMoG	Kontrolle	Erläutert in	
		Kapitel / Abschnitt	Gliederungspunkt
2. Ansatz			
Kein Anpassungsbedarf	☐	2 / 5	1
3. Bewertung			
Ermittlung des Barwerts der Verbindlichkeit unter Verwendung der von der Deutschen Bundesbank veröffentlichten fristadäquaten Marktzinssätze; ggf. Verzicht auf eine Bewertungsanpassung, wenn der Schuldbetrag objektiv festliegt	☐	2 / 5	2.2.1
4. Ausweis			
Kein Anpassungsbedarf	☐	2 / 5	3
5. Erläuterung			
Kein Anpassungsbedarf	☐		
6. Umstellung			
Neuberechnung des Barwerts der Verbindlichkeit unter Verwendung der von der Deutschen Bundesbank veröffentlichten fristadäquaten Marktzinssätze	☐	2 / 5	2.2.5
K. Rechnungsabgrenzungsposten			
1. Relevanz			

a. Beim Unternehmen fallen Zölle oder Verbrauchsteuern an, die auf am Abschlussstichtag auszuweisende Vermögensgegenstände des Vorratsvermögens entfallen <u>oder</u>
b. das Unternehmen erhält Anzahlungen mit Umsatzsteuer
    ☐ ja, weiter mit 2
    ☐ nein, weiter mit L
		2 / 6	

Umstellungs- und Anpassungsbedarf im Übergang auf BilMoG	Kontrolle	Erläutert in	
		Kapitel / Abschnitt	Gliederungspunkt
2. Umstellungsmaßnahmen			
a. Rechnungsabgrenzungsposten für als Aufwand berücksichtigte Zölle und Verbrauchsteuern, die auf am Abschlussstichtag auszuweisende Vermögensgegenstände des Vorratsvermögens entfallen, sollen aufgelöst werden ☐ nein, weiter mit c ☐ ja, weiter mit d		2 / 6	2 4
b. Rechnungsabgrenzungsposten für als Aufwand berücksichtigte Umsatzsteuer auf am Abschlussstichtag auszuweisende oder von den Vorräten offen abgesetzte Anzahlungen sollen aufgelöst werden ☐ nein, weiter mit c ☐ ja, weiter mit d		2 / 6	3 4
c. *Weiterführung der Rechnungsabgrenzungsposten nach bisherigem Recht*	☐		
d. *Erfolgsneutrale Umgliederung der Rechnungsabgrenzungsposten in die Gewinnrücklagen*	☐		
3. Relevanz: Bilanzierung unter BilMoG			
Beim Unternehmen fallen Zölle und Verbrauchsteuern an, die auf am Abschlussstichtag auszuweisende Vermögensgegenstände des Vorratsvermögens entfallen, oder das Unternehmen erhält Anzahlungen mit Umsatzsteuer	☐	2 / 6	
4. Ansatz			
a. Zölle und Verbrauchsteuern, die auf am Abschlussstichtag auszuweisende Vermögensgegenstände des Vorratsvermögens entfallen, sind unmittelbar erfolgswirksam zu behandeln	☐	2 / 6	2

Umstellungs- und Anpassungsbedarf im Übergang auf BilMoG		Kontrolle	Erläutert in	
			Kapitel / Abschnitt	Gliederungspunkt
	b. Erhaltene Anzahlungen sind nach der Nettomethode zu bilanzieren, d. h., gegenüber dem Kunden ist der Nettobetrag der Anzahlung zu passivieren, gegenüber dem Finanzamt die Umsatzsteuer	☐	2 / 6	3
5.	Bewertung			
	Kein Anpassungsbedarf	☐		
6.	Ausweis			
	Kein Anpassungsbedarf	☐		
7.	Erläuterung			
	Kein Anpassungsbedarf	☐		
8.	Sonstiges			
	a. Steuerlich bleibt das Ansatzgebot bestehen	☐	2 / 6	4
	b. Prüfung der Bildung latenter Steuern	☐	2 / 8	3
L.	Ausstehende Einlagen auf das gezeichnete Kapital			
1.	Relevanz: Umstellung und Bilanzierung unter BilMoG			
	Das gezeichnete Kapital ist vollständig eingezahlt ☐ ja, weiter mit M ☐ nein, weiter mit 2		2 / 7	1
2.	Ansatz			
	Kein Anpassungsbedarf	☐	2 / 7	1.1
3.	Bewertung			
	Kein Anpassungsbedarf	☐	2 / 7	
4.	Ausweis			
	a. Offene Absetzung der noch nicht eingeforderten ausstehenden Einlagen vom Eigenkapital	☐	2 / 7	1.1
	b. Gesonderter Ausweis der eingeforderten ausstehenden Einlagen unter den Forderungen und sonstigen Vermögensgegenständen	☐	2 / 7	1.1

Kapitel 2: Einzelgesellschaftliche Rechnungslegung

Umstellungs- und Anpassungsbedarf im Übergang auf BilMoG	Kontrolle	Erläutert in Kapitel / Abschnitt	Gliederungs- punkt
5. Erläuterung			
Keine Anpassung	☐	2 / 7	1
6. Umstellung			
Soweit für ausstehende Einlagen auf das gezeichnete Kapital bislang der Bruttoausweis gewählt wurde, ist mit Übergang auf BilMoG auf den Nettoausweis umzustellen	☐	2 / 7	1.4
M. Eigene Anteile			
1. Relevanz: Umstellung und Bilanzierung unter BilMoG			
a. Eigene Anteile sind als Vermögensgegenstände des Umlaufvermögens aktiviert bzw. werden im Jahr der Erstanwendung des BilMoG erworben oder veräußert ☐ ja, weiter mit 2 ☐ nein, weiter mit N		2 / 7	2
2. Ansatz			
Kein Anpassungsbedarf	☐	2 / 7	2.1
3. Bewertung			
Kein Anpassungsbedarf	☐	2 / 7	2.1
4. Ausweis bei Erwerb			
a. Absetzung des Nennbetrags oder rechnerischen Betrags der erworbenen eigenen Anteile vom gezeichneten Kapital	☐	2 / 7	2.2.1
b. Verrechnung des Unterschiedsbetrags zwischen Nennbetrag bzw. rechnerischem Wert und Kaufpreis der erworbenen eigenen Anteile mit den frei verfügbaren Rücklagen	☐	2 / 7	2.2.1
c. Erfassung von Aufwendungen, die Anschaffungsnebenkosten der erworbenen Anteile sind, als Aufwand des Geschäftsjahres	☐	2 / 7	2.2.1

Umstellungs- und Anpassungsbedarf im Übergang auf BilMoG	Kontrolle	Erläutert in	
		Kapitel / Abschnitt	Gliederungspunkt
5. Ausweis bei Veräußerung			
a. Wegfall der Absetzung des Nennbetrags oder rechnerischen Betrags der eigenen Anteile vom gezeichneten Kapital	☐	2 / 7	2.2.2
b. Erhöhung der frei verfügbaren Rücklagen um die Differenz zwischen Nennbetrag bzw. rechnerischem Wert und Kaufpreis der eigenen Anteile bis zur Höhe des ursprünglich verrechneten Unterschiedsbetrags	☐	2 / 7	2.2.2
c. Einstellung eines im Vergleich zu den ursprünglichen Anschaffungskosten der eigenen Anteile erzielten Mehrerlöses in die Kapitalrücklage gemäß § 272 Abs. 2. Nr. 1 HGB	☐	2 / 7	2.2.2
d. Erfassung von Nebenkosten der Veräußerung eigener Anteile als Aufwand der Periode	☐	2 / 7	2.2.2
6. Erläuterung			
Kein Anpassungsbedarf	☐		
7. Umstellung			
Soweit eigene Anteile bislang als Vermögensgegenstände bilanziert sind, sind diese mit Übergang auf BilMoG vom Eigenkapital	☐	2 / 7	2.4
8. Sonstiges			
Ob eine Veräußerung eigener Anteile zu einem Preis über den Anschaffungskosten unter BilMoG weiterhin zu einer Besteuerung nach § 8b Abs. 3 KStG führt, ist unklar	☐	2 / 7	2.4

Umstellungs- und Anpassungsbedarf im Übergang auf BilMoG	Kontrolle	Erläutert in	
		Kapitel / Abschnitt	Gliederungspunkt
N. Anteile an einem herrschenden oder mit Mehrheit beteiligten Unternehmen			
1. Relevanz: Umstellung und Bilanzierung unter BilMoG			
a. Anteile an einem herrschenden oder mit Mehrheit beteiligten Unternehmen sind als Vermögensgegenstände des Umlaufvermögens aktiviert bzw. wurden im Jahr der Erstanwendung des BilMoG erworben ☐ ja, weiter mit 2 ☐ nein, weiter mit O		2 / 7	3
2. Ansatz			
Kein Anpassungsbedarf	☐		
3. Bildung einer Rücklage			
Die Rücklage ist als Rücklage für Anteile an einem herrschenden oder mit Mehrheit beteiligten Unternehmen zu bezeichnen; ein etwaiger Davon-Vermerk entfällt	☐	2 / 7	3.2
4. Bewertung			
Kein Anpassungsbedarf	☐	2 / 7	3.2.1
5. Ausweis			
Die Bezeichnung der zu bildenden Rücklage ist ggf. anzupassen	☐	2 / 7	3.2
6. Erläuterung			
Kein Anpassungsbedarf	☐	2 / 7	3.2.1
7. Umstellung			
Die Bezeichnung der zu bildenden Rücklage ist ggf. anzupassen	☐	2 / 7	3.4

Umstellungs- und Anpassungsbedarf im Übergang auf BiLMoG	Kontrolle	Erläutert in	
		Kapitel / Abschnitt	Gliederungspunkt
O. Ausschüttungs- und Abführungssperre			
1. Relevanz: Umstellung und Bilanzierung unter BiLMoG			
Im Jahr der Erstanwendung des BiLMoG ■ hat das Unternehmen das Wahlrecht zum Ansatz selbst geschaffener immaterieller Vermögensgegenstände des Anlagevermögens wahrgenommen, ■ hat das Unternehmen das Wahlrecht zum Ansatz aktiver latenter Steuern wahrgenommen <u>oder</u> ■ übersteigt der beizulegende Zeitwert von nach § 246 Abs. 2 Satz 2 HGB mit Schulden zu verrechnenden Vermögensgegenständen ihre Anschaffungskosten ☐ ja, weiter mit 2 ☐ nein, weiter mit P		2 / 7	4
2. Ausschüttung und Abführung			
Ermittlung des gegen Ausschüttung und Abführung gesperrten Betrags	☐	2 / 7	4.2
3. Erläuterung			
a. Angabe des Gesamtbetrags der gemäß § 268 Abs. 8 HGB ausschüttungs- und abführungsgesperrten Beträge im Anhang	☐	2 / 7	4.5
b. Aufgliederung des Gesamtbetrags gemäß § 268 Abs. 8 HGB in Beträge aus der Aktivierung selbst geschaffener immaterieller Vermögensgegenstände des Anlagevermögens, aus der Bewertung von verrechnungspflichtigen Vermögensgegenständen über den Anschaffungskosten und aus der Aktivierung latenter Steuern	☐	2 / 7	4.5

Umstellungs- und Anpassungsbedarf im Übergang auf BilMoG	Kontrolle	Erläutert in	
		Kapitel / Abschnitt	Gliederungspunkt
4. Umstellung			
Eine vor der erstmaligen Anwendung des BilMoG bestehende Ausschüttungssperre für aktive latente Steuern gemäß § 274 Abs. 2 HGB a. F. ist neu zu berechnen	☐	2 / 7	4.6
P. Ingangsetzungs- und Erweiterungsaufwendungen			
1. Relevanz: Umstellung auf BilMoG			
Zum Umstellungszeitpunkt sind Ingangsetzungs- und Erweiterungsaufwendungen aus der Vergangenheit in der Bilanz aktiviert ☐ ja, weiter mit 2 ☐ nein, weiter mit Q		2 / 8	1
2. Umstellungsmaßnahmen			
a. Das Wahlrecht zur Fortführung der nach bisherigem Recht gebildeten Bilanzierungshilfe soll wahrgenommen werden ☐ ja, weiter mit b ☐ nein, weiter mit c		2 / 8	1.3
b. Weiterführung der Bilanzierungshilfe nach bisherigem Recht (dies gilt insbesondere auch für eine Ausschüttungssperre) ☐ weiter mit 3		2 / 8	1.3
c. Erfolgswirksame Auflösung der Bilanzierungshilfe mit Ausweis eines außerordentlichen Aufwands in der GuV	☐	2 / 8	1.3
3. Relevanz: Bilanzierung unter BilMoG			
Allgemein	☐	2 / 8	1.3
4. Ansatz			
Eine Bilanzierungshilfe für Ingangsetzungs- und Erweiterungsaufwendungen darf nicht mehr gebildet werden	☐	2 / 8	1.1

Abschnitt 9: Checkliste – Umstellung der Bilanzierung auf BilMoG

Umstellungs- und Anpassungsbedarf im Übergang auf BilMoG	Kontrolle	Erläutert in Kapitel / Abschnitt	Gliederungspunkt
5. Bewertung, Ausweis, Erläuterung			
Siehe Ansatz	☐		
Q. Sonderposten mit Rücklageanteil			
1. Relevanz: Übergang auf BilMoG			
Das Unternehmen hat im Übergangszeitpunkt Sonderposten mit Rücklageanteil nach § 247 Abs. 3, § 273 HGB a. F. angesetzt ☐ ja, weiter mit 2 ☐ nein, weiter mit R		2 / 8	2
2. Umstellungsmaßnahmen			
a. Sonderposten mir Rücklageanteil sollen nach den bisher geltenden Vorschriften fortgeführt werden ☐ nein, weiter mit c ☐ ja, weiter mit b		2 / 8	2.3
b. *Weiterführung der Sonderposten nach bisherigem Recht*	☐		
c. *Erfolgsneutrale Umgliederung der Sonderposten mit Rücklageanteil in die Gewinnrücklagen*	☐		
d. Die Bildung latenter Steuern ist zu prüfen	☐		
3. Relevanz: Bilanzierung unter BilMoG			
4. Ansatz			
Verbot der Neubildung eines Sonderpostens mit Rücklageanteil mit Ausnahme des Übergangswahlrechts	☐	2 / 8	2.1
5. Bewertung			
Siehe Ansatz	☐	2 / 8	2.1
6. Ausweis			
Übertragung unversteuerter Rücklagen ist nur noch passivisch durch Auflösung und Neubildung des Sonderpostens mit Rücklageanteil möglich	☐	2 / 8	2

Kapitel 2: Einzelgesellschaftliche Rechnungslegung

Umstellungs- und Anpassungsbedarf im Übergang auf BilMoG	Kontrolle	Erläutert in Kapitel / Abschnitt	Gliederungspunkt
7. Erläuterung			
Siehe Ansatz ☐ weiter mit 8	☐	2 / 8	2.1
8. Sonstiges			
a. Die Bildung passiver latenter Steuern ist zu prüfen	☐	2 / 8	2.4 3
b. Wegen Wegfalls der umgekehrten Maßgeblichkeit können steuerrechtliche Wahlrechte bei der Gewinnermittlung unabhängig von der Handelsbilanz ausgeübt werden	☐		
c. Steuerrechtliche Pflicht zur Aufnahme von Wirtschaftsgütern mit einem vom Handelsrecht abweichenden steuerlichen Wertansatz in ein gesondertes Verzeichnis	☐	2 / 8	2.3
R. Latente Steuern			
1. Relevanz: Umstellung auf BilMoG			
a. Im Umstellungszeitpunkt bestehen Differenzen zwischen den handelsrechtlichen Wertansätzen von Vermögensgegenständen, Schulden und / oder Rechnungsabgrenzungsposten und ihren steuerlichen Wertansätzen, die sich künftig voraussichtlich steuerbelastend oder steuerentlastend umkehren oder b. durch Anpassungsbuchungen entstehen Differenzen zwischen den handelsrechtlichen Wertansätzen von Vermögensgegenständen, Schulden und / oder Rechnungsabgrenzungsposten und ihren steuerlichen Wertansätzen, die sich künftig voraussichtlich steuerbelastend oder steuerentlastend umkehren oder c. im Umstellungszeitpunkt bestehen steuerliche Verlustvorträge ☐ ja, weiter mit 2 ☐ nein, weiter mit S		2 / 8	3.2

Umstellungs- und Anpassungsbedarf im Übergang auf BilMoG	Kontrolle	Erläutert in	
		Kapitel / Abschnitt	Gliederungs-punkt
2. Umstellungsmaßnahmen			
a. Das Unternehmen nimmt das Wahlrecht zur Aktivierung latenter Steuern wahr ☐ ja, weiter mit d ☐ nein, weiter mit b	☐	2 / 8	3.3
b. *Erfolgsneutrale Einbuchung passiver latenter Steuern für eine sich insgesamt ergebende Steuerbelastung aus dem Abbau von temporären Differenzen und steuerlichen Verlustvorträgen, die zum Ende des Geschäftsjahrs des letzten Abschlusses nach bisherigem Bilanzrecht bestehen*	☐	2 / 8	3.8
c. *Erfolgswirksame Anpassung passiver latenter Steuern an die sich insgesamt ergebende Steuerbelastung aus dem Abbau von temporären Differenzen und steuerlichen Verlustvorträgen nach Vornahme der Überleitungsbuchungen*	☐	2 / 8	3.8
d. Das Unternehmen nimmt das Wahlrecht zur Verrechnung erwarteter Steuerbe- und -entlastungen wahr (saldierter Ausweis aktiver und passiver latenter Steuern) ☐ ja, weiter mit e ☐ nein, weiter mit g	☐	2 / 8	3.3
e. *Erfolgsneutrale Einbuchung aktiver oder passiver latenter Steuern für eine sich insgesamt ergebende Steuerent- oder -belastung aus dem Abbau von temporären Differenzen und steuerlichen Verlustvorträgen, die zum Ende des Geschäftsjahrs des letzten Abschlusses nach bisherigem Bilanzrecht bestehen*	☐	2 / 8	3.8
f. *Erfolgswirksame Anpassung der latenten Steuern gemäß e. an die sich insgesamt ergebende Steuerent- oder -belastung aus dem Abbau von temporären Differenzen und steuerlichen Verlustvorträgen nach Vornahme der Überleitungsbuchungen* weiter mit 3	☐	2 / 8	3.8

Kapitel 2: Einzelgesellschaftliche Rechnungslegung

Umstellungs- und Anpassungsbedarf im Übergang auf BilMoG	Kontrolle	Erläutert in	
		Kapitel / Abschnitt	Gliederungs-punkt
g. Erfolgsneutrale Einbuchung aktiver latenter Steuern für eine sich insgesamt ergebende Steuerentlastung aus dem Abbau von abzugsfähigen temporären Differenzen oder von Verlustvorträgen, die zum Ende des Geschäftsjahrs des letzten Abschlusses nach bisherigem Bilanzrecht bestehen	☐	2 / 8	3.8
h. *Erfolgswirksame Anpassung aktiver latenter Steuern an die sich insgesamt ergebende Steuerentlastung aus dem Abbau von abzugsfähigen temporären Differenzen und steuerlichen Verlustvorträgen nach Vornahme der Überleitungsbuchungen*	☐	2 / 8	3.8
i. *Erfolgsneutrale Einbuchung passiver latenter Steuern für eine sich ergebende Steuerbelastung aus dem Abbau von zu versteuernden temporären Differenzen, die zum Ende des Geschäftsjahrs des letzten Abschlusses nach bisherigem Bilanzrecht bestanden haben*	☐	2 / 8	3.8
j. *Erfolgswirksame Anpassung passiver latenter Steuern an die sich insgesamt ergebende Steuerbelastung aus dem Abbau von temporären Differenzen nach Vornahme der Überleitungsbuchungen*	☐	2 / 8	3.8
weiter mit 3			
3. Relevanz: Bilanzierung unter BilMoG			
Das Unternehmen stellt eine Einheitsbilanz auf			
☐ ja, weiter mit S			
☐ nein, weiter mit 4			
4. Ansatz			
a. Das Unternehmen nimmt das Wahlrecht zur Aktivierung latenter Steuern wahr ☐ ja, weiter mit b ☐ nein, weiter mit d		2 / 8	3.3

Umstellungs- und Anpassungsbedarf im Übergang auf BilMoG	Kontrolle	Erläutert in	
		Kapitel / Abschnitt	Gliederungspunkt
b. *Erfolgswirksame Anpassung passiver latenter Steuern an die sich zum Ende des Geschäftsjahrs insgesamt ergebende Steuerbelastung aus dem Abbau von temporären Differenzen und steuerlichen Verlustvorträgen*	☐	2 / 8	3.3
c. Das Unternehmen nimmt das Wahlrecht zur Verrechnung erwarteter Steuerbe- und -entlastungen wahr (saldierter Ausweis aktiver und passiver latenter Steuern) ☐ ja, weiter mit d ☐ nein, weiter mit e		2 / 8	3.3
d. *Erfolgswirksame Anpassung der latenten Steuern an die sich zum Ende des Geschäftsjahrs insgesamt ergebende Steuerent- oder -belastung aus dem Abbau von temporären Differenzen und steuerlichen Verlustvorträgen* weiter mit 5	☐	2 / 8	3.3
e. Erfolgswirksame Anpassung aktiver latenter Steuern an die sich insgesamt ergebende Steuerentlastung aus dem Abbau von abzugsfähigen temporären Differenzen und steuerlichen Verlustvorträgen zum Ende des Geschäftsjahrs	☐	2 / 8	3.3
f. Erfolgswirksame Anpassung passiver latenter Steuern an die sich zum Ende des Geschäftsjahrs insgesamt ergebende Steuerbelastung aus dem Abbau von temporären Differenzen weiter mit 5	☐	2 / 8	3.3

Kapitel 2: Einzelgesellschaftliche Rechnungslegung

Umstellungs- und Anpassungsbedarf im Übergang auf BilMoG	Kontrolle	Erläutert in Kapitel / Abschnitt	Gliederungspunkt
5. Bewertung			
a. Berechnung der latenten Steuern mit den unternehmensindividuellen Steuersätzen, die zum Zeitpunkt des Abbaus der Differenzen gültig sind; künftige Änderungen der Steuersätze sind nur zu berücksichtigen, wenn die maßgebende Körperschaft (in Deutschland: Bundesrat) die Änderung vor oder am Bilanzstichtag verabschiedet hat	☐	2 / 8	3.4.1
b. Verbot der Abzinsung latenter Steuern	☐	2 / 8	3.4.1
c. Beachtung des Vorsichtsprinzips bei aktiven latenten Steuern	☐	2 / 8	3.4.2
d. Berücksichtigung von Steuervorteilen aus der Nutzung steuerlicher Verlustvorträge maximal während der kommenden fünf Jahre	☐	2 / 8	3.4.2
6. Ausweis			
a. Ausweis der aktiven latenten Steuern unter dem Posten 'Aktive latente Steuern' auf der Aktivseite der Bilanz (§ 266 Abs. 2 D. HGB).	☐	2 / 8	3.5.1
b. Ausweis der passiven latenten Steuern unter dem Posten 'Passive latente Steuern' auf der Passivseite der Bilanz (§ 266 Abs. 3 E. HGB).	☐	2 / 8	3.5.1
c. Saldierung aktiver und passiver latenter Steuern bei Entscheidung für eine Gesamtdifferenzenbetrachtung	☐	2 / 8	3.3.2 3.5.1
d. Angabe des Aufwands oder Ertrags aus der Veränderung bilanzierter latenter Steuern in der Gewinn- und Verlustrechnung in einem Davon-Vermerk zum Posten 'Steuern vom Einkommen und Ertrag'	☐	2 / 8	3.5.2
7. Erläuterung			
a. Angabe im Anhang, auf welche Differenzen oder steuerlichen Verlustvorträge bzw. vergleichbaren Sachverhalten die latenten Steuern beruhen, unabhängig von ihrem Ausweis	☐	2 / 8	3.6

Umstellungs- und Anpassungsbedarf im Übergang auf BilMoG	Kontrolle	Erläutert in	
		Kapitel / Abschnitt	Gliederungspunkt
b. Angabe der zur Bewertung latenter Steuern angewandten Steuersätze im Anhang	☐	2 / 8	3.6
c. Ggf. Überleitung des ausgewiesenen Steueraufwands / -ertrags auf den erwarteten Steueraufwand / -ertrag in gesonderter Rechnung (Steuerüberleitungsrechnung)	☐	2 / 8	3.6
8. Sonstiges			
In Höhe des Überhangs der ausgewiesenen Aktivüberhangs an latenten Steuern besteht eine Ausschüttungs- und Abführungssperre	☐	2 / 8	3.7
S. Umrechnung von Fremdwährungsgeschäften			
1. Relevanz: Übergang auf BilMoG			
Zum Übergangsstichtag sind Fremdwährungsgeschäfte im Abschluss erfasst ☐ ja, weiter mit 2 ☐ nein, weiter mit 3		2 / 8	4
2. Umstellungsmaßnahmen			
a. Umrechnung von ▪ Vermögensgegenständen und Verbindlichkeiten mit einer Restlaufzeit von bis zu einem Jahr, ▪ Finanzinstrumenten des Handelsbestands gemäß § 340e Abs. 3 Satz 1 HGB, ▪ Rückstellungen, ▪ latenten Steuern und ▪ Sorten zum Devisenkassamittelkurs am Übergangsstichtag, Ausweis eines Umrechnungserfolgs im außerordentlichen Aufwand oder außerordentlichen Ertrag	☐	2 / 8	4.2

Umstellungs- und Anpassungsbedarf im Übergang auf BilMoG	Kontrolle	Erläutert in	
		Kapitel / Abschnitt	Gliederungspunkt
b. Umrechnung von Fremdwährungsposten, die nicht unter 2.a fallen, zum Devisenkassamittelkurs am Übergangsstichtag unter Beachtung des Anschaffungswertprinzips, Ausweis eines Umrechnungserfolgs im außerordentlichen Aufwand oder außerordentlichen Ertrag	☐	2 / 8	4.2
3. Relevanz: Bilanzierung unter BilMoG			
Das Unternehmen geht Fremdwährungsgeschäfte ein ☐ ja, weiter mit 4 ☐ nein, weiter mit T			
4. Ansatz			
Kein Anpassungsbedarf	☐		
5. Bewertung			
a. Einbuchung der Fremdwährungsposten mit ihrem nachweisbaren Zugangswert in Euro oder zu dem mit dem relevanten (Geld- oder Brief-) Kurs bzw. Devisenkassamittelkurs (Vereinfachung) im Zugangszeitpunkt umgerechneten Betrag	☐	2 / 8	4.2
b. Folgebewertung: Umrechnung von ■ Vermögensgegenständen und Verbindlichkeiten mit einer Restlaufzeit von bis zu einem Jahr, ■ Finanzinstrumenten des Handelsbestands gemäß § 340e Abs. 3 Satz 1 HGB, ■ Rückstellungen, ■ latenten Steuern und ■ Sorten zum Devisenkassamittelkurs am Abschlussstichtag	☐	2 / 8	4.3
c. Umrechnung von Fremdwährungsposten, die nicht unter 5.b fallen, zum Devisenkassamittelkurs am Abschlussstichtag unter Beachtung des Anschaffungswertprinzips	☐	2 / 8	4.3

Umstellungs- und Anpassungsbedarf im Übergang auf BilMoG	Kontrolle	Erläutert in	
		Kapitel / Abschnitt	Gliederungs-punkt
d. Keine erneute Umrechnung von Rechnungsabgrenzungsposten und erhaltenen Anzahlungen sowie nicht-monetären Posten (Regelfall)	☐	2 / 8	4.3
6. Ausweis			
Aufwendungen (Erträge) aus der Umrechnung von Fremdwährungsgeschäften sind gesondert unter dem Posten ‚sonstige betriebliche Aufwendungen' (‚sonstige betriebliche Erträge') auszuweisen	☐	2 / 8	4.4
7. Erläuterung			
Kein Anpassungsbedarf	☐		
8. Sonstiges			
Prüfung der Bildung latenter Steuern	☐	2 / 8	3
T. Bewertungseinheiten			
1. Relevanz			
a. Es bestehen bereits nach bisherigem Recht Bewertungseinheiten ☐ ja, weiter mit 5 ☐ nein, weiter mit b		2 / 8	5
b. Im Jahr der erstmaligen Anwendung des BilMoG werden Risiken aus einem Grundgeschäft durch den Einsatz eines Sicherungsinstruments neutralisiert ☐ ja, weiter mit 2 ☐ nein, weiter mit U		2 / 8	5
2. Anforderungen an die Bildung von Bewertungseinheiten			
a. Bestimmung des abzusichernden Grundgeschäfts: Vermögensgegenstand, Schuld, schwebendes Geschäft oder erwartete Transaktion (auch Mehrzahl möglich), falls risikobehaftet	☐	2 / 8	5
b. Festlegung des abzusichernden Risikos: absicherungsfähig sind nur eindeutig ermittelbare einzelne Risiken (Bsp.: Zins-, Währungs-, Ausfallrisiken)	☐	2 / 8	5.2.2

Umstellungs- und Anpassungsbedarf im Übergang auf BilMoG	Kontrolle	Erläutert in	
		Kapitel / Abschnitt	Gliederungs- punkt
c. Festlegung, um welche Art von Bewertungseinheit es sich handelt: Micro-Hedging, Portfolio-Hedging oder Macro-Hedging	☐	2 / 8	5.2.1
d. Bestimmung des Sicherungsgeschäfts: Grund- und Sicherungsgeschäft müssen dem gleichen Risiko ausgesetzt sein (vergleichbare Risiken)	☐	2 / 8	5.2.2
e. Als Sicherungsinstrument sind nur originäre und derivative Finanzinstrumente zulässig; dazu gehören auch Warentermingeschäfte	☐	2 / 8	5.2.2
f. Festlegung des Umfangs des Sicherungsgeschäfts: ggf. mehrere Sicherungsgeschäfte oder lediglich anteilige Designation eines Sicherungsgeschäfts	☐	2 / 8	5.2.2
g. Prospektiver Effektivitätsnachweis: Darlegung, warum und in welchem Umfang sich die gegenläufigen Wertänderungen oder Zahlungsströme voraussichtlich ausgleichen werden (ggf. *critical terms match*)	☐	2 / 8	5.2.2
h. Verbot zur Bildung einer Bewertungseinheit, falls die Berechnung, in welchem Umfang sich die gegenläufigen Wertänderungen oder Zahlungsströme (tatsächlich) aufheben, nicht möglich ist	☐	2 / 8	5.2.2
i. Dokumentation von abgesichertem Risiko, Grund- und Sicherungsgeschäft sowie der Methode, mithilfe derer die prospektive Effektivität nachgewiesen wird	☐	2 / 8	5.2.2
3. Rechtsfolgen			
a. Bildung von Bewertungseinheiten nur in dem Umfang und für den Zeitraum, in dem bzw. für den sich die gegenläufigen Wertänderungen oder Zahlungsströme tatsächlich ausgleichen (zugleich stichtagbezogene Effektivitätsmessung)	☐	2 / 8	5.2.3
b. Überprüfung der prospektiven Effektivität zu jedem Bilanzstichtag	☐	2 / 8	5.2.3

Umstellungs- und Anpassungsbedarf im Übergang auf BilMoG	Kontrolle	Erläutert in	
		Kapitel / Abschnitt	Gliederungspunkt
c. Keine Anwendung des Einzelbewertungsgrundsatzes, des Niederstwert- und Imparitätsprinzips (§ 252 Abs. 1 Nr. 3, 4 HGB), des Anschaffungswertprinzips (§ 253 Abs. 1 Satz 1 HGB) und der Währungsumrechnung (§ 256a HGB) auf die einzelnen Komponenten der Bewertungseinheit, soweit diese effektiv ist	☐	2 / 8	5.2.3
d. Bilanzierung des ineffektiven Teils der Bewertungseinheit nach den allgemeinen Grundsätzen	☐	2 / 8	5.2.3
e. Wahlrecht zur bilanziellen Erfassung der Bewertungseinheit entweder nach der Einfrierungs- oder nach der Durchbuchungsmethode	☐	2 / 8	5.2.3
f. Abbildung einer Bewertungseinheit, der eine erwartete Transaktion als Grundgeschäft zugrunde liegt, nur nach der Einfrierungsmethode möglich	☐	2 / 8	5.2.3
4. Erläuterung			
a. Die folgenden Angaben können wahlweise im Anhang oder im Lagebericht publiziert werden	☐	2 / 8 2 / 10	5.2.3 2.12
b. Angaben zur Art der Bewertungseinheit	☐	2 / 8	5.2.3
c. Angaben zum betragsmäßigen Umfang der in Bewertungseinheiten einbezogenen Grundgeschäfte	☐	2 / 8	5.2.3
d. Angabe im Anhang oder im Lagebericht zur Höhe der mit Bewertungseinheiten abgesicherten Risiken	☐	2 / 8	5.2.3
e. Angabe zu dem Gesamtvolumen der am Bilanzstichtag in Bewertungseinheiten abgesicherten Risiken	☐	2 / 8	5.2.3
f. Angabe zu den Sicherungsinstrumenten und zur prospektiven Effektivität der Bewertungseinheit, insbesondere welches Verfahren zur Effektivitätsmessung herangezogen wird	☐	2 / 8	5.2.3
g. Umfassende Erläuterung der mit hoher Wahrscheinlichkeit erwarteten Transaktionen, die in Bewertungseinheiten einbezogen werden ☐ weiter mit 6		2 / 8	5.2.3

Umstellungs- und Anpassungsbedarf im Übergang auf BilMoG	Kontrolle	Erläutert in	
		Kapitel / Abschnitt	Gliederungspunkt
5. Umstellung			
a. Fortführung von Bewertungseinheiten, die nach bisherigem Recht gebildet wurden und die den Vorgaben von § 254 HGB genügen	☐	2 / 8	5.2.4
b. Auflösung von Sicherungsbeziehungen, die nach bisherigem Recht gebildet wurden und nicht den Vorgaben des § 254 HGB genügen	☐	2 / 8	5.2.4
c. Verbot einer rückwirkenden Zusammenfassung von Grundgeschäft und Sicherungsinstrument zu einer Bewertungseinheit ☐ ja, weiter mit 1b	☐	2 / 8	5.2.4
6. Sonstiges			
Handelsrechtliche Bewertungseinheiten gelten nach § 5 Abs. 1a EStG auch für steuerliche Zwecke	☐	2 / 8	5.2.4
U. Beschränkte Zeitwertbewertung von Finanzinstrumenten des Handelsbestands von Kredit- und Finanzdienstleistungsinstituten			
1. Relevanz			
Das Kreditinstitut verfügt über Finanzinstrumente im bankenaufsichtsrechtlichen Handelsbuch nach § 1a Abs. 1 KWG ☐ ja, weiter mit 2 ☐ nein, hier Ende		2 / 8	6
2. Voraussetzungen der beschränkten Zeitwertbewertung			
a. Das Finanzinstrument ist Teil des bankenaufsichtsrechtlichen Handelsbuchs ☐ ja, weiter mit b ☐ nein, hier Ende		2 / 8	6.2

Umstellungs- und Anpassungsbedarf im Übergang auf BilMoG	Kontrolle	Erläutert in	
		Kapitel / Abschnitt	Gliederungs-punkt
b. Das Finanzinstrument ist ununterbrochen dem bankenaufsichtsrechtlichen Handelsbuch zugeordnet gewesen ☐ ja, weiter mit c ☐ nein, hier Ende		2 / 8	6.2
c. Das Finanzinstrument ist Teil einer Bewertungseinheit i. S. v. § 254 HGB ☐ ja, weiter mit d ☐ nein, hier Ende		2 / 8	6.2
d. Das Finanzinstrument wurde, wenn überhaupt, nachträglich in eine Bewertungseinheit i. S. v. 254 HGB einbezogen ☐ ja, weiter mit 3 ☐ nein, hier Ende		2 / 8	6.2
3. Beschränkte Zeitwertbewertung			
a. Bestimmung des beizulegenden Zeitwerts nach § 255 Abs. 4 HGB. Ein aktiver Markt ist keine zwingende Voraussetzung der Zeitwertbewertung. Die Hierarchie zur Ermittlung des beizulegenden Zeitwerts steht damit vollumfänglich zur Verfügung ☐ weiter mit b		2 / 8	6.3
b. Ein Marktpreis auf einem aktiven Markt ist verfügbar ☐ ja, weiter mit e ☐ nein, weiter mit c		2 / 8	6.3
c. Die Ermittlung des beizulegenden Zeitwerts mithilfe anerkannter Bewertungsverfahren ist möglich ☐ ja, weiter mit e und 6a ☐ nein, weiter mit d		2 / 8	6.3

Kapitel 2: Einzelgesellschaftliche Rechnungslegung

Umstellungs- und Anpassungsbedarf im Übergang auf BilMoG	Kontrolle	Erläutert in Kapitel / Abschnitt	Gliederungspunkt
d. *Fortführung der Anschaffungs- und Herstellungskosten nach § 253 Abs. 4 HGB, wobei der zuletzt festgestellte (ggf. beschränkte) Zeitwert als Anschaffungs- oder Herstellungskosten des Finanzinstruments gilt* ☐ hier Ende		2 / 8	6.3
e. *Der beizulegende Zeitwert ist um einen Risikoabschlag zu mindern. Von einem Risikoabschlag sind nur solche Finanzinstrumente betroffen, deren beizulegender Zeitwert über die Anschaffungs- oder Herstellungskosten angestiegen ist. Der Risikoabschlag ist auf die nur realisierbaren Gewinne beschränkt.*	☐	2 / 8	6.3
f. *Liegt ein Portfolio-Hedge vor, ist der Risikoabschlag auf die nur realisierbaren Gewinne des Portfolios anzuwenden.*	☐	2 / 8	6.3
4. Zuführung in den Sonderposten ‚Fonds für allgemeine Bankrisiken'			
a. Jährlich ist ein Betrag von 10 % der Nettoerträge des Handelsbestands dem Sonderposten zuzuführen	☐	2 / 8	6.4
b. Die Zuführung erfolgt solange, bis der Fonds die Hälfte des durchschnittlichen Gewinns der letzten fünf Jahre erreicht hat	☐	2 / 8	6.4
5. Ausweis			
Die zum Sonderposten ‚Fonds für allgemeine Bankrisiken' zugeführten Beträge sind nach § 340 Abs. 4 Satz 1 HGB gesondert auszuweisen	☐	2 / 8	6.4
6. Erläuterung			
a. Es sind die grundlegenden Annahmen im Anhang anzugeben, die der Bestimmung des beizulegenden Zeitwerts mithilfe allgemein anerkannter Bewertungsmethoden zugrunde gelegt wurden	☐	2 / 8 2 / 10	6.4 2.9

Umstellungs- und Anpassungsbedarf im Übergang auf BilMoG	Kontrolle	Erläutert in	
		Kapitel / Abschnitt	Gliederungspunkt
b. Berichterstattung über Umfang und Art jeder Kategorie derivativer Finanzinstrumente einschließlich der wesentlichen Bedingungen, welche die Höhe, den Zeitpunkt und die Sicherheit künftiger Zahlungsströme beeinflussen	☐	2 / 8 2 / 10	6.5 2.9
c. Erläuterungen sind auch im Konzernanhang verpflichtend anzugeben	☐	2 / 8	6.5
d. Im Anhang ist der Posten ‚Handelsbestand' i. S. v. § 35 Abs. 1 Nr. 1a RechKredV aufzugliedern	☐	2 / 8 2 / 10	6.5 2.9
e. Die Methode zur Ermittlung des Risikoabschlags sowie die wesentlichen Annahmen sind anzugeben	☐	2 / 8 2 / 10	6.5 2.9
f. Der absolute Betrag des Risikoabschlags ist anzugeben	☐	2 / 8 2 / 10	6.5 2.9
g. Die Gründe für eine etwaige Umgliederung sind zu erläutern und die Auswirkungen auf den Jahresüberschuss / Jahresfehlbetrag sind zu beschreiben	☐	2 / 8 2 / 10	6.5 2.9
h. Erläuterung, ob sich institutsinterne Kriterien für die Einbeziehung in den Handelsbestand geändert haben und wenn ja, welche Auswirkungen sich auf den Jahresüberschuss / Jahresfehlbetrag ergeben haben	☐	2 / 8 2 / 10	6.5 2.9

Abschnitt 10: Anhangsberichterstattung

Autor: WP/StB Dr. Michael Strickmann

1 Allgemeines zur Gesetzesänderung

Nach dem BilMoG haben die §§ 285 bis 288 HGB zum Anhang des Einzelabschlusses die folgende Fassung erhalten. Berücksichtigt sind ebenfalls die zwischenzeitlichen Änderungen durch das Gesetz zur Angemessenheit der Vorstandsvergütung (VorstAG) vom 31.7.2009.

HGB § 285 Sonstige Pflichtangaben

Ferner sind im Anhang anzugeben:

1. zu den in der Bilanz ausgewiesenen Verbindlichkeiten

    a) der Gesamtbetrag der Verbindlichkeiten mit einer Restlaufzeit von mehr als fünf Jahren,

    b) der Gesamtbetrag der Verbindlichkeiten, die durch Pfandrechte oder ähnliche Rechte gesichert sind, unter Angabe von Art und Form der Sicherheiten;

2. die Aufgliederung der in Nummer 1 verlangten Angaben für jeden Posten der Verbindlichkeiten nach dem vorgeschriebenen Gliederungsschema;

3. Art und Zweck sowie Risiken und Vorteile von nicht in der Bilanz enthaltenen Geschäften, soweit dies für die Beurteilung der Finanzlage notwendig ist;

3a. der Gesamtbetrag der sonstigen finanziellen Verpflichtungen, die nicht in der Bilanz enthalten und nicht nach § 251 oder Nummer 3 anzugeben sind, sofern diese Angabe für die Beurteilung der Finanzlage von Bedeutung ist; davon sind Verpflichtungen gegenüber verbundenen Unternehmen gesondert anzugeben;

4. die Aufgliederung der Umsatzerlöse nach Tätigkeitsbereichen sowie nach geographisch bestimmten Märkten, soweit sich, unter Berücksichtigung der Organisation des Verkaufs von für die gewöhnliche Geschäftstätigkeit der Kapitalgesellschaft typischen Erzeugnissen und der für die gewöhnliche Geschäftstätigkeit der Kapitalgesellschaft typischen Dienstleistungen, die Tätigkeitsbereiche und geographisch bestimmten Märkte untereinander erheblich unterscheiden;

5. (weggefallen)

6. in welchem Umfang die Steuern vom Einkommen und vom Ertrag das Ergebnis der gewöhnlichen Geschäftstätigkeit und das außerordentliche Ergebnis belasten;

7. die durchschnittliche Zahl der während des Geschäftsjahrs beschäftigten Arbeitnehmer getrennt nach Gruppen;

8. bei Anwendung des Umsatzkostenverfahrens (§ 275 Abs. 3);

   a) der Materialaufwand des Geschäftsjahrs, gegliedert nach § 275 Abs. 2 Nr. 5,

   b) der Personalaufwand des Geschäftsjahrs, gegliedert nach § 275 Abs. 2 Nr. 6;

9. für die Mitglieder des Geschäftsführungsorgans, eines Aufsichtsrats, eines Beirats oder einer ähnlichen Einrichtung jeweils für jede Personengruppe,

   a) die für die Tätigkeit im Geschäftsjahr gewährten Gesamtbezüge (Gehälter, Gewinnbeteiligungen, Bezugsrechte und sonstige aktienbasierte Vergütungen, Aufwandsentschädigungen, Versicherungsentgelte, Provisionen und Nebenleistungen jeder Art). In die Gesamtbezüge sind auch Bezüge einzurechnen, die nicht ausgezahlt, sondern in Ansprüche anderer Art umgewandelt oder zur Erhöhung anderer Ansprüche verwendet werden. Außer den Bezügen für das Geschäftsjahr sind die weiteren Bezüge anzugeben, die im Geschäftsjahr gewährt, bisher aber in keinem Jahresabschluss angegeben worden sind. Bezugsrechte und sonstige aktienbasierte Vergütungen sind mit ihrer Anzahl und dem beizulegenden Zeitwert zum Zeitpunkt ihrer Gewährung anzugeben; spätere Wertveränderungen, die auf einer Änderung der Ausübungsbedingungen beruhen, sind zu berücksichtigen. Bei einer börsennotierten Aktiengesellschaft sind zusätzlich unter Namensnennung die Bezüge jedes einzelnen Vorstandsmitglieds, aufgeteilt nach erfolgsunabhängigen und erfolgsbezogenen Komponenten sowie Komponenten mit langfristiger Anreizwirkung, gesondert anzugeben. Dies gilt auch für:

      aa) Leistungen, die dem Vorstandsmitglied für den Fall einer vorzeitigen Beendigung seiner Tätigkeit zugesagt worden sind;

      bb) Leistungen, die dem Vorstandsmitglied für den Fall der regulären Beendigung seiner Tätigkeit zugesagt worden sind, mit ihrem Barwert sowie den von der Gesellschaft während des Geschäftsjahrs hierfür aufgewandten oder zurückgestellten Betrag;

      cc) während des Geschäftsjahrs vereinbarte Änderungen dieser Zusagen;

      dd) Leistungen, die einem früheren Vorstandsmitglied, das seine Tätigkeit im Laufe des Geschäftsjahres beendet hat, in diesem Zusammenhang zugesagt und im Laufe des Geschäftsjahres gewährt worden sind.

b) Leistungen, die dem einzelnen Vorstandsmitglied von einem Dritten im Hinblick auf seine Tätigkeit als Vorstandsmitglied zugesagt oder im Geschäftsjahr gewährt worden sind, sind ebenfalls anzugeben. Enthält der Jahresabschluss weitergehende Angaben zu bestimmten Bezügen, sind auch diese zusätzlich einzeln anzugeben;

c) die Gesamtbezüge (Abfindungen, Ruhegehälter, Hinterbliebenenbezüge und Leistungen verwandter Art) der früheren Mitglieder der bezeichneten Organe und ihrer Hinterbliebenen. Buchstabe a Satz 2 und 3 ist entsprechend anzuwenden. Ferner ist der Betrag der für diese Personengruppe gebildeten Rückstellungen für laufende Pensionen und Anwartschaften auf Pensionen und der Betrag der für diese Verpflichtungen nicht gebildeten Rückstellungen anzugeben;

d) die gewährten Vorschüsse und Kredite unter Angabe der Zinssätze, der wesentlichen Bedingungen und der gegebenenfalls im Geschäftsjahr zurückgezahlten Beträge sowie die zugunsten dieser Personen eingegangenen Haftungsverhältnisse;

10. alle Mitglieder des Geschäftsführungsorgans und eines Aufsichtsrats, auch wenn sie im Geschäftsjahr oder später ausgeschieden sind, mit dem Familiennamen und mindestens einem ausgeschriebenen Vornamen, einschließlich des ausgeübten Berufs und bei börsennotierten Gesellschaften auch der Mitgliedschaft in Aufsichtsräten und anderen Kontrollgremien im Sinne des § 125 Abs. 1 Satz 3 des Aktiengesetzes. Der Vorsitzende eines Aufsichtsrats, seine Stellvertreter und ein etwaiger Vorsitzender des Geschäftsführungsorgans sind als solche zu bezeichnen;

11. Name und Sitz anderer Unternehmen, von denen die Kapitalgesellschaft oder eine für Rechnung der Kapitalgesellschaft handelnde Person mindestens den fünften Teil der Anteile besitzt; außerdem sind die Höhe des Anteils am Kapital, das Eigenkapital und das Ergebnis des letzten Geschäftsjahrs dieser Unternehmen anzugeben, für das ein Jahresabschluss vorliegt; auf die Berechnung der Anteile ist § 16 Abs. 2 und 4 des Aktiengesetzes entsprechend anzuwenden; ferner sind von börsennotierten Kapitalgesellschaften zusätzlich alle Beteiligungen an großen Kapitalgesellschaften anzugeben, die fünf vom Hundert der Stimmrechte überschreiten;

11a. Name, Sitz und Rechtsform der Unternehmen, deren unbeschränkt haftender Gesellschafter die Kapitalgesellschaft ist;

12. Rückstellungen, die in der Bilanz unter dem Posten „sonstige Rückstellungen" nicht gesondert ausgewiesen werden, sind zu erläutern, wenn sie einen nicht unerheblichen Umfang haben;

13. die Gründe, welche die Annahme einer betrieblichen Nutzungsdauer eines entgeltlich erworbenen Geschäfts- oder Firmenwertes von mehr als fünf Jahren rechtfertigen;

14. Name und Sitz des Mutterunternehmens der Kapitalgesellschaft, das den Konzernabschluss für den größten Kreis von Unternehmen aufstellt, und ihres Mutterunternehmens, das den Konzernabschluss für den kleinsten Kreis von Unternehmen aufstellt, sowie im Falle der Offenlegung der von diesen Mutterunternehmen aufgestellten Konzernabschlüsse der Ort, wo diese erhältlich sind;

15. soweit es sich um den Anhang des Jahresabschlusses einer Personenhandelsgesellschaft im Sinne des § 264a Abs. 1 handelt, Name und Sitz der Gesellschaften, die persönlich haftende Gesellschafter sind, sowie deren gezeichnetes Kapital;

16. dass die nach § 161 des Aktiengesetzes vorgeschriebene Erklärung abgegeben und wo sie öffentlich zugänglich gemacht worden ist;

17. das von dem Abschlussprüfer für das Geschäftsjahr berechnete Gesamthonorar, aufgeschlüsselt in das Honorar für

    a) die Abschlussprüfungsleistungen,

    b) andere Bestätigungsleistungen,

    c) Steuerberatungsleistungen,

    d) sonstige Leistungen,

    soweit die Angaben nicht in einem das Unternehmen einbeziehenden Konzernabschluss enthalten sind;

18. für zu den Finanzanlagen (§ 266 Abs. 2. A. III.) gehörende Finanzinstrumente, die über ihrem beizulegenden Zeitwert ausgewiesen werden, da eine außerplanmäßige Abschreibung nach § 253 Abs. 3 Satz 4 unterblieben ist,

    a) der Buchwert und der beizulegende Zeitwert der einzelnen Vermögensgegenstände oder angemessener Gruppierungen sowie

    b) die Gründe für das Unterlassen der Abschreibung einschließlich der Anhaltspunkte, die darauf hindeuten, dass die Wertminderung voraussichtlich nicht von Dauer ist;

19. für jede Kategorie nicht zum beizulegenden Zeitwert bilanzierter derivativer Finanzinstrumente

    a) deren Art und Umfang,

    b) deren beizulegender Zeitwert, soweit er sich nach § 255 Abs. 4 verlässlich ermitteln lässt, unter Angabe der angewandten Bewertungsmethode,

    c) deren Buchwert und der Bilanzposten, in welchem der Buchwert, soweit vorhanden, erfasst ist, sowie

    d) die Gründe dafür, warum der beizulegende Zeitwert nicht bestimmt werden kann;

20. für gemäß § 340e Abs. 3 Satz 1 mit dem beizulegenden Zeitwert bewertete Finanzinstrumente

a) die grundlegenden Annahmen, die der Bestimmung des beizulegenden Zeitwertes mit Hilfe allgemein anerkannter Bewertungsmethoden zugrunde gelegt wurden, sowie

b) Umfang und Art jeder Kategorie derivativer Finanzinstrumente einschließlich der wesentlichen Bedingungen, welche die Höhe, den Zeitpunkt und die Sicherheit künftiger Zahlungsströme beeinflussen können;

21. zumindest die nicht zu marktüblichen Bedingungen zustande gekommenen Geschäfte, soweit sie wesentlich sind, mit nahe stehenden Unternehmen und Personen, einschließlich Angaben zur Art der Beziehung, zum Wert der Geschäfte sowie weiterer Angaben, die für die Beurteilung der Finanzlage notwendig sind; ausgenommen sind Geschäfte mit und zwischen mittel- oder unmittelbar in 100-prozentigem Anteilsbesitz stehenden in einen Konzernabschluss einbezogenen Unternehmen; Angaben über Geschäfte können nach Geschäftsarten zusammengefasst werden, sofern die getrennte Angabe für die Beurteilung der Auswirkungen auf die Finanzlage nicht notwendig ist;

22. im Fall der Aktivierung nach § 248 Abs. 2 der Gesamtbetrag der Forschungs- und Entwicklungskosten des Geschäftsjahres sowie der davon auf die selbst geschaffenen immateriellen Vermögensgegenstände des Anlagevermögens entfallende Betrag;

23. bei Anwendung des § 254,

a) mit welchem Betrag jeweils Vermögensgegenstände, Schulden, schwebende Geschäfte und mit hoher Wahrscheinlichkeit vorgesehene Transaktionen zur Absicherung welcher Risiken in welche Arten von Bewertungseinheiten einbezogen sind sowie die Höhe der mit Bewertungseinheiten abgesicherten Risiken,

b) für die jeweils abgesicherten Risiken, warum, in welchem Umfang und für welchen Zeitraum sich die gegenläufigen Wertänderungen oder Zahlungsströme künftig voraussichtlich ausgleichen einschließlich der Methode der Ermittlung,

c) eine Erläuterung der mit hoher Wahrscheinlichkeit erwarteten Transaktionen, die in Bewertungseinheiten einbezogen wurden,

soweit die Angaben nicht im Lagebericht gemacht werden;

24. zu den Rückstellungen für Pensionen und ähnliche Verpflichtungen das angewandte versicherungsmathematische Berechnungsverfahren sowie die grundlegenden Annahmen der Berechnung, wie Zinssatz, erwartete Lohn- und Gehaltssteigerungen und zugrunde gelegte Sterbetafeln;

25. im Fall der Verrechnung von Vermögensgegenständen und Schulden nach § 246 Abs. 2 Satz 2 die Anschaffungskosten und der beizulegende Zeitwert der verrechneten Vermögensgegenstände, der Erfüllungsbetrag der verrechneten Schulden sowie die verrechneten Aufwendungen und Erträge; Nummer 20 Buchstabe a ist entsprechend anzuwenden;

26. zu Anteilen oder Anlageaktien an inländischen Investmentvermögen im Sinn des § 1 des Investmentgesetzes oder vergleichbaren ausländischen Investmentanteilen im Sinn des § 2 Abs. 9 des Investmentgesetzes von mehr als dem zehnten Teil, aufgegliedert nach Anlagezielen, deren Wert im Sinn des § 36 des Investmentgesetzes oder vergleichbarer ausländischer Vorschriften über die Ermittlung des Marktwertes, die Differenz zum Buchwert und die für das Geschäftsjahr erfolgte Ausschüttung sowie Beschränkungen in der Möglichkeit der täglichen Rückgabe; darüber hinaus die Gründe dafür, dass eine Abschreibung gemäß § 253 Abs. 3 Satz 4 unterblieben ist, einschließlich der Anhaltspunkte, die darauf hindeuten, dass die Wertminderung voraussichtlich nicht von Dauer ist; Nummer 18 ist insoweit nicht anzuwenden;

27. für nach § 251 unter der Bilanz oder nach § 268 Abs. 7 Halbsatz 1 im Anhang ausgewiesene Verbindlichkeiten und Haftungsverhältnisse die Gründe der Einschätzung des Risikos der Inanspruchnahme;

28. der Gesamtbetrag der Beträge im Sinn des § 268 Abs. 8, aufgegliedert in Beträge aus der Aktivierung selbst geschaffener immaterieller Vermögensgegenstände des Anlagevermögens, Beträge aus der Aktivierung latenter Steuern und aus der Aktivierung von Vermögensgegenständen zum beizulegenden Zeitwert;

29. auf welchen Differenzen oder steuerlichen Verlustvorträgen die latenten Steuern beruhen und mit welchen Steuersätzen die Bewertung erfolgt ist.

HGB § 286 Unterlassen von Angaben

(1) Die Berichterstattung hat insoweit zu unterbleiben, als es für das Wohl der Bundesrepublik Deutschland oder eines ihrer Länder erforderlich ist.

(2) Die Aufgliederung der Umsatzerlöse nach § 285 Nr. 4 kann unterbleiben, soweit die Aufgliederung nach vernünftiger kaufmännischer Beurteilung geeignet ist, der Kapitalgesellschaft oder einem Unternehmen, von dem die Kapitalgesellschaft mindestens den fünften Teil der Anteile besitzt, einen erheblichen Nachteil zuzufügen.

(3) Die Angaben nach § 285 Nr. 11 und 11a können unterbleiben, soweit sie

1. für die Darstellung der Vermögens-, Finanz- und Ertragslage der Kapitalgesellschaft nach § 264 Abs. 2 von untergeordneter Bedeutung sind oder

2. nach vernünftiger kaufmännischer Beurteilung geeignet sind, der Kapitalgesellschaft oder dem anderen Unternehmen einen erheblichen Nachteil zuzufügen.

Die Angabe des Eigenkapitals und des Jahresergebnisses kann unterbleiben, wenn das Unternehmen, über das zu berichten ist, seinen Jahresabschluss nicht offenzulegen hat und die berichtende Kapitalgesellschaft weniger als die Hälfte der Anteile besitzt. Satz 1 Nr. 2 ist nicht anzuwenden, wenn die Kapitalgesellschaft oder eines ihrer Tochterunternehmen (§ 290 Abs. 1 und 2) am Abschlussstichtag kapitalmarktorientiert im Sinn des § 264d ist. Im Übrigen ist die Anwendung der Ausnahmeregelung nach Satz 1 Nr. 2 im Anhang anzugeben.

(4) Bei Gesellschaften, die keine börsennotierten Aktiengesellschaften sind, können die in § 285 Nr. 9 Buchstabe a und b verlangten Angaben über die Gesamtbezüge der dort bezeichneten Personen unterbleiben, wenn sich anhand dieser Angaben die Bezüge eines Mitglieds dieser Organe feststellen lassen.

(5) Die in § 285 Nr. 9 Buchstabe a Satz 5 bis 8 verlangten Angaben unterbleiben, wenn die Hauptversammlung dies beschlossen hat. Ein Beschluss, der höchstens für fünf Jahre gefasst werden kann, bedarf einer Mehrheit, die mindestens drei Viertel des bei der Beschlussfassung vertretenen Grundkapitals umfasst. § 136 Abs. 1 des Aktiengesetzes gilt für einen Aktionär, dessen Bezüge als Vorstandsmitglied von der Beschlussfassung betroffen sind, entsprechend.

HGB § 287

(weggefallen)

HGB § 288 Größenabhängige Erleichterungen

(1) Kleine Kapitalgesellschaften (§ 267 Abs. 1) brauchen die Angaben nach § 284 Abs. 2 Nr. 4, § 285 Nr. 2 bis 8 Buchstabe a, Nr. 9 Buchstabe a und b sowie Nr. 12, 17, 19, 21, 22 und 29 nicht zu machen.

(2) Mittelgroße Kapitalgesellschaften (§ 267 Abs. 2) brauchen bei der Angabe nach § 285 Nr. 3 die Risiken und Vorteile nicht darzustellen. Sie brauchen die Angaben nach § 285 Nr. 4 und 29 nicht zu machen. Soweit sie die Angaben nach § 285 Nr. 17 nicht machen, sind sie verpflichtet, diese der Wirtschaftsprüferkammer auf deren schriftliche Anforderung zu übermitteln. Sie brauchen die Angaben nach § 285 Nr. 21 nur zu machen, soweit sie Aktiengesellschaft sind; die Angabe kann auf Geschäfte beschränkt werden, die direkt oder indirekt mit dem Hauptgesellschafter oder Mitgliedern des Geschäftsführungs-, Aufsichts- oder Verwaltungsorgans abgeschlossen wurden.

In den Neuerungen, die das BilMoG in Bezug auf den Anhang des handelsrechtlichen Einzelabschlusses vorsieht, kommen die zentralen Zielsetzungen der Modernisierung des deutschen Bilanzrechts (Steigerung des Informationsniveaus der handelsrechtlichen Rechnungslegung, Annäherung an internationale Rechnungslegungsstandards) zum Ausdruck. Die umfangreichen Erweiterungen der Berichtspflichten liegen zu weiten Teilen in entsprechenden EU-Vorgaben begründet (vgl. BT-Drucks. 16/10067, S. 32) oder tragen den in den vorangegangenen Abschnitten beschriebenen Änderungen der materiellen Bilanzierungsnormen Rechnung, indem sie hierzu ergänzende Erläuterungen vorsehen. Hinzu kommen im Wesentlichen Konkretisierungen von bereits bestehenden Berichtspflichten und Anpassungen der Gesetzessystematik.

Kleinere redaktionelle Korrekturen werden schließlich mit dem BilMoG ebenfalls umgesetzt, sind im Folgenden mangels materieller Bedeutung aber nicht Gegenstand der Erläuterungen.

Die Änderungen der HGB-Regelungen gelten gemäß § 5 Abs. 2 Satz 2, Abs. 2a und § 22 Abs. 3 PublG sowohl in sachlicher Hinsicht als auch im Hinblick auf die zeitlichen Anwendungsregeln entsprechend für Unternehmen, die ihren Einzelabschluss nach den **Vorschriften des PublG** um einen Anhang zu erweitern haben.[674]

2 Die Änderungen im Einzelnen

2.1 Aufgliederung der Verbindlichkeiten (§ 285 Nr. 2 HGB)

§ 285 Nr. 2 HGB sieht die Streichung der Wahlmöglichkeit vor, die Aufgliederung des Gesamtbetrags der Verbindlichkeiten mit einer Restlaufzeit von mehr als fünf Jahren sowie der gesicherten Verbindlichkeiten direkt bei den in der Bilanz ausgewiesenen Posten zu vermerken. Stattdessen soll aus Gründen der Klarheit und Übersichtlichkeit eine zusammenfassende Darstellung der von § 285 Satz 1 Nr. 1, 2 HGB geforderten Angaben zu den Verbindlichkeiten im Anhang erfolgen. In Anlehnung an die gängige Praxis empfiehlt der Gesetzgeber zudem, einen **Verbindlichkeitenspiegel** in den Anhang aufzunehmen (vgl. BT-Drucks. 16/10067, S. 68 f.). Dieser hat im Allgemeinen den in Abb. 141 dargestellten Aufbau.

Aufbau eines Verbindlichkeitenspiegels						
	Restlaufzeit			Summe	davon gesichert	Art und Form der gewährten Sicherheit
	bis zu 1 Jahr EUR	zw. 1 und 5 Jahren EUR	mehr als 5 Jahre EUR	EUR	EUR	
Gesonderte Darstellung für die einzelnen Verbindlichkeitsposten	...	...	...	...	...	...
	...	...	...	...	...	...
Summe	...	...	...	...	...	...

Abb. 141: Aufbau eines Verbindlichkeitenspiegels

Zwar bezieht sich der Wortlaut des § 285 Nr. 1, 2 HGB allein auf die Betragsangaben zu den langfristigen und gesicherten Verbindlichkeiten, während die Angabe der Ver-

---

[674] Die Erweiterung der Rechnungslegung um einen Anhang gilt grundsätzlich für alle Unternehmen, die unter den Anwendungsbereich des PublG fallen. Hiervon ausgenommen sind nach § 5 Abs. 2 Satz 2, Abs. 2a PublG nur Einzelkaufleute und Personenhandelsgesellschaften, die nicht kapitalmarktorientiert i. S. d. § 264d HGB sind.

bindlichkeiten mit einer **Restlaufzeit von bis zu einem Jahr** gemäß dem durch das BilMoG nicht geänderten Wortlaut des § 268 Abs. 5 Satz 1 HGB zwingend bei den Bilanzposten zu vermerken ist. Allerdings entsprach es insoweit bereits nach dem Rechtsstand vor Inkrafttreten des BilMoG der h. M., dass die Zusammenfassung aller Betragsangaben zu den Fristigkeiten im Anhang die Klarheit der Darstellung gemäß § 265 Abs. 7 Nr. 2 HGB erhöht.[675] Die zuvor herausgestellte Empfehlung des Gesetzgebers ist daher wohl in diesem Sinne zu verstehen.

Die Verpflichtung zur Aufgliederung der Verbindlichkeiten gemäß § 285 Nr. 2 HGB betrifft auch nach dem BilMoG weiterhin nur mittelgroße und große Gesellschaften i. S. d. § 267 Abs. 2, 3 HGB. Für kleine Gesellschaften i. S. v. § 267 Abs. 1 HGB entfällt die Angabepflicht nach § 288 Abs. 1 HGB. Für mittelgroße Gesellschaften gilt nach § 327 Nr. 2 HGB eine Offenlegungserleichterung, wonach diese Aufgliederung bei der Offenlegung des Jahresabschlusses wegfallen kann.

2.2 Außerbilanzielle Geschäfte (§ 285 Nr. 3 HGB)

Das BilMoG beinhaltet den Einschub eines neu gefassten § 285 Nr. 3 HGB, nach dem „Art und Zweck sowie Risiken und Vorteile von nicht in der Bilanz enthaltenen Geschäften, soweit dies für die Beurteilung der Finanzlage notwendig ist", anzugeben sind. Vollumfänglich gilt diese neue Angabepflicht nur für große Gesellschaften i. S. v. § 267 Abs. 3 HGB. Kleine Gesellschaften i. S. v. § 267 Abs. 1 HGB sind hiervon nach § 288 Abs. 1 HGB befreit, und für mittelgroße Gesellschaften i. S. v. § 267 Abs. 2 HGB beschränkt sich die Angabepflicht gemäß § 288 Abs. 2 HGB auf Art und Zweck der vorgenommenen Geschäfte, d. h., die Risiken und Vorteile sind insoweit nicht darzustellen.

Wichtigstes und dabei vergleichsweise unscharf abgegrenztes Tatbestandsmerkmal der neuen Angabepflicht ist der Begriff des ‚nicht in der Bilanz enthaltenen Geschäfts', mit dem der Gesetzgeber offensichtlich versucht, den im angelsächsischen Raum verbreiteten Terminus *off-balance sheet transaction* auch im deutschen Rechtskreis zu etablieren.[676] Der Gesetzgeber versteht hierunter alle Transaktionen, die aufgrund ihrer Ausgestaltung entweder von vornherein dauerhaft nicht in der Handelsbilanz abzubilden sind oder mit einem dauerhaft angelegten Abgang von Vermögensgegenständen oder Schulden aus der Handelsbilanz einhergehen. Dabei wird explizit herausgestellt, dass die infrage stehenden außerbilanziellen Geschäfte zwar schwebende Rechtsgeschäfte im bilanzrechtlichen Sinne sein können, diesbezüglich jedoch keine Zwangsläufigkeit besteht. Denn keinesfalls sei mit der Angabepflicht eine vollumfängliche Angabe aller schwebenden Geschäfte des gewöhnlichen Liefer- und Leistungsverkehrs des Unternehmens beabsichtigt (vgl. BT-Drucks. 16/10067, S. 69).

---

[675] Vgl. Ellrott, in: Ellrott u. a. (Hrsg.): Beck'scher Bilanz-Kommentar, 6. Aufl., München 2006, § 285 HGB, Anm. 18.
[676] Vgl. Oser u. a., WPg 2008, S. 60.

Abschnitt 10: Anhangsberichterstattung – Die Änderungen im Einzelnen

Vor diesem Hintergrund lassen sich sämtliche Transaktionen rechtlicher und wirtschaftlicher Art, bei denen das berichtspflichtige Unternehmen Vorteile oder Risiken übernimmt, ohne dass dies zum Ansatz von Vermögensgegenständen oder Schulden in der Bilanz führt, unter den Begriff des „außerbilanziellen Geschäfts" subsumieren. Ausgenommen davon sind nur die (zum Abschlussstichtag ggf. schwebenden) Rechtsgeschäfte des gewöhnlichen Liefer- und Leistungsverkehrs, die übliche Beschaffung von Sachanlagen und Vorräten, laufende Instandhaltungsmaßnahmen sowie übliche Finanzierungstransaktionen.[677]

Mit Blick auf diese Begriffsabgrenzung werden regelmäßig solche **Finanzierungsmaßnahmen** eines Unternehmens unter den sachlichen Anwendungsbereich der Regelung fallen, von denen ein wesentlicher, für den (externen) Jahresabschlussadressaten ansonsten **nicht erkennbarer Einfluss auf die Finanzlage** ausgeht. Die Regierungsbegründung nennt beispielhaft u. a. folgende Arten von außerbilanziellen Geschäften: Factoringgeschäfte, Leasingverträge, Forderungsverbriefungen unter Zwischenschaltung von Zweckgesellschaften (ABS-Transaktionen), Sale-and-leaseback-Geschäfte, Verpfändungen von Aktiva, Pensionsgeschäfte, Konsignationslagervereinbarungen, Auslagerung von Unternehmensaktivitäten (vgl. BT-Drucks. 16/10067, S. 69).

Die weite Definition außerbilanzieller Geschäfte führt unweigerlich zu Überschneidungen mit anderen Anhangsangaben, insb. der Berichterstattung über Haftungsverhältnisse i. S. v. § 251 HGB und über derivative Finanzinstrumente gemäß § 285 Nr. 19 HGB. Soweit die Berichterstattung nach der Spezialvorschrift die Angaben nach § 285 Nr. 3 HGB bereits umfasst, müssen keine Doppelangaben (an verschiedenen Stellen des Anhangs) erfolgen. Beinhaltet die Berichterstattung nach der Spezialvorschrift allerdings nicht alle Elemente der Angabe nach § 285 Nr. 3 HGB, sind diese zu ergänzen. So sind bspw. bei Haftungsverhältnissen i. S. v. § 251 HGB ergänzende Angaben zum Zweck sowie zu deren Risiken und Vorteilen geboten. Dagegen wird in Bezug auf die gemäß § 285 Nr. 19 HGB geforderten Angaben zu derivativen Finanzinstrumenten vertreten, dass damit die Berichterstattung nach § 285 Nr. 3 HGB bereits abgedeckt ist und zusätzliche Angaben demnach verzichtbar sind.[678]

Die Berichterstattung nach § 285 Nr. 3 HGB hat zum einen **Art und Zweck** des Geschäfts zu umfassen, wobei die einzelnen Geschäfte nach Maßgabe ihrer Art sachgerecht zu Gruppen zusammengefasst werden können.

Für die Angabe der **Geschäftsart** bietet sich eine Kategorisierung nach dem Vertragstyp an, z. B. Factoring- und Leasingfinanzierung, Forderungsverbriefungen im Rahmen von Zweckgesellschaften, Wertpapierpensionsgeschäfte u. Ä. Alternativ kann die Kategorisierung auch nach der Art der mit den Geschäften und Maßnahmen verbun-

---

[677] Vgl. IDW ERS HFA 32, FN-IDW 12/2009, S. 675, Tz. 5; vgl. auch Ellrott, in: Ellrott u. a. (Hrsg.): Beck'scher Bilanz-Kommentar, 7. Aufl., München 2010, § 285 HGB, Anm. 27.
[678] Vgl. IDW ERS HFA 32, FN-IDW 12/2009, S. 677, Tz. 23 f.; zur Abgrenzung zur Berichterstattung über die sonstigen finanziellen Verpflichtungen vgl. Gliederungspunkt 2.3.

denen Risiken bzw. Vorteilen erfolgen.[679] Als **Zweck** sind die hauptsächlichen Gründe für das außerbilanzielle Geschäft anzugeben, z. B. die Beschaffung liquider Mittel zur Realisierung geplanter Investitionen, die Bilanzverkürzung zur Verbesserung der Bilanzstruktur bzw. der Eigenkapitalquote oder die Vermeidung der Konsolidierung ausgelagerter Forderungsportfolien.[680]

Zum anderen verlangt der Gesetzeswortlaut eine Angabe der **Risiken und Vorteile** der außerbilanziellen Geschäfte mit Blick auf die Finanzlage des Unternehmens. Darunter sind im Wesentlichen die (möglichen) finanziellen Auswirkungen auf die Liquiditätssituation des Unternehmens und damit dessen Fähigkeit, den bestehenden Verpflichtungen in angemessener Zeit nachkommen zu können, zu verstehen (potentielle finanzielle Zuflüsse oder Abflüsse). Der Gesetzgeber weist in diesem Zusammenhang ausdrücklich darauf hin, dass sowohl über die Risiken als auch über die Vorteile getrennt zu berichten ist; eine zusammenfassende, kompensatorische Betrachtung ist nicht zulässig (vgl. BT-Drucks. 16/10067, S. 69). Als Vorteile und Risiken können z. B. bei einem Sale-and-lease-back-Geschäft der Finanzmittelzufluss aus dem Verkauf und die Höhe und Dauer der künftigen Leasingzahlungsverpflichtungen genannt werden.

Es ist nicht erkennbar, dass die Angabepflicht des § 285 Nr. 3 HGB auch eine weitergehende Angabe der (sonstigen) wesentlichen Transaktionsbedingungen der berichtspflichtigen Geschäfte umfasst, die keine erheblichen Risiken oder Vorteile bergen.[681]

Das folgende Beispiel stellt eine mögliche Berichterstattung bei einer Forderungsverbriefung dar.[682]

Beispiel

Wir haben im Geschäftsjahr Kreditzusagen in Höhe von 5 Mrd. EUR zugunsten einer Verbriefungsgesellschaft abgegeben. Wir rechnen zwar nicht mit einer Inanspruchnahme aus diesen Zusagen und bei (teilweiser) Inanspruchnahme nicht mit einem Ausfall der Kredite. Im unwahrscheinlichen Fall einer Inanspruchnahme bzw. dem Ausfall der Kredite wäre die Fortführung unserer Gesellschaft jedoch stark gefährdet.

Maßgebend für die Berichterstattung nach § 285 Nr. 3 HGB sind die **Verhältnisse des jeweiligen Abschlussstichtags**. Die zuvor beschriebenen Angaben sind somit nur erforderlich, soweit sich der berichtspflichtige Sachverhalt nicht in der Bilanz niedergeschlagen hat. Daraus ergibt sich zugleich, dass sich diese Beurteilung bei geänder-

---

[679] Vgl. IDW ERS HFA 32, FN-IDW 12/2009, S. 676, Tz. 15.
[680] Vgl. Ellrott, in: Ellrott u. a. (Hrsg.): Beck'scher Bilanz-Kommentar, 7. Aufl., München 2010, § 285 HGB, Anm. 31; Hoffmann/Lüdenbach, NWB Kommentar Bilanzierung, § 285 HGB, Rz. 10.
[681] So im Ergebnis auch Oser u. a., WPg 2008, S. 60.
[682] Leicht modifiziert entnommen aus Hoffmann/Lüdenbach, NWB Kommentar Bilanzierung, § 285 HGB, Rz. 11.

ten Verhältnissen im Zeitablauf ändern kann, wenn sich bspw. die Wahrscheinlichkeit der Inanspruchnahme geändert hat oder eine aufschiebende Bedingung für die Leistungspflicht zwischenzeitlich eingetreten ist.[683]

2.3 Sonstige finanzielle Verpflichtungen (§ 285 Nr. 3a HGB)

Mit Einfügung des neuen § 285 Nr. 3 HGB ist die bisher in dieser Vorschrift verankerte Pflicht zur Angabe des Gesamtbetrags der sonstigen finanziellen Verpflichtungen in § 285 Nr. 3a HGB verlagert worden.

In Anbetracht der möglichen Überschneidungen in Bezug auf den sachlichen Anwendungsbereich der beiden zuvor genannten Angabepflichten bzw. die Art der betroffenen Geschäfte wurde § 285 Nr. 3a HGB darüber hinaus mit der Einschränkung versehen, dass unter den sonstigen finanziellen Verpflichtungen nur (noch) solche Verpflichtungen anzugeben sind, die nicht zugleich unter § 285 Nr. 3 HGB (außerbilanzielle Geschäfte) fallen. Auf diese Weise soll eine Doppelangabe im Anhang verhindert werden (vgl. BT-Drucks. 16/10067, S. 70).

Es erscheint also im Sinne des Gesetzgebers, dass ein Sachverhalt entweder unter § 285 Nr. 3 HGB oder unter § 285 Nr. 3a HGB angegeben wird. Daraus lässt sich zugleich folgern, dass ergänzende Angaben zu den Arten, dem Zweck und den Vorteilen der sonstigen finanziellen Verpflichtungen i. S. v. § 285 Nr. 3a HGB nicht erforderlich sind.[684] Inhaltlich unterscheiden sich die Berichtsgegenstände der beiden genannten Rechtsnormen dahingehend, dass bei den sonstigen finanziellen Verpflichtungen (Nr. 3a) ein (zukünftiger) Abfluss von Ressourcen erwartet wird, während das Risiko des zukünftigen Ressourcenabflusses bei außerbilanziellen Geschäften zum Abschlussstichtag als unwahrscheinlich eingestuft wird.[685] Die sonstigen finanziellen Verpflichtungen (Nr. 3a) haben also Geschäfte und Maßnahmen abzubilden, die nicht dauerhaft außerbilanziell angelegt sind.

Weitere materielle Änderungen im Hinblick auf den Inhalt der Angabepflicht zu den sonstigen finanziellen Verpflichtungen beinhaltet das BilMoG nicht, sodass insoweit auf das einschlägige Schrifttum verwiesen werden kann.

2.4 Einfluss steuerrechtlicher Vergünstigungsvorschriften (§ 285 Nr. 5 HGB a. F.)

Nach § 285 Nr. 5 HGB a. F. ist im Anhang das Ausmaß anzugeben, in dem das Jahresergebnis dadurch beeinflusst wurde, dass im Geschäftsjahr oder in früheren Ge-

---

[683] Vgl. IDW ERS HFA 32, FN-IDW 12/2009, S. 675, Tz. 6.
[684] Zu ggf. erforderlichen Ergänzungen bei sachlichen Überschneidungen der Berichterstattung vgl. Gliederungspunkt 2.2.
[685] Vgl. IDW ERS HFA 32, FN-IDW 12/2009, S. 677, Tz. 26.

schäftsjahren steuerrechtliche Abschreibungen i. S. d. § 254, § 280 Abs. 2 HGB a. F. angesetzt oder beibehalten wurden oder ein steuerlicher Sonderposten mit Rücklageanteil gemäß § 273 HGB a. F. gebildet wurde. Darüber hinaus ist das Ausmaß erheblicher zukünftiger Belastungen, die sich aus solchen Bewertungsmaßnahmen ergeben, zu nennen.

Diese ergänzende Vorschrift ist im Rahmen der **Aufgabe des Grundsatzes der umgekehrten Maßgeblichkeit** der Steuer- für die Handelsbilanz (§ 5 Abs. 1 EStG) und der damit verbundenen Abschaffung der zugehörigen handelsrechtlichen Öffnungsklauseln (§ 247 Abs. 3, § 254, § 273, § 279 Abs. 2, § 280 Abs. 1, § 281 HGB a. F.) entfallen.[686]

2.5 Abschreibung erworbener Geschäfts- oder Firmenwerte (§ 285 Nr. 13 HGB)

In Einklang mit den Neuerungen in Bezug auf Ansatz und Bewertung entgeltlich erworbener Geschäfts- oder Firmenwerte (vgl. hierzu ausführlich Abschnitt 2, Gliederungspunkt 1.3), die nunmehr insb. zwingend eine planmäßige Abschreibung über die Nutzungsdauer vorsehen, steht die geänderte Fassung von § 285 Nr. 13 HGB. Sie verlangt in Fällen, in denen die **planmäßige Abschreibung** eines Geschäfts- oder Firmenwerts über einen Zeitraum von **mehr als fünf Jahren** erfolgen soll, im Anhang die Darlegung der Gründe, die die Annahme der zugrunde gelegten Nutzungsdauer rechtfertigen. Ein bloßer Hinweis auf die korrespondierenden steuerlichen Vorgaben des § 7 Abs. 1 Satz 3 EStG ist dabei nicht ausreichend, und zwar selbst dann nicht, wenn die handelsbilanzielle Nutzungsdauer dem steuerrechtlichen Abschreibungszeitraum von 15 Jahren entsprechen sollte (vgl. BT-Drucks. 16/10067, S. 70).[687]

Bezieht sich der Bilanzposten „Geschäfts- oder Firmenwert" gemäß § 266 Abs. 2 A. I. 3. auf mehrere Erwerbsvorgänge, ist darüber grundsätzlich einzeln zu berichten. Sofern aber gleiche Gründe für eine über fünf Jahre hinausgehende Nutzungsdauer gelten, ist eine zusammenfassende Berichterstattung möglich.[688] Die Angabe der Gründe für die zugrunde gelegte Nutzungsdauer von Geschäfts- oder Firmenwerten ist des Weiteren gänzlich verzichtbar, soweit die planmäßige Abschreibung über einen Zeitraum von bis zu fünf Jahren erfolgt.

---

[686] Zur Abschaffung der umgekehrten Maßgeblichkeit und den damit zusammenhängenden handelsbilanziellen Anpassungen siehe im Kapitel 1, Gliederungspunkt 3.1.
[687] Ein Beispiel für eine umfängliche Anhangberichterstattung über die Abbildung von Geschäfts- oder Firmenwerten einschl. der Begründung der Abschreibungsdauer von mehr als fünf Jahren findet sich bei Mujkanovic, StuB 2010, S. 274.
[688] So im Ergebnis auch Ellrott, in: Ellrott u. a. (Hrsg.): Beck'scher Bilanz-Kommentar, 7. Aufl., München 2010, § 285 HGB, Anm. 265.

2.6 Erklärung zum Corporate-Governance-Kodex (§ 285 Nr. 16 HGB)

Die bislang geltende Fassung des § 285 Satz 1 Nr. 16 HGB fordert von den hiervon betroffenen Aktiengesellschaften die Anhangsangabe, dass die nach § 161 AktG vorgeschriebene (Entsprechens-)Erklärung zum Deutschen Corporate-Governance-Kodex abgegeben und den Aktionären zugänglich gemacht worden ist. Durch die Neufassung dieser Regelung ist darüber hinausgehend im Anhang verpflichtend anzugeben, in welchem Medium die Erklärung nach § 161 AktG der Allgemeinheit öffentlich zugänglich gemacht worden ist (bspw. auf der Internet-Website der Gesellschaft).[689]

2.7 Abschlussprüferhonorare (§ 285 Nr. 17 HGB)

Die Neufassung des § 285 Nr. 17 HGB verlangt die Angabe des vom "Abschlussprüfer für das Geschäftsjahr berechnete Gesamthonorar, aufgeschlüsselt in das Honorar für

1. die Abschlussprüfungsleistungen,
2. andere Bestätigungsleistungen,
3. Steuerberatungsleistungen,
4. sonstige Leistungen,

soweit die Angaben nicht in einem das Unternehmen einbeziehenden Konzernabschluss enthalten sind".

Damit soll die Anhangsangabepflicht zu den Abschlussprüferhonoraren hinsichtlich des **personellen Anwendungsbereichs** grundsätzlich auf alle Kapitalgesellschaften und voll haftungsbeschränkten Personenhandelsgesellschaften i. S. v. § 264a HGB ausgedehnt werden. Allerdings sind kleine und mittelgroße Gesellschaften nach § 288 Abs. 1 und 2 HGB hiervon ausgenommen, wobei Letztere im Falle eines Unterlassens der Angabe durch § 288 Abs. 2 Satz 3 HGB verpflichtet werden, die Honorarangaben auf entsprechende schriftliche Anforderung hin der Wirtschaftsprüferkammer zur Verfügung zu stellen.

Die Angaben zu den Abschlussprüferhonoraren können nach § 285 Nr. 17 HGB unterbleiben, soweit zusammenfassende Angaben aller entsprechenden, im Konzern angefallenen Honorare und Honorarbestandteile in einem Konzernabschluss erfolgen, in den das berichtende Unternehmen einbezogen wird.[690] Diese Befreiungsmöglichkeit setzt folglich eine **aggregierte Berichterstattung auf höherer Konzernebene** voraus, die die Honorare aller in den Konzernabschluss einbezogenen Unternehmen umfasst (vgl. BT-Drucks. 16/12407, S. 115). Ihre Inanspruchnahme steht ausschließlich

---

[689] Zum erweiterten Anwendungsbereich von § 161 AktG siehe auch Abschnitt 11, Gliederungspunkt 2.4.
[690] Zur entsprechenden Angabepflicht im Konzernabschluss gemäß § 314 Abs. 1 Nr. 9 HGB vgl. Kapitel 2, Abschnitt 5.

vollkonsolidierten Tochterunternehmen offen.[691] Quotal konsolidierte Gemeinschaftsunternehmen, deren Honorarangaben nur quotal im Konzernanhang enthalten sind, fallen dagegen nicht unter die Befreiung. Wird von der Erleichterung Gebrauch gemacht, empfiehlt sich die Angabe eines entsprechenden Hinweises im Anhang,[692] diese ist aber nicht zwingend.

Sachlicher Gegenstand der Angabepflicht ist die Gesamtvergütung des nach § 318 HGB bestellten Abschlussprüfers für seine **im Geschäftsjahr** gegenüber dem berichtenden Unternehmen **erbrachten Leistungen** einschließlich des Auslagenersatzes (z. B. Reisekosten, Berichts- und Schreibkosten, andere Nebenkosten), jedoch ohne die als Vorsteuer abzugsfähige Umsatzsteuer. Auf den Zeitpunkt der Honorarvereinbarung, Abrechnung oder Zahlung kommt es nicht an, es ist einzig (leistungszeitbezogen) auf die vom Abschlussprüfer für seine in dem betreffenden Geschäftsjahr erbrachten Leistungen berechneten Vergütungen abzustellen, die ihm bereits zugeflossen sind oder noch zufließen werden (vgl. BT-Drucks. 16/10067, S. 70). Die Art der Abrechnung (Vorschüsse, Teil- oder Abschlagszahlungen, Schlussrechnung) ist dabei unbeachtlich. Ebenso ist es irrelevant, ob sich die Vergütung auf einen einmaligen Auftrag oder eine wiederkehrende Leistung aus einem Dauerauftragsverhältnis bezieht.

Dem (leistungszeitbezogenen) Periodisierungsgedanken genügt eine Angabe der in der Gewinn- und Verlustrechnung des Geschäftsjahrs erfassten Vergütungsbeträge. Stellt sich eine hierfür gebildete Rückstellung später als über- oder unterdotiert heraus, ist der Betrag der Über- oder Unterdotierung bei der Honorarangabe des betreffenden Folgegeschäftsjahrs zu berücksichtigen, bei wesentlichen Beträgen wird ein Davon-Vermerk dieser periodenfremden Einflüsse empfohlen.[693]

Die Angabepflicht umfasst wie schon bisher nicht Vergütungen, die an verbundene Unternehmen oder nahe stehende Personen des Abschlussprüfers für (andere) Nichtabschlussprüfungsleistungen erbracht werden. Eine entsprechende Hinzurechnung zu den Vergütungen an den bestellten Abschlussprüfer hat somit nicht zu erfolgen.[694]

Die Gesamtvergütung ist in ihre Bestandteile für die oben genannten Tätigkeitsbereiche zu untergliedern, soweit auf diese ein Teilbetrag für die Berichtsperiode entfällt. Nach dem Willen des Gesetzgebers sind **Vorjahresangaben** nicht zu machen (vgl. BT-Drucks. 16/10067, S. 70).

Unter die anzugebenden **Abschlussprüfungsleistungen** fallen die Jahresabschlussprüfung bei der berichtspflichtigen Gesellschaft, etwaige Nachtragsprüfungen sowie

---

[691] Vgl. Ellrott, in: Ellrott u. a. (Hrsg.): Beck'scher Bilanz-Kommentar, 7. Aufl., München 2010, § 285 HGB, Anm. 305.
[692] Vgl. IDW ERS HFA 36, FN-IDW 12/2009, S. 510, Tz. 16.
[693] Vgl. IDW ERS HFA 36, FN-IDW 12/2009, S. 509, Tz. 8 f.
[694] Vgl. Ellrott, in: Ellrott u. a. (Hrsg.): Beck'scher Bilanz-Kommentar, 7. Aufl., München 2010, § 285 HGB, Anm. 296; BT-Drucks. 16/10067, S. 70; a. A. insb. IDW ERS HFA 36, FN-IDW 12/2009, S. 509, Tz. 7, für die Einbeziehung von mit dem Abschlussprüfer verbundenen Unternehmen.

andere Prüfungen, die nach den einschlägigen gesetzlichen Vorschriften ausschließlich dem Abschlussprüfer obliegen.[695] Hierzu gehören insb. die Prüfung des Abhängigkeitsberichts als Annex zur Jahresabschlussprüfung, Prüfungserweiterungen nach § 53 HGrG sowie die Prüfung nach § 29 Abs. 2 KWG. Ebenfalls ist die Testierung von sog. einzelgesellschaftlichen „Reporting-Packages" für Zwecke der anschließenden Aggregation in der Konzernrechnungslegung unter dieser Leistungskategorie auszuweisen, nicht jedoch die Konzernabschlussprüfung selbst, auch wenn die Prüfer von Einzel- und Konzernabschluss identisch sind.[696] Sie ist aus Sicht der einzelgesellschaftlichen Rechnungslegung der Kategorie „andere Bestätigungsleistungen" zuzuordnen.

Die **anderen Bestätigungsleistungen** umfassen alle anderen berufstypischen Prüfungsleistungen i. S. v. § 2 Abs. 1 WPO außerhalb der Abschlussprüfung, bspw. Gründungs-, Verschmelzungs-, Spaltungsprüfungen, prüferische Durchsichten nach IDW PS 900, MaBV-Prüfungen, Due Diligence Reviews sowie Kreditwürdigkeits- und Unterschlagungsprüfungen.[697]

Steuerberatungsleistungen beinhalten Tätigkeiten im Zusammenhang mit der steuerlichen Deklarations- und Gestaltungsberatung, wie z. B. betreffend die Abgabe der Steuerklärungen, steuerliche Aspekte der Gestaltung und Dokumentation der Konzernverrechnungspreise, die Beratung in sonstigen Steuergestaltungsfragen sowie Stellungnahmen und Gutachten zu bestimmten Steuerrechtsfragen.

Bei den **sonstigen Leistungen** handelt es sich um einen Sammelposten für alle weiteren Leistungen des Abschlussprüfers, z. B. Bewertungsleistungen, Beratungstätigkeiten in Buchhaltungsfragen, Hinweise und Vorschläge zur Verbesserung der Unternehmensprozesse u. Ä.

2.8 Finanzanlagen (§ 285 Nr. 18 HGB)

Die Vorschrift des § 285 Nr. 18 HGB entspricht inhaltlich der bisherigen Regelung des § 285 Satz 1 Nr. 19 HGB. Die geänderte Nummernzuordnung hat lediglich gesetzessystematische Gründe (vgl. BT-Drucks. 16/10067, S. 71).

Die in § 285 Nr. 18 HGB verschobene Norm fordert verschiedene Angaben für unter den Finanzanlagen i. S. d. § 266 Abs. 2 A. III. HGB ausgewiesene Finanzinstrumente, die in Ausübung des nach dem BilMoG in § 253 Abs. 3 Satz 4 HGB geregelten Abschreibungswahlrechts aufgrund einer nur **vorübergehenden Wertminderung** zum

---

[695] Vgl. Bischof, WPG 2006, S. 711.
[696] Vgl. IDW ERS HFA 36, FN-IDW 12/2009, S. 509, Tz. 12; in IDW RH HFA 1.006, WPg 2005, S. 1233, der durch IDW RS HFA 36 ersetzt werden soll, wird hingegen noch vertreten, dass bei Identität von Abschluss- und Konzernabschlussprüfer auch das für die Konzernabschlussprüfung anfallende Honorar unter die Kategorie „Abschlussprüfungsleistungen" fällt.
[697] Vgl. Ellrott, in: Ellrott u. a. (Hrsg.): Beck'scher Bilanz-Kommentar, 7. Aufl., München 2010, § 285 HGB, Anm. 302.

Kapitel 2: Einzelgesellschaftliche Rechnungslegung

Abschlussstichtag nicht auf den beizulegenden Zeitwert abgeschrieben wurden.[698] Im Einzelnen handelt es sich dabei um die Angabe

- des Buchwerts der einzelnen Vermögensgegenstände oder angemessener Vermögensgruppen,
- des Zeitwerts der einzelnen Vermögensgegenstände oder angemessener Vermögensgruppen,
- der Gründe für das Unterlassen der Abschreibung und
- der Anhaltspunkte für die Einstufung der Wertminderung als vorübergehend.

2.9 Andere Finanzinstrumente (§ 285 Nr. 19 und Nr. 20 HGB)

Aus gesetzessystematischen Gründen bzw. mit Blick auf die inhaltliche Zusammengehörigkeit mit der Neuregelung des § 285 Nr. 20 HGB übernimmt § 285 Nr. 19 HGB die bislang unter § 285 Satz 1 Nr. 18, Satz 6 HGB a. F. geregelte Angabepflicht zu den derivativen Finanzinstrumenten. Darüber hinaus beinhaltet der finale Gesetzeswortlaut des § 285 Nr. 19 HGB eine Beschränkung der Angabepflicht auf „nicht zum beizulegenden Zeitwert bilanzierte derivative Finanzinstrumente". Diese inhaltliche Anpassung erfolgte mit Blick auf die im RegE BilMoG noch vorgesehene Neuerung, wonach sämtliche **mit Handelsabsicht erworbenen Finanzinstrumente** zum beizulegenden Zeitwert bewertet werden sollten.[699] Zwar ist die allgemeine Zeitbewertung von zu Handelszwecken erworbenen Finanzinstrumenten aufgrund der Finanzmarktkrise in der finalen Gesetzesfassung des BilMoG wieder gestrichen worden (vgl. BT-Drucks. 16/12407, S. 111), jedoch wurde der nach § 285 Satz 1 Nr. 18 HGB a. F. geltende Angabeumfang (Berichterstattung über sämtliche derivative Finanzinstrumente) nicht wiederhergestellt.

Die Anhangsangaben zu den nicht zum beizulegenden Zeitwert bewerteten derivativen Finanzinstrumenten sind wie bereits bisher nach **Kategorien derivativer Finanzinstrumente** zu differenzieren. Diesbezüglich kommt insb. eine Unterteilung in währungsbezogene Geschäfte, zinsbezogene Geschäfte, aktien- / indexbezogene Geschäfte und sonstige Geschäfte in Betracht.[700] Zu jeder Kategorie sind dann folgende **Einzelangaben** gefordert:

---

[698] Zu außerplanmäßigen (Niederstwert-)Abschreibungen im Anlagevermögen vgl. ausführlich Kapitel 2, Abschnitt 2, Gliederungspunkt 2.4.2.
[699] Vgl. BT-Drucks. 16/10067, S. 71, wonach eine nochmalige Angabe des beizulegenden Zeitwerts von den dem Handelsbestand zugeordneten derivativen Finanzinstrumenten im Anhang vermieden werden sollte.
[700] Vgl. IDW HFA 1.005, WPg 2005, S. 531, Tz. 12; BT-Drucks. 16/10067, S. 71; zur Bildung und Abgrenzung von Kategorien derivativer Finanzinstrumente vgl. auch Oser/Holzwarth, in: Küting/Weber (Hrsg.): HdR-E, 5. Aufl., Stuttgart 2002 ff., § 285 HGB, Rn. 376; Ellrott, in: Ellrott u. a. (Hrsg.): Beck'scher Bilanz-Kommentar, 7. Aufl., München 2010, § 285 HGB, Anm. 323.

- Art und Umfang der derivativen Finanzinstrumente, wobei Optionen, Swaps, Futures und Forwards zu den Derivatarten zählen und die Angabe des Umfangs die Nennung ihres Nominalwerts erfordert;[701]
- beizulegender Zeitwert, soweit dieser in Einklang mit § 255 Abs. 4 HGB verlässlich ermittelt werden kann, und die zu dessen Bestimmung angewandte Bewertungsmethode bzw. die Gründe für die etwaige Nichtbestimmbarkeit eines verlässlichen beizulegenden Zeitwerts;[702]
- Buchwert, mit dem die derivativen Finanzinstrumente ggf. in der Bilanz angesetzt sind, unter Nennung des Bilanzpostens, in dem sie enthalten sind.

Die zuvor beschriebene Angabepflicht zu den nicht zum beizulegenden Zeitwert bewerteten derivativen Finanzinstrumenten betrifft ausschließlich große und mittelgroße Gesellschaften i. S. d. § 267 Abs. 2, 3 HGB. Dagegen sind kleine Gesellschaften i. S. d. § 267 Abs. 1 HGB hiervon nach § 288 Abs. 1 HGB befreit.

Die finale Gesetzesfassung des BilMoG hat die Zeitbewertung von (originären und derivativen) Finanzinstrumenten auf den **Handelsbestand von Kreditinstituten** beschränkt (§ 340e Abs. 3 HGB). Die neu eingeführte Anhangsangabe des § 285 Nr. 20 HGB gilt somit nur hierfür. Sie verlangt in Bezug auf die mit dem beizulegenden Zeitwert bilanzierten Finanzinstrumente im Fall der Anwendung allgemein anerkannter Bewertungsmethoden die Angabe der zentralen Bewertungsannahmen bzw. -parameter, die der Ermittlung zugrunde gelegt wurden (z. B. angewandtes Bewertungsmodell, risikoadäquate Zinssätze etc.). Kann der beizulegende Zeitwert ohne Weiteres aus einem verlässlich feststellbaren Marktwert des betreffenden Finanzinstruments abgeleitet werden, erübrigen sich detaillierte Ausführungen; stattdessen sollte kurz darauf eingegangen werden, wie der Marktwert ermittelt wurde (z. B. anhand von Börsen- oder Marktpreisen).

In Bezug auf jede Kategorie der zum Handelsbestand von Kreditinstituten zählenden derivativen Finanzinstrumente sind darüber hinaus die damit verbundenen Risiken darzustellen. Im Einzelnen verlangt § 285 Nr. 20 Buchstabe b HGB die Angabe von „Umfang und Art jeder Kategorie derivativer Finanzinstrumente einschließlich der wesentlichen Bedingungen, welche die Höhe, den Zeitpunkt und die Sicherheit zukünftiger Zahlungsströme beeinflussen können".

2.10 Geschäfte mit nahe stehenden Personen (§ 285 Nr. 21 HGB)

§ 285 Nr. 21 HGB verlangt zumindest Anhangsangaben über wesentliche Geschäfte mit nahe stehenden Unternehmen und Personen, die nicht zu marktüblichen Bedingungen zustande gekommen sind. Kleine Gesellschaften i. S. d. § 267 Abs. 1 HGB und mittelgroße Unternehmen i. S. d. § 267 Abs. 2 HGB, die nicht in der Rechtsform

---

[701] Vgl. IDW HFA 1.005, WPg 2005, S. 531, Tz. 14 f.; BT-Drucks. 16/10067, S. 71.
[702] Vgl. zur Ermittlung des beizulegenden Zeitwerts ausführlich Abschnitt 2, Gliederungspunkt 2.6.1.2

einer Aktiengesellschaft geführt werden, sind nach § 288 Abs. 1, 2 HGB von der Angabepflicht befreit. Mittelgroße Aktiengesellschaften wiederum können gemäß § 288 Abs. 2 Satz 4 HGB die Berichterstattung auf Geschäfte beschränken, die direkt oder indirekt mit dem Hauptgesellschafter oder Mitgliedern des Geschäftsführungs-, Aufsichts- oder Verwaltungsorgans abgeschlossen werden.

Durch die Verwendung des Begriffs ‚zumindest' soll es den berichtenden Unternehmen freigestellt werden, entweder nur über die **wesentlichen marktunüblichen Geschäfte** oder aber über **sämtliche Geschäfte** mit nahe stehenden Unternehmen und Personen zu berichten (vgl. BT-Drucks. 16/10067, S. 71 f.). Zwar enthalten die Gesetzesmaterialien keine ausdrückliche Forderung, dass auf die Marktunüblichkeit von Geschäften als solche hinzuweisen ist. Mit Blick auf die beschriebene Wahlmöglichkeit dürfte eine sachgerechte Berichterstattung jedoch mindestens erfordern darzulegen, wie das Wahlrecht ausgeübt wurde bzw. auf welchen Umfang an Geschäften sich die Angabe bezieht. Für den Fall, dass alle Geschäfte mit nahe stehenden Personen angegeben werden, sieht § 285 Nr. 21 HGB aber **keine Aufschlüsselung** in zu marktüblichen und zu marktunüblichen Bedingungen zustande gekommene Geschäfte vor. Die Wesentlichkeit ist für die einzelnen Geschäfte oder Geschäftsarten zu beurteilen; eine kompensatorische Betrachtung der Auswirkungen gegenläufiger Geschäfte ist in diesem Zusammenhang unzulässig.[703]

Aus dem vorstehend beschriebenen Kontext lässt sich ableiten, dass auf eine Angabe der Geschäfte mit nahe stehenden Personen gänzlich verzichtet werden kann, wenn in Bezug auf die Berichtsperiode keine (wesentlichen) marktüblichen Geschäfte vorliegen.[704] Eines Negativvermerks bedarf es insoweit zwar nicht, jedoch spricht auch nichts gegen einen Hinweis, dass Geschäfte mit Nahestehenden nur zu marktüblichen Konditionen erfolgt sind (ggf. unter Verweis auf Wesentlichkeitsaspekte).

Nach der Intention des Gesetzgebers ist der Begriff des „Geschäfts" im weitesten funktionalen Sinne auszulegen. Er umfasst **nicht allein Rechtsgeschäfte**, sondern alle Maßnahmen, die eine entgeltliche oder unentgeltliche Übertragung oder Nutzung von Vermögensgegenständen oder Schulden zum Gegenstand haben. Allerdings beschränkt sich die Angabepflicht auf tatsächlich erfolgte Vorgänge; unterlassene Rechtsgeschäfte und andere Maßnahmen fallen nicht unter den Anwendungsbereich von § 285 Nr. 21 HGB (vgl. BT-Drucks. 16/10067, S. 72). Von der Angabepflicht ausgenommen sind ferner Geschäfte zwischen Unternehmen, die in denselben Konzernabschluss einbezogen werden und unmittelbar oder mittelbar in 100 %igem Anteilsbesitz stehen.

Die Angaben über die berichtspflichtigen Geschäfte mit Nahestehenden umfassen **im Einzelnen** folgende Informationen:

- Bezeichnung der nahe stehenden Personen und Unternehmen
- Art der Beziehung zu den Nahestehenden

---

[703] Vgl. IDW ERS HFA 33, FN-IDW 12/2009, S. 679, Tz. 7.
[704] Vgl. Hoffmann/Lüdenbach, NWB Kommentar Bilanzierung, § 285 HGB, Rz. 140.

- Wertmäßiger Umfang der Geschäfte
- Sonstige Informationen, die für die Beurteilung der Finanzlage der Gesellschaft erforderlich sind

Sie können nach **Geschäftsarten** zusammengefasst werden, sofern die Beurteilung der Finanzlage nicht eine getrennte Darstellung gebietet. Es ist nicht erforderlich, einzelne nahe stehende Personen oder Unternehmen **namentlich** zu nennen oder so konkret zu bezeichnen, dass sie durch externe Dritte identifizierbar sind.[705] Als **Wert der Geschäfte** ist grundsätzlich das vereinbarte Entgelt anzugeben;[706] eine Angabe des Nettoentgelts erscheint hinreichend. Bei Dauerschuldverhältnissen sind die für die im Geschäftsjahr erhaltenen oder erbrachten Leistungen angefallenen Entgelte nebst den voraussichtlichen Entgelten für die Restlaufzeit des Schuldverhältnisses anzugeben.[707]

Das folgende Beispiel beinhaltet eine mögliche Matrixdarstellung der Angaben nach § 285 Nr. 21 HGB.[708]

Beispiel

Art des Geschäfts / Art der Beziehung	Verkäufe [Mio. EUR]	Käufe [Mio. EUR]	Erbringen von Dienstleistungen [Mio. EUR]	Bezug von Dienstleistungen [Mio. EUR]	...
Tochterunternehmen	7	8	4	7	
Assoziierte Unternehmen	3	2	1	3	
Personen in Schlüsselposition	2	3	-	3,5	
Nahe Familienangehörige	5	-	-	4	
...					

Die Marktkonformität der Geschäfte ist im Wege des Drittvergleichs zu beurteilen. Es ist in diesem Zusammenhang davon auszugehen, dass die diesbezüglich für gesellschafts- und steuerrechtliche Zwecke entwickelten Grundsätze und Methoden zur Prüfung der Ausgeglichenheit von Vor- und Nachteilen geschäftlicher Vorgänge und Maßnahmen grundsätzlich angewandt werden können bzw. als Anhaltspunkt dienen können.[709]

Vor dem Hintergrund der an die internationale Rechnungslegung angelehnten Konzeption der Angabepflicht des § 285 Nr. 21 HGB ist der **Kreis der nahe stehenden**

---

[705] Vgl. IDW ERS HFA 33, FN-IDW 12/2009, S. 681, Tz. 18.
[706] Vgl. Ellrott, in: Ellrott u. a. (Hrsg.): Beck'scher Bilanz-Kommentar, 7. Aufl., München 2010, § 285 HGB, Anm. 379.
[707] Vgl. IDW ERS HFA 33, FN-IDW 12/2009, S. 681, Tz. 18, 20.
[708] Entnommen aus IDW ERS HFA 33, FN-IDW 12/2009, S. 682, Tz. 21.
[709] Vgl. hierzu insb. das einschlägige Schrifttum zur Aufstellung und Prüfung des Abhängigkeitsberichts gemäß §§ 311 ff. AktG und zur Beurteilung von steuerlichen Verrechnungspreisen in internationalen Konzernen.

Unternehmen und Personen nach dem Willen des Gesetzgebers nach IAS 24 abzugrenzen (vgl. BT-Drucks. 16/10067, S. 72). Gemäß IAS 24.9 ist ein Unternehmen oder eine Person gegenüber dem berichtenden Unternehmen grundsätzlich dann nahe stehend, wenn

a. es / sie das berichtende Unternehmen direkt oder indirekt über Zwischenstufen
   1. beherrscht, von ihm beherrscht wird oder mit ihm unter gemeinsamer Beherrschung steht oder
   2. einen Anteil am berichtenden Unternehmen hält, der einen maßgeblichen Einfluss auf das Unternehmen gewährt, oder
   3. an der gemeinsamen Führung des Unternehmens beteiligt ist;
b. es ein assoziiertes Unternehmen des berichtenden Unternehmens ist;
c. es ein Joint Venture ist, bei dem das berichtende Unternehmen ein Partnerunternehmen ist;
d. es / sie in einer Schlüsselposition des berichtenden Unternehmens oder seines Mutterunternehmens ist;
e. er / sie ein naher Familienangehöriger einer natürlichen Person ist, die dem berichtenden Unternehmen nach den o. g. Punkten a) oder d) nahe steht;
f. es von einer unter d) oder e) bezeichneten Person beherrscht wird, mit ihr unter gemeinsamer Beherrschung steht, von ihr maßgeblich beeinflusst wird oder wenn die unter d) oder e) bezeichnete Person einen wesentlichen Stimmrechtsanteil an ihm besitzt;
g. es eine zugunsten der Arbeitnehmer des Unternehmens oder eines seiner nahe stehenden Unternehmen bestehende Versorgungskasse für Leistungen nach Beendigung des Arbeitsverhältnisses ist.

Folgende Personen und Institutionen sind nach IAS 24.11 zumeist keine nahe stehenden Personen oder Unternehmen, wobei eine Beurteilung stets nur im Einzelfall erfolgen kann:

- zwei Unternehmen im Verhältnis zueinander, die nur ein Geschäftsleitungsmitglied oder bestimmte Mitglieder des Managements in Schlüsselpositionen gemeinsam haben;
- zwei Partnerunternehmen im Verhältnis zueinander, die lediglich zusammen die gemeinsame Führung eines Joint Ventures ausüben;
- Kapitalgeber, Gewerkschaften, öffentliche Versorgungsunternehmen sowie Behörden und öffentliche Institutionen, die lediglich gewöhnliche Geschäftsbeziehungen mit dem berichtenden Unternehmen aufweisen (auch wenn sie am unternehmerischen Entscheidungsprozess ggf. mitwirken können);
- Kunden, Lieferanten, Franchisegeber, Vertriebspartner oder Generalvertreter, von denen das berichtende Unternehmen aufgrund des Geschäftsvolumens nur wirtschaftlich abhängig ist.

Maßgebender **Beurteilungszeitpunkt** für ein Verhältnis nahe stehender Personen und Unternehmen ist der Zeitpunkt der Transaktion. Es ist für die Berichterstattungspflicht nach § 285 Nr. 21 somit nicht erforderlich, dass das berichtende Unternehmen seinem Geschäftspartner auch zum Abschlussstichtag noch nahe steht.[710]

Nach § 285 Nr. 21 Teilsatz 2 HGB sind (wesentliche) Geschäfte des bilanzierenden Unternehmens mit nahe stehenden Personen und Unternehmen von der Berichtspflicht ausgenommen, die mit und zwischen mittel- oder unmittelbar in 100 %igem Anteilsbesitz stehenden und darüber hinaus in einen Konzernabschluss einbezogenen Unternehmen erfolgt sind. Diesbezüglich sind folgende Fälle zu unterscheiden:[711]

- Das bilanzierende Unternehmen ist selbst oberstes Mutterunternehmen eines Konzerns: Wenn ein Konzernabschluss aufgestellt wird, müssen alle Geschäfte nicht angegeben werden, die mit (Tochter-)Unternehmen getätigt wurden, an denen das bilanzierende Unternehmen unmittelbar oder mittelbar 100 % der Anteile hält und die in den Konzernabschluss einbezogen werden. Eine Nichtaufstellung des Konzernabschlusses aufgrund von § 293 HGB, ein geringerer Anteilsbesitz als 100 % oder ein Verzicht auf die Konsolidierung von Unternehmen nach § 296 HGB schließen die Anwendung dieser Erleichterung also aus.

- Das bilanzierende Unternehmen ist 100 %iges Tochterunternehmen eines übergeordneten Mutterunternehmens: Erstellt das übergeordnete Mutterunternehmen einen Konzernabschluss, in den das bilanzierende Unternehmen einbezogen wird, sind bei ihm alle Geschäfte von der Berichtspflicht des § 285 Nr. 21 HGB ausgenommen, die mit dem Mutterunternehmen selbst und mit Unternehmen getätigt werden, an denen das Mutterunternehmen direkt oder indirekt 100 % der Anteile hält.

- Das bilanzierende Unternehmen ist zwar Tochterunternehmen eines übergeordneten Mutterunternehmens, der Anteilsprozentsatz liegt aber unter 100 %: In diesem Fall kommt eine Anwendung der beschriebenen Ausnahmeregelung nur in Betracht, wenn das bilanzierende Tochterunternehmen selbst einen Teilkonzernabschluss aufstellt. Die nicht berichtspflichtigen Geschäfte können dann analog zu den Grundsätzen abgegrenzt werden, die zuvor für den Fall, dass das bilanzierende Unternehmen das oberste Mutterunternehmen ist, dargestellt wurden. Geschäfte mit Unternehmen, an denen das hierarchisch übergeordnete Mutterunternehmen 100 % der Anteile hält, sind dagegen nicht von der Berichtspflicht ausgenommen. In Bezug auf die höhere Konzernstufe kann aber die (größenabhängige) Befreiung des § 288 Abs. 2 Satz 4 HGB genutzt werden, sofern die Tatbestandsmerkmale dieser Norm erfüllt sind. Denn in Anbetracht der Gesetzessystematik erscheint eine kumulative Anwendung beider Erleichterungen zulässig.

---

[710] Vgl. IDW ERS HFA 33, FN-IDW 12/2009, S. 680, Tz. 14.
[711] Vgl. auch Ellrott, in: Ellrott u. a. (Hrsg.): Beck'scher Bilanz-Kommentar, 7. Aufl., München 2010, § 285 HGB, Anm. 384, sowie das Beispiel in IDW ERS HFA 33, FN-IDW 12/2009, S. 683, Tz. 32 f.

Für mittelgroße Aktiengesellschaften sieht § 288 Abs. 2 Satz 4 HGB die Möglichkeit vor, die Angaben des § 285 Nr. 21 HGB auf (wesentliche) Geschäfte zu beschränken, die direkt oder indirekt mit dem Hauptgesellschafter oder Mitgliedern des Geschäftsführungs-, Aufsichts- oder Verwaltungsorgans getätigt wurden. Als Hauptgesellschafter wird die Person oder Personengesellschaft verstanden, die den beherrschenden Einfluss über das bilanzierende Unternehmen i. S. d. § 290 Abs. 1 Satz 1 HGB innehat.[712] Ein direktes Geschäft liegt vor, wenn der Hauptgesellschafter, das Organmitglied oder eine für deren Rechnung handelnde Person unmittelbar Vertragspartner des bilanzierenden Unternehmens ist. Indirekt ist ein Geschäft dann, wenn der Vertragspartner des bilanzierenden Unternehmens eine Gesellschaft ist, bei der der Hauptgesellschafter bzw. das Organmitglied selbst Hauptgesellschafter i. S. d. § 288 Abs. 2 Satz 4 HGB ist.[713]

2.11 Forschungs- und Entwicklungskosten (§ 285 Nr. 22 HGB)

Die Ergänzung um die Angabepflicht des § 285 Nr. 22 HGB steht in Zusammenhang mit der Aufhebung des Verbots der Aktivierung selbst geschaffener immaterieller Vermögensgegenstände des Anlagevermögens bei gleichzeitiger Einführung eines Aktivierungswahlrechts für Entwicklungskosten nach § 248 Abs. 2 HGB.[714] Sie verlangt im Fall der Aktivierung im Anhang eine Angabe des **Gesamtbetrags** der Forschungs- und Entwicklungskosten des Geschäftsjahrs sowie des hiervon auf **selbst geschaffene immaterielle Vermögensgegenstände** des Anlagevermögens entfallenden Betrags. Auf diese Weise kann die Aktivierungsquote ermittelt werden, die insb. im Branchenvergleich einen Rückschluss auf die Bilanzpolitik des bilanzierenden Unternehmens zulässt. Die ursprünglich vorgesehene Pflicht (vgl. BT-Drucks. 16/10067, S. 10, 72 f.) zur ergänzenden Aufgliederung in Forschungs- und Entwicklungskosten ist in der Endfassung der Gesetzesnovelle nicht mehr enthalten.[715]

Die Berichtspflicht des § 285 Nr. 22 HGB betrifft nur mittelgroße und große Gesellschaften i. S. d. § 267 Abs. 2, 3 HGB. Für kleine Gesellschaften i. S. v. § 267 Abs. 1 HGB entfällt die Angabepflicht nach § 288 Abs. 1 HGB.

2.12 Bewertungseinheiten (§ 285 Nr. 23 HGB)

Die Angabepflicht des § 285 Nr. 23 HGB steht in Zusammenhang mit der Neuregelung des § 254 HGB, der die Bildung von Bewertungseinheiten ausdrücklich zulässt (zu § 254 HGB vgl. Abschnitt 8, Gliederungspunkt 5). Soweit hiervon Gebrauch gemacht wird, hat das berichtende Unternehmen künftig detaillierte Anhangsangaben zu

---

[712] Vgl. IDW ERS HFA 33, FN-IDW 12/2009, S. 682, Tz. 30.
[713] Vgl. IDW ERS HFA 33, FN-IDW 12/2009, S. 682 f., Tz. 31.
[714] Zu den Änderungen der Bilanzierungsregelungen betreffend das immaterielle Anlagevermögen vgl. ausführlich Abschnitt 2, Gliederungspunkte 1.3 und 1.4 sowie 2.3.3.
[715] Zur Abgrenzung von Forschungs- und Entwicklungskosten vgl. IAS 38.54 ff. und das diesbezüglich einschlägige Schrifttum.

machen, die folgende Berichtselemente umfassen (vgl. BT-Drucks. 16/10067, S. 73; BT-Drucks. 16/12407, S. 115):

- Art der gesicherten Grundgeschäfte und der Sicherungsinstrumente;
- Art der Absicherungskategorie (Mikro-, Portfolio- oder Makrosicherungsbeziehungen);
- abgesicherte Risikokategorien (bspw. Preisänderungsrisiken, Zinsrisiken, Währungsrisiken, Ausfallrisiken und Liquiditätsrisiken);
- betragsmäßiges Gesamtvolumen der durch Bewertungseinheiten abgesicherten Risiken;
- Betrag der in Bewertungseinheiten einbezogenen Vermögensgegenstände, Schulden, schwebenden Geschäfte und mit hoher Wahrscheinlichkeit vorgesehenen Transaktionen (sog. antizipative Bewertungseinheiten);
- nach Risikokategorien differenzierte Darstellung von Umfang und Zeitraum der Risikoabsicherung (Ausmaß an Effektivität der Sicherungsinstrumente) nebst Angabe der Gründe für den erwarteten Ausgleich der gegenläufigen Wertänderungen oder Zahlungsströme sowie der diesbezüglich angewandten Ermittlungsmethoden;
- Erläuterung der mit hoher Wahrscheinlichkeit erwarteten Transaktionen, die in Bewertungseinheiten einbezogen worden sind.

Bei mehreren berichtspflichtigen Sachverhalten bietet sich eine tabellarische Nennung der gebildeten Bewertungseinheiten an, die bspw. folgenden Aufbau haben kann:[716]

Beispiel

Risiko		Grundgeschäft		Sicherungsinstrument		Art der Bewertungseinheit	prospektive Effektivität
Variable	Art	Art	Betrag	Risiko	Betrag		
Währung	kontrahierter Zahlungsstrom	Warenbestellung mit USD-Faktura	5 Mio. USD	USD-Terminkauf	1 Mio. USD	Micro Hedge	Laufzeit- und Volumenkongruenz
Währung	erwarteter Zahlungsstrom	erwartete US-Exporte	7 Mio. USD	USD-Terminverkauf	7 Mio. USD	Micro Hedge	Laufzeit- und Volumenkongruenz
Zins	kontrahierter Zahlungsstrom	variabel verzinstes Darlehen	2 Mio. EUR	Swap	2 Mio. EUR	Micro Hedge	Laufzeit- und Volumenkongruenz
Aktienkurs	Wertänderung	Aktien	1 Mio. EUR	Verkaufsoption	1 Mio. EUR	Micro Hedge	Volumenkongruenz

In Anbetracht der möglichen sachlichen Überschneidungen mit der Risikoberichterstattung über Finanzinstrumente im Lagebericht (§ 289 Abs. 2 Nr. 2 HGB) beinhaltet

---

[716] Leicht modifiziert entnommen aus Hoffmann/Lüdenbach, NWB Kommentar Bilanzierung, § 285 HGB, Rz. 151.

§ 285 Nr. 23 HGB eine Öffnungsklausel. Diese erlaubt eine **befreiende (Gesamt-) Risikoberichterstattung** im Lagebericht, die die neu geregelten Angabepflichten gemäß § 285 Nr. 23 HGB mit einschließt.

2.13 Bewertungsgrundlagen der Pensionsrückstellungen (§ 285 Nr. 24 HGB)

Die Einfügung von § 285 Nr. 24 HGB diente dem Ziel, die allgemeine Verpflichtung zur Angabe der im Jahresabschluss angewandten Bilanzierungs- und Bewertungsmethoden gemäß § 284 Abs. 2 Nr. 4 HGB klarstellend zu konkretisieren (vgl. BT-Drucks. 16/10067, S. 73). Danach sind die Bilanzierenden nunmehr ausdrücklich verpflichtet, das angewandte versicherungsmathematische Bewertungsverfahren und die grundlegenden Berechnungsannahmen (z. B. Abzinsungssatz einschl. der zugrunde liegenden Ermittlungsmethodik, Einbeziehung von Gehalts- und Rentenanpassungen, Sterbetafeln und andere wesentliche biometrische Wahrscheinlichkeiten) im Anhang zu nennen. Soweit nach Personengruppen differenzierte Berechnungsparameter zur Anwendung kommen (z. B. eine regional unterschiedliche Gehalts- und Rentendynamik), genügt die Angabe von Bewertungsbandbreiten für die Gesamtbelegschaft.[717] In Anbetracht der Zielsetzung der gesetzlichen Neuregelung bietet sich eine Integration in die (allgemeine) Berichterstattung des Anhangs zu den Bilanzierungs- und Bewertungsgrundsätzen an.

Über die zuvor genannten Bewertungsgrundlagen ist auch dann zu berichten, wenn die Bilanz keine Pensionsrückstellungen ausweist, weil diese gemäß § 246 Abs. 2 Satz 2 HGB mit Vermögensgegenständen verrechnet wurden, die ausschließlich der Erfüllung dieser Verpflichtungen dienen und dem Zugriff aller übrigen Gläubiger entzogen sind. Dies resultiert daraus, dass die ausweistechnisch saldierten Beträge nach § 285 Nr. 25 HGB aufzugliedern sind; insoweit liegt also eine Erläuterung zu einem im Anhang darzustellenden Posten vor.[718] Das Gleiche gilt, wenn in Bezug auf die bestehenden Pensionsverpflichtungen lediglich im Anhang eine Deckungslücke nach Art. 28 Abs. 2 bzw. Art. 48 Abs. 6 EGHGB anzugeben ist.[719] Auf diese Weise wird die Methodik zur Ermittlung der Deckungslücke transparent gemacht.

Die Angabe der Bilanzierungs- und Bewertungsmethoden in Bezug auf die Pensionsverpflichtungen entfällt dagegen (ohne das Erfordernis eines entsprechenden Negativvermerks), wenn die betriebliche Altersversorgung über einen externen Versorgungsträger bzw. ein Versorgungsmodell mit voller Kapitaldeckung durchgeführt wird (wie z. B. bei Abschluss von Direktversicherungen) und keine (berichtspflichtige) Deckungslücke zum Abschlussstichtag besteht.[720]

---

[717] Vgl. IDW ERS HFA 30, FN-IDW 12/2009, S. 668 Tz. 90.
[718] Vgl. Ellrott, in: Ellrott u. a. (Hrsg.): Beck'scher Bilanz-Kommentar, 7. Aufl., München 2010, § 285 HGB, Anm. 416.
[719] Vgl. IDW ERS HFA 30, FN-IDW 12/2009, S. 669, Tz. 93.
[720] Vgl. IDW ERS HFA 30, FN-IDW 12/2009, S. 669, Tz. 94.

2.14 Saldierung von Vermögen und Schulden (§ 285 Nr. 25 HGB)

§ 246 Abs. 2 Satz 2 HGB sieht bei Vorliegen bestimmter Bedingungen die Verrechnung von Vermögensgegenständen und Schulden aus Altersversorgungsverpflichtungen oder vergleichbaren langfristigen Verpflichtungen, insb. gegenüber Arbeitnehmern, vor.[721] Im Zusammenhang damit verlangt die Angabepflicht des § 285 Nr. 25 HGB die gesonderte Angabe

- der Anschaffungskosten und des beizulegenden Zeitwerts der verrechneten Vermögensgegenstände,
- des Erfüllungsbetrags der verrechneten Schulden und
- der verrechneten Aufwendungen und Erträge, die aus der Saldierung der Vermögensgegenstände und Schulden resultieren.

Durch den Verweis der Vorschrift auf § 285 Nr. 20 Buchstabe a HGB wird darüber hinaus eine Angabe der grundlegenden Annahmen, die der Bestimmung des beizulegenden Zeitwerts der verrechneten Vermögensgegenstände zugrunde liegen, gefordert.

2.15 Fondsanteile (§ 285 Nr. 26 HGB)

Mit der Einfügung von § 285 Nr. 26 HGB sind im Anhang zukünftig Angaben zu den **stillen Reserven und Lasten** von Anteilen oder Anlageaktien[722] an inländischen Investmentvermögen i. S. d. § 1 InvG oder vergleichbaren ausländischen Investmentanteilen i. S. d. § 2 Abs. 9 InvG zu machen, sofern die berichtende Gesellschaft **mehr als zehn Prozent** der Anteile oder Anlageaktien hält. Konkret verlangt die neue Angabepflicht in Bezug auf die gehaltenen Anteile oder Anlageaktien die Nennung

- des bilanziellen Buchwerts,
- des Marktwerts gemäß § 36 InvG oder vergleichbarer ausländischer Vorschriften,
- der für das Geschäftsjahr erfolgten Ausschüttungen sowie
- etwaiger (rechtlich oder wirtschaftlich veranlasster) Beschränkungen der Möglichkeit der täglichen Rückgabe.

Die genannten Einzelangaben sind nach **Anlagezielen** aufzugliedern, wobei diesbezüglich etwa eine Unterteilung in Aktienfonds, Rentenfonds, Immobilienfonds, Mischfonds, Hedgefonds und sonstige Spezial-Sondervermögen in Betracht kommt (vgl. BT-Drucks. 16/10067, S. 74).

Korrespondierend mit der Berichtspflicht des § 285 Nr. 18 HGB[723] sind bei Vorliegen stiller Lasten nach § 285 Nr. 26 HGB weiterhin unterbliebene Abschreibungen zu begründen und die Anhaltspunkte für die Einstufung der Wertminderung als vorüberge-

---

[721] Vgl. hierzu ausführlich Abschnitt 2, Gliederungspunkt 3.3.
[722] Zum Begriff der Anlageaktien vgl. § 96 Abs. 1 InvG.
[723] Vgl. hierzu Gliederungspunkt 2.8.

hend darzustellen. Angesichts ihres Charakters als Spezialvorschrift geht die Angabe nach § 285 Nr. 26 HGB der allgemeineren Norm des § 285 Nr. 18 HGB vor; der Gesetzeswortlaut weist daher ausdrücklich darauf hin, dass die letztere Vorschrift insoweit keine Anwendung findet.

2.16 Haftungsverhältnisse (§ 285 Nr. 27 HGB)

Nach § 268 Abs. 7 HGB haben Kapitalgesellschaften und voll haftungsbeschränkte Personenhandelsgesellschaften i. S. v. § 264a HGB die in § 251 HGB bezeichneten Haftungsverhältnisse (Verbindlichkeiten aus der Begebung und Übertragung von Wechseln, Verbindlichkeiten aus Bürgschaften, Wechsel- und Scheckbürgschaften, Verbindlichkeiten aus Gewährleistungsverträgen sowie Haftungsverhältnisse aus der Bestellung von Sicherheiten für fremde Verbindlichkeiten) jeweils gesondert unter der Bilanz oder im Anhang anzugeben. Haftungsverhältnisse, die gegenüber verbundenen Unternehmen bestehen, sind dabei gesondert zu nennen.

Diese betragsmäßigen Informationen werden nach § 285 Nr. 27 HGB um qualitative Anhangsangaben ergänzt. Danach sind für die vermerkpflichtigen Haftungsverhältnisse i. S. d. § 251 HGB „die Gründe der Einschätzung des Risikos der Inanspruchnahme" zu nennen. Da Haftungsverhältnisse anders als die passivierungspflichtigen Verpflichtungen dadurch charakterisiert sind, dass eine Inanspruchnahme hieraus nur unter bestimmten Umständen erfolgt, mit deren Eintritt aber nicht gerechnet wird,[724] sind folglich die Überlegungen darzulegen, aufgrund derer von einer **geringen Wahrscheinlichkeit der Inanspruchnahme** ausgegangen wird. Eine bloße Nennung des gesetzlichen Tatbestandsmerkmals für Haftungsverhältnisse (unwahrscheinliche Inanspruchnahme) reicht zur Erfüllung der Angabepflicht dabei nicht.[725] Es ist vielmehr ergänzend darzulegen, warum die Wahrscheinlichkeit als gering eingeschätzt wird. In diesem Zusammenhang kann bspw. auf die Erfahrungen der Vergangenheit Bezug genommen werden (Nichtrealisation von Haftungsrisiken), oder es kann auch zukunftsgerichtet auf risikobegrenzende Maßstäbe, die der Entscheidung über das Eingehen von Haftungsverhältnissen zugrunde liegen, verwiesen werden.

Die ergänzenden Angaben des § 285 Nr. 27 HGB sind zwingend im Anhang zu machen. Eine rechtssystematisch ebenfalls denkbare Angabe im Kontext der Risikoberichterstattung im Lagebericht ist nicht alternativ vorgesehen und entspricht auch nicht dem Willen des Gesetzgebers (vgl. BT-Drucks. 16/10067, S. 75).

---

[724] Vgl. Adler/Düring/Schmaltz: Rechnungslegung und Prüfung der Unternehmen, 6. Aufl., Stuttgart 1995 ff., § 251 HGB, Tz. 1.
[725] Vgl. Ellrott, in: Ellrott u. a. (Hrsg.): Beck'scher Bilanz-Kommentar, 7. Aufl., München 2010, § 285 HGB, Anm. 456.

2.17 Ausschüttungsgesperrte Beträge (§ 285 Nr. 28 HGB)

§ 268 Abs. 8 HGB beinhaltet für die Fälle der Aktivierung von selbst geschaffenen Vermögensgegenständen des immateriellen Anlagevermögens, aktiven latenten Steuern sowie der Aktivierung von Vermögensgegenständen aus verrechneten Altersversorgungsverpflichtungen zum beizulegenden Zeitwert eine Ausschüttungssperre (vgl. Abschnitt 7, Gliederungspunkt 4). § 285 Nr. 28 HGB ergänzt diese Regelung, indem im Anhang

- der ausschüttungsgesperrte Gesamtbetrag i. S. d. § 268 Abs. 8 HGB anzugeben ist und
- eine Aufgliederung dieses Betrags in Beträge aus der Aktivierung selbst geschaffener immaterieller Anlagegegenstände, aus latenten Steuern und aus der Zeitbewertung von Vermögensgegenständen vorzunehmen ist.

Anzugeben sind die in der Bilanz ausgewiesenen Beträge der drei genannten Posten abzüglich der zugehörigen passiven Steuerlatenzen, die den ausschüttungsgesperrten Betrag mindern. Ist mehr als ein Bilanzposten betroffen, bietet sich mit Blick auf die Übersichtlichkeit eine tabellarische Angabe in Form eines „Ausschüttungssperrspiegels" an.[726] Dieser kann bspw. folgende Form haben:

Ausschüttungssperre für ...	Bilanzausweis (EUR)	passive latente Steuern (EUR)	Sperrbetrag (EUR)
... selbst geschaffene immaterielle Vermögensgegenstände des Anlagevermögens			
... aktive latente Steuern			
... unrealisierte Gewinne aus der Zeitwertbewertung saldierungspflichtiger Vermögensgegenstände			
Summe			

Sofern im Falle eines saldierten Ausweises der latenten Steueransprüche und -verpflichtungen der Bilanzausweis den aktiven Überhang zeigt, der ausschüttungsgesperrte Betrag aus der Aktivierung latenter Steuern also um passive latente Steuern gemindert ist, empfiehlt sich eine Erläuterung der Zusammensetzung des Bilanzausweises.[727]

---

[726] Vgl. Hoffmann/Lüdenbach, NWB Kommentar Bilanzierung, § 285 HGB, Rz. 161.
[727] Vgl. IDW ERS HFA 27, FN-IDW 7/2009, S. 343, Tz. 38.

Kapitel 2: Einzelgesellschaftliche Rechnungslegung

Alternativ, insb. wenn lediglich aus einem Posten eine Ausschüttungssperre resultiert, kommt eine Berichterstattung in Textform in Betracht, die bspw. folgenden Inhalt haben kann:

Beispiel

Das im Rahmen von Pensionsrückstellungen bestehende Deckungsvermögen wurde mit den korrespondierenden Pensionsverpflichtungen verrechnet. Der daraus entstehende aktive Überhang in Höhe von ... EUR wird gesondert ausgewiesen. Abzüglich darauf entfallender passiver Steuerlatenzen von ... EUR sind gemäß § 268 Abs. 8 HGB ... EUR zur Ausschüttung gesperrt.

2.18 Latente Steuern (§ 285 Nr. 29 HGB)

Nach § 285 Nr. 29 HGB sind die latenten Steuern im Anhang zu erläutern. Der Wortlaut der Vorschrift fordert die Angabe, „auf welchen Differenzen oder steuerlichen Verlustvorträgen die latenten Steuern beruhen und mit welchen Steuersätzen die Bewertung erfolgt ist."

Gegenüber dem RegE BilMoG haben sich zwei Änderungen in Bezug auf die Berichtspflicht ergeben: Zum einen wurden die Erläuterungen zu den latenten Steuern gesetzessystematisch richtig der Anhangsnorm des § 285 HGB zugeordnet, nachdem zunächst vorgesehen war, sie in § 274 Abs. 2 HGB zu verankern. Zum anderen wurde der ursprüngliche, allgemein gehaltene Gesetzestext („Die ausgewiesenen Posten sind im Anhang zu erläutern" (BT-Drucks. 16/10067, S. 9)) in den zuvor genannten Gesetzeswortlaut abgeändert. Die Anpassung folgte der Entscheidung des Gesetzgebers, die Neuregelung zur Abbildung der latenten Steuern (§ 274 HGB) in der finalen Gesetzesfassung des BilMoG gegenüber dem RegE BilMoG erheblich aufzuweichen (vgl. Abschnitt 8, Gliederungspunkt 3).

§ 285 Nr. 29 HGB ergänzt und konkretisiert die durch § 284 Abs. 2 Nr. 1 HGB grundlegend geforderten allgemeinen Erläuterungen zu den Grundsätzen der Abbildung latenter Steuern im Jahresabschluss. Letztere umfasst u. a. Angaben zur Ausübung des Aktivierungswahlrechts, zur Anwendung der Einzel- oder der Gesamtdifferenzenbetrachtung und zur Bestimmung des maßgebenden Steuersatzes. Der Gesetzesfestlegung, wonach Angaben zu den bei der Bewertung angewandten Steuersätzen zu machen sind, kommt nach hier vertretener Auffassung daher nur ein klarstellender Charakter zu.

Die Erläuterungen nach § 285 Nr. 29 HGB sind unabhängig davon zu machen, ob in der Bilanz latente Steuern tatsächlich ausgewiesen werden; d. h. sie sind auch dann erforderlich, wenn sich bei Anwendung der Gesamtdifferenzenbetrachtung ein aktivischer Gesamtsaldo ergibt und dieser in Anbetracht des Aktivierungswahlrechts nicht in der Bilanz angesetzt wird (vgl. BT-Drucks. 16/12407, S. 116). Nach dem Gesetzeswortlaut scheint bei Vorliegen von Steuerlatenzen in diesem Fall stets die quantitative Nennung der unsaldierten aktivischen und passivischen Differenzen sowie der steuerlichen Verlustvorträge geboten, auf denen die Steuerlatenzen beruhen. Nach a. A. reichen dagegen bereits qualitative Angaben zu den bestehenden Differenzen aus, aufgrund derer per Saldo ein Ausweis unterblieben ist.[728] In jedem Fall hat sich die Angabe über den engen Gesetzeswortlaut hinaus auch auf Steuergutschriften und steuerliche Zinsvorträge zu erstrecken. Nicht angabe- bzw. erläuterungspflichtig sind über den Saldierungsbereich hinausgehende aktive Steuerlatenzen, die in Einklang mit dem Ansatzwahlrecht des § 274 HGB nicht aktiviert werden.

Inwieweit eine weitergehende Aufgliederung der Ursachen für die aktivischen und passivischen Steuerlatenzen gefordert ist, haben die Gesetzesmaterialien offengelassen. Diese ist also keinesfalls zwingend, jedoch spricht auch nichts gegen eine freiwillige Berichterstattung.

Eine übersichtliche Berichterstattung nach § 285 Nr. 29 HGB ist die tabellarische Darstellung in Form eines „Steuerlatenzenspiegels". Dieser kann z. B. folgenden Aufbau haben:[729]

Sachverhalt	Buchwert HB [EUR]	Steuerwert [EUR]	Differenz (EUR)	Steuersatz [%]	Latente Steuer (EUR)
Aktive Steuerlatenzen					
Pensionsrückstellungen	1.200	900	300	30	90
Sonstige Rückstellungen	850	800	50	30	15
Zwischensumme	2.050	1.700	350		105
Passive Steuerlatenzen					
Selbst erstelltes immaterielles Anlagevermögen	–100	0	–100	30	–30
Steuerliche Mehrabschreibungen	–150	0	–150	30	–45
Zwischensumme	250	0	–250		–75
Verlustvorträge			100	30	30
Nettosteuerbelastung (–) bzw. -entlastung (+)					**60**

Nach Auffassung der Regierungsbegründung ist es zu einer sinnvollen und umfassenden Information der Abschlussadressaten darüber hinaus erforderlich, den **ausgewiesenen Steueraufwand / -ertrag** in einer gesonderten Rechnung auf den **erwarteten Steueraufwand / -ertrag überzuleiten** (vgl. BT-Drucks. 16/10067, S. 68). Abb. 142

---

[728] Vgl. IDW ERS HFA 27, FN-IDW 7/2009, S. 342 f., Tz. 36; zur Diskussion, wie eine qualitative Berichterstattung ggf. ausgestaltet sein könnte, vgl. Hoffmann/Lüdenbach, NWB Kommentar Bilanzierung, Herne 2009, § 285 HGB, Rz. 167.

[729] Modifiziert entnommen aus Hoffmann/Lüdenbach, NWB Kommentar Bilanzierung, Herne 2009, § 285 HGB, Rz. 163.

fasst den Hintergrund und die mögliche Ausgestaltung einer solchen Steuerüberleitungsrechnung zusammen.

Steuerüberleitung als ergänzendes Informationsinstrument	
Hintergrund	Ausgestaltung
• Nach der Regierungsbegründung ist es zur Information der Abschlussadressaten erforderlich, den ausgewiesenen Steueraufwand / -ertrag auf den erwarteten Steueraufwand / -ertrag überzuleiten • Die Überleitungsrechnung soll das Verständnis für die in der Bilanz ausgewiesenen aktiven und passiven latenten Steuern fördern BT-Drucks. 10/10067, S. 68	International sind zwei Darstellungsformen verbreitet: » Überleitung des erwarteten absoluten Steueraufwands auf den ausgewiesenen Steueraufwand (in Deutschland vorherrschend) » Überleitung des anzuwendenden Steuersatzes (idR Steuersatz des Sitzlandes unter Einbeziehung aller lokalen Steuern, die im Wesentlichen die gleiche Bemessungsgrundlage haben), auf den durchschnittlichen effektiven Steuersatz (= Steueraufwand / Ertrag geteilt durch das handelsrechtliche Ergebnis)

Abb. 142: *Hintergrund und Ausgestaltung einer Steuerüberleitung*

Das folgende Beispiel dient der Verdeutlichung von Aufbau und Inhalt einer Steuerüberleitungsrechnung.

Beispiel

Sachverhalt:

- Die B AG hat einen vorläufigen HGB-Abschluss zum 31.12.X1 erstellt. Für diesen Abschluss liegen folgende Informationen vor:
- Das Ergebnis der B AG vor Steuern beträgt 1.000 TEUR, der kumulierte Ertragsteuersatz liegt bei 30 %.
- Sämtliche Steuerlatenzierungen wurden bereits vorgenommen.
- Ein in X1 entstandener steuerlicher Verlustvortrag von 300 TEUR wird innerhalb der kommenden fünf Jahre wohl nur zu 50 % nutzbar sein.
- Im Geschäftsjahr X1 hat die B AG Steuernachzahlungen in Höhe von 100 TEUR leisten müssen.

Der ausgewiesene Steueraufwand im Geschäftsjahr X1 beläuft sich auf 430 TEUR. Bei seiner Ermittlung waren 30 TEUR nicht abzugsfähige Betriebsausgaben und 80 TEUR steuerfreie Erträge zu berücksichtigen.

Steuerüberleitung:

Überleitungsrechnung (Betragsangaben in EUR)	20X1
Konzernjahresüberschuss vor Steuern	1.000.000
Erwarteter Steueraufwand (Basis: Steuersatz 30 %)	-300.000
+/- Auswirkungen abweichender ausländischer Steuern	0
= Errechneter Steueraufwand (Basis: Mischsteuersatz)	-300.000
+/- Auswirkungen permanenter Differenzen	
Steuerfreie Erträge	24.000
Nicht abzugsfähige Aufwendungen	-9.000
+/- Auswirkungen nicht abgrenzungsfähiger Differenzen	0
- Steuereffekt aus Wertberichtigung von Verlustvorträgen	-45.000
+/- Periodenfremde Auswirkungen	-100.000
= Ausgewiesener Steueraufwand	-430.000

Nach den Angaben im Beispiel ist der errechnete Steueraufwand wie folgt in den ausgewiesenen Steueraufwand überzuleiten:

- Die steuerfreien Erträge und nicht abzugsfähigen Aufwendungen sind das Ergebnis permanenter Differenzen. Da sie das handelsrechtliche Ergebnis erhöht bzw. vermindert haben, ist ihr Einfluss auf den errechneten Steueraufwand zu korrigieren.

- Aufgrund der nur 50 %igen Anrechnung des steuerlichen Verlustvortrags ist der ausgewiesene Steueraufwand gemessen am handelsrechtlichen Ergebnis um 45 TEUR zu hoch.

- Die Steuernachzahlung korrespondiert nicht mit dem handelsrechtlichen Ergebnis in X1 und ist daher als aperiodischer Steueraufwand auszuweisen.

Insbesondere vor dem Hintergrund der im Vergleich zum RegE BilMoG weitreichenden Änderungen der finalen Gesetzesfassung des BilMoG in Bezug auf die Bilanzierung und Erläuterung der latenten Steuern kann eine Steuerüberleitung im Anhang jedoch nicht zwingend gefordert werden.[730]

Die Verpflichtung zur Erläuterung der latenten Steuern gemäß § 285 Nr. 29 HGB betrifft nur mittelgroße und große Gesellschaften i. S. d. § 267 Abs. 2, 3 HGB. Für kleine Gesellschaften i. S. v. § 267 Abs. 1 HGB entfällt die Angabepflicht nach § 288 Abs. 1 HGB.

2.19 Aufhebung von § 285 Sätze 2 bis 6 HGB a. F.

§ 285 Satz 2 HGB a. F. enthält eine konkretisierende Ergänzung zur Abgrenzung des unbestimmten Rechtsbegriffs der derivativen Finanzinstrumente. Diese sehr isoliert erscheinende Regelung ist durch das BilMoG wieder gestrichen worden. Der Gesetz-

---

[730] So auch IDW ERS HFA 27, FN-IDW 7/2009, S. 342, Tz. 35.

geber hat jedoch ausdrücklich herausgestellt, dass damit keine sachliche Änderung begründet werden soll und wie schon bisher alle vertraglichen Gestaltungen daraufhin zu überprüfen seien, ob bei wirtschaftlicher Betrachtung eine Einordnung als derivatives Finanzinstrument geboten ist (vgl. BT-Drucks. 16/10067, S. 75).

Ebenfalls werden § 285 Sätze 3 bis 6 HGB a. F. zur Ermittlung des beizulegenden Zeitwerts von Finanzinstrumenten und zur Angabe der Gründe für dessen etwaige nicht verlässliche Bestimmbarkeit aufgehoben. Diese Gesetzesänderung steht zum einen in Zusammenhang mit der Verlagerung der neu gefassten Regelung zur Zeitwertbewertung in § 255 Abs. 4 HGB und zum anderen mit der Integration der Anhangserläuterungen zur Nichtbestimmbarkeit des Zeitwerts in § 285 Nr. 19 HGB.[731]

2.20 Neufassung von § 286 Abs. 3 Satz 3 HGB

Das bisherige Bilanzrecht enthielt an verschiedenen Stellen **Ausnahmeregelungen für kapitalmarktorientierte Unternehmen**, ohne dabei auf eine insoweit allgemein gültige Begriffsdefinition Bezug nehmen zu können. Dies galt auch für die Regelung des § 286 Abs. 3 Satz 3 HGB a. F., die ein Unterlassen der Anhangsangaben zum Anteilsbesitz i. S. v. § 285 Satz 1 Nr. 11, 11a HGB auf Basis der Schutzklausel des § 286 Abs. 3 Satz 1 Nr. 2 HGB wegen erheblicher Nachteile bei kapitalmarktorientierten Unternehmen ausschloss.

Zur Verkürzung und besseren Lesbarkeit der Vorschriften beinhaltet das BilMoG in § 264d HGB eine zentrale Definition des Begriffs ‚kapitalmarktorientiert' (vgl. BT-Drucks. 16/10067, S. 63).[732] Die Neufassung von § 286 Abs. 3 Satz 3 HGB ist Folge der geänderten Gesetzessystematik, ohne dass damit materielle Änderungen einhergehen.

2.21 Abschaffung der Anteilsliste (§ 287 HGB a. F.)

§ 287 HGB a. F. eröffnete den berichtenden Unternehmen bislang die Möglichkeit, die in § 285 Nr. 11 und 11a HGB geforderten (Beteiligungs-) Angaben statt im Anhang in einer gesonderten Aufstellung des Anteilsbesitzes, der sog. Anteilsliste, abzubilden. Durch die zwischenzeitlich in Kraft getretene Zentralisierung des Orts der Offenlegung der Rechnungslegungsbestandteile beim Betreiber des elektronischen Bundesanzeigers gehen mit dem bestehenden Wahlrecht jedoch keine materiellen Vorteile mehr einher. Aus diesem Grund ist die Vorschrift des § 287 HGB a. F. aufgehoben worden.

---

[731] Vgl. hierzu ausführlich Gliederungspunkt 2.9 und Abschnitt 2, Gliederungspunkt 2.6.
[732] Zur Definition des Begriffs 'kapitalmarktorientiert' vgl. ausführlich Abschnitt 1, Gliederungspunkt 3.1.

3 Größenabhängige Erleichterungen

§ 288 HGB sieht für kleine und mittelgroße Gesellschaften i. S. d. § 267 Abs. 1 und 2 HGB bestimmte Erleichterungen in Bezug auf den Anhang zum Einzelabschluss vor. Diese beinhalten teilweise **Befreiungen** von der Angabepflicht und zum Teil einen **eingeschränkten Berichtsumfang**. Vor dem Hintergrund der Neuregelungen zu den Anhangerläuterungen wurde auch § 288 HGB neu gefasst.

Die Erleichterungen des § 288 HGB, die sich auf die durch das BilMoG geänderten Angabepflichten beziehen, wurden in Zusammenhang mit den obigen Erläuterungen bereits dargestellt. Sie sind in Abb. 143 nochmals überblickartig zusammengefasst. Zu den durch das BilMoG nicht berührten größenabhängigen Erleichterungen des § 288 HGB wird auf das einschlägige Schrifttum verwiesen.

Befreiungen von / Erleichterungen zu den geänderten Anhangsvorschriften	
Kleine Gesellschaften iSd § 267 Abs. 1 HGB	Mittelgroße Gesellschaften iSd § 267 Abs. 2 HGB
Folgende Angaben können nach § 288 Abs. 1 HGB entfallen: • Aufgliederung der Verbindlichkeiten (§ 285 Nr. 2 HGB) • Außerbilanzielle Geschäfte (§ 285 Nr. 3 HGB) • Sonstige finanzielle Verpflichtungen (§ 285 Nr. 3a HGB) • Abschlussprüferhonorare (§ 285 Nr. 17 HGB) • Informationen zu derivativen Finanzinstrumenten (§ 285 Nr. 19 HGB) • Geschäfte mit nahe stehenden Personen (§ 285 Nr. 21 HGB) • Forschungs- und Entwicklungskosten (§ 285 Nr. 22 HGB) • Informationen zu latenten Steuern (§ 285 Nr. 29 HGB) § 288 Abs. 1 HGB	Folgende Angaben können nach § 288 Abs. 2 HGB entfallen: • Abschlussprüferhonorare (§ 285 Nr. 17 HGB) bei Mitteilung an die Wirtschaftsprüferkammer auf Anforderung • Geschäfte mit nahe stehenden Personen (§ 285 Nr. 21 HGB), wenn berichtendes Unternehmen keine AG ist • Informationen zu latenten Steuern (§ 285 Nr. 29 HGB) Bei folgenden Angaben nach § 288 Abs. 2 HGB besteht ein eingeschränkter Berichtsumfang: • Außerbilanzielle Geschäfte (§ 285 Nr. 3 HGB): keine Darstellung der Risiken und Vorteile • Geschäfte mit nahe stehenden Personen (§ 285 Nr. 21 HGB): Angabe nur der Geschäfte mit Hauptgesellschafter oder Organmitgliedern § 288 Abs. 2 HGB

Abb. 143: Größenabhängige Erleichterungen in Bezug auf die geänderten Vorschriften zum Anhang

4 Erstanwendung und Übergangsregelung

Für die neuen und geänderten Erläuterungspflichten im Anhang beinhaltet das BilMoG die folgenden zeitlichen Vorgaben im Hinblick auf die erstmalige Anwendung der Neuregelungen.

Erstmals auf Jahresabschlüsse für **nach dem 31.12.2008** beginnende Geschäftsjahre sind nach Art. 66 Abs. 2 EGHGB die folgenden (geänderten) Angabepflichten anzuwenden:

- wesentliche außerbilanzielle Geschäfte (§ 285 Nr. 3 HGB)

- sonstige finanzielle Verpflichtungen (§ 285 Nr. 3a HGB)
- Corporate-Governance-Erklärung (§ 285 Nr. 16 HGB)
- Abschlussprüferhonorare (§ 285 Nr. 17 HGB)
- Geschäfte mit nahe stehenden Personen (§ 285 Nr. 21 HGB)

Gleiches gilt für die größenabhängigen Erleichterungen des § 288 HGB, soweit sie sich auf diese Normen beziehen.

Alle übrigen Änderungen betreffend die Erläuterungen im Anhang sind gemäß Art. 66 Abs. 3, 5 EGHGB **erstmals** auf Jahresabschlüsse für nach dem **31.12.2009** beginnende Geschäftsjahre anzuwenden.

Im Zusammenhang mit der Erstanwendung der Vorschriften des BilMoG ist in Bezug auf die Berichterstattung im Anhang darüber hinaus zu beachten, dass die § 265 Abs. 1, § 284 Abs. 2 Nr. 3 HGB gemäß Art. 67 Abs. 8 EGHGB nicht anzuwenden sind. Aufgrund dieser Erleichterungsvorschrift müssen die aus den Gesetzesänderungen folgenden Abweichungen der Ansatz-, Bewertungs- und Ausweismethoden gegenüber dem Vorjahr nicht als solche im Anhang genannt und begründet werden. Ebenso kann die Darstellung ihres Einflusses auf die Vermögens-, Finanz- und Ertragslage des berichtenden Unternehmens bzw. eine Anpassung der Vergleichswerte der Vorperiode unterbleiben. Letzteres ist konsequent, da sich andernfalls faktisch ein um ein Jahr früherer Erstanwendungszeitpunkt in Bezug auf die durch das BilMoG geänderten Vorschriften ergeben würde.[733]

---

[733] Vgl. Kirsch, DStR 2008, S. 1203.

Abschnitt 11: Lageberichterstattung

Autor: WP/StB Dr. Michael Strickmann

1 Allgemeines zur Gesetzesänderung

§ 289 HGB zum Lagebericht hat die folgende Fassung erhalten. Ebenfalls berücksichtigt ist die Änderung des § 289 Abs. 2 Nr. 5 Satz 2 HGB durch das Gesetz zur Angemessenheit der Vorstandsvergütung (VorstAG) vom 31.7.2009.

> **HGB § 289 Lagebericht**
>
> (1) Im Lagebericht sind der Geschäftsverlauf einschließlich des Geschäftsergebnisses und die Lage der Kapitalgesellschaft so darzustellen, dass ein den tatsächlichen Verhältnissen entsprechendes Bild vermittelt wird. Er hat eine ausgewogene und umfassende, dem Umfang und der Komplexität der Geschäftstätigkeit entsprechende Analyse des Geschäftsverlaufs und der Lage der Gesellschaft zu enthalten. In die Analyse sind die für die Geschäftstätigkeit bedeutsamsten finanziellen Leistungsindikatoren einzubeziehen und unter Bezugnahme auf die im Jahresabschluss ausgewiesenen Beträge und Angaben zu erläutern. Ferner ist im Lagebericht die voraussichtliche Entwicklung mit ihren wesentlichen Chancen und Risiken zu beurteilen und zu erläutern; zugrunde liegende Annahmen sind anzugeben. Die gesetzlichen Vertreter einer Kapitalgesellschaft im Sinne des § 264 Abs. 2 Satz 3 haben zu versichern, dass nach bestem Wissen im Lagebericht der Geschäftsverlauf einschließlich des Geschäftsergebnisses und die Lage der Kapitalgesellschaft so dargestellt sind, dass ein den tatsächlichen Verhältnissen entsprechendes Bild vermittelt wird, und dass die wesentlichen Chancen und Risiken im Sinne des Satzes 4 beschrieben sind.
>
> (2) Der Lagebericht soll auch eingehen auf:
>
> 1. Vorgänge von besonderer Bedeutung, die nach dem Schluss des Geschäftsjahrs eingetreten sind;
>
> 2. a) die Risikomanagementziele und -methoden der Gesellschaft einschließlich ihrer Methoden zur Absicherung aller wichtigen Arten von Transaktionen, die im Rahmen der Bilanzierung von Sicherungsgeschäften erfasst werden, sowie
>
>   b) die Preisänderungs-, Ausfall- und Liquiditätsrisiken sowie die Risiken aus Zahlungsstromschwankungen, denen die Gesellschaft ausgesetzt ist,
>
>   jeweils in Bezug auf die Verwendung von Finanzinstrumenten durch die Gesellschaft und sofern dies für die Beurteilung der Lage oder der voraussichtlichen Entwicklung von Belang ist;

HGB § 289 Lagebericht

3. den Bereich Forschung und Entwicklung;
4. bestehende Zweigniederlassungen der Gesellschaft;
5. die Grundzüge des Vergütungssystems der Gesellschaft für die in § 285 Nr. 9 genannten Gesamtbezüge, soweit es sich um eine börsennotierte Aktiengesellschaft handelt. Werden dabei auch Angaben entsprechend § 285 Nr. 9 Buchstabe a Satz 5 bis 8 gemacht, können diese im Anhang unterbleiben.

(3) Bei einer großen Kapitalgesellschaft (§ 267 Abs. 3) gilt Absatz 1 Satz 3 entsprechend für nichtfinanzielle Leistungsindikatoren, wie Informationen über Umwelt- und Arbeitnehmerbelange, soweit sie für das Verständnis des Geschäftsverlaufs oder der Lage von Bedeutung sind.

(4) Aktiengesellschaften und Kommanditgesellschaften auf Aktien, die einen organisierten Markt im Sinne des § 2 Abs. 7 des Wertpapiererwerbs- und Übernahmegesetzes durch von ihnen ausgegebene stimmberechtigte Aktien in Anspruch nehmen, haben im Lagebericht anzugeben:

1. die Zusammensetzung des gezeichneten Kapitals; bei verschiedenen Aktiengattungen sind für jede Gattung die damit verbundenen Rechte und Pflichten und der Anteil am Gesellschaftskapital anzugeben, soweit die Angaben nicht im Anhang zu machen sind;
2. Beschränkungen, die Stimmrechte oder die Übertragung von Aktien betreffen, auch wenn sie sich aus Vereinbarungen zwischen Gesellschaftern ergeben können, soweit sie dem Vorstand der Gesellschaft bekannt sind;
3. direkte oder indirekte Beteiligungen am Kapital, die 10 vom Hundert der Stimmrechte überschreiten, soweit die Angaben nicht im Anhang zu machen sind;
4. die Inhaber von Aktien mit Sonderrechten, die Kontrollbefugnisse verleihen; die Sonderrechte sind zu beschreiben;
5. die Art der Stimmrechtskontrolle, wenn Arbeitnehmer am Kapital beteiligt sind und ihre Kontrollrechte nicht unmittelbar ausüben;
6. die gesetzlichen Vorschriften und Bestimmungen der Satzung über die Ernennung und Abberufung der Mitglieder des Vorstands und über die Änderung der Satzung;
7. die Befugnisse des Vorstands insbesondere hinsichtlich der Möglichkeit, Aktien auszugeben oder zurückzukaufen;
8. wesentliche Vereinbarungen der Gesellschaft, die unter der Bedingung eines Kontrollwechsels infolge eines Übernahmeangebots stehen, und die hieraus folgenden Wirkungen; die Angabe kann unterbleiben, soweit sie geeignet ist, der Gesellschaft einen erheblichen Nachteil zuzufügen; die Angabepflicht nach anderen gesetzlichen Vorschriften bleibt unberührt;

> **HGB § 289 Lagebericht**
>
> 9. Entschädigungsvereinbarungen der Gesellschaft, die für den Fall eines Übernahmeangebots mit den Mitgliedern des Vorstands oder Arbeitnehmern getroffen sind, soweit die Angaben nicht im Anhang zu machen sind.
>
> Sind Angaben nach Satz 1 im Anhang zu machen, ist im Lagebericht darauf zu verweisen.
>
> (5) Kapitalgesellschaften im Sinn des § 264d haben im Lagebericht die wesentlichen Merkmale des internen Kontroll- und des Risikomanagementsystems im Hinblick auf den Rechnungslegungsprozess zu beschreiben.

Darüber hinaus ist ein neuer § 289a HGB mit folgendem Wortlaut eingefügt worden.

> **HGB § 289a Erklärung zur Unternehmensführung**
>
> (1) Börsennotierte Aktiengesellschaften sowie Aktiengesellschaften, die ausschließlich andere Wertpapiere als Aktien zum Handel an einem organisierten Markt im Sinn des § 2 Abs. 5 des Wertpapierhandelsgesetzes ausgegeben haben und deren ausgegebene Aktien auf eigene Veranlassung über ein multilaterales Handelssystem im Sinn des § 2 Abs. 3 Satz 1 Nr. 8 des Wertpapierhandelsgesetzes gehandelt werden, haben eine Erklärung zur Unternehmensführung in ihren Lagebericht aufzunehmen, die dort einen gesonderten Abschnitt bildet. Sie kann auch auf der Internetseite der Gesellschaft öffentlich zugänglich gemacht werden. In diesem Fall ist in den Lagebericht eine Bezugnahme aufzunehmen, welche die Angabe der Internetseite enthält.
>
> (2) In die Erklärung zur Unternehmensführung sind aufzunehmen
>
> 1. die Erklärung gemäß § 161 des Aktiengesetzes;
> 2. relevante Angaben zu Unternehmensführungspraktiken, die über die gesetzlichen Anforderungen hinaus angewandt werden, nebst Hinweis, wo sie öffentlich zugänglich sind;
> 3. eine Beschreibung der Arbeitsweise von Vorstand und Aufsichtsrat sowie der Zusammensetzung und Arbeitsweise von deren Ausschüssen; sind die Informationen auf der Internetseite der Gesellschaft öffentlich zugänglich, kann darauf verwiesen werden.

Die materiellen Neuerungen der Vorschriften zur Lageberichterstattung transformieren entsprechende **EU-Vorgaben** in deutsches Recht (vgl. BT-Drucks. 16/10067, S. 76). Sie erweitern dieses Rechnungslegungsinstrument, dessen Aufgabe vor allem in einer vertiefenden Ergänzung des Jahresabschlusses zur wirtschaftlichen Entwicklung des Unternehmens liegt, um Aspekte des rechnungslegungsbezogenen Risikomanagements sowie um Erläuterungen zu den angewandten Unternehmensführungspraktiken. Die weiteren Änderungen sind im Wesentlichen redaktioneller Art bzw. dienen der Klarheit der Berichterstattung.

Die Änderungen des § 289 HGB gelten nach den § 5 Abs. 2 Satz 2 und § 22 Abs. 3 PublG sowohl in sachlicher Hinsicht als auch im Hinblick auf die zeitlichen Anwendungsregeln entsprechend für Unternehmen, die ihren Einzelabschluss nach den **Vorschriften des PublG** um einen Lagebericht zu erweitern haben.[734] Die auf bestimmte Aktiengesellschaften beschränkte Erweiterung der Lageberichterstattung gemäß § 289a HGB hat im PublG konsequenterweise keine Entsprechung gefunden.

2 Die Änderungen im Einzelnen

2.1 Redaktionelle Änderung des § 289 Abs. 2 Nr. 5 HGB

Börsennotierte Aktiengesellschaften haben nach § 289 Abs. 2 Nr. 5 HGB die Anhangsangaben zu den Bezügen von Organmitgliedern um eine Beschreibung der Grundzüge des Vergütungssystems der Gesellschaft zu ergänzen. Darüber hinaus können sie die individualisierten Angaben zur **Vergütungshöhe der Vorstandsmitglieder** zusammen mit der Darstellung des Vergütungssystems wahlweise im Lagebericht statt im Anhang machen.

Aufgrund des engen Zusammenhangs zwischen den Vergütungserläuterungen in Anhang und Lagebericht verweist § 289 Abs. 2 Nr. 5 HGB an zwei Stellen auf die betreffenden Vorschriften des § 285 HGB. Die Änderungen von § 285 HGB (vgl. dazu Abschnitt 10) haben deshalb einer redaktionellen Anpassung des § 289 Abs. 2 Nr. 5 HGB bedurft, die nur noch auf die Nummernangaben des § 285 HGB Bezug nimmt, da § 285 Sätze 2 bis 6 HGB gestrichen worden sind. Materielle Auswirkungen ergeben sich hieraus nicht.

2.2 Befreiende Anhangsberichterstattung (§ 289 Abs. 4 HGB)

§ 289 Abs. 4 HGB verlangt von AG und KGaA, die einen organisierten (Kapital-)Markt i. S. d. § 2 Abs. 7 WpÜG mit stimmberechtigten Aktien in Anspruch nehmen, den Lagebericht um bestimmte Angaben zu ihrer Unternehmensstruktur und etwaigen Übernahmehindernissen zu ergänzen. Zur **Vermeidung von Doppelangaben** sieht das BilMoG diesbezüglich vor, dass folgende Berichtspflichten im Lagebericht entfallen können, soweit entsprechende Angaben bereits im Anhang zu machen sind:

---

[734] Die Erweiterung der Rechnungslegung um einen Lagebericht gilt grundsätzlich für alle Unternehmen, die unter den Anwendungsbereich des PublG fallen. Hiervon ausgenommen sind nach § 5 Abs. 2 Satz 2 PublG nur Einzelkaufleute und Personenhandelsgesellschaften.

- Informationen zur Zusammensetzung des gezeichneten Kapitals, wobei in Fällen unterschiedlicher Aktiengattungen für jede Gattung die damit verbundenen Rechte und Pflichten und deren Anteile am Gesellschaftskapital zu nennen sind;
- direkte oder indirekte Beteiligungen am Gesellschaftskapital, die 10 % der Stimmrechte übersteigen;
- Entschädigungsvereinbarungen, die für den Fall eines Übernahmeangebots mit den Mitgliedern des Vorstands oder mit Arbeitnehmern getroffen sind.

Mit dem Wortlaut der Neufassung des § 289 Abs. 4 Nr. 1, 2 und 9 HGB soll der **Vorrang der Anhangsberichterstattung** herausgestellt werden. Ergänzend sind nach § 289 Abs. 4 Satz 2 HGB entsprechende Verweise auf den Anhang in den Lagebericht aufzunehmen, sofern von dem zuvor beschriebenen Darstellungswahlrecht Gebrauch gemacht wird.

2.3 Risikomanagement in Bezug auf den Rechnungslegungsprozess (§ 289 Abs. 5 HGB)

Kapitalmarktorientierte Unternehmen i. S. d. § 264d HGB sind gemäß § 289 Abs. 5 HGB nunmehr verpflichtet, ihren Lagebericht um eine Darstellung der „wesentlichen Merkmale des internen Kontroll- und des Risikomanagementsystems im Hinblick auf den Rechnungslegungsprozess" (§ 289 Abs. 5 HGB) zu ergänzen.

Gegenstand dieser neuen Erläuterungspflicht sind die **grundlegenden rechnungslegungsbezogenen Organisations- und Überwachungsstrukturen und -prozesse** des berichtenden Unternehmens, die eine zutreffende Erfassung, Aufbereitung und Würdigung von Sachverhalten im Bereich der Rechnungslegung gewährleisten sollen. Rechnungslegung meint dabei lediglich den Prozess der externen Rechnungslegung i. S. d. periodischen Finanzberichterstattung nach den §§ 264 bis 289a HGB und die Zwischenberichterstattung nach den §§ 37w, 37x WpHG. Angaben zum internen Rechnungswesen (Betriebsabrechnung und Kalkulation, kurzfristige Erfolgsrechnung) sind dagegen nicht zu machen.[735] Nicht zum Rechnungslegungsprozess und damit kein Bestandteil der Berichterstattung nach § 289 Abs. 5 HGB ist außerdem das nach § 91 Abs. 2 AktG einzurichtende Risikofrüherkennungssystem (vgl. BT-Drucks. 16/10067, S. 102).

Umfang und Detaillierungsgrad der Systemdarstellung hängen von den spezifischen Gegebenheiten des Unternehmens ab.[736] Die Regierungsbegründung weist in diesem Zusammenhang ausdrücklich darauf hin, dass es um eine **reine Systembeschreibung** geht. Eine Einschätzung der Effektivität des Systems oder anderer Qualitätsmerkmale wird nicht gefordert. Allerdings soll, falls das Unternehmen kein internes Kontroll- und / oder Risikomanagementsystem eingerichtet hat, diese Tatsache als solche angegeben werden (vgl. BT-Drucks. 16/10067, S. 76). Der Gesetzgeber will diese Forde-

---

[735] Vgl. Ellrott, in: Ellrott u. a. (Hrsg.): Beck'scher Bilanz-Kommentar, 7. Aufl., München 2010, § 289 HGB, Anm. 151.
[736] Vgl. Melcher/Mattheus, DB 2008, S. 53.

rung aber keinesfalls als Verpflichtung zur Einrichtung oder zu einer bestimmten inhaltlichen Ausgestaltung eines solchen Systems verstanden wissen (vgl. BT-Drucks. 16/10067, S. 76).[737]

Die Regierungsbegründung stellt weiterhin heraus, dass auch ohne eine entsprechende ausdrückliche gesetzliche Regelung die Zusammenfassung der Informationen nach § 289 Abs. 5 HGB mit den Angaben gemäß § 289 Abs. 2 Nr. 2 HGB (Risikomanagement betreffend Finanzinstrumente) zu einem **einheitlichen ‚Risikobericht'** in Betracht kommt (vgl. BT-Drucks. 16/10067, S. 77).

Wenig konkret ist der Gesetzentwurf indes bezüglich der Frage, welche **Elemente des internen Kontroll- und Risikomanagementsystems** unter die neu geschaffene Berichtspflicht fallen. Der Gesetzgeber stellt insoweit lediglich auf die allgemeine Definition des (rechnungslegungsbezogenen) internen Kontrollsystems ab und fasst hierunter alle Grundsätze, Verfahren und Maßnahmen zur Sicherung der Wirksamkeit, Wirtschaftlichkeit und Ordnungsmäßigkeit der Rechnungslegung und zur Sicherung der Einhaltung der maßgeblichen (bilanz-)rechtlichen Vorschriften (vgl. BT-Drucks. 16/10067, S. 77).[738] Diese können sowohl die Aufbau- als auch die Ablauforganisation des Unternehmens betreffen. Beispiele möglicher Berichtselemente sind dabei:

- Verwendung von Kontierungs- und Bilanzierungsrichtlinien;
- Grundzüge der Funktionstrennung zwischen den Abteilungen;
- Mitwirkung externer Dienstleister am Jahresabschlusserstellungsprozess;
- Grundsätze der Verwertung von Expertenstellungnahmen;
- Zugriffsregelungen im IT-System;
- rechnungslegungsbezogene Aufgaben der internen Revision.

Erläuterungen in Bezug auf das rechnungslegungsbezogene Risikomanagementsystem sollen primär dann erforderlich sein, wenn das Unternehmen „Risikoabsicherungen betreibt, die eine handelsbilanzielle Abbildung finden. Es ist (deshalb, d. Verf.) zu erwarten, dass sich die Beschreibung in erster Linie auf das Risikomanagementsystem beschränkt, mit dem die in der Rechnungslegung abzubildenden **Bewertungseinheiten** überwacht und gesteuert werden" (BT-Drucks. 16/10067, S. 77; Hervorhebung durch d. Verf.). Des Weiteren kommen die Maßnahmen und Regelungen zur Identifikation und Behandlung von Risiken aus außerbilanziellen Geschäften i. S. d. § 285 Nr. 3 HGB und aus der Inanspruchnahme von Haftungsverhältnissen i. S. d. § 251

---

[737] Vgl. zur Frage der Einrichtungsverpflichtung - insbesondere für Unternehmen in der Rechtsform der GmbH - auch ausführlich Melcher/Mattheus, DB 2008, S. 53. In diesem Zusammenhang ist herauszustellen, dass der Gesetzgeber selbst ergänzend darauf hinweist, dass die unzureichende (oder auch die fehlende, d. Verf.) Einrichtung eines internen Kontroll- und Risikomanagementsystems die Gefahr einer Sorgfaltspflichtverletzung durch die Geschäftsführungsorgane bergen kann (vgl. BT-Drucks. 16/10067, S. 76).

[738] Zur Definition des internen Kontrollsystems vgl. auch IDW PS 261, WPg 2006, S. 1433 ff., Tz. 19 ff.

HGB sowie von Risiken der zukünftigen Entwicklung i. S. v. § 289 Abs. 1 Satz 4 HGB als Gegenstand dieses Teils der Lageberichterstattung in Betracht.[739]

2.4 Erklärung zur Unternehmensführung (§ 289a HGB)

§ 289a HGB beinhaltet die Verpflichtung bestimmter Unternehmen, eine Erklärung zur Unternehmensführung in einen gesonderten Abschnitt des Lageberichts aufzunehmen. Davon betroffen sind zum einen **börsennotierte Aktiengesellschaften**, die nach § 3 Abs. 2 AktG dadurch gekennzeichnet sind, dass Aktien der Gesellschaft zum Handel an einem geregelten (Kapital-)Markt i. S. d. § 2 Abs. 5 WpHG zugelassen sind. Zum anderen umfasst der Anwendungsbereich der neuen Vorschrift auch Aktiengesellschaften, die **andere Wertpapiere** (bspw. Schuldverschreibungen) zum Handel an einem organisierten (Kapital-)Markt i. S. d. § 2 Abs. 5 WpHG ausgegeben haben *und* deren Aktien auf eigene Veranlassung über ein multilaterales Handelssystem i. S. d. § 2 Abs. 3 Satz 1 Nr. 8 WpHG (dies ist in Deutschland grundsätzlich der **Freiverkehr**) gehandelt werden. Die Bezugnahme des Gesetzeswortlauts auf die ‚eigene Veranlassung' liegt darin begründet, dass Unternehmen, deren Aktien über ein multilaterales Handelssystem gehandelt werden, nicht zwingend davon Kenntnis haben müssen. Die Berichtspflicht soll sich jedoch nur auf solche Unternehmen erstrecken, die diesen Handel selbst initiiert haben (vgl. BT-Drucks. 16/10067, S. 77).

Das sog. Corporate-Governance-Statement kann dem Wortlaut des § 289a Abs. 1 HGB zufolge alternativ auch (außerhalb der Rechnungslegung) auf der **Internetseite** der Gesellschaft zugänglich gemacht werden. In diesem Fall ist im Lagebericht lediglich auf den **Ort der Veröffentlichung** zu verweisen.

Mit der neu geschaffenen Berichtspflicht soll den Rechnungslegungsadressaten ein direkter Einblick in die grundlegenden Praktiken der Unternehmensführung der Gesellschaft sowie die Struktur und Arbeitsweise der Leitungsorgane gegeben werden.[740] In Anbetracht ihres nicht erkennbaren Rechnungslegungsbezugs sieht das BilMoG in § 317 Abs. 2 Satz 3 HGB vor, diesen möglichen Teil des Lageberichts von der **Abschlussprüfungspflicht** auszunehmen (vgl. Kapitel 4, Gliederungspunkt 2.3). Der Lagebericht kann somit aus einem prüfungspflichtigen und einem nicht prüfungspflichtigen Teil bestehen.

Inhaltlich erstreckt sich die Erklärung zur Unternehmensführung gemäß § 289a Abs. 2 HGB auf die folgenden drei Teile:

---

[739] Vgl. Ellrott, in: Ellrott u. a. (Hrsg.): Beck'scher Bilanz-Kommentar, 7. Aufl., München 2010, § 289 HGB, Anm. 154.
[740] Vgl. Melcher/Mattheus, DB 2008, S. 54; Ernst/Seidler, BB 2007, S. 2566; zu Recht kritisch in Bezug auf die Aufnahme der Berichtsinhalte in den Lagebericht vgl. Oser u. a., WPg 2008, S. 62 m. w. N.

- **Entsprechenserklärung** nach § 161 AktG

  Korrespondierend mit der Neufassung von § 161 AktG[741] ist nach § 289a Abs. 2 Nr. 1 HGB zunächst ein Hinweis auf die Anwendung des Deutschen Corporate-Governance-Kodex zu geben. Außerdem ist darzulegen, in welchen Punkten und aus welchen Gründen von den Empfehlungen des Kodex abgewichen wird (sog. Comply-or-explain-Grundsatz).

- Angaben zu **Unternehmensführungspraktiken**, die über die gesetzlichen Anforderungen hinaus angewandt werden

  § 289a Abs. 2 Nr. 2 HGB verlangt die Nennung aller weiteren wesentlichen Unternehmensführungspraktiken, die über die Anforderungen des deutschen Rechts hinausgehen, nebst dem Hinweis, wo diese öffentlich zugänglich sind. Dem Willen des Gesetzgebers zufolge soll sich die Berichtspflicht auf solche grundlegenden Unternehmensführungsstandards beziehen, die praktische Umsetzungen des anzuwendenden Corporate-Governance-Kodex beinhalten oder aber Regelungsbereiche betreffen, die ein Unternehmensführungskodex abdecken könnte, wie z. B. unternehmensweit gültige Ethik-, Arbeits- oder Sozialstandards (vgl. BT-Drucks. 16/10067, S. 78). Neben solchen selbstverpflichtenden Verhaltensanweisungen können Regelwerke, die bestimmte (erhöhte) Anforderungen an die Mitglieder von Unternehmensorganen und Ausschüssen stellen, etwa im Hinblick auf deren fachliche Qualifikation oder Unabhängigkeit, in diesem Zusammenhang genannt werden. Auch eine (freiwillige) Beachtung der Anregungen des Deutschen Corporate-Governance-Kodex, denen lediglich ein unverbindlicher Empfehlungscharakter zukommt, ist an dieser Stelle berichtspflichtig.[742]

- Beschreibung der Arbeitsweise von **Vorstand und Aufsichtsrat** sowie der Zusammensetzung und Arbeitsweise ihrer **Ausschüsse**

  Die Berichterstattungspflicht des § 289a Abs. 2 Nr. 3 HGB fordert lediglich Angaben zur personellen Zusammensetzung der Ausschüsse von Vorstand und Aufsichtsrat, nicht dagegen in Bezug auf die Organe als Ganzes, da diese Angaben gemäß § 285 Nr. 10 HGB bereits im Anhang darzustellen sind. Die Beschreibungen zur Arbeitsweise der Organe und Gremien sollten grundlegende Darstellungen ihrer Aufgabenabgrenzungen, Strukturen und Prozesse beinhalten, wobei zwingende gesetzliche, bspw. aktienrechtliche Vorgaben nicht anzugeben sind. Soweit die geforderten Informationen bereits (an anderer Stelle) auf der Internetseite der Gesellschaft veröffentlicht sind, ist eine erneute Darstellung im Rahmen des Corporate-Governance-Statements entbehrlich. In diesem Fall genügt ein Verweis auf

---

[741] In Einklang mit dem neu geschaffenen § 289a HGB sieht auch § 161 AktG eine Ausdehnung des Anwendungsbereichs der Pflicht zur Abgabe der Entsprechenserklärung um Aktiengesellschaften vor, die andere Wertpapiere zum Handel an einem organisierten (Kapital-) Markt i. S. d. § 2 Abs. 5 WpHG ausgegeben haben und deren Aktien auf eigene Veranlassung über ein multilaterales Handelssystem i. S. d. § 2 Abs. 3 Satz 1 Nr. 8 WpHG gehandelt werden.

[742] Vgl. Kozikowski/Röhm-Kottmann, in: Ellrott u. a. (Hrsg.): Beck'scher Bilanz-Kommentar, 7. Aufl., München 2010, § 289a HGB, Anm. 30 f.

den Ort der Veröffentlichung, an dem die Informationen abgerufen werden können.

3 Erstanwendung

Die geänderten bzw. erweiterten Angabepflichten im Lagebericht gemäß den § 289 Abs. 4, 5 und § 289a HGB sind nach Art. 66 Abs. 2 EGHGB **erstmals** auf Geschäftsjahre anzuwenden, die nach dem **31.12.2008** beginnen.

Abschnitt 12: Checkliste für die Berichterstattungspflichten nach BilMoG in Anhang und Lagebericht

Autor: WP/StB Dr. Michael Strickmann

Die nachfolgende Checkliste nennt die materiellen Änderungen und Erweiterungen der Angabepflichten im Anhang. Sie beinhaltet keine bloßen Anpassungen der Gesetzessystematik (§ 285 Nr. 18 und 19 HGB zu den Finanzanlagen und derivativen Finanzinstrumenten).

Ergänzungen und Änderungen des Anhangs			
Geschäftsjahre, die nach dem 31.12.2008 beginnen			
Berichtsgegenstand	HGB-Vorschrift	Alternativausweis[743]	Befreiung oder Erleichterung[744]
Außerbilanzielle Geschäfte	§ 285 Nr. 3 HGB		k / m
Sonstige finanzielle Verpflichtungen (ohne Angabe der Verpflichtungen aus außerbilanziellen Geschäften)	§ 285 Nr. 3a HGB		k
Corporate-Governance-Erklärung von Unternehmen i. S. d. § 161 AktG	§ 285 Nr. 16 HGB		
Abschlussprüferhonorare	§ 285 Nr. 17 HGB	KA	k / m
Geschäfte mit nahe stehenden Personen	§ 285 Nr. 21 HGB		k / m

---

[743] LB = Lagebericht; KA = Konzernanhang.
[744] k = kleine Gesellschaft; m = mittelgroße Gesellschaft.

Abschnitt 12: Checkliste für die Berichterstattungspflichten in Anhang / Lagebericht

Ergänzungen und Änderungen des Anhangs			
Geschäftsjahre, die nach dem 31.12.2008 beginnen			
Berichtsgegenstand	HGB-Vorschrift	Alternativausweis[745]	Befreiung oder Erleichterung[746]
Geschäftsjahre, die nach dem 31.12.2009 beginnen			
Aufgliederung der Verbindlichkeiten im Anhang statt alternativ in der Bilanz	§ 285 Nr. 2 HGB		k
Wegfall der Angaben zum Einfluss steuerlicher Vergünstigungsvorschriften	§ 285 Nr. 5 HGB a. F.		
Erläuterungen zur Nutzungsdauer von Geschäfts- oder Firmenwerten > 5 Jahre	§ 285 Nr. 13 HGB		
Forschungs- und Entwicklungskosten bei Aktivierung von selbst geschaffenen immateriellen Anlagegegenständen	§ 285 Nr. 22 HGB		k
Bewertungseinheiten	§ 285 Nr. 23 HGB	LB	
Bewertungsgrundlagen der Pensionsrückstellungen	§ 285 Nr. 24 HGB		
Saldierung von Vermögen und Schulden aus Altersversorgungs- oder vergleichbaren Verpflichtungen	§ 285 Nr. 25 HGB		
Fondsanteile	§ 285 Nr. 26 HGB		
Risiken aus Haftungsverhältnissen i. S. v. § 251 HGB	§ 285 Nr. 27 HGB		
Ausschüttungsgesperrte Beträge	§ 285 Nr. 28 HGB		
Latente Steuern	§ 285 Nr. 29 HGB		
Abschaffung der gesonderten Anteilsliste	§ 287 HGB a. F.		

---

[745] LB = Lagebericht; KA = Konzernanhang.
[746] k = kleine Gesellschaft; m = mittelgroße Gesellschaft.

Kapitel 2: Einzelgesellschaftliche Rechnungslegung

Alle Änderungen der Lageberichtsvorgaben durch das BilMoG betreffen Unternehmen, die den Kapitalmarkt in Anspruch nehmen, wobei die gesetzlichen Tatbestandsmerkmale für den Anwendungsbereich voneinander abweichen. In Bezug auf die in der nachfolgenden Checkliste genannten Änderungen und Erweiterungen der Lageberichterstattung wird im Hinblick auf den Anwendungsbereich daher auf die vorstehenden Ausführungen verwiesen.

Ergänzungen und Änderungen des Lageberichts			
Geschäftsjahre, die nach dem 31.12.2008 beginnen			
Berichtsgegenstand	HGB-Vorschrift	Alternativ-ausweis[747]	Befreiung oder Erleichterung[748]
Angaben zur Unternehmensstruktur und zu Übernahmehindernissen	§ 289 Abs. 4 HGB		A
Internes Kontroll- und Risikomanagementsystem in Bezug auf den Rechnungslegungsprozess	§ 289 Abs. 5 HGB		
Erklärung zur Unternehmensführung	§ 289a HGB	I	

---

[747] I = Internetseite.
[748] A = Befreiung zur Vermeidung von Doppelangaben, soweit pflichtgemäße Angabe im Anhang.

Kapitel 3: Konsolidierte Rechnungslegung

Abschnitt 1: Aufstellungspflicht und Konsolidierungskreis

Autor: Dr. Markus Leinen

1 Verpflichtung zur Konzernrechnungslegung

1.1 Die neue Vorschrift im Überblick

§ 290 HGB hat durch das BilMoG folgende Fassung erhalten:

> **HGB § 290 Pflicht zur Aufstellung**
>
> (1) Die gesetzlichen Vertreter einer Kapitalgesellschaft (Mutterunternehmen) mit Sitz im Inland haben in den ersten fünf Monaten des Konzerngeschäftsjahres für das vergangene Konzerngeschäftsjahr einen Konzernabschluss und einen Konzernlagebericht aufzustellen, wenn diese auf ein anderes Unternehmen (Tochterunternehmen) unmittel- oder mittelbar einen beherrschenden Einfluss ausüben kann. Ist das Mutterunternehmen eine Kapitalgesellschaft im Sinn des § 325 Abs. 4 Satz 1, sind der Konzernabschluss sowie der Konzernlagebericht in den ersten vier Monaten des Konzerngeschäftsjahres für das vergangene Konzerngeschäftsjahr aufzustellen.
>
> (2) Beherrschender Einfluss eines Mutterunternehmens besteht stets, wenn
>
> 1. ihm bei einem anderen Unternehmen die Mehrheit der Stimmrechte der Gesellschafter zusteht,
>
> 2. ihm bei einem anderen Unternehmen das Recht zusteht, die Mehrheit der Mitglieder des die Finanz- und Geschäftspolitik bestimmenden Verwaltungs-, Leitungs- oder Aufsichtsorgans zu bestellen oder abzuberufen, und es gleichzeitig Gesellschafter ist,
>
> 3. ihm das Recht zusteht, die Finanz- und Geschäftspolitik auf Grund eines mit einem anderen Unternehmen geschlossenen Beherrschungsvertrags oder auf Grund einer Bestimmung in der Satzung des anderen Unternehmens zu bestimmen oder

> 4. es bei wirtschaftlicher Betrachtung die Mehrheit der Risiken und Chancen eines Unternehmens trägt, das zur Erreichung eines eng begrenzten und genau definierten Ziels des Mutterunternehmens dient (Zweckgesellschaft). Neben Unternehmen können Zweckgesellschaften auch sonstige juristische Personen des Privatrechts oder unselbständige Sondervermögen des Privatrechts, ausgenommen Spezial-Sondervermögen im Sinn des § 2 Abs. 3 des Investmentgesetzes, sein.
>
> (3) Als Rechte, die einem Mutterunternehmen nach Absatz 2 zustehen, gelten auch die einem Tochterunternehmen zustehenden Rechte und die den für Rechnung des Mutterunternehmens oder von Tochterunternehmen handelnden Personen zustehenden Rechte. Den einem Mutterunternehmen an einem anderen Unternehmen zustehenden Rechten werden die Rechte hinzugerechnet, über die es oder ein Tochterunternehmen auf Grund einer Vereinbarung mit anderen Gesellschaftern dieses Unternehmens verfügen kann. Abzuziehen sind Rechte, die
>
> 1. mit Anteilen verbunden sind, die von dem Mutterunternehmen oder von Tochterunternehmen für Rechnung einer anderen Person gehalten werden, oder
>
> 2. mit Anteilen verbunden sind, die als Sicherheit gehalten werden, sofern diese Rechte nach Weisung des Sicherungsgebers oder, wenn ein Kreditinstitut die Anteile als Sicherheit für ein Darlehen hält, im Interesse des Sicherungsgebers ausgeübt werden.
>
> (4) Welcher Teil der Stimmrechte einem Unternehmen zusteht, bestimmt sich für die Berechnung der Mehrheit nach Absatz 2 Nr. 1 nach dem Verhältnis der Zahl der Stimmrechte, die es aus den ihm gehörenden Anteilen ausüben kann, zur Gesamtzahl aller Stimmrechte. Von der Gesamtzahl aller Stimmrechte sind die Stimmrechte aus eigenen Anteilen abzuziehen, die dem Tochterunternehmen selbst, einem seiner Tochterunternehmen oder einer anderen Person für Rechnung dieser Unternehmen gehören.
>
> (5) Ein Mutterunternehmen ist von der Pflicht, einen Konzernabschluss und einen Konzernlagebericht aufzustellen befreit, wenn es nur Tochterunternehmen hat, die gemäß § 296 nicht in den Konzernabschluss einbezogen werden brauchen.

Die handelsrechtliche Verpflichtung zur Konzernrechnungslegung ist für Kapitalgesellschaften oder diesen nach § 264a HGB gleichgestellte Gesellschaften an das Bestehen bestimmter Unternehmensbeziehungen gekoppelt. Bislang gab es hinsichtlich ihrer Identifizierung ein konzeptionelles Nebeneinander: Die Konzernrechnungslegungspflicht konnte entweder durch das **Konzept der einheitlichen Leitung** (§ 290 Abs. 1 HGB a. F.) oder das **Control-Konzept** (§ 290 Abs. 2 HGB a. F.) begründet werden.

Das BilMoG hat dieses Methodennebeneinander aufgehoben. Das Konzept der einheitlichen Leitung wurde in § 290 HGB gestrichen. Nunmehr kann ein Mutter-Tochter-Verhältnis allein durch das Control-Konzept begründet werden. Es erfordert die Möglichkeit, auf ein anderes Unternehmen einen beherrschenden Einfluss unmittelbar oder mittelbar auszuüben (vgl. § 290 Abs. 1 HGB). Zur Konkretisierung der Beherrschungsmöglichkeit wurden die drei Tatbestände des § 290 Abs. 2 HGB a. F. klarstellend geringfügig angepasst in die Neufassung von § 290 HGB übernommen und um einen vierten Tatbestand ergänzt. Dieser regelt die Konsolidierungspflicht für **Zweckgesellschaften**.

Der RegE BilMoG sah noch vor, das Control-Konzept unangetastet zu belassen und das Konzept der einheitlichen Leitung in einem Definitionsmerkmal zu ändern. Es sollte nicht mehr erforderlich sein, dass das Mutterunternehmen eine Beteiligung an einem unter einheitlicher Leitung stehenden Tochterunternehmen hält. Hiermit wollte der RegE BilMoG auf einfache Art und Weise eine Annäherung an die Aufstellungspflicht nach internationalen Rechnungslegungsstandards verbunden wissen. Als Auslegungshilfe sollten die internationalen Rechnungslegungsgrundsätze indes nicht dienen (vgl. BT-Druck. 16/10067, S. 78 f.). Konsequenzen aus letztgenannter Forderung des RegE BilMoG hätten sich insbesondere bei der Frage der Einbeziehung von Zweckgesellschaften ergeben.

Selbst der nicht rechnungslegungsaffine Teil der Öffentlichkeit ist durch die Finanzmarktkrise für das Problemfeld Zweckgesellschaften sensibilisiert worden, hat sie doch die Nichteinbeziehung von Vermögensgegenständen und Schulden in die Konzernabschlüsse von Finanzinstitutionen als einen Hauptgrund für mangelnde (Risiko-)Transparenz ausgemacht. Der Gesetzgeber sah es vor diesem Hintergrund offensichtlich nicht mehr als ausreichend an, die Einbeziehung von Zweckgesellschaften durch die im RegE BilMoG geplante Änderung des Konzepts der einheitlichen Leitung sicherzustellen.

Er hat sich deshalb dafür entschieden, die Annäherung an die internationale Rechnungslegung zu einer inhaltlichen Angleichung auszubauen. Die Regelungen in IAS 27 zur Identifizierung von Tochterunternehmen und in SIC 12 zur Konsolidierung von Zweckgesellschaften standen bei der Neufassung von § 290 HGB Pate.

Die konzeptionelle Neuausrichtung von § 290 HGB wird um die Klarstellung im neu eingefügten Abs. 5 ergänzt, wonach keine Verpflichtung zur Aufstellung eines Konzernabschlusses besteht, wenn sämtliche nach § 290 Abs. 1 bis 4 HGB identifizierte Tochterunternehmen nach § 296 HGB nicht in den Konzernabschluss einbezogen werden müssen.[749]

Abb. 144 stellt die ein Mutter-Tochterverhältnis identifizierenden Konzepte nach HGB a. F. und BilMoG gegenüber.

---

[749] Zwischenzeitlich wurde in Art. 13 Abs. 2a der Siebten EG-Richtlinie eine entsprechende Klarstellung aufgenommen..

Kapitel 3: Konsolidierte Rechnungslegung

Aufstellungspflicht und Konsolidierungskreis	
Ausprägungen eines Mutter-Tochter-Verhältnisses nach § 290 HGB a.F.	
Ausgeübte einheitlichen Leitung § 290 Abs. 1 HGB a.F.	Beherrschungsmöglichkeit § 290 Abs. 2 HGB a.F.
• Kapitalgesellschaft oder gleichgestellte PHG • Sitz im Inland • Halten einer Beteiligung iSd § 271 Abs. 1 HGB	• Kapitalgesellschaft oder gleichgestellte PHG • Sitz im Inland • Vorliegen eines Control-Rechts » Stimmrechtsmehrheit § 290 Abs. 2 Nr. 1 HGB a.F. » Gesellschafterstellung + Organbesetzungs- bzw. -abberufungsrecht § 290 Abs. 2 Nr. 2 HGB a.F. » Beherrschungsrecht auf Grund eines Beherrschungsvertrags oder einer Satzungsbestimmung § 290 Abs. 2 Nr. 3 HGB a.F.
• Maßgebend allein die (unmittelbare oder mittelbare) Beherrschungsmöglichkeit durch das MU • Konkretisierung durch » bisherige Kriterien des § 290 Abs. 2 HGB a.F. (mit Klarstellungen) » den neuen Tatbestand ‚Tragen der Mehrheit der Risiken und Chancen einer Zweckgesellschaft'	
Änderung des Mutter-Tochter-Tatbestands durch BilMoG	

Abb. 144: Geplante Änderung des Konzepts der einheitlichen Leitung durch BilMoG

Die geänderte Fassung des § 290 HGB ist nach Art. 66 Abs. 3 EGHGB für Geschäftsjahre, die nach dem 31.12.2009 beginnen, anzuwenden. Optional besteht zusammen mit allen anderen für eine vorzeitige Anwendung freigegebenen Regelungen die Möglichkeit, sie bereits in Konzernabschlüssen für nach dem 31.12.2008 begonnene Geschäftsjahre zu berücksichtigen. Sie hat über § 294 Abs. 1 HGB auch Auswirkungen auf die Abgrenzung des Konsolidierungskreises.

Durch die Einführung der sog. Zinsschranke können sich indirekt steuerliche Auswirkungen ergeben.

1.2 Erläuterung der Neuregelung

1.2.1 Fokussierung auf das Control-Konzept

Eine inländische Kapitalgesellschaft ist nur dann zur Konzernrechnungslegung verpflichtet, wenn gegenüber mindestens einem anderen Unternehmen ein Mutter-Tochter-Verhältnis besteht. Bislang konnte sich ein solches Verhältnis sowohl aus dem Konzept der einheitlichen Leitung (§ 290 Abs. 1 HGB a. F.) als auch dem Control-Konzept (§ 290 Abs. 2 HGB a. F.) ableiten. Zwar begründeten beide Konzepte völlig unabhängig voneinander eine Konzernrechnungslegungspflicht, regelmäßig lagen die Voraussetzungen für beide Konzepte aber gleichzeitig vor.[750] Insofern konnte der Gesetzgeber im BilMoG auf das Konzept der einheitlichen Leitung verzichten,

---

[750] Vgl. Hoyos/Ritter-Thiele, in: Ellrott u. a. (Hrsg.): Beck'scher Bilanz-Kommentar, 6. Aufl., München 2006, § 290 HGB, Anm. 7.

ohne größere Auswirkungen auf die Aufstellungspflicht und die Abgrenzung des Konsolidierungskreises fürchten zu müssen. Das Ziel, für Zweckgesellschaften eine Konsolidierungspflicht zu erreichen, wird durch einen eigenständigen Control-Tatbestand angestrebt.

Die Struktur des nunmehr alleine eine Konzernrechnungslegungspflicht auslösenden Control-Konzepts ist durch das BilMoG konsequent an die internationale Rechnungslegung angepasst worden. Führte bislang das Vorliegen der in § 290 Abs. 2 HGB a. F. genannten Tatbestände zur Aufstellung eines Konzernabschlusses, ist diese Verpflichtung nunmehr an das Vorliegen einer unmittel- oder mittelbaren Beherrschungsmöglichkeit gekoppelt. Die bislang in § 290 Abs. 2 Nr. 1-3 HGB a. F. verwendeten typisierenden Tatbestände, die eine Konzernrechnungslegungspflicht auslösen, werden durch das BilMoG mit redaktionellen Anpassungen als Konkretisierungen der Beherrschungsmöglichkeit übernommen, um die Rechtsanwendung zu erleichtern (vgl. BT-Drucks. 16/12407, S. 89). Dabei erhält § 290 Abs. 2 Nr. 2 HGB eine andere Ausrichtung: Erfüllte bislang das Recht, „die Mehrheit der Mitglieder des Verwaltungs-, Leistungs- oder Aufsichtsorgans zu bestellen oder abzuberufen" (§ 290 Abs. 2 Nr. 2 HGB a. F.) den Control-Tatbestand, ist nun das Recht erforderlich, „die Mehrheit der Mitglieder des **die Finanz- und Geschäftspolitik bestimmenden** Verwaltungs-, Leitungs- oder Aufsichtsorgans zu bestellen oder abzuberufen" (§ 290 Abs. 2 Nr. 2 HGB, Hervorhebung durch d. Verf.). Auch diese Änderung bedeutet eine Angleichung an den Wortlaut in IAS 27.13(c).

Zudem nimmt die Begründung des Rechtsausschusses durchgängig Bezug auf die internationale Rechnungslegung. Dies gilt für die Beschreibung des beherrschenden Einflusses als die „Möglichkeit [...], die Finanz- und Geschäftspolitik eines anderen Unternehmens dauerhaft zu bestimmen" (BT-Drucks. 16/12407, S. 89) ebenso, wie für den Hinweis, auch eine Präsenzmehrheit könne eine Konsolidierungspflicht auslösen (vgl. BT-Drucks. 16/12407, S. 89).[751] Die hinter dieser Aussage stehende Kontrollkette (Hauptversammlung, Aufsichtsrat, Vorstand) ist klar, fraglich ist aber, welchem Control-Tatbestand aus § 290 Abs. 2 HGB diese Präsenzmehrheit zu subsumieren ist. Die Frage verliert an Bedeutung, wenn man jenseits einer formalen Annäherung an § 290 Abs. 2 HGB die Gesamtumstände bei der Überlegung, ob eine Beherrschungsmöglichkeit gegeben ist, würdigt.

Das Gesagte legt einen im Vergleich zur bisherigen Auslegung anderen Umgang mit dem handelsrechtlichen Control-Konzept nahe: Bislang führt nach h. M. das Vorliegen einer der in § 290 Abs. 2 HGB a. F. gegebenen Rechtspositionen **unwiderlegbar** zu einem Mutter-Tochter-Verhältnis.[752] Eine tatsächlich fehlende Beherrschungsmöglichkeit konnte (Wahlrecht) über den durch das BilMoG unangetastet gebliebenen § 296 Abs. 1 Nr. 1 HGB a. F. berücksichtigt werden. Nunmehr steht die in § 290 Abs. 1 HGB genannte Beherrschungsmöglichkeit als der eine Konzernrechnungslegung auslösende Tatbestand im Fokus. Fehlt es trotz Vorliegen der in § 290 Abs. 2

---

[751] Eine entsprechende informelle Aussage des IASB zum Thema 'de facto control' findet sich im IASB Update October 2005, S. 2.
[752] Vgl. Siebourg, in: Küting/Weber (Hrsg.): HdK, 2. Aufl., Stuttgart 1998, § 290 HGB, Rn. 67.

Kapitel 3: Konsolidierte Rechnungslegung

HGB genannten Tatbestände an der in § 290 Abs. 1 HGB geforderten Beherrschungsmöglichkeit, ist kein Mutter-Tochter-Verhältnis gegeben. Diese Lesart sieht die Control-Tatbestände in § 290 Abs. 2 HGB somit als widerlegbar an, entgegen der strengen Wortwahl „beherrschender Einfluss eines Mutterunternehmens besteht stets, wenn […]" (§ 290 Abs. 2 1. Hs. HGB). § 296 Abs. 1 Nr. 1 HGB läuft damit fortan ins Leere, die fehlende Beherrschungsmöglichkeit ist bereits bei der Würdigung von § 290 HGB zu berücksichtigen. Diese Sichtweise entspricht derjenigen in der als Vorbild dienenden internationalen Rechnungslegung. Ihr ist zudem inhärent, dass nur ein Unternehmen die Beherrschungsmöglichkeit i. S. d. § 290 HGB innehaben kann. Vertritt man hingegen die Auffassung, dass die typisierenden Tatbestände des § 290 Abs. 2 HGB unwiderlegbar zu einem Mutter-Tochter-Verhältnis führen,[753] sind Fälle mehrfacher Konzernzugehörigkeit denkbar. Eine Vollkonsolidierung könnte dann nur unter Rückgriff auf § 296 Abs. 1 HGB auf freiwilliger Basis unterbleiben. Dieses Ergebnis ist unbefriedigend: Ein Unternehmen vollzukonsolidieren, ohne über die tatsächliche Möglichkeit der Beherrschung zu verfügen, entspräche nicht dem in § 290 Abs. 1 HGB formulierten Grundgedanken des Control-Konzepts.[754]

Beispiel

Sachverhalt:

Die A AG ist mit 60 % an der B GmbH beteiligt, die verbleibenden Anteile hält die C AG. Die Verteilung der Stimmrechte in der Gesellschafterversammlung entspricht den Kapitalanteilen. Die Geschäftsführung der B GmbH ist mehrheitlich von Vertretern der A AG besetzt. Der Gesellschaftsvertrag der B GmbH sieht vor, dass wesentliche das operative Geschäft bestimmende Entscheidungen der Zustimmung beider Gesellschafter bedürfen. Dies gilt bspw. für die Finanz- und Budgetplanung, für Investitionsentscheidungen sowie für die Gewinnverwendung. In der Sprache der internationalen Rechnungslegung liegen *substantive participating rights* vor.[755] Hiervon zu unterscheiden sind Mitsprache und Vetorechte bei nicht den gewöhnlichen Geschäftsverlauf betreffenden Entscheidungen (bspw. Satzungsänderungen, grundlegende Finanzierungsentscheidungen). Diese *protective rights* schützen lediglich die Rechtsposition des Minderheitsgesellschafters.[756]

Beurteilung nach HGB a. F.:

Da aus Sicht der A AG die Control-Tatbestände nach § 290 Abs. 2 Nr. 1 und 2 HGB a. F. vorliegen, ist unwiderlegbar ein Mutter-Tochter-Verhältnis gegeben. Die A AG hat nach § 296 Abs. 1 Nr. 1 HGB ein Wahlrecht, auf ei-

---

[753] So bspw. Kozikowski/Ritter, in: Ellrott u. a. (Hrsg.): Beck'scher Bilanz-Kommentar, 7. Aufl., München 2010, § 290 HGB, Anm. 31.

[754] Im Ergebnis wohl ebenso Hoffmann/Lüdenbach, NWB Kommentar Bilanzierung, Herne 2009, § 290 HGB, Tz. 18.

[755] Vgl. FASB ASC 810-10-25-11 und FASB ASC 810-20-25-11.

[756] Vgl. FASB ASC 810-10-25-10 und FASB ASC 810-20-25-19.

ne Einbeziehung der B GmbH in den Konzernabschluss der A AG zu verzichten.[757] Macht sie hiervon Gebrauch, liegt eine Einbeziehung der B GmbH als Gemeinschaftsunternehmen nahe. Damit besteht faktisch ein Wahlrecht zur Einbeziehung der B GmbH mittels der Vollkonsolidierung, der Quotenkonsolidierung oder der Equity-Methode.

Beurteilung nach HGB i. d. F. des BilMoG:
Zu fragen ist, ob die nach § 290 Abs. 1 HGB geforderte Beherrschungsmöglichkeit tatsächlich besteht. Dies ist im Beispielssachverhalt zu verneinen. Die Rechte des Minderheitsgesellschafters verhindern, dass die A AG die Finanz- und Geschäftspolitik der B GmbH dauerhaft bestimmen kann. Die Kontrolltatbestände des § 290 Abs. 2 HGB sind damit widerlegt. Eine Einbeziehung der B GmbH als Tochterunternehmen in den Konzernabschluss der A AG scheidet aus. Stattdessen ist die B GmbH als Gemeinschaftsunternehmen quotal zu konsolidieren oder nach der Equity-Methode einzubeziehen.[758]

1.2.2 Konsolidierungspflicht für Zweckgesellschaften

Zweckgesellschaften sind Unternehmen, die im Interesse eines Konzernunternehmens (sog. Sponsor) tätig sind. Ihnen ist gemein, dass sie Rahmen eines eng begrenzten und eindeutig definierten Ziels für den Sponsor zwar Nutzen und Risiken generieren, der gesellschaftsrechtliche Einfluss des Sponsors indes gering ist. Typische Beispiele für Zweckgesellschaften sind Leasingobjektgesellschaften, Conduits[759] und Spezialfonds. Wesentliches Ziel der Änderung von § 290 HGB durch das BilMoG ist es, die Einbeziehung von Zweckgesellschaften in den Konzernabschluss des Sponsors sicherzustellen. Hierzu wird der eine Beherrschungsmöglichkeit avisierende Tatbestandskatalog in § 290 Abs. 2 HGB um ein viertes Kriterium erweitert, wonach das bei wirtschaftlicher Betrachtung die **Mehrzahl der Chancen und Risiken** tragende Unternehmen die Zweckgesellschaft zu konsolidieren hat. Ausweislich der Begründung des Rechtsausschusses soll hiermit der Inhalt von SIC 12 auf die handelsrechtlichen Regeln zur Aufstellungspflicht und Abgrenzung des Konsolidierungskreises übertragen werden. So wird explizit auf die in SIC 12.10 aufgeführten Indizien verwiesen,

---

[757] Vgl. Förschle/Deubert, in: Ellrott u. a. (Hrsg.): Beck'scher Bilanz-Kommentar, 6. Aufl., München 2006, § 296 HGB, Anm. 11.
[758] A. A. Förschle/Deubert, in: Ellrott u. a. (Hrsg.): Beck'scher Bilanz-Kommentar, 7. Aufl., München 2010, § 296 HGB, Anm. 11, die im Beispielssachverhalt einen Anwendungsfall von § 296 Abs. 1 HGB sehen.
[759] Als Conduit wird eine Refinanzierungsstruktur bezeichnet, die mittels einer Zweckgesellschaft Forderungen wie bspw. langlaufende Kredite, Handelsforderungen oder einem externen Rating unterzogene Wertpapiere einmalig oder revolvierend ankauft und diese über die Ausgabe von Geldmarktpapieren refinanziert. Solche Zweckgesellschaften werden auch als Structured Investment Vehicle (SIV) bezeichnet. Zur konzernbilanziellen Abbildung von Conduits vgl. Mujkanovic, StuB 2008, S. 140.

die auf das Vorliegen einer konsolidierungspflichtigen Zweckgesellschaft hinweisen (vgl. BT-Drucks. 16/12407, S. 89).

Die folgende Abb. 145 fasst die wesentlichen Merkmale von Zweckgesellschaften, die sich in der Begründung des Rechtsausschusses unter Bezugnahme auf SIC 12 wiederfinden (vgl. BT-Drucks. 16/12407, S. 89), zusammen:

Zweckgesellschaften		
Typische Begriffsmerkmale vgl. SIC 12.1.-3	**Grundsatz** vgl. SIC 12.8	**Control-Indizien** vgl. SIC 12.10
• Gründung für ein eng und genau definiertes Ziel, zB Durchführung von Leasing, F & E-Aktivitäten, Verbriefung von Finanzinstrumenten • Entscheidungsmacht des Leitungsorgans ist vielfach eng und dauerhaft beschränkt • Geschäftspolitik ist wegen ‚Autopilot'-Mechanismus nur durch den Sponsor änderbar • Sponsor wickelt Transaktionen mit der Zweckgesellschaft ab (zB Transfer von Vermögenswerten, Nutzung von Vermögenswerten der Zweckgesellschaft, Erbringung von Dienstleistungen für die Zweckgesellschaft), während Kapitalgeber die Finanzierung übernehmen	• Konsolidierungspflicht, wenn die Zweckgesellschaft bei wirtschaftlicher Betrachtung beherrscht wird • Beherrschung kann durch Vorbestimmung der Geschäftstätigkeit (‚Autopilot') oder in anderer Form vorliegen	Bei wirtschaftlicher Betrachtung • wird die Geschäftstätigkeit zu Gunsten des MU gemäß seiner besonderen Geschäftsbedürfnisse geführt • ist das MU in der Lage, die Mehrheit des Nutzens aus der Zweckgesellschaft zu ziehen oder es hat diese Macht durch einen Autopilot-Mechanismus delegiert • hat das MU das Recht, die Mehrheit des Nutzens aus der Zweckgesellschaft zu ziehen und ist daher ggf. Risiken aus der Geschäftstätigkeit der Zweckgesellschaft ausgesetzt • hält das MU die Mehrheit der mit der Zweckgesellschaft verbundenen Residual- oder Eigentumsrisiken oder Vermögensgegenstände

Abb. 145: Merkmale von Zweckgesellschaften

Zur Identifizierung von konsolidierungspflichtigen Zweckgesellschaften ist eine **qualitative Gesamtschau** der Umstände erforderlich. Führt diese nicht zu einem eindeutigen Bild, kann eine wahrscheinlichkeitsorientierte Szenarientechnik bei der Bestimmung helfen, wer im Wesentlichen die Chancen und Risiken trägt.[760] Diese ist naturgemäß gestaltungsanfällig. Sind die Chancen und Risiken ungleich verteilt, ist maßgeblich, wer im Wesentlichen die Risiken trägt.

Eine Diskussion ob Zweckgesellschaften dem in § 290 Abs. 2 Nr. 4 Satz 1 HGB verwendeten Unternehmensbegriff genügen, erübrigt sich. Um Umgehungen zu vermeiden, stellt Satz 2 derselben Regelungen klar, dass auch sonstige juristische Personen oder unselbständiges Sondervermögen des Privatrechts eine Zweckgesellschaft darstellen können. Explizit ausgenommen sind Spezialfonds i. S. d. § 2 Abs. 3 InvG, wobei sich aus § 2 Abs. 3 i. V. m. Abs. 2 InvG ergibt, dass nur inländisches Spezial-

---

[760] Vgl. zu einem Beispiel Lüdenbach, in: Lüdenbach/Hoffmann (Hrsg.): Haufe IFRS-Kommentar, 7. Aufl., Freiburg 2009, § 32, Rz. 84 ff.

Sondervermögen unter die Ausnahmeregelung fällt.[761] Für sie greift die Berichtspflicht im Anhang nach § 314 Abs. 1 Nr. 2 und 2a HGB.

Die Verteilung von Chancen und Risiken sollte gleichverstanden sowohl für die Zuordnung von Vermögensgegenständen im **Einzelabschluss** als auch im **Konzernabschluss** maßgeblich sein. Es ist kein Grund ersichtlich, warum bei der Frage, wem Vermögen zuzuordnen ist, aus Einzel- und Konzernsicht eine unterschiedliche Betrachtungsweise heranzuziehen wäre. Ob sich dies so darstellt, ist indes fraglich. Dazu folgendes Beispiel:

Beispiel

Sachverhalt:

Die B AG erwirbt eine Maschine X, die sie der C GmbH zur Nutzung überlässt. Der zwischen der B AG und der C GmbH geschlossene Leasingvertrag erfüllt die Merkmale eines erlasskonformen Vollamortisationsvertrags. Den Erwerb der Maschine hat die B AG über ein Bankdarlehen fremdfinanziert. Als Sicherheit dient der Bank die Forderung aus dem Leasingvertrag. Zudem gründet die B AG eine Gesellschaft, die Y GmbH. Alleiniger Gesellschaftszweck ist der fremdfinanzierte Erwerb der Maschine Y und deren Nutzungsüberlassung an die C GmbH auf Basis eines erlasskonformen Vollamortisationsvertrags. Die Y GmbH verfügt über ein im Verhältnis zum Wert der Maschine vernachlässigbares Eigenkapital. Wiederum dient die Leasingforderung der Y GmbH gegenüber der C GmbH der Bank als Sicherheit.

Beurteilung nach HGB i. d. F. des BilMoG:

Die Zuordnung von Vermögensgegenständen richtet sich im handelsrechtlichen Einzelabschluss nach dem wirtschaftlichen Eigentum. Dieser Grundsatz hat durch das BilMoG nunmehr in allgemeiner Form Eingang in das HGB gefunden (vgl. § 246 Abs. 1 Satz 2 HGB). Eine inhaltliche Veränderung gegenüber dem alten Rechtszustand will der Gesetzgeber hiermit nicht verbunden wissen, dies gilt insbesondere auch für die Berücksichtigung der steuerlichen Leasingerlasse als Auslegungshilfe bei der Bestimmung des wirtschaftlichen Eigentümers in der handelsrechtlichen Bilanzierung (vgl. BT-Drucks. 16/10067, S. 47). Dem folgend haben im Sachverhalt die B AG die Maschine X und die Y GmbH die Maschine Y in ihren handelsrechtlichen Einzelabschlüssen abzubilden. In den handelsrechtlichen Einzelabschluss der C GmbH finden die Vermögensgegenstände hingegen keinen Eingang.

Im nächsten Schritt ist zu prüfen, ob die Y GmbH als Tochterunternehmen in den Konzernabschluss der B AG oder der C GmbH einzubeziehen ist. Die B AG ist alleiniger Gesellschafter der Y GmbH, eine Beherrschungsmög-

---

[761] Vgl. Gelhausen/Fey/Kämpfer, Rechnungslegung und Prüfung nach dem Bilanzrechtsmodernisierungsgesetz, Düsseldorf 2009, Abschnitt Q, Tz. 92.

lichkeit geht damit aber nicht einher. Der Zweck der Y GmbH besteht allein darin, der C GmbH die Maschine Y zur Nutzung zu überlassen. Chancen und Risiken aus dem in der Gesellschaft Y GmbH enthaltenen und sich in der Maschine Y verkörpernden Nutzenpotenzial liegen allein beim Leasingnehmer. Seine Wertschöpfung muss den Investitionswert der Maschine erwirtschaften. Die C GmbH trägt deshalb i. S. d. § 290 Abs. 2 Nr. 4 bei wirtschaftlicher Betrachtung die Mehrheit der Risiken und spiegelbildlich dazu in aller Regel auch die Mehrheit der Chancen. Die C GmbH muss die Y GmbH deshalb konsolidieren. Damit findet die Maschine Y Eingang in den Konzernabschluss der C GmbH, nicht aber die Maschine X.

Das Ergebnis im Beispiel ist unbefriedigend. Es folgt **unterschiedlichen wirtschaftlichen Sichtweisen** im Einzel- und im Konzernabschluss. Während für die Leasingbilanzierung im Einzelabschluss steuerliches Gedankengut maßgeblich ist, soll für den Konzernabschluss die den Grundsatz *substance over form* in den Fokus rückende internationale Rechnungslegung zu beachten sein. Das passt nicht. In beiden Fällen geht es um die Zuordnung von Vermögensgegenständen zu der einen oder anderen bilanzierenden Einheit. Hierfür dürfen keine unterschiedlichen Grundsätze gelten. Die Auflösung dieses Widerspruchs kann kaum darin bestehen, für die konzernbilanzielle Zuordnung von Leasingobjektgesellschaften Grundsätze der steuerlichen Leasingerlasse heranzuziehen. Dies würde die Zielsetzung des Gesetzgebers im Hinblick auf die Einbeziehung von Leasingobjektgesellschaften konterkarieren. Eher muss überdacht werden, ob die steuerlichen Leasingerlasse im neuen Handelsbilanzrecht noch ihren Platz haben.

1.2.3 Steuerliche Folgen

Die (geänderte) Regelung zur Aufstellungspflicht und ihre Bedeutung für die Abgrenzung des Konsolidierungskreises entfaltet eine mittelbare steuerliche Relevanz durch die Einführung der sog. **Zinsschranke**, die den Betriebsausgabenabzug für Zinsaufwendungen begrenzt. Einerseits kann für Unternehmen, die aufgrund des geänderten § 290 HGB neu in den Konzernabschluss einzubeziehen sind, die Zinsschranke aufgrund des Wegfalls der Konzernklausel[762] erstmalig zu beachten sein. Andererseits hat ein geänderter Konsolidierungskreis regelmäßig Auswirkungen auf die Eigenkapitalquote des Konzerns. Da bei Konzernzugehörigkeit eines Unternehmens die Zinsschranke nur dann nicht anzuwenden ist, wenn die Eigenkapitalquote des Konzernunternehmens maximal ein Prozentpunkt niedriger ist als die Eigenkapitalquote des Konzerns (sog. Escape-Klausel),[763] kann eine Veränderung der Konzerneigenkapitalquote Auswirkungen auf die Anwendbarkeit der Zinsschranke im Konzern haben.[764]

---

[762] Vgl. § 4h Abs. 2 Satz 1 Buchstabe b EStG i. V. m. § 8a Abs. 2 KStG.
[763] Vgl. § 4h Abs. 2 Satz 1 Buchstabe c EStG i. V. m. § 8a Abs. 3 KStG.
[764] Vgl. zu dieser Problematik insb. im Zusammenhang mit der Konsolidierung von Zweckgesellschaften Krain, StuB 2009, S. 486 ff.

Gesagtes gilt, sofern der Konsolidierungskreis nach § 4h Abs. 3 Satz 5 EStG entsprechend den handelsrechtlichen Regelungen zu bestimmen ist.[765]

1.2.4 Erstanwendung und Übergangsregelung

Die geänderte Vorschrift zur Aufstellungspflicht ist nach Art. 66 Abs. 3 EGHGB auf Konzernabschlüsse für Geschäftsjahre, die nach dem **31.12.2009** beginnen, anzuwenden. Zusammen mit den anderen in Art. 66 Abs. 3 EGHGB für eine vorzeitige Anwendung freigegebenen Regelungen kann die Neufassung von § 290 HGB bereits in Konzernabschlüssen Berücksichtigung finden, die für nach dem **31.12.2008** begonnene Geschäftsjahre erstellt werden. Da § 290 HGB abschließend regelt, wann ein Mutter-Tochter-Verhältnis gegeben ist, hat die Änderung nicht nur Auswirkungen auf die grundlegende Verpflichtung, einen Konzernabschluss und einen Konzernlagebericht zu erstellen, sondern über § 294 Abs. 1 HGB auch auf die Abgrenzung des Konsolidierungskreises, der am ersten Konzernbilanzstichtag nach dem Übergang auf die Regelungen des BilMoG zu bestimmen ist. Die nachfolgende Abb. 146 fasst die Regelungen zur Erstanwendung und zum Übergang zusammen.

Übergang auf die geänderte Regelung zur Aufstellungspflicht	
Erstmalige Anwendung	Übergang
• Obligatorisch: Konzernabschlüsse für nach dem 31.12.2009 beginnende Geschäftsjahre • Optional: Konzernabschlüsse für nach dem 31.12.2008 beginnende Geschäftsjahre (nur im Verbund mit allen übrigen vorzeitig anwendbaren Vorschriften) Art. 66 Abs. 3 EGHGB	• Keine Übergangsregelung • Konsequenz: bislang nicht konsolidierte Unternehmen, die nach der Neufassung von § 290 HGB als Tochterunternehmen klassifizieren, sind im Jahr der Erstanwendung der Vorschriften des BilMoG zu konsolidieren

Abb. 146: Übergang auf die geänderte Fassung zur Aufstellungspflicht

Die Erstkonsolidierung hat nach § 301 Abs. 2 HGB auf Basis der Wertansätze zu erfolgen, zu dem das Unternehmen Tochterunternehmen geworden ist (vgl. Abschnitt 3, Gliederungspunkt 2.2.2). Für den Fall, dass nunmehr ein Unternehmen an dem keine Beteiligung i. S. v. § 271 Abs. 1 HGB besteht, in den Konzernabschluss einbezogen wird, werden die neubewerteten Vermögensgegenstände und Schulden in den Konzernabschluss übernommen und das neubewertete Reinvermögen im Ausgleichsposten für Anteile anderer Gesellschafter ausgewiesen. Da das Mutterunternehmen keine Anteile am Tochterunternehmen hält, findet keine Kapitalaufrechnung im engeren Sinne statt.

---

[765] Vgl. Dörfler/Adrian, DB 2008, Beilage 7/2008, S. 48. Vgl. zur Bedeutung von Konzernabschlüssen für die Steuerbemessung Küting/Weber/Reuter, DStR 2008, S. 1602 ff.

2 Befreiung von der Konzernrechnungslegungspflicht

2.1 Die neuen Vorschriften im Überblick

Nicht in jedem Fall führt ein Mutter-Tochter-Verhältnis zur Aufstellung eines Konzernabschlusses und Konzernlageberichts. Die nachfolgende Abb. 147 fasst die handelsrechtlichen **Befreiungstatbestände** zusammen, die eine Modifizierung durch das BilMoG erfahren haben.

Befreiung von der Aufstellungspflicht		
Befreiungstatbestände nach HGB a.F.		
Einbeziehung in einen übergeordneten EU / EWR-KA § 291 HGB a.F.	Einbeziehung in einen übergeordneten sonstigen KA § 292 HGB a.F.	Größenabhängige Befreiung § 293 HGB a.F.
• Bei Einbeziehung des MU in einen offengelegten übergeordneten KA iSd 7. EG-RL entfällt die Aufstellungspflicht • Ausnahmetatbestände: » Inanspruchnahme des organisierten Markts » Minderheiten verlangen die Aufstellung eines KA	• Anwendbarkeit des § 291 HGB a.F. auf mindestens gleichwertige KA, die von Unternehmen mit Sitz außerhalb der EU / des EWR aufgestellt wurden kraft Rechtsverordnung • Die Vorschrift regelt Einzelheiten zur Rechtsverordnung	• Befreiung von der Aufstellungspflicht bei Unterschreiten bestimmter Größenmerkmale • Ausnahmetatbestand: Kapitalmarktorientierung
• Bei Anteilsquote ≥ 90% bedarf es nicht mehr der Zustimmung aller Minderheiten • Es gilt die allgemeine Regel	• Redaktionelle Anpassung • Strengere Anforderungen an die Anerkennung der Abschlussprüfung	Anhebung der Schwellenwerte
Änderung der Befreiungstatbestände durch das BilMoG		

Abb. 147: *Befreiung von der Verpflichtung zur Erstellung eines Konzernabschlusses und Konzernlageberichts*

Neben den vorstehend genannten Befreiungstatbeständen ist ein Mutterunternehmen nach § 290 Abs. 5 HGB auch dann nicht zur Aufstellung eines Konzernabschlusses und Konzernlageberichts verpflichtet, wenn es aufgrund des Einbeziehungswahlrechts des § 296 HGB kein Tochterunternehmen zwingend einzubeziehen hat. § 296 HGB hat durch das BilMoG keine Änderung erfahren.

2.2 Befreiung durch Einbeziehung in den Konzernabschluss eines übergeordneten Mutterunternehmens

In der durch das BilMoG geänderten Fassung haben die §§ 291 und 292 HGB folgenden Wortlaut:

HGB § 291 Befreiende Wirkung von EU/EWR-Konzernabschlüssen

(1) Ein Mutterunternehmen, das zugleich Tochterunternehmen eines Mutterunternehmens mit Sitz in einem Mitgliedstaat der Europäischen Union oder in einem anderen Vertragsstaat des Abkommens über den Europäischen Wirtschaftsraum ist, braucht einen Konzernabschluss und einen Konzernlagebericht nicht aufzustellen, wenn ein den Anforderungen des Absatzes 2 entsprechender Konzernabschluss und Konzernlagebericht seines Mutterunternehmens einschließlich des Bestätigungsvermerks oder des Vermerks über dessen Versagung nach den für den entfallenden Konzernabschluss und Konzernlagebericht maßgeblichen Vorschriften in deutscher Sprache offengelegt wird. Ein befreiender Konzernabschluss und ein befreiender Konzernlagebericht können von jedem Unternehmen unabhängig von seiner Rechtsform und Größe aufgestellt werden, wenn das Unternehmen als Kapitalgesellschaft mit Sitz in einem Mitgliedstaat der Europäischen Union oder in einem anderen Vertragsstaat des Abkommens über den Europäischen Wirtschaftsraum zur Aufstellung eines Konzernabschlusses unter Einbeziehung des zu befreienden Mutterunternehmens und seiner Tochterunternehmen verpflichtet wäre.

(2) Der Konzernabschluss und Konzernlagebericht eines Mutterunternehmens mit Sitz in einem Mitgliedstaat der Europäischen Union oder in einem anderen Vertragsstaat des Abkommens über den Europäischen Wirtschaftsraum haben befreiende Wirkung, wenn

1. das zu befreiende Mutterunternehmen und seine Tochterunternehmen in den befreienden Konzernabschluss unbeschadet des § 296 einbezogen worden sind,

2. der befreiende Konzernabschluss und der befreiende Konzernlagebericht im Einklang mit der Richtlinie 83/349/EWG des Rates vom 13. Juni 1983 über den konsolidierten Abschluss (ABl. EG Nr. L 193 S. 1) und der Richtlinie 84/253/EWG des Rates vom 10. April 1984 über die Zulassung der mit der Pflichtprüfung der Rechnungslegungsunterlagen beauftragten Personen (ABl. EG Nr. L 126 S. 20) in ihren jeweils geltenden Fassungen nach dem für das aufstellende Mutterunternehmen maßgeblichen Recht aufgestellt und von einem zugelassenen Abschlussprüfer geprüft worden sind,

3. der Anhang des Jahresabschlusses des zu befreienden Unternehmens folgende Angaben enthält:

   a) Name und Sitz des Mutterunternehmens, das den befreienden Konzernabschluss und Konzernlagebericht aufstellt,

   b) einen Hinweis auf die Befreiung von der Verpflichtung, einen Konzernabschluss und einen Konzernlagebericht aufzustellen, und

   c) eine Erläuterung der im befreienden Konzernabschluss vom deutschen Recht abweichend angewandten Bilanzierungs-, Bewertungs- und Konsolidierungsmethoden.

Satz 1 gilt für Kreditinstitute und Versicherungsunternehmen entsprechend; unbeschadet der übrigen Voraussetzungen in Satz 1 hat die Aufstellung des befreienden Konzernabschlusses und des befreienden Konzernlageberichts bei Kreditinstituten im Einklang mit der Richtlinie 86/635/EWG des Rates vom 8. Dezember 1986 über den Jahresabschluss und den konsolidierten Abschluss von Banken und anderen Finanzinstituten (ABl. EG Nr. L 372 S. 1) und bei Versicherungsunternehmen im Einklang mit der Richtlinie 91/674/EWG des Rates vom 19. Dezember 1991 über den Jahresabschluss und den konsolidierten Jahresabschluss von Versicherungsunternehmen (ABl. EG Nr. L 374 S. 7) in ihren jeweils geltenden Fassungen zu erfolgen.

(3) Die Befreiung nach Absatz 1 kann trotz Vorliegens der Voraussetzungen nach Absatz 2 von einem Mutterunternehmen nicht in Anspruch genommen werden, wenn

1. das zu befreiende Mutterunternehmen einen organisierten Markt im Sinn des § 2 Abs. 5 des Wertpapierhandelsgesetzes durch von ihm ausgegebene Wertpapiere im Sinn des § 2 Abs. 1 Satz 1 des Wertpapierhandelsgesetzes in Anspruch nimmt,

2. Gesellschafter, denen bei Aktiengesellschaften und Kommanditgesellschaften auf Aktien mindestens 10 vom Hundert und bei Gesellschaften mit beschränkter Haftung mindestens 20 vom Hundert der Anteile an dem zu befreienden Mutterunternehmen gehören, spätestens sechs Monate vor dem Ablauf des Konzerngeschäftsjahres die Aufstellung eines Konzernabschlusses und eines Konzernlageberichts beantragt haben.

HGB § 292 Rechtsverordnungsermächtigung für befreiende Konzernabschlüsse und Konzernlageberichte

(1) Das Bundesministerium der Justiz wird ermächtigt, im Einvernehmen mit dem Bundesministerium der Finanzen und dem Bundesministerium für Wirtschaft und Technologie durch Rechtsverordnung, die nicht der Zustimmung des Bundesrates bedarf, zu bestimmen, dass § 291 auf Konzernabschlüsse und Konzernlageberichte von Mutterunternehmen mit Sitz in einem Staat, der nicht Mitglied der Europäischen Union und auch nicht Vertragsstaat des Abkommens über den Europäischen Wirtschaftsraum ist, mit der Maßgabe angewendet werden darf, dass der befreiende Konzernabschluss und der befreiende Konzernlagebericht nach dem mit den Anforderungen der Richtlinie 83/349/EWG übereinstimmenden Recht eines Mitgliedstaates der Europäischen Union oder eines anderen Vertragsstaates des Abkommens über den Europäischen Wirtschaftsraum aufgestellt worden oder einem nach diesem Recht eines Mitgliedstaates der Europäischen Union oder eines anderen Vertragsstaates des Abkommens über den Europäischen Wirtschaftsraum aufgestellten Konzernabschluss und Konzernlagebericht gleichwertig sein müssen. Das Recht eines anderen Mitgliedstaates der Europäischen Union oder Vertragsstaates des Abkommens über den Europäischen Wirtschaftsraum kann einem be-

freienden Konzernabschluss und einem befreienden Konzernlagebericht jedoch nur zugrunde gelegt oder für die Herstellung der Gleichwertigkeit herangezogen werden, wenn diese Unterlagen in dem anderen Mitgliedstaat oder Vertragsstaat anstelle eines sonst nach dem Recht dieses Mitgliedstaates oder Vertragsstaates vorgeschriebenen Konzernabschlusses und Konzernlageberichts offengelegt werden. Die Anwendung dieser Vorschrift kann in der Rechtsverordnung nach Satz 1 davon abhängig gemacht werden, dass die nach diesem Unterabschnitt aufgestellten Konzernabschlüsse und Konzernlageberichte in dem Staat, in dem das Mutterunternehmen seinen Sitz hat, als gleichwertig mit den dort für Unternehmen mit entsprechender Rechtsform und entsprechendem Geschäftszweig vorgeschriebenen Konzernabschlüssen und Konzernlageberichten angesehen werden.

(2) Ist ein nach Absatz 1 zugelassener Konzernabschluss nicht von einem in Übereinstimmung mit den Vorschriften der Richtlinie 2006/43/EG zugelassenen Abschlussprüfer geprüft worden, so kommt ihm befreiende Wirkung nur zu, wenn der Abschlussprüfer eine den Anforderungen dieser Richtlinie gleichwertige Befähigung hat und der Konzernabschluss in einer den Anforderungen des Dritten Unterabschnitts entsprechenden Weise geprüft worden ist. Nicht in Übereinstimmung mit den Vorschriften der Richtlinie 2006/43/EG zugelassene Abschlussprüfer von Unternehmen mit Sitz in einem Drittstaat im Sinn des § 3 Abs. 1 Satz 1 der Wirtschaftsprüferordnung, deren Wertpapiere im Sinn des § 2 Abs. 1 Satz 1 des Wertpapierhandelsgesetzes an einer inländischen Börse zum Handel am regulierten Markt zugelassen sind, haben nur dann eine den Anforderungen der Richtlinie gleichwertige Befähigung, wenn sie bei der Wirtschaftsprüferkammer gemäß § 134 Abs. 1 der Wirtschaftsprüferordnung eingetragen sind oder die Gleichwertigkeit gemäß § 134 Abs. 4 der Wirtschaftsprüferordnung anerkannt ist. Satz 2 ist nicht anzuwenden, soweit ausschließlich Schuldtitel im Sinn des § 2 Abs. 1 Satz 1 Nr. 3 des Wertpapierhandelsgesetzes mit einer Mindeststückelung von 50.000 Euro oder einem entsprechenden Betrag anderer Währung an einer inländischen Börse zum Handel am regulierten Markt zugelassen sind.

(3) In einer Rechtsverordnung nach Absatz 1 kann außerdem bestimmt werden, welche Voraussetzungen Konzernabschlüsse und Konzernlageberichte von Mutterunternehmen mit Sitz in einem Staat, der nicht Mitglied der Europäischen Union und auch nicht Vertragsstaat des Abkommens über den Europäischen Wirtschaftsraum ist, im einzelnen erfüllen müssen, um nach Absatz 1 gleichwertig zu sein, und wie die Befähigung von Abschlussprüfern beschaffen sein muss, um nach Absatz 2 gleichwertig zu sein. In der Rechtsverordnung können zusätzliche Angaben und Erläuterungen zum Konzernabschluss vorgeschrieben werden, soweit diese erforderlich sind, um die Gleichwertigkeit dieser Konzernabschlüsse und Konzernlageberichte mit solchen nach diesem Unterabschnitt oder dem Recht eines anderen Mitgliedstaates der Europäischen Union oder Vertragsstaates des Abkommens über den Europäischen Wirtschaftsraum herzustellen.

(4) Die Rechtsverordnung ist vor Verkündung dem Bundestag zuzuleiten. Sie kann durch Beschluss des Bundestages geändert oder abgelehnt werden. Der Beschluss des Bundestages wird dem Bundesministerium der Justiz zugeleitet. Das Bundes-

ministerium der Justiz ist bei der Verkündung der Rechtsverordnung an den Beschluss gebunden. Hat sich der Bundestag nach Ablauf von drei Sitzungswochen seit Eingang einer Rechtsverordnung nicht mit ihr befasst, so wird die unveränderte Rechtsverordnung dem Bundesministerium der Justiz zur Verkündung zugeleitet. Der Bundestag befasst sich mit der Rechtsverordnung auf Antrag von so vielen Mitgliedern des Bundestages, wie zur Bildung einer Fraktion erforderlich sind.

Die grundlegende Verpflichtung jedes Mutterunternehmens i. S. d. § 290 HGB einen Konzernabschluss und Konzernlagebericht zu erstellen betrifft auch solche Mutterunternehmen, die ihrerseits wieder Tochterunternehmen eines übergeordneten Mutterunternehmens sind. In einem mehrstufigen Konzern hat dies zur Folge, dass auf jeder (Teil-)Konzernstufe ein Konzernabschluss zu erstellen wäre (sog. **Tannenbaumprinzip**). Diese stufenweise Verpflichtung zur Konzernrechnungslegung griff nach § 290 HGB a. F. dann nicht, wenn allein das Konzept der einheitlichen Leitung die Konzernrechnungslegungspflicht auslöste. Einheitliche Leitung war nach h. M. als unteilbar anzusehen und stand damit ausschließlich dem obersten Mutterunternehmen zu.[766] Da sich nach altem Recht bei Vorliegen des Tatbestands der einheitlichen Leitung eine Konzernrechnungslegungspflicht auf den einzelnen Konzernstufen regelmäßig auch aus dem Control-Tatbestand ergab, waren die praktischen Konsequenzen dieser Sichtweise vernachlässigbar. Mit der Auflösung des Nebeneinanders des Konzepts der einheitlichen Leitung und des Control-Konzepts begründet nunmehr allein Letzteres eine Konzernrechnungslegungspflicht. Damit ist die Tannenbaumproblematik fortan in allen nach § 290 HGB definierten mehrstufigen Konzernverbunden zu beachten. Konsequenzen für die Bilanzierungspraxis werden sich hieraus regelmäßig nicht ergeben.

Die Verpflichtung nach dem Tannenbaumprinzip auf jeder Konzernstufe einen Konzernabschluss und Konzernlagebericht erstellen zu müssen, wird durch die Befreiungsvorschriften in den §§ 291 und 292 HGB durchbrochen.[767] Danach entbindet der Konzernabschluss und Konzernlagebericht eines übergeordneten Mutterunternehmens unter bestimmten Voraussetzungen ein untergeordnetes Tochterunternehmen von der Verpflichtung zur Teilkonzernrechnungslegung.

---

[766] Vgl. Adler/Düring/Schmaltz: Rechnungslegung und Prüfung der Unternehmen, 6. Aufl., Stuttgart 1995 ff., § 290 HGB, Tz. 73; Siebourg, in: Küting/Weber (Hrsg.): HdK, 2. Aufl., Stuttgart 1998, § 290 HGB, Rn. 19. Besondere Bedeutung hatte dieser Aspekt in der Konzernrechnungslegung nach PublG a. F., die nach § 11 Abs. 1 PublG a. F. allein auf dem Konzept der einheitlichen Leitung basierte. Bei einer im Ausland beheimateten Konzernspitze wäre im Inland folglich keine Verpflichtung zur Erstellung eines Konzernabschlusses und Konzernlageberichts gegeben gewesen. In diesem Fall forderte § 11 Abs. 3 PublG a. F., dass das höchste inländische Tochterunternehmen einen Teilkonzernabschluss und -lagebericht erstellte, sofern der Teilkonzern die Größenkriterien des § 11 Abs. 1 PublG a. F. erfüllte.

[767] §§ 291 u. 292 HGB gelten auch für die Konzernrechnungslegung nach dem PublG (vgl. § 11 Abs. 6 und § 13 Abs. 4 PublG).

Die Befreiungsregeln unterscheiden nach dem Sitz des übergeordneten Mutterunternehmens. Während § 291 HGB die Möglichkeit zur Aufstellung befreiender Konzernabschlüsse und Konzernlageberichte durch Unternehmen regelt, die ihren Sitz innerhalb eines Mitgliedstaats der Europäischen Union (EU) oder eines anderen Vertragsstaates des Abkommens über den Europäischen Wirtschaftsraum (EWR) haben, erlaubt § 292 HGB dem Bundesministerium der Justiz eine Rechtsverordnung zu erlassen, die § 291 HGB auf außerhalb des EWR ansässige Unternehmen ausdehnt. Eine derartige Rechtsverordnung existiert in Form der sog. Konzernabschlussbefreiungsverordnung (KonBefrV).[768]

Ungeachtet des Vorliegens der in § 291 HGB bzw. § 2 KonBefrV genannten Voraussetzungen für eine befreiende Konzernrechnungslegung, die durch das BilMoG inhaltlich keine Änderung erfahren haben, konnten die Minderheitsgesellschafter des zu befreienden Mutterunternehmens bislang in folgenden Fällen eine Teilkonzernrechnungslegung verlangen:

- Die Minderheitsgesellschafter einer AG oder KGaA halten mindestens 10 %, die einer GmbH mindestens 20 % der Anteile und beantragen die Teilkonzernrechnungslegung mindestens sechs Monate vor Ablauf des Konzerngeschäftsjahres (vgl. § 291 Abs. 3 Nr. 2 Satz 1 HGB a. F. i. V. m. § 2 Abs. 2 KonBefrV).
- Hält das übergeordnete Mutterunternehmen an der zu befreienden Teilkonzernmutter mindestens 90 % der Anteile, kommt die Befreiung nur in Betracht, falls die anderen Gesellschafter dieser ausdrücklich zugestimmt haben (vgl. § 291 Abs. 3 Nr. 2 Satz 2 HGB a. F. i. V. m. § 2 Abs. 2 KonBefrV).

Durch das BilMoG wurde die „rechtssystematisch unverständliche" (BT-Drucks. 16/10067, S. 79) Bevorzugung kleiner Minderheiten in § 291 Abs. 3 Nr. 2 Satz 2 HGB gestrichen. Es verbleibt die Möglichkeit, dass Minderheitsgesellschafter die Erstellung eines Teilkonzernabschlusses beantragen können (§ 291 Abs. 3 Nr. 2 Satz 1 HGB). Die gestrichene Regelung war insbesondere für börsennotierte Kapitalgesellschaften mit erheblichen praktischen Umsetzungsschwierigkeiten verbunden, da ihnen ihre Aktionäre häufig unbekannt sind.[769]

Die Änderung in § 291 Abs. 3 Nr. 1 HGB hat lediglich redaktionellen Charakter. Es bleibt bei der Einschränkung, dass **kapitalmarktorientierte Unternehmen** die Befreiung von der Konzernrechnungslegungspflicht durch einen übergeordneten Konzernabschluss nicht in Anspruch nehmen können. Kapitalmarktorientierung wird nunmehr in Übereinstimmung mit § 264d HGB (vgl. Kapitel 2, Abschnitt 1, Gliederungspunkt 3.1) unter Rückgriff auf die Kriterien in § 2 WpHG definiert.

Die in § 292 Abs. 2 HGB vorgenommene Änderung betrifft die für die Erstellung eines befreienden Konzernabschlusses notwendige **Qualifikation des Abschlussprü-**

---

[768] Vgl. Verordnung über befreiende Konzernabschlüsse und Konzernlageberichte von Mutterunternehmen mit Sitz in einem Drittstaat (Konzernabschlussbefreiungsverordnung - KonBefrV) vom 15.11.1991 (BGBl. I 1991, S. 2122), die seit ihrem Erlass mehrfach geändert und unbefristet verlängert wurde (BGBl. I 2004, S. 3166).
[769] Vgl. Kirsch, PiR 2008, S. 17.

fers. Zukünftig wird vorausgesetzt, dass sich nicht im Einklang mit der Abschlussprüferrichtlinie zugelassene Abschlussprüfer bei der Wirtschaftsprüferkammer in Deutschland eintragen lassen (vgl. § 134 Abs. 1 WPO) oder die Gleichwertigkeit ihrer Prüfungsordnung i. S. v. § 134 Abs. 4 WPO anerkannt ist (vgl. Kapitel 4, Gliederungspunkt 9.3.3).

2.3 Größenabhängige Befreiung

§ 293 HGB hat durch das BilMoG folgende Fassung erhalten:

HGB § 293 Größenabhängige Befreiungen

(1) Ein Mutterunternehmen ist von der Pflicht, einen Konzernabschluss und einen Konzernlagebericht aufzustellen, befreit, wenn

1. am Abschlussstichtag seines Jahresabschlusses und am vorhergehenden Abschlussstichtag mindestens zwei der drei nachstehenden Merkmale zutreffen:

    a) Die Bilanzsummen in den Bilanzen des Mutterunternehmens und der Tochterunternehmen, die in den Konzernabschluss einzubeziehen wären, übersteigen insgesamt nach Abzug von in den Bilanzen auf der Aktivseite ausgewiesenen Fehlbeträgen nicht 23.100.000 Euro.

    b) Die Umsatzerlöse des Mutterunternehmens und der Tochterunternehmen, die in den Konzernabschluss einzubeziehen wären, übersteigen in den zwölf Monaten vor dem Abschlussstichtag insgesamt nicht 46.200.000 Euro.

    c) Das Mutterunternehmen und die Tochterunternehmen, die in den Konzernabschluss einzubeziehen wären, haben in den zwölf Monaten vor dem Abschlussstichtag im Jahresdurchschnitt nicht mehr als 250 Arbeitnehmer beschäftigt; oder

2. am Abschlussstichtag eines von ihm aufzustellenden Konzernabschlusses und am vorhergehenden Abschlussstichtag mindestens zwei der drei nachstehenden Merkmale zutreffen:

    a) Die Bilanzsumme übersteigt nach Abzug eines auf der Aktivseite ausgewiesenen Fehlbetrags nicht 19.250.000 Euro.

    b) Die Umsatzerlöse in den zwölf Monaten vor dem Abschlussstichtag übersteigen nicht 38.500.000 Euro.

    c) Das Mutterunternehmen und die in den Konzernabschluss einbezogenen Tochterunternehmen haben in den zwölf Monaten vor dem Abschlussstichtag im Jahresdurchschnitt nicht mehr als 250 Arbeitnehmer beschäftigt.

Auf die Ermittlung der durchschnittlichen Zahl der Arbeitnehmer ist § 267 Abs. 5 anzuwenden.

(2) (aufgehoben)

(3) (aufgehoben)

> (4) Außer in den Fällen des Absatzes 1 ist ein Mutterunternehmen von der Pflicht zur Aufstellung des Konzernabschlusses und des Konzernlageberichts befreit, wenn die Voraussetzungen des Absatzes 1 nur am Abschlussstichtag oder nur am vorhergehenden Abschlussstichtag erfüllt sind und das Mutterunternehmen am vorhergehenden Abschlussstichtag von der Pflicht zur Aufstellung des Konzernabschlusses und des Konzernlageberichts befreit war. § 267 Abs. 4 Satz 2 ist entsprechend anzuwenden.
>
> (5) Die Absätze 1 und 4 sind nicht anzuwenden, wenn das Mutterunternehmen oder ein in deren Konzernabschluss einbezogenes Tochterunternehmen am Abschlussstichtag kapitalmarktorientiert im Sinn des § 264d ist.

Das Handelsrecht verpflichtet nur Konzerne einer bestimmten Größenordnung zur Konzernrechnungslegung.[770] Danach muss ein Mutterunternehmen keinen Konzernabschluss und Konzernlagebericht aufstellen, wenn für den Konzern entweder nach der Brutto- oder der Nettomethode an zwei aufeinander folgenden Abschlussstichtagen jeweils zumindest zwei der drei in der nachfolgenden Abb. 148 spezifizierten **Größenmerkmale** zutreffen. Diese Größenmerkmale werden, sofern sie sich auf Bilanzsumme und Umsatzerlöse beziehen, in der Neufassung von § 293 HGB erhöht.[771] Die Bruttomethode ist dadurch gekennzeichnet, dass zur Ermittlung von Bilanzsumme und Umsatzerlösen die jeweiligen Einzelabschlusswerte der potenziell einzubeziehenden Unternehmen addiert werden. Die Nettomethode stellt davon abweichend auf die maßgeblichen Werte eines konsolidierten (Probe-)Konzernabschlusses ab. Da es sich bei der Brutto- bzw. Nettomethode nicht um eine Konsolidierungsmethode handelt, unterliegt ihre Anwendung nicht dem Stetigkeitsgebot des § 297 Abs. 3 Satz 2 HGB.[772] War ein Mutterunternehmen bspw. auf Basis der Bruttomethode in der Vergangenheit von der Aufstellung eines Konzernabschlusses und Konzernlageberichts befreit und droht nun aufgrund zunehmender innerkonzernlicher Beziehungen (etwa aus Finanzierungen) ein Hineinwachsen in die Konzernrechnungslegungspflicht, so kann die Beurteilung der größenabhängigen Befreiung fortan nach der Nettomethode erfolgen. Nicht zulässig ist hingegen eine Mischung beider Methoden, bspw. die Verwendung des Nettowertes für die Bilanzsumme und die Verwendung des Bruttowertes für die Umsatzerlöse.

---

[770] Anders als das HGB hat das PublG in § 11 Abs. 1 PublG die Verpflichtung zur Konzernrechnungslegung unmittelbar größenabhängig formuliert.

[771] Der Gesetzgeber wollte dabei von seinem Erhöhungsrecht „in größtmöglichem Umfang" (BT-Drucks. 16/12407, S. 118) Gebrauch machen. Entsprechend wurden die Größenmerkmale bei der Bruttomethode gegenüber dem Gesetzentwurf der Bundesregierung (BT-Drucks. 16/10067, S. 12) noch einmal erhöht. Vgl. hierzu ausführlich Kreipl/Müller, KoR 2009, S. 189.

[772] Vgl. Hoffmann/Lüdenbach, NWB Kommentar Bilanzierung, Herne 2009, § 293 HGB, Tz. 6.

Kapitel 3: Konsolidierte Rechnungslegung

Größenabhängige Befreiung nach § 293 HGB a.F. und nach BilMoG	
Bruttomethode (addierte Werte)	Nettomethode (konsolidierte Werte)
Schwellenwerte nach § 293 Abs. 1 Nr. 1 HGB a.F. • Summierte Bilanzsummen ≤ 19.272 TEUR • Summierte Umsatzerlöse ≤ 38.544 TEUR • Ø Arbeitnehmerzahl ≤ 250	Schwellenwerte nach § 293 Abs. 1 Nr. 2 HGB a.F. • Konsolidierte Bilanzsummen ≤ 16.060 TEUR • Konsolidierte Umsatzerlöse ≤ 32.120 TEUR • Ø Arbeitnehmerzahl ≤ 250
Schwellenwerte nach § 293 Abs. 1 Nr. 1 HGB • Summierte Bilanzsummen ≤ 23.100 TEUR • Summierte Umsatzerlöse ≤ 46.200 TEUR • Ø Arbeitnehmerzahl ≤ 250	Schwellenwerte nach § 293 Abs. 1 Nr. 2 HGB • Konsolidierte Bilanzsummen ≤ 19.250 TEUR • Konsolidierte Umsatzerlöse ≤ 38.500 TEUR • Ø Arbeitnehmerzahl ≤ 250

Abb. 148: Größenkriterien in § 293 HGB a. F. und nach BilMoG

Die Regelungen in § 293 Abs. 4 HGB, wonach das erstmalige Überschreiten der Schwellenwerte noch keine Konzernrechnungslegungspflicht auslöst, um bislang kleinen Konzernen das **Hineinwachsen** in die Verpflichtung zu vereinfachen, ist bestehen geblieben. Sie wurde durch das BilMoG in Satz 2 um den Hinweis erweitert, dass § 267 Abs. 4 Satz 2 HGB entsprechend anzuwenden ist. Demnach besteht bereits dann eine Konzernrechnungslegungspflicht, wenn die Schwellenwerte am ersten Konzernabschlussstichtag nach einer Umwandlung oder Neugründung überschritten werden. Ein Anwendungsfall ist der Formwechsel eines bislang dem PublG unterliegenden Mutterunternehmens in eine Kapitalgesellschaft. Unabhängig davon, ob nach PublG eine Konzernrechnungslegungspflicht bestand, muss das nunmehr als Kapitalgesellschaft firmierende Mutterunternehmen am ersten Abschlussstichtag nach dem Formwechsel einen Konzernabschluss erstellen, wenn die Schwellenwerte überschritten werden.

Auch für den Fall, dass ein Unternehmen Vermögenswerte und Schulden in ein Tochterunternehmen ausgründet[773] und der so entstandene Konzern zwei der drei Schwellenwerte am ersten Abschlussstichtag nach der Ausgründung überschreitet, ist eine Verpflichtung zur Erstellung eines Konzernabschlusses und Konzernlageberichts zu bejahen. Da der Konzernabschluss in diesem Fall inhaltlich die Fortsetzung des bisherigen Einzelabschlusses des Unternehmens darstellt, genügte eine Nichteinbeziehung des ausgegründeten Tochterunternehmens nicht dem Informationszweck der konsolidierten Rechnungslegung.

Die in § 293 Abs. 5 HGB enthaltene Ausnahme, wonach die größenabhängige Befreiung nicht in Anspruch genommen werden kann, wenn das Mutterunternehmen oder ein in den Konzernabschluss einbezogenes Tochterunternehmen am Abschlussstichtag kapitalmarktorientiert ist, wurde inhaltlich unverändert aus dem alten Recht übernommen. Sie erfuhr lediglich eine redaktionelle Anpassung, indem die bisherige Bezugnahme auf das Wertpapierhandelsgesetz durch einen Verweis auf die neu eingeführte Legaldefinition des Begriffs ‚kapitalmarktorientiert' in § 264d HGB ersetzt wurde (vgl. Kapitel 2, Abschnitt 1, Gliederungspunkt 3.2).

---

[773] Ausgliederung zur Neugründung i. S. v. § 123 Abs. 3 Nr. 2 UmwG.

2.4 Erstanwendung, Übergangsregelung und steuerliche Folgen

Die in § 291 Abs. 3 HGB vorgenommenen Modifizierungen zu befreienden EU / EWR-Konzernabschlüssen finden nach Art. 66 Abs. 3 Satz 1 EGHGB Anwendung auf Konzernabschlüsse für Geschäftsjahre, die nach dem **31.12.2009** beginnen. Das Zustimmungserfordernis von kleinen Minderheitengruppen in § 291 Abs. 3 Nr. 2 Satz 2 HGB a. F. war demnach **letztmals** bei befreienden Konzernabschlüssen für Geschäftsjahre zu beachten, die vor dem **1.1.2010** begannen (vgl. Art. 66 Abs. 5 EGHGB).

Wird von dem in Art. 66 Abs. 3 Satz 5 EGHGB formulierten Wahlrecht Gebrauch gemacht, die in Art. 66 Abs. 3 EGHGB enthaltenen Regelungen vorzeitig, d. h. für Geschäftsjahre, die nach dem **31.12.2008** begannen, anzuwenden, hat dies zur Folge, dass auch das in § 293 Abs. 3 Nr. 2 a. F. enthaltene Vetorecht kleiner Minderheitengruppen nicht mehr zu beachten ist. Hierfür muss das die Aufstellung eines Teilkonzernabschlusses prüfende Unternehmen die durch das BilMoG geänderten Regelungen in seinem Einzelabschluss anwenden.

Die in § 292 Abs. 2 HGB enthaltene Anpassung an die Abschlussprüferrichtlinie ist nach Art. 66 Abs. 2 EGHGB auf Konzernabschlüsse für nach dem 31.12.2008 begonnene Geschäftsjahre anzuwenden.

Die Modifizierung der Schwellenwerte in § 293 Abs. 1 HGB wird nach Art. 66 Abs. 1 EGHGB erstmals für Konzernabschlüsse eines nach dem 31.12.2007 begonnenen Geschäftsjahres wirksam. Bei kalendergleichem Geschäftsjahr bedeutet dies, dass bereits für die Frage, ob zum 31.12.2008 eine Über- oder Unterschreitung der Schwellenwerte an zwei aufeinander folgenden Abschlussstichtagen vorliegt, zum 31.12.2006 und 31.12.2007 die erhöhten Schwellenwerte heranzuziehen sind (BT-Drucks. 16/10067, S. 98 f.). Zur Problematik, dass bereits ein Prüfungsauftrag für einen nach den alten Schwellenwerten erforderlichen Konzernabschluss erteilt wurde, der nach den angehobenen Schwellenwerten nicht mehr erstellt werden musste, wird auf die Ausführungen zu § 267 HGB in Kapitel 2, Abschnitt 1, Gliederungspunkt 2 verwiesen, die sinngemäß gelten.

Die redaktionelle Anpassung in § 293 Abs. 5 HGB gilt nach Art. 66 Abs. 3 EGHGB für nach dem 31.12.2009 beginnende Geschäftsjahre. Auch die durch das BilMoG in § 293 Abs. 4 Satz 2 HGB aufgenommene Ergänzung findet in den Erstanwendungsvorschriften in Art. 66 Abs. 3 EGHGB Berücksichtigung. Sie ist ebenfalls für nach dem 31.12.2009 beginnende Geschäftsjahre zu beachten, es sei denn, sämtliche Regelungen in Art. 66 Abs. 3 EGHGB wurden vorzeitig angewendet.

Die nachstehende Abb. 149 fasst die Regelungen zur Erstanwendung und zum Übergang der Befreiungstatbestände in §§ 291-293 HGB zusammen.

Übergang auf die geänderten Befreiungsregelungen	
Erstmalige Anwendung	Übergang

• Größenmerkmale: Konzernabschlüsse für nach dem 31.12.2007 beginnende Geschäftsjahre
Art. 66 Abs. 1 EGHGB
• Befreiungsregelung nach § 291 HGB: Konzernabschlüsse für nach dem 31.12.2008 beginnende Geschäftsjahre
  » Obligatorisch: Konzernabschlüsse für nach dem 31.12.2009 beginnende Geschäftsjahre
  » Optional: Konzernabschlüsse für nach dem 31.12.2008 beginnende Geschäftsjahre (nur im Verbund mit allen übrigen vorzeitig anwendbaren Vorschriften)
Art. 66 Abs. 3 EGHGB
• Befreiungsregelung nach § 292 HGB: Konzernabschlüsse für nach dem 31.12.2008 beginnende Geschäftsjahre
Art. 66 Abs. 2 EGHGB
	• Keine Übergangsregelung
	• Zur Überprüfung der Merkmale für die größenabhängige Befreiung sind zum 31.12.2006 und zum 31.12.2007 bereits die erhöhten Schwellenwerte zugrunde zu legen

Abb. 149: *Übergang auf die modifizierten Befreiungsregeln in §§ 291, 292 und 293 HGB*

Steuerliche Folgen können sich indirekt aufgrund der Einführung der Zinsschranke und der nach § 4h Abs. 3 S. 5 EStG ggf. erforderlichen Abgrenzung des Konsolidierungskreises nach den handelsrechtlichen Regelungen ergeben (vgl. Gliederungspunkt 1.2.3).

3 Veränderung des Konsolidierungskreises

§ 294 HGB erhielt durch das BilMoG folgenden Wortlaut:

HGB § 294 Einzubeziehende Unternehmen, Vorlage und Auskunftspflichten

(1) In den Konzernabschluss sind das Mutterunternehmen und alle Tochterunternehmen ohne Rücksicht auf den Sitz der Tochterunternehmen einzubeziehen, sofern die Einbeziehung nicht nach § 296 unterbleibt.

(2) Hat sich die Zusammensetzung der in den Konzernabschluss einbezogenen Unternehmen im Laufe des Geschäftsjahres wesentlich geändert, so sind in den Konzernabschluss Angaben aufzunehmen, die es ermöglichen, die aufeinander folgenden Konzernabschlüsse sinnvoll zu vergleichen.

(3) Die Tochterunternehmen haben dem Mutterunternehmen ihre Jahresabschlüsse, Einzelabschlüsse nach § 325 Abs. 2a, Lageberichte, Konzernabschlüsse, Konzernlageberichte und, wenn eine Abschlussprüfung stattgefunden hat, die Prüfungsberichte sowie, wenn ein Zwischenabschluss aufzustellen ist, einen auf den Stichtag des Konzernabschlusses aufgestellten Abschluss unverzüglich einzureichen.

> Das Mutterunternehmen kann von jedem Tochterunternehmen alle Aufklärungen und Nachweise verlangen, welche die Aufstellung des Konzernabschlusses und des Konzernlageberichts erfordert.

Gemäß § 294 Abs. 1 HGB sind in den Konzernabschluss eines Mutterunternehmens, das seinen Sitz nach § 290 HGB im Inland haben muss, grundsätzliche alle Tochterunternehmen im Wege der Vollkonsolidierung ohne Rücksicht auf deren Sitz einzubeziehen. Dieses sog. **Weltabschlussprinzip** gilt vorbehaltlich der in § 296 HGB für bestimmte Tochterunternehmen geltenden Einbeziehungswahlrechte. § 294 Abs. 2 HGB fordert bei wesentlichen Änderungen des Konsolidierungskreises während des Geschäftsjahres,[774] dass dem Bilanzleser zusätzliche Informationen zur Verfügung gestellt werden, um eine Vergleichbarkeit im Zeitablauf zu gewährleisten.[775] Dabei war es dem Mutterunternehmen nach altem Recht freigestellt, die in Abs. 2 geforderte Berichtspflicht durch zusätzliche Angaben im Konzernanhang oder durch eine Anpassung der Vorjahreszahlen zu erfüllen.

In der Bilanzierungspraxis wurde üblicherweise die Berichterstattung im **Konzernanhang** gewählt. Sie sollte nach h. M. zumindest die Auswirkungen auf die wesentlichen Posten der Konzernbilanz und Konzern-GuV, auf die Zahlungsströme der Aktivitätsformate in der Konzernkapitalflussrechnung sowie auf die Reinvermögenseffekte in der Eigenkapitalveränderungsrechnung umfassen.[776] Bei der bislang alternativ zulässigen Anpassung der Vorjahreszahlen geschah dies regelmäßig durch einen Dreispaltenausweis, d. h. neben den angepassten Zahlen wurden auch die originär berichteten Zahlen angegeben.[777]

Das BilMoG hat die Möglichkeit der Berichterstattung über eine **Konsolidierungskreisänderung** mittels der Anpassung der Vorjahreszahlen gestrichen. Mit der Aufhebung des Wahlrechts und der Fokussierung auf die in der Bilanzierungspraxis und in der internationalen Rechnungslegung gängige Methode sollte eine Erhöhung der

---

[774] Strittig ist, ob auch Zu- und Abgänge von quotal konsolidierten Gemeinschaftsunternehmen und in der Folge auch Übergangskonsolidierungen, bspw. von der Voll- auf die Quotenkonsolidierung, zu einer Berichtspflichten auslösenden Veränderung des Konsolidierungskreises führen; dies bejahend Adler/Düring/Schmaltz: Rechnungslegung und Prüfung der Unternehmen, 6. Aufl., Stuttgart 1995 ff., § 294 HGB, Tz. 17; ablehnend Sahner/Sauermann, in: Küting/Weber (Hrsg.): HdK, 2. Aufl., Stuttgart 1998, § 294 HGB, Rn. 3.
[775] Bei einem Zu- oder Abgang eines Tochterunternehmens ist auch die Vergleichbarkeit der Konzern-GuV der Zu- oder Abgangsperiode mit der Folgeperiode eingeschränkt. Eine Berichtspflicht zur Sicherstellung der Vergleichbarkeit ergibt sich in diesem Falle nicht aus § 294 Abs. 2 HGB, sondern aus § 265 Abs. 2 Satz 2 u. 3 HGB i. V. m. § 298 Abs. 1 HGB (vgl. Förschle/Deubert, in: Ellrott u. a. (Hrsg.): Beck'scher Bilanz-Kommentar, 7. Aufl., München 2010, § 294 HGB, Anm. 10). Eine Änderung durch das BilMoG ergab sich diesbezüglich nicht.
[776] Vgl. Adler/Düring/Schmaltz: Rechnungslegung und Prüfung der Unternehmen, 6. Aufl., Stuttgart 1995 ff., § 294 HGB, Tz. 20 m. w. N.).
[777] Vgl. Sahner/Sauermann, in: Küting/Weber (Hrsg.): HdK, 2. Aufl., Stuttgart 1998, § 294 HGB, Rn. 18.

Vergleichbarkeit von handelsrechtlichen Konzernabschlüssen auf nationaler, aber auch auf internationaler Ebene erreicht werden (BT-Drucks. 17/10067, S. 80).

In der folgenden Abb. 150 sind die wesentlichen Merkmale der Erläuterung von Konsolidierungskreisänderungen nach § 293 Abs. 2 HGB a. F. im Vergleich zu dem durch das BilMoG geänderten Recht zusammengefasst:

Konsolidierungskreisänderungen nach HGB a.F. und nach BilMoG	
Erläuterung nach bisherigem Recht	
Alternative 1: Angaben im Anhang	Alternative 2: Anpassung Vorjahreszahlen
• Die Angaben müssen die Auswirkungen der Änderung gegenüber dem vorjährigen KA erkennen lassen • Gefordert sind quantitative Angaben zur Bilanz, GuV, KFR und zur EKV (Reinvermögenseffekte) § 294 Abs. 2 Satz 1 HGB a.F.	• Darstellung der Vorjahreswerte, als ob die Änderung des Konsolidierungskreises zu Beginn des Vorjahres erfolgt wäre • Üblich ist ein Dreispaltenausweis • Nur bedingt anwendbar bei Zugängen zum Konsolidierungskreis § 294 Abs. 2 Satz 2 HGB a.F.
Pflicht § 294 Abs. 2 Satz 1 HGB	Streichung
Änderungen durch das BilMoG	

Abb. 150: Erläuterung von Konsolidierungskreisänderungen nach HGB a. F. und BilMoG

Die geänderte Vorschrift ist nach Art. 66 Abs. 3 Satz 3 EGHGB obligatorisch **erstmals** auf Erwerbsvorgänge anzuwenden, die in Geschäftsjahren erfolgen, die nach dem **31.12.2009** beginnen. Auch wenn der Wortlaut der Erstanwendungsvorschrift nur von Erwerbsvorgängen spricht: Auf durch Veräußerungsvorgänge bedingte Konsolidierungskreisänderungen ist in Geschäftsjahren, die nach dem 31.12.2009 beginnen, ebenfalls der neu gefasste § 294 Abs. 2 HGB anzuwenden. Allein dies ist sinnvoll und folgt auch mittelbar aus Art. 66 Abs. 5 EGHGB, der die Sicherstellung einer Vergleichbarkeit durch die Anpassung von Vorjahreszahlen gemäß der Regelung in § 294 Abs. 2 HGB a. F. letztmalig für Konsolidierungskreisänderungen in Geschäftsjahren erlaubt, die vor dem 1.1.2010 begannen. Wird von der in Art. 66 Abs. 3 Satz 5 EGHGB bereitgestellten Möglichkeit Gebrauch gemacht, alle in Art. 66 Abs. 3 EGHGB aufgeführten Regelungen vorzeitig anzuwenden, ist der geänderte § 294 Abs. 2 HGB für Erwerbs- und Veräußerungsvorgänge zu beachten, die in nach dem **31.12.2008** begonnenen Geschäftsjahren erfolgen.

Die Erstanwendungs- und Übergangsregelung wird in Abb. 151 zusammengefasst.

Abschnitt 1: Aufstellungspflicht und Konsolidierungskreis

Übergang auf die geänderte Konsolidierungskreiserläuterung	
Erstmalige Anwendung	**Übergang**
• Obligatorisch: Die Neuregelung findet auf Erwerbs- und Veräußerungsvorgänge Anwendung, die in einem nach dem 31.12.2009 beginnenden Geschäftsjahr erfolgen • Optional: Die Neuregelung findet auf Erwerbs- und Veräußerungsvorgänge Anwendung, die in einem nach dem 31.12.2008 beginnenden Geschäftsjahr erfolgen (nur im Verbund mit allen übrigen vorzeitig anwendbaren Vorschriften) Art. 66 Abs. 3 EGHGB	Keine explizite Regelung

Abb. 151: Übergang auf die geänderte Konsolidierungskreiserläuterung

Abschnitt 2: Inhalt des Konzernabschlusses und anzuwendende Vorschriften

Autor: Dr. Markus Leinen

1 Inhalt des Konzernabschlusses

Das BilMoG hat § 297 HGB wie folgt modifiziert:

HGB § 297 Inhalt

(1) Der Konzernabschluss besteht aus der Konzernbilanz, der Konzern-Gewinn- und Verlustrechnung, dem Konzernanhang, der Kapitalflussrechnung und dem Eigenkapitalspiegel. Er kann um eine Segmentberichterstattung erweitert werden.

(2) Der Konzernabschluss ist klar und übersichtlich aufzustellen. Er hat unter Beachtung der Grundsätze ordnungsmäßiger Buchführung ein den tatsächlichen Verhältnissen entsprechendes Bild der Vermögens-, Finanz- und Ertragslage des Konzerns zu vermitteln. Führen besondere Umstände dazu, dass der Konzernabschluss ein den tatsächlichen Verhältnissen entsprechendes Bild im Sinne des Satzes 2 nicht vermittelt, so sind im Konzernanhang zusätzliche Angaben zu machen. Die gesetzlichen Vertreter eines Mutterunternehmens, das Inlandsemittent im Sinne des § 2 Abs. 7 des Wertpapierhandelsgesetzes und keine Kapitalgesellschaft im Sinne des § 327a ist, haben bei der Unterzeichnung schriftlich zu versichern, dass nach bestem Wissen der Konzernabschluss ein den tatsächlichen Verhältnissen entsprechendes Bild im Sinne des Satzes 2 vermittelt oder der Konzernanhang Angaben nach Satz 3 enthält.

(3) Im Konzernabschluss ist die Vermögens-, Finanz- und Ertragslage der einbezogenen Unternehmen so darzustellen, als ob diese Unternehmen insgesamt ein einziges Unternehmen wären. Die auf den vorhergehenden Konzernabschluss angewandten Konsolidierungsmethoden sind beizubehalten. Abweichungen von Satz 2 sind in Ausnahmefällen zulässig. Sie sind im Konzernanhang anzugeben und zu begründen. Ihr Einfluss auf die Vermögens-, Finanz- und Ertragslage des Konzerns ist anzugeben.

In der einzelgesellschaftlichen Rechnungslegung normiert der durch das BilMoG neu formulierte § 246 Abs. 3 HGB die Ansatzstetigkeit, § 252 Abs. 1 Nr. 6 HGB die Bewertungsmethodenstetigkeit und § 265 Abs. 1 HGB die Ausweisstetigkeit. Für Zwecke der Konzernrechnungslegung, in der diese Stetigkeitsgrundsätze über den Verweis in § 298 Abs. 1 HGB zu beachten sind, werden sie durch den Grundsatz der Konsolidierungsmethodenstetigkeit ergänzt. Den Konsolidierungsmethoden sind alle Maßnahmen zu subsumieren, die erforderlich sind, um aus den Jahresabschlüssen der einbezogenen Unternehmen den Konzernabschluss zu entwickeln.[778]

Während bereits der RegE BilMoG die Bewertungsmethodenstetigkeit entsprechend der neu aufgenommenen Ansatzstetigkeit und der Ausweisstetigkeit nicht länger als Soll-, sondern als **Mussvorschrift** formulierte (vgl. BT-Drucks. 16/10067, S. 6 und 52), ist die sprachliche Verschärfung für die **Konsolidierungsmethodenstetigkeit** erst durch die Änderungen des Rechtsausschusses in das Gesetz eingeflossen (vgl. BT-Drucks. 16/12407, S. 116).

Bislang und auch zukünftig ist nach § 297 Abs. 3 Satz 3 HGB eine Abweichung von der Stetigkeit der Konsolidierungsmethoden nur in begründeten Ausnahmefällen zulässig. Die inhaltliche Basis der Regelung bleibt unangetastet.

Der strengere Wortlaut des Stetigkeitsgebots sollte für die Bilanzierungs- und Prüfungspraxis daher als Hinweis des Gesetzgebers verstanden werden, in nicht zu großzügigem Maße Änderungen von Rahmenbedingungen als begründete Ausnahmefälle i. S. v. § 297 Abs. 3 Satz 3 HGB anzusehen; vgl. hierzu die Ausführungen zu § 252 Abs. 1 Nr. 6 HGB in Kapitel 2, Abschnitt 2, Gliederungspunkt 2.7.

Die Erstanwendungs- und Übergangsregelung für die Wortlautverschärfung in § 297 Abs. 2 Satz 2 HGB ist in Abb. 152 zusammengefasst:

Konsolidierungsmethodenstetigkeit als Mussvorschrift	
Erstmalige Anwendung	Übergang
• Obligatorisch: Konzernabschlüsse für nach dem 31.12.2009 beginnende Geschäftsjahre • Optional: Konzernabschlüsse für nach dem 31.12.2008 beginnende Geschäftsjahre (nur im Verbund mit allen übrigen vorzeitig anwendbaren Vorschriften) Art. 66 Abs. 3 EGHGB	Keine explizite Regelung

Abb. 152: Formulierung der Konsolidierungsmethodenstetigkeit als Mussvorschrift

---

[778] Vgl. Förschle/Kroner, in: Ellrott u. a. (Hrsg.): Beck'scher Bilanz-Kommentar, 7. Aufl., München 2010, § 297 HGB, Anm. 200.

2 Maßgebliches Normensystem

§ 298 HGB hat durch das BilMoG folgenden Wortlaut erhalten:

HGB § 298 Anzuwendende Vorschriften, Erleichterungen

(1) Auf den Konzernabschluss sind, soweit seine Eigenart keine Abweichung bedingt oder in den folgenden Vorschriften nichts anderes bestimmt ist, die §§ 244 bis 256a, 265, 266, 268 bis 275, 277 und 278 über den Jahresabschluss und die für die Rechtsform und den Geschäftszweig der in den Konzernabschluss einbezogenen Unternehmen mit Sitz im Geltungsbereich dieses Gesetzes geltenden Vorschriften, soweit sie für große Kapitalgesellschaften gelten, entsprechend anzuwenden.

(2) In der Gliederung der Konzernbilanz dürfen die Vorräte in einem Posten zusammengefasst werden, wenn deren Aufgliederung wegen besonderer Umstände mit einem unverhältnismäßigen Aufwand verbunden wäre.

(3) Der Konzernanhang und der Anhang des Jahresabschlusses des Mutterunternehmens dürfen zusammengefasst werden. In diesem Falle müssen der Konzernabschluss und der Jahresabschluss des Mutterunternehmens gemeinsam offengelegt werden. Aus dem zusammengefassten Anhang muss hervorgehen, welche Angaben sich auf den Konzern und welche Angaben sich nur auf das Mutterunternehmen beziehen.

Nach § 298 Abs. 1 HGB sind die für den Einzelabschluss einschlägigen Vorschriften hinsichtlich Bilanzansatz, Bewertung und Ausweis auch im Konzernabschluss zu beachten. Dies gilt in dem Umfang, wie sie sich auf große Kapitalgesellschaften beziehen. Von ihrer Anwendung ist zwingend abzusehen, falls konzernabschlussspezifische Vorschriften oder die Eigenart des Konzernabschlusses dies erfordern. Hierzu zählt bspw. die Erweiterung der Gliederungsschemata in §§ 266 und 275 HGB um den Ausgleichsposten für Anteile anderer Gesellschafter (vgl. § 307 Abs. 1 HGB) und den auf sie entfallenden Ergebnisanteil (§ 307 Abs. 2 HGB). Kein Verweis ist auf solche Einzelabschlussregelungen notwendig, für die es im Bereich der Konzernrechnungslegungsnormen eigenständige Bestimmungen (bspw. zur Aufstellungspflicht, zu Anhangsangaben oder zum Lagebericht) gibt. Ferner gelten für die Konzernrechnungslegung die besonderen rechtsform- oder geschäftszweigspezifischen Einzelabschlussvorschriften, denen inländische Unternehmen des Konsolidierungskreises unterliegen.

Die Modifizierung des § 298 Abs. 1 HGB war lediglich der **redaktionelle Reflex** auf die im Bereich der einzelgesellschaftlichen Rechnungslegung durch das BilMoG vorgenommenen Änderungen. Der Verweis auf die gestrichenen § 279 HGB (Nichtanwendung von Vorschriften. Abschreibungen), § 280 HGB (Wertaufholungsgebot), § 282 HGB (Abschreibungen der Aufwendungen für die Ingangsetzung und Erweiterung des Geschäftsbetriebs) und § 283 HGB (Wertansatz des Eigenkapitals) wurde eliminiert, wohingegen auf den neu geschaffenen § 256a HGB (Währungsumrechnung) nunmehr Bezug genommen wird (vgl. Kapitel 2, Abschnitt 2, Gliederungspunkt 3.2).

Demnach sind auf fremde Währung lautende Posten in den konsolidierungsfähigen Einzelabschlüssen (HB II) der in einen Konzernabschluss einzubeziehenden Unternehmen nach § 256a HGB in die Landeswährung des jeweiligen Unternehmens umzurechnen. Dies gilt auch für bereits auf die Konzernberichtswährung lautende Posten. Hält bspw. ein britisches Tochterunternehmen einer deutschen Konzernmutter auf Euro lautende Forderungen gegen Konzernfremde, sind diese in einem ersten Schritt nach § 256a HGB in britische Pfund und im zweiten Schritt als Teil des auf fremde Währung (GBP) lautenden konsolidierungsfähigen Einzelabschlusses (HB II) des britisches Tochterunternehmens nach § 308a HGB in Euro umzurechnen.

Abb. 153 fasst die Erstanwendungs- und Übergangsregelung zur redaktionellen Anpassung von § 298 Abs. 1 HGB zusammen:

Nach § 298 Abs. 1 HGB anzuwendende Normen (redaktionelle Anpassung)	
Erstmalige Anwendung	Übergang
• Obligatorisch: Konzernabschlüsse für nach dem 31.12.2009 beginnende Geschäftsjahre • Optional: Konzernabschlüsse für nach dem 31.12.2008 beginnende Geschäftsjahre (nur im Verbund mit allen übrigen vorzeitig anwendbaren Vorschriften) Art. 66 Abs. 3 EGHGB	Keine explizite Regelung

Abb. 153: Aktualisierung des Verweisbereichs in § 298 Abs. 1 HGB durch das BilMoG

Abschnitt 3: Konsolidierung

Autoren: Dr. Markus Leinen / WP/StB Dr. Michael Strickmann

1 Konsolidierungsgrundsätze und Vollständigkeitsgebot

§ 300 HGB hat durch das BilMoG folgende Fassung erhalten:

> **HGB § 300 Konsolidierungsgrundsätze, Vollständigkeit**
>
> (1) In dem Konzernabschluss ist der Jahresabschluss des Mutterunternehmens mit den Jahresabschlüssen der Tochterunternehmen zusammenzufassen. An die Stelle der dem Mutterunternehmen gehörenden Anteile an den einbezogenen Tochterunternehmen treten die Vermögensgegenstände, Schulden, Rechnungsabgrenzungsposten und Sonderposten der Tochterunternehmen, soweit sie nach dem Recht des Mutterunternehmens bilanzierungsfähig sind und die Eigenart des Konzernabschlusses keine Abweichungen bedingt oder in den folgenden Vorschriften nichts anderes bestimmt ist.
>
> (2) Die Vermögensgegenstände, Schulden und Rechnungsabgrenzungsposten sowie die Erträge und Aufwendungen der in den Konzernabschluss einbezogenen Unternehmen sind unabhängig von ihrer Berücksichtigung in den Jahresabschlüssen dieser Unternehmen vollständig aufzunehmen, soweit nach dem Recht des Mutterunternehmens nicht ein Bilanzierungsverbot oder ein Bilanzierungswahlrecht besteht. Nach dem Recht des Mutterunternehmens zulässige Bilanzierungswahlrechte dürfen im Konzernabschluss unabhängig von ihrer Ausübung in den Jahresabschlüssen der in den Konzernabschluss einbezogenen Unternehmen ausgeübt werden. Ansätze, die auf der Anwendung von für Kreditinstitute oder Versicherungsunternehmen wegen der Besonderheiten des Geschäftszweigs geltenden Vorschriften beruhen, dürfen beibehalten werden; auf die Anwendung dieser Ausnahme ist im Konzernanhang hinzuweisen.

Der vierte Titel (Vollkonsolidierung) der handelsrechtlichen Vorschriften zur Konzernrechnungslegung regelt die zur Aufstellung eines Konzernabschlusses notwendigen Konsolidierungsschritte. Im einleitenden § 300 HGB wird in Abs. 1 die Methodik der Vollkonsolidierung grob skizziert. Abs. 2 formuliert ein **Vollständigkeitsgebot** im Hinblick auf das Mengengerüst der in den Konzernabschluss zu übernehmenden Vermögens- und Schuldposten sowie Aufwendungen und Erträge. Ansatzwahlrechte dürfen unabhängig von ihrer Ausübung in den Einzelabschlüssen der einbezogenen Unternehmen ausgeübt werden. Eine Vereinheitlichung der Bilanzansätze wird dadurch erreicht, dass die Bilanzansatzvorschriften des Mutterunternehmens konzernweit Verbindlichkeit erlangen.

Die durch das BilMoG in § 300 Abs. 1 HGB vorgenommene Änderung ist die Konsequenz aus der Streichung der Bilanzierungshilfen in der einzelgesellschaftlichen Rechnungslegung. Ansonsten blieb § 300 HGB unverändert. Indem die im RegE BilMoG noch vorgesehene konsequente Eliminierung von Wahlrechten in der finalen Gesetzesfassung aufgeweicht wurde, hat die Möglichkeit einer eigenständigen Konzernbilanzpolitik in den Bereichen Aktivierung selbst geschaffener immaterieller Vermögenswerte, Aktivierung latenter Steuern, Aktivierung von Disagien und Übergangsregelungen bei Pensionsverpflichtungen weiterhin Bedeutung.

Beispiel

Sachverhalt:

Die A AG erstellt einen Konzernabschluss, in dem die B AG als Tochterunternehmen einbezogen wird. Die A AG aktiviert in ihrem Einzelabschluss ein Disagio, die B AG berücksichtigt in ihrem Einzelabschluss ein Disagio hingegen unmittelbar aufwandswirksam (vgl. § 250 Abs. 3 HGB).

Beurteilung nach HGB a. F.:

Für Zwecke der Konzernrechnungslegung konnte das Wahlrecht zur Aktivierung eines Disagios unabhängig von der Vorgehensweise im Einzelabschluss neu ausgeübt werden (vgl. § 300 Abs. 2 Satz 2 HGB a. F.). Da es im alten Recht keinen Grundsatz der Ansatzstetigkeit gab, konnte dieses Wahlrecht vom Mutterunternehmen und Tochterunternehmen unabhängig voneinander ausgeübt werden. Hieraus ergaben sich für den Konzernabschluss der A AG folgende zulässige Abbildungsvarianten:

- Die Disagien der A AG und B AG werden aktiviert.
- Die Disagien der A AG und B AG werden unmittelbar aufwandswirksam verrechnet.
- Das Disagio der A AG wird aktiviert, das der B AG wird unmittelbar aufwandswirksam verrechnet.
- Das Disagio der A AG wird unmittelbar aufwandswirksam verrechnet, das der B AG wird aktiviert.

Die skizzierte Lösung war nach DRS 13.7 nicht zulässig, da nach dem Willen des DSR der Stetigkeitsgrundsatz auch für Ansatzwahlrechte Gültigkeit hatte. Der DSR war bei der Entwicklung von DRS 13 an bisher geltendes Recht gebunden. Es durfte indes bezweifelt werden, ob die geforderte Gültigkeit des Stetigkeitsgrundsatzes auch für Ansatzfragen tatsächlich mit dem bisherigen Regelungskanon im Einklang stand oder ob sie eine dann nicht vom HGB a. F. getragene Ausdehnung beinhaltete.

Beurteilung nach HGB i. d. F. des BilMoG:

Auch nach BilMoG kann für Zwecke der Konzernrechnungslegung das weiterhin bestehende Aktivierungswahlrecht für Disagien neu ausgeübt werden. Da nunmehr über § 298 Abs. 1 HGB die in § 246 Abs. 3 HGB neu aufgenommene Ansatzstetigkeit zu beachten ist, sind fortan nur noch folgende Abbildungsvarianten zulässig:

- Die Disagien der A AG und B AG werden aktiviert.
- Die Disagien der A AG und B AG werden unmittelbar aufwandswirksam verrechnet.

Zudem können die Übergangswahlrechte des Art. 67 Abs. 1, 3 und 4 EGHGB, die es in vielen Fällen erlauben, die nach neuem Recht nicht mehr zulässigen Bilanzansätze entweder beizubehalten und nach altem Recht vorzuführen oder aufzulösen, im Konzernabschluss anders als im Einzelabschluss des Mutterunternehmens ausgeübt werden. Im Regelfall ist die Art der Auflösung – Verrechnung mit den Gewinnrücklagen oder erfolgswirksame Erfassung als außerordentlicher Aufwand bzw. Ertrag – davon abhängig, wann der zu korrigierende Bilanzansatz gebildet wurde. So sind nach Art. 67 Abs. 3 EGHGB Beträge, die einer Aufwandsrückstellungen nach § 249 Abs. 1 Satz 3, Abs. 2 HGB a. F. im Jahr vor dem nicht vorzeitigen Übergang auf die Regelungen des BilMoG zugeführt wurden, erfolgswirksam aufzulösen, frühere Zuführungen hingegen erfolgsneutral in die Gewinnrücklagen umzugliedern. Eine vergleichbare Regelung findet sich in Art. 67 Abs. 4 EGHGB für Zukunftswertabschreibungen (vgl. § 253 Abs. 3 Satz 3 HGB a. F.). Durch die differenzierende Auflösungsregelung soll verhindert werden, dass im Geschäftsjahr vor der Umstellung auf die Regelungen des BilMoG bspw. Aufwandsrückstellungen allein mit dem Ziel gebildet werden, sie in der folgenden Periode erfolgsneutral in die Gewinnrücklagen umzugliedern (vgl. BT-Drucks. 16/12407, S. 96). Gesetzgeberisches Motiv für die Regelung war es wohl, einen gezielten Eingriff in die Gewinnverwendungskompetenz der Gesellschafter zu vermeiden. Eine Ausschüttungsfunktion kommt dem Konzernabschluss allenfalls mittelbar zu. Daraus wird abgeleitet, dass es aufgrund der Eigenart des Konzernabschlusses zulässig ist, unabhängig vom Entstehungszeitpunkt des zu korrigierenden Wertansatzes eine erfolgsneutrale Auflösung vorzunehmen.[779] Dem ist nicht zu folgen. Gesetz und Regierungsbegründung geben dies nicht her.

Der Zeitpunkt der erstmaligen Beachtung der durch das BilMoG in § 300 Abs. 1 HGB vorgenommenen Anpassung ergibt sich aus Abb. 154:

---

[779] So Gelhausen/Fey/Kämpfer, Rechnungslegung und Prüfung nach dem Bilanzrechtsmodernisierungsgesetz, Düsseldorf 2009, Abschnitt Q, Tz. 187.

Grundprinzip der Konsolidierung (redaktionelle Anpassung)	
Erstmalige Anwendung	Übergang
• Obligatorisch: Konzernabschlüsse für nach dem 31.12.2009 beginnende Geschäftsjahre • Optional: Konzernabschlüsse für nach dem 31.12.2008 beginnende Geschäftsjahre (nur im Verbund mit allen übrigen vorzeitig anwendbaren Vorschriften) Art. 66 Abs. 3 EGHGB	Keine explizite Regelung

Abb. 154: Erstanwendung der redaktionellen Anpassung von § 300 Abs. 1 HGB

2 Kapitalkonsolidierung

2.1 Die neue Vorschrift im Überblick

§ 301 HGB hat in der Fassung des BilMoG folgenden Wortlaut:

HGB § 301 Kapitalkonsolidierung

(1) Der Wertansatz der dem Mutterunternehmen gehörenden Anteile an einem in den Konzernabschluss einbezogenen Tochterunternehmen wird mit dem auf diese Anteile entfallenden Betrag des Eigenkapitals des Tochterunternehmens verrechnet. Das Eigenkapital ist mit dem Betrag anzusetzen der dem Zeitwert der in den Konzernabschluss aufzunehmenden Vermögensgegenstände, Schulden, Rechnungsabgrenzungsposten und Sonderposten entspricht, der diesen an dem für die Verrechnung nach Absatz 2 maßgeblichen Zeitpunkt beizulegen ist. Rückstellungen sind nach § 253 Abs. 1 Satz 2 und 3, Abs. 2 und latente Steuern nach § 274 Abs. 2 zu bewerten.

(2) Die Verrechnung nach Absatz 1 ist auf der Grundlage der Wertansätze zu dem Zeitpunkt durchzuführen, zu dem das Unternehmen Tochterunternehmen geworden ist. Können die Wertansätze zu diesem Zeitpunkt nicht endgültig ermittelt werden, sind sie innerhalb der darauf folgenden zwölf Monate anzupassen. Ist ein Mutterunternehmen erstmalig zur Aufstellung eines Konzernabschlusses verpflichtet, sind die Wertansätze zum Zeitpunkt der Einbeziehung des Tochterunternehmens in den Konzernabschluss zugrunde zu legen, soweit das Unternehmen nicht in dem Jahr Tochterunternehmen geworden ist, für das der Konzernabschluss aufgestellt wird. Das Gleiche gilt für die erstmalige Einbeziehung eines Tochterunternehmens, auf die bisher gemäß § 296 verzichtet wurde.

(3) Ein nach der Verrechnung verbleibender Unterschiedsbetrag ist in der Konzernbilanz, wenn er auf der Aktivseite entsteht, als Geschäfts- oder Firmenwert und, wenn er auf der Passivseite entsteht, unter dem Posten „Unterschiedsbetrag aus der Kapitalkonsolidierung" nach dem Eigenkapital auszuweisen. Der Posten

> und wesentliche Änderungen gegenüber dem Vorjahr sind im Anhang zu erläutern.
>
> (4) Anteile an dem Mutterunternehmen, die einem in den Konzernabschluss einbezogenen Tochterunternehmen gehören, sind in der Konzernbilanz als eigene Anteile des Mutterunternehmens mit ihrem Nennwert, oder falls ein solcher nicht vorhanden ist, mit ihrem rechnerischen Wert, in der Vorspalte offen von dem Posten ‚Gezeichnetes Kapital' abzusetzen.

Die in § 301 HGB enthaltene **Erwerbsmethode** ist durch das BilMoG zur zukünftig allein zulässigen Vollkonsolidierungsmethode erklärt worden. Die in § 302 HGB a. F. geregelte **Interessenzusammenführungsmethode** (*Pooling of Interests*-Methode), die bei Vorliegen bestimmter Tatbestandsvoraussetzungen alternativ zur Erwerbsmethode anwendbar war, wurde gestrichen. Dies entsprach ihrer Bedeutung in der Bilanzierungspraxis. Auch in der internationalen Rechnungslegung existiert mit der Erwerbsmethode nur eine Abbildungsform für Unternehmenszusammenschlüsse.[780]

Die Regierungsbegründung lässt Sympathie für eine neben der Erwerbsmethode stehende zweite Konsolidierungsmethode erkennen, um unterschiedliche ökonomische Realitäten abbilden zu können, die sich einerseits in ‚echten' Unternehmenserwerben und andererseits in Zusammenschlüssen unter Gleichen ausdrücken. Hierzu ist § 302 HGB a. F. aber nicht geeignet. Er formuliert zum einen nur ein Konsolidierungswahlrecht, wodurch Unternehmenszusammenschlüsse unter Gleichen alternativ auch nach der Erwerbsmethode abgebildet werden können. Dieses wäre freilich streichbar gewesen. Zum anderen – und dies wiegt ungleich schwerer – führen die für eine Anwendung vorausgesetzten Tatbestandsmerkmale nicht zu einer eindeutigen Separierung von Unternehmenszusammenschlüssen unter Gleichen. Für eine Änderung des § 302 HGB a. F., die auf eine Behebung dieser Mängel abzielt, lässt der als Mitgliedstaatenwahlrecht ausgestaltete Art. 20 der Konzernbilanzierungsrichtlinie[781] keinen Raum (vgl. BT-Drucks. 16/10067, S. 82 f.).

Die durch das BilMoG vollzogenen Änderungen der Kapitalkonsolidierung erschöpfen sich nicht in der für die Praxis unbedeutenden Streichung von § 302 HGB a. F. Indem für die in § 301 HGB geregelte Erwerbsmethode die **Neubewertungsvariante verpflichtend** wird, ist die von der Bilanzierungspraxis in der Vergangenheit eindeutig bevorzugte Buchwertmethode zur Abbildung von Unternehmenserwerben zukünftig nicht mehr anwendbar. Mit der Fokussierung auf die Neubewertungsmethode soll ein Mehr an Informationen und eine bessere Vergleichbarkeit einhergehen (vgl. BT-Drucks. 16/10067, S. 80).

Die nachstehende Abb. 155 fasst die **Methoden der Vollkonsolidierung** für Tochterunternehmen nach HGB a. F. und BilMoG im Überblick zusammen.

---

[780] Vgl. IFRS 3.14 bzw. FASB ASC 805-10-25-1.
[781] Vgl. Art. 20 der Siebten EG-Richtlinie (83/349/EWG).

Abschnitt 3: Konsolidierung

Einbeziehung von TU in den Konzernabschluss nach HGB a. F. und BilMoG		
Einbeziehung von Tochterunternehmen nach bisherigem Recht		
Erwerbsmethode § 301 HGB		*Pooling of interests*-Methode § 302 HGB
Neubewertungsmethode	Buchwertmethode	
• Vollständige Neubewertung des Vermögens des TU • Keine Beschränkung der Neubewertung auf die AK der Beteiligung § 301 Abs. 1 Nr. 2 HGB a.F.	• Neubewertung des Vermögens des TU in Höhe der Anteilsquote des MU • Der Ansatz der quotalen Zeitwerte darf nicht zu einem negativen Unterschiedsbetrag führen oder diesen erhöhen § 301 Abs. 1 Nr. 1 HGB a.F.	• Fortführung der vereinheitlichten Buchwerte des TU • Verrechnung / Einstellung des Unterschiedsbetrags aus der Kapitalaufrechnung mit den / in die Konzernrücklagen • Nur unter strengen Voraussetzungen zulässig
Allein zulässige Methode nach BilMoG § 301 Abs. 1 Satz 2 HGB	Streichung	Streichung
Änderungen durch das BilMoG		

Abb. 155: Konsolidierungsmethoden für Tochterunternehmen nach HGB und BilMoG

Als weitere bedeutsame Änderung ist die Streichung des nach bisherigem Recht bestehenden Wahlrechts zur Festlegung des **Zeitpunkts** anzusehen, auf den die Wertverhältnisse für die **Kapitalaufrechnung** zu bestimmen sind (vgl. § 301 Abs. 2 HGB). Durch das BilMoG gilt nunmehr der Grundsatz, dass die Kapitalaufrechnung auf Basis der Wertansätze des Zeitpunkts zu erfolgen hat, zu dem das Unternehmen Tochterunternehmen geworden ist.

Die Bewertung des in den Konzernabschluss zu übernehmenden Reinvermögens des Tochterunternehmens erfolgt fortan nicht mehr zum **beizulegenden Wert**, sondern zum **beizulegenden Zeitwert** (vgl. § 301 Abs. 1 Satz 2 HGB). Die Hinwendung von einem betriebsindividuellen zu einem (objektiven) Marktwert beeinflusst die Höhe des zu übernehmenden Reinvermögens des Tochterunternehmens. Eine Ausnahme greift für die Zugangsbewertung von Rückstellungen und latenten Steuern (vgl. § 301 Abs. 1 Satz 3 HGB). Ihr Wert ist auf Basis des einzelgesellschaftlichen Bewertungsmodells zu ermitteln.

Dem (zeitlichen) Informationsbeschaffungsproblem bei der Ermittlung des maßgeblichen Zeitwerts begegnet das BilMoG mit der Implementierung eines **einjährigen Zeitfensters**, in dem die Wertfindung für das übernommene Reinvermögen des Tochterunternehmens zu finalisieren ist. Anders als die internationale Rechnungslegung kannte das bisherige Konzernbilanzrecht eine vergleichbare Regelung nicht.

Nicht mehr zulässig ist eine Verrechnung von Geschäfts- oder Firmenwerten mit passivischen Unterschiedsbeträgen aus der Kapitalkonsolidierung. Sie sind gesondert auf der Aktiv- bzw. Passivseite auszuweisen. Dabei ist der Unterschiedsbetrag aus der Kapitalkonsolidierung unabhängig von seinem Charakter nach dem Eigenkapital zu zeigen (vgl. § 301 Abs. 3 HGB).

Durch eine Änderung von § 301 Abs. 4 HGB ist schließlich der konzernbilanzielle Ausweis von Anteilen eines Tochterunternehmens am Mutterunternehmen (**Rückbeteiligung**) an die Regelung in § 272 Abs. 1a HGB (vgl. Kapitel 2, Abschnitt 7, Gliederungspunkt 2.2.1) angepasst worden.

Die geänderten Regeln sind nach Art. 66 Abs. 3 EGHGB obligatorisch erstmalig auf Unternehmenserwerbe anzuwenden, die in Geschäftsjahren getätigt werden, die nach dem 31.12.2009 beginnen. Optional kann ihre Anwendung im Verbund mit allen übrigen vorzeitig anwendbaren Vorschriften um ein Jahr vorgezogen werden. Eine spezielle Übergangsregelung sieht Art. 66 Abs. 5 EGHGB für § 302 HGB a. F. vor: Wird ein vor dem 1.1.2010 erworbenes Tochterunternehmen nach der Interessenzusammenführungsmethode in den Konzernabschluss einbezogen, so darf diese beibehalten werden.

Steuerliche Implikationen ergeben sich im Hinblick auf die Zinsschrankenthematik durch den Einfluss der Kapitalkonsolidierung auf die Konzerneigenkapitalquote.

2.2 Erläuterung der Neuregelung

2.2.1 Methodik der Erstkonsolidierung

Zukünftig ist allein die **Neubewertungsmethode** für die konzernbilanzielle Abbildung des Erwerbs eines Tochterunternehmens zulässig. Dies entspricht der Regelung in DRS 4.23. Bei der Neubewertungsmethode ist das in die Kapitalaufrechnung eingehende Eigenkapital des Tochterunternehmens mit dem Betrag anzusetzen, der sich nach vollständiger Aufdeckung der im Aufrechnungszeitpunkt in den Vermögensgegenständen und Schulden des Tochterunternehmens ruhenden stillen Rücklagen und Lasten ergibt. Eine Beschränkung auf die vom Mutterunternehmen für die Anteile am Tochterunternehmen gezahlten Anschaffungskosten (Anschaffungskostenrestriktion) besteht nicht. Die Vorgehensweise erfordert im Anschluss an die Festlegung des Aufrechnungszeitpunkts zunächst eine Neubewertung des an die Bilanzierungs- und Bewertungsmethoden des Konzerns angepassten Reinvermögens des Tochterunternehmens zu diesem Zeitpunkt.

Der neubewertete Jahresabschluss des Tochterunternehmens ergibt zusammen mit dem Einzelabschluss des Mutterunternehmens den Summenabschluss. Bei der anschließenden Kapitalaufrechnung ist der Beteiligungsbuchwert des Mutterunternehmens gegen das auf das Mutterunternehmen entfallende neubewerte Eigenkapital aufzurechnen. Eine entstehende Differenz ist unmittelbar als Geschäfts- oder Firmenwert bzw. als passivischer Unterschiedsbetrag aus der Kapitalkonsolidierung auszuweisen. Das etwaigen Minderheitsgesellschaftern des Tochterunternehmens zuzurechnende neubewertete Reinvermögen ist in einen Ausgleichsposten für Anteile anderer Gesellschafter umzubuchen.

Die beschriebenen Grundzüge der Neubewertungsmethode bestehen in § 301 HGB fort. **Änderungen** haben sich in den Details der einzelnen Konsolidierungsschritte ergeben:

- Das nach altem Recht gegebene Wahlrecht zur Bestimmung des **Aufrechnungszeitpunkts** ist entfallen (vgl. Gliederungspunkt 2.2.2).
- Als Maßstab zur Bestimmung des neubewerteten Vermögens dient mit Ausnahmen fortan der **beizulegende Zeitwert** und nicht mehr der beizulegende Wert (vgl. Gliederungspunkt 2.2.3).
- Bei der Neubewertung des Reinvermögens eines Tochterunternehmens sind nunmehr **latente Steuereffekte** zu beachten (vgl. Gliederungspunkt 3.2.1).

Bevor in den nächsten Kapiteln auf diese Änderungen eingegangen wird, soll das folgende Beispiel die Grundzüge der Neubewertungsmethode im Vergleich zur bisher alternativ zulässigen Buchwertmethode verdeutlichen.

Beispiel

Sachverhalt:

Die B AG hat zum 31.12.X1 eine 60 %ige Beteiligung zum Preis von 7 Mio. EUR (Variante 1) bzw. 3 Mio. EUR (Variante 2) an einem Tochterunternehmen erworben. Das Eigenkapital des Tochterunternehmens beträgt zum Erwerbsstichtag

- 4 Mio. EUR zu Buchwerten und
- 6 Mio. EUR nach Neubewertung.

Beurteilung nach HGB a. F.:

Die Kapitalkonsolidierung kann nach der Buchwertmethode oder der Neubewertungsmethode erfolgen. Bei Anwendung der **Neubewertungsmethode** ist das Vermögen des Tochterunternehmens in beiden Varianten unter voller Aufdeckung stiller Rücklagen in Höhe von 6 Mio. EUR in den Konzernabschluss zu übernehmen. Das übernommene Vermögen entfällt zu 60 % auf die Gesellschafter des Mutterunternehmens und zu 40 % auf die Minderheitsgesellschafter des Tochterunternehmens. Mithin ist ein Ausgleichsposten für Anteile anderer Gesellschafter in Höhe von 2,4 Mio. EUR zu bilden. In Variante 1 ist in Höhe der Differenz zwischen Kaufpreis (7 Mio. EUR) und anteiligem neubewerteten Reinvermögen (3,6 Mio. EUR) ein Geschäfts- oder Firmenwert (3,4 Mio. EUR) anzusetzen. In Variante 2 resultiert aus dem Vergleich von Kaufpreis (3 Mio. EUR) und anteiligem neubewerteten Reinvermögen (3,6 Mio. EUR) ein passivischer Unterschiedsbetrag in Höhe von 0,6 Mio. EUR.

Wird der Unternehmenszusammenschluss mithilfe der **Buchwertmethode** abgebildet, zeichnet sich für Variante 1 folgendes Bild: Das Vermögen des Tochterunternehmens ist in Höhe von 5,2 Mio. EUR in den Konzernabschluss der B AG aufzunehmen. Anders als bei der Neubewertungsmethode werden nur die auf die Gesellschafter des Mutterunternehmens entfallenden stillen Rücklagen aufgedeckt. Das übernommene Reinvermögen des Tochterunternehmens entfällt mit 3,6 Mio. EUR (60 % von 6 Mio. EUR) auf die Gesellschafter des Mutterunternehmens und mit 1,6 Mio. EUR (40 % von 4 Mio. EUR) auf die Minderheitsgesellschafter. In Höhe der Differenz zwischen Kaufpreis (7 Mio. EUR) und anteiligem auf die Gesellschafter des Mutterunternehmens entfallenden Eigenkapital (3,6 Mio. EUR) entsteht ein Geschäfts- oder Firmenwert (3,4 Mio. EUR). In Variante 2 greift anders als bei der Neubewertungsmethode die Anschaffungskostenrestriktion.[782] Es dürfen nur so viele stille Rücklagen aufgedeckt werden, dass die von der B AG gezahlten Anschaffungskosten (3 Mio. EUR) das auf sie entfallende Reinvermögen des Tochterunternehmens nicht überschreiten. Auf die Gesellschafter des Mutterunternehmens entfällt ein anteiliges Eigenkapital des Tochterunternehmens zu Buchwerten in Höhe von 2,4 Mio. EUR (60 % von 4 Mio. EUR). Mithin können noch 0,6 Mio. EUR stille Rücklagen aufgedeckt werden. In Variante 2 wird das in den Konzernabschluss der B AG zu übernehmende Vermögen des Tochterunternehmens im Ergebnis mit 4,6 Mio. EUR angesetzt. In beiden Varianten ist ein Ausgleichsposten für Anteile anderer Gesellschafter in Höhe von 1,6 Mio. EUR zu bilden.

Soweit stille Rücklagen in abnutzbaren Vermögensgegenständen des Tochterunternehmens aufgedeckt werden, führt die Neubewertungsmethode in den Folgeperioden zu höheren Abschreibungen als die Buchwertmethode (ein gegenläufiger Effekt entsteht in Variante 2 durch die Auflösung des passivischen Unterschiedsbetrags). Dem steht ein (vorübergehend) höheres Reinvermögen des Konzerns gegenüber. Kennzahlen, wie bspw. der *return on capital employed* (ROCE), stellen sich damit bei der Neubewertungsmethode schlechter dar als bei Anwendung der Buchwertmethode.

Beurteilung nach HGB i. d. F. des BilMoG:

Die Buchwertmethode steht als Abbildungsvariante nicht mehr zur Verfügung. Die Neubewertungsmethode unterscheidet sich von der Anwendung nach bisherigem Recht in der erforderlichen Berücksichtigung **latenter Steuern** (vgl. Gliederungspunkt 3.2.1). Nimmt man an, dass die steuerbilanziellen Wertansätze im Beispielsfall den handelsrechtlichen Buchwerten des Reinvermögens entsprechen, ist bei einem Ertragsteuersatz von 30 % im Rahmen der Kapitalkonsolidierung auf die Differenz zwischen dem Zeitwert und dem steuerlichen Wert des übernommenen Reinvermögens eine passive latente Steuer in Höhe von 0,6 (30 % von 2 Mio. EUR) zu bilden. Dem vom Mutterunternehmen gezahlten Kaufpreis von 7 Mio. EUR in Variante 1 ist ein auf die Gesellschafter des Mutterunternehmens entfallender Teil des neubewerteten Reinvermögens des Tochterunternehmens in Höhe von 3,24 Mio. EUR (60 % von 5,4 Mio. EUR) gegenüberzustellen. In Höhe der Differenz (3,76 Mio. EUR) ist ein Geschäfts- oder Firmenwert zu aktivieren. In Variante 2 ergibt sich aus der Gegenüberstellung von Kaufpreis (3 Mio. EUR) und

---

[782] Vgl. zur Anschaffungskostenrestriktion Kessler/Strickmann, StuB 2002, S. 629 ff.

anteiligem Reinvermögen (3,24 Mio. EUR) ein passivischer Unterschiedsbetrag in Höhe von 0,24 Mio. EUR. Der Ausgleichsposten für Anteile anderer Gesellschafter ist in beiden Varianten mit 2,16 Mio. EUR (40 % von 5,4 Mio. EUR) anzusetzen.

2.2.2 Zeitpunkt der Erstkonsolidierung

Nach altem Recht hatte der Bilanzierende ein **Wahlrecht, die erstmalige Kapitalaufrechnung** auf Basis der Wertansätze zum Zeitpunkt des Erwerbs der Anteile, zum Zeitpunkt der erstmaligen Einbeziehung des Unternehmens oder zu jenem Zeitpunkt vorzunehmen, zu dem das Unternehmen Tochterunternehmen geworden ist (vgl. § 301 Abs. 2 HGB a. F.).[783] Das Wahlrecht zwischen den beiden erstgenannten Zeitpunkten kam zum Tragen, wenn eine Beteiligung unterjährig erworben wurde. Die dritte Variante betraf den Fall des sukzessiven Erwerbs eines Tochterunternehmens.

Die durch das BilMoG neu gefasste Regelung in § 301 Abs. 2 Satz 1 HGB beschränkt das Wahlrecht zur Bestimmung der für die Kapitalaufrechnung maßgeblichen Wertansätze auf den **Zeitpunkt,** zu dem das Unternehmen **Tochterunternehmen** geworden ist. Bei unterjährigen Unternehmenserwerben ist damit unter Berücksichtigung von Wesentlichkeits- und Wirtschaftlichkeitsaspekten die Erstellung von Zwischenabschlüssen notwendig. Die ursprünglich im RefE BilMoG vorgesehene Aufrechnung auf den Zeitpunkt des Anteilserwerbs (vgl. § 301 Abs. 2 HGB in der Fassung des Referentenentwurfs und Begr. RefE BilMoG, S. 164 f.) wurde vor dem Hintergrund verworfen, dass nach der Neukonzeption von § 290 HGB ein Mutter-Tochter-Verhältnis ohne das Bestehen eines Beteiligungsverhältnisses vorliegen kann (vgl. BT-Drucks. 16/10067, S. 78 f.; BT-Drucks. 16/12407, S. 117).

Für den Fall, dass aufgrund des Überschreitens der Größenkriterien in § 293 HGB, der erstmaligen Einbeziehung eines bislang nach § 296 HGB nicht berücksichtigten Tochterunternehmens oder des Wegfalls der Voraussetzungen für eine Befreiung nach §§ 291 und 292 HGB eine Kapitalkonsolidierung notwendig wird, sieht § 301 Abs. 2 Satz 3 und 4 HGB **Erleichterungen** vor. Die für die Kapitalaufrechnung notwendigen Wertansätze sollen auf den Zeitpunkt der erstmaligen Einbeziehung in den Konzernabschluss ermittelt werden. Der Zeitpunkt der erstmaligen Einbeziehung sollte dabei durch den Geschäftsjahresbeginn und nicht das Geschäftsjahresende determiniert werden.[784] Die Regelung vermeidet mögliche Datenbeschaffungsprobleme bei länger zurückliegenden Beteiligungserwerben. Vor diesem Hintergrund ist auch die Ausnahme der Vereinfachungsregel konsequent: Ist am Bilanzstichtag erstmals ein Konzernabschluss aufzustellen, so müssen im abgelaufenen Geschäftsjahr erworbene Tochterunternehmen auf Basis der Wertverhältnisse des Stichtags konsolidiert werden, zu dem sie Tochterunternehmen geworden sind (Erwerbszeitpunkt). Hier vermu-

---

[783] Über § 310 Abs. 2 HGB gilt dieses Wahlrecht auch hinsichtlich des Erwerbs von quotal konsolidierten Gemeinschaftsunternehmen.
[784] So auch Förschle/Deubert, in: Ellrott u. a. (Hrsg.): Beck'scher Bilanz-Kommentar, 7. Aufl., München 2010, § 301 HGB, Anm. 136 u. 139.

tet der Gesetzgeber unwiderlegbar, dass die erforderlichen Informationen beschafft werden können.

Im Fall der vereinfachenden Kapitalkonsolidierung auf den Zeitpunkt der erstmaligen Einbeziehung eines Tochterunternehmens können von Tochterunternehmen thesaurierte Gewinne zu einem passivischen Unterschiedsbetrag führen. Seinem Charakter entspräche eine **unmittelbare erfolgsneutrale** Erfassung im Konzerneigenkapital (vgl. hierzu Gliederungspunkt 2.2.5).

Die folgende Abb. 156 fasst die geänderten Regelungen zum Zeitpunkt der Kapitalaufrechnung zusammen.

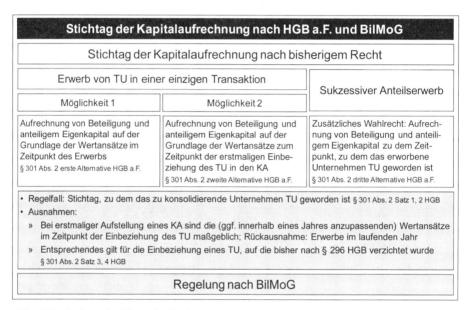

Abb. 156: *Stichtag der Kapitalaufrechnung nach HGB a. F. und BilMoG*

2.2.3 Kaufpreisallokation

Im Rahmen der Kaufpreisallokation werden die konzernbilanziellen Anschaffungskosten für das übernommene Reinvermögen eines Tochterunternehmens ermittelt. Da für zeitlich dem Übergang auf die Regelungen des BilMoG nachgelagerte Erwerbe allein die Neubewertungsmethode zulässig ist, sind stille Rücklagen und Lasten unabhängig von der Anteilsquote des Mutterunternehmens vollständig aufzudecken. Die ideellen Anteile der Gesellschafter des Mutterunternehmens und der Minderheitsgesellschafter an den Konzernanschaffungskosten entsprechen sich.

Die Vermögensgegenstände, Schulden, Rechnungsabgrenzungsposten und Sonderposten eines erworbenen Tochterunternehmens sind fortan mit ihrem beizulegenden Zeitwert zum maßgeblichen Aufrechnungszeitpunkt in den Konzernabschluss aufzunehmen (vgl. § 301 Abs. 1 Satz 2 HGB). Demgegenüber sollen die konzernbilanziellen Zugangswerte für Rückstellungen und latente Steuern nach den für die einzelgesellschaftliche Rechnungslegung geltenden Bewertungsmodellen bestimmt werden (vgl. § 301 Abs. 1 Satz 3 HGB).

Anders als nach altem Recht bildet nicht mehr der **beizulegende Wert**, sondern der **beizulegende Zeitwert** den primären Wertmaßstab für das in den Konzernabschluss aufzunehmende Reinvermögen.[785] Während der beizulegende Wert ein betriebsindividueller Wert ist, entspricht der beizulegende Zeitwert dem Betrag, zu dem sachverständige, vertragswillige und voneinander unabhängige Marktteilnehmer einen Vermögensgegenstand oder eine Schuld bewerten. In der Sprache der internationalen Rechnungslegung ist dies der Fair Value. Bei seiner Ermittlung ist die Bewertungshierarchie in § 255 Abs. 4 HGB zu beachten: Bevorzugt soll der beizulegende Zeitwert dem sich auf einem aktiven Markt bildenden Preis entsprechen. Ist ein solcher nicht vorhanden, ist der Rückgriff auf anerkannte Bewertungsmethoden zulässig (vgl. ausführlich Kapitel 2, Abschnitt 2, Gliederungspunkt 2.6).

Die Abkehr vom betriebsindividuellen beizulegenden Wert und Hinwendung zum (objektiven) beizulegenden Zeitwert im Rahmen der Kaufpreisallokation kann im Einzelfall erhebliche Auswirkungen haben. Hierzu das nachstehende Beispiel:

Beispiel

Sachverhalt:

Die A AG erwirbt ein Tochterunternehmen. Dieses Tochterunternehmen verfügt über ein Grundstück, über das zwei Betriebsstätten der A AG nunmehr auf direktem Weg miteinander verbunden werden können. Bislang müssen Lieferungen zwischen den Betriebsstätten umständlich über das öffentliche Straßennetz erfolgen.

Beurteilung nach HGB a. F.:

Maßstab für die Bewertung des Grundstücks in der Konzernbilanz ist der beizulegende Wert. Dieser berücksichtigt unternehmensindividuelle Aspekte. Bei der Bewertung des Grundstücks muss deshalb der Vorteil, die beiden Betriebsstätten nunmehr direkt miteinander verbinden zu können, Berücksichtigung finden.

Beurteilung nach HGB i. d. F. des BilMoG:

Maßstab für die Bewertung ist der beizulegende Zeitwert. Ein anderer Marktteilnehmer als die A AG würde für das Grundstück nur den normalen Preis für Gewerbeflächen zahlen. Der unternehmensindividuelle Vorteil bleibt bei der Bewertung des Grundstücks außen vor. Er findet in die Konzernbilanz Eingang über den Geschäfts- oder Firmenwert.

---

[785] Vgl. zum Inhalt der Begriffe beizulegender Wert und beizulegender Zeitwert bspw. Küting/Trappmann/Ranker, DB 2007, S. 1703 ff.

Für die Kaufpreisallokation ist auch Folgendes von Interesse: Der Gesetzgeber sieht in § 255 Abs. 4 Satz 3 HGB den Fall vor, dass der beizulegende Zeitwert **nicht ermittelbar** ist. Vermögensgegenstände, Schulden, Rechnungsabgrenzungsposten und Sonderposten eines erworbenen Tochterunternehmens, auf die dies zuträfe, wären mangels verlässlicher Bewertbarkeit ihrer Bilanzierungsfähigkeit beraubt. Die in § 255 Abs. 4 Satz 3 HGB vorgesehene Rückfalllösung auf die Anschaffungs- oder Herstellungskosten kann nicht zur Anwendung kommen, da sie die Folgebewertung, nicht aber die Zugangsbewertung vor Augen hat. Vom erworbenen Tochterunternehmen ggf. für das betreffende Bilanzierungsobjekt ermittelte Zeitwerte können damit nicht als konzernbilanzielle Zugangswerte herangezogen werden. Die Problematik wird anhand der folgenden beiden Beispiele diskutiert.

Beispiel

Sachverhalt:

Die A AG erwirbt ein Tochterunternehmen. Zum Reinvermögen des Tochterunternehmens zählt eine Euro-Anleihe der Landsbanki Island, die es vor Beginn der Finanzmarktkrise zum längerfristigen Parken von Liquidität erworben hat. In seinem Einzelabschluss hat das Unternehmen die Anleihe auf einen Erinnerungswert abgeschrieben. Eine durch Angebot und Nachfrage bestimmte Preisbildung findet an der Börse seit Längerem nicht mehr statt. Annahmegemäß notiert der Kurs in den letzten Monaten um die 5 %. Zu dem notierten Kurs gab es eine Nachfrage nach der Anleihe, allerdings lag kein oder nur ein sehr geringfügiges Angebot vor, Umsätze wurden nicht getätigt.

Beurteilung nach HGB i. d. F. des BilMoG:

Im Einzelabschluss des Tochterunternehmens hat die Folgebewertung nach dem für das Anlagevermögen geltenden Bewertungsmodell zu erfolgen (vgl. § 253 Abs. 3 HGB). Die unzweifelhaft vorliegende dauerhafte Wertminderung verlangt eine außerplanmäßige Abschreibung auf den beizulegenden Wert. Da bei seiner Ermittlung der Vorsichtsgedanke Pate steht, ist eine Abwertung auf einen Erinnerungswert vertretbar. Es soll ausgeschlossen werden, dass in der Bilanz ein Nonvaleur aktiviert wird.

In den Konzernabschluss der A AG ist die Anleihe im Zeitpunkt, zu dem die A AG die Beherrschungsmöglichkeit über das Tochterunternehmen erlangt, mit ihrem beizulegenden Zeitwert aufzunehmen. Fraglich ist, ob dieser im Sinne des über § 298 Abs. 1 HGB auch für den Konzernabschluss geltenden § 255 Abs. 4 HGB ermittelbar ist? Die Ermittelbarkeit setzt nach der Regierungsbegründung eine auf dem Erfordernis der vorsichtigen Bewertung fußende verlässliche Bestimmbarkeit voraus (vgl. BT-Drucks. 16/10067, S. 61). Dies soll bspw. nicht gegeben sein, „wenn die angewandte Bewertungsmethode eine Bandbreite möglicher Werte zulässt, die Abweichung der Werte voneinander signifikant ist und eine Gewichtung der Werte nach Eintrittswahrscheinlichkeiten nicht möglich ist" (BT-Drucks. 16/10067, S. 61).

Diese Regelung ist an IAS 39 angelehnt, dort in AG80 aber nur für Eigenkapitalinstrumente formuliert. Für Fremdkapitalinstrumente bejaht das IASB die verlässliche Bestimmbarkeit des Fair Value hingegen durchgängig.

Ferner ist zu bedenken, dass der in der Regierungsbegründung geäußerte Vorsichtsgedanke nicht eins zu eins auf den Konzernabschluss übertragbar ist. Im Einzelabschluss soll er einen zu hohen Ausweis des Kaufmannsvermögens durch den Ansatz eines nicht verlässlich ermittelbaren beizulegenden Zeitwerts verhindern. Dies droht im Konzernabschluss nicht: Wird die Anleihe aktiviert, verringert sich der Geschäfts- oder Firmenwert. Hier ist allenfalls zu fragen, ob der gesonderte Ausweis des durch die Anleihe verkörperten Vermögensvorteils im Finanzanlagevermögen oder sein Aufgehen im Geschäfts- oder Firmenwert vorsichtiger ist. Im ersten Fall unterläge die Anleihe als eigenständiges Bilanzierungsobjekt einer fortwährenden isolierten Bewertung. Als Bestandteil des Geschäfts- oder Firmenwerts periodisierten sich die mit ihr einhergehenden Ertragserwartungen über die Abschreibungsdauer des Geschäfts- oder Firmenwerts.

Aus dem Gesagten eröffnet sich für den Bilanzierenden ein Beurteilungsspielraum: Bei einer ‚vorsichtigen' Auslegung von § 255 Abs. 4 HGB für Zwecke der Zugangswertermittlung im Konzernabschluss kann die Anleihe, da es ihr dann am Merkmal der selbständigen Bewertbarkeit mangelt, nicht in den Konzernabschluss aufgenommen werden. Die Bilanzierung dem Grunde nach ist abzulehnen. Vertritt man demgegenüber die Auffassung, dass die dem Erfordernis der verlässlichen Ermittlung zugrunde liegende Vorsichtsüberlegung im Konzernabschluss ins Leere läuft, mithin die Anforderungen an die verlässliche Bestimmbarkeit deutlich reduziert werden, ist auch eine Aktivierung der Anleihe zu einem Kurs von annahmegemäß 5 % zu vertreten. Bei der zweiten Variante greift am nächsten Konzernbilanzstichtag indes wieder der normale Niederstwerttest für das Anlagevermögen nach § 253 Abs. 3 HGB. Wertobergrenze im Falle der hier unterstellten dauerhaften Wertminderung ist ein unter Beachtung des Vorsichtsprinzips abgeleiteter beizulegender Zeitwert. Da spätestens jetzt der Vorsichtsgedanke bei der bilanziellen Abbildung zu berücksichtigen ist, sollte dieser bereits die Zugangsbewertung prägen, um eine zwischen konzernbilanzieller Zugangsbewertung und Folgebewertung nach einzelgesellschaftlichen Bewertungsmodellen bestehende Diskrepanz, die der Gesetzgeber durch die Aufnahme von Satz 3 in § 301 Abs. 1 HGB für Rückstellungen und latente Steuern explizit beseitigt hat, auszuschließen.

Von weitaus größerer praktischer Bedeutung ist die aufgeworfene Fragestellung einer hinreichend verlässlichen Bewertbarkeit im Bereich der **immateriellen Vermögenswerte**:

Beispiel

Sachverhalt:

Die A AG erwirbt ein im Rohstoffhandel tätiges Tochterunternehmen, das in der Vergangenheit stabile Erträge erwirtschaftete. Ein Werttreiber des Tochterunternehmens ist ein sehr langfristiger Rohstoffeinkaufskontrakt. Dem Einkaufskontrakt seien keine bestehenden Verkaufskontrakte zuordenbar.

Beurteilung nach HGB i. d. F. des BilMoG:

Da das Energiehandelsunternehmen auf Basis seines Geschäftsmodells aus dem langfristigen Einkaufskontrakt in der Vergangenheit einen wirtschaftlichen Nutzen in Form von Erlösen gezogen hat, ist auch im Erwerbszeitpunkt anzunehmen, dass dem Einkaufskontrakt ein positiver Wert beizumessen ist. Dieser ist entsprechend in die Kaufpreisfindung für das Tochterunternehmen berücksichtigt. Da der Einkaufskontrakt die übrigen Kriterien, die an das Vorliegen eines Vermögensgegenstands zu knüpfen sind (Nutzenwert, Greifbarkeit und Übertragbarkeit; vgl. hierzu Abschnitt 2, Gliederungspunkt 1.4.3.3) unzweifelhaft erfüllt, kann eine Bilanzierung dem Grunde nach nur daran scheitern, dass die selbständige Bewertbarkeit zu negieren ist.

Deshalb ist zu überlegen, ob eine erhebliche Schätzungsunsicherheit dazu führen kann, dass der beizulegende Zeitwert als nicht ermittelbar im Sinne von § 298 Abs. 1 HGB i. V. m. § 255 Abs. 4 HGB anzusehen ist. Um den beizulegenden Zeitwert des Einkaufskontrakts bemessen zu können, müssen Erfüllungszeitpunkt und durchsetzbare Konditionen der dem Dauerbeschaffungsgeschäft nachfolgenden Veräußerungstransaktionen geschätzt werden. Da für beide Parameter eine Bandbreite argumentierbarer Werte zur Verfügung steht, wird der beizulegende Zeitwert in Abhängigkeit von ihrer Festlegung erheblich differieren. Bezogen auf den Wertansatz des Einkaufskontrakts droht damit eine beachtliche Überbewertung, die im Konzernabschluss indes regelmäßig durch den Ansatz eines niedrigeren Geschäfts- oder Firmenwerts korrigiert wird.

Hier wird die Auffassung vertreten, dass die unter dem Einfluss des Vorsichtsprinzips in § 255 Abs. 4 HGB formulierte seltene Möglichkeit der nicht verlässlichen Ermittelbarkeit eines beizulegenden Zeitwerts nicht in Betracht zu ziehen ist. Sie sollte zugunsten des Gedankens verworfen werden, die sich im identifizierbaren Mengengerüst des erworbenen Reinvermögens niederschlagenden Ertragserwartungen als solche zu zeigen und nicht in der Saldogröße Geschäfts- oder Firmenwert aufgehen zu lassen.

Die angestrebte Vergleichbarkeit mit der internationalen Rechnungslegung (vgl. BT-Drucks. 16/10067, S. 34) wäre damit in diesem Punkt erreicht. Zwar enthielt IAS 38.38 (2004) eine Ausnahme von der Vermutung, dass der Fair Value eines im Rahmen eines Unternehmenserwerbs zugehenden immateriellen Vermögenswerts verlässlich ermittelt werden kann. Diese betraf zum einen nicht separierbare Vermögenswerte, zum anderen separierbare Vermögenswerte – wie den im Sachverhalt gegebenen Einkaufskontrakt –, sofern es für sie keine Historie oder Informationen über Transaktionen desselben oder ähnlicher Vermögenswerte gab und die Schätzung des Fair Value von unbestimmbaren Variablen abhing. Indem das IASB in IAS 38 (2008) diese Ausnahmen eliminiert und damit eine verlässliche Ermittlung des Fair Value von immateriellen Vermögenswerten unwiderlegbar vermutet, hat es den Anspruch, möglichst wenige vom kaufenden Unternehmen bezahlte Ertragserwartungen im *goodwill* aufgehen zu lassen, nunmehr konsequent umgesetzt.

Die für Rückstellungen und latente Steuern in § 301 Abs. 1 Satz 3 HGB formulierte **Ausnahme** von der Verwendung des beizulegenden Zeitwerts als alleinigen Maßstab für die Bestimmung der konzernbilanziellen Zugangswerte des erworbenen Reinvermögens eines Tochterunternehmens war im RegE BilMoG noch nicht enthalten (vgl. BT-Drucks. 16/10067, S. 12). Hieraus resultierte ein Problem, das auf der **Diskrepanz** der für die Zugangswerte maßgeblichen Wertermittlung (beizulegender Zeitwert) zu den Bewertungsmodellen der einzelgesellschaftlichen Rechnungslegung basierte[786]. Der in der finalen Gesetzesfassung neu aufgenommene Satz 3 in § 301 Abs. 1 HGB beseitigt diese (vgl. BT-Drucks. 16/12407, S. 90). Vergleichbares kennt man in der internationalen Rechnungslegung: Auch dort sind bestimmte Bilanzposten von der Verpflichtung zur Bewertung zum Fair Value im Rahmen der Kaufpreisallokation ausgenommen.[787] Das nachstehende Beispiel verdeutlicht das Gesagte.

Beispiel

Sachverhalt:

Die A AG erwirbt ein ausländisches Tochterunternehmen, zu dessen Reinvermögen eine langfristige Rückstellung und eine aktivische latente Steuer auf einen in den nächsten fünf Jahren zu nutzenden Verlustvortrag zählen.

Beurteilung nach RegE BilMoG:

§ 301 Abs. 1 Satz 2 HGB sah in der Fassung des RegE BilMoG vor, dass übernommene Schulden und Sonderposten des Tochterunternehmens, mithin im Beispiel die Rückstellung und die aktivische latente Steuer, mit dem beizulegenden Zeitwert anzusetzen ist. Dies setzt zwingend eine Abzinsung mit einem marktadäquaten Zinssatz voraus. Der so ermittelte Wertansatz konfligiert mit der (Folge-)Bewertung sowohl der Rückstellung als auch der aktivischen latenten Steuer.

Die Rückstellung ist nach § 253 Abs. 1 und 2 HGB in der Fassung des RegE BilMoG, die insoweit materiell unverändert geblieben ist, auf Basis eines durchschnittlichen Marktzinses der vergangenen sieben Jahre gemäß der

---

[786] Vgl. Schurbohm-Ebneth/Zoeger, DB 2008, Beilage 7/2008, S. 42.
[787] Vgl. IFRS 3.24 ff. (2008).

Fristigkeit der Verpflichtung abzuzinsen (vgl. Kapitel 2, Abschnitt 4, Gliederungspunkt 2.2). Da dieser Zins regelmäßig von dem Zins für die Ermittlung des beizulegenden Zeitwerts abweichen wird, muss der konzernbilanzielle Zugangswert der Rückstellung am ersten Konzernbilanzstichtag, zu dem das erworbene Tochterunternehmen im Konzernabschluss abgebildet wird, bei gleichbleibendem Mengengerüst erfolgswirksam in Höhe der Zinsdifferenz angepasst werden. Entsprechendes gilt für die aktivische latente Steuer auf den Verlustvortrag. Sie ist in Anwendung des expliziten Abzinsungsverbots in § 274 Abs. 2 HGB in der diesbezüglich fortbestehenden Fassung des RegE BilMoG (vgl. Kapitel 2, Abschnitt 8, Gliederungspunkt 3) am Konzernbilanzstichtag mit dem Nominal- statt des Barwerts anzusetzen. Mit der daraus resultierenden Erhöhung korrespondiert ein latenter Steuerertrag.

Beurteilung nach HGB i. d. F. des BilMoG:
§ 301 Abs. 1 Satz 2 HGB sieht nunmehr vor, dass die Rückstellung und die latente Steuer im konzernbilanziellen Zugangszeitpunkt nicht mit ihren beizulegenden Zeitwerten anzusetzen sind. Stattdessen ist auf die Werte zurückzugreifen, die sich nach den einzelgesellschaftlichen Bewertungsmodellen in § 252 Abs. 1 und 2 HGB und § 274 HGB ergeben.

Der in § 301 Abs. 1 Satz 3 HGB enthaltene Verweis zur konzernbilanziellen Zugangsbewertung von latenten Steuern bezieht sich nur auf die Bewertungsvorschrift in § 274 Abs. 2 HGB. Hieraus sollte nicht zu folgern sein, dass die in § 274 Abs. 1 Satz 4 HGB formulierte Beschränkung des Ansatzes aktivischer latenter Steuern auf die innerhalb der nächsten fünf Jahre zu erwartenden Verlustverrechnungen, für die konzernbilanzielle Zugangsbewertung nicht gilt und entsprechend ein längerer Prognosehorizont für sie zumindest in Betracht kommt. Dies entspräche nicht der mit dem Verweis auf das einzelgesellschaftliche Bewertungsmodell für latente Steuern verbundenen Absicht (vgl. BT-Drucks. 16/12047, S. 90). Es käme wiederum zu der im vorstehenden Beispiel beschriebenen Diskrepanz zwischen der Zugangsbewertung (Prognosehorizont nicht beschränkt) und der Folgebewertung (Prognosehorizont auf fünf Jahre beschränkt). Die in § 272 Abs. 1 Satz 4 HGB angelegte Beschränkung auf den Fünfjahreszeitraum gilt nicht, wenn zu versteuernde temporäre Differenzen bestehen, die sich nach mehr als fünf Jahren umkehren.[788] Dies ist auch bei der konzernbilanziellen Zugangsbewertung von aktiven latenten Steuern auf Verlustvorträgen zu beachten.

Indem sich der Verweis nur auf § 274 Abs. 2 HGB bezieht, wird indes klargestellt, dass das in § 274 Abs. 1 HGB enthaltene Wahlrecht zum Ansatz eines aktivischen latenten Steuerüberhangs **nicht** gilt.[789] Hat sich das Tochterunternehmen in seinem handelsrechtlichen Einzelabschluss (HB I) gegen einen Ansatz entschieden, muss es ihn in ihrer der Erstkonsolidierung zugrunde zu legenden HB II nachaktivieren. Dies ent-

---
[788] Vgl. IDW ERS 27, Tz. 14; DRS 18.21.
[789] A. A. wohl Oser, PiR 2009, S. 125.

spricht dem Ansatzgebot für aktivische latente Steuerüberhänge aus Konsolidierungsmaßnahmen in § 306 HGB. Für in der Folge neu entstehende aktivische Steuerüberhänge besteht davon unabhängig über § 298 Abs. 1 HGB i. V. m. § 274 HGB ein konzerneinheitlich und stetig auszuübendes Ansatzwahlrecht.

Beispiel

Sachverhalt:

Die A AG erwirbt am 8.10.X1 ein Tochterunternehmen (B AG). Der Kaufpreis beträgt 100 Mio. EUR, das Reinvermögen des Tochterunternehmens auf HB I-Basis im Erwerbszeitpunkt 80 Mio. EUR. Hierin ist eine Drohverlustrückstellung in Höhe von 10 Mio. EUR enthalten. Allein die Drohverlustrückstellung begründete einen Bewertungsunterschied zwischen den handels- und steuerbilanziellen Wertansätzen. Die konzernbilanziellen Zugangswerte entsprechen den Wertansätzen in der HB I der B AG. Die B AG macht in ihrem Einzelabschluss von dem Wahlrecht Gebrauch, aktivische latente Steuerüberhänge nicht anzusetzen. Zum 31.12.X1 passiviert die B AG eine weitere Drohverlustrückstellung in Höhe von 5 Mio. EUR, die ihren Ansatzgrund in einem im November X1 abgeschlossenen noch schwebenden Rechtsgeschäft hat. Der Ertragsteuersatz der B AG beträgt 30 %.

Beurteilung nach HGB i. d. F. des BilMoG:

Bei der Ermittlung des der Erstkonsolidierung der B AG zugrunde zu legende Reinvermögens ist die aus dem Ansatz der Drohverlustrückstellung resultierende aktivische latente Steuer (3 Mio. EUR) zu berücksichtigen. Dieses beträgt damit nicht 80 Mio. EUR, sondern 83 Mio. EUR. Durch den verpflichtenden Ansatz der aktivischen Latenz wird verhindert, dass das sie begründende Steuerminderungspotenzial im Geschäfts- oder Firmenwert aufgeht.

Ob der aktive Latenzenüberhang aus der nach der Erstkonsolidierung neu gebildete Drohverlustrückstellung (1,5 Mio. EUR) im Konzernabschluss zum Ansatz kommt, richtet sich hingegen danach, wie im Konzern das Aktivierungswahlrecht nach § 274 Abs. 1 HGB ausgeübt wird.

Werden durch den Erwerb eines Tochterunternehmens nach Übergang auf BilMoG **Verlustvorträge** des Mutterunternehmens **erstmals nutzbar**, können diese nach den allgemeinen Regeln von § 274 HGB angesetzt werden. Die Nutzbarkeit betrifft zum einen die Vermögenssphäre des Mutterunternehmens, zum anderen ist sie keine Konsequenz der Erstanwendung von § 274 HGB. Ihre Aktivierung erfolgt deshalb erfolgswirksam. Sie findet keine Berücksichtigung in der Kaufpreisallokation. Es mag zwar sein, dass die Nutzbarkeit des Verlustvortrags Eingang in die Kalkulation des Kaufpreises gefunden hat. Eine Aufteilung des Kaufpreises auf die Komponenten ‚erworbenes Reinvermögen Tochterunternehmen' und ‚nutzbarer Verlustvortrag' scheidet indes aus. Der nutzbare Verlustvortrag entsteht originär beim Mutterunternehmen und wird nicht erworben. Dies kann dazu führen, dass der beim Mutterunternehmen entstehende Vorteil in der Konzernbilanz zweimal berücksichtigt wird: Zum einen über den Ansatz aktiver latenter Steuern, zum anderen im Geschäfts- oder Firmenwert des Tochterunternehmens.

2.2.4 Zeitlicher Rahmen der Kaufpreisverteilung

Die Bestimmung des Mengengerüsts des erworbenen Reinvermögens eines Tochterunternehmens und dessen Bewertung sind in der Konsolidierungspraxis regelmäßig mit einem nicht unerheblichen Aufwand verbunden. Um insbesondere bei einer zeitnah zum Konzernbilanzstichtag getätigten Akquisition eines Tochterunternehmens die zeitliche Dimension der Ermittlungsprobleme zu reduzieren, stellt § 301 Abs. 2 Satz 2 HGB dem Bilanzierenden ein **Zeitfenster von einem Jahr** zur Verfügung, innerhalb dessen die Zugangswerte des übernommenen Reinvermögens endgültig zu ermitteln sind. Während es im RegE BilMoG noch hieß, dass für nicht endgültig ermittelbare Wertansätze „innerhalb des folgenden Jahres eine Anpassung vorgenommen werden (kann, d. Verf.)" (BT-Drucks. 16/10067, S. 12), formuliert die finale Gesetzesfassung: „Können die Wertansätze zu diesem Zeitpunkt nicht endgültig ermittelt werden, sind sie innerhalb der darauf folgenden zwölf Monate anzupassen" (BR-Drucks. 270/09, S. 14).

Damit wird zweierlei klargestellt: Zum einen beginnt die Jahresfrist im **Zugangszeitpunkt** des erworbenen Reinvermögens zu laufen. Zum anderen wird dem auf Basis des RegE BilMoG möglicherweise entstehenden Eindruck entgegengewirkt, die Anpassung vorläufig ermittelter Wert könne, müsse aber nicht erfolgen. Der in § 301 Abs. 2 Satz 2 HGB verwendete Begriff der endgültigen Wertansätze ist so zu interpretieren, dass ein Wertansatz als endgültig anzusehen ist, wenn er den Ansprüchen einer normalen Abschlusserstellung genügt.

Innerhalb des Jahresfensters vorgenommene Änderungen an den Zugangswerten des übernommenen Reinvermögens sind – dem Postulat der Erfolgsneutralität von Anschaffungsvorgängen folgend – erfolgsneutral unter Anpassung des Geschäfts- oder Firmenwerts bzw. des Unterschiedsbetrags aus der Kapitalkonsolidierung sowie etwaiger latenter Steuerpositionen zu erfassen. Eine vergleichbare Regelung findet sich in der internationalen Rechnungslegung wieder.[790]

Ziel der Regelung ist es, die Wertverhältnisse des Zeitpunkts transparent zu machen, zu dem das Unternehmen Tochterunternehmen geworden ist. Das Tatsachengerüst dieses Zeitpunkts ist maßgeblich. Es darf nicht durch zeitlich nachgelagerte Vorgänge verändert werden.

---

[790] Vgl. IFRS 3.62, bzw. FASB ASC 805-10-25-13.

Beispiel

Sachverhalt:

Die B AG erwirbt am 30.12.X1 ein Tochterunternehmen, zu dessen Reinvermögen ein Fertigungsverfahren zählt, mit dem es am Markt erfolgreich agiert. Das Tochterunternehmen ist erstmalig in den zum 31.12.X1 zu erstellenden Konzernabschluss der B AG einzubeziehen. Im August X2 tritt ein Wettbewerber mit einem völlig neuen Fertigungsverfahren an den Markt, welches das Produktionsverfahren des erworbenen Tochterunternehmens nahezu wertlos werden lässt.

Beurteilung nach HGB i. d. F. des BilMoG:

Für die auf den 30.12.X1 vorzunehmende Kapitalaufrechnung ist das Fertigungsverfahren mit seinem beizulegenden Zeitwert anzusetzen. Für die Beschaffung der notwendigen Bewertungsinformationen und die Ermittlung des endgültigen beizulegenden Zeitwerts besteht ein Zeitfenster bis Ende X2. Bei dieser Ermittlung muss die Tatsache, dass ein Konkurrenzunternehmen Mitte X2 mit einem revolutionären Fertigungsverfahren an den Markt getreten ist, außen vor bleiben. Aus der Perspektive August X2 ist das Fertigungsverfahren des erworbenen Tochterunternehmens zwar wertlos, nicht aber aus der des Erwerbszeitpunkts. Auch wenn es dem Willen der Bilanzierungspraxis manchmal zuwiderläuft: Der Wertverlust ist Teil des Konzernergebnisses der Periode X2, er darf nicht in der Erstkonsolidierung versteckt werden.

Die Unterscheidung zwischen **werterhellenden** und **wertbegründenden** Ursachen, die bei einem gesetzeskonformen Umgang mit dem Wertaufhellungszeitraum in § 252 Abs. 1 Nr. 4 HGB vorzunehmen ist, muss auch für die Wertfindung im Rahmen der konzernbilanziellen Zugangsbewertung beachtet werden. § 301 Abs. 2 Satz 2 HGB definiert in diesem Sinne einen verlängerten Wertaufhellungszeitraum. Die hieraus entstehenden praktischen Probleme sind nicht zu unterschätzen. Nicht umsonst hat der BFH im Hinblick auf die Ausdehnung des Wertaufhellungszeitraums auf „die kaum noch kontrollierbare Gefahr (hingewiesen, d. Verf.), dass einerseits im Verhältnis zu zeitgerechter Bilanzaufstellung nicht mehr maßgebliche spätere Umstände berücksichtigt, dass andererseits Umstände, die den Wert am Bilanzstichtag erhellen, mit solchen, die eine spätere Wertveränderung anzeigen, unzulässigerweise vermischt werden".[791]

Beispiel

Sachverhalt:

Die B AG erwirbt am 15.9.X1 ein Tochterunternehmen. Dieses hat im Erwerbszeitpunkt eine im August X2 fällige Forderung aus einer Leistungsbezie-

---

[791] BFH-Urt. v. 12.12.1972, VIII R 112/69, BStBl. II 1973, S. 557.

hung gegenüber der D GmbH. Im Dezember X1 entsteht eine weitere, ebenfalls im August X2 fällige Forderung gegenüber der D GmbH. Am (Konzern-) Bilanzstichtag liegen dem Tochterunternehmen keine Hinweise auf eine Wertminderung der Forderungen vor. In Variante (a) eröffnet die D GmbH im Februar X2, in Variante (b) im Mai X2 ein Insolvenzverfahren. Der beizulegende Wert beider Forderungen sei daraufhin annahmegemäß Null. Die B AG beendet den Prozess der Erstellung ihres Konzernabschlusses Ende März X2.

Beurteilung nach HGB i. d. F. des BilMoG:

Eröffnet die D GmbH im Februar X2 das Insolvenzverfahren (Variante (a)), hat die B AG dies in ihrem handelsrechtlichen Einzelabschluss zum 31.12.X1 bei der Forderungsbewertung zu berücksichtigen. Die Eröffnung des Insolvenzverfahrens begründet einen Anscheinsbeweis dafür, dass beide in der Vergangenheit begründeten Forderungen bereits zum 31.12.X1 wertgemindert sind. Der Anscheinsbeweis ist widerlegt, wenn glaubhaft gemacht werden kann, dass die Insolvenzanmeldung ihre Ursache in Ereignissen des Jahres X2 hat.

Im Konzernabschluss ist wie folgt zu verfahren: Die im Dezember X1 begründete Forderung ist genauso zu behandeln wie im Einzelabschluss des Tochterunternehmens. Für die zum 15.9.X1 (Erstkonsolidierungszeitpunkt) bereits bestehende Forderung gegenüber der D GmbH ist zu überlegen, ob die Eröffnung des Insolvenzverfahrens im Februar X2 Anscheinsbeweis dafür ist, dass die Forderung bereits im Erstkonsolidierungszeitpunkt wertgemindert war. Da der Zeitraum zwischen konzernbilanziellem Zugang der Forderung und Eröffnung des Insolvenzverfahrens um einiges länger ist als der für die Stichtagsbewertung zum 31.12.X1 zu betrachtende, fällt die Beantwortung der Frage, ob die Eröffnung des Insolvenzverfahrens ihre Ursache in Umständen hat, die bereits zum 15.9.X1 bestanden oder diesem Datum nachgelagert sind, deutlich schwerer. Lässt man das Insolvenzverfahren als Anscheinsbeweis für die Wertverhältnisse im Erstkonsolidierungszeitpunkt gelten, ist sie mit einem Wert von Null in der Konzernbilanz zu berücksichtigen,[792] entsprechend ist der Geschäfts- oder Firmenwert zu erhöhen bzw. ein passivischer Unterschiedsbetrag zu verringern. Anderenfalls ist sie zunächst mit ihrem Nominalbetrag zu berücksichtigen und in der Folge zu Lasten des Konzernerfolgs außerplanmäßig abzuschreiben.[793]

Zu überlegen ist, ob für die zum 15.9.X1 bereits bestehende Forderung die Berücksichtigung latenter Steuern erforderlich ist. Zum 31.12.X1 beträgt der steuerbilanzielle Wertansatz der Forderung für den Besteuerungszeitraum X1

---

[792] Der Unterschied zwischen beizulegendem Zeitwert und beizulegendem Wert kann an dieser Stelle vernachlässigt werden.
[793] Die fortgesetzte Lieferbeziehung, die sich im Entstehen der Dezemberforderung ausdrückt, ist weder Indiz noch widerlegbare Vermutung für die Werthaltigkeit der im Erwerbszeitpunkt bestehenden Forderung; vgl. BFH-Urt. v. 20.8.2003, I R 49/02, BStBl. II 2003, S. 941 ff.

Null. Zum 31.12.X1 ist ein Bewertungsunterschied zwischen (konzern-) bilanziellem Wertansatz und steuerbilanziellem Wert damit nicht gegeben. Wird die Forderung im konzernbilanziellen Zugangszeitpunkt mit Null angesetzt, ist auch der (objektive) steuerbilanzielle Wert in diesem Zeitpunkt Null. Beim Ansatz der Forderung im konzernbilanziellen Zugangszeitpunkt mit ihrem Nominalbetrag mit anschließender außerplanmäßiger Abschreibung entspricht auch der (objektive) steuerbilanzielle Wertansatz in diesem Zeitpunkt dem Nominalbetrag. D. h., nach hier vertretener Ansicht kommt eine Berücksichtigung latenter Steuern bei der Kaufpreisallokation nicht in Betracht.

Welcher Unterschied ergibt sich, wenn in Variante (b) die Eröffnung des Insolvenzverfahrens im Mai X2 angenommen wird? Da die Eröffnung des Insolvenzverfahrens außerhalb des durch § 252 Abs. 1 Nr. 4 HGB beschriebenen Wertaufhellungszeitraums liegt, ist dieser Umstand bei der Bewertung beider Forderungen im handelsrechtlichen Einzelabschluss des Tochterunternehmens nicht mehr zu berücksichtigen. Gleiches gilt im Konzernabschluss für die im Dezember X1 begründete Forderung. Für die im Erstkonsolidierungszeitpunkt bereits bestehende Forderung ist wiederum zu überlegen, ob die Insolvenzanmeldung Anscheinsbeweis für eine bereits im damaligen Zeitpunkt gegebene Wertminderung ist. Die Lebenserfahrung lehrt, dass in den etwa neun Monaten zwischen Erwerb des Tochterunternehmens und Eröffnung des Insolvenzverfahrens viel passieren kann. Ob die Insolvenzanmeldung bereits im zum 15.9.X1 gegebenen Tatsachengerüst oder durch spätere Ereignisse begründet ist, lässt sich wohl häufig nicht mehr eindeutig sagen. Es greift die Bewertungsprärogative des Bilanzierenden.

Kann er glaubhaft machen, dass die Insolvenzanmeldung Anscheinsbeweis für eine bereits im Erstkonsolidierungszeitpunkt bestehende Wertminderung der Forderung ist, hat eine Anpassung der Erstkonsolidierung zu erfolgen. Wiederum stellt sich die Frage nach der Bildung latenter Steuern: Erfolgt keine Anpassung der Erstkonsolidierung, ergeben sich keine Abweichungen zur steuerbilanziellen Behandlung der Forderung. Anders im Falle der Anpassung der Erstkonsolidierung. Der steuerbilanzielle Wert für den Veranlagungszeitraum X1 entspricht dem Nominalbetrag der Forderung, ihre Abwertung wird erst in X2 berücksichtigt. Zwar beträgt der objektive Wert der Forderung am 15.9.X1 Null, die Regeln zur Abschnittsbesteuerung verhindern aber, dass dieser berücksichtigt wird. Entsprechend wäre bei Anpassung der Erstkonsolidierung eine aktivische latente Steuer aus diesem Sachverhalt zu berücksichtigen.

Die Zwölfmonatsperiode zur Anpassung vorläufig in den Konzernabschluss aufgenommener Wertansätze bezieht sich nicht nur auf Bewertungsfragen, sondern hat auch für die **Bilanzierung dem Grunde nach** Gültigkeit (vgl. BT-Drucks. 16/12407, S. 90). Dabei ist zu beachten, dass die Grundsätze zur Abgrenzung von ansatzerhellenden und ansatzbegründenden Umständen sinngemäß Anwendung finden.

Beispiel

Sachverhalt:

Die B AG erwirbt am 30.12.X1 ein Tochterunternehmen (C AG). Dieses hat eine bestrittene Forderung gegenüber der D GmbH. Im Juni X2 ergeht ein letztinstanzliches Urteil zugunsten der C AG.

Beurteilung nach HGB i. d. F. des BilMoG:

Die Aktivierung einer bestrittenen Forderung kommt erst in Betracht, wenn die Forderung anerkannt ist oder ein letztinstanzlich obsiegendes Urteil vorliegt.[794] Erst in diesem Zeitpunkt verfügt der Gläubiger über einen durchsetzbaren Anspruch. Ein Schuldanerkenntnis bzw. ein letztinstanzlich obsiegendes Urteil haben deshalb wertbegründenden Charakter. Die bei der erstmaligen Einbeziehung der C AG in den Konzernabschluss der A AG vorgenommene Kapitalaufrechnung ist nicht zu korrigieren.

2.2.5 Sukzessiver Anteilserwerb

Erfolgt der Erwerb eines Tochterunternehmens in einem Schritt, sollten sich der Zeitpunkt des Anteilserwerbs und der für die Kapitalaufrechnung maßgebliche Zeitpunkt, zu dem das Unternehmen Tochterunternehmen geworden ist, regelmäßig entsprechen. Anders im Fall des sukzessiven Anteilserwerbs: Das BilMoG stellt nunmehr auf den Zeitpunkt des Erwerbs der Anteilstranche ab, mit der das Mutterunternehmen die Beherrschungsmöglichkeit über das Tochterunternehmen erlangt. Eine tranchenweise Konsolidierung scheidet damit aus.[795]

Auf frühere Beteiligungstranchen entfallende **thesaurierte Ergebnisse** des Tochterunternehmens werden zu konsolidierungspflichtigem Eigenkapital, was die Entstehung eines passivischen Unterschiedsbetrags begünstigt. Da § 301 Abs. 2 HGB eine Einbeziehung von Tochterunternehmen zu einem alternativen Zeitpunkt nicht zulässt, wird man die angeordnete Verfahrensweise bei sukzessiven Erwerben – anders als die bisherige Regelung – nicht als Vereinfachungslösung zu der dem Erwerbsgedanken stärker Rechnung tragenden tranchenweisen Konsolidierung auffassen können. Von daher erscheint es konsequent, einen sich bei der Erstkonsolidierung aufgrund von Gewinnthesaurierungen des Tochterunternehmens während der Konzernzugehörigkeit ergebenden **negativen Unterschiedsbetrag** im Einklang mit § 309 HGB unmittelbar erfolgswirksam aufzulösen.[796] Dieser aperiodische Ertrag, der im Anhang nach § 277

---

[794] Vgl. BFH-Urt. v. 26.4.1989, I R 147/84, BStBl. II 1991, S. 213 ff.
[795] Vgl. Oser u. a., WPg 2008, S. 691.
[796] Diese Vorgehensweise präferierend Förschle/Hoffmann, in: Ellrott u. a. (Hrsg.): Beck'scher Bilanz-Kommentar, 7. Aufl., München 2010, § 309 HGB, Anm. 30. Hoffmann/Lüdenbach, NWB Kommentar Bilanzierung, Herne 2009, § 301 HGB, Tz. 27 f., wollen hingegen den entstehenden passivischen Unterschiedsbetrag dann auflösen, wenn es zur Ausschüttung der beim Tochterunternehmen thesaurierten Gewinne kommt.

Abs. 4 Satz 3 HGB zu erläutern wäre, entspräche indes nicht dem ökonomischen Charakter des Unterschiedsbetrags. Deshalb ist eine **erfolgsneutrale Umgliederung** in die Konzerngewinnrücklagen zu präferieren.

Die Entstehung eines passivischen Unterschiedsbetrags kann indes nicht nur in Alttranchen zuzuordnenden thesaurierten Gewinnen begründet sein, sondern auch in der Wertsteigerung des auf die Alttranche entfallenden Vermögens. Hierzu ein einfaches Beispiel:

Beispiel

 Sachverhalt:

Die B AG erwirbt am 1.1.X1 10 % der Anteil an der C AG zu einem Preis von 10 TEUR. Die C AG hat ein buchmäßiges Reinvermögen von 100 TEUR, das allein aus einem steuerfrei veräußerbaren Vermögensgegenstand besteht. Der Zeitwert des Vermögensgegenstands beträgt bei Erwerb der 10 %-Tranche ebenfalls 100 TEUR. Nach dem Übergang auf das BilMoG erwirbt die B AG weitere 50 % der Anteile an der C AG, die damit als Tochterunternehmen der B AG zu klassifizieren ist. Weiterhin besteht das Reinvermögen der C AG nur aus dem steuerfrei veräußerbaren Vermögensgegenstand, dessen Zeitwert nunmehr 200 TEUR beträgt. Der Kaufpreis für die 50 %-Tranche beträgt 100 TEUR.

Beurteilung nach HGB i. d. F. des BilMoG:

Da der Vermögensgegenstand steuerfrei veräußerbar ist, sind keine latenten Steuern zu berücksichtigen. Die im Zeitpunkt des Erwerbs der 50 %-Tranche vorzunehmende Kaufpreisaufrechnung führt zu folgendem Ergebnis: Den Anschaffungskosten für den 60 %igen Anteilsbesitz in Höhe von 110 TEUR ist das hierauf entfallende neubewertete Reinvermögen der C AG (120 TEUR) gegenüberzustellen. Es entsteht ein passivischer Unterschiedsbetrag von 10 TEUR. Der Minderheitenanteil ist mit 80 TEUR zu dotieren.

Der im Beispiel entstehende passivische Unterschiedsbetrag basiert anders als ein aus thesaurierten Gewinnen resultierender nicht auf (in der Vergangenheit) realisierten Erfolgen. Eine unmittelbare Berücksichtigung im Eigenkapital scheidet somit aus. Für ihn greift das Folgebewertungsmodell aus § 309 HGB. Mit Veräußerung des Vermögensgegenstands und einhergehender Erfolgsrealisierung ist der passivische Unterschiedsbetrag erfolgswirksam aufzulösen.

Wird die an einem Tochterunternehmen in der Vergangenheit erworbene Beteiligungstranche vor dem Übergang auf die Vollkonsolidierung nach der Equity-Methode bewertet, so fließt der fortgeführte Equity-Wertansatz zusammen mit dem Kaufpreis für die das Überschreiten der Control-Grenze verursachenden Tranche in den Wertansatz der zu konsolidierenden Anteile in die Kapitalaufrechnung ein.[797] Nicht mehr zulässig ist es, die Erstkonsolidierung der Equity-Tranche nunmehr brutto in den Konzernabschluss zu übernehmen und nur für die zu einer Überschreitung der Control-Grenze führenden Tranche eine Kapitalaufrechnung im Zeitpunkt der Begründung des Mutter-Tochter-Verhältnisses vorzunehmen.[798] Führt der Erwerb weiterer Anteile an einem bislang quotal konsolidierten Unternehmen zu dessen Klassifizierung als Tochterunternehmen, ist entsprechend zu verfahren: Der Wert des im Übergangszeitpunkt auf die Vollkonsolidierung für das Gemeinschaftsunternehmen erfasste konzernbilanzielle Reinvermögen bildet zusammen mit den Anschaffungskosten der neu hinzuerworbenen Anteile den relevanten Wertansatz für die aufzurechnenden Anteile.[799]

2.2.6 Veränderung der Beteiligungsquote jenseits von Control

Wie auch das bisherige Konzernbilanzrecht äußert sich das BilMoG nicht explizit zur Frage, wie Anteilserwerbe an bereits vollkonsolidierten Tochterunternehmen und Anteilsveräußerungen an weiterhin zu konsolidierenden Tochterunternehmen zu behandeln sind.

Für die konzernbilanzielle Abbildung von **Zukäufen** an bereits vollkonsolidierten Tochterunternehmen wurden nach altem Recht zwei Varianten diskutiert: Nach wohl h. M. wird für die hinzuerworbene Tranche eine eigenständige Kapitalaufrechnung vorgenommen (**Abbildung als Erwerbsvorgang**).[800] Daneben wird es als zulässig angesehen, den Unterschied zwischen dem Kaufpreis für die zusätzlichen Anteile und dem mit ihm korrespondierenden Buchvermögen des Tochterunternehmens erfolgsneutral mit dem Eigenkapital zu verrechnen (**Abbildung als Transaktion zwischen den Gesellschaftergruppen**).[801]

Beide Vorgehensweisen sollten auch nach HGB i. d. F. des BilMoG zulässig sein.[802]

---

[797] Vgl. Förschle/Deubert, in: Ellrott u. a. (Hrsg.): Beck'scher Bilanz-Kommentar, 7. Aufl., München 2010, § 301 HGB, Anm. 225.

[798] Vgl. hierzu die Fallstudie von Klarholz/Stibi, KoR 2009, S. 297 ff.

[799] Aus Vereinfachungsgründen wollen es Förschle/Deubert (in: Ellrott u. a. (Hrsg.): Beck'scher Bilanz-Kommentar, 7. Aufl., München 2010, § 301 HGB, Anm. 225) als vertretbar ansehen, den Übergang von der Quoten- auf die Vollkonsolidierung wie den Hinzuerwerb von Anteilen an einem bereits vollkonsolidierten Tochterunternehmen abzubilden.

[800] Vgl. DRS 4.26; Förschle/Deubert, in: Ellrott u. a. (Hrsg.): Beck'scher Bilanz-Kommentar, 6. Aufl., München 2006, § 301 HGB, Anm. 191 ff.

[801] Vgl. Dusemond/Weber/Zündorf, in: Küting/Weber (Hrsg.): HdK, 2. Aufl., Stuttgart 1998, § 301 HGB, Rn. 196 ff.

[802] So auch Förschle/Deubert, in: Ellrott u. a. (Hrsg.): Beck'scher Bilanz-Kommentar, 7. Aufl., München 2010, § 301 HGB, Anm. 215 ff. Vehement gegen eine Abbildung als Transaktion zwischen Gesellschaftergruppen, insbesondere mit Verweis auf das Kongruenzprinzip, spricht sich Oser (DB 2010, S 65 ff.) aus. Vermittelnd will er es zulassen, den gesamten bei der Aufrechnung der hinzuerworbenen Tranche entstehenden Unterschiedsbetrag im Sinne eines temporären Zurückdrängens des Kongruenzprinzips zunächst erfolgsneutral mit den Gewinnrücklagen zu verrechnen und ihn im Zuge der Endkonsolidierung dann erfolgswirksam werden zu lassen. Das DRSC hat in 4.26 an seiner Auffassung festgehalten, den Hinzuerwerb weiterer Anteile als Erwerbsvorgang abzubilden.

Die gewählte Vorgehensweise unterliegt der Konsolidierungsmethodenstetigkeit. Gegen die Behandlung des Erwerbs zusätzlicher Anteile an vollkonsolidierten Tochterunternehmen als Transaktion zwischen den Gesellschaftergruppen spricht nicht, dass der Gesetzgeber die erfolgsneutrale Verrechnung des Geschäfts- oder Firmenwerts in § 309 Abs. 1 HGB ersatzlos gestrichen hat.[803] Bei dieser Abbildungsvariante fehlt es an dem für ein Entstehen eines Geschäfts- oder Firmenwerts notwendigen Erwerbsgedanken. Auch repräsentiert sie die gewollte Annäherung an die internationale Rechnungslegung.[804] Nach IAS 27.30 (2008) darf der Erwerb von zusätzlichen Anteilen an bereits vollkonsolidierten Tochterunternehmen nur als Transaktion zwischen den Gesellschaftergruppen im Konzern abgebildet werden. Die in IAS 27.BC41 ff. (2008) gegebene Begründung sollte auch auf das HGB übertragbar sein. Sie fußt im Wesentlichen auf folgenden Gedanken: Die Anteilseigner des Mutterunternehmens und die Minderheitsgesellschafter sind beide gleichwertige Eigenkapitalgeber des Konzerns. Durch den Austausch der Anteile zwischen beiden Gesellschaftergruppen lässt sich keine Neubewertung des Nutzenpotenzials des bilanzierten Reinvermögens begründen. Es ändert sich lediglich die Verteilung des Nutzenstroms auf die beiden Gesellschaftergruppen. Der entscheidende Moment für die Neubewertung des Reinvermögens eines Tochterunternehmens ist die Überschreitung der Control-Grenze. Die Vorgehensweise ist zudem konsistent zur Behandlung des Erwerbs von eigenen Eigenkapitalinstrumenten.

Das vorstehend Gesagte gilt entsprechend für die **Veräußerung** von Anteilen an weiterhin zu konsolidierenden Tochterunternehmen. Hier ist zwischen den Varianten ‚Abbildung als Veräußerungsvorgang'[805] und ‚Abbildung als Transaktion zwischen den Gesellschaftergruppen'[806] zu unterscheiden. Wird die Anteilsreduktion als erfolgswirksame Veräußerung abgebildet, sollte durch das BilMoG nunmehr eine die Fachwelt spaltende Frage geklärt sein:[807] Indem der Geschäfts- oder Firmenwert nach § 246 Abs. 1 Satz 4 HGB als Vermögensgegenstand gilt, ist kein Raum mehr, ihn konzernbilanziell im Zuge der Anteilsveräußerung teilweise abgehen zu lassen.[808] Stattdessen ist er anteilig den Minderheitsgesellschaftern zuzuordnen. Für eine andere Behandlung liefert nach der hier vertretenen Auffassung bereits das alte Recht keine Grundlage. Schließlich stellt der bilanzierte Geschäfts- oder Firmenwert eine pagatorisch abgesicherte Größe dar. Ihn im Zuge der Anteilsveräußerung teilweise aus der

---

[803] So Oser, PiR 2009, S. 125.
[804] Dies spricht nach Gelhausen/Fey/Kämpfer (Rechnungslegung und Prüfung nach dem Bilanzrechtsmodernisierungsgesetz, Düsseldorf 2009, Abschnitt Q, Tz. 217) dafür, eine Abbildung als Transaktionen zwischen den Gesellschaftergruppen zu präferieren.
[805] Vgl. Förschle/Deubert, in: Ellrott u. a. (Hrsg.): Beck'scher Bilanz-Kommentar, 6. Aufl., München 2006, § 301 HGB, Anm. 206 f.
[806] Vgl. Dusemond/Weber/Zündorf, in: Küting/Weber (Hrsg.): HdK, 2. Aufl., Stuttgart 1998, § 301 HGB, Rn. 210, 221 ff.
[807] Vgl. zum Meinungsstand nach altem Recht Hayn, Konsolidierungstechnik bei Erwerb und Veräußerung von Anteilen, Herne/Berlin 1999, S. 352 ff.
[808] Dies darf nicht damit verwechselt werden, dass er bei der Ermittlung des Abgangserfolgs zu berücksichtigen ist.

Bilanz zu beseitigen, führt zu einem Konflikt mit einem Pfeiler der handelsrechtlichen Bilanzierung, dem Anschaffungskostenprinzip.[809]

2.2.7 Ausweis von Rückbeteiligungen am Mutterunternehmen

Die durch das BilMoG in § 301 Abs. 4 HGB vorgenommene Änderung ist das konzernbilanzielle Pendant zu der über § 298 Abs. 1 Satz 1 HGB auch für den Konzernabschluss geltenden Neuregelung des § 272 Abs. 1a HGB, die die Absetzung eigener Anteile vom Eigenkapital verpflichtend gemacht hat (vgl. Kapitel 2, Abschnitt 7, Gliederungspunkt 2.2.1). Für den Konzernabschluss wird sie auf Anteile ausgedehnt, die ein Tochterunternehmen am Mutterunternehmen hält (**Rückbeteiligung**). Diese sind im Einzelabschluss des Tochterunternehmens als Vermögensgegenstände des Umlaufvermögens zu zeigen. Gleichzeitig ist eine Rücklage für Anteile an einem herrschenden Unternehmen zu bilden. Aus Konzernsicht haben diese Anteile ökonomisch jedoch den Charakter von eigenen Anteilen des Mutterunternehmens und sind deshalb wie diese zu behandeln (vgl. BT-Drucks. 16/10067, S. 82).

Abb. 157 fasst die Behandlung eigener Anteile des Mutterunternehmens und der von einem Tochterunternehmen am Mutterunternehmen gehaltenen Rückbeteiligung nach geltendem Recht und nach BilMoG im Überblick zusammen.

Ausweis eigener Anteile des MU nach HGB a.F. und BilMoG	
Regelung nach bisherigem Recht	
Vom MU gehaltene eigene Anteile	Von TU gehaltene Anteile am MU

• Ausweis im KA als VG des UV oder (strittig) offene Absetzung vom Eigenkapital bei Vorliegen der Voraussetzungen gem. § 272 Abs. 1 Satz 4 HGB a.F.
• Bei aktivischem Ausweis ist die im JA des MU gebildete Rücklage für eigene Anteile in den KA zu übernehmen
§ 301 Abs. 4 Satz 1 HGB a.F.
	• Ausweis im KA als VG des UV; eine offene Absetzung vom Eigenkapital kommt nicht in Betracht
	• Zur Behandlung der vom TU gebildeten Rücklage für Anteile an einem herrschenden Unternehmen bestehen verschiedene Auffassungen:
	  » Übernahme in den KA
	  » Einbeziehung in das zu konsolidierende Eigenkapital und Neubildung im KA
	  » Einbeziehung in das zu konsolidierende Eigenkapital und keine Neubildung im KA
	§ 301 Abs. 4 Satz 1 HGB a.F.

• Angleichung an die geänderte Ausweisregelung im JA • Generelle Absetzung der im Konzern gehaltenen Anteile am MU vom Eigenkapital des KA § 301 Abs. 4 HGB	
Ausweisregelung nach BilMoG	

Abb. 157: Ausweis eigener Anteile und Rückbeteiligungen am Mutterunternehmen nach HGB a. F. und BilMoG

---

[809] Vgl. zum Anschaffungskostenprinzip im Rahmen der Kapitalkonsolidierung Leinen, Die Kapitalkonsolidierung im mehrstufigen Konzern, Herne/Berlin 2002, S. 55 ff.

Bei der Absetzung eigener Anteile vom Eigenkapital ist zu beachten, dass das Nennkapital bzw. der rechnerische Wert der eigenen Anteile offen vom gezeichneten Kapital abzusetzen ist. Nachstehend wird der **Ausweis** eigener Anteile und Rückbeteiligungen nach altem und nach neuem Recht anhand eines Beispiels gegenübergestellt.

Beispiel

Sachverhalt:

Die B AG ist das Mutterunternehmen des B-Konzerns. Sie verfügt über eine 100 %ige Beteiligung an der T AG. Zum 31.12.X1 weist die B AG in ihrem vorläufigen Konzernabschluss vor Berücksichtigung eigener Anteile folgende Eigenkapitalbeträge aus:

- Gezeichnetes Kapital: 4 Mio. EUR
- Kapitalrücklage: 20 Mio. EUR
- Gewinnrücklagen: 35 Mio. EUR
- Konzernjahreserfolg: 7 Mio. EUR

Die B AG hält zum 31.12.X1 eigene Anteile mit einem Nennwert von 200 TEUR, die sie zum Preis von 1 Mio. EUR zurückerworben hat. Die Anteile sind nicht zur Einbeziehung bestimmt. Die T AG hält zum Abschlussstichtag ebenfalls Anteile an der B AG. Diese weisen einen Nennwert von 100 TEUR auf. Ihre Anschaffungskosten betragen 600 TEUR.

Beurteilung nach HGB a. F.:

Die von der B AG erworbenen eigenen Anteile sind als Vermögensgegenstände des Umlaufvermögens zu aktivieren bei gleichzeitiger Bildung einer Rücklage für eigene Anteile im Eigenkapital des Konzerns. Die von der T AG erworbenen Anteile sind ebenfalls im Umlaufvermögen zu zeigen. Sie dürfen mit den von der B AG zurückerworbenen Anteilen zusammengefasst werden. Die Rücklage für eigene Anteile ist um den Betrag der Anschaffungskosten der Anteile aufzustocken. Alternativ wird es für zulässig gehalten, die im Jahresabschluss der T AG gebildete Rücklage für eigene Anteile im Konzernabschluss in die Gewinnrücklagen umzubuchen. Die verkürzte Konzernbilanz hat damit folgendes Aussehen (angaben in TEUR):

Aktiva		Konzernbilanz zum 31.12.X1	Passiva
		Gezeichnetes Kapital	4.000
		Kapitalrücklage	20.000
Eigene Anteile	1.600	Gewinnrücklagen	33.400
		Rücklage für eigene Anteile	1.600
		Konzernjahreserfolg	7.000
		Summe Eigenkapital	66.000

Kapitel 3: Konsolidierte Rechnungslegung

Beurteilung nach HGB i. d. F. des BilMoG:

Die von der B AG erworbenen eigenen Anteile sind vom Eigenkapital abzusetzen. Für den Nennbetrag (200 TEUR) fordert § 272 Abs. 1a HGB eine offene Absetzung vom gezeichneten Kapital. Für die von der T AG erworbenen Anteile (Nennbetrag: 100 TEUR) gilt Entsprechendes. Der übersteigende Anteil des Kaufpreises für die eigenen Anteile (800 TEUR + 500 TEUR) kürzt die Gewinnrücklagen. Die verkürzte Konzernbilanz hat damit folgendes Aussehen (Angaben in TEUR):

Aktiva	Konzernbilanz zum 31.12.X1		Passiva
	Gezeichnetes Kapital	4.000	
	./. Nennbetrag eigener Anteile	-300	3.700
	Kapitalrücklage		20.000
	Gewinnrücklagen		33.700
	Konzernjahreserfolg		7.000
	Summe Eigenkapital		64.400

Sachverhalt – Variante:

Abweichend vom Ausgangsfall sei angenommen, die B AG halte nur 60 % der Anteile an der T AG. Der Minderheitenposten weist vor Berücksichtigung eigener Anteile einen Betrag von 2 Mio. EUR auf.

Beurteilung nach HGB a. F.:

Eine Änderung im Vergleich zum Ausgangsfall ergibt sich nur für die von der T AG gebildete Rücklage für eigene Anteile. Da die Rücklage zu 40 % auf andere Gesellschafter entfällt, ist sie anteilig in den Minderheitenposten umzubuchen.

Die Abweichung zwischen dem Buchwert der eigenen Anteile und dem niedrigeren Betrag der Rücklage für eigene Anteile von 240 TEUR ist im Anhang zu erläutern (Angaben in TEUR).

Aktiva	Konzernbilanz zum 31.12.X1		Passiva
	Gezeichnetes Kapital		4.000
	Kapitalrücklage		20.000
	Gewinnrücklagen		33.400
	Rücklage für eigene Anteile		1.360
Eigene Anteile	1.600	Konzernjahreserfolg	7.000
		Minderheitenposten	2.240
		Summe Eigenkapital	68.000

Beurteilung nach HGB i. d. F. des BilMoG:

Der Nennbetrag der von der T AG gehaltenen Anteile an der M AG ist auch bei Existenz von Minderheiten in voller Höhe offen vom gezeichneten Kapital abzusetzen.

Der Mehrbetrag von 1.300 TEUR hat im 100 %-Fall die Gewinnrücklagen gekürzt. Er ist im 60 %-Fall auf das Eigenkapital des Mutterunternehmens und den Minderheitenposten aufzuteilen. Der Minderheitenposten ist um 240 TEUR (= 40 % von 600 TEUR) zu reduzieren. Der verbleibende Betrag von 1.060 TEUR kürzt das Eigenkapital des Mutterunternehmens (Angaben in TEUR).

Aktiva	Konzernbilanz zum 31.12.X1		Passiva
	Gezeichnetes Kapital	4.000	
	./. Nennbetrag eigener Anteile	-300	3.700
	Kapitalrücklage		20.000
	Gewinnrücklagen		33.940
	Minderheitenposten		1.760
	Konzernjahreserfolg		7.000
	Summe Eigenkapital		66.400

2.2.8 Erstanwendung, Übergangsregelung und steuerliche Folgen

Die materiellen Änderungen der Kapitalkonsolidierung nach der Erwerbsmethode in § 301 Abs. 1 und 2 HGB finden nach Art. 66 Abs. 3 Satz 3 EGHGB auf den Erwerb eines Tochterunternehmens Anwendungen, der in einem nach dem **31.12.2009** beginnenden Geschäftsjahr getätigt wird. Optional dürfen die geänderten Regelungen zur Erwerbsmethode im Verbund mit allen anderen vorzeitig anwendbaren Vorschriften ein Jahr früher angewendet werden. Nimmt das bilanzierende Unternehmen dieses Wahlrecht in Anspruch, werden Erwerbe von Tochterunternehmen, die nach dem **31.12.2008** vollzogen worden sind, nach der Neuregelung abgebildet.

Für **Altkonsolidierungsfälle**, die in der Bilanzierungspraxis regelmäßig nach der Buchwertmethode abgebildet sind, besteht keine Verpflichtung zur Anpassung an die zukünftig nach BilMoG allein zulässige Neubewertungsmethode (vgl. BT-Drucks. 16/10067, S. 99).[810] Für sie greift indes die geänderte Konzeption zur Latenzierung latenter Steuern (vgl. Gliederungspunkt 3): Ergibt sich bspw. infolge der in der Vergangenheit vorgenommenen Aufdeckung stiller Rücklagen im Übergangszeitpunkt noch eine Differenz zwischen konzernbilanziellem und steuerbilanziellem Wertansatz, so ist für diesen Bewertungsunterschied eine **latente Steuer** zu erfassen. Es existiert keine Regelung, welche die allgemeine Latenzierungsvorschrift für latente Steuern im Hinblick auf Altkonsolidierungsfälle ausschalten würde. Nach Art. 67 Abs. 6 Satz 1 EGHGB erfolgt die Bildung latenter Steuern in diesem Falle erfolgsneutral. Eine Anpassung eines im Rahmen der historischen Kapitalkonsolidierung

---

[810] Vgl. auch IDW RS HFA 28, Tz. 65.

ermittelten Geschäfts- oder Firmenwerts bzw. passivischen Unterschiedsbetrags scheidet damit aus.

Abb. 158 fasst die Regelungen zur Erstanwendung und zum Übergang für die durch das BilMoG vorgenommenen Änderungen der Kapitalkonsolidierung nach der Erwerbsmethode zusammen.

Übergang auf die geänderte Kapitalkonsolidierung nach der Erwerbsmethode	
Erstmalige Anwendung	Übergang
• Obligatorisch: Erwerbsvorgänge, die in einem nach dem 31.12.2009 beginnenden Geschäftsjahr erfolgen • Optional: Erwerbsvorgänge, die in einem nach dem 31.12.2008 beginnenden Geschäftsjahr erfolgen (nur im Verbund mit allen übrigen vorzeitig anwendbaren Vorschriften) Art. 66 Abs. 3 EGHGB	Mangels einer entsprechenden Übergangsregelung für die Abgrenzung latenter Steuern sind für Konsolidierungsaltfälle Steuerabgrenzungen erfolgsneutral nachzuholen. Art. 67 Abs. 6 EGHGB

Abb. 158: Übergang auf die geänderten Vorschriften zur Kapitalkonsolidierung nach der Erwerbsmethode

Die Interessenzusammenführungsmethode nach § 302 HGB a. F. ist nach Art. 66 Abs. 5 EGHGB letztmals in einem Konzernabschluss anwendbar, der für das vor dem 1.1.2010 beginnende Geschäftsjahr erstellt wird. Die Abbildung von Tochterunternehmen nach der Interessenzusammenführungsmethode darf im Folgenden beibehalten werden (vgl. Art. 67 Abs. 5 Satz 2 EGHGB). Das Gesetz spricht zwar von Dürfen, in Ermangelung einer Alternative läuft dieses allerdings auf ein Müssen hinaus. Ohne praktische Relevanz sollte auch sein, dass die Anwendbarkeit von § 302 HGB nach Art. 66 Abs. 5 EGHGB in einem Konzernabschluss für vor dem 1.1.2010 begonnene Geschäftsjahre bestehen bleibt, wenn von der vorzeitigen Anwendung der in Art. 66 Abs. 3 EGHGB genannten Regeln Gebrauch gemacht wird. Die Anwendbarkeit von § 302 HGB a. F. in dieser Konstellation ist im Hinblick auf die Zielsetzung des Gesetzes zudem zweifelhaft.

Die Änderung zum Ausweis von Anteilen am Mutterunternehmen, die von einem in den Konzernabschluss einbezogenen Tochterunternehmen gehalten werden (vgl. § 301 Abs. 4 HGB), ist in Konzernabschlüssen für nach dem 31.12.2009 beginnende Geschäftsjahre zu beachten. Dies erfordert auch die Anpassung des **Altausweises** von durch Tochterunternehmen am Mutterunternehmen gehaltenen Anteilen. Zusammen mit den übrigen vorzeitig anwendbaren Regelungen können Anteile am Mutterunternehmen wahlweise bereits in Konzernabschlüssen für nach dem 31.12.2008 beginnende Geschäftsjahre nach der Neuregelung abgebildet werden.

Die gleichen Erstanwendungszeitpunkte gelten für die Regelung zum Ausweis eines verbleibenden passivischen Unterschiedsbetrags, der nach BilMoG verpflichtend nach dem Konzerneigenkapital zu zeigen ist (vgl. § 301 Abs. 3 Satz 1 HGB).

Die nachstehende Abb. 159 fasst die in Art. 66 Abs. 3 EGHGB formulierten Erstanwendungsregeln für den Ausweis von Anteilen am Mutterunternehmen (Rückbeteiligungen) und passivischen Unterschiedsbeträgen nach BilMoG zusammen.

Übergang auf die geänderten Ausweisvorschriften	
Erstmalige Anwendung	Übergang
• Obligatorisch: Konzernabschlüsse für nach dem 31.12.2009 beginnende Geschäftsjahre • Optional: Konzernabschlüsse für nach dem 31.12.2008 beginnende Geschäftsjahre (nur im Verbund mit allen übrigen vorzeitig anwendbaren Vorschriften) Art. 66 Abs. 3 EGHGB	Im Konzern bilanzierte passivische Unterschiedsbeträge und am MU gehaltene Anteile sind im Erstjahr der Anwendung der Vorschriften des BilMoG entsprechend § 301 Abs. 3 und Abs. 4 HGB auszuweisen

Abb. 159: Übergang auf den geänderten Ausweis von Anteilen am Mutterunternehmen und passivischen Unterschiedsbeträgen

Da die Kapitalkonsolidierung eines Tochterunternehmens Auswirkungen auf die Eigenkapitalquote des Konzerns hat, können sich indirekt steuerliche Folgen aufgrund der Einführung der Zinsschranke und der nach § 4h Abs. 3 S. 5 EStG ggf. erforderlichen Abgrenzung des Konsolidierungskreises nach den handelsrechtlichen Regelungen ergeben (vgl. Abschnitt 1, Gliederungspunkt 1.2.3).

3 Latente Steuern

3.1 Die neue Vorschrift im Überblick

§ 306 HGB hat durch das BilMoG folgende Fassung erhalten:

HGB § 306 Latente Steuern

Führen Maßnahmen, die nach den Vorschriften dieses Titels durchgeführt worden sind, zu Differenzen zwischen den handelsrechtlichen Wertansätzen der Vermögensgegenstände, Schulden oder Rechnungsabgrenzungsposten und deren steuerlichen Wertansätzen und bauen sich diese Differenzen in späteren Geschäftsjahren voraussichtlich wieder ab, so ist eine sich insgesamt ergebende Steuerbelastung als passive latente Steuern und eine sich insgesamt ergebende Steuerentlastung als aktive latente Steuern in der Konzernbilanz anzusetzen. Die sich ergebende Steuerbe- und die sich ergebende Steuerentlastung können auch unverrechnet angesetzt werden. Differenzen aus dem erstmaligen Ansatz eines nach § 301 Abs. 3 verbleibenden Unterschiedsbetrages bleiben unberücksichtigt. Das Gleiche gilt für Differenzen, die sich zwischen dem steuerlichen Wertansatz einer Beteiligung an einem Tochterunternehmen, assoziierten Unternehmen oder einem Gemeinschaftsunternehmen im Sinn des § 310 Abs. 1 und dem handelsrechtlichen Wertansatz des im Konzernabschluss angesetzten Nettovermögens ergeben. § 274 Abs. 2 ist entspre-

Kapitel 3: Konsolidierte Rechnungslegung

> chend anzuwenden. Die Posten dürfen mit den Posten nach § 274 HGB zusammengefasst werden.

Die Abgrenzung latenter Steuern folgte nach altem Recht im Einzel- und Konzernabschluss dem GuV-orientierten Timing-Konzept. Das BilMoG vollzog in §§ 274 und 306 HGB einen **Konzeptionswechsel**. Nunmehr erfolgt die Bildung latenter Steuern nach dem in der internationalen Rechnungslegung üblichen bilanzorientierten Temporary-Konzept.[811]

Abb. 160 fasst die wesentlichen Inhalte zur Bildung latenter Steuern in der Konzernrechnungslegung nach BilMoG zusammen.

Latente Steuern im Konzernabschluss nach BilMoG	
Konzept der Steuerlatenzierung	**Konzernspezifische Besonderheiten**

• Konzept der Steuerlatenzierung
  » Bilanzorientierte Konzeption wie im JA
  » Gesamtdifferenzenbetrachtung
• Bewertung
  » Steuersatz im Zeitpunkt des Abbaus der Differenzen bzw. Verlustvorträge
  » Abzinsungsverbot
• Bilanzausweis
  » Nettoausweis oder
  » Bruttoausweis
• Anhangsberichterstattung
  » Ursachen aktiver und passiver latenter Steuern
  » Steuersatz
	• Ansatz: Aktivierungspflicht für passivische und aktivische Latenzenüberhänge
	• Latenzierungsverbote
	  » Temporäre Differenzen aus dem erstmaligen Ansatz eines GoF oder passiven Unterschiedsbetrags
	  » *Outside basis differences*
	• Bewertung
	  » Steuersatz des jeweiligen TU
	  » Unter Wesentlichkeitsaspekten ggf. konzerneinheitlicher, durchschnittlicher Steuersatz
	• Ausweis: Zusammenfassung mit den Posten gem. § 274 HGB ist zulässig
	• Keine Ausschüttungssperre
	§ 306 HGB
	BT-Drucks. 16/10067, S. 83, BT-Drucks. 16/12407, S. 90

Abb. 160: Latente Steuern im Konzernabschluss nach BilMoG

Die geänderten Regeln sind nach Art. 66 Abs. 3 EGHGB erstmalig auf Konzernabschlüsse für Geschäftsjahre anzuwenden, die nach dem 31.12.2009 beginnen. Optional ist eine Anwendung für nach dem 31.12.2008 beginnende Geschäftsjahre möglich. Aus der erstmaligen Anwendung von § 306 HGB resultierende latente Steuern sind nach Art. 67 Abs. 6 EGHGB erfolgsneutral zu bilden.

Steuerliche Implikationen können sich im Hinblick auf die Zinsschrankenthematik durch den Einfluss der Steuerlatenzierung auf die Konzerneigenkapitalquote ergeben.

---

[811] Zu den Änderungen des BilMoG bei der latenten Steuerabgrenzung im Einzelabschluss vgl. Kapitel 2, Abschnitt 8, Gliederungspunkt 3.

3.2 Erläuterung der Neuregelung

3.2.1 Latente Steuern und Kapitalkonsolidierung

Nach § 306 HGB sind für Bewertungsunterschiede, die durch **Konsolidierungsmaßnahmen des Vierten Titels** des HGB (§§ 300 bis 307 HGB) entstehen, latente Steuern zu berücksichtigen, soweit sich die Differenz in Zukunft voraussichtlich wieder umkehren wird. Ebenso wie § 274 HGB ist dabei auf eine Gesamtbetrachtung der entstehenden Latenzen abzustellen. Anders als § 274 Abs. 1 HGB sieht § 306 HGB aber kein Wahlrecht für den Ansatz eines Aktivüberhangs vor. Dies galt auch schon im Verhältnis von § 274 HGB a. F. zu § 306 HGB a. F. Der entstehende Aktiv- oder Passivüberhang darf zum einen saldiert oder unsaldiert ausgewiesen werden, zum anderen ist eine Zusammenfassung mit dem oder den Posten aus § 274 HGB zulässig.

Aus dem Konzeptionswechsel vom GuV-orientierten Timing- zum bilanzorientierten Temporary-Konzept erwächst die Notwendigkeit, im Rahmen der **Kaufpreisallokation** latente Steuern zu berücksichtigen. Dies soll den Informationsgehalt der konsolidierten Rechnungslegung stärken (vgl. BT-Drucks. 16/10067, S. 83).

Ausgeschlossen ist die Bildung einer Steuerlatenz aus dem erstmaligen Ansatz eines **Geschäfts- oder Firmenwerts** bzw. **eines passivischen Unterschiedsbetrags** (vgl. § 306 Satz 3 HGB). Da der Geschäfts- oder Firmenwert die Residualgröße der Kaufpreisallokation darstellt, führte der Ansatz passiver latenter Steuern zu einer Erhöhung des Geschäfts- oder Firmenwerts, was wiederum eine zusätzliche Bildung latenter Steuern bedingen würde. Der Verzicht auf die Steuerlatenzierung auf den Geschäfts- oder Firmenwert dient der Vermeidung dieser Endlosschleife.[812]

Das BilMoG äußert sich nicht zur Frage, wie im Falle eines **steuerlich abzugsfähigen Firmenwerts** zu verfahren ist. Der geänderten Konzeption zur Bildung latenter Steuern entspräche es, analog zur Vorgehensweise nach IAS 12, auf eine in der Folgebewertung entstehende Differenz zwischen dem Geschäfts- oder Firmenwert aus der Konsolidierung und dem steuerlichen Firmenwert eine Steuerlatenz zu bilden.[813] In diesem Punkt offenbart sich ein Bruch zur Regelung des § 274 HGB.[814] Übernimmt ein Erwerber alle Aktiva und Passiva eines anderen Unternehmens im Wege eines *asset deal*, richtet sich die Bildung latenter Steuern nach § 274 HGB. Das gilt auch für einen etwaigen nach § 246 Abs. 1 Satz 4 HGB anzusetzenden Geschäfts- oder Firmenwert. Wird der Erwerb als *share deal* abgewickelt, verbietet § 306 Satz 3 HGB einen Ansatz latenter Steuern für den sich ergebenden Geschäfts- oder Firmenwert aus der Kapitalkonsolidierung.[815] Zur Verdeutlichung dient das folgende Beispiel:

---

[812] Vgl. Loitz, WPg 2004, S. 1180.
[813] Zu den zu beachtenden Besonderheiten vgl. Adler/Düring/Schmaltz: Rechnungslegung nach internationalen Standards, Stuttgart 2002 ff., Abschnitt 20, Tz. 166 ff.
[814] Vgl. im Folgenden Kessler/Leinene/Paulus, KoR 2010, S. 46 f.
[815] Vgl. zu dieser Problematik auch Küting/Seel, in: Küting/Pfitzer/Weber (Hrsg.): Das neue deutsche Bilanzrecht, 2. Aufl., Stuttgart 2009, S. 512 f.

Beispiel

Sachverhalt:

Die M AG will ein Konkurrenzunternehmen (T-AG) übernehmen. Zwei Szenarien zieht die M AG in Betracht: (1) den Erwerb sämtlicher Anteile an der T AG und (2) den Erwerb aller Aktiva und Passiva der T AG. Das in der Handelsbilanz erfasste Nettovermögen der T AG beträgt 20 Mio. EUR. Es umfasst keine stillen Reserven und keine stillen Lasten. Zu den Schulden gehört eine Drohverlustrückstellung in Höhe von 1 Mio. EUR. Da diese steuerlich keine Anerkennung gefunden hat, beläuft sich das Betriebsvermögen der T AG auf 21 Mio. EUR. Die M AG ist bereit, unabhängig von der Transaktionsstruktur einen maximalen Kaufpreis von 25 Mio. EUR zu zahlen.

Beurteilung nach HGB i. d. F. des BilMoG:

Erfolgt die Übernahme der T AG im Wege eines *share deal*, ermittelt sich ein Geschäfts- oder Firmenwert von 5 Mio. EUR. Im Fall eines *asset deal* ergibt sich zunächst ebenfalls ein Geschäfts- oder Firmenwert von 5 Mio. EUR. Da dieser in der Steuerbilanz wegen der Nichtpassivierung der Drohverlustrückstellung um 1 Mio. EUR niedriger ausgewiesen wird, liegt eine zu versteuernde temporäre Differenz in Höhe von 1 Mio. EUR vor, für die passive latente Steuern zu berücksichtigen sind. Sie erhöhen ihrerseits wiederum den Geschäfts- oder Firmenwert, was Anlass zu einer erneuten Anpassung der latenten Steuern gibt. Der letztlich anzusetzende Betrag passiver latenter Steuern ermittelt sich nach folgender Formel:

$$\frac{\text{temporäre Differenz in Bezug auf den GoF} \cdot \text{Steuersatz}}{(1 - \text{Steuersatz})}$$

Er beträgt im Beispiel 428.571 EUR. Das ergibt einen Geschäfts- oder Firmenwert in der Handelsbilanz von 5.428.571 EUR.

Das Ergebnis ist unbefriedigend. Obwohl der Erwerb im Konzernabschluss wie ein *asset deal* abgebildet wird, weicht die bilanzielle Abbildung von jener des Einzelabschlusses ab. Das ist allein die Folge der abweichenden tatsächlichen Transaktionsstruktur. Hiergegen mag man einwenden, auch bei Existenz stiller Reserven oder stiller Lasten führe ein *asset deal* zu einer anderen bilanziellen Darstellung als ein *share deal*. Hier geht es allerdings allein um die abweichende Behandlung des Geschäfts- oder Firmenwerts. Im Konzernabschluss sollen für ihn keine latenten Steuern gebildet werden, weil er eine Residualgröße darstellt. Für den Einzelabschluss lässt § 274 HGB dieses Argument dagegen nicht gelten. Das erscheint wertungswidersprüchlich. Das gilt umso mehr, als ein von einem Konzernunternehmen vollzogener *asset deal* auch im Konzernabschluss nach § 274 HGB abgebildet würde, da § 301 HGB – anders als etwa IFRS 3 – nur Unternehmenserwerbe in Form eines *share deal* erfasst.

Ursächlich für diesen Konflikt ist die mangelnde inhaltliche Abstimmung der Regelungen über latente Steuern im Jahres- und Konzernabschluss. Eine einheitliche Regelung entsprechend dem Vorbild von IAS 12 vermeidet derartige Verwerfungen. Sie ist aufgrund der Eigenständigkeit von Jahres- und Konzernabschluss nach HGB jedoch nicht umsetzbar.

Die Berechnung latenter Steuern hat nach § 274 Abs. 2 HGB i. V. m. § 306 Satz 3 HGB auf dem **Steuersatz des entsprechenden Tochterunternehmens** zu basieren. Aus Wirtschaftlichkeits- und Wesentlichkeitsüberlegungen darf im Einzelfall für den Konzern ein einheitlicher Steuersatz angewandt werden (vgl. BT-Drucks. 16/10067, S. 83).

Das nachstehende Beispiel veranschaulicht exemplarisch die Berücksichtigung von latenten Steuern in der Kapitalkonsolidierung.

Beispiel

Sachverhalt:

Die B AG hat zum 31.12.X1 80 % der Anteile an der T AG zu einem Kaufpreis inkl. Anschaffungsnebenkosten von 6 Mio. EUR erworben. Das TU wird nach der Neubewertungsmethode in den Konzernabschluss einbezogen. Zur T AG liegen folgende Informationen vor:

- Buchmäßiges Eigenkapital: 2,0 Mio. EUR
- Stille Rücklagen im Vermögen: 1,9 Mio. EUR
- Stille Lasten in den Schulden: 0,4 Mio. EUR
- Ungenutzter steuerlicher Verlustvortrag: 1,0 Mio. EUR

Die handelsrechtlichen Buchwerte der T AG entsprechen den Werten in der Steuerbilanz. Dies gilt auch für den beizulegenden Wert und den beizulegenden Zeitwert des Reinvermögens. Die T AG glaubt, den Verlustvortrag in den kommenden fünf Jahren nutzen zu können. Der kumulierte Ertragsteuersatz der T AG beträgt 30 %.

Beurteilung nach HGB a. F.:

Die Neubewertung des Vermögens der T AG ergibt ein Eigenkapital in Höhe von 3,5 Mio. EUR. Nach überwiegender Auffassung sind nach der geltenden Regelung des § 306 HGB keine latenten Steuern für die Bewertungsunterschiede zur Steuerbilanz zu erfassen.[816] Aus der Aufrechnung der Anschaffungskosten der Beteiligung (6 Mio. EUR) mit dem anteiligen neubewerteten Eigenkapital der T AG (2,8 Mio. EUR) ermittelt sich ein Geschäfts- oder Firmenwert in Höhe von 3,2 Mio. EUR. Der Ausgleichsposten für Anteile anderer Gesellschafter ist mit 700 TEUR (20 % von 3,5 Mio. EUR) zu dotieren.

---

[816] A. A. DRS 10.16. DRS 10 wurde durch DRÄS 4 aufgehoben und ist letztmals anwendbar für Konzernabschlüsse von Geschäftsjahren, die vor dem oder am 31.12.2009 begonnen haben.

Kapitel 3: Konsolidierte Rechnungslegung

> **Beurteilung nach HGB i. d. F. des BilMoG:**
>
> Die Neubewertung des Vermögens der T AG führt auch hier zunächst zu einem Eigenkapital in Höhe von 3,5 Mio. EUR. Für die aufgedeckten stillen Rücklagen und Lasten sind latente Steuern zu berücksichtigen. Die aufgedeckten stillen Rücklagen machen die Bildung von passiven latenten Steuern in Höhe von 0,57 Mio. EUR (30 % von 1,9 Mio. EUR) erforderlich, die Aufdeckung der stillen Lasten führt zu aktiven latenten Steuern in Höhe von 0,12 Mio. EUR (30 % von 0,4 Mio. EUR). Für den erworbenen steuerlichen Verlustvortrag wären bei isolierter Betrachtung aktive latente Steuern in Höhe von 300 TEUR (30 % von 1 Mio. EUR) anzusetzen. Nach den Regelungen zum Mantelkauf (vgl. § 8c KStG) geht der Verlustvortrag infolge der Veräußerung der Anteilsmehrheit allerdings verloren, sofern nicht das Sanierungsprivileg (§ 8c Abs. 1a KStG) bzw. die durch das Wachstumsbeschleunigungsgesetz für nach dem 31.12.2009 erfolgende Unternehmenserwerbe eingeführte Verschonungsregel (§ 8c Abs. 1 S. 6 ff. KStG) greift. Unterstellt man dies, sind in der Kaufpreisallokation keine aktiven latenten Steuern auf den Verlustvortrag zu berücksichtigen. Im Ergebnis ermittelt sich somit ein neubewertetes Eigenkapital von 3,05 Mio. EUR (3,5 Mio. EUR – 0,57 Mio. EUR + 0,12 Mio. EUR). Der Ausgleichsposten für Anteile anderer Gesellschafter ist mit 610 TEUR (20 % von 3,05 Mio. EUR) zu dotieren.

Die im Rahmen der Kaufpreisallokation zu berücksichtigenden latenten Steuern sind nicht abzuzinsen (vgl. § 306 Satz 5 i. V. m. § 274 Abs. 2 HGB). Allein dieser Umstand kann den Ansatz eines Geschäfts- oder Firmenwerts bewirken. Dazu folgendes Beispiel:

Beispiel

> **Sachverhalt:**
>
> Die B AG erwirbt 100 % der Anteile an der C GmbH. Der Kaufpreis der Anteile beträgt 1 Mio. EUR. Das buchmäßige und steuerbilanzielle Reinvermögen der C GmbH in Höhe von 600 TEUR besteht nur aus einem Grundstück. Dessen beizulegender Zeitwert im Erwerbszeitpunkt der Anteile entspricht dem für sie gezahlten Kaufpreis. Der Ertragsteuersatz der C GmbH wird mit 30 % angenommen.
>
> **Beurteilung nach HGB i. d. F. des BilMoG:**
>
> Das neubewertete Eigenkapital der C GmbH beträgt nach der Berücksichtigung latenter Steuern aus der Bewertungsdifferenz zwischen konzernbilanziellem Zugangswert des Grundstücks (1 Mio. EUR) und steuerbilanziellem Wert (600 TEUR) 880 TEUR. Diesem Betrag ist der gezahlte Kaufpreis von 1 Mio. EUR gegenüberzustellen. Es ergibt sich ein Geschäfts- oder Firmenwert in Höhe der passivierten latenten Steuern (120 TEUR). Fraglich ist,

welche neben dem Grundstück bestehenden Ertragserwartungen er verkörpern soll. Der Nutzenzufluss wird allein durch das Grundstück geniert. Das Ergebnis ist unbefriedigend, lässt sich aber aufgrund der klaren Bewertungsanweisung des Gesetzes, das ein Abzinsungsverbot für latente Steuern formuliert, nicht vermeiden. Ließe man eine solche Abzinsung zu, würde die für die quasi-permanente Differenz zu bildende passivische latente Steuern gegen Null konvergieren. Dies hätte zur Konsequenz, dass kein Geschäfts- oder Firmenwert, sondern nur das erworbene Grundstück in der Konzernbilanz ausgewiesen wird.

3.2.2 Latente Steuern auf *outside basis differences*

Die Differenz zwischen dem im Konzernabschluss erfassten Vermögen eines Tochterunternehmens und dem steuerbilanziellen Wert der vom Mutterunternehmen am Tochterunternehmen gehaltenen Anteile wird in der internationalen Rechnungslegung als *outside basis difference* bezeichnet.[817] Durch die Bildung latenter Steuern auf *outside basis differences* werden steuerliche Wirkungen antizipiert, die in der Zukunft aus der Veräußerung der Anteile oder aus der Ausschüttung von Gewinnen resultieren können.

Der Gesetzgeber hat durch das BilMoG in § 306 Satz 3 HGB klargestellt, dass latente Steuern auf *outside basis differences* **nicht** gebildet werden dürfen. Der diesbezügliche Konzeptionsbruch wird eingeräumt und ist Praktikabilitätserwägungen geschuldet (vgl. BT-Drucks. 16/12407, S. 90).

Mit Blick auf die Informationsfunktion des Konzernabschlusses und die Regelungen zur internationalen Rechnungslegung mag man das Verbot bedauern. Die vom Gesetzgeber getroffene Kosten-Nutzen-Abwägung ist jedoch zu begrüßen. Insbesondere in mehrstufigen Konzernen bereitet die Ermittlung latenter Steuern auf *outside basis differences* nicht unerhebliche Mühe. Dies gilt zumindest, wenn man der Auffassung folgt, dass kaskadenartig auf jeder Konzernstufe steuerbilanzieller Beteiligungsansatz und ihm gegenüberstehendes Reinvermögen zu vergleichen wären.[818] Ob die in diesem Falle drohende Mehrfacherfassung latenter Steuern zu einer für den Bilanzadressaten nützlichen Information führt, darf indes bezweifelt werden.

3.2.3 Erstanwendung, Übergangsregelung und steuerliche Folgen

Nach Art. 66 Abs. 3 EGHGB ist die die Steuerlatenzierung aus Konsolidierungsmaßnahmen betreffende Regelung in § 306 HGB erstmalig in Konzernabschlüsse für Geschäftsjahre zu berücksichtigen, die nach dem **31.12.2009** beginnen. Optional können

---

[817] Vgl. Hoffmann, in: Lüdenbach/Hoffmann (Hrsg.): Haufe IFRS-Kommentar, 7. Aufl., Freiburg 2009, § 26, Rz. 63.
[818] Vgl. Loitz/Klevermann, DB 2009, S. 413.

Kapitel 3: Konsolidierte Rechnungslegung

sie zusammen mit den anderen für eine vorzeitige Anwendung freigegebenen Regelungen auf Konzernabschlüsse für nach dem **31.12.2008** beginnende Geschäftsjahre angewendet werden.

Im Zeitpunkt des Übergangs auf die geänderte Norm (obligatorisch: ab 1.1.2010, optional: ab 1.1.2009) kommt es auch zur Bildung latenter Steuern auf Bewertungsunterschiede, die ihren Ursprung im bisherigen Konzernbilanzrecht haben. D. h., auch **nach bisherigem Recht vorgenommene Kapitalkonsolidierungen** werden im Erstanwendungszeitpunkt des BilMoG von der Notwendigkeit zur Bildung latenter Steuern erfasst.[819]

Unabhängig davon, ob die Buchwert- oder die Neubewertungsmethode zur Anwendung gelangte, ist für die infolge der Aufdeckung stiller Rücklagen / Lasten noch vorhandenen Differenzen zu den steuerlichen Wertansätzen eine latente Steuer zu bilden. Ließ sich aus dem RegE BilMoG nur eine erfolgswirksame Erfassung ableiten, stellt die Übergangsregelung in Art. 66 Abs. 6 EGHGB nunmehr klar, dass die Einbuchung erfolgsneutral zu erfolgen hat. Dabei ist auf die **korrekte Zuordnung** der latenten Steuereffekte auf die Gesellschaftergruppen des Konzerns zu achten.

Beispiel

Sachverhalt:

Die B AG hat eine 80 %ige Beteiligung an einem Tochterunternehmen erworben, das sie nach bisherigem Recht mittels der Buchwertmethode in ihren Konzernabschluss einbezogen hat. Zum übernommenen Vermögen des Tochterunternehmens zählt ein abnutzbarer Vermögensgegenstand. Dessen handels- sowie steuerbilanzieller Buchwert beträgt im Erwerbszeitpunkt des Tochterunternehmens 1 Mio. EUR. Die B AG deckt bezogen auf den Konzernanteil im Vermögen des Tochterunternehmens stille Rücklagen in Höhe von 0,5 Mio. EUR auf. Im Übergangszeitpunkt (Geschäftsjahresbeginn) auf die Regelungen des BilMoG ergeben sich folgende fortgeführten Wertansätze:

- Handels- und Steuerbilanz: 0,8 Mio. EUR
- Konzernbilanz: 1,2 Mio. EUR

Beurteilung nach HGB i. d. F. des BilMoG:

Für den Bewertungsunterschied zwischen konzernbilanziellem und steuerbilanziellem Wertansatz (0,4 Mio. EUR) ist eine passivische latente Steuer erfolgsneutral zu berücksichtigen und in der Folge erfolgswirksam aufzulösen.

---

[819] Das Gleiche gilt für Bewertungsdifferenzen aus der Zwischenergebniseliminierung und der Schuldenkonsolidierung (vgl. hierzu bspw. Budde/van Hall, in: Bertram/Brinkmann/Kessler/Müller (Hrsg.): Haufe HGB Kommentar, Freiburg 2009, § 306 HGB, Rn. 10 ff.). Da diese Konsolidierungsmaßnahmen durch das BilMoG keine Änderungen erfahren haben, wird auf sie nicht näher eingegangen.

Spaltet man den konzernbilanziellen und steuerbilanziellen Wertansatz auf die Gesellschafter des Mutterunternehmens und die Minderheitsgesellschafter auf, so ergibt sich folgende Zuordnung:

Gesellschafter des Mutterunternehmens:
- Konzernbilanzieller Wert: 1,04 Mio. EUR
- Steuerbilanzieller Wert: 0,64 Mio. EUR
- Delta: 0,4 Mio. EUR

Minderheitsgesellschafter:
- Konzernbilanzieller Wert: 0,16 Mio. EUR
- Steuerbilanzieller Wert: 0,16 Mio. EUR
- Delta: 0 Mio. EUR

Der gesamte Bewertungsunterschied zwischen steuerbilanziellem und konzernbilanziellem Wertansatz entfällt auf die Gesellschafter des Mutterunternehmens. Die erfolgsneutrale Bildung der passivischen latenten Steuer muss deshalb zu Lasten der Konzerngewinnrücklagen gehen, der Minderheitenposten bleibt unberührt. Entsprechend erhöht die zukünftige Auflösung der im Übergangszeitpunkt gebildeten passivischen latenten Steuer den auf die Gesellschafter des Mutterunternehmens entfallenden Gewinn.

Im Übergangszeitpunkt sind nicht nur etwaige latente Steuern aus Konsolidierungsmaßnahmen zu erfassen. Auch die Anpassung an die konzerneinheitliche Bilanzierung und Bewertung ist auf die Notwendigkeit zur Bildung latenter Steuern hin zu durchleuchten. Hierbei handelt es sich um eine Steuerlatenzierung nach § 298 Abs. 1 i. V. m. § 274 HGB.

Beispiel

Sachverhalt:

In den Konzernabschluss der M AG wird seit Langem die T AG als vollkonsolidiertes Tochterunternehmen einbezogen. Nach bisherigem Recht hat die T AG ihre Pensionsrückstellung (100 Mio. EUR) entsprechend § 6a EStG gebildet. Der sich im Übergangszeitpunkt auf das BilMoG zum 1.1.2010 nach der neugefassten Bewertungsregel in § 253 Abs. 2 HGB ergebende Erfüllungsbetrag der Rentenverpflichtung (145 Mio. EUR) übersteigt die bislang passivierte Schuld um 45 Mio. EUR. Um ihr Ausschüttungspotenzial nicht zu verringern, entscheidet sich die T AG in ihrem handelsrechtlichen Einzelabschluss dafür, den Unterdeckungsbetrag in den nächsten fünfzehn Jahren über den Posten ‚außerordentlicher Aufwand' erfolgswirksam anzusammeln (vgl. hierzu Kapitel 2, Abschnitt 4, Gliederungspunkt 2.3.3.7). Im Konzernabschluss wird durch das Mutterunternehmen demgegenüber die sofortige erfolgswirksam als außerordentlicher Aufwand zu erfassende Aufstockung der Pensionsrückstellung vorgegeben. Sowohl bei der M AG als auch bei der T AG entspricht das Geschäftsjahr dem Kalenderjahr. Der Ertragsteuersatz im M-Konzern beträgt 30 %.

Variante (a): Im Gegensatz zum Einzelabschluss der T AG wurde ein aktivischer Latenzenüberhang aus § 274 HGB a. F. im Konzernabschluss bislang angesetzt. Das Aktivierungswahlrecht soll unter dem geänderten Recht entsprechend ausgeübt werden.

Variante (b): In der Vergangenheit entstandene aktivische Latenzenüberhänge (30 Mio. EUR) aus § 274 HGB a. F. wurden im M-Konzern nicht angesetzt. Im Übergangszeitpunkt soll dieses Wahlrecht neu ausgeübt werden.

Beurteilung nach HGB i. d. F. des BilMoG:

In Einzelabschluss der T AG entsteht zum 31.12.2010 in isolierter Betrachtung des Sachverhalts ein aktivischer Latenzenüberhang (900 TEUR) aus der ratierlichen Aufstockung (3 Mio. EUR), den die T AG in Ausübung des in § 274 Abs. 1 HGB enthaltenen Wahlrechts nicht aktiviert. Im Konzernabschluss (Variante (a)), in dem zum einen die Rückstellung in Höhe des Erfüllungsbetrags anzusetzen ist und zum anderen ein aktivischer Latenzenüberhang bilanziert wird, ergibt sich bereits im Umstellungszeitpunkt (1.1.2010) die Notwendigkeit, den Aufstockungsbetrag als ‚außerordentlichen Aufwand' zu erfassen und eine aktivische latente Steuer nach § 298 Abs. 1 HGB i. V. m. § 274 HGB in Höhe von 13,5 Mio. EUR zu bilden. Die Bildung der aktivischen latenten Steuer erfolgt erfolgswirksam, da sie nicht auf der erstmaligen Anwendung von § 274 HGB basiert – dann wäre sie nach Art. 67 Abs. 6 Satz 1 EGHGB erfolgsneutral zu erfassen –, sondern aus der erstmaligen Anwendung der geänderten Bewertungsvorschrift für Pensionen. Korrespondierend zur erfolgswirksamen Erfassung dieses Bewertungsanpassungseffekts ist auch der Reflex auf die Abbildung latenter Steuern erfolgswirksam zu erfassen.

In Variante (b) ist der Effekt aus dem erstmaligen Ansatz der bislang nicht aktivierten latenten Steuerüberhänge (30 Mio. EUR) im Übergangszeitpunkt erfolgsneutral zu erfassen. Die Neuausübung des Aktivierungswahlrechts geschieht in Erstanwendung des geänderten § 274 HGB. Diese sind nach Art. 67 Abs. 6 Satz 1 HGB erfolgsneutral zu behandeln. Im zweiten Schritt ist der latente Steuereffekt aus der Anpassung der Pensionsbewertung erfolgswirksam zu erfassen.

Abb. 161 fasst die Regelungen zur Erstanwendung und zum Übergang von § 306 HGB i. d. F. des BilMoG zusammen.

Übergang auf die geänderte Steuerlatenzierung im Konzernabschluss	
Erstmalige Anwendung	Übergang
• Obligatorisch: Konzernabschlüsse für nach dem 31.12.2009 beginnende Geschäftsjahre • Optional: Konzernabschlüsse für nach dem 31.12.2008 beginnende Geschäftsjahre (nur im Verbund mit allen übrigen vorzeitig anwendbaren Vorschriften) Art. 66 Abs. 3 EGHGB	• Im Jahr der Erstanwendung sind nach § 298 iVm § 274 HGB alle temporären Differenzen auf HB II-Ebene auf die Notwendigkeit zur Bildung latenter Steuern zu untersuchen • Nachzuholen ist die Steuerlatenzierung auf temporäre Differenzen aus der Kapitalkonsolidierung, Zwischenergebniseliminierung und der Schuldenkonsolidierung • Latente Steuern aus der erstmaligen Anwendung von §§ 274 und 306 HGB sind nach Art. 67 Abs. 6 Satz 1 EGHGB erfolgsneutral zu erfassen, nicht jedoch latente Steuereffekte aus der erstmaligen Anwendung einer anderen Überleitungsvorschrift mit Ausnahme der in Art. 67 Abs. 6 Satz 2 EGHGB genannten

Abb. 161: Übergang auf die geänderte Steuerlatenzierung im Konzernabschluss

Indem die Steuerlatenzierung Auswirkungen auf die Eigenkapitalquote des Konzerns hat, können sich indirekt steuerliche Folgen aufgrund der Einführung der Zinsschranke und der nach § 4h Abs. 3 S. 5 EStG ggf. erforderlichen Abgrenzung des Konsolidierungskreises nach den handelsrechtlichen Regelungen ergeben (vgl. Abschnitt 1, Gliederungspunkt 1.2.3).

4 Ausgleichsposten für Anteile anderer Gesellschafter

§ 307 HGB erhält durch das BilMoG folgende Fassung:

HGB § 307 Anteile anderer Gesellschafter

(1) In der Konzernbilanz ist für nicht dem Mutterunternehmen gehörende Anteile an in den Konzernabschluss einbezogenen Tochterunternehmen ein Ausgleichsposten für die Anteile der anderen Gesellschafter in Höhe ihres Anteils am Eigenkapital unter entsprechender Bezeichnung innerhalb des Eigenkapitals gesondert auszuweisen.

(2) In der Konzern-Gewinn- und Verlustrechnung ist der im Jahresergebnis enthaltene, anderen Gesellschaftern zustehende Gewinn und der auf sie entfallende Verlust nach dem Posten „Jahresüberschuss / Jahresfehlbetrag" unter entsprechender Bezeichnung gesondert auszuweisen.

Die durch das BilMoG vorgenommene Streichung von § 307 Abs. 1 Satz 2 HGB a. F. steht in unmittelbarem Zusammenhang zu den Änderungen in § 301 Abs. 1 HGB (vgl. Gliederungspunkt 2.2.1). Der Ausgleichsposten für Anteile anderer Gesellschafter ist fortan in Höhe des Minderheitenanteils **am neubewerteten Reinvermögen des Tochterunternehmens** zu dotieren. Die zur Buchwertmethode korrespondierende Bemessung des Ausgleichspostens für Anteile anderer Gesellschafter auf Basis des buchmäßigen Reinvermögens des Tochterunternehmens fällt mit deren Streichung weg.

Nach Art. 66 Abs. 5 EGHGB ist § 307 HGB a. F. letztmalig auf Konzernabschlüsse für vor dem 1.1.2010 begonnene Geschäftsjahre anzuwenden. Macht ein Unternehmen von der Möglichkeit Gebrauch, die in Art. 66 Abs. 3 EGHGB aufgezählten Regelungen vorzeitig anzuwenden, sind Erwerbe von Tochterunternehmen, die in einem nach dem 31.12.2008 begonnenen Geschäftsjahr vollzogen wurden, nach dem neu gefassten § 301 HGB abzubilden. Hieraus resultiert eine formale Gesetzeskonkurrenz zwischen der Erstanwendung des neugefassten § 301 HGB und der letztmaligen Anwendung von § 307 HGB a. F. Materielle Verwerfungen drohen nicht, da § 307 HGB a. F. letztlich nur auf das dann eben nach dem neugefassten § 301 HGB ermittelte Eigenkapital verweist.

5 Umrechnung von Fremdwährungsabschlüssen

5.1 Die neue Vorschrift im Überblick

Die Regeln zur Umrechnung von Fremdwährungsabschlüssen sind durch das BilMoG in einen neuen § 308a HGB aufgenommen worden, der folgende Fassung erhielt:

HGB § 308a Umrechnung von auf fremde Währung lautenden Abschlüssen

Die Aktiv- und Passivposten einer auf fremde Währung lautenden Bilanz sind, mit Ausnahme des Eigenkapitals, das zum historischen Kurs in Euro umzurechnen ist, zum Devisenkassamittelkurs am Abschlussstichtag in Euro umzurechnen. Die Posten der Gewinn- und Verlustrechnung sind zum Durchschnittskurs in Euro umzurechnen. Eine sich ergebende Umrechnungsdifferenz ist innerhalb des Konzerneigenkapitals nach den Rücklagen unter dem Posten „Eigenkapitaldifferenz aus Währungsumrechnung" auszuweisen. Bei teilweisem oder vollständigem Ausscheiden des Tochterunternehmens ist der Posten in entsprechender Höhe erfolgswirksam aufzulösen.

Nach § 298 Abs. 1 HGB i. V. m. § 244 HGB ist der Konzernabschluss in Euro aufzustellen. In Anbetracht dieser Vorgabe sind die für Zwecke der Konzernrechnungslegung von den Unternehmen des Konsolidierungskreises zur Verfügung gestellten Einzelabschlüsse somit in die **Berichtswährung Euro** umzurechnen, soweit sie auf eine fremde Währung lauten. Auf welche Weise diese Umrechnung im Einzelnen vorzunehmen ist, regelten die §§ 290 bis 315 HGB a. F. bislang jedoch nicht. Die gesetzliche Regelungslücke wurde im Juni 2004 durch die Veröffentlichung von DRS 14 zur

Währungsumrechnung durch das Bundesministerium der Justiz geschlossen. Mit der Aufnahme von § 308a HGB in das Konzernbilanzrecht liegt nun eine gesetzliche Vorschrift zur Umrechnung von Fremdwährungsabschlüssen vor. DRS 14 wurde durch DRÄS 4 außer Kraft gesetzt.

Die Neuregelung des § 308a HGB betrifft zunächst nur die Konzernrechnungslegung nach den handelsrechtlichen Grundsätzen der §§ 290 bis 315 HGB; sie gilt nach § 13 Abs. 2 Satz 1 PublG aber analog für Unternehmen, die nach den Vorschriften des PublG zur Konzernrechnungslegung verpflichtet sind. Die Erstellung eines befreienden IFRS-Konzernabschlusses nach § 315a HGB bleibt davon hingegen unberührt. Im letzteren Fall gelten unverändert die Regelungen von IAS 21, die auf dem Konzept der funktionalen Währung basieren.

5.2 Erläuterung der Neuregelung

5.2.1 Anwendungsbereich

Der Anwendungsbereich von § 308a HGB erstreckt sich grundsätzlich auf die Umrechnung sämtlicher Fremdwährungsabschlüsse sowohl von **voll und quotal konsolidierten Unternehmen** als auch von Unternehmen, die nach der **Equity-Methode** im Konzernabschluss abgebildet werden.

Die Regierungsbegründung stellt einschränkend heraus, dass § 308a HGB keine Anwendung auf Fremdwährungsabschlüsse aus Hochinflationsländern finden darf (vgl. BT-Drucks. 16/10067, S. 84). Es herrscht insoweit – auch international – ein allgemeiner Konsens, dass eine (unangepasste) Anwendung der Stichtagskursmethode auf ‚**Hochinflations-Abschlüsse**' zu einem Umrechnungsergebnis führt, das der Forderung nach einem den tatsächlichen Verhältnissen genügenden Bild der Vermögens-, Finanz- und Ertragslage i. S. d. Generalnorm des § 297 Abs. 2 Satz 2 HGB nicht gerecht wird.[820] Dieser Fall verlangt somit die Bereinigung des Fremdwährungsabschlusses um die Inflationseffekte, wobei sich dafür insbesondere eine **indexorientierte Anpassung** des anschließend nach der Stichtagskursmethode umzurechnenden Abschlusses oder die Anwendung der **Zeitbezugsmethode** anbieten.[821]

---

[820] Vgl. dazu insbesondere die Regelungen von DRS 14.35 ff. a. F. und IAS 21.42 f. i. V. m. IAS 29. Die Abbildungsverzerrung ergibt sich daraus, dass sich die Hochinflation regelmäßig sehr stark in der Entwicklung des (Stichtags-)Wechselkurses niederschlägt, wohingegen die Umrechnungsbasis der Fremdwährungsposten, die nach dem Anschaffungswertprinzip abgebildet werden, von der Inflation nicht berühret werden. Dadurch können sich unangemessene Unterbewertungen ergeben, insbesondere beim Sachanlagevermögen.

[821] Vgl. DRS 14.35 ff. a. F.; vgl. hierzu auch z. B. Küting/Weber, Der Konzernabschluss, 11. Aufl., Stuttgart 2008, S. 213 f.

5.2.2 Die Umrechnungsvorgaben im Einzelnen

5.2.2.1 Umrechnungsmethode

§ 308a Satz 1 HGB sieht grundsätzlich die Umrechnung aller Aktiv- und Passivposten der **Fremdwährungsbilanz** mit dem jeweils aktuellen Kurs zum Abschlussstichtag vor. Davon ausgenommen sind lediglich die Eigenkapitalposten, auf die die (historischen) Kurse im Zeitpunkt ihres Entstehens anzuwenden sind. So ist im Falle eines Unternehmenserwerbs das in Fremdwährung ausgewiesene Eigenkapital des ausländischen Unternehmens zum Erwerbszeitpunkt im Rahmen der Erstkonsolidierung mit dem Umrechnungskurs im Zeitpunkt des Erwerbs anzusetzen und in der Folge fortzuführen.[822]

Für die Aufwands- und Ertragsposten der **Fremdwährungs-Gewinn- und Verlustrechnung** ist nach § 308a Satz 2 HGB eine Umrechnung zum Durchschnittskurs des jeweiligen Geschäftsjahres vorzunehmen. Auf diese Weise erfolgt eine vereinfachende Berücksichtigung des Zeitraumbezugs der Erfolgsrechnung. Ungeachtet des Wortlauts des Gesetzentwurfs, der explizit eine Umrechnung aller Posten der Gewinn- und Verlustrechnung zum Durchschnittskurs vorsieht, verweist die Regierungsbegründung darauf, dass § 308a HGB keine Vorgabe zur Umrechnung des **Jahreserfolges** mache und sich dieser als **Saldo der umgerechneten Aufwands- und Ertragsposten** ergäbe (vgl. BT-Drucks. 16/10067, S. 84). Diese Unterscheidung hat jedoch nur dann materielle Auswirkungen, wenn eine Umrechnung einzelner Posten mit unterschiedlichen Durchschnittskursen erfolgt, was trotz der Verwendung der gesetzlichen Formulierung ‚zum Durchschnittskurs' in § 308a Satz 2 HGB als zulässig anzusehen ist, wenn in seltenen Ausnahmefällen den tatsächlichen Verhältnissen in Bezug auf die Ertragslage auf diese Weise besser entsprochen wird.[823] Bei der üblichen Verwendung eines einzigen Durchschnittskurses für alle Posten der Gewinn- und Verlustrechnung führt die in der Praxis verbreitete Umrechnung auch des Jahreserfolgs mit dem (einen) Durchschnittskurs zum gleichen Ergebnis wie der Saldo von umgerechneten Aufwendungen und Erträgen.[824]

Auf welcher **zeitlichen Basis** (bspw. Woche, Monat, Jahr) der angewandte Durchschnittskurs errechnet wird, obliegt der Entscheidung des berichtenden Unternehmens nach den Grundsätzen der Wesentlichkeit und Wirtschaftlichkeit. Das Gleiche gilt in Bezug auf mögliche zeitliche Gewichtungen zur Ermittlung von Durchschnittskursen,

---

[822] Vgl. Langenbucher, in: Küting/Weber (Hrsg.): HdK, 2. Aufl., Stuttgart 1998, Kapitel II, Tz. 1174.
[823] So spricht auch die Regierungsbegründung von einer Umrechnung „zu Durchschnittskursen» (BT-Drucks. 16/10067, S. 84).
[824] Werden ausnahmsweise abweichende Durchschnittskurse für die Umrechnung der Posten der Gewinn- und Verlustrechnung (einschließlich des Jahreserfolgs) verwendet, ergibt sich das vom Gesetzgeber gewünschte Ergebnis, indem die auftretenden Umrechnungsdifferenzen in den entsprechenden Eigenkapitalposten der Bilanz übernommen werden.

die vor allem bei stark schwankenden Wechselkursen und Aufwendungen und Erträgen, die zeitlich ungleichmäßig verteilt sind, in Betracht kommt.[825]

5.2.2.2 Behandlung von Umrechnungsdifferenzen

Aufgrund der Veränderungen der Wechselkurse im Zeitablauf und der Umrechnung der Posten des Fremdwährungsabschlusses, insbesondere der Bilanz, zu abweichenden Kursen entstehen in der Regel Umrechnungsdifferenzen. Nach § 308a Satz 3 HGB sind solche Differenzen zwingend **erfolgsneutral** mit dem Eigenkapital zu verrechnen, sodass der Jahreserfolg hierdurch nicht beeinflusst wird. Dabei führt eine aktivische (passivische) Differenz zu einer Verminderung (Erhöhung) des Eigenkapitals.

Die Währungsumrechnungsdifferenzen sind in der Konzernbilanz als Teil des Eigenkapitals nach den Rücklagen in dem **gesonderten Posten** mit der Bezeichnung ‚Eigenkapitaldifferenz aus Währungsumrechnung' auszuweisen (vgl. § 308a Satz 2 HGB). Soweit dieser Differenzenposten auf **Minderheitsgesellschafter** entfällt, hat eine anteilige Zurechnung auf diese zu erfolgen.

Schließlich ist nach § 308a Satz 4 HGB der gesonderte Eigenkapitalposten aus der erfolgsneutralen Erfassung der Umrechnungsdifferenzen im Rahmen der Endkonsolidierung wegen eines teilweisen oder vollständigen Ausscheidens des betreffenden Unternehmens dem **Abgang** entsprechend erfolgswirksam aufzulösen.[826]

5.2.2.3 Kursart

§ 308a Satz 1 HGB schreibt verbindlich die Anwendung des **Devisenkassamittelkurses** für Zwecke der Umrechnung von Fremdwährungsabschlüssen vor. Eine theoretisch gebotene, nach Abschlussposten differenzierte Anwendung von Geld- und Briefkurs, die eine Umrechnung von Aufwendungen und Schuldposten mit dem Geldkurs und von Erträgen und Vermögensposten mit dem Briefkurs beinhaltet, ist damit ausgeschlossen.[827] Dies entspricht der derzeit gängigen Praxis, die aus Wesentlichkeitsaspekten auf die beschriebene Differenzierung verzichtet und einheitlich den Mittelkurs anwendet.

Abb. 162 fasst die Regeln des § 308a HGB zur Umrechnung von Fremdwährungsabschlüssen in die Berichtswährung zusammen.

---

[825] Vgl. Langenbucher, in: Küting/Weber (Hrsg.): HdK, 2. Aufl., Stuttgart 1998, Kapitel II, Tz. 1104 f.
[826] Vgl. ausführlich hierzu Deubert, DStR 2009, S. 340 ff.
[827] Zur differenzierten Anwendung von Geld- und Briefkurs vgl. etwa Langenbucher, in: Küting/Weber (Hrsg.): HdK, 2. Aufl., Stuttgart 1998, Kapitel II, Tz. 1089. Zu beachten ist, dass die Mengennotiz die Preisnotiz abgelöst hat.

Kapitel 3: Konsolidierte Rechnungslegung

Umrechnung von Fremdwährungsabschlüssen nach BilMoG		
Umrechnungsmethode		
• Auf eine fremde Währung lautende Abschlüsse von in den Konzernabschlüssen einzubeziehenden Unternehmen sind nach der modifizierten Stichtagskursmethode umzurechnen • Die Vorschrift findet keine Anwendung auf Abschlüsse von Unternehmen in Hochinflationsländern § 308a HGB, BT-Drucks. 16/10067, S. 84		
Umsetzung		
Umrechnung der Bilanz	Umrechnung der GuV	Umrechnungsdifferenzen
• Vermögensgegenstände und Schulden sind zum Devisenkassamittelkurs am Konzernabschlussstichtag umzurechnen • Die Bestandteile des Eigenkapitals sind zum jeweiligen historischen Kurs umzurechnen § 308a Satz 1 HGB	• Aufwendungen und Erträge sind (aus Praktikabilitätsgründen) zum Durchschnittskurs umzurechnen • Der Jahreserfolg ermittelt sich als Saldo der umgerechneten Aufwendungen und Erträge § 308a Satz 2 HGB	• Erfolgsneutrale Erfassung im Eigenkapital • Ausweis unter dem Posten ‚Eigenkapitaldifferenz aus Währungsumrechnung' nach den Rücklagen • Erfolgswirksame Auflösung bei teilweisem oder vollständigem Abgang der Anteile § 308a Satz 3, 4 HGB

Abb. 162: Umrechnung von Fremdwährungsabschlüssen nach § 308a HGB

5.2.2.4 Fallbeispiel

Beispiel

Sachverhalt:

Für Zwecke der Konsolidierung legt das englische Tochterunternehmen, die T Plc., seinem deutschen Mutterunternehmen folgenden Einzelabschluss in englischen Pfund (GBP) vor, der im Übrigen den deutschen Einheitlichkeitserfordernissen entspricht. Das Mutterunternehmen hält 100 % der Anteile an der vor einigen Jahren gegründeten T Plc.

Für die Umrechnung des Abschlusses in die Berichtswährung des Konzerns (EUR) liegen folgende Informationen zu den historischen und aktuellen Wechselkursen GBP je EUR (Mengennotiz) vor:

- Wechselkurs bei Gründung der Gesellschaft: 0,90
- Durchschnittlicher Wechselkurs bei Anfall der thesaurierten Gewinne: 0,70
- Durchschnittlicher Wechselkurs in X1: 0,75
- Wechselkurs am Abschlussstichtag: 0,80

Aktiva	Bilanz II der T Plc. zum 31.12.X1 [in TGBP]		Passiva
Grundstücke	1.500	Eingezahltes Kapital	400
Maschinen	600	Gewinnrücklagen	700
Vorräte	800	Jahresüberschuss	500
Liquide Mittel	300	Schulden	1.600
	3.200		3.200

Soll	GuV der T Plc. für X1 [in TGBP]		Haben
Materialaufwand	450	Umsatzerlöse	1.600
Personalaufwand	600	Sonstige Erträge	300
Abschreibungen Maschinen	150		
Sonstige Aufwendungen	200		
Jahresüberschuss	500		
	1.900		1.900

Beurteilung nach § 308a HGB:

Nach § 308a HGB sind die Posten der Bilanz der T Plc. mit folgenden Kursen umzurechnen:

- Vermögenswerte und Schulden:
  Stichtagskurs (0,80)
- Eingezahltes Kapital:
  Kurs bei Gründung (0,90)
- Gewinnrücklagen:
  Kurs bei Anfall der thesaurierten Jahreserfolge (0,70)

Die Aufwendungen und Erträge des Geschäftsjahres X1 sind zum Durchschnittskurs der Periode (0,75) umzurechnen. Der Jahresüberschuss wird nicht umgerechnet, sondern ermittelt sich als Saldo der Aufwendungen und Erträge in Berichtswährung.

Die nach diesen Umrechnungsregeln abgeleitete Bilanz der T Plc. zum 31.12.X1 sowie die Gewinn- und Verlustrechnung für das Geschäftsjahr X1 stellen sich wie folgt dar:[828]

Aktiva	Bilanz II der T Plc. zum 31.12.X1 [in TEUR]			Passiva		
Grundstücke	SW	1.875	Eingezahltes Kapital	HW		444
Maschinen	SW	750	Gewinnrücklagen	HW		1.000
Vorräte	SW	1.000	Umrechnungsdifferenz			-111
Liquide Mittel	SW	375	Jahresüberschuss	GuV		667
			Schulden	SW		2.000
		4.000				4.000

---

[828] HW = Historischer Wechselkurs; SW = Wechselkurs am Abschlussstichtag; DW = Durchschnittlicher Wechselkurs der Periode.

Kapitel 3: Konsolidierte Rechnungslegung

Soll	GuV der T Plc. für X1 [in TEUR]			Haben
Materialaufwand	DW	600	Umsatzerlöse	DW	2.133
Personalaufwand	DW	800	Sonstige Erträge	DW	400
Abschreibungen Maschinen	DW	200			
Sonstige Aufwendungen	DW	267			
Jahresüberschuss	Saldo	667			
		2.533			2.533

Sachverhalt – Variante 1:

Abweichend vom Ausgangsfall sei angenommen, das Mutterunternehmen habe die T Plc. vor einigen Jahren erworben und dabei einen Geschäfts- oder Firmenwert von 300 GBP bezahlt. Zum Zeitpunkt des Erwerbs belief sich der Wechselkurs GBP je EUR auf 1,0.

Beurteilung nach § 308a HGB:

Die neue Umrechnungsvorschrift des § 308a HGB lässt offen, ob der Geschäfts- oder Firmenwert als ein Vermögensgegenstand des Mutterunternehmens oder des Tochterunternehmens anzusehen ist. Im ersten Fall ist der Geschäfts- oder Firmenwert nur im Zugangszeitpunkt in die Währung des Mutterunternehmens umzurechnen. Entspricht diese der Berichtswährung des Konzerns, ergeben sich aus Wechselkursschwankungen in den Folgejahren keine Auswirkungen auf den Buchwert des Geschäfts- oder Firmenwerts.

Sieht man im Geschäfts- oder Firmenwert dagegen einen Vermögensgegenstand des Tochterunternehmens, ist dieser in die Fremdwährungsumrechnung mit einzubeziehen. Änderungen des Wechselkurses zwischen der Währung des Tochterunternehmens und der Berichtswährung des Konzerns wirken sich in diesem Fall auf den Buchwert des Geschäfts- oder Firmenwerts und damit auch auf den im Eigenkapital zu erfassenden Unterschiedsbetrag aus. Diese Behandlung entspricht der international üblichen Sichtweise. Da § 308a HGB das den IFRS und US GAAP zugrunde liegende Konzept der Währungsumrechnung für wirtschaftlich unabhängige und selbstständig operierende ausländische Einheiten übernimmt, liegt es nahe, den Geschäfts- oder Firmenwert auch nach HGB als Vermögensgegenstand des Tochterunternehmens zu behandeln.

Sachverhalt – Variante 2:

Abweichend vom Ausgangsfall ist das Mutterunternehmen nicht mit 100 %, sondern nur mit 80 % an der T Plc. beteiligt.

Beurteilung nach § 308a HGB:

Die Differenz aus der Fremdwährungsumrechnung von -111 TEUR entfällt zu 80 % (= -88,8 TEUR) auf das Mutterunternehmen. 20 % (= -22,2 TEUR) entfallen auf die Minderheitsgesellschafter. Während die auf das Mutterunternehmen entfallende Eigenkapitaldifferenz gesondert nach den Rücklagen auszuweisen ist, geht der auf andere Gesellschafter entfallende Anteil in den Minderheitenposten ein.

5.2.2.5 Bildung latenter Steuern

Für aus der Währungsumrechnung entstandene Differenzen sind keine latenten Steuern zu bilden. Beim Tochterunternehmen besteht kein Anlass, da es in dessen Währung an einem Bewertungsunterschied zwischen lokaler Handelsbilanz und Steuerbilanz mangelt.

Indem der Gesetzgeber die Bildung von *outside basis differences* in § 306 Satz 4 HGB explizit untersagt hat (vgl. Gliederungspunkt 3.2.2), ist auch die Veränderung des Nettovermögens eines ausländischen Tochterunternehmens infolge der Fremdwährungsumrechnung für Fragen der Steuerlatenzierung unbeachtlich.

5.2.3 Erstanwendung und Übergangsregelung

Art. 66 Abs. 3 EGHGB sieht vor, dass die Neuregelung zur Umrechnung von Fremdwährungsabschlüssen erstmals auf Konzernabschlüsse für Geschäftsjahre anzuwenden ist, die nach dem **31.12.2009** beginnen. Zusammen mit den anderen in Art. 66 Abs. 3 EGHGB für eine vorzeitige Anwendung freigegebenen Regelungen kann § 308a HGB bereits in Konzernabschlüssen für nach dem **31.12.2008** begonnene Geschäftsjahre beachtet werden. Das BilMoG beinhaltet **keine Übergangsregelung**. Dies bedeutet, dass die neuen Umrechnungsregeln ab dem Jahr der Erstanwendung des BilMoG auch auf Altkonsolidierungsfälle anzuwenden sind. Auf die bereits im Fallbeispiel hingewiesene Unsicherheit zur Behandlung eines Geschäfts- oder Firmenwerts bei der Fremdwährungsumrechnung sei hingewiesen.

Übergang auf die Umrechnungsvorschrift für Fremdwährungsabschlüsse	
Erstmalige Anwendung	Übergang
• Obligatorisch: Konzernabschlüsse für nach dem 31.12.2009 beginnende Geschäftsjahre • Optional: Konzernabschlüsse für nach dem 31.12.2008 beginnende Geschäftsjahre (nur im Verbund mit allen übrigen vorzeitig anwendbaren Vorschriften) Art. 66 Abs. 3 EGHGB	• Keine Übergangsregelung • Konsequenzen: » Die Umrechnungsregeln des § 308a HGB sind auch auf Altkonsolidierungsfälle ab dem Jahr der Erstanwendung des BilMoG anzuwenden » Nicht geregelt ist die Umrechnung des GoF. Aufgrund der Anlehnung an internationale Rechnungslegungsgrundsätze sollte dieser als VG des Tochterunternehmens der Währungsumrechnung unterliegen.

Abb. 163: Übergang auf die Umrechnungsvorschrift für Fremdwährungsabschlüsse

6 Behandlung von Unterschiedsbeträgen

6.1 Die neue Vorschrift im Überblick

§ 309 HGB hat durch das BilMoG folgende Fassung erhalten:

> **HGB § 309 Behandlung des Unterschiedsbetrags**
>
> (1) Die Abschreibung eines nach § 301 Abs. 3 auszuweisenden Geschäfts- oder Firmenwertes bestimmt sich nach den Vorschriften des Ersten Abschnitts.
>
> (2) Ein nach § 301 Abs. 3 auf der Passivseite auszuweisender Unterschiedsbetrag darf ergebniswirksam nur aufgelöst werden, soweit
>
> 1. eine zum Zeitpunkt des Erwerbs der Anteile oder der erstmaligen Konsolidierung erwartete ungünstige Entwicklung der künftigen Ertragslage des Unternehmens eingetreten ist oder zu diesem Zeitpunkt erwartete Aufwendungen zu berücksichtigen sind oder
> 2. am Abschlussstichtag feststeht, dass er einem realisierten Gewinn entspricht.

Durch das BilMoG ist § 309 HGB dahingehend geändert worden, dass nunmehr allein die planmäßige Abschreibung eines Geschäfts- oder Firmenwerts aus der Kapitalkonsolidierung zulässig ist. Dies entspricht der Regelung in DRS 4.31. Obligatorisch anzuwenden ist der geänderte § 309 Abs. 1 HGB für Unterschiedsbeträge aus der Kapitalkonsolidierung von Unternehmenserwerben, die in nach dem 31.12.2009 beginnenden Geschäftsjahren vollzogen werden, optional kann sie um ein Jahr vorgezogen werden (vgl. Art. 66 Abs. 3 EGHGB).

6.2 Erläuterung der Neuregelung

6.2.1 Folgebewertung

Nach bisherigem Recht eröffnete § 309 Abs. 1 HGB a. F. für die **Folgebewertung** eines Geschäfts- oder Firmenwerts unter Beachtung des in § 297 Abs. 3 HGB a. F. kodifizierten Grundsatzes der Methodenstetigkeit **verschiedene Möglichkeiten**. Zulässig ist eine erfolgswirksame Abschreibung in jedem auf das Jahr seiner Entstehung folgenden Geschäftsjahr um mindestens 25 % (vgl. § 309 Abs. 1 Satz 1 HGB a. F.). Diese Regelung umfasst nach überwiegender Auffassung auch eine (vollständige oder teilweise) Abschreibung im Jahr der Erstkonsolidierung.[829] Daneben konnte der Geschäfts- oder Firmenwert planmäßig über die voraussichtliche Nutzungsdauer abgeschrieben werden (vgl. § 309 Abs. 1 Satz 2 HGB a. F.). Als weitere Möglichkeit sah § 309 Abs. 1 Satz 3 HGB a. F. eine offene (erfolgsneutrale) Verrechnung mit den

---

[829] Vgl. Adler/Düring/Schmaltz: Rechnungslegung und Prüfung der Unternehmen, 6. Aufl., Stuttgart 1995 ff., § 309 HGB, Tz. 17 m. w. N.

Rücklagen vor. Neben der einmaligen, vollständigen Rücklagenvernichtung hatte sich in der Bilanzierungspraxis auch eine über mehrere Perioden erstreckende ratierliche Rücklagenverrechnung etabliert, wenngleich der Wortlaut des Gesetzes diese Variante ausdrücklich nicht vorsah.[830]

Nach dem BilMoG ist fortan nur noch die **planmäßige Abschreibung** über die voraussichtliche Nutzungsdauer ab dem Zeitpunkt der Erstkonsolidierung zulässig. Dies wird durch die Bezugnahme von § 309 Abs. 1 HGB auf die für alle Kaufleute geltenden Bilanzierungsregeln klargestellt: Der Geschäfts- oder Firmenwert aus der Kapitalkonsolidierung gilt durch gesetzliche Fiktion als zeitlich begrenzt nutzbarer Vermögensgegenstand (vgl. § 246 Abs. 1 Satz 4 HGB), dessen Folgebewertung nach § 253 Abs. 3 HGB zu erfolgen hat.

Anders als noch im RegE BilMoG (vgl. BT-Drucks. 16/10067, S. 13 f.) enthält die finale Gesetzesfassung eine § 285 Nr. 13 HGB entsprechende Regelung, die eine Nutzungsdauerschätzung von mehr als fünf Jahren im Konzernanhang begründen wissen will (vgl. § 314 Abs. 1 Nr. 20 HGB). Zur Erfüllung dieser Angabepflicht sollte es ausreichend sein, einmalig in dem den Zugang des Tochterunternehmens abbildenden Konzernabschluss über eine die Fünfjahresfrist übersteigende Nutzungsdauer zu berichten und diese zu begründen.

Für einen dem Impairment-Only-Approach in der internationalen Rechnungslegung angenäherten Verzicht auf eine planmäßige Abschreibung lässt das BilMoG keinen Raum.[831] Kraft gesetzlicher Fiktion (vgl. § 246 Abs. 1 Satz 4 HGB) ist der Geschäfts- oder Firmenwert abnutzbar und damit planmäßig abzuschreiben. Der den Impairment-Only-Approach tragenden Begründung, die Nutzungsdauer des Geschäfts- oder Firmenwerts lasse sich nicht verlässlich schätzen, ist damit handelsrechtlich jedwede Grundlage entzogen.

Abb. 164 fasst die **Folgebewertung** eines in der Kapitalkonsolidierung entstandenen Geschäfts- oder Firmenwerts nach HGB a. F. und nach BilMoG zusammen.

---

[830] Zur Behandlung von Geschäfts- oder Firmenwerten aus der Kapitalkonsolidierung in der Bilanzierungspraxis vgl. Mujkanovic, StuB 2010, S. 270 ff.
[831] Vgl. zu diesem Gedanken, allerdings auf Basis des RefE BilMoG, in dem § 246 Abs. 1 Satz 3 HGB noch nicht von der zeitlich begrenzten Nutzbarkeit des Vermögensgegenstands Geschäfts- oder Firmenwert sprach, Füllbier/Gassen, DB 2007, S. 2605.

Kapitel 3: Konsolidierte Rechnungslegung

Folgebewertung eines Konsolidierungs-GoF nach HGB a.F. und BilMoG		
Behandlung nach bisherigem Recht		
Erfolgswirksame Behandlung		Erfolgsneutrale Behandlung
Typisierte Abschreibung	Planmäßige Abschreibung	
• Abschreibung zu mindestens einem Viertel in jedem Geschäftsjahr • Abschreibungsbeginn: Jahr nach Zugang § 309 Abs. 1 Satz 1 HGB a.F.	• Planmäßige Abschreibung über den Zeitraum, in dem er voraussichtlich genutzt wird • Abschreibungsbeginn: Zugangszeitpunkt § 309 Abs. 1 Satz 2 HGB a.F.	• Erfolgsneutrale Verrechnung mit den Rücklagen • Praxisvariante: Ratierliche Verrechnung über die voraussichtliche Nutzungsdauer § 301 Abs. 1 Satz 3 HGB a.F.
Streichung	Allein zulässige Behandlung nach BilMoG § 309 Abs. 1 Satz 2 HGB	Streichung
Änderungen der GoF-Behandlung durch BilMoG		

Abb. 164: Behandlung eines Geschäfts- oder Firmenwerts aus der Konsolidierung nach HGB a. F. und BilMoG

Hinsichtlich der Folgebewertung eines **passiven Unterschiedsbetrags** aus der Kapitalkonsolidierung enthält die Konzernbilanz i. d. F. des BilMoG keine Änderungen im Vergleich zum bisherigen Recht.

6.2.2 Ausweis

Die nach altem Recht bestandene Möglichkeit, einen Geschäfts- oder Firmenwert mit einem passiven Unterschiedsbetrag aus der Kapitalkonsolidierung unter Angabe der saldierten Beträge im Konzernanhang zu verrechnen (vgl. § 301 Abs. 3 Satz 3 HGB a. F.), ist durch das BilMoG aufgehoben worden. Für den Unterschiedsbetrag aus der Kapitalkonsolidierung wird nunmehr in § 301 Abs. 3 Satz 1 HGB klargestellt, dass er **nach dem Konzerneigenkapital auszuweisen** ist. Die Regierungsbegründung erkennt an, dass ein Ausweis als Eigenkapital oder Rückstellung dem jeweiligen Charakter eines passiven Unterschiedsbetrags besser entspräche. Sie wertet die mit einem typisierten Ausweis einhergehende leichtere Identifizierbarkeit indes höher (vgl. BT-Drucks. 16/10067, S. 81 f.).

Abb. 165 fasst die **Ausweisregelung** für den Geschäfts- oder Firmenwert und den Unterschiedsbetrag aus der Kapitalkonsolidierung zusammen.

Abschnitt 3: Konsolidierung

Ausweis von Unterschiedsbeträgen nach HGB a.F. und BilMoG		
Ausweis von Unterschiedsbeträgen nach bisherigem Recht		
Geschäfts- oder Firmenwert	Passiver Unterschiedsbetrag	Verrechnung
Ausweis als GoF auf der Aktivseite § 301 Abs. 3 Satz 1 HGB a.F.	• Ausweis als Unterschiedsbetrag aus der Kapitalkonsolidierung • Ausweisort: keine Regelung • Praxis: Einstellung in das EK (*lucky buy*) oder Ausweis in den Rückstellungen (*badwill*) § 301 Abs. 3 Satz 1 HGB a.F.	• Eine Verrechnung von aktiven und passiven Unterschiedsbeträgen ist zulässig. • Die verrechneten Beträge sind im Anhang anzugeben § 301 Abs. 3 Satz 3 HGB a.F.
Keine Änderung § 301 Abs. 3 Satz 1 HGB	Klarstellung, dass der passive Unterschiedsbetrag nach dem EK auszuweisen ist § 301 Abs. 3 Satz 1 HGB	Streichung
Änderung des Ausweises von Unterschiedsbeträgen nach BilMoG		

Abb. 165: Ausweis von Unterschiedsbeträgen nach HGB a. F. und BilMoG

6.2.3 Erstanwendung und Übergangsregelung

Nach Art. 66 Abs. 3 EGHGB ist der in Abs. 1 im Hinblick auf die Behandlung eines Geschäfts- oder Firmenwerts geänderte § 309 HGB auf **Erwerbe von Tochterunternehmen** anzuwenden, die in einem nach dem **31.12.2009** beginnenden Geschäftsjahr vollzogen werden. Wird von der Möglichkeit der vorzeitigen Anwendung der in Art. 66 Abs. 3 EGHGB aufgeführten Normen Gebrauch gemacht, ist die Neufassung bei Erwerben in nach dem **31.12.2008** begonnenen Geschäftsjahren zu berücksichtigen. Durch die Beschränkung der Erstanwendungsregelung auf Geschäfts- oder Firmenwerte aus Neuerwerben ist klargestellt, dass bereits typisierend abgeschriebene oder erfolgsneutral verrechnete Geschäfts- oder Firmenwerte nicht nachaktiviert werden dürfen. Art. 66 Abs. 5 EGHGB bestimmt, dass § 309 Abs. 1 HGB a. F. letztmals in Konzernabschlüssen für vor dem 1.1.2010 beginnenden Geschäftsjahren anzuwenden ist. Da keine Übergangsregelung formuliert ist, fehlt es an einer expliziten Anweisung, wie im Übergangszeitpunkt mit noch bilanzierten Geschäfts- oder Firmenwerten aus Altkonsolidierungsfällen zu verfahren ist: Die Neuregelung gilt nur für Erwerbe, die Altregelung läuft 2010 aus.

Allein sachgerecht ist es, im Zeitpunkt des Übergangs noch vorhandene Geschäfts- oder Firmenwerte aus Altkonsolidierungsfällen losgelöst von der bisherigen Behandlung planmäßig über die verbleibende Nutzungsdauer abzuschreiben.[832] Mit Übergang auf die durch das BilMoG geänderten Normen sind über § 298 Abs. 1 HGB die § 246

---

[832] Anders IDW RS HFA 28.62, der für Geschäfts- oder Firmenwerte aus Altkonsolidierungsfällen eine Neubewertung nicht zulassen will und eine Fortführung der bisherigen Behandlung fordert. Ähnlich wohl auch Oser, PiR 2009, S. 124 der Geschäfts- oder Firmenwerte aus Altkonsolidierungsfällen von der Neuregelung nicht tangiert sieht; vgl. auch Mujkanovic, StuB 2010, S. 273.

Abs. 4 HGB und § 253 Abs. 3 HGB im Konzernabschluss zu beachten. Diese hat § 309 HGB im Blick, wenn er von den zu beachtenden Vorschriften des ersten Abschnitts spricht. Einem aus Altkonsolidierungsfällen stammenden Geschäfts- oder Firmenwert ist damit die Qualität eines Vermögensgegenstands zuzusprechen, der in der Folge erfolgswirksam über die Restnutzungsdauer zu periodisieren ist.

Mit Übergang auf das BilMoG ist auch die Anhangsangabe nach § 314 Nr. 20 HGB zu beachten (vgl. Art. 66 Abs. 3 EGHGB). Die Erstanwendungsregel ist dabei nicht auf Erwerbsfälle ab Geltung der durch das BilMoG geänderten Regelungen eingeschränkt. Soll § 314 Nr. 20 HGB im Übergangszeitpunkt nicht ins Leere laufen, ist für aktivierte Geschäfts- oder Firmenwerte aus Altkonsolidierungsfällen, die eine verbleibende Nutzungsdauer von mehr als fünf Jahren haben, diese anzugeben und zu begründen.

Beispiel

Sachverhalt:

Die B AG hat Ende 2007 eine 100 %ige Beteiligung an einem Tochterunternehmen erworben. Aus der Erstkonsolidierung resultierte ein Geschäfts- oder Firmenwert in Höhe von 100 Mio. EUR. Diesen hat die B AG beginnend in 2008 ratierlich über zehn Jahre mit den Gewinnrücklagen verrechnet (Fall (a)), typisierend ab 2008 über vier Jahre abgeschrieben (Fall (b)) bzw. in Anlehnung an § 7 Abs. 1 Satz 3 EStG beginnend in 2008 über 15 Jahre abgeschrieben (Fall (c)). Die B AG wendet die Regelungen des BilMoG vorzeitig in dem für das Geschäftsjahr 2009 erstellten Konzernabschluss an. Die verbleibende Nutzungsdauer des Geschäfts- oder Firmenwerts wird zum 1.1.2009 mit neun Jahren angenommen.

Beurteilung nach HGB i. d. F. des BilMoG:

In Fall (a) beträgt der aktivierte Geschäfts- oder Firmenwert im Übergangszeitpunkt 90 Mio. EUR. Zwar formuliert Art. 66 Abs. 5 EGHGB, dass § 309 Abs. 1 HGB a. F. letztmalig auf Konzernabschlüssen für das vor dem 1.1.2010 beginnende Geschäftsjahr anzuwenden ist. Hieraus kann aber keine Möglichkeit zur Beibehaltung der ratierlichen Abschreibung im Geschäftsjahr 2009 gefolgert werden. Es sei dahingestellt, ob die durch die Bilanzierungspraxis vollzogene Ausweitung der erfolgsneutralen Verrechnung auf eine ratierliche Spielart nach bisherigem Recht mit der gesetzlichen Regelung vereinbar war.[833] Mit Übergang auf das BilMoG ist sie zu beenden. Anderes spräche gegen die gesetzliche Charakterisierung des Geschäfts- oder Firmenwerts in § 246 Abs. 4 HGB i. V. m. § 253 Abs. 3 HGB. Der zum 1.1.2009 vorhandene Geschäfts- oder Firmenwert ist in Fall (a) über die verbleibende Nutzungsdauer von neun Jahren erfolgswirksam abzuschreiben.

---

[833] Dies bejahend bspw. Förschle/Hoffmann, in: Ellrott u. a. (Hrsg.): Beck'scher Bilanz-Kommentar, 6. Aufl., München 2006, § 309 HGB, Anm. 21; ablehnend bspw. Weber/Zündorf, in: in: Küting/Weber (Hrsg.): HdK, 2. Aufl., Stuttgart 1998, § 309, Rn. 31.

Zudem ist im Konzernabschluss per 31.12.2009 nach § 314 Nr. 20 HGB zu begründen, warum eine verbleibende Nutzungsdauer von mehr als fünf Jahren angenommen wird.

In Fall (b) ist der Geschäfts- oder Firmenwert im Übergangszeitpunkt noch mit 75 Mio. EUR aktiviert. Eine Nachaktivierung des im Hinblick auf die Gesamtnutzungsdauer von zehn Jahren zu viel abgeschriebenen Betrags scheidet aus. Stattdessen ist der Betrag von 75 Mio. EUR über die Restnutzungsdauer von neun Jahren erfolgswirksam zu periodisieren. Im Konzernabschluss per 31.12.2009 ist wie in Fall (a) eine Anhangsangabe erforderlich.

In Fall (c) hat sich das Unternehmen bei der Schätzung der Nutzungsdauer des Geschäfts- oder Firmenwerts an der steuerlich vorgegebenen orientiert. Ob hierin ein Bilanzierungsfehler zu sehen ist, hängt letztlich von der Argumentation des Unternehmens ab. Wird die Adaption der steuerlichen Nutzungsdauer nicht als solche deklariert, lassen sich aus der nahezu unendlichen Menge falscher Nutzungsdauerschätzungen viele begründen. Im Beispiel sollte die Diskrepanz zwischen der nach bisherigem Recht der Abschreibung zugrunde gelegten Nutzungsdauer und der im Übergangszeitpunkt angenommenen nicht so groß sein, dass die subjektive Richtigkeit der bis zum Übergang vorgenommenen Periodisierung infrage gestellt werden könnte. Entsprechend führt die Anpassung der Nutzungsdauerschätzung im Übergangszeitpunkt dazu, den noch nicht periodisierten Teil des Geschäfts- oder Firmenwerts (93 TEUR) über die verbleibende Nutzungsdauer von neun Jahren abzuschreiben. Hinsichtlich der Anhangsangabe gilt das zu Fall (a) Gesagte.

Die Ausweisänderungen in § 301 Abs. 3 HGB (Verbot der Saldierung, Ausweis des passivischen Unterschiedsbetrags nach dem Eigenkapital) sind obligatorisch in Konzernabschlüssen zu beachten, die für nach dem 31.12.2009 beginnende Geschäftsjahre erstellt werden. Zusammen mit allen anderen für eine vorzeitige Anwendung freigegebene Regelungen ist optional eine Berücksichtigung in nach dem 31.12.2008 begonnenen Geschäftsjahre erlaubt (vgl. Art. 66 Abs. 3 EGHGB).

Abb. 166 fasst die Regelungen zur Erstanwendung und zum Übergang auf die geänderte Behandlung von Geschäfts- oder Firmenwerten und Unterschiedsbeträgen aus der Kapitalkonsolidierung zusammen.

Kapitel 3: Konsolidierte Rechnungslegung

Übergang auf die geänderte Behandlung von Unterschiedsbeträgen	
Erstmalige Anwendung	Übergang
§ 309 Abs. 1 HGB (Folgebewertung GoF): • Obligatorisch: Erwerbsvorgänge, die in einem nach dem 31.12.2009 beginnenden Geschäftsjahr erfolgen • Optional: Erwerbsvorgänge, die in einem nach dem 31.12.2008 beginnenden Geschäftsjahr erfolgen (nur im Verbund mit allen übrigen vorzeitig anwendbaren Vorschriften) Art. 66 Abs. 3 EGHGB § 301 Abs. 3 HGB (Saldierung und Ausweis): • Obligatorisch: Konzernabschlüsse für nach dem 31.12.2009 beginnende Geschäftsjahre • Optional: Konzernabschlüsse für nach dem 31.12.2008 beginnende Geschäftsjahre (nur im Verbund mit allen übrigen vorzeitig anwendbaren Vorschriften) Art. 66 Abs. 3 EGHGB	• Keine explizite Regelung • Anwendung des neugefassten § 309 Abs. 1 HGB ab dem Übergangszeitpunkt auf noch aktivierte Geschäfts- oder Firmenwerte aus Altkonsolidierungsfällen

Abb. 166: Übergang auf die geänderte Behandlung von Unterschiedsbeträgen

7 Gemeinschaftsunternehmen

§ 310 HGB wurde durch das BilMoG wie folgt modifiziert:

HGB § 310 (Anteilmäßige Konsolidierung)

(1) Führt ein in einen Konzernabschluss einbezogenes Mutter- oder Tochterunternehmen ein anderes Unternehmen gemeinsam mit einem oder mehreren nicht in den Konzernabschluss einbezogenen Unternehmen, so darf das andere Unternehmen in den Konzernabschluss entsprechend den Anteilen am Kapital einbezogen werden, die dem Mutterunternehmen gehören.

(2) Auf die anteilmäßige Konsolidierung sind die §§ 297 bis 301, §§ 303 bis 306, 308, 308a, 309 entsprechend anzuwenden.

Das Wahlrecht zur anteilsmäßigen Konsolidierung von Gemeinschaftsunternehmen bleibt weiterhin bestehen. Da das Gesamtpaket der für die Vollkonsolidierung geltenden Konsolidierungsregeln für die Quotenkonsolidierung entsprechend anzuwenden ist, dehnt die Änderung in § 308 Abs. 2 HGB den Anwendungsbereich der neu aufgenommenen Vorschrift zur Währungsumrechnung auf die Quotenkonsolidierung aus.

Die geänderte Fassung von § 310 HGB ist obligatorisch in Konzernabschlüssen für nach dem **31.12.2009** beginnende Geschäftsjahre zu berücksichtigen. Optional kann sie auf nach dem **31.12.2008** begonnene Geschäftsjahre vorgezogen werden (vgl. Art. 66 Abs. 3 EGHGB). Mit dem Übergang auf die Regelung des BilMoG hat sie auch Gültigkeit für Altfälle.

8 Assoziierte Unternehmen

8.1 Die neue Vorschrift im Überblick

§ 312 HGB hat durch das BilMoG folgende Fassung erhalten:

> **HGB § 312 Wertansatz der Beteiligung und Behandlung des Unterschiedsbetrags**
>
> (1) Eine Beteiligung an einem assoziierten Unternehmen ist in der Konzernbilanz mit dem Buchwert anzusetzen. Der Unterschiedsbetrag zwischen dem Buchwert und dem anteiligen Eigenkapital des assoziierten Unternehmens sowie ein darin enthaltener Geschäfts- oder Firmenwert oder passiver Unterschiedsbetrag sind im Konzernanhang anzugeben.
>
> (2) Der Unterschiedsbetrag nach Absatz 1 Satz 2 ist den Wertansätzen der Vermögensgegenstände, Schulden, Rechnungsabgrenzungsposten und Sonderposten des assoziierten Unternehmens insoweit zuzuordnen, als deren beizulegender Zeitwert höher oder niedriger ist als ihr Buchwert. Der nach Satz 1 zugeordnete Unterschiedsbetrag ist entsprechend der Behandlung der Wertansätze dieser Vermögensgegenstände, Schulden, Rechnungsabgrenzungsposten und Sonderposten im Jahresabschluss des assoziierten Unternehmens im Konzernabschluss fortzuführen, abzuschreiben oder aufzulösen. Auf einen nach Zuordnung nach Satz 1 verbleibenden Geschäfts- oder Firmenwert oder passiven Unterschiedsbetrag ist § 309 entsprechend anzuwenden. § 301 Abs. 1 Satz 3 ist entsprechend anzuwenden.
>
> (3) Der Wertansatz der Beteiligung und der Unterschiedsbetrag sind auf der Grundlage der Wertansätze zu dem Zeitpunkt zu ermitteln, zu dem das Unternehmen assoziiertes Unternehmen geworden ist. Können die Wertansätze zu diesem Zeitpunkt nicht endgültig ermittelt werden, sind sie innerhalb der darauf folgenden zwölf Monate anzupassen.
>
> [...]

Durch das BilMoG ist das in § 312 Abs. 1 HGB a. F. bestandene Methodenwahlrecht beseitigt worden: Fortan ist nur noch die **Buchwertmethode** zulässig, die Kapitalanteilsmethode ist gestrichen worden. Ansonsten folgen die Änderungen des § 312 HGB denen zur Vollkonsolidierung.

Abb. 167 gibt einen Überblick über die wesentlichen Elemente der **Equity-Methode** nach HGB a. F. und BilMoG.

Kapitel 3: Konsolidierte Rechnungslegung

Einbeziehung von assoziierten Unternehmen nach HGB a.F. und BilMoG			
Ausgestaltung der Equity-Methode nach bisherigem Recht			
Methodenwahlrecht	Aufrechnungszeitpunkt	Anschaffungskosten-restriktion	Angabe Unterschiedsbetrag
• Buchwertmethode • Kapitalanteilsmethode	Wahlrecht: • Erwerbszeitpunkt • Zeitpunkt der erstmaligen Einbeziehung • Zeitpunkt, zu dem das Unternehmen assoziiertes Unternehmen geworden ist	Die Neubewertung des anteiligen Eigenkapitals ist auf die AK der Beteiligung begrenzt	Der Unterschiedsbetrag aus der Kapitalaufrechnung ist bei erstmaliger Anwendung in der Bilanz gesondert auszuweisen oder im Anhang anzugeben
Streichung der Kapitalanteilsmethode § 312 Abs. 1 Satz 1 HGB	Verpflichtende Aufrechnung im Zeitpunkt, zu dem das Unternehmen assoziiertes Unternehmen geworden ist § 312 Abs. 3 HGB	Keine Änderung § 312 Abs. 2 HGB	Unterschiedsbetrag und darin enthaltener GoF / passivischer Unterschiedsbetrag sind im Anhang zu nennen § 312 Abs. 1 Satz 2 HGB
Änderungen durch das BilMoG			

Abb. 167: Ausgestaltung der Equity-Methode für assoziierte Unternehmen nach HGB a. F. und BilMoG

Der geänderte § 312 HGB ist nach Art. 66 Abs. 3 EGHGB obligatorisch erstmalig auf Erwerbe von assoziierten Unternehmen anzuwenden, die in Geschäftsjahren getätigt werden, die nach dem 31.12.2009 beginnen. Optional kann ihre Anwendung im Verbund mit allen übrigen vorzeitig anwendbaren Vorschriften um ein Jahr nach vorne gezogen werden.

8.2 Erläuterung der Neuregelung

8.2.1 Methodik

Das BilMoG hat das bisherige Wahlrecht gestrichen, die Equity-Methode nach der Buchwert- oder der Kapitalanteilsmethode durchzuführen (vgl. § 312 Abs. 1 HGB). Zulässig ist nunmehr allein die in der Bilanzierungspraxis eindeutig dominierende **Buchwertmethode**.[834] Dies dient der Vereinheitlichung der Konzernrechnungslegung, insbesondere vor dem Hintergrund, dass Buchwertmethode und Kapitalanteilsmethode zum gleichen Ergebnis führen, sich der Unterschied mithin auf den Ausweis beschränkt (vgl. BT-Drucks. 16/10067, S. 84 f.). Auf eine Streichung der Anschaffungskostenrestriktion und eine damit verbundene Annäherung an die internationale Rechnungslegung hat der Gesetzgeber verzichtet. Nach § 312 Abs. 2 HGB ist nur der Unterschiedsbetrag i. S. v. § 312 Abs. 1 Satz 2 HGB auf die Vermögensgegenstände, Schulden, Rechnungsabgrenzungsposten und Sonderposten des assoziierten Unter-

---

[834] So auch DRS 8.17.

nehmens zu verteilen. Da Unterschiedsbetrag und anteiliges Eigenkapital des assoziierten Unternehmens den Buchwert (= Anschaffungskosten) der Beteiligung ergeben, ist die Neubewertung auf die Anschaffungskosten der Beteiligung begrenzt.

Der im **Unterschiedsbetrag** enthaltene Geschäfts- oder Firmenwert bzw. passivische Unterschiedsbetrag ist nach § 312 Abs. 1 Satz 2 HGB zusammen mit dem gesamten Unterschiedsbetrag im **Konzernanhang** anzugeben. Der bislang zulässige Vermerk des gesamten Unterschiedsbetrags in der Konzernbilanz scheidet damit aus. Die Folgebewertung eines entstehenden Geschäfts- oder Firmenwerts oder passivischen Unterschiedsbetrags richtet sich weiterhin nach § 309 HGB.

Das BilMoG sieht keine Ausdehnung der Verpflichtung zur **Zwischenerfolgseliminierung** vor. Auch nach § 312 Abs. 5 HGB i. V. m. § 304 HGB sind lediglich Zwischenerfolge aus Lieferungen und Leistungen vom assoziierten Unternehmen[835] an ein vollkonsolidiertes Unternehmen eliminierungspflichtig (sog. *upstream*-Geschäfte). In der internationalen Rechnungslegung sind hingegen auch Zwischenerfolge aus der entgegengesetzten Lieferrichtung (sog. *downstream*-Geschäfte) eliminierungspflichtig.[836]

Das BilMoG eröffnet dem Bilanzierenden bei bestimmten Sachverhalten (Pensionsüberdeckungen, Aufwandsrückstellungen, Rechnungsabgrenzungsposten, Sonderposten mit Rücklageanteil) die Möglichkeit eines erfolgsneutralen Übergangs auf die geänderten Bilanzierungs- und Bewertungsregeln. Macht ein assoziiertes Unternehmen hiervon in seinem Einzelabschluss Gebrauch, geht damit eine erfolgsneutrale Veränderung des Eigenkapitals einher. Im Zuge der **Equity-Fortschreibung** sollte diese Eigenkapitalveränderung dann ebenfalls **erfolgsneutral** erfasst werden.

8.2.2 Zeitpunkt der Einbeziehung

Die Streichung des Wahlrechts für den Zeitpunkt der Kapitalaufrechnung entspricht der Regelung zur Vollkonsolidierung. Die nach dem RegE BilMoG vorgesehene Fassung des § 312 Abs. 3 HGB sah noch den **Zeitpunkt des Erwerbs der Anteile** als einzig zulässigen an.[837] In der finalen Gesetzesfassung erfolgte nunmehr eine Angleichung an den nach § 301 Abs. 1 Satz 1 HGB gebotenen Aufrechnungszeitpunkt (vgl. Gliederungspunkt 2.2.2). Maßgeblich ist der Moment, zu dem das Unternehmen assoziiertes Unternehmen geworden ist.

Im Fall des Einmalerwerbs entsprechen sich beide Zeitpunkte regelmäßig. Für den Fall des sukzessiven Erwerbs ist eine tranchenweise Konsolidierung nunmehr sowohl für die Vollkonsolidierung als auch die Equity-Methode ausgeschlossen. Die vom Gesetzgeber vorgenommene Angleichung beider Regelungen ist zu begrüßen.

---

[835] Bzw. eines nach der Equity-Methode konsolidierten Gemeinschaftsunternehmens.
[836] So auch DRS 8.32.
[837] Dies entspricht DRS 8.14 ff.

8.2.3 Kaufpreisallokation

Bei der im Rahmen der Equity-Methode in einer Nebenrechnung vorzunehmenden Kaufpreisallokation ist nach § 312 Abs. 2 HGB, der Regelung in § 301 Abs. 1 Satz 2 HGB entsprechend, das Vermögen des assoziierten Unternehmens mit dem **beizulegenden Zeitwert** und nicht mehr mit dem beizulegenden Wert zu bewerten (vgl. Gliederungspunkt 2.2.3). Interessant ist, dass die Gesetzesbegründung an dieser Stelle keine materielle Änderung sieht (vgl. BT-Drucks. 16/10067, S. 85), während sie bei ihren Erläuterungen zur beabsichtigten Änderung von § 301 Abs. 1 HGB den Unterschied zwischen beizulegendem Wert und beizulegendem Zeitwert betont (vgl. BT-Drucks. 16/10067, S. 81).

Zur Fertigstellung der Kaufpreisallokation wird dem Bilanzierenden in § 312 Abs. 3 Satz 2 HGB ein **Zeitfenster von einem Jahr** zur Verfügung gestellt. Auch dies entspricht der Regelung zur Vollkonsolidierung (vgl. Gliederungspunkt 2.2.4).

8.2.4 Latente Steuern

Durch die Konzeptionsänderung bei der Bildung latenter Steuern in § 306 HGB sind bei der Kaufpreisallokation nach § 301 HGB latente Steuern zwingend zu berücksichtigen (vgl. Gliederungspunkt 3). Auch bei der Equity-Methode ist unter Beachtung der Anschaffungskostenrestriktion eine solche Verteilung des Beteiligungsbuchwerts auf seine Komponenten anteiliges Eigenkapital, stille Rücklagen / Lasten und Geschäfts- oder Firmenwert vorzunehmen.[838] Das Ergebnis dieser Zerlegung ist in der Bilanz nicht ersichtlich,[839] hier bleibt es beim Ansatz eines Bilanzpostens ‚Anteile an assoziierten Unternehmen'. Man bezeichnet die Equity-Methode deshalb auch als *one-line-consolidation*.[840] Die im Beteiligungsbuchwert identifizierten stillen Rücklagen / Lasten sowie ein Geschäfts- oder Firmenwert bzw. passivischer Unterschiedsbetrag sind indes in einer Nebenrechnung fortzuführen und bei der Equity-Fortschreibung zu berücksichtigen.

Indem § 306 HGB nur von den Konsolidierungsmaßnahmen des Vierten Titels (§§ 300 bis 307 HGB) spricht, kann hieraus keine Verpflichtung zur **Berücksichtigung latenter Steuern** bei der **Kaufpreisallokation** abgeleitet werden. Ein Umdeuten der durch die Aufdeckung stiller Rücklagen / Lasten entstehenden Bewertungsdifferenz zum steuerbilanziellen Wertansatz in eine Differenz nach § 298 Abs. 1 HGB i. V. m. § 274 HGB, um so eine Berücksichtigungspflicht zu erreichen, will nicht gelingen. Die Steuerlatenzierung ist – man mag es zwar bedauern – anders als in der internationalen Rechnungslegung weiterhin zweistufig geregelt: § 274 HGB regelt die

---

[838] Für das Entstehen eines passivischen Unterschiedsbetrags bei Anwendung der Buchwertmethode ist notwendige Bedingung, dass das anteilige buchmäßige Eigenkapital des assoziierten Unternehmens größer ist als der Beteiligungsbuchwert.
[839] Im Anhang ist der im Unterschiedsbetrag enthaltene Geschäfts- oder Firmenwert bzw. passivische Unterschiedsbetrag zusammen mit dem gesamten Unterschiedsbetrag anzugeben.
[840] Vgl. bspw. Winkeljohann/Böcker, in: Ellrott u. a. (Hrsg.): Beck'scher Bilanz-Kommentar, 6. Aufl., München 2006, § 312 HGB, Anm. 3.

Bildung latenter Steuern im Einzelabschluss und über § 298 HGB auch die bei der Angleichung des Einzelabschlusses an die konzerneinheitliche Bilanzierung und Bewertung,[841] § 306 HGB die Steuerlatenzierung aus Konsolidierungsmaßnahmen des Vierten Titels. Die Aufdeckung stiller Rücklagen / Lasten ist in der Umsetzung der Equity-Methode verwurzelt und somit nicht der Einzelabschlusssphäre zuordenbar.

Dieses Ergebnis ist nicht zufriedenstellend. Es führt dazu, dass sich die von der Konzeption her gleiche Kaufpreisallokationen nach § 301 HGB und nach § 312 HGB in einem wesentlichen Punkt unterscheiden. Auch darf bezweifelt werden, ob der Gesetzgeber dieses Ergebnis wollte. Auf den Umstand, dass sich die handelsrechtliche Equity-Methode durch die Gültigkeit der Anschaffungskostenrestriktion von ihrer internationalen Spielart unterscheidet, hat er explizit hingewiesen (vgl. BT-Drucks. 16/10067, S. 85). Dass er bewusst auf einen Hinweis hinsichtlich der unterschiedlichen Behandlung von latenten Steuern im Rahmen der Kaufpreisallokation bei Anwendung der Equity-Methode verzichtet hat, obwohl er sich dieses Unterschieds bewusst war, erscheint unwahrscheinlich.

Es sollte deshalb **keine Bedenken** geben, bei der Kaufpreisallokation im Rahmen der Equity-Methode latente Steuern zu berücksichtigen. Dies würde dem Willen des Gesetzgebers, § 312 HGB einerseits weitestmöglich an die internationale Rechnungslegung anzunähern (vgl. BT-Drucks. 16/10067, S. 84) und andererseits einen weitestgehenden Gleichlauf zu § 301 HGB sicherzustellen (vgl. BT-Drucks. 16/12407, S. 119), eher entsprechen als die Orientierung am Wortlaut von § 306 HGB. Die Berücksichtigung latenter Steuern wird von DRS 18.27 ff. explizit gefordert.

Entscheidet man sich für die Berücksichtigung latenter Steuern bei der Kaufpreisallokation, erscheint es konsequent, auch latente Steuern für in der Nebenrechnung fortgeführte stille Rücklagen / Lasten aus Altanwendungen der Equity-Methode zu bilden. Da diese Steuerlatenzierung nach Art. 67 Abs. 6 EGHGB erfolgsneutral vorzunehmen ist, entspräche ihr eine **erfolgsneutrale Fortschreibung** des Equity-Wertansatzes.

---

[841] § 312 Abs. 5 HGB, wonach der Equity-Methode zugrunde gelegte Abschlüsse der assoziierten Unternehmen nicht an die konzerneinheitliche Bilanzierung und Bewertung angepasst werden müssen, ist durch das BilMoG unverändert geblieben. Erfolgt keine Anpassung, muss dies im Anhang angegeben werden.

8.2.5 Erstanwendung und Übergangsregelung

Wie in Abb. 168 veranschaulicht, sind die geänderten Regelungen zur Equity-Methode nach Art. 66 Abs. 3 EGHGB verpflichtend bei Erwerben von assoziierten Unternehmen (ebenso nach der Equity-Methode abgebildete Gemeinschaftsunternehmen) zu berücksichtigen, die in einem nach dem **31.12.2009** beginnenden Geschäftsjahr erfolgen. Zusammen mit allen anderen in Art. 66 Abs. 3 EGHGB aufgeführten Regelungen kann auch sie **ein Jahr früher** angewendet werden.

Übergang auf die geänderte Anteilsbewertung nach der Equity-Methode	
Erstmalige Anwendung	Übergang
• Obligatorisch: Erwerbsvorgänge, die in einem nach dem 31.12.2009 beginnenden Geschäftsjahr erfolgen • Optional: Erwerbsvorgänge, die in einem nach dem 31.12.2008 beginnenden Geschäftsjahr erfolgen (nur im Verbund mit allen übrigen vorzeitig anwendbaren Vorschriften) Art. 66 Abs. 3 EGHGB	• Keine explizite Regelung • Die erfolgsneutrale Abgrenzung von latenten Steuern nach § 306 HGB auf in der Nebenrechnung noch enthaltenen stillen Rücklagen / Lasten aus Altanwendungsfällen kommt entsprechend der Abgrenzung von latenten Steuern aus der Kaufpreisallokation in Betracht

Abb. 168: Übergang auf die geänderte Anteilsbewertung nach der Equity-Methode

Abschnitt 4: Checkliste für die Umstellung der Bilanzierung im Konzernabschluss auf BilMoG

Autor: Dr. Markus Leinen

Umstellungs- und Anpassungsbedarf im Übergang auf BilMoG	Kontrolle	Erläutert in Kapitel / Abschnitt	Gliederungspunkt
A. Abgrenzung des Konsolidierungskreises und Aufstellungspflicht			

1. Prüfung, ob Zweckgesellschaften fortan bei der Abgrenzung des Konsolidierungskreises zu beachten sind
 	
Merkmale: » **Geschäftstätigkeit** zu eigenen Gunsten
  » **Entscheidungsmacht**, die Nutzenmehrheit aus der Zweckgesellschaft zu ziehen
  » **Nutzen** der Zweckgesellschaft wird bei wirtschaftlicher Betrachtung mehrheitlich vereinnahmt
  » **Risiken** der Zweckgesellschaft werden mehrheitlich getragen (Eigentümerrisiko, Risiko aus Vermögensgegenständen)
	☐	3 / 1	1.2.2

2. Prüfung, ob Konsolidierungspflicht aufgrund neuer Größenkriterien wegfällt Bei kalendergleichem Geschäftsjahr: Prüfung zum 31.12.08 verwendet für die Abschlussstichtage zum 31.12.06 und 31.12.07 bereits die erhöhten Schwellenwerte	☐	3 / 1	2.2

Umstellungs- und Anpassungsbedarf im Übergang auf BilMoG	Kontrolle	Erläutert in	
		Kapitel / Abschnitt	Gliederungspunkt
B. Ableitung konsolidierungsfähiger Einzelabschlüsse			
1. Ansatzstetigkeit ist ab Übergang auf die Regelungen des BilMoG zu beachten Möglichkeit einer eigenständigen Konzernbilanzpolitik in den Bereichen Selbst geschaffene immaterielle Vermögensgegenstände, Aktivierung von latenten Steuern, Aktivierung von Disagien, Übergangsregelung bei Pensionsverpflichtungen	☐	3 / 1	2.2
2. Umrechnung von Fremdwährungsabschlüssen Allein zulässig: Modifizierte Stichtagskursmethode (Ausnahme: Hochinflationsländer)	☐	3 / 3	5
C. Vollkonsolidierung			
1. Methodik der Erstkonsolidierung » Erwerbe nach Übergang auf BilMoG: Neubewertungsmethode allein zulässig » Altkonsolidierungsfälle: Buchwertmethode darf beibehalten werden	☐	3 / 3	2.2.1
2. Zeitpunkt der Kapitalaufrechnung » Erwerbe nach Übergang auf BilMoG: Zeitpunkt zu dem Unternehmen Tochterunternehmen wird » Vereinfachungsregel für die Ersterstellung eines Konzernabschlusses aufgrund des Überschreitens der Größenkriterien und der erstmalige Einbeziehung bislang nach § 296 HGB nicht berücksichtigter Tochterunternehmen	☐	3 / 3	2.2.2

Umstellungs- und Anpassungsbedarf im Übergang auf BilMoG	Kontrolle	Kapitel / Abschnitt	Gliederungspunkt
3. Kaufpreisallokation » Relevanter Bewertungsmaßstab für das übernommene Vermögen eines Tochterunternehmens: Beizulegender Zeitwert statt betriebsindividueller beizulegender Wert » Ausnahme: Für latente Steuern und Rückstellungen greifen im konzernbilanziellen Zugangszeitpunkt die einzelgesellschaftlichen Bewertungsmodelle » Zwölfmonatsfenster zur Finalisierung der Kaufrpeisallokation	☐	3 / 3	2.2.3 2.2.4
4. Rückbeteiligungen: Absetzen vom Konzerneigenkapital	☐	3 / 3	2.2.5
5. Bildung latenter Steuern » Erwerbe nach Übergang auf BilMoG: Bei der Neubewertung des übernommenen Vermögens des Tochterunternehmens sind latente Steuern zu berücksichtigen » Altkonsolidierungsfälle: Bildung latenter Steuern für infolge der historischen Aufdeckung stiller Rücklagen / Lasten noch vorhandene Differenzen zu den steuerlichen Wertansätzen	☐	3 / 3	3
6. Behandlung von Unterschiedsbeträgen » Erwerbe nach Übergang auf BilMoG: Planmäßige Abschreibung des Geschäfts- oder Firmenwerts über die voraussichtliche Nutzungsdauer; Geschätze Nutzungsdauer > 5 Jahre Anhangsangabe » Altkonsolidierungsfälle: Im Zeitpunkt des Übergangs noch vorhandene Geschäfts- oder Firmenwerte sind losgelöst von ihrer bisherigen Behandlung planmäßig über die Restnutzungsdauer abzuschreiben. » Passivischer Unterschiedbetrag: Ausweis nach dem Konzerneigenkapital » Saldierung von Geschäfts- oder Firmenwerten mit passivischen Unterschiedsbeträgen unzulässig	☐	3 / 3	6

Umstellungs- und Anpassungsbedarf im Übergang auf BilMoG	Kontrolle	Erläutert in	
		Kapitel / Abschnitt	Gliederungspunkt
D. Assoziierte Unternehmen			
1. Methodik: » Erwerbe nach Übergang auf BilMoG: Buchwertmethode allein zulässig » Anschaffungskostenrestriktion bleibt bestehen	☐	3 / 3	8.2.1
2. Zeitpunkt der Einbeziehung: Zeitpunkt zu dem Unternehmen assoziiertes Unternehmen wird	☐	3 / 3	8.2.2
3. Kaufpreisallokation in Nebenrechnung » Relevanter Bewertungsmaßstab für das anteilig im Equity-Ansatz enthaltene Vermögen: Beizulegender Zeitwert statt betriebsindividueller beizulegender Wert » Ausnahme: Für latente Steuern und Rückstellungen greifen im konzernbilanziellen Zugangszeitpunkt die einzelgesellschaftlichen Bewertungsmodelle » Zwölfmonatsfenster zur Finalisierung der Kaufpreisallokation	☐	3 / 3	8.2.3
4. Bildung latenter Steuern » Gesetzeswortlaut sieht keine Bildung latenter Steuern analog zur Vollkonsolidierung vor, da § 312 HGB nicht im von § 306 HGB erfassten Vierten Titel liegt. » Gleichwohl: Bildung latenter Steuern entsprechend der Vollkonsolidierung ist zu begrüßen	☐	3 / 3	8.2.4

Abschnitt 5: Konzernanhangsberichterstattung

Autor: WP/StB Dr. Michael Strickmann

1 Vorbemerkungen

Nach dem BilMoG haben die §§ 313 und 314 HGB zum Konzernanhang die folgende Fassung erhalten. Berücksichtigt sind ebenfalls die zwischenzeitlichen Änderungen durch das Gesetz zur Angemessenheit der Vorstandsvergütung (VorstAG) vom 31.7.2009.

> **HGB § 313 Erläuterung der Konzernbilanz und der Konzern-Gewinn- und Verlustrechnung. Angaben zum Beteiligungsbesitz.**
>
> (1) In den Konzernanhang sind diejenigen Angaben aufzunehmen, die zu einzelnen Posten der Konzernbilanz oder der Konzern-Gewinn- und Verlustrechnung vorgeschrieben oder die im Konzernanhang zu machen sind, weil sie in Ausübung eines Wahlrechts nicht in die Konzernbilanz oder in die Konzern-Gewinn- und Verlustrechnung aufgenommen wurden. Im Konzernanhang müssen
>
> 1. die auf die Posten der Konzernbilanz und der Konzern-Gewinn- und Verlustrechnung angewandten Bilanzierungs- und Bewertungsmethoden angegeben werden;
> 2. die Grundlagen für die Umrechnung in Euro angegeben werden, sofern der Konzernabschluss Posten enthält, denen Beträge zugrunde liegen, die auf fremde Währung lauten oder ursprünglich auf fremde Währung lauteten;
> 3. Abweichungen von Bilanzierungs-, Bewertungs- und Konsolidierungsmethoden angegeben und begründet werden; deren Einfluss auf die Vermögens-, Finanz- und Ertragslage des Konzerns ist gesondert darzustellen.
>
> (2) Im Konzernanhang sind außerdem anzugeben:
>
> 1. Name und Sitz der in den Konzernabschluss einbezogenen Unternehmen, der Anteil am Kapital der Tochterunternehmen, der dem Mutterunternehmen und den in den Konzernabschluss einbezogenen Tochterunternehmen gehört oder von einer für Rechnung dieser Unternehmen handelnden Person gehalten wird, sowie der zur Einbeziehung in den Konzernabschluss verpflichtende Sachverhalt, sofern die Einbeziehung nicht auf einer der Kapitalbeteiligung entsprechenden Mehrheit der Stimmrechte beruht. Diese Angaben sind auch für Tochterunternehmen zu machen, die nach § 296 nicht einbezogen worden sind;

2. Name und Sitz der assoziierten Unternehmen, der Anteil am Kapital der assoziierten Unternehmen, der dem Mutterunternehmen und den in den Konzernabschluss einbezogenen Tochterunternehmen gehört oder von einer für Rechnung dieser Unternehmen handelnden Person gehalten wird. Die Anwendung des § 311 Abs. 2 ist jeweils anzugeben und zu begründen;

3. Name und Sitz der Unternehmen, die nach § 310 nur anteilmäßig in den Konzernabschluss einbezogen worden sind, der Tatbestand, aus dem sich die Anwendung dieser Vorschrift ergibt, sowie der Anteil am Kapital dieser Unternehmen, der dem Mutterunternehmen und den in den Konzernabschluss einbezogenen Tochterunternehmen gehört oder von einer für Rechnung dieser Unternehmen handelnden Person gehalten wird;

4. Name und Sitz anderer als der unter den Nummern 1 bis 3 bezeichneten Unternehmen, bei denen das Mutterunternehmen, ein Tochterunternehmen oder eine für Rechnung eines dieser Unternehmen handelnde Person mindestens den fünften Teil der Anteile besitzt, unter Angabe des Anteils am Kapital sowie der Höhe des Eigenkapitals und des Ergebnisses des letzten Geschäftsjahrs, für das ein Abschluss aufgestellt worden ist. Ferner sind anzugeben alle Beteiligungen an großen Kapitalgesellschaften, die andere als die in Nummer 1 bis 3 bezeichneten Unternehmen sind, wenn sie von einem börsennotierten Mutterunternehmen, einem börsennotierten Tochterunternehmen oder einer für Rechnung eines dieser Unternehmen handelnden Person gehalten werden und fünf vom Hundert der Stimmrechte überschreiten. Diese Angaben brauchen nicht gemacht zu werden, wenn sie für die Vermittlung eines den tatsächlichen Verhältnissen entsprechenden Bildes der Vermögens-, Finanz- und Ertragslage des Konzerns von untergeordneter Bedeutung sind. Das Eigenkapital und das Ergebnis brauchen nicht angegeben zu werden, wenn das in Anteilsbesitz stehende Unternehmen seinen Jahresabschluss nicht offenzulegen hat und das Mutterunternehmen, das Tochterunternehmen oder die Person weniger als die Hälfte der Anteile an diesem Unternehmen besitzt.

(3) Die in Absatz 2 verlangten Angaben brauchen insoweit nicht gemacht zu werden, als nach vernünftiger kaufmännischer Beurteilung damit gerechnet werden muss, dass durch die Angaben dem Mutterunternehmen, einem Tochterunternehmen oder einem anderen in Absatz 2 bezeichneten Unternehmen erhebliche Nachteile entstehen können. Die Anwendung der Ausnahmeregelung ist im Konzernanhang anzugeben. Satz 1 gilt nicht, wenn ein Mutterunternehmen oder eines seiner Tochterunternehmen kapitalmarktorientiert im Sinn des § 264d ist.

HGB § 314 Sonstige Pflichtangaben

(1) Im Konzernanhang sind ferner anzugeben:

1. der Gesamtbetrag der in der Konzernbilanz ausgewiesenen Verbindlichkeiten mit einer Restlaufzeit von mehr als fünf Jahren sowie der Gesamtbetrag der in der Konzernbilanz ausgewiesenen Verbindlichkeiten, die von in den Konzernabschluss einbezogenen Unternehmen durch Pfandrechte oder ähnliche Rechte gesichert sind, unter Angabe von Art und Form der Sicherheiten;

2. Art und Zweck sowie Risiken und Vorteile von nicht in der Konzernbilanz enthaltenen Geschäften des Mutterunternehmens und der in den Konzernabschluss einbezogenen Tochterunternehmen, soweit dies für die Beurteilung der Finanzlage des Konzerns notwendig ist;

2a. der Gesamtbetrag der sonstigen finanziellen Verpflichtungen, die nicht in der Konzernbilanz enthalten und nicht nach § 298 Abs. 1 in Verbindung mit § 251 oder nach Nummer 2 anzugeben sind, sofern diese Angabe für die Beurteilung der Finanzlage des Konzerns von Bedeutung ist; davon und von den Haftungsverhältnissen nach § 251 sind Verpflichtungen gegenüber Tochterunternehmen, die nicht in den Konzernabschluss einbezogen werden, jeweils gesondert anzugeben;

3. die Aufgliederung der Umsatzerlöse nach Tätigkeitsbereichen sowie nach geographisch bestimmten Märkten, soweit sich, unter Berücksichtigung der Organisation des Verkaufs von für die gewöhnliche Geschäftstätigkeit des Konzerns typischen Erzeugnissen und der für die gewöhnliche Geschäftstätigkeit des Konzerns typischen Dienstleistungen, die Tätigkeitsbereiche und geographisch bestimmten Märkte untereinander erheblich unterscheiden;

4. die durchschnittliche Zahl der Arbeitnehmer der in den Konzernabschluss einbezogenen Unternehmen während des Geschäftsjahrs, getrennt nach Gruppen, sowie der in dem Geschäftsjahr verursachte Personalaufwand, sofern er nicht gesondert in der Konzern-Gewinn- und Verlustrechnung ausgewiesen ist; die durchschnittliche Zahl der Arbeitnehmer von nach § 310 nur anteilmäßig einbezogenen Unternehmen ist gesondert anzugeben;

5. (weggefallen)

6. für die Mitglieder des Geschäftsführungsorgans, eines Aufsichtsrats, eines Beirats oder einer ähnlichen Einrichtung des Mutterunternehmens, jeweils für jede Personengruppe:

   a) die für die Wahrnehmung ihrer Aufgaben im Mutterunternehmen und den Tochterunternehmen im Geschäftsjahr gewährten Gesamtbezüge (Gehälter, Gewinnbeteiligungen, Bezugsrechte und sonstige aktienbasierte Vergütungen, Aufwandsentschädigungen, Versicherungsentgelte, Provisionen und Nebenleistungen jeder Art). In die Gesamtbezüge sind auch Bezüge einzurechnen, die nicht ausgezahlt, sondern in Ansprüche anderer Art umgewandelt oder zur Erhöhung anderer Ansprüche verwendet werden. Außer den

Bezügen für das Geschäftsjahr sind die weiteren Bezüge anzugeben, die im Geschäftsjahr gewährt, bisher aber in keinem Konzernabschluss angegeben worden sind. Bezugsrechte und sonstige aktienbasierte Vergütungen sind mit ihrer Anzahl und dem beizulegenden Zeitwert zum Zeitpunkt ihrer Gewährung anzugeben; spätere Wertveränderungen, die auf einer Änderung der Ausübungsbedingungen beruhen, sind zu berücksichtigen. Ist das Mutterunternehmen eine börsennotierte Aktiengesellschaft, sind zusätzlich unter Namensnennung die Bezüge jedes einzelnen Vorstandsmitglieds, aufgeteilt nach erfolgsunabhängigen und erfolgsbezogenen Komponenten sowie Komponenten mit langfristiger Anreizwirkung, gesondert anzugeben. Dies gilt auch für:

aa) Leistungen, die dem Vorstandsmitglied für den Fall einer vorzeitigen Beendigung seiner Tätigkeit zugesagt worden sind;

bb) Leistungen, die dem Vorstandsmitglied für den Fall der regulären Beendigung seiner Tätigkeit zugesagt worden sind, mit ihrem Barwert, sowie den von der Gesellschaft während des Geschäftsjahres hierfür aufgewandten oder zurückgestellten Betrag;

cc) während des Geschäftsjahres vereinbarte Änderungen dieser Zusagen;

dd) Leistungen, die einem früheren Vorstandsmitglied, das seine Tätigkeit im Laufe des Geschäftsjahres beendet hat, in diesem Zusammenhang zugesagt und im Laufe des Geschäftsjahres gewährt worden sind.

b) Leistungen, die dem einzelnen Vorstandsmitglied von einem Dritten im Hinblick auf seine Tätigkeit als Vorstandsmitglied zugesagt oder im Geschäftsjahr gewährt worden sind, sind ebenfalls anzugeben. Enthält der Konzernabschluss weitergehende Angaben zu bestimmten Bezügen, sind auch diese zusätzlich einzeln anzugeben;

c) die für die Wahrnehmung ihrer Aufgaben im Mutterunternehmen und den Tochterunternehmen gewährten Gesamtbezüge (Abfindungen, Ruhegehälter, Hinterbliebenenbezüge und Leistungen verwandter Art) der früheren Mitglieder der bezeichneten Organe und ihrer Hinterbliebenen; Buchstabe a Satz 2 und 3 ist entsprechend anzuwenden. Ferner ist der Betrag der für diese Personengruppe gebildeten Rückstellungen für laufende Pensionen und Anwartschaften auf Pensionen und der Betrag der für diese Verpflichtungen nicht gebildeten Rückstellungen anzugeben;

d) die vom Mutterunternehmen und den Tochterunternehmen gewährten Vorschüsse und Kredite unter Angabe der Zinssätze, der wesentlichen Bedingungen und der gegebenenfalls im Geschäftsjahr zurückgezahlten Beträge sowie die zugunsten dieser Personengruppen eingegangenen Haftungsverhältnisse;

7. der Bestand an Anteilen an dem Mutterunternehmen, die das Mutterunternehmen oder ein Tochterunternehmen oder ein anderer für Rechnung eines in den Konzernabschluss einbezogenen Unternehmens erworben oder als Pfand ge-

nommen hat; dabei sind die Zahl und der Nennbetrag oder rechnerische Wert dieser Anteile sowie deren Anteil am Kapital anzugeben;

8. für jedes in den Konzernabschluss einbezogene börsennotierte Unternehmen, dass die nach § 161 des Aktiengesetzes vorgeschriebene Erklärung abgegeben und wo sie öffentlich zugänglich gemacht worden ist;

9. das von dem Abschlussprüfer des Konzernabschlusses für das Geschäftsjahr berechnete Gesamthonorar, aufgeschlüsselt in das Honorar für

    a) die Abschlussprüfungsleistungen,

    b) andere Bestätigungsleistungen,

    c) Steuerberatungsleistungen,

    d) sonstige Leistungen;

10. für zu den Finanzanlagen (§ 266 Abs. 2 A. III.) gehörende Finanzinstrumente, die in der Konzernbilanz über ihrem beizulegenden Zeitwert ausgewiesen werden, da eine außerplanmäßige Abschreibung gemäß § 253 Abs. 3 Satz 4 unterblieben ist,

    a) der Buchwert und der beizulegende Zeitwert der einzelnen Vermögensgegenstände oder angemessener Gruppierungen sowie

    b) die Gründe für das Unterlassen der Abschreibung einschließlich der Anhaltspunkte, die darauf hindeuten, dass die Wertminderung voraussichtlich nicht von Dauer ist;

11. für jede Kategorie nicht zum beizulegenden Zeitwert bilanzierter derivativer Finanzinstrumente:

    a) deren Art und Umfang,

    b) deren beizulegender Zeitwert, soweit er sich nach § 255 Abs. 4 verlässlich ermitteln lässt, unter Angabe der angewandten Bewertungsmethode,

    c) deren Buchwert und der Bilanzposten, in welchem der Buchwert, soweit vorhanden, erfasst ist, sowie

    d) die Gründe dafür, wenn der beizulegende Zeitwert nicht bestimmt werden kann;

12. für gemäß § 340e Abs. 3 Satz 1 mit dem beizulegenden Zeitwert bewertete Finanzinstrumente

    a) die grundlegenden Annahmen, die der Bestimmung des beizulegenden Zeitwertes mit Hilfe allgemein anerkannter Bewertungsmethoden zugrunde gelegt wurden, sowie

    b) Umfang und Art jeder Kategorie derivativer Finanzinstrumente einschließlich der wesentlichen Bedingungen, welche die Höhe, den Zeitpunkt und die Sicherheit künftiger Zahlungsströme beeinflussen können;

13. zumindest die nicht zu marktüblichen Bedingungen zustande gekommenen Geschäfte des Mutterunternehmens und seiner Tochterunternehmen, soweit sie

wesentlich sind, mit nahe stehenden Unternehmen und Personen, einschließlich Angaben zur Art der Beziehung, zum Wert der Geschäfte sowie weiterer Angaben, die für die Beurteilung der Finanzlage des Konzerns notwendig sind; ausgenommen sind Geschäfte mit und zwischen mittel- oder unmittelbar in 100-prozentigem Anteilsbesitz stehenden in einen Konzernabschluss einbezogenen Unternehmen; Angaben über Geschäfte können nach Geschäftsarten zusammengefasst werden, sofern die getrennte Angabe für die Beurteilung der Auswirkungen auf die Finanzlage des Konzerns nicht notwendig ist;

14. im Fall der Aktivierung nach § 248 Abs. 2 der Gesamtbetrag der Forschungs- und Entwicklungskosten des Geschäftsjahres der in den Konzernabschluss einbezogenen Unternehmen sowie der davon auf die selbst geschaffenen immateriellen Vermögensgegenstände des Anlagevermögens entfallende Betrag;

15. bei Anwendung des § 254 im Konzernabschluss,

    a) mit welchem Betrag jeweils Vermögensgegenstände, Schulden, schwebende Geschäfte und mit hoher Wahrscheinlichkeit vorgesehene Transaktionen zur Absicherung welcher Risiken in welche Arten von Bewertungseinheiten einbezogen sind sowie die Höhe der mit Bewertungseinheiten abgesicherten Risiken;

    b) für die jeweils abgesicherten Risiken, warum, in welchem Umfang und für welchen Zeitraum sich die gegenläufigen Wertänderungen oder Zahlungsströme künftig voraussichtlich ausgleichen einschließlich der Methode der Ermittlung;

    c) eine Erläuterung der mit hoher Wahrscheinlichkeit erwarteten Transaktionen, die in Bewertungseinheiten einbezogen wurden,

    soweit die Angaben nicht im Konzernlagebericht gemacht werden;

16. zu den in der Konzernbilanz ausgewiesenen Rückstellungen für Pensionen und ähnliche Verpflichtungen das angewandte versicherungsmathematische Berechnungsverfahren sowie die grundlegenden Annahmen der Berechnung, wie Zinssatz, erwartete Lohn- und Gehaltssteigerungen und zugrunde gelegte Sterbetafeln;

17. im Fall der Verrechnung von in der Konzernbilanz ausgewiesenen Vermögensgegenständen und Schulden nach § 246 Abs. 2 Satz 2 die Anschaffungskosten und der beizulegende Zeitwert der verrechneten Vermögensgegenstände, der Erfüllungsbetrag der verrechneten Schulden sowie die verrechneten Aufwendungen und Erträge; Nummer 12 Buchstabe a ist entsprechend anzuwenden;

> 18. zu den in der Konzernbilanz ausgewiesenen Anteilen oder Anlageaktien an inländischen Investmentvermögen im Sinn des § 1 des Investmentgesetzes oder vergleichbaren ausländischen Investmentanteilen im Sinn des § 2 Abs. 9 des Investmentgesetzes von mehr als dem zehnten Teil, aufgegliedert nach Anlagezielen, deren Wert im Sinn des § 36 des Investmentgesetzes oder vergleichbarer ausländischer Vorschriften über die Ermittlung des Marktwertes, die Differenz zum Buchwert und die für das Geschäftsjahr erfolgte Ausschüttung sowie Beschränkungen in der Möglichkeit der täglichen Rückgabe; darüber hinaus die Gründe dafür, dass eine Abschreibung gemäß § 253 Abs. 3 Satz 4 unterblieben ist, einschließlich der Anhaltspunkte, die darauf hindeuten, dass die Wertminderung voraussichtlich nicht von Dauer ist; Nummer 10 ist insoweit nicht anzuwenden;
> 19. für nach § 251 unter der Bilanz oder nach § 268 Abs. 7 Halbsatz 1 im Anhang ausgewiesene Verbindlichkeiten und Haftungsverhältnisse die Gründe der Einschätzung des Risikos der Inanspruchnahme;
> 20. die Gründe, welche die Annahme einer betrieblichen Nutzungsdauer eines in der Konzernbilanz ausgewiesenen entgeltlich erworbenen Geschäfts- oder Firmenwertes aus der Kapitalkonsolidierung von mehr als fünf Jahren rechtfertigen;
> 21. auf welchen Differenzen oder steuerlichen Verlustvorträgen die latenten Steuern beruhen und mit welchen Steuersätzen die Bewertung erfolgt ist.
>
> (2) Mutterunternehmen, die den Konzernabschluss um eine Segmentberichterstattung erweitern (§ 297 Abs. 1 Satz 2), sind von der Angabepflicht gemäß Absatz 1 Nr. 3 befreit. Für die Angabepflicht gemäß Absatz 1 Nr. 6 Buchstabe a Satz 5 bis 8 gilt § 286 Abs. 5 entsprechend.

Die vorgesehenen Änderungen und Erweiterungen der Vorschriften zum Konzernanhang korrespondieren weitestgehend mit den beschriebenen Neuregelungen in Bezug auf den Anhang des Einzelabschlusses. Inhaltliche Abweichungen ergeben sich allenfalls systembedingt aus der **Eigenart der Rechnungslegung im Konzern** als größerer bzw. aggregierter Darstellungseinheit. Soweit im Folgenden nicht anders dargestellt, kann insoweit also inhaltlich auf die Ausführungen in Kapitel 2, Abschnitt 10 verwiesen werden.

Für Unternehmen, die einen befreienden **IFRS-Konzernabschluss i. S. v.** § 315a HGB aufstellen, beinhalten die Neuerungen der handelsrechtlichen Vorschriften zum Konzernanhang keine Erweiterungen der ergänzenden Berichterstattung in den *Notes* aufgrund nationaler Anforderungen.[842]

---

[842] Auch im Fall einer befreienden IFRS-Konzernrechnungslegung sind nach § 315a Abs. 1, 3 HGB für die Berichterstattung in den Notes des Konzernabschlusses die Vorschriften von § 313 Abs. 2 u. 3 HGB und § 314 Abs. 1 Nr. 4, 6, 8 u. 9 HGB zu beachten.

Die Neuerungen des BilMoG hinsichtlich der Berichterstattung im Konzernanhang gelten nach den § 13 Abs. 2 Satz 1 und § 22 Abs. 3 PublG in sachlicher und zeitlicher Hinsicht analog für Unternehmen, deren Konzernrechnungslegungspflicht sich aus den Vorschriften des PublG ergibt.

2 Die Änderungen im Einzelnen

In Einklang mit der Aufhebung von § 287 HGB a. F. ist auch § 313 Abs. 4 HGB a. F. gestrichen worden, der bis dato die Möglichkeit eröffnete, die Angaben zum Konsolidierungskreis und zum Konzernanteilsbesitz i. S. v. § 313 Abs. 2 HGB in einer gesonderten **Anteilsliste** darzustellen.

Die weitere Neufassung von § 313 Abs. 3 Satz 3 HGB beruht auf der neu eingeführten Legaldefinition des Begriffs ‚kapitalmarktorientiert' in § 264d HGB. Sie schließt das Unterlassen der Angaben zum Konsolidierungskreis und Konzernanteilsbesitz i. S. v. § 313 Abs. 2 HGB aufgrund damit verbundener **erheblicher Nachteile** aus, sofern das berichtende Mutterunternehmen oder eines seiner Tochterunternehmen kapitalmarktorientiert ist.

Wie im Einzelabschluss nach § 285 Nr. 3 HGB sieht auch § 314 Abs. 1 Nr. 2 HGB eine Berichterstattung über wesentliche **außerbilanzielle Geschäfte** vor. Die Angabepflicht bezieht sich kumuliert auf entsprechende Geschäfte des berichtenden Mutterunternehmens und der in den Konzernabschluss einbezogenen Tochterunternehmen. Außerbilanzielle Geschäfte von Gemeinschaftsunternehmen i. S. v. § 310 HGB, typischen assoziierten Unternehmen i. S. v. § 311 Abs. 1 HGB und Tochterunternehmen, die gemäß § 296 HGB nicht vollkonsolidiert werden, sind von der Angabepflicht damit nicht betroffen. Gleiches gilt für Geschäfte, die als innerkonzernliche Sachverhalte im Rahmen der Konsolidierung eliminiert werden.[843]

§ 314 Abs. 1 Nr. 2a HGB ist im Wesentlichen eine gesetzessystematische Umgliederung der bisherigen Angabepflicht zu den sonstigen finanziellen Verpflichtungen gemäß § 314 Abs. 1 Nr. 2 HGB a. F. Wie auch in § 285 Nr. 3a HGB wurde an dieser Stelle die Einschränkung in den Gesetzentwurf aufgenommen, dass unter den **sonstigen finanziellen Verpflichtungen** nur solche Verpflichtungen anzugeben sind, die nicht auch als außerbilanzielle Geschäfte anzugeben sind.

Die Angabepflicht des § 314 Abs. 1 Nr. 8 HGB zur Erklärung zum **Deutschen Corporate-Governance-Kodex** ist § 285 Nr. 16 HGB inhaltlich nachgebildet und bezieht sich hiervon abweichend nur auf alle in den Konzernabschluss einbezogenen Unternehmen, die unter den Anwendungsbereich von § 161 AktG fallen.

§ 314 Abs. 1 Nr. 9 HGB enthält eine in sachlicher Hinsicht mit § 285 Nr. 17 HGB korrespondierende Angabe zu den **Vergütungen des Konzernabschlussprüfers**.[844]

---

[843] Vgl. IDW ERS HFA 32, FN-IDW 12/2009, S. 677, Tz. 28 f.
[844] Zum Inhalt der Angabepflicht vgl. daher im Einzelnen Kapitel 1, Abschnitt 10, Gliederungspunkt 2.7.

Die neu gefasste Regelung soll im Unterschied zum bisherigen Recht für alle nach §§ 290 ff. HGB konzernrechnungslegungspflichtige Mutterunternehmen gelten und nicht – wie bisher – nur für kapitalmarktorientierte Mutterunternehmen. Weiterhin ist zu beachten, dass § 285 Nr. 17 HGB die Möglichkeit einräumt, die für die in den Konzernabschluss „einbezogenen Unternehmen" grundsätzlich angabepflichtigen Vergütungsinformationen betreffend den Prüfer des Einzelabschlusses mit befreiender Wirkung in den Konzernanhang aufzunehmen.

Die Angaben zu den Vergütungen des Konzernabschlussprüfers umfassen die berichtspflichtigen Aufwendungen des Mutterunternehmens sowie aller vollkonsolidierten Tochterunternehmen und quotal konsolidierten Gemeinschaftsunternehmen, nicht dagegen Vergütungen für Leistungen des Konzernabschlussprüfers an nicht konsolidierte Tochter- oder Gemeinschaftsunternehmen oder an assoziierte Unternehmen.[845] Bei quotal konsolidierten Gemeinschaftsunternehmen hat eine Einbeziehung der Vergütungen entsprechend der Konsolidierungsquote zu erfolgen.

Die Vergütungen für Leistungen des Konzernabschlussprüfers an das Mutterunternehmen sowie die vollkonsolidierten Tochterunternehmen und quotal konsolidierten Gemeinschaftsunternehmen sind auch dann in der Angabe im Konzernanhang zu berücksichtigen, wenn es sich bei dem betreffenden Unternehmen um eine kleine oder mittelgroße Gesellschaft handelt, die im Jahresabschluss aufgrund ihrer Größe von den korrespondierenden Anhangangaben nach § 288 Abs. 1, 2 HGB befreit ist.

Unter die Kategorie der **Abschlussprüfungsleistungen** fallen aus Sicht der Konzernrechnungslegung neben den bereits im Anhang zum Jahresabschluss zu berücksichtigenden Leistungen auch Vergütungen für die Konzernabschlussprüfung selbst.[846]

Die Angabepflichten des § 314 Abs. 1 Nr. 9 HGB beziehen sich nach dem Gesetzeswortlaut nur auf den Konzernabschlussprüfer, nicht auf andere Abschlussprüfer, die berichtspflichtige Leistungen für einbezogene Unternehmen in der Berichtsperiode erbracht haben.[847] Die Inanspruchnahme der Befreiung von der Angabepflicht des § 285 Nr. 17 HGB im Anhang des Einzelabschlusses, die eine Einbeziehung der Vergütungsangaben des befreiten Unternehmens in die korrespondierende Konzernanhangangabe verlangt, kann jedoch dazu führen, dass Vergütungen anderer Abschlussprüfer als des Konzernabschlussprüfers darin enthalten sind. In diesem Fall ist für jede Leistungskategorie der Betrag der auf diese anderen Abschlussprüfer entfallenden Honorare gesondert oder in einem Davon-Vermerk anzugeben.[848]

---

[845] Vgl. IDW ERS HFA 36, FN-IDW 10/2009, S. 510, Tz. 18, 20.
[846] Vgl. hierzu auch Kapitel 1, Abschnitt 10, Gliederungspunkt 2.7.
[847] Im Widerspruch zur Gesetzesbegründung (vgl. BT-Drucks. 16/10067, S. 70) vertritt IDW ERS HFA 36, FN-IDW 10/2009, S. 510, Tz. 18 f., die Ansicht, dass Vergütungen von verbundenen Unternehmen des Konzernabschlussprüfers dem Letzteren für die genannten Berichtszwecke hinzuzurechnen sind. Der Begriff des „anderen Abschlussprüfers" meint daher Abschlussprüfer außerhalb des Verbundkreises des Konzernabschlussprüfers.
[848] Vgl. IDW ERS HFA 36, FN-IDW 10/2009, S. 510, Tz. 19.

Die Neufassungen von § 314 Abs. 1 Nr. 10 bis 12 HGB entsprechen den geänderten Angabepflichten des Einzelabschlusses zu den **Finanzanlagen und Finanzinstrumenten** nach § 285 Nr. 18 bis 20 HGB.

Die Einfügung von § 314 Abs. 1 Nr. 13 HGB ist dem Wortlaut nach weitestgehend identisch mit der Angabepflicht zu den **Geschäften mit nahe stehenden Personen** nach § 285 Nr. 21 HGB. Nur bezieht sich die Angabepflicht im Konzernanhang auf Geschäfte des Mutterunternehmens und seiner Tochterunternehmen. Nach dem Willen des Gesetzgebers sind Gemeinschaftsunternehmen i. S. d. § 310 HGB und assoziierte Unternehmen i. S. d. § 311 HGB somit nicht mit in die Berichterstattung einzubeziehen (vgl. BT-Drucks. 16/10067, S. 86). Außerdem ist die Ausnahmeregelung betreffend „Geschäfte mit und zwischen mittel- oder unmittelbar in 100-prozentigem Anteilsbesitz in einen Konzernabschluss einbezogenen Unternehmen" (§ 314 Abs. 1 Nr. 13 Teilsatz 2 HGB) missverständlich formuliert. Denn weil der Konzernabschluss die wirtschaftliche Einheit „Konzern" abbilden soll, sind unabhängig von der Höhe des Anteilsbesitzes alle im Konsolidierungskreis stattfindenden Geschäfte nicht angabepflichtig. Im Konzernanhang sind daher nur (wesentliche) Geschäfte des Mutterunternehmens und seiner Tochterunternehmen mit jeweils nahe stehenden, nicht in den Konsolidierungskreis einbezogenen Dritten nach § 314 Abs. 1 Nr. 13 HGB berichtspflichtig.[849]

Mit der Regelung des § 314 Abs. 1 Nr. 20 HGB zur Begründung von Geschäftswertabschreibungen über mehr als fünf Jahre soll nach Aussagen des Gesetzgebers ein ‚Gleichlauf der Angaben' von Anhang und Konzernanhang erreicht werden (vgl. BT-Drucks. 16/12407, S. 119). Jedoch beschränkt sich die Angabepflicht im Konzernanhang nach dem Gesetzeswortlaut auf Geschäfts- oder Firmenwerte aus der Kapitalkonsolidierung gemäß § 301 HGB. Auf der Ebene der Einzelabschlüsse entstandene bzw. ausgewiesene Geschäfts- oder Firmenwerte, die in den Konzernabschluss eingehen, sind davon somit nicht betroffen.[850]

Die **(anderen) Angaben** des § 314 Abs. 1 Nr. 14 bis 19 und 21 HGB zu den Forschungs- und Entwicklungskosten, den gebildeten Bewertungseinheiten, den Bewertungsgrundlagen der Pensionsrückstellungen, den saldierten Vermögensgegenständen und Schulden, Fondsanteilen, Haftungsverhältnissen und latenten Steuern entsprechen auf Ebene des Konzerns inhaltlich den oben dargestellten Berichtspflichten betreffend den Anhang des Einzelabschlusses.

Es ist schließlich herauszustellen, dass eine mit § 285 Nr. 28 HGB korrespondierende Angabe zu den ausschüttungsgesperrten Beträgen aus der Aktivierung von selbst geschaffenen Anlagegegenständen, latenten Steuern und Vermögensgegenständen aus verrechneten Altersversorgungsverpflichtungen zum beizulegenden Zeitwert im BilMoG nicht enthalten ist.

---

[849] Vgl. IDW ERS HFA 33, FN-IDW 12/2009, S. 683, Tz. 34, 36.
[850] So auch Ellrott, in: Ellrott u. a. (Hrsg.): Beck'scher Bilanz-Kommentar, 7. Aufl., München 2010, § 314 HGB, Anm. 129.

3 Erstanwendung und Übergangsregelung

Für die neuen und geänderten Erläuterungspflichten im Konzernanhang gelten die gleichen zeitlichen Vorgaben im Hinblick auf deren erstmalige Anwendung wie für den Anhang des Einzelabschlusses.

Erstmals auf Konzernabschlüsse für nach dem **31.12.2008** beginnende Geschäftsjahre sind nach Art. 66 Abs. 2 EGHGB die folgenden (geänderten) Angabepflichten anzuwenden:

- wesentliche außerbilanzielle Geschäfte (§ 314 Abs. 1 Nr. 2 HGB);
- sonstige finanzielle Verpflichtungen (§ 314 Abs. 1 Nr. 2a HGB);
- Corporate-Governance-Erklärung (§ 314 Abs. 1 Nr. 8 HGB);
- Abschlussprüferhonorare (§ 314 Abs. 1 Nr. 9 HGB);
- Geschäfte mit nahe stehenden Personen (§ 314 Abs. 1 Nr. 13 HGB).

Alle übrigen Änderungen betreffend die Erläuterungen im Konzernanhang sind gemäß Art. 66 Abs. 3, 5 EGHGB erstmals auf Konzernabschlüsse für **nach dem 31.12.2009** beginnende Geschäftsjahre anzuwenden.

Im Zusammenhang mit der Erstanwendung der Vorschriften des BilMoG ist in Bezug auf die Berichterstattung im Konzernanhang darüber hinaus zu beachten, dass § 265 Abs. 1 u. § 313 Abs. 1 Nr. 3 HGB gemäß Art. 67 Abs. 8 EGHGB nicht anzuwenden sind. Danach müssen die aus den Gesetzesänderungen folgenden Abweichungen der Ansatz-, Bewertungs- und Ausweismethoden gegenüber dem Vorjahr nicht als solche im Konzernanhang genannt und begründet werden. Ebenso können die Darstellung ihres Einflusses auf die Vermögens-, Finanz- und Ertragslage des berichtenden Unternehmens bzw. eine Anpassung der Vergleichswerte der Vorperiode unterbleiben.

Abschnitt 6:
Konzernlageberichterstattung

Autor: WP/StB Dr. Michael Strickmann

1 Vorbemerkungen

§ 315 HGB zum Konzernlagebericht hat durch das BilMoG die folgende Fassung erhalten. Ebenfalls berücksichtigt ist die Änderung des § 315 Abs. 2 Nr. 4 Satz 2 HGB durch das Gesetz zur Angemessenheit der Vorstandsvergütung (VorstAG) vom 31.7.2009:

HGB § 315 Konzernlagebericht

(1) Im Konzernlagebericht sind der Geschäftsverlauf einschließlich des Geschäftsergebnisses und die Lage des Konzerns so darzustellen, dass ein den tatsächlichen Verhältnissen entsprechendes Bild vermittelt wird. Er hat eine ausgewogene und umfassende, dem Umfang und der Komplexität der Geschäftstätigkeit entsprechende Analyse des Geschäftsverlaufs und der Lage des Konzerns zu enthalten. In die Analyse sind die für die Geschäftstätigkeit bedeutsamsten finanziellen Leistungsindikatoren einzubeziehen und unter Bezugnahme auf die im Konzernabschluss ausgewiesenen Beträge und Angaben zu erläutern. Satz 3 gilt entsprechend für nichtfinanzielle Leistungsindikatoren, wie Informationen über Umwelt und Arbeitnehmerbelange, soweit sie für das Verständnis des Geschäftsverlaufs oder der Lage von Bedeutung sind. Ferner ist im Konzernlagebericht die voraussichtliche Entwicklung mit ihren wesentlichen Chancen und Risiken zu beurteilen und zu erläutern; zugrunde liegende Annahmen sind anzugeben. Die gesetzlichen Vertreter eines Mutterunternehmens im Sinne des § 297 Abs. 2 Satz 4 haben zu versichern, dass nach bestem Wissen im Konzernlagebericht der Geschäftsverlauf einschließlich des Geschäftsergebnisses und die Lage des Konzerns so dargestellt sind, dass ein den tatsächlichen Verhältnissen entsprechendes Bild vermittelt wird, und dass die wesentlichen Chancen und Risiken im Sinne des Satzes 5 beschrieben sind.

(2) Der Konzernlagebericht soll auch eingehen auf:

1. Vorgänge von besonderer Bedeutung, die nach dem Schluss des Konzerngeschäftsjahrs eingetreten sind;

2. a) die Risikomanagementziele und -methoden des Konzerns einschließlich seiner Methoden zur Absicherung aller wichtigen Arten von Transaktionen, die im Rahmen der Bilanzierung von Sicherungsgeschäften erfasst werden, sowie

b) die Preisänderungs-, Ausfall- und Liquiditätsrisiken sowie die Risiken aus Zahlungsstromschwankungen, denen der Konzern ausgesetzt ist,

jeweils in Bezug auf die Verwendung von Finanzinstrumenten durch den Konzern und sofern dies für die Beurteilung der Lage oder der voraussichtlichen Entwicklung von Belang ist;

3. den Bereich Forschung und Entwicklung des Konzerns;
4. die Grundzüge des Vergütungssystems für die in § 314 Abs. 1 Nr. 6 genannten Gesamtbezüge, soweit das Mutterunternehmen eine börsennotierte Aktiengesellschaft ist. Werden dabei auch Angaben entsprechend § 314 Abs. 1 Nr. 6 Buchstabe a Satz 5 bis 8 gemacht, können diese im Konzernanhang unterbleiben;
5. die wesentlichen Merkmale des internen Kontroll- und des Risikomanagementsystems im Hinblick auf den Konzernrechnungslegungsprozess, sofern eines der in den Konzernabschluss einbezogenen Tochterunternehmen oder das Mutterunternehmen kapitalmarktorientiert im Sinn des § 264d ist.

(3) § 298 Abs. 3 über die Zusammenfassung von Konzernanhang und Anhang ist entsprechend anzuwenden.

(4) Mutterunternehmen, die einen organisierten Markt im Sinne des § 2 Abs. 7 des Wertpapiererwerbs- und Übernahmegesetzes durch von ihnen ausgegebene stimmberechtigte Aktien in Anspruch nehmen, haben im Konzernlagebericht anzugeben:

1. die Zusammensetzung des gezeichneten Kapitals; bei verschiedenen Aktiengattungen sind für jede Gattung die damit verbundenen Rechte und Pflichten und der Anteil am Gesellschaftskapital anzugeben, soweit die Angaben nicht im Konzernanhang zu machen sind;
2. Beschränkungen, die Stimmrechte oder die Übertragung von Aktien betreffen, auch wenn sie sich aus Vereinbarungen zwischen Gesellschaftern ergeben können, soweit sie dem Vorstand des Mutterunternehmens bekannt sind;
3. direkte oder indirekte Beteiligungen am Kapital, die 10 vom Hundert der Stimmrechte überschreiten, soweit die Angaben nicht im Konzernanhang zu machen sind;
4. die Inhaber von Aktien mit Sonderrechten, die Kontrollbefugnisse verleihen; die Sonderrechte sind zu beschreiben;
5. die Art der Stimmrechtskontrolle, wenn Arbeitnehmer am Kapital beteiligt sind und ihre Kontrollrechte nicht unmittelbar ausüben;
6. die gesetzlichen Vorschriften und Bestimmungen der Satzung über die Ernennung und Abberufung der Mitglieder des Vorstands und über die Änderung der Satzung;
7. die Befugnisse des Vorstands insbesondere hinsichtlich der Möglichkeit, Aktien auszugeben oder zurückzukaufen;

> 8. wesentliche Vereinbarungen des Mutterunternehmens, die unter der Bedingung eines Kontrollwechsels infolge eines Übernahmeangebots stehen, und die hieraus folgenden Wirkungen; die Angabe kann unterbleiben, soweit sie geeignet ist, dem Mutterunternehmen einen erheblichen Nachteil zuzufügen; die Angabepflicht nach anderen gesetzlichen Vorschriften bleibt unberührt;
> 9. Entschädigungsvereinbarungen des Mutterunternehmens, die für den Fall eines Übernahmeangebots mit den Mitgliedern des Vorstands oder Arbeitnehmern getroffen sind, soweit die Angaben nicht im Konzernanhang zu machen sind.
>
> Sind Angaben nach Satz 1 im Konzernanhang zu machen, ist im Konzernlagebericht darauf zu verweisen.

Mit Ausnahme der Neuregelung über die Erklärung zur Unternehmensführung (§ 289a HGB), die in den Vorschriften zur Konzernrechnungslegung keine Entsprechung hat, korrespondieren die vorgesehenen Änderungen und Erweiterungen der Vorschriften zum Konzernlagebericht weitestgehend mit den beschriebenen Änderungen in Bezug auf den Lagebericht. Inhaltliche Abweichungen ergeben sich nur systembedingt aus der **Eigenart der Rechnungslegung im Konzern** als größerer bzw. aggregierter Darstellungseinheit. Soweit im Folgenden nicht anders dargestellt, kann insoweit also inhaltlich auf die Ausführungen Kapitel 2, Abschnitt 11 verwiesen werden.

Für Unternehmen, die aufgrund der Regelungen des PublG zur Konzernrechnungslegung verpflichtet sind, gelten gemäß den §§ 13 Abs. 2 Satz 3 und 22 Abs. 3 PublG die Änderungen des § 315 HGB in sachlicher und zeitlicher Hinsicht entsprechend.

2 Die Änderungen im Einzelnen

§ 315 Abs. 4 HGB enthält eine mit der Berichtspflicht des § 289 Abs. 4 HGB korrespondierende Verpflichtung zur Darstellung bestimmter Angaben zu **Unternehmensstruktur des Mutterunternehmens und etwaigen Übernahmehindernissen** im Konzernlagebericht. Das BilMoG sieht demzufolge eine der Neufassung von § 289 Abs. 4 HGB entsprechende Änderung dieser Vorschrift sowie an einer Stelle (Nr. 8) die Angleichung des Gesetzestextes an den bislang abweichenden Wortlaut in Bezug auf den Lagebericht vor.

§ 315 Abs. 2 Nr. 5 HGB erweitert die neue Berichterstattungspflicht des § 289 Abs. 5 HGB über das interne Kontroll- und Risikomanagementsystem in Bezug auf den Rechnungslegungsprozess auf die Konzernperspektive. Der Konzernlagebericht hat somit insbesondere auch Angaben über die grundlegenden **Organisations- und Überwachungsstrukturen und -prozesse im Bereich der Konzernrechnungslegung zu enthalten**. In den Konzernlagebericht ist der neue Berichtsteil aufzunehmen, falls eines der in den Konzernabschluss einbezogenen Tochterunternehmen oder das Mutterunternehmen kapitalmarktorientiert i. S. d. § 264d HGB ist.

Eine mit § 289a HGB korrespondierende Aufnahme einer **Erklärung zur Unternehmensführung** in den Konzernlagebericht ist im BilMoG nicht enthalten.

3 Erstanwendung

Die neuen und geänderten Angabepflichten des Konzernlageberichts sind nach Art. 66 Abs. 2 EGHGB in Einklang mit den Vorgaben zum Erstanwendungszeitpunkt betreffend den Lagebericht **erstmals** auf Geschäftsjahre anzuwenden, die nach dem **31.12.2008** begonnen haben.

Abschnitt 7: Checkliste für die Berichterstattungspflichten nach BilMoG in Konzernanhang und -lagebericht

Autor: WP/StB Dr. Michael Strickmann

Die nachfolgende Checkliste nennt die materiellen Änderungen und Erweiterungen der Angabepflichten im Konzernanhang. Sie beinhaltet keine bloßen Anpassungen der Gesetzessystematik (§ 314 Abs. 1 Nr. 10 und 11 HGB zu den Finanzanlagen und derivativen Finanzinstrumenten).

Ergänzungen und Änderungen des Konzernanhangs		
Berichtsgegenstand	HGB-Vorschrift	Alternativausweis[851]
Geschäftsjahre, die nach dem 31.12.2008 beginnen		
Außerbilanzielle Geschäfte	§ 314 Abs. 1 Nr. 2	
Sonstige finanzielle Verpflichtungen (ohne Angabe der Verpflichtungen aus außerbilanziellen Geschäften)	§ 314 Abs. 1 Nr. 2a	
Corporate Governance-Erklärung für Unternehmen i. S. d. § 161 AktG	§ 314 Abs. 1 Nr. 8	
Konzernabschlussprüferhonorare	§ 314 Abs. 1 Nr. 9	
Geschäfte mit nahe stehenden Personen	§ 314 Abs. 1 Nr. 13	
Geschäftsjahre, die nach dem 31.12.2009 beginnen		
Erläuterungen zur Nutzungsdauer von Geschäfts- oder Firmenwerten aus der Kapitalkonsolidierung > 5 Jahre	§ 314 Abs. 1 Nr. 20	
Forschungs- und Entwicklungskosten bei Aktivierung von selbst geschaffenen immateriellen Anlagegegenständen	§ 314 Abs. 1 Nr. 14	
Bewertungseinheiten	§ 314 Abs. 1 Nr. 15	KLB

---

[851] KLB = Konzernlagebericht.

Ergänzungen und Änderungen des Konzernanhangs		
Berichtsgegenstand	HGB-Vorschrift	Alternativausweis[851]
Geschäftsjahre, die nach dem 31.12.2008 beginnen		
Bewertungsgrundlagen der Pensionsrückstellungen	§ 314 Abs. 1 Nr. 16	
Saldierung von Vermögen und Schulden aus Altersversorgungs- oder vergleichbaren Verpflichtungen	§ 314 Abs. 1 Nr. 17	
Fondsanteile	§ 314 Abs. 1 Nr. 18	
Risiken aus Haftungsverhältnissen i. S. v. § 251 HGB	§ 314 Abs. 1 Nr. 19	
Latente Steuern	§ 314 Abs. 1 Nr. 21	
Abschaffung der gesonderten Anteilsliste	§ 313 Abs. 4 a. F.	

Die Änderungen der Konzernlageberichtsvorgaben durch das BilMoG betreffen Unternehmen, die den Kapitalmarkt in Anspruch nehmen, wobei die gesetzlichen Tatbestandsmerkmale für den Anwendungsbereich leicht voneinander abweichen. In Bezug auf die in der nachfolgenden Checkliste genannten Änderungen und Erweiterungen der Konzernlageberichterstattung wird im Hinblick auf den Anwendungsbereich daher auf die vorstehenden Ausführungen und die Erläuterungen zum Einzellagebericht[852] verwiesen.

Ergänzungen und Änderungen des Konzernlageberichts			
Berichtsgegenstand	HGB-Vorschrift	Alternativausweis	Befreiung oder Erleichterung[853]
Geschäftsjahre, die nach dem 31.12.2008 beginnen			
Angaben zur Unternehmensstruktur und zu Übernahmehindernissen	§ 315 Abs. 4		KA
Internes Kontroll- und Risikomanagementsystem in Bezug auf den (Konzern-) Rechnungslegungsprozess	§ 315 Abs. 2 Nr. 5		

---

[852] Vgl. Kapitel 1, Abschnitt 11.
[853] KA = Befreiung zur Vermeidung von Doppelangaben, soweit pflichtgemäße Angabe im Konzernanhang

Kapitel 4: Abschlussprüfung

Autor: WP/StB Dirk Veldkamp

1 Vorbemerkungen

1.1 Hintergrund der Neuregelungen und Anwendungszeitpunkt

Grundlage für die neuen Vorschriften im Bereich der Abschlussprüfung ist im Wesentlichen die Richtlinie 2006/43/EG des Europäischen Parlaments und des Rates vom 17.5.2006 über Abschlussprüfungen von Jahresabschlüssen und konsolidierten Abschlüssen, zur Änderung der Richtlinien 78/660/EWG und 83/349/EWG des Rates und zur Aufhebung der Richtlinie 84/253/EWG des Rates (abgedruckt im ABl. L 157/87 vom 9.6.2006).

Diese Richtlinie (nachfolgend ‚Abschlussprüferrichtlinie' genannt) hebt die 8. EG-Richtlinie (84/253/EWG) auf und ist eigentlich bis zum 29.6.2008 in nationales Recht zu transformieren gewesen.

Durch die Aktivitäten der Bundesregierung im Zuge der Finanzmarktkrise hat sich die Verabschiedung des BilMoG jedoch länger als geplant und bis in das Frühjahr 2009 hinausgezögert. Zur Vermeidung von Rückwirkungsproblemen sind die aus der Umsetzung der Abschlussprüferrichtlinie resultierenden Vorschriften erstmals auf Jahres- und Konzernabschlüsse für nach dem 31.12.2008 beginnende Geschäftsjahre anzuwenden (Art. 66 Abs. 2 Satz 1 EGHGB). Ausnahmen bestehen für § 319a Abs. 1 Satz 1 1. Halbs. HGB (Ausdehnung des Anwendungsbereichs von § 319a HGB, erstmals für Geschäftsjahre beginnend nach dem 31.12.2009 anzuwenden) und für § 324 HGB (Prüfungsausschuss, erstmals ab 1.1.2010 anzuwenden).

Paragraf	Absatz	Übergangsregelung des EGHGB	Anwendung für Geschäftsjahre beginnend
§ 317 HGB	Abs. 2 Satz 3, Abs. 3 Satz 2, Abs. 5, Abs. 6	Art. 66 Abs. 2 Satz 1	nach dem 31.12.2008
§ 318 HGB	Abs. 3, Abs. 8	Art. 66 Abs. 2 Satz 1	nach dem 31.12.2008
§ 319a HGB	Abs. 1 Satz 1 1. Halbs.	Art. 66 Abs. 3 Satz 1	nach dem 31.12.2009

Kapitel 4: Abschlussprüfung

Paragraf	Absatz	Übergangsregelung des EGHGB	Anwendung für Geschäftsjahre beginnend
	Abs. 1 Satz 1 Nr. 4, Abs. 1 Satz 4 und 5, Abs. 2 Satz 2	Art. 66 Abs. 2 Satz 1	nach dem 31.12.2008
§ 319b HGB		Art. 66 Abs. 2 Satz 1	nach dem 31.12.2008
§ 320 HGB	Abs. 4	Art. 66 Abs. 2 Satz 1	nach dem 31.12.2008
§ 321 HGB	Abs. 4a	Art. 66 Abs. 2 Satz 1	nach dem 31.12.2008
§ 324 HGB		Art. 66 Abs. 4	Anwendung ab 1.1.2010

Abb. 169: Übersicht über den zeitlichen Anwendungsbereich der neuen Prüfungsvorschriften

Aus deutscher Sicht bewegt sich der Umsetzungsbedarf für das Recht der Abschlussprüfung in einem überschaubaren Rahmen. Die Inhalte verschiedenster Vorschriften der Abschlussprüferrichtlinie gehören in Deutschland bereits seit geraumer Zeit zum Allgemeingut der Regulierung von Berufsstand und Abschlussprüfung. In dem Gesetz über die Berufsordnung der Wirtschaftsprüfer (WPO) und in der Satzung der Wirtschaftsprüferkammer über die Rechte und Pflichten bei der Ausübung der Berufe des Wirtschaftsprüfers und des vereidigten Buchprüfers (BS WP/vBP) sind bspw. seit langem Regelungen zu den allgemeinen Berufspflichten enthalten, welche die Abschlussprüferrichtlinie erstmals aufgreift.

Darüber hinaus sind zentrale Vorschriften schon durch das Abschlussprüferaufsichtsgesetz (APAG) vom 27.12.2004 und das Bilanzrechtsreformgesetz (BilReG) vom 10.12.2004 antizipiert worden. Mit dem APAG ist insbesondere die Berufsaufsicht weiterentwickelt und die Letztverantwortung und Letztentscheidung für sämtliche Elemente, die im weitesten Sinne zum Berufsaufsichtssystem gehören, auf die Abschlussprüferaufsichtskommission übertragen worden. Mit dem BilReG sind unter anderem die deutschen Unabhängigkeitsvorschriften auf einen Stand gebracht worden, der weitestgehend den Vorschriften der Abschlussprüferrichtlinie entspricht. Zudem sind berufsrechtliche Bestandteile der Abschlussprüferrichtlinie mit dem Berufsaufsichtsreformgesetz (BARefG) vom 3.9.2007 umgesetzt worden.

Daraus folgt auch, dass die Neuregelungen des BilMoG im Bereich der Abschlussprüfung nicht isoliert, sondern im Gesamtzusammenhang mit den vorherigen Reformgesetzen betrachtet werden müssen.

In gewisser Weise stellen die mit dem BilMoG erfolgten Änderungen im Bereich der Abschlussprüfung damit auch den Abschluss der Transformation von EU-Richtlinien dar.

Im Bereich der Bilanzierung strebt das BilMoG sowohl eine Deregulierung als auch eine erhöhte Aussagekraft des handelsrechtlichen Jahresabschlusses an. Die Änderungen im Bereich der Abschlussprüfung stellen zum einen eine Umsetzung europäischer Vorgaben zur Vereinheitlichung der Anforderungen an die Abschlussprüfung und zum anderen eine Verschärfung der Unabhängigkeits- und Prüfungsanforderungen dar.

Auf die Neuerungen im Bereich der Abschlussprüfung durch das BilMoG hat der Hauptfachausschuss des IDW reagiert und am 9.9.2009 die Änderung mehrerer IDW Prüfungsstandards zur Anpassung an das BilMoG beschlossen.[854] Von den Änderungen aufgrund des BilMoG sind zehn IDW-Prüfungsstandards betroffen, wobei die Änderungen jeweils nur einzelne Passagen der Standards betreffen.[855,856]

1.2 Aufbau des Kapitels Abschlussprüfung

Die Paragrafen mit Bezug zur Abschlussprüfung sind nachfolgend in der im HGB genannten Reihenfolge dargestellt und erläutert (§§ 316 bis 324a HGB). Jedem Abschnitt ist der jeweilige Paragraf im Änderungsmodus vorangestellt. Darauf folgen eine Darstellung der Änderungsgründe und eine umfassende Erläuterung der neuen Vorschrift. Die Ausführungen zu den jeweiligen Paragrafen schließen mit einem kurzen Hinweis auf den Anwendungszeitpunkt der neuen Vorschrift. Nicht dargestellt sind die unverändert gebliebenen Paragrafen (§§ 316, 319, 321a, 322, 323, 324a HGB).

Am Ende des Abschnitts Abschlussprüfung werden weitere durch das BilMoG geänderte Paragrafen (außerhalb des HGB) mit Bezug zur Abschlussprüfung kurz skizziert.

---

[854] Vgl.: Zusammenfassende Darstellung der Änderung von IDW-Prüfungsstandards aufgrund des Bilanzrechtsmodernisierungsgesetzes (BilMoG), FN-IDW 2009, S. 533 ff.
[855] Parallel dazu ist der IDW-Prüfungsstandard: Auswirkungen des Deutschen Corporate-Governance-Kodex auf die Abschlussprüfung (IDW PS 345) überarbeitet worden (vgl. FN-IDW 2009, S. 546 ff.).
[856] Vgl. zu den geänderten IDW-Prüfungsstandards ausführlich Kuhn/Stibi, WPg 2009, S. 1157 ff.

1.3 Überblick über die Änderungen im Bereich der handelsrechtlichen Jahresabschlussprüfung

1.3.1 Tabellarische Übersicht der Änderungen und ihr Bezug zur Abschlussprüferrichtlinie

Regelungsinhalt	Regelungsgrundlage	Bezug zur Abschlussprüferrichtlinie
Keine Prüfungspflicht für die Erklärung zur Unternehmensführung	§ 317 Abs. 2 Satz 3 HGB	------
Verwertung der Arbeit eines anderen Abschlussprüfers	§ 317 Abs. 3 Satz 2 HGB	Art. 27 Buchstabe a und b
Pflicht zur Prüfung nach internationalen Prüfungsstandards	§ 317 Abs. 5 HGB	Art. 26 Abs. 1 Satz 1 i. V. m. Art. 2 Nr. 11; Art. 26 Abs. 1 Satz 2
Erlass zusätzlicher Prüfungsanforderungen oder Möglichkeit zur Anordnung der Nichtanwendung von Teilen der internationalen Prüfungsstandards durch das BMJ	§ 317 Abs. 6 HGB	Art. 26 Abs. 3
Gerichtliche Bestellung des Abschlussprüfers	§ 318 Abs. 3 Satz 1 HGB	------
Information der Wirtschaftsprüferkammer	§ 318 Abs. 8 HGB	Art. 38 Abs. 2 i. V. m. Art. 2 Nr. 10
Redaktionelle Änderung durch Neueinfügung von § 264d HGB	§ 319a Abs. 1 Satz 1 1. Halbs. HGB	------
Verantwortlicher Prüfungspartner	§ 319a Abs. 1 Satz 1 Nr. 4, Abs. 1 Satz 4 und 5, Abs. 2 Satz 2 HGB	Art. 42 Abs. 2 i. V. m. Art. 2 Nr. 2 und Nr. 16
Netzwerkweite Prüferunabhängigkeit	§ 319b HGB	Art. 22 Abs. 2 i. V. m. Art. 2 Nr. 7
Unmittelbares Informationsrecht bei Prüferwechsel	§ 320 Abs. 4 HGB	Art. 23 Abs. 3

Regelungsinhalt	Regelungs-grundlage	Bezug zur Abschlussprüfer-richtlinie
Unabhängigkeitserklärung des Abschlussprüfers	§ 321 Abs. 4a HGB	Art. 42 Abs. 1 Buchstabe a
Einrichtung eines Prüfungsausschusses für bestimmte Kapitalgesellschaften	§ 324 HGB	Art. 41 Abs. 1 Satz 1 i. V. m. Art. 2 Nr. 13
Wegfall der Regelungen zu Meinungsverschiedenheiten	§ 324 HGB a. F.	------

Abb. 170: *Übersicht über die Änderungen der Prüfungsvorschriften und ihr Bezug zur Abschlussprüferrichtlinie*[857]

1.3.2 Tabellarische Übersicht der Regelungen im Vergleich HGB a. F. und BilMoG

Gegenstand	HGB a. F.	BilMoG
Keine Prüfungspflicht für die Erklärung zur Unternehmensführung	Keine Regelung	Ausschluss der Erklärung zur Unternehmensführung aus dem Prüfungsgegenstand (§ 317 Abs. 2 Satz 3 HGB)
Verwertung der Arbeit eines anderen Abschlussprüfers	Möglichkeit der Übernahme der Arbeitsergebnisse eines anderen externen Prüfers (§ 317 Abs. 3 Satz 2 HGB a. F.)	Überprüfung der Arbeitsergebnisse eines anderen externen Prüfers (§ 317 Abs. 3 Satz 2 HGB)
Pflicht zur Prüfung nach internationalen Prüfungsstandards	Keine Regelung	Gesetzliche Abschlussprüfungen sind nach internationalen Prüfungsstandards durchzuführen (§ 317 Abs. 5 HGB)

---

[857] Übersicht in Anlehnung an Petersen/Zwirner, KoR 2008, S. 33. Die ursprüngliche Tabelle im Aufsatz von Petersen/Zwirner hat sich noch auf den RegE BilMoG bezogen; die vorstehende Tabelle ist entsprechend überarbeitet worden.

Kapitel 4: Abschlussprüfung

Gegenstand	HGB a. F.	BilMoG
Erlass zusätzlicher Prüfungsanforderungen oder Möglichkeit zur Anordnung der Nichtanwendung von Teilen der internationalen Prüfungsstandards durch das BMJ	Keine Regelung	BMJ wird ermächtigt, durch Rechtsverordnung weitere Abschlussprüfungsanforderungen vorzuschreiben oder die Nichtanwendung von internationalen Prüfungsstandards anzuordnen (§ 317 Abs. 6 HGB)
Gerichtliche Bestellung des Abschlussprüfers	Gerichtliche Bestellung eines Abschlussprüfers bei Vorliegen bestimmter Ausschlussgründe (§ 318 Abs. 3 Satz 1 HGB a. F.)	Erweiterung der Antragsgründe des gerichtlichen Ersetzungsverfahrens um die Netzwerktatbestände des § 319b HGB (§ 318 Abs. 3 Satz 1 HGB)
Information der Wirtschaftsprüferkammer	Keine Regelung	Informationsrecht der WPK über Kündigung bzw. Widerruf eines Prüfungsauftrags (§ 318 Abs. 8 HGB)
Verantwortlicher Prüfungspartner	Interne Rotation des den Bestätigungsvermerk unterzeichnenden Wirtschaftsprüfers (§ 319a Abs. 1 Satz 1 Nr. 4, Abs. 2 HGB a. F.)	Interne Rotation des verantwortlichen Prüfungspartners (§ 319a Abs. 1 Satz 1 Nr. 4, Abs. 1 Satz 4 und 5, Abs. 2 Satz 2 HGB)
Netzwerkweite Prüferunabhängigkeit	Keine Regelung	Abschlussprüfer ist von der Abschlussprüfung ausgeschlossen, wenn ein Netzwerkmitglied bestimmte Ausschlussgründe der §§ 319 und 319a HGB erfüllt (§ 319b HGB)
Unmittelbares Informationsrecht bei Prüferwechsel	Keine Regelung	Auskunftspflicht des bisherigen Abschlussprüfers über das Ergebnis seiner Prüfung gegenüber dem Folgeabschlussprüfer (§ 320 Abs. 4 HGB)

Gegenstand	HGB a. F.	BilMoG
Unabhängigkeitserklärung des Abschlussprüfers	Keine Regelung	Abschlussprüfer hat seine Unabhängigkeit im Prüfungsbericht zu bestätigen (§ 321 Abs. 4a HGB)
Einrichtung eines Prüfungsausschusses für bestimmte Kapitalgesellschaften	Keine Regelung	Bestimmte kapitalmarktorientierte Unternehmen i. S. d. § 264d HGB müssen einen Prüfungsausschuss einrichten (§ 324 HGB)

Abb. 171: Übersicht der Prüfungsvorschriften HGB a. F. und BilMoG[858]

2 Gegenstand und Umfang der Prüfung

2.1 Gesetzesänderung

HGB § 317 Gegenstand und Umfang der Prüfung

(1) In die Prüfung des Jahresabschlusses ist die Buchführung einzubeziehen. Die Prüfung des Jahresabschlusses und des Konzernabschlusses hat sich darauf zu erstrecken, ob die gesetzlichen Vorschriften und sie ergänzende Bestimmungen des Gesellschaftsvertrags oder der Satzung beachtet worden sind. Die Prüfung ist so anzulegen, dass Unrichtigkeiten und Verstöße gegen die in Satz 2 aufgeführten Bestimmungen, die sich auf die Darstellung des sich nach § 264 Abs. 2 ergebenden Bildes der Vermögens-, Finanz- und Ertragslage des Unternehmens wesentlich auswirken, bei gewissenhafter Berufsausübung erkannt werden.

(2) Der Lagebericht und der Konzernlagebericht sind darauf zu prüfen, ob der Lagebericht mit dem Jahresabschluss, gegebenenfalls auch mit dem Einzelabschluss nach § 325 Abs. 2a, und der Konzernlagebericht mit dem Konzernabschluss sowie mit den bei der Prüfung gewonnenen Erkenntnissen des Abschlussprüfers in Einklang stehen und ob der Lagebericht insgesamt eine zutreffende Vorstellung von der Lage des Unternehmens und der Konzernlagebericht insgesamt eine zutreffende Vorstellung von der Lage des Konzerns vermittelt. Dabei ist auch zu prüfen, ob die Chancen und Risiken der künftigen Entwicklung zutreffend dargestellt sind. Die Angaben nach § 289a sind nicht in die Prüfung einzubeziehen.

(3) Der Abschlussprüfer des Konzernabschlusses hat auch die im Konzernabschluss zusammengefassten Jahresabschlüsse, insbesondere die konsolidierungs-

---

[858] Übersicht in Anlehnung an Oser u. a., WPg 2008, S. 109 ff. Die ursprüngliche Tabelle im Aufsatz von Oser u. a. hat sich noch auf den RefE BilMoG bezogen; die vorstehende Tabelle ist entsprechend überarbeitet worden.

> bedingten Anpassungen, in entsprechender Anwendung des Absatzes 1 zu prüfen. Sind diese Jahresabschlüsse von einem anderen Abschlussprüfer geprüft worden, hat der Konzernabschlussprüfer dessen Arbeit zu überprüfen und dies zu dokumentieren.
>
> (4) Bei einer börsennotierten Aktiengesellschaft ist außerdem im Rahmen der Prüfung zu beurteilen, ob der Vorstand die ihm nach § 91 Abs. 2 des Aktiengesetzes obliegenden Maßnahmen in einer geeigneten Form getroffen hat und ob das danach einzurichtende Überwachungssystem seine Aufgaben erfüllen kann.
>
> (5) Bei der Durchführung einer Prüfung hat der Abschlussprüfer die internationalen Prüfungsstandards anzuwenden, die von der Europäischen Kommission in dem Verfahren nach Artikel 26 Abs. 1 der Richtlinie 2006/43/EG des Europäischen Parlaments und des Rates vom 17. Mai 2006 über Abschlussprüfungen von Jahresabschlüssen und konsolidierten Abschlüssen, zur Änderung der Richtlinien 78/660/EWG und 83/349/EWG des Rates und zur Aufhebung der Richtlinie 84/253/EWG des Rates (ABl. EU Nr. L 157 S. 87) angenommen worden sind.
>
> (6) Das Bundesministerium der Justiz wird ermächtigt, im Einvernehmen mit dem Bundesministerium für Wirtschaft und Technologie durch Rechtsverordnung, die nicht der Zustimmung des Bundesrates bedarf, zusätzlich zu den bei der Durchführung der Abschlussprüfung nach Absatz 5 anzuwendenden internationalen Prüfungsstandards weitere Abschlussprüfungsanforderungen oder die Nichtanwendung von Teilen der internationalen Prüfungsstandards vorzuschreiben, wenn dies durch den Umfang der Abschlussprüfung bedingt ist und den in Absatz 1 bis 4 genannten Prüfungszielen dient.

2.2 Hintergrund der Neuregelung

Mit dem § 317 Abs. 2 Satz 2 HGB angefügten Satz 3 wird Art. 46a Abs. 3 Satz 3 der Bilanzrichtlinie in der Fassung der Abänderungsrichtlinie Rechnung getragen.

Die Änderung des § 317 Abs. 3 HGB beruht auf Art. 27 Buchstabe a und b der Abschlussprüferrichtlinie.

§ 317 Abs. 5 und 6 HGB setzen Art. 26 und Art. 2 Nr. 11 der Abschlussprüferrichtlinie um.

Der neue Absatz 5 des § 317 HGB geht auf Art. 26 Abs. 1 Satz 1 der Abschlussprüferrichtlinie zurück. Nach dieser Vorschrift haben die Mitgliedstaaten die Abschlussprüfer zu verpflichten, Abschlussprüfungen unter Beachtung der von der EU-Kommission in dem nach Art. 48 Abs. 2 der Abschlussprüferrichtlinie genannten Verfahren angenommenen internationalen Prüfungsstandards durchzuführen. Nach Art. 2 Nr. 11 der Abschlussprüferrichtlinie sind internationale Prüfungsstandards i. S. d. Abschlussprüferrichtlinie die *International Standards on Auditing* (ISA) und damit zusammenhängende Stellungnahmen und Standards, soweit sie für die Abschlussprüfung relevant sind.

Art. 26 Abs. 3 der Abschlussprüferrichtlinie räumt den Mitgliedstaaten die Möglichkeit ein, zusätzlich zu den internationalen Prüfungsstandards Prüfverfahren oder Prüfungsanforderungen beizubehalten oder vorzuschreiben, wenn sich diese aus speziellen, durch den Umfang der Abschlussprüfungen bedingten Anforderungen des nationalen Rechts ergeben. Nach Erwägungsgrund 13 der Abschlussprüferrichtlinie ist dies der Fall, wenn die internationalen Prüfungsstandards die nationalen rechtlichen Anforderungen an eine Abschlussprüfung nicht (umfassend) abdecken. Die Mitgliedstaaten können diese zusätzlichen Prüfverfahren oder Prüfungsanforderungen vorschreiben oder beibehalten, bis sie durch nachfolgend angenommene internationale Prüfungsstandards erfasst werden. Der Umsetzung dieser Vorschrift dient § 317 Abs. 6 HGB. Art. 26 Abs. 3 der Abschlussprüferrichtlinie sieht weiterhin vor, dass in bestimmten Fällen auch die Nichtanwendung von Teilen der internationalen Prüfungsstandards angeordnet werden kann. Auch dies wird mit § 317 Abs. 6 HGB umgesetzt.

2.3 Erläuterungen zur Neuregelung

§ 317 Abs. 2 Satz 3 HGB

Nach § 289a HGB sind bestimmte Unternehmen verpflichtet, eine Erklärung zur Unternehmensführung in einen gesonderten Abschnitt des Lageberichts aufzunehmen. Alternativ kann diese Erklärung auch (außerhalb der Rechnungslegung) auf der Internetseite der Gesellschaft zugänglich gemacht werden. In diesem Fall ist im Lagebericht lediglich auf den Ort der Veröffentlichung zu verweisen.

Sofern die Erklärung zur Unternehmensführung in den Lagebericht integriert wird, stellt § 317 Abs. 2 Satz 3 HGB klar, dass diese nicht zu prüfen ist. Der Prüfungsumfang des Lageberichts wird durch den neuen § 289a HGB nicht erweitert. Es ist also denkbar, dass der Lagebericht eines kapitalmarktorientierten Unternehmens (nur für diese gilt § 289a HGB) aus einem prüfungspflichtigen und einem nicht prüfungspflichtigen Teil besteht.

Auch wenn die Erklärung zur Unternehmensführung unabhängig von ihrer Platzierung nicht Prüfungsgegenstand ist, stellt sich die Frage, ob und ggf. inwieweit sich der Abschlussprüfer dennoch mit der Erklärung zu befassen hat. Das IDW hat sich im Rahmen der Anpassung der IDW-Prüfungsstandards an das BilMoG dazu wie folgt geäußert:

Zunächst hat der Abschlussprüfer festzustellen, ob die Erklärung in den Lagebericht aufgenommen worden ist bzw. ob der Lagebericht einen Hinweis auf die Veröffentlichung der Erklärung im Internet enthält und die Erklärung auf der angegebenen Internetseite tatsächlich öffentlich zugänglich gemacht worden ist (vgl. IDW PS 350,

Tz. 9a).⁸⁵⁹ Enthält der Lagebericht weder die Erklärung zur Unternehmensführung noch den Hinweis auf die Veröffentlichung im Internet, begründet dies Einwendungen des Abschlussprüfers, die zur Einschränkung des Bestätigungsvermerks führen (vgl. IDW PS 350, Tz. 36). Entsprechendes gilt, wenn der Lagebericht einen fehlerhaften Hinweis auf die Veröffentlichung im Internet enthält, weil die Erklärung entgegen dem Hinweis nicht im Internet veröffentlicht worden ist.

Unabhängig davon, ob die Erklärung zur Unternehmensführung in den Lagebericht aufgenommen wird oder nicht, handelt es sich bei der Erklärung um Informationen, die der Abschlussprüfer kritisch zu lesen hat (vgl. IDW PS 202, Tz. 10a;⁸⁶⁰ IDW PS 350, Tz. 12). Erkennt der Abschlussprüfer beim Lesen der Erklärung zur Unternehmensführung wesentliche Unstimmigkeiten zwischen der Erklärung und dem geprüften Jahresabschluss und / oder dem (übrigen) Lagebericht, hat er entsprechende Maßnahmen zur Klärung bzw. Beseitigung derartiger Unstimmigkeiten zu ergreifen.⁸⁶¹

Im Prüfungsbericht ist im Abschnitt ‚Gegenstand, Art und Umfang der Prüfung' unabhängig davon, ob die Erklärung zur Unternehmensführung selbst oder ob nur ein Hinweis auf die Veröffentlichung in den Lagebericht aufgenommen worden ist, darauf hinzuweisen, dass die Erklärung zur Unternehmensführung nicht Gegenstand der Prüfung gewesen ist (vgl. IDW PS 450, Tz. 52a).⁸⁶² Dagegen hat das IDW für den Bestätigungsvermerk einen entsprechenden Hinweis nicht vorgesehen. Damit wird von der bisherigen Vorgehensweise abgewichen, wonach in den Fällen, in denen die Entsprechenserklärung entgegen der Konzeption des Gesetzgebers in den Lagebericht aufgenommen worden ist, im einleitenden Abschnitt des Bestätigungsvermerks darauf hinzuweisen gewesen ist, dass diese nicht der Prüfung unterlegen hat (so IDW PS 345 a. F. in den Tz. 22 und 22a).⁸⁶³, ⁸⁶⁴

§ 317 Abs. 3 Satz 2 HGB

Mit § 317 Abs. 3 Satz 2 HGB wird Art. 27 Buchstabe a und b der Abschlussprüferrichtlinie umgesetzt. Danach müssen die Mitgliedstaaten sicherstellen, dass der Konzernabschlussprüfer bei der Abschlussprüfung der konsolidierten Abschlüsse eines

---

[859] IDW PS 350, FN-IDW 2006, S. 610 ff., unter Berücksichtigung der Änderungen vom 9.9.2009, FN-IDW 2009, S. 533 ff.
[860] IDW PS 202, FN-IDW 2000, S. 634 ff., unter Berücksichtigung der Änderungen vom 9.9.2009, FN-IDW 2009, S. 533 ff.
[861] Siehe ergänzend zu den weiteren Konsequenzen: Kuhn/Stibi, WPg 2009, S. 1165.
[862] IDW PS 450, FN-IDW 2006, S. 44 ff., unter Berücksichtigung der Änderungen vom 9.9.2009, FN-IDW 2009, S. 533 ff.
[863] IDW PS 345 a. F., FN-IDW 2008, S. 427 ff. Diese Tz. sind in der überarbeiteten Fassung des IDW PS 345 gestrichen worden, vgl. IDW PS 345, FN-IDW 2009, S. 546 ff.
[864] Kuhn/Stibi begründen dies damit, dass der Gesetzgeber mit § 317 Abs. 2 Satz 3 HGB eindeutig regelt, dass die Erklärung zur Unternehmensführung nicht Gegenstand der Prüfung ist, ein Hinweis im Bestätigungsvermerk somit nicht (noch zusätzlich) erforderlich ist; vgl. Kuhn/Stibi, WPg 2009, S. 1166.

Konzerns die volle Verantwortung für den Bestätigungsvermerk zu den konsolidierten Abschlüssen trägt sowie eine Prüfung durchführt und die Unterlagen aufbewahrt, die seine Überprüfung der Arbeit eines oder mehrerer Prüfer, Abschlussprüfer oder Prüfungsunternehmen aus einem Drittland oder einer oder mehrerer Prüfungsgesellschaften zum Zweck der Konzernabschlussprüfung dokumentiert. Mit dem geänderten § 317 Abs. 3 Satz 2 HGB ist der Konzernabschlussprüfer in allen Fällen, in denen ein anderer Abschlussprüfer als er selbst die in den Konzernabschluss einzubeziehenden Jahresabschlüsse geprüft hat, zu einer Überprüfung dieser Arbeiten und einer Dokumentation seiner Überprüfung verpflichtet. Damit ist die bisher nach § 317 Abs. 3 Satz 2 und 3 HGB a. F. gesetzlich zugelassene Übernahme der Arbeiten eines anderen externen Prüfers, bei der sich die Prüfungshandlungen des Konzernabschlussprüfers darauf beschränkt haben, ob die gesetzlichen Voraussetzungen der Übernahme gegeben sind, nicht mehr zulässig. Somit ist ausweislich der Regierungsbegründung zukünftig die Verwertung der Arbeit eines anderen Abschlussprüfers nur noch auf eigenverantwortlicher Basis möglich (BT-Drucks. 16/10067, S. 87).

Wesentliche Änderungen der bisherigen, auf den fachlichen Standards des Berufsstands der Wirtschaftsprüfer beruhenden Praxis sind indes durch die vorgesehene Regelung nicht zu erwarten.[865] Nachfolgend werden daher zunächst die bisherigen berufsständischen Anforderungen dargestellt. Anschließend werden mögliche Konsequenzen der Neuregelung analysiert.

Auch bislang hat der Konzernabschlussprüfer die Ergebnisse des anderen Abschlussprüfers nur unter Berücksichtigung der Voraussetzungen des IDW PS 320[866] verwenden können.

Die Verwendung der Arbeit eines anderen externen Prüfers kann bisher entweder in einer eigenverantwortlichen Verwertung oder – beschränkt auf den gesetzlich geregelten Fall des § 317 Abs. 3 Satz 2 oder 3 HGB a. F. – in einer Übernahme durch den Konzernabschlussprüfer bestehen. Bei einer eigenverantwortlichen Verwertung hat der Konzernabschlussprüfer zu beurteilen, in welchem Ausmaß und mit welcher Gewichtung die Prüfungsergebnisse Dritter verwendet werden können (IDW PS 320, Tz. 5). Auch für den Fall einer Übernahme hat IDW PS 320 bislang – unbeschadet der auf der gesetzlichen Regelung beruhenden Verantwortlichkeiten – bestimmte Prüfungshandlungen vorgesehen, um dem Konzernabschlussprüfer eine Beurteilung der in den Konzernabschluss einbezogenen Jahresabschlüsse zu ermöglichen.

Der Konzernabschlussprüfer hat in eigener Verantwortung die Abschlussprüfung zu planen und durchzuführen, Prüfungsaussagen zu treffen und das Prüfungsurteil zu fällen. Dieser Verpflichtung steht es nicht entgegen, wenn der Konzernabschlussprüfer die Arbeit eines anderen externen Prüfers verwendet (IDW PS 320, Tz. 11). Jedoch hat der Konzernabschlussprüfer in diesem Fall zu beurteilen, welchen Einfluss die

---

[865] So auch Petersen/Zwirner, WPg 2008, S. 968; Gelhausen/Fey/Kämpfer, Rechnungslegung und Prüfung nach dem Bilanzrechtsmodernisierungsgesetz, Düsseldorf 2009, Abschnitt S, § 317, Tz. 35.
[866] IDW PS 320 a. F., FN-IDW 2004, S. 383 ff.

Arbeit des anderen Prüfers auf die Konzernabschlussprüfung voraussichtlich haben wird.

Bei einer Übernahme nach § 317 Abs. 3 Satz 2 oder 3 HGB a. F. beschränken sich die eigenen Prüfungshandlungen des Konzernabschlussprüfers darauf, festzustellen, ob die gesetzlichen Voraussetzungen der Übernahme gegeben sind (IDW PS 320, Tz. 28). Dies bedeutet, dass der Konzernabschlussprüfer zu prüfen hat, ob die Prüfung der Abschlüsse der einbezogenen Gesellschaften nach den in IDW PS 201, Tz. 20 ff.,[867] niedergelegten oder diesen gleichwertigen Prüfungsgrundsätzen durchgeführt wurde und der Abschlussprüfer über eine berufliche Qualifikation und fachliche Kompetenz verfügt, die den deutschen Anforderungen zumindest entsprechen.

Aufgrund der unterschiedlichen Zielsetzung von Konzernabschlussprüfung und Abschlussprüfung der im Konzernabschluss zusammengefassten Jahresabschlüsse ist allerdings auch im Fall der Übernahme nach § 317 Abs. 3 Satz 2 oder 3 HGB a. F. eine Abstimmung zwischen dem Konzernabschlussprüfer und den Abschlussprüfern der in den Konzernabschluss einbezogenen Gesellschaften über Art und Umfang der Prüfung der Bereiche, die für die Prüfung des Konzernabschlusses von Bedeutung sind, zweckmäßig (IDW PS 320, Tz. 29).

Führt der andere externe Prüfer die Abschlussprüfung wesentlicher Tochterunternehmen oder des Mutterunternehmens durch, verlangt IDW PS 320, Tz. 29, auch im Fall einer gesetzlich zulässigen Übernahme der Arbeit eines anderen externen Prüfers angemessene Maßnahmen nach IDW PS 320, Tz. 22 ff., zur Beurteilung der Qualität der Arbeit dieses Prüfers durchzuführen. Eine Beurteilung der Arbeit eines anderen externen Prüfers allein auf der Grundlage vorgelegter Prüfungsberichte ist in diesem Fall nicht ausreichend, sofern nicht die in IDW PS 320, Tz. 24, genannten Voraussetzungen vorliegen (ausreichende und angemessene Prüfungsnachweise, dass in der Praxis des anderen externen Prüfers Qualitätssicherungsgrundsätze und -maßnahmen eine angemessene Qualität der Arbeit des anderen externen Prüfers gewährleisten).

Nach IDW PS 320, Tz. 22, hat der Konzernabschlussprüfer durch geeignete Prüfungshandlungen ausreichende und angemessene Prüfungsnachweise darüber zu erlangen, ob die Qualität der Arbeit eines anderen externen Prüfers unter Berücksichtigung der Bedeutung der von ihm zu prüfenden Teileinheit den Zwecken der Abschlussprüfung genügt.

Je nach Bedeutung der geprüften Teileinheit und der Art der Verwendung der Ergebnisse der Arbeit eines anderen externen Prüfers ist es zweckmäßig oder geboten, die Prüfungsplanung und Prüfungsdurchführung mit dem anderen externen Prüfer vorab zu erörtern und erforderlichenfalls schriftliche Prüfungsvorgaben zu machen (IDW PS 320, Tz. 22a).

---

[867] IDW PS 201, FN-IDW 2008, S. 172 ff., unter Berücksichtigung der Änderungen vom 9.9.2009, FN-IDW 2009, S. 533 ff.

Weiterhin ist nach IDW PS 320, Tz. 22b, vorzusehen, dass der andere externe Prüfer den Konzernabschlussprüfer auf bei der Prüfung erkannte Besonderheiten bereits während der Prüfung hinweist.

Zur Beurteilung der Qualität der Arbeit des anderen externen Prüfers kann es sich neben einer Kenntnisnahme der wesentlichen Prüfungsfeststellungen des anderen externen Prüfers u. a. empfehlen, dass der Konzernabschlussprüfer

- den Prüfungsbericht des anderen externen Prüfers kritisch liest,
- die von dem anderen externen Prüfer durchgeführten Prüfungshandlungen auf Grundlage einer schriftlichen Zusammenfassung mit dem anderen externen Prüfer erörtert,
- gemeinsam mit dem anderen externen Prüfer an wesentlichen Besprechungen mit Vertretern des geprüften Unternehmens teilnimmt oder
- die Arbeitspapiere des anderen externen Prüfers einsieht.

Art, Umfang und Zeitpunkt dieser Prüfungshandlungen hängen von den Umständen des Einzelfalls und den Kenntnissen des Konzernabschlussprüfers über die berufliche Qualifikation und die fachliche Kompetenz des anderen externen Prüfers ab (IDW PS 320, Tz. 23).

Liegen bereits ausreichende und angemessene Prüfungsnachweise vor, dass in der Praxis des anderen externen Prüfers Qualitätssicherungsgrundsätze und -maßnahmen eine angemessene Qualität der Arbeit des anderen externen Prüfers gewährleisten, kann der Konzernabschlussprüfer die in IDW PS 320, Tz. 23, aufgeführten Prüfungshandlungen auf die Durchsicht des Prüfungsberichts oder eine sonstige Zusammenfassung der Prüfungsergebnisse eines anderen externen Prüfers beschränken (IDW PS 320, Tz. 24).

Liegen die Voraussetzungen des § 317 Abs. 3 Satz 2 oder 3 HGB a. F. nicht vor oder bestehen im Einzelfall Anhaltspunkte, dass die Arbeitsergebnisse von Abschlussprüfern der in den Konzernabschluss einbezogenen Gesellschaften unzutreffend sind, ist eine Übernahme der Arbeit durch den Konzernabschlussprüfer gemäß IDW PS 320, Tz. 30, ausgeschlossen. In diesen Fällen kommt ausschließlich eine Verwertung in Betracht.

Der Konzernabschlussprüfer hat im Prüfungsbericht die Verwendung und Einschätzung von für die Beurteilung wesentlicher Arbeiten anderer externer Prüfer darzustellen. Ferner sind im Fall der Übernahme nach § 317 Abs. 3 Satz 2 oder 3 HGB a. F. die Berichtspflichten des IDW PS 450, Tz. 129, zu beachten und die vorgenommenen Maßnahmen zur Beurteilung der Qualität der Arbeit eines anderen externen Prüfers darzustellen (IDW PS 320, Tz. 31).

In den Arbeitspapieren des Konzernabschlussprüfers sind zur Verwendung der Arbeit eines anderen externen Prüfers bestimmte Angaben wie etwa die durchgeführten Prüfungshandlungen und die Prüfungsfeststellungen zu dokumentieren (vgl. IDW PS 320, Tz. 32).

Kapitel 4: Abschlussprüfung

In IDW PS 450, Tz. 129, ist ausgeführt worden: „Soweit die einbezogenen Jahresabschlüsse nach den §§ 316 ff. HGB bzw. nach den Anforderungen der 8. EU-Richtlinie geprüft sind, entfällt die gesetzliche Pflicht zur Prüfung dieser Jahresabschlüsse nach § 317 Abs. 3 Satz 1 HGB (§ 317 Abs. 3 Satz 2 und 3 HGB). Der Konzernabschlussprüfer hat allerdings zu prüfen, inwieweit die Arbeitsergebnisse der Abschlussprüfer der Tochterunternehmen hiernach übernommen werden können, und zumindest die von den jeweiligen Abschlussprüfern erstellten Berichte kritisch durchzusehen. Sind die Jahresabschlüsse mit einem uneingeschränkten Bestätigungsvermerk versehen, genügt ein entsprechender Hinweis im Konzernprüfungsbericht, verbunden mit einem Hinweis auf die Durchsicht der Berichte und ggf. auf getroffene Feststellungen".[868]

Nach der Neuregelung von § 317 Abs. 3 Satz 2 HGB kommt zukünftig nur noch die Verwertung von Arbeitsergebnissen eines anderen externen Abschlussprüfers in Betracht. Die Differenzierung zwischen der Übernahme und der Verwertung von Arbeitsergebnissen eines anderen externen Abschlussprüfers ist damit obsolet. IDW PS 320 ist daher diesbezüglich vom IDW modifiziert worden. So sind die Passagen zu der nicht mehr zulässigen ‚Übernahme durch den Abschlussprüfer' geändert oder gestrichen worden.[869]

IDW PS 320 sieht nunmehr entsprechend der neuen gesetzlichen Regelung in allen Fällen, in denen sich der Konzernabschlussprüfer auf Ergebnisse eines anderen externen Prüfers stützen will, ausschließlich die eigenverantwortliche Verwertung der Arbeiten dieses Prüfers vor. Dabei sind die grundsätzlichen Anforderungen an die Verwertung der Arbeiten des anderen Prüfers unverändert geblieben.[870]

Die Prüfung der Qualität der Arbeit eines anderen Prüfers und damit die Beurteilung, inwieweit diese Arbeit verwertet werden kann, liegen im Ermessen des Konzernabschlussprüfers.

In welchem Ausmaß und mit welcher Gewichtung die Arbeit eines anderen externen Prüfers verwertet werden kann, hängt sowohl von der Bedeutung der von dem anderen externen Prüfer geprüften Teileinheit für das Gesamturteil des Konzernabschlussprüfers als auch von der fachlichen Kompetenz und beruflichen Qualifikation des anderen externen Prüfers ab.

Die Entscheidung über die Bedeutung der durch den anderen externen Prüfer geprüften Teileinheit für das Gesamturteil hat allein der Konzernabschlussprüfer zu treffen. Von entsprechender fachlicher Kompetenz und beruflicher Qualifikation des anderen externen Prüfers ist zumindest dann auszugehen, wenn der andere externe Prüfer seinen Sitz in einem Mitgliedstaat der EU, einem Vertragsstaat des Abkommens über den Europäischen Wirtschaftsraum oder in der Schweiz hat. Hat der andere externe

---

[868] Diese Textziffer ist im Rahmen der Überarbeitung des Prüfungsstandards gestrichen worden, IDW PS 450, FN-IDW 2006, S. 44 ff., unter Berücksichtigung der Änderungen vom 9.9.2009, FN-IDW 2009, S. 533 ff.
[869] Vgl. IDW PS 320, FN-IDW 2004, S. 383 ff., unter Berücksichtigung der Änderungen vom 9.9.2009, FN-IDW 2009, S. 533 ff.
[870] Vgl. Kuhn/Stibi, WPg 2009, S. 1160.

Prüfer seinen Sitz in einem Drittstaat, kann dann eine hinreichende fachliche Kompetenz und berufliche Qualifikation angenommen werden, wenn der andere externe Prüfer entweder gemäß § 134 Abs. 1 WPO eingetragen ist oder die Gleichwertigkeit gemäß § 134 Abs. 4 WPO entweder vom Bundesministerium für Wirtschaft und Technologie oder der Europäischen Kommission festgestellt worden ist. Sofern der andere externe Prüfer seinen Sitz in einem Drittstaat hat und weder registriert noch die Gleichwertigkeit des Drittstaats festgestellt worden ist, hat der Konzernabschlussprüfer die fachliche Kompetenz und berufliche Qualifikation des anderen externen Prüfers ausweislich der Regierungsbegründung nach Maßgabe der an ihn selbst gestellten Anforderungen im Hinblick auf Unabhängigkeit, Gewissenhaftigkeit, Unparteilichkeit, Unbefangenheit und Eigenverantwortlichkeit zu beurteilen (BT-Drucks. 16/10067, S. 87).

Stellt man die Ausführungen in der Regierungsbegründung einerseits sowie die Regelungen der WPO und die berufsständischen Verlautbarungen des IDW andererseits gegenüber, ist festzustellen, dass die gesetzliche Neuregelung keine nennenswerten Auswirkungen haben dürfte. Der Grundsatz der Eigenverantwortlichkeit gehört bereits gegenwärtig zu den allgemeinen Berufspflichten des Wirtschaftsprüfers (§ 43 Abs. 1 Satz 1, § 44 WPO). Dokumentationspflichten hat IDW PS 320 ebenfalls bislang schon vorgesehen. Insofern können mit der gesetzlichen Neuregelung keine wesentlichen Änderungen verbunden sein (so auch die Regierungsbegründung, BT-Drucks. 16/10067, S. 87).

Die Frage, ob der Konzernabschlussprüfer künftig das Prüfungsurteil des anderen Abschlussprüfers überprüfen soll, indem er eigene Prüfungshandlungen in Bezug auf den bereits geprüften Jahresabschluss vornimmt, oder ob es – wie bisher – ausreicht, die grundsätzliche Arbeitsweise des anderen Prüfers zu überprüfen, lässt sich wie folgt beantworten: Ausweislich der Regierungsbegründung sollen mit der gesetzlichen Neuregelung keine wesentlichen Änderungen verbunden sein (BT-Drucks. 16/10067, S. 87). Auch wenn der Gesetzestext von „dessen Arbeit zu überprüfen" spricht, ist die Formulierung in der Begründung eindeutig. Nur die Auslegung, dass die Überprüfung der grundsätzlichen Arbeitsweise des anderen Prüfers ausreicht, erscheint sachgerecht und sinnvoll. Anderes kann hingegen nicht ernstlich gewollt sein. Denn für eine erneute, wenn auch nur punktuelle Prüfung des geprüften Jahresabschlusses durch den Konzernabschlussprüfer besteht keine Notwendigkeit.[871]

Ausweislich der Regierungsbegründung dient die Änderung des § 317 Abs. 3 Satz 2 HGB allein der Verbesserung der Qualität der Konzernabschlussprüfung. Zweck der Vorschrift ist es hingegen nicht, konzerneinheitlich für die Abschlussprüfung von Mutter- und Tochterunternehmen denselben Abschlussprüfer vorzusehen. Vielmehr lässt das Gesetz es – wie bisher – auch weiterhin in vollem Umfang zu, dass die Abschlussprüfung von Mutter- und Tochterunternehmen durch verschiedene (nicht ver-

---

[871] So wohl auch Gelhausen/Fey/Kämpfer, Rechnungslegung und Prüfung nach dem Bilanzrechtsmodernisierungsgesetz, Düsseldorf 2009, Abschnitt S, § 317, Tz. 37.

Kapitel 4: Abschlussprüfung

bundene oder netzwerkangehörige) Abschlussprüfer durchgeführt werden kann (BT-Drucks. 16/10067, S. 87).

Exkurs: Die Prüfung von Konzernabschlüssen nach ISA 600

Ein umfassender Prüfungsstandard des IDW zur Prüfung von Konzernabschlüssen besteht bislang – wenn man von IDW PS 320, der einen Ausschnitt der Konzernabschlussprüfung regelt, absieht – nicht.[872] An dieser Stelle sei daher auf ISA 600 „*Special Considerations – Audits of Group Financial Statements (Including the Work of Component Auditors)*' hingewiesen, der sich mit dieser Thematik befasst (veröffentlicht am 3.10.2007, www.ifac.org). ISA 600 ist erstmals für Konzernabschlussprüfungen anzuwenden, die nach dem 15.12.2009 beginnen (ISA 600, Tz. 7).

ISA 600 ist deutlich umfangreicher als IDW PS 320. Zum einen regelt IDW PS 320 nur einen Teilbereich der Konzernabschlussprüfung, zum anderen ist in ISA 600 der ‚risikoorientierte Prüfungsansatz' explizit umgesetzt. Unter Berücksichtigung von ISA 600 dürfte der Prüfungsumfang (einschließlich des Ausmaßes der Zusammenarbeit mit anderen Abschlussprüfern) in Bezug auf einzelne Teileinheiten zunehmen. Durch ausgedehnte Koordinations- und Kommunikationspflichten wird sich der Umfang der Konzernabschlussprüfung im Einzelfall deutlich erhöhen. Insgesamt wird ISA 600 zu einer zwangsläufig intensiveren Zusammenarbeit zwischen dem Konzernabschlussprüfer und den Prüfern der Teileinheiten führen.[873]

Es bleibt abzuwarten, ob das IDW diesen ISA in einem IDW PS umsetzt oder die direkte endgültige ISA-Anwendung (§ 317 Abs. 5 HGB) abwartet.

§ 317 Abs. 5 HGB

Das ‚technische' Vorgehen bei der Durchführung einer Abschlussprüfung ist im Gesetz nicht umfassend geregelt. Daher hat das IDW entsprechende Prüfungsgrundsätze festgelegt.

Zurzeit hat die Durchführung von Abschlussprüfungen nach deutschen Prüfungsgrundsätzen zu erfolgen. Die deutschen Prüfungsgrundsätze umfassen als Prüfungsnormen alle unmittelbar und mittelbar für die Abschlussprüfung geltenden gesetzlichen Vorschriften und als sonstige Prüfungsgrundsätze insbesondere die IDW Prüfungsstandards und die IDW Prüfungshinweise.

Die IDW Prüfungsstandards enthalten die vom IDW festgestellten Grundsätze ordnungsmäßiger Abschlussprüfung. Sie werden vom Hauptfachausschuss des IDW in einem Verfahren verabschiedet, in dem den Berufsangehörigen und der interessierten

---

[872] Zur Vorgehensweise bei der Konzernabschlussprüfung vgl. etwa Niemann/Bruckner, DStR 2010, S. 345 ff.
[873] Zu ISA 600 vgl. Förschle/Schmidt, in: Ellrott u. a. (Hrsg.): Beck'scher Bilanz-Kommentar, 7. Aufl., München 2010, § 319a HGB, Anm. 195 ff.; Bertram/Brinkmann, in: in: Bertram/Brinkmann/Kessler/Müller (Hrsg.): Haufe HGB Kommentar, Freiburg 2009, § 317 HGB, Rz 57; Kuhn/Stibi, WPg 2009, S. 1161 f.

Öffentlichkeit durch die Veröffentlichung von Entwürfen die Möglichkeit eingeräumt wird, Anregungen in die abschließenden Beratungen einfließen zu lassen.

Die Wirtschaftsprüfer haben die IDW Prüfungsstandards zu beachten, eine Abweichung von den Prüfungsstandards kann nur in begründeten Einzelfällen erfolgen. Diese Abweichung ist im Prüfungsbericht besonders zu erwähnen und ausführlich zu begründen. Auch wenn die IDW Prüfungsstandards keinen Gesetzescharakter haben, kann eine Abweichung von der herrschenden Berufsauffassung zum Nachteil des Abschlussprüfers ausgelegt werden (vgl. IDW PS 201, Tz. 29).[874]

Von internationalen Berufsorganisationen herausgegebene Prüfungsgrundsätze (z. B. die ISA) haben bislang grundsätzlich keine unmittelbare Bedeutung für die deutsche Abschlussprüfung. Die internationalen Prüfungsgrundsätze sind an die Mitgliedsorganisationen gerichtet. Die nationalen Berufsorganisationen haben sich verpflichtet, die internationalen Verlautbarungen in nationale Grundsätze zu transformieren. Bislang sind damit die ISA für den deutschen Abschlussprüfer grundsätzlich direkt nicht verpflichtend anzuwenden.

Allerdings hat das IDW bislang alle relevanten und anzuwendenden ISA weitgehend in deutsche Prüfungsstandards transformiert und ggf. um deutsche Besonderheiten ergänzt.[875] Deutsche Abschlussprüfungen finden also auch zurzeit im Prinzip schon unter Berücksichtigung der ISA statt. Insofern dürfte es zukünftig materiell zu keinen nennenswerten Änderungen im Bereich der ‚Technik' der Abschlussprüfung kommen. Für die Abschlussprüfer in Deutschland dürfte es gleichwohl unerlässlich sein, sich – zusätzlich zu den nationalen Prüfungsnormen – mit den ISA auseinanderzusetzen.[876]

Zukünftig sollen gesetzliche Abschlussprüfungen in Deutschland unter unmittelbarer Anwendung der ISA durchgeführt werden (§ 317 Abs. 5 HGB). Voraussetzung dafür ist, dass die jeweiligen ISA von der EU-Kommission übernommen werden, also durch einen hoheitlichen Akt in den Stand europäischen Rechts erhoben werden.

Vergleichbar mit der Übernahme der internationalen Rechnungslegungsstandards (IFRS) in europäisches Recht durch die EU-Kommission (sog. *Endorsement*) können auch die ISA erst nach einem förmlichen Prozess in europäisches Recht übernommen und dadurch für die Mitgliedstaaten verpflichtend werden. Die Übernahme von internationalen Prüfungsstandards durch die Europäische Kommission wird im Wege des Komitologieverfahrens (Ausschussverfahren) erfolgen.

---

[874] IDW PS 201, FN-IDW 2008, S. 172 ff., unter Berücksichtigung der Änderungen vom 9.9.2009, FN-IDW 2009, S. 533 ff.
[875] So hat das IDW im Februar 2010 den „Entwurf zur Änderung von IDW Prüfungsstandards: Anpassung an die im Rahmen des Clarity-Projekts überarbeiteten ISA" veröffentlicht. Mit diesem „Sammelstandard" werden zehn IDW-Prüfungsstandards an die ISA angepasst, vgl. FN-IDW 2010, S. 62 ff.
[876] Zur Anwendung der ISA im Mittelstand vgl. z. B. Schulze Osthoff, WPg 2009, S. I.

Der für die Erarbeitung der ISA zuständige *International Auditing and Assurance Standards Board* (IAASB) hat die ISA einem ‚*Clarity*-Projekt' unterzogen, durch das der Verbindlichkeitsgrad der jeweiligen Regelungen konkretisiert und die Terminologie der Standards vereinheitlicht worden ist.[877]

Im Zusammenhang mit der Übernahme der ISA durch die EU-Kommission hatte sich der zuständige EU-Binnenmarktkommissar vor dem Rechtsausschuss des EU-Parlaments am 19.12.2007 wie folgt geäußert:[878]

- Die Übernahme der ISA in der EU hängt von dem Ergebnis des sog. *Clarity*-Projekts ab, mit dem nicht vor Ende 2008 zu rechnen ist.
- Die EU-Kommission hat für das Jahr 2008 zwei Studien an externe Berater in Auftrag gegeben, die die Auswirkungen einer eventuellen Übernahme von ISA in der EU sowie einen Vergleich von ISA mit den US-amerikanischen Prüfungsstandards zum Gegenstand haben.[879]
- Die EU-Kommission muss als Voraussetzung für die Übernahme von ISA zu der Überzeugung gelangen, dass die Struktur des IAASB (als Herausgeber der ISA) der eines völlig unabhängigen Standardsetters entspricht und objektiver sowie international anerkannter Überwachung unterliegt.

Das IAASB hat das *Clarity*-Projekt im Frühjahr 2009 abgeschlossen. Den konkreten Abschluss hat die erfolgte Veröffentlichung der letzten noch ausstehenden ‚*Clarity*-ISA' gebildet. Nunmehr gibt es 36 überarbeitete Internationale Prüfungsstandards und einen ebenfalls überarbeiteten *International Standard on Quality Control*.[880]

Im Rahmen des *Clarity*-Projekts sind alle ISA entweder ‚*redrafted*' (d. h. neu strukturiert und formuliert) oder ‚*revised and redrafted*' (d. h. inhaltlich aktualisiert sowie neu strukturiert und formuliert) worden.[881] Das IDW hat mittlerweile alle *Clarity*-ISA übersetzt. Die Übersetzungen stehen im Mitgliederbereich auf der Internetseite des IDW zum Download zur Verfügung.

Im Zuge des *Clarity*-Projekts hat das IAASB beschlossen, dass die überarbeiteten ISA für Prüfungszeiträume anzuwenden sein sollen, die am oder nach dem 15.12.2009 beginnen.[882]

Von besonderer Praxistauglichkeit und -nützlichkeit dürfte das am 3.3.2009 freigeschaltete ‚ISA *Clarity* Center' sein. Diese neue Website umfasst alle *Clarity*-ISA in

---

[877] Vgl. zu den ISA etwa Kämpfer/Schmidt, WPg 2009, S. 47 ff.; Heininger, WPg 2010, S. 15 ff.
[878] Zusammengefasst bei Erchinger/Melcher, DB 2008, Beilage 1 zu Heft 7/2008, S. 56 f.
[879] So hat ein Projektteam der Universität Duisburg-Essen die direkten und indirekten Zusatzkosten der möglichen Übernahme der ISA in Europa untersucht. Vgl. zu den Ergebnissen Köhler/Böhm, WPg 2009, S. 997 ff.
[880] Vgl. IFAC Pressemitteilung vom 3.3.2009, abrufbar unter: http://www.ifac.org (Stand: 10.8.2010).
[881] Vgl. zum Abschluss des *Clarity*-Projekts etwa Ferlings, WPg 2009, S. I.
[882] Vgl. IFAC Pressemitteilung vom 1.10.2007, abrufbar unter: http://www.ifac.org (Stand: 10.8.2010).

der finalen Version und zahlreiche weitere Informationen im Hinblick auf die nun anstehende Umsetzung der neuen Standards in der Prüfungspraxis.[883]

Die EU-Kommission befasst sich derzeit intensiv mit den Vorbereitungen des geplanten ‚*Endorsement*' der ISA, die durch die Übernahme in EU-Recht zu Prüfungsstandards mit Gesetzescharakter aufgewertet werden. Am 22.6.2009 hat die EU-Kommission eine Konsultation zur möglichen Übernahme der ISA in europäisches Recht initiiert. Gegenstand der Konsultation ist die Frage gewesen, ob und inwieweit die ISA zur Anwendung bei der Abschlussprüfung europäischer Unternehmen vorgeschrieben werden sollen. Am 11.3.2010 hat die EU-Kommission die Ergebnisse der Konsultation veröffentlicht. In der Mehrheit der Stellungnahmen ist eine Übernahme der ISA auf EU-Ebene befürwortet worden. Hinsichtlich des Zeitplans tendierten die meisten Stellungnahmen zu einer effektiven Übernahme ab 2011 oder 2012.[884]

Ab wann nun die ISA tatsächlich erstmalig direkt für die Abschlussprüfung anwendbar sein werden, ist damit weiterhin offen. Eine positive Entscheidung der EU-Kommission im Jahr 2010 und eine damit verbundene erstmalige Verpflichtung für die Abschlussprüfung des Geschäftsjahres 2010 ist zwar grundsätzlich denkbar, aber aus heutiger Sicht – auch angesichts der vorgenannten Konsultationsergebnisse – eher unwahrscheinlich. Das IDW präferiert eine Erstanwendung frühestens für die Abschlussprüfung des Geschäftsjahres 2012 – also mit dem Schwerpunkt der Prüfungsdurchführung im Jahr 2013 –, verbunden mit der Möglichkeit einer freiwilligen vorzeitigen Anwendung.[885]

Vor diesem Hintergrund werden für Abschlussprüfungen nach §§ 316 ff. HGB bis auf Weiteres weiterhin die vom IDW aufgestellten und veröffentlichten Prüfungsstandards die Grundlage sein.[886]

Art. 26 Abs. 1 Satz 2 der Abschlussprüferrichtlinie erlaubt den Mitgliedstaaten, die nationalen Prüfungsstandards solange zur Anwendung zuzulassen, wie die Europäische Kommission keinen internationalen Prüfungsstandards für denselben Bereich übernommen hat. Die Vorschrift hat in Deutschland mangels gesetzlich niedergelegter nationaler Prüfungsstandards keinen Anwendungsbereich. Bei den Prüfungsstandards, die gegenwärtig von Abschlussprüfern in Deutschland beachtet werden, handelt es sich um Regelungen, die sich der Berufsstand der Wirtschaftsprüfer selbst auferlegt hat.

---

[883] Zum neuen *Clarity* Center vgl. http://www.ifac.org/Clarity-center/index (Stand: 10.8.2010). Neben allgemeinen Hinweisen zu Hintergrund, Zielsetzung und Ergebnissen des *Clarity*-Projekts stehen dort sogenannte *ISA Modules* zur Verfügung. Die *ISA Modules* vermitteln jeweils die wesentlichen Grundlagen eines ISA und die wichtigsten praxisrelevanten Änderungen, die aus der Überarbeitung resultieren.
[884] Eine Zusammenfassung der Ergebnisse findet sich auf folgender Internetseite: http://ec.europa.eu/internal_market/auditing/docs/isa/isa-final.de.pdf (Stand: 10.8.2010).
[885] Vgl. Heininger, WPg 2010, S. 18; Schulze Osthoff, WPg 2009, S. I.
[886] Zur letzten Anpassung der IDW-Prüfungsstandards an die ISA vgl. FN-IDW 2010, S. 62 ff.

> § 317 Abs. 6 HGB

Mit der Ermächtigung zum Erlass einer Rechtsverordnung in § 317 Abs. 6 HGB erhält das BMJ die Möglichkeit, über die ISA hinausgehende Abschlussprüfungsanforderungen festzuschreiben.[887] Abschlussprüfungsverfahren werden von dieser Verordnung (im Gegensatz zum Text des Referentenentwurfs) indes nicht erfasst. Dies bleibt dem Berufsstand der Wirtschaftsprüfer vorbehalten. So hat das IDW zu verschiedenen nicht in den ISA geregelten Prüfungsgegenständen bereits bislang Prüfungsstandards veröffentlicht. Zu denken ist dabei etwa an Prüfungsstandards zur Prüfung des Risikofrüherkennungssystems (IDW PS 340),[888] zur Prüfung des Lageberichts (IDW PS 350)[889] oder zur Berichterstattung über die Abschlussprüfung (IDW PS 450).[890]

Weiterhin kann das BMJ die Nichtanwendung von Teilen der internationalen Prüfungsstandards anordnen, wenn dies durch den Umfang der Abschlussprüfung bedingt und den Prüfungszielen dienlich ist.

2.4 Erstanwendungszeitpunkt der Neuregelung

Die Regelungen des § 317 Abs. 2 Satz 3,[891] Abs. 3 Satz 2, Abs. 5 und Abs. 6 sind **erstmals** für nach dem **31.12.2008** beginnende Geschäftsjahre anzuwenden (Art. 66 Abs. 2 Satz 1 EGHGB).

3 Bestellung und Abberufung des Abschlussprüfers

3.1 Gesetzesänderung

> **HGB § 318 Bestellung und Abberufung des Abschlussprüfers**
>
> (1) Der Abschlussprüfer des Jahresabschlusses wird von den Gesellschaftern gewählt; den Abschlussprüfer des Konzernabschlusses wählen die Gesellschafter des Mutterunternehmens. Bei Gesellschaften mit beschränkter Haftung und bei offenen Handelsgesellschaften und Kommanditgesellschaften im Sinne des § 264a Abs. 1

---

[887] Vgl. hierzu auch Orth/Müller, in: Küting/Pfitzer/Weber, Das neue deutsche Bilanzrecht, 2. Aufl., Stuttgart 2009, S. 640 ff.

[888] IDW PS 340, FN-IDW 1999, S. 350 ff.

[889] IDW PS 350, FN-IDW 2006, S. 610 ff., unter Berücksichtigung der Änderungen vom 9.9.2009, FN-IDW 2009, S. 533 ff.

[890] IDW PS 450, FN-IDW 2006, S. 44 ff., unter Berücksichtigung der Änderungen vom 9.9.2009, FN-IDW 2009, S. 533 ff.

[891] Art. 66 Abs. 2 Satz 1 EGHGB spricht von § 317 Abs. 2 Satz 2. Da aber Satz 3 durch das BilMoG eingefügt worden ist, dürfte es sich um ein Redaktionsversehen des Gesetzgebers handeln.

kann der Gesellschaftsvertrag etwas anderes bestimmen. Der Abschlussprüfer soll jeweils vor Ablauf des Geschäftsjahrs gewählt werden, auf das sich seine Prüfungstätigkeit erstreckt. Die gesetzlichen Vertreter, bei Zuständigkeit des Aufsichtsrats dieser, haben unverzüglich nach der Wahl den Prüfungsauftrag zu erteilen. Der Prüfungsauftrag kann nur widerrufen werden, wenn nach Absatz 3 ein anderer Prüfer bestellt worden ist.

(2) Als Abschlussprüfer des Konzernabschlusses gilt, wenn kein anderer Prüfer bestellt wird, der Prüfer als bestellt, der für die Prüfung des in den Konzernabschluss einbezogenen Jahresabschlusses des Mutterunternehmens bestellt worden ist. Erfolgt die Einbeziehung aufgrund eines Zwischenabschlusses, so gilt, wenn kein anderer Prüfer bestellt wird, der Prüfer als bestellt, der für die Prüfung des letzten vor dem Konzernabschlussstichtag aufgestellten Jahresabschlusses des Mutterunternehmens bestellt worden ist.

(3) Auf Antrag der gesetzlichen Vertreter, des Aufsichtsrats oder von Gesellschaftern, bei Aktiengesellschaften und Kommanditgesellschaften auf Aktien jedoch nur, wenn die Anteile dieser Gesellschafter bei Antragstellung zusammen den zwanzigsten Teil des Grundkapitals oder einen Börsenwert von 500.000 EUR erreichen, hat das Gericht nach Anhörung der Beteiligten und des gewählten Prüfers einen anderen Abschlussprüfer zu bestellen, wenn dies aus einem in der Person des gewählten Prüfers liegenden Grund geboten erscheint, insbesondere wenn ein Ausschlussgrund nach § 319 Abs. 2 bis 5 oder §§ 319a und 319b besteht. Der Antrag ist binnen zwei Wochen nach dem Tag der Wahl des Abschlussprüfers zu stellen; Aktionäre können den Antrag nur stellen, wenn sie gegen die Wahl des Abschlussprüfers bei der Beschlussfassung Widerspruch erklärt haben. Wird ein Befangenheitsgrund erst nach der Wahl bekannt oder tritt ein Befangenheitsgrund erst nach der Wahl ein, ist der Antrag binnen zwei Wochen nach dem Tag zu stellen, an dem der Antragsberechtigte Kenntnis von den befangenheitsbegründenden Umständen erlangt hat oder ohne grobe Fahrlässigkeit hätte erlangen müssen. Stellen Aktionäre den Antrag, so haben sie glaubhaft zu machen, dass sie seit mindestens drei Monaten vor dem Tag der Wahl des Abschlussprüfers Inhaber der Aktien sind. Zur Glaubhaftmachung genügt eine eidesstattliche Versicherung vor einem Notar. Unterliegt die Gesellschaft einer staatlichen Aufsicht, so kann auch die Aufsichtsbehörde den Antrag stellen. Der Antrag kann nach Erteilung des Bestätigungsvermerks, im Fall einer Nachtragsprüfung nach § 316 Abs. 3 nach Ergänzung des Bestätigungsvermerks nicht mehr gestellt werden. Gegen die Entscheidung ist die sofortige Beschwerde zulässig.

(4) Ist der Abschlussprüfer bis zum Ablauf des Geschäftsjahrs nicht gewählt worden, so hat das Gericht auf Antrag der gesetzlichen Vertreter, des Aufsichtsrats oder eines Gesellschafters den Abschlussprüfer zu bestellen. Gleiches gilt, wenn ein gewählter Abschlussprüfer die Annahme des Prüfungsauftrags abgelehnt hat, weggefallen ist oder am rechtzeitigen Abschluss der Prüfung verhindert ist und ein anderer Abschlussprüfer nicht gewählt worden ist. Die gesetzlichen Vertreter sind verpflichtet, den Antrag zu stellen. Gegen die Entscheidung des Gerichts findet die

sofortige Beschwerde statt; die Bestellung des Abschlussprüfers ist unanfechtbar.

(5) Der vom Gericht bestellte Abschlussprüfer hat Anspruch auf Ersatz angemessener barer Auslagen und auf Vergütung für seine Tätigkeit. Die Auslagen und die Vergütung setzt das Gericht fest. Gegen die Entscheidung ist die sofortige Beschwerde zulässig. Die weitere Beschwerde ist ausgeschlossen. Aus der rechtskräftigen Entscheidung findet die Zwangsvollstreckung nach der Zivilprozessordnung statt.

(6) Ein von dem Abschlussprüfer angenommener Prüfungsauftrag kann von dem Abschlussprüfer nur aus wichtigem Grund gekündigt werden. Als wichtiger Grund ist es nicht anzusehen, wenn Meinungsverschiedenheiten über den Inhalt des Bestätigungsvermerks, seine Einschränkung oder Versagung bestehen. Die Kündigung ist schriftlich zu begründen. Der Abschlussprüfer hat über das Ergebnis seiner bisherigen Prüfung zu berichten; § 321 ist entsprechend anzuwenden.

(7) Kündigt der Abschlussprüfer den Prüfungsauftrag nach Absatz 6, so haben die gesetzlichen Vertreter die Kündigung dem Aufsichtsrat, der nächsten Hauptversammlung oder bei Gesellschaften mit beschränkter Haftung den Gesellschaftern mitzuteilen. Den Bericht des bisherigen Abschlussprüfers haben die gesetzlichen Vertreter unverzüglich dem Aufsichtsrat vorzulegen. Jedes Aufsichtsratsmitglied hat das Recht, von dem Bericht Kenntnis zu nehmen. Der Bericht ist auch jedem Aufsichtsratsmitglied oder, soweit der Aufsichtsrat dies beschlossen hat, den Mitgliedern eines Ausschusses auszuhändigen. Ist der Prüfungsauftrag vom Aufsichtsrat erteilt worden, obliegen die Pflichten der gesetzlichen Vertreter dem Aufsichtsrat einschließlich der Unterrichtung der gesetzlichen Vertreter.

(8) Die Wirtschaftsprüferkammer ist unverzüglich und schriftlich begründet durch den Abschlussprüfer und die gesetzlichen Vertreter der geprüften Gesellschaft von der Kündigung oder dem Widerruf des Prüfungsauftrages zu unterrichten.

3.2 Hintergrund der Neuregelung

Die Ergänzung des § 318 Abs. 3 Satz 1 HGB folgt aus der Einfügung des § 319b HGB in die handelsrechtlichen Vorschriften. Mit § 318 Abs. 8 HGB wird Art. 38 Abs. 2 der Abschlussprüferrichtlinie in nationales Recht umgesetzt.

3.3 Erläuterungen zur Neuregelung

§ 318 Abs. 3 Satz 1 HGB

Mit der Ergänzung des § 318 Abs. 3 Satz 1 HGB werden die Antragsgründe des gerichtlichen Ersetzungsverfahrens erweitert. Das Gericht hat künftig auch dann einen neuen Abschlussprüfer zu bestellen, wenn die Voraussetzungen des § 319b HGB vorliegen, also ein Mitglied des Netzwerks des Abschlussprüfers einen der Ausschlussgründe nach §§ 319, 319a HGB erfüllt, der den Ausschluss des Abschlussprüfers von der Abschlussprüfung nach sich zieht.

§ 318 Abs. 8 HGB

Der Zweck von § 318 Abs. 8 HGB besteht darin zu verhindern, dass sich der Abschlussprüfer und das zu prüfende Unternehmen während der Laufzeit des Prüfungsvertrags unzulässigerweise – und unbemerkt – einvernehmlich trennen.

Die Beendigung eines bestehenden Prüfungsauftrags ist für den Abschlussprüfer und das zu prüfende Unternehmen zum Schutz der Unabhängigkeit des Abschlussprüfers im Fall der gesetzlichen Abschlussprüfung bislang schon nur sehr eingeschränkt – nämlich grundsätzlich allein durch Widerruf oder Kündigung – möglich. Der Widerruf eines bestehenden Prüfungsauftrags nach § 318 Abs. 1 Satz 5 HGB setzt die Bestellung eines anderen Abschlussprüfers voraus, welche nur unter den einschränkenden Voraussetzungen des § 318 Abs. 3 HGB überhaupt möglich ist. Die Kündigung eines bestehenden Prüfungsauftrags ist gemäß § 318 Abs. 6 Satz 2 HGB nur aus wichtigem Grund möglich. Zu denken ist etwa an eine kriminelle Betätigung der Gesellschaft oder an die Verletzung der Auskunftspflicht der Gesellschaft nach § 320 HGB.

Neben diesen sehr stark eingeschränkten Möglichkeiten der Beendigung eines bestehenden Prüfungsauftrags zur Durchführung einer gesetzlich vorgeschriebenen Abschlussprüfung tritt nunmehr das Erfordernis, die zuständige Stelle mit ausreichender Begründung unverzüglich von der Beendigung zu unterrichten. Nach den Vorgaben der Abschlussprüferrichtlinie muss die für die öffentliche Aufsicht zuständige Stelle – in Deutschland die Wirtschaftsprüferkammer – über die Abberufung bzw. den Rücktritt eines Prüfers unverzüglich informiert werden. Die Unterrichtung hat sowohl durch den Wirtschaftsprüfer als auch durch die gesetzlichen Vertreter der Gesellschaft zu erfolgen. Eine Beendigung eines laufenden Prüfungsvertrags ist ausführlich schriftlich zu begründen, damit die Wirtschaftsprüferkammer die Rechtmäßigkeit dieser Beendigung überprüfen kann.[892] In der Begründung sollen beide Seiten ihre Einschätzung der Lage darlegen, damit die Wirtschaftsprüferkammer die Argumente hinreichend würdigen kann. Durch die Einbeziehung der Wirtschaftsprüferkammer soll der Prozess der Kündigung bzw. des Widerrufs zukünftig stärker objektiviert werden.

Fraglich könnte sein, ob eine gemeinsame Unterrichtung (von Wirtschaftsprüfer und Gesellschaft zusammen) zu erfolgen hat. Sofern eine jeweilige Unterrichtung von beiden Seiten jeweils zeitnah erfolgt, sollte eine jeweilige separate Unterrichtung zulässig sein.[893] Mit der separaten Unterrichtung der Wirtschaftsprüferkammer dürfte für die jeweilige Partei die Pflicht einhergehen, die andere Partei über die (einseitige) Un-

---

[892] Vgl. Gelhausen/Fey/Kämpfer, Rechnungslegung und Prüfung nach dem Bilanzrechtsmodernisierungsgesetz, Düsseldorf 2009, Abschnitt S, § 318, Tz. 41; Förschle/Heinz, in: Ellrott u. a. (Hrsg.): Beck'scher Bilanz-Kommentar, 7. Aufl., München 2010, § 318, Anm. 43.
[893] So auch Orth/Müller, in: Küting/Pfitzer/Weber, Das neue deutsche Bilanzrecht, 2. Aufl., Stuttgart 2009, S. 643.

terrichtung der Wirtschaftsprüferkammer zu informieren und diese auf deren Pflichten nach § 318 Abs. 8 HGB hinzuweisen.

3.4 Erstanwendungszeitpunkt der Neuregelung

Die Regelungen des § 318 Abs. 3 und 8 sind **erstmals** für nach dem **31.12.2008** beginnende Geschäftsjahre anzuwenden (Art. 66 Abs. 2 Satz 1 EGHGB).

4 Besondere Ausschlussgründe bei Unternehmen von besonderem Interesse

4.1 Gesetzesänderung

> **HGB § 319a Besondere Ausschlussgründe bei Unternehmen von öffentlichem Interesse**
>
> (1) Ein Wirtschaftsprüfer ist über die in § 319 Abs. 2 und 3 genannten Gründe hinaus auch dann von der Abschlussprüfung eines Unternehmens, das kapitalmarktorientiert im Sinn des § 264d ist, ausgeschlossen, wenn er
>
> 1. in den letzten fünf Jahren jeweils mehr als fünfzehn vom Hundert der Gesamteinnahmen aus seiner beruflichen Tätigkeit von der zu prüfenden Kapitalgesellschaft oder von Unternehmen, an denen die zu prüfende Kapitalgesellschaft mehr als zwanzig vom Hundert der Anteile besitzt, bezogen hat und dies auch im laufenden Geschäftsjahr zu erwarten ist,
>
> 2. in dem zu prüfenden Geschäftsjahr über die Prüfungstätigkeit hinaus Rechts- oder Steuerberatungsleistungen erbracht hat, die über das Aufzeigen von Gestaltungsalternativen hinausgehen und die sich auf die Darstellung der Vermögens-, Finanz- und Ertragslage in dem zu prüfenden Jahresabschluss unmittelbar und nicht nur unwesentlich auswirken,
>
> 3. über die Prüfungstätigkeit hinaus in dem zu prüfenden Geschäftsjahr an der Entwicklung, Einrichtung und Einführung von Rechnungslegungsinformationssystemen mitgewirkt hat, sofern diese Tätigkeit nicht von untergeordneter Bedeutung ist, oder
>
> 4. für die Abschlussprüfung bei dem Unternehmen bereits in sieben oder mehr Fällen verantwortlich war; dies gilt nicht, wenn seit seiner letzten Beteiligung an der Prüfung des Jahresabschlusses zwei oder mehr Jahre vergangen sind.
>
> § 319 Abs. 3 Satz 1 Nr. 3 letzter Teilsatz, Satz 2 und Abs. 4 gilt für die in Satz 1 genannten Ausschlussgründe entsprechend. Satz 1 Nr. 1 bis 3 gilt auch, wenn Personen, mit denen der Wirtschaftsprüfer seinen Beruf gemeinsam ausübt, die dort genannten Ausschlussgründe erfüllen. Satz 1 Nr. 4 findet auf eine Wirtschaftsprüfungsgesellschaft mit der Maßgabe Anwendung, dass sie nicht Abschlussprüfer sein darf, wenn sie bei der Abschlussprüfung des Unternehmens einen Wirt-

> schaftsprüfer beschäftigt, der als verantwortlicher Prüfungspartner nach Satz 1 Nr. 4 nicht Abschlussprüfer sein darf. Verantwortlicher Prüfungspartner ist, wer den Bestätigungsvermerk nach § 322 unterzeichnet oder als Wirtschaftsprüfer von einer Wirtschaftsprüfungsgesellschaft als für die Durchführung einer Abschlussprüfung vorrangig verantwortlich bestimmt worden ist.
>
> (2) Absatz 1 ist auf den Abschlussprüfer des Konzernabschlusses entsprechend anzuwenden. Als verantwortlicher Prüfungspartner gilt auf Konzernebene auch, wer als Wirtschaftsprüfer auf der Ebene bedeutender Tochtergesellschaften als für die Durchführung von deren Abschlussprüfung vorrangig verantwortlich bestimmt worden ist.

4.2 Hintergrund der Neuregelung

Die Änderung von § 319a Abs. 1 Satz 1 1. Halbs. HGB dient im Wesentlichen der Klarstellung.

Mit der Neufassung des § 319a Abs. 1 Satz 1 Nr. 4 HGB wird der persönliche Anwendungsbereich der Vorschrift, die bisher nur den den Bestätigungsvermerk unterzeichnenden Wirtschaftsprüfer erfasst, entsprechend der Vorgabe des Art. 42 Abs. 2 der Abschlussprüferrichtlinie auf den für die Abschlussprüfung verantwortlichen Wirtschaftsprüfer ausgedehnt.

Mit § 319a Abs. 1 Satz 4 HGB wird der Anwendungsbereich von § 319a Abs. 1 Satz 1 Nr. 4 HGB auf Wirtschaftsprüfungsgesellschaften und deren verantwortliche Prüfungspartner erstreckt.

§ 319a Abs. 1 Satz 5 HGB definiert den Begriff ‚verantwortlicher Prüfungspartner'. Die Vorschrift setzt Art. 2 Nr. 16 der Abschlussprüferrichtlinie in deutsches Recht um.

4.3 Erläuterungen zur Neuregelung

§ 319a Abs. 1 Satz 1 1. Halbs. HGB

Mit § 319a Abs. 1 Satz 1 1. Halbs. HGB wird der persönliche Anwendungsbereich des § 319a HGB geringfügig modifiziert. Mit dem Verweis auf § 264d HGB wird klargestellt, dass von der Vorschrift Wirtschaftsprüfer solcher Unternehmen betroffen sind, die einen organisierten Markt i. S. d. § 2 Abs. 5 WpHG durch die Ausgabe von Wertpapieren i. S. d. § 2 Abs. 1 Satz 1 WpHG in Anspruch nehmen. § 264d HGB erfasst auch solche Fälle, in denen (zum Abschlussstichtag) die Zulassung zum Handel an einem organisierten Markt beantragt worden ist.

§ 319a Abs. 1 Satz 1 Nr. 4 HGB

Sofern ein Abschlussprüfer für dasselbe Prüfungsmandat über viele Jahre tätig ist, wird von dritter Seite gelegentlich eine gewisse ‚Betriebsblindheit' und damit Beeinträchtigung der Objektivität des Abschlussprüfers vermutet. Dem kann entgegengehalten werden, dass der Abschlussprüfer dafür in der Lage ist, aufgrund seiner umfassenden Kenntnisse über das zu prüfende Unternehmen und dessen Geschäftstätigkeit seine Prüfung mit hoher Qualität und Effizienz durchzuführen.

Im Spannungsfeld zwischen ‚Betriebsblindheit' und ‚hoher Prüfungsqualität' hat sich der deutsche Gesetzgeber bislang für eine interne Rotation des den Bestätigungsvermerk unterzeichnenden Wirtschaftsprüfers entschieden, beschränkt auf die Prüfungsmandate ‚von öffentlichem Interesse'. Nach § 319a Abs. 1 Satz 1 Nr. 4 HGB in der bisherigen Fassung dürfen Wirtschaftsprüfer nicht Abschlussprüfer sein, wenn sie einen Bestätigungsvermerk über die Prüfung des Jahresabschlusses des Unternehmens von öffentlichem Interesse in sieben oder mehr Fällen unterzeichnet haben. Dieser Wirtschaftsprüfer ist in den folgenden drei Jahren von der Prüfung dieses Unternehmens ausgeschlossen. Gleiches gilt für Wirtschaftsprüfungsgesellschaften, wenn sie einen entsprechenden Wirtschaftsprüfer beschäftigen (§ 319a Abs. 1 Satz 1 Nr. 4 i. V. m. § 319a Abs. 1 Satz 4 HGB a. F.).

Nach Art. 42 Abs. 2 der Abschlussprüferrichtlinie haben die Mitgliedstaaten sicherzustellen, dass der für die Durchführung einer Abschlussprüfung (bei einem Unternehmen von öffentlichem Interesse) im Auftrag einer Prüfungsgesellschaft verantwortliche Wirtschaftsprüfer spätestens sieben Jahre nach seiner Bestellung von dem Prüfungsmandat abgezogen wird und zur Mitwirkung an der Prüfung des geprüften Unternehmens frühestens nach Ablauf von zwei Jahren wieder berechtigt ist. Dies wird mit § 319a Abs. 1 Satz 1 Nr. 4 HGB umgesetzt. § 319a Abs. 1 Satz 4 HGB erweitert den Anwendungsbereich von § 319a Abs. 1 Satz 1 Nr. 4 HGB auf Wirtschaftsprüfungsgesellschaften und deren verantwortliche Prüfungspartner.

Verantwortliche Prüfungspartner können nur natürliche Personen sein. Diese müssen zudem von den zuständigen Stellen des Mitgliedstaats für die Durchführung von Abschlussprüfungen zugelassen worden sein. Nach Maßgabe der WPO ist die Durchführung von Abschlussprüfungen in Deutschland eine den Wirtschaftsprüfern und vereidigten Buchprüfern vorbehaltene Aufgabe. Folglich können verantwortliche Prüfungspartner nur Wirtschaftsprüfer und vereidigte Buchprüfer sein. Aufgrund der Tatsache, dass Unternehmen i. S. d. § 319a HGB nur kapitalmarktorientierte Unternehmen sind, die nach § 319 Abs. 1 i. V. m. § 267 Abs. 3 Satz 2 HGB ausschließlich durch Wirtschaftsprüfer und Wirtschaftsprüfungsgesellschaften geprüft werden dürfen, ist der persönliche Anwendungsbereich des § 319a HGB auf Wirtschaftsprüfer beschränkt.

Nach Maßgabe des Art. 2 Nr. 16 der Abschlussprüferrichtlinie können verschiedene natürliche Personen bei einer Abschlussprüfung gleichzeitig als verantwortliche Wirtschaftsprüfer klassifiziert werden. Dies ist zum einen der den Bestätigungsvermerk unterzeichnende Wirtschaftsprüfer und zum anderen der Wirtschaftsprüfer, der für die Durchführung der Jahresabschlussprüfung durch eine Wirtschaftsprüfungsgesellschaft als vorrangig verantwortlich bestimmt worden ist, also dazu bestimmt ist, die Jahresabschlussprüfung verantwortlich zu leiten („Prüfungsleiter'). Demgemäß definiert § 319a Abs. 1 Satz 5 HGB als verantwortlichen Prüfungspartner denjenigen Wirtschaftsprüfer, der entweder den Bestätigungsvermerk unterzeichnet oder der von einer Wirtschaftsprüfungsgesellschaft als für die Durchführung der Jahres- oder Konzernabschlussprüfung vorrangig verantwortlich bestimmt worden ist. Sofern ‚Zeichnungs-Verantwortlichkeit' und ‚Durchführungs-Verantwortlichkeit' auseinanderfallen, wird es durch die Neuregelung zu einer Ausweitung der internen Rotationspflicht auf mehrere – mindestens zwei – natürliche Personen kommen.

In Abweichung von der bisherigen Regelung ist die Prüferrotation damit nicht mehr auf die Wirtschaftsprüfer beschränkt, die den Bestätigungsvermerk unterzeichnen, sondern umfasst auch die Personen, die wesentlich im Rahmen der Prüfungsdurchführung mitwirken, ohne nach außen durch eine Unterzeichnung des Bestätigungsvermerks in Erscheinung zu treten.

Fraglich könnte sein, ob sich aus dem Begriff ‚verantwortlicher Prüfungspartner' ableiten lässt, dass die von der Neuregelung betroffene Person bei der Wirtschaftsprüfungsgesellschaft die Stellung eines ‚Partners' bzw. ‚Gesellschafters' haben muss. Dies dürfte zu verneinen sein.[894] Der aus der Abschlussprüferrichtlinie übernommene Begriff ‚verantwortlicher Prüfungspartner' meint nach der hier vertretenen Auffassung jeden Wirtschaftsprüfer, der die Tatbestandsvoraussetzungen des § 319a Abs. 1 Satz 5 HGB erfüllt. Die gesellschaftsrechtliche Stellung des Wirtschaftsprüfers (Partner einer Partnerschaftsgesellschaft, Beteiligung an einer Wirtschaftsprüfungsgesellschaft, angestellter Wirtschaftsprüfer) kann nach dem Sinn und Zweck der Vorschrift keine Rolle spielen.

Damit wird auch der ‚nur' angestellte Wirtschaftsprüfer von den neuen Rotationsvorschriften erfasst, sofern er verantwortlicher Prüfungsleiter für das betroffene Mandat ist.[895]

Die bislang schon in § 319a Abs. 1 Satz 1 Nr. 4 HGB a. F. enthaltene dreijährige ‚Prüfungspause' wird durch das BilMoG auf zwei Jahre verkürzt und damit an Art. 42 Abs. 2 der Abschlussprüferrichtlinie angepasst. Die Abschlussprüferrichtlinie wird somit ‚eins zu eins' umgesetzt. Der Gesetzgeber hat damit auf die Kritik des IDW[896] an der im Regierungsentwurf noch enthaltenen dreijährigen Prüfungspause reagiert.

---

[894] Gleicher Ansicht sind Orth/Müller, in: Küting/Pfitzer/Weber, Das neue deutsche Bilanzrecht, 2. Aufl., Stuttgart 2009, S. 644.
[895] Nach Orth/Müller bedeutet dies im Umkehrschluss, dass natürliche Personen, die nicht Wirtschaftsprüfer sind und dennoch vorrangig verantwortliche Person für die Abschlussprüfung sind, nicht von dieser Regelung erfasst werden, da sich der persönliche Anwendungsbereich dieser Vorschrift nicht auf sie erstreckt; vgl. Orth/Müller, in: Küting/Pfitzer/Weber, Das neue deutsche Bilanzrecht, 2. Aufl., Stuttgart 2009, S. 644.
[896] Vgl. IDW, Stellungnahme zum Regierungsentwurf eines Gesetzes zur Modernisierung des Bilanzrechts vom 26.9.2008, S. 9.

Innerhalb in dieser ‚Karenzzeit' darf der ausgeschlossene Wirtschaftsprüfer nicht mehr in einer Weise an der Durchführung der Abschlussprüfung beteiligt sein, in der er Entscheidungsbefugnisse hat, die es ihm erlauben, das Prüfungsurteil maßgeblich zu beeinflussen.[897] Dazu zählen insbesondere Tätigkeiten wie der Einsatz als Mitglied des Prüfungsteams oder die Wahrnehmung von Mandantenkontakten, die im Rahmen der Prüfung erforderlich sind. Es ist allerdings zulässig, dass der ausgeschlossene Wirtschaftsprüfer dem Prüfungsteam zu einzelnen Fragen Auskünfte erteilt.[898] Darüber hinaus darf er auch Leistungen außerhalb der Abschlussprüfung (Beratungsleistungen o. Ä.) erbringen.[899]

§ 319a Abs. 2 HGB

Für Konzernabschlussprüfungen dehnt Art. 2 Nr. 16 der Abschlussprüferrichtlinie den Begriff des verantwortlichen Prüfungspartners auch auf solche Wirtschaftsprüfer aus, die von einer Wirtschaftsprüfungsgesellschaft als auf Ebene bedeutender Tochterunternehmen vorrangig verantwortlich bestimmt worden sind. Mit der Vorschrift ist bezweckt, die Rotation bei Konzernabschlussprüfungen auf solche Wirtschaftsprüfer auszuweiten, die zwar nicht den Bestätigungsvermerk zum Konzernabschluss unterzeichnen oder die gesamte Konzernabschlussprüfung verantwortlich leiten, jedoch Teilbereiche der Konzernabschlussprüfung, nämlich auf Ebene bedeutender Tochterunternehmen mit Sitz in Deutschland, vorrangig verantworten. Hier erfolgt die Umsetzung durch § 319a Abs. 2 Satz 2 HGB. Damit sind Wirtschaftsprüfer der mit der Konzernabschlussprüfung beauftragten Wirtschaftsprüfungsgesellschaft zur internen Rotation verpflichtet, die mit der Abschlussprüfung des Jahresabschlusses bedeutender Tochterunternehmen befasst sind. Die in der Begründung zum Referentenentwurf noch enthaltene Passage zur Ausdehnung der Rotationspflicht auf Prüfer der Handelsbilanz II ist in der Begründung zum Regierungsentwurf nicht mehr enthalten gewesen. In der Beschlussempfehlung des Rechtsausschusses wird explizit darauf hingewiesen, dass der lediglich eine ‚Package-Prüfung' durchführende Wirtschaftsprüfer nicht der Rotationspflicht unterliegt (BT-Drucks. 16/12407, S. 120). Somit beschränkt sich die Rotationspflicht auf die Prüfer des entsprechenden Jahresabschlusses.

Nach der Regierungsbegründung spricht nichts dagegen, die für die Konzernabschlussprüfung auf der Ebene bedeutender Tochterunternehmen vorrangig verantwortlichen Wirtschaftsprüfer im Wege der Rotation bei anderen konzernangehörigen Tochterunternehmen des geprüften Unternehmens einzusetzen (BT-Drucks. 16/10067, S. 89). Allerdings darf der jeweilige Wirtschaftsprüfer dort keinen der Ausschlusstatbe-

---

[897] Vgl. Förschle/Schmidt, in: Ellrott u. a. (Hrsg.): Beck'scher Bilanz-Kommentar, 7. Aufl., München 2010, § 319a HGB, Anm. 33, 35; Dodenhoff, in: Bertram/Brinkmann/Kessler/Müller (Hrsg.): Haufe HGB Kommentar, Freiburg 2009, § 319a HGB, Rz 23.
[898] Vgl. Petersen/Zwirner/Boecker, in: Küting/Weber (Hrsg.): HdR-E, 5. Aufl., Stuttgart 2002 ff., § 319a HGB, Rn. 49.
[899] Vgl. Dodenhoff, in: Bertram/Brinkmann/Kessler/Müller (Hrsg.): Haufe HGB Kommentar, Freiburg 2009, § 319a HGB, Rz 24; Petersen/Zwirner, WPg 2009, S. 774, 776.

stände der §§ 319, 319a und 319b HGB erfüllen. Ob es sich dabei auch um andere ‚bedeutende' Tochtergesellschaften handeln darf, bleibt nach den Gesetzesmaterialien offen. Dem Sinn und Zweck der Vorschrift nach dürfte dies aber zu bejahen sein.[900]

Voraussetzung für die Rotationspflicht ist, dass die betreffenden Wirtschaftsprüfer als für die Durchführung der Konzernabschlussprüfung auf der Ebene bedeutender Tochterunternehmen vorrangig verantwortlich bestimmt worden sind. Bedeutende Tochterunternehmen sind solche, deren Einbeziehung in den Konzernabschluss sich erheblich auf die Vermögens-, Finanz- und Ertragslage des Konzerns auswirkt. Die Einstufung als bedeutendes Tochterunternehmen ist in jedem Fall gesondert zu beurteilen. Erforderlich ist, dass die Einbeziehung des zu beurteilenden Tochterunternehmens sowohl die Vermögens- als auch die Finanz- und Ertragslage des Konzerns erheblich beeinflusst. Davon ist laut Regierungsbegründung regelmäßig auszugehen, wenn das Tochterunternehmen mehr als 20 % des Konzernvermögens hält oder mit mehr als 20 % zum Konzernumsatz beiträgt (BT-Drucks. 16/10067, S. 89). Damit hat das BMJ auf die Kritik an der in der Begründung zum Referentenentwurf enthaltenen 10 %-Grenze reagiert. *Erchinger/Melcher*[901] hatten hinsichtlich der 10 %-Grenze auf die Regelungen der US-amerikanischen Börsenaufsicht (SEC) verwiesen, die eine Rotation eines verantwortlichen Prüfungspartners einer Tochtergesellschaft fordern, wenn deren Vermögen oder Umsatz mehr als 20 % des Konzerns umfasst.

Klarstellend weist der Rechtsausschuss des Bundestags darauf hin, dass Vermögen und Umsatz des zu prüfenden Geschäftsjahres vor Konsolidierung gemeint sind (BT-Drucks. 16/12407, S. 120).

Die Abgrenzungsfrage ist zu jedem Bilanzstichtag neu zu prüfen. Wird aus einem einbezogenen, aber für die Vermögens-, Finanz- und Ertragslage des Konzerns unbedeutenden Unternehmen ein bedeutendes Unternehmen, setzt die Rotationspflicht nach der Regierungsbegründung erst ein, wenn der Wirtschaftsprüfer dieses Unternehmen ‚in seiner bedeutenden Phase' sieben Jahre in Folge geprüft hat. Sinkt das Unternehmen zu einem unbedeutenden Unternehmen herab und wird es zu einem späteren Zeitpunkt wieder bedeutend, beginnt die Frist zu dem späteren Zeitpunkt neu zu laufen (BT-Drucks. 16/10067, S. 89).

Es ist zu beachten, dass ausweislich der Regierungsbegründung (BT-Drucks. 16/10067, S. 89) nur auf Tochterunternehmen mit Sitz in Deutschland abzustellen sein wird, da nur deren Wirtschaftsprüfer von dem Anwendungsbereich der Norm betroffen sein sollen.

---

[900] So auch Gier/Müller/Müller, in: Küting/Pfitzer/Weber, Das neue deutsche Bilanzrecht, 2. Aufl., Stuttgart 2009, S. 661; Dodenhoff, in: Bertram/Brinkmann/Kessler/Müller (Hrsg.): Haufe HGB Kommentar, Freiburg 2009, § 319a HGB, Rz 28.
[901] Vgl. Erchinger/Melcher, DB 2008, Beilage 1 zu Heft 7/2008, S. 57.

Die Gesetzesmaterialien geben keine Auskunft darüber, ob

- die Wirtschaftsprüfer, die als verantwortliche Prüfungspartner in Bezug auf das kapitalmarktorientierte Mutterunternehmen gelten, bei der Abschlussprüfung bedeutender Tochterunternehmen eingesetzt werden können, oder
- die Wirtschaftsprüfer, die für die Abschlussprüfung bedeutender Tochterunternehmen eingesetzt sind, das kapitalmarktorientierte Mutterunternehmen prüfen dürfen.

Angesichts der gesetzlichen Regelungslücke sind betroffene Wirtschaftsprüfer bzw. Wirtschaftsprüfungsgesellschaften gut beraten, im Einzelfall sehr genau zu prüfen, ob eine Besorgnis der Befangenheit vorliegt.[902]

Fraglich könnte sein, ob bei entsprechenden Mandaten ein Einsatz des (vormaligen) auftragsbegleitenden Qualitätssicherers als verantwortlicher Prüfungspartner möglich wäre. § 24d Abs. 2 Satz 5 BS WP/vBP scheint dagegen zu sprechen: Eine Person ist nach dieser Vorschrift von der auftragsbegleitenden Qualitätssicherung ausgeschlossen, wenn sie in sieben Fällen entweder den Bestätigungsvermerk unterzeichnet oder die auftragsbegleitende Qualitätssicherung durchgeführt hat. Obwohl die BS WP/vBP nur den Wechsel des unterzeichnenden Wirtschaftsprüfers in die Rolle des auftragsbegleitenden Qualitätssicherers regelt, dürfte diese Vorschrift nach der hier vertretenen Auffassung auch im umgekehrten Fall anzuwenden sein.[903]

Im Übrigen ist nach Auffassung des Rechtsausschusses des Bundestags (BT-Drucks. 16/12407, S. 120) für die Frage nach dem Rotationserfordernis zu differenzieren, ob das bedeutende Tochterunternehmen kapitalmarktorientiert ist und in welcher Funktion der Wirtschaftsprüfer tätig wird. Ist das bedeutende Tochterunternehmen selbst kapitalmarktorientiert, finden die Rotationsvorschriften nach § 319a Abs. 1 und Abs. 2 HGB nebeneinander Anwendung. Ist dies nicht der Fall, richtet sich die Frage der Rotation nur nach § 319a Abs. 2 HGB. Wird der Wirtschaftsprüfer von der den Konzernabschluss des Mutterunternehmens prüfenden Wirtschaftsprüfungsgesellschaft als Abschlussprüfer des bedeutenden Tochterunternehmens tätig, ist § 319a Abs. 2 HGB anzuwenden. Führt er dagegen nur eine sog. ‚Package-Prüfung' durch, trifft ihn keine Rotationspflicht. Dies ergibt sich daraus, dass § 319a Abs. 2 Satz 2 HGB ausdrücklich auf die Abschlussprüfung des wesentlichen Tochterunternehmens abstellt.

Denkbar sind auch Fälle, in denen ein Wirtschaftsprüfer von der das Mutterunternehmen prüfenden Wirtschaftsprüfungsgesellschaft als vorrangig verantwortlich für die Abschlussprüfung von mehreren unbedeutenden Tochterunternehmen bestimmt ist, die insgesamt betrachtet gleichwohl bedeutend sind. Der Sinn und Zweck der Rotati-

---

[902] Nach den Regelungen der amerikanischen Börsenaufsicht SEC wäre ein Einsatz solcher Wirtschaftsprüfer als verantwortliche Prüfungspartner des Mutterunternehmens, wenn sie vorher bedeutsame Tochterunternehmen geprüft haben, oder bei bedeutenden Tochterunternehmen, wenn sie vorher das Mutterunternehmen geprüft haben, nicht möglich.

[903] So auch Gier/Müller/Müller, in: Küting/Pfitzer/Weber, Das neue deutsche Bilanzrecht, 2. Aufl., Stuttgart 2009, S. 662.

onsvorschrift besteht darin, die Unabhängigkeit des Wirtschaftsprüfers dadurch sicherzustellen, dass eine zu enge Bindung an die Geschäftsführungs- und Aufsichtsorgane des zu prüfenden Unternehmens nicht entstehen kann. Hierfür ergeben sich keine Gefahren, wenn die Geschäftsführungs- und Aufsichtsorgane der für sich genommen unbedeutenden Tochterunternehmen nicht identisch sind. Anders ist nach Auffassung des Rechtsausschusses bei Personenidentität zu entscheiden (BT-Drucks. 16/12407, S. 120).

Darüber hinaus weist der Rechtsausschuss klarstellend darauf hin, dass der Wortlaut des § 319a Abs. 1 Satz 1 Nr. 4, Satz 4 und § 319a Abs. 2 HGB im Sinne einer Verantwortlichkeit für das einzelne Prüfungsmandat zu verstehen ist, wobei die Jahresabschlussprüfung, die Einzelabschlussprüfung (nach § 325 Abs. 2a HGB, d. Verf.) und die Konzernabschlussprüfung unterschiedliche Prüfungsmandate sind. Hieran ändert auch die Fiktion des § 318 Abs. 2 Satz 1 HGB nichts. Demgemäß kann es bei paralleler Prüfung des Jahres-, Einzel- und Konzernabschlusses eines Unternehmens durch einen Abschlussprüfer nicht zu einer Mehrfachzählung kommen (BT-Drucks. 16/12407, S. 120).

4.4 Erstanwendungszeitpunkt der Neuregelung

§ 319a Abs. 1 Satz 1 1. Halbs. HGB ist **erstmals** für nach dem **31.12.2009** beginnende Geschäftsjahre anzuwenden (Art. 66 Abs. 3 Satz 1 EGHGB).

Die Regelungen des § 319a Abs. 1 Satz 1 Nr. 4, Satz 4 und 5, § 319a Abs. 2 Satz 2 HGB sind **erstmals** für nach dem **31.12.2008** beginnende Geschäftsjahre anzuwenden (Art. 66 Abs. 2 Satz 1 EGHGB).

5 Netzwerk

5.1 Gesetzesänderung

HGB § 319b Netzwerk

(1) Ein Abschlussprüfer ist von der Abschlussprüfung ausgeschlossen, wenn ein Mitglied seines Netzwerks einen Ausschlussgrund nach § 319 Abs. 2, Abs. 3 Satz 1 Nr. 1, 2 oder Nr. 4, Abs. 3 Satz 2 oder Abs. 4 erfüllt, es sei denn, dass das Netzwerkmitglied auf das Ergebnis der Abschlussprüfung keinen Einfluss nehmen kann. Er ist ausgeschlossen, wenn ein Mitglied seines Netzwerks einen Ausschlussgrund nach § 319 Abs. 3 Satz 1 Nr. 3 oder § 319a Abs. 1 Satz 1 Nr. 2 oder 3 erfüllt. Ein Netzwerk liegt vor, wenn Personen bei ihrer Berufsausübung zur Verfolgung gemeinsamer wirtschaftlicher Interessen für eine gewisse Dauer zusammenwirken.

(2) Absatz 1 ist auf den Abschlussprüfer des Konzernabschlusses entsprechend anzuwenden.

5.2 Hintergrund der Neuregelung

§ 319b HGB dient der Umsetzung der in Art. 22 Abs. 2 der Abschlussprüferrichtlinie vorgeschriebenen netzwerkweiten Ausdehnung der Unabhängigkeitsvorschriften. Danach haben die Mitgliedstaaten sicherzustellen, dass Abschlussprüfer oder Prüfungsgesellschaften von der Durchführung einer Abschlussprüfung absehen, wenn zwischen ihnen oder ihrem Netzwerk und dem geprüften Unternehmen unmittelbar oder mittelbar eine finanzielle oder geschäftliche Beziehung, ein Beschäftigungsverhältnis oder eine sonstige Verbindung – wozu auch die Erbringung zusätzlicher Leistungen, die keine Prüfungsleistungen sind, zählt – besteht, aus der ein objektiver, verständiger und informierter Dritter den Schluss ziehen würde, dass ihre Unabhängigkeit gefährdet ist.

5.3 Erläuterungen zur Neuregelung

§ 319b HGB

Die Unabhängigkeit des Abschlussprüfers ist in Deutschland bislang über Vorschriften im Handelsgesetzbuch (§§ 319, 319a HGB), in der WPO (§ 43 WPO) sowie der Berufssatzung WP/vBP (§§ 2, 20 ff.) sichergestellt. Mit § 319b HGB werden die Unabhängigkeitserfordernisse auf das Netzwerk des Abschlussprüfers ausgedehnt, soweit dies nicht bereits im Wege der §§ 319, 319a HGB geschehen ist.

Bisher enthält § 319a HGB neben den Unabhängigkeitsvorschriften für Wirtschaftsprüfer und Wirtschaftsprüfungsgesellschaften auch eine Ausweitung der Ausschlussgründe auf in einem bestimmten Verhältnis zum Prüfer stehende Personen bzw. Unternehmen. Eine solche Ausdehnung soll zukünftig nun nicht mehr an dieser Stelle, sondern vielmehr in einem eigenen § 319b HGB geregelt werden. Damit kommt der Gesetzgeber seiner Umsetzungsverpflichtung von Art. 22 Abs. 2 der Abschlussprüferrichtlinie nach, welcher die Ausdehnung der Unabhängigkeitsvorschriften auf Netzwerke vorsieht.[904]

Regelungen in Bezug auf Netzwerkmitglieder	Ausschluss nur bei Einfluss	Ausschluss immer	Nicht anwendbar
§ 319 Abs. 2: Generalklausel	•		
§ 319 Abs. 3 Satz 1 Nr. 1: Direkte oder indirekte Beteiligung		•	
§ 319 Abs. 3 Satz 1 Nr. 2: Organ oder Arbeitnehmer	•		

---

[904] Vgl. Petersen/Zwirner/Boecker, WPg 2010, S. 464 f.

Regelungen in Bezug auf Netzwerkmitglieder	Ausschluss nur bei Einfluss	Ausschluss immer	Nicht anwendbar
§ 319 Abs. 3 Satz 1 Nr. 3: Mitwirkung am Prüfungsobjekt		•	
§ 319 Abs. 3 Satz 1 Nr. 4: Beschäftigung befangener Personen	•		
§ 319a Abs. 1 Satz 1 Nr. 2: Rechts- oder Steuerberatungsleistungen		•	
§ 319a Abs. 1 Satz 1 Nr. 3: Mitwirkung am Rechnungslegungsinformationssystem		•	
§ 319 Abs. 3 Satz 1 Nr. 5: Honorargrenze 30 %			•
§ 319a Abs. 1 Satz 1 Nr. 1: Honorargrenze 15 %			•
§ 319a Abs. 1 Satz 1 Nr. 4: Interne Rotation			•

Abb. 172: *Übersicht Ausschlussgründe im Netzwerk*[905]

§ 319b Abs. 1 Satz 1 HGB

Bestimmte netzwerkangehörige Personen sollen eine Abschlussprüfung grundsätzlich nicht durchführen dürfen. Zu diesem Zweck regelt § 319b Abs. 1 Satz 1 HGB zunächst allgemeine Überprüfungstatbestände, die zu Ausschlussgründen führen können. Hierbei unterscheidet der Gesetzgeber zwischen mehreren Überprüfungstatbeständen. Nach § 319b Abs. 1 Satz 1 HGB ist ein Abschlussprüfer von der Abschlussprüfung ausgeschlossen, wenn ein Mitglied seines Netzwerks einen Ausschlussgrund nach § 319 Abs. 2 (allgemeiner Grundsatz der Besorgnis der Befangenheit), Abs. 3 Satz 1 Nr. 1 (finanzielle Interessen), Abs. 3 Satz 1 Nr. 2 (Funktionen im zu prüfenden Unternehmen), Abs. 3 Satz 1 Nr. 4 (Einsatz von befangenen Personen), Abs. 3 Satz 2 (Ausschlussgründe für Ehegatten oder Lebenspartner) oder Abs. 4

---

[905] Übersicht in Anlehnung an Vorträge bei den IDW Landesgruppenveranstaltungen. Eine ausführliche Tabelle findet sich in Förschle/Schmidt, in: Ellrott u. a. (Hrsg.): Beck'scher Bilanz-Kommentar, 7. Aufl., München 2010, § 319b HGB, Anm. 17, 21. Zu möglichen Unstimmigkeiten in der Verweistechnik des Gesetzgebers vgl. WPK Magazin 2/2009, S. 6; Petersen/Zwirner/Boecker, WPg 2010, S. 466 f.

(Ausschlussgründe für Prüfungsgesellschaften) HGB erfüllt, es sei denn, das Netzwerkmitglied kann auf das Ergebnis der Abschlussprüfung keinen Einfluss nehmen.[906] Mit der vorgenannten Regelung ermöglicht der Gesetzgeber dem betroffenen Netzwerkmitglied die Möglichkeit, die Befangenheitsvermutung zu widerlegen. Der Ausschlussgrund gilt als dann entfallen, wenn der Abschlussprüfer nachweisen kann, dass andere Netzwerkmitglieder auf das Ergebnis der Abschlussprüfung keinen Einfluss nehmen können. Die Nachweispflicht trifft hierbei den Abschlussprüfer; er hat darzulegen und ggf. zu beweisen, dass seine Unabhängigkeit nicht gefährdet ist.[907]

Dem Verzicht in § 319b Abs. 1 Satz 1 HGB auf die Einbeziehung des § 319 Abs. 3 Satz 1 Nr. 5 HGB (Umsatzabhängigkeit) liegen ausweislich der Regierungsbegründung (BT-Drucks. 16/10067, S. 90) Praktikabilitätserwägungen und die Einschätzung zugrunde, dass eine Berücksichtigung der Vorschrift innerhalb eines Netzwerks nicht zu angemessenen Ergebnissen führt. Es wäre ansonsten erforderlich, dass bei der Bemessung der Überschreitung der Umsatzgrenze von 30 % die Gesamtumsätze des Netzwerkmitglieds und des Abschlussprüfers zu addieren und ins Verhältnis zu den mit dem zu prüfenden Unternehmen von dem Abschlussprüfer und dem Netzwerkmitglied erzielten Umsätzen zu setzen sind. Die Feststellung des Gesamtumsatzes des Netzwerkmitglieds und seines Umsatzes mit dem zu prüfenden Unternehmen dürfte dem Abschlussprüfer jedoch ausweislich der Regierungsbegründung praktische Schwierigkeiten bereiten.

§ 319b Abs. 1 Satz 2 HGB

Demgegenüber ist der Abschlussprüfer nach § 319b Abs. 1 Satz 2 HGB unwiderlegbar ausgeschlossen, wenn das Netzwerkmitglied einen Ausschlussgrund nach § 319 Abs. 3 Satz 1 Nr. 3, § 319a Abs. 1 Nr. 2 und Nr. 3 HGB erfüllt. Dies sind die Fälle, in denen das Netzwerkmitglied prüfungsnahe Dienstleistungen erbracht hat, die sich letztlich unabhängig vom weiteren Zutun des Netzwerkmitglieds im Jahres- und Konzernabschluss niederschlagen, wie die Führung der Bücher und die Aufstellung des Jahresabschlusses (§ 319 Abs. 3 Satz 1 Nr. 3 HGB; Regelung für die Prüfung von allen Unternehmen), wesentliche Rechts- und Steuerberatungsleistungen (§ 319a Abs. 1 Nr. 2 HGB; Regelung für die Prüfung von kapitalmarktorientierten Unternehmen) oder erhebliche Mitwirkung am Rechnungslegungsinformationssystem (§ 319a Abs. 1 Nr. 3 HGB; Regelung für die Prüfung von kapitalmarktorientierten Unternehmen).[908]

§ 319a Abs. 1 Satz 1 Nr. 1 HGB (Umsatzabhängigkeit bei der Prüfung kapitalmarktorientierter Unternehmen) wird mit den gleichen Argumenten – nämlich aus Praktikabilitätserwägungen und mit der Überlegung, dass eine Berücksichtigung innerhalb

---

[906] Zu den möglichen Einflussmöglichkeiten vgl. Förschle/Schmidt, in: Ellrott u. a. (Hrsg.): Beck'scher Bilanz-Kommentar, 7. Aufl., München 2010, § 319b HGB, Anm. 1 f.

[907] Zu den entsprechenden Dokumentationserfordernissen vgl. Zwirner/Boecker, BB 2010, S. VII; Petersen/Zwirner/Boecker, WPg 2010, S. 471.

[908] Die Ausschlussgründe des § 319a HGB gelten nach der hier vertretenen Auffassung auch nur für entsprechende § 319a HGB-Mandate.

des Netzwerks nicht zu angemessenen Ergebnissen führt – nicht in die Ausschlussgründe aufgenommen, mit denen auch auf die Einbeziehung des § 319 Abs. 3 Satz 1 Nr. 5 HGB verzichtet wird.

Zusammenfassend lässt sich sagen, dass die Bildung eines Netzwerks nicht grundsätzlich schädlich ist, sondern Netzwerkmitglieder sehr wohl Prüfungs- und Beratungsleistungen erbringen können, ohne dass der netzwerkangehörige Abschlussprüfer – gleichsam automatisch – von der Abschlussprüfung ausgeschlossen ist. Die Erbringung von Beratungsleistungen ist nur dann nicht zulässig, wenn sich das Ergebnis der Beratung unmittelbar im Jahresabschluss oder Konzernabschluss widerspiegelt. Hierbei geht es um die Erbringung von solchen Beratungs- bzw. Bewertungsleistungen, die mit einem wesentlichen Einfluss auf den Abschluss verbunden sind, sodass aus Sicht eines objektiven Dritten immer die Besorgnis der Befangenheit besteht, wenn ein Prüfer eine solche Leistung eines anderen Mitglieds seines Netzwerks zu beurteilen hat. In diesen Fällen besteht die Besorgnis der Befangenheit nach § 319b Abs. 1 Satz 2 HGB folglich immer unwiderlegbar.

Damit wird ausweislich der Regierungsbegründung (BT-Drucks. 16/10067, S. 90) bewusst eine Lösung gewählt, die es mittelständischen Abschlussprüfern weiterhin ermöglicht, sich im Rahmen eines Netzwerks mit Spezialisten auf dem Gebiet der Unternehmensberatung zusammenzuschließen und so eine breite Produktpalette anzubieten. Einer weiteren Konzentration auf dem Markt für Abschlussprüfungsleistungen wird nach Auffassung der Regierung auf diese Weise entgegengewirkt.[909]

§ 319b Abs. 1 Satz 3 HGB

Die Übertragung der Unabhängigkeitsanforderungen auch auf Netzwerkmitglieder erfordert eine Definition des Begriffs ‚Netzwerk'. Nach § 319b Abs. 1 Satz 3 HGB liegt ein Netzwerk vor, wenn Personen bei ihrer Berufsausübung zur Verfolgung gemeinsamer wirtschaftlicher Interessen für eine gewisse Dauer zusammenwirken. Als Personen, die bei ihrer Berufsausübung zusammenwirken, kommen sowohl juristische als auch natürliche Personen infrage.

Die Netzwerkdefinition des § 319b Abs. 1 Satz 3 HGB komprimiert die Definition der Abschlussprüferrichtlinie. Aus dem Begriff ‚zusammenwirken' folgt, dass es dabei auf die rechtliche Ausgestaltung des Netzwerks nicht ankommen kann. Gleichwohl muss das Zusammenwirken für eine gewisse Dauer erfolgen. Gemeinsame wirtschaftliche Interessen sind ausweislich der Regierungsbegründung (BT-Drucks. 16/10067, S. 90) zu bejahen, wenn das Zusammenwirken der Netzwerkmitglieder auf Gewinn- und Kostenteilung zielt oder die Netzwerkmitglieder durch gemeinsames Eigentum, gemeinsame Kontrolle oder gemeinsame Geschäftsführung, gemeinsame Qualitätssicherungsmaßnahmen und -verfahren, eine gemeinsame Ge-

---

[909] Vgl. dazu Fölsing, ZCG 2009, S. 77.

schäftsstrategie, die Verwendung einer gemeinsamen Marke[910] oder durch einen wesentlichen Teil gemeinsamer fachlicher Ressourcen miteinander verbunden sind.

Die Annahme eines Netzwerks ist jedoch dann nicht erfüllt, wenn das Zusammenwirken nur einmalig oder gelegentlich erfolgt. Es kommt vielmehr auf das Verfolgen gleicher wirtschaftlicher Interessen bei der Berufsausübung durch ein bewusstes und gewolltes Zusammenwirken über eine bestimmte Zeitdauer an. In diesem Zusammenhang wird man davon ausgehen können, dass z. B. die Durchführung von Gemeinschaftsprüfungen (*joint audits*) oder die gemeinschaftliche Erstellung eines betriebswirtschaftlichen Gutachtens von ansonsten ‚unabhängigen' Wirtschaftsprüfern bzw. Wirtschaftsprüfungsgesellschaften kein Netzwerk begründen dürften (so auch die Regierungsbegründung, BT-Drucks. 16/10067, S. 91).

Auch wenn der deutsche Gesetzgeber in § 319b Abs. 1 Satz 3 HGB die Netzwerkdefinition der Abschlussprüferrichtlinie komprimiert hat, können die Kriterien aus der Abschlussprüferrichtlinie für die Überprüfung, ob ein Netzwerk vorliegt oder nicht, mitunter hilfreich sein. Nach Art. 2 Nr. 7 der Abschlussprüferrichtlinie ist ein Netzwerk als breitere Struktur definiert,

- die auf Kooperation ausgerichtet ist und
- die eindeutig auf Gewinn- oder Kostenrechnung abzielt oder
- durch gemeinsames Eigentum, gemeinsame Kontrolle oder
- gemeinsame Geschäftsführung, gemeinsame Qualitätssicherungsmaßnahmen und -verfahren, eine gemeinsame Geschäftsstrategie, die Verwendung einer gemeinsamen Marke oder
- durch einen wesentlichen Teil gemeinsamer fachlicher Ressourcen

miteinander verbunden ist.[911]

Auslegungsprobleme mit dem Begriff ‚Netzwerk' werden gleichwohl insbesondere internationale Kooperationen haben, denen eine Vielzahl mittelständisch geprägter Wirtschaftsprüfungsgesellschaften angehören. Ob es sich dabei um Netzwerke i. S. v. § 319b HGB oder nur um Kooperationen, die dieser Definition nicht entsprechen, handelt, wird im Einzelfall zweifelhaft sein.[912] Die für oder gegen die Annahme eines Netzwerks sprechenden Tatbestandsmerkmale dürften vielfach nicht eindeutig ausgeprägt sein.[913] Eine klare Aussage, ob die jeweilige Kooperation als Netzwerk i. S. v. § 319b HGB zu qualifizieren ist, wird häufig nicht möglich sein. Es bleibt zu hoffen, dass sich bei der Auslegung des Netzwerkbegriffs, den Nachweispflichten für die Widerlegung der Befangenheitsvermutung sowie den Anforderungen an den Unabhän-

---

[910] Zur Verwendung einer gemeinsamen Marke vgl. Dodenhoff, in: Bertram/Brinkmann/Kessler/Müller (Hrsg.): Haufe HGB Kommentar, Freiburg 2009, § 319b HGB, Rz 10.
[911] So letztlich auch die Regierungsbegründung.
[912] Eine Übersicht über verschiedene Netzwerkmerkmale findet sich bei Petersen/Zwirner/Boecker, in: Küting/Weber (Hrsg.): HdR-E, 5. Aufl., Stuttgart 2002 ff., § 319b HGB, Rn. 7.
[913] Vgl. Petersen/Zwirner/Boecker, WPg 2010, S. 465.

gigkeitscheck die jeweiligen verantwortlichen Gremien an der auch in der Regierungsbegründung enthaltenen Grundfrage orientieren: Könnte bei einem objektiven, verständigen und informierten Dritten die Besorgnis der Befangenheit aufkommen.[914]

So sollte in der Berufspraxis – auch um die Gefahr einer ‚Verwechslung' zu vermeiden – in der Außendarstellung auf eine bewusste Unterscheidung zwischen Netzwerken i. S. d. § 319b HGB und bspw. reinen Kooperationen geachtet werden.[915]

> § 319b Abs. 2 HGB

Für die Konzernabschlussprüfung überträgt § 319b Abs. 2 HGB den Inhalt von Absatz 1 analog auf den Prüfer des Konzernabschlusses. Insbesondere bei Konzernabschlussprüfungen ist mit einem Anwendungsbereich von § 319b HGB zu rechnen. Der Konzernabschlussprüfer hat daher durch geeignete Maßnahmen sicherzustellen, dass keine Ausschlussgründe von Netzwerkmitgliedern verwirklicht werden bzw. bestehende Ausschlussgründe erkannt und die erforderlichen Schritte eingeleitet werden.[916]

5.4 Erstanwendungszeitpunkt der Neuregelung

§ 319b HGB ist **erstmals** für nach dem **31.12.2008** beginnende Geschäftsjahre anzuwenden (Art. 66 Abs. 2 Satz 1 EGHGB).

6 Vorlagepflicht und Auskunftsrecht

6.1 Gesetzesänderung

> **HGB § 320 Vorlagepflicht. Auskunftsrecht**
>
> (1) Die gesetzlichen Vertreter der Kapitalgesellschaft haben dem Abschlussprüfer den Jahresabschluss und den Lagebericht unverzüglich nach der Aufstellung vorzulegen. Sie haben ihm zu gestatten, die Bücher und Schriften der Kapitalgesellschaft sowie die Vermögensgegenstände und Schulden, namentlich die Kasse und die Bestände an Wertpapieren und Waren, zu prüfen.
>
> (2) Der Abschlussprüfer kann von den gesetzlichen Vertretern alle Aufklärungen und Nachweise verlangen, die für eine sorgfältige Prüfung notwendig sind. Soweit es die Vorbereitung der Abschlussprüfung erfordert, hat der Abschlussprüfer die Rechte nach Absatz 1 Satz 2 und nach Satz 1 auch schon vor Aufstellung des Jah-

---

[914] Vgl. dazu Neu, DB 2008, S. I; Fölsing, ZCG 2009, S. 76.
[915] Vgl. Petersen/Zwirner/Boecker, WPg 2010, S. 466.
[916] Vgl. Dodenhoff, in: Bertram/Brinkmann/Kessler/Müller (Hrsg.): Haufe HGB Kommentar, Freiburg 2009, § 319b HGB, Rz 19.

resabschlusses. Soweit es für eine sorgfältige Prüfung notwendig ist, hat der Abschlussprüfer die Rechte nach den Sätzen 1 und 2 auch gegenüber Mutter- und Tochterunternehmen.

(3) Die gesetzlichen Vertreter einer Kapitalgesellschaft, die einen Konzernabschluss aufzustellen hat, haben dem Abschlussprüfer des Konzernabschlusses den Konzernabschluss, den Konzernlagebericht, die Jahresabschlüsse, Lageberichte und, wenn eine Prüfung stattgefunden hat, die Prüfungsberichte des Mutterunternehmens und der Tochterunternehmen vorzulegen. Der Abschlussprüfer hat die Rechte nach Absatz 1 Satz 2 und nach Absatz 2 bei dem Mutterunternehmen und den Tochterunternehmen, die Rechte nach Absatz 2 auch gegenüber den Abschlussprüfern des Mutterunternehmens und der Tochterunternehmen.

(4) Der bisherige Abschlussprüfer hat dem neuen Abschlussprüfer auf schriftliche Anfrage über das Ergebnis der bisherigen Prüfung zu berichten; § 321 ist entsprechend anzuwenden.

6.2 Hintergrund der Neuregelung

Die Ergänzung des § 320 HGB um einen vierten Absatz beruht auf Art. 23 Abs. 3 der Abschlussprüferrichtlinie. Dort heißt es sinngemäß: Wird ein Abschlussprüfer durch einen anderen Abschlussprüfer ersetzt, gewährt dieser dem neuen Abschlussprüfer Zugang zu allen relevanten Informationen über das geprüfte Unternehmen. Dies gilt entsprechend, soweit Prüfungsgesellschaften die Abschlussprüfung durchführen.

6.3 Erläuterungen zur Neuregelung

§ 320 Abs. 4 HGB

Bisher ist es dem neuen Abschlussprüfer zumindest mittelbar möglich, Zugang zu allen relevanten Informationen über das geprüfte Unternehmen zu erhalten (§ 318 Abs. 6 Satz 4 HGB, § 320 Abs. 1 Satz 2 HGB). Diese Vorschriften bleiben jedoch hinter der Abschlussprüferrichtlinie zurück, die einen unmittelbaren Informationsanspruch des neuen Abschlussprüfers fordert.

Mit § 320 Abs. 4 HGB wird dem neuen Abschlussprüfer ein unmittelbar gegenüber dem bisherigen Abschlussprüfer wirkendes Informationsrecht eingeräumt und umgekehrt der bisherige Abschlussprüfer verpflichtet, dem neuen Abschlussprüfer über das Ergebnis der bisherigen Abschlussprüfung zu berichten.

Gleichwohl ist der bisherige Abschlussprüfer nicht verpflichtet, den neuen Abschlussprüfer unaufgefordert über das Ergebnis der bisherigen Prüfung zu informieren. Vielmehr ist eine schriftliche Anfrage des neuen Abschlussprüfers erforderlich. Daraus folgt, dass der bisherige Abschlussprüfer nicht grundsätzlich dazu verpflichtet ist, dem neuen Abschlussprüfer Informationen unaufgefordert zu übermitteln, sondern nur, wenn diese Information auch angefordert wird.[917] Wird der bisherige Abschlussprüfer um Informationen gebeten, hat er diese jedoch unverzüglich zu erteilen (BT-Drucks. 16/10067, S. 91).

Unabhängig davon bleibt die Berichtspflicht nach § 318 Abs. 6 Satz 4 HGB – die gegenüber den Organen des geprüften Unternehmens besteht – unberührt. Mit der Maßgabe, § 321 HGB entsprechend anzuwenden, soll sichergestellt werden, dass der bisherige Abschlussprüfer sowohl den neuen Abschlussprüfer als auch die Organe nach § 318 Abs. 6 Satz 4 HGB in Berichtsform informiert. Damit stellt der Bericht nach § 320 Abs. 4 HGB ausweislich der Regierungsbegründung kein neues oder weitergehendes Berichtsinstrument dar (BT-Drucks. 16/10067, S. 91).

Ein Recht bzw. eine Pflicht zur Einsichtnahme in die Arbeitspapiere des bisherigen Abschlussprüfers durch den neuen Abschlussprüfer oder gar deren Überlassung an den neuen Abschlussprüfer geht mit der Informationspflicht nicht einher (BT-Drucks. 16/10067, S. 91).

Das Recht auf Auskunftsverweigerung bei Gefahr der Selbstbelastung, welches das IDW in seinen Anmerkungen zum Referentenentwurf angesprochen hatte,[918] bleibt unberührt (BT-Drucks. 16/10067, S. 91).

Laut Regierungsbegründung (BT-Drucks. 16/10067, S. 91) ist die Neuregelung sowohl beim vorzeitigen Prüferwechsel i. S. d. § 318 Abs. 3 HGB (Abberufung des Abschlussprüfers durch ein Gericht) oder § 318 Abs. 6 HGB (Niederlegung des Mandats durch den beauftragten Abschlussprüfer; Kündigung aus wichtigem Grund) als auch beim regulären Prüferwechsel anzuwenden. Das IDW hatte zum Referentenentwurf, dessen Gesetzestext zu § 320 Abs. 4 HGB unverändert übernommen worden ist, angemerkt, dass beim regulären Prüferwechsel der Abschlussprüfer nach § 320 Abs. 2 Satz 1 HGB vom geprüften Unternehmen alle Aufklärungen und Nachweise verlangen kann, die für eine sorgfältige Prüfung notwendig sind. Hierzu gehört auch der Prüfungsbericht i. S. v. § 321 HGB des vorherigen Abschlussprüfers. Das Auskunftsrecht nach § 320 Abs. 4 HGB könne sich demnach wohl nur auf solche Fälle beziehen, in denen das geprüfte Unternehmen nicht in der Lage ist, dem neuen Abschlussprüfer den Vorjahresprüfungsbericht auszuhändigen.[919] Durch die Regierungsbegründung ist nun klargestellt, dass § 320 Abs. 4 HGB für alle Prüferwechsel gelten soll.[920] Daraus folgt, dass der neue Abschlussprüfer auch beim regulären Prüferwechsel einen direkten Anspruch auf Aushändigung des Prüfungsberichts gegen den vorherigen Abschlussprüfer geltend machen kann.

---

[917] So auch Förschle/Heinz, in: Ellrott u. a. (Hrsg.): Beck'scher Bilanz-Kommentar, 7. Aufl., München 2010, § 320, Anm. 41.
[918] IDW, Stellungnahme zum Referentenentwurf eines Gesetzes zur Modernisierung des Bilanzrechts vom 4.1.2008, S. 29.
[919] IDW, Stellungnahme zum Referentenentwurf eines Gesetzes zur Modernisierung des Bilanzrechts vom 4.1.2008, S. 30.
[920] So auch Förschle/Heinz, in: Ellrott u. a. (Hrsg.): Beck'scher Bilanz-Kommentar, 7. Aufl., München 2010, § 320, Anm. 40; Bertram, in: Bertram/Brinkmann/Kessler/Müller (Hrsg.): Haufe HGB Kommentar, Freiburg 2009, § 320, Rz 56.

Gleichwohl dürfte die Neuregelung im Fall des regulären Prüferwechsels vermutlich ohne größere praktische Relevanz bleiben, weil dem Folgeprüfer regelmäßig der Prüfungsbericht des bisherigen Abschlussprüfers von der zu prüfenden Gesellschaft zur Verfügung gestellt wird.[921]

Fraglich könnte sein, ob vor der Aushändigung des Prüfungsberichts an den neuen Abschlussprüfer eine gesonderte Entbindung von der Verschwiegenheitsverpflichtung des alten Abschlussprüfers durch das geprüfte Unternehmen erfolgen muss. In Bezug auf den Prüfungsbericht dürfte das angesichts der klaren gesetzlichen Regelung zumindest für gesetzliche Abschlussprüfungen eigentlich nicht erforderlich sein.[922] Es bleibt abzuwarten, ob der Berufsstand der Wirtschaftsprüfer ungeachtet der gesetzlichen Regelung eine Entbindung von der Verschwiegenheitsverpflichtung nicht doch empfehlen wird.

6.4 Erstanwendungszeitpunkt der Neuregelung

§ 320 HGB ist **erstmals** für nach dem **31.12.2008** beginnende Geschäftsjahre anzuwenden (Art. 66 Abs. 2 Satz 1 EGHGB).

7 Prüfungsbericht

7.1 Gesetzesänderung

HGB § 321 Prüfungsbericht

(1) Der Abschlussprüfer hat über Art und Umfang sowie über das Ergebnis der Prüfung schriftlich und mit der gebotenen Klarheit zu berichten. In dem Bericht ist vorweg zu der Beurteilung der Lage des Unternehmens oder Konzerns durch die gesetzlichen Vertreter Stellung zu nehmen, wobei insbesondere auf die Beurteilung des Fortbestandes und der künftigen Entwicklung des Unternehmens unter Berücksichtigung des Lageberichts und bei der Prüfung des Konzernabschlusses von Mutterunternehmen auch des Konzerns unter Berücksichtigung des Konzernlageberichts einzugehen ist, soweit die geprüften Unterlagen und der Lagebericht oder der Konzernlagebericht eine solche Beurteilung erlauben. Außerdem hat der Abschlussprüfer über bei Durchführung der Prüfung festgestellte Unrichtigkeiten oder Verstöße gegen gesetzliche Vorschriften sowie Tatsachen zu berichten, die den Bestand des geprüften Unternehmens oder des Konzerns gefährden oder seine Entwicklung wesentlich beeinträchtigen können oder die schwerwiegende Verstöße der gesetzlichen Vertreter oder von Arbeitnehmern gegen Gesetz, Gesellschaftsvertrag oder die Satzung erkennen lassen.

---

[921] Vgl. Bertram, in: Bertram/Brinkmann/Kessler/Müller (Hrsg.): Haufe HGB Kommentar, Freiburg 2009, § 320, Rz. 58.
[922] So auch Gelhausen/Fey/Kämpfer, Rechnungslegung und Prüfung nach dem Bilanzrechtsmodernisierungsgesetz, Düsseldorf 2009, Abschnitt S, Tz. 43; Förschle/Heinz, in: Ellrott u. a. (Hrsg.): Beck'scher Bilanz-Kommentar, 7. Aufl., München 2010, § 320, Anm. 41.

(2) Im Hauptteil des Prüfungsberichts ist festzustellen, ob die Buchführung und die weiteren geprüften Unterlagen, der Jahresabschluss, der Lagebericht, der Konzernabschluss und der Konzernlagebericht den gesetzlichen Vorschriften und den ergänzenden Bestimmungen des Gesellschaftsvertrags oder der Satzung entsprechen. In diesem Rahmen ist auch über Beanstandungen zu berichten, die nicht zur Einschränkung oder Versagung des Bestätigungsvermerks geführt haben, soweit dies für die Überwachung der Geschäftsführung und des geprüften Unternehmens von Bedeutung ist. Es ist auch darauf einzugehen, ob der Abschluss insgesamt unter Beachtung der Grundsätze ordnungsmäßiger Buchführung oder sonstiger maßgeblicher Rechnungslegungsgrundsätze ein den tatsächlichen Verhältnissen entsprechendes Bild der Vermögens-, Finanz- und Ertragslage der Kapitalgesellschaft oder des Konzerns vermittelt. Dazu ist auch auf wesentliche Bewertungsgrundlagen sowie darauf einzugehen, welchen Einfluss Änderungen in den Bewertungsgrundlagen einschließlich der Ausübung von Bilanzierungs- und Bewertungswahlrechten und der Ausnutzung von Ermessensspielräumen sowie sachverhaltsgestaltende Maßnahmen insgesamt auf die Darstellung der Vermögens-, Finanz- und Ertragslage haben. Hierzu sind die Posten des Jahres- und des Konzernabschlusses aufzugliedern und ausreichend zu erläutern, soweit diese Angaben nicht im Anhang enthalten sind. Es ist darzustellen, ob die gesetzlichen Vertreter die verlangten Aufklärungen und Nachweise erbracht haben.

(3) In einem besonderen Abschnitt des Prüfungsberichts sind Gegenstand, Art und Umfang der Prüfung zu erläutern. Dabei ist auch auf die angewandten Rechnungslegungs- und Prüfungsgrundsätze einzugehen.

(4) Ist im Rahmen der Prüfung eine Beurteilung nach § 317 Abs. 4 abgegeben worden, so ist deren Ergebnis in einem besonderen Teil des Prüfungsberichts darzustellen. Es ist darauf einzugehen, ob Maßnahmen erforderlich sind, um das interne Überwachungssystem zu verbessern.

(4a) Der Abschlussprüfer hat im Prüfungsbericht seine Unabhängigkeit zu bestätigen.

(5) Der Abschlussprüfer hat den Bericht zu unterzeichnen und den gesetzlichen Vertretern vorzulegen. Hat der Aufsichtsrat den Auftrag erteilt, so ist der Bericht ihm vorzulegen; dem Vorstand ist vor Zuleitung Gelegenheit zur Stellungnahme zu geben.

7.2 Hintergrund der Neuregelung

Der neue Absatz 4a des § 321 HGB folgt aus Art. 42 Abs. 1 Buchstabe a der Abschlussprüferrichtlinie. Danach haben die Mitgliedstaaten sicherzustellen, dass die Abschlussprüfer oder Prüfungsgesellschaften, die die Abschlussprüfung eines Unternehmens von öffentlichem Interesse durchführen, gegenüber dem Prüfungsausschuss jährlich schriftlich ihre Unabhängigkeit von dem geprüften Unternehmen von öffentlichem Interesse erklären.

7.3 Erläuterungen zur Neuregelung

§ 321 Abs. 4a HGB

Mit § 321 Abs. 4a HGB wird der Abschlussprüfer verpflichtet, seine Unabhängigkeit im Prüfungsbericht ausdrücklich schriftlich zu bestätigen. Damit soll gewährleistet werden, dass der Abschlussprüfer während der gesamten Dauer der Abschlussprüfung seine Unabhängigkeit sicherstellt und dies auch überwacht. Entgegen der Formulierung im Regierungsentwurf muss dies nach dem endgültigen Gesetzestext nicht mehr in einem gesonderten Abschnitt des Prüfungsberichts erfolgen. Die Vorschrift ist, entgegen Art. 42 Abs. 1 Buchstabe a der Abschlussprüferrichtlinie, nicht auf die Abschlussprüfer kapitalmarktorientierter Unternehmen beschränkt, sondern findet auf alle Abschlussprüfungen Anwendung. Damit geht der deutsche Gesetzgeber über die Anforderungen der Abschlussprüferrichtlinie hinaus. Begründet wird dies vom Gesetzgeber nicht.

Die Unabhängigkeit ist vom Abschlussprüfer für den gesamten Zeitraum der Abschlussprüfung durch geeignete Maßnahmen sicherzustellen. Dies ist jedoch keine neue Anforderung an den Abschlussprüfer. Durch die Einführung von § 321 Abs. 4a HGB wird der Abschlussprüfer lediglich verpflichtet, die Einhaltung seiner gesetzlichen Pflicht in Bezug auf seine Unabhängigkeit ausdrücklich zu bestätigen.[923]

Für börsennotierte Gesellschaften sieht der Deutsche Corporate-Governance-Kodex (DCGK) in der Fassung vom 18.6.2009 (Ziffer 7.2.1) bislang schon vor, dass der Aufsichtsrat bzw. Prüfungsausschuss bereits vor Unterbreitung des Vorschlags zur Wahl des Abschlussprüfers von diesem eine Unabhängigkeitserklärung einholen soll.[924] Während allerdings die Unabhängigkeitserklärung des Abschlussprüfers gegenüber dem Aufsichtsrat nach Ziffer 7.2.1 des DCGK bereits vor Beginn der Prüfungstätigkeit erfolgt, sieht § 321 Abs. 4a HGB diese Bestätigung erst in der Berichterstattung über die (bereits durchgeführte) Abschlussprüfung vor. Insofern wird mit dieser Unabhängigkeitserklärung lediglich im Nachgang dokumentiert, dass der Abschlussprüfer während der Abschlussprüfung unabhängig gewesen ist.[925]

---

[923] Vgl. Gelhausen/Fey/Kämpfer, Rechnungslegung und Prüfung nach dem Bilanzrechtsmodernisierungsgesetz, Düsseldorf 2009, Abschnitt S, § 321, Tz. 67.
[924] Vgl. Deutscher Corporate-Governance-Kodex v. 18.6.2009, abrufbar unter: http://www.corporate-governance-code.de/ (Stand: 10.8.2010).
[925] Orth/Müller weisen darauf hin, dass diese Berichterstattung – anders als die Unabhängigkeitserklärung entsprechend dem DCGK – lediglich eine Nachweis- und Dokumentationsfunktion erfüllt. Dies entspricht – letztlich konsequent – auch den Funktionen des Prüfungsberichts; vgl. Orth/Müller, in: Küting/Pfitzer/Weber, Das neue deutsche Bilanzrecht, 2. Aufl., Stuttgart 2009, S. 649.

Für die Bestätigung der Unabhängigkeit empfiehlt das IDW folgende Formulierung (IDW PS 450, Tz. 23a):[926] „Wir bestätigen gemäß § 321 Abs. 4a HGB, dass wir bei unserer Abschlussprüfung die anwendbaren Vorschriften zur Unabhängigkeit beachtet haben."

Die Unabhängigkeitsbestätigung ist in den Abschnitt ‚Prüfungsauftrag' des Prüfungsberichts aufzunehmen.

7.4 Erstanwendungszeitpunkt der Neuregelung

§ 321 Abs. 4a HGB ist **erstmals** für nach dem **31.12.2008** beginnende Geschäftsjahre anzuwenden (Art. 66 Abs. 2 Satz 1 EGHGB).

8 Prüfungsausschuss

8.1 Gesetzesänderung

> **HGB § 324 Prüfungsausschuss**
>
> (1) Kapitalgesellschaften im Sinn des § 264d, die keinen Aufsichts- oder Verwaltungsrat haben, der die Voraussetzungen des § 100 Abs. 5 des Aktiengesetzes erfüllen muss, sind verpflichtet, einen Prüfungsausschuss im Sinn des Absatzes 2 einzurichten, der sich insbesondere mit den in § 107 Abs. 3 Satz 2 des Aktiengesetzes beschriebenen Aufgaben befasst. Dies gilt nicht für
>
> 1. Kapitalgesellschaften im Sinn des Satzes 1, deren ausschließlicher Zweck in der Ausgabe von Wertpapieren im Sinn des § 2 Abs. 1 Satz 1 des Wertpapierhandelsgesetzes besteht, die durch Vermögensgegenstände besichert sind; im Anhang ist darzulegen, weshalb ein Prüfungsausschuss nicht eingerichtet wird;
>
> 2. Kreditinstitute im Sinn des § 340 Abs. 1, die einen organisierten Markt im Sinn des § 2 Abs. 5 des Wertpapierhandelsgesetzes nur durch die Ausgabe von Schuldtiteln im Sinn des § 2 Abs. 1 Satz 1 Nr. 3 Buchstabe a des Wertpapierhandelsgesetzes in Anspruch nehmen, soweit deren Nominalwert 100 Millionen Euro nicht übersteigt und keine Verpflichtung zur Veröffentlichung eines Prospekts nach dem Wertpapierprospektgesetz besteht.
>
> (2) Die Mitglieder des Prüfungsausschusses sind von den Gesellschaftern zu wählen. Mindestens ein Mitglied muss die Voraussetzungen des § 100 Abs. 5 des Aktiengesetzes erfüllen. Der Vorsitzende des Prüfungsausschusses darf nicht mit der Geschäftsführung betraut sein. § 124 Abs. 3 Satz 2 und § 171 Abs. 1 Satz 2 und 3 des Aktiengesetzes sind entsprechend anzuwenden.

---

[926] IDW PS 450, FN-IDW 2006, S. 44 ff., unter Berücksichtigung der Änderungen vom 9.9.2009, FN-IDW 2009, S. 533 ff.

8.2 Hintergrund der Neuregelung

Der bisherige § 324 HGB wird mangels praktischer Bedeutung aufgehoben.

§ 324 HGB resultiert aus der Umsetzung des Artikels 41 Abs. 1 Satz 1 der Abschlussprüferrichtlinie. Nach dieser Vorschrift hat jedes Unternehmen von öffentlichem Interesse einen Prüfungsausschuss zu bilden. Gemäß Art. 2 Nr. 13 der Abschlussprüferrichtlinie sind Unternehmen von öffentlichem Interesse Unternehmen, die unter das Recht eines Mitgliedstaats fallen und deren übertragbare Wertpapiere zum Handel auf einem geregelten Markt eines Mitgliedstaats i. S. d. Artikels 4 Abs. 1 Nr. 14 der Richtlinie 2004/39/EG (Finanzmarktrichtlinie), zugelassen sind. Art. 4 Abs. 1 Nr. 14 der Finanzmarktrichtlinie wurde mit § 2 Abs. 5 WpHG umgesetzt.

Es sei hier darauf hingewiesen, dass sich der neu gefasste § 324 HGB eigentlich nicht auf die Abschlussprüfung im engeren Sinn bezieht, sondern es sich vielmehr um einen gesellschaftsrechtlichen Auffangtatbestand handelt, der in das HGB aufgenommen worden ist. Allerdings hat § 324 HGB zumindest mittelbar auch Bedeutung für den Abschlussprüfer. Durch die Neufassung von § 171 Abs. 1 Satz 2 und 3 AktG hat der Abschlussprüfer an der Bilanzsitzung eines Prüfungsausschusses teilzunehmen und dort über wesentliche Ergebnisse der Prüfung ebenso wie über die Besorgnis der Befangenheit auslösende Umstände und zusätzlich zur Abschlussprüfung erbrachte Leistungen zu berichten.

8.3 Erläuterungen zur Neuregelung

8.3.1 Allgemeine Vorbemerkungen zum Prüfungsausschuss[927]

Bislang besteht für Aufsichtsräte deutscher Aktiengesellschaften keine gesetzliche Verpflichtung, Ausschüsse einzurichten (§ 107 Abs. 3 AktG: „Der Aufsichtsrat kann [...] Ausschüsse bestellen [...]"). Weiterhin finden sich im Aktiengesetz keine Vorgaben zu Aufgaben und fachlichen Anforderungen an die Mitglieder von Ausschüssen. In der Praxis haben allerdings insbesondere börsennotierte Gesellschaften diverse Ausschüsse eingerichtet, darunter auch Prüfungsausschüsse.[928] Dies dürfte auch auf die Bestimmungen des Deutschen Corporate-Governance-Kodex (DCGK) zurückzuführen sein. Dieser regelt die Bildung, Besetzung und allgemeinen Aufgaben von Aufsichtsratsausschüssen (Ziffern 5.3.1 bis 5.3.5).[929] Der DCGK, der sich in erster Linie an börsennotierte Gesellschaften richtet, empfiehlt u. a. die Einrichtung eines Prüfungsausschusses. Nach Ziffer 5.3.2 soll sich der Prüfungsausschuss vorrangig mit Fragen

---

[927] Zum Thema Prüfungsausschuss vgl. etwa die Beiträge von Lanfermann/Röhricht, BB 2009, S. 887 ff; Velte, StuB 2009, S. 342 ff.; Hönsch, Der Konzern 2009, S. 553 ff.
[928] Vgl. dazu etwa Eibelshäuser/Stein, Der Konzern 2008, S. 486 ff.
[929] Vgl. Deutscher Corporate-Governance-Kodex v. 18.6.2009, abrufbar unter: http://www.corporate-governance-codex.de/ (Stand: 10.8.2010).

- der Rechnungslegung,
- des Risikomanagements und der Compliance,
- der Unabhängigkeit des Abschlussprüfers,
- der Erteilung des Prüfungsauftrags,
- der Bestimmung von Prüfungsschwerpunkten und
- der Honorarvereinbarung mit dem Abschlussprüfer

befassen.

Bezüglich des Qualifikationsprofils verlangt der DCGK, dass fachlich qualifizierte Ausschüsse gebildet werden sollen (Ziffer 5.3.1). Der Vorsitzende des Prüfungsausschusses soll über besondere Kenntnisse und Erfahrungen in der Anwendung von Rechnungslegungsgrundsätzen und internen Kontrollverfahren verfügen und kein ehemaliges Vorstandsmitglied des Unternehmens sein (Ziffer 5.3.2).

Da es sich bei Einrichtung eines Prüfungsausschusses um eine Empfehlung des DCGK handelt, haben es börsennotierte Unternehmen in der Entsprechenserklärung gemäß § 161 AktG anzugeben, wenn sie die empfohlenen Ausschüsse nicht eingerichtet haben.

Auch nach Inkrafttreten des BilMoG wird die Einrichtung eines Prüfungsausschusses nicht zur grundsätzlichen Pflicht für alle Unternehmen. Lediglich bestimmte Unternehmen müssen nach § 324 HGB einen Prüfungsausschuss einrichten.

Der neu gefasste § 324 HGB steht im Zusammenhang mit der Umsetzung der Art. 41, 39 und 2 Nr. 13 der Abschlussprüferrichtlinie. Auch wenn ein Prüfungsausschuss eingerichtet ist, ist der Aufsichtsrat nicht dazu verpflichtet, die für einen Prüfungsausschuss empfohlenen Aufgaben in vollem Umfang an den Prüfungsausschuss weiterzugeben. Die in Art. 41 der Abschlussprüferrichtlinie formulierten Aufgaben können vielmehr auch von einem Aufsichts- oder Verwaltungsrat selbst wahrgenommen werden. Da der deutsche Gesetzgeber von diesem Wahlrecht Gebrauch machen will, erfolgt die Umsetzung des Art. 41 der Abschlussprüferrichtlinie im Wesentlichen im Aktiengesetz. § 324 HGB kommt nur die Funktion eines Auffangtatbestands zu. § 324 Abs. 1 Satz 1 HGB sieht die Verpflichtung vor, dass kapitalmarktorientierte Gesellschaften, die keinen Aufsichts- oder Verwaltungsrat haben, der die Voraussetzungen des § 100 Abs. 5 AktG erfüllen muss (mindestens ein unabhängiges Mitglied mit Sachverstand auf den Gebieten Rechnungslegung oder Abschlussprüfung), einen Prüfungsausschuss einzurichten haben, der die in § 107 Abs. 3 Satz 2 AktG beschriebenen Aufgaben wahrnimmt. Diese Aufgaben sind die Überwachung des Rechnungslegungsprozesses, der Wirksamkeit der internen Kontrollsysteme, der Wirksamkeit der Risikomanagementsysteme und des internen Revisionssystems sowie der Abschlussprüfung.

Unter § 324 HGB können etwa folgende Gesellschaften fallen, soweit sie kapitalmarktorientiert sind und nicht unter die Ausnahmen des § 324 Abs. 1 Satz 2 HGB fallen:

Kapitel 4: Abschlussprüfung

- mitbestimmungsfreie Gesellschaften mit beschränkter Haftung
- kapitalistische offene Handelsgesellschaften und Kommanditgesellschaften über § 264a HGB
- Kreditinstitute in der Rechtsform einer Personenhandelsgesellschaft über § 340k HGB
- Versicherungsunternehmen in der Rechtsform des Versicherungsvereins auf Gegenseitigkeit über § 341k HGB

Im Aktiengesetz (siehe dazu auch den nachfolgenden Abschnitt ‚Weitere durch das BilMoG erfolgte Änderungen von Vorschriften mit Bezug zur Abschlussprüfung') werden in Umsetzung des Art. 41 der Abschlussprüferrichtlinie folgende Änderungen vorgenommen: § 100 AktG wird um einen fünften Absatz und § 107 AktG in seinem Absatz 3 um einen zweiten Satz sowie um einen weiteren Absatz 4 ergänzt. § 100 Abs. 5 AktG schreibt vor, dass mindestens ein unabhängiges Aufsichtsratmitglied einer Gesellschaft i. S. d. § 264d HGB über Sachverstand auf den Gebieten Rechnungslegung oder Abschlussprüfung verfügen muss. Diese Ergänzung der persönlichen Voraussetzungen für den Aufsichtsrat ist notwendig, weil die Aufgaben eines Prüfungsausschusses zulässigerweise auch vom Aufsichtsrat wahrgenommen werden können. Nimmt der Gesamtaufsichtsrat die Aufgaben des Prüfungsausschusses wahr, muss ein Mitglied sowohl unabhängig sein als auch über die besondere fachliche Qualifikation verfügen.

Es bleibt dem Aufsichtsrat unbenommen, einen Prüfungsausschuss einzurichten und diesem insbesondere die Überwachung des Rechnungslegungsprozesses, der Wirksamkeit der internen Kontrollsysteme, der Wirksamkeit des Risikomanagementsystems und des internen Revisionssystems sowie der Abschlussprüfung zu übertragen (§ 107 Abs. 3 Satz 2 AktG). Mit der Vorschrift wird gleichzeitig zum Ausdruck gebracht, dass die in § 107 Abs. 3 Satz 2 AktG bezeichneten Aufgaben bereits bisher Aufgaben des Aufsichtsrats sind, die lediglich auf den Prüfungsausschuss übertragen werden können, ohne dass der Aufsichtsrat in seiner Gesamtheit dadurch aus seiner Verantwortung entlassen werden würde. Richtet der Aufsichtsrat einen Prüfungsausschuss ein, hat er dafür Sorge zu tragen, dass zumindest ein Mitglied des Prüfungsausschusses unabhängig ist und über Sachverstand auf dem Gebiet der Rechnungslegung oder Abschlussprüfung verfügt (§ 107 Abs. 4 AktG).

8.3.2 Der Prüfungsausschuss nach § 324 HGB – Anwendungsbereich und Zusammensetzung

§ 324 Abs. 1 HGB

§ 324 Abs. 1 Satz 1 HGB sieht – in seiner Funktion als Auffangtatbestand – die Verpflichtung vor, dass Gesellschaften i. S. d. § 264d HGB, die keinen Aufsichts- oder Verwaltungsrat haben, der die Voraussetzungen des § 100 Abs. 5 AktG erfüllt, einen

Prüfungsausschuss einzurichten haben, der die in § 107 Abs. 3 Satz 2 AktG beschriebenen Aufgaben wahrnimmt.

In § 324 Abs. 1 Satz 2 HGB werden eine Reihe von kapitalmarktorientierten Gesellschaften aus dem Anwendungsbereich von § 324 Abs. 1 Satz 1 HGB herausgenommen.

§ 324 Abs. 1 Satz 2 Nr. 1 HGB erfasst solche Gesellschaften, deren ausschließlicher Zweck in der Ausgabe von Wertpapieren i. S. d. § 2 Abs. 1 Satz 1 WpHG besteht, die durch Vermögensgegenstände besichert sind. Derartige Gesellschaften – Emittenten von „*Asset Back Securities*' – dienen regelmäßig nur als Vehikel zur Liquiditätsbeschaffung und sind von der Verpflichtung zur Einrichtung eines Prüfungsausschusses befreit. Allerdings müssen sie im Anhang begründen, warum sie es nicht für erforderlich halten, einen Prüfungsausschuss einzurichten. Ob dazu ein Hinweis auf die fehlende gesetzliche Pflicht ausreicht, lässt sich aus den Gesetzesmaterialien nicht eindeutig entnehmen. Nach der hier vertretenen Auffassung reicht ein schlichter Verweis nicht aus, weil das Gesetz von „darlegen" spricht. Für diese Auslegung spricht im Übrigen auch der Grundsatz des *„comply or explain"* im DCGK.

Nach § 324 Abs. 1 Satz 2 Nr. 2 HGB sind zudem Kreditinstitute, die einen organisierten Markt i. S. d. § 2 Abs. 5 WpHG nur durch die Ausgabe von Schuldtiteln i. S. d. § 2 Abs. 1 Satz 1 Nr. 3 Buchstabe a WpHG in Anspruch nehmen, von der Anwendung des § 324 Abs. 1 Satz 1 HGB befreit. Dies setzt aber voraus, dass der Nominalwert der ausgegebenen Wertpapiere 100 Mio. EUR nicht übersteigt und keine Verpflichtung zur Veröffentlichung eines Prospekts nach dem Wertpapierprospektgesetz besteht.

§ 324 Abs. 2 HGB

§ 324 Abs. 2 HGB trifft rudimentäre Aussagen zur Einrichtung und Organisation des Prüfungsausschusses. Die Vorschrift basiert teilweise auf Art. 41 Abs. 1 Unterabs. 1 Satz 2 der Abschlussprüferrichtlinie. Danach legen die Mitgliedstaaten fest, ob der Prüfungsausschuss sich aus nicht an der Geschäftsführung beteiligten unabhängigen Mitgliedern des Verwaltungs- oder des Aufsichtsorgans oder aus Mitgliedern zusammensetzt, die durch Mehrheitsentscheidung von der Gesellschafterversammlung bestellt werden. Vorschriften zur Anzahl der Mitglieder oder der Dauer ihrer Amtsperiode bestehen nicht.

Wenn eine Kapitalgesellschaft i. S. d. Absatzes 1 kein Aufsichts- oder Verwaltungsorgan aufweist, das auch die in § 107 Abs. 3 Satz 2 AktG beschriebenen Aufgaben eines Prüfungsausschusses wahrnimmt, sind die Mitglieder des Prüfungsausschusses unmittelbar von den Gesellschaftern zu wählen. In diesem Fall muss die Gesellschaft selbst in ihrer Satzung oder ihrem Gesellschaftsvertrag Regelungen hinsichtlich der Wahl und der Dauer der Mitgliedschaft im Prüfungsausschuss, der Informations- und sonstigen Rechte und Pflichten der Mitglieder des Prüfungsausschusses sowie der Möglichkeiten der Beendigung der Mitgliedschaft aufstellen. Um etwaige Regelungslücken zu schließen, können die aktienrechtlichen Vorschriften zum Aufsichtsrat herangezogen werden.[930] Letzteres gilt insbesondere auch im Hinblick auf die Sorgfaltspflichten und die Verantwortlichkeiten, die zur Gewährleistung einer ordnungsgemäßen Tätigkeit des Prüfungsausschusses auch für die Mitglieder des Prüfungsausschusses Anwendung finden müssen. Es ist darüber hinaus sicherzustellen, dass der Prüfungsausschuss sich nicht nur aus Mitgliedern der Geschäftsführung zusammensetzt. Über § 324 Abs. 2 Satz 2 HGB findet das in § 100 Abs. 5 AktG niedergelegte Erfordernis, dass mindestens ein Mitglied unabhängig und über Sachverstand in Rechnungslegung oder Abschlussprüfung verfügen muss, auch auf den ‚alleinstehenden' Prüfungsausschuss Anwendung. Aus diesem Grund schreibt § 324 Abs. 2 Satz 2 HGB vor, dass zumindest der Vorsitzende des Prüfungsausschusses nicht mit der Geschäftsführung betraut sein darf. Eine Übertragung der Funktionen des Prüfungsausschusses auf die Gesellschafterversammlung kommt nicht in Betracht (BT-Drucks. 16/10067, S. 94).

Die Vorgabe nach § 324 Abs. 2 Satz 2 HGB, wonach der Vorsitzende des Prüfungsausschusses nicht mit der Geschäftsführung betraut sein darf, kann eigentlich nur bei der monistisch strukturierten Europäischen Aktiengesellschaft bzw. bei entsprechend organisierten kapitalmarktorientierten Gesellschaften mit beschränkter Haftung praktische Bedeutung erlangen. Dasselbe gilt auch für die Wahl der Mitglieder des Prüfungsausschusses durch die Gesellschafter, da ansonsten grundsätzlich die Regelungen im Hinblick auf die interne Organisation des Aufsichtsrats nach den aktienrechtlichen Bestimmungen Gültigkeit haben.

8.4 Erstanwendungszeitpunkt der Neuregelung

§ 324 HGB ist ab dem **1.1.2010** anzuwenden (Art. 66 Abs. 4 EGHGB). Dabei ist § 12 Abs. 4 EGAktG zu beachten: Danach finden die § 100 Abs. 5 und § 107 Abs. 4 AktG keine Anwendung, solange alle Mitglieder des Aufsichtsrats und des Prüfungsausschusses vor dem Tag des Inkrafttretens des BilMoG bestellt worden sind.

Wirksam bestellte Aufsichtsräte bzw. benannte Ausschussmitglieder sollen damit nicht vorzeitig ausgetauscht werden müssen. Es genügt nach Auffassung des Gesetzgebers, wenn die neuen Vorschriften bei der nächstmöglichen regulären Neubesetzung erfüllt werden. Bei den betroffenen Kreditinstituten oder Versicherungsunternehmen auf Gegenseitigkeit kann die Bestellung eines sachverständigen und unabhängigen Experten turnusgemäß erfolgen.

---

[930] § 108 Abs. 2 Satz 3 AktG sieht zur Beschlussfassung im Aufsichtsrat eine Mindestgröße von drei Mitgliedern vor. Bei Prüfungsausschüssen von Aktiengesellschaften sind drei bis fünf Mitglieder die Regel (vgl. Kozikowski/Röhm-Kottmann, in: Ellrott u. a. (Hrsg.): Beck'scher Bilanz-Kommentar, 7. Aufl., München 2010, § 324, Anm. 22). In Bezug auf die Amtszeit regelt § 102 Abs. 1 AktG eine maximale Amtszeit für Aufsichtsratmitglieder von fünf Geschäftsjahren. Daran kann sich auch der Prüfungsausschuss orientieren.

9 Weitere durch das BilMoG erfolgte Änderungen von Vorschriften mit Bezug zur Abschlussprüfung

9.1 Vorbemerkungen

Auch die nachfolgend kurz skizzierten Änderungen im AktG und der WPO resultieren im Wesentlichen aus der Umsetzung verschiedener Artikel der Abschlussprüferrichtlinie.

Die Vorschriften treten grundsätzlich am Tag nach der Verkündung des Gesetzes in Kraft. Sofern für einzelne Vorschriften im AktG bzw. der WPO eigenständige Anwendungszeitpunkte geregelt sind, wird darauf gesondert hingewiesen.

9.2 Vorschriften des AktG

9.2.1 Persönliche Voraussetzungen für Aufsichtsratsmitglieder

9.2.1.1 Gesetzesänderung

AktG § 100 Persönliche Voraussetzungen für Aufsichtsratsmitglieder

(1) Mitglied des Aufsichtsrats kann nur eine natürliche, unbeschränkt geschäftsfähige Person sein. Ein Betreuter, der bei der Besorgung seiner Vermögensangelegenheiten ganz oder teilweise einem Einwilligungsvorbehalt (§ 1903 des Bürgerlichen Gesetzbuchs) unterliegt, kann nicht Mitglied des Aufsichtsrats sein.

(2) Mitglied des Aufsichtsrats kann nicht sein, wer

1. bereits in zehn Handelsgesellschaften, die gesetzlich einen Aufsichtsrat zu bilden haben, Aufsichtsratsmitglied ist,
2. gesetzlicher Vertreter eines von der Gesellschaft abhängigen Unternehmens ist, oder
3. gesetzlicher Vertreter einer anderen Kapitalgesellschaft ist, deren Aufsichtsrat ein Vorstandsmitglied der Gesellschaft angehört.

Auf die Höchstzahl nach Satz 1 Nr. 1 sind bis zu fünf Aufsichtsratssitze nicht anzurechnen, die ein gesetzlicher Vertreter (beim Einzelkaufmann der Inhaber) des herrschenden Unternehmens eines Konzerns in zum Konzern gehörenden Handelsgesellschaften, die gesetzlich einen Aufsichtsrat zu bilden haben, inne hat. Auf die Höchstzahl nach Satz 1 Nr. 1 sind Aufsichtsratsämter im Sinne der Nummer 1 doppelt anzurechnen, für die das Mitglied zum Vorsitzenden gewählt worden ist.

(3) Die anderen persönlichen Voraussetzungen der Aufsichtsratsmitglieder der Arbeitnehmer sowie der weiteren Mitglieder bestimmen sich nach dem Mitbestim-

mungsgesetz, dem Montan-Mitbestimmungsgesetz, dem Mitbestimmungsergänzungsgesetz, dem Drittelbeteiligungsgesetz und dem Gesetz über die Mitbestimmung der Arbeitnehmer bei einer grenzüberschreitenden Verschmelzung.

(4) Die Satzung kann persönliche Voraussetzungen nur für Aufsichtsratsmitglieder fordern, die von der Hauptversammlung ohne Bindung an Wahlvorschläge gewählt oder auf Grund der Satzung in den Aufsichtsrat entsandt werden.

(5) Bei Gesellschaften im Sinn des § 264d des Handelsgesetzbuchs muss mindestens ein unabhängiges Mitglied des Aufsichtsrats über Sachverstand auf den Gebieten Rechnungslegung oder Abschlussprüfung verfügen.

9.2.1.2 Hintergrund / Erläuterung

§ 100 Abs. 5 AktG setzt Art. 41 Abs. 1 der Abschlussprüferrichtlinie um.[931]

In § 100 AktG werden die persönlichen Voraussetzungen für Aufsichtsratsmitglieder konkretisiert. Mit der Ergänzung des § 100 AktG um einen Absatz 5 durch das BilMoG sind bei der Wahl eines Aufsichtsratmitglieds weitere Aspekte zu beachten: Unabhängigkeit und Sachverstand.

Unabhängig ist, wer in keiner geschäftlichen, familiären oder sonstigen Beziehung zu dem Unternehmen, dessen Mehrheitsgesellschafter oder dessen Geschäftsführungsorgan steht, die einen Interessenkonflikt begründet, der sein Urteilsvermögen beeinträchtigen könnte.

Sachverstand in Rechnungslegung und / oder Abschlussprüfung setzt voraus, dass die Person beruflich mit Rechnungslegung und / oder Abschlussprüfung befasst war oder ist.

Die Beurteilung der fachlichen Qualifikation der Ausschussmitglieder ist Aufgabe des Gesamtaufsichtsrats, der aus seiner Mitte die Mitglieder des Prüfungsausschusses wählt und die geforderte besondere fachliche Qualifikation zu beurteilen hat. Für die weitere Auslegung des nach § 100 Abs. 5 AktG geforderten Erfahrungsprofils könnten die in der Literatur bereits entwickelten Grundsätze im Hinblick auf die Qualifikation von Ausschussmitgliedern börsennotierter Gesellschaften nach dem Deutschen Corporate-Governance-Kodex herangezogen werden.

Nach § 12 Abs. 4 EGAktG findet § 100 Abs. 5 AktG keine Anwendung, solange alle Mitglieder des Aufsichtsrats und des Prüfungsausschusses vor Inkrafttreten des BilMoG bestellt worden sind.

---

[931] Vgl. hierzu Füser/Wader/Fischer, in: Küting/Pfitzer/Weber, Das neue deutsche Bilanzrecht, 2. Aufl., Stuttgart 2009, S. 615 f.; Lanfermann/Röhricht, BB 2009, S. 887 ff.; Velte, StuB 2009, S. 342 ff.

9.2.2 Innere Ordnung des Aufsichtsrats

9.2.2.1 Gesetzesänderung

> **AktG § 107 Innere Ordnung des Aufsichtsrats**
>
> (1) Der Aufsichtsrat hat nach näherer Bestimmung der Satzung aus seiner Mitte einen Vorsitzenden und mindestens einen Stellvertreter zu wählen. Der Vorstand hat zum Handelsregister anzumelden, wer gewählt ist. Der Stellvertreter hat nur dann die Rechte und Pflichten des Vorsitzenden, wenn dieser behindert ist.
>
> (2) Über die Sitzungen des Aufsichtsrats ist eine Niederschrift anzufertigen, die der Vorsitzende zu unterzeichnen hat. In der Niederschrift sind der Ort und der Tag der Sitzung, die Teilnehmer, die Gegenstände der Tagesordnung, der wesentliche Inhalt der Verhandlungen und die Beschlüsse des Aufsichtsrats anzugeben. Ein Verstoß gegen Satz 1 oder Satz 2 macht einen Beschluss nicht unwirksam. Jedem Mitglied des Aufsichtsrats ist auf Verlangen eine Abschrift der Sitzungsniederschrift auszuhändigen.
>
> (3) Der Aufsichtsrat kann aus seiner Mitte einen oder mehrere Ausschüsse bestellen, namentlich, um seine Verhandlungen und Beschlüsse vorzubereiten oder die Ausführung seiner Beschlüsse zu überwachen. Er kann insbesondere einen Prüfungsausschuss bestellen, der sich mit der Überwachung des Rechnungslegungsprozesses, der Wirksamkeit des internen Kontrollsystems, des Risikomanagementsystems und des internen Revisionssystems sowie der Abschlussprüfung, hier insbesondere der Unabhängigkeit des Abschlussprüfers und der vom Abschlussprüfer zusätzlich erbrachten Leistungen, befasst. Die Aufgaben nach Absatz 1 Satz 1, § 59 Abs. 3, § 77 Abs. 2 Satz 1, § 84 Abs. 1 Satz 1 und 3, Abs. 2 und Abs. 3 Satz 1, § 111 Abs. 3, §§ 171, 314 Abs. 2 und 3 sowie Beschlüsse, dass bestimmte Arten von Geschäften nur mit Zustimmung des Aufsichtsrats vorgenommen werden dürfen, können einem Ausschuss nicht an Stelle des Aufsichtsrats zur Beschlussfassung überwiesen werden. Dem Aufsichtsrat ist regelmäßig über die Arbeit der Ausschüsse zu berichten.
>
> (4) Richtet der Aufsichtsrat einer Gesellschaft im Sinn des § 264d des Handelsgesetzbuchs einen Prüfungsausschuss im Sinn des Absatzes 3 Satz 2 ein, so muss mindestens ein Mitglied die Voraussetzungen des § 100 Abs. 5 erfüllen.

9.2.2.2 Hintergrund / Erläuterung

Die Änderungen von § 107 Abs. 3 und 4 AktG gehen auf Art. 41 Abs. 2 der Abschlussprüferrichtlinie zurück.[932]

Bereits nach geltendem Recht kann der Aufsichtsrat aus seiner Mitte Ausschüsse bestellen (§ 107 Abs. 3 AktG). § 107 Abs. 3 Satz 2 AktG präzisiert und konkretisiert die

---

[932] Vgl. hierzu Lanfermann/Röhricht, BB 2009, S. 887 ff.; Velte, StuB 2009, S. 342 ff.

Aufgaben des Prüfungsausschusses. Der Prüfungsausschuss soll sich mit der Überwachung des Rechnungslegungsprozesses, der Wirksamkeit der internen Kontrollsysteme, der Wirksamkeit der Risikomanagementsysteme und des internen Revisionssystems sowie der Abschlussprüfung befassen. Die Überwachungstätigkeit der Abschlussprüfung reicht von der Auswahl des Abschlussprüfers bis zur Beendigung der Prüfungstätigkeit einschließlich etwaiger Nachtrags- oder Sonderprüfungen sowie der Prüfung von dessen Unabhängigkeit. Die Aufgabe, die Unabhängigkeit des Abschlussprüfers zu überwachen, steht in engem Zusammenhang mit der Verpflichtung des Abschlussprüfers nach § 171 Abs. 1 Satz 3 AktG, die für die Besorgnis der Befangenheit bedeutsamen Umstände mit dem Aufsichtsrat zu erörtern und ihn über diejenigen Leistungen zu informieren, die zusätzlich zu den Abschlussprüfungsleistungen erbracht worden sind.

Nach § 107 Abs. 4 AktG muss eines der Mitglieder des Prüfungsausschusses die Voraussetzungen des § 100 Abs. 5 AktG erfüllen, d. h. über Sachverstand auf den Gebieten der Rechnungslegung oder Abschlussprüfung verfügen.

Nach § 12 Abs. 4 EGAktG findet § 107 Abs. 4 AktG keine Anwendung, solange alle Mitglieder des Aufsichtsrats und des Prüfungsausschusses vor Inkrafttreten des BilMoG bestellt worden sind.

Im Hinblick auf den Prüfungsausschuss sei hier noch kurz auf § 324 HGB hingewiesen. § 324 HGB kommt insofern die Funktion eines Auffangtatbestands zu, als er alle kapitalmarktorientierten Unternehmen i. S. v. § 264d HGB, die keinen Aufsichts- oder Verwaltungsrat haben, der den Voraussetzungen des § 100 Abs. 5 AktG genügt, zur Einrichtung eines Prüfungsausschusses mit dem in § 107 Abs. 3 Satz 2 AktG beschriebenen Aufgabenspektrum verpflichtet.

9.2.3 Bekanntmachung der Tagesordnung

9.2.3.1 Gesetzesänderung

AktG § 124 Bekanntmachung der Tagesordnung

(1) Die Tagesordnung der Hauptversammlung ist bei der Einberufung in den Gesellschaftsblättern bekanntzumachen. Hat die Minderheit nach der Einberufung der Hauptversammlung die Bekanntmachung von Gegenständen zur Beschlussfassung der Hauptversammlung verlangt, so genügt es, wenn diese Gegenstände binnen zehn Tagen nach der Einberufung der Hauptversammlung bekanntgemacht werden. § 121 Abs. 4 gilt sinngemäß.

> (2) Steht die Wahl von Aufsichtsratsmitgliedern auf der Tagesordnung, so ist in der Bekanntmachung anzugeben, nach welchen gesetzlichen Vorschriften sich der Aufsichtsrat zusammensetzt, und ob die Hauptversammlung an Wahlvorschläge gebunden ist. Soll die Hauptversammlung über eine Satzungsänderung oder über einen Vertrag beschließen, der nur mit Zustimmung der Hauptversammlung wirksam wird, so ist auch der Wortlaut der vorgeschlagenen Satzungsänderung oder der wesentliche Inhalt des Vertrags bekanntzumachen.
>
> (3) Zu jedem Gegenstand der Tagesordnung, über den die Hauptversammlung beschließen soll, haben der Vorstand und der Aufsichtsrat, zur Wahl von Aufsichtsratsmitgliedern und Prüfern nur der Aufsichtsrat, in der Bekanntmachung der Tagesordnung Vorschläge zur Beschlussfassung zu machen. ==Bei Gesellschaften im Sinn des § 264d des Handelsgesetzbuchs ist der Vorschlag des Aufsichtsrats zur Wahl des Abschlussprüfers auf die Empfehlung des Prüfungsausschusses zu stützen.== Satz 1 findet keine Anwendung, wenn die Hauptversammlung bei der Wahl von Aufsichtsratsmitgliedern nach § 6 des Montan-Mitbestimmungsgesetzes an Wahlvorschläge gebunden ist, oder wenn der Gegenstand der Beschlussfassung auf Verlangen einer Minderheit auf die Tagesordnung gesetzt worden ist. Der Vorschlag zur Wahl von Aufsichtsratsmitgliedern oder Prüfern hat deren Namen, ausgeübten Beruf und Wohnort anzugeben. Hat der Aufsichtsrat auch aus Aufsichtsratsmitgliedern der Arbeitnehmer zu bestehen, so bedürfen Beschlüsse des Aufsichtsrats über Vorschläge zur Wahl von Aufsichtsratsmitgliedern nur der Mehrheit der Stimmen der Aufsichtsratsmitglieder der Aktionäre; § 8 des Montan-Mitbestimmungsgesetzes bleibt unberührt.
>
> (4) Über Gegenstände der Tagesordnung, die nicht ordnungsgemäß bekanntgemacht sind, dürfen keine Beschlüsse gefasst werden. Zur Beschlussfassung über den in der Versammlung gestellten Antrag auf Einberufung einer Hauptversammlung, zu Anträgen, die zu Gegenständen der Tagesordnung gestellt werden, und zu Verhandlungen ohne Beschlussfassung bedarf es keiner Bekanntmachung.

9.2.3.2 Hintergrund / Erläuterung

Die Änderung von § 124 Abs. 3 Satz 2 AktG beruht auf Art. 41 Abs. 3 der Abschlussprüferrichtlinie.

Wenn die Aktiengesellschaft einen Prüfungsausschuss einrichtet, hat sich der Vorschlag des Aufsichtsrats an die Hauptversammlung zur Wahl des Abschlussprüfers künftig auf die diesbezügliche Empfehlung des Prüfungsausschusses zu stützen.

9.2.4 Prüfung durch den Aufsichtsrat

9.2.4.1 Gesetzesänderung

> **AktG § 171 Prüfung durch den Aufsichtsrat**
>
> (1) Der Aufsichtsrat hat den Jahresabschluss, den Lagebericht und den Vorschlag für die Verwendung des Bilanzgewinns zu prüfen, bei Mutterunternehmen (§ 290 Abs. 1, 2 des Handelsgesetzbuchs) auch den Konzernabschluss und den Konzernlagebericht. Ist der Jahresabschluss oder der Konzernabschluss durch einen Abschlussprüfer zu prüfen, so hat dieser an den Verhandlungen des Aufsichtsrats oder des Prüfungsausschusses über diese Vorlagen teilzunehmen und über die wesentlichen Ergebnisse seiner Prüfung, insbesondere wesentliche Schwächen des internen Kontroll- und des Risikomanagementsystems bezogen auf den Rechnungslegungsprozess, zu berichten. Er informiert über Umstände, die seine Befangenheit besorgen lassen, und über Leistungen, die er zusätzlich zu den Abschlussprüfungsleistungen erbracht hat.
>
> (2) Der Aufsichtsrat hat über das Ergebnis der Prüfung schriftlich an die Hauptversammlung zu berichten. In dem Bericht hat der Aufsichtsrat auch mitzuteilen, in welcher Art und in welchem Umfang er die Geschäftsführung der Gesellschaft während des Geschäftsjahrs geprüft hat; bei börsennotierten Gesellschaften hat er insbesondere anzugeben, welche Ausschüsse gebildet worden sind, sowie die Zahl seiner Sitzungen und die der Ausschüsse mitzuteilen. Ist der Jahresabschluss durch einen Abschlussprüfer zu prüfen, so hat der Aufsichtsrat ferner zu dem Ergebnis der Prüfung des Jahresabschlusses durch den Abschlussprüfer Stellung zu nehmen. Am Schluss des Berichts hat der Aufsichtsrat zu erklären, ob nach dem abschließenden Ergebnis seiner Prüfung Einwendungen zu erheben sind und ob er den vom Vorstand aufgestellten Jahresabschluss billigt. Bei Mutterunternehmen (§ 290 Abs. 1, 2 des Handelsgesetzbuchs) finden die Sätze 3 und 4 entsprechende Anwendung auf den Konzernabschluss.
>
> (3) Der Aufsichtsrat hat seinen Bericht innerhalb eines Monats, nachdem ihm die Vorlagen zugegangen sind, dem Vorstand zuzuleiten. Wird der Bericht dem Vorstand nicht innerhalb der Frist zugeleitet, hat der Vorstand dem Aufsichtsrat unverzüglich eine weitere Frist von nicht mehr als einem Monat zu setzen. Wird der Bericht dem Vorstand nicht vor Ablauf der weiteren Frist zugeleitet, gilt der Jahresabschluss als vom Aufsichtsrat nicht gebilligt; bei Mutterunternehmen (§ 290 Abs. 1, 2 des Handelsgesetzbuchs) gilt das Gleiche hinsichtlich des Konzernabschlusses.
>
> (4) Die Absätze 1 bis 3 gelten auch hinsichtlich eines Einzelabschlusses nach § 325 Abs. 2a des Handelsgesetzbuchs. Der Vorstand darf den in Satz 1 genannten Abschluss erst nach dessen Billigung durch den Aufsichtsrat offen legen.

9.2.4.2 Hintergrund / Erläuterung

Die Änderung von § 171 Abs. 1 Satz 2 und 3 AktG geht auf Art. 41 Abs. 4 der Abschlussprüferrichtlinie zurück.

Der Abschlussprüfer berichtet in der Bilanzsitzung gegenüber dem Gesamtaufsichtsrat oder dem Prüfungsausschuss. Durch die Ersetzung des Begriffs ‚Ausschuss' durch ‚Prüfungsausschuss' kommt es zu einer Klarstellung. Darüber hinaus werden die Berichterstattungsanforderungen konkretisiert. So hat der Abschlussprüfer künftig auch über wesentliche identifizierte Schwächen des rechnungslegungsbezogenen internen Kontroll- und Risikomanagementsystems zu berichten. Zudem hat er darüber zu informieren, ob bestimmte Umstände die Besorgnis seiner Befangenheit erwecken und welche Leistungen zusätzlich zur Abschlussprüfung erbracht wurden. Insofern soll die Transparenz im Verhältnis zwischen Abschlussprüfer und Aufsichtsrat bzw. Prüfungsausschuss erhöht werden.[933]

9.3 Vorschriften der WPO

9.3.1 Allgemeine Berufspflichten

9.3.1.1 Gesetzesänderung

WPO § 43 Allgemeine Berufspflichten

(1) Der Wirtschaftsprüfer hat seinen Beruf unabhängig, gewissenhaft, verschwiegen und eigenverantwortlich auszuüben. Er hat sich insbesondere bei der Erstattung von Prüfungsberichten und Gutachten unparteiisch zu verhalten.

(2) Der Wirtschaftsprüfer hat sich jeder Tätigkeit zu enthalten, die mit seinem Beruf oder mit dem Ansehen des Berufs unvereinbar ist. Er hat sich der besonderen Berufspflichten bewusst zu sein, die ihm aus der Befugnis erwachsen, gesetzlich vorgeschriebene Bestätigungsvermerke zu erteilen. Er hat sich auch außerhalb der Berufstätigkeit des Vertrauens und der Achtung würdig zu erweisen, die der Beruf erfordert. Er ist verpflichtet, sich fortzubilden.

(3) Wer Abschlussprüfer eines Unternehmens im Sinn des § 319a Abs. 1 Satz 1 des Handelsgesetzbuchs war oder wer als verantwortlicher Prüfungspartner i. S. d. § 319a Abs. 1 Satz 5, Abs. 2 Satz 2 des Handelsgesetzbuchs bei der Abschlussprüfung eines solchen Unternehmens tätig war, darf dort innerhalb von zwei Jahren nach der Beendigung der Prüfungstätigkeit keine wichtige Führungstätigkeit ausüben.

---

[933] Vgl. Gelhausen/Fey/Kämpfer, Rechnungslegung und Prüfung nach dem Bilanzrechtsmodernisierungsgesetz, Düsseldorf 2009, Abschnitt S, Tz. 71 ff.

Kapitel 4: Abschlussprüfung

9.3.1.2 Hintergrund / Erläuterung

Die Ergänzung von § 43 WPO um einen Absatz 3 beruht auf Art. 42 Abs. 3 der Abschlussprüferrichtlinie.[934]

Nach § 43 Abs. 3 WPO darf zukünftig ein Abschlussprüfer oder ein verantwortlicher Prüfungspartner nach seinem Wechsel zu dem geprüften Unternehmen (soweit es sich um ein kapitalmarktorientiertes Unternehmen i. S. d. § 319a Abs. 1 HGB handelt) dort keine wichtige Führungstätigkeit ausüben. Ausnahme: Es ist eine ‚Abkühlungsphase' von zwei Jahren nach der Beendigung der Prüfungstätigkeit von dem betreffenden Mandat vergangen.

Die zentrale Frage ist, wann der vormalige Abschlussprüfer oder verantwortliche Prüfungspartner eine wichtige Funktion in dem bisher geprüften Unternehmen bekleidet. Da die ‚Abkühlungsphase', ebenso wie die interne Rotation, die Unabhängigkeit der Abschlussprüfung sicherstellen soll, ist das Tatbestandsmerkmal funktional auszulegen. Eine wichtige Führungstätigkeit ist daher insbesondere dann gegeben, wenn der ehemalige Wirtschaftsprüfer in seiner neuen Position Einfluss auf den aktuellen Abschlussprüfer nehmen oder wenn er vergangenes Fehlverhalten seitens des Unternehmens verschleiern kann.

Durch die Verwendung der Terminologie ‚Führungstätigkeit übernehmen' stellt der Gesetzgeber sicher, dass nicht nur die erste und zweite Führungsebene eines Unternehmens von der neuen Vorschrift erfasst wird, sondern alle Tätigkeiten betroffen sind, die die Unabhängigkeit der Abschlussprüfung in Frage stellen können.

Für den Fall eines Verstoßes sieht § 133a WPO eine Geldbuße von bis zu 50 TEUR vor. Die Konsequenzen aus einem Verstoß richten sich ausschließlich gegen den Wirtschaftsprüfer selbst und nicht gegen die Wirtschaftsprüfungsgesellschaft.

Bei den 50 TEUR handelt es sich um den maximal zu verhängenden Betrag; diese Geldbuße kann mehrfach verhängt werden.

Die § 43 Abs. 3 und § 133a WPO gelten nicht für solche Personen, die ihre Prüfungstätigkeit bei dem entsprechenden Unternehmen vor Inkrafttreten des BilMoG aufgegeben haben (§ 140 WPO).

---

[934] Vgl. hierzu auch Gier/Müller/Müller, in: Küting/Pfitzer/Weber, Das neue deutsche Bilanzrecht, 2. Aufl., Stuttgart 2009, S. 666 f.; Schnepel, NWB 2009, S. 1093.

9.3.2 Handakten

9.3.2.1 Gesetzesänderung

> **WPO § 51b Handakten**
>
> (1) Der Wirtschaftsprüfer muss durch Anlegung von Handakten ein zutreffendes Bild über die von ihm entfaltete Tätigkeit geben können.
>
> (2) Der Wirtschaftsprüfer hat die Handakten auf die Dauer von zehn Jahren nach Beendigung des Auftrags aufzubewahren. Diese Verpflichtung erlischt jedoch schon vor Beendigung dieses Zeitraums, wenn der Wirtschaftsprüfer den Auftraggeber aufgefordert hat, die Handakten in Empfang zu nehmen, und der Auftraggeber dieser Aufforderung binnen sechs Monaten, nachdem er sie erhalten hat, nicht nachgekommen ist.
>
> (3) Der Wirtschaftsprüfer kann seinem Auftraggeber die Herausgabe der Handakten verweigern, bis er wegen seiner Vergütung und Auslagen befriedigt ist. Dies gilt nicht, soweit die Vorenthaltung der Handakten oder einzelner Schriftstücke nach den Umständen unangemessen wäre.
>
> (4) Handakten im Sinne der Absätze 2 und 3 sind nur die Schriftstücke, die der Wirtschaftsprüfer aus Anlass seiner beruflichen Tätigkeit von dem Auftraggeber oder für ihn erhalten hat, nicht aber die Briefwechsel zwischen dem Wirtschaftsprüfer und seinem Auftraggeber, die Schriftstücke, die dieser bereits in Urschrift oder Abschrift erhalten hat, sowie die zu internen Zwecken gefertigten Arbeitspapiere. Der Wirtschaftsprüfer hat in den Arbeitspapieren, die Abschlussprüfungen im Sinn des § 316 des Handelsgesetzbuchs betreffen, auch die zur Überprüfung seiner Unabhängigkeit im Sinn des § 319 Abs. 2 bis 5 und des § 319a des Handelsgesetzbuchs ergriffenen Maßnahmen, seine Unabhängigkeit gefährdende Umstände und ergriffene Schutzmaßnahmen schriftlich zu dokumentieren.
>
> (4a) Der Wirtschaftsprüfer, der eine Konzernabschlussprüfung durchführt, hat der Wirtschaftsprüferkammer auf deren schriftliche Aufforderung die Unterlagen über die Arbeit von Abschlussprüfern oder Abschlussprüfungsgesellschaften aus Drittstaaten im Sinn des § 3 Abs. 1 Satz 1, die in den Konzernabschluss einbezogene Tochterunternehmen prüfen, zu übergeben, soweit diese nicht gemäß § 134 Abs. 1 eingetragen sind oder eine Vereinbarung zur Zusammenarbeit gemäß § 57 Abs. 9 Satz 5 Nr. 3 nicht besteht. Erhält der Wirtschaftsprüfer keinen Zugang zu den Unterlagen über die Arbeit von Abschlussprüfern oder Abschlussprüfungsgesellschaften aus Drittländern, sind der Versuch ihrer Erlangung und die Hindernisse zu dokumentieren und der Wirtschaftsprüferkammer auf deren schriftliche Aufforderung die Gründe dafür mitzuteilen.
>
> (5) Die Absätze 1 bis 4a gelten entsprechend, soweit sich der Wirtschaftsprüfer zum Führen von Handakten der elektronischen Datenverarbeitung bedient. In anderen Gesetzen getroffene Regelungen über die Pflichten zur Aufbewahrung von Geschäftsunterlagen bleiben unberührt.

9.3.2.2 Hintergrund / Erläuterung

Art. 22 Abs. 2 und Art. 27 Buchstabe c der Abschlussprüferrichtlinie werden mit § 51b Abs. 2 Satz 2 WPO bzw. § 51b Abs. 4a WPO umgesetzt.[935]

Gemäß § 51b Abs. 4 Satz 2 WPO müssen Wirtschaftsprüfer in ihren Arbeitspapieren alle zur Überprüfung ihrer eigenen Unabhängigkeit getroffenen Maßnahmen, die ihre Unabhängigkeit gefährdenden Umstände sowie ergriffene Schutzmaßnahmen nachvollziehbar und angemessen schriftlich dokumentieren. Diese Neuerung ist in engem Zusammenhang zu § 321 Abs. 4a HGB zu sehen.

Die Neueinfügung von § 51b Abs. 4a WPO verpflichtet den Konzernabschlussprüfer dazu, der Wirtschaftsprüferkammer nach deren schriftlicher Aufforderung alle Unterlagen über die Tätigkeit von Abschlussprüfern bzw. Abschlussprüfungsgesellschaften aus Drittländern, welche in den Konzernabschluss einbezogene Abschlüsse von Tochterunternehmen geprüft haben, zu übermitteln, sofern keine Zusammenarbeit nach Art. 47 der Abschlussprüferrichtlinie besteht. Dabei handelt es sich um Arbeitspapiere oder vergleichbare Papiere. Wie der Abschlussprüfer dieser Verpflichtung nachkommt, bleibt ihm überlassen. Um dieser Pflicht nachkommen zu können, kann der Konzernabschlussprüfer bspw. Kopien der Arbeitspapiere des ausländischen Abschlussprüfers aufbewahren oder mit den ausländischen Abschlussprüfern den Zugriff auf dessen Arbeitspapiere im Drittstaat vereinbaren.[936] Verweigern die anderen Abschlussprüfer dem Konzernabschlussprüfer den Zugriff auf diese Unterlagen, sind die Gründe hierfür zu dokumentieren und dies – nach Aufforderung – der Wirtschaftsprüferkammer mitzuteilen.

9.3.3 Anwendung von Vorschriften der WPO auf Abschlussprüfer, Abschlussprüferinnen und Abschlussprüfungsgesellschaften aus Drittstaaten

9.3.3.1 Gesetzesänderung

WPO § 134 Anwendung von Vorschriften dieses Gesetzes auf Abschlussprüfer, Abschlussprüferinnen und Abschlussprüfungsgesellschaften aus Drittstaaten

(1) Abschlussprüfer, Abschlussprüferinnen und Abschlussprüfungsgesellschaften aus Drittstaaten sind verpflichtet, auch wenn keine Bestellung oder Anerkennung nach diesem Gesetz vorliegt, sich nach den Vorschriften des Siebten Abschnitts des Zweiten Teils eintragen zu lassen, wenn sie beabsichtigen, den Bestätigungs-

---

[935] Vgl. hierzu auch Gelhausen/Fey/Kämpfer, Rechnungslegung und Prüfung nach dem Bilanzrechtsmodernisierungsgesetz, Düsseldorf 2009, Abschnitt S, Tz. 76 ff.
[936] Vgl. Gelhausen/Fey/Kämpfer, Rechnungslegung und Prüfung nach dem Bilanzrechtsmodernisierungsgesetz, Düsseldorf 2009, Abschnitt S, Tz. 78. Auf diese Vereinbarung sollte auch im Auftragsbestätigungsschreiben Bezug genommen werden.

vermerk für einen gesetzlich vorgeschriebenen Jahresabschluss oder Konzernabschluss einer Gesellschaft mit Sitz außerhalb der Gemeinschaft, deren übertragbare Wertpapiere zum Handel an einem geregelten Markt im Sinne von Artikel 4 Abs. 1 Nr. 14 der Richtlinie 2004/39/EG in Deutschland zugelassen sind, zu erteilen. Dies gilt nicht bei Bestätigungsvermerken für Gesellschaften, die ausschließlich zum Handel an einem geregelten Markt eines Mitgliedstaats der Europäischen Union zugelassene Schuldtitel im Sinne des Artikels 2 Abs. 1 Buchstabe b der Richtlinie 2004/109/EG des Europäischen Parlaments und des Rates vom 15. Dezember 2004 zur Harmonisierung der Transparenzanforderungen in Bezug auf Informationen über Emittenten, deren Wertpapiere zum Handel auf einem geregelten Markt zugelassen sind, und zur Änderung der Richtlinie 2001/34/EG (ABl. EU Nr. L 390 S. 38) mit einer Mindeststückelung von 50.000 EUR oder – bei Schuldtiteln, die auf eine andere Währung als EUR lauten – mit einer Mindeststückelung, deren Wert am Ausgabetag mindestens 50.000 EUR entspricht, begeben.

(2) Prüfungsgesellschaften nach Absatz 1 Satz 1 können nur eingetragen werden, wenn

1. sie die Voraussetzungen erfüllen, die denen des Fünften Abschnitts des Zweiten Teils gleichwertig sind,

2. die Person, welche die Prüfung im Namen der Drittstaatsprüfungsgesellschaft durchführt, diejenigen Voraussetzungen erfüllt, die denen des Ersten Abschnitts des Zweiten Teils gleichwertig sind,

3. die Prüfungen nach den internationalen Prüfungsstandards und den Anforderungen an die Unabhängigkeit oder nach gleichwertigen Standards und Anforderungen durchgeführt werden und

4. sie auf ihrer Website einen jährlichen Transparenzbericht veröffentlichen, der die in § 55c genannten Informationen enthält, oder sie gleichwertige Bekanntmachungsanforderungen erfüllen.

(2a) Liegen die Voraussetzungen des Absatzes 1 und 2 vor, erteilt die Wirtschaftsprüferkammer dem eingetragenen Abschlussprüfer, der Abschlussprüferin oder der Abschlussprüfungsgesellschaft eine Eintragungsbescheinigung.

(3) Die nach den Absätzen 1 und 2 eingetragenen Personen und Gesellschaften unterliegen im Hinblick auf ihre Tätigkeit nach Absatz 1 den Vorschriften der Berufsaufsicht nach den §§ 61a bis 66b, den Vorschriften der Berufsgerichtsbarkeit nach den §§ 67 bis 127 sowie den Vorschriften der Qualitätskontrolle nach den §§ 57a bis 57g. Von der Durchführung einer Qualitätskontrolle kann abgesehen werden, wenn in einem anderen Mitgliedstaat der Europäischen Union in den vorausgegangenen drei Jahren bereits eine Qualitätskontrolle bei der eingetragenen Person oder bei der Gesellschaft durchgeführt worden ist. Satz 2 gilt entsprechend, wenn in einem Drittstaat in den vorangegangenen drei Jahren bereits eine Qualitätskontrolle bei der eingetragenen Person oder bei der Gesellschaft durchgeführt worden ist, wenn die dortige Qualitätskontrolle aufgrund der Bewertung gemäß Absatz 4 als gleichwertig anerkannt wurde.

(4) Von der Eintragung und deren Folgen nach Absatz 3 ist auf der Grundlage der Gegenseitigkeit abzusehen, wenn die in Absatz 1 Satz 1 genannten Personen und Gesellschaften in ihrem jeweiligen Drittstaat einer öffentlichen Aufsicht, einer Qualitätskontrolle sowie einer Berufsaufsicht unterliegen, die Anforderungen erfüllen, welche denen der in Absatz 3 genannten Vorschriften gleichwertig sind oder wenn die Europäische Kommission dies für eine Übergangsfrist nach Artikel 46 Abs. 2 Satz 3 der Richtlinie 2006/43/EG des Europäischen Parlaments und des Rates vom 17. Mai 2006 über Abschlussprüfungen von Jahresabschlüssen und konsolidierten Abschlüssen (ABl. EU Nr. L 157 S. 87) vorsieht. Die in Satz 1 genannte Gleichwertigkeit wird von der Kommission der Europäischen Gemeinschaften in Zusammenarbeit mit den Mitgliedstaaten bewertet und festgestellt. Solange die Kommission der Europäischen Gemeinschaften noch keine Übergangsentscheidung nach Satz 1 oder Feststellung nach Satz 2 getroffen hat, kann das Bundesministerium für Wirtschaft und Technologie die Gleichwertigkeit selbst bewerten und feststellen. Es wird bei der Bewertung die Bewertungen und Feststellungen anderer Mitgliedstaaten berücksichtigen. Trifft das Bundesministerium für Wirtschaft und Technologie eine solche Feststellung, macht es diese durch Veröffentlichung im Bundesanzeiger bekannt. Lehnt das Bundesministerium für Wirtschaft und Technologie die Gleichwertigkeit im Sinne des Satzes 1 ab, kann es den in Absatz 1 Satz 1 genannten Personen und Gesellschaften für einen angemessenen Übergangszeitraum die Fortführung ihrer Prüfungstätigkeit im Einklang mit den einschlägigen deutschen Vorschriften gestatten. Die Feststellung und die Ablehnung der Gleichwertigkeit wird der Abschlussprüferaufsichtskommission mitgeteilt, damit sie diese Entscheidung gemäß § 66a Abs. 11 berücksichtigen kann. Erfolgt nach Maßgabe dieses Absatzes keine Eintragung gemäß Absatz 1, so bestätigt die Wirtschaftsprüferkammer dies dem Abschlussprüfer, der Abschlussprüferin oder der Abschlussprüfungsgesellschaft auf Antrag schriftlich.

(5) Liegen die Voraussetzungen einer Eintragung i. S. d. Absätze 1 und 2 nicht mehr vor, erfolgt eine Löschung der Eintragung von Amts wegen.

9.3.3.2 Hintergrund / Erläuterung

Mit § 134 Abs. 2a WPO wird die Wirtschaftsprüferkammer zur Ausstellung einer Eintragungsbescheinigung verpflichtet, sofern die Voraussetzungen des § 134 Abs. 1 WPO erfüllt sind, d. h. die Eintragung eines Abschlussprüfers oder einer Abschlussprüfungsgesellschaft aus einem Drittstaat erfolgt ist.

Zum Verständnis der Einfügung von Abs. 2a sei auf § 292 HGB hingewiesen. Generell gilt, dass Konzernabschlüsse und Konzernlageberichte eines Mutterunternehmens mit Sitz in einem Drittland, die nach dem Recht eines solchen Staates aufgestellt wurden, oder solche, die den in einem solchen Land aufgestellten Abschlüssen gleichwertig sind, befreienden Charakter haben (§ 292 Abs. 1 HGB).

Allerdings verlieren solche Konzernabschlüsse diesen befreienden Charakter, wenn ein Abschlussprüfer eines Drittlands keine den Anforderungen der Abschlussprüferrichtlinie gleichwertige Befähigung aufweist. Diese gleichwertige Befähigung wurde bislang nicht näher definiert. Mit § 292 Abs. 2 HGB ist dies nun geschehen. Die Bestimmung ist nunmehr so formuliert, dass die gleichwertige Befähigung davon abhängig gemacht wird, ob der Abschlussprüfer bei der Wirtschaftsprüferkammer nach § 134 Abs. 1 WPO eingetragen oder die Gleichwertigkeit der Abschlussprüfung durch das Drittland gemäß § 134 Abs. 4 WPO anerkannt ist.

Durch die Neufassung von § 134 Abs. 4 Satz 1 WPO wird die Vorschrift insofern ergänzt, als die Europäische Kommission für bestimmte Drittstaaten eine Übergangsfrist vorsieht. Nach § 134 Abs. 4 Satz 3 WPO ist die Öffentlichkeit über die Anerkennung der Abschlussprüfung in einem Drittstaat als gleichwertig zu einer Abschlussprüfung in Deutschland oder der Europäischen Union durch Veröffentlichung im Bundesanzeiger zu informieren.

Die Europäische Kommission hat eine Übergangsentscheidung beschlossen, die Abschlussprüfer aus 34 Drittstaaten für Prüfungen der Geschäftsjahre bis zum 1.7.2010 von der Registrierungspflicht ausnimmt, sofern bestimmte Voraussetzungen erfüllt werden.[937] Zuständig für die Entgegennahme von Registrierungsanträgen nach der Übergangsentscheidung oder nach § 134 WPO ist die Abschlussprüferaufsichtskommission (APAK). Auf der Homepage der APAK sind Antragsformulare sowie ein Merkblatt mit Antworten zu häufig gestellten Fragen eingestellt.

---

[937] Vgl. dazu Schneider/Kortebusch, PiR 2009, S. 139.

Kapitel 5: Offenlegung

Autor: WP/StB Dr. Michael Strickmann

1 Die neuen Vorschriften im Überblick

Im Bereich der Offenlegung beinhaltet das BilMoG nur vergleichsweise geringfügige Änderungen, die nach Art. 66 Abs. 3 EGHGB erstmals auf Geschäftsjahre anzuwenden sind, die nach dem 31.12.2009 beginnen.

Die Gesetzesänderungen in Bezug auf die Offenlegungsvorschriften der §§ 325 bis 327 HGB stellen sich im Einzelnen wie folgt dar:

HGB § 325 Offenlegung

(1) Die gesetzlichen Vertreter von Kapitalgesellschaften haben für diese den Jahresabschluss beim Betreiber des elektronischen Bundesanzeigers elektronisch einzureichen. Er ist unverzüglich nach seiner Vorlage an die Gesellschafter, jedoch spätestens vor Ablauf des zwölften Monats des dem Abschlussstichtag nachfolgenden Geschäftsjahrs, mit dem Bestätigungsvermerk oder dem Vermerk über dessen Versagung einzureichen. Gleichzeitig sind der Lagebericht, der Bericht des Aufsichtsrats, die nach § 161 des Aktiengesetzes vorgeschriebene Erklärung und, soweit sich dies aus dem eingereichten Jahresabschluss nicht ergibt, der Vorschlag für die Verwendung des Ergebnisses und der Beschluss über seine Verwendung unter Angabe des Jahresüberschusses oder Jahresfehlbetrags elektronisch einzureichen. Angaben über die Ergebnisverwendung brauchen von Gesellschaften mit beschränkter Haftung nicht gemacht zu werden, wenn sich anhand dieser Angaben die Gewinnanteile von natürlichen Personen feststellen lassen, die Gesellschafter sind. Werden zur Wahrung der Frist nach Satz 2 oder Absatz 4 Satz 1 der Jahresabschluss und der Lagebericht ohne die anderen Unterlagen eingereicht, sind der Bericht und der Vorschlag nach ihrem Vorliegen, die Beschlüsse nach der Beschlussfassung und der Vermerk nach der Erteilung unverzüglich einzureichen. Wird der Jahresabschluss bei nachträglicher Prüfung oder Feststellung geändert, ist auch die Änderung nach Satz 1 einzureichen. Die Rechnungslegungsunterlagen sind in einer Form einzureichen, die ihre Bekanntmachung nach Absatz 2 ermöglicht.

(2) Die gesetzlichen Vertreter der Kapitalgesellschaft haben für diese die in Absatz 1 bezeichneten Unterlagen jeweils unverzüglich nach der Einreichung im elektronischen Bundesanzeiger bekannt machen zu lassen.

(2a) Bei der Offenlegung nach Absatz 2 kann an die Stelle des Jahresabschlusses ein Einzelabschluss treten, der nach den in § 315a Abs. 1 bezeichneten internationalen Rechnungslegungsstandards aufgestellt worden ist. Ein Unternehmen, das von diesem Wahlrecht Gebrauch macht, hat die dort genannten Standards vollständig zu befolgen. Auf einen solchen Abschluss sind § 243 Abs. 2, die §§ 244, 245, 257, 264 Abs. 2 Satz 3, § 285 Nr. 7, 8 Buchstabe b, Nr. 9 bis 11a, 14 bis 17, § 286 Abs. 1, 3 und 5 sowie § 287 anzuwenden. Der Lagebericht nach § 289 muss in dem erforderlichen Umfang auch auf den Abschluss nach Satz 1 Bezug nehmen. Die übrigen Vorschriften des Zweiten Unterabschnitts des Ersten Abschnitts und des Ersten Unterabschnitts des Zweiten Abschnitts gelten insoweit nicht. Kann wegen der Anwendung des § 286 Abs. 1 auf den Anhang die in Satz 2 genannte Voraussetzung nicht eingehalten werden, entfällt das Wahlrecht nach Satz 1.

(2b) Die befreiende Wirkung der Offenlegung des Einzelabschlusses nach Absatz 2a tritt ein, wenn

1. statt des vom Abschlussprüfer zum Jahresabschluss erteilten Bestätigungsvermerks oder des Vermerks über dessen Versagung der entsprechende Vermerk zum Abschluss nach Absatz 2a in die Offenlegung nach Absatz 2 einbezogen wird,

2. der Vorschlag für die Verwendung des Ergebnisses und gegebenenfalls der Beschluss über seine Verwendung unter Angabe des Jahresüberschusses oder Jahresfehlbetrags in die Offenlegung nach Absatz 2 einbezogen werden und

3. der Jahresabschluss mit dem Bestätigungsvermerk oder dem Vermerk über dessen Versagung nach Absatz 1 Satz 1 bis 4 offen gelegt wird.

(3) Die Absätze 1, 2 und 4 Satz 1 gelten entsprechend für die gesetzlichen Vertreter einer Kapitalgesellschaft, die einen Konzernabschluss und einen Konzernlagebericht aufzustellen haben.

(3a) Wird der Konzernabschluss zusammen mit dem Jahresabschluss des Mutterunternehmens oder mit einem von diesem aufgestellten Einzelabschluss nach Absatz 2a bekannt gemacht, können die Vermerke des Abschlussprüfers nach § 322 zu beiden Abschlüssen zusammengefasst werden; in diesem Fall können auch die jeweiligen Prüfungsberichte zusammengefasst werden.

(4) Bei einer Kapitalgesellschaft ==im Sinn des § 264d, die keine Kapitalgesellschaft im Sinn des § 327a ist==, beträgt die Frist nach Absatz 1 Satz 2 längstens vier Monate. Für die Wahrung der Fristen nach Satz 1 und Absatz 1 Satz 2 ist der Zeitpunkt der Einreichung der Unterlagen maßgebend.

(5) Auf Gesetz, Gesellschaftsvertrag oder Satzung beruhende Pflichten der Gesellschaft, den Jahresabschluss, den Einzelabschluss nach Absatz 2a, den Lagebericht, den Konzernabschluss oder den Konzernlagebericht in anderer Weise bekannt zu machen, einzureichen oder Personen zugänglich zu machen, bleiben unberührt.

(6) Die §§ 11 und 12 Abs. 2 gelten für die beim Betreiber des elektronischen Bundesanzeigers einzureichenden Unterlagen entsprechend; § 325a Abs. 1 Satz 3 und § 340l Abs. 2 Satz 4 bleiben unberührt.

HGB § 325a Zweigniederlassungen von Kapitalgesellschaften mit Sitz im Ausland

(1) Bei inländischen Zweigniederlassungen von Kapitalgesellschaften mit Sitz in einem anderen Mitgliedstaat der Europäischen Wirtschaftsgemeinschaft oder Vertragsstaat des Abkommens über den Europäischen Wirtschaftsraum haben die in § 13e Abs. 2 Satz 4 Nr. 3 genannten Personen oder, wenn solche nicht angemeldet sind, die gesetzlichen Vertreter der Gesellschaft für diese die Unterlagen der Rechnungslegung der Hauptniederlassung, die nach dem für die Hauptniederlassung maßgeblichen Recht erstellt, geprüft und offengelegt worden sind, nach den §§ 325, 328, 329 Abs. 1 und 4 offenzulegen. Die Unterlagen sind in deutscher Sprache einzureichen. Soweit dies nicht die Amtssprache am Sitz der Hauptniederlassung ist, können die Unterlagen der Hauptniederlassung auch

1. in englischer Sprache oder

2. in einer von dem Register der Hauptniederlassung beglaubigten Abschrift oder,

3. wenn eine dem Register vergleichbare Einrichtung nicht vorhanden oder diese nicht zur Beglaubigung befugt ist, in einer von einem Wirtschaftsprüfer bescheinigten Abschrift, verbunden mit der Erklärung, dass entweder eine dem Register vergleichbare Einrichtung nicht vorhanden oder diese nicht zur Beglaubigung befugt ist,

eingereicht werden; von der Beglaubigung des Registers ist eine beglaubigte Übersetzung in deutscher Sprache einzureichen.

(2) Diese Vorschrift gilt nicht für Zweigniederlassungen, die von Kreditinstituten im Sinne des § 340 oder von Versicherungsunternehmen im Sinne des § 341 errichtet werden.

HGB § 327 Größenabhängige Erleichterungen für mittelgroße Kapitalgesellschaften bei der Offenlegung

Auf mittelgroße Kapitalgesellschaften (§ 267 Abs. 2) ist § 325 Abs. 1 mit der Maßgabe anzuwenden, dass die gesetzlichen Vertreter

1. die Bilanz nur in der für kleine Kapitalgesellschaften nach § 266 Abs. 1 Satz 3 vorgeschriebenen Form beim Betreiber des elektronischen Bundesanzeigers einreichen müssen. In der Bilanz oder im Anhang sind jedoch die folgenden Posten des § 266 Abs. 2 und 3 zusätzlich gesondert anzugeben:

   Auf der Aktivseite

   A I 1 Selbstgeschaffene gewerbliche Schutzrechte und ähnliche Rechte und Werte

   A I 2 Geschäfts- oder Firmenwert;

   A II 1 Grundstücke, grundstücksgleiche Rechte und Bauten einschließlich der Bauten auf fremden Grundstücken;

   A II 2 technische Anlagen und Maschinen;

   A II 3 andere Anlagen, Betriebs- und Geschäftsausstattung;

   A II 4 geleistete Anzahlungen und Anlagen im Bau;

   A III 1 Anteile an verbundenen Unternehmen;

   A III 2 Ausleihungen an verbundene Unternehmen;

   A III 3 Beteiligungen;

   A III 4 Ausleihungen an Unternehmen, mit denen ein Beteiligungsverhältnis besteht;

   B II 2 Forderungen gegen verbundene Unternehmen;

   B II 3 Forderungen gegen Unternehmen, mit denen ein Beteiligungsverhältnis besteht;

   B III 1 Anteile an verbundenen Unternehmen.

   Auf der Passivseite

   C 1 Anleihen, davon konvertibel;

   C 2 Verbindlichkeiten gegenüber Kreditinstituten;

   C 6 Verbindlichkeiten gegenüber verbundenen Unternehmen;

   C 7 Verbindlichkeiten gegenüber Unternehmen, mit denen ein Beteiligungsverhältnis besteht;

2. den Anhang ohne die Angaben nach § 285 Nr. 2 und 8 Buchstabe a, Nr. 12 beim Betreiber des elektronischen Bundesanzeigers einreichen dürfen.

2 Inhalt der Änderungen

Die Neufassung des § 325 Abs. 4 Satz 1 HGB, der schon bisher für nicht unter § 327a HGB fallende kapitalmarktorientierte Unternehmen eine **verkürzte Frist zur Offenlegung** der Rechnungslegungsunterlagen von vier Monaten vorsah, ist Folge der Aufnahme der zentralen Definition des Begriffs ‚kapitalmarktorientiert' in § 264d HGB (vgl. Kapitel 2, Abschnitt 1, Gliederungspunkt 3.1). Demzufolge konnte der vormals in dieser Offenlegungsvorschrift ausformulierte Tatbestand zur Verkürzung und besseren Lesbarkeit in eine Bezugnahme auf die neue Legaldefinition des § 264d HGB abgewandelt werden. Eine materielle Änderung erwächst hieraus nicht.

Die Änderung des § 325a Abs. 1 Satz 1 HGB enthält eine ergänzende Klarstellung dahingehend, dass in Bezug auf die Offenlegung der **Rechnungslegungsunterlagen der Hauptniederlassung** von inländischen Zweigniederlassungen im Ausland ansässiger Kapitalgesellschaften nicht nur § 329 Abs. 1 HGB, sondern auch § 329 Abs. 4 HGB anzuwenden ist (vgl. BT-Drucks. 16/10067, S. 94). Damit wird explizit herausgestellt, dass die für die Offenlegung von Rechnungslegungsunterlagen inländischer Gesellschaften geltenden **Erzwingungs- bzw. Sanktionsmechanismen** des § 335 HGB bei Mängeln in der Publikation solcher Zweigniederlassungen analog greifen.

§ 327 Nr. 1 Satz 2 HGB enthält für mittelgroße Gesellschaften i. S. d. § 267 Abs. 2 HGB die Erleichterung, eine **verkürzte Bilanz** offenzulegen, in der nur die mit Buchstaben und römischen Nummern gekennzeichneten Posten des gesetzlichen Gliederungsschemas des § 266 HGB Abs. 2 und 3 HGB abgebildet sind.[938] Ergänzend dazu verlangt § 327 Nr. 1 Satz 2 HGB die gesonderte Angabe bestimmter ausgewählter Posten des Bilanzgliederungsschemas. Durch die Neufassung der Vorschrift ist die Liste der zusätzlich offenzulegenden Aktiva um die ‚selbst geschaffenen gewerblichen Schutzrechte und ähnliche Rechte und Werte' erweitert worden. Diese Änderung ist Ausfluss der Aufhebung des Verbots der Aktivierung selbst geschaffener immaterieller Vermögensgegenstände des Anlagevermögens bei gleichzeitiger Einführung eines Aktivierungswahlrechts für Entwicklungskosten nach § 248 Abs. 2 HGB, die auch zur Einfügung eines entsprechenden gesonderten Postens in das Bilanzgliederungsschema des § 266 Abs. 2 HGB geführt hat.[939]

Daneben ist die Postenliste des § 327 Nr. 1 Satz 2 HGB durch das BilMoG um die eigenen Anteile des Umlaufvermögens gekürzt worden. Dies resultiert aus der verpflichtenden Neuregelung des BilMoG, wonach eigene Anteile gemäß § 272 Abs. 1a HGB nur noch passivisch durch offenes Absetzen vom gezeichneten Kapital ausgewiesen werden dürfen (vgl. Kapitel 2, Abschnitt 7, Gliederungspunkt 2).

Die Streichung der in § 327 Nr. 2 HGB für mittelgroße Gesellschaften geregelten **Befreiung von der Anhangsangabepflicht** nach § 285 Nr. 5 HGB zu den steuerlichen Einflüssen auf das Jahresergebnis ist redaktioneller Art und folgt der Aufhebung der

---

[938] Vgl. dazu auch § 266 Abs. 1 Satz 3 HGB.
[939] Zur Abschaffung des Aktivierungsverbots selbst geschaffener immaterieller Anlagegegenstände vgl. ausführlich Kapitel 2, Abschnitt 2, Gliederungspunkt 1.4.

betreffenden Anhangsnorm (vgl. Kapitel 2, Abschnitt 10, Gliederungspunkt 2.4). Sie resultiert aus der Aufgabe des Grundsatzes der umgekehrten Maßgeblichkeit der Steuer- für die Handelsbilanz (vgl. Kapitel 1, Gliederungspunkt 3.1).

Über den Verweis des § 9 Abs. 1 Satz 1 PublG führt von den vorstehend beschriebenen Neuregelungen lediglich die Neufassung des § 325 Abs. 4 Satz 1 HGB zu einer (indirekten) Änderung der Offenlegungsvorschriften für Unternehmen, die unter den Anwendungsbereich des PublG fallen. Diese ist jedoch – wie zuvor beschrieben – ohne materielle Bedeutung.

Gesetzestexte: Konsolidierte Fassung der geänderten Paragrafen des HGB und EGHGB nach Fassung BilMoG

1 HGB

§ 172 Wirkung der Eintragung; Umfang

(1) Im Verhältnis zu den Gläubigern der Gesellschaft wird nach der Eintragung in das Handelsregister die Einlage eines Kommanditisten durch den in der Eintragung angegebenen Betrag bestimmt.
(2) Auf eine nicht eingetragene Erhöhung der aus dem Handelsregister ersichtlichen Einlage können sich die Gläubiger nur berufen, wenn die Erhöhung in handelsüblicher Weise kundgemacht oder ihnen in anderer Weise von der Gesellschaft mitgeteilt worden ist.
(3) Eine Vereinbarung der Gesellschafter, durch die einem Kommanditisten die Einlage erlassen oder gestundet wird, ist den Gläubigern gegenüber unwirksam.
(4) Soweit die Einlage eines Kommanditisten zurückbezahlt wird, gilt sie den Gläubigern gegenüber als nicht geleistet. Das gleiche gilt, soweit ein Kommanditist Gewinnanteile entnimmt, während sein Kapitalanteil durch Verlust unter den Betrag der geleisteten Einlage herabgemindert ist, oder soweit durch die Entnahme der Kapitalanteil unter den bezeichneten Betrag herabgemindert wird. **Bei der Berechnung des Kapitalanteils nach Satz 2 sind Beträge im Sinn des § 268 Abs. 8 nicht zu berücksichtigen.**
(5) Was ein Kommanditist auf Grund einer in gutem Glauben errichteten Bilanz in gutem Glauben als Gewinn bezieht, ist er in keinem Falle zurückzuzahlen verpflichtet.
(6) Gegenüber den Gläubigern einer Gesellschaft, bei der kein persönlich haftender Gesellschafter eine natürliche Person ist, gilt die Einlage eines Kommanditisten als nicht geleistet, soweit sie in Anteilen an den persönlich haftenden Gesellschaftern bewirkt ist. Dies gilt nicht, wenn zu den persönlich haftenden Gesellschaftern eine offene Handelsgesellschaft oder Kommanditgesellschaft gehört, bei der ein persönlich haftender Gesellschafter eine natürliche Person ist.

§ 241a Befreiung von der Pflicht zur Buchführung und Erstellung eines Inventars

Einzelkaufleute, die an den Abschlussstichtagen von zwei aufeinander folgenden Geschäftsjahren nicht mehr als 500 000 Euro Umsatzerlöse und 50 000 Euro Jahresüberschuss aufweisen, brauchen die §§ 238 bis 241 nicht anzuwenden. Im Fall der Neugründung treten die Rechtsfolgen schon ein, wenn die Werte des Satzes 1 am ersten Abschlussstichtag nach der Neugründung nicht überschritten werden.

§ 242 Pflicht zur Aufstellung

(1) Der Kaufmann hat zu Beginn seines Handelsgewerbes und für den Schluß eines jeden Geschäftsjahrs einen das Verhältnis seines Vermögens und seiner Schulden darstellenden Abschluß (Eröffnungsbilanz, Bilanz) aufzustellen. Auf die Eröffnungsbilanz sind die für den Jahresabschluß geltenden Vorschriften entsprechend anzuwenden, soweit sie sich auf die Bilanz beziehen.
(2) Er hat für den Schluß eines jeden Geschäftsjahrs eine Gegenüberstellung der Aufwendungen und Erträge des Geschäftsjahrs (Gewinn- und Verlustrechnung) aufzustellen.
(3) Die Bilanz und die Gewinn- und Verlustrechnung bilden den Jahresabschluß.
(4) Die Absätze 1 bis 3 sind auf Einzelkaufleute im Sinn des § 241a nicht anzuwenden. Im Fall der Neugründung treten die Rechtsfolgen nach Satz 1 schon ein, wenn die Werte des § 241a Satz 1 am ersten Abschlussstichtag nach der Neugründung nicht überschritten werden.

§ 246 Vollständigkeit. Verrechnungsverbot

(1) Der Jahresabschluss hat sämtliche Vermögensgegenstände, Schulden, Rechnungsabgrenzungsposten sowie Aufwendungen und Erträge zu enthalten, soweit gesetzlich nichts anderes bestimmt ist. Vermögensgegenstände sind in der Bilanz des Eigentümers aufzunehmen; ist ein Vermögensgegenstand nicht dem Eigentümer, sondern einem anderen wirtschaftlich zuzurechnen, hat dieser ihn in seiner Bilanz auszuweisen. Schulden sind in die Bilanz des Schuldners aufzunehmen. Der Unterschiedsbetrag, um den die für die Übernahme eines Unternehmens bewirkte Gegenleistung den Wert der einzelnen Vermögensgegenstände des Unternehmens abzüglich der Schulden im Zeitpunkt der Übernahme übersteigt (entgeltlich erworbener Geschäfts- oder Firmenwert), gilt als zeitlich begrenzt nutzbarer Vermögensgegenstand.

(2) Posten der Aktivseite dürfen nicht mit Posten der Passivseite, Aufwendungen nicht mit Erträgen, Grundstücksrechte nicht mit Grundstückslasten verrechnet werden. Vermögensgegenstände, die dem Zugriff aller übrigen Gläubiger entzogen sind und ausschließlich der Erfüllung von Schulden aus Altersversorgungsverpflichtungen oder vergleichbaren langfristig fälligen Verpflichtungen dienen, sind mit diesen Schulden zu verrechnen; entsprechend ist mit den zugehörigen Aufwendungen und Erträgen aus der Abzinsung und aus dem zu verrechnenden Vermögen zu verfahren. Übersteigt der beizulegende Zeitwert der Vermögensgegenstände den Betrag der Schulden, ist der übersteigende Betrag unter einem gesonderten Posten zu aktivieren.

(3) Die auf den vorhergehenden Jahresabschluss angewandten Ansatzmethoden sind beizubehalten. § 252 Abs. 2 ist entsprechend anzuwenden.

§ 247 Inhalt der Bilanz

(1) In der Bilanz sind das Anlage- und das Umlaufvermögen, das Eigenkapital, die Schulden sowie die Rechnungsabgrenzungsposten gesondert auszuweisen und hinreichend aufzugliedern.

(2) Beim Anlagevermögen sind nur die Gegenstände auszuweisen, die bestimmt sind, dauernd dem Geschäftsbetrieb zu dienen.

§ 248 Bilanzierungsverbote und -wahlrechte

(1) In die Bilanz dürfen nicht als Aktivposten aufgenommen werden:
1. Aufwendungen für die Gründung eines Unternehmens,
2. Aufwendungen für die Beschaffung des Eigenkapitals und
3. Aufwendungen für den Abschluss von Versicherungsverträgen.

(2) Selbst geschaffene immaterielle Vermögensgegenstände des Anlagevermögens können als Aktivposten in die Bilanz aufgenommen werden. Nicht aufgenommen werden dürfen selbst geschaffene Marken, Drucktitel, Verlagsrechte, Kundenlisten oder vergleichbare immaterielle Vermögensgegenstände des Anlagevermögens.

§ 249 Rückstellungen

(1) Rückstellungen sind für ungewisse Verbindlichkeiten und für drohende Verluste aus schwebenden Geschäften zu bilden. Ferner sind Rückstellungen zu bilden für
1. im Geschäftsjahr unterlassene Aufwendungen für Instandhaltung, die im folgenden Geschäftsjahr innerhalb von drei Monaten, oder für Abraumbeseitigung, die im folgenden Geschäftsjahr nachgeholt werden,
2. Gewährleistungen, die ohne rechtliche Verpflichtung erbracht werden.

(2) Für andere als die in Absatz 1 bezeichneten Zwecke dürfen Rückstellungen nicht gebildet werden. Rückstellungen dürfen nur aufgelöst werden, soweit der Grund hierfür entfallen ist.

§ 250 Rechnungsabgrenzungsposten

(1) Als Rechnungsabgrenzungsposten sind auf der Aktivseite Ausgaben vor dem Abschlußstichtag auszuweisen, soweit sie Aufwand für eine bestimmte Zeit nach diesem Tag darstellen.

(2) Auf der Passivseite sind als Rechnungsabgrenzungsposten Einnahmen vor dem Abschlußstichtag auszuweisen, soweit sie Ertrag für eine bestimmte Zeit nach diesem Tag darstellen.

(3) Ist der **Erfüllungsbetrag** einer Verbindlichkeit höher als der Ausgabebetrag, so darf der Unterschiedsbetrag in den Rechnungsabgrenzungsposten auf der Aktivseite aufgenommen werden. Der Unterschiedsbetrag ist durch planmäßige jährliche Abschreibungen zu tilgen, die auf die gesamte Laufzeit der Verbindlichkeit verteilt werden können.

§ 252 Allgemeine Bewertungsgrundsätze

(1) Bei der Bewertung der im Jahresabschluß ausgewiesenen Vermögensgegenstände und Schulden gilt insbesondere folgendes:
1. Die Wertansätze in der Eröffnungsbilanz des Geschäftsjahrs müssen mit denen der Schlußbilanz des vorhergehenden Geschäftsjahrs übereinstimmen.
2. Bei der Bewertung ist von der Fortführung der Unternehmenstätigkeit auszugehen, sofern dem nicht tatsächliche oder rechtliche Gegebenheiten entgegenstehen.
3. Die Vermögensgegenstände und Schulden sind zum Abschlußstichtag einzeln zu bewerten.
4. Es ist vorsichtig zu bewerten, namentlich sind alle vorhersehbaren Risiken und Verluste, die bis zum Abschlußstichtag entstanden sind, zu berücksichtigen, selbst wenn diese erst zwischen dem Abschlußstichtag und dem Tag der Aufstellung des Jahresabschlusses bekanntgeworden sind; Gewinne sind nur zu berücksichtigen, wenn sie am Abschlußstichtag realisiert sind.
5. Aufwendungen und Erträge des Geschäftsjahrs sind unabhängig von den Zeitpunkten der entsprechenden Zahlungen im Jahresabschluß zu berücksichtigen.

Die auf den vorhergehenden Jahresabschluss angewandten Bewertungsmethoden **sind beizubehalten**.

(2) Von den Grundsätzen des Absatzes 1 darf nur in begründeten Ausnahmefällen abgewichen werden.

§ 253 Zugangs- und Folgebewertung

(1) Vermögensgegenstände sind höchstens mit den Anschaffungs- oder Herstellungskosten, vermindert um die Abschreibungen nach den Absätzen 3 bis 5, anzusetzen. Verbindlichkeiten sind zu ihrem Erfüllungsbetrag und Rückstellungen in Höhe des nach vernünftiger kaufmännischer Beurteilung notwendigen Erfüllungsbetrages anzusetzen. Soweit sich die Höhe von Altersversorgungsverpflichtungen ausschließlich nach dem beizulegenden Zeitwert von Wertpapieren im Sinn des § 266 Abs. 2 A.III.5 bestimmt, sind Rückstellungen hierfür zum beizulegenden Zeitwert dieser Wertpapiere anzusetzen, soweit er einen garantierten Mindestbetrag übersteigt. Nach § 246 Abs. 2 Satz 2 zu verrechnende Vermögensgegenstände sind mit ihrem beizulegenden Zeitwert zu bewerten.

(2) Rückstellungen mit einer Restlaufzeit von mehr als einem Jahr sind mit dem ihrer Restlaufzeit entsprechenden durchschnittlichen Marktzinssatz der vergangenen sieben Geschäftsjahre abzuzinsen. Abweichend von Satz 1 dürfen Rückstellungen für Altersversorgungsverpflichtungen oder vergleichbare langfristig fällige Verpflichtungen pauschal mit dem durchschnittlichen Marktzinssatz abgezinst werden, der sich bei einer angenommenen Restlaufzeit von 15 Jahren ergibt. Sätze 1 und 2 gelten entsprechend für auf Rentenverpflichtungen beruhenden Verbindlichkeiten, für die eine Gegenleistung nicht mehr zu erwarten ist. Der nach den Sätzen 1 und 2 anzuwendende Abzinsungszinssatz wird von der Deutschen Bundesbank nach Maßgabe einer Rechtsverordnung ermittelt und monatlich bekannt gegeben. In der Rechtsverordnung nach Satz 4, die nicht der Zustimmung des Bundesrates bedarf, bestimmt das Bundesministerium der Justiz im Benehmen mit der Deutschen Bundesbank das Nähere zur Ermittlung der Abzinsungszinssätze, insbesondere die Ermittlungsmethodik und deren Grundlagen, sowie die Form der Bekanntgabe.

(3) Bei Vermögensgegenständen des Anlagevermögens, deren Nutzung zeitlich begrenzt ist, sind die Anschaffungs- oder die Herstellungskosten um planmäßige Abschreibungen zu vermindern. Der Plan muss die Anschaffungs- oder Herstellungskosten auf die Geschäftsjahre verteilen, in denen der Vermögensgegenstand voraussichtlich genutzt werden kann. Ohne Rücksicht darauf, ob ihre Nutzung zeitlich begrenzt ist, sind bei Vermögensgegenständen des Anlagevermögens bei voraussichtlich dauernder Wertminderung außerplanmäßige Abschreibungen vorzunehmen, um diese mit dem niedrigeren Wert anzusetzen, der ihnen am Abschlussstichtag beizulegen ist. Bei Finanzanlagen kön-

nen außerplanmäßige Abschreibungen auch bei voraussichtlich nicht dauernder Wertminderung vorgenommen werden.
(4) Bei Vermögensgegenständen des Umlaufvermögens sind Abschreibungen vorzunehmen, um diese mit einem niedrigeren Wert anzusetzen, der sich aus einem Börsen- oder Marktpreis am Abschlußstichtag ergibt. Ist ein Börsen- oder Marktpreis nicht festzustellen und übersteigen die Anschaffungs- oder Herstellungskosten den Wert, der den Vermögensgegenständen am Abschlußstichtag beizulegen ist, so ist auf diesen Wert abzuschreiben.
(5) Ein niedrigerer Wertansatz nach **Absatz 3 Satz 3 oder Satz 4 und Absatz 4** darf **nicht** beibehalten werden, wenn die Gründe dafür nicht mehr bestehen. **Ein niedriger Wertansatz eines entgeltlich erworbenen Geschäfts- oder Firmenwertes ist beizubehalten.**

§ 254 Bildung von Bewertungseinheiten

Werden Vermögensgegenstände, Schulden, schwebende Geschäfte oder mit hoher Wahrscheinlichkeit erwartete Transaktionen zum Ausgleich gegenläufiger Wertänderungen oder Zahlungsströme aus dem Eintritt vergleichbarer Risiken mit Finanzinstrumenten zusammengefasst (Bewertungseinheit), sind § 249 Abs. 1, § 252 Abs. 1 Nr. 3 und 4, § 253 Abs. 1 Satz 1 und § 256a in dem Umfang und für den Zeitraum nicht anzuwenden, in dem die gegenläufigen Wertänderungen oder Zahlungsströme sich ausgleichen. Als Finanzinstrumente im Sinn des Satzes 1 gelten auch Termingeschäfte über den Erwerb oder die Veräußerung von Waren.

§ 255 Bewertungsmaßstäbe

(1) Anschaffungskosten sind die Aufwendungen, die geleistet werden, um einen Vermögensgegenstand zu erwerben und ihn in einen betriebsbereiten Zustand zu versetzen, soweit sie dem Vermögensgegenstand einzeln zugeordnet werden können. Zu den Anschaffungskosten gehören auch die Nebenkosten sowie die nachträglichen Anschaffungskosten. Anschaffungspreisminderungen sind abzusetzen.
(2) Herstellungskosten sind die Aufwendungen, die durch den Verbrauch von Gütern und die Inanspruchnahme von Diensten für die Herstellung eines Vermögensgegenstands, seine Erweiterung oder für eine über seinen ursprünglichen Zustand hinausgehende wesentliche Verbesserung entstehen. Dazu gehören die Materialkosten, die Fertigungskosten und die Sonderkosten der Fertigung **sowie angemessene Teile der Materialgemeinkosten, der Fertigungsgemeinkosten und des Werteverzehrs des Anlagevermögens, soweit dieser durch die Fertigung veranlasst ist.** Bei der Berechnung der Herstellungskosten dürfen angemessene Teile der Kosten der allgemeinen Verwaltung sowie angemessene Aufwendungen für soziale Einrichtungen des Betriebs, für freiwillige soziale Leistungen und für die betriebliche Altersversorgung einbezogen werden, soweit diese auf den Zeitraum der Herstellung entfallen. Forschungs- und Vertriebskosten dürfen nicht einbezogen werden.
(2a) Herstellungskosten eines selbst geschaffenen immateriellen Vermögensgegenstandes des Anlagevermögens sind die bei dessen Entwicklung anfallenden Aufwendungen nach Absatz 2. Entwicklung ist die Anwendung von Forschungsergebnissen oder von anderem Wissen für die Neuentwicklung von Gütern oder Verfahren oder die Weiterentwicklung von Gütern oder Verfahren mittels wesentlicher Änderungen. Forschung ist die eigenständige und planmäßige Suche nach neuen wissenschaftlichen oder technischen Erkenntnissen oder Erfahrungen allgemeiner Art, über deren technische Verwertbarkeit und wirtschaftliche Erfolgsaussichten grundsätzlich keine Aussagen gemacht werden können. Können Forschung und Entwicklung nicht verlässlich voneinander unterschieden werden, ist eine Aktivierung ausgeschlossen.
(3) Zinsen für Fremdkapital gehören nicht zu den Herstellungskosten. Zinsen für Fremdkapital, das zur Finanzierung der Herstellung eines Vermögensgegenstands verwendet wird, dürfen angesetzt werden, soweit sie auf den Zeitraum der Herstellung entfallen; in diesem Falle gelten sie als Herstellungskosten des Vermögensgegenstands.
(4) **Der beizulegende Zeitwert entspricht dem Marktpreis.** Soweit kein aktiver Markt besteht, anhand dessen sich der Marktpreis ermitteln lässt, ist der beizulegende Zeitwert mit Hilfe allgemein anerkannter Bewertungsmethoden zu bestimmen. Lässt sich der beizulegende Zeitwert weder nach Satz 1 noch nach Satz 2 ermitteln, sind die Anschaffungs- oder Herstellungskosten gemäß § 253

Abs. 4 fortzuführen. Der zuletzt nach Satz 1 oder 2 ermittelte beizulegende Zeitwert gilt als Anschaffungs- oder Herstellungskosten im Sinn des Satzes 3.

§ 256 Bewertungsvereinfachungsverfahren

Soweit es den Grundsätzen ordnungsmäßiger Buchführung entspricht, kann für den Wertansatz gleichartiger Vermögensgegenstände des Vorratsvermögens unterstellt werden, daß die zuerst oder daß die zuletzt angeschafften oder hergestellten Vermögensgegenstände zuerst verbraucht oder veräußert worden sind. § 240 Abs. 3 und 4 ist auch auf den Jahresabschluß anwendbar.

§ 256a Währungsumrechnung

Auf fremde Währung lautende Vermögensgegenstände und Verbindlichkeiten sind zum Devisenkassamittelkurs am Abschlussstichtag umzurechnen. Bei einer Restlaufzeit von einem Jahr oder weniger sind § 253 Abs. 1 Satz 1 und § 252 Abs. 1 Nr. 4 Halbsatz 2 nicht anzuwenden.

§ 264 Pflicht zur Aufstellung

(1) Die gesetzlichen Vertreter einer Kapitalgesellschaft haben den Jahresabschluß (§ 242) um einen Anhang zu erweitern, der mit der Bilanz und der Gewinn- und Verlustrechnung eine Einheit bildet, sowie einen Lagebericht aufzustellen. **Die gesetzlichen Vertreter einer kapitalmarktorientierten Kapitalgesellschaft, die nicht zur Aufstellung eines Konzernabschlusses verpflichtet ist, haben den Jahresabschluss um eine Kapitalflussrechnung und einen Eigenkapitalspiegel zu erweitern, die mit der Bilanz, Gewinn- und Verlustrechnung und dem Anhang eine Einheit bilden; sie können den Jahresabschluss um eine Segmentberichterstattung erweitern.** Der Jahresabschluß und der Lagebericht sind von den gesetzlichen Vertretern in den ersten drei Monaten des Geschäftsjahrs für das vergangene Geschäftsjahr aufzustellen. Kleine Kapitalgesellschaften (§ 267 Abs. 1) brauchen den Lagebericht nicht aufzustellen; sie dürfen den Jahresabschluß auch später aufstellen, wenn dies einem ordnungsmäßigen Geschäftsgang entspricht, jedoch innerhalb der ersten sechs Monate des Geschäftsjahres.

(2) Der Jahresabschluß der Kapitalgesellschaft hat unter Beachtung der Grundsätze ordnungsmäßiger Buchführung ein den tatsächlichen Verhältnissen entsprechendes Bild der Vermögens-, Finanz- und Ertragslage der Kapitalgesellschaft zu vermitteln. Führen besondere Umstände dazu, daß der Jahresabschluß ein den tatsächlichen Verhältnissen entsprechendes Bild im Sinne des Satzes 1 nicht vermittelt, so sind im Anhang zusätzliche Angaben zu machen. Die gesetzlichen Vertreter einer Kapitalgesellschaft, die Inlandsemittent im Sinne des § 2 Abs. 7 des Wertpapierhandelsgesetzes und keine Kapitalanlagegesellschaft im Sinne des § 327a ist, haben bei der Unterzeichnung schriftlich zu versichern, dass nach besten Wissen der Jahresabschluss ein den tatsächlichen Verhältnissen entsprechendes Bild im Sinne des Satzes 1 vermittelt oder der Anhang Angaben nach Satz 2 enthält.

(3) Eine Kapitalgesellschaft, die Tochterunternehmen eines nach § 290 zur Aufstellung eines Konzernabschlusses verpflichteten Mutterunternehmens ist, braucht die Vorschriften dieses Unterabschnitts und des Dritten und Vierten Unterabschnitts dieses Abschnitts nicht anzuwenden, wenn

1. alle Gesellschafter des Tochterunternehmens der Befreiung für das jeweilige Geschäftsjahr zugestimmt haben und der Beschluß nach § 325 offengelegt worden ist,
2. das Mutterunternehmen zur Verlustübernahme nach § 302 des Aktiengesetzes verpflichtet ist oder eine solche Verpflichtung freiwillig übernommen hat und diese Erklärung nach § 325 offengelegt worden ist,
3. das Tochterunternehmen in den Konzernabschluß nach den Vorschriften dieses Abschnitts einbezogen worden ist und
4. die Befreiung des Tochterunternehmens
5. im Anhang des von dem Mutterunternehmen aufgestellten und nach § 325 durch Einreichung beim Betreiber des elektronischen Bundesanzeigers offen gelegten Konzernabschlusses angegeben und
6. zusätzlich im elektronischen Bundesanzeiger für das Tochterunternehmen unter Bezugnahme auf diese Vorschrift und unter Angabe des Mutterunternehmens mitgeteilt worden ist.

(4) Absatz 3 ist auf Kapitalgesellschaften, die Tochterunternehmen eines nach § 11 des Publizitätsgesetzes zur Aufstellung eines Konzernabschlusses verpflichteten Mutterunternehmens sind, entsprechend anzuwenden, soweit in diesem Konzernabschluss von dem Wahlrecht des § 13 Abs. 3 Satz 1 des Publizitätsgesetzes nicht Gebrauch gemacht worden ist.

§ 264c Besondere Bestimmungen für offene Handelsgesellschaften und Kommanditgesellschaften im Sinne des § 264a

(1) Ausleihungen, Forderungen und Verbindlichkeiten gegenüber Gesellschaftern sind in der Regel als solche jeweils gesondert auszuweisen oder im Anhang anzugeben. Werden sie unter anderen Posten ausgewiesen, so muss diese Eigenschaft vermerkt werden.

(2) § 266 Abs. 3 Buchstabe A ist mit der Maßgabe anzuwenden, dass als Eigenkapital die folgenden Posten gesondert auszuweisen sind:

I. Kapitalanteile
II. Rücklagen
III. Gewinnvortrag/Verlustvortrag
IV. Jahresüberschuss/Jahresfehlbetrag.

Anstelle des Postens ‚Gezeichnetes Kapital' sind die Kapitalanteile der persönlich haftenden Gesellschafter auszuweisen; die dürfen auch zusammengefasst ausgewiesen werden. Der auf den Kapitalanteil eines persönlich haftenden Gesellschafters für das Geschäftsjahr entfallende Verlust ist von dem Kapitalanteil abzuschreiben. Soweit der Verlust den Kapitalanteil übersteigt, ist er auf der Aktivseite unter der Bezeichnung ‚Einzahlungsverpflichtungen persönlich haftender Gesellschafter' unter den Forderungen gesondert auszuweisen, soweit eine Zahlungsverpflichtung besteht. Besteht keine Zahlungsverpflichtung, so ist der Betrag als ‚Nicht durch Vermögenseinlagen gedeckter Verlustanteil persönlich haftender Gesellschafter' zu bezeichnen und gemäß § 268 Abs. 3 auszuweisen. Die Sätze 2 bis 5 sind auf die Einlagen von Kommanditisten entsprechend anzuwenden, wobei diese insgesamt gesondert gegenüber den Kapitalanteilen der persönlich haftenden Gesellschafter auszuweisen sind. Eine Forderung darf jedoch nur ausgewiesen werden, soweit eine Einzahlungsverpflichtung besteht; dasselbe gilt, wenn ein Kommanditist Gewinnanteile entnimmt, während sein Kapitalanteil durch Verlust unter den Betrag der geleisteten Einlage herabgemindert ist, oder soweit durch die Entnahme der Kapitalanteil unter den bezeichneten Betrag herabgemindert wird. Als Rücklagen sind nur solche Beträge auszuweisen, die auf Grund einer gesellschaftsrechtlichen Vereinbarung gebildet worden sind. Im Anhang ist der Betrag der im Handelsregister gemäß § 172 Abs. 1 eingetragenen Einlagen anzugeben, soweit diese nicht geleistet sind.

(3) Das sonstige Vermögen der Gesellschafter (Privatvermögen) darf nicht in die Bilanz und die auf das Privatvermögen entfallenden Aufwendungen und Erträge dürfen nicht in die Gewinn- und Verlustrechnung aufgenommen werden. In der Gewinn- und Verlustrechnung darf jedoch nach dem Posten "Jahresüberschuss/Jahresfehlbetrag" ein dem Steuersatz der Komplementärgesellschaft entsprechender Steueraufwand der Gesellschafter offen abgesetzt oder hinzugerechnet werden.

(4) Anteile an Komplementärgesellschaften sind in der Bilanz auf der Aktivseite unter den Posten A.III.1 oder A.III.3 auszuwerten. § 272 Abs. 4 ist mit der Maßgabe anzuwenden, dass für diese Anteile in Höhe des aktivierten Betrags nach dem Posten „Eigenkapital" ein Sonderposten unter der Bezeichnung „Ausgleichsposten für aktivierte eigene Anteile" zu bilden ist.

§ 264d Kapitalmarktorientierte Kapitalgesellschaft

Eine Kapitalgesellschaft ist kapitalmarktorientiert, wenn sie einen organisierten Markt im Sinn des § 2 Abs. 5 des Wertpapierhandelsgesetzes durch von ihr ausgegebene Wertpapiere im Sinn des § 2 Abs. 1 Satz 1 des Wertpapierhandelsgesetzes in Anspruch nimmt oder die Zulassung solcher Wertpapiere zum Handel an einem organisierten Markt beantragt hat.

§ 265 Allgemeine Grundsätze für die Gliederung

(1) Die Form der Darstellung, insbesondere die Gliederung der aufeinander folgenden Bilanzen und Gewinn- und Verlustrechnungen, ist beizubehalten, soweit nicht in Ausnahmefällen wegen besonderer Umstände Abweichungen erforderlich sind. Die Abweichungen sind im Anhang anzugeben und zu begründen.
(2) In der Bilanz sowie in der Gewinn- und Verlustrechnung ist zu jedem Posten der entsprechende Betrag des vorhergehenden Geschäftsjahrs anzugeben. Sind die Beträge nicht vergleichbar, so ist dies im Anhang anzugeben und zu erläutern. Wird der Vorjahresbetrag angepaßt, so ist auch dies im Anhang anzugeben und zu erläutern.
(3) Fällt ein Vermögensgegenstand oder eine Schuld unter mehrere Posten der Bilanz, so ist die Mitzugehörigkeit zu anderen Posten bei dem Posten, unter dem der Ausweis erfolgt ist, zu vermerken oder im Anhang anzugeben, wenn dies zur Aufstellung eines klaren und übersichtlichen Jahresabschlusses erforderlich ist.
(4) Sind mehrere Geschäftszweige vorhanden und bedingt dies die Gliederung des Jahresabschlusses nach verschiedenen Gliederungsvorschriften, so ist der Jahresabschluß nach der für einen Geschäftszweig vorgeschriebenen Gliederung aufzustellen und nach der für die anderen Geschäftszweige vorgeschriebenen Gliederung zu ergänzen. Die Ergänzung ist im Anhang anzugeben und zu begründen.
(5) Eine weitere Untergliederung der Posten ist zulässig; dabei ist jedoch die vorgeschriebene Gliederung zu beachten. Neue Posten dürfen hinzugefügt werden, wenn ihr Inhalt nicht von einem vorgeschriebenen Posten gedeckt wird.
(6) Gliederung und Bezeichnung der mit arabischen Zahlen versehenen Posten der Bilanz und der Gewinn- und Verlustrechnung sind zu ändern, wenn dies wegen Besonderheiten der Kapitalgesellschaft zur Aufstellung eines klaren und übersichtlichen Jahresabschlusses erforderlich ist.
(7) Die mit arabischen Zahlen versehenen Posten der Bilanz und der Gewinn- und Verlustrechnung können, wenn nicht besondere Formblätter vorgeschrieben sind, zusammengefaßt ausgewiesen werden, wenn
1. sie einen Betrag enthalten, der für die Vermittlung eines den tatsächlichen Verhältnissen entsprechenden Bildes im Sinne des § 264 Abs. 2 nicht erheblich ist, oder
2. dadurch die Klarheit der Darstellung vergrößert wird; in diesem Falle müssen die zusammengefaßten Posten jedoch im Anhang gesondert ausgewiesen werden.

(8) Ein Posten der Bilanz oder der Gewinn- und Verlustrechnung, der keinen Betrag ausweist, braucht nicht aufgeführt zu werden, es sei denn, dass im vorhergehenden Geschäftsjahr unter diesem Posten ein Betrag ausgewiesen wurde.

§ 266 Gliederung der Bilanz

(1) Die Bilanz ist in Kontoform aufzustellen. Dabei haben große und mittelgroße Kapitalgesellschaften (§ 267 Abs. 3, 2) auf der Aktivseite die in Absatz 2 und auf der Passivseite die in Absatz 3 bezeichneten Posten gesondert und in der vorgeschriebenen Reihenfolge auszuweisen. Kleine Kapitalgesellschaften (§ 267 Abs. 1) brauchen nur eine verkürzte Bilanz aufzustellen, in die nur die in den Absätzen 2 und 3 mit Buchstaben und römischen Zahlen bezeichneten Posten gesondert und in der vorgeschriebenen Reihenfolge aufgenommen werden.
(2) Aktivseite

A. Anlagevermögen:
I. Immaterielle Vermögensgegenstände:
1. Selbst geschaffene gewerbliche Schutzrechte und ähnliche Rechte und Werte;
2. entgeltlich erworbene Konzessionen, gewerbliche Schutzrechte und ähnliche Rechte und Werte sowie Lizenzen an solchen Rechten und Werten;
3. Geschäfts- oder Firmenwert;
4. geleistete Anzahlungen;
II. Sachanlagen:
1. Grundstücke, grundstücksgleiche Rechte und Bauten einschließlich der Bauten auf fremden Grundstücken;
2. technische Anlagen und Maschinen;
3. andere Anlagen, Betriebs- und Geschäftsausstattung;
4. geleistete Anzahlungen und Anlagen im Bau;

III. Finanzanlagen:
1. Anteile an verbundenen Unternehmen;
2. Ausleihungen an verbundene Unternehmen;
3. Beteiligungen;
4. Ausleihungen an Unternehmen, mit denen ein Beteiligungsverhältnis besteht;
5. Wertpapiere des Anlagevermögens;
6. sonstige Ausleihungen.

B. Umlaufvermögen:

I. Vorräte:
1. Roh-, Hilfs- und Betriebsstoffe;
2. unfertige Erzeugnisse, unfertige Leistungen;
3. fertige Erzeugnisse und Waren;
4. geleistete Anzahlungen;

II. Forderungen und sonstige Vermögensgegenstände:
1. Forderungen aus Lieferungen und Leistungen;
2. Forderungen gegen verbundene Unternehmen;
3. Forderungen gegen Unternehmen, mit denen ein Beteiligungsverhältnis besteht;
4. sonstige Vermögensgegenstände;

III. Wertpapiere:
1. Anteile an verbundenen Unternehmen;
2. sonstige Wertpapiere;

IV. Kassenbestand, Bundesbankguthaben, Guthaben bei Kreditinstituten und Schecks.

C. Rechnungsabgrenzungsposten

D. Aktive latente Steuern

E. Aktiver Unterschiedsbetrag aus der Vermögensverrechnung.

(3) Passivseite

A. Eigenkapital:

I. Gezeichnetes Kapital;

II. Kapitalrücklage;

III. Gewinnrücklagen:
1. gesetzliche Rücklage;
2. Rücklage für Anteile an einem herrschenden oder mehrheitlich beteiligten Unternehmen;
3. satzungsmäßige Rücklagen;
4. andere Gewinnrücklagen;

IV. Gewinnvortrag / Verlustvortrag;

V. Jahresüberschuß / Jahresfehlbetrag.

B. Rückstellungen:
1. Rückstellungen für Pensionen und ähnliche Verpflichtungen;
2. Steuerrückstellungen;
3. sonstige Rückstellungen.

C. Verbindlichkeiten:
1. Anleihen
   davon konvertibel;
2. Verbindlichkeiten gegenüber Kreditinstituten;
3. erhaltene Anzahlungen auf Bestellungen;
4. Verbindlichkeiten aus Lieferungen und Leistungen;
5. Verbindlichkeiten aus der Annahme gezogener Wechsel und der Ausstellung
6. eigener Wechsel;
7. Verbindlichkeiten gegenüber verbundenen Unternehmen;

8. Verbindlichkeiten gegenüber Unternehmen, mit denen ein Beteiligungsverhältnis besteht;
9. sonstige Verbindlichkeiten,
   davon aus Steuern,
   davon im Rahmen der sozialen Sicherheit.
D. Rechnungsabgrenzungsposten
E. **Passive latente Steuern.**

§ 267 Umschreibung der Größenklassen

(1) Kleine Kapitalgesellschaften sind solche, die mindestens zwei der drei nachstehenden Merkmale nicht überschreiten:
1. 4.840.000 Euro Bilanzsumme nach Abzug eines auf der Aktivseite ausgewiesenen Fehlbetrags (§ 268 Abs. 3).
2. 9.680.000 Euro Umsatzerlöse in den zwölf Monaten vor dem Abschlußstichtag.
3. Im Jahresdurchschnitt fünfzig Arbeitnehmer.

(2) Mittelgroße Kapitalgesellschaften sind solche, die mindestens zwei der drei in Absatz 1 bezeichneten Merkmale überschreiten und jeweils mindestens zwei der drei nachstehenden Merkmale nicht überschreiten:
1. 19.250.000 Euro Bilanzsumme nach Abzug eines auf der Aktivseite ausgewiesenen Fehlbetrags (§ 268 Abs. 3).
2. 38.500.000 Euro Umsatzerlöse in den zwölf Monaten vor dem Abschlußstichtag.
3. Im Jahresdurchschnitt zweihundertfünfzig Arbeitnehmer.

(3) Große Kapitalgesellschaften sind solche, die mindestens zwei der drei in Absatz 2 bezeichneten Merkmale überschreiten. **Eine Kapitalgesellschaft im Sinn des § 264d gilt stets als große.**

(4) Die Rechtsfolgen der Merkmale nach den Absätzen 1 bis 3 Satz 1 treten nur ein, wenn sie an den Abschlußstichtagen von zwei aufeinander folgenden Geschäftsjahren über- oder unterschritten werden. Im Falle der Umwandlung oder Neugründung treten die Rechtsfolgen schon ein, wenn die Voraussetzungen des Absatzes 1, 2 oder 3 am ersten Abschlußstichtag nach der Umwandlung oder Neugründung vorliegen.

(5) Als durchschnittliche Zahl der Arbeitnehmer gilt der vierte Teil der Summe aus den Zahlen der jeweils am 31. März, 30. Juni, 30. September und 31. Dezember beschäftigten Arbeitnehmer einschließlich der im Ausland beschäftigten Arbeitnehmer, jedoch ohne die zu ihrer Berufsausbildung Beschäftigten.

(6) Informations- und Auskunftsrechte der Arbeitnehmervertretungen nach anderen Gesetzen bleiben unberührt.

§ 268 Vorschriften zu einzelnen Posten der Bilanz Bilanzvermerke

(1) Die Bilanz darf auch unter Berücksichtigung der vollständigen oder teilweisen Verwendung des Jahresergebnisses aufgestellt werden. Wird die Bilanz unter Berücksichtigung der teilweisen Verwendung des Jahresergebnisses aufgestellt, so tritt an die Stelle der Posten "Jahresüberschuß / Jahresfehlbetrag" und "Gewinnvortrag / Verlustvortrag" der Posten "Bilanzgewinn / Bilanzverlust"; ein vorhandener Gewinn- oder Verlustvortrag ist in den Posten "Bilanzgewinn / Bilanzverlust" einzubeziehen und in der Bilanz oder im Anhang gesondert anzugeben.

(2) In der Bilanz oder im Anhang ist die Entwicklung der einzelnen Posten des Anlagevermögens darzustellen. Dabei sind, ausgehend von den gesamten Anschaffungsund Herstellungskosten, die Zugänge, Abgänge, Umbuchungen und Zuschreibungen des Geschäftsjahrs sowie die Abschreibungen in ihrer gesamten Höhe gesondert aufzuführen. Die Abschreibungen des Geschäftsjahrs sind entweder in der Bilanz bei dem betreffenden Posten zu vermerken oder im Anhang in einer der Gliederung des Anlagevermögens entsprechenden Aufgliederung anzugeben.

(3) Ist das Eigenkapital durch Verluste aufgebraucht und ergibt sich ein Überschuß der Passivposten über die Aktivposten, so ist dieser Betrag am Schluß der Bilanz auf der Aktivseite gesondert unter der Bezeichnung "Nicht durch Eigenkapital gedeckter Fehlbetrag" auszuweisen.

(4) Der Betrag der Forderungen mit einer Restlaufzeit von mehr als einem Jahr ist bei jedem gesondert ausgewiesenen Posten zu vermerken. Werden unter dem Posten "sonstige Vermögensgegenstände" Beträge für Vermögensgegenstände ausgewiesen, die erst nach dem Abschlußstichtag rechtlich entstehen, so müssen Beträge, die einen größeren Umfang haben, im Anhang erläutert werden.

(5) Der Betrag der Verbindlichkeiten mit einer Restlaufzeit bis zu einem Jahr ist bei jedem gesondert ausgewiesenen Posten zu vermerken. Erhaltene Anzahlungen auf Bestellungen sind, soweit Anzahlungen auf Vorräte nicht von dem Posten "Vorräte" offen abgesetzt werden, unter den Verbindlichkeiten gesondert auszuweisen. Sind unter dem Posten "Verbindlichkeiten" Beträge für Verbindlichkeiten ausgewiesen, die erst nach dem Abschlußstichtag rechtlich entstehen, so müssen Beträge, die einen größeren Umfang haben, im Anhang erläutert werden.
(6) Ein nach § 250 Abs. 3 in den Rechnungsabgrenzungsposten auf der Aktivseite aufgenommener Unterschiedsbetrag ist in der Bilanz gesondert auszuweisen oder im Anhang anzugeben.
(7) Die in § 251 bezeichneten Haftungsverhältnisse sind jeweils gesondert unter der Bilanz oder im Anhang unter Angabe der gewährten Pfandrechte und sonstigen Sicherheiten anzugeben; bestehen solche Verpflichtungen gegenüber verbundenen Unternehmen, so sind sie gesondert anzugeben.
(8) Werden selbst geschaffene immaterielle Vermögensgegenstände des Anlagevermögens in der Bilanz ausgewiesen, so dürfen Gewinne nur ausgeschüttet werden, wenn die nach der Ausschüttung verbleibenden frei verfügbaren Rücklagen zuzüglich eines Gewinnvortrags und abzüglich eines Verlustvortrags mindestens den insgesamt angesetzten Beträgen abzüglich der hierfür gebildeten passiven latenten Steuern entsprechen. Werden aktive latente Steuern in der Bilanz ausgewiesen, ist Satz 1 auf den Betrag anzuwenden, um den die aktiven latenten Steuern die passiven latenten Steuern übersteigen. Bei Vermögensgegenständen im Sinn des § 246 Abs. 2 Satz 2 ist Satz 1 auf den Betrag abzüglich der hierfür gebildeten passiven latenten Steuern anzuwenden, die die Anschaffungskosten übersteigt.

§ 270 Bildung bestimmter Posten

(1) Einstellungen in die Kapitalrückalge und deren Auflösung sind bereits bei der Aufstellung der Bilanz vorzunehmen.
(2) Wird die Bilanz unter Berücksichtigung der vollständigen oder teilweisen Verwendung des Jahresergebnisses aufgestellt, so sind Entnahmen aus den Gewinnrücklagen sowie Einstellungen in die Gewinnrücklagen, die nach Gesetz, Gesellschaftsvertrag oder Satzung vorzunehmen sind oder aufgrund solcher Vorschriften beschlossen wurden sind, bereits bei der Aufstellung der Bilanz zu berücksichtigen.

§ 272 Eigenkapital

(1) Gezeichnetes Kapital ist das Kapital, auf das die Haftung der Gesellschafter für die Verbindlichkeiten der Kapitalgesellschaft gegenüber den Gläubigern beschränkt ist. **Es ist mit dem Nennbetrag anzusetzen. Die nicht eingeforderten ausstehenden Einlagen auf das gezeichnete Kapital sind von dem Posten „Gezeichnetes Kapital" offen abzusetzen; der verbleibende Betrag ist als Posten „Eingefordertes Kapital" in der Hauptspalte der Passivseite auszuweisen; der eingeforderte, aber noch nicht eingezahlte Betrag ist unter den Forderungen gesondert auszuweisen und entsprechend zu bezeichnen.** (1a) Der Nennbetrag oder, falls ein solcher nicht vorhanden ist, der rechnerische Wert von erworbenen eigenen Anteilen ist in der Vorspalte offen von dem Posten „Gezeichnetes Kapital" abzusetzen. Der Unterschiedsbetrag zwischen dem Nennbetrag oder dem rechnerischen Wert und den Anschaffungskosten der eigenen Anteile ist mit den frei verfügbaren Rücklagen zu verrechnen. Aufwendungen, die Anschaffungsnebenkosten sind, sind Aufwand des Geschäftsjahrs.
(1b) Nach der Veräußerung der eigenen Anteile entfällt der Ausweis nach Absatz 1a Satz 1. Ein den Nennbetrag oder den rechnerischen Wert übersteigender Differenzbetrag aus dem Veräußerungserlös ist bis zur Höhe des mit den frei verfügbaren Rücklagen verrechneten Betrages in die jeweiligen Rücklagen einzustellen. Ein darüber hinausgehender Differenzbetrag ist in die Kapitalrücklage gemäß Absatz 2 Nr. 1 einzustellen. Die Nebenkosten der Veräußerung sind Aufwand des Geschäftsjahres.
(2) Als Kapitalrücklage sind auszuweisen
1. der Betrag, der bei der Ausgabe von Anteilen einschließlich von Bezugsanteilen über den Nennbetrag oder, falls ein Nennbetrag nicht vorhanden ist, über den rechnerischen Wert hinaus erzielt wird;
2. der Betrag, der bei der Ausgabe von Schuldverschreibungen für Wandlungsrechte und Optionsrechte zum Erwerb von Anteilen erzielt wird;

3. der Betrag von Zuzahlungen, die Gesellschafter gegen Gewährung eines Vorzugs für ihre Anteile leisten;
4. der Betrag von anderen Zuzahlungen, die Gesellschafter in das Eigenkapital leisten.

(3) Als Gewinnrücklagen dürfen nur Beträge ausgewiesen werden, die im Geschäftsjahr oder in einem früheren Geschäftsjahr aus dem Ergebnis gebildet worden sind. Dazu gehören aus dem Ergebnis zu bildende gesetzliche oder auf Gesellschaftsvertrag oder Satzung beruhende Rücklagen und andere Gewinnrücklagen.

(4) Für Anteile an einem herrschenden oder mit Mehrheit beteiligten Unternehmen ist eine Rücklage zu bilden. In die Rücklage ist ein Betrag einzustellen, der dem auf der Aktivseite der Bilanz für die Anteile an dem herrschenden oder mit Mehrheit beteiligten Unternehmen angesetzten Betrag entspricht. Die Rücklage, die bereits bei der Aufstellung der Bilanz zu bilden ist, darf aus vorhandenen frei verfügbaren Rücklagen gebildet werden. Die Rücklage ist aufzulösen, soweit die Anteile an dem herrschenden oder mit Mehrheit beteiligten Unternehmen veräußert, ausgegeben oder eingezogen werden oder auf der Aktivseite ein niedrigerer Betrag angesetzt wird.

§ 274 Latente Steuern

(1) Bestehen zwischen den handelsrechtlichen Wertansätzen von Vermögensgegenständen, Schulden und Rechnungsabgrenzungsposten und ihren steuerlichen Wertansätzen Differenzen, die sich in späteren Geschäftsjahren voraussichtlich abbauen, so ist eine sich daraus insgesamt ergebende Steuerbelastung als passive latente Steuern (§ 266 Abs. 3 E.) in der Bilanz anzusetzen. Eine sich daraus insgesamt ergebende Steuerentlastung kann als aktive latente Steuern (§ 266 Abs. 2 D.) in der Bilanz angesetzt werden. Die sich ergebende Steuerbe- und die sich ergebende Steuerentlastung können auch unverrechnet angesetzt werden. Steuerliche Verlustvorträge sind bei der Berechnung aktiver latenter Steuern in Höhe der innerhalb der nächsten fünf Jahre zu erwartenden Verlustverrechnung zu berücksichtigen.

(2) Die Beträge der sich ergebenden Steuerbe- und -entlastung sind mit den unternehmensindividuellen Steuersätzen im Zeitpunkt des Abbaus der Differenzen zu bewerten und nicht abzuzinsen. Die ausgewiesenen Posten sind aufzulösen, sobald die Steuerbe- oder -entlastung eintritt oder mit ihr nicht mehr zu rechnen ist. Der Aufwand oder Ertrag aus der Veränderung bilanzierter latenter Steuern ist in der Gewinn- und Verlustrechnung gesondert unter dem Posten „Steuern vom Einkommen und vom Ertrag" auszuweisen.

§ 274a Größenabhängige Erleichterungen

Kleine Kapitalgesellschaften sind von der Anwendung der folgenden Vorschriften befreit:
1. § 268 Abs. 2 über die Aufstellung eines Anlagengitters,
2. § 268 Abs. 4 Satz 2 über die Pflicht zur Erläuterung bestimmter Forderungen im Anhang,
3. § 268 Abs. 5 Satz 3 über die Erläuterung bestimmter Verbindlichkeiten im Anhang,
4. § 268 Abs. 6 über den Rechnungsabgrenzungsposten nach § 250 Abs. 3,
5. § 274 über die Steuerabgrenzung.

§ 275 Gliederung

(1) Die Gewinn- und Verlustrechnung ist in Staffelform nach dem Gesamtkostenverfahren oder dem Umsatzkostenverfahren aufzustellen. Dabei sind die in Absatz 2 oder 3 bezeichneten Posten in der angegebenen Reihenfolge gesondert auszuweisen.

(2) Bei Anwendung des Gesamtkostenverfahrens sind auszuweisen:
1. Umsatzerlöse
2. Erhöhung oder Verminderung des Bestands an fertigen und unfertigen Erzeugnissen
3. andere aktivierte Eigenleistungen
4. sonstige betriebliche Erträge
5. Materialaufwand:
   a) Aufwendungen für Roh-, Hilfs- und Betriebsstoffe und für bezogene Waren
   b) Aufwendungen für bezogene Leistungen
6. Personalaufwand:

a) Löhne und Gehälter
b) soziale Abgaben und Aufwendungen für Altersversorgung und für Unterstützung, davon für Altersversorgung
7. Abschreibungen:
   a) auf immaterielle Vermögensgegenstände des Anlagevermögens und Sachanlagen
   b) auf Vermögensgegenstände des Umlaufvermögens, soweit diese die in der Kapitalgesellschaft üblichen Abschreibungen überschreiten
8. sonstige betriebliche Aufwendungen
9. Erträge aus Beteiligungen,
   davon aus verbundenen Unternehmen
10. Erträge aus anderen Wertpapieren und Ausleihungen des Finanzanlagevermögens,
    davon aus verbundenen Unternehmen
11. sonstige Zinsen und ähnliche Erträge,
    davon aus verbundenen Unternehmen
12. Abschreibungen auf Finanzanlagen und auf Wertpapiere des Umlaufvermögens
13. Zinsen und ähnliche Aufwendungen,
    davon an verbundene Unternehmen
14. Ergebnis der gewöhnlichen Geschäftstätigkeit
15. außerordentliche Erträge
16. außerordentliche Aufwendungen
17. außerordentliches Ergebnis
18. Steuern vom Einkommen und vom Ertrag
19. sonstige Steuern
20. Jahresüberschuß/Jahresfehlbetrag.

(3) Bei Anwendung des Umsatzkostenverfahrens sind auszuweisen:
1. Umsatzerlöse
2. Herstellungskosten der zur Erzielung der Umsatzerlöse erbrachten Leistungen
3. Bruttoergebnis vom Umsatz
4. Vertriebskosten
5. allgemeine Verwaltungskosten
6. sonstige betriebliche Erträge
7. sonstige betriebliche Aufwendungen
8. Erträge aus Beteiligungen,
   davon aus verbundenen Unternehmen
9. Erträge aus anderen Wertpapieren und Ausleihungen des Finanzanlagevermögens,
   davon aus verbundenen Unternehmen
10. sonstige Zinsen und ähnliche Erträge,
    davon aus verbundenen Unternehmen
11. Abschreibungen auf Finanzanlagen und auf Wertpapiere des Umlaufvermögens
12. Zinsen und ähnliche Aufwendungen,
    davon an verbundene Unternehmen
13. Ergebnis der gewöhnlichen Geschäftstätigkeit
14. außerordentliche Erträge
15. außerordentliche Aufwendungen
16. außerordentliches Ergebnis
17. Steuern vom Einkommen und vom Ertrag
18. sonstige Steuern
19. Jahresüberschuß / Jahresfehlbetrag.

(4) Veränderungen der Kapital- und Gewinnrücklagen dürfen in der Gewinn- und Verlustrechnung erst nach dem Posten "Jahresüberschuß/Jahresfehlbetrag" ausgewiesen werden.

§ 277 Vorschriften zu einzelnen Posten der Gewinn- und Verlustrechnung

(1) Als Umsatzerlöse sind die Erlöse aus dem Verkauf und der Vermietung oder Verpachtung von für die gewöhnliche Geschäftstätigkeit der Kapitalgesellschaft typischen Erzeugnissen und Waren sowie aus von für die gewöhnliche Geschäftstätigkeit der Kapitalgesellschaft typischen Dienstleistungen nach Abzug von Erlösschmälerungen und der Umsatzsteuer auszuweisen.

(2) Als Bestandsveränderungen sind sowohl Änderungen der Menge als auch solche des Wertes zu berücksichtigen; Abschreibungen jedoch nur, soweit diese die in der Kapitalgesellschaft sonst üblichen Abschreibungen nicht überschreiten.

(3) Außerplanmäßige Abschreibungen nach § 253 Abs. **3 Satz 3 und 4** sind jeweils gesondert auszuweisen oder im Anhang anzugeben. Erträge und Aufwendungen aus Verlustübernahme und auf Grund einer Gewinngemeinschaft, eines Gewinnabführungs- oder eines Teilgewinnabführungsvertrags erhaltene oder abgeführte Gewinne sind jeweils gesondert unter entsprechender Bezeichnung auszuweisen.

(4) Unter den Posten "außerordentliche Erträge" und "außerordentliche Aufwendungen" sind Erträge und Aufwendungen auszuweisen, die außerhalb der gewöhnlichen Geschäftstätigkeit der Kapitalgesellschaft anfallen. Die Posten sind hinsichtlich ihres Betrags und ihrer Art im Anhang zu erläutern, soweit die ausgewiesenen Beträge für die Beurteilung der Ertragslage nicht von untergeordneter Bedeutung sind. Satz 2 gilt **entsprechend** für **alle Aufwendungen und** Erträge , die einem anderen Geschäftsjahr zuzurechnen sind.

(5) Erträge aus der Abzinsung sind in der Gewinn- und Verlustrechnung gesondert unter dem Posten „Sonstige Zinsen und ähnliche Erträge" und Aufwendungen gesondert unter dem Posten „Zinsen und ähnliche Aufwendungen" auszuweisen. Erträge aus der Währungsumrechnung sind in der Gewinn- und Verlustrechnung gesondert unter dem Posten „Sonstige betriebliche Erträge" und Aufwendungen aus der Währungsumrechnung gesondert unter dem Posten „Sonstige betriebliche Aufwendungen" auszuweisen.

§ 285 Sonstige Pflichtangaben

Ferner sind im Anhang anzugeben:
1. zu den in der Bilanz ausgewiesenen Verbindlichkeiten
    a) der Gesamtbetrag der Verbindlichkeiten mit einer Restlaufzeit von mehr als fünf Jahren,
    b) der Gesamtbetrag der Verbindlichkeiten, die durch Pfandrechte oder ähnliche Rechte gesichert sind, unter Angabe von Art und Form der Sicherheiten;
2. die Aufgliederung der in Nummer 1 verlangten Angaben für jeden Posten der Verbindlichkeiten nach dem vorgeschriebenen Gliederungsschema;
3. Art und Zweck sowie Risiken und Vorteile von nicht in der Bilanz enthaltenen Geschäften, soweit dies für die Beurteilung der Finanzlage notwendig ist;
3a. der Gesamtbetrag der sonstigen finanziellen Verpflichtungen, die nicht in der Bilanz enthalten und nicht nach § 251 oder Nummer 3 anzugeben sind, sofern diese Angabe für die Beurteilung der Finanzlage von Bedeutung ist; davon sind Verpflichtungen gegenüber verbundenen Unternehmen gesondert anzugeben;
4. die Aufgliederung der Umsatzerlöse nach Tätigkeitsbereichen sowie nach geographisch bestimmten Märkten, soweit sich, unter Berücksichtigung der Organisation des Verkaufs von für die gewöhnliche Geschäftstätigkeit der Kapitalgesellschaft typischen Erzeugnissen und der für die gewöhnliche Geschäftstätigkeit der Kapitalgesellschaft typischen Dienstleistungen, die Tätigkeitsbereiche und geographisch bestimmten Märkte untereinander erheblich unterscheiden;
5. (aufgehoben) ;
6. in welchem Umfang die Steuern vom Einkommen und vom Ertrag das Ergebnis der gewöhnlichen Geschäftstätigkeit und das außerordentliche Ergebnis belasten;
7. die durchschnittliche Zahl der während des Geschäftsjahrs beschäftigten Arbeitnehmer getrennt nach Gruppen;
8. bei Anwendung des Umsatzkostenverfahrens (§ 275 Abs. 3)
    der Materialaufwand des Geschäftsjahrs, gegliedert nach § 275 Abs. 2 Nr. 5,
    der Personalaufwand des Geschäftsjahrs, gegliedert nach § 275 Abs. 2 Nr. 6;

9. für die Mitglieder des Geschäftsführungsorgans, eines Aufsichtsrats, eines Beirats oder einer ähnlichen Einrichtung jeweils für jede Personengruppe
    a) die für die Tätigkeit im Geschäftsjahr gewährten Gesamtbezüge (Gehälter, Gewinnbeteiligungen, Bezugsrechte und sonstige aktienbasierte Vergütungen, Aufwandsentschädigungen, Versicherungsentgelte, Provisionen und Nebenleistungen jeder Art). In die Gesamtbezüge sind auch Bezüge einzurechnen, die nicht ausgezahlt, sondern in Ansprüche anderer Art umgewandelt oder zur Erhöhung anderer Ansprüche verwendet werden. Außer den Bezügen für das Geschäftsjahr sind die weiteren Bezüge anzugeben, die im Geschäftsjahr gewährt, bisher aber in keinem Jahresabschluss angegeben worden sind. Bezugsrechte und sonstige aktienbasierte Vergütungen sind mit ihrer Anzahl und dem beizulegenden Zeitwert zum Zeitpunkt ihrer Gewährung anzugeben; spätere Wertveränderungen, die auf einer Änderung der Ausübungsbedingungen beruhen, sind zu berücksichtigen. Bei einer börsennotierten Aktiengesellschaft sind zusätzlich unter Namensnennung die Bezüge jedes einzelnen Vorstandsmitglieds, aufgeteilt nach erfolgsunabhängigen und erfolgsbezogenen Komponenten sowie Komponenten mit langfristiger Anreizwirkung, gesondert anzugeben. Dies gilt auch für Leistungen, die dem Vorstandsmitglied für den Fall der Beendigung seiner Tätigkeit zugesagt worden sind. Hierbei ist der wesentliche Inhalt der Zusagen darzustellen, wenn sie in ihrer rechtlichen Ausgestaltung von den den Arbeitnehmern erteilten Zusagen nicht unerheblich abweichen. Leistungen, die dem einzelnen Vorstandsmitglied von einem Dritten im Hinblick auf seine Tätigkeit als Vorstandsmitglied zugesagt oder im Geschäftsjahr gewährt worden sind, sind ebenfalls anzugeben. Enthält der Jahresabschluss weitergehende Angaben zu bestimmten Bezügen, sind auch diese zusätzlich einzeln anzugeben;
    b) die Gesamtbezüge (Abfindungen, Ruhegehälter, Hinterbliebenenbezüge und Leistungen verwandter Art) der früheren Mitglieder der bezeichneten Organe und ihrer Hinterbliebenen. Buchstabe a Satz 2 und 3 ist entsprechend anzuwenden. Ferner ist der Betrag der für diese Personengruppe gebildeten Rückstellungen für laufende Pensionen und Anwartschaften auf Pensionen und der Betrag der für diese Verpflichtungen nicht gebildeten Rückstellungen anzugeben;
    c) die gewährten Vorschüsse und Kredite unter Angabe der Zinssätze, der wesentlichen Bedingungen und der gegebenenfalls im Geschäftsjahr zurückgezahlten Beträge sowie die zugunsten dieser Personen eingegangenen Haftungsverhältnisse;
10. alle Mitglieder des Geschäftsführungsorgans und eines Aufsichtsrats, auch wenn sie im Geschäftsjahr oder später ausgeschieden sind, mit dem Familiennamen und mindestens einem ausgeschriebenen Vornamen, einschließlich des ausgeübten Berufs und bei börsennotierten Gesellschaften auch der Mitgliedschaft in Aufsichtsräten und anderen Kontrollgremien im Sinne des § 125 Abs. 1 Satz 3 des Aktiengesetzes. Der Vorsitzende eines Aufsichtsrats, seine Stellvertreter und ein etwaiger Vorsitzender des Geschäftsführungsorgans sind als solche zu bezeichnen;
11. Name und Sitz anderer Unternehmen, von denen die Kapitalgesellschaft oder eine für Rechnung der Kapitalgesellschaft handelnde Person mindestens den fünften Teil der Anteile besitzt; außerdem sind die Höhe des Anteils am Kapital, das Eigenkapital und das Ergebnis des letzten Geschäftsjahrs dieser Unternehmen anzugeben, für das ein Jahresabschluß vorliegt; auf die Berechnung der Anteile ist § 16 Abs. 2 und 4 des Aktiengesetzes entsprechend anzuwenden; ferner sind von börsennotierten Kapitalgesellschaften zusätzlich alle Beteiligungen an großen Kapitalgesellschaften anzugeben, die fünf vom Hundert der Stimmrechte überschreiten;
11a. Name, Sitz und Rechtsform der Unternehmen, deren unbeschränkt haftender Gesellschafter die Kapitalgesellschaft ist;
12. Rückstellungen, die in der Bilanz unter dem Posten „sonstige Rückstellungen" nicht gesondert ausgewiesen werden, sind zu erläutern, wenn sie einen nicht unerheblichen Umfang haben;
13. die Gründe, welche die Annahme einer betrieblichen Nutzungsdauer eines entgeltlich erworbenen Geschäfts- oder Firmenwertes von mehr als fünf Jahren rechtfertigen;
14. Name und Sitz des Mutterunternehmens der Kapitalgesellschaft, das den Konzernabschluß für den größten Kreis von Unternehmen aufstellt, und ihres Mutterunternehmens, das den Konzernabschluß für den kleinsten Kreis von Unternehmen aufstellt, sowie im Falle der Offenlegung der von diesen Mutterunternehmen aufgestellten Konzernabschlüsse der Ort, wo diese erhältlich sind;

15. soweit es sich um den Anhang des Jahresabschlusses einer Personenhandelsgesellschaft im Sinne des § 264a Abs. 1 handelt, Name und Sitz der Gesellschaften, die persönlich haftende Gesellschafter sind, sowie deren gezeichnetes Kapital;
16. dass die nach § 161 des Aktiengesetzes vorgeschriebene Erklärung abgegeben **und wo sie öffentlich zugänglich gemacht worden ist**;
17. das von dem Abschlussprüfer für das Geschäftsjahr berechnete Gesamthonorar, aufgeschlüsselt in das Honorar für
    a) die Abschlussprüfungsleistungen ,
    b) andere Bestätigungsleistungen ,
    c) **Steuerberatungsleistungen,**
    d) **sonstige Leistungen,**
    soweit die Angaben nicht in einem das Unternehmen einbeziehenden Konzernabschluss enthalten sind;
18. für zu den Finanzanlagen (§ 266 Abs. 2 A. III.) gehörende Finanzinstrumente, die über ihrem beizulegenden Zeitwert ausgewiesen werden, da eine außerplanmäßige Abschreibung **nach § 253 Abs. 3 Satz 4** unterblieben ist,
    a) der Buchwert und der beizulegende Zeitwert der einzelnen Vermögensgegenstände oder angemessener Gruppierungen sowie
    b) die Gründe für das Unterlassen einer Abschreibung einschließlich der Anhaltspunkte, die darauf hindeuten, dass die Wertminderung voraussichtlich nicht von Dauer ist;
19. für jede Kategorie nicht zum beizulegenden Zeitwert bilanzierter derivativer Finanzinstrumente
    a) **deren Art und Umfang,**
    b) **deren beizulegender Zeitwert, soweit er sich nach § 255 Abs. 4 verlässlich ermitteln lässt, unter Angabe der angewandten Bewertungsmethode,**
    c) **deren Buchwert und der Bilanzposten, in welchem der Buchwert, soweit vorhanden, erfasst ist, sowie**
    d) **die Gründe dafür, warum der der beizulegende Zeitwert nicht bestimmt werden kann;**
20. für gemäß § 340e Abs. 3 Satz 1 mit dem beizulegenden Zeitwert bewertete Finanzinstrumente
    a) **die grundlegenden Annahmen, die der Bestimmung des beizulegenden Zeitwertes mit Hilfe allgemein anerkannter Bewertungsmethoden zugrunde gelegt wurden, sowie**
    b) **Umfang und Art jeder Kategorie derivativer Finanzinstrumente einschließlich der wesentlichen Bedingungen, welche die Höhe, den Zeitpunkt und die Sicherheit künftiger Zahlungsströme beeinflussen können;**
21. zumindest die nicht zu marktüblichen Bedingungen zustande gekommenen Geschäfte, soweit sie wesentlich sind, mit nahe stehenden Unternehmen und Personen, einschließlich Angaben zur Art der Beziehung, zum Wert der Geschäfte sowie weiterer Angaben, die für die Beurteilung der Finanzlage notwendig sind; ausgenommen sind Geschäfte mit und zwischen mittel- oder unmittelbar in 100-prozentigem Anteilsbesitz stehenden in einen Konzernabschluss einbezogenen Unternehmen; Angaben über Geschäfte können nach Geschäftsarten zusammengefasst werden, sofern die getrennte Angabe für die Beurteilung der Auswirkungen auf die Finanzlage nicht notwendig ist;
22. im Fall der Aktivierung nach § 248 Abs. 2 der Gesamtbetrag der Forschungs- und Entwicklungskosten des Geschäftsjahres sowie der davon auf die selbst geschaffenen immateriellen Vermögensgegenstände des Anlagevermögens entfallende Betrag;
23. bei Anwendung des § 254,
    a) **mit welchem Betrag jeweils Vermögensgegenstände, Schulden, schwebende Geschäfte und mit hoher Wahrscheinlichkeit vorgesehene Transaktionen zur Absicherung welcher Risiken in welche Arten von Bewertungseinheiten einbezogen sind sowie die Höhe der mit Bewertungseinheiten abgesicherten Risiken,**
    b) **für die jeweils abgesicherten Risiken, warum, in welchem Umfang und für welchen Zeitraum sich die gegenläufigen Wertänderungen oder Zahlungsströme künftig voraussichtlich ausgleichen einschließlich der Methode der Ermittlung,**
    c) **eine Erläuterung der mit hoher Wahrscheinlichkeit erwarteten Transaktionen, die in Bewertungseinheiten einbezogen wurden,**
    soweit die Angaben nicht im Lagebericht gemacht werden;

24. zu den Rückstellungen für Pensionen und ähnliche Verpflichtungen das angewandte versicherungsmathematische Berechnungsverfahren sowie die grundlegenden Annahmen der Berechnung, wie Zinssatz, erwartete Lohn- und Gehaltssteigerungen und zugrunde gelegte Sterbetafeln;
25. im Fall der Verrechnung von Vermögensgegenständen und Schulden nach § 246 Abs. 2 Satz 2 die Anschaffungskosten und der beizulegenden Zeitwert der verrechneten Vermögensgegenstände, der Erfüllungsbetrag der verrechneten Schulden sowie die verrechneten Aufwendungen und Erträge; Nummer 20 Buchstabe a ist entsprechend anzuwenden;
26. zu Anteilen oder Anlageaktien an inländischen Investmentvermögen im Sinn des § 1 des Investmentgesetzes oder vergleichbaren ausländischen Investmentanteilen im Sinne des § 2 Abs. 9 des Investmentgesetzes von mehr als dem zehnten Teil, aufgegliedert nach Anlagezielen, deren Wert im Sinn des § 36 des Investmentgesetzes oder vergleichbarer ausländischer Vorschriften über die Ermittlung des Marktwertes, die Differenz zum Buchwert und die für das Geschäftsjahr erfolgte Ausschüttung sowie Beschränkungen in der Möglichkeit der täglichen Rückgabe; darüber hinaus die Gründe dafür, dass eine Abschreibung gemäß § 253 Abs. 3 Satz 4 unterblieben ist, einschließlich der Anhaltspunkte, die darauf hindeuten, dass die Wertminderung voraussichtlich nicht von Dauer ist; Nummer 18 ist insoweit nicht anzuwenden;
27. für nach § 251 unter der Bilanz oder nach § 268 Abs. 7 Halbsatz 1 im Anhang ausgewiesene Verbindlichkeiten und Haftungsverhältnisse, die Gründe der Einschätzung des Risikos der Inanspruchnahme;
28. der Gesamtbetrag der Beträge im Sinn des § 268 Abs. 8, aufgegliedert in Beträge aus der Aktivierung selbst geschaffener immaterieller Vermögensgegenstände des Anlagevermögens, Beträge aus der Aktivierung latenter Steuern und aus der Aktivierung von Vermögensgegenständen zum beizulegenden Zeitwert;
29. auf welchen Differenzen oder steuerlichen Verlustvorträgen die latenten Steuern beruhen und mit welchen Steuersätzen die Bewertung erfolgt ist.

§ 286 Unterlassen von Angaben

(1) Die Berichterstattung hat insoweit zu unterbleiben, als es für das Wohl der Bundesrepublik Deutschland oder eines ihrer Länder erforderlich ist.
(2) Die Aufgliederung der Umsatzerlöse nach § 285 Nr. 4 kann unterbleiben, soweit die Aufgliederung nach vernünftiger kaufmännischer Beurteilung geeignet ist, der Kapitalgesellschaft oder einem Unternehmen, von dem die Kapitalgesellschaft mindestens den fünften Teil der Anteile besitzt, einen erheblichen Nachteil zuzufügen.
(3) Die Angaben nach § 285 Nr. 11 und 11a können unterbleiben, soweit sie
1. für die Darstellung der Vermögens-, Finanz- und Ertragslage der Kapitalgesellschaft nach § 264 Abs. 2 von untergeordneter Bedeutung sind oder
2. nach vernünftiger kaufmännischer Beurteilung geeignet sind, der Kapitalgesellschaft oder dem anderen Unternehmen einen erheblichen Nachteil zuzufügen.
Die Angabe des Eigenkapitals und des Jahresergebnisses kann unterbleiben, wenn das Unternehmen, über das zu berichten ist, seinen Jahresabschluß nicht offenzulegen hat und die berichtende Kapitalgesellschaft weniger als die Hälfte der Anteile besitzt. Satz **1 Nr. 2 ist nicht anzuwenden, wenn die Kapitalgesellschaft oder eines ihrer Tochterunternehmen (§ 290 Abs. 1 und 2) am Abschlussstichtag kapitalmarktorientiert im Sinn des § 264d ist.** Im Übrigen ist die Anwendung der Ausnahmeregelung nach Satz 1 Nr. 2 im Anhang anzugeben.
(4) Bei Gesellschaften, die keine börsennotierten Aktiengesellschaften sind, können die in § 285 Nr. 9 Buchstabe a und b verlangten Angaben über die Gesamtbezüge der dort bezeichneten Personen unterbleiben, wenn sich anhand dieser Angaben die Bezüge eines Mitglieds dieser Organe feststellen lassen.
(5) Die in § 285 Nr. 9 Buchstabe a Satz 5 bis 9 verlangten Angaben unterbleiben, wenn die Hauptversammlung dies beschlossen hat. Ein Beschluss, der höchstens für fünf Jahre gefasst werden kann, bedarf einer Mehrheit, die mindestens drei Viertel des bei der Beschlussfassung vertretenen Grundkapitals umfasst. § 136 Abs. 1 des Aktiengesetzes gilt für einen Aktionär, dessen Bezüge als Vorstandsmitglied von der Beschlussfassung betroffen sind, entsprechend.

§ 288 Größenabhängige Erleichterungen

(1) Kleine Kapitalgesellschaften (§ 267 Abs. 1) brauchen die Angaben nach § 284 Abs. 2 Nr. 4, § 285 Nr. 2 bis 8 Buchstabe a, Nr. 9 Buchstabe a und b sowie Nr. 12, 17, 19, 21, 22 und 29 nicht zu machen.
(2) Mittelgroße Kapitalgesellschaften (§ 267 Abs. 2) brauchen bei der Angabe nach § 285 Nr. 3 die Risiken und Vorteile nicht darzustellen. Sie brauchen die Angaben nach § 285 Nr. 4 und 29 nicht zu machen. Soweit sie die Angaben nach § 285 Nr. 17 nicht machen, sind sie verpflichtet, diese der Wirtschaftsprüferkammer auf deren schriftliche Anforderung zu übermitteln. Sie brauchen die Angaben nach § 285 Nr. 21 nur zu machen, soweit sie Aktiengesellschaft sind; die Angabe kann auf Geschäfte beschränkt werden, die direkt oder indirekt mit dem Hauptgesellschafter oder Mitgliedern des Geschäftsführungs-, Aufsichts- oder Verwaltungsorgans abgeschlossen wurden.

§ 289 Lagebericht

(1) Im Lagebericht sind der Geschäftsverlauf einschließlich des Geschäftsergebnisses und die Lage der Kapitalgesellschaft so darzustellen, dass ein den tatsächlichen Verhältnissen entsprechendes Bild vermittelt wird. Er hat eine ausgewogene und umfassende, dem Umfang und der Komplexität der Geschäftstätigkeit entsprechende Analyse des Geschäftsverlaufs und der Lage der Gesellschaft zu enthalten. In die Analyse sind die für die Geschäftstätigkeit bedeutsamsten finanziellen Leistungsindikatoren einzubeziehen und unter Bezugnahme auf die im Jahresabschluss ausgewiesenen Beträge und Angaben zu erläutern. Ferner ist im Lagebericht die voraussichtliche Entwicklung mit ihren wesentlichen Chancen und Risiken zu beurteilen und zu erläutern; zugrunde liegende Annahmen sind anzugeben. Die gesetzlichen Vertreter einer Kapitalgesellschaft im Sinne des § 264 Abs. 2 Satz 3 haben zu versichern, dass nach bestem Wissen im Lagebericht der Geschäftsverlauf einschließlich des Geschäftsergebnisses und die Lage der Kapitalgesellschaft so dargestellt sind, dass ein den tatsächlichen Verhältnissen entsprechendes Bild vermittelt wird, und dass die wesentlichen Chancen und Risiken im Sinne des Satzes 4 beschrieben sind.
(2) Der Lagebericht soll auch eingehen auf:
1. Vorgänge von besonderer Bedeutung, die nach dem Schluß des Geschäftsjahrs eingetreten sind;
2.
    a) die Risikomanagementziele und -methoden der Gesellschaft einschließlich ihrer Methoden zur Absicherung aller wichtigen Arten von Transaktionen, die im Rahmen der Bilanzierung von Sicherungsgeschäften erfasst werden, sowie
    b) die Preisänderungs-, Ausfall- und Liquiditätsrisiken sowie die Risiken aus Zahlungsstromschwankungen, denen die Gesellschaft ausgesetzt ist, jeweils in Bezug auf die Verwendung von Finanzinstrumenten durch die Gesellschaft und sofern dies für die Beurteilung der Lage oder der voraussichtlichen Entwicklung von Belang ist;
3. den Bereich Forschung und Entwicklung;
4. bestehende Zweigniederlassungen der Gesellschaft;
5. die Grundzüge des Vergütungssystems der Gesellschaft für die in § 285 Nr. 9 genannten Gesamtbezüge, soweit es sich um eine börsennotierte Aktiengesellschaft handelt. Werden dabei auch Angaben entsprechend § 285 Nr. 9 Buchstabe a Satz 5 bis 9 gemacht, können diese im Anhang unterbleiben.

(3) Bei einer großen Kapitalgesellschaft (§ 267 Abs. 3) gilt Absatz 1 Satz 3 entsprechend für nichtfinanzielle Leistungsindikatoren, wie Informationen über Umwelt- und Arbeitnehmerbelange, soweit sie für das Verständnis des Geschäftsverlaufs oder der Lage von Bedeutung sind.

(4) Aktiengesellschaften und Kommanditgesellschaften auf Aktien, die einen organisierten Markt im Sinne des § 2 Abs. 7 des Wertpapiererwerbs- und Übernahmegesetzes durch von ihnen ausgegebene stimmberechtigte Aktien in Anspruch nehmen, haben im Lagebericht anzugeben:
1. die Zusammensetzung des gezeichneten Kapitals; bei verschiedenen Aktiengattungen sind für jede Gattung die damit verbundenen Rechte und Pflichten und der Anteil am Gesellschaftskapital anzugeben, **soweit die Angaben nicht im Anhang zu machen sind**;
2. Beschränkungen, die Stimmrechte oder die Übertragung von Aktien betreffen, auch wenn sie sich aus Vereinbarungen zwischen Gesellschaftern ergeben können, soweit sie dem Vorstand der Gesellschaft bekannt sind;

3. direkte oder indirekte Beteiligungen am Kapital, die 10 vom Hundert der Stimmrechte überschreiten, **soweit die Angaben nicht im Anhang zu machen sind**;
4. die Inhaber von Aktien mit Sonderrechten, die Kontrollbefugnisse verleihen; die Sonderrechte sind zu beschreiben;
5. die Art der Stimmrechtskontrolle, wenn Arbeitnehmer am Kapital beteiligt sind und ihre Kontrollrechte nicht unmittelbar ausüben;
6. die gesetzlichen Vorschriften und Bestimmungen der Satzung über die Ernennung und Abberufung der Mitglieder des Vorstands und über die Änderung der Satzung;
7. die Befugnisse des Vorstands insbesondere hinsichtlich der Möglichkeit, Aktien auszugeben oder zurückzukaufen;
8. wesentliche Vereinbarungen der Gesellschaft, die unter der Bedingung eines Kontrollwechsels infolge eines Übernahmeangebots stehen, und die hieraus folgenden Wirkungen; die Angabe kann unterbleiben, soweit sie geeignet ist, der Gesellschaft einen erheblichen Nachteil zuzufügen; die Angabepflicht nach anderen gesetzlichen Vorschriften bleibt unberührt;
9. Entschädigungsvereinbarungen der Gesellschaft, die für den Fall eines Übernahmeangebots mit den Mitgliedern des Vorstands oder Arbeitnehmern getroffen sind, **soweit die Angaben nicht im Anhang zu machen sind.**

Sind Angaben nach Satz 1 im Anhang zu machen, ist im Lagebericht darauf zu verweisen.
(5) Kapitalgesellschaften im Sinn des § 264d haben im Lagebericht die wesentlichen Merkmale des internen Kontroll- und des Risikomanagementsystems im Hinblick auf den Rechnungslegungsprozess zu beschreiben.

§ 289a Erklärung zur Unternehmensführung

(1) Börsennotierte Aktiengesellschaften sowie Aktiengesellschaften, die ausschließlich andere Wertpapiere als Aktien zum Handel an einem organisierten Markt im Sinn des § 2 Abs. 5 des Wertpapierhandelsgesetzes ausgegeben haben und deren ausgegebene Aktien auf eigene Veranlassung über ein multilaterales Handelssystem im Sinn des § 2 Abs. 3 Satz 1 Nr. 8 des Wertpapierhandelsgesetzes gehandelt werden, haben eine Erklärung zur Unternehmensführung in ihren Lagebericht aufzunehmen, die dort einen gesonderten Abschnitt bildet. Sie kann auch auf der Internetseite der Gesellschaft öffentlich zugänglich gemacht werden. In diesem Fall ist in den Lagebericht eine Bezugnahme aufzunehmen, welche die Angabe der Internetseite enthält.
(2) In die Erklärung zur Unternehmensführung sind aufzunehmen
1. die Erklärung gemäß § 161 des Aktiengesetzes;
2. relevante Angaben zu Unternehmensführungspraktiken, die über die gesetzlichen Anforderungen hinaus angewandt werden, nebst Hinweis, wo sie öffentlich zugänglich sind;
3. eine Beschreibung der Arbeitsweise von Vorstand und Aufsichtsrat sowie der Zusammensetzung und Arbeitsweise von deren Ausschüssen; sind die Informationen auf der Internetseite der Gesellschaft öffentlich zugänglich, kann darauf verwiesen werden.

§ 290 Pflicht zur Aufstellung

(1) Die gesetzlichen Vertreter einer Kapitalgesellschaft (Mutterunternehmen) mit Sitz im Inland haben in den ersten fünf Monaten des Konzerngeschäftsjahres für das vergangene Konzerngeschäftsjahr einen Konzernabschluss und einen Konzernlagebericht aufzustellen, wenn diese auf ein anderes Unternehmen (Tochterunternehmen) unmittel- oder mittelbar einen beherrschenden Einfluss ausüben kann. Ist das Mutterunternehmen eine Kapitalgesellschaft im Sinn des § 325 Abs. 4 Satz 1, sind der Konzernabschluss sowie der Konzernlagebericht in den ersten vier Monaten des Konzerngeschäftsjahrs für das vergangene Konzerngeschäftsjahr aufzustellen.
(2) **Beherrschender Einfluss eines Mutterunternehmens besteht stets, wenn**
1. **ihm bei einem anderen Unternehmen** die Mehrheit der Stimmrechte der Gesellschafter zusteht;
2. **ihm bei einem anderen Unternehmen** das Recht zusteht, die Mehrheit der Mitglieder des **die Finanz- und Geschäftspolitik bestimmenden** Verwaltungs-, Leitungs- oder Aufsichtsorgans zu bestellen oder abzuberufen, und **es** gleichzeitig Gesellschafter ist;

3. ihm das Recht zusteht, die Finanz- und Geschäftspolitik auf Grund eines mit einem anderen Unternehmen geschlossenen Beherrschungsvertrags oder auf Grund einer Bestimmung in der Satzung des anderen Unternehmens zu bestimmen oder
4. es bei wirtschaftlicher Betrachtung die Mehrheit der Risiken und Chancen eines Unternehmens trägt, das zur Erreichung eines eng begrenzten und genau definierten Ziels des Mutterunternehmens dient (Zweckgesellschaft). Neben Unternehmen können Zweckgesellschaften auch sonstige juristische Personen des Privatrechts oder unselbständige Sondervermögen des Privatrechts, ausgenommen Spezial-Sondervermögen im Sinn des § 2 Abs. 3 des Investmentgesetzes, sein.

(3) Als Rechte, die einem Mutterunternehmen nach Absatz 2 zustehen, gelten auch die einem Tochterunternehmen zustehenden Rechte und die den für Rechnung des Mutterunternehmens oder von Tochterunternehmen handelnden Personen zustehenden Rechte. Den einem Mutterunternehmen an einem anderen Unternehmen zustehenden Rechten werden die Rechte hinzugerechnet, über die es oder ein Tochterunternehmen auf Grund einer Vereinbarung mit anderen Gesellschaftern dieses Unternehmens verfügen kann. Abzuziehen sind Rechte, die
1. mit Anteilen verbunden sind, die von dem Mutterunternehmen oder von Tochterunternehmen für Rechnung einer anderen Person gehalten werden, oder
2. mit Anteilen verbunden sind, die als Sicherheit gehalten werden, sofern diese Rechte nach Weisung des Sicherungsgebers oder, wenn ein Kreditinstitut die Anteile als Sicherheit für ein Darlehen hält, im Interesse des Sicherungsgebers ausgeübt werden.

(4) Welcher Teil der Stimmrechte einem Unternehmen zusteht, bestimmt sich für die Berechnung der Mehrheit nach Absatz 2 Nr. 1 nach dem Verhältnis der Zahl der Stimmrechte, die es aus den ihm gehörenden Anteilen ausüben kann, zur Gesamtzahl aller Stimmrechte. Von der Gesamtzahl aller Stimmrechte sind die Stimmrechte aus eigenen Anteilen abzuziehen, die dem Tochterunternehmen selbst, einem seiner Tochterunternehmen oder einer anderen Person für Rechnung dieser Unternehmen gehören.

(5) Ein Mutterunternehmen ist von der Pflicht, einen Konzernabschluss und einen Konzernlagebericht aufzustellen befreit, wenn es nur Tochterunternehmen hat, die gemäß § 296 nicht in den Konzernabschluss einbezogen werden brauchen.

§ 291 Befreiende Wirkung von EU / EWR-Konzernabschlüssen

(1) Ein Mutterunternehmen, das zugleich Tochterunternehmen eines Mutterunternehmens mit Sitz in einem Mitgliedstaat der Europäischen Union oder in einem anderen Vertragsstaat des Abkommens über den Europäischen Wirtschaftsraum ist, braucht einen Konzernabschluß und einen Konzernlagebericht nicht aufzustellen, wenn ein den Anforderungen des Absatzes 2 entsprechender Konzernabschluß und Konzernlagebericht seines Mutterunternehmens einschließlich des Bestätigungsvermerks oder des Vermerks über dessen Versagung nach den für den entfallenden Konzernabschluß und Konzernlagebericht maßgeblichen Vorschriften in deutscher Sprache offengelegt wird. Ein befreiender Konzernabschluß und ein befreiender Konzernlagebericht können von jedem Unternehmen unabhängig von seiner Rechtsform und Größe aufgestellt werden, wenn das Unternehmen als Kapitalgesellschaft mit Sitz in einem Mitgliedstaat der Europäischen Union oder in einem anderen Vertragsstaat des Abkommens über den Europäischen Wirtschaftsraum zur Aufstellung eines Konzernabschlusses unter Einbeziehung des zu befreienden Mutterunternehmens und seiner Tochterunternehmen verpflichtet wäre.

(2) Der Konzernabschluß und Konzernlagebericht eines Mutterunternehmens mit Sitz in einem Mitgliedstaat der Europäischen Union oder in einem anderen Vertragsstaat des Abkommens über den Europäischen Wirtschaftsraum haben befreiende Wirkung, wenn
1. das zu befreiende Mutterunternehmen und seine Tochterunternehmen in den befreienden Konzernabschluß unbeschadet des § 296 einbezogen worden sind,
2. der befreiende Konzernabschluß und der befreiende Konzernlagebericht im Einklang mit der Richtlinie 83/349/EWG des Rates vom 13. Juni 1983 über den konsolidierten Abschluß (ABl. EG Nr. L 193 S. 1) und der Richtlinie 84/253/EWG des Rates vom 10. April 1984 über die Zulassung der mit der Pflichtprüfung der Rechnungslegungsunterlagen beauftragten Personen (ABl. EG Nr. L 126 S. 20) in ihren jeweils geltenden Fassungen nach dem für das aufstellende Mutterunternehmen maßgeblichen Recht aufgestellt und von einem zugelassenen Abschlußprüfer geprüft worden sind,
3. der Anhang des Jahresabschlusses des zu befreienden Unternehmens folgende Angaben enthält:

a) Name und Sitz des Mutterunternehmens, das den befreienden Konzernabschluß und Konzernlagebericht aufstellt,
b) einen Hinweis auf die Befreiung von der Verpflichtung, einen Konzernabschluß und einen Konzernlagebericht aufzustellen, und
c) eine Erläuterung der im befreienden Konzernabschluß vom deutschen Recht abweichend angewandten Bilanzierungs-, Bewertungs- und Konsolidierungsmethoden.

Satz 1 gilt für Kreditinstitute und Versicherungsunternehmen entsprechend; unbeschadet der übrigen Voraussetzungen in Satz 1 hat die Aufstellung des befreienden Konzernabschlusses und des befreienden Konzernlageberichts bei Kreditinstituten im Einklang mit der Richtlinie 86/635/EWG des Rates vom 8. Dezember 1986 über den Jahresabschluß und den konsolidierten Abschluß von Banken und anderen Finanzinstituten (ABl. EG Nr. L 372 S. 1) und bei Versicherungsunternehmen im Einklang mit der Richtlinie 91/674/EWG des Rates vom 19. Dezember 1991 über den Jahresabschluß und den konsolidierten Jahresabschluß von Versicherungsunternehmen (ABl. EG Nr. L 374 S. 7) in ihren jeweils geltenden Fassungen zu erfolgen.

(3) Die Befreiung nach Absatz 1 kann trotz Vorliegens der Voraussetzungen nach Absatz 2 von einem Mutterunternehmen nicht in Anspruch genommen werden, wenn

1. das zu befreiende Mutterunternehmen einen organisierten Markt im Sinn des § 2 Abs. 5 des Wertpapierhandelsgesetzes durch von ihm ausgegebene Wertpapiere im Sinn des § 2 Abs. 1 Satz 1 des Wertpapierhandelsgesetzes in Anspruch nimmt,
2. Gesellschafter, denen bei Aktiengesellschaften und Kommanditgesellschaften auf Aktien mindestens 10 vom Hundert und bei Gesellschaften mit beschränkter Haftung mindestens 20 vom Hundert der Anteile an dem zu befreienden Mutterunternehmen gehören, spätestens sechs Monate vor dem Ablauf des Konzerngeschäftsjahrs die Aufstellung eines Konzernabschlusses und eines Konzernlageberichts beantragt haben.

§ 292 Rechtsverordnungsermächtigung für befreiende Konzernabschlüsse und Konzernlageberichte

(1) Das Bundesministerium der Justiz wird ermächtigt, im Einvernehmen mit dem Bundesministerium der Finanzen und dem Bundesministerium für Wirtschaft und Technologie durch Rechtsverordnung, die nicht der Zustimmung des Bundesrates bedarf, zu bestimmen, daß § 291 auf Konzernabschlüsse und Konzernlageberichte von Mutterunternehmen mit Sitz in einem Staat, der nicht Mitglied der Europäischen Union und auch nicht Vertragsstaat des Abkommens über den Europäischen Wirtschaftsraum ist, mit der Maßgabe angewendet werden darf, daß der befreiende Konzernabschluß und der befreiende Konzernlagebericht nach dem mit den Anforderungen der Richtlinie 83/349/EWG übereinstimmenden Recht eines Mitgliedstaates der Europäischen Union oder eines anderen Vertragsstaates des Abkommens über den Europäischen Wirtschaftsraum aufgestellt worden oder einem nach diesem Recht eines Mitgliedstaates der Europäischen Union oder eines anderen Vertragsstaates des Abkommens über den Europäischen Wirtschaftsraum aufgestellten Konzernabschluß und Konzernlagebericht gleichwertig sein müssen. Das Recht eines anderen Mitgliedstaates der Europäischen Union oder Vertragsstaates des Abkommens über den Europäischen Wirtschaftsraum kann einem befreienden Konzernabschluß und einem befreienden Konzernlagebericht jedoch nur zugrunde gelegt oder für die Herstellung der Gleichwertigkeit herangezogen werden, wenn diese Unterlagen in dem anderen Mitgliedstaat oder Vertragsstaat anstelle eines sonst nach dem Recht dieses Mitgliedstaates oder Vertragsstaates vorgeschriebenen Konzernabschlusses und Konzernlageberichts offengelegt werden. Die Anwendung dieser Vorschrift kann in der Rechtsverordnung Unterabschnitt aufgestellten Konzernabschlüsse und Konzernlageberichte in dem Staat, in dem das Mutterunternehmen seinen Sitz hat, als gleichwertig mit den dort für Unternehmen mit entsprechender Rechtsform und entsprechendem Geschäftszweig vorgeschriebenen Konzernabschlüssen und Konzernlageberichten angesehen werden.

(2) Ist ein nach Absatz 1 zugelassener Konzernabschluß nicht von einem in Übereinstimmung mit den Vorschriften der Richtlinie **2006/43/EG** zugelassenen Abschlußprüfer geprüft worden, so kommt ihm befreiende Wirkung nur zu, wenn der Abschlußprüfer eine den Anforderungen dieser Richtlinie gleichwertige Befähigung hat und der Konzernabschluß in einer den Anforderungen des Dritten Unterabschnitts entsprechenden Weise geprüft worden ist. **Nicht in Übereinstimmung mit den Vorschriften der Richtlinie 2006/43/EG zugelassene Abschlussprüfer von Unternehmen mit Sitz in einem Drittstaat im Sinn**

des § 3 Abs. 1 Satz 1 der Wirtschaftsprüferordnung, deren Wertpapiere im Sinn des § 2 Abs. 1 Satz 1 des Wertpapierhandelsgesetzes an einer inländischen Börse zum Handel am regulierten Markt zugelassen sind, haben nur dann eine den Anforderungen der Richtlinie gleichwertige Befähigung, wenn sie bei der Wirtschaftsprüferkammer gemäß § 134 Abs. 1 der Wirtschaftsprüferordnung eingetragen sind oder die Gleichwertigkeit gemäß § 134 Abs. 4 der Wirtschaftsprüferordnung anerkannt ist. Satz 2 ist nicht anzuwenden, soweit ausschließlich Schuldtitel im Sinn des § 2 Abs. 1 Satz 1 Nr. 3 des Wertpapierhandelsgesetzes mit einer Mindeststückelung von 50 000 Euro oder einem entsprechenden Betrag anderer Währung an einer inländischen Börse zum Handel am regulierten Markt zugelassen sind.

(3) In einer Rechtsverordnung nach Absatz 1 kann außerdem bestimmt werden, welche Voraussetzungen Konzernabschlüsse und Konzernlageberichte von Mutterunternehmen mit Sitz in einem Staat, der nicht Mitglied der Europäischen Union und auch nicht Vertragsstaat des Abkommens über den Europäischen Wirtschaftsraum ist, im einzelnen erfüllen müssen, um nach Absatz 1 gleichwertig zu sein, und wie die Befähigung von Abschlußprüfern beschaffen sein muß, um nach Absatz 2 gleichwertig zu sein. In der Rechtsverordnung können zusätzliche Angaben und Erläuterungen zum Konzernabschluß vorgeschrieben werden, soweit diese erforderlich sind, um die Gleichwertigkeit dieser Konzernabschlüsse und Konzernlageberichte mit solchen nach diesem Unterabschnitt oder dem Recht eines anderen Mitgliedstaates der Europäischen Union oder Vertragsstaates des Abkommens über den Europäischen Wirtschaftsraum herzustellen.

(4) Die Rechtsverordnung ist vor Verkündung dem Bundestag zuzuleiten. Sie kann durch Beschluß des Bundestages geändert oder abgelehnt werden. Der Beschluß des Bundestages wird dem Bundesministerium der Justiz zugeleitet. Das Bundesministerium der Justiz ist bei der Verkündung der Rechtsverordnung an den Beschluß gebunden. Hat sich der Bundestag nach Ablauf von drei Sitzungswochen seit Eingang einer Rechtsverordnung nicht mit ihr befaßt, so wird die unveränderte Rechtsverordnung dem Bundesministerium der Justiz zur Verkündung zugeleitet. Der Bundestag befaßt sich mit der Rechtsverordnung auf Antrag von so vielen Mitgliedern des Bundestages, wie zur Bildung einer Fraktion erforderlich sind.

§ 293 Größenabhängige Befreiungen

(1) Ein Mutterunternehmen ist von der Pflicht, einen Konzernabschluß und einen Konzernlagebericht aufzustellen, befreit, wenn
1. am Abschlußstichtag seines Jahresabschlusss und am vorhergehenden Abschlußstichtag mindestens zwei der drei nachstehenden Merkmale zutreffen:
   a) Die Bilanzsummen in den Bilanzen des Mutterunternehmens und der Tochterunternehmen, die in den Konzernabschluß einzubeziehen wären, übersteigen insgesamt nach Abzug von in den Bilanzen auf der Aktivseite ausgewiesenen Fehlbeträgen nicht **23 100 000** Euro.
   b) Die Umsatzerlöse des Mutterunternehmens und der Tochterunternehmen, die in den Konzernabschluß einzubeziehen wären, übersteigen in den zwölf Monaten vor dem Abschlußstichtag insgesamt nicht **46 200 000** Euro.
   c) Das Mutterunternehmen und die Tochterunternehmen, die in den Konzernabschluß einzubeziehen wären, haben in den zwölf Monaten vor dem Abschlußstichtag im Jahresdurchschnitt nicht mehr als 250 Arbeitnehmer beschäftigt; oder
2. am Abschlußstichtag eines von ihm aufzustellenden Konzernabschlusses und am vorhergehenden Abschlußstichtag mindestens zwei der drei nachstehenden Merkmale zutreffen:
   a) Die Bilanzsumme übersteigt nach Abzug eines auf der Aktivseite ausgewiesenen Fehlbetrags nicht **19 250 000** Euro.
   b) Die Umsatzerlöse in den zwölf Monaten vor dem Abschlußstichtag übersteigen nicht **38 500 000** Euro.
   c) Das Mutterunternehmen und die in den Konzernabschluß einbezogenen Tochterunternehmen haben in den zwölf Monaten vor dem Abschlußstichtag im Jahresdurchschnitt nicht mehr als 250 Arbeitnehmer beschäftigt.

Auf die Ermittlung der durchschnittlichen Zahl der Arbeitnehmer ist § 267 Abs. 5 anzuwenden.

(2) (weggefallen)

(3) (weggefallen)

(4) Außer in den Fällen des Absatzes 1 ist ein Mutterunternehmen von der Pflicht zur Aufstellung des Konzernabschlusses und des Konzernlageberichts befreit, wenn die Voraussetzungen des Absatzes 1 nur am Abschlußstichtag oder nur am vorhergehenden Abschlußstichtag erfüllt sind und das Mutterunternehmen am vorhergehenden Abschlußstichtag von der Pflicht zur Aufstellung des Konzernabschlusses und des Konzernlageberichts befreit war. § 267 Abs. 4 Satz 2 ist entsprechend anzuwenden.
(5) **Die Absätze 1 und 4 sind nicht anzuwenden, wenn das Mutterunternehmen oder ein in deren Konzernabschluss einbezogenes Tochterunternehmen am Abschlussstichtag kapitalmarktorientiert im Sinn des § 264d ist.**

§ 294 Einzubeziehende Unternehmen Vorlage- und Auskunftspflichten

(1) In den Konzernabschluß sind das Mutterunternehmen und alle Tochterunternehmen ohne Rücksicht auf den Sitz der Tochterunternehmen einzubeziehen, sofern die Einbeziehung nicht nach § 296 unterbleibt.
(2) Hat sich die Zusammensetzung der in den Konzernabschluß einbezogenen Unternehmen im Laufe des Geschäftsjahrs wesentlich geändert, so sind in den Konzernabschluß Angaben aufzunehmen, die es ermöglichen, die aufeinander folgenden Konzernabschlüsse sinnvoll zu vergleichen.
(3) Die Tochterunternehmen haben dem Mutterunternehmen ihre Jahresabschlüsse, Einzelabschlüsse nach § 325 Abs. 2a, Lageberichte, Konzernabschlüsse, Konzernlageberichte und, wenn eine Abschlussprüfung stattgefunden hat, die Prüfungsberichte sowie, wenn ein Zwischenabschluß aufzustellen ist, einen auf den Stichtag des Konzernabschlusses aufgestellten Abschluß unverzüglich einzureichen. Das Mutterunternehmen kann von jedem Tochterunternehmen alle Aufklärungen und Nachweise verlangen, welche die Aufstellung des Konzernabschlusses und des Konzernlageberichts erfordert.

§ 297 Inhalt

(1) Der Konzernabschluss besteht aus der Konzernbilanz, der Konzern-Gewinn- und Verlustrechnung, dem Konzernanhang, der Kapitalflussrechnung und dem Eigenkapitalspiegel. Er kann um eine Segmentberichterstattung erweitert werden.
(2) Der Konzernabschluss ist klar und übersichtlich aufzustellen. Er hat unter Beachtung der Grundsätze ordnungsmäßiger Buchführung ein den tatsächlichen Verhältnissen entsprechendes Bild der Vermögens-, Finanz- und Ertragslage des Konzerns zu vermitteln. Führen besondere Umstände dazu, dass der Konzernabschluss ein den tatsächlichen Verhältnissen entsprechendes Bild im Sinne des Satzes 2 nicht vermittelt, so sind im Konzernanhang zusätzliche Angaben zu machen. Die gesetzlichen Vertreter eines Mutterunternehmens, das Inlandsemittent im Sinne des § 2 Abs. 7 des Wertpapierhandelsgesetzes und keine Kapitalgesellschaft im Sinne des § 327a ist, haben bei der Unterzeichnung schriftlich zu versichern, dass nach bestem Wissen der Konzernabschluss ein den tatsächlichen Verhältnissen entsprechendes Bild im Sinne des Satzes 2 vermittelt oder der Konzernanhang Angaben nach Satz 3 enthält.
(3) Im Konzernabschluß ist die Vermögens-, Finanz- und Ertragslage der einbezogenen Unternehmen so darzustellen, als ob diese Unternehmen insgesamt ein einziges Unternehmen wären. Die auf den vorhergehenden Konzernabschluß angewandten Konsolidierungsmethoden **sind beizubehalten**. Abweichungen von Satz 2 sind in Ausnahmefällen zulässig. Sie sind im Konzernanhang anzugeben und zu begründen. Ihr Einfluß auf die Vermögens-, Finanz- und Ertragslage des Konzerns ist anzugeben.

§ 298 Anzuwendende Vorschriften Erleichterungen

(1) Auf den Konzernabschluß sind, soweit seine Eigenart keine Abweichung bedingt oder in den folgenden Vorschriften nichts anderes bestimmt ist, die §§ 244 bis 256a, 265, 266, 268 bis 275, 277 **und** 278 über den Jahresabschluß und die für die Rechtsform und den Geschäftszweig der in den Konzernabschluß einbezogenen Unternehmen mit Sitz im Geltungsbereich dieses Gesetzes geltenden Vorschriften, soweit sie für große Kapitalgesellschaften gelten, entsprechend anzuwenden.
(2) In der Gliederung der Konzernbilanz dürfen die Vorräte in einem Posten zusammengefaßt werden, wenn deren Aufgliederung wegen besonderer Umstände mit einem unverhältnismäßigen Aufwand verbunden wäre.
(3) Der Konzernanhang und der Anhang des Jahresabschlusses des Mutterunternehmens dürfen zusammengefaßt werden. In diesem Falle müssen der Konzernabschluß und der Jahresabschluß des Mutterunter-

nehmens gemeinsam offengelegt werden. Aus dem zusammengefassten Anhang muss hervorgehen, welche Angaben sich auf den Konzern und welche Angaben sich nur auf das Mutterunternehmen beziehen.

§ 300 Konsolidierungsgrundsätze Vollständigkeitsgebot

(1) In dem Konzernabschluß ist der Jahresabschluß des Mutterunternehmens mit den Jahresabschlüssen der Tochterunternehmen zusammenzufassen. An die Stelle der dem Mutterunternehmen gehörenden Anteile an den einbezogenen Tochterunternehmen treten die Vermögensgegenstände, Schulden, Rechnungsabgrenzungsposten und Sonderposten der Tochterunternehmen, soweit sie nach dem Recht des Mutterunternehmens bilanzierungsfähig sind und die Eigenart des Konzernabschlusses keine Abweichungen bedingt oder in den folgenden Vorschriften nichts anderes bestimmt ist.

(2) Die Vermögensgegenstände, Schulden und Rechnungsabgrenzungsposten sowie die Erträge und Aufwendungen der in den Konzernabschluß einbezogenen Unternehmen sind unabhängig von ihrer Berücksichtigung in den Jahresabschlüssen dieser Unternehmen vollständig aufzunehmen, soweit nach dem Recht des Mutterunternehmens nicht ein Bilanzierungsverbot oder ein Bilanzierungswahlrecht besteht. Nach dem Recht des Mutterunternehmens zulässige Bilanzierungswahlrechte dürfen im Konzernabschluß unabhängig von ihrer Ausübung in den Jahresabschlüssen der in den Konzernabschluß einbezogenen Unternehmen ausgeübt werden. Ansätze, die auf der Anwendung von für Kreditinstitute oder Versicherungsunternehmen wegen der Besonderheiten des Geschäftszweigs geltenden Vorschriften beruhen, dürfen beibehalten werden; auf die Anwendung dieser Ausnahme ist im Konzernanhang hinzuweisen.

§ 301 Kapitalkonsolidierung

(1) Der Wertansatz der dem Mutterunternehmen gehörenden Anteile an einem in den Konzernabschluß einbezogenen Tochterunternehmen wird mit dem auf diese Anteile entfallenden Betrag des Eigenkapitals des Tochterunternehmens verrechnet. Das Eigenkapital ist **mit dem Betrag anzusetzen, der dem Zeitwert der in den Konzernabschluss aufzunehmenden Vermögensgegenstände, Schulden, Rechnungsabgrenzungsposten und Sonderposten entspricht, der diesen an dem für die Verrechnung nach Absatz 2 maßgeblichen Zeitpunkt beizulegen ist. Rückstellungen sind nach § 253 Abs. 1 Satz 2 und 3, Abs. 2 und latente Steuern nach § 274 Abs. 2 zu bewerten.**

(2) **Die Verrechnung nach Absatz 1 ist auf Grundlage der Wertansätze zu dem Zeitpunkt durchzuführen, zu dem das Unternehmen Tochterunternehmen geworden ist. Können die Wertansätze zu diesem Zeitpunkt nicht endgültig ermittelt werden, sind sie innerhalb der darauf folgenden zwölf Monate anzupassen. Ist ein Mutterunternehmen erstmalig zur Aufstellung eines Konzernabschlusses verpflichtet, sind die Wertansätze zum Zeitpunkt der Einbeziehung des Tochterunternehmens in den Konzernabschluss zugrunde zu legen, soweit das Unternehmen nicht in dem Jahr Tochterunternehmen geworden ist, für das der Konzernabschluss aufgestellt wird. Das Gleiche gilt für die erstmalige Einbeziehung eines Tochterunternehmens, auf die bisher gemäß § 296 verzichtet wurde.**

(3) **Ein nach der Verrechnung verbleibender Unterschiedsbetrag ist in der Konzernbilanz, wenn er auf der Aktivseite entsteht, als Geschäfts- oder Firmenwert und, wenn er auf der Passivseite entsteht, unter dem Posten „Unterschiedsbetrag aus der Kapitalkonsolidierung" nach dem Eigenkapital auszuweisen. Der Posten und wesentliche Änderungen gegenüber dem Vorjahr sind im Anhang zu erläutern.**

(4) **Anteile an dem Mutterunternehmen, die einem in den Konzernabschluss einbezogenen Tochterunternehmen gehören, sind in der Konzernbilanz als eigene Anteile des Mutterunternehmens mit ihrem Nennwert, oder falls ein solcher nicht vorhanden ist, mit ihrem rechnerischen Wert, in der Vorspalte offen von dem Posten „Gezeichnetes Kapital" abzusetzen.**

§ 306 Latente Steuern

Führen Maßnahmen, die nach den Vorschriften dieses Titels durchgeführt worden sind, zu Differenzen zwischen den handelsrechtlichen Wertansätzen der Vermögensgegenstände, Schulden oder Rechnungsabgrenzungsposten und deren steuerlichen Wertansätzen und bauen sich diese Differenzen in späteren Geschäftsjahren voraussichtlich wieder ab, so ist eine sich insgesamt ergebende Steuerbelastung als passive latente Steuern und eine sich insgesamt ergebende Steuerentlastung als aktive latente Steuern in der Konzernbilanz anzusetzen. Die sich ergebende Steuerbe- und die sich ergeben-

de Steuerentlastung können auch unverrechnet angesetzt werden. Differenzen aus dem erstmaligen Ansatz eines nach § 301 Abs. 3 verbleibenden Unterschiedsbetrages bleiben unberücksichtigt. Das Gleiche gilt für Differenzen, die sich zwischen dem steuerlichen Wertansatz einer Beteiligung an einem Tochterunternehmen, assoziierten Unternehmen oder einem Gemeinschaftsunternehmen im Sinn des § 310 Abs. 1 und dem handelsrechtlichen Wertansatz des im Konzernabschluss angesetzten Nettovermögens ergeben. § 274 Abs. 2 ist entsprechend anzuwenden. Die Posten dürfen mit den Posten nach § 274 HGB zusammengefasst werden.

§ 307 Anteile anderer Gesellschafter

(1) In der Konzernbilanz ist für nicht dem Mutterunternehmen gehörende Anteile an in den Konzernabschluß einbezogenen Tochterunternehmen ein Ausgleichsposten für die Anteile der anderen Gesellschafter in Höhe ihres Anteils am Eigenkapital unter entsprechender Bezeichnung innerhalb des Eigenkapitals gesondert auszuweisen.
(2) In der Konzern-Gewinn- und Verlustrechnung ist der im Jahresergebnis enthaltene, anderen Gesellschaftern zustehende Gewinn und der auf sie entfallende Verlust nach dem Posten "Jahresüberschuß/Jahresfehlbetrag" unter entsprechender Bezeichnung gesondert auszuweisen.

§ 308a Umrechnung von auf fremde Währung lautenden Abschlüssen

Die Aktiv- und Passivposten einer auf fremde Währung lautenden Bilanz sind, mit Ausnahme des Eigenkapitals, das zum historischen Kurs in Euro umzurechnen ist, zum Devisenkassamittelkurs am Abschlussstichtag in Euro umzurechnen. Die Posten der Gewinn- und Verlustrechnung sind zum Durchschnittskurs in Euro umzurechnen. Eine sich ergebende Umrechnungsdifferenz ist innerhalb des Konzerneigenkapitals nach den Rücklagen unter dem Posten „Eigenkapitaldifferenz aus Währungsumrechnung" auszuweisen. Bei teilweisem oder vollständigem Ausscheiden des Tochterunternehmens ist der Posten in entsprechender Höhe erfolgswirksam aufzulösen.

§ 309 Behandlung des Unterschiedsbetrags

(1) **Die Abschreibung eines nach § 301 Abs. 3 auszuweisenden Geschäfts- oder Firmenwertes bestimmt sich nach Maßgabe der Vorschriften des Ersten Abschnitts.**
(2) Ein nach § 301 Abs. 3 auf der Passivseite auszuweisender Unterschiedsbetrag darf ergebniswirksam nur aufgelöst werden, soweit
1. eine zum Zeitpunkt des Erwerbs der Anteile oder der erstmaligen Konsolidierung erwartete ungünstige Entwicklung der künftigen Ertragslage des Unternehmens eingetreten ist oder zu diesem Zeitpunkt erwartete Aufwendungen zu berücksichtigen sind oder
2. am Abschlußstichtag feststeht, daß er einem realisierten Gewinn entspricht.

§ 310

(1) Führt ein in einen Konzernabschluß einbezogenes Mutter- oder Tochterunternehmen ein anderes Unternehmen gemeinsam mit einem oder mehreren nicht in den Konzernabschluß einbezogenen Unternehmen, so darf das andere Unternehmen in den Konzernabschluß entsprechend den Anteilen am Kapital einbezogen werden, die dem Mutterunternehmen gehören.
(2) Auf die anteilmäßige Konsolidierung sind die §§ 297 bis 301, §§ 303 bis 306, 308, **308a**, 309 entsprechend anzuwenden.

§ 312 Wertansatz der Beteiligung und Behandlung des Unterschiedsbetrags

(1) Eine Beteiligung an einem assoziierten Unternehmen ist in der Konzernbilanz mit dem Buchwert anzusetzen. Der Unterschiedsbetrag zwischen dem Buchwert und dem anteiligen Eigenkapital des assoziierten Unternehmens sowie ein darin enthaltener Geschäfts- oder Firmenwert oder passivischer Unterschiedsbetrag sind im Konzernanhang anzugeben.

(2) Der Unterschiedsbetrag nach Absatz 1 Satz 2 ist den Wertansätzen der Vermögensgegenstände, Schulden, Rechnungsabgrenzungsposten und Sonderposten des assoziierten Unternehmens insoweit zuzuordnen, als deren beizulegender Zeitwert höher oder niedriger ist als ihr Buchwert. Der nach Satz 1 zugeordnete Unterschiedsbetrag ist entsprechend der Behandlung der Wertansätze dieser Vermögensgegenstände, Schulden, Rechnungsabgrenzungsposten und Sonderposten im Jahresabschluß des assoziierten Unternehmens im Konzernabschluß fortzuführen, abzuschreiben oder aufzulösen. Auf einen nach Zuordnung nach Satz 1 verbleibenden Geschäfts- oder Firmenwert oder passiven Unterschiedsbetrag ist § 309 entsprechend anzuwenden. § 301 Abs. 1 Satz 3 ist entsprechend anzuwenden. (3) Der Wertansatz der Beteiligung und der Unterschiedsbetrag sind auf der Grundlage der Wertansätze zu dem Zeitpunkt zu ermitteln, zu dem das Unternehmen assoziiertes Unternehmen geworden ist. Können die Wertansätze zu diesem Zeitpunkt nicht endgültig ermittelt werden, sind sie innerhalb der darauf folgenden zwölf Monate anzupassen.

(4) Der nach Absatz 1 ermittelte Wertansatz einer Beteiligung ist in den Folgejahren um den Betrag der Eigenkapitalveränderungen, die den dem Mutterunternehmen gehörenden Anteilen am Kapital des assoziierten Unternehmens entsprechen, zu erhöhen oder zu vermindern; auf die Beteiligung entfallende Gewinnausschüttungen sind abzusetzen. In der Konzern-Gewinn- und Verlustrechnung ist das auf assoziierte Beteiligungen entfallende Ergebnis unter einem gesonderten Posten auszuweisen.

(5) Wendet das assoziierte Unternehmen in seinem Jahresabschluß vom Konzernabschluß abweichende Bewertungsmethoden an, so können abweichend bewertete Vermögensgegenstände oder Schulden für die Zwecke der Absätze 1 bis 4 nach den auf den Konzernabschluß angewandten Bewertungsmethoden bewertet werden. Wird die Bewertung nicht angepaßt, so ist dies im Konzernanhang anzugeben. § 304 über die Behandlung der Zwischenergebnisse ist entsprechend anzuwenden, soweit die für die Beurteilung maßgeblichen Sachverhalte bekannt oder zugänglich sind. Die Zwischenergebnisse dürfen auch anteilig entsprechend den dem Mutterunternehmen gehörenden Anteilen am Kapital des assoziierten Unternehmens weggelassen werden.

(6) Es ist jeweils der letzte Jahresabschluß des assoziierten Unternehmens zugrunde zu legen. Stellt das assoziierte Unternehmen einen Konzernabschluß auf, so ist von diesem und nicht vom Jahresabschluß des assoziierten Unternehmens auszugehen.

§ 313 Erläuterung der Konzernbilanz und der Konzern-Gewinn- und Verlustrechnung. Angaben zum Beteiligungsbesitz.

(1) In den Konzernanhang sind diejenigen Angaben aufzunehmen, die zu einzelnen Posten der Konzernbilanz oder der Konzern-Gewinn- und Verlustrechnung vorgeschrieben oder die im Konzernanhang zu machen sind, weil sie in Ausübung eines Wahlrechts nicht in die Konzernbilanz oder in die Konzern-Gewinn- und Verlustrechnung aufgenommen wurden. Im Konzernanhang müssen
1. die auf die Posten der Konzernbilanz und der Konzern-Gewinn- und Verlustrechnung angewandten Bilanzierungs- und Bewertungsmethoden angegeben werden;
2. die Grundlagen für die Umrechnung in Euro angegeben werden, sofern der Konzernabschluß Posten enthält, denen Beträge zugrunde liegen, die auf fremde Währung lauten oder ursprünglich auf fremde Währung lauteten;
3. Abweichungen von Bilanzierungs-, Bewertungs- und Konsolidierungsmethoden angegeben und begründet werden; deren Einfluß auf die Vermögens-, Finanz- und Ertragslage des Konzerns ist gesondert darzustellen.

(2) Im Konzernanhang sind außerdem anzugeben:
1. Name und Sitz der in den Konzernabschluß einbezogenen Unternehmen, der Anteil am Kapital der Tochterunternehmen, der dem Mutterunternehmen und den in den Konzernabschluß einbezogenen Tochterunternehmen gehört oder von einer für Rechnung dieser Unternehmen handelnden Person gehalten wird, sowie der zur Einbeziehung in den Konzernabschluß verpflichtende Sachverhalt, sofern die Einbeziehung nicht auf einer der Kapitalbeteiligung entsprechenden Mehrheit der Stimmrechte beruht. Diese Angaben sind auch für Tochterunternehmen zu machen, die nach § 296 nicht einbezogen worden sind;
2. Name und Sitz der assoziierten Unternehmen, der Anteil am Kapital der assoziierten Unternehmen, der dem Mutterunternehmen und den in den Konzernabschluß einbezogenen Tochterunternehmen gehört

oder von einer für Rechnung dieser Unternehmen handelnden Person gehalten wird. Die Anwendung des § 311 Abs. 2 ist jeweils anzugeben und zu begründen;
3. Name und Sitz der Unternehmen, die nach § 310 nur anteilmäßig in den Konzernabschluß einbezogen worden sind, der Tatbestand, aus dem sich die Anwendung dieser Vorschrift ergibt, sowie der Anteil am Kapital dieser Unternehmen, der dem Mutterunternehmen und den in den Konzernabschluß einbezogenen Tochterunternehmen gehört oder von einer für Rechnung dieser Unternehmen handelnden Person gehalten wird;
4. Name und Sitz anderer als der unter den Nummern 1 bis 3 bezeichneten Unternehmen, bei denen das Mutterunternehmen, ein Tochterunternehmen oder eine für Rechnung eines dieser Unternehmen handelnde Person mindestens den fünften Teil der Anteile besitzt, unter Angabe des Anteils am Kapital sowie der Höhe des Eigenkapitals und des Ergebnisses des letzten Geschäftsjahrs, für das ein Abschluß aufgestellt worden ist. Ferner sind anzugeben alle Beteiligungen an großen Kapitalgesellschaften, die andere als die in Nummer 1 bis 3 bezeichneten Unternehmen sind, wenn sie von einem börsennotierten Mutterunternehmen, einem börsennotierten Tochterunternehmen oder einer für Rechnung eines dieser Unternehmen handelnden Person gehalten werden und fünf vom Hundert der Stimmrechte überschreiten. Diese Angaben brauchen nicht gemacht zu werden, wenn sie für die Vermittlung eines den tatsächlichen Verhältnissen entsprechenden Bildes der Vermögens-, Finanz- und Ertragslage des Konzerns von untergeordneter Bedeutung sind. Das Eigenkapital und das Ergebnis brauchen nicht angegeben zu werden, wenn das in Anteilsbesitz stehende Unternehmen seinen Jahresabschluß nicht offenzulegen hat und das Mutterunternehmen, das Tochterunternehmen oder die Person weniger als die Hälfte der Anteile an diesem Unternehmen besitzt.

(3) Die in Absatz 2 verlangten Angaben brauchen insoweit nicht gemacht zu werden, als nach vernünftiger kaufmännischer Beurteilung damit gerechnet werden muß, daß durch die Angaben dem Mutterunternehmen, einem Tochterunternehmen oder einem anderen in Absatz 2 bezeichneten Unternehmen erhebliche Nachteile entstehen können. Die Anwendung der Ausnahmeregelung ist im Konzernanhang anzugeben. Satz **1 gilt nicht, wenn ein Mutterunternehmen oder eines seiner Tochterunternehmen kapitalmarktorientiert im Sinn des § 264d ist.**

§ 314 Sonstige Pflichtangaben

(1) Im Konzernanhang sind ferner anzugeben:
1. der Gesamtbetrag der in der Konzernbilanz ausgewiesenen Verbindlichkeiten mit einer Restlaufzeit von mehr als fünf Jahren sowie der Gesamtbetrag der in der Konzernbilanz ausgewiesenen Verbindlichkeiten, die von in den Konzernabschluß einbezogenen Unternehmen durch Pfandrechte oder ähnliche Rechte gesichert sind, unter Angabe von Art und Form der Sicherheiten;
2. Art und Zweck sowie Risiken und Vorteile von nicht in der Konzernbilanz enthaltenen Geschäften des Mutterunternehmens und der in den Konzernabschluss einbezogenen Tochterunternehmen, soweit dies für die Beurteilung der Finanzlage des Konzerns notwendig ist;
2a. der Gesamtbetrag der sonstigen finanziellen Verpflichtungen, die nicht in der Konzernbilanz **enthalten und** nicht nach § 298 Abs. 1 in Verbindung mit § 251 **oder nach Nummer 2** anzugeben sind, sofern diese Angabe für die Beurteilung der Finanzlage des Konzerns von Bedeutung ist; davon und von den Haftungsverhältnissen nach § 251 sind Verpflichtungen gegenüber Tochterunternehmen, die nicht in den Konzernabschluß einbezogen werden, jeweils gesondert anzugeben;
3. die Aufgliederung der Umsatzerlöse nach Tätigkeitsbereichen sowie nach geographisch bestimmten Märkten, soweit sich, unter Berücksichtigung der Organisation des Verkaufs von für die gewöhnliche Geschäftstätigkeit des Konzerns typischen Erzeugnissen und der für die gewöhnliche Geschäftstätigkeit des Konzerns typischen Dienstleistungen, die Tätigkeitsbereiche und geographisch bestimmten Märkte untereinander erheblich unterscheiden;
4. die durchschnittliche Zahl der Arbeitnehmer der in den Konzernabschluß einbezogenen Unternehmen während des Geschäftsjahrs, getrennt nach Gruppen, sowie der in dem Geschäftsjahr verursachte Personalaufwand, sofern er nicht gesondert in der Konzern-Gewinn- und Verlustrechnung ausgewiesen ist; die durchschnittliche Zahl der Arbeitnehmer von nach § 310 nur anteilmäßig einbezogenen Unternehmen ist gesondert anzugeben;
5. (weggefallen)

6. für die Mitglieder des Geschäftsführungsorgans, eines Aufsichtsrats, eines Beirats oder einer ähnlichen Einrichtung des Mutterunternehmens, jeweils für jede Personengruppe:
   a) die für die Wahrnehmung ihrer Aufgaben im Mutterunternehmen und den Tochterunternehmen im Geschäftsjahr gewährten Gesamtbezüge (Gehälter, Gewinnbeteiligungen, Bezugsrechte und sonstige aktienbasierte Vergütungen, Aufwandsentschädigungen, Versicherungsentgelte, Provisionen und Nebenleistungen jeder Art). In die Gesamtbezüge sind auch Bezüge einzurechnen, die nicht ausgezahlt, sondern in Ansprüche anderer Art umgewandelt oder zur Erhöhung anderer Ansprüche verwendet werden. Außer den Bezügen für das Geschäftsjahr sind die weiteren Bezüge anzugeben, die im Geschäftsjahr gewährt, bisher aber in keinem Konzernabschluss angegeben worden sind. Bezugsrechte und sonstige aktienbasierte Vergütungen sind mit ihrer Anzahl und dem beizulegenden Zeitwert zum Zeitpunkt ihrer Gewährung anzugeben; spätere Wertveränderungen, die auf einer Änderung der Ausübungsbedingungen beruhen, sind zu berücksichtigen. Ist das Mutterunternehmen eine börsennotierte Aktiengesellschaft, sind zusätzlich unter Namensnennung die Bezüge jedes einzelnen Vorstandsmitglieds, aufgeteilt nach erfolgsunabhängigen und erfolgsbezogenen Komponenten sowie Komponenten mit langfristiger Anreizwirkung, gesondert anzugeben. Dies gilt auch für Leistungen, die dem Vorstandsmitglied für den Fall der Beendigung seiner Tätigkeit zugesagt worden sind. Hierbei ist der wesentliche Inhalt der Zusagen darzustellen, wenn sie in ihrer rechtlichen Ausgestaltung von den den Arbeitnehmern erteilten Zusagen nicht unerheblich abweichen. Leistungen, die dem einzelnen Vorstandsmitglied von einem Dritten im Hinblick auf seine Tätigkeit als Vorstandsmitglied zugesagt oder im Geschäftsjahr gewährt worden sind, sind ebenfalls anzugeben. Enthält der Konzernabschluss weitergehende Angaben zu bestimmten Bezügen, sind auch diese zusätzlich einzeln anzugeben;
   b) die für die Wahrnehmung ihrer Aufgaben im Mutterunternehmen und den Tochterunternehmen gewährten Gesamtbezüge (Abfindungen, Ruhegehälter, Hinterbliebenenbezüge und Leistungen verwandter Art) der früheren Mitglieder der bezeichneten Organe und ihrer Hinterbliebenen; Buchstabe a Satz 2 und 3 ist entsprechend anzuwenden. Ferner ist der Betrag der für diese Personengruppe gebildeten Rückstellungen für laufende Pensionen und Anwartschaften auf Pensionen und der Betrag der für diese Verpflichtungen nicht gebildeten Rückstellungen anzugeben;
   c) die vom Mutterunternehmen und den Tochterunternehmen gewährten Vorschüsse und Kredite unter Angabe der Zinssätze, der wesentlichen Bedingungen und der gegebenenfalls im Geschäftsjahr zurückgezahlten Beträge sowie die zugunsten dieser Personengruppen eingegangenen Haftungsverhältnisse;
7. der Bestand an Anteilen an dem Mutterunternehmen, die das Mutterunternehmen oder ein Tochterunternehmen oder ein anderer für Rechnung eines in den Konzernabschluß einbezogenen Unternehmens erworben oder als Pfand genommen hat; dabei sind die Zahl und der Nennbetrag oder rechnerische Wert dieser Anteile sowie deren Anteil am Kapital anzugeben;
8. für jedes in den Konzernabschluss einbezogene börsennotierte Unternehmen, dass die nach § 161 des Aktiengesetzes vorgeschriebene Erklärung abgegeben und **wo sie öffentlich** zugänglich gemacht worden ist;
9. das von dem Abschlussprüfer des Konzernabschlusses für das Geschäftsjahr berechnete Gesamthonorar, aufgeschlüsselt in das Honorar für
   a) die Abschlussprüfungsleistungen ,
   b) andere Bestätigungsleistungen leistungen,
   c) Steuerberatungsleistungen,
   d) sonstige Leistungen;
10. für zu den Finanzanlagen (§ 266 Abs. 2 A. III.) gehörende Finanzinstrumente, die **in der Konzernbilanz** über ihrem beizulegenden Zeitwert ausgewiesen werden, da eine außerplanmäßige Abschreibung gemäß **§ 253 Abs. 3 Satz 4** unterblieben ist,
    a) der Buchwert und der beizulegende Zeitwert der einzelnen Vermögensgegenstände oder angemessener Gruppierungen sowie
    b) die Gründe für das Unterlassen einer Abschreibung einschließlich der Anhaltspunkte, die darauf hindeuten, dass die Wertminderung voraussichtlich nicht von Dauer ist;
11. für jede Kategorie nicht zum beizulegenden Zeitwert bilanzierter derivativer Finanzinstrumente
    a) **deren Art und Umfang,**

b) deren beizulegender Zeitwert, soweit er sich nach § 255 Abs. 4 verlässlich ermitteln lässt, unter Angabe der angewandten Bewertungsmethode,
c) deren Buchwert und der Bilanzposten, in welchem der Buchwert, soweit vorhanden, erfasst ist sowie
d) die Gründe dafür, wenn der beizulegende Zeitwert nicht bestimmt werden kann;
12. für gemäß § 340e Abs. 3 Satz 1 mit dem beizulegenden Zeitwert bewertete Finanzinstrumente
   a) die grundlegenden Annahmen, die der Bestimmung des beizulegenden Zeitwertes mit Hilfe allgemein anerkannter Bewertungsmethoden zugrunde gelegt wurden, sowie
   b) Umfang und Art jeder Kategorie derivativer Finanzinstrumente einschließlich der wesentlichen Bedingungen, welche die Höhe, den Zeitpunkt und die Sicherheit künftiger Zahlungsströme beeinflussen können;
13. zumindest nicht zu marktüblichen Bedingungen zustande gekommene Geschäfte des Mutterunternehmens und seiner Tochterunternehmen, soweit sie wesentlich sind, mit nahe stehenden Unternehmen und Personen, einschließlich Angaben zur Art der Beziehung, zum Wert der Geschäfte sowie weiterer Angaben, die für die Beurteilung der Finanzlage des Konzerns notwendig sind; ausgenommen sind Geschäfte mit und zwischen mittel- oder unmittelbar in 100-prozentigem Anteilsbesitz stehenden in einen Konzernabschluss einbezogenen Unternehmen; Angaben über Geschäfte können nach Geschäftsarten zusammengefasst werden, sofern die getrennte Angabe für die Beurteilung der Auswirkungen auf die Finanzlage des Konzerns nicht notwendig ist;
14. im Fall der Aktivierung nach § 248 Abs. 2 der Gesamtbetrag der Forschungs- und Entwicklungskosten des Geschäftsjahres der in den Konzernabschluss einbezogenen Unternehmen sowie der davon auf die selbst geschaffenen immateriellen Vermögensgegenstände des Anlagevermögens entfallende Betrag;
15. bei Anwendung des § 254 im Konzernabschluss,
   a) mit welchem Betrag jeweils Vermögensgegenstände, Schulden, schwebende Geschäfte und mit hoher Wahrscheinlichkeit vorgesehene Transaktionen zur Absicherung welcher Risiken in welche Arten von Bewertungseinheiten einbezogen sind sowie die Höhe der mit Bewertungseinheiten abgesicherten Risiken;
   b) für die jeweils abgesicherten Risiken, warum, in welchem Umfang und für welchen Zeitraum sich die gegenläufigen Wertänderungen oder Zahlungsströme künftig voraussichtlich ausgleichen einschließlich der Methode der Ermittlung;
   c) eine Erläuterung der mit hoher Wahrscheinlichkeit erwarteten Transaktionen, die in Bewertungseinheiten einbezogen wurden,
   soweit die Angaben nicht im Konzernlagebericht gemacht werden;
16. zu den in der Konzernbilanz ausgewiesenen Rückstellungen für Pensionen und ähnlichen Verpflichtungen das angewandte versicherungsmathematische Berechnungsverfahren sowie die grundlegenden Annahmen der Berechnung, wie Zinssatz, erwartete Lohn- und Gehaltssteigerungen und zugrunde gelegte Sterbetafeln;
17. im Fall der Verrechnung von in der Konzernbilanz ausgewiesenen Vermögensgegenständen und Schulden nach § 246 Abs. 2 Satz 2 die Anschaffungskosten und der beizulegende Zeitwert der verrechneten Vermögensgegenstände, der Erfüllungsbetrag der verrechneten Schuld sowie die verrechneten Aufwendungen und Erträge; Nummer 12 Buchstabe a ist entsprechend anzuwenden;
18. zu den in der Konzernbilanz ausgewiesenen Anteilen oder Anlageaktien an inländischen Investmentvermögen im Sinn des § 1 des Investmentgesetzes oder vergleichbaren ausländischen Investmentanteilen im Sinn des § 2 Abs. 9 des Investmentgesetzes von mehr als dem zehnten Teil, aufgegliedert nach Anlagezielen, deren Wert im Sinn des § 36 des Investmentgesetzes oder vergleichbarer ausländischer Vorschriften über die Ermittlung des Marktwertes, die Differenz zum Buchwert und die für das Geschäftsjahr erfolgte Ausschüttung sowie Beschränkungen in der Möglichkeit der täglichen Rückgabe; darüber hinaus die Gründe dafür, dass eine Abschreibung gemäß § 253 Abs. 3 Satz 4 unterblieben ist, einschließlich der Anhaltspunkte, die darauf hindeuten, dass die Wertminderung voraussichtlich nicht von Dauer ist; Nummer 10 ist insoweit nicht anzuwenden;
19. für nach § 251 unter der Bilanz oder nach § 268 Abs. 7 Halbsatz 1 im Anhang ausgewiesene Verbindlichkeiten und Haftungsverhältnisse, die Gründe der Einschätzung des Risikos der Inanspruchnahme;

20. die Gründe, welche die Annahme einer betrieblichen Nutzungsdauer eines in der Konzernbilanz ausgewiesenen entgeltlich erworbenen Geschäfts- oder Firmenwertes aus der Kapitalkonsolidierung von mehr als fünf Jahren rechtfertigen;
21. auf welchen Differenzen oder steuerlichen Verlustvorträgen die latenten Steuern beruhen und mit welchen Steuersätzen die Bewertung erfolgt ist.

(2) Mutterunternehmen, die den Konzernabschluss um eine Segmentberichterstattung erweitern (§ 297 Abs. 1 Satz 2), sind von der Angabepflicht gemäß Absatz 1 Nr. 3 befreit. Für die Angabepflicht gemäß Absatz 1 Nr. 6 Buchstabe a Satz 5 bis 9 gilt § 286 Abs. 5 entsprechend.

§ 315 Konzernlagebericht

(1) Im Konzernlagebericht sind der Geschäftsverlauf einschließlich des Geschäftsergebnisses und die Lage des Konzerns so darzustellen, dass ein den tatsächlichen Verhältnissen entsprechendes Bild vermittelt wird. Er hat eine ausgewogene und umfassende, dem Umfang und der Komplexität der Geschäftstätigkeit entsprechende Analyse des Geschäftsverlaufs und der Lage des Konzerns zu enthalten. In die Analyse sind die für die Geschäftstätigkeit bedeutsamsten finanziellen Leistungsindikatoren einzubeziehen und unter Bezugnahme auf die im Konzernabschluss ausgewiesenen Beträge und Angaben zu erläutern. Satz 3 gilt entsprechend für nichtfinanzielle Leistungsindikatoren, wie Informationen über Umwelt- und Arbeitnehmerbelange, soweit sie für das Verständnis des Geschäftsverlaufs oder der Lage von Bedeutung sind. Ferner ist im Konzernlagebericht die voraussichtliche Entwicklung mit ihren wesentlichen Chancen und Risiken zu beurteilen und zu erläutern; zugrunde liegende Annahmen sind anzugeben. Die gesetzlichen Vertreter eines Mutterunternehmens im Sinne des § 297 Abs. 2 Satz 4 haben zu versichern, dass nach bestem Wissen im Konzernlagebericht der Geschäftsverlauf einschließlich des Geschäftsergebnisses und die Lage des Konzerns so dargestellt sind, dass ein den tatsächlichen Verhältnissen entsprechendes Bild vermittelt wird, und dass die wesentlichen Chancen und Risiken im Sinne des Satzes 5 beschrieben sind.

(2) Der Konzernlagebericht soll auch eingehen auf:
1. Vorgänge von besonderer Bedeutung, die nach dem Schluß des Konzerngeschäftsjahrs eingetreten sind;
2.
    a) die Risikomanagementziele und -methoden des Konzerns einschließlich seiner Methoden zur Absicherung aller wichtigen Arten von Transaktionen, die im Rahmen der Bilanzierung von Sicherungsgeschäften erfasst werden, sowie
    b) die Preisänderungs-, Ausfall- und Liquiditätsrisiken sowie die Risiken aus Zahlungsstromschwankungen, denen der Konzern ausgesetzt ist, jeweils in Bezug auf die Verwendung von Finanzinstrumenten durch den Konzern und sofern dies für die Beurteilung der Lage oder der voraussichtlichen Entwicklung von Belang ist;
3. den Bereich Forschung und Entwicklung des Konzerns;
4. die Grundzüge des Vergütungssystems für die in § 314 Abs. 1 Nr. 6 genannten Gesamtbezüge, soweit das Mutterunternehmen eine börsennotierte Aktiengesellschaft ist. Werden dabei auch Angaben entsprechend § 314 Abs. 1 Nr. 6 Buchstabe a Satz 5 bis 9 gemacht, können diese im Konzernanhang unterbleiben;
5. die wesentlichen Merkmale des internen Kontroll- und des Risikomanagementsystems im Hinblick auf den Konzernrechnungslegungsprozess, sofern eines der in den Konzernabschluss einbezogenen Tochterunternehmen oder das Mutterunternehmen kapitalmarktorientiert im Sinn des § 264d ist.

(3) § 298 Abs. 3 über die Zusammenfassung von Konzernanhang und Anhang ist entsprechend anzuwenden.

(4) Mutterunternehmen, die einen organisierten Markt im Sinne des § 2 Abs. 7 des Wertpapiererwerbs- und Übernahmegesetzes durch von ihnen ausgegebene stimmberechtigte Aktien in Anspruch nehmen, haben im Konzernlagebericht anzugeben:
1. die Zusammensetzung des gezeichneten Kapitals; bei verschiedenen Aktiengattungen sind für jede Gattung die damit verbundenen Rechte und Pflichten und der Anteil am Gesellschaftskapital anzugeben, **soweit die Angaben nicht im Konzernanhang zu machen sind**;

2. Beschränkungen, die Stimmrechte oder die Übertragung von Aktien betreffen, auch wenn sie sich aus Vereinbarungen zwischen Gesellschaftern ergeben können, soweit sie dem Vorstand des Mutterunternehmens bekannt sind;
3. direkte oder indirekte Beteiligungen am Kapital, die 10 vom Hundert der Stimmrechte überschreiten, **soweit die Angaben nicht im Konzernanhang zu machen sind**;
4. die Inhaber von Aktien mit Sonderrechten, die Kontrollbefugnisse verleihen; die Sonderrechte sind zu beschreiben;
5. die Art der Stimmrechtskontrolle, wenn Arbeitnehmer am Kapital beteiligt sind und ihre Kontrollrechte nicht unmittelbar ausüben;
6. die gesetzlichen Vorschriften und Bestimmungen der Satzung über die Ernennung und Abberufung der Mitglieder des Vorstands und über die Änderung der Satzung;
7. die Befugnisse des Vorstands insbesondere hinsichtlich der Möglichkeit, Aktien auszugeben oder zurückzukaufen;
8. wesentliche Vereinbarungen des Mutterunternehmens, die unter der Bedingung eines Kontrollwechsels infolge eines Übernahmeangebots stehen, **und die hieraus folgenden Wirkungen**; die Angabe kann unterbleiben, soweit sie geeignet ist, dem Mutterunternehmen einen erheblichen Nachteil zuzufügen; die Angabepflicht nach anderen gesetzlichen Vorschriften bleibt unberührt;
9. Entschädigungsvereinbarungen des Mutterunternehmens, die für den Fall eines Übernahmeangebots mit den Mitgliedern des Vorstands oder Arbeitnehmern getroffen sind, **soweit die Angaben nicht im Konzernanhang zu machen sind**.

Sind Angaben nach Satz 1 im Konzernanhang zu machen, ist im Konzernlagebericht darauf zu verweisen.

§ 315a Konzernabschluss nach internationalen Rechnungslegungsstandards

(1) Ist ein Mutterunternehmen, das nach den Vorschriften des Ersten Titels einen Konzernabschluss aufzustellen hat, nach Artikel 4 der Verordnung (EG) Nr. 1606/2002 des Europäischen Parlaments und des Rates vom 19. Juli 2002 in der jeweils geltenden Fassung verpflichtet, die nach den Artikeln 2, 3 und 6 der genannten Verordnung übernommenen internationalen Rechnungslegungsstandards anzuwenden, so sind von den Vorschriften des Zweiten bis Achten Titels nur § 294 Abs. 3, § 297 Abs. 2 Satz 4, § 298 Abs. 1, dieser jedoch nur in Verbindung mit den §§ 244 und 245, ferner § 313 Abs. 2 **und 3**, § 314 Abs. 1 Nr. 4, 6, 8 und 9, Abs. 2 Satz 2 sowie die Bestimmungen des Neunten Titels und die Vorschriften außerhalb dieses Unterabschnitts, die den Konzernabschluss oder den Konzernlagebericht betreffen, anzuwenden.

(2) Mutterunternehmen, die nicht unter Absatz 1 fallen, haben ihren Konzernabschluss nach den dort genannten internationalen Rechnungslegungsstandards und Vorschriften aufzustellen, wenn für sie bis zum jeweiligen Bilanzstichtag die Zulassung eines Wertpapiers im Sinne des § 2 Abs. 1 Satz 1 des Wertpapierhandelsgesetzes zum Handel an einem organisierten Markt im Sinne des § 2 Abs. 5 des Wertpapierhandelsgesetzes im Inland beantragt worden ist.

(3) Mutterunternehmen, die nicht unter Absatz 1 oder 2 fallen, dürfen ihren Konzernabschluss nach den in Absatz 1 genannten internationalen Rechnungslegungsstandards und Vorschriften aufstellen. Ein Unternehmen, das von diesem Wahlrecht Gebrauch macht, hat die in Absatz 1 genannten Standards und Vorschriften vollständig zu befolgen.

§ 317 Gegenstand und Umfang der Prüfung

(1) In die Prüfung des Jahresabschlusses ist die Buchführung einzubeziehen. Die Prüfung des Jahresabschlusses und des Konzernabschlusses hat sich darauf zu erstrecken, ob die gesetzlichen Vorschriften und sie ergänzende Bestimmungen des Gesellschaftsvertrags oder der Satzung beachtet worden sind. Die Prüfung ist so anzulegen, daß Unrichtigkeiten und Verstöße gegen die in Satz 2 aufgeführten Bestimmungen, die sich auf die Darstellung des sich nach § 264 Abs. 2 ergebenden Bildes der Vermögens-, Finanz- und Ertragslage des Unternehmens wesentlich auswirken, bei gewissenhafter Berufsausübung erkannt werden.

(2) Der Lagebericht und der Konzernlagebericht sind darauf zu prüfen, ob der Lagebericht mit dem Jahresabschluß, gegebenenfalls auch mit dem Einzelabschluss nach § 325 Abs. 2a, und der Konzernlagebericht mit dem Konzernabschluß sowie mit den bei der Prüfung gewonnenen Erkenntnissen des Abschlußprüfers

in Einklang stehen und ob der Lagebericht insgesamt eine zutreffende Vorstellung von der Lage des Unternehmens und der Konzernlagebericht insgesamt eine zutreffende Vorstellung von der Lage des Konzerns vermittelt. Dabei ist auch zu prüfen, ob die Chancen und Risiken der künftigen Entwicklung zutreffend dargestellt sind. **Die Angaben nach § 289a sind nicht in die Prüfung einzubeziehen.**
(3) Der Abschlußprüfer des Konzernabschlusses hat auch die im Konzernabschluß zusammengefaßten Jahresabschlüsse, insbesondere die konsolidierungsbedingten Anpassungen, in entsprechender Anwendung des Absatzes 1 zu prüfen. **Sind diese Jahresabschlüsse von einem anderen Abschlussprüfer geprüft worden, hat der Konzernabschlussprüfer dessen Arbeit zu überprüfen und dies zu dokumentieren.**
(4) Bei einer börsennotierten Aktiengesellschaft ist außerdem im Rahmen der Prüfung zu beurteilen, ob der Vorstand die ihm nach § 91 Abs. 2 des Aktiengesetzes obliegenden Maßnahmen in einer geeigneten Form getroffen hat und ob das danach einzurichtende Überwachungssystem seine Aufgaben erfüllen kann.
(5) Bei der Durchführung einer Prüfung hat der Abschlussprüfer die internationalen Prüfungsstandards anzuwenden, die von der Europäischen Kommission in dem Verfahren nach Artikel 26 Abs. 1 der Richtlinie 2006/43/EG des Europäischen Parlaments und des Rates vom 17. Mai 2006 über Abschlussprüfungen von Jahresabschlüssen und konsolidierten Abschlüssen, zur Änderung der Richtlinien 78/660/EWG und 83/349/EWG des Rates und zur Aufhebung der Richtlinie 84/253/EWG des Rates (ABl. EU Nr. L 157 S. 87) angenommen worden sind.
(6) Das Bundesministerium der Justiz wird ermächtigt, im Einvernehmen mit dem Bundesministerium für Wirtschaft und Technologie durch Rechtsverordnung, die nicht der Zustimmung des Bundesrates bedarf, zusätzlich zu den bei der Durchführung der Abschlussprüfung nach Absatz 5 anzuwendenden internationalen Prüfungsstandards weitere Abschlussprüfungsanforderungen oder die Nichtanwendung von Teilen der internationalen Prüfungsstandards vorzuschreiben, wenn dies durch den Umfang der Abschlussprüfung bedingt ist und den in Absatz 1 bis 4 genannten Prüfungszielen dient.

§ 318 Bestellung und Abberufung des Abschlußprüfers

(1) Der Abschlußprüfer des Jahresabschlusses wird von den Gesellschaftern gewählt; den Abschlußprüfer des Konzernabschlusses wählen die Gesellschafter des Mutterunternehmens. Bei Gesellschaften mit beschränkter Haftung und bei offenen Handelsgesellschaften und Kommanditgesellschaften im Sinne des § 264a Abs. 1 kann der Gesellschaftsvertrag etwas anderes bestimmen. Der Abschlußprüfer soll jeweils vor Ablauf des Geschäftsjahrs gewählt werden, auf das sich seine Prüfungstätigkeit erstreckt. Die gesetzlichen Vertreter, bei Zuständigkeit des Aufsichtsrats dieser, haben unverzüglich nach der Wahl den Prüfungsauftrag zu erteilen. Der Prüfungsauftrag kann nur widerrufen werden, wenn nach Absatz 3 ein anderer Prüfer bestellt worden ist.
(2) Als Abschlußprüfer des Konzernabschlusses gilt, wenn kein anderer Prüfer bestellt wird, der Prüfer als bestellt, der für die Prüfung des in den Konzernabschluß einbezogenen Jahresabschlusses des Mutterunternehmens bestellt worden ist. Erfolgt die Einbeziehung auf Grund eines Zwischenabschlusses, so gilt, wenn kein anderer Prüfer bestellt wird, der Prüfer als bestellt, der für die Prüfung des letzten vor dem Konzernabschlußstichtag aufgestellten Jahresabschlusses des Mutterunternehmens bestellt worden ist.
(3) Auf Antrag der gesetzlichen Vertreter, des Aufsichtsrats oder von Gesellschaftern, bei Aktiengesellschaften und Kommanditgesellschaften auf Aktien jedoch nur, wenn die Anteile dieser Gesellschafter bei Antragstellung zusammen den zwanzigsten Teil des Grundkapitals oder einen Börsenwert von 500.000 Euro erreichen, hat das Gericht nach Anhörung der Beteiligten und des gewählten Prüfers einen anderen Abschlussprüfer zu bestellen, wenn dies aus einem in der Person des gewählten Prüfers liegenden Grund geboten erscheint, insbesondere wenn ein Ausschlussgrund nach § 319 Abs. 2 bis 5 oder §§ 319a und 319b besteht. Der Antrag ist binnen zwei Wochen nach dem Tag der Wahl des Abschlussprüfers zu stellen; Aktionäre können den Antrag nur stellen, wenn sie gegen die Wahl des Abschlussprüfers bei der Beschlussfassung Widerspruch erklärt haben. Wird ein Befangenheitsgrund erst nach der Wahl bekannt oder tritt ein Befangenheitsgrund erst nach der Wahl ein, ist der Antrag binnen zwei Wochen nach dem Tag zu stellen, an dem der Antragsberechtigte Kenntnis von den befangenheitsbegründenden Umständen erlangt hat oder ohne grobe Fahrlässigkeit hätte erlangen müssen. Stellen Aktionäre den Antrag, so haben sie glaubhaft zu machen, dass sie seit mindestens drei Monaten vor dem Tag der Wahl des Abschlussprüfers Inhaber der Aktien sind. Zur Glaubhaftmachung genügt eine eidesstattliche Versicherung vor einem Notar. Unterliegt

die Gesellschaft einer staatlichen Aufsicht, so kann auch die Aufsichtsbehörde den Antrag stellen. Der Antrag kann nach Erteilung des Bestätigungsvermerks, im Fall einer Nachtragsprüfung nach § 316 Abs. 3 nach Ergänzung des Bestätigungsvermerks nicht mehr gestellt werden. Gegen die Entscheidung ist die sofortige Beschwerde zulässig.

(4) Ist der Abschlußprüfer bis zum Ablauf des Geschäftsjahrs nicht gewählt worden, so hat das Gericht auf Antrag der gesetzlichen Vertreter, des Aufsichtsrats oder eines Gesellschafters den Abschlußprüfer zu bestellen. Gleiches gilt, wenn ein gewählter Abschlußprüfer die Annahme des Prüfungsauftrags abgelehnt hat, weggefallen ist oder am rechtzeitigen Abschluß der Prüfung verhindert ist und ein anderer Abschlußprüfer nicht gewählt worden ist. Die gesetzlichen Vertreter sind verpflichtet, den Antrag zu stellen. Gegen die Entscheidung des Gerichts findet die sofortige Beschwerde statt; die Bestellung des Abschlußprüfers ist unanfechtbar.

(5) Der vom Gericht bestellte Abschlußprüfer hat Anspruch auf Ersatz angemessener barer Auslagen und auf Vergütung für seine Tätigkeit. Die Auslagen und die Vergütung setzt das Gericht fest. Gegen die Entscheidung ist die sofortige Beschwerde zulässig. Die weitere Beschwerde ist ausgeschlossen. Aus der rechtskräftigen Entscheidung findet die Zwangsvollstreckung nach der Zivilprozeßordnung statt.

(6) Ein von dem Abschlußprüfer angenommener Prüfungsauftrag kann von dem Abschlußprüfer nur aus wichtigem Grund gekündigt werden. Als wichtiger Grund ist es nicht anzusehen, wenn Meinungsverschiedenheiten über den Inhalt des Bestätigungsvermerks, seine Einschränkung oder Versagung bestehen. Die Kündigung ist schriftlich zu begründen. Der Abschlußprüfer hat über das Ergebnis seiner bisherigen Prüfung zu berichten; § 321 ist entsprechend anzuwenden.

(7) Kündigt der Abschlußprüfer den Prüfungsauftrag nach Absatz 6, so haben die gesetzlichen Vertreter die Kündigung dem Aufsichtsrat, der nächsten Hauptversammlung oder bei Gesellschaften mit beschränkter Haftung den Gesellschaftern mitzuteilen. Den Bericht des bisherigen Abschlußprüfers haben die gesetzlichen Vertreter unverzüglich dem Aufsichtsrat vorzulegen. Jedes Aufsichtsratsmitglied hat das Recht, von dem Bericht Kenntnis zu nehmen. Der Bericht ist auch jedem Aufsichtsratsmitglied oder, soweit der Aufsichtsrat dies beschlossen hat, den Mitgliedern eines Ausschusses auszuhändigen. Ist der Prüfungsauftrag vom Aufsichtsrat erteilt worden, obliegen die Pflichten der gesetzlichen Vertreter dem Aufsichtsrat einschließlich der Unterrichtung der gesetzlichen Vertreter.

(8) Die Wirtschaftsprüferkammer ist unverzüglich und schriftlich begründet durch den Abschlussprüfer und die gesetzlichen Vertreter der geprüften Gesellschaft von der Kündigung oder dem Widerruf des Prüfungsauftrages zu unterrichten.

§ 319a Besondere Ausschlussgründe bei Unternehmen von öffentlichem Interesse

(1) Ein Wirtschaftsprüfer ist über die in § 319 Abs. 2 und 3 genannten Gründe hinaus auch dann von der Abschlussprüfung eines Unternehmens, **das kapitalmarktorientiert im Sinne des § 264d ist**, ausgeschlossen, wenn er

1. in den letzten fünf Jahren jeweils mehr als fünfzehn vom Hundert der Gesamteinnahmen aus seiner beruflichen Tätigkeit von der zu prüfenden Kapitalgesellschaft oder von Unternehmen, an denen die zu prüfende Kapitalgesellschaft mehr als zwanzig vom Hundert der Anteile besitzt, bezogen hat und dies auch im laufenden Geschäftsjahr zu erwarten ist,
2. in dem zu prüfenden Geschäftsjahr über die Prüfungstätigkeit hinaus Rechts- oder Steuerberatungsleistungen erbracht hat, die über das Aufzeigen von Gestaltungsalternativen hinausgehen und die sich auf die Darstellung der Vermögens-, Finanz- und Ertragslage in dem zu prüfenden Jahresabschluss unmittelbar und nicht nur unwesentlich auswirken,
3. über die Prüfungstätigkeit hinaus in dem zu prüfenden Geschäftsjahr an der Entwicklung, Einrichtung und Einführung von Rechnungslegungsinformationssystemen mitgewirkt hat, sofern diese Tätigkeit nicht von untergeordneter Bedeutung ist, oder
4. für die Abschlussprüfung bei dem Unternehmen bereits in sieben oder mehr Fällen verantwortlich war; dies gilt nicht, wenn seit seiner letzten Beteiligung an der Prüfung des Jahresabschlusses zwei oder mehr Jahre vergangen sind .

§ 319 Abs. 3 Satz 1 Nr. 3 letzter Teilsatz, Satz 2 und Abs. 4 gilt für die in Satz 1 genannten Ausschlussgründe entsprechend. Satz 1 Nr. 1 bis 3 gilt auch, wenn Personen, mit denen der Wirtschaftsprüfer seinen Beruf gemeinsam ausübt, die dort genannten Ausschlussgründe erfüllen. Satz 1 Nr. 4 findet auf eine Wirtschaftsprüfungsgesellschaft mit der Maßgabe Anwendung, dass sie nicht Abschlussprüfer sein darf, wenn sie bei der Abschlussprüfung des Unternehmens einen Wirtschaftsprüfer beschäftigt, der **als verantwortlicher Prüfungspartner nach Satz 1 Nr. 4 nicht Abschlussprüfer sein darf. Verantwortlicher Prüfungspartner ist, wer den Bestätigungsvermerk nach § 322 unterzeichnet oder als Wirtschaftsprüfer von einer Wirtschaftsprüfungsgesellschaft als für die Durchführung einer Abschlussprüfung vorrangig verantwortlich bestimmt worden ist.**

(2) Absatz 1 ist auf den Abschlussprüfer des Konzernabschlusses entsprechend anzuwenden. **Als verantwortlicher Prüfungspartner gilt auf Konzernebene auch, wer als Wirtschaftsprüfer auf der Ebene bedeutender Tochtergesellschaften als für die Durchführung von deren Abschlussprüfung vorrangig verantwortlich bestimmt worden ist.**

§ 319b Netzwerk

(1) Ein Abschlussprüfer ist von der Abschlussprüfung ausgeschlossen, wenn ein Mitglied seines Netzwerks einen Ausschlussgrund nach § 319 Abs. 2, 3 Satz 1 Nr. 1, 2 oder Nr. 4, Abs. 3 Satz 2, Abs. 4 erfüllt, es sei denn, dass das Netzwerkmitglied auf das Ergebnis der Abschlussprüfung keinen Einfluss nehmen kann. Er ist ausgeschlossen, wenn ein Mitglied seines Netzwerks einen Ausschlussgrund nach § 319 Abs. 3 Satz 1 Nr. 3 oder § 319a Abs. 1 Satz 1 Nr. 2 oder 3 erfüllt. Ein Netzwerk liegt vor, wenn Personen bei ihrer Berufsausübung zur Verfolgung gemeinsamer wirtschaftlicher Interessen für eine gewisse Dauer zusammenwirken.

(2) Absatz 1 ist auf den Abschlussprüfer des Konzernabschlusses entsprechend anzuwenden.

§ 320 Vorlagepflicht. Auskunftsrecht

(1) Die gesetzlichen Vertreter der Kapitalgesellschaft haben dem Abschlußprüfer den Jahresabschluß und den Lagebericht unverzüglich nach der Aufstellung vorzulegen. Sie haben ihm zu gestatten, die Bücher und Schriften der Kapitalgesellschaft sowie die Vermögensgegenstände und Schulden, namentlich die Kasse und die Bestände an Wertpapieren und Waren, zu prüfen.

(2) Der Abschlußprüfer kann von den gesetzlichen Vertretern alle Aufklärungen und Nachweise verlangen, die für eine sorgfältige Prüfung notwendig sind. Soweit es die Vorbereitung der Abschlußprüfung erfordert, hat der Abschlußprüfer die Rechte nach Absatz 1 Satz 2 und nach Satz 1 auch schon vor Aufstellung des Jahresabschlusses. Soweit es für eine sorgfältige Prüfung notwendig ist, hat der Abschlußprüfer die Rechte nach den Sätzen 1 und 2 auch gegenüber Mutter- und Tochterunternehmen.

(3) Die gesetzlichen Vertreter einer Kapitalgesellschaft, die einen Konzernabschluß aufzustellen hat, haben dem Abschlußprüfer des Konzernabschlusses den Konzernabschluß, den Konzernlagebericht, die Jahresabschlüsse, Lageberichte und, wenn eine Prüfung stattgefunden hat, die Prüfungsberichte des Mutterunternehmens und der Tochterunternehmen vorzulegen. Der Abschlußprüfer hat die Rechte nach Absatz 1 Satz 2 und nach Absatz 2 bei dem Mutterunternehmen und den Tochterunternehmen, die Rechte nach Absatz 2 auch gegenüber den Abschlußprüfern des Mutterunternehmens und der Tochterunternehmen.

(4) Der bisherige Abschlussprüfer hat dem neuen Abschlussprüfer auf schriftliche Anfrage über das Ergebnis der bisherigen Prüfung zu berichten; § 321 ist entsprechend anzuwenden.

§ 321 Prüfungsbericht

(1) Der Abschlußprüfer hat über Art und Umfang sowie über das Ergebnis der Prüfung schriftlich und mit der gebotenen Klarheit zu berichten. In dem Bericht ist vorweg zu der Beurteilung der Lage des Unternehmens oder Konzerns durch die gesetzlichen Vertreter Stellung zu nehmen, wobei insbesondere auf die Beurteilung des Fortbestandes und der künftigen Entwicklung des Unternehmens unter Berücksichtigung des Lageberichts und bei der Prüfung des Konzernabschlusses von Mutterunternehmen auch des Konzerns unter Berücksichtigung des Konzernlageberichts einzugehen ist, soweit die geprüften Unterlagen und der Lagebericht oder der Konzernlagebericht eine solche Beurteilung erlauben. Außerdem hat der Abschlussprüfer über bei Durchführung der Prüfung festgestellte Unrichtigkeiten oder Verstöße gegen gesetzliche Vorschriften sowie Tatsachen zu berichten, die den Bestand des geprüften Unternehmens oder des Konzerns gefährden oder seine Entwicklung wesentlich beeinträchtigen können oder die schwerwiegende Ver-

stöße der gesetzlichen Vertreter oder von Arbeitnehmern gegen Gesetz, Gesellschaftsvertrag oder die Satzung erkennen lassen.

(2) Im Hauptteil des Prüfungsberichts ist festzustellen, ob die Buchführung und die weiteren geprüften Unterlagen, der Jahresabschluss, der Lagebericht, der Konzernabschluss und der Konzernlagebericht den gesetzlichen Vorschriften und den ergänzenden Bestimmungen des Gesellschaftsvertrags oder der Satzung entsprechen. In diesem Rahmen ist auch über Beanstandungen zu berichten, die nicht zur Einschränkung oder Versagung des Bestätigungsvermerks geführt haben, soweit dies für die Überwachung der Geschäftsführung und des geprüften Unternehmens von Bedeutung ist. Es ist auch darauf einzugehen, ob der Abschluss insgesamt unter Beachtung der Grundsätze ordnungsmäßiger Buchführung oder sonstiger maßgeblicher Rechnungslegungsgrundsätze ein den tatsächlichen Verhältnissen entsprechendes Bild der Vermögens-, Finanz- und Ertragslage der Kapitalgesellschaft oder des Konzerns vermittelt. Dazu ist auch auf wesentliche Bewertungsgrundlagen sowie darauf einzugehen, welchen Einfluss Änderungen in den Bewertungsgrundlagen einschließlich der Ausübung von Bilanzierungs- und Bewertungswahlrechten und der Ausnutzung von Ermessensspielräumen sowie sachverhaltsgestaltende Maßnahmen insgesamt auf die Darstellung der Vermögens-, Finanz- und Ertragslage haben. Hierzu sind die Posten des Jahres- und des Konzernabschlusses aufzugliedern und ausreichend zu erläutern, soweit diese Angaben nicht im Anhang enthalten sind. Es ist darzustellen, ob die gesetzlichen Vertreter die verlangten Aufklärungen und Nachweise erbracht haben.

(3) In einem besonderen Abschnitt des Prüfungsberichts sind Gegenstand, Art und Umfang der Prüfung zu erläutern. Dabei ist auch auf die angewandten Rechnungslegungs- und Rechnungslegungs- und Prüfungsgrundsätze einzugehen.

(4) Ist im Rahmen der Prüfung eine Beurteilung nach § 317 Abs. 4 abgegeben worden, so ist deren Ergebnis in einem besonderen Teil des Prüfungsberichts darzustellen. Es ist darauf einzugehen, ob Maßnahmen erforderlich sind, um das interne Überwachungssystem zu verbessern.

(4a) Der Abschlussprüfer hat im Prüfungsbericht seine Unabhängigkeit zu bestätigen.

(5) Der Abschlußprüfer hat den Bericht zu unterzeichnen und den gesetzlichen Vertretern vorzulegen. Hat der Aufsichtsrat den Auftrag erteilt, so ist der Bericht ihm vorzulegen; dem Vorstand ist vor Zuleitung Gelegenheit zur Stellungnahme zu geben.

§ 324 Prüfungsausschuss

(1) Kapitalgesellschaften im Sinn des § 264d, die keinen Aufsichts- oder Verwaltungsrat haben, der die Voraussetzungen des § 100 Abs. 5 des Aktiengesetzes erfüllen muss, sind verpflichtet, einen Prüfungsausschuss im Sinn des Absatzes 2 einzurichten, der sich insbesondere mit den in § 107 Abs. 3 Satz 2 des Aktiengesetzes beschriebenen Aufgaben befasst. Dies gilt nicht für

1. Kapitalgesellschaften im Sinn des Satzes 1, deren ausschließlicher Zweck in der Ausgabe von Wertpapieren im Sinn des § 2 Abs. 1 Satz 1 des Wertpapierhandelsgesetzes besteht, die durch Vermögensgegenstände besichert sind; im Anhang ist darzulegen, weshalb ein Prüfungsausschuss nicht eingerichtet wird;
2. Kreditinstitute im Sinn des § 340 Abs. 1, die einen organisierten Markt im Sinn des § 2 Abs. 5 des Wertpapierhandelsgesetzes nur durch die Ausgabe von Schuldtiteln im Sinn des § 2 Abs. 1 Satz 1 Nr. 3 Buchstabe a des Wertpapierhandelsgesetzes in Anspruch nehmen, soweit deren Nominalwert 100 Millionen Euro nicht übersteigt und keine Verpflichtung zur Veröffentlichung eines Prospekts nach dem Wertpapierprospektgesetz besteht.

(2) Die Mitglieder des Prüfungsausschusses sind von den Gesellschaftern zu wählen. Mindestens ein Mitglied muss die Voraussetzungen des § 100 Abs. 5 des Aktiengesetzes erfüllen. Der Vorsitzende des Prüfungsausschusses darf nicht mit der Geschäftsführung betraut sein. § 124 Abs. 3 Satz 2 und § 171 Abs. 1 Satz 2 und 3 des Aktiengesetzes sind entsprechend anzuwenden.

§ 325 Offenlegung

(1) Die gesetzlichen Vertreter von Kapitalgesellschaften haben für diese den Jahresabschluss beim Betreiber des elektronischen Bundesanzeigers elektronisch einzureichen. Er ist unverzüglich nach seiner Vorlage an die Gesellschafter, jedoch spätestens vor Ablauf des zwölften Monats des dem Abschlussstichtag nach-

folgenden Geschäftsjahrs, mit dem Bestätigungsvermerk oder dem Vermerk über dessen Versagung einzureichen. Gleichzeitig sind der Lagebericht, der Bericht des Aufsichtsrats, die nach § 161 des Aktiengesetzes vorgeschriebene Erklärung und, soweit sich dies aus dem eingereichten Jahresabschluss nicht ergibt, der Vorschlag für die Verwendung des Ergebnisses und der Beschluss über seine Verwendung unter Angabe des Jahresüberschusses oder Jahresfehlbetrags elektronisch einzureichen. Angaben über die Ergebnisverwendung brauchen von Gesellschaften mit beschränkter Haftung nicht gemacht zu werden, wenn sich anhand dieser Angaben die Gewinnanteile von natürlichen Personen feststellen lassen, die Gesellschafter sind. Werden zur Wahrung der Frist nach Satz 2 oder Absatz 4 Satz 1 der Jahresabschluss und der Lagebericht ohne die anderen Unterlagen eingereicht, sind der Bericht und der Vorschlag nach ihrem Vorliegen, die Beschlüsse nach der Beschlussfassung und der Vermerk nach der Erteilung unverzüglich einzureichen. Wird der Jahresabschluss bei nachträglicher Prüfung oder Feststellung geändert, ist auch die Änderung nach Satz 1 einzureichen. Die Rechnungslegungsunterlagen sind in einer Form einzureichen, die ihre Bekanntmachung nach Absatz 2 ermöglicht.

(2) Die gesetzlichen Vertreter der Kapitalgesellschaft haben für diese die in Absatz 1 bezeichneten Unterlagen jeweils unverzüglich nach der Einreichung im elektronischen Bundesanzeiger bekannt machen zu lassen.

(2a) Bei der Offenlegung nach Absatz 2 kann an die Stelle des Jahresabschlusses ein Einzelabschluss treten, der nach den in § 315a Abs. 1 bezeichneten internationalen Rechnungslegungsstandards aufgestellt worden ist. Ein Unternehmen, das von diesem Wahlrecht Gebrauch macht, hat die dort genannten Standards vollständig zu befolgen. Auf einen solchen Abschluss sind § 243 Abs. 2, die §§ 244, 245, 257, 264 Abs. 2 Satz 3, § 285 Nr. 7, 8 Buchstabe b, Nr. 9 bis 11a, 14 bis 17, § 286 Abs. 1, 3 und 5 sowie § 287 anzuwenden. Der Lagebericht nach § 289 muss in dem erforderlichen Umfang auch auf den Abschluss nach Satz 1 Bezug nehmen. Die übrigen Vorschriften des Zweiten Unterabschnitts des Ersten Abschnitts und des Ersten Unterabschnitts des Zweiten Abschnitts gelten insoweit nicht. Kann wegen der Anwendung des § 286 Abs. 1 auf den Anhang die in Satz 2 genannte Voraussetzung nicht eingehalten werden, entfällt das Wahlrecht nach Satz 1.

(2b) Die befreiende Wirkung der Offenlegung des Einzelabschlusses nach Absatz 2a tritt ein, wenn
1. statt des vom Abschlussprüfer zum Jahresabschluss erteilten Bestätigungsvermerks oder des Vermerks über dessen Versagung der entsprechende Vermerk zum Abschluss nach Absatz 2a in die Offenlegung nach Absatz 2 einbezogen wird,
2. der Vorschlag für die Verwendung des Ergebnisses und gegebenenfalls der Beschluss über seine Verwendung unter Angabe des Jahresüberschusses oder Jahresfehlbetrags in die Offenlegung nach Absatz 2 einbezogen werden und
3. der Jahresabschluss mit dem Bestätigungsvermerk oder dem Vermerk über dessen Versagung nach Absatz 1 Satz 1 bis 4 offen gelegt wird.

(3) Die Absätze 1, 2 und 4 Satz 1 gelten entsprechend für die gesetzlichen Vertreter einer Kapitalgesellschaft, die einen Konzernabschluss und einen Konzernlagebericht aufzustellen haben.

(3a) Wird der Konzernabschluss zusammen mit dem Jahresabschluss des Mutterunternehmens oder mit einem von diesem aufgestellten Einzelabschluss nach Absatz 2a bekannt gemacht, können die Vermerke des Abschlussprüfers nach § 322 zu beiden Abschlüssen zusammengefasst werden; in diesem Fall können auch die jeweiligen Prüfungsberichte zusammengefasst werden.

(4) Bei einer Kapitalgesellschaft im Sinn des § 264d, die keine Kapitalgesellschaft im Sinn des § 327a ist, beträgt die Frist nach Absatz 1 Satz 2 längstens vier Monate. Für die Wahrung der Fristen nach Satz 1 und Absatz 1 Satz 2 ist der Zeitpunkt der Einreichung der Unterlagen maßgebend.

(5) Auf Gesetz, Gesellschaftsvertrag oder Satzung beruhende Pflichten der Gesellschaft, den Jahresabschluss, den Einzelabschluss nach Absatz 2a, den Lagebericht, den Konzernabschluss oder den Konzernlagebericht in anderer Weise bekannt zu machen, einzureichen oder Personen zugänglich zu machen, bleiben unberührt.

(6) Die §§ 11 und 12 Abs. 2 gelten für die beim Betreiber des elektronischen Bundesanzeigers einzureichenden Unterlagen entsprechend; § 325a Abs. 1 Satz 3 und § 340l Abs. 2 Satz 4 bleiben unberührt.

§ 325a Zweigniederlassungen von Kapitalgesellschaften

(1) Bei inländischen Zweigniederlassungen von Kapitalgesellschaften mit Sitz in einem anderen Mitgliedstaat der Europäischen Union oder Vertragsstaat des Abkommens über den Europäischen Wirtschaftsraum haben die in § 13e Abs. 2 Satz 4 Nr. 3 genannten Personen oder wenn solche nicht angemeldet sind, die gesetzlichen Vertreter der Gesellschaft für diese die Unterlagen zur Rechnungslegung der Hauptniederlassung, die nach dem für die Hauptniederlassung maßgeblichen Recht erstellt, geprüft und offengelegt worden sind, nach den §§ 325, 328, 329 Abs. 1 **und 4** offen zu legen. Die Unterlagen sind in deutscher Sprache einzureichen. Soweit dies nicht die Amtssprache am Sitz der Hauptniederlassung ist, können die Unterlagen der Hauptniederlassung auch
1. in englischer Sprache oder
2. in einer von dem Register der Hauptniederlassung
3. wenn eine dem Register vergleichbare Einrichtung nicht vorhanden oder diese nicht zur Beglaubigung befugt ist, in einer von einem Wirtschaftsprüfer bescheinigten Abschrift, verbunden mit der Erklärung, dass entweder eine dem Register vergleichbare Einrichtung nicht vorhanden oder diese nicht zur Beglaubigung befugt ist,

eingereicht werden; von der Beglaubigung des Registers ist eine beglaubigte Übersetzung in deutscher Sprache einzureichen.

(2) Diese Vorschrift gilt nicht für Zweigniederlassungen, die von Kreditinstituten im Sinne des § 340 oder von Versicherungsunternehmen im Sinne des § 341 errichtet werden.

§ 327 Größenabhängige Erleichterungen für mittelgroße Kapitalgesellschaften bei der Offenlegung

Auf mittelgroße Kapitalgesellschaften (§ 267 Abs. 2) ist § 325 Abs. 1 mit der Maßgabe anzuwenden, daß die gesetzlichen Vertreter
1. die Bilanz nur in der für kleine Kapitalgesellschaften nach § 266 Abs. 1 Satz 3 vorgeschriebenen Form beim Betreiber des elektronischen Bundesanzeigers einreichen müssen. In der Bilanz oder im Anhang sind jedoch die folgenden Posten des § 266 Abs. 2 und 3 zusätzlich gesondert anzugeben:

Auf der Aktivseite

A I 1	**Selbstgeschaffene gewerbliche Schutzrechte und ähnliche Rechte und Werte;**
A I 2	Geschäfts- oder Firmenwert;
A II 1	Grundstücke, grundstücksgleiche Rechte und Bauten einschließlich der Bauten auf fremden Grundstücken;
A II 2	technische Anlagen und Maschinen;
A II 3	andere Anlagen, Betriebs- und Geschäftsausstattung;
A II 4	geleistete Anzahlungen und Anlagen im Bau;
A III 1	Anteile an verbundenen Unternehmen;
A III 2	Ausleihungen an verbundene Unternehmen;
A III 3	Beteiligungen;
A III 4	Ausleihungen an Unternehmen, mit denen ein Beteiligungsverhältnis besteht;
B II 2	Forderungen gegen verbundene Unternehmen;
B II 3	Forderungen gegen Unternehmen, mit denen ein Beteiligungsverhältnis besteht;
B III 1	Anteile an verbundenen Unternehmen.

Auf der Passivseite

C 1	Anleihen, davon konvertibel;
C 2	Verbindlichkeiten gegenüber Kreditinstituten;
C 6	Verbindlichkeiten gegenüber verbundenen Unternehmen;
C 7	Verbindlichkeiten gegenüber Unternehmen, mit denen ein Beteiligungsverhältnis besteht;

2. den Anhang ohne die Angaben nach § 285 Nr. 2 und 8 Buchstabe a, Nr. 12 beim Betreiber des elektronischen Bundesanzeigers einreichen dürfen.

§ 330

(1) Das Bundesministerium der Justiz wird ermächtigt, im Einvernehmen mit dem Bundesministerium der Finanzen und dem Bundesministerium für Wirtschaft und Technologie durch Rechtsverordnung, die nicht der Zustimmung des Bundesrates bedarf, für Kapitalgesellschaften Formblätter vorzuschreiben oder andere Vorschriften für die Gliederung des Jahresabschlusses oder des Konzernabschlusses oder den Inhalt des Anhangs, des Konzernanhangs, des Lageberichts oder des Konzernlageberichts zu erlassen, wenn der Geschäftszweig eine von den §§ 266, 275 abweichende Gliederung des Jahresabschlusses oder des Konzernabschlusses oder von den Vorschriften des Ersten Abschnitts und des Ersten und Zweiten Unterabschnitts des Zweiten Abschnitts abweichende Regelungen erfordert. Die sich aus den abweichenden Vorschriften ergebenden Anforderungen an die in Satz 1 bezeichneten Unterlagen sollen den Anforderungen gleichwertig sein, die sich für große Kapitalgesellschaften (§ 267 Abs. 3) aus den Vorschriften des Ersten Abschnitts und des Ersten und Zweiten Unterabschnitts des Zweiten Abschnitts sowie den für den Geschäftszweig geltenden Vorschriften ergeben. Über das geltende Recht hinausgehende Anforderungen dürfen nur gestellt werden, soweit sie auf Rechtsakten des Rates der Europäischen Union beruhen. Die Rechtsverordnung nach Satz 1 kann auch Abweichungen von der Kontoform nach § 266 Abs. 1 Satz 1 gestatten. Satz 4 gilt auch in den Fällen, in denen ein Geschäftszweig eine von den §§ 266 und 275 abweichende Gliederung nicht erfordert.

(2) Absatz 1 ist auf Kreditinstitute im Sinne des § 1 Abs. 1 des Gesetzes über das Kreditwesen, soweit sie nach dessen § 2 Abs. 1, 4 oder 5 von der Anwendung nicht ausgenommen sind, und auf Finanzdienstleistungsinstitute im Sinne des § 1 Abs. 1a des Gesetzes über das Kreditwesen, soweit sie nach dessen § 2 Abs. 6 oder 10 von der Anwendung nicht ausgenommen sind, nach Maßgabe der Sätze 3 und 4 ungeachtet ihrer Rechtsform anzuwenden. Satz 1 ist auch auf Zweigstellen von Unternehmen mit Sitz in einem Staat anzuwenden, der nicht Mitglied der Europäischen Gemeinschaft und auch nicht Vertragsstaat des Abkommens über den Europäischen Wirtschaftsraum ist, sofern die Zweigstelle nach § 53 Abs. 1 des Gesetzes über das Kreditwesen als Kreditinstitut oder als Finanzinstitut gilt. Die Rechtsverordnung bedarf nicht der Zustimmung des Bundesrates; sie ist im Einvernehmen mit dem Bundesministerium der Finanzen und im Benehmen mit der Deutschen Bundesbank zu erlassen. In die Rechtsverordnung nach Satz 1 können auch nähere Bestimmungen über die Aufstellung des Jahresabschlusses und des Konzernabschlusses im Rahmen der vorgeschriebenen Formblätter für die Gliederung des Jahresabschlusses und des Konzernabschlusses sowie des Zwischenabschlusses gemäß § 340a Abs. 3 und des Konzernzwischenabschlusses gemäß § 340i Abs. 4 aufgenommen werden, soweit dies zur Erfüllung der Aufgaben **der Bundesanstalt für Finanzdienstleistungsaufsicht** oder der Deutschen Bundesbank erforderlich ist, insbesondere um einheitliche Unterlagen zur Beurteilung der von den Kreditinstituten und Finanzdienstleistungsinstituten durchgeführten Bankgeschäfte und erbrachten Finanzdienstleistungen zu erhalten.

(3) Absatz 1 ist auf Versicherungsunternehmen nach Maßgabe der Sätze 3 und 4 ungeachtet ihrer Rechtsform anzuwenden. Satz 1 ist auch auf Niederlassungen im Geltungsbereich dieses Gesetzes von Versicherungsunternehmen mit Sitz in einem anderen Staat anzuwenden, wenn sie zum Betrieb des Direktversicherungsgeschäfts der Erlaubnis durch die Deutsche Versicherungsaufsichtsbehörde bedürfen. Die Rechtsverordnung bedarf der Zustimmung des Bundesrates und ist im Einvernehmen mit dem Bundesministerium der Finanzen zu erlassen. In die Rechtsverordnung nach Satz 1 können auch nähere Bestimmungen über die Aufstellung des Jahresabschlusses und des Konzernabschlusses im Rahmen der vorgeschriebenen Formblätter für die Gliederung des Jahresabschlusses und des Konzernabschlusses sowie Vorschriften über den Ansatz und die Bewertung von versicherungstechnischen Rückstellungen, insbesondere die Näherungsverfahren, aufgenommen werden. Die Zustimmung des Bundesrates ist nicht erforderlich, soweit die Verordnung ausschließlich dem Zweck dient, Abweichungen nach Absatz 1 Satz 4 und 5 zu gestatten.

(4) In der Rechtsverordnung nach Absatz 1 in Verbindung mit Absatz 3 kann bestimmt werden, daß Versicherungsunternehmen, auf die die Richtlinie 91/674/EWG nach deren Artikel 2 in Verbindung mit Artikel 3 der Richtlinie 73/239/EWG oder in Verbindung mit Artikel 2 Nr. 2 oder 3 oder Artikel 3 der Richtlinie 79/267/EWG nicht anzuwenden ist, von den Regelungen des Zweiten Unterabschnitts des Vierten Abschnitts ganz oder teilweise befreit werden, soweit dies erforderlich ist, um eine im Verhältnis zur Größe der Versicherungsunternehmen unangemessene Belastung zu vermeiden; Absatz 1 Satz 2 ist insoweit nicht anzuwenden. In der Rechtsverordnung dürfen diesen Versicherungsunternehmen auch für die Gliederung des Jahresabschlusses und des Konzernabschlusses, für die Erstellung von Anhang und Lagebericht und

Konzernanhang und Konzernlagebericht sowie für die Offenlegung ihrer Größe angemessene Vereinfachungen gewährt werden.

(5) Die Absätze 3 und 4 sind auf Pensionsfonds (§ 112 Abs. 1 des Versicherungsaufsichtsgesetzes) entsprechend anzuwenden.

§ 334 Bußgeldvorschriften

(1) Ordnungswidrig handelt, wer als Mitglied des vertretungsberechtigten Organs oder des Aufsichtsrats einer Kapitalgesellschaft
1. bei der Aufstellung oder Feststellung des Jahresabschlusses einer Vorschrift
    a) des § 243 Abs. 1 oder 2, der §§ 244, 245, 246, 247, 248, 249 Abs. 1 Satz 1 oder Abs. **2, des § 250 Abs. 1 oder** 2, des § 251 oder des § 264 Abs. 2 über Form oder Inhalt,
    b) **des § 253 Abs. 1 Satz 1, 2, 3 oder Satz 4, Abs. 2 Satz 1, auch in Verbindung mit Satz 2, Abs. 3 Satz 1, 2 oder 3, Abs. 4 oder 5, des § 254 oder des § 256a über die Bewertung,**
    c) des § 265 Abs. 2, 3, 4 oder 6, der §§ 266, 268 Abs. 2, 3, 4, 5, 6 oder 7, der §§ 272, **274, 275** oder des § 277 über die Gliederung oder
    d) des § 284 oder des § 285 über die in der Bilanz oder im Anhang zu machenden Angaben,
2. bei der Aufstellung des Konzernabschlusses einer Vorschrift
    a) des § 294 Abs. 1 über den Konsolidierungskreis,
    b) des § 297 Abs. 2 oder 3 oder des § 298 Abs. 1 in Verbindung mit den §§ 244, 245, 246, 247, 248, 249 Abs. 1 Satz 1 oder Abs. **2, dem § 250 Abs. 1** oder dem § 251 über Inhalt oder Form,
    c) des § 300 über die Konsolidierungsgrundsätze oder das Vollständigkeitsgebot,
    d) des § 308 Abs. 1 Satz 1 in Verbindung mit den in Nummer 1 Buchstabe b bezeichneten Vorschriften**,** des § 308 Abs. 2 **oder des § 308a** über die Bewertung,
    e) des § 311 Abs. 1 Satz 1 in Verbindung mit § 312 über die Behandlung assoziierter Unternehmen oder
    f) des § 308 Abs. 1 Satz 3, des § 313 oder des § 314 über die im Anhang zu machenden Angaben,
3. bei der Aufstellung des Lageberichts einer Vorschrift des **§ 289 Abs. 1, 4 oder Abs. 5 oder des § 289a** über den Inhalt des Lageberichts,
4. bei der Aufstellung des Konzernlageberichts einer Vorschrift des § 315 Abs. 1 oder 4 über den Inhalt des Konzernlageberichts,
5. bei der Offenlegung, Veröffentlichung oder Vervielfältigung einer Vorschrift des § 328 über Form oder Inhalt oder
6. einer auf Grund des § 330 Abs. 1 Satz 1 erlassenen Rechtsverordnung, soweit sie für einen bestimmten Tatbestand auf diese Bußgeldvorschrift verweist,

zuwiderhandelt.

(2) Ordnungswidrig handelt, wer zu einem Jahresabschluss, zu einem Einzelabschluss nach § 325 Abs. 2a oder zu einem Konzernabschluss, der aufgrund gesetzlicher Vorschriften zu prüfen ist, einen Vermerk nach § 322 Abs. 1 erteilt, obwohl nach § 319 Abs. 2, 3, 5, § 319a Abs. 1 Satz 1, Abs. 2, **§ 319b Abs. 1 Satz 1 oder 2** er oder nach § 319 Abs. 4, auch in Verbindung mit § 319a Abs. 1 Satz 2, oder § 319a Abs. 1 Satz 4, **5, § 319b Abs. 1** die Wirtschaftsprüfungsgesellschaft oder die Buchprüfungsgesellschaft, für die er tätig wird, nicht Abschlussprüfer sein darf.

(3) Die Ordnungswidrigkeit kann mit einer Geldbuße bis zu fünfzigtausend Euro geahndet werden.

(4) Verwaltungsbehörde im Sinn des § 36 Abs. 1 Nr. 1 des Gesetzes über Ordnungswidrigkeiten ist in den Fällen der Absätze 1 und 2 das Bundesamt für Justiz.

(5) Die Absätze 1 bis 4 sind auf Kreditinstitute im Sinn des § 340 und auf Versicherungsunternehmen im Sinn des § 341 Abs. 1 nicht anzuwenden.

§ 335 Festsetzung von Ordnungsgeld[940]

(1) Gegen die Mitglieder des vertretungsberechtigten Organs einer Kapitalgesellschaft, die
1. § 325 über die Pflicht zur Offenlegung des Jahresabschlusses, des Lageberichts, des Konzernabschlusses, des Konzernlageberichts und anderer Unterlagen der Rechnungslegung oder
2. § 325a über die Pflicht zur Offenlegung der Rechnungslegungsunterlagen der Hauptniederlassung
nicht befolgen, ist wegen des pflichtwidrigen Unterlassens der rechtzeitigen Offenlegung vom Bundesamt für Justiz (Bundesamt) ein Ordnungsgeldverfahren nach den Absätzen 2 bis 6 durchzuführen; im Fall der Nummer 2 treten die in § 13e Abs. 2 Satz 4 Nr. 3 genannten Personen, sobald sie angemeldet sind, an die Stelle der Mitglieder des vertretungsberechtigten Organs der Kapitalgesellschaft. Das Ordnungsgeldverfahren kann auch gegen die Kapitalgesellschaft durchgeführt werden, für die die Mitglieder des vertretungsberechtigten Organs die in Satz 1 Nr. 1 und 2 genannten Pflichten zu erfüllen haben. Dem Verfahren steht nicht entgegen, dass eine der Offenlegung vorausgehende Pflicht, insbesondere die Aufstellung des Jahres- oder Konzernabschlusses oder die unverzügliche Erteilung des Prüfauftrags, noch nicht erfüllt ist. Das Ordnungsgeld beträgt mindestens zweitausendfünfhundert und höchstens fünfundzwanzigtausend Euro. Eingenommene Ordnungsgelder fließen dem Bundesamt zu.
(2) Auf das Verfahren sind die §§ 16, 17, 18, 132, 133 Abs. 2, § 134 Abs. 2, §§ 135 bis 137 des Gesetzes über die Angelegenheiten der freiwilligen Gerichtsbarkeit *[§§ 15 bis 19, § 40 Abs. 1, § 388 Abs. 1, § 389 Abs. 3, § 390 Abs. 2 bis 6 des Gesetzes über das Verfahren in Fanliensachen und in Angelegenheiten der freiwilligen Gerichtsbarkeit]* sowie im Übrigen § 11 Nr. 1 und 2, § 12 Abs. 1 Nr. 1 bis 3, Abs. 2 und 3, §§ 14, 15, 20 Abs. 1 und 3, § 21 Abs. 1, §§ 23 und 26 des Verwaltungsverfahrensgesetzes nach Maßgabe der nachfolgenden Absätze entsprechend anzuwenden. Das Ordnungsgeldverfahren ist ein Justizverwaltungsverfahren. Zur Vertretung der Beteiligten sind auch Wirtschaftsprüfer und vereidigte Buchprüfer, Steuerberater, Steuerbevollmächtigte, Personen und Vereinigungen im Sinn des § 3 Nr. 4 des Steuerberatungsgesetzes sowie Gesellschaften im Sinn des § 3 Nr. 2 und 3 des Steuerberatungsgesetzes, die durch Personen im Sinn des § 3 Nr. 1 des Steuerberatungsgesetzes handeln, befugt.
(2a) Für eine elektronische Aktenführung und Kommunikation sind § 110a Abs. 1, § 110b Abs. 1 Satz 1, Abs. 2 bis 4, § 110c Abs. 1 sowie § 110d des Gesetzes über Ordnungswidrigkeiten entsprechend anzuwenden. § 110a Abs. 2 Satz 1 und 3 sowie § 110b Abs. 1 Satz 2 und 4 des Gesetzes über Ordnungswidrigkeiten sind mit der Maßgabe entsprechend anzuwenden, dass das Bundesministerium der Justiz die Rechtsverordnung ohne Zustimmung des Bundesrates erlassen kann; es kann die Ermächtigung durch Rechtsverordnung auf das Bundesamt für Justiz übertragen.
(3) Den in Absatz 1 Satz 1 und 2 bezeichneten Beteiligten ist unter Androhung eines Ordnungsgeldes in bestimmter Höhe aufzugeben, innerhalb einer Frist von sechs Wochen vom Zugang der Androhung an ihrer gesetzlichen Verpflichtung nachzukommen oder die Unterlassung mittels Einspruchs gegen die Verfügung zu rechtfertigen. Mit der Androhung des Ordnungsgeldes sind den Beteiligten zugleich die Kosten des Verfahrens aufzuerlegen. Der Einspruch kann auf Einwendungen gegen die Entscheidung über die Kosten beschränkt werden. Wenn die Beteiligten nicht spätestens sechs Wochen nach dem Zugang der Androhung der gesetzlichen Pflicht entsprochen oder die Unterlassung mittels Einspruchs gerechtfertigt haben, ist das Ordnungsgeld festzusetzen und zugleich die frühere Verfügung unter Androhung eines erneuten Ordnungsgeldes zu wiederholen. Wenn die Sechswochenfrist nur geringfügig überschritten wird, kann das Bundesamt das Ordnungsgeld herabsetzen. Der Einspruch gegen die Androhung des Ordnungsgeldes und gegen die Entscheidung über die Kosten hat keine aufschiebende Wirkung. Führt der Einspruch zu einer Einstellung des Verfahrens, ist zugleich auch die Kostenentscheidung nach Satz 2 aufzuheben.
(4) Gegen die Entscheidung, durch die das Ordnungsgeld festgesetzt oder der Einspruch oder der Antrag auf Wiedereinsetzung in den vorigen Stand verworfen wird, sowie gegen die Entscheidung nach Absatz 3 Satz 7 findet die sofortige Beschwerde nach den Vorschriften des Gesetzes über die Angelegenheiten der freiwilligen Gerichtsbarkeit *[Beschwerde nach den Vorschriften des Gesetzes über das Verfahren in Fanliensachen und in Angelegenheiten der freiwilligen Gerichtsbarkeit]* statt, soweit sich nicht aus Absatz 5 etwas anderes ergibt.

---

[940] Die Änderungen in eckigen Klammern treten am 1.9.2009 in Kraft. In Abs. 5 Satz 3 wird jeweils das Wort 'sofortige'' gestrichen durch das FGG-Reformgesetz, die Streichungen werden am 1.9.2009 wirksam.

(5) Über die sofortige Beschwerde entscheidet das für den Sitz des Bundesamtes zuständige Landgericht. *[Die Beschwerde ist binnen einer Frist von zwei Wochen einzulegen; über sie entscheidet das für den Sitz des Bundesamtes zuständige Landgericht.]* **Die Landesregierung des Landes, in dem das Bundesamt seinen Sitz unterhält, wird ermächtigt, zur Vermeidung von erheblichen Verfahrensrückständen oder zum Ausgleich einer übermäßigen Geschäftsbelastung durch Rechtsverordnung die Entscheidung über die Rechtsmittel nach Satz 1 einem anderen Landgericht oder weiteren Landgerichten zu übertragen. Die Landesregierung kann diese Ermächtigung auf die Landesjustizverwaltung übertragen.** Ist bei dem Landgericht eine Kammer für Handelssachen gebildet, so tritt diese Kammer an die Stelle der Zivilkammer. Entscheidet über die sofortige Beschwerde die Zivilkammer, so sind die §§ 348 und 348a der Zivilprozessordnung entsprechend anzuwenden; über eine bei der Kammer für Handelssachen anhängige sofortige Beschwerde entscheidet der Vorsitzende. Die weitere Beschwerde *[Rechtsbeschwerde]* findet nicht statt. Das Landgericht kann nach billigem Ermessen bestimmen, dass die außergerichtlichen Kosten der Beteiligten, die zur zweckentsprechenden Rechtsverfolgung notwendig waren, ganz oder teilweise aus der Staatskasse zu erstatten sind. Satz **7 gilt entsprechend, wenn das Bundesamt der Beschwerde abhilft.** § 91 Abs. 1 Satz 2 und die §§ 103 bis 107 der Zivilprozessordnung gelten entsprechend. Absatz 2 Satz 3 ist anzuwenden. **Die sofortige Beschwerde ist bei dem Bundesamt einzulegen. Hält das Bundesamt die sofortige Beschwerde für begründet, hat es ihr abzuhelfen; anderenfalls ist die sofortige Beschwerde unverzüglich dem Beschwerdegericht vorzulegen.**

(5a) **Für die elektronische Aktenführung des Gerichts und die Kommunikation mit dem Gericht nach Absatz 5 sind § 110a Abs. 1, § 110b Abs. 1 Satz 1, Abs. 2 bis 4, § 110c Abs. 1 sowie § 110d des Gesetzes über Ordnungswidrigkeiten entsprechend anzuwenden. § 110a Abs. 2 Satz 1 und 3 sowie § 110b Abs. 1 Satz 2 und 4 des Gesetzes über Ordnungswidrigkeiten sind mit der Maßgabe anzuwenden, dass die Landesregierung des Landes, in dem das Bundesamt seinen Sitz unterhält, die Rechtsverordnung erlassen und die Ermächtigung durch Rechtsverordnung auf die Landesjustizverwaltung übertragen kann.**

(6) Liegen dem Bundesamt in einem Verfahren nach den Absätzen 1 bis 3 keine Anhaltspunkte über die Einstufung einer Gesellschaft im Sinn des § 267 Abs. 1, 2 oder Abs. 3 vor, ist den in Absatz 1 Satz 1 und 2 bezeichneten Beteiligten zugleich mit der Androhung des Ordnungsgeldes aufzugeben, im Fall des Einspruchs die Bilanzsumme nach Abzug eines auf der Aktivseite ausgewiesenen Fehlbetrags (§ 268 Abs. 3), die Umsatzerlöse in den ersten zwölf Monaten vor dem Abschlussstichtag (§ 277 Abs. 1) und die durchschnittliche Zahl der Arbeitnehmer (§ 267 Abs. 5) für das betreffende Geschäftsjahr und für diejenigen vorausgehenden Geschäftsjahre, die für die Einstufung nach § 267 Abs. 1, 2 oder Abs. 3 erforderlich sind, anzugeben. Unterbleiben die Angaben nach Satz 1, so wird für das weitere Verfahren vermutet, dass die Erleichterungen der §§ 326 und 327 nicht in Anspruch genommen werden können. Die Sätze 1 und 2 gelten für den Konzernabschluss und den Konzernlagebericht entsprechend mit der Maßgabe, dass an die Stelle der §§ 267, 326 und 327 der § 293 tritt.

§ 336 Pflicht zur Aufstellung von Jahresabschluss und Lagebericht

(1) Der Vorstand einer Genossenschaft hat den Jahresabschluß (§ 242) um einen Anhang zu erweitern, der mit der Bilanz und der Gewinn- und Verlustrechnung eine Einheit bildet, sowie einen Lagebericht aufzustellen. Der Jahresabschluß und der Lagebericht sind in den ersten fünf Monaten des Geschäftsjahrs für das vergangene Geschäftsjahr aufzustellen.

(2) Auf den Jahresabschluß und den Lagebericht sind, soweit in den folgenden Vorschriften nichts anderes bestimmt ist, § **264 Abs. 1 Satz 4 Halbsatz 1** , Abs. 2, §§ 265 bis 289 über den Jahresabschluß und den Lagebericht entsprechend anzuwenden; § 277 Abs. 3 Satz 1, , § **285 Nr. 6 und 17** brauchen jedoch nicht angewendet zu werden. Sonstige Vorschriften, die durch den Geschäftszweig bedingt sind, bleiben unberührt.

(3) § 330 Abs. 1 über den Erlaß von Rechtsverordnungen ist entsprechend anzuwenden.

§ 338 Vorschriften zum Anhang

(1) Im Anhang sind auch Angaben zu machen über die Zahl der im Laufe des Geschäftsjahrs eingetretenen oder ausgeschiedenen sowie die Zahl der am Schluß des Geschäftsjahrs der Genossenschaft angehörenden

Mitglieder. Ferner sind der Gesamtbetrag, um welchen in diesem Jahr die Geschäftsguthaben sowie die Haftsummen der Mitglieder sich vermehrt oder vermindert haben, und der Betrag der Haftsummen anzugeben, für welche am Jahresschluß alle Mitglieder zusammen aufzukommen haben.
(2) Im Anhang sind ferner anzugeben:
1. Name und Anschrift des zuständigen Prüfungsverbands, dem die Genossenschaft angehört;
2. alle Mitglieder des Vorstands und des Aufsichtsrats, auch wenn sie im Geschäftsjahr oder später ausgeschieden sind, mit dem Familiennamen und mindestens einem ausgeschriebenen Vornamen; ein etwaiger Vorsitzender des Aufsichtsrats ist als solcher zu bezeichnen.
(3) An Stelle der in § 285 Nr. 9 vorgeschriebenen Angaben über die an Mitglieder von Organen geleisteten Bezüge, Vorschüsse und Kredite sind lediglich die Forderungen anzugeben, die der Genossenschaft gegen Mitglieder des Vorstands oder Aufsichtsrats zustehen. Die Beträge dieser Forderungen können für jedes Organ in einer Summe

§ 340a Anzuwendende Vorschriften

(1) Kreditinstitute, auch wenn sie nicht in der Rechtsform einer Kapitalgesellschaft betrieben werden, haben auf ihren Jahresabschluß die für große Kapitalgesellschaften geltenden Vorschriften des Ersten Unterabschnitts des Zweiten Abschnitts anzuwenden, soweit in den Vorschriften dieses Unterabschnitts nichts anderes bestimmt ist; Kreditinstitute haben außerdem einen Lagebericht nach den für große Kapitalgesellschaften geltenden Bestimmungen des § 289 aufzustellen.
(2) § 265 Abs. 6 und 7, §§ 267, 268 Abs. 4 Satz 1, Abs. 5 Satz 1 und 2, §§ 276, 277 Abs. 1, 2, 3 Satz 1, § 284 Abs. 2 Nr. 4, § 285 Nr. 8 und 12, § 288 sind nicht anzuwenden. An Stelle von § 247 Abs. 1, §§ 251, 266, 268 Abs. 2 und 7, §§ 275, 285 Nr. 1, 2, 4 und 9 Buchstabe c sind die durch Rechtsverordnung erlassenen Formblätter und anderen Vorschriften anzuwenden. § 246 Abs. 2 ist nicht anzuwenden, soweit abweichende Vorschriften bestehen. § 264 Abs. 3 und § 264b sind mit der Maßgabe anzuwenden, daß das Kreditinstitut unter den genannten Voraussetzungen die Vorschriften des Vierten Unterabschnitts des Zweiten Abschnitts nicht anzuwenden braucht.
(3) Sofern Kreditinstitute einer prüferischen Durchsicht zu unterziehende Zwischenabschlüsse zur Ermittlung von Zwischenergebnissen im Sinne des § 10 Abs. 3 des Kreditwesengesetzes aufstellen, sind auf diese die für den Jahresabschluss geltenden Rechnungslegungsgrundsätze anzuwenden. Die Vorschriften über die Bestellung des Abschlussprüfers sind auf die prüferische Durchsicht entsprechend anzuwenden. Die prüferische Durchsicht ist so anzulegen, dass bei gewissenhafter Berufsausübung ausgeschlossen werden kann, dass der Zwischenabschluss in wesentlichen Belangen den anzuwendenden Rechnungslegungsgrundsätzen widerspricht. Der Abschlussprüfer hat das Ergebnis der prüferischen Durchsicht in einer Bescheinigung zusammenzufassen. § 320 und § 323 gelten entsprechend.
(4) Zusätzlich haben Kreditinstitute im Anhang zum Jahresabschluß anzugeben:
1. alle Mandate in gesetzlich zu bildenden Aufsichtsgremien von großen Kapitalgesellschaften (§ 267 Abs. 3), die von gesetzlichen Vertretern oder anderen Mitarbeitern wahrgenommen werden;
2. alle Beteiligungen an großen Kapitalgesellschaften, die fünf vom Hundert der Stimmrechte überschreiten.

§ 340c Vorschriften zur Gewinn- und Verlustrechnung und zum Anhang

(1) Als Ertrag oder Aufwand des Handelsbestands ist der Unterschiedsbetrag aller Erträge und Aufwendungen aus Geschäften mit Finanzinstrumenten des Handelsbestands und dem Handel mit Edelmetallen sowie der zugehörigen Erträge aus Zuschreibungen und Aufwendungen aus Abschreibungen auszuweisen. In die Verrechnung sind außerdem die Aufwendungen für die Bildung von Rückstellungen für drohende Verluste aus den in Satz 1 bezeichneten Geschäften und die Erträge aus der Auflösung dieser Rückstellungen einzubeziehen.
(2) Die Aufwendungen aus Abschreibungen auf Beteiligungen, Anteile an verbundenen Unternehmen und wie Anlagevermögen behandelte Wertpapiere dürfen mit den Erträgen aus Zuschreibungen zu solchen Vermögensgegenständen verrechnet und in einem Aufwand- oder Ertragsposten ausgewiesen werden. In die Verrechnung nach Satz 1 dürfen auch die Aufwendungen und Erträge aus Geschäften mit solchen Vermögensgegenständen einbezogen werden.

(3) Kreditinstitute, die dem haftenden Eigenkapital nicht realisierte Reserven nach § 10 Abs. 2b Satz 1 Nr. 6 oder 7 des Gesetzes über das Kreditwesen zurechnen, haben den Betrag, mit dem diese Reserven dem haftenden Eigenkapital zugerechnet werden, im Anhang zur Bilanz und zur Gewinn- und Verlustrechnung anzugeben.

§ 340e Bewertung von Vermögensgegenständen

(1) Kreditinstitute haben Beteiligungen einschließlich der Anteile an verbundenen Unternehmen, Konzessionen, gewerbliche Schutzrechte und ähnliche Rechte und Werte sowie Lizenzen an solchen Rechten und Werten, Grundstücke, grundstücksgleiche Rechte und Bauten einschließlich der Bauten auf fremden Grundstücken, technische Anlagen und Maschinen, andere Anlagen, Betriebs- und Geschäftsausstattung sowie Anlagen im Bau nach den für das Anlagevermögen geltenden Vorschriften zu bewerten, es sei denn, daß sie nicht dazu bestimmt sind, dauernd dem Geschäftsbetrieb zu dienen; in diesem Falle sind sie nach Satz 2 zu bewerten. Andere Vermögensgegenstände, insbesondere Forderungen und Wertpapiere, sind nach den für das Umlaufvermögen geltenden Vorschriften zu bewerten, es sei denn, daß sie dazu bestimmt werden, dauernd dem Geschäftsbetrieb zu dienen; in diesem Falle sind sie nach Satz 1 zu bewerten. § 253 Abs. 3 Satz 4 ist nur auf Beteiligungen und Anteile an verbundenen Unternehmen im Sinn des Satzes 1 sowie Wertpapiere und Forderungen im Sinn des Satzes 2, die dauernd dem Geschäftsbetrieb zu dienen bestimmt sind, anzuwenden.
(2) Abweichend von § 253 Abs. 1 Satz 1 dürfen Hypothekendarlehen und andere Forderungen mit ihrem Nennbetrag angesetzt werden, soweit der Unterschiedsbetrag zwischen dem Nennbetrag und dem Auszahlungsbetrag oder den Anschaffungskosten Zinscharakter hat. Ist der Nennbetrag höher als der Auszahlungsbetrag oder die Anschaffungskosten, so ist der Unterschiedsbetrag in den Rechnungsabgrenzungsposten auf der Passivseite aufzunehmen; er ist planmäßig aufzulösen und in seiner jeweiligen Höhe in der Bilanz oder im Anhang gesondert anzugeben. Ist der Nennbetrag niedriger als der Auszahlungsbetrag oder die Anschaffungskosten, so darf der Unterschiedsbetrag in den Rechnungsabgrenzungsposten auf der Aktivseite aufgenommen werden; er ist planmäßig aufzulösen und in seiner jeweiligen Höhe in der Bilanz oder im Anhang gesondert anzugeben.
(3) Finanzinstrumente des Handelsbestands sind zum beizulegenden Zeitwert abzüglich eines Risikoabschlags zu bewerten. Eine Umgliederung in den Handelsbestand ist ausgeschlossen. Das Gleiche gilt für eine Umgliederung aus dem Handelsbestand, es sei denn, außergewöhnliche Umstände, insbesondere schwerwiegende Beeinträchtigungen der Handelbarkeit der Finanzinstrumente, führen zu einer Aufgabe der Handelsabsicht durch das Kreditinstitut. Finanzinstrumente des Handelsbestands können nachträglich in eine Bewertungseinheit einbezogen werden; sie sind bei Beendigung der Bewertungseinheit wieder in den Handelsbestand umzugliedern.
(4) In der Bilanz ist dem Sonderposten „Fonds für allgemeine Bankrisiken" nach § 340g in jedem Geschäftsjahr ein Betrag, der mindestens zehn vom Hundert der Nettoerträge des Handelsbestands entspricht, zuzuführen und dort gesondert auszuweisen. Dieser Posten darf nur aufgelöst werden:
1. zum Ausgleich von Nettoaufwendungen des Handelsbestands, oder
2. soweit er 50 vom Hundert des Durchschnitts der letzten fünf jährlichen Nettoerträge des Handelsbestands übersteigt.

§ 340f Vorsorge für allgemeine Bankrisiken

(1) Kreditinstitute dürfen Forderungen an Kreditinstitute und Kunden, Schuldverschreibungen und andere festverzinsliche Wertpapiere sowie Aktien und andere nicht festverzinsliche Wertpapiere, die weder wie Anlagevermögen behandelt werden noch Teil des Handelsbestands sind, mit einem niedrigeren als dem nach § 253 Abs. 1 Satz 1, Abs. 4 vorgeschriebenen oder zugelassenen Wert ansetzen, soweit dies nach vernünftiger kaufmännischer Beurteilung zur Sicherung gegen die besonderen Risiken des Geschäftszweigs der Kreditinstitute notwendig ist. Der Betrag der auf diese Weise gebildeten Vorsorgereserven darf vier vom Hundert des Gesamtbetrags der in Satz 1 bezeichneten Vermögensgegenstände, der sich bei deren Bewertung nach § 253 Abs. 1 Satz 1, Abs. 4 ergibt, nicht übersteigen. **Ein niedrigerer Wertansatz darf beibehalten werden.**
(2) **(aufgehoben)**

(3) Aufwendungen und Erträge aus der Anwendung von Absatz 1 und aus Geschäften mit in Absatz 1 bezeichneten Wertpapieren und Aufwendungen aus Abschreibungen sowie Erträge aus Zuschreibungen zu diesen Wertpapieren dürfen mit den Aufwendungen aus Abschreibungen auf Forderungen, Zuführungen zu Rückstellungen für Eventualverbindlichkeiten und für Kreditrisiken sowie mit den Erträgen aus Zuschreibungen zu Forderungen oder aus deren Eingang nach teilweiser oder vollständiger Abschreibung und aus Auflösungen von Rückstellungen für Eventualverbindlichkeiten und für Kreditrisiken verrechnet und in der Gewinn- und Verlustrechnung in einem Aufwand- oder Ertragsposten ausgewiesen werden.

(4) Angaben über die Bildung und Auflösung von Vorsorgereserven nach Absatz 1 sowie über vorgenommene Verrechnungen nach Absatz 3 brauchen im Jahresabschluß, Lagebericht, Konzernabschluß und Konzernlagebericht nicht gemacht zu werden.

§ 340h Währungsumrechnung

§ 256a gilt mit der Maßgabe, dass Erträge, die sich aus der Währungsumrechnung ergeben, in der Gewinn- und Verlustrechnung zu berücksichtigen sind, soweit die Vermögensgegenstände, Schulden oder Termingeschäfte durch Vermögensgegenstände, Schulden oder andere Termingeschäfte in derselben Währung besonders gedeckt sind.

§ 340k Prüfung

(1) Kreditinstitute haben unabhängig von ihrer Größe ihren Jahresabschluß und Lagebericht sowie ihren Konzernabschluß und Konzernlagebericht unbeschadet der Vorschriften der §§ 28 und 29 des Gesetzes über das Kreditwesen nach den Vorschriften des Dritten Unterabschnitts des Zweiten Abschnitts über die Prüfung prüfen zu lassen; § 319 Abs. 1 Satz 2 ist nicht anzuwenden. Die Prüfung ist spätestens vor Ablauf des fünften Monats des dem Abschlußstichtag nachfolgenden Geschäftsjahrs vorzunehmen. Der Jahresabschluß ist nach der Prüfung unverzüglich festzustellen.

(2) Ist das Kreditinstitut eine Genossenschaft oder ein rechtsfähiger wirtschaftlicher Verein, so ist die Prüfung abweichend von § 319 Abs. 1 Satz 1 von dem Prüfungsverband durchzuführen, dem das Kreditinstitut als Mitglied angehört, sofern mehr als die Hälfte der geschäftsführenden Mitglieder des Vorstands dieses Prüfungsverbands Wirtschaftsprüfer sind. Hat der Prüfungsverband nur zwei Vorstandsmitglieder, so muß einer von ihnen Wirtschaftsprüfer sein. § 319 Abs. 2 und 3 sowie § 319a Abs. 1 sind auf die gesetzlichen Vertreter des Prüfungsverbandes und auf alle vom Prüfungsverband beschäftigten Personen, die das Ergebnis der Prüfung beeinflussen können, entsprechend anzuwenden; § 319 Abs. 3 Satz 1 Nr. 2 ist auf Mitglieder des Aufsichtsorgans des Prüfungsverbandes nicht anzuwenden, sofern sichergestellt ist, dass der Abschlussprüfer die Prüfung unabhängig von den Weisungen durch das Aufsichtsorgan durchführen kann. Ist das Mutterunternehmen eine Genossenschaft, so ist der Prüfungsverband, dem die Genossenschaft angehört, unter den Voraussetzungen der Sätze 1 bis 3 auch Abschlußprüfer des Konzernabschlusses und des Konzernlageberichts.

(2a) Bei der Prüfung des Jahresabschlusses der in Absatz 2 bezeichneten Kreditinstitute durch einen Prüfungsverband darf der gesetzlich vorgeschriebene Bestätigungsvermerk nur von Wirtschaftsprüfern unterzeichnet werden. Die im Prüfungsverband tätigen Wirtschaftsprüfer haben ihre Prüfungstätigkeit unabhängig, gewissenhaft, verschwiegen und eigenverantwortlich auszuüben. Sie haben sich insbesondere bei der Erstattung von Prüfungsberichten unparteiisch zu verhalten. Weisungen dürfen ihnen hinsichtlich ihrer Prüfungstätigkeit von Personen, die nicht Wirtschaftsprüfer sind, nicht erteilt werden. Die Zahl der im Verband tätigen Wirtschaftsprüfer muss so bemessen sein, dass die den Bestätigungsvermerk unterschreibenden Wirtschaftsprüfer die Prüfung verantwortlich durchführen können.

(3) Ist das Kreditinstitut eine Sparkasse, so dürfen die nach Absatz 1 vorgeschriebenen Prüfungen abweichend von § 319 Abs. 1 Satz 1 von der Prüfungsstelle eines Sparkassen- und Giroverbands durchgeführt werden. Die Prüfung darf von der Prüfungsstelle jedoch nur durchgeführt werden, wenn der Leiter der Prüfungsstelle die Voraussetzungen des § 319 Abs. 1 Satz 1 und 2 erfüllt; § 319 Abs. 2, 3 und 5 sowie § 319a sind auf alle vom Sparkassen- und Giroverband beschäftigten Personen, die das Ergebnis der Prüfung beeinflussen können, entsprechend anzuwenden. Außerdem muß sichergestellt sein, daß der Abschlußprüfer die Prüfung unabhängig von den Weisungen der Organe des Sparkassen- und Giroverbands durchführen

kann. Soweit das Landesrecht nichts anderes vorsieht, findet § 319 Abs. 1 Satz 3 mit der Maßgabe Anwendung, dass die Bescheinigung der Prüfungsstelle erteilt worden sein muss.
(4) Finanzdienstleistungsinstitute, deren Bilanzsumme am Stichtag 150 Millionen Euro nicht übersteigt, dürfen auch von den in § 319 Abs. 1 Satz 2 genannten Personen geprüft werden.
(5) Kreditinstitute, auch wenn sie nicht in der Rechtsform einer Kapitalgesellschaft betrieben werden, haben § 324 anzuwenden, wenn sie kapitalmarktorientiert im Sinn des § 264d sind und keinen Aufsichts- oder Verwaltungsrat haben, der die Voraussetzungen des § 100 Abs. 5 des Aktiengesetzes erfüllen muss. Dies gilt für Sparkassen im Sinn des Absatzes 3 sowie sonstige landesrechtliche öffentlich-rechtliche Kreditinstitute nur, soweit das Landesrecht nichts anderes vorsieht.

§ 340l Offenlegung

(1) Kreditinstitute haben den Jahresabschluß und den Lagebericht sowie den Konzernabschluß und den Konzernlagebericht und die anderen in § 325 bezeichneten Unterlagen nach § 325 Abs. 2 bis 5, §§ 328, 329 Abs. 1 **und 4** offenzulegen. Kreditinstitute, die nicht Zweigniederlassungen sind, haben die in Satz 1 bezeichneten Unterlagen außerdem in jedem anderen Mitgliedstaat der Europäischen Gemeinschaft und in jedem anderen Vertragsstaat des Abkommens über den Europäischen Wirtschaftsraum offenzulegen, in dem sie eine Zweigniederlassung errichtet haben. Die Offenlegung richtet sich nach dem Recht des jeweiligen Mitgliedstaats oder Vertragsstaats.
(2) Zweigniederlassungen im Geltungsbereich dieses Gesetzes von Unternehmen mit Sitz in einem anderen Staat haben die in Absatz 1 Satz 1 bezeichneten Unterlagen ihrer Hauptniederlassung, die nach deren Recht aufgestellt und geprüft worden sind, nach § 325 Abs. 2 bis 5, §§ 328, 329 Abs. 1, **3 und 4** offenzulegen. **Unternehmen mit Sitz in einem Drittstaat im Sinn des § 3 Abs. 1 Satz 1 der Wirtschaftsprüferordnung, deren Wertpapiere im Sinn des § 2 Abs. 1 Satz 1 des Wertpapierhandelsgesetzes an einer inländischen Börse zum Handel am regulierten Markt zugelassen sind, haben zudem eine Bescheinigung der Wirtschaftsprüferkammer gemäß § 134 Abs. 2a der Wirtschaftsprüferordnung über die Eintragung des Abschlussprüfers oder eine Bestätigung der Wirtschaftsprüferkammer gemäß § 134 Abs. 4 Satz 8 der Wirtschaftsprüferordnung über die Befreiung von der Eintragungsverpflichtung offen zu legen. Satz 2 ist nicht anzuwenden, soweit ausschließlich Schuldtitel im Sinn des § 2 Abs. 1 Satz 1 Nr. 3 des Wertpapierhandelsgesetzes mit einer Mindeststückelung von 50 000 Euro oder einem entsprechenden Betrag anderer Währung an einer inländischen Börse zum Handel am regulierten Markt zugelassen sind.** Zweigniederlassungen im Geltungsbereich dieses Gesetzes von Unternehmen mit Sitz in einem Staat, der nicht Mitglied der Europäischen Gemeinschaft und auch nicht Vertragsstaat des Abkommens über den Europäischen Wirtschaftsraum ist, brauchen auf ihre eigene Geschäftstätigkeit bezogene gesonderte Rechnungslegungsunterlagen nach Absatz 1 Satz 1 nicht offenzulegen, sofern **die nach den Sätzen 1 und 2** offenzulegenden Unterlagen nach einem an die Richtlinie 86/635/EWG angepaßten Recht aufgestellt und geprüft worden oder den nach einem dieser Rechte aufgestellten Unterlagen gleichwertig sind. Die Unterlagen sind in deutscher Sprache einzureichen. Soweit dies nicht die Amtssprache am Sitz der Hauptniederlassung ist, können die Unterlagen der Hauptniederlassung auch
1. in englischer Sprache oder
2. einer von dem Register der Hauptniederlassung beglaubigten Abschrift oder,
3. wenn eine dem Register vergleichbare Einrichtung nicht vorhanden oder diese nicht zur Beglaubigung befugt ist, in einer von einem Wirtschaftsprüfer bescheinigten Abschrift, verbunden mit der Erklärung, dass entweder eine dem Register vergleichbare Einrichtung nicht vorhanden oder diese nicht zur Beglaubigung befugt ist, eingereicht werden; von der Beglaubigung des Registers ist eine beglaubigte Übersetzung in deutscher Sprache einzureichen.
(3) § 339 ist auf Kreditinstitute, die Genossenschaften sind, nicht anzuwenden.
(4) Soweit Absatz 1 Satz 1 auf § 325 Abs. 2a Satz 3 und 5 verweist, gelten die folgenden Maßgaben und ergänzenden Bestimmungen:
1. Die in § 325 Abs. 2a Satz 3 genannten Vorschriften des Ersten Unterabschnitts des Zweiten Abschnitts des Dritten Buchs sind auch auf Kreditinstitute anzuwenden, die nicht in der Rechtsform einer Kapitalgesellschaft betrieben werden.
2. § 285 Nr. 8 Buchstabe b findet keine Anwendung. Jedoch ist im Anhang zum Einzelabschluss nach § 325 3 Abs. 2a der Personalaufwand des Geschäftsjahrs in der Gliederung nach Formblatt 3 Posten 10

Buchstabe a der Kreditinstituts-Rechnungslegungsverordnung in der Fassung der Bekanntmachung vom 11. Dezember 1998 (BGBl. I S. 3658), die zuletzt durch Artikel 8 Abs. 11 Nr. 1 des Gesetzes vom 4. Dezember 2004 (BGBl. I S. 3166) geändert worden ist, anzugeben, sofern diese Angaben nicht gesondert in der Gewinn- und Verlustrechnung erscheinen.
3. An Stelle des § 285 Nr. 9 Buchstabe c gilt § 34 Abs. 2 Nr. 2 der Kreditinstituts-Rechnungslegungsverordnung in der Fassung der Bekanntmachung vom 11. Dezember 1998 (BGBl. I S. 3658), die zuletzt durch Artikel 8 Abs. 11 Nr. 1 des Gesetzes vom 4. Dezember 2004 (BGBl. I S. 3166) geändert worden ist.
4. Für den Anhang gilt zusätzlich die Vorschrift des § 340a Abs. 4.
5. Im Übrigen finden die Bestimmungen des Zweiten bis Vierten Titels dieses Unterabschnitts sowie der Kreditinstituts-Rechnungslegungsverordnung keine Anwendung.

§ 340n Bußgeldvorschriften

(1) Ordnungswidrig handelt, wer als Geschäftsleiter im Sinne des § 1 Abs. 2 Satz 1 oder des § 53 Abs. 2 Nr. 1 des Kreditwesengesetzes oder als Inhaber eines in der Rechtsform des Einzelkaufmanns betriebenen Kreditinstituts oder Finanzdienstleistungsinstituts im Sinne des § 340 Abs. 4 Satz 1 oder als Mitglied des Aufsichtsrats
1. bei der Aufstellung oder Feststellung des Jahresabschlusses oder bei der Aufstellung des Zwischenabschlusses gemäß § 340a Abs. 3 einer Vorschrift
    a) des § 243 Abs. 1 oder 2, der §§ 244, 245, 246 Abs. 1 oder 2, dieser in Verbindung mit § 340a Abs. 2 Satz 3, des **246 Abs. 3 Satz 1, des** § 247 Abs. 2 oder 3, der §§ 248, 249 Abs. 1 Satz 1 oder Abs. **2, des § 250 Abs. 1** oder Abs. 2, des § 264 Abs. 2, des § 340b Abs. 4 oder 5 oder des § 340c Abs. 1 über Form oder Inhalt,
    b) **des § 253 Abs. 1 Satz 1, 2, 3 oder 4, Abs. 2 Satz 1, auch in Verbindung mit Satz 2, Abs. 3 Satz 1, 2 oder 3, Abs. 4 oder 5, der §§ 254, 256a, 340e Abs. 1 Satz 1 oder 2, Abs. 3 Satz 1, 2, 3 oder 4 Halbsatz 2, Abs. 4 Satz 1 oder 2, des § 340f Abs. 1 Satz 2 oder des § 340g Abs. 2 über die Bewertung,**
    c) des § 265 Abs. 2, 3 oder 4, des § 268 Abs. 3 oder 6, der §§ 272, **274** oder des § 277 Abs. 3 Satz 2 oder Abs. 4 über die Gliederung,
    d) **des § 284 Abs. 1, 2 Nr. 1, 3 oder Nr. 5 oder des § 285 Nr. 3, 6, 7, 9 Buchstabe a oder Buchstabe b, Nr. 10, 11, 13, 14, 17 bis 29 über die im Anhang zu machenden Angaben,**
2. bei der Aufstellung des Konzernabschlusses oder des Konzernzwischenabschlusses gemäß § 340i Abs. 4 einer Vorschrift
    a) des § 294 Abs. 1 über den Konsolidierungskreis,
    b) des § 297 Abs. 2 oder 3 oder des § 340i Abs. 2 Satz 1 in Verbindung mit einer der in Nummer 1 Buchstabe a bezeichneten Vorschriften über Form oder Inhalt,
    c) des § 300 über die Konsolidierungsgrundsätze oder das Vollständigkeitsgebot,
    d) des § 308 Abs. 1 Satz 1 in Verbindung mit den in Nummer 1 Buchstabe b bezeichneten Vorschriften, des § 308 Abs. 2 **oder des § 308a** über die Bewertung,
    e) des § 311 Abs. 1 Satz 1 in Verbindung mit § 312 über die Behandlung assoziierter Unternehmen oder
    f) des § 308 Abs. 1 Satz 3, des § 313 oder des § 314 über die im Anhang zu machenden Angaben,
3. bei der Aufstellung des Lageberichts einer Vorschrift des **§ 289 Abs. 1, 4 oder Abs. 5 oder des § 289a** über den Inhalt des Lageberichts,
4. bei der Aufstellung des Konzernlageberichts einer Vorschrift des § 315 Abs. 1 oder 4 über den Inhalt des Konzernlageberichts,
5. bei der Offenlegung, Veröffentlichung oder Vervielfältigung einer Vorschrift des § 328 über Form oder Inhalt oder
6. einer auf Grund des § 330 Abs. 2 in Verbindung mit Abs. 1 Satz 1 erlassenen Rechtsverordnung, soweit sie für einen bestimmten Tatbestand auf diese Bußgeldvorschrift verweist,
zuwiderhandelt.
(2) Ordnungswidrig handelt, wer zu einem Jahresabschluss, zu einem Einzelabschluss nach § 325 Abs. 2a oder zu einem Konzernabschluss, der aufgrund gesetzlicher Vorschriften zu prüfen ist, einen Vermerk nach

§ 322 Abs. 1 erteilt, obwohl nach § 319 Abs. 2, 3, 5, § 319a Abs. 1 Satz 1, Abs. 2, **§ 319b Abs. 1** er, nach § 319 Abs. 4, auch in Verbindung mit § 319a Abs. 1 Satz 2, oder § 319a Abs. 1 Satz 4, 5, **§ 319b Abs. 1** die Wirtschaftsprüfungsgesellschaft oder nach § 340k Abs. 2 oder Abs. 3 der Prüfungsverband oder die Prüfungsstelle, für die oder für den er tätig wird, nicht Abschlussprüfer sein darf.

(3) Die Ordnungswidrigkeit kann mit einer Geldbuße bis zu fünfzigtausend Euro geahndet werden.

(4) Verwaltungsbehörde im Sinn des § 36 Abs. 1 Nr. 1 des Gesetzes über Ordnungswidrigkeiten ist in den Fällen der Absätze 1 und 2 die Bundesanstalt für Finanzdienstleistungsaufsicht.

§ 341a Anzuwendende Vorschriften

(1) Versicherungsunternehmen haben einen Jahresabschluß und einen Lagebericht nach den für große Kapitalgesellschaften geltenden Vorschriften des Ersten Unterabschnitts des Zweiten Abschnitts in den ersten vier Monaten des Geschäftsjahres für das vergangene Geschäftsjahr aufzustellen und dem Abschlußprüfer zur Durchführung der Prüfung vorzulegen; die Frist des § 264 Abs. 1 Satz 3 gilt nicht. Ist das Versicherungsunternehmen eine Kapitalgesellschaft im Sinn des § 325 Abs. 4 Satz 1 und nicht zugleich im Sinn des § 327a, beträgt die Frist nach Satz 1 vier Monate.

(2) § 265 Abs. 6, §§ 267, 268 Abs. 4 Satz 1, Abs. 5 Satz 1 und 2, §§ 276, 277 Abs. 1 und 2, § 285 Nr. 8 Buchstabe a und § 288 sind nicht anzuwenden. Anstelle von § 247 Abs. 1, §§ 251, 265 Abs. 7, §§ 266, 268 Abs. 2 und 7, §§ **275, 285 Nr.** 4 und 8 Buchstabe b sowie § 286 Abs. 2 sind die durch Rechtsverordnung erlassenen Formblätter und anderen Vorschriften anzuwenden. § 246 Abs. 2 ist nicht anzuwenden, soweit abweichende Vorschriften bestehen. § 264 Abs. 3 und § 264b sind mit der Maßgabe anzuwenden, daß das Versicherungsunternehmen unter den genannten Voraussetzungen die Vorschriften des Vierten Unterabschnitts des Zweiten Abschnitts nicht anzuwenden braucht. § 285 Nr. 3a gilt mit der Maßgabe, daß die Angaben für solche finanzielle Verpflichtungen nicht zu machen sind, die im Rahmen des Versicherungsgeschäfts entstehen.

(3) Auf Krankenversicherungsunternehmen, die das Krankenversicherungsgeschäft ausschließlich oder überwiegend nach Art der Lebensversicherung betreiben, sind die für die Rechnungslegung der Lebensversicherungsunternehmen geltenden Vorschriften entsprechend anzuwenden.

(4) Auf Versicherungsunternehmen, die nicht Aktiengesellschaften, Kommanditgesellschaften auf Aktien oder kleinere Vereine sind, sind § 152 Abs. 2 und 3 sowie die §§ 170 bis 176 des Aktiengesetzes entsprechend anzuwenden; § 160 des Aktiengesetzes ist entsprechend anzuwenden, soweit er sich auf Genußrechte bezieht.

(5) Bei Versicherungsunternehmen, die ausschließlich die Rückversicherung betreiben oder deren Beiträge aus in Rückdeckung übernommenen Versicherungen die übrigen Beiträge übersteigen, verlängert sich die in Absatz 1 Satz 1 erster Halbsatz genannte Frist von vier Monaten auf zehn Monate, sofern das Geschäftsjahr mit dem Kalenderjahr übereinstimmt; die Hauptversammlung oder die Versammlung der obersten Vertretung, die den Jahresabschluß entgegennimmt oder festzustellen hat, muß abweichend von § 175 Abs. 1 Satz 2 des Aktiengesetzes spätestens 14 Monate nach dem Ende des vergangenen Geschäftsjahres stattfinden. Die Frist von vier Monaten nach Absatz 1 Satz 2 verlängert sich in den Fällen des Satzes 1 nicht.

§ 341b Bewertung von Vermögensgegenständen

(1) Versicherungsunternehmen haben immaterielle Vermögensgegenstände, soweit sie entgeltlich erworben wurden, Grundstücke, grundstücksgleiche Rechte und Bauten einschließlich der Bauten auf fremden Grundstücken, technische Anlagen und Maschinen, andere Anlagen, Betriebs- und Geschäftsausstattung, Anlagen im Bau und Vorräte nach den für das Anlagevermögen geltenden Vorschriften zu bewerten. Satz 1 ist vorbehaltlich Absatz 2 und § 341c auch auf Kapitalanlagen anzuwenden, soweit es sich hierbei um Beteiligungen, Anteile an verbundenen Unternehmen, Ausleihungen an verbundene Unternehmen oder an Unternehmen, mit denen ein Beteiligungsverhältnis besteht, Namensschuldverschreibungen, Hypothekendarlehen und andere Forderungen und Rechte, sonstige Ausleihungen und Depotforderungen aus dem in Rückdeckung übernommenen Versicherungsgeschäft handelt. § 253 Abs. 3 Satz 4 ist nur auf die in Satz 2 **bezeichneten Vermögensgegenstände anzuwenden.**

(2) Auf Kapitalanlagen, soweit es sich hierbei um Aktien einschließlich der eigenen Anteile, Investmentanteile sowie sonstige festverzinsliche und nicht festverzinsliche Wertpapiere handelt, sind die für das Um-

laufvermögen geltenden § 253 Abs. 1 Satz 1, Abs. 4 und 5, § 256 anzuwenden, es sei denn, dass sie dazu bestimmt werden, dauernd dem Geschäftsbetrieb zu dienen; in diesem Fall sind sie nach den für das Anlagevermögen geltenden Vorschriften zu bewerten.

(3) § 256 Satz 2 in Verbindung mit § 240 Abs. 3 über die Bewertung zum Festwert ist auf Grundstücke, Bauten und im Bau befindliche Anlagen nicht anzuwenden.

(4) Verträge, die von Pensionsfonds bei Lebensversicherungsunternehmen zur Deckung von Verpflichtungen gegenüber Versorgungsberechtigten eingegangen werden, sind mit dem Zeitwert unter Berücksichtigung des Grundsatzes der Vorsicht zu bewerten; die Absätze 1 bis 3 sind insoweit nicht anzuwenden.

341e Allgemeine Bilanzierungsgrundsätze

(1) Versicherungsunternehmen haben versicherungstechnische Rückstellungen auch insoweit zu bilden, wie dies nach vernünftiger kaufmännischer Beurteilung notwendig ist, um die dauernde Erfüllbarkeit der Verpflichtungen aus den Versicherungsverträgen sicherzustellen. Dabei sind die im Interesse der Versicherten erlassenen aufsichtsrechtlichen Vorschriften über die bei der Berechnung der Rückstellungen zu verwendenden Rechnungsgrundlagen einschließlich des dafür anzusetzenden Rechnungszinsfußes und über die Zuweisung bestimmter Kapitalerträge zu den Rückstellungen zu berücksichtigen. **Die Rückstellungen sind nach den Wertverhältnissen am Abschlussstichtag zu bewerten und nicht nach § 253 Abs. 2 abzuzinsen.**

(2) Versicherungstechnische Rückstellungen sind außer in den Fällen der §§ 341f bis 341h insbesondere zu bilden
1. für den Teil der Beiträge, der Ertrag für eine bestimmte Zeit nach dem Abschlußstichtag darstellt (Beitragsüberträge);
2. für erfolgsabhängige und erfolgsunabhängige Beitragsrückerstattungen, soweit die ausschließliche Verwendung der Rückstellung zu diesem Zweck durch Gesetz, Satzung, geschäftsplanmäßige Erklärung oder vertragliche Vereinbarung gesichert ist (Rückstellung für Beitragsrückerstattung);
3. für Verluste, mit denen nach dem Abschlußstichtag aus bis zum Ende des Geschäftsjahres geschlossenen Verträgen zu rechnen ist (Rückstellung für drohende Verluste aus dem Versicherungsgeschäft).

(3) Soweit eine Bewertung nach § 252 Abs. 1 Nr. 3 oder § 240 Abs. 4 nicht möglich ist oder der damit verbundene Aufwand unverhältnismäßig wäre, können die Rückstellungen auf Grund von Näherungsverfahren geschätzt werden, wenn anzunehmen ist, daß diese zu annähernd gleichen Ergebnissen wie Einzelberechnungen führen.

§ 341j Anzuwendende Vorschriften

(1) Auf den Konzernabschluß und den Konzernlagebericht sind die Vorschriften des Zweiten Unterabschnitts des Zweiten Abschnitts über den Konzernabschluß und den Konzernlagebericht und, soweit die Eigenart des Konzernabschlusses keine Abweichungen bedingt, die §§ 341a bis 341h über den Jahresabschluß sowie die für die Rechtsform und den Geschäftszweig der in den Konzernabschluß einbezogenen Unternehmen mit Sitz im Geltungsbereich dieses Gesetzes geltenden Vorschriften entsprechend anzuwenden, soweit sie für große Kapitalgesellschaften gelten. Die §§ 293, 298 Abs. 1 und 2 sowie § 314 Abs. 1 Nr. 3 sind nicht anzuwenden. § 314 Abs. 1 Nr. 2a gilt mit der Maßgabe, daß die Angaben für solche finanzielle Verpflichtungen nicht zu machen sind, die im Rahmen des Versicherungsgeschäfts entstehen. In den Fällen des § 315a Abs. 1 finden abweichend von Satz 1 nur die §§ 290 bis 292, 315a Anwendung; die Sätze 2 und 3 dieses Absatzes und Absatz 2, § 341i Abs. 3 Satz 2 sowie die Bestimmungen der Versicherungsunternehmens-Rechnungslegungsverordnung vom 8. November 1994 (BGBl. I S. 3378) und der Pensionsfonds-Rechnungslegungsverordnung vom 25. Februar 2003 (BGBl. I S. 246) in ihren jeweils geltenden Fassungen sind nicht anzuwenden.

(2) § 304 Abs. 1 braucht nicht angewendet zu werden, wenn die Lieferungen oder Leistungen zu üblichen Marktbedingungen vorgenommen worden sind und Rechtsansprüche der Versicherungsnehmer begründet haben.

(3) Auf Versicherungsunternehmen, die nicht Aktiengesellschaften, Kommanditgesellschaften auf Aktien oder kleinere Vereine sind, ist § 170 Abs. 1 und 3 des Aktiengesetzes entsprechend anzuwenden.

§ 341k Prüfung

(1) Versicherungsunternehmen haben unabhängig von ihrer Größe ihren Jahresabschluss und Lagebericht sowie Konzernabschluss und Konzernlagebericht nach den Vorschriften des Dritten Unterabschnitts des Zweiten Abschnitts prüfen zu lassen. § 319 Abs. 1 Satz 2 ist nicht anzuwenden. Hat keine Prüfung stattgefunden, so kann der Jahresabschluss nicht festgestellt werden.

(2) § 318 Abs. 1 Satz 1 ist mit der Maßgabe anzuwenden, dass der Abschlussprüfer des Jahresabschlusses und des Konzernabschlusses vom Aufsichtsrat bestimmt wird. § 318 Abs. 1 Satz 3 und 4 gilt entsprechend.

(3) In den Fällen des § 321 Abs. 1 Satz 3 hat der Abschlussprüfer die Aufsichtsbehörde unverzüglich zu unterrichten.

(4) Versicherungsunternehmen, auch wenn sie nicht in der Rechtsform einer Kapitalgesellschaft betrieben werden, haben § 324 anzuwenden, wenn sie kapitalmarktorientiert im Sinn des § 264d sind und keinen Aufsichts- oder Verwaltungsrat haben, der die Voraussetzungen des § 100 Abs. 5 des Aktiengesetzes erfüllen muss. Dies gilt für landesrechtliche öffentlich-rechtliche Versicherungsunternehmen nur, soweit das Landesrecht nichts anderes vorsieht.

§ 341l Offenlegung

(1) Versicherungsunternehmen haben den Jahresabschluß und den Lagebericht sowie den Konzernabschluß und den Konzernlagebericht und die anderen in § 325 bezeichneten Unterlagen nach § 325 Abs. 2 bis 5, §§ 328, 329 Abs. 1 **und** 4 offenzulegen. Von den in § 341a Abs. 5 genannten Versicherungsunternehmen ist § 325 Abs. 1 mit der Maßgabe anzuwenden, dass die Frist für die Einreichung der Unterlagen beim Betreiber des elektronischen Bundesanzeigers 15 Monate, im Fall des § 325 Abs. 4 Satz 1 vier Monate beträgt; § 327a ist anzuwenden.

(2) Die gesetzlichen Vertreter eines Mutterunternehmens haben abweichend von § 325 Abs. 3 unverzüglich nach der Hauptversammlung oder der dieser entsprechenden Versammlung der obersten Vertretung, welcher der Konzernabschluß und der Konzernlagebericht vorzulegen sind, jedoch spätestens vor Ablauf des dieser Versammlung folgenden Monats den Konzernabschluß mit dem Bestätigungsvermerk oder dem Vermerk über dessen Versagung und den Konzernlagebericht mit Ausnahme der Aufstellung des Anteilsbesitzes beim Betreiber des elektronischen Bundesanzeigers elektronisch einzureichen.

(3) Soweit Absatz 1 Satz 1 auf § 325 Abs. 2a Satz 3 und 5 verweist, gelten die folgenden Maßgaben und ergänzenden Bestimmungen:

1. Die in § 325 Abs. 2a Satz 3 genannten Vorschriften des Ersten Unterabschnitts des Zweiten Abschnitts des Dritten Buchs sind auch auf Versicherungsunternehmen anzuwenden, die nicht in der Rechtsform einer Kapitalgesellschaft betrieben werden.
2. An Stelle des § 285 Nr. 8 Buchstabe b gilt die Vorschrift des § 51 Abs. 5 in Verbindung mit Muster 2 der Versicherungsunternehmens-Rechnungslegungsverordnung vom 8. November 1994 (BGBl. I S. 3378), die zuletzt durch Artikel 8 Abs. 11 Nr. 2 des Gesetzes vom 4. Dezember 2004 (BGBl. I S. 3166) geändert worden ist.
3. § 341a Abs. 4 ist anzuwenden, soweit er auf die Bestimmungen der §§ 170, 171 und 175 des Aktiengesetzes über den Einzelabschluss nach § 325 Abs. 2a dieses Gesetzes verweist.
4. Im Übrigen finden die Bestimmungen des Zweiten bis Vierten Titels dieses Unterabschnitts sowie der Versicherungsunternehmens-Rechnungslegungsverordnung keine Anwendung.

§ 341n Bußgeldvorschriften

(1) Ordnungswidrig handelt, wer als Mitglied des vertretungsberechtigten Organs oder des Aufsichtsrats eines Versicherungsunternehmens oder eines Pensionsfonds oder als Hauptbevollmächtigter (§ 106 Abs. 3 des Versicherungsaufsichtsgesetzes)

5. bei der Aufstellung oder Feststellung des Jahresabschlusses einer Vorschrift
   a) des § 243 Abs. 1 oder 2, der §§ 244, 245, 246 Abs. 1 oder 2, dieser in Verbindung mit § 341a Abs. 2 Satz 3, des **246 Abs. 3 Satz 1, des** § 247 Abs. 3, der §§ 248, 249 Abs. 1 Satz 1 oder Abs. **2, des § 250 Abs. 1** oder Abs. 2, des § 264 Abs. 2, des § 341e Abs. 1 oder 2 oder der §§ 341f, 341g oder 341h über Form oder Inhalt,

b) des § 253 Abs. 1 Satz 1, 2, 3 oder Satz 4, Abs. 2 Satz 1, auch in Verbindung mit Satz 2, Abs. 3 Satz 1, 2 oder 3, Abs. 4, 5, der §§ 254, 256a, 341b Abs. 1 Satz 1 oder des § 341d über die Bewertung,
c) des § 265 Abs. 2, 3 oder 4, des § 268 Abs. 3 oder 6, der §§ 272, **274** oder des § 277 Abs. 3 Satz 2 oder Abs. 4 über die Gliederung,
d) **der §§ 284, 285 Nr. 1, 2 oder Nr. 3, auch in Verbindung mit § 341a Abs. 2 Satz 5, oder des § 285 Nr. 6, 7, 9 bis 14, 17 bis 29 über die im Anhang zu machenden Angaben,**
6. bei der Aufstellung des Konzernabschlusses einer Vorschrift
   a) des § 294 Abs. 1 über den Konsolidierungskreis,
   b) des § 297 Abs. 2 oder 3 oder des § 341j Abs. 1 Satz 1 in Verbindung mit einer der in Nummer 1 Buchstabe a bezeichneten Vorschriften über Form oder Inhalt,
   c) des § 300 über die Konsolidierungsgrundsätze oder das Vollständigkeitsgebot,
   d) des § 308 Abs. 1 Satz 1 in Verbindung mit den in Nummer 1 Buchstabe b bezeichneten Vorschriften, des § 308 Abs. 2 **oder des § 308a** über die Bewertung,
   f) des § 311 Abs. 1 Satz 1 in Verbindung mit § 312 über die Behandlung assoziierter Unternehmen oder
   g) des § 308 Abs. 1 Satz 3, des § 313 oder des § 314 in Verbindung mit § 341j Abs. 1 Satz 2 oder 3 über die im Anhang zu machenden Angaben,
7. bei der Aufstellung des Lageberichts einer Vorschrift des **§ 289 Abs. 1, 4 oder Abs. 5 oder des § 289a** über den Inhalt des Lageberichts,
8. bei der Aufstellung des Konzernlageberichts einer Vorschrift des § 315 Abs. 1 oder 4 über den Inhalt des Konzernlageberichts,
9. bei der Offenlegung, Veröffentlichung oder Vervielfältigung einer Vorschrift des § 328 über Form oder Inhalt oder
10. einer auf Grund des § 330 Abs. 3 und 4 in Verbindung mit Abs. 1 Satz 1 erlassenen Rechtsverordnung, soweit sie für einen bestimmten Tatbestand auf diese Bußgeldvorschrift verweist,
zuwiderhandelt.

(2) Ordnungswidrig handelt, wer zu einem Jahresabschluss, zu einem Einzelabschluss nach § 325 Abs. 2a oder zu einem Konzernabschluss, der aufgrund gesetzlicher Vorschriften zu prüfen ist, einen Vermerk nach § 322 Abs. 1 erteilt, obwohl nach § 319 Abs. 2, 3, 5, § 319a Abs. 1 Satz 1, Abs. 2, **§ 319b Abs. 1** er oder nach § 319 Abs. 4, auch in Verbindung mit § 319a Abs. 1 Satz 2, oder § 319a Abs. 1 Satz 4, 5, **§ 319b Abs. 1** die Wirtschaftsprüfungsgesellschaft, für die er tätig wird, nicht Abschlussprüfer sein darf.

(3) Die Ordnungswidrigkeit kann mit einer Geldbuße bis zu fünfzigtausend Euro geahndet werden.

(4) Verwaltungsbehörde im Sinne des § 36 Abs. 1 Nr. 1 des Gesetzes über Ordnungswidrigkeiten ist in den Fällen der Absätze 1 und 2 die Bundesanstalt für Finanzdienstleistungsaufsicht für die ihrer Aufsicht unterliegenden Versicherungsunternehmen und Pensionsfonds. Unterliegt ein Versicherungsunternehmen und Pensionsfonds der Aufsicht einer Landesbehörde, so ist diese zuständig.

§ 342 Privates Rechnungslegungsgremium

(1) Das Bundesministerium der Justiz kann eine privatrechtlich organisierte Einrichtung durch Vertrag anerkennen und ihr folgende Aufgaben übertragen:
1. Entwicklung von Empfehlungen zur Anwendung der Grundsätze über die Konzernrechnungslegung,
2. Beratung des Bundesministeriums der Justiz bei Gesetzgebungsvorhaben zu Rechnungslegungsvorschriften ,
3. Vertretung der Bundesrepublik Deutschland in internationalen Standardisierungsgremien **und**
4. Erarbeitung von Interpretationen der internationalen Rechnungslegungsstandards im Sinn von § 315a Abs. 1.

Es darf jedoch nur eine solche Einrichtung anerkannt werden, die aufgrund ihrer Satzung gewährleistet, daß die Empfehlungen **und Interpretationen** unabhängig und ausschließlich von Rechnungslegern in einem Verfahren entwickelt und beschlossen werden, das die fachlich interessierte Öffentlichkeit einbezieht. Soweit Unternehmen oder Organisationen von Rechnungslegern Mitglied einer solchen Einrichtung sind, dürfen die Mitgliedschaftsrechte nur von Rechnungslegern ausgeübt werden.

(2) Die Beachtung der die Konzernrechnungslegung betreffenden Grundsätze ordnungsmäßiger Buchführung wird vermutet, soweit vom Bundesministerium der Justiz bekanntgemachte Empfehlungen einer nach Absatz 1 Satz 1 anerkannten Einrichtung beachtet worden sind.

2 EGHGB

Artikel 66

(1) Die §§ 241a, 242 Abs. 4, § 267 Abs. 1 und 2 sowie § 293 Abs. 1 des Handelsgesetzbuchs in der Fassung des Bilanzrechtsmodernisierungsgesetzes vom ... (BGBl. I S. ...) sind erstmals auf Jahres- und Konzernabschlüsse für das nach dem 31. Dezember 2007 beginnende Geschäftsjahr anzuwenden.
(2) § 285 Nr. 3, 3a, 16, 17 und 21, § 288 soweit auf § 285 Nr. 3, 3a, 17 und 21 Bezug genommen wird, § 289 Abs. 4 und 5, die §§ 289a, 292 Abs. 2, § 314 Abs. 1 Nr. 2, 2a, 8, 9 und 13, § 315 Abs. 2 und 4, § 317 Abs. 2 Satz 2, Abs. 3 Satz 2, Abs. 5 und 6, § 318 Abs. 3 und 8, § 319a Abs. 1 Satz 1 Nr. 4, Satz 4 und 5, Abs. 2 Satz 2, die §§ 319b, 320 Abs. 4, § 321 Abs. 4a, § 340k Abs. 2a, § 340l Abs. 2 Satz 2 bis 4, § 341a Abs. 2 Satz 5 und § 341j Abs. 1 Satz 3 des Handelsgesetzbuchs in der Fassung des Bilanzrechtsmodernisierungsgesetzes vom ... (BGBl. I S. ...) sind erstmals auf Jahres- und Konzernabschlüsse für das nach dem 31. Dezember 2008 beginnende Geschäftsjahr anzuwenden. § 285 Satz 1 Nr. 3, 16 und 17, § 288 soweit auf § 285 Nr. 3 und 17 Bezug genommen wird, § 289 Abs. 4, § 292 Abs. 2, § 314 Abs. 1 Nr. 2, 8 und 9, § 315 Abs. 4, § 317 Abs. 3 Satz 2 und 3, § 318 Abs. 3, § 319a Abs. 1 Satz 1 Nr. 4, Satz 4, § 341a Abs. 2 Satz 5 sowie § 341j Abs. 1 Satz 3 des Handelsgesetzbuchs in der bis zum ... *[einsetzen: Tag vor dem Inkrafttreten des Bilanzrechtsmodernisierungsgesetzes]* geltenden Fassung sind letztmals auf Jahres- und Konzernabschlüsse für vor dem 1. Januar 2009 beginnende Geschäftsjahre anzuwenden.
(3) § 172 Abs. 4 Satz 3, die §§ 246, 248 bis 250, § 252 Abs. 1 Nr. 6, die §§ 253 bis 255 Abs. 2a und 4, § 256 Satz 1, die §§ 256a, 264 Abs. 1 Satz 2, die §§ 264d, 266, 267 Abs. 3 Satz 2, § 268 Abs. 2 und 8, § 272 Abs. 1, 1a, 1b und 4, die §§ 274, 274a Nr. 5, § 277 Abs. 3 Satz 1, Abs. 4 Satz 3, Abs. 5, § 285 Nr. 13, 18 bis 20, 22 bis 29, § 286 Abs. 3 Satz 3, § 288 soweit auf § 285 Nr. 19, 22 und 29 Bezug genommen wird, die §§ 290, 291 Abs. 3, § 293 Abs. 4 Satz 2, Abs. 5, § 297 Abs. 3 Satz 2, § 298 Abs. 1, § 300 Abs. 1 Satz 2, § 301 Abs. 3 Satz 1, Abs. 4, die §§ 306, 308a, 310 Abs. 2, § 313 Abs. 3 Satz 3, § 314 Abs. 1 Nr. 10 bis 12, 14 bis 21, § 315a Abs. 1, § 319a Abs. 1 Halbsatz 1, § 319a Abs. 1 Halbsatz 1, § 325 Abs. 4, § 325a Abs. 1 Satz 1, § 327 Nr. 1 Satz 2, §§ 334, 336 Abs. 2, die §§ 340a, 340c, 340e, 340f, 340h, 340n, 341a Abs. 1 Satz 1, Abs. 2 Satz 1 und 2, §§ 341b, 341e, 341l und 341n des Handelsgesetzbuchs in der Fassung des Bilanzrechtsmodernisierungsgesetzes vom ... (BGBl. I S. ...) sind erstmals auf Jahres- und Konzernabschlüsse für das nach dem 31. Dezember 2009 beginnende Geschäftsjahr anzuwenden. § 253 des Handelsgesetzbuchs in der Fassung des Bilanzrechtsmodernisierungsgesetzes findet erstmals auf Geschäfts- oder Firmenwerte im Sinn des § 246 Abs. 1 Satz 4 des Handelsgesetzbuchs in der Fassung des Bilanzrechtsmodernisierungsgesetzes Anwendung, die aus Erwerbsvorgängen herrühren, die in Geschäftsjahren erfolgt sind, die nach dem 31. Dezember 2009 begonnen haben. § 255 Abs. 2 des Handelsgesetzbuchs in der Fassung des Bilanzrechtsmodernisierungsgesetzes findet erstmals auf Herstellungsvorgänge Anwendung, die in dem in Satz 1 bezeichneten Geschäftsjahr begonnen wurden. § 294 Abs. 2, die §§ 301 Abs. 1 Satz 2 und 3, Abs. 2, § 309 Abs. 1 und § 312 in der Fassung des Bilanzrechtsmodernisierungsgesetzes finden erstmals auf Erwerbsvorgänge Anwendung, die in Geschäftsjahren erfolgt sind, die nach dem 31. Dezember 2009 begonnen haben. Für nach § 290 Abs. 1 und 2 des Handelsgesetzbuchs in der Fassung des Bilanzrechtsmodernisierungsgesetzes erstmals zu konsolidierende Tochterunternehmen oder bei erstmaliger Aufstellung eines Konzernabschlusses für nach dem 31. Dezember 2009 beginnende Geschäftsjahre finden § 301 Abs. 1 Satz 2 und 3, Abs. 2 und § 309 Abs. 1 des Handelsgesetzbuchs in der Fassung des Bilanzrechtsmodernisierungsgesetzes auf Konzernabschlüsse für nach dem 31. Dezember 2009 beginnende Geschäftsjahre Anwendung. Die neuen Vorschriften können bereits auf nach dem 31. Dezember 2008 beginnende Geschäftsjahre angewandt werden, dies jedoch nur insgesamt; dies ist im Anhang und Konzernanhang anzugeben.
(4) §§ 324, 340k Abs. 5 sowie § 341k Abs. 4 des Handelsgesetzbuchs in der Fassung des Bilanzrechtsmodernisierungsgesetzes vom ... (BGBl. I S. ...) sind erstmals ab dem 1. Januar 2010 anzuwenden; § 12 Abs. 4 des Einführungsgesetzes zum Aktiengesetz ist entsprechend anzuwenden.

(5) § 246 Abs. 1 und 2, § 247 Abs. 3, die §§ 248 bis 250, § 252 Abs. 1 Nr. 6, die §§ 253, 254, 255 Abs. 2 und 4, § 256 Satz 1, § 264c Abs. 4 Satz 3, § 265 Abs. 3 Satz 2, die §§ 266, 267 Abs. 3 Satz 2, § 268 Abs. 2, die §§ 269, 270 Abs. 1 Satz 2, § 272 Abs. 1 und 4, die §§ 273, 274, 274a Nr. 5, § 275 Abs. 2 Nr. 7 Buchstabe a, § 277 Abs. 3 Satz 1, Abs. 4 Satz 3, die §§ 279 bis 283, 285 Satz 1 Nr. 2, 5, 13, 18 und 19, Sätze 2 bis 6, § 286 Abs. 3 Satz 3, §§ 287, 288 soweit auf § 285 Satz 1 Nr. 2, 5 und 18 Bezug genommen wird, §§ 290, 291 Abs. 3 Nr. 1 und 2 Satz 2, § 293 Abs. 4 Satz 2, Abs. 5, § 294 Abs. 2 Satz 2, § 297 Abs. 3 Satz 2, § 298 Abs. 1, § 300 Abs. 1 Satz 2, § 301 Abs. 1 Satz 2 bis 4, Abs. 2, 3 Satz 1 und 3, Abs. 4, die §§ 302, 306, 307 Abs. 1 Satz 2, § 309 Abs. 1, § 310 Abs. 2, § 312 Abs. 1 bis 3, § 313 Abs. 3 Satz 3, Abs. 4, § 314 Abs. 1 Nr. 10 und 11, § 315a Abs. 1, § 318 Abs. 3, § 319a Abs. 1 Satz 1 Halbsatz 1, § 325 Abs. 4, § 325a Abs. 1 Satz 1, § 327 Nr. 1 Satz 2, §§ 334, 336 Abs. 2, § 340a Abs. 2 Satz 1, die §§ 340c, 340e, 340f, 340h, 340n, 341a Abs. 1 und 2 Satz 1 und 2, § 341b Abs. 1 und 2, § 341e Abs. 1, § 341l Abs. 1 und 3 und § 341n des Handelsgesetzbuchs in der bis zum ... *[einsetzen: Tag vor dem Inkrafttreten des Bilanzrechtsmodernisierungsgesetzes]* geltenden Fassung sind letztmals auf Jahres- und Konzernabschlüsse für das vor dem 1. Januar 2010 beginnende Geschäftsjahr anzuwenden.

(6) § 335 Abs. 5 Satz 11 und 12 des Handelsgesetzbuchs in der Fassung des Bilanzrechtsmodernisierungsgesetzes vom ... (BGBl. I S. ...) ist nur vom ... *[einsetzen: Tag des Inkrafttretens des Bilanzrechtsmodernisierungsgesetzes]* bis zum 31. August 2009 anzuwenden und tritt am 1. September 2009 außer Kraft.

(7) § 248 Abs. 2 und § 255 Abs. 2a des Handelsgesetzbuchs in der Fassung des Bilanzrechtsmodernisierungsgesetzes vom ... (BGBl. I S. ...) finden nur auf die selbst geschaffenen immateriellen Vermögensgegenstände des Anlagevermögens Anwendung, mit deren Entwicklung in Geschäftsjahren begonnen wird, die nach dem 31. Dezember 2009 beginnen.

Artikel 67

(1) Soweit auf Grund der geänderten Bewertung der laufenden Pensionen oder Anwartschaften auf Pensionen eine Zuführung zu den Rückstellungen erforderlich ist, ist dieser Betrag bis spätestens zum 31. Dezember 2024 in jedem Geschäftsjahr zu mindestens einem Fünfzehntel anzusammeln. Ist auf Grund der geänderten Bewertung von Verpflichtungen, die die Bildung einer Rückstellung erfordern, eine Auflösung der Rückstellungen erforderlich, dürfen diese beibehalten werden, soweit der aufzulösende Betrag bis spätestens zum 31. Dezember 2024 wieder zugeführt werden müsste. Wird von dem Wahlrecht nach Satz 2 kein Gebrauch gemacht, sind die aus der Auflösung resultierenden Beträge unmittelbar in die Gewinnrücklagen einzustellen. Wird von dem Wahlrecht nach Satz 2 Gebrauch gemacht, ist der Betrag der Überdeckung jeweils im Anhang und im Konzernanhang anzugeben.

(2) Bei Anwendung des Absatzes 1 müssen Kapitalgesellschaften, Kreditinstitute und Finanzdienstleistungsinstitute im Sinn des § 340 des Handelsgesetzbuchs, Versicherungsunternehmen und Pensionsfonds im Sinn des § 341 des Handelsgesetzbuchs, eingetragene Genossenschaften und Personenhandelsgesellschaften im Sinn des § 264a des Handelsgesetzbuchs die in der Bilanz nicht ausgewiesenen Rückstellungen für laufende Pensionen, Anwartschaften auf Pensionen und ähnliche Verpflichtungen jeweils im Anhang und im Konzernanhang angeben.

(3) Waren im Jahresabschluss für das letzte vor dem 1. Januar 2010 beginnende Geschäftsjahr Rückstellungen nach § 249 Abs. 1 Satz 3, Abs. 2 des Handelsgesetzbuchs, Sonderposten mit Rücklageanteil nach § 247 Abs. 3, § 273 des Handelsgesetzbuchs oder Rechnungsabgrenzungsposten nach § 250 Abs. 1 Satz 2 des Handelsgesetzbuchs in der bis zum ... *[einsetzen: Tag vor dem Inkrafttreten des Bilanzrechtsmodernisierungsgesetzes]* geltenden Fassung enthalten, können diese Posten unter Anwendung der für sie geltenden Vorschriften in der bis zum ... *[einsetzen: Tag vor dem Inkrafttreten des Bilanzrechtsmodernisierungsgesetzes]* geltenden Fassung, Rückstellungen nach § 249 Abs. 1 Satz 3, Abs. 2 des Handelsgesetzbuchs auch teilweise, beibehalten werden. Wird von dem Wahlrecht nach Satz 1 kein Gebrauch gemacht, ist der Betrag unmittelbar in die Gewinnrücklagen einzustellen; dies gilt nicht für Beträge, die der Rückstellung nach § 249 Abs. 1 Satz 3, Abs. 2 des Handelsgesetzbuchs in der bis zum ... *[einsetzen: Tag vor dem Inkrafttreten des Bilanzrechtsmodernisierungsgesetzes]* geltenden Fassung im letzten vor dem 1. Januar 2010 beginnenden Geschäftsjahr zugeführt wurden.

(4) Niedrigere Wertansätze von Vermögensgegenständen, die auf Abschreibungen nach § 253 Abs. 3 Satz 3, § 253 Abs. 4 des Handelsgesetzbuchs oder nach den §§ 254, 279 Abs. 2 des Handelsgesetzbuchs in

der bis zum ... *[einsetzen: Tag vor dem Inkrafttreten des Bilanzrechtsmodernisierungsgesetzes]* geltenden Fassung beruhen, die in Geschäftsjahren vorgenommen wurden, die vor dem 1. Januar 2010 begonnen haben, können unter Anwendung der für sie geltenden Vorschriften in der bis zum ... *[einsetzen: Tag vor dem Inkrafttreten des Bilanzrechtsmodernisierungsgesetzes]* geltenden Fassung fortgeführt werden. Wird von dem Wahlrecht nach Satz 1 kein Gebrauch gemacht, sind die aus der Zuschreibung resultierenden Beträge unmittelbar in die Gewinnrücklagen einzustellen; dies gilt nicht für Abschreibungen, die im letzten vor dem 1. Januar 2010 beginnenden Geschäftsjahr vorgenommen worden sind.

(5) Ist im Jahresabschluss für ein vor dem 1. Januar 2010 beginnendes Geschäftsjahr eine Bilanzierungshilfe für Aufwendungen für die Ingangsetzung und Erweiterung des Geschäftsbetriebs nach § 269 des Handelsgesetzbuchs in der bis zum ... *[einsetzen: Tag vor dem Inkrafttreten des Bilanzrechtsmodernisierungsgesetzes]* geltenden Fassung gebildet worden, so darf diese unter Anwendung der für sie geltenden Vorschriften in der bis zum ... *[einsetzen: Tag vor dem Inkrafttreten des Bilanzrechtsmodernisierungsgesetzes]* geltenden Fassung fortgeführt werden. Ist im Konzernabschluss für ein vor dem 1. Januar 2010 beginnendes Geschäftsjahr eine Kapitalkonsolidierung gemäß § 302 des Handelsgesetzbuchs in der bis zum ... *[einsetzen: Tag vor dem Inkrafttreten des Bilanzrechtsmodernisierungsgesetzes]* geltenden Fassung vorgenommen worden, so darf diese unter Anwendung der für sie geltenden Vorschriften in der bis zum ... *[einsetzen: Tag vor dem Inkrafttreten des Bilanzrechtsmodernisierungsgesetzes]* geltenden Fassung beibehalten werden.

(6) Aufwendungen oder Erträge aus der erstmaligen Anwendung der §§ 274, 306 des Handelsgesetzbuchs in der Fassung des Bilanzrechtsmodernisierungsgesetzes vom ... (BGBl. I S ...) sind unmittelbar mit den Gewinnrücklagen zu verrechnen. Werden Beträge nach Absatz 1 Satz 3, nach Absatz 3 Satz 2 oder nach Absatz 4 Satz 2 unmittelbar mit den Gewinnrücklagen verrechnet, sind daraus nach den §§ 274, 306 des Handelsgesetzbuchs in der Fassung des Bilanzrechtsmodernisierungsgesetzes entstehende Aufwendungen und Erträge ebenfalls unmittelbar mit den Gewinnrücklagen zu verrechnen.

(7) Aufwendungen aus der Anwendung des Artikels 66 sowie der Absätze 1 bis 5 sind in der Gewinn- und Verlustrechnung gesondert unter dem Posten „außerordentliche Aufwendungen" und Erträge hieraus gesondert unter dem Posten „außerordentliche Erträge" anzugeben.

(8) Ändern sich bei der erstmaligen Anwendung der durch die Artikel 1 bis 11 des Bilanzrechtsmodernisierungsgesetzes vom ... (BGBl. I S. ...) geänderten Vorschriften die bisherige Form der Darstellung oder die bisher angewandten Bewertungsmethoden, so sind § 252 Abs. 1 Nr. 6, § 265 Abs. 1, § 284 Abs. 2 Nr. 3 und § 313 Abs. 1 Nr. 3 des Handelsgesetzbuchs bei der erstmaligen Aufstellung eines Jahres- oder Konzernabschlusses nach den geänderten Vorschriften nicht anzuwenden. Außerdem brauchen die Vorjahreszahlen bei erstmaliger Anwendung nicht angepasst werden; hierauf ist im Anhang und Konzernanhang hinzuweisen.

Literaturverzeichnis

1 Einzelgesellschaftliche Rechnungslegung

Adler/Düring/Schmaltz, Rechnungslegung und Prüfung der Unternehmen, 6. Aufl., Stuttgart 1995 ff.

Ahrend/Förster/ Rößler, Steuerrecht der betrieblichen Altersversorgung, Köln, Stand: Dezember 2009.

Anzinger/Schleiter, Die Ausübung steuerlicher Wahlrechte nach dem BilMoG – eine Rückbesinnung auf den Maßgeblichkeitsgrundsatz, in: DStR 2010, S. 395 ff.

Arbeitskreis Bilanzrecht der Hochschullehrer Rechtswissenschaft, Stellungnahme zu dem Entwurf eines BilMoG – Grundkonzept und Aktivierungsfragen, in: BB 2008, S. 152 ff.

Arbeitskreis Bilanzrecht der Hochschullehrer Rechtswissenschaft, Stellungnahme zu dem Entwurf eines BilMoG – Einzelfragen zum materiellen Bilanzrecht, in: BB 2008, S. 209 ff.

Arbeitskreis ‚Externe Unternehmensrechnung' der Schmalenbach-Gesellschaft, Bilanzierung von Finanzinstrumenten im Währungs- und Zinsbereich auf der Grundlage des HGB, in: DB 1997, S. 637 ff.

Arbeitskreis ‚Immaterielle Werte im Rechnungswesen' der Schmalenbach-Gesellschaft für Betriebswirtschaft e.V., Leitlinien zur Bilanzierung selbstgeschaffener immaterieller Vermögensgegenstände des Anlagevermögens nach dem Regierungsentwurf des BilMoG, in: DB 2008, S. 1813 ff.

Arbeitskreis Quantitative Steuerlehre, Das BilMoG – eine Chance zur Steuervereinfachung?, in: DStR 2008, S. 1844 ff.

BAG-Urteil vom 23.4.1985 - 3 AZR 156/83; in: ZIP 1985, S. 889 f.

BAG-Urteil vom 17.4.1996 - 3 AZR 56/95, in: BB 1996, S. 2573 f.

BAG-Urteil vom 23.10.1996 - 3 AZR 514/ 95, in: DB 1997, S. 1287 f.

BAG-Urteil vom 23.5.2000 - 3 AZR 83/99, in: BB 2000, S. 1248 f.

BAG-Urteil vom 23.1.2001 - 3 AZR 287/00, in: BB 2001, S. 2325 f.

BAG-Urteil vom 18.2.2003 - 3 AZR 172/02, in: BB 2003, S. 2292 f.

BAG-Urteil vom 11.03.2008 - 3 AZR 358/06, in: BB 2009, S. 329 f.

BAG-Urteil vom 26.05.2009 - 3 AZR 369/07, in: ZIP 2009, S. 2166 f.

Bertram/Brinkmann/Kessler/Müller (Hrsg.): Haufe HGB Bilanz Kommentar, Freiburg 2009

BFH-Beschluss vom 22.8.1966, GrS 2/66, BStBl. III 1966, S. 672 ff.

BFH-Beschluss vom 3.2.1969, GrS 2 /68, BStBl. II 1969, S. 291 ff.

BFH-Beschluss vom 26.10.1987, GrS 2/86, BStBl. II 1988, S. 348 ff.

BFH-Beschluss vom 4.7.1990, GrS 1/89, BStBl. II 1990, S. 830 ff.

BFH-Beschluss vom 17.3.1993, IV B 5/92 (nicht amtlich veröffentlicht)

BFH-Beschluss vom 7.8.2000, GrS 2/99, BStBl. II 2000, S. 632 ff.

BFH-Beschluss vom 13.6.2006, I R 58/05, BStBl. II 2006, S. 928 ff.

BFH-Urteil vom 21.11.1963, IV 345/61 S, BStBl. III 1964, S. 183 f.

BFH-Urteil vom 24.6.1969, I R 15/68, BStBl. II 1969, S. 581 ff.

BFH-Urteil vom 23.07.1970, IV 270/65, BStBl. 1970, II, S. 745 ff.

BFH-Urteil vom 19.1.1972, I 114/65, BStBl. II 1972, S. 392 ff.

BFH-Urteil vom 20.2.1975, IV R 79/74, BStBl. II 1975, S. 510 ff.

BFH-Urteil vom 26.2.1975, I R 72/73, BStBl. II 1976, S. 13 ff.

BFH-Urteil vom 9.11.1976, VIII R 27/75, BStBl. II 1977, S. 306 ff.

BFH-Urteil vom 28.10.1977, III R 72/75, BStBl. II 1978, S. 115 ff.

BFH-Urteil vom 24.7.1979, VIII R 162/78, BStBl. II 1980, S. 7 f.

BFH-Urteil vom 31.1.1980, IV R 126/76, BStBl. II 1980, S. 491 ff.

BFH-Urteil vom 23.7.1980, I R 28/77, BStBl. II 1981, S. 62 ff.

BFH-Urteil vom 5.5.1983, IV R 18/80, BStBl. II 1983, S. 559 ff.

BFH-Urteil vom 25.2.1986, VIII R 134/80, BStBl. II 1986, S. 788 ff.

BFH-Urteil vom 19.5.1987, VIII R 327/83, BStBl. II 1987, S. 848 ff.

BFH-Urteil vom 22.11.1988, VIII R 62/85, BStBl. II 1989, S. 359 ff.

BFH-Urteil vom 29.8.1989, IX R 176/84, BStBl. II 1990, S. 430 ff.

BFH-Urteil vom 4.7.1990, GrS 1/89, BStBl. II 1990, S. 830 ff.

BFH-Urteil vom 12.12.1990, I R 18/89, BStBl. II 1991, S. 485 ff.

BFH-Urteil vom 3.12.1991, VIII R 88/87, BStBl. II 1993, S. 89 ff.

BFH-Urteil vom 16.2.1993, IX R 85/88, BStBl. II 1993, S. 544 ff.

BFH-Urteil vom 17.2.1993, X R 60/89, BStBl. II 1993, S. 437 ff.

BFH-Urteil vom 15.4.1993, IV R 75/91, in: DB 1993, 2005 f.

BFH-Urteil vom 21.10.1993, IV R 87/92, BStBl. II 1994, S. 176 ff.

BFH-Urteil vom 27.3.1996, I R 3/95, BStBl. II 1996, S. 470 ff.

BFH-Urteil vom 17.2.1998, VIII R 28/95, BStBl. II 1998, S. 505 ff.

BFH-Urteil vom 28.5.1998, X R 80/94, BFH/NV 1999, S. 359 ff.

BFH-Urteil. vom 7.9.2005, VIII R 1/03, BStBl. II 2006, S. 298 ff.

BFH-Urteil vom 19.10.2005, XI R 4/04, BStBl. II 2006, S. 509 ff.

BFH-Urteil vom 5.4.2006, I R 46/04, BStBl. II 2006, S. 688 ff.

Bieg/Kußmaul/Petersen/Waschbusch/Zwirner, Bilanzrechtsmodernisierungsgesetz, München 2009

Bieker, HGB Reloaded: Die Bewertungskonzeption des BilMoG – *fine tuning* oder Paradigmenwechsel?, in PiR 2008, S. 365 ff.

Bischof, Anhangangaben zu den Honoraren für Leistungen des Abschlussprüfers, in: WPg 2006, S. 705 ff.

Bischof, Makrohedges in Bankbilanzen nach GoB und IFRS, Düsseldorf 2006

BMF-Schreiben vom 25.2.2000, IV C 2 – S 2171 b – 14/00, BStBl. I 2000, S. 372 ff.

BMF-Schreiben vom 14.1.2010; IV C 2 – S 2770/09/10002, BStBl. I 2010, S. 65

BMF-Schreiben vom 12.3.2010, IV C 6 – S 2133/09/10001, BStBl. I 2010, S. 239

BMF-Schreiben vom 22.6.2010, IV C 6 – S 2133/09/1000, BStBl. I 2010, S. 597

BMJ, Eckpunkte der Reform des Bilanzrechts, 2007

BMJ, Information für die Presse, Eckpunkte der Reform des Bilanzrechts vom 8.11.2007, abrufbar unter: http://www.bmj.bund.de/enid/900ac116ea086e6c2735d 7080fc59791,0/Handels-_u__Wirtschaftsrecht/Bilanzrechtsmodernisierung_1ez.html

BMJ, Referentenentwurf eines Bilanzrechtsmodernisierungsgesetzes (BilMoG), abrufbar unter: http://www.bmj.de/files/-/2567/RefE%20BilMoG.pdf

BMJ, Wesentliche Änderungen des Bilanzrechtsmodernisierungsgesetzes im Überblick, März 2009, abrufbar unter: http://www.bmj.de/files/-/3542/wesentliche_ aenderungen_bilmog.pdf (Stand: 10.5.2009)

Boos/Fischer/Schulte-Mattler (Hrsg.): Kreditwesengesetz – Kommentar zu KWG und Ausführungsvorschriften, 3. Aufl., München 2008

Borcherding/Lucius, Gastbeitrag: Die steuerliche Bewertung der Pensionsrückstellungen hat endgültig ausgedient, in: Börsenzeitung vom 5.3.2008, S. 10

Literaturverzeichnis

BR-Drucks. 344/1/08, Empfehlungen der Ausschüsse zur 846. Sitzung des Bundesrates am 4.7.2008 zum Entwurf eines Gesetzes zur Modernisierung des Bilanzrechts (Bilanzrechtsmodernisierungsgesetz – BilMoG) vom 24.6.2008, abrufbar unter: http://www.bundesrat.de/cln_090/SharedDocs/Drucksachen/2008/0301-400/344-1-08, templateId=raw,property=publicationFile.pdf/ 344-1-08.pdf (Stand: 10.8.2010)

BR-Drucks. 344/08 (Beschluss), Stellungnahme des Bundesrats zum Entwurf eines Gesetzes zur Modernisierung des Bilanzrechts (Bilanzrechtsmodernisierungsgesetz – BilMoG) vom 4.7.2008, abrufbar unter: http://www.bundesrat.de/cln_090/SharedDocs/Drucksachen/2008/0301-400/344-08_28B_29,templateId=raw,property=publication File.pdf/ 344-08(B).pdf (Stand: 10.8.2010)

Brackert/Prahl/Naumann, Neue Verfahren der Risikosteuerung und ihre Auswirkungen auf die handelsrechtliche Gewinnermittlung, in: WPg 1995, S. 554 ff.

Briese/Suermann, Sonderposten mit Rücklageanteil und steuerliche Abschreibungen im Jahresabschluss nach BilMoG, in: DB 2010, S. 121 ff.

Bruckmaier/Zwirner/Busch, Abschreibungen auf Anteile an Kapitalgesellschaften – Auswirkungen der Neuregelungen durch das BilMoG und steuerliche Implikationen, in: DStR 2010, S. 237 ff.

BT-Drucks. 10/317, Gesetzentwurf der Bundesregierung, Entwurf eines Gesetzes zur Durchführung der Vierten Richtlinie des Rates der Europäischen Gemeinschaft zur Koordinierung des Gesellschaftsrechts (Bilanzrichtlinie-Gesetz) mit Begründung vom 26.8.1983

BT-Drucks. 10/4268, Beschlussempfehlung und Bericht des Rechtsausschusses (6. Ausschuss) zu dem von der Bundesregierung eingebrachten Entwurf eines Gesetzes zur Durchführung der Vierten Richtlinie des Rates der Europäischen Gemeinschaft zur Koordinierung des Gesellschaftsrechts (Bilanzrichtlinie-Gesetz) – Drucksache 10/317 – Entwurf eines Gesetzes zur Durchführung der Siebenten und Achten Richtlinie des Rates der Europäischen Gemeinschaft zur Koordinierung des Gesellschaftsrechts – Drucksache 10/3440 – mit Begründung vom 18.11.1985

Christiansen, Das Erfordernis der wirtschaftlichen Verursachung ungewisser Verbindlichkeiten vor dem Hintergrund der Rechtsprechung des Bundesfinanzhofs –Versuch einer kritischen   Analyse, in: BFuP 1994, S. 25 ff.

Dallmann/Keßler, Bilanzierung und Bewertung von Pensionsrückstellungen bei Einschaltung von Versorgungskassen, in: DB 2007, S. 1989 ff.

Dietrich, Teilwertabschreibung, Wertaufholungsgebot und „voraussichtlich dauernde Wertminderung" im Spiegel des BMF-Schreibens vom 25.2.2000, in: DStR 2000, S. 1629 ff.

Dörfler/Adrian, Steuerbilanzpolitik nach BilMoG, in: Ubg 2009, S. 387 ff.

Dörfler/Adrian, Zum Referentenentwurf des Bilanzrechtsmodernisierungsgesetzes (BilMoG): Steuerliche Auswirkungen, in: DB 2008, Beilage 1/2008, S. 44 ff.

Dörfler/Adrian, Zur Umsetzung der HGB-Modernisierung durch das BilMoG: Steuerbilanzrechtliche Auswirkungen, DB 2009, Beilage zu Heft 23, S. 58 ff.

Drenseck (Hrsg.): Ludwig Schmidt. EStG, Kommentar, 29. Aufl., München 2010

Drinhausen/Drehmel, Zum Referentenentwurf des Bilanzrechtsmodernisierungsgesetzes (BilMoG): Ansatz und Bewertung von Rückstellungen, in: DB 2008, Beilage 1/2008, S. 35 ff.

DSR, Stellungnahme zum Referentenentwurf eines Gesetzes zur Modernisierung des Bilanzrechts (Bilanzrechtsmodernisierungsgesetz – BilMoG) vom 21.1.2008, abrufbar unter: http://www.standardsetter.de/drsc/news/news.php?lp=73&list_id=0&language=german (Stand: 10.8.2010)

Ellerbusch/Schlüter/Hofherr, Die Abgrenzung latenter Steuern im Organkreis nach BilMoG, in: DStR 2009, S. 2443 ff.

Ellrott u. a. (Hrsg.): Beck'scher Bilanz-Kommentar, 6. Aufl., München 2006

Ellrott u. a. (Hrsg.): Beck'scher Bilanz-Kommentar, 7. Aufl., München 2010

Engel-Ciric, Bilanzrechtsmodernisierungsgesetz: Praxisfragen zur Abgrenzung von Entwicklungs- und Forschungskosten, in: BC 2008, S. 81 ff.

Engels, Was erwartet den HGB-Bilanzierer bei Umsetzung des RegEBilMoG?, in: BB 2008, S. 2008, S. 1554 ff.

Erchinger/Wendholt, Zum Referentenentwurf des Bilanzrechtsmodernisierungsgesetzes (BilMoG) – Einführung und Überblick, in: DB 2008, Beilage 1/2008, S. 4 ff.

Ernst/Seidler, Kernpunkte des Referentenentwurfs eines Bilanzrechtsmodernisierungsgesetzes, in: BB 2007, S. 2557 ff.

Ernst/Seidler, Gesetz zur Modernisierung des Bilanzrechts nach Verabschiedung durch den Bundestag, in: BB 2009, S. 766 ff.

Euler, Das System der Grundsätze ordnungsmäßiger Bilanzierung, Beilage 1/2008, Stuttgart 1996

Fischer/Kalini-Kerschbaum, Maßgeblichkeit der Handelsbilanz für die steuerliche Gewinnermittlung. Kritische Anmerkungen zum Entwurf eines BMF-Schreibens, in: DStR 2010, S. 399 ff.

Förster/Schmidtmann, Steuerliche Gewinnermittlung nach dem BilMoG, BB 2009, S. 1342 ff.

Funnemann/Kerssenbrock, Ausschüttungssperren im BiMoG-Reg-E, in: BB 2008, S. 2674 ff.

Gebhardt (Hrsg.): Rechnungslegung und Kapitalmarkt, Düsseldorf 1993

Gegenäußerung der Bundesregierung zur Stellungnahme des Bundesrates zum Entwurf eines Gesetzes zur Modernisierung des Bilanzrechts (Bilanzrechtsmodernisierungsgesetz – BilMoG) – BR-Drucks. 344/08 (Beschluss) –, abrufbar unter: http://www.bmj.de/enid/17e386bec55bd 3348977f22c432174ce,0/ Handels-_u__Wirtschaftsrecht/Bilanzrechtsmodernisierung_1ez.html (Stand: 10.8.2010)

Gelhausen/Althoff, Die Bilanzierung ausschüttungs- und abführungsgesperrter Beträge im handelsrechtlichen Jahresabschluss nach dem BilMoG, in: WPg 2009, S. 586 ff.

Gelhausen/Fey/Kämpfer, Rechnungslegung und Prüfung nach dem Bilanzrechtsmodernisierungsgesetz, Düsseldorf 2009

Gelhausen/Fey/Kirsch, Übergang auf die Rechnungslegungsvorschriften des Bilanzrechtsmodernisierungsgesetzes, in: WPg 2010, S. 24 ff.

Göllert, Auswirkungen des Bilanzrechtsmodernisierungsgesetzes (BilMoG) auf die Bilanzpolitik, in: DB 2008, S. 1165 ff.

Gohdes, BilMoG und Pensionen: Können Unstimmigkeiten noch beseitigt werden?, KoR 2009, S. 187 f.

Gohdes/Baach, Rechnungszins und Inflationsrate für betriebliche Vorsorgeleistungen im internationalen Jahresabschluss zum 31.12.2005, in: BB 2005, S. 2737 ff.

Groh, Verbindlichkeitsrückstellung und Verlustrückstellung: Gemeinsamkeiten und Unterschiede, in: BB 1988, S. 27 ff.

Groh, Zur Bilanzierung von Fremdwährungsgesellschaften, in: DB 1986, S. 869 ff.

Grützner, Die Änderungen der steuerlichen Gewinnermittlungsvorschriften durch das BilMoG, in: StuB 2009, S. 481 ff.

Hagemann/Oecking/Wunsch, Pensionsverpflichtungen nach dem BilMoG – und was das IDW dazu zu sagen hat, in: DB 2010, S. 1021 ff.

Haller/Löffelmann/Etzel, BilMoG und Adressatenbedürfnisse – Empirische Erkenntnisse über die Einschätzungen von Kreditinstituten, in: KoR 2009, S. 216 ff.

Happe, Aktuelle Entwicklungen der Einnahmen-Überschuss-Rechnung, in: BBK 2009, S. 893 ff.

Happe, Die Einnahmen-Überschuss-Rechnung nach § 4 Abs. 3 EStG (Teil A), in: BBK 2006, S. 757 ff.

Happe, Die Einnahmen-Überschuss-Rechnung nach § 4 Abs. 3 EStG (Teil C), in: BBK 2007, Fach 8, S. 3191 ff.

Happe, Die Einnahmen-Überschuss-Rechnung nach § 4 Abs. 3 EStG (Teil D), in: BBK 2007, Fach 8, S. 3203 ff.

Hartmann-Wendels/Pfingsten/Weber, Bankbetriebslehre, 4. Aufl., Berlin Heidelberg 2007

Hasenburg/Hausen, Zum Referentenentwurf des Bilanzrechtsmodernisierungsgesetzes (BilMoG): Pflicht zur Verrechnung von bestimmten Vermögensgegenständen und Schulden – Einführung von § 246 Abs. 2 Satz 2 und 3 HGB-E, in: DB 2008, Beilage 1/2008, S. 29 ff.

Heger/Weppler, Anmerkungen zur Bilanzierung betrieblicher Altersversorgung nach dem BilMoG-Gesetzentwurf, DStR 2009, S. 239 ff.

Hennrichs, Immaterielle Vermögensgegenstände nach dem Entwurf des Bilanzrechtsmodernisierungsgesetzes (BilMoG), in: DB 2008, S. 537 ff.

Herzig, BilMoG, Tax Accounting und Corporate Governance-Aspekte, in: DB 2010, S. 1 ff.

Herzig, Modernisierung des Bilanzrechts und Besteuerung, in: DB 2008, S. 1 ff.

Herzig, Steuerliche Konsequenzen des Regierungsentwurfs zum BilMoG, in: DB 2008, S. 1339 ff.

Herzig/Bohn/Götsch, Auswirkungen des Zusammenspiels von Zins- und Verlustvortrag auf die Bilanzierung latenter Steuern im HGB-Einzelabschluss, in: DStR 2009, S. 2615 ff.

Herzig/Briesemeister, Das Ende der Einheitsbilanz – Abweichungen zwischen Handels- und Steuerbilanz nach BilMoG-RegE -, in: DB 2009, S. 1 ff.

Herzig/Briesemeister, Steuerliche Konsequenzen des BilMoG – Deregulierung und Maßgeblichkeit, in: DB 2009, S. 926 ff.

Herzig/Vossel, Paradigmenwechsel bei latenten Steuern nach dem BilMoG, in: BB 2009, S. 1174 ff.

Heuermann (Hrsg.): Blümich, EStG/KStG/GewStG-Kommentar, München 2010

Höfer, Ermittlung und Behandlung der Unterschiedsbeträge aus der Neubewertung von Versorgungsverpflichtungen gemäß BilMoG, in: WPg 2009, S. 903 ff.

Höfer/Rhiel/Veit, Die Rechnungslegung für betriebliche Altersversorgung im Bilanzrechtsmodernisierungsgesetz (BilMoG), in: DB 2009, S. 1605 ff.

Hoffmann/Lüdenbach, NWB Kommentar Bilanzierung, Herne 2009

Hommel, Bilanzierung immaterieller Anlagewerte, Stuttgart 1998

Hommel/Berndt, Das Realisationsprinzip - 1884 und heute, in: BB 2009, S. 2190 ff.

Hüttche, Bilanzierung selbst geschaffener immaterieller Vermögensgegenstände des Anlagevermögens im Lichte des BilMoG, in: StuB 2008, S. 163 ff.

Hüttche, Tobias: Modernisierte Bilanzpolitik: Weichenstellungen mit Blick auf das BilMoG, in: BB 2009, S. 1346 ff.

IASB, Discussion Paper Preliminary Views on Amendments to IAS 19 Employee Benefits, 2008, abrufbar unter: http://www.iasb.org/Current%2bProjects/IASB%2b Projects/Post-employment%2bBenefits%2b(including%2bPensions)/Discussion%2b Paper%2band%2bComment%2bLetters/Discussion%2bPaper%2band%2bComment% 2bLetters.htm (Stand:10.8.2010)

IDW (Hrsg.): WP-Handbuch 2006, 13. Aufl., Düsseldorf 2006

IDW ERS HFA 27, Einzelfragen zur Bilanzierung latenter Steuern nach den Vorschriften des HGB in der Fassung des Bilanzrechtsmodernisierungsgesetzes, in: IDW-FN 2009, S. 337 ff.

IDW ERS HFA 30, Handelsrechtliche Bilanzierung von Altersversorgungsverpflichtungen, in: IDW-FN 2009, S. 657 ff.

IDW ERS HFA 32, Anhangangaben nach §§ 285 Nr. 3, 314 Abs. 1 Nr. 2 HGB zu nicht in der Bilanz enthaltenen Geschäften, in: IDW-FN 2009, S. 674 ff.

IDW ERS HFA 33, Anhangangaben nach §§ 285 Nr. 21, 314 Abs. 1 Nr. 13 HGB zu Geschäften mit nahe stehenden Unternehmen und Personen, in: IDW-FN 2009, S. 678 ff.

IDW ERS HFA 36, Anhangangaben nach § 285 Nr. 17 HGB bzw. § 314 Abs. 1 Nr. 9 HGB über das Abschlussprüferhonorar, FN-IDW-FN 2009, S. 508 ff.

IDW HFA 1/1979, Zur bilanziellen Behandlung der Umsatzsteuer auf erhaltene Anzahlungen, in: WPg 1980, S. 80

IDW HFA 1/1985, Zur Behandlung der Umsatzsteuer im Jahresabschluss, in: WPg 1985, S. 257 ff.

IDW HFA 2/1988, Pensionsverpflichtungen im Jahresabschluss, in: WPg 1988, S. 40 ff.

IDW HFA 1/1997, Bilanzierung und Bewertung von Pensionsverpflichtungen gegenüber Beamten und deren Hinterbliebenen, WPg 1997, S. 233 ff.

IDW HFA, Rechnungslegung – Berichterstattung über Sitzungen – 208. Sitzung des HFA – Gliederungspunkt 2 – Behandlung geringwertiger Wirtschaftsgüter nach dem Unternehmensteuerreformgesetz, IDW-FN 2007, S. 505 f.

IDW RH HFA 1.005, Anhangangaben nach § 285 Satz 1 Nr. 18 und 19 HGB sowie Lageberichterstattung nach § 289 Abs. 2 Nr. 2 HGB in der Fassung des Bilanzrechtsreformgesetzes, WPg 2005, S. 531 ff.

IDW RH HFA 1.006, Anhangangaben nach § 285 Satz 1 Nr. 17 HGB bzw. § 314 Abs. 1 Nr. 9 HGB über das Abschlussprüferhonorar, in: WPg 2005, S. 744 ff.

IDW RH HFA 1.014, Umwidmung und Bewertung von Forderungen und Wertpapieren nach HGB, in: FN-IDW 2009, S. 58 ff.

IDW RH HFA 1.015, Zulässigkeit degressiver Abschreibungen in der Handelsbilanz vor dem Hintergrund der jüngsten Rechtsänderungen, IDW-FN 2009, S. 690 ff.

IDW RH HFA 1.016, Handelsrechtliche Zulässigkeit einer komponentenweisen planmäßigen Abschreibung von Sachanlagen, IDW-FN 2009, S. 362 f.

IDW RS BFA 2, Bilanzierung von Finanzinstrumenten des Handelsbestands bei Kreditinstituten, in: FN-IDW 2010, S. 154 ff.

IDW RS HFA 2, Einzelfragen zur Anwendung von IFRS, WPg 2005, S. 1402 ff.

IDW RS HFA 3, Bilanzierung von Verpflichtungen aus Altersteilzeitregelungen nach IAS und nach handelsrechtlichen Vorschriften, in: WPg 1998, S. 23 f.

IDW RS HFA 4, Zweifelsfragen zum Ansatz und zur Bewertung von Drohverlustrückstellungen, in: WPg 2000, S. 716 ff.

IDW RS HFA 9, Einzelfragen zur Bilanzierung von Finanzinstrumenten nach IFRS, in: WPg 2007, Beilage 2/2007, S. 83 ff.

IDW RS HFA 11, Bilanzierung von Software beim Anwender, in: WPg 2004, S. 817 ff.

IDW RS HFA 28, Übergangsregelungen des Bilanzrechtsmodernisierungsgesetzes, in: IDW-FN 2009, S. 642 ff.

IDW RS HFA 31, Aktivierung von Herstellungskosten, in: IDW-FN 2010, S. 310 ff.

IDW, Stellungnahme des IDW: Rückwirkende Anhebung der Schwellenwerte durch das Bilanzmodernisierungsgesetz (nicht veröffentlicht)

IDW, Stellungnahme zum Referentenentwurf eines Gesetzes zur Modernisierung des Bilanzrechts (Bilanzrechtsmodernisierungsgesetz – BilMoG), abrufbar unter: http://www.idw.de/idw/ download/BilMoG.pdf?id=425274&property=Inhalt (Stand: 10.8.2010)

IDW, Stellungnahme zum Regierungsentwurf eines Gesetzes zur Modernisierung des Bilanzrechts (Bilanzrechtsmodernisierungsgesetz – BilMoG), abrufbar: unter http://www.idw.de/idw/portal/n281334/n281114/n281120/search/verlautbarung.do? status=Sonstige &command=s (Stand: 10.8.2010)

Jessen/Haaker, Zur Fair Value-Bewertung im „modernisierten" Handelsbilanzrecht – Ein Plädoyer für einen hinreichenden Gläubigerschutz, in: DStR 2009, S. 499 ff.

Kaminski, Neue Probleme mit § 5 Abs. 1 EStG i. d. F. des BilMoG auf Grund des BMF-Schreibens vom 12. 3. 2010, in: DStR 2010, S. 771 ff.

Kammann, Stichtagsprinzip und zukunftsorientierte Bilanzierung, Köln 1988

Karrenbrock, Von der Steuerabgrenzung zur Bilanzierung latenter Steuern – Die Neuregelung der Bilanzierung latenter Steuerzahlungen nach dem Entwurf des BilMoG, in: WPg 2008, S. 328 ff.

Kersting, Handels- und gesellschaftsrechtliche Auswirkungen der Befreiung „kleiner" Kaufleute und Personenhandelsgesellschaften von der Buchführungs- und Bilanzierungspflicht, in: BB 2008, S. 790 ff.

Kessler, Abschlussanalyse nach IFRS und HGB – Grundlagen und immaterielles Vermögen, in: PiR 2010, S. 33 ff.

Kessler, Anpassungspflichten im Bilanzrecht: (Neue?) Grenzwerte für die wirtschaftliche Verursachung, in: DStR 2001, S. 1903 ff.

Kessler, Entwicklungskosten für Software in der Bilanz des Herstellers, in: BB 1994 Beilage 12, S. 1 ff.

Kessler, Teilwertabschreibung und Wertaufholung in der Kreditwirtschaft nach dem Steuerentlastungsgesetz 1999/2000/2002, in: DB 1999, S. 2577 ff.

Kessler/Leinen, Latente Steuern: Abbau temporärer Auffassungsdivergenzen?, in: StuB 2010, S. 275 ff.

Kessler/Leinen/Paulus, BilMoG: Erstmalige Anwendung und Übertragungsregelungen, in: Haufe Finance Office Professional. HaufeIndex 2190122 (Stand: 10.08.2010)

Kessler/Leinen/Paulus, Das BilMoG und die latenten Steuern (Teil 1); in: KoR 2009, S. 709.

Kessler/Leinen/Paulus, Stolpersteine beim Übergang auf den Vorschriften des BilMoG – macht IDW ERS HFA 28 den Weg frei?, in: BB 2009, S. 1910 ff.

Kessler/Leinen/Strickmann, Bilanzrechtsmodernisierungsgesetz (BilMoG - RegE) - Die neue Handelsbilanz, Freiburg/Berlin/München 2008

Kessler/Strickmann, Facelifting für das auslaufende Konzernbilanzrecht - zu den Änderungen des Konzernbilanzrechts durch das TransPuG und den Deutschen Corporate Governance Kodex, in: StuB 2002, S. 629 ff.

Kessler/Veldkamp, Umrechnung von Fremdwährungsgeschäften – Eine Fallstudie zur Aufstellung des Jahresabschlusses unter Berücksichtigung der Regelungen des BilMoG –, in: KoR 2009, S. 245 ff.

Kirsch, Geplante Übergangsvorschriften zum Jahresabschluss nach dem Regierungsentwurf des BilMoG, in: DStR 2008, S. 1202 ff.

Kirsch, HGB- und IFRS-Konzernabschlüsse im Lichte des BilMoG-Entwurfs, in: PiR 2008, S. 16 ff.

Kirsch, Neuinterpretation der Grundsätze ordnungsmäßiger Buchführung durch das Bilanzrechtsmodernisierungsgesetz, in: StuB 2008, S. 453 ff.

Krumnow u. a., Rechnungslegung der Kreditinstitute, 2. Aufl., Stuttgart 2004

Kühne/Keller, Zum Referentenentwurf des Bilanzrechtsmodernisierungsgesetzes (BilMoG): Wirtschaftliche Zurechnung von Vermögensgegenständen und Schulden sowie Aufwendungen und Erträgen, in: DB 2008, Beilage 1/2008, S. 13 ff.

Küting, Die handelsbilanzielle Erfolgsspaltungs-Konzeption auf dem Prüfstand – Zugleich: Vorschläge zur Neurorientierung der Erfolgsquellenanalyse, in: WPg 1997, S. 693 ff.

Küting/Cassel, Bilanzierung von Bewertungseinheiten nach dem Entwurf des BilMoG, in: KoR 2008, S. 769 ff.

Küting/Kessler, Rückbauverpflichtungen im Spiegel der nationalen und internationalen Bilanzierung, in: PiR 2007, S. 308 ff.

Küting/Kessler/Keßler, Das Bilanzrechtsmodernisierungsgesetz (BilMoG): Moderne Bilanzierungsvorschriften für die betriebliche Altersversorgung? – Auswirkungen auf die bilanzielle Abbildung von Pensionsverpflichtungen deutscher Unternehmen, in: WPg 2008, S. 494 ff.

Küting/Kessler/Keßler, Der Regierungsentwurf des Bilanzrechtsmodernisierungsgesetzes (BilMoG): Zwei Schritte vor, ein Schritt zurück bei der bilanziellen Abbildung der betrieblichen Altersversorgung, in: WPg 2008, S. 748 ff.

Küting/Keßler/Gattung, Die Gewinn- und Verlustrechnung nach HGB und IFRS, in: KoR 2005, S. 15 ff.

Küting/Lorson, Kritische Anmerkungen zum Umfang der Herstellungskosten in der Steuerbilanz im Spiegel von Literatur und BFH-Rechtsprechung – Zur Logik des BFH-Urteils vom 21.10.1993 –, in: DStR 1994, S. 729 ff.

Küting/Pfitzer/Weber, Bilanz als Informations- und Kontollinstrument, Stuttgart 2008

Küting/Pfitzer/Weber (Hrsg.): Das neue deutsche Bilanzrecht, Stuttgart 2008

Küting/Pfitzer/Weber (Hrsg.): Das neue deutsche Bilanzrecht, 2. Aufl., Stuttgart 2009

Küting/Seel, Die Ungereimtheiten der Regelungen zu latenten Steuern im neuen Bilanzrecht, in: DB 2009, S. 923 ff.

Küting/Weber (Hrsg.): Handbuch der Rechnungslegung – Einzelabschluss, Stuttgart 2002 ff.

Küting/Zwirner, Bedeutung für Bilanzpolitik und Unternehmensanalyse : Grundlagen sowie empirischer Befund in 300 Konzernabschlüssen von in Deutschland notierten Unternehmen, in: WPg 2003, S. 301 ff.

Kuhn/Scharpf, Rechnungslegung von Financial Instruments nach IFRS, 3. Aufl., Stuttgart 2006

Kußmaul/Meyering, BilMoG-Regierungsentwurf: Wen entlastet § 241a HGB-E?, in: DB 2008, S. 1445 ff.

Laubach/Kraus, Zum Referentenentwurf des Bilanzrechtsmodernisierungsgesetzes (BilMoG): Die Bilanzierung selbst geschaffener immaterieller Vermögensgegenstände und der Aufwendungen für die Ingangsetzung und Erweiterung des Geschäftsbetriebs, in: DB 2008, Beilage 1/2008, S. 16 ff.

Leffson, Bilanzanalyse, 3. Aufl., Stuttgart 1984

Löw, Verlustfreie Bewertung antizipativer Sicherungsgeschäfte nach HGB - Anlehnung an internationale Rechnungslegungsvorschriften, in: WPg 2004, S. 1109 ff.

Löw/Scharpf/Weigel, Auswirkungen des Regierungsentwurfs zur Modernisierung des Bilanzrechts von Finanzinstrumenten, in: WPg 2008, S. 1011 ff.

Loitz, Latente Steuern nach dem Bilanzrechtsmodernisierungsgesetz (BilMoG), in: DB 2008, S. 249 ff.

Loitz, Latente Steuern nach dem Bilanzrechtsmodernisierungsgesetz (BilMoG) – Nachbesserungen als Verbesserungen?, in: DB 2008, S. 1389 ff.

Lorson, Ausgewählte Anmerkungen zum BilMoG-RefE von Professor Lorson, in: Accounting 3/2008, S. 3 ff.

Lucius, BilMoG nach der Verabschiedung des Gesetzes – Bewertung und Bilanzierung von Pensionsverpflichtungen in der Praxis, in: BetrAV 2009, S. 520 ff.

Lüdenbach, Auf- und Abzinsung von Schulden in der GuV, in: StuB 2010, S. 108 f.

Lüdenbach, Ausschüttungsfähige Rücklagen nach Erwerb eigener Anteile, in: StuB 2010, S. 232 f.

Lüdenbach/Hoffmann, Die langen Schatten der IFRS über der HGB-Rechnungslegung, in: DStR 2007, Beilage zu Heft 50, S. 1 ff.

Lüdenbach/Hoffmann (Hrsg.): Haufe IFRS-Kommentar, 8. Aufl., Freiburg 2010

Lühn, Weiterentwicklung des handelsrechtlichen Einzelabschlusses – Änderungen des BilMoG-E sowie weitere Reformüberlegungen, in: StuB 2007, S. 928 ff.

Luz u. a. (Hrsg.): Kreditwesengesetz (KWG) – Kommentar zum KWG inklusive SolvV, LiqV, GroMiKV, MaRisk, Suttgart 2009

Marxfeld/Schäfer/Schaber, Die marktnahe Bewertung (modifizierte Marktwertbilanzierung) von Handelsbeständen der Kreditinstitute und deutsche Rechnungslegungsgrundsätze, in: FB 2005, S. 728 ff.

Mayer, Steuerliche Behandlung eigener Anteile nach dem BilMoG, Ubg 2008, S. 779 ff.

Meier, Bilanzierung betrieblicher Versorgungsverpflichtungen nach dem BilMoG, in: BB 2009, S. 998 ff.

Meier/Recktenwald, Betriebswirtschaft der betrieblichen Altersversorgung. Ein Handbuch für die Praxis, München 2006

Melcher/Krucker, „Iterative" Auswirkungen des BilMoG auf die Bilanzierung von Verteilungsrückstellungen bei Verwertungsgesellschaften, in: KoR 2009, S. 13 ff.

Melcher/Mattheus, Zum Referentenentwurf des Bilanzrechtsmodernisierungsgesetzes (BilMoG): Lageberichterstattung, Risikomanagement-Bericht und Corporate Governance-Statement, in: DB 2008, Beil. 1 zu Heft 7/2008, S. 52 ff.

Melcher/Tonas, Fallbeispiele zur Überleitung ausgewählter Sachverhalte auf das HGB nach BilMoG, in: KoR 2010, S. 50 ff.

Mercer, Bilanzrechtsmodernisierungsgesetz (BilMoG) verabschiedet vom 8.4.2009, abrufbar unter: http://www.mercer.de. (Stand:10.8.2010)

Mercer, Festlegung der Rechnungszinssätze vom 7.5.2009, abrufbar unter: http://www.mercer.de (Stand: 10.8.2010)

Merkert/Koths, Verfassungsrechtlich gebotene Entkoppelung von Handels- und Steuerbilanz, in: BB 1985, S. 1765 ff.

Meurer, Der Maßgeblichkeitsgrundsatz im BilMoG, in: FR 2009, S. 117 ff.

Mittermaier/Böhme, Auslagerung der Pensionsverpflichtung im Rahmen eines CTA, Bilanzverkürzung unter Verwendung alternativer Vermögenswerte, BB 2006, S. 203 ff.

Moxter, Aktivierungspflicht für selbsterstellte immaterielle Anlagewerte?, in: DB 2008, S. 1514 ff.

Moxter, Aktivierungspflichtige Herstellungskosten in Handels- und Steuerbilanz, in: BB 1988, S. 937 ff.

Moxter, Bilanzrechtsprechung, 6. Aufl., Tübingen 2007

Moxter, Fremdkapitalbewertung nach neuem Bilanzrecht, in: WPg 1984, S. 397 ff.

Moxter, Rückstellungen für ungewisse Verbindlichkeiten und Höchstwertprinzip, in: BB 1989, S. 945 ff.

Mücke, Anhebung der Schwellenwerte für Einzelabschlüsse durch das BilMoG, in: BBK 2008, S. 229 ff.

Mujkanovic, Anpassungsbedarf bei der Bilanzierung des derivativen Geschäfts- oder Firmenwerts – Änderungen nach BilMoG, in: StuB 2010, S. 268 ff.

Mujkanovic, Geringwertige Wirtschaftsgüter nach HGB und IFRS vor dem Hintergrund der Unternehmenssteuerreform 2008 und des BilMoG-E, in: StuB 2008, S. 25 ff.

Ortmann-Babel/Bolik/Gageur, Ausgewählte steuerliche Chancen und Risiken des BilMoG, in: DStR 2009, S. 934 ff.

Oser u. a., Ausgewählte Neuregelungen des Bilanzrechtsmodernisierungsgesetzes (BilMoG) – Teil 1, in: WPg 2008, S. 49 ff.

Oser u. a., Ausgewählte Neuregelungen des Bilanzrechtsmodernisierungsgesetzes (BilMoG) – Teil 2, in: WPg 2008, S. 105 ff.

Oser u. a., Eckpunkte des Regierungsentwurfs zum Bilanzrechtsreformgesetzes (BilMoG), in: WPg 2008, S. 675 ff.

Petersen/Zwirner (Hrsg.): BilMoG, München 2009

Petersen/Zwirner, Die deutsche Rechnungslegung und Prüfung im Umbruch, Veränderte Rahmenbedingungen durch die geplanten Reformen des Bilanzrechtsmodernisierungsgesetzes (BilMoG) gemäß dem Referentenentwurf vom 8.11.2007 in: KoR 2008, Beilage 3 zu Heft 7/8, S. 1 ff.

Petersen/Zwirner/Künkele, Umstellung auf das neue deutsche Bilanzrecht: Übergangsregelungen des BilMoG nach IDW RS HFA 28, in: DB 2010, Beilage 4, S. 1 ff.

Pfitzer/Scharpf/Schaber, Voraussetzung für die Bildung von Bewertungseinheiten und Plädoyer für die Anerkennung antizipativer Hedges, in: WPg 2007, S. 675 ff.

Philipps, Holger: Bilanzpolitik beim Übergang auf den Jahresabschluss nach BilMoG, in: BBK 2010, S. 379 ff.

Prinz, Der BilMoG-Regierungsentwurf und seine steuerlichen Auswirkungen (Teil A), Überblick über die Konsequenzen für die Handels- und Steuerbilanz, in: BBK 2008, S. 897 ff.

Rade/Kropp, Jahrgangsbezogener Sammelposten und Poolabschreibung des § 6 Abs. 2a EStG - endgültiger Abschied von der Einheitstheorie?, in: WPg 2008, S. 13 ff.

Rauser/Rauser/Stüsgen, Steuerlehre für Ausbildung und Praxis – Veranlagung 2010, 37. Aufl., Braunschweig 2010

Rhiel/Veit, Auswirkungen des Gesetzes zur Modernisierung des Bilanzrechts (BilMoG) auf Pensionsverpflichtungen, in: DB 2008, S. 1509 ff.

Richter, BilMoG: Befreiung von der handelsrechtlichen Buchführungspflicht gem. § 241a HGB, in: FR 2009, S. 804 ff.

Rogler, Das bilanzpolitische Potenzial von Bilanzierungswahlrechten (Teil 2), in: KoR 2010, S. 225 ff.

Roth/Altmeppen (Hrsg.): GmbHG Kommentar, 5. Aufl., München 2005

SABI 3/1988, Zur Steuerabgrenzung im Einzelabschluß, in: WPg 1988, S. 683 ff.

Scharpf, Hegde Accounting nach IAS 39, in: KoR 2004, Beilage 1 zu Heft 11

Scharpf/Luz, Risikomanagement, Bilanzierung und Aufsicht von Finanzderivaten, 2. Aufl., Stuttgart 2000

Schmidt, Befreiung von der Buchführungspflicht nach BilMoG, in: BBK 2009, S. 535 ff.

Schmidt, Bewertungseinheiten nach dem BilMoG, in: BB 2009, S. 882 ff.

Schmidt, Buchführungspflicht nach BilMoG, in: BBK 2008, S. 657 ff.

Schmidt, Die BilMoG-Vorschläge zur Bilanzierung von Finanzinstrumenten, in: KoR 2008, S. 1 ff.

Schmidt, Vermeidung und Beginn der steuerlichen Buchführungspflicht Gewerbetreibender, in: BBK 2009, S. 966 ff.

Schmitz, Steuerliche Auswirkungen handelsrechtlicher Bewertungseinheiten, in: DB 2009, S. 1620 ff.

Schüttler/Stolz/Jahr, Die Währungsumrechnung nach § 256a HGB n. F.: Wider die einseitige Maßgeblichkeit!, in: DStR 2010, S. 768 ff.

Schulze-Osterloh, Ausgewählte Änderungen des Jahresabschlusses nach dem Referentenentwurf eines Bilanzrechtsmodernisierungsgesetzes, in: DStR 2008, S. 63 ff.

Schulze-Osterloh, Rückzahlungsbetrag und Abzinsung von Rückstellungen und Verbindlichkeiten – Überlegungen zur Reform des HGB-Bilanzrechts, in: BB 2003, S. 354 ff.

Schulze-Osterloh, Vorschläge für ein Bilanzrechtsmodernisierungsgesetz, in: ZIP 2004, S. 1128 ff.

Stibi/Fuchs, Zum Referentenentwurf des Bilanzrechtsmodernisierungsgesetzes (BilMoG): Erste Würdigung ausgewählter konzeptioneller Fragen, in: DB 2008, Beilage 1/2008, S. 6 ff.

Thaut, Auswirkungen des BilMoG auf die Bilanzierung und Bewertung von Pensionsverpflichtungen in der Handelsbilanz unter besonderer Berücksichtigung des 15-jährigen Übergangszeitraums, in: WPg 2009, S. 723 ff.

Theile, Der Regierungsentwurf zum Bilanzrechtsmodernisierungsgesetz, in: BBK 2008, S. 605 ff.

Theile, Die Auswirkungen des Referentenentwurfs zum Bilanzrechtsmodernisierungsgesetz auf die Rechnungslegung der GmbH - Übersicht der wesentlichen Änderungen für den Jahres- und Konzernabschluss, in: GmbHR 2007, S. 1296 ff.

Theile, Immaterielle Vermögensgegenstände nach RegE BilMoG - Akzentverschiebung beim Begriff des Vermögensgegenstands?, in: WPg 2008, S. 1064 ff.

Theile, Reform des Bilanzrechts durch das Bilanzrechtsmodernisierungsgesetz – Übersicht der wesentlichen Änderungen für den Jahresabschluss, in: BBK, Fach 2, S. 1321 ff.

Theile/Stahnke, Bilanzierung sonstiger Rückstellungen nach dem BilMoG-Regierungsentwurf, in: DB 2008, S. 1757 ff.

Vereinigung zur Mitwirkung an der Entwicklung des Bilanzrechts für Familiengesellschaften (VMEBF) e. V., Kritische Auseinandersetzung mit dem Reg-E eine BilMoG aus der Sicht von Familienunternehmen, in: KoR 2008, S. 357 ff.

Watson/Wyatt/Heissmann, Rechnungslegungszins nach IAS 19 und FAS 87 im 36-Monatsvergleich, abrufbar unter http://www.watsonwyatt.com/europe/germany/media/Zins_IAS_FAS.pdf (Stand: 10.8.2010)

Weber-Grellet, Bestand und Reform des Bilanzsteuerrechts,. In: DStR 1998, S. 1343 ff.

Wehrheim/Rupp, Die Passivierung von Rückstellungen für Innenverpflichtungen nach Inkrafttreten des BilMoG, in: DStR 2010, S. 821 ff.

Weismüller/Kürten, Bilanzielle Behandlung von Zinsen aus Pensionsverpflichtungen in der Praxis, in: WPg 1996, S. 721 ff.

Wendholt/Wesemann, Zum Referentenentwurf des Bilanzrechtsmodernisierungsgesetzes (BilMoG): Bilanzierung von latenten Steuern im Einzel- und Konzernabschluss, in: DB 2008, Beilage 1/2008, S. 49 ff.

Wiechens/Helke, Die Bilanzierung von Finanzinstrumenten nach dem Regierungsentwurf des BilMoG, in: DB 2008, S. 1333 ff.

Wiechers, Auswirkungen des BilMoG auf den Anhang, in: BBK 2009, S. 1220 ff.

Winkler/Golücke, Teilwertabschreibung bei Übertragung von Wirtschaftsgütern, BB 2003, S. 2602 ff.

Woerner, Kriterien zur Bestimmung des Passivierungszeitpunkts bei Verbindlichkeitsrückstellungen, in: BB 1994, S. 246 f.

Zeis, Pflicht zur Bildung von Pensionsrückstellungen für Beamte trotz Mitgliedschaft im Versorgungsverband?, in: WPg 2007, S. 778 ff.

Zülch/Hoffmann, Die Bilanzreform im Überblick, in: BBK 2009, S. 425 ff.

Zülch/Hoffmann, Die Modernisierung des deutschen Handelsbilanzrechts durch das BilMoG: Wesentliche Alt- und Neuregelungen im Überblick, in: DB 2009, S. 745 ff.

Zülch/Hoffmann, Die Sachverständigenanhörung vom 17.12.2008 zum BilMoG-RegE: Mögliche Implikationen für das neue Handelsbilanzrecht, in: StuB 2009, S. 53 ff.

Zülch/Hoffmann, Probleme und mögliche Lösungsansätze der „neuen" Ausschüttungssperre nach § 268 Abs. 8 HGB, in: DB 2010, S. 909 ff.

Zwirner, BilMoG: Eigenkapitalgefährdung durch die Steuerabgrenzung (nicht nur) bei (früheren) Umwandlungsfällen, in: DB 2010, S. 737 ff.

Zwirner, Die Bilanzierung von Bewertungseinheiten nach § 254 HGB, in: StuB 2009, S. 449 ff.

Zwirner, Herausforderungen und Risiken der neuen Anhangberichterstattung nach BilMoG, in: BB 2009, S. 2302 ff.

Zwirner, Neues BMF-Schreiben unterstreicht die Bedeutung einer eigenständigen Steuerbilanzpolitik, in: DStR 2010, S. 591 ff.

2 Konsolidierte Rechnungslegung

Adler/Düring/Schmaltz, Rechnungslegung und Prüfung der Unternehmen, 6. Aufl., Stuttgart 1995 ff.

Adler/Düring/Schmaltz, Rechnungslegung nach internationalen Standards, Stuttgart 2002 ff.

Bertram/Brinkmann/Kessler/Müller (Hrsg.): Haufe HGB Bilanz Kommentar, Freiburg 2009

BFH-Urteil vom 12.12.1972, VIII R 112/69, BStBl. II 1973, S. 555 ff.

BFH-Urteil vom 26.4 1989, I R 147/84, BStBl. 1991, S. 213 ff.

BFH-Urteil vom 20.8.2003, I R 49/02, BStBl. II 2003, S. 941 ff.

Deubert, Auflösung der „Eigenkapitaldifferenz aus Währungsumrechnung" nach § 308a Satz 4 HGB i. d. F. des RegE BilMoG, in: DStR 2009, S. 340 ff.

Dörfler/Adrian, Zum Referentenentwurf des Bilanzrechtsmodernisierungsgesetzes (BilMoG): Steuerliche Auswirkungen, in: DB 2008, Beilage 7/2008, S. 44 ff.

DRSC, Stellungnahme zum BilMoG vom 21.1.2008, abrufbar unter: http://www.standardsetter.de/drsc/dox.php?do=show_docs&type_id=2&cat_id=3&base_dod_id=
957 (Stand: 10.08.2010)

Ellrott u. a. (Hrsg.): Beck'scher Bilanz-Kommentar, 6. Aufl., München 2006

Ellrott u. a. (Hrsg.): Beck'scher Bilanz-Kommentar, 7. Aufl., München 2010

Fülbier/Gassen, Das Bilanzrechtsmodernisierungsgesetz (BilMoG): Handelsrechtliche GoB vor der Neuinterpretation, in: DB 2007, S. 2605 ff.

Gelhausen/Fey/Kämpfer, Rechnungslegung und Prüfung nach dem Bilanzrechtsmodernisierungsgesetz, Düsseldorf 2009

Hayn, Konsolidierungstechnik bei Erwerb und Veräußerung von Anteilen, Herne/Berlin 1999

HFA des IDW, Entwurf einer Stellungnahme: Zur Währungsumrechnung im Konzernabschluss, in: WPg 1998, S. 549 ff.

Hoffmann/Lüdenbach, NWB Kommentar Bilanzierung, Herne 2009

IDW ERS HFA 27, Einzelfragen zur Bilanzierung latenter Steuern nach den Vorschriften des HGB in der Fassung des Bilanzrechtsmodernisierungsgesetzes, in: IDW-FN 2009, S. 337 ff.

Kessler/Strickmann, Facelifting für das auslaufende Konzernbilanzrecht – Zu den Änderungen des Konzernbilanzrechts durch das TransPuG und des deutschen Corporate Governance Kodex, in: StuB 2002, S. 629 ff.

Kirsch, HGB- und IFRS-Konzernabschluss im Lichte des BilMoG-Entwurfs, in: PiR 2008, S. 16 ff.

Klarholz/Stibi, Sukzessiver Anteilserwerbs nach altem und neuem Handelsrecht – Eine Fallstudie zum Übergang von der Equity-Methode auf die Vollkonsolidierung, in: KoR 2009, S. 297 ff.

Krain, Der Konzernbegriff der Zinsschranke nach dem BilMoG, in: StuB 2009, S. 486 ff.

Küting/Pfitzer/Weber (Hrsg.): Das neue deutsche Bilanzrecht, 2. Aufl., Stuttgart 2009

Küting/Trappmann/Ranker, Gegenüberstellung der Bewertungskonzeption von beizulegendem Wert und Fair Value im Sachanlagevermögen, in: DB 2007, S. 1709 ff.

Küting/Weber, Der Konzernabschluss, 11. Aufl., Stuttgart 2008

Küting/Weber (Hrsg.): Handbuch der Konzernrechnungslegung, 2. Aufl., Stuttgart 1998

Küting/Weber/Reuter, Steuerbemessungsfunktion als neuer Bilanzzweck des IFRS-/Konzern-Abschlusses durch die Zinsschrankenregelung?, in: DStR 2008, S. 1602 ff.

Leinen, Die Kapitalkonsolidierung im mehrstufigen Konzern, Herne/Berlin 2002

Loitz, Latente Steuern und steuerliche Überleitungsrechnung – Unterschiede zwischen IAS/ IFRS und US-GAAP, in: WPg 2004, S. 1177 ff.

Loitz/Klevermann, Bilanzierung von Ertragsteuern in deutschen Organschaften nach IFRS und BilMoG, in: DB 2009, S. 409 ff.

Loitz, Latente Steuern nach dem Bilanzrechtsmodernisierungsgesetz (BilMoG) – Nachbesserungen als Verbesserungen?, in: DB 2008, S. 1389 ff.

Lüdenbach/Hoffmann (Hrsg.): Haufe IFRS-Kommentar, 7. Aufl., Freiburg 2009

Macharzina/Welge (Hrsg.): Handwörterbuch Export und Internationale Unternehmensrechnung, Stuttgart 1989

Mujkanovic, Die Konsolidierung von Zweckgesellschaften nach IFRS und HGB vor dem Hintergrund der Suprime-Krise und des BilMoG, in: StuB 2008, S. 136 ff. Oser, Auf- und Abstockung von Mehrheitsbeteiligungen im Konzernabschluss nach BilMoG – Grenzen der Annäherung des HGB an die IFRS, in: DB 2010, S. 65 ff.

Oser u. a., Ausgewählte Neuregelungen des Bilanzrechtsmodernisierungsgesetzes (BilMoG) – Teil 2, in: WPg 2008, S. 105 ff.

Oser u. a., Eckpunkte des Regierungsentwurfs zum Bilanzrechtsmodernisierungsgesetz (BilMoG), in: WPg 2008, S. 675 ff.

Schruff/Rothenburger, Zur Konsolidierung von Special Purpose Entities im Konzernabschluss nach US-GAAP, IAS und HGB, in: WPg 2002, S. 755 ff.

Schurbohm-Ebneth/Zoeger, Zum Referentenentwurf des Bilanzrechtsmodernisierungsgesetzes (BilMoG): Internationalisierung des handelsrechtlichen Konzernabschlusses, in: DB 2008, Beilage 7/2008, S. 40 ff.

Verordnung über befreiende Konzernabschlüsse und Konzernlageberichte von Mutterunternehmen mit Sitz in einem Drittstaat (Konzernabschlussbefreiungsverordnung – KonBefrV) vom 15.11.1991 (BGBl 1991 I, S. 2122), mehrfach geändert (zuletzt BGBl 2004 I S. 3166) und unbefristet verlängert (BGBl 1996 I S. 1862)

Weber/Böttcher/Griesemann, Spezialfonds und ihre Behandlung nach deutscher und internationaler Rechnungslegung, in: WPg 2002, S. 905 ff.

3 Prüfung

Bertram/Brinkmann/Kessler/Müller (Hrsg.): Haufe HGB Bilanz Kommentar, Freiburg 2009

Deutscher Corporate Governance Kodex, abrufbar unter: http://www.corporate-governance-code.de/ (Stand: 10.8.2010)

Eibelshäuser/Stein, Modifikation der Zusammenarbeit des Prüfungsausschusses mit dem Abschlussprüfer durch den Gesetzentwurf des BilMoG, in: Der Konzern 9/2008, S. 486 ff.

Ellrott u.a. (Hrsg.): Beck'scher Bilanzkommentar, 7. Aufl., München 2010

Erchinger/Melcher, Zum Referentenentwurf des BilMoG, in: Der Betrieb, Beilage 1 zu Heft 7/2008, S. 56 f.

Ferlings, Vereinheitlichung der Abschlussprüfung – Die internationalen Prüfungsstandards erreichen einen wichtigen Meilenstein für die globale Anwendung, in: WPg 6/2009, S. I (Editorial)

Fölsing, Unabhängigkeit in Prüfungs- und Beratungsnetzwerken – Wie wird sich § 319b HGB in der Prüfungspraxis auswirken?, in: Zeitschrift für Corporate Governance 2/2009, S. 76 ff.

Gelhausen/Fey/Kämpfer: Rechnungslegung und Prüfung nach dem Bilanzrechtsmodernisierungsgesetz, Düsseldorf 2009

Heininger, Aktuelle Entwicklungen zur ISA-Anwendung in Europa, in: WPg 1/2010, S. 15 ff.

Hönsch, Die Auswirkungen des BilMoG auf den Prüfungsausschuss, in: Der Konzern 11/2009, S. 553 ff.

IDW PS 201, Rechnungslegungs- und Prüfungsstandards für die Abschlussprüfung, FN-IDW 2008, S. 172 ff., unter Berücksichtigung der Änderungen vom 9.9.2009, FN-IDW 2009, S. 533 ff.

IDW PS 202, Die Beurteilung von zusätzlichen Informationen, die von Unternehmen zusammen mit dem Jahresabschluss veröffentlicht werden, FN-IDW 2000, S. 634 ff., unter Berücksichtigung der Änderungen vom 9.9.2009, FN-IDW 2009, S. 533 ff.

IDW PS 320, Verwendung der Arbeit eines anderen externen Prüfers, FN-IDW 2004, S. 383 ff. (IDW PS 320 a. F.)

IDW PS 320, Verwertung der Arbeit eines anderen externen Prüfers, FN-IDW 2004, S. 383 ff., unter Berücksichtigung der Änderungen vom 9.9.2009, FN-IDW 2009, S. 533 ff.

IDW PS 340, Die Prüfung des Risikofrüherkennungssystems nach § 317 Abs. 4 HGB, FN-IDW 1999, S. 350 ff.

IDW PS 345, Auswirkungen des Deutschen Corporate Governance Kodex auf die Abschlussprüfung, FN-IDW 2008, S. 427 ff. (IDW PS 345 a. F.)

IDW PS 345, Auswirkungen des Deutschen Corporate Governance Kodex auf die Abschlussprüfung, FN-IDW 2009, S. 546 ff.

IDW PS 350, Prüfung des Lageberichts, FN-IDW 2006, S. 610 ff., unter Berücksichtigung der Änderungen vom 9.9.2009, FN-IDW 2009, S. 533 ff.

IDW PS 400, Grundsätze für die ordnungsmäßige Erteilung von Bestätigungsvermerken bei Abschlussprüfungen, FN-IDW 2005, S. 784 ff., unter Berücksichtigung der Änderungen vom 9.9.2009, FN-IDW 2009, S. 533 ff.

IDW PS 450, Grundsätze ordnungsmäßiger Berichterstattung bei Abschlussprüfungen, FN-IDW 2006, S. 44 ff., unter Berücksichtigung der Änderungen vom 9.9.2009, FN-IDW 2009, S. 533 ff.

IDW, Entwurf zur Änderung von IDW Prüfungsstandards: Anpassung an die im Rahmen des Clarity-Projekts überarbeiteten ISA, FN-IDW 2010, S. 62 ff.

IDW, Stellungnahme zum Referentenentwurf eines Gesetzes zur Modernisierung des Bilanzrechts vom 4.1.2008 (www.idw.de)

IDW, Stellungnahme zum Regierungsentwurf eines Gesetzes zur Modernisierung des Bilanzrechts vom 26.9.2008 (www.idw.de)

IDW, Zusammenfassende Darstellung der Änderungen von IDW Prüfungsstandards aufgrund des Bilanzrechtsmodernisierungsgesetzes (BilMoG), FN-IDW 2009, S. 533 ff.

IFAC, Pressemitteilung vom 1.10.2007 (www.ifac.org)

IFAC, Pressemitteilung vom 3.3.2009 (www.ifac.org)

Kämpfer/Schmidt, Die Auswirkungen der neueren Prüfungsstandards auf die Durchführung von Abschlussprüfungen, in: WPg 1/2009, S. 47 ff.

Köhler/Böhm, Nutzen- und Kosteneffekte einer möglichen Übernahme der ISA in der EU – Ausgewählte Ergebnisse, in: WPg 20/2009, S. 997 ff.

Kuhn/Stibi, Änderung der IDW Prüfungsstandards aufgrund des Bilanzrechtsmodernisierungsgesetzes (BilMoG), in: WPg 23/2009, S. 1157 ff.

Küting/Pfitzer/Weber (Hrsg.): Das neue deutsche Bilanzrecht, 2. Aufl., Stuttgart 2009

Küting/Weber (Hrsg.): Handbuch der Rechnungslegung – Einzelabschluss, Stuttgart 2002 ff.

Lanfermann/Röhricht, Pflichten des Prüfungsausschusses nach BilMoG, in: Betriebs-Berater 17/2009, S. 887 ff.

Neu, Gefangen im Netz(werk) (?) – Die Ausdehnung der Unabhängigkeitsvorschriften für den mittelständischen Abschlussprüfer, in: Der Betrieb 49/2008, S. I (Gastkommentar)

Niemann/Bruckner, Qualitätssicherung bei der Konzernabschlussprüfung, in: DStR 7/2010, S. 345 ff.

Oser u.a., Ausgewählte Neuregelungen des BilMoG - Teil 2, in WPg 3/2008, S. 109 ff.

Petersen/Zwirner, Abschlussprüfung nach dem Regierungsentwurf zum BilMoG, in: WPg 20/2008, S. 967 ff.

Petersen/Zwirner, Besondere Ausschlussgründe für Wirtschaftsprüfer bei Unternehmen von öffentlichem Interesse – Anmerkungen zu § 319a HGB, in: WPg 15/2009, S. 769 ff.

Petersen/Zwirner, Die deutsche Rechnungslegung und Prüfung im Umbruch: Veränderte Rahmenbedingungen durch die geplanten Reformen des Bilanzrechtsmodernisierungsgesetzes (BilMoG) gemäß dem Gesetzentwurf der Bundesregierung vom 21.5.2008, in: KoR, Beilage 3 zu Heft 7-8/2008, S. 30 ff.

Petersen/Zwirner/Boecker, Ausweitung der Ausschlussgründe für Wirtschaftsprüfer bei Vorliegen eines Netzwerks – Anmerkungen zu § 319b HGB, in: WPg 9/2010, S. 464 ff.

Schneider/Kortebusch, Die Zusammenarbeit von Abschlussprüfern im Rahmen der EU und mit Drittländern, in: PiR 5/2009, S. 134 ff.

Schnepel, Neue berufliche Rahmenbedingungen für gesetzliche Abschlussprüfer - Änderungen durch das BilMoG, in: NWB 15/2009, S. 1088 ff.

Schulze Osthoff, Zur Anwendung der ISA im Mittelstand, in: WPg 24/2009, S. I (Editorial)

Velte, Zur Reform des Prüfungsausschusses post BilMoG, in: StuB 9/2009, S. 342 ff.

WPK Magazin: Bilanzrechtsmodernisierungsgesetz – Auswirkungen auf die beruflichen Rahmenbedingungen des Abschlussprüfers, Heft 2/2009, S. 4 ff.

Zwirner/Boecker, Netzwerkregelung nach BilMoG als neues Risiko, in: Betriebs-Berater 4/2010, S. VII

Stichwortverzeichnis

A

Abführungssperre siehe
    Ausschüttungssperre
Abschlussprüfung
    Abschlussprüferrichtlinie 775
    Ausweitung Rotationspflicht 801
    Beendigung Prüfungsauftrag 797
    interne Rotation 800
    nach IDW PS 790
    nach ISA 791
    netzwerkweite
        Prüferunabhängigkeit 806
    Prüferwechsel 812
    Prüfungsbericht 816
    Unabhängigkeitserklärung 816
    verantwortlicher Prüfungspartner 800
Abschreibung, außerplanmäßige
    Geschäfts- oder Firmenwert 238
    Niederstwertabschreibung 243
Abschreibung, planmäßige
    Geschäfts- oder Firmenwert 238
    Immaterielle
        Vermögensgegenstände 242
    Komponentenansatz 234
    Methode 232
    Methoden 231
    Übergangsregelung 233
    Unit of production-method 242
Altersversorgungsverpflichtungen
    Begriff 283
    Vergleichbare Verpflichtungen 283
Anhang 614
    Abschlussprüferhonorare 627
    Anteilsliste 646
    Ausschüttungssperre 641
    außerbilanzielle Geschäfte 622
    Bewertungseinheiten 636
    Corporate Governance Erklärung 627
    Erstanwendung 647
    F&E-Kosten 636
    Finanzanlagen 629
    Finanzinstrumente 630
    Geschäfts- oder Firmenwerte 626
    größenabhängige Erleichterungen 647
    Haftungsverhältnisse 640
    Investmentfonds 639
    Latente Steuern 642
    nahe stehende Personen 631
    Pensionsrückstellungen 638
    PublG 621
    Saldierung von Vermögen und Schulden 639
    sonstige finanzielle
        Verpflichtungen 625
    umgekehrte Maßgeblichkeit 626
    Verbindlichkeiten 621
Anlagevermögen
    Abschreibung, außerplanmäßige 244
    Ermessensabschreibungen 249
    Erstanwendung Niederstbewertung 249
    Geringwertige Wirtschaftsgüter 231
    Niederstbewertung 244
    Planmäßige Abschreibung 231
    Steuerrechtliche
        Mehrabschreibungen 251
    Übergangsregelungen
        Niederstbewertung 249
    Zuschreibungen 257
Ansatzstetigkeit
    Erstanwendung 197
Anschaffungskosten
    Bewertungseinheiten 205

Rentenverpflichtungen 204
　Überblick 204
　Wiederherstellungsverpflichtung
　　204
Arbeitspapiere
　Drittstaatenprüfer 832
　Unabhängigkeit 832
Aufsichtsrat
　Berichterstattung Abschlussprüfer
　　829
　Prüfungsausschuss 826
　Voraussetzungen Mitglieder 824
Aufwandsrückstellung
　Komponentenansatz 234
Aufwandsrückstellungen
　erstmalige Anwendung 311
　Fallbeispiel 313
　Generalüberholung 234, 310
　international 309
　Komponentenansatz 311
　Pflichtrückstellungen 310
　Übergangsregelung 312
　Unterlassene Instandhaltung 308
Ausgleichsposten für Anteile anderer
　Gesellschafter 732
Ausschüttungssperre
　Anhangserläuterungen 449
　Anwendungsfälle 437
　Ausschüttungsfähiger Betrag 445
　Ermittlung 439
　Erstanwendung 449
　Fallbeispiel 441
　Gewinnabführung 445
　Kommanditistenentnahmen 447
　Kommanditistenhaftung 438
　Überblick 436
　Übergangsregelung 449
　Vorabausschüttung 439
Ausstehende Einlagen
　Ausweis 411
　Beispiel 412
　Bewertung 411
　Erstanwendung 410
　Überblick 409

B

Befreiungsregelungen
　Befreiungsvoraussetzungen 106
　Erstanwendung 107
　Neugründung 107
Beizulegender Zeitwert
　aktiver Markt 261
　Anwendungsbereich 260
　Ermittlungshierarchie 261
　Fehlende Ermittelbarkeit 262
　Folgebewertung 260
　Wechsel des Bewertungsmaßstabs
　　264
　Zugangsbewertung 260
Bewertungseinheiten
　Bilanzierung 538
　Dokumentation 536
　Formen 525
　Grundgeschäft 527
　Grundidee 523
　Steuerliche Folgen 542
　Überblick 522
Bewertungsmaßstäbe
　Anschaffungskosten 202, 292
　Beizulegender Zeitwert 203
　Herstellungskosten 203, 208
　Überblick 202
Bewertungsmethoden
　Erstanwendung 542
　Übergangsregelungen 542
Bewertungsmethodenstetigkeit
　Auslegung 273
　Erstanwendung 274
　Steuerbilanz 275
　Überblick 272
　Übergangsregelung 274
Bewertungsschema
　Anlagevermögen 198
Bewertungsvereinfachungsverfahren
　Festbewertung 293
　Gruppenbewertung 293
　Verbrauchsfolgebewertung 293
Bewertungsvereinfachungsverfahren

Überblick 293
Bewertungsvereinfachungsverfahren
    Erstanwendung 295
Bewertungsvereinfachungsverfahren
    Übergangsregelung 295
Bilanzierungshilfen 450
BilMoG-Eröffnungsbilanz
    Ableitung 75
    Anpassungsbuchungen 75
    Latente Steuern 77

D

Deregulierung 108
Drittstaatenprüfer 834

E

Eigene Anteile
    Ausweis nach BilMoG 418
    Darstellung nach BilMoG 419
    Erstanwendung 417
    Erwerb 417, 419
    Fallbeispiel 424
    im Konzernabschluss 716
    Kapitalerhaltung 420
    Steuerliche Folgen 432
    Veräußerung 422, 424
Eigenkapital
    Anteile an herrschenden
        Unternehmen 433
    Ausstehende Einlagen 409
Eigenkapitalspiegel 152
Equity-Methode
    Anschaffungskostenrestriktion 748
    Aufrechnungszeitpunkt 749
    Buchwertmethode 748
    Erfolgsneutrale Equity-
        Fortschreibung 749, 751
    Erstanwendung 752
    Jahresfenster 750
    Kapitalanteilsmethode 748
    Kaufpreisallokation 750
    Latente Steuern 750

Überblick 747
Übergangsregelungen 752
Unterschiedsbetrag 749
Zwischenerfolgseliminierung 749
Erklärung zur Unternehmensführung
    Prüfungspflicht 783
Erstanwendung
    Altfälle 70
    Anpassungsbedarf 70
    Aufwandsrückstellungen 74
    Konzernabschluss 72
    Latente Steuern 77
    Notwendige Änderungen 71
    Rückstellungsbewertung 80
    Steuerliche Mehrabschreibungen
        74, 79
    Überblick 59
    Übergangswahlrechte 73
    Umstellungsstichtag 67
    Zeitpunkte 59

F

Fifo-Methode 293
Finanzinstrumente 766
Fremdwährungsabschlüsse,
    Umrechnung von
    Anwendungsbereich 733
    Beispiel 736
    Erstanwendung 739
    Hochinflation 733
    Kursart 735
    Latente Steuern 739
    outside basis differences 739
    Stichtagskursmethode 734
    Übergangsregelungen 739
    Umrechnungsdifferenzen 735
Fremdwährungsumrechnung
    Anlässe 501
    Ausweis 516
    Folgebewertung 509
    GuV 507
    Latente Steuern 509
    Rechnungsabgrenzungsposten 509

Steuerbilanz 521
Wechselkurse 502
Zugangsbewertung 504

G

Gemeinschaftsunternehmen 746
Geringwertige Wirtschaftsgüter
   siehe Anlagevermögen
Geschäfts- oder Firmenwert
   Abschreibung 174
   Abschreibung, außerplanmäßige 238
   Abschreibung, planmäßige 238
   Altkonsolidierungsfälle 743
   Anhangserläuterungen 239
   Ansatz 173
   Beispiel 239
   Erstanwendung 175
   Latente Steuern 723
   Nutzungsdauer 238
   Steuerbilanz 175
   Überblick 172
   Vermögensgegenstand 173
   Zuschreibung 238
Geschäfts- oder Firmenwert im Konzernabschluss
   Anhangsangabe 744
   Folgebewertung 741
   Impairment-Only-Approach 741
   Nutzungsdauer 741
   Planmäßige Abschreibung 741
Größenklassen
   Rechnungslegungsanforderungen 127
Größenklassen für Unternehmen
   Erstanwendung 143
   Schwellenwerterhöhung 128
   Überblick 127

H

Herstellungskosten
   Angemessenheitsprinzip 296
   Bestandteile 210
   Definition 208
   Erstanwendung 216
   Forschungskosten 214
   Fremdkapitalzinsen 213
   Grundlagen 296
   Leerkosten 215, 297
   Pflichtbestandteile 210, 211
   Sozialkosten 212
   Steuerbilanz 214
   Steuerliche Folgen 217
   Überblick 207
   Übergangsregelung 216
   Vertriebskosten 214
   Verwaltungskosten 212
Herstellungskosten (IVG)
   Entwicklungsphase 221
   Erstanwendung 229
   Forschungsphase 221
   Marken 229
   Nachträgliche Herstellungskosten 228
   Prüfungsschema 219
   Überblick 218
   Vermögensgegenstandseigenschaft 184

I

Immaterielle Vermögensgegenstände
   Aktivierungsbeginn 222
   Aktivierungswahlrecht, Erstanwendung 194
   Ansatzprüfung 180
   Ansatzverbote 181
   Ausweis 277
   Beispiel 189
   Entwicklungsrisiko 277
   Fallbeispiel 224
   geleistete Anzahlungen 279
   Herstellungskosten siehe Herstellungskosten (IVG)
   Rechtsentwicklung 178
   unfertige 278

Ingangsetzungs- und
    Erweiterungsaufwendungen
    Aufhebung 450
    Bisherige Regelung 451
    Letztanwendung 452
    Übergangsregelung 453
ISA
    Clarity Center 792
    Clarity-Projekt 792
    ISA 600 790

J

Jahresabschluss
    Befreiungsregelungen 107
    Bestandteilerweiterung 151
    Rechnungslegungsanforderungen 106
Jahresabschluss nach BilMoG
    Änderungen 82
    Anhangsangaben 86
    Aufstellung 81
    Beibehaltungswahlrechte 82
    nachträgliche Anpassungen 83
    Vorjahreszahlen 85

K

Kapitalflussrechnung 157
Kapitalkonsolidierung
    Anschaffungskostenrestriktion 696
    Anteilsaufstockung jenseits Control 714
    Anteilsreduktion jenseits Control 714
    Aufrechnungszeitpunkt 699
    Ausgleichsposten für Anteile anderer Gesellschafter 732
    Beizulegender Wert 701
    Beizulegender Zeitwert 701
    Buchwertmethode 697
    Eigene Anteile 716
    Erstanwendung 719
    Erstkonsolidierung 699
    Interessenzusammenführungsmethode 694
    Jahresfenster 708
    Kaufpreisallokation 700
    Konsolidierungsmethodenstetigkeit 687
    Maßgebliches Normensystem 688
    Methodenüberblick 694
    Methodik 696
    Neubewertungsmethode 697
    Passiver Unterschiedsbetrag 713
    Rückbeteiligungen 716
    Sukzessiver Anteilserwerb 712
    Übergangsregelungen 719
Kapitalmarktorientierung
    Begriffsbestimmung 147
    Erstanwendung 151
    Jahresabschlussbestandteile 151
    Organisierter Markt 146
    Überblick 147
Kaufpreisallokation
    Beizulegender Wert 701
    Beizulegender Zeitwert 701
    Immaterielle Vermögensgegenstände 703
    Jahresfenster 708
    Latente Steuern 706
Konsolidierungsgrundsätze 691
Konsolidierungsmethodenstetigkeit 687
Konzernabschluss,
    Aufstellungspflicht
    Befreiungstatbestände 672
    Beherrschungsmöglichkeit 665
    Beteiligungsmerkmal 663
    Control-Konzept 662, 664
    Erstanwendung 671
    Erstanwendung modifizierte Befreiungstatbestände 681
    Fehlen konsolidierungspflichtiger TU 663
    Hineinwachsen 680
    Internationale Rechnungslegung 665

Konkretisierende Tatbestände 665
Konzept der einheitlichen Leitung 662
Konzernbefreiungsverordnung 677
Minderheitsgesellschafter 677
Mutter-Tochter-Verhältnis 664
Präsenzmehrheit 665
Protective rights 666
Steuerliche Folgen 671
Substantive participating rights 666
Tannenbaumprinzip 676
Übergangsregelungen 671
Übergangsregelungen modifizierte Befreiungstatbestände 681
Weltabschlussprinzip 683
Zweckgesellschaften 663, 667
Konzernabschlussprüfung
   bedeutende Tochterunternehmen 802
   Beurteilung Ergebnisse Anderer 788
   nach IDW PS 320 785
   nach ISA 600 790
   Übernahme Ergebnisse Anderer 786
   verantwortlicher Prüfungspartner 802
   Verantwortlichkeiten 784
   Verwertung Ergebnisse Anderer 787
Konzernanhang 757
   Abschlussprüferhonorare 764
   Anteilsliste 764
   außerbilanzielle Geschäfte 764
   Befreiender IFRS-Abschluss 763
   Bewertungseinheiten 766
   Corporate Governance-Erklärung 764
   Erstanwendung 767
   F & E-Kosten 766
   Geschäfts- oder Firmenwerte 766
   Haftungsverhältnisse 766
   Investmentfonds 766
   Latente Steuern 766
   nahe stehende Personen 766
   Pensionsrückstellungen 766
   PublG 764
   Saldierung von Vermögen und Schulden 766
   sonstige finanzielle Verpflichtungen 764
Konzernlagebericht
   Erstanwender 771
   internes Kontrollsystem 770
   PublG 770
   Risikomanagement 770
   Übernahmehindernisse 770
   Unternehmensführung 770
Konzernlagebericht 768

L

Lagebericht
   Erstanwender 657
   internes Kontrollsystem 653
   PublG 652
   Risikomanagementsystems 653
   Übernahmehindernisse 652
   Unternehmensführung 655
Lagebericht 649
Latente Steuern
   Auflösung 478
   Ausschüttungssperre 490, 493
   Ausweis in der GuV 491
   Befreiungsregelung 479
   Bilanzausweis 490
   Ermittlung 486
   Erstanwendung 495
   Gesamtdifferenzenbetrachtung 477
   Organschaft 471
   Steuerüberleitungsrechnung 643
      Beispiel 644
   Temporary-Konzept 468
   Timing-Konzept 468
   Verlustvorträge 488
   Vorsichtsprinzip 488
   Werthaltigkeit 487
   Zweck 469

Latente Steuern im Konzernabschluss
  Altkonsolidierungsfälle 728
  Equity-Methode 750
  Erstanwendung 728
  Fremdwährungsabschlüsse,
    Umrechnung von 739
  Geschäfts- oder Firmenwert 723
  Kapitalkonsolidierung 723
  Kaufpreisallokation 706
  outside basis differences 727
  Steuerlich abzugsfähiger
    Firmenwert 723
  Steuersatz 725
  Übergangsregelungen 728
  Zuordnung zu
    Gesellschaftergruppen 728
Lifo-Methode 293

M

Maßgeblichkeit
  Ausblick 458
Maßgeblichkeitsprinzip
  Anwendungszeitpunkt 101
  Aufzeichnungspflichten 100
  Auslegung durch BMF 90
  autonome steuerliche Wahlrechte 93
  Bewertung 89
  Bewertungsvereinfachung 98
  Bilanzansatz 88
  formelle Maßgeblichkeit 88
  Fremdkapitalkosten 98
  Fremdwährungsgeschäfte 99
  Herstellungskosten 92
  korrespondierende Wahlrechte 96
  materielle Maßgeblichkeit 87
  Neufassung 87
  Pensionsverpflichtungen 91
  planmäßige Abschreibung 97
  Reichweite 88
  steuerliche Mehrabschreibungen 102
  Teilwertabschreibung 94

  Übergangsregelung 101
  umgekehrte Maßgeblichkeit 87
  zwingende Vorbehaltsvorschriften 90
Micro-Hedging 525

N

Netzwerk
  Ausschlussgründe 807, 808
  Definition 809

O

Offenlegung
  Erstanwender 837
  Frist 841
  größenabhängige Erleichterung 841
  PublG 842
  Zweigniederlassung 841
Offenlegung 837
Organisierter Markt 146

P

Passivischer Unterschiedsbetrag
  aus Gewinnthesaurierungen 700, 713
  Folgebewertung 742
Pensionsrückstellungen
  Abzinsung 367
  Anpassungsvereinbarungen 356
  Anwartschaftsbarwertverfahren 373
  Bewertungseinheit 362
  Bewertungsstichtag 354, 361
  Bewertungsverfahren 372
  Deckungsvermögen 362, 364
  Durchschnittszinssatz 369
  Erstanwendung 349
  Fremdwährungszins 372
  Karrieretrend 359
  Korridoransatz 370
  Latente Steuern 384

Stichwortverzeichnis

Lohn- und Gehaltstrend 356
Pauschale Abzinsung 371
Preis- und Kostenänderungen 356
Rententrend 356
Rückdeckungsversicherung 363
Steuerliche Folgen 383
Teilwertverfahren 373
Überblick 352
Übergangsregelungen 374
Verteilungszeitraum 374
wertpapiergebundene Zusagen 360
Portfolio-Hedging 526
Prüfungsausschuss 818
Prüfungsbericht
  Aushändigung bei Prüferwechsel 812
  Unabhängigkeitserklärung 816

R

Realisationsprinzip
  Fertigungsaufträge 287
Rechnungsabgrenzungsposten
  Übergangsregelung 408
  Umsatzsteuer auf Anzahlungen 407
  Verbrauchsteuern 405
  Zölle 405
Rentenverpflichtungen
  Barwertansatz 397
  Begriff 397
Rückbeteiligungen 716
Rückstellungen
  Bewertung siehe Rückstellungsbewertung
  Bilanzausweis 385
  GuV-Ausweis 386
  Pensionsrückstellungen 353
  Rückgriffsansprüche 304
  wirtschaftliche Verursachung 306
Rückstellungsbewertung
  Abzinsung 328
  Aufwandsrückstellungen 323
  Bewertungsmaßstab 322

Erstanwendung 341
Faktorpreisänderungen 324
Fremdwährungsverbindlichkeiten 331
Höchstwertprinzip 335
Pensionsverpflichtungen 334
Restlaufzeit 330
Sachleistungsverpflichtungen 324
Schätzmaßstab 322
Steuerbilanz 327, 347
Stichtagsprinzip 325
Trendprojektion 326
Übergangsregelung 341
Unternehmensfortführung 325
Vorsichtsprinzip 327

S

Saldierungsverbot siehe Verrechnungsverbot
Sonderposten mit Rücklageanteil
  Aufhebung 456
  Fallbeispiel 460
  Letztanwendung 458
  Übergangsregelung 458
Steuerbilanz siehe auch Maßgeblichkeitsprinzip
  Änderungen 65
Maßgeblichkeitsprinzip siehe Maßgeblichkeitsprinzip
Steuerrechtliche Mehrabschreibungen
  Anlagevermögen 251
  Erstanwendung 252
  Hintergrund 252

U

Übergangsregelungen
  Überblick 64
Umgekehrte Maßgeblichkeit
  Aufhebung 456
Umlaufvermögen
  Abgrenzung 286
  Abschreibung 298

924

Anschaffungskosten 292
Bewertungsmaßstäbe 291, 292
Bewertungsschema 290
Ermessensabschreibungen 300
Erstanwendung 301
Folgebewertung 298
Niederstbewertung 299
Steuerrechtliche
   Mehrabschreibungen 302
Übergangsregelung 301
Vollständigkeitsgebot 286
Zuschreibungen 303
Umrechnung von
   Fremdwährungsgeschäften
   latente Steuern 520
Unterschiedsbetrag aus der
   Kapitalkonsolidierung
   Ausweis 742
   Erstanwendung 743
   Folgebewertung 741
   Übergangsregelungen 743

V

Vermögensgegenstand
   Begriff 184
   Einzelverwertbarkeit 185
   Greifbarkeit 186
   Selbständige Bewertbarkeit 186
   Übertragbarkeit 185
Verrechnungsverbot
   Bilanz 279
   Einschränkung 280
   Grundlagen 279
   GuV 280
Vollstandigkeitsgebot
   Umlaufvermögen 286
Vollständigkeitsgebot
   Chancen-Risiko-Abwägung 170
   Eigentumsvorbehalt 167
   Erstanwendung 171
   Gläubigerschutzfunktion 169
   latente Steuern 166
   Leasingerlasse 170

Neuregelung 166
Rückstellungen 304
Verbindlichkeiten 394
Wirtschaftliches Eigentum 167,
   168

W

Währungsumrechnung
   Anzahlungen 515
   Banken 516
   Handelsbestand 514
   Realisationsprinzip 513
   Rechnungsabgrenzungsposten 515
   Sachanlagen 515
   Sorten 515
Wirtschaftliches Eigentum
   Schulden 304, 394
Wirtschaftliches Eigentum
   siehe Vollständigkeitsgebot

Z

Zeitwertbewertete Finanzinstrumente
   Ausweis 567
   Erstanwendung 569
   Zeitwertermittlung 561
Zeitwertbewertung
   Zweckvermögen 265
Zeitwertkonten
   wertpapiergebunden 364
Zweckgesellschaften
   Chancen und Risiken 667
   Konsolidierungspflicht 667
   Steuerliche Leasingerlasse 670
   Wirtschaftliches Eigentum im
      Einzelabschluss 669
Zweckvermögen
   Anhangsangaben 266
   Anwendungsfälle 283
   Ausschüttungssperre 265
   beizulegender Zeitwert 201
   Bilanz 281
   Bilanzausweis 280

GuV 284
Insovenzschutz 282
Übergangsregelung 267

Vermögensüberhang 201, 265
Zeitwertbewertung 265

Mit Haufe bilanzieren Sie auch nach BilMoG perfekt und sicher. Versprochen.

BilMoG – die größte Reform des Handelsbilanzrechts und doch kein Grund zur Panik. Denn mit dem neuen Haufe HGB Bilanz Kommentar gehen Sie auf Nummer sicher. Ob bei „selbsterstellten immateriellen Vermögensgegenständen", „Rückstellungen" oder „latenten Steuern". Dank Praxisbeispielen, Buchungssätzen und einem Überblick über alle Neuerungen, wissen Sie immer, was zu tun ist. Alle Inhalte sind anschaulich dargestellt, übersichtlich aufbereitet und rechtssicher.

www.haufe.de/hgb-bilanzkommentar

HaUFE.